NJW Praxis

Im Einvernehmen mit den Herausgebern der NJW
herausgegeben von
Rechtsanwalt Felix Busse

Band 47

Prozess- und Verfahrenskostenhilfe, Beratungshilfe

von

Yvonne Gottschalk

Richterin am Oberlandesgericht Frankfurt a. M.

Hagen Schneider

Diplom-Rechtspfleger, Justizamtmann, Magdeburg

Fortführung des von

Dr. Elmar Kalthoener †

begründeten Werks

10., vollständig überarbeitete Auflage 2022

Zitierweise: Gottschalk/Schneider PKH/VKH Rn. …

www.beck.de

ISBN 978 3 406 76845 3

© 2021 Verlag C. H. Beck oHG
Wilhelmstraße 9, 80801 München
Satz, Druck und Umschlaggestaltung: Druckerei C. H. Beck, Nördlingen
(Adresse wie Verlag)

Gedruckt auf säurefreiem, alterungsbeständigem Papier
(hergestellt aus chlorfrei gebleichtem Zellstoff)

Vorwort zur 10. Aufl.

Am 1.1.2021 ist das Gesetz zur Änderung des Justizkosten- und des Rechtsanwaltsvergütungsrechts und zur Änderung des Gesetzes zur Abmilderung der Folgen der COVID-19-Pandemie im Zivil-, Insolvenz- und Strafverfahrensrecht (Kostenänderungsgesetz 2021 – KostRÄG 2021) in Kraft getreten. Hierdurch haben sich Änderungen im RVG, GKG und FamGKG, aber auch in der ZPO ergeben, die eine Neuauflage des vorliegenden Werkes erforderlich machen. Zugleich konnte die Rechtsprechung auf den neusten Stand gebracht werden, obgleich das Erscheinen der 9. Auflage erst etwas über ein Jahr zurückliegt. Es war uns wie immer ein Bestreben, dem Leser ein zuverlässiges Bild über die aktuelle Praxis der Prozesskostenhilfe, Verfahrenskostenhilfe und die Beratungshilfe zu geben.

Mit dieser Neuauflage ist ein Bearbeiterwechsel eingetreten: Hagen Schneider, Dipl. Rechtspfleger und u. a. Autor und Mitautor in einer Vielzahl von Werken des Kostenrechts, tritt an die Stelle von Dr. Werner Dürbeck, Vorsitzender Richter am Oberlandesgericht. Werner Dürbeck hat die Mitarbeit nach vielen Jahren der Bearbeitung als Mitautor an diesem Werk auf eigenen Wunsch beendet. Verlag und Autoren danken ihm für sein verdienstvolles Werk. Seiner sorgfältigen und engagierten Bearbeitung der Vorauflagen gilt unser besonderer Dank.

Für seine Unterstützung unserer Arbeit möchten wir uns auch bei Herrn Dr. Rosner vom Verlag C. H. Beck bedanken.

Der Bearbeitung liegen Gesetzgebung und Rechtsprechung nach dem Stand von Ende Juni 2021 zugrunde.

Frankfurt und Magdeburg, im August 2021 *Yvonne Gottschalk*
Hagen Schneider

Inhaltsübersicht

Vorwort	V
Inhaltsverzeichnis	IX
Bearbeiterverzeichnis	XVII
Abkürzungsverzeichnis	XIX
Literaturverzeichnis	XXV

1. Teil. Prozess- und Verfahrenskostenhilfe ... 1
§ 1 Einleitung ... 1
§ 2 Andere Wege der Prozesskostenminderung ... 5
§ 3 Anwendungsbereiche der Prozesskostenhilfe ... 6
§ 4 Parteien im Prozesskostenhilferecht ... 23
§ 5 Das Prozesskostenhilfe-Bewilligungsverfahren ... 48
§ 6 Bedürftigkeit ... 103
§ 7 Erfolgsaussicht ... 174
§ 8 Mutwillen ... 195
§ 9 Bewilligung von Prozesskostenhilfe/Verfahrenskostenhilfe ... 213
§ 10 Beiordnung Rechtsanwalt ... 229
§ 11 Wirkung der PKH-Bewilligung für die Parteien ... 257
§ 12 Wirkung der Anwaltsbeiordnung im Einzelnen und Anwaltsvergütung ... 276
§ 13 Anspruchsübergang auf die Staatskasse gemäß § 59 RVG ... 316
§ 14 Überprüfung und Abänderung der PKH-Bewilligung ... 326
§ 15 Aufhebung der PKH-Bewilligung ... 341
§ 16 Sofortige Beschwerde im PKH-Verfahren ... 361
§ 17 Grenzüberschreitende Prozesskostenhilfe ... 387

2. Teil. Beratungshilfe ... 395
§ 18 Allgemeines ... 395
§ 19 Subjektive Voraussetzungen ... 408
§ 20 Objektive Voraussetzungen ... 410
§ 21 Umfang der Beratungshilfe ... 424
§ 22 Bewilligungsverfahren ... 427
§ 23 Gebühren und Vergütung ... 441
§ 24 Kostenfestsetzungsverfahren ... 460

Sachverzeichnis ... 465

Inhaltsverzeichnis

1. Teil. Prozess- und Verfahrenskostenhilfe 1
§ 1 Einleitung 1
    I. Das Gesetz über Prozesskostenhilfe vom 13.6.1980 1
    II. Änderungen des Prozesskostenhilferechts in der Folgezeit 2
§ 2 Andere Wege der Prozesskostenminderung 5
§ 3 Anwendungsbereiche der Prozesskostenhilfe 6
    I. Verfassungsgerichtsbarkeit 6
    II. Ordentliche Gerichtsbarkeit 7
        1. Zivilprozess 7
        2. Familiensachen und Freiwillige Gerichtsbarkeit 13
        3. Strafprozess 14
    III. Arbeitsgerichtsbarkeit 18
    IV. Verwaltungsgerichtsbarkeit 19
    V. Sozialgerichtsbarkeit 20
    VI. Finanzgerichtsbarkeit 22
    VII. Ausländische Gerichte 22
§ 4 Parteien im Prozesskostenhilferecht 23
    I. Natürliche Personen 23
        1. Geltendmachung eigener Rechte 23
        2. Geltendmachung abgetretener Rechte 24
        3. Prozessstandschaft 26
        4. Musterprozesse – Musterfeststellungsklage 27
        5. Gesetzliche Vertretung 28
        6. Streitgenossen 28
        7. Ehegatten als Streitgenossen 30
        8. Streitgehilfen und Beigeladene 31
        9. Das verfahrensfähige Kind 31
        10. Ausländer und Staatenlose 33
        11. Beteiligte im Insolvenzverfahren 33
    II. Parteien kraft Amtes 38
        1. Insolvenzverwalter 39
        2. Andere Parteien kraft Amtes 44
        3. Keine Anwendung von §§ 115 Abs. 2, 117 Abs. 3 ZPO ... 44
    III. Juristische Personen und parteifähige Vereinigungen 45
    IV. Nicht parteifähige Vereinigungen 47
    V. Parteiwechsel 47
§ 5 Das Prozesskostenhilfe-Bewilligungsverfahren 48
    I. Zulässigkeit eines Prozesskostenhilfeverfahrens 48
        1. Objektive Zulässigkeitsvoraussetzungen 48
        2. Subjektive Zulässigkeitsvoraussetzungen 52
    II. Form des Antrags 53
        1. Schriftlich oder zu Protokoll der Geschäftsstelle 53
        2. Kein Anwaltszwang für den Antrag 54
        3. Formularvorlage als Zulässigkeitsvoraussetzung? 54
    III. Zuständiges Gericht für den Antrag 54

IV.	Antragswirkungen	59
	1. Anhängigkeit Prozesskostenhilfeverfahren	59
	2. Sonstige prozessuale Wirkungen des Prozesskostenhilfeantrags	59
	3. Gleichstellung PKH-Antrag mit Klageerhebung?	61
V.	Prozesskostenhilfeantrag mit Klage oder Rechtsmittel	62
	1. PKH-Antrag und Klage	62
	2. PKH-Antrag und Rechtsmittel	65
VI.	Notwendiger Inhalt des Prozesskostenhilfeantrags	70
	1. Mindestinhalt	70
	2. Darstellung des Streitverhältnisses	71
	3. Formular	73
VII.	Hilfe zur Antragstellung durch Rechtsanwälte und Gerichte	80
	1. Anwaltspflicht zu Hinweis und Belehrung	80
	2. Beratungspflicht des Urkundsbeamten der Geschäftsstelle	81
	3. Fürsorge- und Hinweispflicht des Gerichts	81
	4. Amtshaftung	81
VIII.	Das Prozesskostenhilfe-Prüfungsverfahren (§ 118 ZPO)	82
	1. Rechtsnatur des Verfahrens	82
	2. Beteiligung des Gegners (§ 118 Abs. 1 S. 1 ZPO)	82
	3. Datenschutz im PKH-Prüfungsverfahren	84
	4. Keine Prozesskostenhilfe für das PKH-Prüfungsverfahren	85
	5. Verfahrensgang	87
	6. Einigungsgebühr bei anhängigem PKH-Verfahren	102
	7. Hauptgebote für den Richter im PKH-Prüfungsverfahren	102
	8. Förderung des PKH-Verfahrens durch den Antragsteller	102

§ 6 Bedürftigkeit 103

I.	Gesetzliche Grundlagen	103
II.	Personaler Bezugspunkt der „persönlichen und wirtschaftlichen Verhältnisse"	104
III.	Berechnung des Einkommens	106
	1. Ermittlung des Bruttoeinkommens	106
	2. Einzelne Einkunftsarten	107
	3. Fiktives Einkommen	113
	4. Schätzung des Einkommens nach den Lebensverhältnissen des Antragstellers	115
	5. Bildung von Rücklagen	116
	6. Zeitpunkt der Einkommensfeststellung	116
IV.	Abzüge vom Einkommen	116
	1. Die in § 82 Abs. 2 SGB XII genannten Beträge (§ 115 Abs. 1 S. 3 Nr. 1a ZPO)	116
	2. Freibetrag für Erwerbstätige, § 115 Abs. 1 S. 3 Nr. 1b ZPO	119
	3. Freibetrag für die Partei, § 115 Abs. 1 S. 3 Nr. 2a ZPO	121
	4. Unterhaltsfreibetrag für den Ehegatten/Lebenspartner des Antragstellers, § 115 Abs. 1 S. 3 Nr. 2a ZPO	121
	5. Unterhaltsfreibetrag für weitere unterhaltsberechtigte Personen, § 115 Abs. 1 S. 3 Nr. 2b ZPO	122
	6. Kosten der Unterkunft und Heizung, § 115 Abs. 1 S. 3 Nr. 3 ZPO	124
	7. Mehrbedarfe, § 115 Abs. 1 S. 3 Nr. 4 ZPO	127
	8. Besondere Belastungen, § 115 Abs. 1 S. 3 Nr. 5 ZPO	128
V.	Die auf die Prozesskosten zu zahlenden Monatsraten, § 115 Abs. 2 ZPO	134
	1. Berechnung der Monatsraten	134
	2. Auslandsfälle	135
	3. Mindestanzahl der Raten und voraussichtliche Kosten	135
	4. Höchstens 48 Monatsraten unabhängig von der Zahl der Rechtszüge	136
	5. Gestaffelte Ratenhöhe	137
	6. Veränderung der Ratenhöhe in der zweiten Instanz	137
	7. Ende und Einstellung der Ratenzahlung bei Kostendeckung (§ 120 Abs. 3 ZPO)	138
	8. Wegfall besonderer Belastungen (§ 120 Abs. 1 S. 2 ZPO)	139

VI.	Einzusetzendes Vermögen	140
	1. Gesetzliche Grundlagen	140
	2. Vorrang Einkommens- oder Vermögensprüfung?	141
	3. Vermögensbestandteile	141
	4. Schonvermögen	151
	5. Kreditaufnahme	156
	6. Künftiges Vermögen	158
VII.	Fiktives Vermögen	158
VIII.	Prozesskostenvorschussansprüche/Verfahrenskostenvorschussansprüche	160
	1. Berücksichtigung im PKH-Verfahren	160
	2. Persönliche Voraussetzungen des Prozesskostenvorschussanspruchs/Verfahrenskostenvorschussanspruchs	162
	3. Sachliche Voraussetzungen des Prozesskosten-, Verfahrenskostenvorschussanspruchs	164
	4. Zeitpunkt der Geltendmachung	171
	5. Prozesskostenvorschussansprüche ausländischer Parteien	172
	6. Prozesskostenvorschuss gegen den Sozialhilfeträger für die Geltendmachung rückständigen Unterhalts (§§ 94 Abs. 4 SGB XII, 7 Abs. 4 UVG)	172
IX.	Teilweise Hilfsbedürftigkeit	173
X.	Veränderung der Verhältnisse	173

§ 7 Erfolgsaussicht 174
    I. Hinreichende Erfolgsaussicht der beabsichtigten Rechtsverfolgung oder Rechtsverteidigung 174
        1. Keine verfassungsrechtlichen Bedenken 174
        2. Begriff 174
        3. Keine Überspannung der Anforderungen an die Erfolgsprüfung 174
        4. Inhalt der Prüfung 175
        5. Teilweise Erfolgsaussicht/Zuständigkeitsgrenzen 178
        6. Erfolgsaussicht bei fehlender Vollstreckungsaussicht/Eröffnung eines Insolvenzverfahrens 179
        7. Erfolgsaussicht bei freiwilliger Leistung 180
        8. Erfolgsaussicht der Rechtsverteidigung 181
        9. Erfolgsaussicht bei erforderlicher Beweisaufnahme 182
      10. Entscheidender Zeitpunkt für die Prüfung der Erfolgsaussicht 183
      11. Erfolgsprüfung in besonderen Verfahren 185
      12. Erfolgsprüfung für die Zwangsvollstreckung 193
      13. Erfolgsprüfung für die Rechtsmittelinstanz 193

§ 8 Mutwillen 195
        1. Begriff 195
        2. Rechtsprechungsbeispiele für Mutwillen (alphabetisch) 197
        3. Zeitpunkt der Mutwillen-Prüfung 213

§ 9 Bewilligung von Prozesskostenhilfe/Verfahrenskostenhilfe 213
    I. Gegenstand der Prozesskostenhilfe(VKH-)-Bewilligung 213
        1. Unmittelbare Rechtswahrnehmung in gerichtlichen Verfahren mit besonderen Kosten 213
        2. PKH-Bewilligung für jeden Rechtszug besonders 214
        3. Beginn und Ende der Instanz 214
        4. Umfang der Instanz 215
        5. PKH für die Zwangsvollstreckung 217
    II. Inhalt der PKH-Bewilligung 217
    III. Rückwirkende PKH-Bewilligung 219
        1. Grundsatz: Festlegung im Bewilligungsbeschluss 219
        2. Trennung Zeitpunkt Rückbeziehung/Erfolgsprüfung 220
        3. Grundsätzlich keine Rückbeziehung auf die Zeit vor Antragstellung ... 220
        4. Rückbeziehung auf Antragstellung oder Entscheidungsreife? 220
        5. Maßgeblicher Zeitpunkt: Eingang eines gemäß § 117 ZPO vollständigen Antrags 222

6.	Verschulden des Anwalts ist der hilfsbedürftigen Partei zuzurechnen	222
7.	Bewilligung von PKH nach Instanzende	223
8.	Sofortige Beschwerde gegen PKH-Ablehnung nach Instanzabschluss	223

IV. Form der PKH-Entscheidung 224
    1. Grundsatz: Keine stillschweigende Bewilligung 224
    2. Stillschweigende PKH-Ablehnung 225
    3. Urschrift maßgebend für Beschlussinhalt 225
    4. Begründung des PKH-Beschlusses 225
    5. Keine Kostenentscheidung im PKH-Verfahren 226
V. Wirksamwerden der PKH-Entscheidung 226
VI. Keine Rechtskraft der PKH-Ablehnung 228

§ 10 Beiordnung Rechtsanwalt 229
I. Grundgedanke 229
II. Fünf Beiordnungstatbestände 229
III. Verfahren der Beiordnung 230
    1. Ausdrücklicher Gerichtsbeschluss 230
    2. Umfang der Beiordnung 230
    3. Antrag auf Beiordnung 231
    4. Freie Anwaltswahl 231
    5. Bereitschaft des Anwalts zur Vertretung 234
    6. Notanwalt 235
IV. Sachvoraussetzungen der Beiordnung 235
    1. Anwaltsprozess (§ 121 Abs. 1 ZPO; 78 Abs. 1 FamFG) 235
    2. Parteiprozess/Verfahren ohne Anwaltszwang (§ 121 Abs. 2 ZPO, § 78 Abs. 2 FamFG) 236
    3. Mehrkosten auswärtiger Anwalt (§ 121 Abs. 3 ZPO) 247
    4. Verkehrsanwalt 249
    5. Beweisaufnahmeanwalt 252
    6. Beiordnung eines Unterbevollmächtigten/Terminsvertreters? .. 252
V. Wirkung der Beiordnung 254
    1. Umfang der Beiordnung 254
    2. Mandatsvertrag und Prozessvollmacht 255
    3. Überblick über vergütungsrechtliche Wirkungen der Beiordnung .. 256
    4. Wirksamkeit der Beiordnung 257

§ 11 Wirkung der PKH-Bewilligung für die Parteien 257
I. Überblick 257
II. Gerichtskostenbefreiung der hilfsbedürftigen Partei 259
    1. Grundsatz 259
    2. Zeitpunkt für die Befreiung 259
    3. Keine Änderung gesetzlicher Bewilligungswirkungen 259
    4. „Rückständige" und „entstehende" Kosten 259
    5. Gerichtsvollzieherkosten 260
    6. Parteiauslagen als „Gerichtskosten" 260
    7. Weitere Abgrenzungsfragen zu „Gerichtskosten" (alphabetisch) .. 264
    8. Geltendmachung der Kosten nach gerichtlicher Bestimmung . 265
    9. Gerichtskostenbefreiung bei Teilbewilligung von PKH 265
    10. PKH ohne Anwaltsbeiordnung 266
    11. Rückzahlung von gezahlten Kosten 266
    12. Zahlung der Gerichtskosten bei Übernahme durch Vergleich . 266
III. Stundung der Vergütungsansprüche der beigeordneten Anwälte (§ 122 Abs. 1 Nr. 3 ZPO) 267
IV. Kein Einfluss der PKH auf die Kostenerstattung an den Prozessgegner ... 268
    1. Grundsatz 268
    2. Ausnahme 268
    3. Einzelfragen zur Gerichtskostenverteilung 268
    4. Ende der Kostenbefreiung 270
V. Kostenerstattungsanspruch der hilfsbedürftigen Partei 271
    1. Eigener Prozessaufwand als materielle Voraussetzung 271

	2. Kostenfestsetzungsantrag der Partei	271
	3. Verstrickung der Kostenerstattungsansprüche der Partei durch Beitreibungsrechte des Anwalts	272
	4. Nebeneinander der Kostenerstattungsansprüche der Partei und ihres Anwalts und „Umschreibung"	273
VI.	Kostenvorteile des Prozessgegners infolge einer PKH-Bewilligung	275

§ 12 Wirkung der Anwaltsbeiordnung im Einzelnen und Anwaltsvergütung 276

I.	Privatrechtliche Vergütungsansprüche des beigeordneten Anwalts	276
II.	Unzulässige Honorarvereinbarung nach § 3a Abs. 3 S. 1 RVG	277
III.	Unzulässigkeit von Honorarvereinbarungen und der Geltendmachung von Honoraransprüchen nach der Berufsordnung für Rechtsanwälte	278
IV.	Auslagenersatzanspruch des beigeordneten auswärtigen Anwalts	278
V.	Umfang der Stundung der Vergütung des beigeordneten Anwalts	278
	1. Vor PKH-Bewilligung entstandene Vergütungsansprüche	278
	2. Beiordnung eines „auswärtigen" Anwalts (→ Rn. 690 ff.)	279
	3. Vorschüsse der Partei an den Anwalt	280
	4. Beiordnung eines anderen als des PKH-Verfahrensanwalts	282
	5. Wechsel des beigeordneten Anwalts	282
	6. Anwaltsgebühren bei Teilbewilligung PKH	282
	7. Anwaltsgebühren bei Vertretung von Streitgenossen	283
	8. Anwaltsgebühren bei Nichtbewilligung der PKH	284
	9. Anwaltsgebühren bei Bewilligung von PKH	284
VI.	Rechtsbeziehungen des Anwalts infolge der Beiordnung	284
	1. Rechtsverhältnis zur Partei	284
	2. Rechtsverhältnis zum Staat	285
	3. Rechtsverhältnis zum kostenerstattungspflichtigen Prozessgegner	286
	4. Drei konkurrierende Ansprüche des beigeordneten Anwalts gegen Partei, Staat, Prozessgegner	287
	5. Anspruchsübergang auf die Staatskasse gemäß § 59 RVG	287
VII.	Vergütung des beigeordneten Anwalts bzw. der sonstigen Berufsgruppen gemäß den §§ 45–59 RVG	287
	1. Voraussetzungen der Vergütung aus der Staatskasse	287
	2. Fälligkeit der Vergütung	292
	3. Verjährung des Vergütungsanspruchs	292
	4. Rückzahlung überzahlter Anwaltsvergütung	293
	5. Rückfestsetzung	294
	6. Art der Vergütung	294
	7. Vorschusszahlung an Anwalt	303
VIII.	Verfahren zur Festsetzung der Vergütung des beigeordneten Anwalts	303
	1. Regelung	303
	2. Antrag	304
	3. Festsetzungsverfahren des Urkundsbeamten der Geschäftsstelle	304
	4. Entscheidung im Festsetzungsverfahren	307
	5. Rechtsbehelfe	308
	6. Rechtskraft der Vergütungsfestsetzung	310
	7. Verwirkung	310
	8. Aufhebung der PKH und Anwaltsvergütung	311
IX.	Wahlanwaltsvergütung und Beitreibungsrecht des beigeordneten Anwalts	311
	1. Anspruch auf Wahlanwaltsvergütung	311
	2. Beitreibungsrecht des beigeordneten Anwalts gemäß § 126 ZPO	313
X.	Vorschüsse und Zahlungen an den beigeordneten Rechtsanwalt (§ 58 RVG)	315

§ 13 Anspruchsübergang auf die Staatskasse gemäß § 59 RVG 316

I.	Zweck der Vorschrift	316
II.	Übergehende Ansprüche	317
III.	Zeitpunkt des Anspruchsübergangs	321
IV.	Verfügungen der Partei über den Erstattungsanspruch, Benachteiligung der Staatskasse	322
V.	Einwendungen und Einreden gegen übergegangene Ansprüche	323

VI.	Grundloses Unterlassen der Geltendmachung des Beitreibungsrechts nach § 126 ZPO durch den beigeordneten Anwalt	324
VII.	Keine Geltendmachung des Übergangs zum Nachteil des beigeordneten Anwalts	324
VIII.	Verjährung	325
IX.	Verfahren bei Geltendmachung auf die Staatskasse übergegangener Ansprüche	325

§ 14 Überprüfung und Abänderung der PKH-Bewilligung ... 326

I.	Allgemeines	326
II.	Übergangsrecht	326
III.	Wesentliche Veränderung der persönlichen und wirtschaftlichen Verhältnisse	327
	1. Veränderungen des Vermögens und des Einkommens	327
	2. Wesentlichkeit der Veränderung	332
	3. Beachtung der 4-Jahresgrenze von § 120a Abs. 1 S. 4 ZPO (§ 120 Abs. 4 S. 3 ZPO aF)	333
	4. Rechtsfolgen und Wirkung	334
IV.	Verfahren	336
	1. Zuständigkeit	336
	2. Ordnungsgemäße Einleitung des Verfahrens	336
	3. Die Vierjahresfrist des § 120a Abs. 1 S. 4 ZPO (§ 120 Abs. 4 S. 3 ZPO aF)	338
	4. Entscheidung	340
V.	Rechtsbehelfe	340

§ 15 Aufhebung der PKH-Bewilligung ... 341

I.	Allgemeines	341
II.	Aufhebungstatbestände	344
	1. § 124 Abs. 1 Nr. 1 ZPO (§ 124 Nr. 1 ZPO aF)	344
	2. § 124 Abs. 1 Nr. 2 ZPO (§ 124 Nr. 2 ZPO aF)	347
	3. § 124 Abs. 1 Nr. 3 ZPO (§ 124 Nr. 3 ZPO aF)	352
	4. § 124 Abs. 1 Nr. 4 ZPO	353
	5. § 124 Abs. 1 Nr. 5 ZPO (§ 120 Nr. 4 ZPO aF)	355
	6. § 124 Abs. 2 ZPO	358
III.	Wirkung der Aufhebung	358
IV.	Zuständigkeit, Verfahren und Rechtsbehelfe	359

§ 16 Sofortige Beschwerde im PKH-Verfahren ... 361

I.	Allgemeines und Abgrenzung	361
II.	Zulässigkeit der sofortigen Beschwerde	364
	1. Statthaftigkeit der sofortigen Beschwerde	364
	2. Allgemeine Zulässigkeitsvoraussetzungen	376
	3. Beschwerdefrist; Einlegung nach Instanzende oder Rechtskraft	376
	4. Beschwer und allgemeines Rechtsschutzbedürfnis	378
	5. Abhilfeentscheidung und Vorlage	379
III.	Begründetheit der sofortigen Beschwerde	381
	1. Prüfungszeitpunkt	381
	2. Prüfungsumfang	381
IV.	Kosten der Beschwerdeinstanz	383
	1. Gebühren und Streitwert	383
	2. Kostenentscheidung im Beschwerdeverfahren?	384
	3. Prozesskostenhilfe für das PKH-Beschwerdeverfahren?	385
V.	Rechtsbehelfe gegen die Beschwerdeentscheidung	386
	1. Die Rechtsbeschwerde	386
	2. Gehörsrüge	386
	3. Gegenvorstellung	387

§ 17 Grenzüberschreitende Prozesskostenhilfe ... 387

I.	Grenzüberschreitende Prozesskostenhilfe in Zivilsachen nach der EG-Richtlinie 8/2003	387
	1. Grundsätze	387
	2. Ausgehende Ersuchen, § 1077 ZPO	388

3. Eingehende Ersuchen, § 1078 ZPO		389
4. Antragstellung unmittelbar bei dem Prozessgericht		390
II. Anträge nach dem Haager Übereinkommen über den Zivilprozess vom 1.3.1954 (BGBl. II 576) und des Haager Übereinkommen über die zivilrechtlichen Aspekte internationaler Kindesentführung v. 25.10.1980 (BGBl. 1990 II 207)		391
III. Fälle mit Auslandsbezug in Unterhaltssachen		391
IV. PKH für ein Verfahren vor dem Europäischen Gerichtshof		392
V. PKH für ein Verfahren vor dem Europäischen Menschengerichtshof		393

2. Teil. Beratungshilfe . . . 395

§ 18 Allgemeines . . . 395
I. Funktion und Entwicklung der Beratungshilfe . . . 395
II. Abgrenzung zur Prozesskostenhilfe . . . 397
III. Personenkreis . . . 402
IV. Übernahme- und Hinweispflichten . . . 403
V. Statistik . . . 405

§ 19 Subjektive Voraussetzungen . . . 408
I. Bedürftigkeit . . . 408
II. Prozesskostenvorschuss . . . 408
III. Selbstverschuldete Mittellosigkeit . . . 409
IV. Künftiges Vermögen und Kreditaufnahme . . . 410

§ 20 Objektive Voraussetzungen . . . 410
I. Wahrnehmung von Rechten . . . 410
II. Erfolgsaussicht . . . 412
III. Andere Hilfsmöglichkeiten . . . 412
IV. Mutwilligkeit . . . 419
V. Allgemeines Rechtsschutzinteresse . . . 422
VI. Beratungshilfefähiges Rechtsgebiet . . . 422
   1. Grundsätzlich alle Rechtsgebiete . . . 422
   2. Strafrecht und Ordnungswidrigkeitenrecht . . . 422
   3. Verwaltungs- und Sozialrecht . . . 423
   4. Verfassungsrecht . . . 423
   5. Zusammenhangsfälle . . . 423
   6. Auslandsrechtsfälle . . . 423

§ 21 Umfang der Beratungshilfe . . . 424
I. Beratung und Vertretung . . . 424
II. Erforderlichkeit der Vertretung . . . 425

§ 22 Bewilligungsverfahren . . . 427
I. Zuständigkeit . . . 427
II. Antrag . . . 428
III. Gewährungsformen . . . 431
   1. Hilfe durch das Amtsgericht (Rechtspfleger) . . . 431
   2. Erteilung eines Berechtigungsscheins . . . 432
   3. Direktzugang zum Rechtsanwalt . . . 433
   4. Anwaltliche Beratungsstellen . . . 434
   5. Rechtsbeistände . . . 435
   6. Anerkannte Stellen für Verbraucherinsolvenzberatung . . . 435
   7. Steuerberater und Steuerbevollmächtigte . . . 435
   8. Wirtschaftsprüfer und vereidigte Buchprüfer . . . 435
   9. Rentenberater . . . 435
IV. Aufhebung der Beratungshilfe . . . 435
V. Rechtsbehelfe . . . 438
   1. Gegen die Versagung der Beratungshilfe . . . 438
   2. Rechtsbehelf der Staatskasse gegen die Bewilligung der Beratungshilfe . . . 440
   3. Entscheidung . . . 440

§ 23 Gebühren und Vergütung 441
    I. Ansprüche gegen den Rechtssuchenden 441
    II. Ansprüche gegen den Gegner 442
    III. Ansprüche gegen die Landeskasse 444
        1. Überblick 444
        2. Beratungsgebühr 446
        3. Geschäftsgebühr 447
        4. Einigungs- und Erledigungsgebühr 448
        5. Kumulation der Gebühren nach VV 2503 und 2508 RVG 449
        6. Schuldenbereinigungsgebühr 449
        7. Übergangsfälle 450
        8. Auslagenerstattung 450
        9. Anspruchsverlust bei notwendiger Zweitberatung 452
        10. Vorschussanspruch 452
        11. Übergang von Ansprüchen 452
    IV. Begriff der „Angelegenheit" in der Beratungshilfe 453
        1. Begriffsbestimmung 453
        2. Einzelfälle (alphabetisch) 456

§ 24 Kostenfestsetzungsverfahren 460
    I. Zuständigkeit 460
    II. Antrag 460
    III. Nachweis der Entstehung der Gebühren 460
    IV. Umfang der Überprüfung im Festsetzungsverfahren 461
    V. Rechtsbehelfe 462

Sachverzeichnis 465

Bearbeiterverzeichnis

Schneider: .... §§ 1–5; 11–13; 16–24
Gottschalk: .... §§ 6–10; 14; 15

Abkürzungsverzeichnis

aA	anderer Ansicht
aaO	am angegebenen Ort
ABl.	Amtsblatt
Abs.	Absatz
AEUV	Vertrag über die Arbeitsweise der Europäischen Union
AFG	Arbeitsförderungsgesetz
AG	Amtsgericht
AG Kompakt	Anwaltsgebühren Kompakt
AGS	Anwaltsgebühren Spezial
AiB	Arbeitsrecht im Betrieb
AKB	Allgemeine Bedingungen für die Kraftverkehrsversicherung
AktG	Aktiengesetz
Anh.	Anhang
AnwK-RVG	siehe im Literaturverzeichnis Schneider/Wolf (Hrsg.)
Anm.	Anmerkung
AnwBl	Anwaltsblatt
AO	Abgabenordnung
AO-StB	Der AO-Steuer-Berater
ARB	Allgemeine Bedingungen für die Rechtsschutzversicherung
ArbG	Arbeitsgericht
ArbGG	Arbeitsgerichtsgesetz
ArbuR	Arbeit und Recht
ASR	Anwalt/Anwältin im Sozialrecht
AsylVfG	Asylverfahrensgesetz
Aufl.	Auflage
AUG	Auslandsunterhaltsgesetz
BLHAG	siehe Baumbach/Lauterbach/Hartmann/Anders/Gehle im Literaturverzeichnis
BAG	Bundesarbeitsgericht
BAFöG	Bundsausbildungsförderungsgesetz
BauR	Baurecht
BayObLG	Bayerisches Oberstes Landesgericht
BayVerfGH	Bayerischer Verfassungsgerichtshof
BB	Der Betriebs-Berater
BeckOK	Beck'scher Online Kommentar
BeckRS	Beck Rechtsprechung
BEG	Bundesentschädigungsgesetz
BerHG	Beratungshilfegesetz
BerHFV	Beratungshilfeformularverordnung
BErzGG	Bundeserziehungsgeldgesetz
BeurkG	Beurkundungsgesetz
BFH	Bundesfinanzhof
BFH/NV	Entscheidungen des Bundesfinanzhofes nicht veröffentlicht (Sammlung)
BGB	Bürgerliches Gesetzbuch
BGBl.	Bundesgesetzblatt
BGH	Bundesgerichtshof
BGHReport	Schnelldienst zur Zivilrechtsprechung des Bundesgerichtshofs
BGHZ	Entscheidungen des BGH in Zivilsachen, Amtliche Sammlung
BKGG	Bundeskindergeldgesetz
BLHAG	s. Baumbach/Lauterbach/Hartmann/Anders/Gehle im Literaturverzeichnis
BMJ	Bundesminister der Justiz
BNotO	Bundesnotarordnung
BORA	Berufsordnung der Rechtsanwälte

BPatG	Bundespatentgericht
BR-Drs.	Bundesrats-Drucksache
BRAGO	Bundesgebührenordnung für Rechtsanwälte aF
BRAGO-Report	Report zur Rechtsprechung zur BRAGO
BRAK	Bundesrechtsanwaltskammer
BRAK-Mitt.	BRAK-Mitteilungen
BRAO	Bundesrechtsanwaltsordnung
BSG	Bundessozialgericht
BStBl	Bundessteuerblatt
BT	Bundestag
BT-Drs.	Bundestags-Drucksache
BVerfG	Bundesverfassungsgericht
BVerfGE	Entscheidungen des Bundesverfassungsgerichts, Amtliche Sammlung
BVerfGG	Bundesverfassungsgerichtsgesetz
BVerwG	Bundesverwaltungsgericht
BVerwGE	Entscheidungen des BVerwG, Amtliche Sammlung
BVG	Bundesversorgungsgesetz
DAR	Deutsches Autorecht
DAVorm	Der Amtsvormund
DB	Der Betrieb
DB-PKH	Durchführungsbestimmungen zum Gesetz über die Prozesskostenhilfe
DGVZ	Deutsche Gerichtsvollzieher-Zeitung
DIV.	Deutsches Institut für Vormundschaftswesen
DNotZ	Deutsche Notarzeitschrift
DÖV	Die öffentliche Verwaltung
DRiG	Deutsches Richtergesetz
DRiZ	Deutsche Richterzeitung
DStR	Deutsches Steuerrecht
DStRE	Deutsches Steuerrecht Entscheidungsdienst
DStZ	Deutsche Steuer-Zeitung
DVBl	Deutsches Verwaltungsblatt
DV	Deutscher Verein für öffentliche und private Fürsorge
DVBl.	Deutsches Verwaltungsblatt
DVO	Durchführungsverordnung
DZWIR	Deutsche Zeitschrift für Wirtschafts- und Insolvenzrecht
EA	Einstweilige Anordnung
EBE	Eildienst: Bundesgerichtliche Entscheidungen
EFG	Entscheidungen der Finanzgerichte
EG	Europäische Gemeinschaft
EGInsO	Einführungsgesetz zur Insolvenzordnung
EGMR	Europäischer Gerichtshof für Menschenrechte
EGMR-VerfO	Verfahrensordnung Europäischer Gerichtshof für Menschenrechte
EGZPO	Einführungsgesetz zur Zivilprozessordnung
Einl.	Einleitung
EMRK	Europäische Menschenrechtskonvention
ErbPrax	Praxis des Erbrechts
ErbR	Zeitschrift für die gesamte erbrechtliche Praxis
EStG	Einkommensteuergesetz
EU	Europäische Union
EuGH	Europäischer Gerichtshof
EuGHVfO	Verfahrensordnung des Gerichtshofes der Europäischen Gemeinschaft
EuGVfO	Verfahrensordnung des Gerichts
EuGVVO	Verordnung der EG Nr. 44/2001 über die gerichtliche Zuständigkeit und Vollstreckung gerichtlicher Entscheidungen in Zivil- und Handelssachen
EuRAG	Gesetz über die Tätigkeit Europäischer Rechtsanwälte in Deutschland
EuZW	Europäische Zeitschrift für Wirtschaftsrecht
EWiR	Entscheidungen zum Wirtschaftsrecht
EzA	Entscheidungssammlung zum Arbeitsrecht
EzFamR Aktuell	Entscheidungssammlung zum Familienrecht

FA	Fachanwalt Arbeitsrecht
FamFG	Gesetz über das Verfahren in Familiensachen und in den Angelegenheiten der freiwilligen Gerichtsbarkeit
FamFR	Familienrecht und Familienverfahrensrecht
FA-FamR/*Bearbeiter*	Gerhardt ua, Handbuch des Fachanwalts Familienrecht
FamGKG	Gesetz über die Gerichtskosten in Familiensachen
FamRB	Familien-Rechts-Berater
FamRBInt	Internationaler Teil des Familien-Rechts-Beraters
FamRZ	Zeitschrift für das gesamte Familienrecht
FamVerf/*Bearbeiter*	Verfahrenshandbuch Familiensachen
FD-RVG	Fachdienst Vergütungs- und Kostenrecht
FD-VersR	Fachdienst Versicherungsrecht
FEVS	Fürsorgerechtliche Entscheidungen der Verwaltungs- und Sozialgerichte
FF	Forum Familien- und Erbrecht
FK	siehe Literaturverzeichnis unter Wimmer (Frankfurter Kommentar)
FPR	Familie, Partnerschaft, Recht
FG	Finanzgericht
FGG	Gesetz über die Angelegenheiten der Freiwilligen Gerichtsbarkeit
FGG-RG	FGG-Reformgesetz
FGO	Finanzgerichtsordnung
FGPrax	Praxis der Freiwilligen Gerichtsbarkeit
Fn.	Fußnote
FuR	Familie und Recht
GebrMG	Gebrauchsmustergesetz
GesR	Gesundheitsrecht
GVfO	Verfahrensordnung des (Europäischen) Gerichts
GG	Grundgesetz
GKG	Gerichtskostengesetz
GNotKG	Gerichts- und Notarkostengesetz
GPR	Zeitschrift für Gemeinschaftsprivatrecht
GRUR	Gewerblicher Rechtsschutz und Urheberrecht
GVG	Gerichtsverfassungsgesetz
HB/VR	siehe Literaturverzeichnis unter Eckebrecht ua
HessVGH	Hessischer Verwaltungsgerichtshof
HKÜ	AusführungsG zum Haager Übereinkommen über die zivilrechtlichen Aspekte internationaler Kindesentführungen
hM	herrschende Meinung
Hrsg.	Herausgeber
HSE	s. Hartung/Schons/Enders im Litverzeichnis
iE	im Ergebnis
info also	Informationen zum Arbeitslosenrecht und Sozialhilferecht
InsO	Insolvenzordnung
IntFamRVG	Gesetz zur Aus- und Durchführung bestimmter Rechtsinstrumente auf dem Gebiet des internationalen Familienrechts
InVo	Insolvenz und Vollstreckung
IPrax	Praxis des Internationalen Privat- und Verfahrensrechts
JAmt	Das Jugendamt – Zeitschrift für Jugendhilfe und Familienrecht
JBeitrO	Justizbeitreibungsordnung
JGG	Jugendgerichtsgesetz
JMBl. NRW	Justizministerialblatt für das Land Nordrhein-Westfalen
JR	Juristische Rundschau
JurBüro	Das juristische Büro
jurisPR-FamR	juris PraxisReport Familienrecht
jurisPR-ITR	juris PraxisReport IT-Recht
JuS	Juristische Schulung
Justiz	Die Justiz
JVEG	Justizvergütungs- und Entschädigungsgesetz

JZ	Juristenzeitung
Kap.	Kapitel
KG	Kammergericht
KO	Konkursordnung
KostO	Kostenordnung
KostRÄG 2021	Kostenrechtsänderungsgesetz 2021
KostVfg	Kostenverfügung
KoRsp	Kostenrechtsprechung
KSchG	Kündigungsschutzgesetz
LAG	Landesarbeitsgericht
LAG-E	Entscheidungen der Landesarbeitsgerichte
LG	Landgericht
LKV	Landes- und Kommunalverwaltung (Zeitschrift)
LM	Lindenmaier-Möhring (Nachschlagewerk des Bundesgerichtshofs)
LMK	Kommentierte BGH-Rechtsprechung
LPartG	Lebenspartnerschaftsgesetz
LPK	Lehr- und Praxiskommentar, siehe Literaturverzeichnis unter Bieritz-Harder ua
Ls.	Leitsatz
LSG	Landessozialgericht
MDR	Monatsschrift für Deutsches Recht
MüKoBGB	Münchener Kommentar zum BGB
MüKoFamFG	Münchener Kommentar zum FamFG
MüKoInsO	Münchener Kommentar zur InsO
MüKoStPO	Münchener Kommentar zur StPO
MüKoZPO	Münchener Kommentar zur ZPO
mwN	mit weiteren Nachweisen
NdsRpfl	Niedersächsische Rechtspflege
Niepmann/Seiler Unterhalt	s. Niepmann/Seiler im Literaturverzeichnis
NJ	Neue Justiz
NJOZ	Neue Juristische Online-Zeitschrift
NJW	Neue Juristische Wochenschrift
NJW-RR	NJW-Rechtsprechungs-Report
NJWE-FER	NJW-Entscheidungsdienst Familien- und Erbrecht
NK-GK/Bearbeiter	Gesamtes Kostenrecht, s. Schneider/Volpert/Fölsch im Litverz.
NStZ	Neue Zeitschrift für Strafrecht
NStZ-RR	Neue Zeitschrift für Strafrecht Rechtsprechungs-Report
NSW	Nachschlagewerk des Bundesgerichtshofes
NVwZ	Neue Zeitschrift für Verwaltungsrecht
NVwZ-RR	Neue Zeitung für Verwaltungsrecht Rechtsprechungs-Report
NWB	Neue Wirtschaftsbriefe für Steuer- und Wirtschaftsrecht
NZA	Neue Zeitschrift für Arbeitsrecht
NZA-RR	Neue Zeitschrift für Arbeitsrecht Rechtsprechungs-Report
NZFam	Neue Zeitschrift für Familienrecht
NZG	Neue Zeitschrift für Gesellschaftsrecht
NZI	Neue Zeitschrift für das Recht der Insolvenz und Sanierung
NZM	Neue Zeitschrift für Mietrecht
NZS	Neue Zeitschrift für Sozialrecht
OLG	Oberlandesgericht
OLG-NL	OLG-Rechtsprechung Neue Länder
OLGR	OLG-Report iVm Name des OLG
OLGZ	Entscheidungen der Oberlandesgerichte in Zivilsachen
OpferRG	Opferrechtsreformgesetz
ÖRA	Öffentliche Rechtsauskunfts- und Vergleichsstelle (Hamburg)
OVG	Oberverwaltungsgericht
PatG	Patentgesetz
PKH	Prozesskostenhilfe
PKHB	Prozesskostenhilfebekanntmachung
PKHFV	Prozesskostenhilfeformularverordnung

ProzRB	Prozess-Rechtsberater
PSH	„Praktische Sozialhilfe", Ergänzbare Sammlung v. erläuterten Vorschriften zum Recht der sozialen Hilfen
RDG	Rechtsdienstleistungsgesetz
RDGEG	Einführungsgesetz zum Rechtsdienstleistungsgesetz
RdA	Recht der Arbeit
RdJB	Recht der Jugend und des Bildungswesens
Rn.	Randnummer
Rpfleger	Der Deutsche Rechtspfleger
RPflG	Rechtspflegergesetz
RVG	Rechtsanwaltsvergütungsgesetz
RVG-Berater	Informationsdienst für die Vergütungs-, Streitwert- und Kostenpraxis
RVGreport	Report zum Rechtsanwaltsvergütungsgesetz
RVO	Reichsversicherungsordnung
SchlHA	Schleswig-Holsteinische Anzeigen
SchlHSG	Schleswig-Holsteinisches Sozialgericht
SchVG	Gesetz über Schuldverschreibungen aus Gesamtemissionen
SGB	Sozialgesetzbuch (I = Erstes Buch usw.)
SGb	Die Sozialgerichtsbarkeit
SGG	Sozialgerichtsgesetz
SPA	Schnellbrief für Personalwirtschaft und Arbeitsrecht
SsE	Sammlung sozialhilferechtlicher Entscheidungen
StGB	Strafgesetzbuch
StPO	Strafprozessordnung
StraFo.	Strafverteidiger Forum
StrEG	Gesetz über die Entschädigung für Strafverfolgungsmaßnahmen
StV	Strafverteidiger
StVollzG	Strafvollzugsgesetz
UVG	Unterhaltsvorschussgesetz
UWG	Gesetz gegen den unlauteren Wettbewerb
VBVG	Gesetz über die Vergütung von Vormündern und Betreuern
VersR	Versicherungsrecht
Vfo	Verfahrensordnung
VG	Verwaltungsgericht
VGH	Verwaltungsgerichtshof
vgl.	vergleiche
VKH	Verfahrenskostenhilfe
VO	Verordnung
VV-E	Entwurf des Vergütungsverzeichnisses zum Rechtsanwaltsvergütungsgesetz
VIA	Verbraucherinsolvenz aktuell
VuR	Verbraucher und Recht
VV	Vergütungsverzeichnis
VVRVG	Vergütungsverzeichnis zum Rechtsanwaltsvergütungsgesetz
VwGO	Verwaltungsgerichtsordnung
VwVfG	Verwaltungsverfahrensgesetz
WM (WPM)	Wertpapier-Mitteilungen
WRP	Wettbewerb in Recht und Praxis
WuB	Kommentierende Entscheidungssammlung zum Wirtschafts- und Bankrecht
WuM	Wohnungswirtschaft und Mietrecht
ZAR	Zeitschrift für Ausländerrecht und Ausländerpolitik
ZFE	Zeitschrift für Familien- und Erbrecht
ZfSch	Zeitschrift für Schadensrecht
ZfSH	Zeitschrift für Sozialhilfe
ZfSH/SGB	Zeitschrift für Sozialhilfe und Sozialgesetzbuch
ZInsO	Zeitschrift für das gesamte Insolvenzrecht
ZIP	Zeitschrift für Wirtschaftsrecht
ZKJ	Zeitschrift für Kindschafts- und Jugendrecht
ZKM	Zeitschrift für Konfliktmanagement
ZMR	Zeitschrift für Miet- und Raumrecht

ZPO	Zivilprozessordnung
ZRP	Zeitschrift für Rechtspolitik
zT	zum Teil
ZVI	Zeitschrift für Verbraucherinsolvenzrecht
ZZP	Zeitschrift für Zivilprozess

Literaturverzeichnis

(aufgenommen sind nur Bücher; Aufsätze sind im Text mit Fundstelle zitiert)

Arloth/Krä, StVollzG, 5. Aufl.2021
Baronin von König/Bischof, Kosten in Familiensachen, 2. Aufl. 2015
Bassenge/Roth, FamFG/RpflG, 12. Aufl. 2009
Baumbach/Lauterbach/Hartmann/Anders/Gehle, Zivilprozessordnung, 79. Aufl. 2021
Baumgärtel/Hergenröder/Houben, RVG, 16. Aufl. 2014
Beck'scher Online Kommentar BGB, Hrsg. Bamberger/Roth/Hau/Poseck, 57. Ed. 2021
Beck'scher Online Kommentar BORA, Hrsg. Römermann, 32. Ed. 2021
Beck'scher Online Kommentar FamFG, Hrsg. Hahne/Schlögel/Schlünder, 38 Ed. 2021
Beck'scher Online Kommentar InsO, Hrsg. Fridgen/Geiwitz/Göpfert, 23. Ed. 2021
Beck'scher Online Kommentar Kostenrecht, Hrsg. Dörndorfer/ /Wendtland/Gerlach/Diehn, 33. Ed. 2021
Beck'scher Online Kommentar RVG, Hrsg. v. Seltmann, 51. Ed. 2021
Beck'scher Online Kommentar SGB VIII Sozialrecht, Hrsg. Rolfs/Giesen/Kreikebohm/Udsching, 60. Ed. 2021
Beck'scher Online Kommentar StPO Hrsg. Graf, 39. Ed., 2021
Beck'scher Online Kommentar Streitwert, Hrsg. Mayer, 35. Ed., 2021
Beck'scher Online Kommentar ZPO, Hrsg. Vorwerk/Wolf, 40. Ed. 2021
Bergmann/Dienelt, Ausländerrecht, 13. Aufl. 2020
Bieritz-Harder/Conradis/Thie, SGB XII, 12. Aufl. 2020
Binz/DörndorferZimmermann, GKG, FamGKG, JVEG, 5. Aufl. 2021
Bischof/Jungbauer/Bräuer/Klipstein/Klüsener/Kerber, RVG, 9. Aufl. 2021
Bork/Jacoby/Schwab, FamFG, 3. Aufl. 2018
Böttger, Gewerbliche Prozesskostenfinanzierung und Staatliche Prozesskostenhilfe, 2008
Braun (Hrsg.), Insolvenzordnung, 8. Aufl. 2020
Brox/Walker, Zwangsvollstreckungsrecht, 11. Aufl. 2018
Bumiller/Harders/Schwamb, FamFG – Freiwillige Gerichtsbarkeit, 12. Aufl. 2019
Büttner, Wiedereinsetzung in den vorigen Stand, 2. Aufl. 1999
Callies/Ruffert (Hrsg.), EUV – AEUV, 6. Aufl. 2021
Canaris/Larenz, Methodenlehre der Rechtswissenschaft, 3. Aufl. 1995
Diehn, BNotO, 3. Aufl. 2021
Dörndorfer, Prozesskosten-, Verfahrenskosten- und Beratungshilfe für Anfänger, 7. Aufl. 2020
ders., RPflG, 3. Aufl., 2020
Eckebrecht/Große-Boymann/Gutjahr/Paul/Schael/von Swieykowski-Traska/Weidemann, Verfahrenshandbuch Familiensachen, 2. Aufl. 2010
von Eicken/Hellstab/Dörndorfer/Asperger, Die Kostenfestsetzung, 24. Aufl. 2021
Enders, RVG für Anfänger, 20. Aufl. 2021
Erfurter Kommentar zum Arbeitsrecht, 21. Aufl. 2021
Eschenbruch/Schürmann/Menne, Der Unterhaltsprozess, 7. Aufl. 2020
Eyermann, VwGO, 15. Aufl. 2019
Franke, Zur Reform des Armenrechts, 1980
Garbe/Ullrich (Hrsg.), Verfahren in Familiensachen, 3. Aufl. 2012
Geisemeyer, Die Berufung der bedürftigen Partei im Zivilprozess, 2009
Gelpcke/Hellstab/Wache/Weigelt, Der Prozesskostenhilfeanspruch des Insolvenzverwalters, 2007
Gerhardt/v. Heintschel-Heinegg/Klein (Hrsg.), Handbuch des Fachanwalts Familienrecht, 12. Aufl. 2021
Germelmann/Matthes/Prütting, Arbeitsgerichtsgesetz, 9. Aufl. 2017
Gerold/Schmidt, RVG, 25. Aufl. 2021
Gogolin, Die deutsche Prozesskostenhilfe im Umbruch, 2015
Gräber, FGO, 9. Aufl. 2019

Graf, Strafprozessordnung, 4. Aufl. 2021
Greißinger, Beratungshilfegesetz, 1990
Groß, Beratungshilfe, Prozesskostenhilfe, Verfahrenskostenhilfe, 14. Aufl. 2018 (bis zur 11. Aufl.: Schoreit/Groß)
Grube/Wahrendorf/Flint, SGB XII Sozialhilfe, 7. Aufl. 2020
Hakenberg/Stix-Hackl, Handbuch zum Verfahren vor dem Europäischen Gerichtshof/Bd. 1, 3. Aufl. 2005
Hansens/Braun/Schneider, Praxis des Vergütungsrechts, 2. Aufl. 2006
Hartung, Berufs- und Fachanwaltsordnung, 5. Aufl. 2012
Hartung/Römermann/Schons, Praxiskommentar zum Rechtsanwaltsvergütungsgesetz, RVG, 2. Aufl. 2006
Hartung/Schons/Enders, Rechtsanwaltsvergütungsgesetz, 3. Aufl. 2017
Haußleiter (Hrsg.), FamFG, 2. Aufl. 2017
Hausmann, Internationales und Europäisches Familienrecht, 2. Aufl. 2018
Heilmann (Hrsg.), Praxiskommentar Kindschaftsrecht, 2. Aufl. 2020
Henssler/Prütting, Bundesrechtsanwaltsordnung, 5. Aufl. 2019
Herberger/Martinek/Rüßmann/Weth/Würdinger, juris Praxiskommentar BGB, 9. Aufl. 2020.
Huhnstock, Abänderung und Aufhebung der Prozesskostenhilfebewilligung, 1995
Hundt, Prozesskostenhilfe und Beratungshilfe, 2008
Jahn, SGB-Kommentar für die Praxis, Loseblattsammlung, Stand 2015
Johannsen/Henrich/Althammer, Familienrecht, 7. Aufl. 2020
Jungbauer, Die Reform der PKH, 2014
dies., Abrechnung in Familiensachen, 4. Aufl. 2017
Jürgens, Betreuungsrecht, 6. Aufl. 2019
Karlsruher Kommentar zur Strafprozessordnung, 8. Aufl. 2019
Karpenstein/Mayer, EMRK, 2. Aufl. 2015
Kawamura, Die Geschichte der Rechtsberatungshilfe in Deutschland, 2014
Keidel, Freiwillige Gerichtsbarkeit, 20. Aufl. 2020
Kilian/Dreske (Hrsg.), Statistisches Jahrbuch der Anwaltschaft 2013/2014, 2014.
Kleine-Cosack, Bundesrechtsanwaltsordnung, 8. Aufl. 2020
Klinge, Das Beratungshilfegesetz, 1980
Kohte/Ahrens/Grote/Busch/Lackmann, Verfahrenskostenstundung, Restschuldbefreiung und Verbraucherinsolvenzverfahren, 8. Aufl. 2017
Kopp/Schenke, VwGO, 26. Aufl. 2020
Künzl/Koller, Prozesskostenhilfe, 2. Aufl. 2003
Lechner/Zuck, Bundesverfassungsgerichtsgesetz, 8. Aufl. 2019
Lindemann/Trenk-Hinterberger, Beratungshilfegesetz, 1987
Lissner/Dietrich/Schmidt, Beratungshilfe mit Prozess-, Verfahrenskostenhilfe, 3. Aufl. 2018
Lösch, Die Stellung des Antragsgegners im Prozesskostenhilfeverfahren, 1997
Löwe/Rosenberg, Die Strafprozessordnung und das Gerichtsverfassungsgesetz, Großkommentar, 27. Aufl. 2017
Mayer/Kroiß, Rechtsanwaltsvergütungsgesetz, 8. Aufl. 2021
Meier, Hat sich die Prozesskostenhilfe bewährt? Diss. 1987
Meyer, GKG/FamGKG 2020, 17. Aufl. 2020
Meyer-Goßner/Schmitt, StPO, 64. Aufl. 2021
Meyer-Ladewig/Nettesheim/von Raumer, EMRK, 4. Aufl. 2017
Meyer-Ladewig/Keller/Leitherer/Schmidt, Sozialgerichtsgesetz, 13. Aufl. 2020
Möbius, Das Prinzip der Rechtsschutzgleichheit im Recht der Prozesskostenhilfe, 2014
Münchener Kommentar zum Bürgerlichen Gesetzbuch (MüKoBGB/Bearbeiter), 5. Aufl. 2007 ff. und 8. Aufl. 2020
Münchener Kommentar zum FamFG (MüKoFamFG/Bearbeiter), 3. Aufl. 2018
Münchener Kommentar zur Insolvenzordnung (MüKoInsO/Bearbeiter), 4. Aufl. 2019
Münchener Kommentar zur Strafprozessordnung (MüKoStPO/Bearbeiter) 1. Aufl. 2019
Münchener Kommentar zur Zivilprozessordnung (MüKoZPO/Bearbeiter), 1. Aufl. 1992 und 6. Aufl. 2020
Musielak/Voit, ZPO, 18. Aufl. 20210
Musielak/Borth, Familiengerichtliches Verfahren, 6. Aufl. 2018
Niepmann/Seiler, Die Rechtsprechung zur Höhe des Unterhalts, 14. Aufl. 2019
Oberloskamp (Hrsg.), Vormundschaft, Pflegschaft, Beistandschaft für Minderjährige, 4. Aufl. 2017

Palandt, Bürgerliches Gesetzbuch, 80. Aufl. 2021
Pechstein, EU-/EG-Prozessrecht, 4. Aufl. 2011
Poller/Härtl/Köpf (Hrsg.), Gesamtes Kostenhilferecht, 3. Aufl. 2018
Prütting/Gehrlein, ZPO, 12. Aufl. 2020
Prütting/Helms, FamFG, 5. Aufl. 2020
Rehberg/Asperger/Vogt/Feller/Hellstab/Jungbauer/Bestelmeyer/Frankenberg, RVG, 7. Aufl. 2020
Riedel/Sußbauer, RVG, 10. Aufl. 2015
Roos/Wahrendorf/Müller, SGG, 2. Aufl. 2021
Rosenberg/Schwab/Gottwald, Zivilprozessordnung, 18. Aufl. 2018
Saenger (Hrsg.), ZPO, 9. Aufl. 2021
Schellhorn/Hohm/Schneider/Legros (Hrsg.), SGB XII – Sozialhilfe, 20. Aufl. 2020
Schippel/Görk, Bundesnotarordnung, 10. Aufl. 2021
Schmidt, Insolvenzordnung, 19. Aufl. 2016
Schneider, Gebühren in Familiensachen, 2009
Schneider, Justizvergütungs- und –entschädigungsgesetz, 4. Aufl. 2021
Schneider/Herget, Streitwert, 14. Aufl. 2015
Schneider/Thiel, Das neue Gebührenrecht für Rechtsanwälte, 2. Aufl. 2014
Schneider/Volpert/Fölsch (Hrsg.), Gesamtes Kostenrecht, 3. Aufl. 2021 (zit. NK-GK/Bearbeiter)
Schneider/Wolf (Hrsg.), Anwaltkommentar RVG, 8. Aufl. 2017 (zit. AnwK-RVG/Bearbeiter)
Schoch/Schneider/Bier (Hrsg.), Verwaltungsgerichtsordnung, 39. Ergänzungslieferung, 2020
Schuster, Prozesskostenhilfe, 1980
Schwab/Ernst, Handbuch des Scheidungsrechts, 8. Aufl. 2019
Staudinger, BGB, 2009 ff.
Stein/Jonas(/Bearbeiter), Zivilprozessordnung, 23. Aufl. 2016
Teubel/Scheungrab (Hrsg.), Münchener Anwaltshandbuch Vergütungsrecht, 2. Aufl. 2011
Thomas/Putzo, Zivilprozessordnung, 42. Aufl. 2021
Tipke/Kruse, Abgabenordnung, Finanzgerichtsordnung, Loseblattsammlung 2021
Toussaint (Hrsg.) Kostenrecht, 51. Aufl. 2021
Tschöpe/Ziemann/Altenburg, Streitwert und Kosten im Arbeitsrecht, 2012
Uhlenbruck (Hrsg.), Insolvenzordnung, 15. Aufl. 2019
Vallender, Beratungshilfe, 1990
Vallender/Undritz (Hrsg.), Praxis des Insolvenzrechts, 3. Aufl. 2021
Vogel, Prozesskostenhilfe im familiengerichtlichen Verfahren, 1984
Wägenbaur, EuGH – VerfO – Satzung und Verfahrensordnungen des EuGH/EuG, 2. Aufl. 2017
Wendl/Dose, Das Unterhaltsrecht in der familienrichterlichen Praxis, 10. Aufl. 2019
Weyland, Bundesrechtsanwaltsordnung, 10. Aufl. 2020
Wiesner, SGB VIII Kinder- und Jugendhilfe, 5. Aufl. 2015
Wimmer (Hrsg.), Frankfurter Kommentar zur Insolvenzordnung, 9. Aufl. 2018
Zimmermann, Prozesskosten- und Verfahrenskostenhilfe, insbesondere in Familiensachen, 6. Aufl. 2021
Zöller, Zivilprozessordnung, 33. Aufl. 2020

1. Teil. Prozess- und Verfahrenskostenhilfe

§ 1 Einleitung

I. Das Gesetz über Prozesskostenhilfe vom 13.6.1980

Finanzielle Hilfe zur Durchführung eines gerichtlichen Verfahrens wird durch das Gesetz über Prozesskostenhilfe vom 13.6.1980 (BGBl. 1980 I 677) gewährt. 1

Der **historische Ursprung**[1] der Prozesskostenhilfe geht jedoch bis in das klassische Römische Recht zurück, das unbemittelten Bürgern den Zugang zu den Gerichten durch eine generelle Kostenfreiheit ermöglichte und es darüber hinaus Rechtsbeiständen untersagte, ein Honorar für ihre Tätigkeit geltend zu machen.[2] In das deutsche Recht fand die Prozesskostenhilfe Einzug im frühen Mittelalter, so etwa in der ersten bekannten überlieferten Rechtsordnung der Capitulare Wormatiense aus dem Jahr 829.[3] Die erste bundeseinheitliche Regelung fand sich in der am 1.10.1879 in Kraft getretenen Civilprozeßordnung in §§ 106 ff., die dem heutigen Recht weitgehend entsprechen.

Die der staatlichen Prozesskostenhilfe zugrunde liegenden Grundprinzipien, von Grunsky[4] sehr treffend als „magisches Dreieck" bezeichnet, nämlich die Gewährung von Chancengleichheit für Minderbemittelte, die Kostenbelastung für den staatlichen Haushalt und die Minimierung der Gefahr missbräuchlicher Inanspruchnahme, stehen dabei häufig in einem Konflikt zueinander und sind, auch unter Einbeziehung verfassungsrechtlicher Erwägungen, nicht einfach in Einklang zu bringen.

Zweck der Prozesskostenhilfe (PKH) und der Verfahrenskostenhilfe (VKH), die durch §§ 76 ff. FamFG für Familiensachen und Verfahren der freiwilligen Gerichtsbarkeit eingeführt worden ist, ist nach heutigem durch das Grundgesetz geprägten Verständnis die Verwirklichung des sozialstaatlichen Gebots einer **weitgehenden Gleichstellung wirtschaftlich Starker und Schwacher** im Rechtsschutzbereich,[5] somit eine Form der Gewährung staatlicher Daseinsfürsorge.[6] Die **Rechtsschutzgleichheit** wird verfassungsrechtlich aus Art. 19 Abs. 4, 3 Abs. 1, 20 Abs. 3 GG hergeleitet.[7] Die Verfassung fordert dabei keine vollständige Chancen- und Waffengleichheit, insbesondere muss PKH bzw. VKH nur der vernünftig abwägenden Partei, die auch das Kostenrisiko berücksichtigt, gewährt werden.[8] Geboten ist nur eine Effektuierung des Gleichheitsgebots im Bereich der Rechtspflege und damit eine weitgehende Angleichung der prozessualen Stellung von Bemittelten und Unbemittelten.[9]

---

[1] Eingehend *Gogolin*, S. 37 ff.
[2] *Heimerich* BB 1960, 1071.
[3] *Gogolin*, S. 39 ff., auch zur weiteren Entwicklung im deutschen Sprachraum.
[4] *Grunsky* NJW 1980, 2041.
[5] BVerfG NJW-RR 2005, 140; 2004, 61; 2004, 933; NJW 2003, 576; 2003, 3190; BGH JurBüro 1981, 1169.
[6] BVerfG NJW 1974, 229 (230); NJW 1991, 413; 1997, 2103; FamRZ 2002, 531; MDR 2008, 518; OLG Nürnberg FamRZ 1996, 353; OLG Stuttgart FamRZ 1994, 385; *Möbius* S. 231 ff.
[7] BVerfG NJW 1991, 413; zum Begriff und der Bedeutung der Rechtsschutzgleichheit in der Rspr. des BVerfG vgl. ausf. *Zuck* NJW 2012, 37; *Möbius* S. 1 ff; *Schweigler* SGb 2017, 314 f.
[8] BVerfG NJW 2009, 1654; NJW 2003, 576.
[9] BVerfG NJW 2015, 2173; 2003, 576 und 3190; BAG NJW 2005, 1213.

Als spezialgesetzlich geregelte Form der **Sozialhilfe** im Bereich der Rechtshilfe ist die Prozesskostenhilfe in der Sache anzusehen,[10] demgemäß knüpft die Tabelle in § 115 ZPO (entsprechend für § 76 FamFG) betragsmäßig an den sozialhilferechtlichen Bedarf (SGB XII) an. Es gilt daher – auch im Rahmen von Hauptsacheverfahren, in denen der Beibringungsgrundsatz gilt – der **Amtsermittlungsgrundsatz** für das Einkommen und die Belastungen, wenn auch das Verfahren antragsabhängig ist.[11]

Außerhalb eines gerichtlichen Verfahrens wird Hilfe zur Rechtsberatung als Sozialhilfe durch das BeratungshilfeG geleistet.[12]

II. Änderungen des Prozesskostenhilferechts in der Folgezeit

2   Die Änderungen des Prozesskostenhilferechts in der Folgezeit haben diese grundsätzlichen Zielsetzungen nicht in Frage gestellt, wenn auch die Anknüpfung an das Sozialhilferecht enger geworden ist und mit der Dynamisierung der Tabelle zu § 114 ZPO aF der berechtigten Kritik an veralteten Tabellensätzen Rechnung getragen worden ist.

3   **Durch das Gesetz zur Änderung von Kostengesetzen (KostÄndG)** vom 9.12.1986[13] ist das Prozesskostenhilferecht unter dem Eindruck steigender Kosten zum ersten Mal in wesentlichen Punkten (§§ 115 Abs. 3, 118 Abs. 2 S. 4, 120 Abs. 1 S. 2, Abs. 4, 124 Nr. 2, 127 Abs. 3 ZPO) geändert worden.

4   **Durch das Prozesskostenhilfeänderungsgesetz (PKHÄndG) vom 10.10.1994,**[14] das am 1.1.1995 in Kraft getreten ist, ist das Prozesskostenhilferecht am tiefgreifendsten umgestaltet worden, denn statt der starren Tabelle zu § 114 ZPO aF ist in § 115 ZPO eine Tabelle eingearbeitet worden, die die zu zahlenden Monatsraten nach dem einzusetzenden Einkommen bemisst.[15] Gleichzeitig sind die Abzüge vom Einkommen völlig neu geregelt worden und weiter sind die §§ 116, 117, 120, 127 ZPO geändert worden.

5   **Durch die 2. Zwangsvollstreckungsnovelle vom 17.12.1997, die am 1.1.1999 in Kraft getreten** ist, ist die Prozesskostenhilfe für die Zwangsvollstreckung neu geregelt worden.[16] Vgl. dazu → Rn. 20, 592 ff.

6   **Durch das Insolvenzrechtsänderungsgesetz** vom 26.10.2001,[17] das am 1.12.2001 in Kraft getreten ist, ist die Prozesskostenhilfe für den Insolvenzschuldner in §§ 4a ff. InsO neu geregelt und auf ein Stundungsmodell umgestellt worden.

7   **Durch das Zivilprozess-Reformgesetz** vom 27.7.2001,[18] das am 1.1.2002 in Kraft getreten ist, und das **Zustellungs-Reformgesetz** vom 25.6.2001,[19] das am 1.7.2002 in Kraft getreten ist, sind die §§ 115 und 127 ZPO geändert worden, außerdem hat sich die Änderung des Beschwerderechts ausgewirkt.

8   Durch das **Kostenrechtsmodernisierungsgesetz** vom 5.5.2004,[20] das am 1.7.2004 in Kraft getreten ist (bzw. am 1.7.2006), ist das **GKG** vollkommen neu gefasst worden, das Justizvergütungs- und -entschädigungsgesetz (**JVEG**) hat das ZSEG abgelöst; durch das

---

[10] BGH WM 2019, 2076; FamRZ 2009, 1994; OLG Karlsruhe FamRZ 1995, 1163.
[11] OLG Karlsruhe FamRZ 2004, 122; OLG Zweibrücken FamRZ 2003, 1022 zur Frage unter welchen Voraussetzungen die antraglos gewährte PKH aufgehoben werden kann; Zöller/*Schultzky* ZPO § 118 Rn. 20 unter Betonung der Mitwirkungspflicht der Partei; *Gogolin*, S. 306.
[12] BGBl. 1980 I 689; dazu → Rn. 1117 ff.; BGH FamRZ 2007, 1088.
[13] BGBl. 1986 I 2326.
[14] BGBl. 1994 I 2954; dazu im Einzelnen *Künkel* DAVorm 1995, 14 ff.
[15] → Rn. 592 ff.
[16] BGBl. 1997 I 3039; dazu *Hornung* Rpfleger 1997, 381 (382 f.).
[17] BGBl. 2001 I 2710.
[18] BGBl. 2001 I 1887.
[19] BGBl. 2001 I 1206.
[20] BGBl. 2004 I 718.

Rechtsanwaltsvergütungsgesetz[21] ist die BRAGO abgelöst worden. Das hat zu tiefgreifenden Änderungen in der Abrechnung der Prozesskostenhilfe geführt.

Zum 1.1.2005 richtete sich der Freibetrag gem. § 115 Abs. 1 Nr. 2 ZPO nach dem Grundbetrag des § 85 Abs. 1 Nr. 1 SGB XII, der mit der Höhe des zweifachen Eckregelsatzes des § 28 SGB XII anzusetzen war. Die Grundfreibeträge waren damit vom 1.1.2005 – 31.3.2005 von 364 auf 442 EUR bzw. 256 auf 311 EUR gestiegen. Außerdem war ab 1.1.2005 30 % des Bruttoeinkommens als Zusatzfreibetrag nach § 82 Abs. 3 SGB XII anzusetzen. Die Vorschrift galt in dieser Form nur wenige Monate, denn **ab 1.4.2005** ist § 115 ZPO durch das Justizkommunikationsgesetz[22] wiederum geändert worden. Zum einen hat man den Grundfreibetrag auf 380 EUR bzw. 266 EUR gesenkt. Zum anderen hat man erkannt, dass die Verweisung auf § 82 Abs. 3 SGB XII wegen der fehlenden Obergrenze nicht sachgerecht war, so dass bei erwerbsfähigen Personen nur 50 % des Eckregelsatzes abziehbar waren.

Am 21.12.2004 ist das **EG-Prozesskostenhilfegesetz**[23] in Kraft getreten, durch das die §§ 1076–1078 ZPO und § 10 des Beratungshilfegesetzes eingefügt worden sind. Durch dieses Gesetz ist die grenzüberschreitende Prozesskostenhilfe (und Beratungshilfe) innerhalb der EU eingeführt worden. Die Vorschrift wurde später durch § 10a BerHG ergänzt. **Weitere Änderungen in Einzelheiten** und für die anderen Gerichtsbarkeiten werden im jeweiligen Zusammenhang erörtert.

Zum 1.6.2007 ist eine isolierte Änderung des § 121 Abs. 3 ZPO insofern eingetreten, als es bei der Bestimmung der Mehrkosten für den auswärtigen Anwalt nicht mehr auf den bei dem Prozessgericht zugelassenen, sondern auf den im Bezirk des Prozessgerichts niedergelassenen Rechtsanwalt ankommt.[24]

Zum 1.9.2009 ist § 117 Abs. 2 S. 2 ZPO geändert und die Sätze 3, 4 eingeführt worden.[25] Wenn der Antragsgegner gegen den Antragsteller Anspruch auf Auskunft zu dessen Einkommens- und Vermögensverhältnissen hat, können ihm auch die Erklärungen des Antragstellers zu diesen Verhältnissen zugänglich gemacht werden.

Durch das FamFG – das am 1.9.2009 Kraft getreten ist,[26] wurde die Bezeichnung *„Verfahrenskostenhilfe"* für alle Familiensachen und Verfahren der freiwilligen Gerichtsbarkeit eingeführt und das gesamte Gerichtskostenrecht in Familiensachen durch das FamGKG auf eine neue Grundlage gestellt. Ebenso sind Änderungen im Rechtsanwaltsvergütungsrecht eingetreten; die §§ 16–19, 21 und verschiedene andere Vorschriften des RVG sind umgestaltet worden.

Bedingt durch die **Änderungen der SGB II und XII** und die Einführung des Regelbedarf-Ermittlungsgesetzes,[27] vor allem aber durch die Anlage zu § 28 SGB XII, ergaben sich ab 30.3.2011 Änderungen bei den Abzugsbeträgen im Rahmen des § 115 ZPO.

Reformbestrebungen, die auf Kostensenkung bei der Gewährung von Prozesskostenhilfe abzielten, mündeten schließlich im vom Bundestag am 16.5.2013 beschlossenen **Gesetz zur Änderung des Prozesskostenhilfe- und Beratungshilferechts,**[28] welches am 1.1.2014 in Kraft getreten ist.

Zu diesem Gesetz wurde mit § 40 in der EGZPO eine **Überleitungsvorschrift** angefügt. Danach fanden auf alle am 1.1.2014 laufenden Verfahren in diesem Rechtszug die §§ 114 ff ZPO in der bis zum 1.1.2014 geltenden Fassung Anwendung, wobei eine Maß-

---

[21] BT-Drs. 14/9037.
[22] BGBl. 2005 I 837; dazu *Kindermann* ZFE 2005, 116 und *Nickel* MDR 2005, 729.
[23] BGBl. 2004 I 3392; Einzelheiten → Rn. 1104 ff.
[24] BGBl. 2007 I 358.
[25] FGG-Reformgesetz v. 17.12.2008, BGBl. I 2586 (2701).
[26] G v. 17.12.2008, BGBl. I 2586.
[27] v. 24.3.2011, BGBl. I 453.
[28] BGBl. 2013 I 3533.

nahme der Zwangsvollstreckung als besonderer Rechtszug gilt. Der Vorschrift kam insbesondere für das Abänderungs- und Aufhebungsverfahren nach §§ 120a, 120 Abs. 4 aF, 124 ZPO eine zentraler Bedeutung zu (→ Rn. 958, 995).

Zugleich trat am 1.8.2013 das **Zweite Gesetz zur Modernisierung des Kostenrechts** (2. Kostenrechtsmodernisierungsgesetz – 2. KostRMoG)[29] in Kraft, welches eine Erhöhung der Gerichts-, Justizverwaltungs- und Gerichtsvollziehergebühren und eine Anhebung der Vergütung für Rechtsanwälte, Sachverständige, Dolmetscher, Übersetzer sowie eine Anhebung der Entschädigungen von ehrenamtlichen Richtern und Zeugen vorsah.

12   Am 22.1.2014 ist schließlich im Zuge der PKH-Reform die Verordnung zur Verwendung eines Formulars für die Erklärung über die persönlichen und wirtschaftlichen Verhältnisse bei Prozess- und Verfahrenskostenhilfe (**Prozesskostenhilfeformularverordnung** – PKHFV) in Kraft getreten.[30] Neben inhaltlichen Änderungen in dem zu verwendenden amtlichen Formular sieht § 1 Abs. 1 PKHFV nunmehr auch für das **Überprüfungsverfahren nach § 120a ZPO** einen Formularzwang vor.

Mit dem Gesetz zur Durchführung der Verordnung (EU) Nr. 1215/2012 sowie zur Änderung sonstiger Vorschriften v. 8.7.2014[31] erfolgte eine erste *„Reparatur"* des zum 1.1.2014 in Kraft getretenen PKH-Reformgesetzes mit der **§§ 73a Abs. 4 SGG, 166 Abs. 2 VwGO und § 142 Abs. 3 FGO** (Übertragung der Prüfung der persönlichen und wirtschaftlichen Verhältnisse auf den Urkundsbeamten der Geschäftsstelle) wegen einer zuvor missverständlichen Formulierung[32] in den jeweiligen Bestimmungen geändert wurden (vgl. dazu → Rn. 42).

12a Von großer praktischer Bedeutung für die subjektiven Voraussetzungen der Kostenhilfe war die Anhebung des **Schonvermögens** iSd § 90 Abs. 2 Nr. 9 SGB XII durch eine Änderung von § 1 der DurchführungsVO[33] auf 5.000 EUR, welches über die Verweisung von § 115 Abs. 3 ZPO auch bei der Bewilligung von PKH zu beachten ist.

Mit dem Gesetz zur Neuregelung des Rechts der notwendigen Verteidigung, welches am 13.12.2019 in Kraft getreten ist, hat der Gesetzgeber die Richtlinie (EU) 2016/1919 des Europäischen Parlaments und des Rates vom 26. Oktober 2016 über **Prozesskostenhilfe für Verdächtige und beschuldigte Personen in Strafverfahren** sowie für gesuchte Personen in Verfahren zur Vollstreckung eines Europäischen Haftbefehls (ABl. L 297 vom 4.11.2016, S. 1; L 91 vom 5.4.2017, S. 40) in deutsches Recht umgesetzt und an dem bisherigen System der Bestellung eines Pflichtverteidigers nach §§ 140 ff. StPO bzw. eines Rechtsbeistands nach dem IRG unabhängig von der wirtschaftlichen Leistungsfähigkeit der Betroffenen festgehalten.[34]

12b Mit dem **Gesetz zur Regelung der Wertgrenze für die Nichtzulassungsbeschwerde in Zivilsachen, zum Ausbau der Spezialisierung bei den Gerichten sowie zur Änderung weiterer zivilprozessrechtlicher Vorschriften** wurde mit Wirkung zum 1.1.2020 das Beschwerderecht der Staatskasse novelliert und dort auch die nach § 116 S. 3 ZPO von Parteien kraft Amtes, juristischen Personen und parteifähigen Vereinigungen zu leistenden Zahlungen mit einbezogen. Die letzte Änderung ist schließlich zum 1.1.2021 durch das **Kostenrechtsänderungsgesetz 2021** (KostRÄG 2021) erfolgt. Neben einer allgemeinen Anhebung der Gerichts- und Anwaltsgebühren und kleineren strukturellen Änderungen wurde auch § 115 Abs. 1 ZPO geändert. Die bei der PKH/VKH-Bewilligung maßgeblichen Freibeträge für die Berechnung des nach § 115 ZPO einzusetzenden

---

[29] BGBl. 2013 I 42 (2586).
[30] Verordnung vom 6.1.2014, BGBl. 2014 I34; zu Recht kritisch zum verspäteten Inkrafttreten und problematischen Übergangsfällen *Just* NJ 2014, 102.
[31] BGBl. 2014 I 890.
[32] Vgl. *Straßfeld* SGb 2014, 176 (180).
[33] BGBl. 2017 I 519 v. 22.3.2017.
[34] Vgl. dazu *Schlothauer* StV 2018, 169.

Einkommens erfolgt zukünftig nach den vom Bund für das gesamte Bundesgebiet festgelegten Regelsätzen der Regelbedarfsstufen nach der Anlage zu § 28 SGB XII, während bis dahin die höchsten in Deutschland bestimmten Regelsätze bundesweit heranzuziehen waren. Soweit eine Kommune vom Bund nach oben abweichende Regelsätze bestimmt, sind diese nur noch maßgeblich, wenn es sich um den Wohnsitz der Partei handelt, für die PKH/VKH beantragt wurde (§ 115 Abs. 1 S. 5 ZPO). Der Bund veröffentlicht die Regelsätze des Bundes und die hiervon abweichenden Regelsätze jährlich im Bundesgesetzblatt (§ 115 Abs. 1 S. 6 ZPO).

§ 2 Andere Wege der Prozesskostenminderung

Neben der Prozesskostenhilfe gewährt das Gesetz **wirtschaftliche Entlastung von Prozesskosten** in folgenden Fällen:

(1) Persönliche Gebührenfreiheit für **öffentlich-rechtliche Körperschaften** (§§ 2 GKG, 2 FamGKG, 2 GNotKG).[35]

(2) Befreiung von der **Vorauszahlungspflicht** nach §§ 14 Nr. 3a und b GKG, 15 Nr. 3a und b FamGKG, 16 Nr. 4a und b GNotKG (Zahlungsschwierigkeit oder Verzögerungsgefahr).[36] Diese Möglichkeit ist aber kein Grund, Prozesskostenhilfe zu verweigern.[37]

(3) **Herabsetzung des Streit- bzw. Verfahrenswerts** aus sozialen Gründen, zB gem. §§ 144 PatG, 12 UWG, 26 GebrMG, 247 AktG, 89a GWB, 54 DesignG, 105 EnwG, 142 MarkenG, 22 GeschGehG. Diese Erwägung liegt auch zahlreichen Wertbestimmungen des Familienrechts im FamGKG zugrunde, vgl. etwa §§ 44, 45, 47, 48, 49, 50 FamGKG.[38]

(4) Nichterhebung von Kosten bei **unrichtiger Sachbehandlung,** §§ 21 GKG, 20 FamGKG, 21 GNotKG. Dies ist bereits von Amts wegen in der Kostengrundentscheidung vom erkennenden Gericht zu prüfen.[39]

(5) **Absehen vom Kostenansatz** gem. § 10 KostVfg oder **Niederschlagung wegen Vermögenslosigkeit**[40] nach Landesrecht.

(6) Im Übrigen bestehen auch außerhalb gesetzlicher Regelungen zur staatlichen Prozesskostenhilfe, insbesondere bei höheren Streitwerten, Möglichkeiten kostenarmer Parteien, **gewerbliche Prozessfinanzierung** – im Regelfall gegen Erfolgsbeteiligung – in Anspruch zu nehmen.[41] Diese Form der Prozesskostenfinanzierung kommt insbesondere für Rechtssubjekte wie juristischen Personen oder Insolvenzverwaltern in Betracht, die trotz Kostenarmut keinen Zugang zur Teilhabe an staatlicher Prozesskostenhilfe haben (vgl. § 116 ZPO), zB weil sie – wie der Insolvenzverwalter – auf die Möglichkeiten der Finanzierung durch heranzuziehende Gläubiger verwiesen werden (→ Rn. 78 ff). Im Vergleich zur Prozesskostenhilfe können hier durchaus auch Vorteile in Betracht kommen,

---

[35] Nicht aber für juristische Personen des öffentlichen Rechts und Anstalten, deren sämtliche Einnahmen und Ausgaben nicht in den Haushaltsplan des Landes aufgenommen sind, BGH NJW-RR 2009, 862 – „Lotterien", zur Kostentragung des Jugendamts im familiengerichtlichen Verfahren vgl. § 2 Abs. 2 FamGKG iVm § 64 Abs. 3 S. 2 SGB X und Heilmann/*Dürbeck* FamFG § 81 Rn. 7.
[36] OLG Celle NdsRpfl 2004, 45; *Zimmermann* Rn. 4, zum Unterhaltsrecht vgl. *Volpert* FPR 2013, 538.
[37] OLG Celle OLGR 1998, 140.
[38] Vgl. etwa KG FamRZ 2015, 432 und BT-Drs. 16/6308, S. 299 zu § 45 FamGKG.
[39] BGH NJW-RR 2015, 385.
[40] Näher Toussaint/*Benner* VII A § 10 Rn. 1 ff.
[41] Vgl. dazu die Dissertation von *Böttger*, S. 1 ff., auch zu in Deutschland vorhandenen Anbietern, dort S. 9 Fn. 26 und *Eversberg* AGS 2012, 501; die größten Anbieter sind im Inland die FORIS AG, die Legial AG und die ROLAND ProzessFinanz AG.

wie etwa die fehlende Haftung für die außergerichtlichen Kosten des Gegners im Unterliegensfalle und die Vermeidung eingeschränkter Vergütungssätze für die Tätigkeit von Rechtsanwälten.[42]

14a Die **Musterfeststellungsklage** nach §§ 606 ff. ZPO[43] zielt dagegen nicht unmittelbar auf eine Unterstützung bedürftiger Rechtssuchender ab, ein Beitritt zu einer solchen Klage kann aber gleichwohl das Prozesskostenrisiko im Hinblick auf die Möglichkeit eines Vergleichs (§ 611 ZPO) und der Bindungswirkung des Musterfeststellungsurteils (§ 613 ZPO) begrenzen, auch wenn der angemeldete Verbraucher im Streitfall sein Recht später doch im Prozesswege durchsetzen muss.

§ 3 Anwendungsbereiche der Prozesskostenhilfe

I. Verfassungsgerichtsbarkeit

15 Für das Verfassungsbeschwerdeverfahren fehlt im **BVerfGG** eine ausdrückliche Regelung über die Bewilligung von Prozesskostenhilfe, da das Verfahren **gerichtskostenfrei** (Ausnahme Missbrauchsgebühr nach § 34 Abs. 2 BVerfGG) und (außerhalb der mündlichen Verhandlung) **ohne Anwaltszwang** ist. Das Bundesverfassungsgericht wendet jedoch wegen der Geltung des Sozialstaatsprinzips und von Art 19 Abs. 4 GG die **§§ 114 ff. ZPO entsprechend** an,[44] so dass auch die **Beiordnung eines Rechtsanwaltes** bei entsprechenden Erfolgsaussichten des Rechtsbehelfes in Betracht kommt.[45] Dem **Äußerungsberechtigten** nach § 94 Abs. 3 BVerfGG gewährt das BVerfG nur dann unter den weiteren Voraussetzungen Prozesskostenhilfe, wenn eine Stellungnahme aus der Sicht eines vernünftigen Äußerungsberechtigten angezeigt ist und ein Beitrag zur verfassungsrechtlichen Beurteilung geleistet wird.[46] Auch wird dem Äußerungsberechtigten erst nach Zustellung der Verfassungsbeschwerde nach § 94 Abs. 3 BVerfGG Prozesskostenhilfe bewilligt.[47] Wird bis zum Ablauf der Verfassungsbeschwerdefrist (§ 93 BVerfGG) nur ein PKH-Antrag gestellt, kommt eine Wiedereinsetzung wegen Fristversäumung nur in Betracht, wenn die mittellose Partei den vorgeschriebenen Vordruck benutzt, alle wesentlichen Angaben gemacht und Belege vorgelegt hat.[48] Für den einer mündlichen Verhandlung vorausgehenden Verfahrensabschnitt, insbesondere der Einlegung der Verfassungsbeschwerde, sind die Voraussetzungen für eine Bewilligung von PKH streng.[49] Für eine mündliche Verhandlung selbst wird dagegen wegen des nach § 22 BVerfGG bestehenden Anwaltszwangs PKH zu bewilligen sein. Auch für den Beteiligten einer **Normenkontrollklage** ist die Bewilligung von Verfahrenskostenhilfe möglich.[50] Die **Vergütung** eines beigeordneten Rechtsanwalts bestimmt sich nach §§ 45 ff. RVG. Die **Verfahrenswertfestsetzung** für den Gegenstand der anwaltlichen Tätigkeit erfolgt nach Maßgabe von §§ 33, 37 RVG.[51]

---

[42] *Böttger* S. 17 ff., auch zu weiteren Vorteilen insbesondere für Insolvenzverwalter.
[43] BGBl. 2018 I 1151; vgl. dazu *Waclawik* NJW 2018, 2921.
[44] BVerfGE 1, 109; NJW 1991, 413; Lechner/*Zuck* BVerfGG § 34a Rn. 4.
[45] BVerfG NJW 2011, 3215.
[46] BVerfG NJW 1995, 1415; NJW 2010, 1657 (Äußerungsberechtigter).
[47] BVerfGE 92, 122; *Poller*/Härtl/Köpf 5. Teil Kap. 1 Rn. 11.
[48] BVerfG NJW 2000, 3344.
[49] Lechner/*Zuck* BVerfGG § 34a Rn. 10 mwN der Rspr.
[50] BVerfGE 93, 179.
[51] Vgl. zu den Einzelheiten BeckOK Streitwert/*Dürbeck* Familienrecht – Verfassungsbeschwerde Rn. 2.

II. Ordentliche Gerichtsbarkeit

1. Zivilprozess

In allen Arten zivilprozessualer Streitigkeiten – auch für Arreste und einstweilige Verfügungen – kann Prozesskostenhilfe bewilligt werden. Das gilt auch für Klagen gegenüber ausländischen Parteien, wobei allerdings die Frage der Vollstreckungsaussichten (→ Rn. 577) besonders zu prüfen ist.[52] Folgende Besonderheiten sind zu beachten:

(1) **Für das Mahnverfahren** kann isoliert Prozesskostenhilfe gewährt werden.[53] Ob hierbei gemäß § 114 ZPO eine Prüfung der **Erfolgsaussichten** vorzunehmen ist, hat der BGH[54] vormals offen gelassen und ist umstritten.[55] Da im Mahnverfahren eine Schlüssigkeitsprüfung nicht stattfindet, dürfte die Frage zu verneinen sein, was nunmehr auch der BGH bestätigt hat.[56] Insoweit beschränkt sich die Prüfung auf die Frage, ob die Voraussetzungen für den Erlass eines Mahnbescheides vorliegen. Zu prüfen ist aber die Frage der **Mutwilligkeit** der Rechtsverfolgung, welche dann gegeben sein dürfte, wenn von vornherein damit zu rechnen ist, dass der Gegner – etwa weil er dies angekündigt hat oder die Forderung ausdrücklich bestritten hat -Widerspruch gegen den Mahnbescheid einlegt.[57] Dem Gegner kann Beratungshilfe gewährt werden für die Frage der Erfolgsaussichten eines Widerspruchs oder Einspruchs (→ Rn. 1131).[58]

Eine Bewilligung erstreckt sich bei einer ausdrücklichen Beschränkung auf das Mahnverfahren nicht auf das nachfolgende Streitverfahren. Auch umgekehrt erfasst die PKH für das Klageverfahren nicht das vorausgegangene Mahnverfahren.[59] Die Beiordnung eines Rechtsanwaltes kommt im Regelfall aber nicht in Betracht.[60]

Daneben ist das Europäische Mahnverfahren[61] für grenzüberschreitende Streitigkeiten anwendbar, das frei – neben dem des nationalen Rechts – gewählt werden kann.

(2) Im **Urkundenprozess** bilden Vorbehalts- und Nachverfahren eine rechtliche Einheit, so dass PKH einheitlich zu gewähren ist, auch wenn nur das Nachverfahren Erfolgsaussicht bietet.[62]

(3) **Im selbstständigen Beweisverfahren** kann dem Antragsteller[63] und auch dem Antragsgegner[64] Prozesskostenhilfe bei Erfolgsaussichten des jeweiligen Vorbringens bewilligt werden. Dies gilt auch, wenn glaubhaft gemacht werden kann, dass bei den technischen Feststellungen ein Rechtsanwalt hinzuzuziehen ist.[65] Es kommt nur auf die

---

[52] OLG Dresden OLGR 2004, 294 (nein bei ausländischer Briefkastenfirma; aA: OLG Hamm NJW-RR 2005, 723).
[53] BGH FamRZ 2018, 601; OLG Oldenburg NJW-RR 1999, 579; OLG München MDR 1997, 891 mwN; BLHAG/*Vogt-Beheim* § 119 ZPO Rn. 40; *Wielgoß* NJW 1991, 2070; aA: LG Stuttgart Rpfleger 2005, 32.
[54] BGH FamRZ 2018, 601; BeckRS 2017, 135866; NJW-RR 2017, 1469; NJW-RR 2017, 1470.
[55] Dafür: LG Coburg BeckRS 2017, 140367; LG Stuttgart Rpfleger 2005, 32.
[56] BGH WM 2019, 1848.
[57] BGH FamRZ 2018, 601; BeckRS 2017, 135866; NJW-RR 2017, 1469; NJW-RR 2017, 1470; aA: BGH WM 2019, 1848: Würdigung aller Umstände des Einzelfalles.
[58] VerfGH Rheinland-Pfalz NJW 2017, 1940.
[59] LG Osnabrück JurBüro 2018, 306.
[60] LG Stuttgart AGS 2015, 411; LAG Thüringen BeckRS 2011, 65519; *Zimmermann* Rn. 297.
[61] VO (EG) Nr. 1896/2006 zur Einführung eines Europäischen Mahnverfahrens, das ab dem 12.12.2008 anwendbar ist.
[62] OLG Saarbrücken MDR 2002, 1211; ausführlich *H. Schneider* AGS 2011, 1 ff.
[63] OLG Stuttgart MDR 2010, 169; OLG Oldenburg MDR 2002, 910; LG Dortmund NJW-RR 2000, 516.
[64] OLG Hamm AGS 2015, 408; OLG Naumburg MDR 2010, 403; OLG Bamberg OLGR 1998, 378.
[65] OLG Celle OLGR 2001, 248.

Erfolgsaussicht im selbstständigen Beweisverfahren an, nicht auf die in einem etwaigen Hauptprozess.[66] Das für § 485 Abs. 2 ZPO erforderliche rechtliche Interesse kann auch gegeben sein, wenn die Feststellungen im selbständigen Beweisverfahren der Vermeidung eines Rechtsstreits dienen können.[67] Hieran wird es im Regelfall bei einem selbständigen Beweisverfahren zur Aufklärung der Frage eines **ärztlichen Behandlungsfehlers** fehlen, da sich dort die Frage des ärztlichen Verschuldens und der Kausalität zwischen Verletzung und Schaden nicht klären lässt.[68] Auch mangelnde Substantiierung kann in diesen Fällen zur Verneinung der Erfolgsaussicht führen.[69] Auf der Seite des Antragsgegners ist maßgeblich, ob dieser ein rechtliches Interesse daran hat, bei den Feststellungen durch einen Sachverständigen einen Rechtsanwalt hinzuzuziehen.[70] Bei der Prüfung der Erfolgsaussichten ist, wenn auch nur in eng begrenztem Rahmen, eine vorweggenommene Beweiswürdigung zulässig.[71] Eine nur für das Hauptverfahren bewilligte PKH erfasst nicht die im selbständigen Beweisverfahren entstandenen Gerichtskosten.[72]

(4) **Im Vermittlungsverfahren zur Umgangsregelung** (§ 165 FamFG) ist Verfahrenskostenhilfe nach §§ 76 ff. FamFG zu bewilligen.[73] Dabei ist im Rahmen der Erfolgsaussichten zu beachten, dass nur Eltern eines gemeinsamen Kindes antragsberechtigt sind.[74] Im Regelfall kommt jedenfalls bei hohem Konfliktniveau auch die Beiordnung eines Rechtsanwaltes nach § 78 FamFG in Betracht.[75]

18 (5) Am 15.12.2011 ist das **Gesetz zur Förderung der Mediation und anderer Verfahren der außergerichtlichen Konfliktbeilegung** (BGBl I 2012, 1597) in Kraft getreten.[76] Nur in § 7 des Gesetzes ist eine finanzielle Förderung der Mediation für sozial Schwache im Rahmen von **Forschungsvorhaben** vorgesehen. Anders als bei § 114 ZPO kommt es bei einem Mediationsverfahren auf das Bestehen von Erfolgsaussichten nicht an.[77] Durch die gesetzliche Neufassung des Güterichterverfahrens und den Verfahrensvorschriften betreffend die Teilnahme der Beteiligten an einer Mediation (vgl. §§ 278 Abs. 5, 278a ZPO, 36 Abs. 5, 36a, 135, 156 Abs. 1 FamFG) hat der Gesetzgeber die früher bestehende Möglichkeit von sog. gerichtsnahen Mediationen abgeschafft, so dass sich vormals bestehende Streitfragen um die Vergütung von Mediatoren und Rechtsanwälten insoweit erledigt haben. Im Übrigen ist zwischen dem Verfahren vor dem Güterichter und der Teilnahme an einer (außergerichtlichen) Mediation zu differenzieren.

18a Die Kosten des Verfahrens vor dem **Güterichter** während eines rechtshängigen Verfahrens nach § 278 Abs. 5 ZPO, der sich der Methoden der Mediation bedienen kann

---

[66] OLG Naumburg MDR 2010, 403; OLG Stuttgart MDR 2010, 169; OLG Celle OLGR 2004, 449; OLG Oldenburg MDR 2002, 910; *Groß* ZPO § 114 Rn. 16; **aA:** OLG München BeckRS 2010, 07188.
[67] KG NJW-RR 2000, 513.
[68] OLG Saarbrücken GesR 2012, 309 und MDR 2011, 880 unter Berufung auf BGH NJW 2003, 1741.
[69] OLG Köln BeckRS 2016, 17018 = MedR 2017, 719.
[70] OLG Hamm MDR 2015, 727.
[71] BGH NJW 1994, 1160; LG Hildesheim BeckRS 2017, 123105.
[72] OLG Saarbrücken JurBüro 2017, 601.
[73] OLG Frankfurt FamRZ 2007, 566; 2009, 1079.
[74] OLG Bremen MDR 2015, 952; Staudinger/*Dürbeck* BGB § 1684 Rn. 526.
[75] OLG Bremen FamRZ 2017, 1144; OLG Zweibrücken AGS 2016, 141; OLG Brandenburg FamRZ 2009, 1080; OLG Frankfurt FamRZ 2009, 1079; Keidel/*Weber* FamFG § 78 Rn. 12 falls auch der Gegner anwaltlich vertreten ist; *Zimmermann* Rn. 341; **aA:** OLG Köln FamRZ 2015, 1921; OLG Frankfurt NJW-RR 2013, 962; OLG Hamm BeckRS 2012, 20590 = FuR 2013, 344; NJW-RR 2011, 1230; OLG Oldenburg NJOZ 2011, 1396; OLG Celle FamRZ 2010, 1363; OLG Karlsruhe FamRZ 2010, 2010: Beiordnung nur in Ausnahmefällen.
[76] Vgl. dazu *Ahrens* NJW 2012, 2465.
[77] Zu den weiteren Voraussetzungen von § 7 MediationsG: *Paul/Pape* ZKJ 2012, 464 (470).

§ 3 Anwendungsbereiche der Prozesskostenhilfe

(*vormals gerichtsinterne Mediation*), sind aber von der gewährten Prozesskostenhilfe umfasst.[78] Gerichtliche Kosten für das Verfahren vor dem Güterichter[79] fallen nicht an, auch erhalten die beigeordneten Prozessbevollmächtigten wegen § 19 Abs. 1 S. 2 Nr. 2 RVG keine gesonderte Vergütung.[80] Da demnach das Güterichterverfahren zum Rechtszug gehört, kann die Terminsgebühr nach VV 3104 RVG bei einem erstmaligen Termin beim Güterichter zur Entstehung gelangen, insgesamt im Verfahren aber nur einmal anfallen.[81] Gleiches gilt für die Vergleichsgebühr nach VV 1000, 1003 RVG. Bei einem Mehrvergleich hat der erkennende Richter (nachträglich) auf Antrag zu entscheiden, ob die PKH auf den Abschluss des Mehrvergleichs erstreckt wird.[82] Zu ersetzen sind weiterhin die **Auslagen des Rechtsanwaltes**.[83] Im Übrigen ist der Güterichter nicht befugt, über einen **PKH-Antrag** zu entscheiden,[84] dies fällt – auch hinsichtlich eines etwaigen Mehrvergleichs – ausschließlich in die Zuständigkeit des erkennenden Gerichts (§ 127 Abs. 1 S. 2 ZPO).

Für die Teilnahme an einer **außergerichtlichen Mediation** kann kostenarmen Personen grundsätzlich nur Beratungshilfe nach dem BerHG gewährt werden (→ Rn. 1136), soweit nicht Finanzierungshilfen nach § 7 MediationsG existieren. Eine Verletzung des Justizgewährleistungsanspruchs kann hier schon deshalb nicht bestehen, weil die Mediation eine außergerichtliche und zusätzliche Möglichkeit der Streitbeilegung darstellt. Meint der Gesetzgeber es aber mit der Förderung der Mediation ernst, wozu er auch durch die **Richtlinie** 2008/52 des Europäischen Parlaments und des Rates vom 21.5.2008 über bestimmte Aspekte der Mediation in Zivil- und Handelssachen[85] gehalten ist, so hat er auch im Rahmen der außergerichtlichen Mediation **Rechtsschutzgleichheit** zu gewährleisten.[86] Eine gesetzlich verbindliche Regelung der Mediationskostenhilfe einschließlich einer Bestimmung und Begrenzung der Vergütung der Mediatoren wird daher schon aus verfassungsrechtlichen Aspekten letztlich unumgänglich sein.

18b

Nicht unumstritten ist die Frage der Gewährung von PKH/VKH für eine vom **Gericht angeordnete außergerichtliche Mediation** (§§ 135, 156 Abs. 1 FamFG) bzw. für eine vom Gericht vorgeschlagene Mediation nach Maßgabe von §§ 278a ZPO, 36a FamFG. Auch in diesen Fällen kann allenfalls Mediationskostenhilfe nach Maßgabe von § 7 MediationsG, nicht aber staatliche Finanzierung gewährt werden.[87] Hier sind auch weder Auslagen der Rechtsanwälte noch die von den Parteien verauslagte **Vergütung für den außergerichtlichen Mediator** im Rahmen der Prozesskostenhilfe zu erstatten, weil sie nicht unter die in § 122 Abs. 1 ZPO genannten Kosten fallen. Der Vergütungsanspruch

18c

---

[78] OLG Bamberg FamRZ 2019, 47; Prütting/Helms/*Dürbeck* FamFG § 76 Rn. 57; so auch schon zum alten Recht der gerichtsinternen Mediation: VGH Baden-Württemberg BeckRS 2012, 59308; VG Stuttgart Rpfleger 2012, 291; OLG Celle NJW 2009, 1219; OLG Rostock JurBüro 2007, 194; *Groß* ZPO § 114 Rn. 17.
[79] Vgl. zu seiner Funktion *Fritz/Fritz* FPR 2011, 328.
[80] *Enders* JurBüro 2013, 225 (226); aus der Rspr.: LSG Hessen NZS 2015, 920 (LS), BeckRS 2015, 72889 (keine zweite Verfahrensgebühr für den Rechtsanwalt); OLG Koblenz FamRZ 2015, 437; OLG Braunschweig MDR 2007, 684; OLG Rostock JurBüro 2007, 336; anders ggf. aber wenn in dem Gütetermin auch über nicht rechtshängige Ansprüche Erörterungen stattfinden, vgl. OLG Celle NJW 2009, 117.
[81] Enders JurBüro 2013, 225, 226; Prütting/Helms/*Prütting* FamFG § 36a Rn. 16.
[82] OLG Bamberg FamRZ 2019, 47.
[83] KG Berlin NJW 2009, 2754; OLG Rostock JurBüro 2007, 336.
[84] MüKoZPO/*Prütting* § 278 Rn. 34.
[85] ABl. 2008 L 136, 3.
[86] Insoweit durchaus zutreffend das OLG Köln FamRZ 2011, 1742.
[87] OLG Dresden MDR 2007, 277; *Effer-Uhe* NJW 2013, 3333; *Roth* JZ 2009, 805; Musielak/*Borth* FamFG § 135 Rn. 3; Thomas/Putzo/*Hüßtege* FamFG § 135 Rn. 7; MüKoFamFG/*Viefhues* § 76 Rn. 8; **aA:** OLG Köln FamRZ 2011, 1742; *Spangenberg* FamRZ 2009, 834; *Hergenröder* AGS 2013, 313.

des außergerichtlichen Mediators beruht auch im Falle einer vom Gericht angeordneten Mediation ausschließlich auf einer freien dienstvertraglichen Vereinbarung mit den Parteien.[88] Stundensätze im dreistelligen Bereich sind hier üblich und auch durchaus nicht unangemessen.[89] Im Falle der Erstreckung der Prozesskostenhilfe auf die Mediation würde der Landeskasse aber mangels einer gesetzlichen Begrenzung jeder Einfluss auf die Höhe der Vergütung des Mediators fehlen.[90] Im Übrigen gilt hier die Erwägung, dass Prozessarmen nicht der Justizgewährungsanspruch abgeschnitten wird, sondern lediglich eine zusätzliche Möglichkeit der Streitbeilegung nicht zugänglich ist.[91]

Wird allerdings **vom Gericht** in Verkennung der Rechtslage bei bestehender PKH für beide Parteien ein (außerhalb des Gerichts stehender) Mediator, zB ein Rechtsanwalt, **beauftragt,** erwirbt dieser gemäß §§ 675, 670 BGB – obwohl nicht von § 122 Abs. 1 ZPO umfasst – einen unmittelbaren Vergütungsanspruch gegenüber der Staatskasse und kann nicht auf die zivilrechtliche Geltendmachung seines Anspruchs verwiesen werden.[92]

Damit ist de facto der kostenarmen Partei derzeit der Weg zur Vermeidung eines gerichtlichen Streitverfahrens durch eine Mediation außerhalb der unverbindlichen Förderung nach § 7 MediationsG verschlossen.

19 (6) **Für einen Anwaltsvergleich** (§§ 796a–c ZPO) kann keine PKH gewährt werden, da es sich um Streiterledigung im außergerichtlichen Vorfeld handelt.[93] Gleiches gilt für die Beilegung eines außergerichtlichen Unterhaltsstreites durch die Errichtung einer **Jugendamtsurkunde** (§§ 59 S. 1 Nr. 3 und 4, 60 SGB VIII).[94]

(7) **Für notarielle Vereinbarungen** kann, auch wenn sie im gerichtlichen Verfahren, zB als Scheidungsfolgenvereinbarungen, vorzulegen sind, keine PKH/VKH bewilligt werden, da es sich um außergerichtliche Maßnahmen handelt.[95]

(8) **Für eine Schutzschrift** zur Abwehr einer drohenden einstweiligen Verfügung oder Anordnung kann PKH bewilligt werden, wenn sie – zB in Wettbewerbssachen oder Gewaltschutzsachen – dringend zur Abwehr von Nachteilen erforderlich ist.[96]

20 (9) **Für die Zwangsvollstreckung** muss PKH gesondert bewilligt werden, sie umfasst dann bei der Vollstreckung in das **bewegliche** Vermögen nach §§ 117 Abs. 1 S. 3, 119 Abs. 2 ZPO (§ 77 Abs. 2 FamFG für Familiensachen der freiwilligen Gerichtsbarkeit) **pauschal** alle Vollstreckungshandlungen im Bezirk des Vollstreckungsgerichts einschließlich des Verfahrens zur Erteilung der Vermögensauskunft (→ Rn. 592).[97] In Bezug auf die Beiordnung eines Anwalts (§ 121 ZPO) ist deren Notwendigkeit aber für die jeweilige Maßnahme gesondert festzustellen.[98]

---

[88] MüKoZPO/*Ulrici* Anh. zu § 278a Rn. 27.
[89] Vgl. *Enders* JurBüro 2013, 169 bzgl. eines Rechtsanwaltes als Mediator: 150 bis 650 EUR pro Stunde; *Bischof* FPR 2012, 258.
[90] Das übersieht auch das OLG Köln FamRZ 2011, 1742, das ausdrücklich auch die Kosten des Mediators als von der VKH umfasst ansieht.
[91] *Friedrich/Dürschke* Sozialrecht aktuell 2013, 12, 13; Prütting/Helms/*Prütting* FamFG § 36a Rn. 17.
[92] OLG Koblenz FamRZ 2015, 437 = FamRB 2014, 263 mAnm *Korn-Bergmann*.
[93] Anders wenn der Rechtsanwalt im Prozess beigeordnet ist und einen außergerichtlichen Vergleich schließt, vgl. BGH NJW 1988, 494.
[94] *Bumiller*/Harders/Schwamb FamFG § 76 Rn. 3, zum Verfahren und zu den Kosten Wiesner/*Dürbeck* SGB VIII § 59 Rn. 16, 28 ff.
[95] OLG Koblenz NJW-RR 2016, 767; OLG Karlsruhe MDR 2008, 293; Zöller/*Schultzky* Vorbem. ZPO §§ 114–117 Rn. 3; **aA** für den Fall, dass vor Abschluss der Vereinbarung ein Antrag bei Gericht gestellt wurde: OLG Frankfurt FamRZ 2009, 137.
[96] OLG Köln OLGR 2002, 385; LG Lübeck JurBüro 2005, 265; **aA** aber zu Recht in Unterhalts- und Sorgerechtssachen: OLG Jena FamRZ 2010, 141; OLG Düsseldorf FamRZ 1985, 502.
[97] → Rn. 592 ff.
[98] BGH FamRZ 2010, 288.

Für die **Immobiliarvollstreckung** gilt § 119 Abs. 2 ZPO dagegen nicht, hier ist jeweils für jede Vollstreckungshandlung eine eigene Antragstellung und Bewilligung erforderlich.

Von der Bewilligung von PKH zu unterscheiden ist aber die Frage, ob auch ein Rechtsanwalt nach § 121 ZPO für die Zwangsvollstreckung beizuordnen ist.[99] Ob eine Beiordnung erforderlich ist, hängt auch hier sowohl von der Schwierigkeit der im konkreten Fall zu bewältigenden Rechtsmaterie als auch von den persönlichen Fähigkeiten und Kenntnissen des Rechtsuchenden ab.[100] Für die Beauftragung eines Gerichtsvollziehers dürfte auch dann kein Rechtsanwalt beizuordnen sein, wenn der Gläubiger wegen mangelnder Deutschkenntnisse nicht in der Lage ist, seine Rechte selbst wahrzunehmen.[101] Anders jedoch dürfte zu verfahren sein, wenn die Vollstreckung im konkreten Fall mit rechtlichen oder tatsächlichen Schwierigkeiten verbunden ist.[102]

Die Rechtsverteidigung im **Zwangsversteigerungsverfahren** ist nur aussichtsreich, wenn der Schuldner darlegt, gegen welche vollstreckungsrechtliche Maßnahme er sich wendet oder wie er sich sonst am Verfahren beteiligen will.[103] Im Übrigen ist hier Prozesskostenhilfe für jede Zwangsvollstreckungsmaßnahme gesondert zu beantragen.[104]

Große praktische Bedeutung hat die Bewilligung von PKH/VKH vor allem in **Zwangs- und Ordnungsmittelverfahren** nach §§ 888 ff. ZPO, 89 ff. FamFG.

(10) **Im Insolvenzverfahren** kann PKH in Form der Stundung der Kosten des Insolvenzverfahrens nach Maßgabe von §§ 4a ff. InsO bewilligt werden; → Rn. 67 ff. (Insolvenzschuldner).

(11) **Für die Prüfung, ob ein Rechtsmittel Aussicht auf Erfolg** hat, kann keine Prozesskostenhilfe, sondern nur Beratungshilfe bewilligt werden.[105]

(12) **Für das PKH-Bewilligungsverfahren** kann – bis auf den Vergleich – grundsätzlich keine PKH gewährt werden. Wegen der Einzelheiten ist auf → Rn. 185 ff. zu verweisen.

(13) **Im Patenterteilungsverfahren**[106] (§§ 129 ff. PatG), **Markenschutzverfahren**[107] (§ 81a MarkenG), **Gebrauchsmusterverfahren** (§ 21 Abs. 2 GebrMG iVm §§ 129 ff. PatG, § 18 Abs. 3 S. 3 GebrMG)[108], **Designschutzverfahren** (§ 24 DesignG)[109], in **Sortenschutzsachen** (§ 36 SortenschutzG iVm §§ 129 ff. PatG) sowie in **Verfahren nach dem Halbleiterschutzgesetz** (§ 11 Abs. 2 HalblSchG iVm § 21 Abs. 2 GebrMG) kann ebenfalls Verfahrenskostenhilfe gewährt werden.

(14) Für das **Kindesrückführungsverfahren** beim Bundesamt für Justiz[110] kann das Familiengericht keine Prozesskostenhilfe bewilligen, weil es sich um ein Verwaltungs-

---

[99] Zu Recht verneinend Musielak/Voit/*Fischer* ZPO § 121 Rn. 15; aA: LG Koblenz JurBüro 2002, 321.
[100] BGH FamRZ 2010, 288; OLG München AGS 2015, 535: bejaht bei Eintragung einer Zwangshypothek.
[101] aA: LG Duisburg FamRZ 2004, 1652 und noch in der Vorauflage unter Rn. 10.
[102] LG Bückeburg FamRZ 2008, 2293.
[103] BGH FamRZ 2004, 177.
[104] BGH NJW-RR 2004, 787.
[105] BGH NJW 2004, 2595; OLG Frankfurt NZFam 2018, 859; OLG Düsseldorf FamRZ 2006, 628; *Jungbauer*, Abrechnung in Familiensachen, Rn. 126.
[106] Auch für Verfahren vor dem Patentamt, vgl. dazu im Übrigen etwa BPatG BeckRS 2015, 15555; *Kelbel* GRUR 1981, 5; Poller/Härtl/Köpf/*Kröger* PatG § 129 Rn. 1 ff.
[107] Schon nach altem Recht auch für das Beschwerdeverfahren vor dem Bundespatentgericht, vgl. BGH GRUR 2009, 88; BPatG BeckRS 2012, 06402; zur Anwendbarkeit von §§ 114 ff. ZPO über § 82 Abs. 1 MarkenG im Beschwerdeverfahren: BPatG BeckRS 2014, 17331.
[108] Vgl. dazu Poller/Härtl/Köpf/*Kröger* GebrMG § 21 Abs. 2 Rn. 1 ff.
[109] Vgl. dazu Poller/Härtl/Köpf/*Kröger* DesignG § 24 Rn. 1 ff.
[110] Vgl. § 3 IntFamRVG, vor dem 1.1.2007 war der Generalbundesanwalt die zuständige zentrale Behörde.

verfahren handelt,[111] anders aber bei dem familiengerichtlichen Verfahren nach § 13 des AusführungsG zum Haager Übereinkommen über die zivilrechtlichen Aspekte internationaler Kindesentführungen. Art. 25 HKÜ verweist hier auf die VKH und somit auf § 76 Abs. 1 FamFG.

23 (15) **Im schiedsrichterlichen Verfahren** (§§ 1025 ff. ZPO)[112] kann keine Prozess- oder Verfahrenskostenhilfe gewährt werden, da es sich nicht um ein Verfahren vor staatlichen Gerichten handelt.[113]

Rechtsbehelfe gegen den Schiedsspruch nach §§ 1059 ff. ZPO sind dagegen Verfahren vor staatlichen Gerichten, so dass für diese Verfahren auch eine Prozesskostenhilfebewilligung in Betracht kommt.[114]

(16) **Im Petitionsverfahren** hat die Volksvertretung (Ausschuss) sachlich zu prüfen und zu bescheiden. Ein Recht auf Zweitbescheidung gibt es aber nicht.[115]

24 (17) Auch in den Entschädigungsverfahren wegen **überlanger Verfahrensdauer** nach § 198 GVG[116] kann über die Verweisung in § 201 Abs. 2 GVG nach Maßgabe der §§ 114 ff. ZPO Prozesskostenhilfe bewilligt werden. Voraussetzung ist neben der Kostenarmut insbesondere eine hinreichende Aussicht auf Erfolg iSd § 114 ZPO, die voraussetzt, dass der Antragsteller substantiiert einen Sachverhalt schildert, aus dem sich schlüssig die Möglichkeit einer unangemessen langen Verfahrensdauer ergibt.[117] Hat das erstinstanzlich zuständige Oberlandesgericht den Antrag auf Bewilligung von Verfahrenskostenhilfe zurückgewiesen, ist die sofortige Beschwerde zum Bundesgerichtshof nicht statthaft (§§ 127 Abs. 2 S. 2, 567 Abs. 1 ZPO).[118] Es kommt insoweit nur die zulassungsabhängige Rechtsbeschwerde nach § 574 ZPO in Betracht. Da nach §§ 201 Abs. 2 GVG, 78 Abs. 1 ZPO ausnahmslos Anwaltszwang besteht, ist der Partei stets nach § 121 Abs. 1 ZPO ein Anwalt beizuordnen.[119]

25 (18) Schließlich kann für die **Verfahren nach dem GKG/FamGKG/GNotKG** (Erinnerung nach §§ 66 Abs. 1 GKG, 57 Abs. 1 FamGKG, 81 Abs. 1 GNotKG, Beschwerde nach §§ 66 Abs. 2 GKG, 57 Abs. 2 FamGKG, 81 Abs. 2 GNotKG, **Streitwertbeschwerde** nach §§ 68 GKG, 59 FamGKG, 83 GNotKG) **keine PKH/VKH** bewilligt werden, da es an einer entsprechender gesetzlichen Verweisung auf §§ 114 ff. ZPO fehlt.[120] Auch eine analoge Anwendung der §§ 114 ff. ZPO kommt nicht in Betracht, weil der Gesetzgeber durch §§ 66 Abs. 8 GKG, 57 Abs. 8 FamGKG, 81 Abs. 8 GNotKG, wonach die jeweiligen Verfahren selbst gebührenfrei sind und Kosten nicht zu erstatten sind, zum Ausdruck gebracht hat, dass Kostenverfahren nicht neuerliche Kostenverfahren erzeugen sollen.[121] Auch besteht in diesen Verfahren kein Anwaltszwang (§§ 66 Abs. 5 S. 1 GKG, 57 Abs. 4 S. 1 FamGKG, 81 Abs. 5 S. 1 GNotKG).[122]

26 (19) Keine Prozess- oder Verfahrenskostenhilfe kann bewilligt werden in von deutschen Gerichten betriebenen **Rechtshilfeverfahren,** da es sich in der Sache nicht um

---

[111] AG Weilburg NJW-RR 2000, 887.
[112] Neuregelung durch das Schiedsverfahrensgesetz vom 22.12.1997 (BGBl. I 3224) zum 1.1.1998.
[113] OLG Stuttgart BauR 1983, 486; *Groß* ZPO § 114 Rn. 14.
[114] *Poller*/Härtl/Köpf ZPO § 114 Rn. 11; BLHAG/*Vogt-Beheim* ZPO § 114 Rn. 37.
[115] OLG Düsseldorf NStZ-RR 2007, 211.
[116] Vgl. dazu *Schenke* NVwZ 2012, 257.
[117] OLG Frankfurt BeckRS 2012, 23828.
[118] BGH BeckRS 2015, 11400; NJW 2012, 2449.
[119] Vgl. iÜ *H. Schneider* AGS 2012, 53 (55).
[120] OLG Düsseldorf AGS 2012, 541; BeckOK Streitwert/Familienrecht/*Dürbeck* Verfahren der Wertfestsetzung Rn. 12; *N. Schneider* NZFam 2016, 472; aA: OLG Frankfurt AGS 2017, 470; NZFam 2016, 472.
[121] Vgl. dazu BGH NJW 2003, 70; VGH München BeckRS 2010, 31416; OLG München MDR 1977, 502.
[122] BT-Drs. 16/11385, S. 56; Toussaint/*Toussaint* GKG § 66 Rn. 46.

inländische gerichtliche Verfahren handelt.[123] Sie kann nur von dem das Verfahren führenden, im Ausland befindlichen Gericht bewilligt werden, wobei es hier in der Sache im Regelfall um die Beiordnung eines Anwalts für das Rechtshilfeverfahren (zB für eine Beweisaufnahme) gehen wird.

2. Familiensachen und Freiwillige Gerichtsbarkeit

(1) Für die Verfahren der freiwilligen Gerichtsbarkeit finden die Regelungen der §§ 76 ff. FamFG über die **Verfahrenskostenhilfe** Anwendung. An die Stelle der PKH tritt folglich die VKH. Hierfür bestimmt § 76 Abs. 1 FamFG, dass die ZPO-Regelungen über die PKH Anwendung finden, soweit sich aus §§ 76–78 FamFG nichts Abweichendes ergibt. Das gilt zB für die **Rechtsbehelfe,** für die nach § 76 Abs. 2 FamFG die sofortige Beschwerde in entsprechender Anwendung der §§ 567–572, 127 Abs. 2–4 ZPO stattfindet.

In **Familiensachen** gelten §§ 76 ff. FamFG, wenn es sich um ein **Verfahren der freiwilligen Gerichtsbarkeit** handelt. In **Ehe- und Familienstreitsachen** (§§ 112, 121 FamFG) finden wegen § 113 Abs. 1 FamFG hingegen die §§ 114 ff. ZPO Anwendung. Da wegen § 113 Abs. 5 Nr. 1 FamFG jedoch an die Stelle der Bezeichnung „Prozess" der Begriff „Verfahren" tritt, ist auch hier VKH zu bewilligen, für die aber nicht §§ 76 ff. FamFG, sondern §§ 114 ff. ZPO gelten. Bedeutung kommt dieser Unterscheidung vor allem für die Frage des Anspruches eines Berechtigten auf Beiordnung eines Rechtsanwaltes zu (§§ 113 Abs. 1 S. 2 FamFG, 121 ZPO für die Familienstreitsachen und § 78 FamFG für die Nichtstreitsachen), vgl. vor allem zur Problematik der **Waffengleichheit bei Amtsermittlungsverfahren** → Rn. 687 ff.).

(2) In allen **Unterbringungssachen** ist § 76 FamFG iVm §§ 114 ff. ZPO ebenfalls anzuwenden, die Beiordnung erfolgt auch bei der öffentlich-rechtlichen Unterbringung nicht mehr nach Landesrecht (Landes-PsychKG),[124] vgl. § 312 Nr. 4 FamFG. In **Unterbringungs-** und auch in **Betreuungsverfahren** wird aber nur dann die Beiordnung eines Rechtsanwaltes nach § 78 FamFG in Betracht kommen, wenn nicht ohnehin schon ein Rechtsanwalt als Verfahrenspfleger (§§ 276, 317 FamFG) bestellt worden ist.[125] Im Übrigen richtet sich die Frage der Beiordnung nach den Umständen des Einzelfalles. Es gelten insoweit die gleichen Kriterien wie bei der Frage, ob für den Betroffenen ein Verfahrenspfleger nach § 276 FamFG zu bestellen ist.[126] Ordnet das Betreuungsgericht im Wege der **Verfahrenskostenhilfe** dem Betroffenen einen Rechtsanwalt bei, so ist die Verfahrenspflegerbestellung mit Wirkung ex nunc aufzuheben,[127] da nach § 276 Abs. 4 FamFG ein **Vorrang der anwaltlichen Vertretung** besteht. Das gilt auch dann, wenn dem Betroffenen ein Anwalt als Verfahrenspfleger bestellt war, der nunmehr im Wege der Verfahrenskostenhilfe im Auftrag des Betroffenen beigeordnet werden soll. Eine Aufhebung der Bestellung des Verfahrenspflegers wird dagegen dann nicht in Betracht kommen, wenn

27

28

---

[123] OLG Frankfurt a. M. BeckRS 2015, 13541 = RVGreport 2016, 198.
[124] LG Hannover FamRZ 1993, 216.
[125] LG Kleve NJW 2015, 176; Keidel/*Zimmermann* FamFG § 78 Rn. 11; **aA:** LG Aachen FamRZ 2004, 1518; Keidel/*Giers* FamFG § 276 Rn. 14. Nach der in FamFG § 276 Abs. 3 enthaltenen gesetzgeberischen Konzeption sollte die Bestellung von Anwälten als Verfahrenspfleger aber entgegen der heutigen Gerichtspraxis ohnehin die Ausnahme sein, vgl. OLG München NJW-RR 2009, 355; Jürgens/*Kretz* FamFG § 276 Rn. 16; Haußleiter/*Heidebach* FamFG § 276 Rn. 5. Zu den Voraussetzungen der VKH im Betreuungsverfahren vgl. auch LG Münster NJW 2009, 2389; LG Mönchengladbach NJW-RR 2007, 1084.
[126] LG München NJW 2016, 3794; bejaht bei Aufhebung der Betreuung; LG Kleve NJW 2015, 176.
[127] Jürgens/*Kretz* FamFG § 276 Rn. 7.

eine ordnungsgemäße Vertretung des Betroffenen durch den Anwalt nicht gewährleistet ist, etwa weil der Betroffene häufig die Anwälte wechselt oder der Anwalt einem Interessenskonflikt ausgesetzt ist.[128]

VKH kann dagegen nicht für sich **am Verfahren beteiligende Angehörige** (§ 274 Abs. 4 FamFG) gewährt werden, da diese sich um der Verbesserung der Rechtsposition des Betroffenen beteiligen und somit nicht um der **Wahrnehmung eigener Rechte**.[129]

29 (3) **Notare** haben gemäß § 17 Abs. 2 BNotO für ihre Urkundstätigkeit in sinngemäßer Anwendung der §§ 114 ff. ZPO Gebührenfreiheit oder Ratenzahlung zu gewähren.[130] Der Notar entscheidet selbst in eigener Zuständigkeit über die Gewährung. Der Antragsteller hat einen Antrag zu stellen und eine Erklärung über die persönlichen und wirtschaftlichen Verhältnisse abzugeben.[131] Die Angaben sind auf Verlangen nach § 118 ZPO glaubhaft zu machen, bei Verweigerung der Urkundstätigkeit aus finanziellen Gründen stehen die Rechtsbehelfe nach §§ 15 Abs. 1 BNotO, 54 BeurkG zur Verfügung.[132] Soweit es um Rechtshandlungen geht, die unter **§ 59 SGB VIII** fallen (zB Fragen der Abstammung, des Sorgerecht, des Unterhalts) wird unter dem Gesichtspunkt der Mutwilligkeit der kostenfreie[133] Weg zum Urkundsbeamten des Jugendamts als vorrangig zu gelten haben. Im Übrigen kommt der Notargebührenhilfe wegen der Pflicht zum Vermögenseinsatz nach § 115 Abs. 3 ZPO in der Praxis keine große Bedeutung zu.[134] Wird sie ausnahmsweise gleichwohl gewährt, sieht das Gesetz vorläufige Gebührenfreiheit oder Zahlung der Notargebühren in Monatsraten als Rechtsfolge vor. Die Abänderung erfolgt nach Maßgabe von § 120a ZPO durch den Notar.

3. Strafprozess

30 (1) **Der Angeklagte** kann keine PKH erhalten. Die Vorschriften über die Pflichtverteidigung (§§ 140 ff., 364a, 364b, 408b, 418 Abs. 4 StPO, 68 JGG) sind abschließende Sonderregelungen.[135] Daran hat der Gesetzgeber auch mit dem Gesetz zur Neuregelung des Rechts der notwendigen Verteidigung, welches am 13.12.2019 in Kraft getreten ist, festgehalten. Das Gesetz dient der Umsetzung der Richtlinie (EU) 2016/1919 des Europäischen Parlaments und des Rates vom 26. Oktober 2016 über **Prozesskostenhilfe für Verdächtige und beschuldigte Personen in Strafverfahren** sowie für gesuchte Personen in Verfahren zur Vollstreckung eines Europäischen Haftbefehls (ABl. L 297 vom 4.11.2016, S. 1; L 91 vom 5.4.2017, S. 40).

Nach § 140 Abs. 1 Nr. 9 StPO erhält der Angeklagte aus Gründen der Waffengleichheit[136] stets einen Pflichtverteidiger, wenn dem Verletzten nach §§ 397a, 406h Abs. 3 und 4 StPO ein Rechtsanwalt beigeordnet wurde.

---

[128] KG FGPrax 2004, 117; Prütting/Helms/*Fröschle* FamFG § 276 Rn. 52; zur ähnlichen Problematik in Kindschaftssachen bei der Bestellung eines Verfahrensbeistands (§ 158 Abs. 5 FamFG) vgl. BGH NJW-RR 2018, 676.

[129] BGH NJW 2017, 2622; NJW 2015, 234; LG Kleve BeckRS 2013, 04697; Prütting/Helms/*Dürbeck* FamFG § 76 Rn. 10; *Götsche* FamRZ 2009, 383.

[130] Näher DIV-Gutachten DAVorm 1988, 145 f.

[131] *Diehn* BNotO § 17 Rn. 75.

[132] LG Kaiserslautern DNotZ 1971, 767**aA:** *Appell* DNotZ 1981, 603: Dienstaufsichtsbeschwerde.

[133] Vgl. Wiesner/*Dürbeck* SGB VIII § 59 SGB Rn. 16.

[134] *Diehn* BNotO § 17 Rn. 74.

[135] OLG Düsseldorf NStZ 1989, 92; zur Vergütung BVerfG NJW 2005, 126; zur Abrechnung KG AGS 2005, 66 mAnm *Schneider*.

[136] BT-Drs. 17/6261, S. 11.

§ 3 Anwendungsbereiche der Prozesskostenhilfe

Begehrt der unverteidigte Angeklagte die Bewilligung von PKH und Beiordnung eines Rechtsanwalts, ist dies als Antrag auf Beiordnung eines Pflichtverteidigers auszulegen.[137]

(2) **Der Nebenkläger** erhält Prozesskostenhilfe gemäß § 397a Abs. 2 StPO für die Hinzuziehung eines Rechtsanwalts, wenn ihm ein Beistand nach § 397a Abs. 1 StPO nicht zu bestellen ist.[138] Die subjektiven Bewilligungsvoraussetzungen nach § 397a Abs. 2 S. 1 StPO entsprechen denen im Zivilprozess.[139] Besonders geregelt sind dagegen die objektiven Bewilligungsvoraussetzungen: Voraussetzung ist die **Unfähigkeit bzw. die Unzumutbarkeit der eigenen Interessenwahrnehmung.**[140] Erfolgsaussichten der Rechtsverfolgung müssen gem. § 397a Abs. 2 S. 2 StPO nicht bestehen, das Interesse des Nebenklägers muss aber schutzbedürftig sein, was zB bei einem offensichtlich unzulässigen oder unbegründeten Rechtsmittel zu verneinen ist.[141] Auch § 121 Abs. 1 bis 3 ZPO finden nach § 397a Abs. 2 S. 2 StPO keine Anwendung.

31

Eine **Beistandsbestellung** nach § 397a Abs. 1 StPO wirkt – anders als die PKH-Gewährung nach Abs. 2, für die § 119 Abs. 1 ZPO gilt[142] – **über die jeweilige Instanz hinaus bis zum rechtskräftigen Abschluss des Verfahrens.**[143] Auf der anderen Seite wirkt die Bestellung nicht auf den Zeitpunkt des Eingangs des Antrages zurück, sondern gilt erst ab Zugang des Beschlusses bei dem Antragsteller.[144] Nach Rechtskraft des Strafverfahrens kommt eine rückwirkende Bewilligung von PKH zur Beiordnung eines Anwalts grundsätzlich nicht mehr in Betracht,[145] es sei denn es wurde eine Entscheidung über ein bewilligungsreifes Gesuch pflichtwidrig verzögert.[146]

Die Bewilligung und die Beiordnung erstrecken sich aber nicht auf das **Adhäsionsverfahren,** sondern dafür muss gemäß § 404 Abs. 5 StPO eine gesonderte Beiordnung erfolgen.[147]

Für die **Beiordnung des Rechtsanwalts** gilt nach § 397a Abs. 3 S. 2 StPO die Regelung von § 142 Abs. 1 StPO. Es ist also der vom Verletzten bezeichnete Rechtsanwalt beizuordnen, wenn nicht wichtige Gründe entgegenstehen. Die Anwendung von § 121 Abs. 1 S. 1 ZPO ist nach § 397a Abs. 2 S. 2 StPO ausdrücklich ausgeschlossen, so dass ein Anwalt nicht schon dann beigeordnet werden muss, wenn auch der Angeklagte einen Verteidiger hat.[148] Ist die Beiordnung eines Rechtsanwalts nach § 397a Abs. 2 StPO erfolgt, so ist die nachträgliche Bestellung eines Beistands nach § 397a Abs. 1 StPO ausgeschlossen.[149] Auch für Entscheidungen über die PKH nach deren Bewilligung, insbesondere nach §§ 120a, 124 ZPO, ist nach § 397a Abs. 3 S. 2 StPO der Vorsitzende und

---

[137] OLG Braunschweig StV 2014, 275; *Müller/Schmitt* NStZ 2015, 561.
[138] BGH NStZ-RR 2008, 255 zum Vorrang der Bestellung eines Beistandes; auch NJW 1999, 2380 und NStZ 2000, 219; OLG Köln NStZ-RR 2000, 285.
[139] Vgl. *Friedrich* NJW 1995, 617.
[140] Dazu BGH NStZ-RR 2015, 351; *Fromm* JurBüro 2014, 619, 620; *Rieß/Hilger* NStZ 1987, 145 (154); *Böttcher* JR 1987, 133 (137) und *Weigend* NJW 1987, 1170 (1175).
[141] BGH NStZ-RR 2008, 49; NStZ-RR 2003, 6; NStZ-RR 2000, 40; Poller/Härtl/Köpf/*Bendtsen* StPO § 397a Rn. 32; *Kuhn* NStZ 1997, 1, 4.
[142] BGH NStZ-RR 2015, 351; BeckRS 2016, 19120.
[143] BGH StraFo 2008, 131; NStZ-RR 2003, 293.
[144] BGH ASR 2011, 98; OLG Köln NStZ-RR 2000, 285; KK-StPO/*Walther* § 397a Rn. 9.
[145] BGH BeckRS NStZ-RR 2017, 254; BeckRS 2016, 19120; OLG Celle BeckRS 2015, 16902: nur bei nicht rechtzeitiger Verbescheidung des Antrags.
[146] OLG Hamm BeckRS 2017, 116329.
[147] BGH StraFo 2009, 349; NJW 2001, 2486; dazu *N. Schneider* AGS 2005, 51.
[148] KG NStZ-RR 2014, 295; JR 1982, 169; Meyer-Goßner/*Schmitt* StPO § 397a Rn. 9 mwN; *Müller/Schmitt* NStZ 2015, 561 (563).
[149] OLG Karlsruhe NStZ-RR 2015, 381.

nicht der Rechtspfleger zuständig.[150] Für die Vergütung des im Wege der PKH nach § 397a Abs. 2 und 3 StPO beigeordneten Anwalts gilt, dass dessen Kostenerstattungsanspruch gegenüber der Staatskasse nach § 55 RVG – anders als beim Pflichtverteidiger und Beistand nach § 397a Abs. 1 StPO – nicht solche Gebühren und Auslagen umfasst, die vor der Stellung eines bewilligungsreifen Gesuchs entstanden sind, § 48 Abs. 6 RVG ist insoweit nicht analog anzuwenden.[151]

Generell ausgeschlossen war bis zum 31.8.2013 die Beschwerde – auch gegen die versagende Entscheidung – für die Prozesskostenhilfe nach § 397a Abs. 3 S. 3 StPO aF.[152] Durch die gesetzliche Neufassung der Vorschrift zum 1.9.2013 entfiel Abs. 3 S. 3, so dass nunmehr dieselben Anfechtungsmöglichkeiten. Gegen die PKH-Entscheidung findet die Beschwerde nach § 304 StPO statt.[153] Eine Beschwerde der Staatskasse gem. § 127 Abs. 3 ZPO dürfte ausgeschlossen sein,[154] allerdings ist die Staatsanwaltschaft beschwerdeberechtigt. Die Fehlerhaftigkeit der PKH-Entscheidung kann nach § 336 S. 2 StPO nicht mit der Revision gerügt werden.

(3) **Der zur Nebenklage Befugte** kann gemäß §§ 406h Abs. 3 S. 1 iVm 397a StPO auch unabhängig vom Anschluss bereits im **vorbereitenden Verfahren**[155] PKH erhalten.[156] § 406h Abs. 4 S. 1 StPO sieht darüber hinaus die **einstweilige Beiordnung** eines Rechtsanwalts als Beistand vor, wenn (a) besondere Gründe vorliegen, (b) die Mitwirkung eines Beistands eilbedürftig ist und (c) die Bewilligung der PKH möglich[157] erscheint, aber eine rechtzeitige Entscheidung darüber nicht zu erwarten ist. Liegen diese drei Voraussetzungen vor, was insbesondere bei gefährdeter Beweislage in Betracht kommen wird, wird ein Beistand bestellt, dessen Bestellung aber endet, wenn kein fristgerechter PKH-Antrag gestellt wird oder PKH abgelehnt wird.

32 (4) **Der Verletzte, der nicht zur Nebenklage berechtigt ist,** kann keine PKH erhalten. Einem **Zeugen** ist gem. § 68b Abs. 2 StPO unter den dort genannten engen Voraussetzungen[158] ein anwaltlicher Beistand beizuordnen.

33 (5) **Der Privatkläger** kann gemäß §§ 379 Abs. 3, 379a StPO Prozesskostenhilfe nach den zivilprozessualen Vorschriften (§§ 114 ff. ZPO) erhalten, soweit die materiellen Voraussetzungen und Wirkungen der PKH betroffen sind.[159] Für das Bewilligungsverfahren gelten nach zutreffender Ansicht die Regeln der ZPO (§§ 117 ff.).[160] Für die Anfechtbarkeit von PKH-Entscheidungen und das Beschwerdeverfahren[161] gilt aber § 304 StPO und nicht § 127 Abs. 2 ZPO.[162] Da auch §§ 127 Abs. 2 S. 2, 567 Abs. 1

---

[150] OLG Düsseldorf Rpfleger 2018, 503.
[151] OLG Celle AGS 2019, 35; **aA**: OLG Koblenz AGS 2007, 507; Gerold/Schmidt/*Müller-Rabe/Burhoff* RVG § 48 Rn. 197.
[152] OLG Düsseldorf NStZ 1999, 21; Rpfleger 1993, 506; OLG Koblenz MDR 1991, 557; **bejahend dagegen** *Kaster* MDR 1994, 1073 (1077); anfechtbar sind dagegen Entscheidungen nach § 397a Abs. 1 StPO.
[153] OLG Düsseldorf JurBüro 2018, 303: Aufhebung der PKH nach § 124 ZPO; KG NStZ-RR 2014, 295.
[154] OLG Koblenz MDR 1991, 557 zum alten Recht.
[155] AG Eggenfelden NStZ 2005, 18; LG Ravensburg NStZ 1995, 303. § 406h Abs. 3 StPO ist im Sicherungsverfahren entsprechend anzuwenden: vgl. Meyer-Goßner/*Schmitt* StPO § 406h Rn. 8.
[156] Vgl. *Notthoff* DAR 1995, 460 (462); *Kaster* MDR 1994, 1074 (1076) auch zur Vereinbarkeit mit dem JGG.
[157] Vgl. dazu *Böttcher* JR 1987, 133 (137): dh die Bewilligung darf nicht ausgeschlossen sein.
[158] Vgl. dazu BVerfGE 38, 105, 117.
[159] Dazu näher *Kaster* MDR 1994, 1073 (1074) und *Meyer* JurBüro 1983, 1601 ff.
[160] Meyer-Goßner/*Schmitt* StPO § 379 Rn. 8; MüKoStPO/*Daimagüler* § 379 Rn. 13; **aA**: OLG Düsseldorf MDR 1987, 79: StPO.
[161] Also nach § 304 StPO, **aA**: Löwe/Rosenberg/*Hilger* StPO § 379 Rn. 21.
[162] RGSt 30, 143; KK-StPO/*Walther* § 379 Rn. 6; Poller/Härtl/Köpf/*Bendtsen* StPO § 379a Rn. 36.

§ 3 Anwendungsbereiche der Prozesskostenhilfe

ZPO nicht gelten, kann gegen Entscheidungen der Berufungsgerichte Beschwerde eingelegt werden.[163] Die Beiordnung eines Rechtsanwalts ist nach § 121 Abs. 1 ZPO möglich, aber die Grundsätze der Waffengleichheit nach § 121 Abs. 2 ZPO sind hier auch dann nicht entsprechend anwendbar, wenn der Angeklagte einen Verteidiger hat.[164]

(5) **Der Beschuldigte im Privatklageverfahren** hat einen Anspruch auf PKH in der Regel nicht,[165] es sei denn er ist gleichzeitig Widerkläger,[166] ansonsten genügt auch hier die gesetzliche Möglichkeit der Verteidigerbeiordnung nach § 140 Abs. 2 StPO.[167] Im Fall der Erhebung der Widerklage durch den Beschuldigten (§ 388 Abs. 1 StPO) erfolgt die Bewilligung von Prozesskostenhilfe aber lediglich für diese.[168]

(6) **Im Klageerzwingungsverfahren** kann gemäß § 172 Abs. 3 S. 2 Hs. 2 StPO Prozesskostenhilfe bewilligt werden.[169] Der Antrag auf Gewährung von PKH ist innerhalb der Einmonatsfrist des § 172 Abs. 2 S. 1 StPO zu stellen[170] und der Sachverhalt ist in groben Zügen so substantiiert zu schildern, dass ein Rückgriff auf die Ermittlungsakte nicht erforderlich ist.[171] Der Erfolgsaussicht nach § 114 ZPO kommt hier entscheidende Bedeutung zu. Sind die Voraussetzungen der PKH gegeben, so ist ein Anwalt in jedem Fall beizuordnen, da der Klageerzwingungsantrag gemäß § 172 Abs. 3 S. 2 Hs. 1 StPO nur durch einen Rechtsanwalt gestellt werden kann. Auch hier richten sich die Voraussetzungen und Wirkungen der Bewilligung nach §§ 114 ff. ZPO.[172] Die Entscheidung des Oberlandesgerichts über die Prozesskostenhilfe und die Beiordnung eines Rechtsanwaltes ist nach § 304 Abs. 4 S. 2 StPO **unanfechtbar.**

(7) Im **Adhäsionsverfahren** (§§ 403 ff. StPO) kann sowohl der Verletzte als auch der Angeschuldigte ab Anklageerhebung nach § 404 Abs. 5 S. 1 StPO Prozesskostenhilfe beantragen.[173] Es gelten §§ 114 ff. ZPO, auch hinsichtlich der Voraussetzung des Bestehens einer Erfolgsaussicht.[174] Soweit der Angeschuldigte von seinem Recht Gebrauch macht, zum Tatvorwurf zu schweigen, besteht ein Konflikt zum zivilprozessualen Beibringungsgrundsatz, der nur dadurch aufgelöst werden kann, dass dem Angeschuldigten mittels teleologischer Reduktion von § 114 ZPO in Bezug auf die Erfolgsaussicht der Rechtsverteidigung PKH zu gewähren ist.[175]

Ein Rechtsanwalt ist beizuordnen, wenn die Vertretung nach § 121 ZPO durch einen solchen als erforderlich erscheint oder nach § 121 Abs. 2 ZPO der Gegner im Adhäsionsverfahren durch einen Rechtsanwalt vertreten ist. Die Bewilligung der PKH erfolgt für jeden Rechtszug gesondert (§ 119 Abs. 1 S. 1 ZPO).[176] Nach § 404 Abs. 5 S. 3 Hs. 2 StPO sind Entscheidungen über die Prozesskostenhilfe unanfechtbar. Die **Beiordnung eines Pflichtverteidigers** für den Angeklagten **umfasst nicht** seine **Vertretung im Adhäsionsverfahren,** so dass hier ein gesonderter Beschluss nach § 404 Abs. 5 StPO erforder-

34

35

36

---

[163] OLG Düsseldorf MDR 1987, 79; KK-StPO/*Walther* § 379 Rn. 6; Poller/Härtl/Köpf/*Bendtsen* StPO § 379a Rn. 36.
[164] BVerfG NJW 1983, 1599; Graf/*Valerius* StPO § 379 Rn. 9; **aA:** *Behn* NStZ 1984, 103.
[165] Krit.: *Behn* NStZ 1984, 103.
[166] OLG Düsseldorf NStZ 1989, 92; LG Essen NStZ 1986, 329; *v. Stackelberg* NStZ 1986, 43.
[167] BVerfG NJW 1983, 1599.
[168] OLG Düsseldorf NStZ 1989, 92.
[169] BVerfG NJW 2016, 44; BGH NJW 2001, 2486; *Kaster* MDR 1994, 1073.
[170] OLG Karlsruhe MDR 1985, 957; OLG Bremen NJW 1962, 169; **aA:** OLG Celle NdsRpfl 1995, 73.
[171] OLG Frankfurt BeckRS 2017, 147627.
[172] KK-StPO/*Moldenhauer* § 172 Rn. 52.
[173] Ausführlich *Mitsching* StV 2019, 295.
[174] Meyer-Goßner/*Schmitt* StPO § 404 Rn. 14.
[175] *Mitsching* StV 2019, 295 (297); aA: BeckOK StPO/*Ferber* § 404 Rn. 14.
[176] BGH BeckRS 2018, 21469.

lich ist.¹⁷⁷ Wird die Beiordnung des Pflichtverteidigers ohne nähere Prüfung der PKH-Voraussetzungen auf das Adhäsionsverfahren erstreckt, so ist dies für das Vergütungsfestsetzungsverfahren (§ 55 RVG) bindend.¹⁷⁸

36a (8) Ein weiterer Tatbestand der PKH im Strafverfahrensrecht findet sich in § 364b StPO. Danach kann einem Verurteilten ein Verteidiger bereits für die **Vorbereitung eines Wiederaufnahmeverfahrens** bestellt werden, wenn die Sach- oder Rechtslage schwierig ist, Erfolgsaussicht besteht und der Verurteilte „außerstande ist, ohne Beeinträchtigung des für ihn und seine Familie notwendigen Unterhalts auf eigene Kosten einen Verteidiger zu beauftragen" (Abs. 1 S. 1 Nr. 3). Für das Verfahren zur Feststellung der Mittellosigkeit verweist § 364b Abs. 2 StPO auf §§ 117 Abs. 2–4, 118 Abs. 2 S. 1, Abs. 2–4 ZPO. Die Frage der Mittellosigkeit beurteilt sich dabei nach dem Wortlaut und der Systematik nicht nach §§ 114, 115 ZPO, sondern nach unterhalts- und vollstreckungsrechtlichen Maßstäben,¹⁷⁹ was allerdings verfehlt sein dürfte.

37 (9) **Im Strafvollzug** kommt nach § 120 Abs. 2 StVollzG Prozesskostenhilfe lediglich für den Antrag auf gerichtliche Entscheidung und die Rechtsbeschwerde in Betracht.¹⁸⁰ Es gelten die Regeln von §§ 114 ff. ZPO.¹⁸¹ Entscheidungen der Strafvollstreckungskammer über PKH-Fragen unterliegen nach § 127 Abs. 2 S. 2 ZPO nicht der Beschwerde, soweit sie mangels Erfolgsaussichten in der Hauptsache abgelehnt wurden.¹⁸² Soweit aber eine zulässige Rechtsbeschwerde in der Sache erhoben ist, kann auch sofortige Beschwerde gegen die Ablehnung der Prozesskostenhilfe mangels Erfolgsaussicht erhoben werden, da dann keine Gefahr divergierender Entscheidungen besteht.¹⁸³

38 (10) **Die Vergütung des Rechtsanwalts bei strafprozessualer Beiordnung** richtet sich nach VV 4100 ff. RVG; im Adhäsionsverfahren (vermögensrechtliche Ansprüche) aber nach VV 4143 ff. RVG.¹⁸⁴

III. Arbeitsgerichtsbarkeit

39 Gemäß § 11a Abs. 1 ArbGG gelten die §§ 114 ff. ZPO im **Arbeitsgerichtsverfahren** entsprechend, so dass PKH hier unter denselben subjektiven wie objektiven Voraussetzungen wie im Zivilprozess bewilligt werden kann.¹⁸⁵

40 Sowohl für das Beschluss- wie für das Urteilsverfahren¹⁸⁶ gelten nach § 11a Abs. 1 ArbGG im arbeitsgerichtlichen Verfahren uneingeschränkt die PKH-Vorschriften der

---

[177] OLG Karlsruhe NJW-Spezial 2018, 765; OLG Koblenz JurBüro 2014, 356; OLG Dresden BeckRS 2014, 00582; OLG Hamm AGS 2013, 13; KG JurBüro 2011, 254; OLG Hamburg NStZ 2010, 652; OLG Oldenburg AGS 2010, 427; OLG Stuttgart AGS 2009, 387; OLG Bamberg NStZ-RR 2009, 114; *Mitsching* StV 2019, 295, 299; Poller/Härtl/Köpf/*Bendtsen* StPO § 404 Rn. 10; **aA:** OLG Köln BeckRS 2005, 07953; OLG Dresden AGS 2007, 404; OLG Rostock AGS 2011, 540.
[178] OLG Düsseldorf NStZ-RR 2017, 296.
[179] MüKoStPO/*Engländer/Zimmermann* § 364b Rn. 22.
[180] Vgl. dazu *Peglau* NJW 2014, 2012, 2013 f.
[181] OLG Hamm BeckRS 2014, 05808; weitere Einzelheiten bei *Arloth/Krä* StVollzG § 120 Rn. 5 f.
[182] KG BeckRS 2018, 45211; OLG Koblenz BeckRS 2015, 13834; OLG Hamburg NStZ-RR 2009, 127; OLG Stuttgart Justiz 1987, 162.
[183] OLG Rostock BeckRS 2012, 04285.
[184] Vgl. dazu *Fromm* JurBüro 2014, 619 (621 ff.); AnwK-RVG/*N. Schneider* RVG VV 4143–4144 Rn. 1.
[185] Allgemein zur PKH im Arbeitsrecht: *Dänzer-Vanotti* NZA 1985, 919; SPA 2013, 93; *Tschöpe/Ziemann/Altenburg* 2 E Rn. 1 ff.; zu den Auswirkungen der PKH-Reform vgl. *Schrader/Siebert* NZA 2014, 348.
[186] *Germelmann/Künzl* in Germelmann/Matthes/Prütting ArbGG § 11a Rn. 7.

§§ 114 ff. ZPO.[187] Insbesondere die Frage der Beiordnung eines Rechtsanwalts beurteilt sich nunmehr ausschließlich nach § 121 ZPO.[188]

In Bezug auf die Möglichkeit der **Übertragung der Prüfung der subjektiven Voraussetzungen** der PKH vom Vorsitzenden auf den **Urkundsbeamten der Geschäftsstelle** gilt § 20 Abs. 2 RPflG, so dass es – wie in der ordentlichen Gerichtsbarkeit (→ Rn. 110) – zunächst einer positiven Landesregelung bedarf, die es bisher nur in Baden-Württemberg, Hamburg, Nordrhein-Westfalen, Sachsen und Sachsen-Anhalt (nur Amtsgerichte Naumburg und Sangerhausen) gibt.

Die sofortige Beschwerde richtet sich nach § 127 Abs. 2 ZPO, so dass die Monatsfrist für die Einlegung mit der Zustellung beginnt.[189]

IV. Verwaltungsgerichtsbarkeit

Gemäß § 166 Abs. 1 S. 1 VwGO sind die §§ 114 ff. ZPO in Verwaltungsgerichtsverfahren entsprechend anwendbar.[190] Es kann für jedes verwaltungsgerichtliche Verfahren Prozesskostenhilfe gewährt werden, nicht jedoch für das Widerspruchsverfahren nach §§ 68 ff. VwGO, hier kommt nur die Bewilligung von Beratungshilfe in Betracht (→ Rn. 1135).

41

Im Disziplinarverfahren nach der Bundesdisziplinarordnung aF konnte ebenfalls keine Prozesskostenhilfe gewährt werden.[191]

Im Asylverfahren gilt § 80 AsylG, der die Beschwerde ausschließt. Hier verbleibt – vorbehaltlich einer Gehörsrüge nach § 152a VwGO oder einer Gegenvorstellung – nur die Verfassungsbeschwerde gegen ablehnende PKH-Entscheidungen.[192] Obwohl im Asylverfahren nach § 83b AsylG keine Gerichtskosten anfallen, hat die Prozesskostenhilfe gleichwohl große Bedeutung als Grundlage der Beiordnung eines Rechtsanwaltes nach § 121 ZPO.[193]

Nach § 166 Abs. 1 S. 2 VwGO kann statt eines Rechtsanwaltes auch ein **Steuerberater, Steuerbevollmächtigter, Wirtschaftsprüfer** oder **vereidigter Buchprüfer** beigeordnet werden.

Gemäß § 166 Abs. 2 VwGO kann die Prüfung der **subjektiven Voraussetzungen** der PKH vom Vorsitzenden **auf den Urkundsbeamten der Geschäftsstelle** übertragen werden (zur Kritik vgl. → Rn. 110). Anders als in der ordentlichen Gerichtsbarkeit (vgl. → Rn. 110) bedarf es insoweit keiner ausdrücklichen Ermächtigung durch den Landesgesetzgeber. § 166 Abs. 7 VwGO enthält eine **negative Länderöffnungsklausel**, so dass lediglich die Möglichkeit besteht, durch Landesrecht die Übertragungsmöglichkeit nach Abs. 2 **auszuschließen**. Soweit der Urkundsbeamte der Geschäftsstelle nach Maßgabe von § 166 Abs. 2 VwGO PKH abgelehnt hat, findet nach § 166 Abs. 6 VwGO die befristete **Erinnerung** statt, über die das Gericht zu entscheiden hat.

Die **Beschwerde** gegen PKH-Entscheidungen richtet sich nach § 146 VwGO, allerdings sind gemäß § 146 Abs. 2 VwGO Entscheidungen betreffend die Ablehnung der PKH wegen **Fehlens der persönlichen oder wirtschaftlichen Voraussetzungen** un-

---

[187] Zur Vergütung des im Arbeitsgerichtsprozess beigeordneten Rechtsanwalts vgl. *Enders* JurBüro 2014, 449; 505; 561.
[188] Zu arbeitsrechtlichen Besonderheiten ErfK/*Koch* ArbGG § 11a Rn. 32.
[189] ErfK/*Koch* ArbGG § 11a Rn. 37.
[190] Allgemein zur Prozesskostenhilfe im Verwaltungsprozess: *Bader* JuS 2005, 125 (129ff).
[191] BVerwG NVwZ-RR 1997, 664; Beschl. v. 6.10.2009, 1 D 1/09.
[192] Zu den Anforderungen insoweit: BVerfG AnwBl 2006, 1156.
[193] Zur Prozesskostenhilfe in Asylverfahren vgl. *Bergmann*/Dienelt AsylG § 74 Rn. 49–54.

anfechtbar.[194] Dies gilt auch dann, wenn die Versagung auf einer unzureichenden Vorlage von Belegen beruht.[195] Nach zutreffender Ansicht gilt dies auch bei Abänderung der PKH nach § 120a ZPO (→ Rn. 990),[196] nicht aber bei deren Aufhebung[197] (→ Rn. 1029). Im Übrigen ist die Beschwerde unabhängig von einer Zulassung durch das OVG zulässig.[198] Soweit PKH aus sonstigen Gründen, insbesondere wegen Mutwilligkeit oder fehlender Erfolgsaussichten versagt wurde, ist die Beschwerde gem. § 147 VwGO **binnen 2 Wochen** nach Bekanntgabe der Entscheidung beim Verwaltungsgericht einzulegen[199] und – jedenfalls später beim OVG – zu begründen. Die Notfrist von einem Monat nach §§ 166 VwGO, 127 Abs. 2 S. 3 ZPO gilt nicht.[200] Für die PKH-Beschwerden besteht vor dem OVG kein Anwaltszwang (§ 67 Abs. 4 S. 1 VwGO).[201] Das Verwaltungsgericht hat **keine Abhilfemöglichkeit** und legt die Sache gem. § 146 Abs. 4 S. 5 VwGO dem OVG unverzüglich vor, das durch Beschluss entscheidet. Gegen die Entscheidung des OVG findet gem. § 152 VwGO keine (weitere) Beschwerde oder Rechtsbeschwerde statt, jedoch ist eine Anhörungsrüge (§ 152a VwGO) vorgesehen.

V. Sozialgerichtsbarkeit

42 **Gemäß § 73a SGG sind die §§ 114 ff. ZPO in Verfahren vor den Sozialgerichten entsprechend anwendbar.** Angesichts der Kostenfreiheit im sozialgerichtlichen Verfahren nach § 183 SGG hat die Bewilligung von Prozesskostenhilfe hier vor allem für die Frage der **Beiordnung** eines Rechtsanwaltes Bedeutung. Das Gericht kann nach § 73a Abs. 1 S. 2 SGG den beizuordnenden Anwalt, anders als im Ausnahmefall des § 121 Abs. 4 ZPO, schon dann selbst auswählen, wenn der Beteiligte von seinem Recht, ihn auszuwählen, keinen Gebrauch macht.

Wenn in Sozialgerichtssachen **nur teilweise Erfolgsaussichten** bestehen, wird entgegen der zivilrechtlichen Beurteilung von der überwiegenden sozialgerichtlichen Rechtsprechung dem Antragsteller trotzdem unbeschränkte PKH gewährt.[202]

Nach § 73a Abs. 2 SGG wird PKH nicht gewährt, wenn der Beteiligte durch einen **Verbandsvertreter,** insbesondere durch einen Rechtssekretär einer Gewerkschaft oder anderer in § 73 Abs. 6 S. 3 SGG genannter Institutionen vertreten ist. Nach zutreffender Ansicht schließt bereits die bloße Mitgliedschaft in einem Verband und die damit verbundene Möglichkeit einer kostenfreien Vertretung die PKH-Gewährung und Beiordnung eines Rechtsanwaltes aus.[203]

---

[194] Krit. *Ramsauer* AnwBl 2015, 739.
[195] OVG Berlin-Brandenburg NVwZ-RR 2015, 320; Eyermann/*Happ* VwGO § 146 Rn. 11.
[196] OVG Berlin-Brandenburg NVwZ-RR 2018, 415; BeckRS 2018, 19824; VGH Mannheim DÖV 2018, 496; **aA:** OVG Lüneburg AGS 2019, 194; OVG Bautzen NVwZ-RR 2016, 439; Schoch/Schneider/Bier/*Rudisile* VwGO § 146 Rn. 11.
[197] OVG Lüneburg AGS 2019, 194; VGH Mannheim DÖV 2018, 496; OVG Bautzen NVwZ-RR 2016, 439; OVG Berlin-Brandenburg NVwZ-RR 2016, 840 und BeckRS 2018, 19824; Schoch/Schneider/Bier/*Rudisile* VwGO § 146 Rn. 11.
[198] *Seibert* NVwZ 2002, 265 (268 f.).
[199] OVG Hamburg NVwZ 1997, 690; OVG Lüneburg FD-RVG 2010, 304258.
[200] OVG Bremen JurBüro 2012, 205.
[201] VGH München BeckRS 2018, 18307.
[202] LSG Niedersachsen NZS 2008, 336; LSG Hamburg JurBüro 2007, 374; LSG Hessen Beschl. v. 10.1.2005, 6 B 124/04 AL – BeckRS 2005, 18182.
[203] BSG NZS 1996, 397; NJW 2013, 493; kritisch *Schmidt* in: Meyer-Ladewig/Keller/Leitherer/Schmidt SGG § 73a Rn. 4.

Gem. § 73a Abs. 1 S. 3 SGG kann statt eines Rechtsanwaltes auch ein **Steuerberater, Steuerbevollmächtigter, Wirtschaftsprüfer, vereidigter Buchprüfer** oder ein **Rentenberater** beigeordnet werden.

§ 73a Abs. 6 SGG bestimmt, dass der Vorsitzende die in § 73a Abs. 4, 5 SGG genannten Tätigkeiten (zB die Prüfung der persönlichen und wirtschaftlichen Verhältnisse) auf den UdG übertragen kann. § 73a Abs. 9 SGG enthält hierzu eine negative Länderöffnungsklausel, so dass eindeutig durch Landesgesetz zu bestimmen ist, dass § 73a Abs. 6 SGG keine Anwendung findet. Soweit der **Urkundsbeamte der Geschäftsstelle** nach Maßgabe von § 73a Abs. 4 SGG PKH abgelehnt hat, findet nach § 73a Abs. 8 SGG die befristete **Erinnerung** statt, über die das Gericht zu entscheiden hat. Gegen die Entscheidung über die Erinnerung (zB über die Aufhebung oder Abänderung der PKH) ist die **Beschwerde** unstatthaft, was aus der Formulierung „endgültig" in § 73a Abs. 8 SGG zu entnehmen ist.[204]

42a

Gemäß § 73a Abs. 3 SGG bleibt von der PKH-Gewährung unberührt, dass der Antragsteller die Kosten für die gutachterliche Anhörung eines bestimmten Arztes vorschießen und vorbehaltlich einer anderen Entscheidung des Gerichts endgültig tragen muss (§ 109 Abs. 1 S. 2 SGG).

Für die **Beschwerde**[205] gegen richterliche Entscheidungen (vgl. § 73a Abs. 6 SGG) gilt § 172 SGG, so dass sie innerhalb der Monatsfrist des § 173 SGG einzulegen ist. Das Sozialgericht hat eine Abhilfemöglichkeit nach § 174 SGG. Nach § 172 Abs. 3 Nr. 2a SGG ist die Beschwerde gegen eine PKH-Entscheidung zunächst dann ausgeschlossen, wenn sie wegen **Fehlens der persönlichen und wirtschaftlichen Verhältnisse des Antragstellers** verneint wurde.[206] Das gilt nach der zutreffenden Ansicht auch dann, wenn sich die Beschwerde gegen die Anordnung von Ratenzahlungen (§§ 115 Abs. 2, 120 ZPO) richtet[207] oder die persönlichen und wirtschaftlichen Verhältnisse nicht ausreichend glaubhaft gemacht wurden.[208] Die Beschwerde ist auch nicht statthaft, wenn die Ratenzahlung nachträglich im Überprüfungsverfahren nach § 120a ZPO angeordnet wurde.[209] Umstritten ist, ob § 172 Abs. 3 Nr. 2a SGG auch die Beschwerde gegen (richterliche) Aufhebungsentscheidungen nach § 124 ZPO, die im Zusammenhang mit der Bedürftigkeit stehen (wie Abs. 1 Nr. 2–4) erfasst, was zumindest für die Geltung des neuen Rechts zu verneinen ist.[210] Die Beschwerde ist nach § 172 Abs. 3 Nr. 2b SGG zudem dann ausgeschlossen, wenn die Berufung in der Hauptsache der Zulassung bedürfte. Gleiches gilt, wenn das Gericht in der Sache durch Beschluss entscheidet, gegen den die Beschwerde ausgeschlossen ist (§ 172 Abs. 3 Nr. 2c SGG).

---

[204] LSG Baden-Württemberg NZS 2018, 632; LSG Bayern BeckRS 2018, 7089; LSG Bayern BeckRS 2017, 123628; LSG Sachsen BeckRS 2015, 68201; **aA:** für das Nachprüfverfahren Straßfeld, SGb 2014, 236, 239, **aA** für die Aufhebung der PKH *Schmidt* in Meyer-Ladewig/Keller/Leitherer/Schmidt SGG § 73a Rn. 12b.

[205] Allgemein zur PKH-Beschwerde in der Sozialgerichtsbarkeit: *Burkiczak* NJW 2010, 407.

[206] LSG Bayern BeckRS 2016, 72800; BeckRS 2016, 72798.

[207] LSG Baden-Württemberg BeckRS 2009, 54069; *Schmidt* in Meyer-Ladewig/Keller/Leitherer/Schmidt SGG § 172 Rn. 6g; *Roller* NZS 2009, 252.

[208] LSG Bayern BeckRS 2015, 73273; LSG Nordrhein-Westfalen BeckRS 2009, 50860; *Burkiczak* NJW 2010, 407 (408).

[209] LSG Mecklenburg-Vorpommern v. 14.3.2019 – L 8 AS 467/18 B PKH; LSG Bayern BeckRS 2017, 101438; LSG Nordrhein-Westfalen NZS 2012, 38.

[210] LSG Sachsen-Anhalt NJ 2018, 393; LSG Nordrhein-Westfalen BeckRS 2018, 9224; LSG Bayern BeckRS 2015, 71957; **aA:** *Burkiczak* NJW 2010, 407.

VI. Finanzgerichtsbarkeit

43 Nach § 142 Abs. 1 FGO gelten die zivilrechtlichen Vorschriften über die PKH sinngemäß.[211] Große Bedeutung hat die Bewilligung von Prozesskostenhilfe insbesondere auch bei Kindergeldsachen.[212] PKH kann jedem Beteiligten iSd § 57 FGO gewährt werden, dem **Beigeladenen** aber nur, wenn er auch ein Kostenrisiko trägt, indem er beabsichtigt, sich aktiv am Verfahren zu beteiligen.[213] Bei den objektiven Bewilligungsvoraussetzungen gilt neben den notwendigen Erfolgsaussichten und fehlender Mutwilligkeit als ungeschriebenes weiteres Merkmal, dass der **Grundsatz von Treue und Glauben** der Bewilligung von Prozesskostenhilfe nicht entgegenstehen darf.[214] Dies wird von der Rechtsprechung insbesondere dann angenommen, wenn der Bedürftige selbst im Falle des Obsiegens die Verfahrenskosten nach § 137 FGO zu tragen hätte, weil er das Verfahren schuldhaft veranlasst hat, indem er zB eine Steuererklärung vor Klageerhebung nicht abgegeben hat.[215]

Gemäß § 142 Abs. 2 FGO kann **auch ein Steuerberater, Steuerbevollmächtigter, Wirtschaftsprüfer oder vereidigter Buchprüfer** beigeordnet werden. Die Prüfung der subjektiven Voraussetzungen der PKH kann durch den Vorsitzenden auf den **Urkundsbeamten der Geschäftsstelle** übertragen werden (§ 142 Abs. 3 FGO), soweit nicht nach Abs. 8 der Landesgesetzgeber dies ausgeschlossen hat (→ vgl. dazu Rn. 42).

Die **Beschwerde** ist nach § 128 Abs. 2 FGO – anders als in den anderen Gerichtsbarkeiten in PKH-Angelegenheiten – **gänzlich ausgeschlossen**. Soweit allerdings der Urkundsbeamte der Geschäftsstelle nach Maßgabe von § 142 Abs. 3 FGO PKH abgelehnt hat, findet nach § 142 Abs. 7 FGO die befristete **Erinnerung** statt, über die das Gericht zu entscheiden hat. Dem Antragsteller verbleibt im Übrigen die **Anhörungsrüge** nach § 133a FGO[216] oder die Gegenvorstellung.[217] Auch eine vom Finanzgericht zugelassene Rechtsbeschwerde zum Bundesfinanzhof ist nicht vorgesehen.[218] Allerdings kann bei der Nichtzulassungsbeschwerde als Verfahrensmangel **im Rahmen der Hauptsache** gerügt werden, das **rechtliche Gehör** sei nicht ausreichend gewährt worden, da Prozesskostenhilfe nicht bewilligt worden sei.[219]

VII. Ausländische Gerichte

44 Prozesskostenhilfe kann grundsätzlich nur für Verfahren vor inländischen Gerichten bewilligt werden.[220] Für **grenzüberschreitende Prozesskostenhilfe**[221] innerhalb der EU gelten gemäß § 114 Abs. 1 S. 2 ZPO die Vorschriften der §§ 1076–1078 ZPO[222] (vgl. dazu eingehend → Rn. 1104 ff.)

---

[211] Allgemein zur Prozesskostenhilfe im finanzgerichtlichen Verfahren: *Bartone* AO-StB 2009, 150; *Zenke* StB 2006, 302; *Guthmann* in Poller/Härtl/Köpf FGO § 142 Rn. 1.
[212] Vgl. *Zenke* StB 2006, 302.
[213] FG Hamburg ZfSch 1985, 622; Gräber/*Stapperfend* FGO § 142 Rn. 9.
[214] BFH/NV 2000, 722.
[215] BFH/NV 1993, 324.
[216] BFH/NV 2005, 2234.
[217] Vgl. etwa BFH/NV 2010, 454 und hier → Rn. 1036.
[218] BT-Drs. 14/4061, 12.
[219] BFH/NV 2008, 2030; Gräber/*Ratschow* FGO 128 Rn. 11 und Gräber/*Stapperfend* FGO § 142 Rn. 113; krit. *Herden* DStZ 2000, 394 (397).
[220] Zöller/*Schultzky* ZPO Vorbem. §§ 114–117 Rn. 2.
[221] Allgemein hierzu: *Jastrow* MDR 2004, 75.
[222] EG-Prozesskostenhilfegesetz vom 15.12.2004 – BGBl. I 2004 (3392).

Ansonsten kann Prozesskostenhilfe **nur für Rechtsstreitigkeiten vor inländischen Gerichten** gewährt werden.²²³ Eine Ausnahme besteht auch nicht für Beweiserhebungen im Rahmen der Rechtshilfe durch inländische Gerichte.²²⁴ Das gilt auch für die Zwangsvollstreckung.²²⁵ Für Rechtsstreitigkeiten im Ausland außerhalb der EU und für die Zwangsvollstreckung aus inländischen Titeln im Ausland außerhalb der EU muss also in dem jeweiligen Staat, in dem der Rechtsstreit geführt oder die Zwangsvollstreckung betrieben werden soll, um Prozesskostenhilfe nachgesucht werden.²²⁶

Weitere Regelungen zur Prozesskostenhilfe im internationalen Rechtsverkehr sind in Art. 20 ff. des Haager Übereinkommens über den Zivilprozess vom 1.3.1954 (→ Rn. 910d) und in §§ 25 HKÜ, 43 IntFamRVG betreffend das **Haager Kindesentführungsabkommen** enthalten. 45

Für **Auslandsunterhaltssachen** enthalten Art. 44 ff. der VO 4/2009 des Rates über die Zuständigkeit, das anwendbare Recht, die Anerkennung und Vollstreckung von Entscheidungen und die Zusammenarbeit in Unterhaltssachen vom 18.12.2008 (ABl. 2009 L7, 1) **(EuUnthVO)** und das zum 18.6.2011 geänderte Auslandsunterhaltsgesetzes **(AUG)** in §§ 20 ff. zT spezielle Regelungen über die Gewährung von grenzüberschreitender Verfahrenskostenhilfe.²²⁷ 46

§ 4 Parteien im Prozesskostenhilferecht

I. Natürliche Personen

1. Geltendmachung eigener Rechte

„Partei" im Sinne des § 114 Abs. 1 S. 1 ZPO sind natürliche Personen. Sie können im Grundsatz Prozesskostenhilfe für die Verfolgung oder die Verteidigung eigener Rechte sowohl als Kläger als auch als Beklagter erhalten. Dafür sind **Partei- und Prozessfähigkeit** Voraussetzung.²²⁸ **Vermögende Dritte,** die an einem positiven Prozessergebnis für die bedürftige Partei insoweit interessiert sind, als sie gegen diese Ansprüche geltend machen und vollstrecken wollen bzw. können, bleiben außer Betracht.²²⁹ Klagt ein **Miterbe** aus eigenem Recht auf Leistung an die Erbengemeinschaft, kommt es auf seine Einkommens- und Vermögensverhältnisse an; es sei denn, er wird von den – nicht hilfsbedürftigen – Miterben vorgeschoben.²³⁰ **Verfahrenskostenhilfe** können die am Verfahren Beteiligten erhalten (insbesondere Antragsteller, Antragsgegner und unmittelbar Betroffene); zum Begriff des Beteiligten im Allgemeinen vgl. § 7 FamFG; für die einzelnen Verfahren s. auch §§ 161, 172, 188, 204, 219, 274, 315, 345, 418 FamFG.²³¹ Nicht ausreichend für den Anspruch auf Bewilligung von PKH/VKH ist aber die **Verfolgung** 47

---

²²³ OLG Brandenburg FamRZ 2007, 2003; KG IPrax 1993, 241 mAnm *Böhmer* IPrax 1993, 223.
²²⁴ OLG Frankfurt a. M. RVGreport 2016, 198.
²²⁵ KG FamRZ 2006, 1210; OLG Braunschweig IPrax 1987, 236; *Nagel* IPrax 1987, 218.
²²⁶ *Zimmermann* Rn. 8; zur PKH in England: *Wegerich* ZRP 1993, 109.
²²⁷ Vgl. hier § 17 (→ Rn. 1111) und eingehend: *Andrae* NJW 2011, 2545 (2550 f.); *Zimmermann* Rn. 14b und auch Keidel/*Zimmermann* FamFG § 76 Rn. 10.
²²⁸ OLG Frankfurt OLGR 1997, 234; Thomas/Putzo/*Seiler* ZPO § 114 Rn. 2.
²²⁹ BGH NJW 1954, 1933; OLG Düsseldorf NJW 1958, 2021; Zöller/*Schultzky* ZPO § 114 Rn. 9.
²³⁰ OLG Saarbrücken NJW 2009, 2070.
²³¹ Keine Verfahrenskostenhilfe bekommen Zeugen sowie Personen, die lediglich anzuhören sind, § 7 Abs. 6 FamFG; denn sie sind nicht „Beteiligte". Aber auch Außenstehende, die in den Prozess einbezogen werden (zB im Rahmen einer Begutachtung), kommen in Ausnahmefällen für die Gewährung in Betracht; OLG Hamburg NJW-RR 2010, 155: Zwischenverfahren nach § 378 ZPO; OLG

altruistischer Ziele durch einen formal Verfahrensbeteiligten, wie zB eines Angehörigen im Betreuungsverfahren[232] (→ Rn. 28) oder eines Elternteils im Sorgerechtsentzugsverfahren gegenüber dem anderen,[233] da § 114 ZPO die Wahrnehmung eigener Rechte voraussetzt.[234] An diesem mangelt es auch einem Ehegatten, der nach rechtskräftiger Ehescheidung und Regelung des Versorgungsausgleichs VKH für die Aufhebung eines Zwangsgeldbeschlusses nach § 35 FamFG betreffend des anderen Ehegatten begehrt.[235]

Wer als ansonsten Unbeteiligter durch seine Anzeige ein Verfahren nach § 1666 BGB auslöst, kann keine VKH erhalten.[236] Gleiches gilt für nicht am Verfahren beteiligte Großeltern[237] oder andere Verwandte oder Pflegepersonen des Kindes. Die Bewilligung von Verfahrenskostenhilfe ist im Regelfall an die familiengerichtliche **Beteiligtenstellung** iSd § 7 FamFG geknüpft.[238] So können etwa die Kinder des Annehmenden im Adoptionsverfahren mangels Beteiligtenstellung nach §§ 7, 188 FamFG keine VKH beanspruchen.[239]

Im Verfahren über den **Versorgungsausgleich** folgt die Frage der Bewilligung von Verfahrenskostenhilfe ebenfalls nach der Stellung der Ehegatten als Verfahrensbeteiligte iSd § 219 Nr. 1 FamFG. Deshalb ist auch dem Ehegatten des Antragstellers im Verfahren nach § 33 VersAusglG gegen einen Versorgungsträger Verfahrenskostenhilfe zu bewilligen.[240] Keine Verfahrenskostenhilfe können Ehegatten aber bei einer Beschwerde eines Versorgungsträgers im Beschwerdeverfahren beanspruchen, wenn sie der Beschwerde nicht entgegentreten, sondern sie sich auf eine verfahrensbegleitende Rechtswahrnehmung beschränken.[241] Dem ist der **BGH** jedoch so nicht gefolgt und lässt es im Hinblick auf § 149 FamFG im Ergebnis auch im Beschwerdeverfahren genügen, dass ein Bedürfnis zu sachkundiger Begleitung und Überprüfung des komplexen Verfahrens durch einen Rechtsanwalt besteht,[242] was nahezu immer der Fall sein wird.

2. Geltendmachung abgetretener Rechte

48 (1) Ist der Antragsteller **vor Verfahrenseinleitung** Gläubiger der Forderung geworden, macht er ein eigenes Recht geltend. Insoweit kommt es lediglich auf *seine* Vermögenslage an.[243] Das Gericht ist aber nicht gehindert, die Wirksamkeit der Abtretung unter dem Gesichtspunkt der hinreichenden Erfolgsaussicht einer näheren Prüfung zu unterziehen. Zunächst kann die Abtretung aus §§ 134, 138 BGB oder aus anderen Gründen, etwa wegen §§ 399, 400 BGB, unwirksam sein. Dann ist der Antragsteller nicht Rechtsinhaber geworden, und sein Rechtsstreit kann schon aus diesem Grund keinen Erfolg haben.[244] Darüber hinaus ist zu prüfen, ob mit der Abtretung die vermögenslose

---

Hamm NJW-RR 2012, 6: nicht sorgeberechtigter Vater; zum Beteiligtenbegriff vgl. *Bruns* NJW 2009, 2797.
[232] BGH NJW 2015, 234; NJW 2017, 2622.
[233] OLG Frankfurt BeckRS 2015, 00241.
[234] BGH NJW 2015, 234; LG Kleve BeckRS 2013, 04687.
[235] BGH FamRZ 2017, 1700.
[236] OLG Celle FamRZ 2004, 1879 mkritAnm *Fabricius-Brand*.
[237] OLG Koblenz ZKJ 2018, 195 mAnm *Dürbeck*.
[238] BT-Drs. 16/6308 zu § 76 FamFG; vgl. auch aus der Rspr. BGH FamRZ 2011, 552; FamRZ 2013, 1380; OLG Frankfurt MDR 2012, 1466; OLG Hamm FamRZ 2013, 1340.
[239] OLG Brandenburg BeckRS 2019, 23030; OLG Düsseldorf FamRZ 2011, 925.
[240] OLG Hamm FamRZ 2013, 1595.
[241] OLG Karlsruhe BeckRS 2012, 22445; OLG Hamm FamRZ 2009, 1933; OLG Brandenburg FamRZ 2003, 1754.
[242] BGH FamRZ 2014, 551.
[243] Stein/Jonas/*Bork* ZPO § 114 Rn. 6.
[244] Zöller/*Schultzky* ZPO § 114 Rn. 10.

Partei **vorgeschoben** werden soll, um dem Zedenten die Prozessführung auf eigene Kosten zu ersparen. Eine solche Abtretung ist **sittenwidrig** und damit nach § 138 Abs. 1 BGB nichtig.[245] Nach anderer Auffassung soll wegen des Auftragsverhältnisses zwischen Zedent und Zessionar auf das Vermögen des Zedenten abgestellt werden, da im Innenverhältnis ein Prozesskostenvorschussanspruch nach § 670 BGB bestehe, der als Bestandteil des Vermögens der Partei vorrangig einzusetzen sei.[246] Aber auch dann, wenn ein solch strenger Maßstab nicht angelegt wird, kommt ein **prozessualer Rechtsmissbrauch** in Betracht. Materielle Nichtigkeit und prozessualer Rechtsmissbrauch sind nicht identisch. Für die Berechtigung der Inanspruchnahme von Prozesskostenhilfe ist entscheidend, ob ein **triftiger Grund** für die Prozessführung durch den Zessionar besteht. Falls dies zu verneinen ist, kommt es für die Prozesskostenhilfe-Bedürftigkeit sowohl auf die Einkommens- und Vermögensverhältnisse des Zedenten als auch des Zessionars an.[247] Es sind dann insoweit zwei Erklärungen über die persönlichen und wirtschaftlichen Verhältnisse des Zedenten und Zessionars einzuholen.[248] Wird eine sicherungsabgetretene Forderung zur Geltendmachung an den ursprünglichen Forderungsinhaber rückübertragen, wird es allein auf dessen Verhältnisse ankommen.[249]

(2) Bei **Treuhandverhältnissen** ist zwischen eigennütziger und uneigennütziger treuhänderischer Abtretung zu unterscheiden. Bei der Sicherungsabtretung (eigennützige Treuhand) kommt es im Prozess des Treunehmers auf seine Lage an.[250] Wird ein Recht dem Zessionar lediglich zur Einziehung übertragen (Fall der uneigennützigen Treuhand), ist bei der Prüfung der Vermögensverhältnisse auf den bisherigen und den jetzigen Gläubiger abzustellen.[251]

49

(3) Eine Besonderheit gilt auch bei **rückabgetretenen Unterhaltsansprüchen**, etwa nach § 94 Abs. 5 SGB XII. Es ist in der Praxis durchaus verbreitet, dass der Träger staatlicher Sozialhilfe die nach § 94 SGB XII auf ihn kraft Gesetzes übergegangen Unterhaltsansprüche aus verfahrensökonomischen Gründen auf den Bedürftigen zurück überträgt, so dass der Unterhaltsberechtigte nunmehr sowohl für den laufenden als auch den ihm abgetretenen rückständigen Unterhalt Verfahrenskostenhilfe begehren kann. Hier hat der BGH aber inzwischen klargestellt, dass, es bei der Rückabtretung von Unterhaltsansprüchen an der Bedürftigkeit des Unterhaltsberechtigten nach § 114 ZPO fehlt, da diesem ein **Anspruch auf Verfahrenskostenvorschuss** gegen den rückübertragenden öffentlichen Leistungsträger zustehe,[252] so dass es bei rückübertragenen Unterhaltsansprüchen an der Bedürftigkeit des Unterhaltsberechtigten iSd §§ 113 Abs. 1 S. 2 FamFG, 114 ZPO fehlt, weil ihm gegen den rückübertragenden Leistungsträger ein Anspruch auf einen staatlich finanzierten Verfahrenskostenvorschuss zusteht. Zum Problemkreis im Übrigen ausführlich → Rn. 455.

50

---

[245] BGH NJW 1967, 1566; OLG Köln NJW-RR 1995, 1405; OLG Stuttgart FamRZ 1994, 384; Stein/Jonas/*Bork* ZPO § 114 Rn. 6; Zöller/*Schultzky* ZPO § 114 Rn. 10.

[246] KG MDR 2002, 1396; *Zimmermann* Rn. 20.

[247] KG OLGR 2008, 444; 2004, 226; 2002, 260; im Ergebnis auch OLG Koblenz OLGReport 2005, 279; Musielak/Voit/*Fischer* ZPO § 114 Rn. 5; Zöller/*Schultzky* ZPO § 114 Rn. 10.

[248] *Poller*/Härtl/Köpf ZPO § 114 Rn. 38.

[249] KG OLGReport 2009, 314.

[250] OLG Hamm VersR 1982, 1068. *Zimmermann* (Rn. 20) will in solchen Fällen lediglich auf die Verhältnisse des Zedenten abstellen, gegen den der Klagende einen Prozesskostenvorschussanspruch aus § 670 BGB hat, der zum Vermögen zu rechnen ist; so auch OLG Hamburg FamRZ 1990, 1119 und KG FamRZ 1996, 37 mwN.

[251] BGH NJW 1986, 850; OLG Koblenz OLGReport 1999, 342; OLG Köln NJW-RR 1995, 1405; Zöller/*Schultzky* ZPO § 114 Rn. 10.

[252] BGH FamRZ 2008, 1159; FA-FamR/*Diehl* 14. Kap. Rn. 211ff; vgl. dazu auch *Wietz* MDR 2015, 64.

3. Prozessstandschaft

51 Bei **gesetzlicher oder gewillkürter Prozessstandschaft** fallen Prozessführungs- und Sachbefugnis auseinander. Da der Prozessstandschafter ein fremdes Recht geltend macht, stellt sich ähnlich wie bei der Abtretung die Frage, wer „Partei" iSd § 114 ZPO ist und auf wessen Einkommens- und Vermögensverhältnisse abzustellen ist.

(1) Im Fall der **Abtretung nach Rechtshängigkeit** führt der Zedent den Rechtsstreit in Prozessstandschaft gem. § 265 Abs. 2 ZPO fort; es kommt grundsätzlich nur auf seine Verhältnisse an.[253]

Dies gilt aber auch dann, wenn ein Gläubiger des Klägers die Klageforderung nach §§ 829, 835 ZPO **pfändet** und sich zur **Einziehung überweisen** lässt. Der Kläger hat dann zwar seinen Antrag auf Zahlung an den Pfändungsgläubiger umzustellen, er bleibt aber am Ausgang des Rechtsstreits insoweit interessiert, als die Leistung des Beklagten an den Pfändungsgläubiger ihn von seiner Schuld diesem gegenüber befreit.[254] Der Pfändungsgläubiger hat nur ein allgemeines Interesse an der Befriedigung seiner Ansprüche, hingegen kein konkretes eigenes Interesse in Bezug auf die streitbefangene Forderung. Damit kommen seine Verhältnisse nicht in Betracht.[255]

Anders wird die Lage zu beurteilen sein, wenn der den Anspruch des Bedürftigen pfändende Gläubiger selbst anschließend gegen den Drittschuldner klagt. Verfügt hier der Pfändungsgläubiger über ausreichende finanzielle Mittel, kommt Prozesskostenhilfe nicht in Betracht.

52 Bei der **rechtsgeschäftlichen Übertragung während des Rechtsstreits** wird man vom oben erwähnten Grundsatz – nur auf die Verhältnisse des Zedenten kommt es an – eine Ausnahme machen, wenn der Zessionar neben seinem allgemeinen Interesse an der Befriedigung seiner Forderung ein konkretes eigenes Interesse gerade an der abgetretenen Forderung hat.

(2) **Bei den anderen Fällen der gewillkürten Prozessstandschaft** kommt Prozesskostenhilfe ohnehin aus Gründen der Erfolgsaussicht nur dann in Betracht, wenn sie zulässig ist: Zustimmung bzw. Ermächtigung des Rechtsinhabers, Abtretbarkeit des Rechts und ein **eigenes schutzwürdiges Interesse** an der Geltendmachung des fremden Rechts müssen gegeben sein.[256] Weiterhin bleibt zu untersuchen, ob der Antragsteller, der das fremde Recht geltend macht, von dessen Inhaber einen Auslagenvorschuss, etwa aus einem Auftragsverhältnis gemäß §§ 667, 669, 670 BGB, verlangen kann.[257] Nur wenn das nicht der Fall ist, ist in die Prüfung der Vermögensverhältnisse einzutreten.

53 (3) **Der Antragsteller (= Prozessstandschafter) muss in jedem Fall hilfsbedürftig sein.** Er kann nicht geltend machen, sachlich sei nur der Rechtsinhaber interessiert. Voraussetzung für die Zulässigkeit der Prozessstandschaft ist gerade sein eigenes Interesse an der Geltendmachung des fremden Rechts.[258] Ob auch die Bedürftigkeit des Rechtsinhabers eine Rolle spielt, hängt davon ab, ob auch er ein eigenes Interesse an der Prozessführung hat. Nur ausnahmsweise wird dies nicht der Fall sein, zB dann, wenn bei einer Sicherungsabtretung eine hinreichend anderweitig gesicherte Bank für sich keinen Anlass zur Prozessführung sieht.[259] Im Regelfall wird auch der Inhaber des Rechts am

---

[253] *Zimmermann* Rn. 21; Poller/Härtl/Köpf/Poller ZPO § 114 Rn. 44.
[254] Zöller/*Schultzky* ZPO § 114 Rn. 8.
[255] So auch: MüKoZPO/*Wache* § 114 Rn. 48; aA: *Zimmermann* Rn. 23, der auf die Vermögensverhältnisse sowohl des Klägers als auch des Gläubigers abstellen will.
[256] BGH NJW 2000, 738; Thomas/Putzo/*Hüßtege* ZPO § 51 Rn. 31 ff.
[257] *Zimmermann* Rn. 21; Zöller/*Schultzky* ZPO § 114 Rn. 8.
[258] Es fehlt beispielsweise dann, wenn eine überschuldete, vermögenslose GmbH abgetretene Forderungen mit Ermächtigung des neuen Gläubigers für diesen einklagt; BGHZ 96, 151.
[259] OLG Celle NJW 1987, 783.

Ausgang des Rechtsstreits rechtlich und wirtschaftlich interessiert sein. Dann sind auch seine Einkommens- und Vermögensverhältnisse zu berücksichtigen.[260] Bei anderer Ansicht kommt es wie bei den Abtretungsfällen zu dem unerwünschten Ergebnis, dass die vermögenslose Partei zur Prozessführung vorgeschoben werden kann.[261] Das ist **rechtsmissbräuchlich.**

(4) Macht ein mit dem Pflichtigen verheirateter **Elternteil** während der Trennungszeit als **Verfahrensstandschafter** für sein Kind **Unterhaltsansprüche nach § 1629 Abs. 3 S. 1 BGB im eigenen Namen geltend,** so kommt es nach inzwischen geklärter Rechtslage alleine auf die Einkommens- und Vermögensverhältnisse des antragstellenden Elternteiles an, nicht auf diejenigen des Kindes.[262] Umgekehrt kommt es nur auf die wirtschaftlichen Verhältnisse des Kindes und nicht seines gesetzlichen Vertreters an, wenn **in seinem Namen** Ansprüche geltend gemacht werden.[263] 54

(5) Eine Sonderrolle nimmt der **Vormund** eines Kindes ein, der selbst nicht kostenarm iSd § 114 ZPO ist. Auch wenn er selbst als Inhaber der Personensorge in Kindschaftssachen gemäß § 7 Abs. 2 Nr. 1 FamFG am Verfahren beteiligt ist, soll es nach gefestigter Rspr. in Bezug auf die subjektiven Voraussetzungen der PKH auf die Einkommens- und Vermögensverhältnisse des Mündels ankommen, weil seine fremdnützige Stellung der einer Partei kraft Amtes iSd § 116 S. 1 Nr. 1 ZPO gleicht (→ Rn. 56).[264] Dies gilt auch dann, wenn der Vormund in einem verwaltungsgerichtlichen Verfahren Erziehungshilfen nach §§ 27 ff. SGB VIII beansprucht, auch wenn nicht das Kind, sondern er selbst Inhaber des Anspruchs ist.[265] 54a

(6) Auch der fremdnützig im Interesse des Kindes tätige **Verfahrensbeistand** (§ 158 FamFG) kann VKH dann beanspruchen, wenn er in eigenem Namen (vgl. § 158 Abs. 4 S. 5 FamFG) Rechtsbeschwerde (§§ 70 ff. FamFG) einlegt, weil er nach § 10 Abs. 4 FamFG vor dem BGH der Vertretung durch einen beim BGH zugelassen Rechtsanwalt bedarf.[266] Wie beim Vormund (→ Rn. 54a) kommt es in Bezug auf die Bedürftigkeit iSd §§ 114, 115 ZPO auf die Einkommens- und Vermögensverhältnisse des Kindes an. Die Erklärung über die persönlichen und wirtschaftlichen Verhältnisse des Kindes (einschließlich derer seiner Eltern wegen eines im Raums stehenden Verfahrenskostenvorschussanspruchs) haben in diesem Fall der oder die Sorgeberechtigten zu erstellen. Zur Wahrung der Fristen von § 71 Abs. 1 und 2 FamFG sollte der Verfahrensbeistand hier zunächst VKH für eine noch beabsichtigte Beschwerde beantragen.[267] 54b

4. Musterprozesse – Musterfeststellungsklage

Auch bei **Musterprozessen** kann eine bedürftige Partei nicht vorgeschoben werden, wenn in Wirklichkeit alle Beteiligten ein eigenes Interesse am Ausgang des Rechtsstreits haben. Nicht anders als bei der Abtretung fehlt dann ein gerechtfertigter Grund, die Mittel der Allgemeinheit zur Klärung der Rechtsfragen nicht bedürftiger Parteien in 55

---

[260] BGH VersR 1992, 594; OLG Nürnberg OLGReport 2005, 126; OLG Hamm NJW 1990, 105; *Künzl/Koller* Rn. 40.
[261] Vgl. KG MDR 2002, 1397; **aA:** Stein/Jonas/*Bork* ZPO § 114 Rn. 7.
[262] BGH NJW 2005, 1287; FamRZ 2006, 32; OLG Nürnberg MDR 2007, 159; OLG Bamberg MDR 2005, 1056; Musielak/Voit/*Fischer* ZPO § 114 Rn. 6; Thomas/Putzo/*Seiler* ZPO § 114 Rn. 12; **aA:** OLG Köln FamRZ 2001, 1535; OLG Nürnberg FamRZ 2001, 233.
[263] OLG Frankfurt a. M. MDR 2015, 402 = BeckRS 2015, 06398.
[264] BGH NJW-RR 2011, 937 und FamFR 2011, 181 jeweils zum Umgangsrecht; OLG Düsseldorf FamRZ 1995, 373 zum Sorgerecht.
[265] DIJuF-Rechtsgutachten JAmt 2019, 79.
[266] BGH BeckRS 2019, 6248 = ZKJ 2019, 265; Prütting/Helms/*Dürbeck* FamFG § 76 Rn. 10.
[267] Vgl. dazu ausführlich *Dürbeck* ZKJ 2019, 262.

Anspruch zu nehmen.[268] Zur Klage für eine Miterbengemeinschaft → Rn. 47. Im Bereich der **Musterfeststellungsklage** nach §§ 606 ff. ZPO sind Verbraucher, die ihre Ansprüche nach §§ 608 ZPO angemeldet haben, nicht Parteien des Prozesses und können PKH nicht beanspruchen.

5. Gesetzliche Vertretung

56   **Soweit die Partei der gesetzlichen Vertretung bedarf** (Minderjährige, Betreute), kommt es auf nur auf ihre Einkommens- und Vermögensverhältnisse an; die Bedürftigkeit des Vertreters, zB des betreuenden Elternteiles bei einem Unterhaltsanspruch des minderjährigen Kindes, spielt keine Rolle.[269] Das Prozessergebnis belastet und verpflichtet ihn nicht materiell, prozessual begründet die Vertretung keine Einstandspflicht für die Prozesskosten. Allerdings kann ein **Prozess-** bzw. **Verfahrenskostenvorschussanspruch** des Vertretenen gegen den Vertreter bestehen mit der Folge, dass der Vertretene nicht als bedürftig anzusehen ist, denn der Anspruch auf Verfahrenskostenvorschuss gehört zu seinem einzusetzenden Vermögen.[270] Auch bei einer Vertretung des Kindes durch einen **Vormund** kommt es nur auf die wirtschaftlichen Verhältnisse des Mündels an (→ Rn. 54a).[271]

57   Der **Pfleger,** dem das Recht übertragen wurde, den Aufenthalt eines Kindes zu bestimmen, ist zwar nicht gesetzlicher Vertreter des Kindes, hat aber eine diesem ähnliche Stellung, wenn er sich für das Kind an einem Sorge- und Unterhaltsregelungsverfahren beteiligt. Insoweit kommt es auch hier nur auf das Vermögen des Kindes an.[272]

58   Vertritt ein **Nachlasspfleger** die unbekannten Erben, so ist auf den Bestand des Nachlasses abzustellen.[273] Sind die Erben ermittelt, kann sich für sie hinsichtlich der angefallenen Kosten eine Nachzahlungspflicht ergeben, → Rn. 84.

6. Streitgenossen

59   (1) **Streitgenossenschaft** ist sowohl auf der Kläger- als auch auf der Beklagtenseite möglich, §§ 59 ff. ZPO. Grundsätzlich ist jeder Streitgenosse unabhängig von dem andern zu beurteilen, soweit es um die Bewilligung von PKH geht.[274] Obwohl prozessual miteinander verbunden, handelt es sich sowohl bei der einfachen wie bei der notwendigen Streitgenossenschaft um verschiedene Prozessrechtsverhältnisse, die einen unterschiedlichen Verlauf nehmen können. Über diese rein formale Begründung hinaus ist zu untersuchen, ob die PKH-Bewilligung für die Streitgenossen aus Kostengründen Beschränkungen beinhalten kann, soweit es die Anwaltsbeiordnung betrifft.

60   (2) Bei der **notwendigen Streitgenossenschaft** ergeht gegenüber allen Streitgenossen eine einheitliche Sachentscheidung, § 62 ZPO. Beantragen sie sämtlich PKH, so müssen

---

[268] OVG Lüneburg JurBüro 1986, 604 (21 Widersprüche gegen Straßenbaubeiträge; Einigung, dass der Ausgang des Musterverfahrens für alle Anlieger verbindlich sein solle); Musielak/Voit/*Fischer* ZPO § 114 Rn. 4; *Groß* ZPO § 114 Rn. 109.

[269] BGH NJW 1964, 1418; OLG Frankfurt a. M. MDR 2015, 402; OLG Jena FamRZ 1998, 1302; *Zimmermann* Rn. 40; Thomas/Putzo/*Seiler* ZPO § 114 Rn. 12.

[270] BGH NJW-RR 2008, 1531; NJW-RR 2004, 1662; KG NJW-RR 2018, 712; OLG Frankfurt MDR 2015, 402; *Zimmermann* Rn. 40. Zum Verfahrenskosten-Vorschussanspruch im Einzelnen → Rn. 424 ff.

[271] BGH NJW-RR 2011, 937; FamFR 2011, 181; DIJuF-Rechtsgutachten JAmt 2019, 79.

[272] OLG Düsseldorf FamRZ 1995, 373; zur Problematik zur Beiordnung seiner selbst: OLG Schleswig FamRZ 2012, 808.

[273] BGH NJW 1964, 1418; BeckRS 1989, 06595; OLG Saarbrücken FamRZ 2010, 1358; *Zimmermann* Rn. 22; Zöller/*Schultzky* ZPO § 114 Rn. 5; **aA:** OVG Hamburg Rpfleger 1996, 464.

[274] OLG Stuttgart MDR 2000, 545; Thomas/Putzo/*Seiler* ZPO § 114 Rn. 11; Zöller/*Schultzky* ZPO § 114 Rn. 4; **aA:** *Groß* ZPO § 114 Rn. 103; OLG Frankfurt BB 1974, 1458.

sie sich durch einen gemeinsamen Anwalt vertreten lassen. Ist nur einer von ihnen bedürftig, so ist nach der **ständigen Rechtsprechung des BGH** die PKH-Bewilligung bezüglich der Anwaltsgebühren auf die für diesen Fall nach VV 1008 RVG vorgesehene Erhöhung der Gebühren zu beschränken.[275] Dabei kommt es nicht darauf an, dass auch nur diese Beträge geschuldet werden. Nach VV 1008 RVG erhöhen sich lediglich die Verfahrens- und Geschäftsgebühr um einen 0,3 Gebührensatz je weiteren Auftraggeber (höchstens aber um einen 2,0 Gebührensatz). Dementsprechend müsste sich auch die Prüfung hinsichtlich der Leistungsfähigkeit der bedürftigen Partei darauf beziehen, ob sie imstande ist, diesen Erhöhungsbetrag zu zahlen. Diese beschränkte Bewilligung soll auch dann gelten, wenn auch der andere Streitgenosse bedürftig sei, er aber wegen fehlender Erfolgsaussicht keine PKH erhalte.[276]

Auch wenn der bedürftige Streitgenosse im Hinblick auf § 122 Abs. 1 Nr. 3 ZPO keinen anwaltlichen Vergütungsansprüchen ausgesetzt ist, kann er im Innenverhältnis jedoch unter Umständen verpflichtet sein, den hälftigen Anteil der Anwaltskosten gemäß § 7 Abs. 2 RVG oder sogar den ganzen Betrag zu zahlen. Auch aus § 426 BGB kann sich eine Ausgleichspflicht ergeben. Die Konsequenz daraus ist, dass der bedürftige Streitgenosse im Innenverhältnis mehr zu zahlen haben kann, als die Staatskasse ihm bewilligt. Der BGH nimmt dies im Hinblick auf § 123 ZPO in Kauf.[277] Es ist zu fragen, ob diese Folge hinzunehmen ist.

In der Literatur ist dem BGH überwiegend gefolgt worden.[278]

Nach einer neueren Ansicht[279] soll der beigeordnete Anwalt gegenüber der Staatskasse nur einen **kopfteiligen Vergütungsanspruch** aus dem Gesamtbetrag aller anwaltlichen Kosten einschließlich des Mehrvertretungszuschlages besitzen, wobei hier auf die Rspr. des BGH zur Kostenfestsetzung[280] Bezug genommen wird.

Die Gegenansicht beschränkt die Bewilligung nicht auf die Erhöhung gem. VV 1008 RVG und diese soll die volle Vergütung umfassen mit Ausnahme des Mehrvertretungszuschlages.[281] Dieser Gegenauffassung ist zu folgen; die dort entwickelten Grundsätze sind auf die Regelungen in § 7 RVG, VV 1008 RVG ohne weiteres übertragbar. Liegen die Voraussetzungen nach § 114 ZPO bei einer bedürftigen Partei vor, dann ist PKH antragsgemäß zu gewähren. Daran ändert sich nichts dadurch, dass der beigeordnete bzw. beizuordnende Anwalt in demselben Rechtsstreit auch einen nicht bedürftigen Streitgenossen vertritt. Das Argument, dass die vermögende Partei „aus Steuermitteln finanziell dadurch entlastet würde, dass ihr Prozessbevollmächtigter zugleich eine bedürftige Partei vertritt",[282] darf nicht dazu führen, entweder dem „reichen" Streitgenossen den Rückgriff aus § 426 BGB gegen den „armen" zu verwehren – etwa weil § 7 Abs. 2 RVG abbedungen sein soll –, oder aber die Zielsetzung der PKH, den Bedürftigen von den Kosten für

---

[275] BGH JurBüro 2020, 19 (unter Bestätigung der bereits zu § 6 Abs. 1 BRAGO ergangenen BGH-Rspr. = NJW 1993, 1715) u. NJW-RR 2019, 572; BeckRS 2019, 4860; BeckRS 2019, 4862.
[276] OLG Karlsruhe BeckRS 2012, 00642.
[277] BGH NJW-RR 2019, 572; BeckRS 2019, 14603.
[278] MüKoZPO/*Wache* § 114 Rn. 41; *Zimmermann* Rn. 36; *Groß* ZPO § 114 Rn. 103; *Künzl/Koller* Rn. 17; **aA** Zöller/*Schultzky* ZPO § 121 Rn. 43.
[279] LSG Niedersachsen-Bremen NZS 2016, 800; OLG Köln AGS 2010, 496; OLG Jena BeckRS 2007, 6090; MüKoZPO/*Wache* § 122 Rn. 11.
[280] BGH NJW-RR 2003, 1217; Rpfleger 2006, 339.
[281] LSG Berlin-Brandenburg AGS 2018, 421;LSG Sachsen AGS 2014, 579; LSG Bayern BeckRS 2013, 72202; OLG München Rpfleger 2011, 280; OLG Zweibrücken Rpfleger 2009, 88; OLGReport 2004, 139 (zu § 6 Abs. 1 BRAGO aF); OLG Celle Rpfleger 2007, 151; OLG Hamm Rpfleger 2003, 447; OLG Bamberg OLGReport 2001, 28; OLG Stuttgart MDR 2000, 545; Gerold/Schmidt/*Müller-Rabe* RVG § 49 Rn. 11 ff; Zöller/*Schultzky* ZPO § 121 Rn. 43; vgl. auch *Rönnebeck* NJW 1994, 2273.
[282] BGH NJW 1993, 1715.

einen Prozessbevollmächtigten zu entlasten, dadurch ins Gegenteil zu verkehren, dass die Haftung im Innenverhältnis die Entlastung durch die Staatskasse übersteigt. Dies gilt zunächst in den Fällen, in denen PKH unbeschränkt gewährt worden ist,[283] sollte aber auch dazu führen, von einer Bewilligung beschränkt auf den Erhöhungssatz der VV 1008 RVG insgesamt abzusehen.[284] Eine Ausnahme hiervon ist bei Ehegatten als Streitgenossen zu machen; → Rn. 63.

61 (3) Bei der **einfachen Streitgenossenschaft** gilt im Ergebnis nichts anderes, wenn sowohl die Beteiligung am Rechtsstreit als auch die Interessenlage der Streitgenossen gleichartig sind, so dass **ein Anwalt** zu beauftragen ist. Hier kann bei der Wahl mehrerer Anwälte auch ein Fall von Mutwilligkeit vorliegen.[285] Ist dies nicht der Fall oder hat die bedürftige Partei stichhaltige Gründe, sich nicht vom Anwalt der nicht kostenarmen Partei mitvertreten zu lassen, so ist ihr insoweit uneingeschränkt PKH zu gewähren.[286]

62 (4) Im **Haftpflichtprozess** bedarf auch die mittellose Partei keiner PKH, wenn sie gem. § 10 Abs. 1 AKB vom Versicherer, der Klagen gegen mitversicherte Personen abzuwehren hat, vertreten werden kann.[287] Ein mitversicherter Fahrer erhält beim **Verdacht auf Unfallmanipulation** keine PKH, auch wenn die Kfz-Haftpflichtversicherung ihm als Streithelfer beigetreten ist.[288] Der BGH hält es allerdings nicht für mutwillig, wenn der Versicherte in diesem Fall durch **einen eigenen Anwalt** vertreten werden will.[289]

7. Ehegatten als Streitgenossen

63 (1) Führen **Ehegatten als Streitgenossen** einen Rechtsstreit gegen Dritte, sind die Einkommens- und Vermögensverhältnisse eines jeden einzeln zu betrachten.[290]

(2) Maßgeblich sind die **Einkünfte der Partei, nicht das eventuelle Familieneinkommen.** Das Ehegatteneinkommen findet im Rahmen des § 115 Abs. 1 S. 3 Nr. 2 ZPO Berücksichtigung; eine Zusammenrechnung findet nicht statt.[291] Eventuelle wechselseitige Prozess- bzw. Verfahrenskostenvorschussansprüche gem. § 1360a Abs. 4 BGB sind im Rahmen des jeweiligen Vermögens aber zu berücksichtigen.[292]

(3) **Folgende Fallkonstellationen sind denkbar:**

- **Nur ein Ehegatte ist bedürftig iSd § 114 ZPO**; hat er gegen seinen Ehepartner einen Vorschussanspruch aus § 1360a Abs. 4 BGB, kommt PKH insoweit nicht in Betracht. Da die vorgenannte Vorschrift eine abschließende Regelung enthält, entfällt die Vorschusspflicht bei nicht persönlichen Angelegenheiten. Es ist darauf zu achten, dass man in diesem Fall nicht über eine zu hohe Bewertung von Sachbezügen des bedürftigen Ehegatten zu einer Zahlungspflicht gelangt, die dann doch vom vermögenden Ehegatten erfüllt werden muss. Abweichend von der PKH-Bewilligung für sonstige Streitgenossen ist es im Fall der klagenden Ehegatten gerechtfertigt, die Bewilligung für den

---

[283] OLG Karlsruhe JurBüro 2012, 593; OLG München JurBüro 2011, 146; OLG Schleswig JurBüro 1998, 476.
[284] So auch *Rönnebeck* NJW 1994, 2273.
[285] Vgl. etwa OLG Hamburg AGS 2018, 575: Kindes- und Ehegattenunterhalt.
[286] *Zimmermann* Rn. 37.
[287] OLG Köln OLGReport 2004, 357; OLG Karlsruhe NJW 2004, 785; *Groß* ZPO § 114 Rn. 104.
[288] KG NJW-Spezial 2008, 619; vgl. auch OLG Hamm NJW-RR 2005, 760.
[289] BGH NJW 2010, 3522; 2011, 377; OLG Frankfurt AGS 2018, 147; OLG Karlsruhe VersR 2011, 1201; Hansens ZfSch 2010, 584; **aA:** OLG Brandenburg NJW-RR 2010, 245; OLG Hamm VersR 2009, 947; OLG Frankfurt VersR 2005, 1550.
[290] MüKoZPO/*Wache* § 115 Rn. 6; Zöller/*Schultzky* ZPO § 115 Rn. 5.
[291] OLG Koblenz FamRZ 2001, 925; OLG Köln FamRZ 1993, 1333; OLG Celle FamRZ 1992, 702; Zöller/*Schultzky* ZPO § 115 Rn. 5.
[292] Näheres dazu → Rn. 424 ff.

bedürftigen Teil auf den Erhöhungsbetrag nach VV 1008 RVG zu beschränken, da mit einer darüber hinausgehenden Kostentragung im Innenverhältnis nicht zu rechnen ist.²⁹³ Zu den abweichenden Ansichten hierzu → Rn. 60.²⁹⁴
- **Beide Ehegatten sind bedürftig;** unter Berücksichtigung der Unterhaltsansprüche und wechselseitigen Prozesskostenvorschussansprüche bedingen die verschiedenen Einkommens- und Vermögenslagen **einmal PKH mit Ratenzahlungsanordnung, einmal ohne diese.**
- Beide Ehegatten erhalten PKH ohne Ratenzahlungsanordnung.

Vorstehende Grundsätze gelten auch für die **eingetragene Lebenspartnerschaft,** da § 5 LPartG die §§ 1360a, 1360b BGB für entsprechend anwendbar erklärt.²⁹⁵

8. Streitgehilfen und Beigeladene

(1) **PKH kann auch der einfache oder streitgenössische Nebenintervenient oder Streitgehilfe** (§§ 66 ff. ZPO) für die Kosten der Nebenintervention erhalten. Auf die Einkommens- und Vermögensverhältnisse der unterstützten Partei kommt es nicht an;²⁹⁶ der Nebenintervenient hat ein eigenes Interesse am Prozesserfolg der von ihm unterstützten Partei. Das ergibt sich aus der Interventionswirkung des § 68 ZPO. Besonders deutlich zeigt sich das im Fall der Streitverkündung, §§ 72 ff. ZPO. Der Streitverkündete muss Gelegenheit haben, seine Rechte rechtzeitig geltend zu machen, weil er sonst damit im nachfolgenden Prozess ausgeschlossen ist.²⁹⁷

64

(2) In Abstammungssachen nach § 169 FamFG ist **die Kindesmutter** stets Beteiligte (§ 172 Abs. 1 Nr. 2 FamFG).²⁹⁸ Sie ist damit grundsätzlich VKH-berechtigt, die Frage der Notwendigkeit der Beiordnung eines Rechtsanwaltes richtet sich nach § 78 FamFG.²⁹⁹

(3) Im **Verwaltungsprozess** kann dem nach **§ 65 VwGO Beigeladenen** ebenfalls Prozesskostenhilfe gewährt werden, denn er hat entweder rechtliche Interessen in Bezug auf den Streitgegenstand oder ist von der Entscheidung des Gerichts unmittelbar in seinen Rechten betroffen.³⁰⁰

9. Das verfahrensfähige Kind

Fraglich ist, ob auch minderjährige Kinder in Verfahren, die ihre Person betreffen, also in **Kindschaftssachen** (§ 151 FamFG), VKH beanspruchen können. In Ansehung der Gerichtskosten ist dies zu verneinen, da nach § 81 Abs. 3 FamFG Kindern Kosten in Kindschaftssachen nicht auferlegt werden können. Allerdings kommt VKH in Betracht, soweit der Minderjährige die Beiordnung eines Rechtsanwalts (§ 78 FamFG) begehrt. Dass eine Vertretung des Kindes durch einen Rechtsanwalt in Kindschaftssachen möglich ist, ergibt sich schon aus § 158 Abs. 5 FamFG, wonach die Bestellung eines Verfahrens-

65

---

²⁹³ Rechenbeispiel bei *Zimmermann* Rn. 39.
²⁹⁴ Zuletzt LSG Berlin-Brandenburg AGS 2018, 421: Volle Vergütung ohne VV 1008 RVG; LSG Niedersachsen-Bremen NZS 2016, 800: ½ der Gesamtvergütung.
²⁹⁵ *Büttner* FamRZ 2001, 1105 (1106).
²⁹⁶ Vgl. OLG Hamm JurBüro 2004, 38 (für den Streitverkündeten); OLG Köln FamRZ 2002, 1198 (für den streitgenössischen Nebenintervenienten); *Künzl/Koller* Rn. 16; Stein/Jonas/*Bork* ZPO § 114 Rn. 9; *Zimmermann* Rn. 35.
²⁹⁷ Zöller/*Althammer* ZPO § 74 Rn. 7. Zu den Voraussetzungen der PKH für den Streitverkündeten s. OLG Hamm JurBüro 2004, 38.
²⁹⁸ Prütting/Helms/*Dürbeck* FamFG § 172 Rn. 2; zum alten Recht insoweit: BGH NJW 2010, 3449.
²⁹⁹ Vgl. BGH NJW 2012, 2586 zur Vaterschaftsanfechtung.
³⁰⁰ OVG Rheinland-Pfalz BeckRS 2014, 55797.

beistands unterbleiben bzw. aufgehoben werden soll, wenn das Kind von einem Rechtsanwalt angemessen vertreten wird. Auch ist das Kind in Verfahren, die seine Person betreffen, in eigenen Rechten iSd § 7 Abs. 2 Nr. 1 FamFG betroffen und damit Beteiligter.[301]

Einen **eigenen VKH-Antrag** kann aber nur ein verfahrensfähiger Beteiligter stellen. Verfahrensfähig sind aber nach § 9 Abs. 1 Nr. 1 FamFG nur die nach dem bürgerlichen Recht Geschäftsfähigen. Allerdings bestimmt § 9 Abs. 1 Nr. 3 FamFG, dass Minderjährige, die das 14. Lebensjahr vollendet haben, in Verfahren, die ihre Person betreffen, verfahrensfähig sind, soweit sie ein ihnen **nach dem bürgerlichen Recht** zustehendes Recht geltend machen. Das betreffende Recht muss sich unmittelbar aus dem BGB ergeben, es genügt nicht, dass es sich aus seinen verfassungsrechtlichen Grundrechten ableitet.[302] Sie liegt also zB vor, wenn das Kind Widerspruch gegen eine Sorgerechtsübertragung nach § 1671 Abs. 1 Nr. 1, Abs. 2 Nr. 1 BGB erhebt[303], die Entlassung des Amtsvormunds nach § 1887 Abs. 2 S. 2 BGB beantragt[304] oder ein eigenes Umgangsrecht nach § 1684 Abs. 1 BGB gegen einen Elternteil oder nach § 1685 Abs. 1 BGB mit einem Geschwisterteil begehrt[305]. In den Ausnahmefällen von § 167 Abs. 3 FamFG (Unterbringung des Kindes) und § 60 FamFG (Einlegung der Beschwerde durch das Kind selbst) ist das minderjährige Kind immer auch verfahrensfähig. In diesen Fällen kann dem verfahrensfähigen Kind also auf seinen eigenen Antrag hin VKH gewährt und ein Anwalt beigeordnet werden, dem es in analoger Anwendung von § 107 BGB auch selbst Vollmacht erteilen kann.[306] Hiervon geht auch § 2 Abs. 1 PKHFV aus, wonach es für die Erklärung über die persönlichen und wirtschaftlichen Verhältnisse des Kindes nur einer vereinfachten Erklärung bedarf.

In allen anderen Verfahren verfügt auch das schon 14-jährige Kind nicht über eigene, ihm durch das BGB zugewiesene Rechte und kann daher mangels Verfahrensfähigkeit keinen eigenen VKH-Antrag stellen.[307] Auch kann es einen Anwalt nicht selbst bevollmächtigen. Stellt dagegen der sorgeberechtigte gesetzliche Vertreter für das Kind den Antrag, kann bei Vorliegen der sonstigen Voraussetzungen nach §§ 76 Abs. 1, 78 FamFG VKH zu gewähren sein und ein Anwalt beigeordnet werden. Im Hinblick auf § 43a Abs. 4 BRAO wird eine Beiordnung aber dann abzulehnen sein, wenn der Anwalt zumindest auch die Interessen der Eltern oder des Elternteils vertritt, die oder der ihn im Namen des Kindes beauftragt hat.[308] Sind sich gemeinsam sorgeberechtigte Eltern uneinig über die Mandatierung eines Anwalts für das Kind, ist eine Entscheidung nach § 1628 BGB herbeizuführen.[309]

---

[301] BGH NJW 2018, 2962; FamRZ 2011, 1788; Prütting/Helms/*Hammer* FamFG § 151 Rn. 57.
[302] OLG Koblenz FamRZ 2019, 706; Keidel/*Zimmermann* FamFG § 9 Rn. 12; Staudinger/*Dürbeck* BGB § 1684 Rn. 409; *Hammer* FamRZ 2019, 708; *Klein* RdJB 2019, 16 (26); *Köhler* ZKJ 2018, 50 (51); aA: OLG Schleswig FamRZ 2019, 1700.
[303] OLG Stuttgart ZKJ 2014, 289.
[304] OLG Bremen FamRZ 2017, 1701.
[305] KG FamRZ 2017, 899.
[306] BGH FamRZ 2014, 110 zum Betreuten; OLG Dresden FamRZ 2014, 1042; OLG Stuttgart ZKJ 2014, 289.
[307] OLG München FamRZ 2019, 1706; OLG Koblenz FamRZ 2019, 706 zu § 1632 BGB; *Dürbeck* ZKJ 2018, 426; *Köhler* ZKJ 2018, 50 (51 f.); **aA**: OLG Braunschweig InfAuslR 2016, 367 und OLG Schleswig FamRZ 2019, 1700: in allen Kindschaftssachen; OLG Hamburg ZKJ 2018, 193: Umgangsrecht; ZKJ 2017, 429: Verfahren nach § 1666 BGB; OLG Dresden FamRZ 2019, 707: § 1686 BGB; *Burghart* FamRZ 2019, 1029.
[308] Vgl. den Fall von KG ZKJ 2019, 305.
[309] BGH NJW 2018, 2962.

10. Ausländer und Staatenlose

Bei der Bewilligung von PKH an Ausländer und Staatenlose ergeben sich keine Besonderheiten.[310] Die Gesetzesmaterialien zu § 114 ZPO[311] zeigen, dass der Gesetzgeber bewusst jede Unterscheidung zwischen In- und Ausländern bei der Bewilligung von PKH abgeschafft hat. PKH kann grundsätzlich nur für die Rechtsverfolgung vor **deutschen staatlichen Gerichten** gewährt werden. Für **grenzüberschreitende Verfahren innerhalb der Europäischen Union** gelten die §§ 1076 bis 1078 ZPO. Innerhalb der EU besteht ein Wahlrecht zwischen einem Antrag über die Übermittlungsstelle nach § 1078 ZPO und der unmittelbaren Antragstellung beim Prozessgericht[312] (→ Rn. 1109a).

Die Durchsetzung von **Unterhaltsansprüchen im außereuropäischen Ausland** wird nunmehr ua durch die Regelungen über Verfahrenskostenhilfe in §§ 20 ff. AUG[313] ermöglicht. → Rn. 1111.

66

11. Beteiligte im Insolvenzverfahren

(1) **Dem Schuldner im Regelinsolvenzverfahren kann Prozesskostenhilfe *für das Insolvenzverfahren selbst* nicht gewährt werden.** Die Frage, ob für die speziellen **Verbraucherinsolvenzverfahren und die Restschuldbefreiung** PKH in der Form der **Insolvenzkostenhilfe gewährt werden kann,** gehörte in der Vergangenheit zu den am meisten umstrittenen der neuen gesetzlichen Regelung.

67

Denn das Restschuldbefreiungsverfahren kann nur stattfinden, wenn zuvor ein Insolvenzverfahren entweder durchgeführt oder zumindest eröffnet und dann nach §§ 209, 211 InsO eingestellt worden ist, § 289 Abs. 3 InsO. Eröffnet kann es jedoch nur werden, wenn die Verfahrenskosten voraussichtlich gedeckt sind. Da der überwiegende Teil der Verbraucherinsolvenzverfahren masselos geführt wird, ist das regelmäßig nicht der Fall.

68

Der Insolvenzschuldner **(natürliche Personen)** besitzt die Möglichkeit, eine sog **Stundung** der Kosten des Insolvenzverfahrens zu beantragen, §§ 4a–4d InsO: Dem Schuldner können die durch das Regel- oder Verbraucherinsolvenzverfahren entstehenden Kosten (für Schuldenbereinigungsplan, Insolvenzverfahren, Restschuldbefreiungsverfahren incl. Treuhändervergütung, Wohlverhaltensperiode[314]) bis zur Erteilung der Restschuldbefreiung gestundet werden. Die Beiordnung eines Rechtsanwalts kann nach § 4a Abs. 2 InsO von der Stundung mit umfasst sein,[315] → Rn. 666 f.

Keine Anwendung finden §§ 4a ff. InsO auf das **Nachlassinsolvenzverfahren** und nach zutreffender Ansicht finden auch § 4 InsO iVm §§ 114 ff. ZPO keine Anwendung.[316]

Die Stundung der Verfahrenskosten im Insolvenzverfahren natürlicher Personen entspricht der Prozesskostenhilfe nur teilweise. Lediglich die Grundzüge sollen im Folgenden skizziert werden.

---

[310] S. dazu BVerfG NJW 1993, 383.
[311] BT-Drs. 8/2694, 17.
[312] BGH MDR 2018, 1521; BAG NJW 2017, 3741; EuGH RVGreport 2017, 439.
[313] BGBl 2011 I 898; vgl. dazu *Andrae* NJW 2011, 2545 (2550).
[314] Allerdings besteht hier eine Rückstellungsverpflichtung, die die Stundung ausschließen kann, vgl. BGH NZI 2015, 128.
[315] Zu den Fürsorgepflichten des Gerichts im Kontext mit der Anwaltsbeiordnung vgl. *Reck* ZVI 2019, 366.
[316] LG Coburg NZI 2016, 1001; vgl. auch AG Göttingen NZI 2017, 575.

69 **(2) Die Verfahrenskostenstundung wird gemäß § 4a Abs. 1 InsO auf Antrag gewährt,** zudem muss der Schuldner einen zulässigen Antrag auf Erteilung der **Restschuldbefreiung** sowie einen **eigenen Insolvenzantrag** gestellt haben. Der Schuldner kann bei einem Gläubigerantrag auch rückwirkend Stundung der bereits angefallenen Verfahrenskosten beantragen, wenn er durch das Insolvenzgericht nicht rechtzeitig über die Notwendigkeit eines Eigenantrages verbunden mit einem Restschuldbefreiungsantrag belehrt worden ist.[317] Der Schuldner kann den Antrag auf Stundung der Verfahrenskosten und Restschuldbefreiung auch wirksam unter der prozessualen Bedingung stellen, dass das Insolvenzgericht auf einen Gläubigerantrag seine internationale Zuständigkeit bejaht.[318] Der Antrag kann einmalig für alle einzelnen Verfahrensschritte gestellt werden, § 4a Abs. 3 S. 2 InsO (gesonderte Stundung für die jeweiligen Verfahrensabschnitte) gilt nur für die gerichtliche Entscheidung.[319] Sein Vermögen darf die Kosten des Insolvenzverfahrens (gerichtliche Gebühren und Auslagen sowie Vergütung des Insolvenzverwalters/ Treuhänders sowie des Gläubigerausschusses) nicht decken,[320] eine dem Schuldner **mögliche Ratenzahlung** bleibt dabei außer Betracht.[321] Zum Vermögen des Schuldners gehört – wie bei der Prozesskostenhilfe auch – ein **Vorschussanspruch** gegen Dritte, insbesondere gegen den Ehegatten,[322] dessen Durchsetzung auch versucht werden muss.[323] Der Anspruch auf Kostenvorschuss besteht auch dann, wenn voreheliche Schulden die Insolvenz verursacht haben oder die eingegangenen Verbindlichkeiten nicht mit der Lebensführung der Eheleute in einem Zusammenhang stehen.[324] Kinder sollen zum Kostenvorschuss nicht verpflichtet sein.[325]

Für die Begründung des Stundungsantrages kann die Bezugnahme auf ein zeitnah erstelltes Gutachten des Sachverständigen im Insolvenzeröffnungsverfahren genügen. Hält das Gericht die Angaben für unvollständig, hat es die Mängel zu bezeichnen und für die Behebung eine angemessene Frist zu setzen.[326]

70 Im Vorfeld der Stundung hat der Schuldner – ähnlich wie der Prozesskostenhilfe – **sein Vermögen zusammenzuhalten;** andernfalls werden die verschwendeten Mittel seinem Vermögen hinzu gerechnet.[327] Eine **Ansparpflicht** besteht allerdings nach höchstrichterlicher Rechtsprechung nicht.[328] Eine **Pflicht zur Rücklagenbildung** aus der Insolvenzmas-

---

[317] BGH WM 2015, 1642 = BeckRS 2015, 13764.
[318] BGH NJW-RR 2012, 503.
[319] BeckOK InsO/*Madau* § 4a Rn. 16.
[320] In diesem Zusammenhang ist er auch verpflichtet, seine Steuerklasse so zu wählen, dass pfändbares Einkommen für die Gläubiger übrig bleibt: BGH ZInsO 2008, 976. Ein Steuererstattungsanspruch des Schuldners ist beim Vermögen zu berücksichtigen, vgl. BGH ZVI 2010, 298. Eine private Rentenversicherung gehört zum Vermögen, eine Zumutbarkeitsprüfung wie im PKH-Recht findet nicht statt, vgl. LG Frankenthal ZInsO 2010, 1293; **aA** insoweit: LG Dresden ZVI 2010, 67.
[321] BGH ZInsO 2006, 773; NJW 2003, 3780; NJW-Spezial 2012, 53; LG Duisburg NZI 2011, 949; LG Bochum ZInsO 2009, 735.
[322] BGH ZInsO 2007, 324; 2003, 800; LG Bochum, ZVI 2003, 130; **aA:** LG Duisburg Rpfleger 2004, 241. Nach LG Duisburg soll auch der Ehegatte nicht zur Zahlung des Vorschusses in Raten verpflichtet sein, vgl. NZI 2011, 949.
[323] BGH ZInsO 2007, 324.
[324] So zutreffend BGH NJW 2010, 372; LG Duisburg FamRZ 2012, 1058; **aA:** BGH WM 2003, 1871.
[325] LG Duisburg NJW 2004, 299.
[326] BGH ZInsO 2004, 745.
[327] Zu weitgehend aber wohl LG Stendal BeckRS 2015, 05147 (fiktive Einkommenszurechnung); LG Duisburg ZInsO 2004, 1044; AG Duisburg ZVI 2006, 34, ZVI 2005, 309; AG Leipzig InVo 2007, 64; offen gelassen zuletzt von BGH ZInsO 2015, 301; **aA:** *Sternal* NZI 2015, 301, 302; *Pape/Pape* ZInsO 2015, 1869; *Reck* ZVI 2015, 323.
[328] BVerfG ZInsO 2006, 1103; BGH FamRZ 2006, 1837.

se für die Verfahrenskosten in der Wohlverhaltensperiode besteht allerdings nach Ansicht des BGH für den **Insolvenzverwalter,** wenn das Einkommen des Schuldners die Pfändungsgrenze voraussichtlich nicht übersteigen wird.[329]

(3) Der Schuldner hat zu erklären, ob die in § 290 Abs. 1 Nr. 1 InsO bestimmten **Versagungsgründe** für die Restschuldbefreiung vorliegen, § 4a Abs. 1 S. 3 InsO (Verurteilung wegen einer Insolvenzstraftat). Ist das der Fall, ist die Stundung der Verfahrenskosten ausgeschlossen, § 4a Abs. 1 S. 4 InsO. Dadurch wird deutlich, dass eine Stundung eng an die Erteilung der Restschuldbefreiung gekoppelt ist.[330] Nach der früheren **Sperrfristenrechtsprechung** des BGH bestand in bestimmten weiteren Fällen von § 290 InsO eine Sperrfrist für einen erneuten Stundungsantrag von 3[331] bzw. 10 Jahren.[332] Nach der gesetzlichen Neuregelung der Sperrfristen in § 287a Abs. 2 InsO hat der BGH seine frühere Rspr. aufgegeben und entschieden, dass der Schuldner ohne Einhaltung einer Sperrfrist einen neuen Restschuldbefreiungsantrag stellen könne, wenn in einem vorausgegangenen Insolvenzverfahren die Kostenstundung wegen Verletzung von Mitwirkungspflichten aufgehoben und das Insolvenzverfahren mangels Masse eingestellt worden ist.[333]

Eine Verfahrenskostenstundung war vor der Änderung von § 4a Abs. 1 S. 3 InsO zum 1.7.2014 nach der Rechtsprechung des BGH zudem ausgeschlossen, wenn die Versagung der Restschuldbefreiung wegen anderer vorliegender Versagungsgründe bereits zum Zeitpunkt der Entscheidung über die Stundung **zweifelsfrei** ausgeschlossen war[334] oder aus sonstigen Gründen nicht in Betracht kam.[335] Letzteres ist anzunehmen, wenn wesentliche am Verfahren teilnehmende Forderungen gem. § 302 InsO von der Restschuldbefreiung ausgenommen wären, was vor allem bei einen hohen Anteil von deliktischen[336] oder dinglich gesicherten[337] Forderungen gegen den Schuldner anzunehmen ist. Noch nicht geklärt ist aber, ab welcher Grenze diese den „wesentlichen" Teil der Forderungen ausmachen, wobei hier in der Literatur und Rechtsprechung Anteile zwischen 45 und 90 % vertreten werden.[338] Ob diese Rechtsprechung bei Vorliegen anderer evidenter Versagungsgründe iSd § 290 InsO nach Änderung von § 4a Abs. 1 S. 3 InsO zum 1.7.2014[339] angesichts des abweichenden Willens des Gesetzgebers weiterhin Gültigkeit beanspruchen kann, ist derzeit noch nicht abschließend geklärt,[340] jedoch wird das in der Literatur zunehmend in Zweifel gezogen,[341] da die Gesetzesänderung in Kenntnis der vorhandenen Rechtsprechung erfolgt sei und folglich auch eine planwidrige Regelungslücke für die Anwendung fehle. § 4a Abs. 1 S. 3 InsO müsse deshalb wortgetreu angewandt werden. Mit der Entscheidung des BGH zum Wegfall seiner Rechtsprechung zu den Sperrfristen

---

[329] BGH NZI 2015, 128; dazu ausführlich *Holzer/Semmelbeck* NZI 2015, 354.
[330] Vgl. BGH ZInsO 2015, 1790; ZInsO 2010, 783; LG Düsseldorf NZI 2008, 253; AG Düsseldorf ZInsO 2008, 334; NZI 2006, 415; ausführlich zur sog „Vorwirkungsrechtsprechung" *Frind* ZInsO 2015, 542.
[331] BGH ZVI 2010, 100 (101); ZInsO 2011, 2198; 2010, 140; VIA 2010, 29.
[332] BGH ZVI 2010, 345.
[333] BGH NZI 2017, 627; kritisch *Kohte* VuR 2017, 314 f; *Deyda* VIA 2017, 57.
[334] BGH ZInsO 2011, 1223.
[335] BGH NJW-RR 2007, 116; 2005, 697; *Sternal* NZI 2013, 417 (419).
[336] BGH NJW-RR 2005, 697.
[337] AG München ZVI 2017, 441.
[338] Vgl. zuletzt AG Göttingen BeckRS 2015, 20709 mit Nachweisen zum Streitstand und diese Auffassung gänzlich ablehnend.
[339] BGBl. 2013 I 2379.
[340] Offen gelassen von BGH NZI 2017, 627 Rn. 20; dafür die wohl hM: AG Marburg NZI 2018, 277; AG Oldenburg BeckRS 2016, 10905; Uhlenbruck/*Pape* InsO § 4a Rn. 30 ff.; **aA:** AG Hamburg NZI 2016, 226; AG Göttingen BeckRS 2016, 18375; BeckOK InsO/*Madaus* § 4a Rn. 20.
[341] BeckOK InsO/*Madaus* § 4a Rn. 20; Braun/*Buck* InsO 8. Aufl., § 4a Rn. 22.

außerhalb der in § 287a Abs. 2 InsO geregelten Fälle[342] und der Zulässigkeit von neuen Zweitanträgen erschließt sich jedenfalls die Sinnhaftigkeit der Ablehnung bzw. Aufhebung der Kostenstundung nicht mehr und es stellt sich die Frage der Notwendigkeit einer Reform der Kostenstundung.[343]

Erfüllt der Schuldner die bezeichneten Voraussetzungen, erfolgt die Stundung,[344] allerdings für jeden Verfahrensabschnitt (Eröffnungsverfahren, eröffnetes Insolvenzverfahren, gerichtliches Schuldenbereinigungsverfahren und Restschuldbefreiungsverfahren) gesondert, § 4a Abs. 3 S. 2 InsO. Maßgeblicher Zeitpunkt für die Beurteilung der Frage, ob die Voraussetzungen für die Stundung vorgelegen haben, ist der Zeitpunkt der letzten Tatsachenentscheidung über die Stundung.[345] Bei Eröffnung eines Insolvenzverfahrens auf einen Gläubigerantrag hin, kommt eine rückwirkende Kostenstundung in Betracht, wenn der Schuldner durch das Insolvenzgericht nicht rechtzeitig über die Notwendigkeit eines Eigenantrages verbunden mit einem Antrag auf Restschuldbefreiung belehrt worden ist.[346]

71 **Die Beiordnung eines Rechtsanwalts** ist nur unter den engen Voraussetzungen des § 4a Abs. 2 InsO möglich.[347] Ausdrücklich wird hier die besondere Fürsorgepflicht des Gerichts festgestellt.[348] Deshalb gilt das in § 121 ZPO verankerte Prinzip der Waffengleichheit hier nur sehr eingeschränkt.[349] Auch für die Vorbereitung des Verfahrens, insbesondere für den außergerichtlichen Einigungsversuch, ist kein Anwalt beizuordnen; uU kommt aber Beratungshilfe in Betracht.[350] Die Beiordnung eines Rechtsanwaltes für den Schuldner kommt vor allem für quasikontradiktorische Verfahrensabschnitte im Rahmen der Restschuldbefreiung (§§ 290, 296 InsO) in Betracht.[351] Keine Beiordnung nach § 4a Abs. 2 InsO kommt dagegen in Verfahren betreffend **Rechtsmittel des Schuldners** in Betracht, hier sind §§ 114 ff. ZPO vorrangig.[352]

(4) **Während der Wohlverhaltensperiode** hat der Treuhänder vorrangig (vor Ausschüttung einer Quote an die Gläubiger) die gestundeten Verfahrenskosten aus den Bezügen des Schuldners zu berichtigen, § 292 Abs. 1 S. 2 InsO. Lediglich die Kosten für die Beiordnung eines Rechtsanwalts gehen zunächst nicht zu Lasten der Insolvenzgläubiger. Hat der Schuldner nur ein geringes pfändbares Einkommen, erhalten die Insolvenzgläubiger uU erhebliche Zeit nichts. Dann bezahlen sie die Restschuldbefreiung des Schuldners. Werden die gestundeten Beträge während der Wohlverhaltensperiode nicht berichtigt, muss der Schuldner sie nach Erteilung der Restschuldbefreiung bezahlen; dann

---

[342] BGH NZI 2017, 627.
[343] *Reck* ZVI 2016, 173
[344] Ablehnung oder Versagung stets durch Beschluss, nicht konkludent: BGH ZInsO 2007, 1277.
[345] BGH ZInsO 2010, 2099.
[346] BGH VuR 2016, 474; NJW 2005, 1433.
[347] Vgl. BGH NZI 2004, 270; LG Leipzig InVo 2003, 358.
[348] Vgl. LG Mannheim NZI 2010, 866. **Beiordnung eines Rechtsanwalts:** Bei schwierigem, komplexen Fall und dann schon für das Eröffnungsverfahren, LG Bonn ZInsO 2010, 61; wenn der Schuldner der Sach- und Rechtslage nicht gewachsen ist, BGH WM 2003, 2342; AG Mannheim NZI 2004, 46; wenn es um grundsätzliche Rechtsfragen geht, AG Göttingen ZVI 2003, 364; wenn besondere Schwierigkeiten dies erfordern, LG Düsseldorf NZI 2003, 41; wenn der Treuhänder zuvor Massegegenstände freigegeben hat, AG Darmstadt VIA 2010, 24. **Keine Beiordnung** lediglich wegen der Sprachprobleme des Schuldners, BVerfG ZVI 2003, 223 u. BGH ZVI 2003, 225; nicht allein deshalb, weil der Gegner anwaltlich vertreten ist, BGH NJW-RR 2003, 697, BGH ZInsO 2003, 124, LG Bochum ZVI 2003, 67; weil der Schuldner beabsichtigt, einen Insolvenzplan vorzulegen, LG Bochum NZI 2003, 167; für die Einlegung eines Widerspruchs gegen eine Forderungsanmeldung gem. § 175 Abs. 2 InsO, AG Göttingen, ZVI 2003, 132.
[349] BGH ZInsO 2003, 124; *Georg* Rpfleger 2017, 131; → Rn. 666.
[350] BGH Rpfleger 2007, 422; VuR 2008, 154.
[351] BT-Drs. 17/11048, 33; 14/5680, 21; *Kohte* in Kohte/Ahrens/Grote/Busch/Lackmann InsO § 4a Rn. 47.
[352] BGH NJW-RR 2015, 180; ausführlich dazu *Mock* NZI 2015, 633.

kann die Stundung verlängert und Ratenzahlung entsprechend §§ 115 Abs. 1, 2, 120 Abs. 2 ZPO angeordnet werden. Hat der Schuldner dann keine Einkünfte, trägt letztlich der Staat die Kosten der Restschuldbefreiung. Auch wenn keine Insolvenzforderungen und Masseverbindlichkeiten offen sind, kann dem Schuldner die vorzeitige Restschuldbefreiung nach § 300 Abs. 2 InsO nur erteilt werden, wenn er tatsächlich die Verfahrenskosten beglichen hat und ihm nicht nur Kostenstundung erteilt wurde.[353]

Nach **Bestätigung eines Insolvenzplans** und Aufhebung des Insolvenzverfahrens kommt eine Verlängerung der Stundung nicht in Betracht.[354]

(5) **Nach Erteilung des Restschuldbefreiung** ist der Stundungsschuldner verpflichtet, wesentliche Änderungen seiner persönlichen und wirtschaftlichen Verhältnisse unverzüglich anzuzeigen, wobei § 120a Abs. 1 S. 2, 3 ZPO entsprechend gilt (§ 4b Abs. 2 S. 2, 3 InsO). Das Insolvenzgericht kann insoweit auch Erklärungen vom Schuldner verlangen.[355] Die Stundung kann unter den Voraussetzungen des **§ 4c InsO aufgehoben** werden. Obwohl nach § 4b Abs. 2 S. 2 InsO der Schuldner von sich aus Änderungen anzuzeigen hat, kann eine Aufhebung der Stundung nach § 4c Nr. 1 InsO nur erfolgen, wenn ein ausdrückliches Verlangen des Gerichts zur Abgabe einer Erklärung erfolgt ist.[356] Hier spielt vor allem das Bemühen um eine **angemessene Erwerbstätigkeit** eine Rolle.[357] Die Aufhebung setzt insbesondere voraus, dass die Befriedigungsaussichten der Insolvenzgläubiger beeinträchtigt wurden.[358]

Im Übrigen ist zu dieser speziellen Form der Prozesskostenhilfe (Insolvenzkostenhilfe) auf die vorhandene Literatur zu verweisen.[359]

(6) Aus der Tatsache, dass die Stundung nur dem Insolvenzschuldner, der auch einen Antrag auf Restschuldbefreiung gestellt hat, zugutekommen kann und ihm im Übrigen keine Prozesskostenhilfe gewährt wird, lässt sich entgegen der noch in der 6. Aufl. vertretenen Auffassung[360] nicht folgern, dass auch der antragstellende **Insolvenzgläubiger** keine PKH verlangen kann. Es kann nicht mehr ernsthaft in Zweifel gezogen werden, dass §§ 114ff. ZPO auch grundsätzlich für Insolvenzgläubiger Geltung beanspruchen.[361] PKH ist ihnen dabei nicht für das gesamte Verfahren zu bewilligen, sondern nur für einzelne sie betreffende Verfahrensabschnitte, die gesonderte Rechtszüge iSd § 119 ZPO darstellen.[362] PKH ist aber mangels Erfolgsaussicht zu verweigern, wenn keine kostendeckende Masse vorhanden ist oder der Gläubiger voraussichtlich keine Quote erhält.[363] Das gilt nicht für Arbeitnehmer des Schuldners, da diese die Möglichkeit haben müssen, unter Zuhilfenahme von PKH eine zurückweisende Entscheidung über den Eröffnungs-

---

[353] BGH NZI 2016, 1006; LG Frankfurt a. M. ZInsO 2018, 2223; **aA:** *Kohte* VuR 2012, 197.
[354] BGH ZInsO 2011, 1064.
[355] BGH ZInsO 2009, 2405; AG Duisburg BeckRS 2017, 105409.
[356] LG Mühlhausen VuR 2012, 447.
[357] BGH NZI 2012, 105; AG Gera ZInsO 2011, 1031.
[358] BGH ZInsO 2010, 1153.
[359] *Kohte/Ahrens/Grote/Busch/Lackmann*, Verfahrenskostenstundung, Restschuldbefreiung und Verbraucherinsolvenzverfahren; den Kommentierungen bei Wimmer/*Kohte*, Frankfurter Kommentar zur Insolvenzordnung und Schmidt/*Stephan*, Insolvenzordnung, jeweils zu §§ 4a–d InsO; *Lissner* ZVI 2012, 441; *Homann* ZVI 2012, 285; *Heyer* ZVI 2012, 130; *Grote* ZInsO 2002, 179; *Kocher* DZWIR 2002, 45.
[360] So LG Berlin ZInsO 2004, 626 für ein Nachlassinsolvenzverfahren; vgl. iÜ LG Potsdam ZInsO 2002, 1149; vgl. auch *Uhlenbruck/Mock* InsO § 4a Rn. 19 (jedenfalls nicht für die Verfahrensteilnahme).
[361] BGH ZInsO 2004, 976; AG Göttingen ZIP 2003, 1100; MüKoInsO/*Ganter/Lohmann* § 4 Rn. 23; Braun/*Baumert* InsO § 4 Rn. 15; MüKoZPO/*Wache* § 114 Rn. 20; Zöller/*Schultzky* Vorbem. ZPO §§ 114–117 Rn. 8.
[362] BGH MDR 2005, 50; Zöller/*Schultzky* ZPO Vorbem. §§ 114–117 Rn. 8.
[363] BGH NJW 2004, 3260; MüKoInsO/*Ganter/Lohmann* § 4 Rn. 24.

antrag herbeizuführen, um die Voraussetzungen für die Gewährung von Insolvenzgeld nach §§ 183 ff. SGB III zu schaffen.[364]

In aller Regel wird es lediglich um die Beiordnung eines Rechtsanwaltes gehen; für eine Forderungsanmeldung ist sie normalerweise nicht erforderlich, → Rn. 666 f. Für das Insolvenzplanverfahren, vor allem aber für das gerichtliche Schuldenbereinigungs- und Restschuldbefreiungsverfahren kann durchaus etwas anderes gelten.[365]

(7) **Führt der Schuldner während des Insolvenzverfahrens zulässig einen Rechtsstreit** – in einer höchstpersönlichen Angelegenheit oder über insolvenzfreies Vermögen oder gegen den Insolvenzverwalter – gelten die allgemeinen Bewilligungsvoraussetzungen. Bezüglich der Einkommens- und Vermögensverhältnisse kann er sich aber nicht lediglich auf das Insolvenzverfahren berufen. Er hat vielmehr die Erklärung über die persönlichen und wirtschaftlichen Verhältnisse vollständig abzugeben und dabei anzugeben, welche Beträge vom Insolvenzverfahren nicht erfasst werden.[366] Die Eröffnung des Insolvenzverfahrens steht im Hinblick auf § 89 InsO der **Anordnung von Ratenzahlung** entgegen, soweit die von der Staatskasse geltend gemachten Gerichts- und Anwaltskosten zu diesem Zeitpunkt bereits entstanden waren.[367] Sind die Gerichtsgebühren und gemäß § 59 RVG auf die Staatskasse übergegangenen Anwaltsgebühren bereits vor Insolvenzeröffnung entstanden, so kann nach der Insolvenzeröffnung Ratenzahlung nach § 120a ZPO nicht mehr angeordnet werden.[368]

II. Parteien kraft Amtes

74   **Parteien kraft Amtes** sind der vorläufige (starke) Insolvenzverwalter, §§ 21 Abs. 2 Nr. 1, 22 Abs. 1 InsO,[369] der Insolvenzverwalter, §§ 56 ff. InsO,[370] der Testamentsvollstrecker, § 2212 BGB, der Nachlassverwalter gemäß § 1985 BGB,[371] der Zwangsverwalter nach § 152 ZVG sowie der Pfleger des Sammelvermögens, § 1914 BGB.[372]

Keine Partei kraft Amtes ist der bloße gesetzliche oder gewillkürte **Vertreter** einer Partei, wie dies für den Nachlasspfleger (§ 1960 BGB)[373], den Pfleger der Leibesfrucht (§ 1912 BGB), den Vormund (§ 1773 BGB)[374] oder Ergänzungspfleger (§ 1909 BGB) eines Kindes und den gemeinsamen Vertreter für die Gläubiger inhaltsgleicher **Schuldverschreibungen** nach § 19 Abs. 2 S. 1 SchVG[375] anzunehmen ist. Auch der Liquidator einer Gesellschaft ist nicht Partei kraft Amtes.[376] Hier kommt es für die Bewilligung von PKH auf die wirtschaftlichen Verhältnisse des Vertretenen an (→ Rn. 56 ff.).

---

[364] *Vallender* MDR 1999, 600; **aA:** LG Freiburg ZInsO 2003, 1106.
[365] Vgl. BGH NJW 2004, 3260; Zöller/*Schultzky* ZPO Vorbem. §§ 114–117 Rn. 7 f.
[366] LAG Kiel ZVI 2008, 456.
[367] BGH BeckRS 2019, 25215; OLG Frankfurt NZI 2019, 219; LAG Rheinland-Pfalz BeckRS 2011, 70375; **aA:** LAG Köln BeckRS 2015, 72711: LAG Rheinland-Pfalz NZI 2016, 587; OLG Koblenz MDR 2009, 47.
[368] BGH BeckRS 2019, 25215.
[369] BGH MDR 2001, 592; AG Göttingen NZI 2002, 165. Für den Sequester unter Geltung der Konkursordnung BGH NJW 1998, 3124; der vorläufige „schwache" Insolvenzverwalter (§ 22 Abs. 2 InsO) nur bei unaufschiebbaren Maßnahmen, vgl. LG Essen ZInsO 2000, 296; *Groß* ZPO § 116 Rn. 2.
[370] Unter Geltung der Konkursordnung auch der Konkursverwalter und der Sequester mit Verwaltungs- und Verfügungsbefugnis.
[371] OVG Hamburg MDR 1997, 68.
[372] MüKoZPO/*Wache* § 116 Rn. 8.
[373] BVerfG NJW-RR 1998, 1081; *Elzer* Rpfleger 1999, 162.
[374] BGH NJW-RR 2011, 937.
[375] BGH NZI 2016, 1014; OLG Dresden ZIP 2016, 939.
[376] BGH BeckRS 2006, 09530; BFH N/V 1995, 332; OLG München ZIP 2019, 622.

Auch bei **Eigenverwaltung** nach §§ 270 ff. InsO ist § 116 S. 1 Nr. 1 ZPO auf den Insolvenzschuldner anwendbar.[377]

Parteien kraft Amtes erhalten nach § 116 S. 1 Nr. 1 ZPO Prozesskostenhilfe, wenn die Kosten aus der verwalteten Vermögensmasse (Insolvenzmasse, Nachlass) nicht aufgebracht werden können und den am Gegenstand des Rechtsstreits **Beteiligten nicht zuzumuten ist, die Kosten des Rechtsstreits aufzubringen.**

1. Insolvenzverwalter

(1) Bedeutung hat § 116 S. 1 Nr. 1 ZPO vor allem für **Masseprozesse des Insolvenzverwalters.**[378] Nicht selten ist bei der notorischen Massearmut der Insolvenzverfahren, an der auch die InsO nichts Grundlegendes geändert hat, die Gewährung von PKH für den Insolvenzverwalter die einzige Möglichkeit, Anfechtungsklagen erheben und Außenstände bei Schuldnern realisieren zu können, die versuchen, die Insolvenzlage für sich auszunutzen. Bedauerlicherweise hat auch das Einführungsgesetz zur InsO die Regelung des § 116 ZPO unberührt gelassen, so dass die unter Geltung der Konkursordnung bereits bestehenden Schwierigkeiten bei der Anwendung der Vorschrift fortgeschrieben worden sind. § 116 S. 1 Nr. 1 ZPO gilt für den Verwalter im eröffneten Verfahren, aber auch für den **vorläufigen ("starken") Insolvenzverwalter,** auf den die Verwaltungs- und Verfügungsbefugnis nach §§ 21 Abs. 2 Nr. 1, 22 Abs. 1 InsO übergegangen ist;[379] in Ausnahmefällen auch für den „schwachen" vorläufigen Insolvenzverwalter (ohne Verwaltungs- und Verfügungsbefugnis) bei unaufschiebbaren Maßnahmen[380] sowie bei entsprechender Ermächtigung durch das Insolvenzgericht.[381]

Einen Grundsatz, dass die Gewährung von PKH für den Insolvenzverwalter die Regel sein soll,[382] gibt es nicht. Vor allem dann, wenn der Verwalter ein Unternehmen fortführt, ist er zunächst verpflichtet, selbst für die Finanzierung von Prozessen zu sorgen, vor allem dann, wenn es um Forderungen aus der Zeit der Fortführung geht.[383] Andererseits bedarf es besonderer Umstände, wenn der Antrag eines Insolvenzverwalters abgelehnt werden soll, der Ansprüche gegen Gesellschafter durchsetzen will, die gegen Kapitalaufbringungs- oder Kapitalerhaltungsvorschriften verstoßen haben.[384] Keinen Anspruch auf PKH hat der Insolvenzverwalter im Beschwerdeverfahren gegen den Beschluss, der über den Antrag des Schuldners auf Restschuldbefreiung befunden hat.[385]

(2) **Aus der verwalteten Insolvenzmasse können die Verfahrenskosten nicht aufgebracht werden.** Zunächst ist der Bestand an Barmitteln zu berücksichtigen, allerdings ist dem Insolvenzverwalter nicht jede wirtschaftliche Handlungsfreiheit zu nehmen.[386] Masseschulden und -kosten, die der Verwalter zu begleichen hat, sind vom Barbestand

---

[377] BAG NZI 2018, 47; *Weber* ZInsO 2014, 2151; **aA:** LAG Baden-Württemberg ZIP 2014, 1455.
[378] Vgl. zum Problemkreis insges. *Sterzinger* NZI 2008, 525; *Hees/Freitag* NZI 2017, 377; *Felix* Rpfleger 2017, 504.
[379] OLG Hamm OLGReport 2003, 357.
[380] LG Essen ZInsO 2000, 296; AG Göttingen NZI 1999, 506.
[381] OLG Köln ZIP 2004, 2450; *Felix* Rpfleger 2017, 504 (505).
[382] So zB *Gundlach/Frenzel/Schmidt* NJW 2003, 2413; **aA:** zu Recht BGH ZInsO 2015, 898; NZI 2013, 82; OLG Dresden ZInsO 2002, 286; OLG Düsseldorf OLGReport 2003, 71; Uhlenbruck/*Uhlenbruck* InsO § 80 Rn. 76.
[383] Sehr streng: OLG Celle ZIP 2004, 2149.
[384] OLG Hamburg ZIP 2005, 678 (LS).
[385] BGH NZI 2012, 278; *Ganter* NZI 2013, 209 (233).
[386] OLG Düsseldorf ZInsO 2019, 205; unzulänglich ist die Masse schon dann, wenn die freien Mittel zur ordnungsgemäßen Abwicklung des Verfahrens anderweitig benötigt werden, OLG Dresden OLGReport 1998, 1758; OLG Köln ZIP 1990, 936.

abzuziehen.[387] Übersteigen die bereits entstandenen Verfahrenskosten die in der Masse vorhandenen Barmittel, ist jedenfalls von Massearmut auszugehen.[388] Dasselbe gilt, wenn der Verwalter die **Masseunzulänglichkeit** nach § 208 InsO angezeigt hat.[389] Die Anzeige der Masseunzulänglichkeit stellt für sich allein noch keine Mutwilligkeit für ein Prozesskostenhilfe-Gesuch dar.[390] Erhebt der Verwalter danach Klage, ist die Frage nach der Bedürftigkeit der Masse unter Einbeziehung der Altmasseverbindlichkeiten zu beantworten.[391] Ob nach der Anzeige gem. § 208 InsO als Regelfall von Bedürftigkeit iSd § 114 ZPO auszugehen ist,[392] erscheint aber zweifelhaft. Der BGH[393] hat in einer neueren Entscheidung betont, dass allein der Hinweis des Insolvenzverwalters, dass Masseunzulänglichkeit angezeigt wurde, nicht genüge, um die Voraussetzungen von § 116 S. 1 Nr. 1 ZPO darzulegen, weil Fälle denkbar seien, dass durch einen Prozesserfolg die Masseunzulänglichkeit beseitigt werde oder aber gleichwohl Massegläubiger vorhanden sein können, denen ein Kostenvorschuss zumutbar sei. Insoweit seien auch von dem vom Formularzwang befreiten Insolvenzverwalter dem PKH-Antrag eine Gläubigertabelle beizufügen und Ausführungen zu den wirtschaftlich beteiligten Gläubigern und zur Zumutbarkeit von Vorschussleistungen zu machen. Auf die Aufnahme eines Darlehens kann der Verwalter nur dann verwiesen werden, wenn Gewährung und Rückzahlung gesichert sind.[394] Dagegen hat er kurzfristig liquidierbare Gegenstände zu verwerten und Forderungen einzuziehen, die zur Masse gehören, um Barmittel zu schaffen.[395] Schonvermögen iSd § 115 Abs. 2, § 90 SGB XII gibt es dabei für den Verwalter nicht. Was nicht der Pfändung unterworfen ist, gehört ohnehin nicht zur Insolvenzmasse, darf also nicht verwertet werden, § 36 Abs. 1 InsO. In absehbarer Zeit zu erwartender Zufluss an Mitteln ist zu berücksichtigen.[396] Auch ein Teilerfolg des Verwalters in der 1. Instanz, der tatsächlich zu einer Massereicherung geführt hat, kann die Gewährung von PKH ausschließen.[397] Die Gewährung von PKH hängt dann davon ab, ob es Altmassegläubigern zumutbar ist, sich an der Finanzierung des Prozesses zu beteiligen.[398]

77 Die Unzulänglichkeit der Insolvenzmasse ist formlos darzustellen, dh der **Vordruck über die Erklärung der persönlichen und wirtschaftlichen Verhältnisse** ist nicht zu verwenden,[399] → Rn. 166.

Dabei hat der Verwalter eine vollständige Übersicht über das verwaltete Vermögen sowie eine Aufstellung über die angemeldeten Forderungen vorzulegen.[400] Deckt der zu

---

[387] OLG Naumburg ZInsO 2011, 977; OLG Stuttgart ZInsO 2004, 556; *Brete/Gehlen* ZInsO 2014, 1777 (1778); *Lang* NZI 2012, 746 (747); Musielak/Voit/*Fischer* ZPO § 116 Rn. 5.
[388] So im Ergebnis OLG Hamm MDR 1998, 1498.
[389] BGH ZIP 2007, 2187; BAG NZA 2004, 1407; vgl. auch BGH ZIP 2008, 1035; BFH/NV 2014, 727; *Zwanziger* NZA 2015, 577.
[390] BGH NZI 2008; 602; *Lang* NZI 2012, 746 (747); **aA:** OLG Frankfurt BeckRS 2011, 25382.
[391] BGH ZIP 2007, 2187.
[392] So BGH ZIP 2008, 1035.
[393] BGH NZI 2019, 644 mAnm *Freitag*.
[394] Zöller/*Schultzky* ZPO § 116 Rn. 5.
[395] Zöller/*Schultzky* ZPO § 116 Rn. 5.
[396] OLG Köln OLGReport 2003, 14.
[397] OLG Dresden ZIP 2004, 187.
[398] BGH ZInsO 2019, 1793; OLG Celle ZIP 2013, 903; *Felix* Rpfleger 2017, 504 (506); **aA:** BGH ZIP 2007, 2187: Unzumutbarkeit für Altmassegläubiger bei Masseunzulänglichkeit.
[399] BGH NZI 2017, 688; OLG Celle OLGReport 2009, 274; vgl. auch OLG Saarbrücken OLGReport 2009, 150.
[400] BGH NZI 2017, 688; OLG Koblenz JurBüro 2016, 650; OLG Naumburg ZInsO 2002, 586; ZInsO 2002, 540; DZWIR 2001, 257. Ähnlich OLG Köln ZInsO 2003, 85. Von der Richtigkeit der Angaben des Verwalters ist auszugehen, OLG Stuttgart ZInsO 2004, 556.

erwartende **Prozesserfolg nur einen Teil der Massekosten** ab, ist die Klage des Verwalters bei **Massearmut** (§ 207 InsO) mutwillig.[401] Das gilt nicht, wenn durch den Prozesserfolg die **Massekostenarmut** gänzlich beseitigt werden kann.[402] Mutwilligkeit kann aber auch in diesem Fall anzunehmen sein, wenn nach Beseitigung der Massearmut nur ein geringer Überschuss zu erwarten ist.[403] Zur Teilklage des Verwalters → Rn. 539.[404]

(3) Weitere Voraussetzung von § 116 Abs. 1 S. 1 Nr. 1 ZPO für einen Anspruch des Insolvenzverwalters auf Verfahrenskostenhilfe ist, dass auch den am Gegenstand des Rechtsstreits **wirtschaftlich Beteiligten** es **nicht zumutbar ist, die Kosten aufzubringen**. Wirtschaftlich beteiligt sind im Grundsatz diejenigen Gläubiger, „deren endgültigen Nutzen der Rechtsstreit anstrebt".[405] Das können im Masseprozess sowohl **Masse- als auch Insolvenzgläubiger sein**,[406] die nachrangigen gem. § 39 InsO nur, soweit das positive Prozessergebnis ihnen zugutekommt. Der Wegfall der Rangklassen des § 61 KO, der eine Schätzung, welche Konkursgläubiger durch den Rechtsstreit wirtschaftlich berührt wurden, ermöglichte, wird dazu führen müssen, zunächst alle Insolvenzgläubiger als wirtschaftlich Beteiligte anzusehen, falls nicht schon die Masseschulden und -kosten den Prozesserfolg aufzehren. Auch die öffentliche Hand kann wirtschaftlich beteiligt sein;[407] ebenso der Schuldner.[408] Fehlt es an einem erkennbaren Nutzen für die wirtschaftlichen Beteiligten durch die Rechtsverfolgung, ist PKH mangels Rechtsschutzbedürfnisses zu versagen.[409]

78

(4) **Nicht wirtschaftlich beteiligt** sind die Gläubiger, die volle Befriedigung ihrer Forderungen auch ohne den vom Verwalter geführten Rechtsstreit erwarten können; desgleichen diejenigen, denen das Prozessergebnis nicht zugutekommt,[410] außerdem die Gläubiger bestrittener (Minimal-) Forderungen.[411] Auch der Insolvenzverwalter selbst – Massegläubiger wegen seines Auslagen- und Vergütungsanspruchs – ist nach der Rechtsprechung des BGH nicht wirtschaftlich beteiligt.[412]

79

---

[401] BGH ZIP 2009, 1591; OLG Frankfurt NZI 2012, 714; OLG München ZIP 2012, 1985; OLG Celle ZVI 2012, 119; OLG Stuttgart ZIP 2012, 1314; OLG Celle ZInsO 2012, 1989; OLG Naumburg DZWIR 2003, 388; *Hees/Freitag* NZI 2017, 377, (378); vgl. auch OLG Celle ZIP 2010, 1464 und OLG Dresden ZVI 2010, 188.

[402] BGH BeckRS 2013, 08615; NZI 2013, 79; OLG Hamm ZInsO 2011, 1947.

[403] OLG Köln JurBüro 2018, 650.

[404] Dazu auch BGH ZIP 2011, 246.

[405] BGH NJW 1977, 2317; OVG Hamburg ZIP 2018,1151; OLG Bamberg NJW-RR 1990, 638; OLG Düsseldorf KTS 1992, 468.

[406] OLG Celle ZIP 2013, 903; OLGReport 2001, 215; ZIP 1994, 1973 (1974); auch BGH ZInsO 2005, 877; 2007, 1227 soweit der Prozesserfolg für den Massegläubiger von Nutzen ist; aA: BFH ZInsO 2005, 1216.

[407] BGH NJW 1991, 40; OLG Düsseldorf ZIP 1990, 938.

[408] BGH NJW 1991, 41; *Groß* ZPO § 116 Rn. 9.

[409] OVG Hamburg ZIP 2018, 1151.

[410] Weil die Klage zB einen Schadensersatzanspruch allein im Interesse der Insolvenzgläubiger verfolgt; dann sind die Massegläubiger nicht wirtschaftlich beteiligt; OLG Celle ZIP 2009, 933.

[411] OLG Nürnberg ZInsO 2005, 102; OLG Naumburg ZIP 1994, 383. Vgl. auch OLG Frankfurt/M. InVo 2001, 321: Von den Insolvenzgläubigern kann ein Kostenvorschuss nicht verlangt werden, wenn ein eventueller Prozesserfolg lediglich zur Deckung der Massekosten führt. Hat der Verwalter die Forderung nur vorläufig bestritten, aber keine durchgreifenden Bedenken gegen deren Bestehen geäußert, nimmt das OLG Celle (ZInsO 2004, 43) an, dass eine Kostenbeteiligung zumutbar ist; ebenso OLG Dresden OLGReport 2004, 387 (Ls). Vgl. auch Musielak/Voit/*Fischer* ZPO § 116 Rn. 6 (generell nicht beteiligt) und *Brete/Gehlen* ZInsO 2014, 1777 (1779).

[412] Richtig ist, dass es ihm *nicht zuzumuten* ist, für den beabsichtigten Masseprozess einen Prozesskostenvorschuss zu leisten; vgl. Anm. *Wrobel-Sachs* zu BGH WM 1998, 360 in WuB VII A. § 116 ZPO, 1/98. Dementsprechend hat das OLG Köln dem BGH die Gefolgschaft versagt: NZI 2000, 540 und OLGReport 1998, 222.

80 **(5) Die wirtschaftlich Beteiligten müssen leistungsfähig sein.**[413] Das trifft im Regelfall auf die Arbeitnehmer des Insolvenzschuldners nicht zu,[414] wird darüber hinaus aber für Arbeitnehmer schlechthin nicht gelten, da sie „wirtschaftlich im Allgemeinen nicht besonders leistungsstark sind".[415] Die Leistungsfähigkeit der **öffentlichen Hand,** insbesondere des Steuerfiskus, wird man voraussetzen können,[416] ohne dass es auf einen eventuell bestehenden Haushaltsansatz ankommt.[417] Nach derzeitig noch hM sollen aber Sozialversicherungsträger und die Bundesagentur für Arbeit außen vor bleiben.[418]

81 **(6) Zuzumuten sind Prozesskostenvorschüsse** nur solchen Beteiligten, welche die erforderlichen Mittel unschwer aufbringen können und deren zu erwartender Nutzen bei vernünftiger, auch das Eigeninteresse der Parteien berücksichtigender Betrachtungsweise bei einem Erfolg der Rechtsverfolgung voraussichtlich deutlich größer sein wird.[419] Zu berücksichtigen sind die zu erwartende **verbesserte Insolvenzquote**[420], das Prozess-, Vollstreckungs- und Verfahrensrisiko[421], das Interesse des Verwalters an der Rechtsverfolgung sowie die Gläubigerinteressen.[422]

Gläubiger, deren Befriedigungsaussichten nur unwesentlich steigen, kommen für eine Vorschusspflicht nicht in Betracht,[423] ebenso wenig Gläubiger mit Minimalforderungen.[424] Wann eine erhebliche Verbesserung der Befriedigungsaussichten vorliegt, wird an der Erhöhung der mutmaßlichen Quote,[425] dem erzielbaren Ergebnis,[426] dem Kosten-Nutzen-Verhältnis,[427] der Erhöhung der zu verteilenden Masse,[428] der Verfahrens- und Vollstreckungsrisiken, der Gläubigerstruktur oder an einer Kombination aus all dem[429] festgemacht. Der BGH verlangt insoweit eine wertende Gesamtabwägung.[430] Eine erhebliche Verbesserung der Quote bis hin zur vollen Befriedigung hat ohne weiteres die Vorschusspflicht zur Folge.[431] Fehlende Zumutbarkeit der Kostenaufbringung nimmt der BGH an, wenn sich die Befriedigung der Gläubiger unter Berücksichtigung von Prozess-

---

[413] Zöller/*Schultzky* ZPO § 116 Rn. 9.
[414] BGH NJW 1991, 40.
[415] BGH NJW 1991, 40.
[416] BGH NJW 1999, 1404; NJW 1998, 1868; NJW 1977, 2317; BAG ZIP 2003, 1947; OLG Köln BeckRS 2014, 21850; OLG Koblenz OLGReport 2002, 237; Musielak/Voit/*Fischer* ZPO § 116 Rn. 8.
[417] BGH WM 1998, 877; OLG Köln OLGReport 2000, 382 und 451; OLG Hamm NJW-RR 1994, 1342; Zöller/*Schultzky* ZPO § 116 Rn. 12; **aA:** OLG München ZIP 1996, 512.
[418] BGH NJW 1997, 3318; OLG Frankfurt ZIP 2014, 1099.
[419] BGH ZInsO 2011, 1552; DZWIR 2007, 299; NZI 1999, 450; NJW 1991, 40 (41); KG NZI 2000, 221; OLG Rostock ZIP 2003, 1721; OLG Dresden ZInsO 2004, 275; OLG Celle OLGReport 2001, 215; OLG Köln ZIP 1991, 150 (151).
[420] BGH BeckRS 2018, 15643; ausführlich zum Erfordernis der Quotenverbesserung *Brete/Gehlen* ZInsO 2014, 1777 (1780 ff.); vgl. auch BGH ZIP 2011, 98; NJW-RR 2006, 1064: über 10 %.
[421] BGH ZInsO 2019, 1793; NZI 2018, 581; ZInsO 2012, 2198.
[422] BGH ZIP 2006, 682.
[423] OLG Celle OLGReport 2001, 141; OLG Naumburg ZIP 1994, 383; OLG Hamburg ZIP 1994, 221; OLG Hamm ZIP 1990, 595; OLG Köln ZIP 1990, 937; Uhlenbruck/*Uhlenbruck* InsO § 80 Rn. 81.
[424] BGH WM 2018, 1137; ZInsO 2004, 501; OLG Schleswig NZI 2009, 522; OLG Nürnberg OLGReport 2005, 106; ZInsO 2003, 1105; OLG Düsseldorf OLGReport 2002, 315; Zöller/*Schultzky* ZPO § 116 Rn. 10.
[425] BGH ZInsO 2014, 2574; ZIP 2011, 98; NJW-RR 2006, 1064; OLG Celle ZInsO 2015, 636; KG ZIP 2003, 270.
[426] OLG Rostock ZIP 2003, 1721; OLG Nürnberg ZInsO 2005, 102.
[427] BGH ZInsO 2011, 1552; KG JurBüro 2009, 38; OLG Karlsruhe ZInsO 2007, 822; OLG Hamm ZIP 2007, 147.
[428] OLG Hamm ZInsO 2007, 1050; NZI 2006, 42.
[429] Fast nicht mehr nachvollziehbar: KG NZI 2008, 749.
[430] BGH ZInsO 2019, 1793; NJW 2018, 3188; BeckRS 2018, 15643; NZI 2017, 546.
[431] BGH NJW-Spezial 2009, 21; OLG Hamm ZInsO 2007, 1050; OLG Köln MDR 2000, 51.

und Vollstreckungsrisiken voraussichtlich um weniger als das **Doppelte** der aufzubringenden Kosten verbessert.[432] Im Umkehrschluss dazu wird Zumutbarkeit bei einer Verdoppelung[433] oder Verdreifachung[434] des Kostenaufwands im Regelfall ausreichend sein. Hierzu hat der Insolvenzverwalter in seinem PKH-Antrag Ausführungen zu machen.[435]

Gläubiger, die eine **abgesonderte Befriedigung** verlangen können (§ 52 S. 2 InsO), sind wirtschaftlich beteiligt und haben sich an den Kosten eines vom Insolvenzverwalters geführten Prozesses zu beteiligen[436], so dass dem Insolvenzverwalter Prozesskostenhilfe zu versagen ist.[437] Es spielt insoweit auch keine Rolle, dass wirtschaftlich Beteiligte, wie zB **Großaktionäre**, tatsächlich zur Beteiligung an den Kosten **nicht bereit** sind.[438] Dann muss der Rechtsstreit unterbleiben.

(7) Die **Darlegungslast** dafür, dass den Gläubigern eine Prozessfinanzierung nicht zuzumuten ist, trägt der Insolvenzverwalter.[439] Auch wenn einem Insolvenzverwalter PKH bewilligt ist, steht der **Staatskasse** dagegen **ein Beschwerderecht** zu, da § 127 Abs. 3 S. 2 ZPO ausdrücklich auch die nach § 116 S. 3 ZPO zu zahlenden Beträge erwähnt.

(8) Unzumutbar ist nach der Rechtsprechung des Bundesgerichtshofs die Inanspruchnahme des **Arbeitsamtes**[440] sowie der **Sozialverwaltung**,[441] weil diese zweckgebundene öffentliche Mittel entsprechend ihres gesetzlichen Auftrags ausschließlich im Interesse der sozial schwächeren Gläubiger ohne eigenes Gewinnstreben verwalten. Die **Finanzverwaltung** soll aber grundsätzlich zu Vorschüssen herangezogen werden.[442] Nach einer Entscheidung des BGH muss sie aber Quotenerhöhungen Dritter nicht finanzieren.[443] Diese letzte Auffassung verkennt, dass die wirtschaftlich beteiligten Gläubiger in ihrer Gesamtheit eine Risikogemeinschaft bilden, innerhalb derer unabhängig von der Zahl der leistungsfähigen bzw. leistungsbereiten Beteiligten der gesamte Vorschuss aufgebracht werden muss.[444] **Ohnehin kommt es nicht darauf an, ob die Gläubiger *bereit* sind, sich an den Kosten des Rechtsstreits zu beteiligen.**[445] Zur Unzumutbarkeit für die Gläubiger hat der Insolvenzverwalter nachvollziehbare Angaben zu machen.[446]

---

[432] BGH ZInsO 2019, 1793; NJW 2018, 3188; OLG Düsseldorf ZInsO 2019, 205 auch zur aufwändigen Berechnung des für die Gläubiger erzielbaren Ertrages unter Berücksichtigung von Prozess- und Vollstreckungsrisiken.
[433] BGH NZI 2018, 581; OLG Naumburg ZInsO 2018, 264.
[434] BGH NZI 2017, 546.
[435] BGH NZI 2017, 414.
[436] BGH NZI 2012, 626.
[437] BGH NZI 2012, 626; OLG Koblenz OLGR 2006, 316; **aA:** OLG München ZIP 2011, 398.
[438] BGH ZInsO 2012, 2198; BeckRS 2013, 15233.
[439] BGH NZI 2017, 414; ZInsO 2015, 898; NZI 2012, 626; OLG Frankfurt a. M. ZIP 2014, 1099.
[440] BGH NJW 1991, 40; OLG Frankfurt ZIP 2014, 1099.
[441] BGHZ 119, 372; OLG München NZI 2013, 608; der Pensionssicherungsverein ist nach LG Augsburg ZIP 2011, 247 den Sozialversicherungsträgern gleichzustellen, dem ist zuzustimmen.
[442] BGH DStR 2007, 2338; ZInsO 2004, 501; NJW 1998, 1715 und 1868; BVerwG ZIP 2006, 1542; OLG Nürnberg ZInsO 2005, 103; OLG Köln OLGReport 2002, 240 (für Nachlassinsolvenzverfahren); Vallender/Undritz/*Schäfer* Rn. 399.
[443] BGH NJW 1994, 3170; ähnlich OLG München ZIP 1996, 512 und LG Frankfurt/M., NZI 2002, 263.
[444] KG ZInsO 2004, 90; ZIP 2003, 270; ähnlich OLG Köln OLGReport 2003, 14; OLG Jena OLGReport 2003, 429; *Pape* ZIP 1988, 1293 (1301).
[445] BGH ZInsO 2012, 2198. Nur weil sie das oft nicht sind, hat sich eine derart verzweigte Kasuistik entwickelt. Zur Zumutbarkeit für Großgläubiger OLG Hamburg ZIP 2011, 99. IÜ OLG Naumburg DZWIR 2001, 257; Uhlenbruck/*Mock* § 80 Rn. 211.
[446] BGH NZI 2017, 414; OLG Koblenz JurBüro 2016, 650; KG OLGReport 2008, 841; OLG Saarbrücken OLGReport 2009, 150; OLG Naumburg OLGReport 2002, 473 (Ls); OLG Düsseldorf OLGReport 2003, 71; OLG Jena OLGReport 2003, 429; OLG Köln ZInsO 2003, 85; OLG München

(9) Unzumutbar ist auch die Aufbringung der Kosten für den **Insolvenzverwalter** selbst.[447] Bei anderer Ansicht würde er in vielen Fällen vor die Wahl gestellt, entweder den Vorschuss zu leisten oder auf seine Vergütung zu verzichten, wobei eine Haftung der Staatskasse für diesen Fall nicht vorgesehen ist. Das ist weder mit dem von ihm im öffentlichen Interesse ausgeübten Amt noch mit Art. 12 GG zu vereinbaren.[448] Dementsprechend ist PKH auch dann zu gewähren, wenn der Prozesserfolg lediglich die Verfahrenskosten und die Verwaltervergütung abdeckt.[449]

(10) Zur Beiordnung eines Rechtsanwalts → Rn. 666 f.

2. Andere Parteien kraft Amtes

84 Bezüglich der Unzulänglichkeit der verwalteten Vermögensmasse gilt nichts anderes als in der Insolvenz. **Wirtschaftlich beteiligt** sind im Falle der **Testamentsvollstreckung** oder **Nachlassverwaltung** die Erben, Vermächtnisnehmer oder Pflichtteilsberechtigte,[450] im Falle der **Zwangsverwaltung** der betreibende Gläubiger.

3. Keine Anwendung von §§ 115 Abs. 2, 117 Abs. 3 ZPO

85 Da § 116 S. 3 ZPO eine Sonderregelung für Parteien kraft Amtes und juristische Personen trifft, ist § 115 Abs. 2 ZPO (*Höhe der Rate = ½ des einzusetzenden Einkommens*) hier nicht anzuwenden.[451] In Altfällen (vgl. § 40 EGZPO) ist das noch geltende **Tabellensystem** des § 115 ZPO aF auf die Partei kraft Amtes nicht anwendbar. Ebenfalls entfällt die Beschränkung auf **48 Monatsraten**; vielmehr sind bei der Festsetzung von Raten die Teilzahlungen so lange zu erbringen, bis die Kosten insgesamt gedeckt sind.[452] § 116 S. 3 ZPO bestimmt, dass entsprechende Beträge an die Staatskasse zu leisten sind, soweit die Kosten nur zum Teil oder nur in Teilbeträgen aufgebracht werden können.

Ebenfalls eine Sonderstellung im PKH-Verfahren besitzen die in § 116 genannten Rechtssubjekte bei der Pflicht zur Verwendung des amtlichen Formulars nach Maßgabe von § 117 Abs. 3 ZPO iVm PKHFV. Nach § 1 Abs. 2 PKHFV sind sie **vom Formularzwang befreit** und können mithin ihre wirtschaftlichen Verhältnisse individuell und in vereinfachter Form darlegen.[453] Allerdings verlangt der BGH bei Insolvenzverwaltern – trotz vorheriger Anzeige der Masseunzulänglichkeit –, dass dem PKH-Antrag eine Gläubigertabelle beizufügen ist und Ausführungen zu den wirtschaftlich beteiligten Gläubigern und zur Zumutbarkeit von Vorschussleistungen Ausführungen zu machen sind.[454]

OLGReport 1999, 308. Zu ausländischen Gläubigern s. OLG Schleswig ZIP 2008, 384. Zum Verwaltungsaufwand des Verwalters s. BGH ZIP 2011, 98, aber auch ZIP 2006, 682.

[447] BGH NZI 2016, 279; NZI 2004, 26.
[448] BGH MDR 2006, 113; NJW 1998, 1229; OLG Frankfurt OLGReport 2003, 35; *Pape* NZI 1998, 64; *Zöller/Schultzky* ZPO § 116 Rn. 11; *Groß* ZPO § 116 Rn. 12.
[449] BGH ZIP 2003, 2036; vgl. auch LAG Chemnitz ZInsO 2003, 964 (Ls) sowie LAG Düsseldorf InVo 2003, 438.
[450] Poller/Härtl/Köpf/*Liegl* ZPO § 116 Rn. 13.
[451] *Groß* ZPO § 116 Rn. 26.
[452] Poller/Härtl/Köpf/*Liegl* ZPO § 116 Rn. 33.
[453] BGH NZI 2017, 688; BFH/NV 2015, 218.
[454] BGH NZI 2019, 644.

III. Juristische Personen und parteifähige Vereinigungen

(1) **Inländische juristische Personen** (insbesondere Aktiengesellschaft, GmbH,[455] KGaA,[456] eingetragener Verein,[457] Versicherungsverein auf Gegenseitigkeit, Genossenschaft, Stiftung und jur. Personen öffentlichen Rechts, auch ein Betriebsrat)[458] können gemäß § 116 S. 1 Nr. 2 ZPO Prozesskostenhilfe nur dann erhalten, wenn die Kosten weder von ihnen **noch von den wirtschaftlich Beteiligten** aufgebracht werden können.[459] Dies gilt auch für die **Wohnungseigentümergemeinschaft**, so dass es auch hier sowohl auf die Bedürftigkeit der Gemeinschaft als auch der einzelnen Wohnungseigentümer ankommt.[460] Auf die **Zumutbarkeit der Inanspruchnahme** kommt es, **anders als in § 116 S. 1 Nr. 1 ZPO, nicht an.**[461] Wirtschaftlich beteiligt ist hier auch, wer ein eigenes Interesse am Streitgegenstand hat und als sachlich Betroffener durch die juristische Person repräsentiert wird.[462] Hierzu zählen auch die Gesellschafter einer Gesellschaft bzw. Mitglieder eines (ideellen) Vereins.[463] Zum Sonderfall eines **unionsrechtlichen Staatshaftungsanspruchs** hat der EuGH in einer Entscheidung, in der er sich im Rahmen einer vor dem LG Berlin erhobenen Klage einer GmbH gegen die Bundesrepublik Deutschland wegen verspäteter Umsetzung einer EU-Richtlinie mit § 116 Abs. 1 Nr. 2 BGB auseinandersetzt und die deutschen PHK-Vorschriften nicht, wie es hiesiger Anschauung entspricht, dem Sozialrecht zuordnet, sondern sie als Instrument zur Verwirklichung des Anspruches auf Zugang zu den Gerichten nach Art. 47 der Charta der Grundrechte der EU betrachtet.[464] Hinsichtlich juristischer Personen in der EU → Rn. 87.

86

(2) Die PKH-Gewährung wird darüber hinaus noch dadurch eingeschränkt, dass die **Unterlassung der Rechtsverfolgung allgemeinen Interessen zuwiderlaufen** muss. Das ist verfassungsrechtlich unbedenklich.[465] Der Begriff der „allgemeinen Interessen" als Gegensatz zu Einzelbelangen umfasst die Auslegung und Abwägung aller denkbaren Interessen im konkreten Einzelfall.[466] Die Entscheidung muss dementsprechend größere **Kreise der Bevölkerung oder des Wirtschaftslebens** ansprechen, soziale Wirkungen nach sich ziehen und insgesamt das soziale Gefüge berühren.[467] Nicht ausreichend ist es, dass die Interessen der wirtschaftlichen Beteiligten einer Gesellschaft, wie zB bei einer Publi-

86a

---

[455] BFH/NV 2017, 614: GmbH i. L.
[456] BGH NZI 2019, 764.
[457] BVerfG BeckRS 2017, 120378; OLG Frankfurt NZG 2016, 1386; auch die Mitglieder eines eingetragenen Vereins sind wirtschaftlich Beteiligte, und zwar auch dann, wenn sie nach einem Prozessverlust laut Satzung mit der Erhebung einer Umlage rechnen müssen; LAG Sachsen MDR 1997, 858.
[458] LAG München AiB 2000, 179 f.; LAG Rheinland/Pfalz LAG-E § 116 ZPO Nr. 1 = NZA 1991, 32; LAG Hamm LAG-E § 115 ZPO Nr. 42.
[459] BGH NZI 2019, 764: Kommanditaktionäre.
[460] BGH MDR 2019, 660.
[461] BGH NJW-RR 2019, 723; OLG Koblenz BB 2004, 2660.
[462] OVG Münster NJW 2005, 3512 (kommunale Wählergruppen als Mitglieder eines e. V.); Sächsisches OVG BeckRS 2016, 40233: (eingetragener Verein).
[463] OLG Frankfurt NZG 2016, 1386; OVG Münster NJW 2005.
[464] EuGH ZIP 2011, 143; dazu: *Hau* GPR 2012, 94; *Wendenburg* DRiZ 2011, 95; das KG hat den Antrag auf PKH inzwischen abgelehnt, vgl. JurBüro 2012, 157 und *Baumert* EWiR 2011, 231.
[465] BVerfGE 35, 348 (355); *Groß* ZPO § 116 Rn. 23.
[466] Zum Begriff KG 2011, 542; iÜ BVerfG NJW 1974, 229; BGH ZIP 1990, 1565; OLG Celle NJW-RR 1986, 741.
[467] BVerfGE 35, 353; BGH ZInsO 2017, 2538; WM 2015, 731; OLG Brandenburg BeckRS 2014, 04898.

kum KG[468] oder KGaA,[469] betroffen sind. Auch genügt allein das Interesse an einer sachlich richtigen Entscheidung auch dann nicht, wenn sie eine Rechtsfrage von allgemeiner Bedeutung betrifft.[470] Vielmehr ist erforderlich, dass ein bedeutender Kreis von Personen durch die Unterlassung der Rechtsverfolgung in Mitleidenschaft gezogen oder ein erheblicher Teil des Wirtschaftslebens betroffen wäre. Das ist insbesondere bei einer **Vielzahl von betroffenen Kleingläubigern** der Fall,[471] wobei eine „größere Anzahl" auch genügen kann.[472] Das allgemeine Interesse an der Prozessführung ist insbesondere gegeben, wenn dadurch eine Gesellschaft und mit ihr eine **große Zahl von Arbeitsplätzen** erhalten werden kann.[473] Es fehlt bei der bloßen Erwartung, nach Prozessgewinn Steuern oder Sozialversicherungsbeiträge zahlen zu können, da dann kein allgemeines Interesse gerade an dieser Rechtsverfolgung, sondern lediglich ein davon unabhängiges allgemeines Interesse besteht.[474] Es fehlt auch dann, wenn sich der Kreis der Gläubiger in erster Linie aus Unternehmen und deren Anteilseignern zusammensetzt, die mit dem insolventen Unternehmen konzernmäßig verflochten sind.[475] Auch das generelle Interesse der Allgemeinheit an einem unverfälschten Wettbewerb ist nicht ausreichend,[476] ebenso wenig besteht ein allgemeines Interesse an der Durchsetzung von Gebührenforderungen einer Anwalts-GbR.[477] Nicht ausreichend ist schließlich, dass ein „schwacher" vorläufiger Insolvenzverwalter bestellt wurde und die Rechtsverfolgung oder -verteidigung zur Sicherung des nachfolgenden Insolvenzverfahrens erforderlich ist.[478] Auch das Interesse der an einer Publikums-KG beteiligten Personen an der Durchführung eines Gesellschafterinnenausgleichs im Rahmen der Liquidation der KG genügt nicht.[479] Gleiches gilt für die bloße Befriedigung der Staatskasse als Insolvenzgläubigerin.[480]

(3) **§ 116 S. 1 und 2 ZPO sind nicht kumulativ anwendbar.** In der Insolvenz einer juristischen Person ist die Gewährung von Prozesskostenhilfe nicht davon abhängig zu machen, dass neben den Voraussetzungen des § 116 S. 1 Nr. 1 ZPO – PKH für den Insolvenzverwalter – auch Nr. 2 der Vorschrift – Vorliegen allgemeiner Interessen – erfüllt ist.[481]

87 (4) **Ausländische juristische Personen** können keine PKH erhalten,[482] es sei denn, es handelt sich, wie § 116 S. 1 Nr. 2 ZPO ausdrücklich feststellt, um juristische Personen, die in einem anderen Mitgliedstaat der **Europäischen Union** oder in einem anderen Vertragsstaat des Abkommens über den Europäischen Wirtschaftsraum gegründet oder

---

[468] OLG München ZIP 2019, 622; OLG Köln BeckRS 2019, 28517.
[469] BGH NZI 2019, 764.
[470] BVerfG NJW 1974, 229; BGHZ 25, 183; BGH MDR 1990, 474; ZIP 1990, 469; NJW 1986, 2058; OLG Rostock JurBüro 2009, 148; OLG Hamm OLGReport 1994, 82; LAG Bremen MDR 1987, 699; OVG Münster BeckRS 2013, 45793; **aA:** BGH NZG 2011, 1308 (Es genügen soziale Auswirkungen oder ein allgemeines Interesse an einer richtigen Entscheidung.), kritisch auch *Groß* ZPO § 116 Rn. 24.
[471] BGH NJW 1986, 2058; OVG Münster BeckRS 2013, 45793; vgl. zu § 116 S. 1 Nr. 2 insgesamt KG KGReport 2001, 39.
[472] OLG München NJW 1991, 703 (27 Gläubiger); OLG Frankfurt NJW-RR 1996, 552; wohl auch BGH NJW 1986, 2058; **aA:** *Groß* ZPO § 116 Rn. 24.
[473] BVerfGE 35, 348 (353); BGH NZI 2019, 764; OVG Greifswald BeckRS 2019, 19637: 9 Arbeitsplätze genügen nicht.
[474] OLG Köln JurBüro 1985, 1259; OLG Bamberg JurBüro 1982, 1733.
[475] OLG München ZIP 2002, 2131.
[476] OLG Köln NJW-RR 2007, 188.
[477] BGH NJW 2011, 1595.
[478] BAG NJW 2011, 3532.
[479] OLG Köln ZInsO 2019, 2580.
[480] OLG Frankfurt BeckRS 2020, 15730.
[481] BGH ZIP 2007, 887; NJW 1991, 40 (41).
[482] *Groß* ZPO § 116 Rn. 27; Zöller/*Schultzky* ZPO § 116 Rn. 18.

dort ansässig sind.⁴⁸³ Damit gelten §§ 1076 ff. ZPO auch für die in § 116 S. 1 Nr. 2 ZPO genannten ausländischen juristischen Personen.⁴⁸⁴

(5) **Parteifähige Vereinigungen** (insbes. OHG, KG,⁴⁸⁵ Reederei, nichtrechtsfähiger Verein als Beklagter) sind hinsichtlich der Bewilligung von PKH den juristischen Personen gleichgestellt.⁴⁸⁶ Hierzu gehört auch die **BGB-Gesellschaft** → Rn. 90. **88**

IV. Nicht parteifähige Vereinigungen

Mangels Parteifähigkeit gilt § 116 S. 1 Nr. 2 ZPO nicht für die **Erbengemeinschaft** und die **Miteigentümergemeinschaft.**⁴⁸⁷ Allerdings kann der **Wohnungseigentümergemeinschaft** nach dem **WEG** Prozesskostenhilfe gewährt werden.⁴⁸⁸ Die Mitglieder der anderen Vereinigungen sind wie Streitgenossen zu behandeln. Klagt nur ein Miterbe nach § 2039 BGB, dann ist dessen Hilfsbedürftigkeit unbeachtlich, wenn er durch die begüterten Miterben vorgeschoben werden soll.⁴⁸⁹ **89**

Bei der **BGB-Gesellschaft** ist zu differenzieren. Soweit sie als BGB-Außengesellschaft durch Teilnahme am Rechtsverkehr eigene Rechte und Pflichten begründet, ist sie nach der Rechtsprechung⁴⁹⁰ rechtsfähig und sowohl aktiv als auch passiv parteifähig.⁴⁹¹ Insoweit kommt sie nunmehr auch für eine Gewährung von Prozesskostenhilfe in Betracht, allerdings nur nach Maßgabe von § 116 ZPO.⁴⁹² **90**

Die **BGB-Innengesellschaft** ist nach wie vor nicht aktiv und passiv parteifähig.⁴⁹³

V. Parteiwechsel

Mit dem **Tod der Partei** ist ihr PKH-Antrag gegenstandslos geworden. Eine Bewilligung darf nicht mehr erfolgen.⁴⁹⁴ Auch findet § 239 ZPO keine Anwendung.⁴⁹⁵ Stirbt die Partei nach der PKH-Bewilligung, so wird diese höchstpersönliche Berechtigung **91**

---

⁴⁸³ Gesetz v. 15.12.2004, BGBl. I 3392 zur Umsetzung der Richtlinie 2003/8 EG. Dazu BT-Drs. 15/3281, 9. Vgl. Zöller/*Schultzky* ZPO § 116 Rn. 18.

⁴⁸⁴ *Groß* ZPO § 1076 Rn. 7.

⁴⁸⁵ OLG München MDR 2019, 619 und OLG Köln BeckRS 2019, 28517 zur Publikums-KG: Anleger als wirtschaftlich Beteiligte.

⁴⁸⁶ Zöller/*Schultzky* ZPO § 116 Rn. 17.

⁴⁸⁷ *Groß* ZPO § 116 Rn. 19.

⁴⁸⁸ BGH MDR 2010, 1076.

⁴⁸⁹ Palandt/*Weidlich* BGB § 2039 Rn. 7; **aA** für VKH bei Verzögerung der Bewilligung: *Landzettel* FamRZ 2011, 345.

⁴⁹⁰ BGHZ 146, 341; NJW 2003, 1043; 2001, 1056; MDR 2011, 453; BVerfG NJW 2002, 3533.

⁴⁹¹ Zöller/*Althammer* ZPO § 50 Rn. 17.

⁴⁹² BGH ZInsO 2017, 2538; BeckRS 2017, 120802; NJW 2011, 1595; OLG Dresden MDR 2008, 818.

⁴⁹³ BGHZ 80, 227; Zöller/*Althammer* ZPO § 50 Rn. 27.

⁴⁹⁴ LSG Baden-Württemberg BeckRS 2018, 20757; OLG Düsseldorf NJW-RR 2016, 1531; LSG Bayern BeckRS 2015, 68298; OLG Frankfurt/M. FamRZ 2011, 385 (das gilt auch, wenn die Entscheidung verzögert wurde.); OLG Oldenburg MDR 2010, 462 (auch bei verzögerter Entscheidung); OVG Bautzen, NJW 2002, 1667 (Ls.); OLG Karlsruhe OLGReport 1998, 425; OLG Zweibrücken OLGReport Koblenz ua 1997, 278; OVG Hamburg FamRZ 1997, 178; BSG MDR 1988, 610; Musielak/Voit/*Fischer* ZPO § 119 Rn. 15 mwN; *Zimmermann* Rn. 42; **aA**: BFH/NV 2010, 2289 und BSG MDR 1988, 610 (jeweils bei Verzögerung); LSG Hessen Rpfleger 1997, 392. Zum Problemkreis insgesamt *Fischer* Rpfleger 2003, 637. Zum Tod des Ast. vor VKH-Bewilligung im Scheidungsverfahren Landzettel FamRZ 2011, 345.

⁴⁹⁵ OLG Düsseldorf NJW-RR 2016, 1531.

zwar nicht vererbt,[496] allerdings gelten die Wirkungen der PKH nach § 122 ZPO solange auch zugunsten des Erben, wie er den Rechtsstreit nicht fortführt.[497] Nimmt der Erbe, dem nach seinen persönlichen Verhältnissen PKH nicht gewährt werden kann, den Rechtsstreit auf, so haftet er auch, soweit nicht selbst bedürftig, für die dem Erblasser gestundeten Gebühren und Kosten, da mit der Aufnahme des Prozesses die Wirkungen der PKH rückwirkend entfallen.[498] Ist der den Prozess fortführende Erbe selbst bedürftig, ist ihm PKH auch rückwirkend für den gesamten Rechtsstreit zu gewähren (→ Rn. 623 ff.). Ist dies nicht der Fall haftet er auch für vor seinem Eintritt entstandene Kosten.[499] Zur näheren Begründung wird auf → Rn. 623 ff. verwiesen. Bereits gezahlte Raten sind anzurechnen. Ist der Erbe bedürftig, kann ihm zur Fortführung des Rechtsstreits auf Antrag PKH bewilligt werden. Gegen die Versagung von PKH kann der Verfahrensbevollmächtigte des verstorbenen Antragstellers weder im eigenen Namen noch für die Erben des Antragstellers **sofortige Beschwerde** einlegen.[500]

Auch in allen anderen Fällen des **Parteiwechsels** erlischt die dem Rechtsvorgänger bewilligte PKH, die neu eintretende Partei rückt insoweit nicht in die Rechtsstellung der ausgeschiedenen Partei ein. Sie kann ihrerseits erneut PKH nach ihren persönlichen Verhältnissen beantragen.

§ 5 Das Prozesskostenhilfe-Bewilligungsverfahren

I. Zulässigkeit eines Prozesskostenhilfeverfahrens

1. Objektive Zulässigkeitsvoraussetzungen

92 (1) **Vor Abschluss der Instanz muss der Antrag gestellt** sein, denn PKH kann nur für eine „beabsichtigte" Rechtsverfolgung oder Rechtsverteidigung gewährt werden, also nicht mehr nach Wegfall der Rechtshängigkeit, § 114 Abs. 1 S. 1 Hs. 2 ZPO.[501]

Ein erst einen Tag vor der mündlichen Verhandlung[502] oder in der mündlichen Verhandlung gestellter **vollständiger Antrag** ist daher zulässig, wenn auch eine rückwirkende Bewilligung für die Zeit vor Antragseingang grundsätzlich nicht möglich ist.[503] Hierzu ist aber ein vollständiger Antrag mit einer formell ordnungsgemäßen Erklärung über die

---

[496] OLG Stuttgart JurBüro 2011, 430 (Ls.); OLG Oldenburg MDR 2010, 462; OLG Koblenz 1996, 808; OLG Celle JurBüro 1987, 1237; Fischer *Rpfleger* 2003, 637; *Zimmermann* Rn. 42.
[497] OLG Jena NJOZ 2012, 1071; OLG Düsseldorf NJW-RR 1991, 1086; Riedel/Sußbauer/*Ahlmann* RVG § 59 Rn. 13.
[498] MüKoZPO/*Wache* § 114 Rn. 40.
[499] OLG Frankfurt NJW-RR 1996, 776; MüKoZPO/*Wache* § 114 Rn. 40; **aA:** OLG Jena NJOZ 2012, 1071; *Poller*/Härtl/Köpf ZPO § 114 Rn. 57; *Zimmermann* Rn. 42: nur für danach entstandene Kosten.
[500] OLG Düsseldorf NJW-RR 2016, 1531; OLG Celle FamRZ 2012, 1661; aA: LSG Baden-Württemberg BeckRS 2018, 20757: im Namen der Erben, aber keine Bewilligung für die Erben möglich.
[501] BVerfG BeckRS 2010, 49486; BFH BeckRS 2015, 95227; BGH NJW 2012, 1964; BAG MDR 2004, 415; BVerwG Beschl. v. 19.4.2011, 1 PKH 7/11; LSG Bayern BeckRS 2014, 74213; OLG Karlsruhe FamRZ 2011, 1608; 2006, 1852; LAG Berlin-Brandenburg AGS 2014, 140; OLG Köln MDR 2010, 1329; FamFR 2011, 227; Zöller/*Schultzky* ZPO § 117 Rn. 2; **aA:** OLG Koblenz JurBüro 1996, 142.
[502] OLG Bamberg JurBüro 1996, 254 geht von Unzulässigkeit aus, wenn die Unterlagen nach § 117 Abs. 2 ZPO nicht vorgelegt werden; → Rn. 610.
[503] BAG ZfS 2017, 645; Rosenberg/Schwab/*Gottwald* § 87 Rn. 54.

persönlichen und wirtschaftlichen Verhältnisse erforderlich.[504] Ist dies der Fall, ist auch ein vor Ablauf der Widerrufsfrist für einen Vergleich eingehender PKH-Antrag – für den Fall des Widerrufs – zu berücksichtigen.[505] Ein vom Gericht übersehener Antrag kann nicht als unzulässig angesehen werden, sondern muss auch nach Instanzende noch in der Sache beschieden werden.[506]

Erfolgt die hinreichend vollständige Antragstellung in der Instanz so spät, dass **keine weiteren Kosten** mehr entstehen können, ist PKH zu verweigern, denn wenn der Partei keine weiteren Kosten entstehen können, ist sie nicht durch Bedürftigkeit an der Rechtsverfolgung gehindert.[507]

Die **Nachreichung von Unterlagen** – auch für einen Zeitpunkt nach Beendigung der Instanz – kann das Gericht aber gestatten.[508] Werden die Unterlagen allerdings erst nach Ablauf der für die Nachreichung gesetzten Frist (§ 118 Abs. 2 S. 4 ZPO) nach Beendigung der Instanz eingereicht, kann PKH nicht mehr gewährt werden, denn dann ist der Antrag nicht bis zum Abschluss der Instanz ordnungsgemäß gestellt.[509] Eine Ausnahme hiervon kann nur für den Fall gemacht werden, dass die Frist vom Antragsteller schuldlos versäumt wurde.[510] In der Beschwerdeinstanz können neue Tatsachen vorgetragen werden, und zwar auch dann, wenn wirksam in erster Instanz eine Frist gesetzt war und diese schuldhaft versäumt wurde, denn § 118 Abs. 2 S. 4 ZPO ist keine Ausschlussfrist und § 571 Abs. 2 ZPO erlaubt neuen Tatsachenvortrag vor dem Beschwerdegericht (→ Rn. 1086).[511]

(2) **Auslegungsfähig** ist der **Prozesskostenhilfeantrag nach allgemeinen Grundsätzen**.[512] Im Zweifel erstreckt er sich auf das gesamte Verfahren[513] einschließlich einer Anwaltsbeiordnung und einer späteren **Klageerweiterung**.[514] Für Folgesachen im **Ehescheidungsverfahren** müssen gesonderte Anträge gestellt werden, die VKH[515]-Bewilligung erstreckt sich gem. § 149 FamFG kraft Gesetzes nur auf die Folgesache **Versorgungsausgleich**,[516] jedoch bleibt § 48 Abs. 3 RVG wegen des Abschlusses einer Scheidungsfolgevereinbarung unberührt. Das gleiche gilt für ein isoliertes oder neben der Hauptsache eingeleitetes **einstweiliges Anordnungsverfahren**.[517]

93

---

[504] BVerfG BeckRS 2018, 33428; BeckRS 2010, 49486; OVG Berlin-Brandenburg BeckRS 2015, 43109.
[505] LG Hamburg FamRZ 1999, 600.
[506] BGH StV 2018, 138; LAG Köln MDR 2005, 1138; OLG Brandenburg FamRZ 1996, 1290 geht von Verwirkung aus, wenn die Partei erst zwei Jahre nach Beendigung des Rechtsstreits an die Bescheidung erinnert; dagegen mit Recht *Zimmermann* Rn. 224.
[507] OLG Karlsruhe FamRZ 2006, 874; 2004, 122 und 1217 m. wegen der ohne Rücksicht auf die Gründe der ablaufenden Frist zutr. abl. Anm. *Gottwald*; KG FamRZ 2000, 839.
[508] OLG Karlsruhe FamRZ 2011, 1608; 2004, 1217.
[509] BAG MDR 2004, 415; OLG Karlsruhe FamRZ 2004, 122; LAG Hamburg BeckRS 2011, 73660.
[510] Analog § 66 f. SGB I: LAG Hamm NZA-RR 2019, 436; LAG Hamburg BeckRS 2011, 73660; LAG Schleswig-Holstein BeckRS 2015, 65790; *Gottwald* FamRZ 2004, 1218; zum selben Ergebnis kommt *Vogel* FPR 2002, 505 unter Heranziehung des Rechtsgedanken des § 233 ZPO; aA: LAG Köln BeckRS 2013, 68482; OLG Hamm BeckRS 2008, 12774.
[511] BGH BeckRS 2018, 26436; BAGE 108, 329; OLG Hamburg BeckRS 2015, 06825; LAG Hamm BeckRS 2015, 72186; OLG Celle MDR 2013, 364; Hessischer VGH NJW 2014, 1322; *Groß* ZPO § 118 Rn. 32.
[512] OLG Karlsruhe NJW-RR 1998, 1085; Zöller/*Schultzky* ZPO § 114 Rn. 15.
[513] Vgl. KG Berlin FamRZ 2010, 1586: die Bewilligung von PKH für ein Sorgerechtsverfahren erstreckt sich nicht auf eine in diesem Verfahren getroffene Umgangsregelung.
[514] LAG Berlin-Brandenburg BeckRS 2015, 69273.
[515] Zur Bezeichnung Verfahrenkostenhilfe im Geltungsbereich des FamFG → Rn. 27.
[516] *Zimmermann* Rn. 391.
[517] *Götsche* FamRZ 2009, 384 (385).

Es **muss** weiter für **jede Instanz** ein **gesonderter Antrag** gestellt werden (§ 119 Abs. 1 ZPO).

94 (3) **Eine stillschweigende Antragstellung** wird ausnahmsweise bei Erweiterung bereits bewilligter PKH angenommen werden dürfen, wenn sich ein dahingehender Wille der Partei aus den Umständen eindeutig folgern lässt,[518] insbesondere, wenn die Einbeziehung den Streitgegenstand überschreitender Sachpunkte in einen gerichtlichen Vergleich auf Vorschlag des Gerichts erfolgt ist[519] oder im Falle einer Klageerweiterung.[520] Jedoch findet keine automatische Erstreckung der PKH-Bewilligung auf prozessfremde Angelegenheiten statt.[521] Auch eine stillschweigende Erweiterung der PKH-Bewilligung scheidet aus.[522] Es muss bei Annahme eines stillschweigenden Antrags eine ausdrückliche gerichtliche Erweiterung der PKH-Bewilligung ggf. mit Rückwirkung stattfinden.[523] Unterlässt das Gericht die Entscheidung über die Erweiterung, so ist die Ergänzung des Beschlusses zu beantragen.[524] Schließlich kann – in einem Verfahren mit Anwaltszwang – ein mit **Berufung** oder Beschwerde bezeichnetes Schreiben einer Naturalpartei als PKH-Antrag für ein beabsichtigtes Rechtsmittel auszulegen sein. In diesem Fall besteht auch eine Hinweispflicht des Rechtsmittelgerichts auf die Einreichung einer Erklärung über die persönlichen und wirtschaftlichen Verhältnisse, soweit diese noch während des Laufs der Rechtsmittelfrist nachgereicht werden kann.[525]

95 (4) **Eine Bewilligung von PKH ohne (auch ohne stillschweigenden) Antrag** ist nicht wirkungslos, sondern kann nur aufgehoben werden, da der Antrag gesetzliche Voraussetzung der PKH-Bewilligung ist.[526] Das entspricht der verwaltungsrechtlichen Rechtsprechung zur Wirksamkeit von Verwaltungsakten (vgl. § 48 VwVfG). Ein durch die Bewilligung begründetes Vertrauen muss aber geschützt werden, so dass die bis zur Aufhebung entstandenen Kosten zu tragen sind.[527]

Von Amts wegen kann PKH nicht gewährt werden, auch nicht in **Amtsverfahren**.[528] Ein vergessener Antrag kann nicht aus Billigkeitsgründen auf einen früheren Zeitpunkt möglicher Antragstellung zurückbezogen werden, denn eine Rückbeziehung auf die Zeit vor Antragstellung ist unzulässig. Dazu eingehend → Rn. 603 ff.

Die Bewilligung ohne Antrag muss zur Klarstellung aufgehoben werden; in der Stellungnahme dazu oder Beschwerde dagegen kann allerdings ein PKH-Antrag zu sehen sein.[529]

96 (5) **Ein nicht eingegangener Antrag** (zB auf Grund eines Postfehlers) kann nicht als eingegangen angesehen werden; insoweit ist auch keine Wiedereinsetzung nach § 233

---

[518] KG FamRZ 2019, 1633 (Umgangsvereinbarung im Sorgerechtsverfahren); LAG Rheinland-Pfalz BeckRS 2016, 66010; LAG Düsseldorf BeckRS 2010, 72778; *Zimmermann* Rn. 223; **aA:** OLG Karlsruhe AnwBl 1987, 340 (grundsätzlich ausdrücklich).
[519] LAG Köln BeckRS 2012, 73126; ArbG Bochum AnwBl 1984, 624.
[520] LAG Berlin-Brandenburg BeckRS 2015, 69273.
[521] *Mümmler* JurBüro 1982, 321 (337).
[522] OLG Bamberg JurBüro 1986, 606; **aA:** Riedel/Sußbauer/*Ahlmann* RVG § 48 Rn. 37.
[523] OLG Köln FamRZ 2006, 1854; *Schneider* MDR 1985, 441 (445).
[524] KG FamRZ 2019, 1633.
[525] BGH BeckRS 2019, 24562.
[526] OLG Zweibrücken FamRZ 2003, 1021; OVG Lüneburg JurBüro 1990, 637 mablAnm *Mümmler*; OLG Oldenburg FamRZ 1989, 300; Musielak/Voit/*Fischer* ZPO § 117 Rn. 3; *Zimmermann* Rn. 235; **aA:** OLG München JurBüro 1984, 1851; *Schneider* MDR 1985, 441.
[527] OLG Zweibrücken FamRZ 2003, 1021 will Aufhebung nur nach §§ 120 Abs. 4, 124 ZPO aF zulassen.
[528] Zöller/*Feskorn* FamFG § 76 Rn. 4; hierzu zählen insbesondere Verfahren nach § 1666 BGB wegen Kindeswohlgefährdung.
[529] OLG Karlsruhe NJW-RR 1998, 1085 (im Erstreckungsantrag kann Nachholung des früher versäumten Antrags gesehen werden).

ZPO möglich, soweit durch den nicht gestellten Antrag keine Frist versäumt worden ist.[530]

(6) **Ist das Verfahren,** für dessen Durchführung Prozesskostenhilfe beantragt wurde, in der Instanz **beendet** (durch verfahrensbeendende Entscheidung, Vergleich, Klagerücknahme oder Erledigung der Hauptsache) kommt eine PKH-Bewilligung grundsätzlich nicht mehr in Betracht, da nunmehr keine Erfolgsaussicht für die Rechtsverfolgung mehr besteht.[531] Anders ist jedoch zu verfahren, wenn vor Eintritt des beendigenden Ereignisses **ein vollständiger und entscheidungsreifer PKH-Antrag** vorgelegen hat und das Gericht diesen pflichtwidrig verzögert verbeschieden hat[532] oder aber bei Fehlen von Unterlagen, wie etwa einer Erklärung über die persönlichen und wirtschaftlichen Verhältnisse oder von Belegen, dem Antragsteller vom Gericht eine Frist zur Nachholung gesetzt wurde und innerhalb der Frist die Unterlagen nachgereicht wurden.[533] Eine **Pflicht des Gerichts** zur **Setzung einer Nachfrist** oder zur **Erteilung eines Hinweises** (ausführlich → Rn. 174, 107) auf noch fehlende Dokumente ist aber insbesondere dann nicht anzunehmen, wenn der Antragsteller anwaltlich vertreten ist und eine Nachreichung fehlender Unterlagen angekündigt worden war.[534] Gleiches gilt, wenn von vornherein vor Abschluss der Instanz kein vollständiger Antrag eingereicht wurde.[535]

Ausnahmsweise kann PKH aus Billigkeitserwägungen bewilligt werden, etwa, wenn der Kläger das erledigende Ereignis zwar selbst herbeigeführt oder seine Klage zurückgenommen hat, aber vor Wegfall der Rechtshängigkeit des Rechtsstreits **alles ihm Zumutbare** getan hat, um eine Entscheidung des Gerichts über seinen Prozesskostenhilfeantrag zu erreichen, insbesondere mit seinem Antrag die dafür notwendigen Unterlagen und Belege eingereicht hat.[536] In Betracht kommt auch eine PKH-Bewilligung beschränkt auf den Verfahrensabschnitt, in dem ein Prozess noch beabsichtigt war, also bis zu Erledigung.[537] Eine Ausnahme wird auch dann nicht zu gelten haben, wenn es das erkennende Gericht nach Instanzende gestattet, fehlende Belege nachzureichen.[538]

(7) **Nimmt der Kläger nach PKH-Bewilligung und Klageerhebung die Klage zurück,** kann **dem Beklagten** gleichwohl noch PKH bewilligt werden, wenn die Bewilligungsvoraussetzungen vor der Klagerücknahme vorgelegen haben.[539] Reicht der Beklag-

---

[530] OLG Bamberg FamRZ 1997, 179; OLG Celle JurBüro 1996, 141 stellt darauf ab, dass jedenfalls keine Wiedereinsetzung möglich ist, wenn Partei sich nicht nach Bescheidung erkundigt hat; *Büttner*, Wiedereinsetzung, § 4 Rn. 1 ff.

[531] BAG ZfS 2017, 645; BGH FamRZ 2014, 196; BVerfG BeckRS 2018, 33428; BeckRS 2010, 49486; BFH BeckRS 2015, 95227; OLG Frankfurt NZFam 2018, 859; VGH Bayern BeckRS 2012, 59076; OLG Hamm MDR 2012, 1118; OVG Schleswig-Holstein NVwZ-RR 2011, 583; s. aber BGH FamRZ 2009, 1663: durch die übereinstimmende Erledigungserklärung im Hauptsacheverfahren erledigt sich nicht automatisch auch das Prozesskostenhilfeprüfungsverfahren.

[532] BGH NJW 2012, 1964; StraFO 2011, 115; FamRZ 2010, 197; KG FamRZ 2000, 839; *Groß* ZPO § 114 Rn. 44.

[533] BGH NJW 1982, 446; OLG Karlsruhe FamRZ 2004, 1217; → Rn. 606.

[534] BAG BeckRS 2012, 212393; BeckRS 2016, 66484; LAG Berlin-Brandenburg BeckRS 2015, 68949; LAG Baden-Württemberg BeckRS 2012, 70424; **aA:** LAG Köln FamRB 2015, 466 = BeckRS 2015, 75021 (Hinweispflicht ohne Einschränkung); OLG Saarbrücken FamRZ 2012, 806.

[535] BGH NStZ-RR 2015, 351.

[536] OVG Hamburg NJW 2010, 695: allerdings muss der Kläger deutlich machen, dass er trotz Klagerücknahme am PKH-Antrag festhalten wolle; OVG Weimar NVwZ 1998, 866; OVG Münster NVwZ-RR 1994, 124; s. auch OLG Braunschweig FamRZ 2006, 961: Erledigung durch gütliche Einigung nach gerichtlichem Hinweis.

[537] OLG Köln FamRZ 1984, 916; **aA:** OLG Frankfurt FamRZ 1984, 305 (keine PKH).

[538] **AA:** OLG Frankfurt a. M. NJW 2014, 2367.

[539] BGH MDR 2010, 402 mwN; OLG Hamm FamRZ 2005, 463; OLG Frankfurt, NJW-RR 1995, 703; *Nickel* MDR 2010, 1227, 1228 **aA:** OLG Celle OLGReport Celle 1999, 215; OLG Brandenburg OLGReport Brandenburg 2007, 246.

te die **Erklärung über seine persönlichen und wirtschaftlichen Verhältnisse** erst **nach Rücknahme** der Klage ein, kommt die Bewilligung von PKH nicht mehr in Betracht.[540]

99 (8) Ein **Schlichtungsverfahren** (§ 15a EGZPO; zur Bewilligung von Beratungshilfe → Rn. 1126) muss vor PKH-Bewilligung durchgeführt werden.[541]

100 (9) **Die Wiederholung eines abgelehnten Antrags** ist zulässig, wenn unzureichende subjektive oder objektive Darlegungen ergänzt werden[542] oder Tatsachen sich geändert haben. Die Entscheidung erwächst **nicht in Rechtskraft,** so dass in der Sache neu zu entscheiden ist.[543] Nach Ansicht des BGH[544] soll dies auch dann gelten, wenn die PKH wegen wahrwidriger Angaben gemäß § 124 Abs. 1 Nr. 1 oder Nr. 2 Alt. 1 ZPO aufgehoben worden ist und die Instanz noch läuft (→ Rn. 1008). Erfolgte die Ablehnung mangels Glaubhaftmachung nach erfolgloser angemessener Fristsetzung nach § 118 Abs. 2 S. 4 ZPO, ist gleichwohl ein erneuter Antrag nicht als unzulässig anzusehen, da sonst der PKH-Entscheidung faktisch Rechtskraft zugemessen würde.[545] Ein erneuter Antrag kann aber zur PKH-Bewilligung frühestens **ab Antragseinreichung** führen, falls nicht in der Hauptsache zwischenzeitlich entschieden worden ist.[546] Mit der rechtzeitigen Beschwerde können die versäumten Angaben gemäß § 571 Abs. 2 ZPO nachgeholt werden, auch wenn eine Frist gesetzt worden ist.[547] Im Einzelfall kann ein wiederholt gestellter PKH-Antrag aber rechtsmissbräuchlich sein, falls keine neuen Tatsachen vorgebracht werden.[548]

Unzulässig mangels Rechtsschutzbedürfnis ist daher die Wiederholung eines mit dem abgelehnten Antrag identischen Antrags ohne die genannten Ergänzungen.[549]

2. Subjektive Zulässigkeitsvoraussetzungen

101 Der Antragsteller muss „**Partei**" (bzw. in Familiensachen und Verfahren der freiwilligen Gerichtsbarkeit „**Beteiligter**" zB iSv § 7 FamFG) sein, § 114 Abs. 1 S. 1 ZPO.[550] Als Partei muss er dem Gericht seine **Wohnanschrift** angeben,[551] hiervon kann auch dann nicht abgesehen werden, wenn – wie etwa in Gewaltschutzsachen – ein Geheimhaltungsinteresse gegenüber der Gegenseite besteht. Dies folgt schon aus § 253 Abs. 4 ZPO, der den Antrag in der Hauptsache bei fehlender Angabe der Anschrift unzulässig macht.[552] Bei falschen Angaben über die **Identität** des Antragstellers ist der PKH-Antrag schon aus formalen Gründen wegen Nichteinhaltung der Vorgaben von § 117 Abs. 2–4 ZPO zurückzuweisen.[553]

---

[540] BGH NJW 2013, 3793.
[541] LG Itzehoe NJW-RR 2003, 352; *Groß* ZPO § 114 Rn. 53 mit Ausführungen zu den zT unterschiedlichen Regelungen in den Bundesländern.
[542] OLG Frankfurt OLGReport 2004, 287.
[543] BGH NJW-RR 2015, 1338; NJW 2009, 857; FamRZ 2004, 940 mkritAnm *Gottwald* (für Rechtskraft auch noch OLG Oldenburg FamRZ 2003, 1302 und OLG Nürnberg FamRZ 2004, 1219); LAG Berlin-Brandenburg BeckRS 2015, 69009; OLG Karlsruhe FamRZ 2008, 524.
[544] BGH NJW-RR 2018, 257.
[545] OLG Frankfurt OLGReport 2004, 287; *Groß* ZPO § 118 Rn. 32; Zöller/*Schultzky* ZPO § 118 Rn. 28; **aA:** OLG Hamm FamRZ 2004, 647 (kein Rechtsschutzbedürfnis); *Zimmermann* Rn. 232.
[546] BGH NJW-RR 2018, 257; BAG MDR 2004, 415; BLHAG/*Dunkhase* ZPO § 127 Rn. 102.
[547] → Rn. 1086.
[548] BGH NJW 2009, 857; LAG Berlin-Brandenburg BeckRS 2015, 69009.
[549] BGH NJW 2009, 857; OLG Koblenz MDR 2007, 677; OLG Frankfurt MDR 2007, 1286; OLG Hamm FamRZ 2004, 1218; OLG Frankfurt OLGR 2004, 287; AG Lüdenscheid FamRZ 2008, 1089; Zöller/*Schultzky* ZPO § 117 Rn. 5.
[550] → Rn. 47.
[551] BayVGH BeckRS 2013, 55318; OLG Schleswig OLGReport 2003, 279.
[552] OLG Frankfurt FamRZ 2017, 204.
[553] BSG BeckRS 2018, 17131; OVG Hamburg BeckRS 2018, 27933.

Im Fall der Prozessstandschaft ist der Prozessstandschafter Partei und Adressat der in § 117 ZPO geregelten Anforderungen.[554] Staatsangehörigkeit und Nationalität sind bedeutungslos. Siehe eingehend dazu → Rn. 66.

Der **Antragsteller muss prozessfähig (bzw. verfahrensfähig gem. § 9 FamFG) sein.** 102
Die Prozessfähigkeit ist gem. § 56 Abs. 1 ZPO (ggf iVm § 9 Abs. 5 FamFG) von Amts wegen zu prüfen und muss daher – notfalls durch Einholung eines medizinischen Sachverständigengutachtens – auch **im PKH-Prüfungsverfahren** nach Maßgabe von § 118 ZPO festgestellt werden.[555] Bei nicht ausräumbaren **Zweifeln** an der Prozessfähigkeit des Antragstellers ist das Prozesskostenhilfegesuch abzulehnen.[556] Zur Verfahrensfähigkeit und Bewilligung von VKH für **Kinder** in den ihre Person betreffenden Verfahren → Rn. 65. Ist das Kind nach §§ 9 Abs. 1 Nr. 3, 60 FamFG in einer seine Person betreffenden Angelegenheit verfahrensfähig, so bedarf es für seine Erklärung über seine persönlichen und wirtschaftlichen Verhältnisse nach § 2 Abs. 1 PKHV lediglich einer **vereinfachten Erklärung,** die vor allem auch die Einkommens- und Vermögensverhältnisse seiner unterhaltspflichtigen Eltern beinhalten muss. In **Ehesachen** ist auch ein in der Geschäftsfähigkeit beschränkter Ehegatte verfahrensfähig, jedoch muss das Verfahren hier durch den gesetzlichen Vertreter geführt werden (§ 125 FamFG).

II. Form des Antrags

1. Schriftlich oder zu Protokoll der Geschäftsstelle

Der **schriftliche Antrag (§ 117 Abs. 1 S. 1 ZPO) muss unterschrieben sein,** da es sich 103
um einen bestimmenden Antrag handelt (§ 130 Nr. 6 ZPO), und damit Antragswille und Identität des Antragstellers zweifelsfrei werden.[557] Bei Fehlen der Unterschrift ist – jedenfalls wenn nicht feststeht, von wem die Erklärung stammt[558] – die Prozesshandlung nicht wirksam vorgenommen. Nicht ausreichend ist es dabei, dass die Erklärung über die persönlichen und wirtschaftlichen Verhältnisse nur per E-Mail mit eingescannter Unterschrift ohne qualifizierte Signatur eingereicht wird.[559]

Die **Erklärung zu Protokoll der Geschäftsstelle** (§ 117 Abs. 1 S. 1 Hs. 2 ZPO) kann 104
vor jedem Amtsgericht erfolgen (§ 129a Abs. 1 ZPO). Sie ist von der Geschäftsstelle an das Gericht, dem der Antrag zugedacht ist, unverzüglich zu übersenden. Die Übermittlung kann aber dem Erklärenden oder dessen Beauftragten mit dessen Zustimmung überlassen werden. Antragswirkungen treten erst mit Protokolleingang beim adressierten Gericht ein (§ 129a Abs. 2 S. 2 ZPO).

Zur beratenden Hilfe bei der Aufnahme des Antrags ist der Urkundsbeamte der 105
Geschäftsstelle verpflichtet, damit der Antrag entsprechend den gesetzlichen Erfordernissen gestellt und gestaltet wird.[560]

---

[554] OLG Saarbrücken FamRZ 1991, 961 (zur Frage, auf wessen wirtschaftliche Verhältnisse es ankommt, → Rn. 51 ff.).
[555] BGH NJW 1990, 1734; OLG Hamm MDR 2014, 1044; OLG Köln JurBüro 1993, 744.
[556] OLG Hamm MDR 2014, 1044; FamRZ 2012, 1318.
[557] BGH NJW 1994, 2097; FamRZ 2006, 1269; LAG Berlin- Brandenburg AGS 2014, 140; *Groß* ZPO § 117 Rn. 2; **aA:** OLG Karlsruhe OLGR 2004, 188. Vgl. aber § 130a ZPO.
[558] BGH FamRZ 2006, 1269; OLG Köln, FamRZ 2006, 1854; OLG Karlsruhe FamRZ 2004, 647 (Ls.).
[559] BSG BeckRS 2017, 139631; NZS 2017, 265.
[560] BGH NJW 1984, 2106; BLHAG/*Dunkhase* ZPO § 117 Rn. 15; → Rn. 173.

2. Kein Anwaltszwang für den Antrag

106   Für den PKH-Antrag besteht kein Anwaltszwang, § 78 Abs. 3 ZPO, § 114 Abs. 4 Nr. 5 FamFG. Eine Bevollmächtigung des Anwalts ist ohne gegenteilige Anhaltspunkte zu vermuten.

3. Formularvorlage als Zulässigkeitsvoraussetzung?

107   Aufgrund des eindeutigen Wortlautes von § 117 Abs. 4 ZPO besteht für natürliche Person ein Formularzwang, die in § 116 ZPO genannten Rechtssubjekte (jur. Personen, Parteien kraft Amtes etc.) sind gemäß § 1 Abs. 2 PKHFV vom Formularzwang befreit, → Rn. 166). Sein Zweck ist die Vereinfachung und Vereinheitlichung des Verfahrens, was die Gerichte entlasten soll (vgl. §§ 117 Abs. 3 S. 1, 120a Abs. 2 S. 4 ZPO).[561] Nach der hier vertretenen Auffassung ist die Verwendung des Formulars auch **Zulässigkeitsvoraussetzung** für den Antrag.[562] Es wird aber vor Zurückweisung des Antrages ein **gerichtlicher Hinweis** zu erteilen sein. Bei unvollständigen Angaben im Formular muss ebenfalls ein gerichtlicher Hinweis erfolgen, wenn der Antragsteller nicht eine Nachreichung fehlender Dokumente **angekündigt** hat.[563] Keine Hinweispflicht aus §§ 118 Abs. 2 S. 4, 139 ZPO besteht, wenn die Nachreichung der Erklärung über seine persönlichen und wirtschaftlichen Verhältnisse angekündigt ist, falls das Verfahren noch vor Nachreichung in der Hauptsache beendet wird.[564]

Die überwiegende Meinung hält dagegen den Antrag bei Fehlen des Formulars nach erfolglosem Hinweis aber für lediglich **unbegründet,** falls das Gericht nicht anderweitig die Bewilligungsvoraussetzungen für erfüllt ansieht.[565]

108   **Die Beifügung von Belegen** ist keine Zulässigkeitsvoraussetzung.[566] Bei Unvollständigkeit der beigefügten Belege muss das Gericht den Antragsteller zur Ergänzung auffordern, soweit nicht ein Nachreichen angekündigt wurde.[567]

III. Zuständiges Gericht für den Antrag

109   Das **Prozessgericht** – und zwar je nach funktioneller Zuständigkeit der Richter oder Rechtspfleger – ist nach § 127 Abs. 1 S. 2 ZPO hinsichtlich des Erkenntnisverfahrens für die Entscheidung über den Antrag zuständig. Prozessgericht ist das Gericht, bei dem die

---

[561] Ausführlich *Korves* MDR 2019, 396.
[562] BFH BFH/NV 2013, 971; 2011, 1524; OVG Sachsen BeckRS 2018, 35859; LAG Köln NZA-RR 2008, 431; OLG Köln MDR 1982, 152; anders aber bei Unvollständigkeit, vgl. BGH FamRZ 1985, 1018.
[563] LAG Schleswig-Holstein NZA-RR 2016, 212; LAG Köln RVGreport 2015, 37; OLG Brandenburg FuR 2015, 54; OVG Lüneburg FamRZ 2007, 295; OLG Rostock FamRZ 2003, 1396 für nicht anwaltlich vertretene Partei; LAG Schleswig-Holstein BeckRS 2012, 65708.
[564] BGH NStZ-RR 2015, 351; BAG BeckRS 2012, 212393; LAG Rheinland-Pfalz BeckRS 2017, 104837; LAG Berlin-Brandenburg BeckRS 2015, 68949; **aA:** LAG Köln FamRB 2015, 466.
[565] BGH FamRZ 2011, 104; 2008, 868; 2004, 99 mkritAnm *Gottwald* und 1548; BeckRS 1987, 06057; LAG Schleswig BeckRS 2013, 70059; OLG Köln FamRZ 2006, 1854; LAG Hamm NZA 2003, 456 (Ls.); OLG München FamRZ 1996, 418; *Groß* ZPO § 117 Rn. 25.
[566] OLG Frankfurt FamRZ 2011, 126; OLG Karlsruhe FamRZ 2004, 647; OLG Nürnberg FamRZ 1985, 824; *Mümmler* JurBüro 1985, 1613 (1616); *Schneider* MDR 1982, 89 (90); Zöller/*Schultzky* ZPO § 117 Rn. 25.
[567] OLG Brandenburg FamRZ 2015, 162; LAG Köln RVGreport 2015, 37; OLG Karlsruhe FamRZ 2004, 647; VGH Baden-Württemberg FamRZ 2004, 125; OLG Köln NJW-RR 2000, 288; vgl. auch LAG Schleswig-Holstein NZA-RR 2011, 606 zur Hinweispflicht des Gerichts bei Zweifeln an der Richtigkeit der Angaben; *Zimmermann* Rn. 243.

§ 5 Das Prozesskostenhilfe-Bewilligungsverfahren

Streitsache anhängig ist oder werden soll.[568] Der **Güterichter** (§§ 278 Abs. 5 ZPO, 36 Abs. 5 FamFG) ist nicht befugt, über einen PKH-Antrag zu entscheiden.[569] Die **sachliche Zuständigkeit** liegt grundsätzlich bei dem Gericht des ersten Rechtszugs, im Rechtsmittelverfahren ist das Rechtsmittelgericht gemäß § 127 Abs. 1 S. 2 ZPO zuständig. Mit Beendung des Rechtsmittelverfahrens ist für nachträgliche Entscheidungen gemäß §§ 120a, 124 ZPO wiederum das Gericht des ersten Rechtszugs zuständig.[570]

Bei Kollegialgerichten sind im Übrigen die kollegialen Spruchkörper (Kammer, Senat) nur noch grundsätzlich zuständig, beim Amtsgericht der Amtsrichter (Familienrichter), bei der Kammer für Handelssachen deren Vorsitzender (§ 349 Abs. 2 Nr. 7 ZPO). Der Einzelrichter beim Landgericht ist gem. §§ 348, 348a ZPO zuständig und beim Oberlandesgericht gem. §§ 526, 527 ZPO, 68 Abs. 4 FamFG. Im Beschwerdeverfahren nach § 127 Abs. 2 ZPO ist gem. § 568 ZPO ein Mitglied des Beschwerdegerichts als Einzelrichter zuständig, der aber das Verfahren dem vollbesetzten Beschwerdegericht übertragen kann bzw. ggf. sogar muss.[571] Für die Beiordnung eines **Notanwalts** nach § 121 Abs. 5 ZPO ist der Vorsitzende alleine zuständig (→ Rn. 1029).

Über den PKH/VKH-Antrag entscheidet der Richter. Handelt es sich jedoch um ein Verfahren, welches dem Rechtspfleger übertragen ist, folgt die Zuständigkeit wegen § 4 Abs. 1 RPflG der Hauptsachezuständigkeit. Ist das Verfahren dem Rechtspfleger übertragen, entscheidet dieser über die PKH/VKH. Wegen der PKH-Bewilligung für die Zwangsvollstreckung gilt § 20 Nr. 5 RPflG.

110

Besteht eine Zuständigkeit des Richters ist § 20 Abs. 2 RPflG zu beachten. Dieser enthält eine (positive) **Länderöffnungsklausel,** wonach die Landesregierungen ermächtigt werden, eine Regelung zu schaffen, die es ermöglicht, den **Rechtspflegern die Prüfung der persönlichen und wirtschaftlichen Verhältnisse des Antragstellers** nach §§ 114, 115 ZPO einschließlich der in § 118 Abs. 2 ZPO bezeichneten Maßnahmen, den in § 118 Abs. 1 S. 3 ZPO genannten Beurkundung von Vergleichen und der in § 118 Abs. 2 S. 4 ZPO geregelten Entscheidungen, zu **übertragen,** womit sich der Gesetzgeber Einspareffekte bei den Kosten der Prozesskostenhilfe versprochen hat. Dabei soll der Vorsitzende Richter, dem die Klage oder der Antrag auf Bewilligung von Prozesskostenhilfe vorgelegt wird, zunächst selbst entscheiden, ob die persönlichen und wirtschaftlichen Verhältnisse vom Rechtspfleger zu prüfen sind.[572] Hiervon wird abzusehen sein, wenn die **Bedürftigkeit,** wie bei Empfängern staatlicher Sozialleistungen, **offenkundig** ist oder aber in der Sache selbst **keine Erfolgsaussichten** bestehen und der Antrag schon deshalb abweisungsreif ist.[573] Auch in **Eilfällen,** die vor allem in Familiensachen häufig vorkommen (zB früher Termin in Kindschaftssachen nach § 155 FamFG, vereinfachtes Verfahren nach § 155a FamFG[574] oder einstweilige Anordnungsverfahren nach §§ 49 ff. FamFG), wird eine zeitnahe Entscheidung auch über das VKH-Gesuch durch den Richter veranlasst sein, weil es vor allem den Verfahrensbevollmächtigten kaum zumutbar sein dürfte, gerichtliche Termine wahrzunehmen, ohne dass vorher über die Frage ihrer Beiordnung nach §§ 121 ZPO, 78 FamFG entschieden worden ist. Legt der Richter dem Rechtspfleger den Antrag zur Prüfung der persönlichen und wirtschaftlichen Verhältnisse des Antragstellers vor, so **entscheidet der Rechtspfleger in der Sache selbst,** wenn er zum Ergebnis gelangt, dass es an der **Bedürftigkeit fehlt.** Gegen die Entscheidung des

---

[568] BGH NJW-RR 1994, 706.
[569] MüKoZPO/*Prütting* § 278 Rn. 35; Prütting/Helms/*Abramenko* FamFG § 36 Rn. 35.
[570] RGZ 12, 416; OLG Karlsruhe Rpfleger 2000, 477; Zöller/*Schultzky* ZPO § 127 Rn. 3.
[571] Dazu → Rn. 1041 und OLG Köln NJW 2002, 1436.
[572] BT-Drs. 17/11472, 66 f.; zu Recht kritisch zur Neuregelung: *Lissner* AGS 2013, 376; *Giers* FamRZ 2013, 1341.
[573] Heilmann/*Dürbeck* FamFG § 76 Rn. 9 f.
[574] Vgl. *Dürbeck* ZKJ 2013, 330.

Rechtspflegers ist dann die **sofortige Beschwerde** nach §§ 11 Abs. 1 RPflG, 127 Abs. 2 S. 2 und 3 ZPO statthaft. Ergibt die Prüfung des Rechtspflegers dagegen, dass die wirtschaftlichen Voraussetzungen für die Bewilligung von Prozesskostenhilfe **vorliegen,** so fertigt er einen Aktenvermerk, aus dem sich ergibt, ob dem Antragsteller ratenfreie Prozesskostenhilfe zu gewähren ist oder die Höhe der Raten unter Einschluss der relevanten Angaben zu Einkommen und Vermögen des Antragstellers, und **legt das PKH-Heft dem Richter vor.** Eine Vorabentscheidung durch den Rechtspfleger hat der Gesetzgeber hier nicht vorgesehen. Sodann prüft der Richter die Frage der Erfolgsaussichten der Rechtsverfolgung oder Rechtsverteidigung und die Mutwilligkeit und entscheidet schließlich selbst über den Antrag. Dabei ist der Richter hinsichtlich der Frage der persönlichen und wirtschaftlichen Verhältnisse **nicht an die Auffassung des Rechtspflegers gebunden.** Nach § 20 Abs. 3 RPflG kann die Ermächtigung nach Abs. 2 auch von den Landesregierungen auf die Landesjustizverwaltungen übertragen werden. Bisher sind in den Ländern Baden-Württemberg, Hamburg, Nordrhein-Westfalen (Arbeitsgerichtsbarkeit), Sachsen und Sachsen-Anhalt (AG Naumburg und Sangerhausen) entsprechende Regelungen ergangen, wonach der Rechtspfleger die in § 20 Abs. 2 RPflG genannten Geschäfte zu erledigen hat, wenn der Richter diese im Einzelfall überträgt.

In der **Sozial-, Finanz- und Verwaltungsgerichtsbarkeit** besteht aber bereits flächendeckend die Möglichkeit der Übertragung der Bedürftigkeitsprüfung auf die Urkundsbeamten der Geschäftsstelle (→ Rn. 41 ff.).

111   Das **Vollstreckungsgericht bzw. Insolvenzgericht** ist nach §§ 117 Abs. 1 S. 3 ZPO, 2, 3 InsO für die Bewilligung der PKH für die Zwangsvollstreckung bzw. das Insolvenzverfahren zuständig, soweit dafür keine Zuständigkeit des Prozessgerichts besteht (zB gem. §§ 887, 888 ZPO).[575] Gemäß § 20 Nr. 5 RPflG ist der Rechtspfleger zuständig,[576] ausgenommen, dem Prozessgericht obläge die Vollstreckung oder die Vollstreckung erfordere eine richterliche Handlung (zB Verhängung eines Ordnungsgeldes gem. §§ 89 ff. FamFG).[577] Gemäß § 8 Abs. 1 RPflG ist eine Entscheidung des Richters an Stelle des Rechtspflegers jedoch stets wirksam.

112   Das **Rechtsmittelgericht** ist nach § 127 Abs. 1 S. 2 ZPO zuständig, wenn das Verfahren in einem höheren Rechtszug anhängig ist, und es um die PKH-Gewährung für diese Instanz geht. Auch wenn erst ein PKH-Antrag für ein **beabsichtigtes Rechtsmittelverfahren** gestellt ist, ist das Rechtsmittelgericht zuständig.[578] Streitig war bis zum 1.1.2013 in Verfahren nach dem FamFG, in denen das Rechtsmittel gem. § 64 Abs. 1 FamFG beim erstinstanzlichen Gericht einzulegen ist, die Frage, bei welchem Gericht ein vorab gestellter Verfahrenskostenhilfe-Antrag für die **beabsichtigte Beschwerde** einzulegen war.[579] Nach der hier noch in der 5. Aufl. vertretenen Auffassung hatte dies beim Rechtsmittelgericht, mithin beim **Oberlandesgericht** zu erfolgen.[580] Die Gegenansicht,[581] wonach das Gesuch beim **Amtsgericht** einzulegen sei, berief sich auf den Gleichlauf zwischen VKH-Gesuch und Rechtsmittel und war der Ansicht, dass die Voraussetzung „anhängig gemacht werden soll" nur erfüllt sei, wenn kein Verfahren anhängig sei. Dem war insoweit zuzustimmen, als das Verfahren in der ersten Instanz jedenfalls nicht schon mit der Endentscheidung beendet ist. Der BGH hat jedoch in der Zwischenzeit ent-

---

[575] *Groß* ZPO § 117 Rn. 3; Zöller/*Schultzky* ZPO § 119 Rn. 23 mwN.
[576] Näher *Fischer* Rpfleger 2004, 190 ff.
[577] OLG Brandenburg FamRZ 2006, 1776 zu § 33 FGG.
[578] BGH NJW 1987, 1023; BFH BB 1981, 1512; *Groß* ZPO § 127 Rn. 14; Zöller/*Schultzky* ZPO § 127 Rn. 3.
[579] Vgl. *Nickel* FamRB 2013, 129; *Büte* FuR 2012, 119.
[580] OLG Frankfurt BeckRS 2013, 01554; NJW 2012, 2817; *Nickel* MDR 2010, 1227 (1230); BGH BeckRS 2013, 13809.
[581] OLG Bamberg NJW-RR 2011, 1509; OLG Bremen FamRZ 2011, 913; *Fölsch* NJW 2010, 3352.

§ 5 Das Prozesskostenhilfe-Bewilligungsverfahren

schieden, dass betroffenen Antragstellern, die den VKH-Antrag bei dem Amtsgericht eingereicht hatten, zwingend **Wiedereinsetzung** in die Versäumung der Frist zur Begründung des Rechtsmittels zu gewähren sei, weil zweifelhafte Rechtsfragen nicht in das Prozesskostenhilfeverfahren verlagert werden dürften und im Übrigen wegen der früher besehenden unsicheren Rechtslage kein Anwaltsverschulden gegeben sei.[582] Die Frage hat sich aber durch die zum 1.1.2013 in Kraft getretene Änderung des FamFG (BGBl. 2012 I 2418) erledigt. Nach dem hinzugefügten § 64 Abs. 1 S. 2 FamFG sind Anträge auf Bewilligung von Verfahrenskostenhilfe für eine beabsichtigte Beschwerde bei dem Gericht einzulegen, dessen Beschluss angefochten werden soll, also in Familiensachen bei dem **zuständigen Amtsgericht.**

Der **Vorsitzende** ist abgesehen von seiner umfassenden Zuständigkeit bei den Kammern für Handelssachen (§ 349 Abs. 2 Nr. 7 ZPO) und von der sonstigen Zuständigkeit des Einzelrichters (→ Rn. 109) zuständig für Maßnahmen im Rahmen des § 118 ZPO (§ 118 Abs. 3 ZPO) sowie für die Auswahl und Beiordnung eines sog „Notanwalts" nach § 121 Abs. 4 ZPO. Ist PKH für ein **beabsichtigtes Rechtsmittel oder eine beabsichtigte Klage** beantragt, kann hierüber nur die **Kammer bzw. der Senat** entscheiden, da mangels Vorliegen eines Rechtsmittels eine Übertragung auf den Einzelrichter nach §§ 526 ZPO, 68 Abs. 4 FamFG (noch) nicht in Betracht kommt. 113

Ein **beauftragter Richter** (§ 361 ZPO) oder **vorbereitender Einzelrichter** (§ 527 ZPO)[583] kann, wenn vom Vorsitzenden damit betraut, Maßnahmen nach § 118 ZPO durchführen, im Übrigen im Prozesskostenhilfeverfahren selbstständig aber nicht tätig werden, da er kein zur Entscheidung befugter Richter ist. 114

Der **ersuchte Richter** (§§ 362 ZPO) ist, da nicht zur Entscheidung befugt, nie zuständig. 115

Der **Rechtspfleger** ist im Übrigen zuständig[584] in der Zwangsvollstreckung (§ 20 Nr. 5 RPflG), im Mahnverfahren (§ 20 Nr. 1 RPflG) und den sonstigen ihm übertragenen Geschäften gemäß § 20 Nr. 4a–c RPflG, also den Entscheidungen nach § 120a ZPO sowie § 124 Abs. 1 Nr. 2–5 ZPO und den Maßnahmen nach § 118 Abs. 2 ZPO einschließlich der Beurkundung von Vergleichen, wenn der Vorsitzende den Rechtspfleger damit beauftragt (§ 20 Nr. 4a RPflG). Bei einer Übertragung gemäß § 20 Nr. 4a RPflG ist der Rechtspfleger zu einer „Erörterung" der Sache nicht befugt, kann den Vergleich nur beurkunden und nicht wirksam eine PKH-Entscheidung treffen.[585] Diese Richterentlastung im Rahmen von § 118 Abs. 2 ZPO war bisher rein theoretisch, und in der Praxis wird von ihr schon wegen des Zeitverlustes meist kein Gebrauch gemacht.[586] Hinzukommt bei entsprechender Übertragung durch den Richter nach § 20 Abs. 2 RPflG die Prüfung der subjektiven Voraussetzungen der PKH (→ Rn. 110). 116

Die **Verweisung eines PKH-Antrags,** der an ein unzuständiges Gericht gerichtet ist, ist auf Antrag entsprechend § 281 ZPO an das zuständige Gericht (§ 127 Abs. 1 S. 2 ZPO) vorzunehmen.[587] Der Gegner ist vorher zu hören, sonst entfaltet die Verweisung 117

---

[582] BGH NJW 2013, 1310; 2013, 2971; 2014, 1454.
[583] OLG Karlsruhe Justiz 1967, 239; **aA:** MüKoZPO/*Rimmelspacher* § 527 Rn. 17 soweit sie Verfahren oder Verfahrensabschnitte betreffen, in denen er konstitutiv oder deklaratorisch eine Instanz abschließende Entscheidung treffen kann.
[584] Vgl. *Fischer* Rpfleger 2004, 190 ff.; *Bischof* AnwBl. 1981, 369 (373).
[585] LAG Düsseldorf Rpfleger 1996, 295 u. 326; OLG Köln JurBüro 1987, 136; *Bassenge/Roth* RPflG § 20 Rn. 15; **aA:** *Dörndorfer* RPflG § 20 Rn. 14.
[586] Vgl. die berechtigte Kritik *Schneiders* Rpfleger 1980, 365 (366).
[587] BGH NJW-RR 1994, 706; OLG Zweibrücken OLGR 2004, 639; OLG Köln FamRZ 2000, 364; OLG Karlsruhe FamRZ 2003, 621; OLG Frankfurt OLGR 1998, 16; Zöller/*Greger* ZPO § 281 Rn. 2; **aA:** OVG Münster NJW 1993, 2766, das eine (bloße) Verweisung im Prozesskostenhilfeverfahren nicht für möglich hält.

keine Bindung.⁵⁸⁸ Die Fürsorgepflicht des Gerichts gebietet es, jedenfalls wenn der Antragsteller nicht durch einen Anwalt vertreten ist, auf die Verweisungsmöglichkeit und den dazu erforderlichen Antrag aufmerksam zu machen. Die Verweisung kann auch noch in der Beschwerdeinstanz erfolgen.⁵⁸⁹

Eine Verweisung kommt jedoch nicht in Betracht, wenn der Erfolg versprechende Teil der Rechtsverfolgung die Zuständigkeitsgrenze des Landgerichts unterschreitet, sondern dann ist das PKH-Gesuch insgesamt zurückzuweisen, falls kein Verweisungsantrag an das Amtsgericht gestellt wird.⁵⁹⁰

In **Familiensachen,** die keine Ehesachen oder Familienstreitsachen sind und auf die gem. § 76 Abs. 1 FamFG die §§ 114 ff. ZPO entsprechende Anwendung finden, wird eine Verweisung entsprechend §§ 2 ff. FamFG erfolgen müssen; eines Antrages eines Beteiligten bedarf es hier aber nicht.⁵⁹¹

Wird Verweisung nicht beantragt, ist das PKH-Gesuch vom unzuständigen Gericht nicht als unzulässig, sondern als unbegründet zurückzuweisen, da ihm die Erfolgsaussicht fehlt.⁵⁹²

Ob die (nach Anhörung des Gegners an sich bindende) Verweisung nur für das PKH-Verfahren bindet, nicht für das anschließende Hauptverfahren,⁵⁹³ ist nicht unumstritten, aber zu bejahen. Für eine Bindung hinsichtlich der Zuständigkeit auch im Hauptverfahren spricht zwar, dass nur dann der Zuständigkeitsstreit endgültig gelöst ist und das Gericht, an das verwiesen ist, die Erfolgsaussicht nicht mehr mangels Zuständigkeit verneinen kann.⁵⁹⁴ Auf der anderen Seite kann eine Bindungswirkung für das Hauptverfahren schon deshalb nicht bestehen, weil es an deren Rechtshängigkeit fehlt.

118 **Für die Rechtswegverweisung analog § 17a GVG** gilt nach zutreffender Ansicht nichts anderes.⁵⁹⁵ Wird mit einem Prozesskostenhilfeantrag gleichzeitig die Hauptsache anhängig gemacht, so ist vor der Entscheidung über den Prozesskostenhilfeantrag über die Zulässigkeit des eingeschlagenen Rechtsweges nach § 17a Abs. 2 S. 1 GVG zu entscheiden.⁵⁹⁶ Nach Verweisung besteht dann aber wiederum eine Bindung für die Entscheidung über das Prozesskostenhilfegesuch.⁵⁹⁷

Eine **Zuständigkeitsbestimmung** analog § 36 Nr. 6 ZPO, betreffend das für die Gewährung der Prozesskostenhilfe zuständige Gericht, ist bei beiderseitiger rechtskräftiger Kompetenzleugnung möglich,⁵⁹⁸ aber auch schon bei nur tatsächlicher beiderseitiger Kompetenzleugnung. Um einen langen Zuständigkeitsstreit zu vermeiden,⁵⁹⁹ mag ein Gericht seine Entscheidung auch den Parteien nicht mitgeteilt haben.

Bei einem Rechtsweg-Kompetenzkonflikt ist entsprechend § 36 ZPO derjenige oberste Gerichtshof für die Zuständigkeitsbestimmung zuständig, der zuerst angegangen wurde.⁶⁰⁰

---

⁵⁸⁸ OLG Dresden OLGReport 1999, 110.
⁵⁸⁹ OLG Karlsruhe FamRZ 2007, 407.
⁵⁹⁰ OLG Zweibrücken OLGReport 2004, 639.
⁵⁹¹ Musielak/*Borth* FamFG § 3 Rn. 5.
⁵⁹² BGH NJW-RR 2004, 1437; OLG Karlsruhe FamRZ 2003, 621 und MDR 2007, 1390; OLG Saarbrücken NJW-RR 1990, 575.
⁵⁹³ So BGH NJW-RR 1992, 59; 1994, 706; BAG NZA 1993, 285; BayObLG EWiR 2000, 335; OLG Frankfurt FamRZ 1989, 75.
⁵⁹⁴ So OLG Düsseldorf FamRZ 1986, 181; *Gsell/Mehring* NJW 2002, 1991.
⁵⁹⁵ OLG Hamburg ZInso 2015, 1698; *Gsell/Mehring* NJW 2002, 1991; **aA:** OLG Karlsruhe MDR 2007, 1390 BLHAG/*Vogt-Beheim* GVG § 17a Rn. 5.
⁵⁹⁶ OLG Stuttgart NJW-RR 2011, 1502.
⁵⁹⁷ BGH NJW-RR 2010, 209; Musielak/Voit/*Wittschier* GVG § 17a Rn. 8.
⁵⁹⁸ OLG Karlsruhe OLGReport 2001, 33; OLG Celle OLGReport 2009, 273.
⁵⁹⁹ OLG Dresden OLGReport 1999, 110.
⁶⁰⁰ BVerwG BeckRS 2010, 47974; BGH NJW 2001, 3631.

IV. Antragswirkungen

1. Anhängigkeit Prozesskostenhilfeverfahren

Anhängig wird das Prozesskostenhilfeverfahren mit Eingang eines PKH-Antrags bei Gericht, schriftlich oder zu Protokoll der Geschäftsstelle. Eine Unterbrechung des Verfahrens gem. §§ 239 ff. ZPO bei Tod des Gegners oder Insolvenzeröffnung findet nicht statt, da das PKH-Verfahren vom Hauptsacheverfahren unabhängig ist.[601] Zum Tod des Antragstellers → Rn. 91.

Eine Rückwirkung der PKH-Bewilligung auf eine Zeit vor Antragstellung ist grundsätzlich unzulässig. Eingehend zur Rückwirkung → Rn. 603 ff.

119

2. Sonstige prozessuale Wirkungen des Prozesskostenhilfeantrags

(1) **Verjährungshemmung gemäß** § 204 Abs. 1 Nr. 14 BGB,[602] aber kein Neubeginn der Verjährung. Die Hemmung beginnt mit der **Bekanntgabe** (nicht: Zustellung) des PKH-Gesuchs an den Gegner, aber schon mit der ordnungsgemäßen und vollständigen – mit Belegen versehenen[603] – **Einreichung** des Gesuchs, auch wenn sie am letzten Tag der Frist erfolgt, wenn die Bekanntgabe **demnächst** nach der Einreichung des Antrags veranlasst wird.[604] Der PKH-Antrag muss dabei die für § 253 ZPO erforderlichen Angaben enthalten.[605] Enthält er eine **falsche Anschrift** des Gegners, hemmt er nicht die Verjährung.[606] Das alles gilt nur für den **erstmaligen PKH-Antrag,** der damit der Klage gleichgestellt ist.[607] Es kommt also nicht mehr darauf an, ob eine Partei sich für bedürftig halten durfte,[608] aber es muss ein ordnungsgemäß begründetes und vollständiges PKH-Gesuch eingereicht worden sein, falls der Antragsteller nicht annehmen konnte, auf bestimmte Vermögenswerte komme es nicht an.[609] Ein **missbräuchlich,** in Kenntnis der fehlenden Bedürftigkeit gestellter Prozesskostenhilfeantrag führt nicht zu einer Verjährungshemmung im Sinne des § 204 Abs. 1 Nr. 14 BGB.[610] Soll mit der Antragstellung die laufende Verjährungsfrist gehemmt werden, kann ein vorwerfbares Verhalten in Bezug auf eine verspätete Bekanntgabe dann vorliegen, wenn der Antragsteller hierauf das Gericht nicht ausdrücklich hinweist und damit die Bitte verbindet, den Antrag unabhängig von dessen Erfolgsaussichten dem Gegner zuzustellen.[611]

120

---

[601] OLG Düsseldorf NJW-RR 2016, 1531; OLG Köln NJW-RR 1999, 276.
[602] Noch zu § 203 ZPO aF: BGH FamRZ 1995, 797; OLG München FamRZ 1996, 418; neues Recht (§ 204 I Nr. 14 BGB): Musielak/Voit/*Fischer* ZPO § 117 Rn. 8.
[603] BGH NJW 2008, 1939; OLG Celle NdsRpfl 2004, 45; für das alte Recht: BGH ZIP 1999, 1001; OLG Hamm FamRZ 2000, 230.
[604] BGH NJW 2008, 1939; OLG Celle NdsRpfl 2004, 45; OLG Brandenburg FamRZ 2005, 1994: demnächst = drei – vier Tage; die Zustellung kann zum Nachweis veranlasst sein: *Wax* FPR 2002, 471 (478).
[605] OLG Stuttgart FamRZ 2005, 526; vgl. auch AG Halle, 93 C 119/10, Urt. v. 5.5.2011.
[606] BGH NJW 2016, 151: ungeschriebene Voraussetzung von § 202 Abs. 1 Nr. 14 BGB.
[607] Palandt/*Ellenberger* BGB § 204 Rn. 31; es kommt insoweit zur Abgrenzung der Anträge auf den Streitgegenstand an, vgl. BGH NJW 2009, 1137.
[608] BGH NJW 1989, 3149; OLG Bamberg FamRZ 1990, 763.
[609] BGH FamRZ 2004, 177; FamRZ 2008, 980; *Gottwald* in Festschrift für Walter Gerhardt, S. 312, hält die Gleichstellung mit der reichen Partei für nicht weitgehend genug.
[610] OLG Oldenburg FamRZ 2010, 1098; Palandt/*Ellenberger* BGB § 204 Rn. 30.
[611] BVerfG NJW 2010, 3083; BeckOK BGB/*Henrich* § 204 Rn. 53.

Die Hemmung dauert dann gem. § 204 Abs. 2 S. 1 BGB bis sechs Monate nach Entscheidung über das PKH-Gesuch.[612] Wird PKH verweigert, muss dagegen rechtzeitig (binnen eines Monats) Beschwerde eingelegt werden. Die früher angenommene Zweiwochenfrist ist mit § 204 Abs. 2 S. 1 BGB unvereinbar.[613] Die Beschwerde gegen die Verweigerung der Prozesskostenhilfe hemmt unter denselben Voraussetzungen den Fristablauf wie das ursprüngliche Gesuch.[614]

121 (2) **Einen Neubeginn der Verjährung** gibt es nach § 212 BGB nF nicht mehr durch den Prozesskostenhilfeantrag als „Prozesshandlung" iSd § 211 Abs. 2 BGB aF.

122 (3) **Am Versäumnisurteil(-beschluss)** im schriftlichen Vorverfahren ist das Gericht gehindert, wenn innerhalb der Frist des § 276 Abs. 1 ZPO ein PKH-Antrag eingegangen ist.[615] Er darf auch nicht zeitgleich mit dem Versäumnisurteil zurückgewiesen werden.[616]

Wenn ein PKH-Gesuch kurz vor dem Termin beschieden worden ist, soll den Anwalt eine Erkundigungspflicht treffen, sonst ergehe das Versäumnisurteil rechtmäßig.[617] Das überzeugt nicht, denn das Gericht muss den Inhalt der Entscheidung von Amts wegen mitteilen. Ein unmittelbar vor oder im Termin zurückgewiesener PKH-Antrag ist ein Verlegungsgrund.[618]

Ein Versäumnisurteil darf auch in einem Verfahren mit **Anwaltszwang** nicht ergehen, wenn der Beklagte, der einen PKH-Antrag gestellt hat und den gegnerischen Anspruch bestritten hat, bislang nicht anwaltlich vertreten ist. Hier darf die Entscheidung über das PKH-Gesuch wegen der noch nicht erfolgten anwaltlichen Vertretung nicht zurückgestellt werden.[619]

123 (4) **Wiedereinsetzung in den vorigen Stand.** Eine im Sinn des § 114 ZPO bedürftige Partei kann bis zum letzten Tag einer Notfrist (insbesondere: Berufungsfrist) ein PKH-Gesuch einreichen, und es ist ihr dann Wiedereinsetzung in den vorigen Stand gem. § 233 ZPO (der Wiedereinsetzungsantrag muss innerhalb der Frist des § 234 Abs. 1 S. 1 oder 2 ZPO gestellt werden) zu gewähren, wenn nach Fristablauf PKH bewilligt wird oder – bei Versagung – wenn sie sich subjektiv für bedürftig halten durfte.[620] Weitere Einzelheiten → Rn. 141 ff.

124 (5) **Belehrung nach § 120a Abs. 2 S. 4 ZPO.** Die Belehrung der Partei über den Umfang der Mitteilungspflichten nach § 120a Abs. 2 ZPO *(Mitteilung von Wohnanschriftsänderung und Einkommensverbesserung)* muss **in dem amtlichen Vordruck** (§§ 117 Abs. 3 und 4, 120a Abs. 2 S. 4 ZPO), den die Partei ausgefüllt hat, enthalten sein. Die neu eingeführten strengen gesetzlichen Mitteilungspflichten, die nach § 120a Abs. 1 S. 4 ZPO bis zu vier Jahre nach Rechtskraft der Hauptsache bestehen, die das Gesetz normiert, können zur Aufhebung der PKH führen (§ 124 Abs. 1 Nr. 4 ZPO, vgl. → Rn. 1016 f.). Da die PKH-Partei den Vordruck im Regelfall unterschreiben muss, bestehen insoweit später keine Zweifel an der Kenntnis ihrer Verpflichtungen.

---

[612] BGH NJW 2008, 1939; vgl. Palandt/*Ellenberger* BGB § 204 Rn. 45.
[613] So noch BGH NJW-RR 1991, 573 (574); 1987, 255; vgl. auch Musielak/Voit/*Fischer* ZPO § 117 Rn. 8 und § 127 Rn. 17.
[614] BGH NJW 2001, 2545; OLG Brandenburg NJW-RR 2005, 871.
[615] OLG Rostock MDR 2002, 780; Musielak/Voit/*Stadler* ZPO § 331 Rn. 20.
[616] OLG Zweibrücken NJW-RR 2003, 1078; OLG Brandenburg OLGReport 2001, 301.
[617] So OLG Rostock MDR 2002, 780.
[618] OLG Celle OLGReport 2008, 378; LG Berlin WuM 2011, 178; **aA:** LG Münster MDR 1991, 160; OLG München JurBüro 1985, 1267; offen gelassen von OLG Rostock MDR 2002, 781.
[619] BVerfG MDR 2018, 1203.
[620] BGH FamRZ 2004, 699, 1548 und 2005, 789; näher *Büttner*, Wiedereinsetzung, § 6 Rn. 37 ff.; § 7 Rn. 95 ff.

3. Gleichstellung PKH-Antrag mit Klageerhebung?

(1) **Einreichung des PKH-Gesuchs steht der Klageerhebung gemäß § 926 ZPO gleich.**[621] Das verlangt die Chancengleichheit. Entsprechendes gilt in FamFG-Verfahren für die Einleitung der Hauptsache nach Erlass einer einstweiligen Anordnung nach § 52 Abs. 2 FamFG und ist dort ausdrücklich geregelt.[622] Der Hinweis auf § 14 Nr. 3 GKG (Befreiung von der Gerichtskostenvorschusspflicht bei Zahlungsschwierigkeiten)[623] ist keine angemessene Lösung, da das Problem der Anwaltsfinanzierung bleibt, auch wenn im Einzelfall Anwaltszwang nicht besteht.

124a

(2) **Das PKH-Gesuch steht einer Klageeinreichung auch ansonsten im Rahmen der gesetzlichen Regelung in § 204 Abs. 1 Nr. 1–14 BGB gleich,** soweit es um prozessuale Fristwahrung geht. So ist durch ein PKH-Gesuch die Frist zur Klageerhebung nach Beendigung des selbstständigen Beweisverfahrens (§ 494a ZPO) gewahrt, weil das PKH-Gesuch insgesamt der Klageerhebung gleichgestellt ist.[624]

(3) **Die Klagefrist nach § 13 Abs. 1 S. 2 StrEG** wird ebenfalls durch den PKH-Antrag gewahrt.[625]

125

(4) **Verfahrenswertberechnung.** Gem. § 51 Abs. 2 FamGKG werden in **Unterhaltssachen** die bei Einreichung des Hauptsacheantrages (dh Anhängigkeit) fälligen Beträge dem Verfahrenswert hinzugerechnet. Die Einreichung eines VKH-Gesuchs steht nach § 51 Abs. 2 S. 2 FamGKG der Einreichung des Hauptsacheantrages gleich, wenn dieser **alsbald** (dh ohne schuldhaftes Zögern)[626] nach der Mitteilung der Entscheidung über den Antrag eingereicht wird. Es kommt nicht darauf an, ob Verfahrenskostenhilfe bewilligt oder versagt wird.[627]

126

(5) Eine Gleichstellung des VKH-Antrages mit der Einreichung einer unbedingten Antragsschrift erfolgt auch im **Ehescheidungsverfahren** im Rahmen der Frist des § 137 Abs. 2 FamFG[628], wonach die dort genannten **Scheidungsfolgesachen** nur dann in den **Ehescheidungsverbund** nach § 137 Abs. 1 FamFG fallen, wenn sie spätestens **zwei Wochen vor der mündlichen Verhandlung**[629] im ersten Rechtszug „anhängig" gemacht worden sind. Wird hier lediglich ein VKH-Antrag für einen **beabsichtigen Folgeantrag** (zB Ehegattenunterhalt oder Zugewinnausgleich) eingereicht, verbietet das Gebot der Gleichstellung des Unbemittelten mit dem Bemittelten eine Differenzierung, so dass im Ergebnis die Ehescheidung zu unterbleiben hat, weil zunächst über den VKH-Antrag und sodann ggf. auch über die Folgesache im Verbund zu entscheiden ist.

127

Nicht gleichgestellt ist das PKH/VKH-Gesuch der Klageerhebung in folgenden Fällen:

128

---

[621] KG OLGReport 2003, 357; *Schneider* MDR 1985, 441 (442); Zöller/*Vollkommer* ZPO § 926 Rn. 32; so auch Musielak/Voit/*Huber* ZPO § 926 Rn. 7; 15 unter Hinweis auf den Wortlaut des § 204 I Nr. 14 BGB; **aA** OLG Hamm OLGZ 1989, 322; OLG Düsseldorf JurBüro 1987, 1263.

[622] Prütting/Helms/*Dürbeck* FamFG § 52 Rn. 6.

[623] OLG Düsseldorf JurBüro 1987, 1263; OLG Hamm OLGZ 1989, 322.

[624] So mit Recht Musielak/Voit/*Fischer* ZPO § 117 Rn. 9 und OLG Düsseldorf NJW-RR 1998, 359; anders OLG Frankfurt OLGReport 2001, 73.

[625] BGH NJW 2007, 439.

[626] „Alsbald" ist wie bei §§ 167 ZPO „demnächst", 696 Abs. 3 ZPO zu verstehen: BGH NJW 2008, 1672; zur zeitlichen Grenze des § 167 ZPO: BGH NJW 2011, 1227; BeckOK Streitwert/*Dürbeck* Familienrecht – Unterhaltssachen Rn. 7.

[627] OLG Bamberg OLGReport 2001, 208; OLG Brandenburg MDR 2007, 1262.

[628] OLG Oldenburg FamRZ 2012, 656; OLG Hamm NJW 2012, 240; OLG Bamberg FamFR 2011, 164; Prütting/*Helms* FamFG § 137 Rn. 50; **aA**: AG Mühlheim FamRZ 2015, 1128; Keidel/ *Weber* FamFG § 137 Rn. 16; *Keuter* NJW 2009, 676.

[629] Zur Berechnung und Einhaltung der Frist vgl. BGH FamRZ 2012, 863; 2013, 1300; *Zapf* FamRZ 2014, 441.

(7) Ein VKH-Gesuch vermag nicht das **Ende der Ehezeit** gem. § 3 Abs. 3 VersAusglG herbeizuführen,[630] denn insoweit geht es um materiell-rechtliche Folgen. Auch dann, wenn das PKH-Gesuch dem Gegner nicht nur übersandt, sondern förmlich zugestellt wird, führt es keine Zustellungswirkungen herbei.[631]

(8) Ebenso kann das VKH-Gesuch für den Scheidungsantrag den Berechnungszeitpunkt für die **Berechnung des Endvermögens** beim Zugewinnausgleich (§ 1384 BGB) nicht vorverlegen, da es ebenfalls um den materiell-rechtlichen Stichtag für die Berechnung des Zugewinns geht.[632]

(9) Bei der **Zeitschranke des § 1585b Abs. 3 BGB** reicht ein PKH-Gesuch zwar nicht aus, aber § 167 ZPO gilt.[633]

(10) Dementsprechend ist auch nach bloßer Einreichung des PKH-Gesuchs bei übereinstimmender Erledigung keine **Kostenentscheidung nach § 91a ZPO** möglich, denn das PKH-Gesuch führt nicht die Rechtshängigkeit herbei (→ Rn. 131); auch nach Bewilligung der PKH muss eine zulässige Klage erst eingereicht werden.[634] Es gilt hier vielmehr § 127 Abs. 4 ZPO, so dass keine Kostenentscheidung für das PKH-Verfahren veranlasst ist.

129 (11) Nicht gleich steht der PKH-Antrag auch **einer Klageerhebung gemäß § 323 Abs. 3 ZPO** (geändert durch Art. 29 FGG-RG) bzw. einem **Unterhaltsabänderungsantrag** nach **§ 238 Abs. 3 FamFG**. Diese Streitfrage war durch den BGH[635] für die Gerichtspraxis abschließend geklärt worden. Drohende Nachteile muss der Antragsteller durch einen Antrag auf Zustellung ohne Vorschuss (§ 14 Nr. 3b GKG; § 15 Nr. 3b FamGKG, § 16 Nr. 4b GNotKG) abwenden.[636]

130 (12) **Bei der Vollstreckungsgegenklage nach § 767 ZPO ermöglicht** das PKH-Gesuch keine vorläufige Einstellung der Zwangsvollstreckung durch das Prozessgericht nach § 769 Abs. 1 ZPO,[637] sondern nur in dringenden Fällen eine Maßnahme des Vollstreckungsgerichts nach § 769 Abs. 2 ZPO.[638] Hingegen reicht bei der einstweiligen **Einstellung der Vollstreckung** im Rahmen der Anhängigkeit eines **Abänderungsantrages wegen Unterhalts** im Hinblick auf den eindeutigen Wortlaut des § 242 FamFG die Einreichung eines VKH-Gesuchs aus.[639]

V. Prozesskostenhilfeantrag mit Klage oder Rechtsmittel

1. PKH-Antrag und Klage

131 (1) **Klage mit gleichzeitigem PKH-Antrag.** Eine Klage, die ohne Klarstellung, dass es sich nur um einen Entwurf handeln soll, zusammen mit einem PKH-Antrag eingereicht wird, wird anhängig.[640] Das gilt auch dann, wenn ein PKH-Antrag der Klage räumlich

---

[630] BGH FamRZ 1982, 1005; OLG Naumburg FamRZ 2002, 401.
[631] OLG Naumburg FamRZ 2001, 839; OLG Nürnberg FamRZ 2000, 36; → Rn. 135.
[632] *Gottwald* in Festschrift Gerhardt, S. 312 Fn. 22; *Weinreich* FuR 2004, 393 (394).
[633] OLG Schleswig FamRZ 2002, 1635 (Ls.); OLG Naumburg FamRZ 2006, 490; MüKoBGB/ *Maurer* § 1585b Rn. 8.
[634] OLG Bamberg OLGReport 2001, 123.
[635] BGH FamRZ 1982, 365; FamRZ 1984, 355; OLG Bamberg FamRZ 1993, 96.
[636] BGH FamRZ 1982, 365.
[637] OLG Frankfurt OLGReport 2008, 612; OLG Naumburg FamRZ 2001, 839; *Schneider* MDR 1985, 441 (442); **aA:** OLG Schleswig SchlHA 1978, 156; Brox/Walker Rn. 1359.
[638] OLG Hamm NJW-RR 1996, 1024; **anders:** OLG Brandenburg MDR 2005, 1192.
[639] Vgl. Johannsen/Henrich/*Maier* FamFG § 242 Rn. 4.
[640] BGH MDR 2009, 400; FamRZ 1996, 1142; OLG Schleswig FamRZ 2010, 1359; Zöller/ *Schultzky* ZPO § 117 Rn. 11.

vorangestellt wird⁶⁴¹ oder wenn **nur** in dem beigefügten PKH-Antrag von „Klageentwurf" die Rede ist, auch wenn hinzugefügt wird, die Durchführung des Rechtsstreits werde von der PKH-Bewilligung abhängig gemacht.⁶⁴² **Klarstellungen,** dass eine Anhängigkeit nicht erfolgen soll, sind die nicht **unterschriebene** Klageschrift, die Bezeichnung als **beabsichtigte** Klage oder als Klage**entwurf**.⁶⁴³ Liegt eine Klage vor, muss sie zugestellt werden, wenn ein Vorschuss gemäß § 12 Abs. 1 GKG (§ 14 FamGKG) gezahlt oder dieser gesetzlich nicht erforderlich ist.⁶⁴⁴ Wird sie gleichwohl als bloßer PKH-Antrag behandelt und dies hingenommen, hat der Anwalt auch noch nicht die volle Verfahrensgebühr verdient.⁶⁴⁵

(2) **PKH-Antrag mit Klageentwurf.** Ist nur ein Entwurf einer Klage gewollt, bedarf es dazu unmissverständlicher Klarstellung.⁶⁴⁶ Die Klage ist als „Entwurf" zu kennzeichnen oder als nur für den Fall der PKH-Bewilligung eingereicht.⁶⁴⁷ Eine derart klare Kundgabe ergibt sich keinesfalls allein daraus, dass Klage und PKH-Antrag gleichzeitig eingereicht werden und im PKH-Antrag auf die Klage Bezug genommen ist, gleichgültig ob in einem Schriftsatz oder in getrennten Schriftsätzen eingereicht.⁶⁴⁸ Praktikabel, weil später eine neue Klageeinreichung überflüssig wird, ist die klare Bitte um Vorabentscheidung über das PKH-Gesuch.⁶⁴⁹ In Zweifelsfällen ist das Gericht gehalten, beim Antragsteller zur Klarstellung über das Gewollte (Klage oder Entwurf) rückzufragen.⁶⁵⁰ Liegt ein isolierter PKH-Antrag für eine beabsichtigte Klage vor, so soll nach der verwaltungsgerichtlichen Rechtsprechung in gerichtskostenfreien Verfahren ein erst nach Ablauf der Klagefrist beschiedener PKH-Antrag auch dann keinen Hinderungsgrund iSd § 60 VwGO darstellen, wenn der Antrag von einem Rechtsanwalt gestellt worden ist.⁶⁵¹

132

(3) Wird umgekehrt eine Klageschrift mit PKH-Gesuch **dem Beklagten formlos** zur Stellungnahme übersandt, kann ihm auf seinen Antrag keine Prozesskostenhilfe bewilligt werden, denn diese setzt eine Prozessführung voraus (→ Rn. 182).⁶⁵² Etwas anderes gilt allerdings in den **Familiensachen der freiwilligen Gerichtsbarkeit,** die also nicht Familienstreitsachen oder Ehesachen nach §§ 112, 121 FamFG sind. Hier zeitigt die Zustellung der Antragsschrift keine für das Prozessrechtsverhältnis konstitutive Wirkung (vgl. § 23 Abs. 2 FamFG). Es ist jedenfalls in Verfahren, die nur auf Antrag eingeleitet werden (wie zB §§ 1671 Abs. 1 und 2, 1626a Abs. 2 BGB), das Gericht bereits mit der Hauptsache befasst.⁶⁵³ Auch wenn das Familiengericht **zum Ausdruck bringt,** dass **allein die Übermittlung des Verfahrenskostenhilfeantrages** zur Stellungnahme im VKH-Prüfungsverfahren und nicht der Sachantrag übersandt wird, ist den weiteren Verfahrensbeteiligten

133

---

⁶⁴¹ BGH NJW-RR 2000, 879; FamRZ 1996, 1142; OLG Zweibrücken NJW-RR 2001, 1653; OLG Köln FamRZ 1997, 375; OLG Koblenz FamRZ 1998, 312.
⁶⁴² BGH FamRZ 2004, 1553; LG Saarbrücken FamRZ 2002, 1260; aber BGH FamRZ 2001, 907: Es kommt auf die Auslegung des Gewollten im Einzelfall an.
⁶⁴³ BGH FamRZ 2005, 794; 2001, 907.
⁶⁴⁴ Zöller/*Schultzky* ZPO § 117 Rn. 13.
⁶⁴⁵ So OLG Hamburg OLGReport 2001, 442.
⁶⁴⁶ BGH FamRZ 2019, 1155; FamRZ 2005, 1537, FamRZ 2001, 907; 2001, 1703; FamRZ 2007, 1726: Eine bedingte Berufung ist unzulässig; BGH FamRZ 1996, 1142.
⁶⁴⁷ BGH FamRZ 2007, 1726; OLG Koblenz MDR 2004, 177; OLG Karlsruhe FamRZ 2003, 1935 (auch wenn die Klageschrift schon unterschrieben ist); OLG Dresden MDR 1998, 181; **anders:** LG Saarbrücken FamRZ 2002, 1260.
⁶⁴⁸ BGH FamRZ 1986, 1087 f.
⁶⁴⁹ OLG Koblenz MDR 2004, 177.
⁶⁵⁰ Zöller/*Schultzky* ZPO § 117 Rn. 11; *Groß* ZPO § 117 Rn. 2: Gedanke der Fürsorge.
⁶⁵¹ OVG Niedersachsen NVwZ-RR 2019, 486; VGH Hessen BeckRS 2005, 27793; Eyermann/*Hoppe* VwGO § 60 Rn. 6.
⁶⁵² OLG Naumburg FamRZ 2008, 1088; **anders** OLG Karlsruhe NJW-RR 2001, 643.
⁶⁵³ OLG Dresden NJW-RR 2011, 660.

auch dann Verfahrenskostenhilfe zu bewilligen, wenn dem Antragsteller VKH verweigert wird.[654]

134 (4) Ein PKH-Antrag für einen **Arrestantrag** (§§ 916 ff. ZPO) oder eine **einstweilige Verfügung** (§§ 935 ff. ZPO) oder VKH-Antrag für eine **einstweilige Anordnung** (§§ 49 ff. FamFG) rechtfertigt **im Zweifel** wegen der Eilbedürftigkeit der Rechtsschutzanliegen die Annahme eines vorbehaltlos eingereichten Sachantrags, der sofort als solcher zugestellt werden soll, zumal ein Vorschuss gemäß §§ 12, 14 Nr. 3b GKG (§ 14 Abs. 2 FamGKG) nicht zu zahlen ist.[655]

135 (5) **Die Behandlung eines bloßen Klageentwurfs als Klage ist unwirksam** (keine Rechtshängigkeit trotz Zustellung), denn die Partei bestimmt den Charakter ihrer Prozesshandlung und den Streitgegenstand.[656] Eine bloß formlose – nicht unterschriebene oder sonst klar zum Ausdruck gebrachte, zB die Erklärung enthaltende Übersendung, über das PKH – Gesuch solle vorweg entschieden werden[657] – Erklärung ist unwirksam. Im Gegensatz dazu steht eine Auffassung, die von der Zustellungsverfügung des Richters abhängig machen will, ob eine Klage oder nur der Prozesskostenhilfeantrag mit Klageentwurf zugestellt worden ist.[658] Das steht jedoch im Gegensatz dazu, dass die Partei den Charakter ihrer Prozesshandlung und den Streitgegenstand bestimmt. Übersendung der Klage mit dem PKH-Antrag zur Stellungnahme begründet keine Rechtshängigkeit, sondern es bleibt bei der Anhängigkeit.[659]

136 (6) **Eine bedingte Klageerhebung** (für den Fall der Bewilligung von PKH) **ist unzulässig.**[660] Es kann sich dabei aber um die bloße Klarstellung handeln, dass die Klage erst nach PKH-Bewilligung erhoben (und dann zugestellt) werden soll.[661] Bei einer eindeutigen Formulierung einer anwaltlichen vertretenen Partei als eine an die Gewährung von Prozesskostenhilfe bedingte Klage oder Rechtsmittel kommt eine andere Deutung aber nicht in Betracht.[662] In diesem Fall ist die Prozesshandlung unwirksam.[663]

137 (7) **Teilweise PKH-Bewilligung und restlicher Antrag.** Stellt eine Partei den Antrag **nur im Umfang der bewilligten Prozesskostenhilfe,** muss klargestellt werden, ob der restliche Antrag zurückgenommen wird. Wird eine solche Rücknahme nicht erklärt, muss geklärt werden, was mit dem Spitzenbetrag geschehen soll. Bedenken bestehen dagegen, den Antrag hinsichtlich des Spitzenbetrags nicht zu stellen, denn dann müsste ein Versäumnisteilurteil erlassen werden, das die Gefahr widersprechender Entscheidungen mit sich brächte.[664] Wurde dagegen die Klage **unbedingt von der PKH-Bewilligung** eingereicht und PKH nur teilweise bewilligt, so hat das Gericht zunächst die Klage nur im Umfang der Bewilligung von PKH zuzustellen und im Übrigen einen Kostenvorschuss anzufordern. Dies ist bei der Zustellungsverfügung kenntlich zu machen. Unterlässt das Prozessgericht dies und stellt die Klage ohne ersichtliche Einschränkung zu, ist die

---

[654] OLG Stuttgart FamRZ 2016, 1002; **aA:** OLG Dresden NJW-RR 2011, 660.
[655] Toussaint/*Marquardt* GKG § 12 Rn. 13 – unverändert handelt es sich nicht um eine „Klage".
[656] OLG Koblenz MDR 2004, 177; OLG Naumburg FamRZ 2001, 839; OLG Nürnberg FamRZ 2000, 36; OLG Köln NJW 1994, 3360 (3361); OLG Hamm FamRZ 1980, 1127; *Zimmermann* Rn. 227; Zöller/*Schultzky* ZPO § 117 Rn. 12; **anders** LG Saarbrücken FamRZ 2002, 1260: Bezeichnung als Entwurf reiche nicht aus.
[657] BGH FamRZ 2005, 794; KG MDR 2008, 585.
[658] OLG Hamm FamRZ 2008, 1540; ebenso OLG Zweibrücken FamRZ 2008, 799.
[659] OLG Nürnberg FamRZ 2000, 36.
[660] BGH FamRZ 2011, 29; VersR 1993, 713 für die Berufung; BFH/NV 2018, 225; BVerwG NJW 1981, 698; Rosenberg/Schwab/*Gottwald* § 65 Rn. 27, 31; *Groß* ZPO § 117 Rn. 6.
[661] *Zimmermann* Rn. 226.
[662] BGH FamRZ 2005, 1537; 2006, 400; 2007, 895.
[663] BGH ZInsO 2018, 1379; MDR 2013, 481.
[664] OLG Koblenz OLGReport 2001, 211 will daher ein teilweises Verhandeln nur zulassen, wenn es sich um abtrennbare Teile eines Streitgegenstandes handelt.

gesamte Klage mit Zustellung rechtshängig und die Kosten nach dem vollen Streitwert bereits angefallen.

2. PKH-Antrag und Rechtsmittel

(1) **Bei Rechtsmitteleinlegung mit gleichzeitigem PKH-Antrag**[665] ist jede Formulierung zu vermeiden, die den Eindruck erweckt, das Rechtsmittel werde nur angekündigt und von der PKH-Bewilligung abhängig gemacht.[666] Ein **bedingtes Rechtsmittel** ist unzulässig,[667] eine dahingehende Deutung kommt allerdings nur dann in Betracht, wenn sich dies aus den Begleitumständen so deutlich ergibt, dass jedwede Zweifel ausgeschlossen sind.[668] Maßgeblich ist allein der **objektive Erklärungswert** der in der Rechtsmittelfrist eingegangenen Schriftsätze, auf spätere Klarstellungen kommt es nicht an.[669] Ergibt allerdings die Auslegung, dass ein Rechtsmittel – unbedingt – form- und fristgerecht – eingelegt worden ist, bedarf es der Wiedereinsetzung nicht. Ein Beschluss, der einen solchen Wiedereinsetzungsantrag zurückweist, ist zur Klarstellung aufzuheben.[670] Gleichwohl darf ein unter der Bedingung der Bewilligung von PKH eingelegtes Rechtsmittel nicht sogleich verworfen werden, **bevor über den PKH-Antrag entschieden worden ist**.[671] Der Antragsteller soll nach Bewilligung oder Ablehnung seines PKH-Antrages die Möglichkeit haben, ein unbedingtes Rechtsmittel innerhalb der Wiedereinsetzungsfrist einzulegen. Anders ist dies aber, wenn die Partei vernünftigerweise nicht mit der Bewilligung von PKH rechnen konnte, insbesondere weil sie binnen der Rechtsmittelfrist kein vollständiges PKH-Gesuch eingereicht hatte[672] (zur Frage der absehbaren Ablehnung mangels Bedürftigkeit → Rn. 140). Hier kann bei einem bedingten Rechtsmittel dieses sogleich nach Versagung der PKH verworfen werden.[673] Liegen die Voraussetzungen für die Bewilligung von PKH vor, hat das Rechtsmittelgericht PKH zu bewilligen. Eines Hinweises auf das unzulässige bedingte Rechtsmittel bedarf es nicht.[674] Sodann muss ungeachtet des zuvor unzulässigen Rechtsmittels erneut – im Regelfall nach Gewährung der Wiedereinsetzung in den vorigen Stand – ein (neues) Rechtsmittel eingelegt werden, da die Mittellosigkeit kausal für die Fristversäumung war.[675] Unterbleibt dies, ist das unzulässige bedingte Rechtsmittel zu verwerfen.[676]

138

---

[665] Ausführlich *Toussaint* NJW 2014, 3209; *Nickel* FamRB 2015, 428.
[666] BGH FamRZ 2011, 366; 2008, 1063; 2007, 1726; 2005, 1537; aber FamRZ 2004, 1553: Berufung ist auch dann wirksam eingelegt, wenn „eine Durchführung" von der Gewährung von Prozesskostenhilfe abhängig gemacht wird. Dann wird nicht die Einlegung selbst unter den Vorbehalt der Prozesskostenhilfebewilligung gestellt, sondern der Kläger behält sich für den Fall vollständiger Versagung der Prozesskostenhilfe die Zurücknahme der Berufung vor.
[667] St. Rspr. des BGH ZInsO 2018, 1379; MDR 2017, 1019; MDR 2013, 481; FamRZ 2011, 29; FamRZ 2008, 978; NJW 1952, 102; OLG Düsseldorf FamRZ 2011, 1744; **aA:** *Geisemeyer* S. 216 mit ausführlicher Begründung als Ergebnis ihrer Dissertation.
[668] BGH FamRZ 2019, 1155; FamRZ 2012, 962; 2011, 29; 2007, 1726; *Fölsch* NJW 2009, 2796 macht daher folgenden Formulierungsvorschlag: „Ich lege Berufung ein. Ich beantrage, Prozesskostenhilfe für das Berufungsverfahren zu bewilligen. Ich bitte, die weitere Durchführung des Verfahrens über die eingelegte Berufung so lange zurückzustellen, bis über Bewilligung von Prozesskostenhilfe entschieden worden ist."
[669] BGH NJW-RR 2012, 755 = FamRZ 2012, 962 mAnm *Heinemann* in FamFR 2012, 256.
[670] BGH FamRZ 2012, 962.
[671] BGH FamRZ 2013, 696; NJW-RR 2017, 691; BeckRS 2019, 17515.
[672] BGH NJW-RR 2013, 509.
[673] BGH BeckRS 2019, 17515.
[674] BGH FamRZ 2019, 1155.
[675] BGH NJW 2011, 230; *Toussaint* NJW 2014, 3209.
[676] BGH FamRZ 2019, 1155.

Gleiches gilt, wenn ein aus sonstigen Gründen (zB wegen Anwaltszwanges) unzulässiges Rechtsmittel gleichzeitig eingelegt wurde.[677]

Die gleichen Grundsätze gelten nach der Rechtsprechung des BGH schließlich auch für den Fall, dass bei bestehendem **Anwaltszwang durch die Partei selbst** ein (insoweit unzulässiges) Rechtsmittel eingelegt und daneben unbedingt PKH beantragt wird. Auch hier darf nicht das Rechtsmittel bei gleichzeitiger Zurückweisung des PKH-Gesuchs verworfen werden, sondern es ist zunächst über den PKH-Antrag zu entscheiden.[678]

Vielfach ist gewollt, dass das – mit dem unbedingt eingelegten Rechtsmittel – eingeleitete Rechtsmittelverfahren bzw. dessen Fortsetzung unter die Bedingung der Bewilligung von PKH gestellt wird. Das ist zulässig.[679] Äußert sich der Rechtsmittelführer eindeutig dahin, dass zunächst über das PKH-Gesuch entschieden werden solle, verstößt die zeitgleiche ablehnende Entscheidung über das unbedingt eingelegte Rechtsmittel und den Prozesskostenhilfeantrag gegen das verfassungsrechtliche Gebot auf Gewährung rechtlichen Gehörs.[680] Das Rechtsmittelgericht darf nicht gleichzeitig PKH verweigern und das Rechtsmittel zurückweisen, sondern es muss dem Rechtsmittelführer zunächst Gelegenheit geben, **Wiedereinsetzung in die Versäumung der Rechtsmittelfrist** zu beantragen.[681]

Schließlich kann – in einem Verfahren mit Anwaltszwang – ein mit **Berufung oder Beschwerde** bezeichnetes Schreiben einer Naturalpartei als PKH-Antrag für ein beabsichtigtes Rechtsmittel auszulegen sein. In diesem Fall besteht auch eine Hinweispflicht des Rechtsmittelgerichts auf die Einreichung einer Erklärung über die persönlichen und wirtschaftlichen Verhältnisse, soweit diese noch während des Laufs der Rechtsmittelfrist nachgereicht werden kann.[682]

139 (2) **PKH-Antrag mit Rechtsmittelentwurf.** Wird nur ein Prozesskostenhilfegesuch für ein Rechtsmittel eingereicht – zur Kostenvermeidung bei Misserfolg –, muss dies deutlich klargestellt werden. Da die Rechtsmittelfrist bei Entscheidung über den PKH-Antrag regelmäßig verstrichen ist, muss innerhalb der Wiedereinsetzungsfrist von **zwei Wochen** für die Rechtsmitteleinlegung oder einem Monat für die Rechtsmittelbegründung (§ 234 Abs. 1 ZPO) ein **Wiedereinsetzungsantrag** (§ 233 ZPO) bei dem Rechtsmittelgericht gestellt werden.[683] Auch wenn der Rechtsmittelentwurf bereits eine Begründung enthält, ist die Mittellosigkeit als kausal für die Versäumung der Rechtsmittelfrist anzusehen.[684]

140 (3) Hinsichtlich der **Erfolgsaussicht** soll es auch bei anwaltlicher Vertretung nicht einmal einer sachlichen Begründung des PKH-Gesuchs bedürfen, da diese von Amts wegen zu prüfen ist,[685] denn die mittellose Partei ist wegen der Mittellosigkeit an einer Berufungsbegründung gem. § 520 Abs. 3 S. 2 Nr. 2–4 ZPO gehindert. Aber § 117 Abs. 1 S. 2 ZPO schreibt die Darstellung des Streitverhältnisses vor und das Gericht kann ohne jede Erklärung Tatsachenfeststellungen und Beweiswürdigungen nicht überprüfen.

---

[677] BGH NJW-RR 2018, 1271; NJW-RR 2017, 691; NJW-RR 2016, 186.
[678] BGH NJW-RR 2018, 1271; BeckRS 2015, 20125; NJW-RR 2011, 995.
[679] OLG Düsseldorf FamRZ 2011, 1744; *Fölsch* NJW 2009, 2796.
[680] OLG Düsseldorf FamRZ 2011, 1744.
[681] BGH FamRZ 2004, 699.
[682] BGH BeckRS 2019, 24562.
[683] BGH NJW 2004, 2902; vgl. ausführlich *Jungk* NJW 2013, 667.
[684] BGH NJW 2013, 697; NJW 2011, 230; Weinreich FuR 2013, 269; **aA:** BGH FamRZ 2008, 1520 für den Fall, dass unbedingt Berufung eingelegt wurde und PKH innerhalb der Begründungsfrist beantragt wurde.
[685] BGH NJW-RR 2001, 1146; **anders:** OLG Dresden FamRZ 2004, 121 mablAnm *Philippi* FamRZ 2004, 648; OLG Schleswig ProzRB 2004, 180 und OLG Celle MDR 2003, 470; → Rn. 149.

(4) **Der Berufungsbeklagte** erhält keine PKH, bevor nicht die Berufung begründet ist.[686]

(5) **Wiedereinsetzung in den vorigen Stand im Einzelnen:**[687]

- PKH muss **spätestens am letzten Tag der Rechtsmittelfrist** beantragt werden[688] bzw. bei fehlendem Verschulden innerhalb der Frist des § 234 ZPO.[689] Nichterkundigung einer Partei über das für eine PKH-Antragstellung zuständige Gericht ist ein Verschulden iSd § 233 ZPO.[690]
  Wenn Berufung fristgerecht eingelegt worden ist, kann das PKH-Gesuch auch erst kurz vor Ablauf der (verlängerten) Berufungsbegründungsfrist eingereicht werden.[691]
- Der PKH-Antrag muss **vor Fristende mit den nach § 117 Abs. 2–4 ZPO erforderlichen Unterlagen** und Erklärungen vollständig eingereicht sein.[692] Die Unmöglichkeit dazu ist innerhalb der Rechtsmittelfrist darzulegen.[693] Ein neuer Vordruck braucht nicht vorgelegt werden, wenn in der Vorinstanz PKH bewilligt war und der Antragsteller **versichert,** dass die Einkommens- und Vermögensverhältnisse seitdem unverändert sind.[694] Belege können im Übrigen nachgereicht werden. Haben sich die **wirtschaftlichen Verhältnisse nach der ersten Instanz geändert** und kommt es deshalb zur Ablehnung des PKH-Antrages, war die Mittellosigkeit nicht kausal für die Fristversäumung, wenn der Antragsteller mit der Ablehnung rechnen musste.[695] Dies ist insbesondere dann der Fall, wenn dem Rechtsmittelführer Geldmittel zugeflossen sind oder aber eine im Miteigentum stehende Immobilie veräußer- oder beleihbar geworden ist.[696] Wird die Frist versäumt, ist ein erneut gestellter PKH-Antrag unzulässig.[697]
  In den Fällen des § 116 S. 1 Nr. 2 ZPO muss auch dargetan werden, dass die Unterlassung der Rechtsverfolgung allgemeinen Interessen zuwiderlaufen würde.[698] Ein Anwaltsverschulden ist der Partei nach § 85 Abs. 2 ZPO zuzurechnen.[699]
  Der kostenarme Rechtsmittelführer ist nach Ansicht des BGH auch dann an der rechtzeitigen Einlegung des Rechtsmittels gehindert, wenn er ein wegen bestehenden **Anwaltszwangs unzulässiges persönliches Rechtsmittel** eingelegt und dafür Verfahrenskostenhilfe beantragt hat. Das Rechtsmittelgericht soll auch in diesem Fall zunächst über die beantragte Verfahrenskostenhilfe entscheiden, bevor es das Rechtsmittel als unzulässig verwirft (→ Rn. 138).[700]

---

[686] BGH FamRZ 2010, 1423; BAG NJW 2005, 1213; OLG Celle OLGReport 2003, 197, → Rn. 182.
[687] Zur aktuellen Rspr. des BGH: *Bernau* NJW 2013, 2001; 2014, 2007; 2015, 2004.
[688] BGH BeckRS 2010, 28747; BGH NJW 1998, 1230; 1987, 440; VGH Baden-Württemberg FamRZ 2003, 104.
[689] BGH-Report 2002, 570; NJW 2006, 2857.
[690] BGH NJW 1987, 440.
[691] BGH NJW-RR 2011, 995; BGH Report 2005, 129; *Kramer* MDR 2003, 434.
[692] BVerfG NJW 2000, 3344; BFH BeckRS 2015, 95370; BGH BeckRS 2011, 23102; FamRZ 2008, 868; 2004, 99 mkritAnm *Gottwald;* BGH NJW 2002, 2973; OLG Zweibrücken FamRZ 2008, 424; OLG Brandenburg FamRZ 2004, 383; OLG Saarbrücken NJW-RR 2000, 664.
[693] BGH NJW 2002, 2973; NJW 1992, 574.
[694] BGH NJW 2001, 2720; NJW-RR 2000, 1387 (auch bei im Wesentlichen identischen Angaben); *Büttner,* Wiedereinsetzung, § 6 Rn. 34.
[695] BGH BeckRS 2019, 25385; VersR 2018, 1149; BeckRS 2013, 10758.
[696] BGH BeckRS 2019, 25385.
[697] BFH BeckRS 2015, 95370.
[698] OLG Rostock OLGReport 2001, 537.
[699] So überzeugend BGH NJW 2001, 2720 im Anschluss an OLG Köln NJW-RR 1994, 1093 und OLG Brandenburg FamRZ 1998, 249 unter Ablehnung der gegenteiligen Auffassung von OLG Düsseldorf FamRZ 1992, 457; OLG Koblenz MDR 1997, 103 und Zöller/*Althammer* ZPO § 85 Rn. 11.
[700] BGH FamRZ 2016, 209.

- **Bei Gewährung von PKH:** Die **Wiedereinsetzungsfrist von zwei Wochen** für die **Berufungseinlegung** muss nach § 234 Abs. 1 S. 1 ZPO beachtet werden.[701] Hat der erstinstanzliche Prozessbevollmächtigte den PKH-Antrag gestellt, muss er trotz Beiordnung eines zweitinstanzlichen Anwalts die Einhaltung der Frist überwachen, denn der zweitinstanzliche Anwalt ist mit der Beiordnung noch nicht Prozessbevollmächtigter.[702] Soweit § 234 ZPO nur analog anzuwenden ist (zB bei Verjährungshemmung), kann auch ein etwas längerer Zeitraum gewährt werden.[703] In Familiensachen ist darauf zu achten, dass die Beschwerde gemäß § 64 Abs. 1 S. 1 FamFG nach Bewilligung von VKH bei dem Amtsgericht einzulegen ist.
  Der **Beginn Wiedereinsetzungsfrist von einem Monat nach § 234 Abs. 1 S. 2 ZPO** für die **Berufungsbegründung** (oder *Begründung der Revision, Nichtzulassungsbeschwerde, Beschwerde nach FamFG oder Rechtsbeschwerde*) ist selbst innerhalb der Zivilsenate des BGH **streitig.** Nach zutreffender überwiegender Auffassung läuft die Frist ab Bekanntgabe der Entscheidung über die Prozesskostenhilfe,[704] da das Hindernis die Kostenarmut der Partei darstellt. Nach anderer Auffassung soll die Frist erst ab Mitteilung der Wiedereinsetzungsentscheidung zu laufen beginnen.[705] Angesichts der divergierenden Rechtsprechung wird bei Fristversäumung nicht von einem Verschulden nach § 85 ZPO auszugehen sein.[706] Das gilt auch, wenn die bedürftige Partei die Frist zur Begründung der Berufung noch nicht versäumt hatte.[707] In Verfahren nach dem FamFG, in denen keine Verweisung auf die Regeln der ZPO erfolgt, ist § 18 FamFG insoweit verfassungskonform dahin auszulegen, dass die Frist zur Nachholung der Begründung der Rechtsbeschwerde einen Monat beträgt.[708] Die Wiedereinsetzung kann nicht deshalb versagt werden, weil die Berufung noch vor Bewilligung von Prozesskostenhilfe vom Rechtsanwalt der bedürftigen Partei begründet und als „Entwurf" bezeichnet während laufender Berufungsbegründungsfrist eingereicht wurde.[709] Die Wiedereinsetzungsfrist kann aber auch bereits mit der Bekanntgabe eines Hinweises des Vorsitzenden, dass beabsichtigt sei, die Prozesskostenhilfe wegen fehlender Erfolgsaussichten zu versagen, beginnen.
- **In Verfahren nach dem FamFG** ist zu beachten, dass der VKH-Antrag für eine beabsichtigte Beschwerde gemäß § 64 Abs. 1 S. 2 FamFG beim zuständigen Ausgangsgericht, in 2. Instanz, also beim Amtsgericht einzureichen ist. Anders als beim VKH-Antrag ist das Wiedereinsetzungsgesuch an das Beschwerdegericht zu richten, das gem. § 237 ZPO (in Familiensachen der freiwilligen Gerichtsbarkeit gem. § 19 Abs. 1 FamFG) über die Einsetzung entscheidet.[710] Hingegen ist die (innerhalb der Zwei-Wochen-Frist gem. § 236 Abs. 2 S. 2 ZPO, § 18 Abs. 3 S. 2 FamFG) einzulegende **Beschwerde beim erstinstanzlichen Gericht** (keine Pflicht zur Weiterleitung per

---

[701] BGH NJW-RR 2012, 252; NJW 2001, 2545; vgl. aber BVerwG NVwZ 2002, 992 zu Fällen, in denen keine gesonderte Wiedereinsetzungsentscheidung ergeht.
[702] OLG Karlsruhe ProzRB 2005, 40; OLG Köln OLGReport 1998, 60; *Büttner*, Wiedereinsetzung § 6 Rn. 35.
[703] BGH NJW 2001, 2545 (2546): 17 Tage; zur Rechtsmittelbegründungsfrist und PKH *Schultz* NJW 2004, 2329.
[704] BGH NJW 2013, 471; FamRZ 2008, 1063; OLG Zweibrücken FamRZ 2012, 1238; MüKoZPO/*Gehrlein* § 234 Rn. 9.
[705] So BGH FamRZ 2007, 1640; 2008, 3500; MDR 2010, 947; *Fölsch* MDR 2004, 1029.
[706] BGH NJW 2013, 471.
[707] BGH FamRZ 2004, 1712; **anders** *Löhnig* FamRZ 2005, 578.
[708] BGH NJW 2012, 151.
[709] So BGH FamRZ 2008, 1520 mAnm *Zimmermann*: es fehle an der Kausalität der Mittellosigkeit für die Fristversäumung; ablehnend *Nickel* MDR 2010, 1227 (1229) unter Hinweis auf BVerfG NJW 2010, 2567.
[710] *Nickel* MDR 2010, 1227 (1230) **aA:** OLG Bamberg BeckRS 2011, 22442.

Telefax) einzureichen, § 64 Abs. 1 FamFG. Reicht der Beschwerdeführer die Beschwerde rechtsirrtümlich bei dem Oberlandesgericht ein, hat dieses die Beschwerde **im ordentlichen Geschäftsgang** an das gemäß § 64 Abs. 1 FamFG zuständige Amtsgericht **weiterzuleiten**.[711] Beschwerdebegründung (für Ehe- und Familienstreitsachen geregelt in § 117 Abs. 1 FamFG) und zugehöriger Wiedereinsetzungsantrag sind dann allerdings gem. § 117 Abs. 1 S. 2 FamFG wiederum beim Beschwerdegericht einzureichen.[712]

- Bewilligt das zweitinstanzliche Gericht PKH und ergibt sich noch vor der Entscheidung über die Wiedereinsetzung, dass sich die **persönlichen und wirtschaftlichen Verhältnisse des Antragstellers** gegenüber den ursprünglichen Angaben verändert haben, ist auch die Entscheidung über die Wiedereinsetzung von den Voraussetzungen von § 124 Abs. 1 Nr. 2 ZPO abhängig.[713]
- **Bei Versagung von PKH:** Der Antragsteller, der sich **für bedürftig halten durfte**,[714] hat mit der Zustellung der PKH-Entscheidung eine Überlegungsfrist von zwei Wochen nach Zugang des ablehnenden Beschlusses, ob er das Rechtsmittel mit eigenen Mitteln einlegen will (§ 234 Abs. 1 S. 1 ZPO). Ein Antragsteller darf sich aber dann nicht für bedürftig halten, wenn er falsche Angaben zu seinen Einkommens- oder Vermögensverhältnissen macht oder aus sonstigen Gründen, zB wegen Veränderungen seiner wirtschaftlichen Verhältnisse, mit der Ablehnung seines VKH-Gesuchs rechnen musste.[715] Danach beginnt die Monatsfrist des § 234 Abs. 1 S. 2 ZPO für die Begründung zu laufen. Der BGH[716] besteht aber auf **drei – vier Tagen für die Überlegung**, ob der Antragsteller das Rechtsmittel auf eigene Kosten durchführen will. Danach beginnt die zweiwöchige Frist für das Wiedereinsetzungsgesuch. Das gilt allerdings nicht, wenn die Berufungsbegründungsfrist noch nicht abgelaufen war.[717] Die zusätzliche Überlegungsfrist kann nicht in Anspruch genommen werden, wenn nur **für einen Teil** des Beschwerdegegenstandes die PKH verweigert wurde.[718]

Eine **unverschuldete Fristversäumnis** ist dann **nicht** anzunehmen, wenn der PKH-Antragsteller mit einer Versagung von PKH mangels Hilfsbedürftigkeit von **vorneherein rechnen musste**, weil er sich verständiger weise nicht für hilfsbedürftig halten konnte oder eine Hilfsbedürftigkeit nicht als genügend dargetan ansehen durfte.[719] Auch der Fall, dass keine hinreichende Erklärung über die persönlichen und wirtschaftlichen Verhältnisse eingereicht wurde, fällt hierunter.[720] Wurde die PKH für ein beabsichtigtes Rechtsmittel mangels Erfolgsaussichten abgelehnt und entschließt sich der Antragsteller das Rechtsmittel auf eigene Kosten durchzuführen, kann bei rechtzeitiger Einlegung des Rechtsmittels innerhalb der Frist des § 236

---

[711] BGH NJW-RR 2014, 2 und MDR 2013, 1059; FamRZ 2011, 1649.
[712] *Nickel* MDR 2010, 1227 (1230).
[713] BGH FamRZ 2013, 1124.
[714] BGH FamRZ 2013, 1124; 2005, 196 und 789; OLG Köln OLGReport 2004, 378 schon mit Fristablauf, wenn er sich nicht mehr für bedürftig halten durfte.
[715] BGH FamRZ 2015, 1103; NJW 2015, 1312 (falsche Angaben).
[716] BGH NJW-RR 2018, 1271; NJW-RR 2012, 308; 2009, 789.
[717] So auch *Büte* FuR 2005, 59 (63).
[718] BGH NJW-RR 1993, 451; OVG Lüneburg BeckRS 2012, 47057; *Jungk* NJW 2013, 667 (669).
[719] BGH VersR 2018, 1149; NJW-RR 2012, 383; FamRZ 2004, 1548; BGH NJW 2002, 2793; NJW-RR 2001, 570 und 2000, 1387 (bei im Wesentlichen identischen Angaben und PKH-Gewährung in erster Instanz auch im zweiten Rechtszug zu erwarten); OLG Köln OLGReport 2004, 378; OLG Brandenburg JurBüro 2002, 373; nach OLG Naumburg FamRZ 2002, 1267 kein Vertrauen, wenn erstinstanzliche Entscheidung offensichtlich falsch, das ist mit der Anm. von *Gottwald* FamRZ 2002, 1267 abzulehnen.
[720] BGH MDR 2017, 487.

Abs. 2 S. 2 ZPO der Wiedereinsetzungsantrag nicht mit der Begründung zurückgewiesen werden, die Mittellosigkeit sei nicht kausal für die Versäumung der Rechtsmittelfrist gewesen.[721]
- **Wiederholte PKH-Gesuche** oder Gegenvorstellungen ändern am Fristablauf nichts.[722]
- **Das Hindernis an der Fristwahrung entfällt** mit Bekanntgabe der PKH-Entscheidung an den Antragsteller oder dessen Bevollmächtigten[723] oder bereits früher mit ergebnislosem Ablauf einer im PKH-Prüfungsverfahren gerichtlich gesetzten, aber nicht eingehaltenen Frist,[724] insbesondere zur (weiteren) Glaubhaftmachung der Hilfsbedürftigkeit.[725] In einem dem **Anwaltszwang** unterliegenden Verfahren wird das der Rechtsverfolgung entgegenstehende Hindernis erst mit der Beiordnung eines Rechtsanwalts beseitigt.[726]

Das Rechtsmittelgericht muss **zunächst über die PKH** entscheiden und einen Wiedereinsetzungsantrag abwarten, bevor es das Rechtsmittel verwirft.[727]

142 (6) PKH-Gesuch als Berufungsbegründung

Ein inhaltlich den Anforderungen des § 520 Abs. 3 ZPO entsprechendes PKH-Gesuch ist als Berufungsbegründung anzusehen, falls nicht ein anderer Wille des Berufungsklägers erkennbar ist.[728] Wenn dagegen der Anwalt bei unbedingter Berufungseinlegung erklärt hat, die Berufung solle erst nach Entscheidung über das PKH-Gesuch begründet werden, muss ein rechtzeitiger Antrag auf Verlängerung der Berufungsbegründungsfrist gestellt werden; wird das versäumt, ist auch für eine Wiedereinsetzung kein Raum.

Es ist keine ausreichende Berufungsbegründung, wenn lediglich auf einen dem PKH-Gesuch beigefügten, nicht vom Berufungsanwalt unterschriebenen Entwurf verwiesen wird.[729]

Die Beifügung eines Entwurfs einer Berufungs- oder Beschwerdebegründung führt nicht dazu, dass die Mittellosigkeit nicht kausal ist für die Versäumung der Berufungsbegründungsfrist, wenn PKH vor Einlegung des Rechtsmittels beantragt wird.[730] Anders dürfte aber zu entscheiden sein, wenn bereits unbedingt Beschwerde eingelegt ist und dem PKH-Antrag ein Entwurf zur Berufungsbegründung beigefügt ist. Hier fehlt es an der Kausalität der Kostenarmut an der Versäumung der Begründungsfrist.[731]

VI. Notwendiger Inhalt des Prozesskostenhilfeantrags

1. Mindestinhalt

143 Notwendig ist:
- Die Darstellung des Streitverhältnisses unter Angabe der Beweismittel (§ 117 Abs. 1 S. 2 ZPO),

---

[721] BGH NZFam 2019, 538.
[722] Vgl. *Büttner,* Wiedereinsetzung, § 6 Rn. 40; *Meyer* NJW 1995, 2139 (2141).
[723] BGH FamRZ 1995, 34.
[724] OLG Köln OLGReport 2004, 378; nicht bei unbefristeten Auflagen: BGH NJW 1971, 808.
[725] BGH VersR 1983, 241; *Büttner,* Wiedereinsetzung, § 6 Rn. 37.
[726] BGH BeckRS 2019, 24562.
[727] BGH NJW-RR 2018, 1271; NJW-RR 2011, 995; BVerwG NJW 2004, 791 (Ls.).
[728] BGH FamRZ 2008, 1063; 2004, 1553; BGH NJW-RR 2001, 789; zu eng wohl OLG Dresden MDR 2003, 1014.
[729] BGH NJW 1998, 1647.
[730] BGH MDR 2013, 110; *Weinreich* FuR 2013, 269.
[731] BGH FamRZ 2008, 1520.

- die ausgefüllte Formularerklärung über die persönlichen und wirtschaftlichen Verhältnisse unter Beifügung von Belegen (§ 117 Abs. 2 und 4 ZPO).

2. Darstellung des Streitverhältnisses

(1) **Erstinstanzlich** ist erforderlich:

- **Konkrete Schilderung des Sachverhalts unter Angabe von Beweismitteln und Mitteilung der beabsichtigten Anträge.** Die Sachverhaltsdarstellung muss hinreichend konkrete Tatsachen, die dem Gericht eine rechtliche und tatsächliche Prüfung gemäß § 118 ZPO erlauben, enthalten. Behauptete Ansprüche sind also in die Tatsachen aufzufächern, die sie begründen sollen.[732] Auch in sozialgerichtlichen Verfahren bedarf es der Darstellung des Streitverhältnisses, die Beifügung von Behördenbescheiden als Anlage genügt grundsätzlich nicht.[733]   144

- **Vollkommene Schlüssigkeit der Darlegung ist nicht von Beginn an unverzichtbar.** Das Gericht kann und muss ggf. eine Ergänzung der Darstellung verlangen, sofern nur ein für eine Erfolg versprechende Rechtsverfolgung oder Rechtsverteidigung ausreichender Kern an Tatsachen dargetan ist.[734] Der Antragsteller darf jedoch nicht darauf vertrauen, zumal wenn er durch einen Anwalt vertreten wird, dass das Gericht Bemühungen entfalten wird, einen unschlüssig vorgetragenen Anspruch von Amts wegen schlüssig zu machen.[735]   145

- In **Unterhaltssachen** muss der Berechtigte zur schlüssigen Darlegung eines Unterhaltsanspruchs seine Bedürftigkeit konkret darlegen, Art und Stand der Ausbildung oder Art der Erwerbstätigkeit und Höhe der Vergütung nennen, bei Erwerbslosigkeit deren Gründe genau angeben (Alter, Krankheit, Kündigung nebst Gründen dafür) und alle Bemühungen um Arbeit (möglichst zeitlich geordnet) darstellen. Ebenso muss er eigenes Vermögen und Einkünfte daraus angeben. Entsprechendes gilt auf Seiten des Unterhaltsverpflichteten. Von ihm ist außer der konkreten Darlegung des gesamten Einkommens gleich welcher Art insbesondere eine spezifizierte Schuldenauflistung nach Höhe, Zeit und Zweck ihrer Entstehung sowie differenziert nach Zins und Tilgung zu verlangen. Arbeitsunfähigkeit ist durch bloßen Hinweis auf eine Krankheit nicht hinreichend erklärt. Art, Dauer und Therapie einer Erkrankung sind mit genauen Zeitangaben darzustellen. Allgemein gilt, dass bloße summarische Angaben unzulänglich sind.[736] Macht ein minderjähriger Sonder- oder Mehrbedarf geltend hat er wegen der im Raum stehenden Mithaftung des betreuenden Elternteils (§ 1606 Abs. 3 BGB) auch dessen Einkommen schlüssig darzulegen. Dies gilt ausnahmslos in Bezug auf den Elementarunterhalt auch für volljährige Kinder.[737] Auch bei einer vom Unterhaltspflichtigen begehrten Abänderung des Titels wegen Volljährigkeit des Kindes, muss das Kind als Antragsgegner die Einkommensverhältnisse des für den Unterhalt mithaftenden anderen Elternteils schlüssig darlegen.[738]   146

Ein von Beginn an vollständiger und wahrheitsgemäßer PKH-Antrag fördert die Erfolgsaussicht des Antrags schon deshalb, weil spätere Änderungen und Ergänzungen die Glaubhaftmachung beeinträchtigen können. Die Einreichung eines von Beginn an   147

---

[732] BVerfG BeckRS 2010, 49486; VerfGH Berlin JurBüro 2013, 208; OLG Naumburg FamRZ 2008, 68.
[733] LSG Sachsen-Anhalt BeckRS 2019, 3867.
[734] MüKoZPO/*Wache* § 117 Rn. 15; nicht aber für eine nachträgliche Klageänderung: BGH AnwBl 2006, 75.
[735] Zöller/*Schultzky* ZPO § 117 Rn. 6 ff.
[736] Zöller/*Schultzky* ZPO § 117 Rn. 8.
[737] BGH FamRZ 2008, 137.
[738] BGH NJW 2017, 1317.

vollständigen Gesuchs kann entscheidend für eine evtl. Rückwirkung der PKH-Bewilligung sein. Dazu → Rn. 602 ff.

148 **Wenn der Gegner es unterlässt, zur beabsichtigen Klage Stellung zu nehmen,** und deshalb nur eingeschränkt Prozesskostenhilfe für die Klage gewährt worden wäre, führt das nicht dazu, ihm später für den eigenen Prozesskostenhilfeantrag **Mutwilligkeit** vorzuwerfen, weil es sich beim PKH-Prüfungsverfahren nicht um ein kontradiktorisches Verfahren handelt.[739] Auch sieht § 118 Abs. 1 S. 1 ZPO lediglich die Gelegenheit einer Stellungnahme für den Gegner vor, dem nicht zugemutet werden kann, sich bereits in diesem Stadium des Verfahrens eines Rechtsanwalts zu bedienen.

149 (2) **Zweitinstanzlich** ist erforderlich:
- **Konkrete Bezugnahme.** Im Rahmen eines Rechtsmittels ist Darstellung des Streitverhältnisses nicht identisch mit den erstinstanzlichen Anforderungen,[740] da auf aus den Akten ersichtliche Tatsachen Bezug genommen werden kann. Die Bezugnahme sollte aber so konkret sein (wenn bekannt mit Seitenangabe der Akte), dass die Tatsache für das Gericht ohne weiteres auffindbar ist.
- **Darlegung der Grundzüge des Angriffs.** Der Rechtsmittelkläger muss zumindest in den Grundzügen – laienhaft – aufzeigen, warum er die angefochtene Entscheidung für falsch hält,[741] wenn auch keine den Erfordernissen des § 520 ZPO entsprechende Berufungsbegründung verlangt werden kann. Ohne eine überschlägige Darlegung, in welchen Punkten und weshalb das Urteil bzw. der Beschluss angegriffen wird, kann die Erfolgsaussicht nicht beurteilt werden. Gegen eine Prüfung der Erfolgsaussicht von Amts wegen spricht, dass es Sache des Rechtsmittelführers ist zu bestimmen, inwieweit und weshalb er die Entscheidung anfechten will (§ 520 Abs. 3 ZPO). Die bedürftige Partei wird dadurch nicht unbillig belastet, da sie Beratungshilfe in Anspruch nehmen kann. Gleichwohl verfährt der BGH trotz § 117 Abs. 1 S. 2 ZPO sehr großzügig und verlangt im Ergebnis wegen der im Raum stehenden Kostenarmut keine Rechtsmittelbegründung.[742]
- **PKH für die Revision** kann der BGH auch dann verweigern, wenn das OLG die Revision zugelassen hat.[743]

150 (3) **Angabe der Beweismittel** (§ 117 Abs. 1 S. 2 ZPO).
Dies können nur die im Erkenntnisverfahren zulässigen sein.[744] Eine Parteivernehmung ist als einziges Beweismittel skeptisch zu beurteilen,[745] jedenfalls dann, wenn der Gegner die in sein Wissen gestellte Darstellung schon bestritten hat. Ein gerichtlicher Hinweis auf diesen Mangel vor Zurückweisung des PKH-Gesuchs ist erforderlich. Eine mündliche

---

[739] OLG Hamm FamRZ 2014, 1475; OLG Oldenburg AGS 2012, 401; OLG Köln BeckRS 2010, 23542; OLG Brandenburg FamRZ 2010, 142; OLG Karlsruhe FamRZ 2009, 1932; OLG Oldenburg FamRZ 2009, 895; OLG Hamm FamRZ 2008, 1264 im Anschluss an OLG Karlsruhe FamRZ 2002, 1132; Prütting/Helms/*Dürbeck* § 76 FamFG Rn. 49; *Fischer* MDR 2006, 661; *Nickel* MDR 2008, 65; **aA:** OLG Köln FamRZ 2014, 961; FamRB 2012, 11; JurBüro 2009, 145; OLG Celle FamRZ 2012, 47; OLG Brandenburg FamRZ 2008, 70 mAnm *Gottwald;* OLG Köln JurBüro 2009, 145; OLG Oldenburg FamRZ 2002, 1712; Stein/Jonas/*Bork* ZPO § 114 Rn. 36.
[740] BGH NJW-RR 2001, 1146; *Groß* ZPO § 117 Rn. 19 ff.; Zöller/*Schultzky* ZPO § 117 Rn. 8.
[741] BFH NJW 2005, 1391; OLG Dresden FamRZ 2004, 121 mAnm *Philippi* 648; OLG Schleswig SchlHA 2004, 316; OLG Celle MDR 2003, 470; OLG Saarbrücken FamRZ 1993, 715; *Fischer* MDR 2004, 1160 ff.; *Büte* FuR 2005, 59 (jedenfalls anwaltlich vertretene Partei); **aA:** BGH NJW 2009, 1423; NJW-RR 2001, 570 und 1146; NJW 2005, 1391; OLG Dresden MDR 2000, 659; *Motzer* FamRBInt 2008, 18; Schneider MDR 1999, 1036; Zöller/*Schultzky* ZPO § 114 Rn. 39.
[742] BGH NJW-RR 2001, 1146; *Toussaint* NJW 2014, 3209 (3210).
[743] BGH MDR 2008, 98; FamRZ 2003, 1378 und 1552; NJW-RR 2003, 130; Zöller/*Schultzky* ZPO § 114 Rn. 39.
[744] Zöller/*Schultzky* ZPO § 117 Rn. 9.
[745] Vgl. aber OLG Hamm MDR 1983, 674.

Anhörung der Parteien zwecks sachlicher Klärung im Vorfeld des Prozesses ist unzulässig, wenn nicht eine Einigung zu erwarten ist (§ 118 Abs. 1 S. 3 ZPO).[746]

(4) **Genaue Prüfung des Gerichts.** 151

- **Zur genauen PKH-Prüfung** sind die Gerichte verpflichtet, da es um Sozialhilfegewährung im Rechtsbereich geht. Der PKH-Antragsteller muss – im Rahmen der Verfassung[747] – mit einer zurückhaltenden, aber nicht widersprüchlichen PKH-Praxis der Gerichte rechnen.
- Auch **das wohlverstandene Interesse der Anwaltschaft** erfordert eine genaue Beachtung des § 117 ZPO. Zwar erleidet sie in wohl vielen Fällen von Beiordnungen im Rahmen einer PKH-Bewilligung keine wirtschaftlichen Nachteile, da die Wahlanwalts- und PKH-Gebühren erst ab Streitwerten von mehr als 4.000,– EUR unterschiedlich sind (vgl. § 49 RVG). Das gilt aber nicht für die zB in erstinstanzlichen Familienstreitsachen zumeist darüber liegenden Verfahrenswerte bei denen eine Reduzierung der Gebühren eintritt.

3. Formular

a) Allgemeines

(1) **Rechtsgrundlage.** Das zu verwendende amtliche PKH-Formular ergibt sich aus der nach § 117 Abs. 3 ZPO[748] erlassenen Verordnung zur Verwendung eines Formulars für die Erklärung über die persönlichen und wirtschaftlichen Verhältnisse bei Prozess- und Verfahrenskostenhilfe (**Prozesskostenhilfeformularverordnung** – PKHFV).[749] Das Formular ist bei den Gerichten und auch im Internet (https://justiz.de/service/formular/f_kosten_verguetungen/index.php) erhältlich. 152

(2) **Zweck und Geltungsbereich des Formulars.** Zweck des Formulars ist eine Vereinfachung, Beschleunigung und Vereinheitlichung des Verfahrens zur Feststellung der Hilfsbedürftigkeit.[750] 153

Nach seinem Geltungsbereich erstreckt sich das Formular auf jede gemäß § 117 ZPO abzugebende Erklärung über die persönlichen und wirtschaftlichen Verhältnisse.

b) Benutzung und Ausfüllung des Formulars

(1) **Grundsätzlich besteht Formularzwang.**[751] Das folgt aus dem Formularzweck einer Vereinheitlichung und Vereinfachung des Verfahrens und auch aus § 117 Abs. 4 ZPO („muss").[752] Die Pflicht zur Formularbenutzung besteht auch für Beteiligte, die ihren ständigen Wohnsitz oder Aufenthalt in einem anderen Staat haben[753] oder Ausländer mit unzureichender Beherrschung der deutschen Sprache, da bei der Ausfüllung die Hilfe der Geschäftsstelle in Anspruch genommen werden kann.[754] Für PKH-Anträge, die im EU-Ausland gestellt werden, sind Formulare nach der EG-PKHVV v. 21.12.2004 154

---

[746] Brandenburg FamRZ 2008, 288: keine Beschwerde gegen die Anberaumung zulässig; OLG Hamm MDR 1983, 674.
[747] BVerfG NJW 2004, 3189: keine Ablehnung der PKH bei vorheriger Zulassung der Berufung und Anordnung des persönlichen Erscheinens.
[748] Zur Entstehungsgeschichte vgl. *Holch* Rpfleger 1980, 361 (362).
[749] VO v. 6.1.2014, BGBl. 2014 I 34.
[750] BSG MDR 1982, 878; LAG Hamm MDR 1982, 83; OLG Oldenburg NJW 1981, 1793; Poller/Härtl/*Liegl* ZPO § 117 Rn. 43.
[751] BVerfG NVwZ 2004, 334; BGH NJW-RR 2018, 190; BFH/NV 2017, 919; BSG BeckRS 2016, 71203; BeckRS 2016, 66856; OLG Brandenburg FuR 2018, 145.
[752] BSG MDR 1982, 878; LAG Hamm MDR 1982, 83.
[753] BGH NVwZ-RR 2011, 87; OVG Sachsen NVwZ-RR 2019, 439.
[754] LAG Hamm JurBüro 1981, 1581.

(BGBl. 2004 I 3538) vorgesehen. Dem Antragsteller ist eine Frist zu setzen, innerhalb derer er das – vollständig ausgefüllte – Formular einzureichen hat.[755] Bei in ausländischer Sprache verfassten Belegen kann deren **Übersetzung** nicht von einem Bedürftigen verlangt werden, sondern dies ist von Amts wegen seitens des Gerichts zu veranlassen.[756]

Das gilt auch – trotz § 4a InsO – für den PKH-Antrag für ein Rechtsmittel im Insolvenzverfahren[757] und für die Nichtzulassungsbeschwerde.[758]

(2) **Zu Fällen eingeschränkten Formularzwangs** → Rn. 166 f.

155 (3) **Die eigenhändige Unterzeichnung** des Formulars ist grundsätzlich Wirksamkeitsvoraussetzung der Formularerklärung. Wenn aber auf sonstige Weise unzweifelhaft ist, dass die Partei sich als Urheber und zur Richtigkeit der Erklärung bekennt, sollte dies das Gericht gleichwohl nicht ausreichen lassen.[759] Es sollte jedenfalls bei Zweifeln auch auf einer Unterzeichnung bestehen und die Bedürftigkeit andernfalls als nicht glaubhaft gemacht ansehen.

156 (4) **Unvollständige Ausfüllung.** Ausfüllungsmängel können durch eine dem Formular beigefügte oder nachgereichte Erklärung ergänzt werden.[760] Im Einzelfall können Lücken der Formularerklärung auch durch Belege geschlossen werden, zB aussagekräftige Verdienstbescheinigungen.[761]

Diese Ergänzung muss jedoch in einer dem Formular vergleichbaren Weise übersichtlich und klar sein.[762] Eine Verweisung auf Belege in der Formularerklärung ist zulässig,[763] wenn die Belege beigefügt, übersichtlich und gut lesbar sind. Die **Verweisung auf ein anhängiges Parallelverfahren** – (mit den dort vorgelegten Belegen) – ist nur begrenzt dann zulässig, wenn dort eine Erklärung über die persönlichen und wirtschaftlichen Verhältnisse in engem zeitlichen Zusammenhang abgegeben wurde, sich die Akten beim jeweils zuständigen Gericht befinden und der Antragsteller versichert, dass seit Abgabe keine Änderungen eingetreten sind.[764] Im Übrigen sind **Bezugnahmen** auf Erklärungen in anderen Verfahren unzulässig.[765] Im **Rechtsmittelverfahren** genügt die Versicherung, dass die persönlichen und wirtschaftlichen Verhältnisse gegenüber dem Zeitpunkt der Antragstellung im ersten Rechtszug sich nicht geändert haben, andernfalls ist eine neue Erklärung über die persönlichen und wirtschaftlichen Verhältnisse abzugeben.[766] Es muss vor allem geklärt sein, ob die Verhältnisse unverändert sind. Insoweit ist die Vorlage einer **Kopie** des im Parallelverfahren vollständig ausgefüllten Vordrucks verbunden mit der **Versicherung,** dass sich die persönlichen und wirtschaftlichen Verhältnisse nicht geändert haben, erforderlich,[767] soweit sich das entsprechende PKH-Heft nicht in einer bereits vorliegenden Beiakte befindet.

---

[755] OVG Lüneburg FamRZ 2007, 295; **aA:** keine Hinweispflicht BFH/NV 2012, 1636.
[756] BGH MDR 2018, 1521; BAG NJW 2017, 3741; EuGH RIW 2017, 693.
[757] BGH NJW 2002, 2793; OLG Bremen BeckRS 2011, 06599.
[758] BGH FamRZ 2005, 196.
[759] Anders BGH MDR 1986, 302; OLG Dresden MDR 2018, 529; OLG Karlsruhe FamRZ 2004, 647; *Weinreich* FuR 2004, 393 (394); vgl. auch § 130a ZPO.
[760] BGH MDR 1986, 302; FamRZ 1985, 1017 u. NJW 1986, 62; BSG MDR 1982, 878; OLG Naumburg DAVorm 1993, 722; Zöller/*Schultzky* ZPO § 117 Rn. 28.
[761] BGH ZInsO 2010, 1338; BSG MDR 1982, 878; OLG Brandenburg FuR 2018, 604; OLG München FamRZ 1996, 418.
[762] BGH NJW 1986, 62; 1983, 2145; OLG Frankfurt FamRZ 1997, 682 (nicht Haufen ungeordneter Belege); *Zimmermann* Rn. 241.
[763] OLG Frankfurt FamRZ 1997, 682.
[764] BGH FamRZ 2005, 598; BSG BeckRS 2017, 133816.
[765] BSG BeckRS 2018, 14273; OLG Karlsruhe JurBüro 2019, 143; FamRZ 2018, 1100; BeckOK ZPO/*Reichling* ZPO § 117 Rn. 41.
[766] Vgl. BGH FamRZ 2013, 1650.
[767] LAG Schleswig BeckRS 2013, 70059; OLG Frankfurt BeckRS 2012, 16084; OLG Karlsruhe FamRZ 1996, 805.

Grundsätzlich ist das Formular aber vollständig auszufüllen. Eine Lückenausfüllung durch andere Erklärungen und Belege wird also nur in engem Rahmen hinzunehmen sein, insbesondere um zu verhindern, dass bloße Unbeholfenheit dem Antragsteller zum Nachteil gereicht.[768] Über Bankkonten muss aber nur dann das Formular ausgefüllt werden, wenn sich darauf Guthabenbeträge befinden.[769] Klare Angaben über Brutto- und Nettoeinkommen dürfen nicht durch Vorlage einzelner Verdienstbelege ersetzt werden,[770] aus denen das Gericht nur mühsam das durchschnittliche Einkommen errechnen kann. Kommt der Antragsteller einer gerichtlichen Nachfristsetzung nicht nach, ist der Antrag abzulehnen (§ 118 Abs. 2 S. 4 ZPO).[771] Dies gilt auch dann, wenn sich aus den Angaben im Formular nicht ergibt, wovon der Antragsteller seinen **Lebensunterhalt** finanziert und er dies auch nach einem gerichtlichen Hinweis hierüber nicht schlüssig zu erklären vermag.[772] In einem solchen Fall besteht eine **Vermutung** dafür, dass der Antragsteller Einkünfte verschweigt. Widerlegt er diese Vermutung nicht, so ist sein Gesuch wegen Rechtsmissbrauchs zurückzuweisen.[773]

Macht der Antragsteller unvollständige Angaben zu seinen Belastungen, sind diese nicht zu berücksichtigen und es ist ggf. Ratenzahlung anzuordnen.[774]

(5) **Formular bei Prozesskostenvorschusspflicht.** Zur Überprüfung der Bedürftigkeit muss in diesen Fällen auch das Nichtbestehen eines Vorschussanspruchs dargelegt werden. Das amtliche Formular sieht unter „C" und „E" vor, dass dann auch ein Vordruck über die persönlichen und wirtschaftlichen Verhältnisse der Eltern vorzulegen ist bzw. Angaben über die Einkünfte eines Ehegatten oder Lebenspartners zu machen sind.[775]

(6) **Die Nichtverwendung des Formulars macht den PKH-Antrag unzulässig** (umstr., zur abweichenden hM → Rn. 107).[776] Vor einer Zurückweisung muss das Gericht allerdings auf den Formularzwang hinweisen, soweit das Verfahren noch nicht beendet ist.[777] Das gilt aber nicht für die anwaltlich vertretene Partei.[778]

(7) **Beifügung entsprechender Belege** gemäß § 117 Abs. 2 ZPO zur Formularerklärung hat ohne gerichtliche Aufforderung zu erfolgen. Die Belege sollen die erklärten Tatsachen glaubhaft machen. Sie können im Prinzip die Erklärung nicht ersetzen, eben weil sie nur der Glaubhaftmachung dienen.[779]

Im Einzelnen gilt:[780]

- Die **Beifügung spezifizierter Verdienstbescheinigungen** ist zweckmäßig. Da maßgeblich das Durchschnittseinkommen des letzten Jahres ist, empfiehlt sich die Vorlage der

157

158

159

160

---

[768] *Weinreich* FuR 2004, 393, 394; LAG Hamm JurBüro 1982, 451.
[769] OLG Celle NdsRpfl. 2003, 178.
[770] OLG Bamberg JurBüro 1985, 141: die Angabe Einkommen „ca. 840 DM" genügt nicht.
[771] OVG Bautzen BeckRS 2010, 47136; OLG Karlsruhe FamRZ 2004, 112; LAG Nürnberg MDR 2003, 1022 (jedenfalls bei fehlender Ergänzung bis zum Instanzende).
[772] BGH NJW-RR 2018, 190; LAG Hamm NZA-RR 2018, 325; LAG Köln BeckRS 2016, 74102.
[773] BGH FamRZ 2019, 547; NJW-RR 2008, 953.
[774] LAG Schleswig-Holstein BeckRS 2018, 22598.
[775] So OLG Brandenburg FamRZ 2004, 383 mablAnm *Gottwald;* OLG Braunschweig OLGReport 1999, 300.
[776] Anders noch die Vorauflage und OLG München FamRZ 1996, 418.
[777] BGH EZ FamR ZPO § 117 Nr. 3 mAnm *Schneider;* OVG Lüneburg FamRZ 2007, 293; OLG Karlsruhe FamRZ 2004, 122; OLG Rostock FamRZ 2003, 1396; VGH Baden-Württemberg FamRZ 2004, 125; OLG Hamm OLGReport 2001, 48; Zöller/*Schultzky* ZPO § 117 Rn. 27; **aA:** OLG Köln MDR 1982, 152.
[778] BAG ZfS 2017, 645; OLG Brandenburg NJW-RR 2019, 453; **aA:** *Gottwald,* FS Gerhardt, S. 309.
[779] BGH FamRZ 2004, 99 mkritAnm *Gottwald/Mümmler* JurBüro 1985, 1613 (1616).
[780] Ausführlich zum neuen Formular: *H. Schneider* NJW 2014, 1287.

letzten zwölf Jahresverdienstbescheinigung oder die Einkommensteuererklärung. Oft wird der Jahresverdienst aus der Dezember-Verdienstbescheinigung mit Jahressummenausweisung ersichtlich sein. Dann genügt die Beifügung allein dieser Bescheinigung. Bei danach eingetretenen Verdiensterhöhungen sind auch die dafür einschlägigen Belege vorzulegen. Die verbreitet übliche Beifügung nur irgendeiner Monatsbescheinigung ohne Ausweisung eines Ganzjahresverdienstes ist unzulänglich und keine gehörige Glaubhaftmachung. Da zum Einkommen auch Steuererstattungen gehören (die Jahreserstattung wird umgelegt auf die 12 Monate des Jahres, in dem die Erstattung tatsächlich erfolgte), ist auch der Steuererstattungsbescheid ein „entsprechender Beleg". Bei **Selbständigen** genügt die Vorlage einer Gewinn- und Verlustrechnung und des letzten Einkommensteuerbescheids.[781] Eine Pflicht zur Ergänzung einer Einnahmeüberschussrechnung für die Monate des laufenden Kalenderjahres besteht im Regelfall nicht.[782]

160a • **Belege über Schulden** sind als Glaubhaftmachung „besonderer Belastungen", die vom Einkommen abgezogen werden können, für die PKH-Gewährung von besonderer Wichtigkeit. Kontoauszüge allein haben in der Regel keine umfassende Aussagekraft. Beizufügen sind also die den Belastungen zugrundeliegenden Urkunden, zB der Kreditvertrag, Bausparvertrag, Hypothekenurkunde mit Darlehensvertrag, Lebensversicherungspolicen, Hausratsversicherungspolice und andere beachtliche Versicherungspolicen, Ratenvertragsurkunden, Krankenversicherungsbelege, Gewerkschaftsbeitragsbelege, ferner bei Ratenkrediten Belege über die damit getätigten Ausgaben (Kaufbelege pp.), denn nicht jede Ausgabe ist berücksichtigungsfähig und der Kreditzweck[783] ersichtlich. Auch sind Nachweise über die tatsächliche Leistung der behaupteten Kreditraten, insbesondere Kontoauszüge der letzten 3–6 Monate, vorzulegen.

161 • **Beigefügt werden können Originalbelege oder Fotokopien.** Die Beifügung von Fotokopien an Stelle der Originale ist heute verbreitet üblich. Das Gericht kann bei Zweifeln die Originale anfordern, aber nicht dem Antragsteller auferlegen, die Belege in die **deutsche Sprache** (§ 184 GVG) **übersetzen** zu lassen.[784] Dies hat das Gericht nach der zuvor ergangenen Rechtsprechung von Amts wegen zu veranlassen. Auch können **ungeschwärzte Belege,** zB bei Kontoauszügen, verlangt werden.[785]

162 • Eine **Nachreichung von Belegen** ist nicht unzulässig, denn die Belegbeifügung ist entgegen vereinzelt geäußerter Meinung[786] kein Bestandteil der Form des PKH-Antrags, also dessen Zulässigkeit, sondern der Antragsbegründung, da sie der Glaubhaftmachung dient.[787] Die Zeit der Belegeinreichung steht freilich nicht im Belieben der Partei. Aus ihrer Mitwirkungspflicht folgt, dass grundsätzlich Belege dem Antrag beizufügen sind, ohne dass es gerichtlicher Aufforderung bedürfte. Werden mithin keine Belege mit dem Antrag vorgelegt und eine Nachreichung auch nicht angekündigt, kann das Gericht davon ausgehen, dass Belege nicht vorgelegt werden sollen oder können.[788] Bei anwaltlich und nicht anwaltlich vertretenen unbeholfenen Parteien kann es die richterliche Fürsorgepflicht aber erfordern, vor Instan-

---

[781] *Groß* ZPO § 115 Rn. 12.
[782] BGH JurBüro 1993, 106; **aA:** *Zimmermann* FPR 2009, 389.
[783] Vgl. *H. Schneider* NJW 2014, 1287, 1289.
[784] BGH MDR 2018, 1521; BAG NJW 2017, 3741; EuGH RIW 2017, 693.
[785] OLG Brandenburg Rpfleger 2015, 152.
[786] OLG Oldenburg JurBüro 1981, 1255; LAG Düsseldorf JurBüro 1985, 1261.
[787] LAG Hamm MDR 1982, 83 u. JurBüro 1982, 451; OLG Karlsruhe FamRZ 1986, 372; OLG Nürnberg FamRZ 1985, 824; *Schneider* MDR 1982, 89 (90).
[788] OLG Karlsruhe FamRZ 2004, 122 und 1217 mablAnm *Gottwald* (keine Bewilligung nach Instanzende mehr).

zende Hinweise (vgl. → ausführlich Rn. 107, 174) zu geben oder Auflagen zu erteilen.[789]

Die Bewilligung von PKH ab Antragseingang mit Belegen kann auch dann erfolgen, wenn vom Gericht geforderte ergänzende Belege innerhalb der gesetzten Frist nachgereicht werden.[790] Auch bei schuldhafter Versäumung der Frist können im Verfahren der sofortigen Beschwerde nach § 571 Abs. 2 ZPO Belege – auch nach bereits abgeschlossener Instanz – nachgereicht werden.[791] Anders ist dies aber zu beurteilen, wenn eine nach oder anlässlich des **Instanzendes** gesetzte Nachfrist versäumt wurde. In diesem Fall können das Vorbringen oder die nachgereichten Belege im Beschwerdeverfahren nicht berücksichtigt werden.[792]

(8) **Besonderheiten bei mehreren Verfahren in derselben Instanz.** Grundsätzlich muss Prozesskostenhilfe für jedes Verfahren gesondert beantragt werden. Es genügt, insbesondere in Familiensachen, jedoch die Bezugnahme auf die bereits im anderen Verfahren abgegebene Erklärung unter Vorlage einer Kopie der Erklärung verbunden mit der Versicherung auf unveränderte Verhältnisse (→ Rn. 156).[793]

163

(9) **Besonderheiten der Rechtsmittelinstanz.** Es kommt wie in erster Instanz für die Hilfsbedürftigkeit auf die gegenwärtigen Verhältnisse an. Grundsätzlich muss dem Antrag für die Rechtsmittelinstanz ein neues Formular beigefügt werden.[794] Das in der Vorinstanz ausgefüllte Formular ist für sich allein demnach noch keine ausreichende PKH-Grundlage.[795] Haben sich die wirtschaftlichen Verhältnisse aber nicht verändert, genügt eine **Bezugnahme auf die frühere Erklärung** mit der **unmissverständlichen Versicherung** der Partei, dass Änderungen nicht eingetreten seien (→ R. 156).[796] Das gilt auch, wenn ein unvollständig ausgefülltes neues Formular vorgelegt wird unter Hinweis darauf, dass sich die Verhältnisse weiter verschlechtert hätten.[797]

164

Innerhalb der Rechtsmittelfrist müssen die notwendigen Angaben zu den persönlichen und wirtschaftlichen Verhältnissen gemacht werden, wenn PKH für ein Rechtsmittel gewährt werden soll.[798]

(10) **Hinweise auf Mängel.** Vor einer Zurückweisung wegen unvollständiger Ausfüllung oder unvollständiger Belege muss das Gericht auf die Mängel hinweisen und eine Frist zur Behebung setzen (vgl. bereits → Rn. 107).[799] Wenn die Mängel nach Fristablauf,

165

---

[789] VGH Baden-Württemberg FamRZ 2004, 125; *Gottwald* FS Gerhardt S. 309 weist mit Recht auf § 16 Abs. 3 SGB I hin (Leistungsträger hat auf sachdienliche Anträge hinzuwirken); **aA**: OLG Nürnberg FamRZ 2004, 475 (aber nur im vereinfachten Verfahren); weiter → Rn. 92.

[790] OLG Karlsruhe FamRZ 2004, 1217 (aber nicht, wenn das erst nach Ablauf der Frist und nach Instanzende geschieht); OLG Nürnberg FamRZ 2002, 759; *Vogel* FPR 2002, 505.

[791] BGH BeckRS 2018, 26436; BAGE 108, 329; LAG Hamm BeckRS 2016, 125810; NZA-RR 2017, 675.

[792] LAG Köln BeckRS 2019, 3269; BeckRS 2016, 72435; aA: OLG Frankfurt BeckRS 2019, 16504.

[793] BGH FamRZ 2005, 598; BSG BeckRS 2017, 133816; OLG Frankfurt BeckRS 2012, 16084; OLG Köln FamRZ 2006, 1854; OLG Bamberg OLGReport 2001, 174, → Rn. 156.

[794] BGH BeckRS 2009, 05591.

[795] BSG MDR 1982, 878; OLG Frankfurt OLGReport 1999, 177; *Künkel* DAVorm 1983, 335 (340).

[796] BGH NVwZ-RR 2011, 87; FamRZ 2004, 1961; NJW 2001, 2720; FamRZ 1997, 547; OLG Frankfurt OLGReport 1999, 26 (bloße Verweisung auf altes Gesuch ohne Erklärung, es habe sich nichts geändert, genügt nicht); OLG Dresden FamRZ 2001, 236.

[797] BGH FamRZ 2013, 1650; NJW-RR 2000, 1520.

[798] BGH FamRZ 2003, 89; VGH Baden-Württemberg FamRZ 2003, 104 mkritAnm *Gottwald* wegen falscher Rechtsmittelbelehrung.

[799] OLG Brandenburg FamRZ 2015, 162; LAG Rheinland-Pfalz BeckRS 2015, 70510; LAG Köln RVGreport 2014, 37; LAG Hamm BeckRS 2013, 70450; OVG Lüneburg FamRZ 2007, 295; VGH Baden-Württemberg FamRZ 2004, 125.

aber vor der Abhilfeentscheidung behoben werden, muss das erstinstanzliche Gericht PKH bewilligen, wenn die übrigen Voraussetzungen erfüllt sind.[800] Zweifelhaft ist, ob Voraussetzung für wirksame Fristsetzung deren **förmliche Zustellung** ist,[801] auch wenn man der Auffassung ist, dass sie nicht gesetzlich vorgeschrieben ist, so sollte sie in jedem Fall aus Nachweisgründen erfolgen, wofür auch § 329 Abs. 2 S. 2 ZPO spricht.

Teilbewilligung. Hat eine Partei die teilweise Bewilligungsreife ihres PKH-Antrages herbeigeführt, darf ihr Prozesskostenhilfe nicht insgesamt versagt werden, sondern es sind dann – zB wegen nicht belegter Ausgabeposten – ggf. höhere Raten festzusetzen.[802]

c) Ausnahmen und Einschränkungen des Formularzwangs durch die PKHFV

166 (1) **Ausnahmen vom Formularzwang** ergeben sich aus § 1 Abs. 2 PKHFV für Parteien kraft Amtes,[803] juristische Personen[804] und parteifähige Vereinigungen iSd § 116 ZPO (vgl. bereits → Rn. 77, 85); vgl. auch § 4a InsO.[805]

167 (2) **Vereinfachte Erklärungen** können abgeben:
- **Minderjährige unverheiratete Kinder** nach § 2 Abs. 1 PKHFV in Abstammungsverfahren und bei Geltendmachung oder Vollstreckung eines Unterhaltsanspruchs. Der Inhalt der Erklärung ist nach § 2 Abs. 1 S. 2 Nr. 1 und 2 PKHFV auf Angaben zur Bestreitung des Unterhalts und zum Einkommen und Vermögen der Unterhaltspflichtigen beschränkt.[806]
- **Empfänger staatlicher Sozialleistungen nach dem SGB XII** müssen nach § 2 Abs. 2 PKHFV die Abschnitte E bis J des Formulars nicht ausfüllen, wenn sie der Erklärung den letzten Sozialhilfebescheid beifügen.[807] Wenn sich der Sozialhilfebezug nur aus den Akten ergibt, genügt das demzufolge nicht, denn die Partei ist nicht vom Formularzwang befreit und hat dieses grundsätzlich auch unaufgefordert einzureichen.[808] Eine nähere Erklärung, warum sie nicht arbeiten, müssen Empfänger staatlicher Sozialleistungen nicht abgeben. § 2 Abs. 2 PKHFV befreit aber nicht gänzlich von der Erklärung der Erklärung über die persönlichen und wirtschaftlichen Verhältnisse.[809]

Gem. § 2 Abs. 1 S. 4, Abs. 2 PKHFV kann das Gericht aber in beiden Fällen die Verwendung des Formulars anordnen. Wenn dem Gericht der Sozialhilfebescheid nicht genügt, muss es dem Antragsteller Gelegenheit geben, diese Zweifel zu entkräften.[810] Für Empfänger von Leistungen nach dem SGB II gelten diese Erleichterungen nicht.[811]

(3) Nach § 1 Abs. 1 PKHFV ist das amtliche Formular auch in dem **Abänderungsverfahren nach § 120a ZPO** zu verwenden.

---

[800] LG Kiel SchlHA 2004, 316.
[801] So OLG Naumburg FamRZ 2008, 1963; *Groß* ZPO § 118 Rn. 28; wenn der Antragsteller den formlosen Zugang nicht bestreitet, reicht dies aber aus.
[802] LAG Schleswig-Holstein BeckRS 2018, 22598; OLG Bamberg OLGReport 2001, 244.
[803] Keine Verpflichtung des Insolvenzverwalters: BGH NZI 2017, 688; LAG Schleswig-Holstein BeckRS 2009, 60406.
[804] BFH/NV 2015, 218.
[805] Nach BGH NJW 2002, 2793 gilt die Befreiung aber nur für die erste Instanz, nicht für im Insolvenzverfahren ergriffene Rechtsmittel.
[806] OLG Brandenburg FF 2011, 258.
[807] BFH BFH/NV 2011, 1531.
[808] BGH WuM 2013, 61.
[809] BFH/NV 2014, 893; OLG Jena NZS 2015, 229.
[810] BVerfG NJW 2000, 275; *Weinreich* FuR 2004, 393 (395).
[811] BFH JurBüro 2016, 371; OLG Frankfurt BeckRS 2017, 120894; LAG Köln BeckRS 2016, 66106.

d) Zuleitung der Erklärung nach § 117 Abs. 2 S. 2 HS. 2 ZPO an den Gegner

Grundsätzlich dürfen die Angaben der Partei über deren persönliche und wirtschaftliche Verhältnisse dem Gegner nicht zugänglich gemacht werden, es sei denn, er erteilt seine **Zustimmung** (§ 117 Abs. 2 S. 2 1. HS ZPO). Erfolgt dies gleichwohl ohne Zustimmung, kann eine Ablehnung des Richters wegen Befangenheit gerechtfertigt sein.[812] Die Erklärung und die Belege können dem Gegner jedoch ohne Zustimmung des Antragstellers zugänglich gemacht werden, wenn diesem gegenüber dem Antragsteller ein **materiell-rechtlicher Auskunftsanspruch** (zB §§ 1361 Abs. 4 S. 4, 1580, 1605, 1379 Abs. 1 BGB) hinsichtlich dessen Einkünfte und Vermögen zusteht (§ 117 Abs. 2 S. 2 Hs. 2 ZPO).[813] Dabei reicht es aus, wenn ein **abstrakter,** nicht notwendigerweise fälliger oder verfahrensgegenständlicher Auskunftsanspruch besteht.[814] Denn die Vorschrift dient dazu, für das Gericht eine höhere Vollständigkeit und Richtigkeit der Angaben zu erreichen, da die Gegenseite die Angaben zumeist beurteilen kann.[815] Auch um eine Verlagerung der Prüfung des Bestehens eines Auskunftsanspruchs in das PKH-Bewilligungsverfahren zu vermeiden, ist es deshalb zutreffend, allein die Existenz eines materiell-rechtlichen Auskunftsanspruchs für eine Übermittlung der Unterlagen an den Gegner – nach Einräumung einer Stellungnahmefrist gem. § 117 Abs. 2 S. 3 ZPO – ausreichen zu lassen.[816] Verweigert das Familiengericht während noch laufendem PKH-Prüfungsverfahren dem Antragsgegner die Einsicht, besteht dagegen nach zutreffender hM **kein Beschwerderecht,**[817] weil der Antragsgegner im Prozesskostenhilfeverfahren nicht Beteiligter ist (→ Rn. 1055). Mit der **sofortigen Beschwerde** nach § 127 Abs. 2 ZPO anfechtbar ist dagegen die noch während des Prüfungsverfahrens ergangene Entscheidung, dass die Zuleitung der Erklärung nach § 117 Abs. 2 ZPO gewährt wird (vgl. → Rn. 1045).[818]

Ein Anspruch auf **Akteneinsicht** in das PKH-Heft ist dagegen in § 117 Abs. 2 ZPO nicht geregelt, er richtet sich nach § 299 Abs. 2 ZPO bzw. § 13 Abs. 2 FamFG, da der Gegner bzw. sonstige Beteiligte am PKH-Prüfungsverfahren nicht beteiligt und damit Dritte iSd der vorbezeichneten Normen sind.[819] Zuständig ist insoweit die Gerichtsverwaltung, Rechtsschutz besteht nach Art. 23 EGGVG.[820]

Der **BGH** hat in der vorgenannten Entscheidung ein **subjektives Recht** auf Einsicht in das VKH-Heft nach Abschluss des Verfahrens verneint. Im Übrigen gelten § 299 Abs. 2 ZPO iVm Art. 29 EGGVG auch dann, wenn das erkennende Gericht Einsicht in das PKH-Heft **nach** bereits erfolgter Bewilligung von PKH bewilligt.[821]

---

[812] AG Hamburg-Barmbek WuM 2019, 463.
[813] Ausführlich zum Verfahren *Frauenknecht* NZFam 2016, 491; *Viefhues* FuR 2015, 213; *Härtl* NZFam 2014, 32.
[814] OLG Karlsruhe FuR 2015, 246; OLG Frankfurt a. M. FamRZ 2018, 608; FuR 2015, 244; OLG Koblenz NJW-RR 2011, 509; OLG Bremen BeckRS 2011, 24842 (auch zur Beschwerdefähigkeit einer ablehnenden Entscheidung); BeckOK ZPO/*Reichling* § 117 Rn. 42; **aA:** *Sarres* FamRB 2010, 322; *Härtl* NZFam 2014, 1032, 1033: nicht wenn er offenkundig nicht besteht).
[815] BGH FamRZ 2015, 1176; *Schürmann* FuR 2009, 130 (132).
[816] MüKoFamFG/*Viefhues* § 77 Rn. 6.
[817] OLG Frankfurt FamRZ 2018, 608; OLG Schleswig FamRZ 2015, 685; OLG Nürnberg FamRZ 2015, 684; OLG Frankfurt a. M. FuR 2015, 244; OLG Oldenburg FamRZ 2013, 805; OLG Bremen FamRZ 2012, 649 = BeckRS 2011, 24842; *Vogel* FPR 2009, 381; **aA:** jurisPR-FamR/*Viefhues* 6/2011 Anm. 6.
[818] OLG Frankfurt FamRZ 2018, 608; OLG Karlsruhe FamRZ 2015, 597; OLG Naumburg FuR 2014, 432; **aA:** OLG Schleswig FamRZ 2016, 2022; OLG Frankfurt FamRZ 2016, 843: Art. 23 EGGVG.
[819] BGH NJW 2015, 1827; BayObLG BeckRS 2019, 30836.
[820] BGH NJW 2015, 1827; OLG Frankfurt FamRZ 2017, 1590.
[821] OLG Frankfurt FamRZ 2018, 608; BeckRS 2015, 20813.

§ 117 Abs. 2 S. 2 ZPO gilt im Übrigen auch zugunsten des **Insolvenzverwalters** als Partei kraft Amtes,[822] weil die Regelung auch für juristische Personen gilt.[823] Auch wenn der Antragsgegner zugleich Insolvenzgläubiger ist, steht ihm ohne Zustimmung des Insolvenzverwalters als Antragsteller kein Anspruch auf Einsicht in das PKH-Heft zu, weil es an einem materiell-rechtlichen Auskunftsanspruch mangelt.[824] Das **Auskunftsrecht des § 79 InsO** steht insoweit nur der Gläubigerversammlung als Organ und nicht dem einzelnen Insolvenzgläubiger zu.[825]

VII. Hilfe zur Antragstellung durch Rechtsanwälte und Gerichte

1. Anwaltspflicht zu Hinweis und Belehrung

169 Den **Anwalt trifft aus dem Mandatsvertrag die selbstständige Nebenpflicht** zur **Belehrung und Aufklärung** des Mandanten über die Möglichkeiten einer Prozessfinanzierung mittels PKH (vgl. § 16 Abs. 1 BORA).[826] Diese Pflicht besteht **ungefragt,**[827] wenn sich aus den Verhältnissen Anhaltspunkte für eine Prozesskostenhilfebedürftigkeit ergeben. Entscheidend ist, ob nach den dem Anwalt bekannten Umständen des Einzelfalls Prozesskostenhilfe zumindest möglich erscheint.[828] Anhaltspunkte für eine solche Möglichkeit sind beispielsweise der Bezug von Wohngeld, die Bitte um Ratenzahlung auf den Kostenvorschuss des Anwalts oder die Gerichtskosten, Berufsstand oder Größe der Familie mit vermutlich entsprechenden Unterhaltspflichten. In Familiensachen wird der Anwalt in den allermeisten Fällen die wirtschaftlichen Verhältnisse der Partei kennen lernen und Hinweis und Beratung daran ausrichten können.

Auf ausdrückliche Nachfrage ist in jedem Fall Auskunft zu geben.

Die Hinweispflicht erstreckt sich auch auf die Beschwerdemöglichkeit und den Hinweis darauf, dass die verjährungsunterbrechende Wirkung des PKH-Gesuchs verloren geht, wenn nicht rechtzeitig Beschwerde eingelegt wird.[829]

170 **Der Anwalt schuldet aber keine eingehende Beratung im PKH-Bereich.** Es genügt der Hinweis auf die Förmlichkeiten eines PKH-Antrags, die Verwendung eines sorgfältig ausgefüllten Vordrucks, Belegbeifügung und möglichst baldige Antragstellung.[830] Den voraussichtlichen Erfolg des Antrags braucht er nicht zu prüfen und zu erörtern und die Kostenhöhe nur auf Antrag mitteilen.[831] Bei zweifelhafter Hilfsbedürftigkeit der Partei muss der Anwalt, wenn Rechtsmittelfristen zu wahren sind, darauf hinweisen, vorsichtshalber die Frist durch Rechtsmitteleinlegung zu wahren.

171 **Auch ohne Mandatsvertrag besteht eine PKH-Hinweis- und Beratungspflicht des Anwalts,** wenn der Anwaltsvertrag (zunächst) wegen finanziellen Unvermögens des Anfragenden nicht zustande kommt. Diese Pflicht folgt aus der Stellung des Anwalts als Rechtspflegeorgan.[832] Eine Honorierung der Anwaltsbemühung im Vorfeld der PKH

---

[822] OLG Koblenz ZInsO 2013, 1004; *Groß* ZPO § 117 Rn. 23.
[823] BGH BeckRS 2020, 37742.
[824] BGH BeckRS 2020, 37742; OLG Koblenz ZInsO 2013, 1004.
[825] MüKoInsO/*Ehricke/Ahrens* § 79 Rn. 2.
[826] BVerfG NJW 2000, 2494; BGH NJW 2007, 844; OLG Celle NJW-RR 2010, 133 (Beratungshilfe); OLG Düsseldorf AnwBl. 1987, 147 (eingehend) u. MDR 1984, 937; OLG Karlsruhe AnwBl 1986, 536.
[827] OLG Köln FamRZ 1983, 633 und 635; Gerold/Schmidt/*Müller-Rabe* RVG § 1 Rn. 158.
[828] LG Waldshut-Tiengen NJW-RR 2002, 64; OLG Düsseldorf MDR 1984, 937; LG Mannheim AnwBl 1981, 508.
[829] OLG Frankfurt OLGReport 2001, 285.
[830] OLG Düsseldorf AnwBl 1987, 147 u. MDR 1984, 937.
[831] OLG Düsseldorf AnwBl 1987, 147; vgl. auch LG Flensburg AnwBl 1987, 492.
[832] *Greißinger* AnwBl 1982, 288 (289).

§ 5 Das Prozesskostenhilfe-Bewilligungsverfahren 81

kommt im Rahmen der Beratungshilfe in Betracht, hierzu die Erläuterungen → Rn. 1117, 1245 ff.

Folge einer Verletzung der Hinweis- und Aufklärungspflicht des Anwalts über PKH kann ein **Schadensersatzanspruch** sein.[833] Der Schaden besteht zunächst in den entgangenen Kostenvorteilen einer PKH-Gewährung und kann darüber hinaus im Verlust von wirtschaftlichen Vorteilen liegen, die ohne PKH nicht realisiert werden können. Die hilfsbedürftige Partei muss alle Voraussetzungen solchen Schadens beweisen. 172

2. Beratungspflicht des Urkundsbeamten der Geschäftsstelle

Eine **Beratungspflicht des Urkundsbeamten der Geschäftsstelle** besteht in Bezug auf die sachgemäße und vollständige Antragstellung und die Pflicht zur Formularbenutzung.[834] Der Urkundsbeamte ist jedoch weder verpflichtet noch berechtigt, in der Rechtsangelegenheit selbst, für die PKH erstrebt wird, Beratung und Aufklärung, etwa über die sachlichen Aussichten der Rechtsverfolgung, zu geben. Teil A Nr. 1.1 S. 2 DB-PKH bestimmt deshalb, dass die Geschäftsstelle in den Fällen, in denen der PKH-Antrag zu Protokoll der Geschäftsstelle erklärt wird, die Partei durch Aushändigung des Hinweisblattes zum Formular auf die Bedeutung der PKH hinzuweisen ist. 173

3. Fürsorge- und Hinweispflicht des Gerichts

Dem **Gericht obliegt eine Fürsorge-, insbesondere Hinweispflicht im Rahmen des PKH-Verfahrens.**[835] Besonderer richterlicher Fürsorge bedürfen anwaltlich nicht vertretene Parteien.[836] Diese müssen darüber belehrt werden, dass sie sich gem. §§ 117 Abs. 1, 129a ZPO auch zu Protokoll der Geschäftsstelle eines Amtsgerichts äußern können.[837] Es ist nicht Pflicht des Gerichts, von Amts wegen Antragsmängel zu beheben, es hat aber auf Mängel hinzuweisen und dem Antragsteller Gelegenheit zur Ergänzung und Nachbesserung zu geben, bevor es entscheidet.[838] Ist eine Ergänzung des Vortrags **angekündigt** oder eine Belegnachreichung angezeigt, besteht grundsätzlich keine richterliche Hinweispflicht, wenn bis zum Abschluss der Instanz keine weiteren Erklärungen eingegangen sind (→ Rn. 97, 107 mit Nachweisen). 174

Das **Gericht hat die Befugnis, von Amts wegen Unterlagen zu beschaffen.** Solche Maßnahmen sind auf Einzelfälle zu beschränken, etwa bei Schwierigkeiten einer Verdienstbeleg-Beschaffung oder besonderer Unbeholfenheit der Partei.[839] 175

4. Amtshaftung

Eine **Amtshaftung** des über die PKH entscheidenden Gerichts gem. § 839 Abs. 1 BGB iVm Art. 34 GG kommt nur in Betracht, wenn man die PKH-Entscheidung nicht unter das Richterspruchprivileg des § 839 Abs. 2 S. 1 BGB fallen lässt. Dagegen spricht zwar, dass über die Geltendmachung von Amtshaftungsansprüchen nicht eine system- 176

---

[833] OLG Düsseldorf AnwBl 1987, 147; LG Waldshut-Tiengen NJW 2002, 833 (Ls.); Palandt/*Grüneberg* BGB § 280 Rn. 73.
[834] BGH MDR 1984, 391; *Christl* NJW 1981, 791; Zöller/*Schultzky* ZPO § 117 Rn. 3.
[835] BVerfG NJW 2000, 275; FamRZ 2008, 131; LAG Hamm BeckRS 2013, 70450; Zöller/*Schultzky* ZPO § 117 Rn. 27; dazu gehört auch die Pflicht, die Beteiligten auf die Möglichkeit der Inanspruchnahme von PKH hinzuweisen, vgl. Musielak/Voit/*Fischer* ZPO § 114 Rn. 45; OLG Karlsruhe FamRZ 1995, 1163; **aA:** BFH/NV 2012, 1636.
[836] BVerfG NJW 1987, 2003; OLG Bamberg OLGReport 2001, 273.
[837] OLG Bamberg OLGReport 2001, 273.
[838] BVerfG NJW 2000, 275; OLG Karlsruhe OLGReport 1999, 38; LAG Hamm MDR 1982, 83; BeckRS 2013, 70450; Zöller/*Schultzky* ZPO § 117 Rn. 27.
[839] LAG Hamm MDR 1982, 83 u. JurBüro 1982, 451.

fremde Inzidentkontrolle der PKH-Entscheidung durch andere Gerichte nach Erschöpfung des gesetzlich vorgesehenen Rechtsmittelzuges begründet werden soll.[840] Gleichwohl vertritt die heute hM die Auffassung, Entscheidungen im PKH-Verfahren würden nicht unter das Richterprivileg nach § 839 Abs. 2 BGB fallen.[841]

Trotzdem kommt eine Amtshaftung außerhalb des Richterprivilegs wegen des Verfassungsgrundsatzes der richterlichen Unabhängigkeit nur bei **besonders grob schuldhaften Verstößen,** dh bei Vorsatz oder grober Fahrlässigkeit, insbesondere bei Unvertretbarkeit der richterlichen Rechtsansicht, in Betracht.[842]

Soweit der Rechtspfleger über Vergütungsansprüche des Rechtsanwalts zu entscheiden hat, ist § 839 Abs. 1 BGB ohne das Richterspruchprivileg anwendbar.[843]

VIII. Das Prozesskostenhilfe-Prüfungsverfahren (§ 118 ZPO)

1. Rechtsnatur des Verfahrens

177   Das PKH-Prüfungsverfahren ist ein gerichtliches Verfahren und damit Rechtsprechung,[844] auch wenn der Richter Sozialhilfe im Bereich Rechtspflege bewilligt oder versagt.[845] Die Zuordnung zur Rechtsprechung gilt ebenso, wenn im Einzelfall die Erfolgsaussicht der Rechtsverfolgung nicht zu prüfen ist.

178   Das **Verfahren ist ein nichtstreitiges Antragsverfahren des Antragstellers beim Gericht.**[846] Entschieden wird nämlich nur über Gewährung staatlicher Hilfe an den Antragsteller.[847] Das Verfahren ist also „**parteieinseitig**".[848] Es wird nicht über einen Interessenstreit der Parteien untereinander entschieden.[849] Es gilt daher – auch im Rahmen von Hauptsacheverfahren, in denen der Beibringungsgrundsatz gilt – der **Amtsermittlungsgrundsatz** für das Einkommen und die Belastungen, wenn auch das Verfahren antragsabhängig ist[850] (→ Rn. 1).

In Familiensachen der freiwilligen Gerichtsbarkeit wird § 118 ZPO durch § 77 FamFG modifiziert, ausführlich → Rn. 194.

2. Beteiligung des Gegners (§ 118 Abs. 1 S. 1 ZPO)

179   **Gegner** ist jeder, der von der künftigen Rechtsverfolgung- oder -verteidigung unmittelbar in seinen Rechten betroffen sein wird.[851] Er ist **nicht Beteiligter im engeren Sinne,** denn der PKH-Anspruch richtet sich ausschließlich gegen den Staat, repräsentiert durch das Gericht,[852] das „Bewilligungsstelle" für PKH ist.[853]

---

[840] Dafür mit guten Gründen OLG Brandenburg OLGReport 2002, 271.
[841] BGH NJW 2003, 3052; NJW-RR 2011, 668; OLG Frankfurt BeckRS 2013, 09197.
[842] BGH NJW 2007, 224; 2011, 1072; OLG Frankfurt BeckRS 2013, 09197.
[843] LG Mainz AnwBl 2003, 374.
[844] BGH NJW 1984, 740; OLG München MDR 1982, 59.
[845] OLG Karlsruhe FamRZ 1995, 1163; Stein/Jonas/*Bork* ZPO vor § 114 Rn. 10 (abschließende Regelung in der ZPO); *Christl* FamRZ 1995, 18.
[846] BGH NJW 1984, 740 (741); OLG Düsseldorf Rpfleger 1988, 41.
[847] OLG Karlsruhe FamRZ 2002, 1132; BGH NJW 1984, 740 (741); OLG Düsseldorf JurBüro 1982, 1732.
[848] OLG Frankfurt FamRZ 1982, 1225.
[849] OLG Düsseldorf JurBüro 1982, 1732.
[850] OLG Karlsruhe FamRZ 2004, 122; *Gogolin,* S. 306.
[851] MüKoZPO/*Wache* § 118 Rn. 8.
[852] BGH NJW 2015, 1827; OLG Frankfurt FamRZ 1982, 1225; *Zimmermann* Rn. 245 weist aber mit Recht darauf hin, dass das Gericht Anhaltspunkten für Bedenken gegen die Hilfsbedürftigkeit nachgehen muss, auch wenn diese vom Gegner vorgetragen werden; *Lösch* S. 146, 187 geht von formeller Beteiligung aus, die auf die objektiven Bewilligungsvoraussetzungen beschränkt ist.
[853] BGH NJW 1984, 740 (741).

§ 118 Abs. 1 S. 1 ZPO bestimmt, dass dem Gegner **umfassend** Gelegenheit zur Stellungnahme zu geben ist, ob er **die Voraussetzungen für die Bewilligung von PKH** für gegeben hält, soweit dies aus besonderen Gründen nicht unzweckmäßig erscheint. Eine Anhörung soll damit ausweislich der Gesetzesbegründung[854] auch zu den **persönlichen und wirtschaftlichen Verhältnissen** des Antragstellers erfolgen. Hieran besteht nach Ansicht des Gesetzgebers sowohl ein (fiskalisches) Interesse der Staatskasse als auch des Antragsgegners, nicht in einen mit Hilfe von staatlichen Geldmitteln finanzierten Prozess involviert zu werden. Anderseits ist das Gericht aber grundsätzlich nicht befugt, dem Antragsgegner die vom Antragsteller eingereichte Erklärung über seine persönlichen und wirtschaftlichen Verhältnisse oder sonstige Belege ohne Zustimmung des Antragstellers außerhalb des Ausnahmefalles von § 117 Abs. 2 S. 2 ZPO zu übermitteln, so dass Einspareffekte hier kaum zu erwarten sein werden. Trotzdem ist die Ausweitung der Beteiligung des Antragsgegners zu begrüßen, da dieser unter Umständen ein erhebliches wirtschaftliches Interesse daran haben kann, nicht mit einer durch PKH finanzierten Partei einen Rechtsstreit zu führen.[855]

Der **Gegner ist Beteiligter im weiteren Sinne.**[856] **180**
Er ist zu hören:

- **Zu den objektiven** und **subjektiven PKH-Voraussetzungen**, also Erfolgsaussicht, persönliche und wirtschaftliche Verhältnisse des Antragstellers sowie fehlender Mutwillen. Auf diese Sachkomplexe bezieht sich seine Anhörung gemäß § 118 ZPO. Diese Anhörung dient einmal dem Interesse des Staates an ausreichender Sachaufklärung, zum anderen aber auch dem Eigeninteresse des Gegners, der ein durch das Anhörungsrecht des § 118 ZPO „gesetzlich geschütztes Interesse" daran hat, „von der mittellosen oder in ihren finanziellen Mitteln beschränkten Partei nicht erst durch die Hilfe des Staates mit einem von vornherein aussichtslosen oder mutwilligen Prozess überzogen zu werden".[857] Da er nur Beteiligter im weiteren Sinne ist, kann ihm aus der Nichtbeteiligung am PKH-Verfahren kein Nachteil erwachsen (→ Rn. 148).[858]

- **Vor Aufhebung der PKH,** da er dadurch die Vergünstigungen der §§ 122 Abs. 2 ZPO, 31 Abs. 3 GKG (§§ 26 Abs. 3 FamGKG, 33 Abs. 2 GNotKG) verlieren kann, also durch die Aufhebung in seine Rechte eingegriffen werden kann.[859]

Im PKH-Verfahren fällt **keine** für den Hauptprozess verbindliche **Vorentscheidung** **181** zur Sache. „Streitgegenstand" des PKH-Verfahrens ist nur der geltend gemachte Anspruch gegen den Staat auf Gewährung von PKH. Sachlich-rechtliche Elemente sind nur im Rahmen der Erfolgsaussichten als Tatbestandsmerkmale des PKH-Anspruchs zu prüfen. Dem Antragsgegner im PKH-Prüfungsverfahren kann keine PKH gewährt werden,[860] es sei denn, es wird ein Vergleich geschlossen, → Rn. 185 ff.

Im Übrigen kann dem Gegner erst im **Hauptverfahren PKH** bewilligt werden.[861] Im **182** **Rechtsmittelverfahren** grundsätzlich erst, wenn der Beschwerdeführer sein **Rechtsmit-**

---

[854] BT-Drs. 17/11472, 44.
[855] So im Erg. auch *Zempel* FPR 2013, 265; FF 2013, 275.
[856] BGH NJW 1984, 740 (741); OLG Karlsruhe FamRZ 2003, 621 (nicht unmittelbar Beteiligter); *Fischer* MDR 2004, 667.
[857] BT-Drs. 17/11472, 44; BGH NJW 2015, 1827; NJW 1984, 740 (741); OLG Köln Rpfleger 2002, 573; Zöller/*Schultzky* ZPO § 118 Rn. 7 ff.
[858] OLG Köln BeckRS 2010, 23542; OLG Hamm FamRZ 2004, 466 (sofortiges Anerkenntnis nach § 93 ZPO trotz Nichtbeteiligung am PKH-Verfahren); aA: OLG Celle MDR 2011, 1235; OLG Köln FamRB 2012, 11.
[859] LG Koblenz FamRZ 1998, 252.
[860] BVerfG NJW 2012, 3293; BGH NJW 2004, 2595; OLG Nürnberg FamRZ 2002, 758 (759); Rosenberg/Schwab/*Gottwald* § 87 Rn. 29.
[861] → Rn. 137.

tel begründet hat, da dann ungeachtet des § 119 Abs. 1 S. 2 ZPO erst feststeht, dass das Rechtsmittel durchgeführt wird.[862] Die streitige Frage,[863] ob dem Berufungsbeklagten nach Begründung des Rechtsmittels Prozesskostenhilfe zu bewilligen sei, wenn das Berufungsgericht noch nicht über die Möglichkeit des § 522 Abs. 2 ZPO befunden habe, hat der BGH dahingehend entschieden, dass von einer Notwendigkeit der Rechtsverteidigung auszugehen ist, selbst wenn das Gericht die Zurückweisung der Berufung nach § 522 Abs. 2 S. 1 ZPO bereits angekündigt hat.[864] Der Auffassung ist zuzustimmen, da dem Rechtsmittelbeklagten eine Mitwirkungsmöglichkeit im Rahmen des § 522 Abs. 2 ZPO ermöglicht werden muss. Dem Berufungsgericht bleibt es nämlich unbenommen, auch nach erfolgtem Hinweis gem. § 522 Abs. 2 S. 2 ZPO seine Meinung zu ändern und aufgrund von der Gegenseite angeführter überzeugender Argumente, einen – der ursprünglich geäußerten Auffassung gegenläufigen – Beschluss herbeizuführen.[865]

Ferner kann PKH ohne Anhörung des Gegners bewilligt werden, wenn auch die vorherige Anhörung im Hauptsacheverfahren nicht erfolgen würde (zB bei Arrest oder einstweiliger Verfügung oder Anordnung) oder wenn der Gegner nicht äußerungsfähig ist (zB bei Unterbrechung des Verfahrens).[866]

3. Datenschutz im PKH-Prüfungsverfahren

183   **Den Schutz der Daten** zu den persönlichen und wirtschaftlichen Verhältnissen gewährleistet § 117 Abs. 2 S. 2 ZPO, wonach die Erklärungen und Belege dem Gegner nur **mit Zustimmung der Partei** oder wenn dem Gegner ein **materieller Auskunftsanspruch** gegen den Antragstellers zusteht, zugänglich gemacht werden dürfen.[867] Diese Erklärungen müssen daher in einem gesonderten PKH-Heft aufbewahrt werden, in das der Gegner keinen Einblick hat, während er die Prozessakte einsehen darf (§ 299 Abs. 1 ZPO).[868] Die Anlegung eines besonderen PKH-Beihefts (→ Rn. 199) ordnet Teil A Nr. 2.1 DB-PKH an, wo auch ausdrücklich bestimmt ist, dass das Beiheft zurückzubehalten ist, wenn die Akten an nicht beteiligte Gerichte oder Behörden versandt werden oder dem Verfahrensgegner, seinem Prozessbevollmächtigten, Dritten oder ihren Bevollmächtigten Akteneinsicht (auch in Form der Übersendung der Akten) gewährt wird. Nach **Abschluss des Verfahrens** in der Hauptsache besteht kein Anspruch des Gegners als Dritter auf Einsicht in das PKH-Heft nach § 299 Abs. 2 ZPO.[869]

184   **Eine Zustimmung der Partei zur Mitteilung an den Gegner** wird vielfach darin gesehen werden können, dass in ein- und demselben Schriftsatz Ausführungen zur Sache und zur Bedürftigkeit gemacht werden. Jedenfalls eine anwaltlich vertretene Partei wird dann nicht auf die Trennungsmöglichkeit hingewiesen werden müssen. Das gilt vor allem für Familiensachen, bei denen diese Daten der Gegenseite ohnehin bekannt sind oder bei denen sie gleichzeitig zur Sache vorgetragen werden müssen. Die Formerklärung zu den persönlichen und wirtschaftlichen Verhältnissen ist aber auch dann in ein Sonderheft zu nehmen und dem Gegner nicht zugänglich zu machen.

---

[862] BGH FamRZ 2010, 1423; 2003, 522 (523).
[863] OLG Schleswig NJW-RR 2009, 416; OLG Nürnberg MDR 2007, 1337; OLG Dresden MDR 2007, 423 entgegen OLG Brandenburg MDR 2008, 285; OLG Schleswig FamRZ 2006, 1550; OLG Rostock OLGR Rostock 2005, 840.
[864] BGH FamRZ 2010, 1423 mwN; vgl. auch BGH FamRZ 2010, 1147.
[865] BGH FamRZ 2004, 99.
[866] *Fischer* MDR 2004, 667 ff.
[867] So schon BVerfG NJW 1991, 2078; BGH NJW 2015, 1827; Zöller/*Schultzky* ZPO § 117 Rn. 30.
[868] BGH NJW 2015, 1827.
[869] BGH NJW 2015, 1827 mAnm *Zempel*.

4. Keine Prozesskostenhilfe für das PKH-Prüfungsverfahren

(1) Grundsatz 185
Für das PKH-Prüfungsverfahren kann keine Prozesskostenhilfe gewährt werden.[870]
Das gilt aus folgenden Gründen:

- Das PKH-Prüfungsverfahren dient nicht unmittelbar der Rechtsverfolgung oder Rechtsverteidigung. Sein Zweck ist die finanzielle Ermöglichung derartiger Prozessverfolgung.[871]
- Aus dem Prinzip der Waffengleichheit (arg. § 121 Abs. 2 ZPO) ergibt sich nichts anderes, denn dieses wird nur für das Streitverfahren bedeutsam.[872]
- Auch wenn schwierige Sach- und Rechtsfragen im Prozesskostenhilfeverfahren erörtert werden, gilt dieser Grundsatz,[873] für einen Vergleich im PKH-Verfahren gilt etwas anderes, → Rn. 187.
- Dass es sich um ein „gerichtliches" Verfahren handelt, ändert daran nichts, denn dieses gerichtliche Verfahren dient gerade der Klärung, ob Prozesskostenhilfe zu bewilligen ist. Eine Rechtsschutzlücke besteht nicht, denn im vorgerichtlichen Bereich greift die Beratungshilfe ein,[874] auf deren Erläuterung im Einzelnen hier verwiesen werden kann.
- Das Verfassungsgebot rechtlichen Gehörs erfordert nicht für jeden Fall die Hilfe eines Rechtsanwalts.[875]

(2) Erstreckung des Grundsatzes 186
Der Ausschluss der Prozesskostenhilfe für das PKH-Prüfungsverfahren gilt auch für folgende Fälle:

- Erledigung der Hauptsache im PKH-Verfahren,[876] aber → Rn. 97.
- Vorwegnahme des Hauptsacheprozesses durch unzulässige Beweiserhebung im PKH-Verfahren.[877] Gegen die unzulässige Verfahrensweise kann sich die Partei zur Wehr setzen (→ Rn. 1042, 1044). Tut sie das nicht, besteht kein Grund, ihr gleichwohl PKH zu bewilligen.
- Für das PKH-Beschwerdeverfahren.[878] Anders ist dies bei der **Rechtsbeschwerde** zum BGH.[879]

---

[870] BVerfG NJW 2012, 3293: BGH FamRZ 2004, 1708; 1984, 997; BVerwG Rpfleger 1991, 63; OLG Jena OLGReport 2001, 225; OLG Köln FamRZ 2000, 1094; *Groß* ZPO § 114 Rn. 20; Zöller/*Schultzky* ZPO Vorbem. §§ 114–117 Rn. 7; krit. *Gottwald* in FS Gerhardt S. 317; *Krause*, FamRZ 2005, 862 macht aber auf den Nachteil für den Rechtsanwalt aufmerksam; **anders** *Benkelberg* FuR 2004, 445.

[871] OLG Celle JurBüro 1997, 200.

[872] *Finger* NJW 1982, 1269 (1270).

[873] Davon wollen OLG Karlsruhe FamRZ 2008, 1354 und OLG Bamberg FamRZ 2005, 2001 eine Ausnahme machen.

[874] OLG Celle JurBüro 1997, 200; AG Osnabrück JurBüro 1998, 196; *Finger* AnwBl 1983, 17; *Künkel* DAVorm 1983, 335 (339); *Mümmler* JurBüro 1981, 489.

[875] BVerfGE 9, 124; für die Rechtsbeschwerde aber erforderlich, daher hier PKH: BGH NJW-RR 2003, 1438.

[876] OLG Köln FamRZ 1997, 1545; OLG Bamberg FamRZ 2001, 922: aber keine Entscheidungsversagung bei Bewilligungsreife; **aA:** OLG Rostock FPR 2002, 545.

[877] OLG Nürnberg FPR 2002, 282; **aA:** KG FamRZ 2006, 1284; OLG Düsseldorf FamRZ 1996, 416 und Zöller/*Schultzky* ZPO Vorbem. §§ 114–117 Rn. 9.

[878] VGH Baden-Württemberg DÖV 2019, 332; LSG Niedersachsen-Bremen BeckRS 2014, 66460; OLG Nürnberg NJW 2011, 319; OLG Karlsruhe JurBüro 1994, 606; *Behn* AnwBl. 1985, 234 (237); Zöller/*Schultzky* ZPO Vorbem. §§ 114–117 Rn. 9; *Zimmermann* Rn. 11; **aA:** LSG Schleswig-Holstein BeckRS 2012, 67277.

[879] BGH NJW-RR 2019, 572; NJW 2003, 1192; NJW-RR 2019, 572; Rosenberg/Schwab/*Gottwald* § 87 Rn. 29.

- Für den im PKH-Verfahren zur Stellungnahme aufgeforderten Gegner, denn dieser kann Beratungshilfe in Anspruch nehmen (→ Rn. 1132).[880]

187 **(3) Ausnahmen vom Grundsatz**
Für einen Vergleich im PKH-Verfahren kann PKH gewährt werden.[881] „Vergleich" in diesem Sinne ist eine „Einigung", die kein gegenseitiges Nachgeben voraussetzt.[882] Der Grund dafür liegt darin, dass der Antragsteller andernfalls gezwungen wäre, einen Vergleich abzulehnen, um ihn erst nach Bewilligung der PKH im ordentlichen Verfahren abzuschließen. Eine Erfolgsaussicht der Rechtsverfolgung ist nicht gesondert zu prüfen, sie ergibt sich aus dem Vergleichsabschluss in diesem Umfang.

- Hinsichtlich der **Anwaltsvergütung bei Abschluss eines Vergleichs im PKH-Bewilligungsverfahren** hat das KostRÄG 2021 eine Veränderung gebracht. Hinsichtlich der Frage, in welchem Umfang eine Erstattung aus der Staatskasse zu erfolgen habe, hatte der BGH entschieden, dass eine PKH-Bewilligung nur für den Vergleich, nicht aber für das gesamte PKH-Bewilligungsverfahren erfolgen könne.[883] Danach konnte bei PKH-Bewilligung für einen im PKH-Bewilligungsverfahren abgeschlossenen Vergleich aus der Staatskasse nur die 1,0 Einigungsgebühr der VV 1003 RVG erstattet werden, nicht aber auch die Verfahrensgebühr (VV 3335 RVG) und Terminsgebühr (VV 3104 iVm Vorb. 3.3.6 S. 2 RVG). § 48 Abs. 1 S. 2 RVG erfasst jedoch nunmehr auch die Fälle, in denen im PKH-Bewilligungsverfahren ein Vergleich geschlossen wird, was der Gesetzgeber in der Begründung ausdrücklich klargestellt hat.[884] Das hat zur Folge, dass auch hier neben der **Einigungsgebühr** auch die **Verfahrens- und die Terminsgebühr** aus der Staatskasse zu erstatten sind.

Es sind dann zu erstatten:
- 1,0 Einigungsgebühr nach VV 1003 RVG (aber 1,5 Einigungsgebühr hinsichtlich nicht anhängiger Gegenstände nach VV 1000 RVG). Wegen der Anm. Abs. 1 zu VV 1003 RVG gilt auch das PKH-Bewilligungsverfahren als gerichtliches Verfahrens, so dass nur eine 1,0 Einigungsgebühr entsteht, soweit die Einigung solche Gegenstände betrifft, für die PKH beantragt ist.
- (höchstens) 1,0 Verfahrensgebühr nach VV 3335 RVG (nach VV 3337 Nr. 1 RVG wird sie auf 0,5 ermäßigt, wenn nur beantragt ist, die Einigung zu Protokoll zu nehmen oder soweit lediglich Verhandlungen vor Gericht zur Einigung geführt werden).
- 1,2 Terminsgebühr nach VV 3104 RVG,[885] nicht aber für den bloßen Protokollierungstermin (Anm. Abs. 3 zu VV 3104 RVG).
- **Für einen Mehrvergleich** (dh unter Einbeziehung nicht im PKH-Verfahren geltend gemachter Streitpunkte) kommt es darauf an, ob die Beiordnung auf den Mehrvergleich erstreckt worden ist. Ist das mangels ausdrücklicher Einbeziehung nicht der Fall, kommt eine stillschweigende Bewilligung nicht in Betracht (vgl. im Übrigen → Rn. 94).[886] Bei

---

[880] **AA:** OLG Frankfurt NJW-RR 2001, 643.
[881] BGH JurBüro 2004, 601 mAnm *Enders;* OLG Karlsruhe FamRZ 2015, 1920; OLG Brandenburg FamRZ 2014, 59; OLG Frankfurt MDR 2012, 869; OLGR 2007, 804; OLG Celle FamRZ 2011, 835; *Groß* FPR 2002, 513.
[882] Gerold/Schmidt/*Müller-Rabe* RVG VV 1000 Rn. 5; auch nach BGH FamRZ 2005, 794 waren die Anforderungen an den Vergleich sehr gering.
[883] BGH JurBüro 2004, 601.
[884] BT-Drs. 19/23484, 79.
[885] OLG München Rpfleger 1987, 173; *Wielgoss* MDR 1999, 15; nach RVG nur die Einigungsgebühr: *Enders* in Anm. zu BGH JurBüro 2004, 603; die Verfahrens- und Terminsgebühr kann der Anwalt dann nach den normalen Sätzen von der Partei verlangen.
[886] OVG Saarlouis BeckRS 2013, 45589; OLG Brandenburg JurBüro 2009, 369; zu der umstrittenen Frage, welche Gebühren im Fall der Erstreckung der PKH auf den Vergleich – so die übliche Formulierung – zu erstatten sind vgl. ausführlich: OLG Bamberg FamRZ 2011, 1605 mwN.

Einbeziehung unstreitiger Punkte ist dafür nur der Titulierungswert zu berücksichtigen. Wenn ausschließlich Betragsrahmengebühren nach § 3 RVG anfallen, bedarf es keiner Erstreckung der Prozesskostenhilfe auf den Mehrvergleich, denn durch die Verhandlungs-, Termins- oder Einigungsgebühr in Form einer Rahmengebühr wird die gesamte entsprechende Tätigkeit des Rechtsanwalts in der jeweiligen Instanz abgegolten.[887]

- **In Ehesachen** erstreckt sich gem. §§ 149 FamFG, 48 Abs. 3 RVG die Beiordnung auf den Vergleichsabschluss über Ehegattenunterhalt, Kindesunterhalt im Verhältnis der Ehegatten zueinander, Sorge- und Umgangsrecht, Haushaltsgegenstände, Ehewohnung und eheliches Güterrecht, nicht aber auf einen Vergleich über eheliche Schulden, sowie den Versorgungsausgleich ohne dass eine ausdrückliche Beiordnung erfolgt wäre.[888] Auch hier gilt, dass neben einer Einigungsgebühr auch die **Verfahrensdifferenz- und Terminsgebühr** aus der Staatskasse zu erstatten sind (→ Rn. 837), die allerdings – folgt man der hM – bei einem im PKH-Verfahren geschlossenen Vergleich nicht zum Tragen kommen.
- **Für einen außergerichtlichen Vergleich** ist bei anhängigem Verfahren eine auf den Vergleich beschränkte PKH-Bewilligung gleichfalls möglich, denn es kommt auf die Streitbereinigung des anhängigen Verfahrens an, nicht darauf, dass diese mit einem gerichtlichen Vergleich erfolgt.[889] Weiter → Rn. 227.

Für die zugelassene Rechtsbeschwerde ist PKH zu gewähren, da diese nur durch einen beim BGH zugelassenen Anwalt eingelegt werden kann (§ 78 Abs. 1 S. 3 ZPO, § 114 Abs. 2 FamFG).[890] Für das PKH-Beschwerdeverfahren ist generell kein Anwaltszwang mehr vorgesehen, auch nicht in der Verwaltungsgerichtsbarkeit.

188

Wenn die rechtzeitige PKH-Bewilligung (oder eine Anwaltsbeiordnung) aus von der Partei nicht zu vertretenden Gründen unterblieb, kann ausnahmsweise die PKH-Bewilligung für das Prüfungsverfahren in Betracht kommen.[891]

(4) Scheinausnahmen. Keine Ausnahme ist der Fall der rückwirkenden Gewährung von Prozesskostenhilfe auf den Zeitpunkt vollständiger Antragstellung, weil der entscheidungsreife Antrag nicht rechtzeitig beschieden wurde.

189

Ebenso bleibt eine **fehlerhafte PKH-Bewilligung** für das PKH-Prüfungsverfahren bindend,[892] da die Bindung auf der eingeschränkten Anfechtbarkeit der PKH-Bewilligung beruht. Die Erstattungsansprüche des Anwaltes gegenüber der Staatskasse bestehen insoweit ohne Einschränkung.[893]

5. Verfahrensgang

a) Rechtliches Gehör des Gegners

(1) **Grundsatz**[894]

190

Die Pflicht zur Gewährung **rechtlichen Gehörs im PKH-Prüfungsverfahren** ergibt sich aus § 118 Abs. 1 S. 1 ZPO, aber auch aus Art. 103 GG.

---

[887] Hessisches LSG NZS 2011, 880.
[888] OLG Koblenz RVG-Berater 2004, 66 mAnm *Mock*.
[889] BGH NJW 1988, 494; OLG Frankfurt FamRZ 2009, 137; OLG Schleswig NJW-RR 2004, 422; KG JurBüro 2004, 37; OLG Oldenburg FamRZ 1996, 682; LAG Köln AnwBl 1999, 125; *Zimmermann* Rn. 507 mwN; **aA:** AG Osnabrück BeckRS 2015, 19286; OLG Koblenz NJW-RR 1995, 1339; OLG Köln JurBüro 1994, 605; LAG Köln JurBüro 1994, 481.
[890] BGH NJW-RR 2003, 1438.
[891] OLG Celle FamRZ 1987, 1285 und → Rn. 97.
[892] OLG Oldenburg JurBüro 1992, 168 mzustAnm *Mümmler;* OLG Stuttgart MDR 1989, 651.
[893] OLG Saarbrücken JurBüro 1989, 80; *Groß* RVG § 48 Rn. 11.
[894] Vgl. zum Problemkreis *Fischer* MDR 2004, 667 ff.

191 Aufgrund von § 118 Abs. 1 S. 1 ZPO ist dem Gegner auch **rechtliches Gehör zu den persönlichen und wirtschaftlichen Verhältnissen** zu gewähren, → Rn. 179 ff.

192 (2) **Eine Ausnahme von der Pflicht zum rechtlichen Gehör des Gegners** lässt § 118 Abs. 1 S. 1 ZPO nur in sehr unbestimmter Umschreibung dann zu, „wenn sie **aus besonderen Gründen unzweckmäßig erscheint**". Unklar bleibt, in Bezug worauf die Anhörung „unzweckmäßig" erscheinen muss. Der hohe Rang des Verfassungsrechts „rechtliches Gehör" gestattet jedenfalls eine Ausnahme nur in engsten Grenzen.[895]

193 **Praktische Anwendungsfälle der Nichtanhörung** können sein:

- Unschlüssiger Vortrag des Antragstellers, so dass die Prozesskostenhilfe ohne Rücksicht auf die Stellungnahme des Gegners abzulehnen ist.[896]
- Fälle, in denen die Anhörung den Zweck des Verfahrens gefährden würde, vgl zB § 834 ZPO bei der Forderungspfändung.[897]
- Eilverfahren, bei denen die Verzögerung durch die Anhörung nicht hingenommen werden kann,[898] wie zB in einem einstweiligen Anordnungsverfahren nach § 1 GewSchG.
- Lange Unerreichbarkeit des Gegners (Fälle öffentlicher Zustellung), so dass die Anhörung ihren Schutz- und Informationszweck nicht erreichen kann.[899]
- Fälle der Aussetzung oder Unterbrechung des Verfahrens, wenn sich der Gegner deshalb nicht äußern kann.[900]

194 (3) **Rechtliches Gehör in Familiensachen der freiwilligen Gerichtsbarkeit**

Während in Ehe- und Familienstreitsachen (§§ 112, 121 FamFG) wegen § 113 Abs. 1 FamFG ebenfalls § 118 Abs. 1 S. 1 ZPO anwenden ist, gilt für die Familiensachen der freiwilligen Gerichtsbarkeit hingegen § 77 Abs. 1 FamFG, der von § 118 Abs. 1 S. 1 ZPO abweichende, speziellere Regelungen vorsieht, die dem Amtsermittlungsgrundsatz Rechnung tragen. Dabei unterscheidet § 77 Abs. 1 FamFG zwischen Amtsverfahren (zB Verfahren wegen Kindeswohlgefährdung gem. § 1666 BGB, Umgangsverfahren nach § 1684 BGB) und Antragsverfahren (Verfahren nach dem Gewaltschutzgesetz oder Ehewohnungs- und Haushaltssachen). In Amtsverfahren steht es gem. § 77 Abs. 1 S. 1 FamFG im **freien Ermessen** des Familiengerichts,[901] ob es den übrigen Beteiligten (vgl. § 7, 204 Abs. 1 FamFG) Gelegenheit zur Stellungnahme einräumt. Es kann also auch von einer Anhörung der Beteiligten absehen, so zB wenn es nur auf die subjektiven Voraussetzungen ankommt.[902] Eine Anhörung wird insbesondere dann geboten sein, wenn die verfahrensrechtliche Stellung durch die Gewährung von Verfahrenskostenhilfe berührt werden würde.[903]

In den **Antragsverfahren** gilt § 77 Abs. 1 S. 2 FamFG, der gleichfalls vorsieht, dass dem Antragsgegner Gelegenheit zur Stellungnahme zu geben ist, ob er die Voraussetzungen für die Bewilligung von Verfahrenskostenhilfe für gegeben hält, soweit dies aus besonderen Gründen nicht unzweckmäßig erscheint. Letzteres ist anzunehmen, wenn die Sache besonders eilbedürftig ist, eine vorherige Anhörung den Erfolg des Rechtsschutzziels vereiteln würde, aber auch, wenn der Antrag von vornherein aussichtslos ist.[904]

Wird einem Beteiligten Gelegenheit zur Stellungnahme gegeben, gilt für diesen § 118 Abs. 1 S. 2 bis 4 ZPO.

---

[895] *Groß* ZPO § 118 Rn. 3; *Fischer* MDR 2004, 667.
[896] Zöller/*Schultzky* ZPO § 118 Rn. 9.
[897] *Groß* ZPO § 118 Rn. 6; Zöller/*Schultzky* ZPO § 118 Rn. 9.
[898] MüKoZPO/*Wache* § 118 Rn. 7.
[899] *Fischer* MDR 2004, 667; Zöller/*Schultzky* ZPO § 118 Rn. 9.
[900] *Fischer* MDR 2004, 667 (669).
[901] Vgl. Heilmann/*Dürbeck* FamFG § 77 Rn. 2; Prütting/Helms/*Dürbeck* FamFG § 77 Rn. 2.
[902] *Groß* FamFG § 77 Rn. 3.
[903] *Büte* FPR 2009, 14.
[904] MüKoFamFG/*Viefhues* § 77 Rn. 3.

(4) Form des Gehörs

Es kommen verschiedene Arten der Gewährung in Betracht:
- Schriftliche Äußerung; Anwaltszwang besteht dafür nicht.
- Erklärung zu Protokoll der Geschäftsstelle, §§ 118 Abs. 1 S. 2, 129a ZPO.
- Mündliche Stellungnahme vor dem Gericht,[905] wenn diese angeordnet wird. Sie ist nicht identisch mit der nur sehr eingeschränkt zulässigen „mündlichen Erörterung" des § 118 Abs. 1 S. 3 ZPO. Die mündliche Anhörung kommt vor allem in Betracht, wenn der PKH-Antrag erst in der mündlichen Verhandlung gestellt wird, oder über ihn nicht vorher entschieden werden konnte.

(5) Frist für das Gehör

Anhaltspunkt kann die **Zweiwochenfrist** des schriftlichen Vorverfahrens (§ 276 Abs. 1 S. 2 ZPO) sein,[906] gesetzlich ist keine bestimmte Frist vorgeschrieben. Es kommt auf Umfang und Schwierigkeit des Verfahrens sowie dessen Eilbedürftigkeit an. Das Gericht hat die Frist nach pflichtgemäßem Ermessen zu bestimmen. Kündigt der Gegner nach Aufforderung zur Stellungnahme die Einschaltung eines Anwalts an, dürften zwei Wochen eher zu knapp bemessen sein.

Eine **Zustellung** der Fristsetzung ist zunächst nicht erforderlich, denn es handelt sich nicht um eine echte Frist nach § 329 Abs. 2 S. 2 ZPO.[907]

b) Kein Recht des Antragstellers auf Gegenerklärung

Ein **Recht auf Gegenerklärung** hat der Antragsteller nicht. § 118 Abs. 1 S. 1 ZPO ordnet nur die Anhörung des Gegners an. Die in §§ 275 Abs. 4, 276 Abs. 3 ZPO geregelte Replik des Klägers gilt nur für das Hauptverfahren.[908] Im Einzelfall kann es die Aufklärungspflicht des Gerichts dennoch gebieten, den Antragsteller auf die Stellungnahme des Gegners erwidern zu lassen. Da das PKH-Prüfungsverfahren aber nicht der Feststellung des Streitsachverhalts dient und weder die tatsächliche noch rechtliche Würdigung in das PKH-Verfahren verlagert werden darf,[909] muss dies eine Ausnahme bleiben. Auch die Pflicht zu unverzögerter PKH-Entscheidung verbietet im Prinzip ein zeitaufwändiges Wechselspiel von Stellungnahme und Gegenstellungnahme.

c) Akteneinsicht des Gegners im PKH-Verfahren

Akteneinsicht gemäß § 299 Abs. 2 ZPO für den Gegner, der nicht Beteiligter des PKH-Verfahrens ist, besteht im PKH-Prüfungsverfahren ungeachtet des nunmehr umfassenden rechtlichen Gehörs durch § 118 Abs. 1 ZPO nur im Rahmen seines Anspruchs auf rechtliches Gehör zu Erfolgsaussicht und Mutwillen (§ 117 Abs. 2 S. 2 1. HS ZPO, zur Ausnahme in Bezug auf die Erklärung über die persönlichen und wirtschaftlichen Verhältnisse bei Bestehen eines **Auskunftsanspruchs nach § 117 Abs. 2 S. 2 ZPO,** → Rn. 168). Er darf also die Prozessakten, nicht das PKH-Beiheft, einsehen.[910] Eine generelle Einwilligung des Antragstellers in eine Unterrichtung des Gegners über alle im PKH-Verfahren gemachten Angaben ist nicht anzunehmen. Wird im selben Schriftsatz zum Streitverhältnis und den persönlichen und wirtschaftlichen Verhältnissen vorgetra-

---

[905] Groß ZPO § 118 Rn. 10; OLG Hamm MDR 1983, 674: aber nicht zum Zweck, die Erfolgsaussicht der Rechtsverfolgung zu überprüfen.
[906] MüKoZPO/Wache § 118 Rn. 9; Zöller/Schultzky ZPO § 118 Rn. 11 (außer in Eilfällen nicht weniger als zwei Wochen).
[907] Fischer MDR 2004, 667; Zöller/Schultzky ZPO § 118 Rn. 11.
[908] BLHAG/Vogt-Beheim ZPO § 118 Rn. 11.
[909] StRspr. des BVerfG, vgl. etwa NZFam 2014, 1104 und hier unter → Rn. 460.
[910] BGH NJW 2015, 1827.

gen oder werden Abschriften für den Gegner beigefügt, wird bei einem Anwaltsschriftsatz von einer Einwilligung in eine Einsichtnahme durch den Gegner auszugehen sein.[911] Hat die Partei persönlich das Schreiben verfasst, kann eine Kenntnis des Verfahrensrechts und der Aktenordnung (PKH-Beiheft) nicht vorausgesetzt werden.

d) Prozesskostenhilfe-Beiheft

199   **Prozesskostenhilfevorgänge sind in einem Beiheft zu vereinigen.** Dies ist bundeseinheitlich in Teil A der Durchführungsbestimmungen zur Prozess- und Verfahrenskostenhilfe (DB-PKH)[912] wie folgt in Ziffer 2.1 geregelt:

„Die Vordrucke mit den Erklärungen über die persönlichen und wirtschaftlichen Verhältnisse und die dazugehörenden Belege sowie die bei der Durchführung der Prozesskostenhilfe entstehenden Vorgänge sind in allen Fällen unabhängig von der Zahl der Rechtszüge für jeden Beteiligten in einem besonderen Beiheft zu vereinigen. ²Das gilt insbesondere für Kostenrechnungen und Zahlungsanzeigen über Monatsraten und sonstige Beträge (§ 120 Abs. 1 ZPO). In dem Beiheft sind ferner die Urschriften der die Prozesskostenhilfe betreffenden gerichtlichen Entscheidungen und die dazugehörigen gerichtlichen Verfügungen aufzubewahren. In die Hauptakten ist ein Abdruck der gerichtlichen Entscheidungen aufzunehmen. ³Jedoch sind zuvor die Teile der gerichtlichen Entscheidungen zu entfernen oder unkenntlich zu machen, die Angaben über die persönlichen und wirtschaftlichen Verhältnisse der Partei enthalten. ⁴Enthält die gerichtliche Entscheidung keine Angaben über die persönlichen und wirtschaftlichen Verhältnisse der Partei, so kann die Urschrift auch zur Hauptakte genommen werden; in diesem Fall ist ein Abdruck im Beiheft aufzubewahren.

Das Beiheft sowie die darin zu verwahrenden Schriftstücke erhalten hinter dem Aktenzeichen den Klammerzusatz (PKH). Werden die Prozessakten zur Entscheidung über ein Rechtsmittel dem Rechtsmittelgericht vorgelegt, so ist den Akten das Beiheft beizufügen. Das Beiheft ist dagegen zurückzubehalten, wenn die Akten an nicht beteiligte Gerichte oder Behörden versandt werden. Gleiches gilt, wenn dem Verfahrensgegner, seinem Prozessbevollmächtigten, Dritten oder ihren Bevollmächtigten Akteneinsicht (auch in Form der Übersendung der Akten) gewährt wird."

In der Praxis bereitet die exakte Führung des Beihefts Schwierigkeiten. Oft finden sich PKH-Vorgänge in den Sachakten, in der Regel deshalb, weil sie (auch) Vortrag zum Sachstreit enthalten. Der Vortrag zur Streitsache gehört in die Prozessakte, zugleich aber in das PKH-Heft, wenn er die Darstellung des Streitverhältnisses nach § 117 Abs. 1 S. 2 ZPO betrifft. Da die Anordnungen der Landesjustizverwaltungen über die Führung von PKH-Beiheften die höherrangige Gesetzesvorschrift über Akteneinsicht gemäß § 299 ZPO nicht außer Kraft setzen können,[913] kann der Vorgang nicht einfach nur in das PKH-Heft genommen werden. Die Ausklammerung der PKH-Vorgänge aus den Prozessakten und deren Sammlung in einem Beiheft, das der Einsichtnahme gemäß § 299 ZPO nicht unterliegt,[914] ist also keine „versteckte Anmaßung des Verordnungsgebers"[915] und eine Verletzung des § 299 ZPO, sondern eine gerade im Hinblick auf die Rechte aus § 299 ZPO notwendige Maßnahme.

---

[911] Musielak/Voit/*Fischer* ZPO § 117 Rn. 17.
[912] BLHAG/*Dunkhase* ZPO § 117 Rn. 28 m. Nachweisen zu den Fundstellen für die einzelnen Bundesländer; zuletzt geändert zum 1.1.2021.
[913] OLG Celle MDR 1982, 761; *Schneider* in FS Wassermann S. 819, 828.
[914] Vgl. BGH NJW 2015, 1827.
[915] So *Schneider* in FS Wassermann S. 819, 828.

e) Darlegung und Aufklärung im PKH-Verfahren

(1) Glaubhaftmachung der subjektiven Voraussetzungen

Für die persönlichen und wirtschaftlichen Verhältnisse verlangt § 117 Abs. 2 S. 1 ZPO die Beifügung „entsprechender Belege" zur Glaubhaftmachung, und zwar ohne dass es dazu gerichtlicher Aufforderung bedürfte. Gegen dieses Gebot wird in der Praxis sehr oft verstoßen. Sind Belege entgegen § 117 Abs. 2 S. 1 ZPO der Vordruckerklärung nicht beigefügt oder Bestehen Zweifel an der Richtigkeit der Angaben im Zusammenhang mit den Belegen, muss das Gericht, bevor es eine Entscheidung trifft,[916] auf den Mangel hinweisen und innerhalb einer gesetzten Frist zur Glaubhaftmachung auffordern (§ 118 Abs. 2 S. 4 ZPO). Das gilt auch, wenn der Antrag durch einen Anwalt eingereicht wurde, denn § 118 Abs. 2 S. 4 ZPO macht für diesen Fall keine Ausnahme.[917] Es steht im pflichtgemäßen Ermessen des Gerichts, über die nach § 117 Abs. 2 S. 1 ZPO beigefügten Belege hinaus eine weitere Glaubhaftmachung zu fordern.[918]

§ 118 Abs. 2 S. 1 ZPO sieht die Möglichkeit vor, bei Zweifeln an den Angaben des Antragstellers eine **Versicherung an Eides statt** zu verlangen.

Zur Glaubhaftmachung einer Hilfsbedürftigkeit unter Hinweis auf das geringe Arbeitseinkommen genügt aber eine eidesstattliche Versicherung alleine nicht.[919] Es sind entsprechende Belege vorzulegen, § 117 Abs. 2 S. 1 ZPO. Sind diese zweifelhaft oder unvollständig, mag eine eidesstattliche Versicherung angefordert werden.[920] Dies war aber auch bereits vor dem 1.1.2014 nach der Rechtsprechung möglich.[921] Sie kann ggf. zweckmäßig sein zur Glaubhaftmachung negativer Tatsachen (zB Einkommens- oder Vermögenslosigkeit) oder bei freiwilligen Leistungen Dritter.[922] Bei Vorlage eines Sozialhilfebescheids wird im Regelfall keine Veranlassung für eine eidesstattliche Versicherung bestehen.[923]

Die danach beizufügenden Belege (→ Rn. 159 ff.) müssen aus sich heraus verständlich sein, denn sie belegen nur die Angaben in der Erklärung.[924] Das Gericht ist nicht verpflichtet, sich die maßgebenden Angaben aus ungeordneten Unterlagen herauszusuchen. Das Gericht kann in geeigneten Fällen über die Vorlage von Belegen hinausgehende weitere Glaubhaftmachung verlangen, zB dazu, wie ein im Gegensatz zur Erklärung stehender Lebensstandard oder wie die Lebensführung finanziert wird, wenn die angegebenen Belastungen die Einnahmen deutlich übersteigen.[925] Dazu und einer möglichen Schätzung des Einkommens → Rn. 291. Zu weit geht im Regelfall die gerichtliche Auflage, ein Verkehrswertgutachten einzuholen.[926]

Der Einholung von Lohnauskünften beim Arbeitgeber zur Ermittlung der Bedürftigkeit bedarf es nicht, denn das Gericht kann dem Antragsteller zur Prüfung der Hilfsbedürftigkeit die Vorlage einer Verdienstbescheinigung mit Fristsetzung – § 118 Abs. 2

---

[916] LAG Hamm BeckRS 2013, 70450; OLG Saarbrücken BeckRS 2013, 01929 mAnm *von Grün* FamFR 2013, 108 unter Hinweis auf das verfassungsrechtliche Gebot der Vermeidung von Überraschungsentscheidungen, vgl. BVerfG NJW 2012, 2262.
[917] Siehe auch BGH NJW 1984, 310 zu den Grenzen richterlicher Hinweispflicht.
[918] BGH FamRZ 2011, 872 (Entgelt für Scheinehe); OLG Hamm FuR 2014, 430 (Verbesserung Gesundheitszustand im Verfahren nach §§ 1684, 1696 BGB).
[919] *Schneider* Rpfleger 1985, 260.
[920] OLG Düsseldorf AnwBl 1986, 162.
[921] LAG Schleswig-Holstein BeckRS 2013, 68630, auch zu den Grenzen.
[922] OVG Bautzen NJW 2011, 3738.
[923] OLG Dresden MDR 2018, 829.
[924] OLG Frankfurt FamRZ 1997, 682.
[925] BGH NJW-RR 2018, 190; LAG Hamm NZA-RR 2018, 325; LAG Köln BeckRS 2016, 74102.
[926] OLG Frankfurt FamRZ 2010, 1750.

S. 4 ZPO – aufgeben.[927] Fälle, in denen der Arbeitgeber solche Bescheinigungen nicht ausstellt, kommen praktisch kaum vor. Nach erfolglosem Fristablauf kann der PKH-Antrag gemäß § 118 Abs. 2 S. 4 ZPO zurückgewiesen werden.

(2) Glaubhaftmachung der objektiven Voraussetzungen

203 Bei den objektiven Voraussetzungen (Erfolgsaussicht und Mutwillen) ist die Glaubhaftmachung gem. § 118 Abs. 2 S. 1 ZPO erst auf Verlangen des Gerichts erforderlich,[928] denn sie kann zB entbehrlich sein, wenn der Gegner zu vorgebrachten Tatsachen schweigt. Daraus folgt, dass das PKH-Gesuch nicht ohne Anhörung des Gegners mangels Glaubhaftmachung zurückgewiesen werden darf.

204 Die **„Erhebungen"** des § 118 Abs. 2 S. 2 ZPO dienen nur der Glaubhaftmachung, nicht dem Beweis PKH-erheblicher Tatsachen. Die Glaubhaftmachung ist primär (§ 118 Abs. 2 S. 1 ZPO) Sache des Antragstellers. Das zeigt auch die Regelung des § 118 Abs. 2 S. 4 ZPO.[929] „Erhebungen" sind alle zur Klärung PKH–relevanter Tatsachen dienlichen (und zulässigen) Maßnahmen. Die konkret aufgeführten Maßnahmen sind nur beispielhaft („insbesondere", § 118 Abs. 2 S. 2 ZPO). Eine förmliche Beweisanordnung ist nicht erforderlich. Bei einer nur ausnahmsweise zulässigen (§ 118 Abs. 2 S. 3 ZPO) Zeugen- oder Sachverständigenvernehmung ist zu beachten, dass das Hauptverfahren nicht vorweggenommen werden darf und sich die Erfolgsaussicht anders nicht klären lässt.[930] Die Erhebungen dürfen nicht die im Zivilprozess geltende Parteimaxime außer Kraft setzen und zu einer Amtsermittlung im PKH-Verfahren werden.[931]

Die Anordnung gerichtlicher Erhebungen ist nicht anfechtbar, es sei denn, sie wäre gesetzwidrig und käme einer PKH-Ablehnung gleich. Dazu → Rn. 1044.

205 Die **Vorlegung von Urkunden** (§ 118 Abs. 2 S. 2 ZPO) betrifft Urkunden jeder Art, private oder öffentliche. Praktisch bedeutsam ist die Beiziehung von Vorakten, sonstigen gerichtlichen Akten oder von Akten anderer Behörden. Die Beiziehung von Strafakten bedarf nicht der Einwilligung des Betroffenen. Jedoch sind gesetzliche Verwertungseinschränkungen (Datenschutz, eingeschränkte Strafregisterauskunft usw.) zu beachten. Zu beachten ist auch das Verhältnismäßigkeitsprinzip. Von der Beiziehung nicht alsbald verfügbarer Akten muss abgesehen werden, wenn ihre Verwertung die PKH-Entscheidung unangemessen verzögern würde. Wird der Eingang langfristig nicht verfügbarer Akten dennoch abgewartet, kann darin eine Verschleppung des Verfahrens liegen, die mit der Verzögerungsrüge nach § 198 GVG begegnet werden kann. Sollen beigezogene Akten verwertet werden, muss dem Antragsteller und dem anhörungsberechtigten Gegner, soweit die Verwertung reichen soll, Gelegenheit gegeben werden, von diesem Akteninhalt Kenntnis zu nehmen.

206 Die **Einholung von Auskünften** (§ 118 Abs. 2 S. 2 ZPO) ist zulässig von Behörden und Privatpersonen, § 118 Abs. 2 S. 2 ZPO. An sich zulässig ist demnach jetzt auch die Einholung von Auskünften bei (späteren) Zeugen und Sachverständigen des Hauptprozesses. Davon sollte aber tunlichst abgesehen werden, um die spätere Beweiserhebung im Hauptprozess nicht faktisch vorzuverlagern.[932] Die Auskunft kann schriftlich oder mündlich eingeholt werden. Eine Erzwingung der Auskunft von Privatpersonen ist nicht möglich, allenfalls kommt eine mündliche Zeugenvernehmung in Betracht, sofern sie gemäß § 118 Abs. 2 S. 3 ZPO ausnahmsweise zulässig sein sollte.

---

[927] Vgl. LAG Hamm MDR 1982, 83; *Groß* ZPO § 118 Rn. 23.
[928] OLG Brandenburg FamRZ 2002, 1415; OLG Hamm FamRZ 1996, 417 (aber zu weitgehend für Angaben zum Trennungsjahr, die der Gegner bestreitet); OLG Köln MDR 1996, 310.
[929] Zöller/*Schultzky* ZPO § 118 Rn. 21.
[930] OLG München OLGReport 1997, 34; Musielak/Voit/*Fischer* ZPO § 118 Rn. 13 f.
[931] OLG Zweibrücken FamRZ 1994, 908 mkritAnm *Gottwald*; Zöller/*Schultzky* ZPO § 118 Rn. 23.
[932] *Groß* ZPO § 118 Rn. 19; Thomas/Putzo/*Seiler* ZPO § 118 Rn. 8.

Auskunftsbeschränkungen können sich aus Schutzvorschriften (zB Steuergeheimnis, Verschwiegenheitspflicht, Datenschutz) ergeben. § 118 Abs. 2 S. 2 ZPO ist insoweit keine Befreiungsvorschrift.⁹³³ In solchen Fällen ist also vorher das Einverständnis der geschützten Personen einzuholen.⁹³⁴ Generell ist bei der Auskunftseinholung von Privatpersonen, zu denen der Antragsteller in einem persönlichen oder wirtschaftlichen Abhängigkeitsverhältnis steht, Zurückhaltung im Interesse des Schutzes der Privatsphäre des Hilfsbedürftigen geboten (Verhältnismäßigkeit). Im Zweifel hilft auch hier mit § 118 Abs. 2 S. 4 ZPO Druck auf den Antragsteller auszuüben. 207

Unzulässig ist Auskunftseinholung im sachlich-rechtlichen Bereich. Gem. § 236 FamFG können solche Auskünfte in Unterhaltsprozessen eingeholt werden, wenn die Partei einer entsprechenden Auflage gem. § 235 Abs. 1 FamFG nicht nachkommt.⁹³⁵ Das gilt aber nur für das Hauptverfahren, im PKH-Prüfungsverfahren darf das Antragsziel nicht vorweggenommen werden. Auf der anderen Seite ist zu beachten, dass in solchen Verfahren die Fragen nach der Hilfsbedürftigkeit (VKH) und Bedürftigkeit bzw. Leistungsfähigkeit oder Leistungsunfähigkeit (Unterhaltsrecht) weitgehend identisch in ihren Sachbestandteilen sind. Es wäre nicht vertretbar, deswegen die PKH-Hilfsbedürftigkeit überhaupt nicht zu prüfen. Der Antragsteller ist gehalten, entsprechende Belege, und das werden iaR Verdienstbescheinigungen sein, der Vordruckerklärung beizufügen oder auf gerichtliche Anforderung vorzulegen, mögen sie auch zugleich für die Erfolgsaussicht und später das Unterhaltsverfahren von Bedeutung sein. 208

Zeugen und Sachverständige sind grundsätzlich nicht zu vernehmen, mit der Ausnahme jedoch, dass „auf andere Weise" nicht geklärt werden kann, ob die Rechtswahrnehmung Erfolgsaussicht hat und nicht mutwillig ist, § 118 Abs. 2 S. 3 ZPO. Die Vorschrift will eine Vorwegnahme der Beweisaufnahme im Hauptprozess verhindern. Eine Vernehmung von Zeugen und Sachverständigen setzt daher voraus: 209

- Dass der Kläger für die fragliche Tatsache die Beweislast trägt, denn wenn der Beklagte die Beweislast hat, kann die Erfolgsaussicht nicht verneint werden.⁹³⁶
- Dass die Erfolgsaussichtsprüfung nicht anders möglich ist.⁹³⁷ Die Beweisaufnahme darf daher nicht voll vorweggenommen werden, sondern die Vernehmung darf nur dieser Klärung dienen. Das gilt insbesondere, wenn ein zwar schlüssiger, aber nach der Lebenserfahrung unwahrscheinlicher Sachverhalt vorgetragen wird oder wenn der Antragsteller für sein Vorbringen nur einen einzigen, dem Gericht anderweit als unzuverlässig bekannten Zeugen benannt hat.⁹³⁸
- Ist nur ein Zeuge alleiniges Beweismittel für Rechtsverfolgung und Rechtsverteidigung, rechtfertigen grundsätzlich aber weder Kostenersparnis noch Prozessökonomie die Vernehmung dieses Zeugen im PKH-Verfahren, die eine volle Vorwegnahme der Beweisaufnahme sein würde.⁹³⁹ Ein solches Verfahren ist für den nicht hilfsbedürftigen, auf Grund der Beweisaufnahme erfolgreichen Gegner besonders unbillig, weil er Kostenerstattung nicht erlangen wird, wenn nach PKH-Verweigerung ein Hauptprozess nicht stattfindet.

---

⁹³³ Zöller/*Schultzky* ZPO § 118 Rn. 24; *Wax* FamRZ 1980, 975 (976).
⁹³⁴ Vgl. *Becker* SchlHA 80, 25; Zöller/*Schultzky* ZPO § 118 Rn. 24.
⁹³⁵ Prütting/Helms/*Bömelburg* FamFG § 236 Rn. 1 ff.
⁹³⁶ OLG Brandenburg FamRZ 2003, 1019; OLG Köln FamRZ 1988, 1077; *Schneider* MDR 1998, 180; Musielak/Voit/*Fischer* ZPO § 118 Rn. 13.
⁹³⁷ OLG Brandenburg FamRZ 2003, 1019; OLG Köln MDR 1999, 444; OLG München JurBüro 1986, 606; Zöller/*Schultzky* ZPO § 118 Rn. 25.
⁹³⁸ OLG Celle OLGReport 2002, 273; OLG Bamberg JurBüro 1991, 1669; *Groß* ZPO § 118 Rn. 24.
⁹³⁹ OLG Brandenburg FamRZ 2003, 1019; **so aber** Zöller/*Schultzky* ZPO § 118 Rn. 25 und Musielak/Voit/*Fischer* ZPO § 118 Rn. 14.

- Evtl. können auch anderweit vernommene Zeugen mit ihren früheren Aussagen (Aussageprotokolle) eine neue Vernehmung ersetzen, wenn Anhaltspunkte für neue abweichende Aussagen nicht konkret sichtbar sind.[940]

210 **Eidesstattliche Versicherungen** sind an sich zulässig (§ 118 Abs. 2 S. 1 ZPO), jedoch sind sie von fragwürdigem Wert und nur zurückhaltend zu verwenden.[941] Eidesstattliche Versicherungen von Personen, die später als Zeugen in Betracht kommen, sollten tunlichst nicht eingeholt werden. Die strafbewehrte eidesstattliche Versicherung ist jedoch naturgemäß eine starke Vorfixierung einer späteren Zeugenaussage.[942] Das grundsätzliche Verbot von Zeugenvernehmungen im PKH-Verfahren indiziert allgemein die Unzweckmäßigkeit der Heranziehung personaler Mittel der Glaubhaftmachung im PKH-Verfahren. Zur Glaubhaftmachung von Rechtsverfolgungs- und Rechtsverteidigungstatsachen sollten gemäß dem Rechtsgedanken des § 445 Abs. 1 ZPO eidesstattliche Versicherungen des Beweisbelasteten überhaupt nicht zugelassen werden.[943]

Der BGH verlangt aber bei der Behauptung des Antragstellers, er finanziere seinen Lebensunterhalt (auch) aus regelmäßigen **freiwilligen Zuwendungen Dritter** die Vorlage eidesstattlicher Versicherungen der Dritten über Umfang und Grund der Hilfeleistung.[944]

211 **Verfahren.** Die Anordnung der Vernehmung von Zeugen und Sachverständigen erfolgt durch gerichtliche Verfügung, die ebenso wie ein Beweisbeschluss unanfechtbar ist.[945] Die Vernehmung ist parteiöffentlich.[946] Eine Beeidigung von Zeugen und Sachverständigen findet nicht statt, § 118 Abs. 2 S. 3 letzter HS ZPO. Eine Zeugenvernehmung durch den ersuchten Richter ist unzulässig.[947] Das ergibt sich aus der Fassung des § 118 Abs. 3 ZPO im Vergleich mit dem früheren § 118a Abs. 2 S. 1 ZPO und der Entstehungsgeschichte der Neuregelung. Werden Zeugen oder Sachverständige zulässig vernommen, kann das Ergebnis dieser Beweiserhebung zugleich für die Prüfung der Hilfsbedürftigkeit herangezogen werden.[948]

f) Verfahrensgestaltung

212 (1) **Das PKH-Verfahren ist zügig zu führen und alsbald abzuschließen,**[949] was in § 118 Abs. 2 S. 3 ZPO (Nichtvernehmung von Zeugen und Sachverständigen) Ausdruck gefunden hat. Das **Beschleunigungsgebot** folgt aus dem Gleichheits- und Sozialstaatsprinzip,[950] und der Antragsteller hat auf seine Befolgung einen Anspruch.[951] Das Gericht

---

[940] OLG München JurBüro 1986, 606.
[941] LAG Schleswig BeckRS 2013, 68630; OLG Brandenburg FamRZ 2002, 1415; Zöller/*Schultzky* ZPO § 118 Rn. 22.
[942] Zöller/*Schultzky* ZPO § 118 Rn. 22.
[943] OLG Hamm FamRZ 1996, 417 (offen lassend); MüKoZPO/*Wache* § 118 Rn. 15.
[944] BGH FamRZ 2019, 547; NJW-RR 2018, 190.
[945] Zöller/*Schultzky* ZPO § 118 Rn. 23.
[946] *Groß* ZPO § 118 Rn. 24.
[947] OLG Braunschweig NdsRpfl 1987, 251 mit eingehender Begründung.
[948] *Grunsky* NJW 1980, 2041 (2044); *Groß* ZPO § 118 Rn. 25; Zöller/*Schultzky* ZPO § 118 Rn. 25.
[949] BVerfG NJW 2003, 3190; NJW 1997, 2102 (keine Vorwegnahme Hauptsacheverfahren); BPatG GRUR 1989, 341; OLG Nürnberg MDR 2003, 1022; OLG München FamRZ 1998, 630; OVG Lüneburg FamRZ 2006, 963; MDR 1995, 636; LAG Baden-Württemberg JurBüro 1988, 222; OVG Hamburg FamRZ 1987, 178; LAG München AnwBl 1988, 122; *Schneider* MDR 1986, 857 u. AnwBl 1987, 466.
[950] OLG Stuttgart DAVorm 1975, 312.
[951] OLG München FamRZ 1998, 630; OLG Düsseldorf FamRZ 1986, 485.

hat daher bei gebotener sorgfältiger Prüfung der PKH-Voraussetzungen und angemessener Anhörung des Gegners über das PKH-Gesuch vor mündlicher Verhandlung und Beweiserhebung zu entscheiden.[952] Eine gleichzeitige Entscheidung kann sich aber aus der Durchführung eines PKH-Prüfungsverfahrens und gleichzeitiger Entscheidungsreife ergeben und stellt dann keine unrichtige Sachbehandlung dar, auf Antrag muss aber vertagt werden.[953] Eine **Aussetzung** des Prozesskostenhilfeverfahrens ist bei Entscheidungsreife unzulässig.[954]

(2) **Dem Antragsteller obliegt im PKH-Prüfungsverfahren eine Mitwirkungspflicht,** was sich aus §§ 117 Abs. 2 und 118 Abs. 2 S. 4 ZPO ergibt.[955] Er muss nach Kräften zur Sachaufklärung beitragen. Dazu gehört insbesondere, dass er von Beginn an unaufgefordert alle für sein PKH-Begehren erheblichen Tatsachen vorträgt und die entsprechenden Belege beifügt sowie gerichtlichen Anforderungen alsbald nachkommt.[956] Er muss auch ein Anerkenntnis des Gegners vortragen.[957] Unvollkommenheiten und Widersprüche seines Vortrages gehen zu seinen Lasten.

213

(3) **Analoge Anwendung von § 124 Abs. 1 Nr. 1 und 2 ZPO bei Falschangaben?:** Im Zuge der verschärften Rechtsprechung BGH zur Aufhebung der PKH wegen **schuldhafter Falschangaben** über Bewilligungsvoraussetzungen nach § 124 Abs. 1 Nr. 1 und 2 ZPO[958] (vgl. → Rn. 1001) kam in der jüngeren Vergangenheit zunehmend die Frage auf, ob § 124 Abs. 1 Nr. 1 und 2 Alt. 2 ZPO auch **analog im Bewilligungsverfahren** anzuwenden ist mit der Folge, dass Antragstellern, die **schuldhaft falsche Angaben** zu den subjektiven Bewilligungsvoraussetzungen oder zu den dem Rechtsstreit zugrundeliegenden Tatsachen machen, allein deshalb PKH zu versagen wäre. Die wohl überwiegende Ansicht in der Rechtsprechung und Literatur war dieser Meinung zu Recht gefolgt.[959] Begründet wurde sie in nachvollziehbarer Weise mit einem Erst-Recht-Schluss: Wenn schuldhafte Falschangaben dazu führen, dass die Bewilligung von PKH nachträglich aufgehoben werden kann, dann müsse erst Recht die Möglichkeit bestehen, PKH schon gar nicht erst zu bewilligen. Die Gegenauffassung hat dies abgelehnt und darauf verwiesen, dass weder eine planwidrige Regelungslücke bestehe noch der Sanktionscharakter von § 124 Abs. 1 Nr. 1 und 2 ZPO sich auf das Bewilligungsverfahren übertragen lasse.[960] Der **BGH**[961] ist aber der zuletzt genannten Entscheidung gefolgt, da nach seiner Ansicht bei einer Anwendung des Rechtsgedankens von § 124 Abs. 1 Nr. 2 ZPO im Bewilligungsverfahren über den Sanktionscharakter hinaus dem Rechtssuchenden bereits der Zugang zum Rechtsschutz vor den Gerichten insgesamt versagt werden würde und dies mit dem Gebot der Rechtswahrnehmungsgleichheit zwischen Bemittelten und Unbemittelten nicht zu vereinbaren sei.

214

---

[952] BVerfG FamRZ 1992, 1151 (1152); OLG Naumburg FamRZ 2000, 106.

[953] OLG Zweibrücken FamRZ 2004, 35; KG OLGReport 2001, 72; vgl. auch OLG Köln FamRZ 1999, 998.

[954] OLG Schleswig MDR 2013, 55; OLG Brandenburg BeckRS 2008, 09577; Musielak/Voit/*Stadler* ZPO § 149 Rn. 3.

[955] BGH NJW 2013, 68; LAG Köln BeckRS 2016, 74102; OLG Brandenburg FamRZ 2004, 120; OLG Bamberg JurBüro 1992, 623; Zöller/*Schultzky* ZPO § 118 Rn. 20.

[956] OLG Karlsruhe FamRZ 2006, 1852; wenn das Gericht überflüssige Fragen stellt, braucht er aber darauf nicht zu antworten: OLG Nürnberg FamRZ 2007, 159.

[957] OLG Hamm FamRZ 2005, 527.

[958] BGH FamRZ 2013, 124.

[959] OLG Stuttgart FamRZ 2016, 395; OLG Hamm FamRZ 2015, 1419; OLG Bamberg FamRZ 2014, 589.

[960] OLG Karlsruhe FamRZ 2015, 353; OLG Brandenburg BeckRS 2009, 07277; *Zapf* FamRZ 2015, 375.

[961] BGH NJW-RR 2015, 1338; OLG Koblenz FamRZ 2019, 1940; vgl. dazu auch *Giers* NZFam 2017, 816.

215　**(4) Unzulässige Maßnahmen:**
- Erhebungen im PKH-Prüfungsverfahren, die dazu dienen, den Prozess selbst zur Entscheidungsreife zu bringen.[962] Das Prüfungsverfahren darf keine Vorwegnahme des Hauptprozesses sein. Deshalb dürfen Sachverhalte, für die der Gegner die Beweislast trägt, durch Zeugenvernehmungen nicht aufgeklärt werden.[963]
- Aussetzung wegen eines anderweitig schwebenden Rechtsstreits,[964] die auch bei Präjudizialität des anderen Verfahrens rechtswidrig ist.
- Anordnung des Ruhens des Verfahrens, da es wie eine Aussetzung wirkt.[965]
- Ablehnung der PKH mit der Begründung die Kostenarmut sei nicht glaubhaft gemacht worden ohne von den Aufklärungsmöglichkeiten nach § 118 Abs. 2 und 3 ZPO Gebrauch zu machen.[966]

216　**(5) Keine Unterbrechung:** Das Prozesskostenhilfeverfahren wird im Gegensatz zur Hauptsache nicht gemäß §§ 239 ff. ZPO – zB bei Versterben des Antragstellers – in direkter oder analoger Anwendung unterbrochen.[967] Das gilt auch für den Fall der Eröffnung des Insolvenzverfahrens nach § 240 ZPO.[968] Die vom Hauptsacheverfahren abweichende Behandlung des PKH-Verfahrens ist durch den Umstand gerechtfertigt, dass dem PKH-Verfahren ein kontradiktorischer Charakter fehlt. Bei noch nicht erfolgter Entscheidung über den PKH-Antrag des insolventen Klägers ist zu berücksichtigen, dass der Klage durch den Wechsel der Prozessführungsbefugnis (§ 80 Abs. 1 InsO) nunmehr die Erfolgsaussichten fehlen.[969] Die Auffassung, die Unterbrechung der Hauptsache nach § 240 ZPO wirke sich insoweit auf das PKH-Verfahren aus, als dass für die Beurteilung der Erfolgsaussicht der Klage auf den Sach- und Streitstand zum Zeitpunkt der Insolvenzeröffnung abzustellen sei,[970] ist daher abzulehnen (→ Rn. 476).

217　**(6) Mittel gegen Entscheidungsverzögerung:**
- Vertagungsantrag zur Hauptsache, wenn verspätet über PKH entschieden wird.[971]
- **Verzögerungsrüge** § 198 GVG, eine **Untätigkeitsbeschwerde** ist nach Inkrafttreten des Gesetzes über den Rechtsschutz bei überlangen Gerichtsverfahren und strafrechtlichen Ermittlungsverfahren vom 24. November 2011 (BGBl. I 302) nicht mehr statthaft (→ Rn. 1042).[972]
- Ablehnung wegen Befangenheit,[973] was aber voraussetzt, dass die Verzögerung auf einer unsachlichen Einstellung des Richters beruht.[974] Sachbezogene – auch kritische – Hinweise im PKH-Verfahren begründen keine Befangenheit.[975]

---

[962] BVerfG Rpfleger 2001, 554; OLG Naumburg MDR 2004, 357.
[963] OLG Brandenburg MDR 2003, 111.
[964] OLG Schleswig MDR 2013, 55; OLG München MDR 1988, 783; OLG Hamm FamRZ 1985, 827.
[965] OLG Zweibrücken FamRZ 2004, 35; Musielak/Voit/*Fischer* ZPO § 118 Rn. 11 halten Ruhen durch schlichten Nichtbetrieb für zulässig.
[966] OLG Naumburg BeckRS 2012, 21421.
[967] BGH NJW-RR 2006, 1208; OLG Düsseldorf NJW-RR 2016, 1531; OLG Frankfurt NJW-RR 2013, 685; BeckRS 2007, 04676; OLG Karlsruhe NJW-RR 2003, 796; OLG Düsseldorf MDR 2003, 1018.
[968] BGH NJW-RR 2006, 1208; OLG Stuttgart Justiz 2004, 513; OLG Köln NZI 2003, 119; **anders** aber OLG Köln NJW-RR 2003, 264.
[969] BGH NJW-RR 2006, 1208.
[970] OLG Frankfurt NJW-RR 2013, 685; OLG Saarbrücken BeckRS 2008, 08530.
[971] OLG Zweibrücken FamRZ 2004, 35; vgl. auch BVerfG FamRZ 2018, 1524 zum Erlass eines Versäumnisurteils gegen den Bedürftigen vor Entscheidung über die VKH.
[972] BGH NJW 2013, 385; OLG Düsseldorf NJW 2012, 1455; OLG Brandenburg FamRZ 2012, 1076.
[973] So *Schneider* MDR 1985, 529.
[974] BayObLG FamRZ 1998, 1240.
[975] OLG Frankfurt OLGReport 1998, 266.

(7) **Begründung der PKH-Verweigerung.** Im Hinblick auf die Beschwerdefähigkeit ist die Verweigerung der PKH so umfassend zu begründen, dass der Partei die tatsächliche und rechtliche Würdigung erkennbar wird.[976]

218

(8) **Anwaltliche Vertretung.** Auch ein Anwalt, der nur ein Gesuch um Prozesskostenhilfe einreicht, ist im Zweifel als für das gesamte Verfahren bevollmächtigt anzusehen, um den Mandanten zB über Handlungsalternativen bei Verweigerung der PKH beraten zu können.[977] Ihm ist daher ein Versäumnisurteil(-beschluss) zuzustellen.

219

g) Durchführung einer mündlichen Erörterung

Eine mündliche Erörterung mit den Parteien ist nur zulässig, wenn eine Einigung zu erwarten ist, § 118 Abs. 1 S. 3 ZPO. Mündliche „Erörterung" ist keine mündliche „Verhandlung" iSd § 128 Abs. 1 ZPO (oder Erörterungstermin nach § 32 FamFG), da im PKH-Verfahren ohne mündliche Verhandlung zu entscheiden ist.

220

(1) **Zweck und Voraussetzungen**

221

- Eine mündliche Erörterung, deren Zweck die Klärung des Streitstoffs bis zur Entscheidungsreife ist, ist unzulässig,[978] auch wenn dies kostensparend und prozessökonomisch wäre.[979] Die „mündliche Erörterung" ist mit dem Güteversuch des § 278 ZPO vergleichbar. Die Bestimmung eines Termins zur mündlichen Erörterung ist aber als entscheidungsvorbereitende Maßnahme nicht anfechtbar,[980] es besteht nur die Möglichkeit, bei Verweigerung der PKH im Termin gegen diese Entscheidung Beschwerde einzulegen. Ein Versäumnisurteil(-beschluss) kann dann nicht ergehen.[981]
- Die Erörterung ist auch noch zulässig, wenn der PKH-Antrag an sich entscheidungsreif ist.[982] § 118 Abs. 1 S. 3 ZPO verbietet nur eine mündliche Erörterung als isolierte Verfahrensmaßnahme im PKH-Verfahren. Zulässig ist die Erörterung PKH-relevanter Tatsachen aus Anlass einer mündlichen Verhandlung, vor deren Beginn über das PKH-Gesuch entschieden werden soll. Die vom Gesetz erwartete zügige Durchführung des Hauptverfahrens macht es oft unmöglich, früher über den PKH-Antrag zu entscheiden, und der Richter muss in jeder Lage des Verfahrens auf eine gütliche Beilegung des Streits bedacht sein.[983]
- Die Erwartung einer Einigung muss seitens des Gerichts zu bejahen sein und darf keine bloß abstrakte oder nur vage sein.[984] Zu erwarten kann sie bei entsprechenden Signalen der Parteien sein oder wenn sie den Umständen nach konkret wahrscheinlich ist. Die mündliche Erörterung wird eher eine Ausnahme[985] und nicht großzügig anzuberaumen sein.[986]
- Der Termin zur mündlichen Erörterung nach § 118 Abs. 1 S. 3 ZPO ist **nicht öffentlich**.[987]

---

[976] OLG Köln OLGReport 2001, 198.
[977] BGH NJW 2002, 1728.
[978] OLG München FamRZ 1998, 630; OLG Karlsruhe FamRZ 1992, 1198; OLG Hamm MDR 1983, 674.
[979] OLG Hamm MDR 1983, 674.
[980] OLG Brandenburg FamRZ 2008, 288.
[981] OLG Zweibrücken FamRZ 2004, 35.
[982] OLG Schleswig SchlHA 1984, 149.
[983] *Lüke* NJW 1994, 233 (234); BLHAG/*Dunkhase* ZPO § 118 Rn. 14.
[984] OLG Zweibrücken NJW-RR 2003, 1078 (1079); OLG Karlsruhe FamRZ 1992, 1198.
[985] *Grunsky* NJW 1980, 2041 (2044).
[986] *Bassenge/Roth* RpflG § 20 Rn. 9.
[987] OLG Karlsruhe MDR 2013, 741; Stein/Jonas/*Bork* ZPO § 118 Rn. 21.

222 (2) Durchführungsfragen

- Ordnungsmaßnahmen gegen die zur mündlichen Erörterung geladenen, aber nicht erschienenen Parteien sind, da § 141 Abs. 3 ZPO nicht anwendbar ist, unzulässig.[988]
- Es besteht kein Anwaltszwang für die mündliche Erörterung, auch wenn das (beabsichtigte) Hauptverfahren dem Anwaltszwang unterliegt.

223 (3) Vergleichsabschluss

- Ein Vergleich gemäß § 118 Abs. 1 S. 3 ZPO ist zu Protokoll des Gerichts zu nehmen. „Gericht" sind das Kollegium, der Vorsitzende, der Einzelrichter (§ 348 ZPO) oder der vom Vorsitzenden mit der mündlichen Erörterung beauftragte Richter (§ 118 Abs. 3 ZPO) oder Rechtspfleger (§ 20 Nr. 4a RPflG). Der Rechtspfleger darf den Vergleich beurkunden, nicht aber selbst eine mündliche Erörterung abhalten oder PKH bewilligen.[989] Nach § 20 Abs. 2 RPflG kann der Richter dem Rechtspfleger die Prüfung der subjektiven Voraussetzungen der PKH übertragen (→ Rn. 110). Geschieht dies erhält der Rechtspfleger auch die Befugnis zur Beurkundung von Vergleichen nach § 118 Abs. 1 S. 3 ZPO (vgl. → Rn. 110). Eine Verweisung an den **Güterichter** (§ 278 Abs. 6 ZPO) ist im PKH-Verfahren nicht möglich.[990]

224
- **Es besteht kein Anwaltszwang für den Vergleich.**[991] Wird der Vergleich dagegen nach vollständiger PKH-Bewilligung bei Anhängigkeit eines Prozessverfahrens geschlossen, so unterliegt er, soweit der Gegenstand das gebietet, dem Anwaltszwang.[992] Ist ein Hauptverfahren noch nicht anhängig und der Vergleich im selben Protokoll beurkundet wie die Erörterung, die zur PKH-Bewilligung führte, ist der Vergleich – Einheitlichkeit der mündlichen Erörterung – als gemäß § 118 Abs. 1 S. 3 ZPO geschlossen anzusehen. Ein gerichtlicher Vergleich außerhalb jeden gerichtlichen Verfahrens ist nämlich nicht denkbar. Die Protokollfolge allein ist hier nicht maßgebend.

225
- Der **Vergleich gemäß § 118 Abs. 1 S. 3 ZPO ist Vollstreckungstitel** nach § 794 Abs. 1 Nr. 1 ZPO.[993] Er beendet das PKH-Verfahren, soweit er reicht, denn auch eine Teileinigung durch Vergleich ist möglich. Wird der Vergleich von einer dazu nicht legitimierten Gerichtsperson beurkundet, ist er als gerichtlicher Vergleich und Vollstreckungstitel unwirksam, wirksam aber als privatrechtlicher Vergleich, der Klagegrundlage sein kann.

226
- **Prozesskostenhilfe für den Vergleich des § 118 Abs. 1 S. 3 ZPO ist zulässig.** Das ist allgemeine Meinung (siehe hierzu ausführlich → Rn. 187) und eine Ausnahme von dem Grundsatz, dass keine Prozesskostenhilfe für das PKH-Prüfungsverfahren gewährt werden kann. Die PKH bezieht sich – abweichend von der hM – richtigerweise in diesen Fällen nicht nur auf den Vergleich als solchen, sondern auf das ganze ihm vorausgegangene PKH-Prüfungsverfahren[994] vgl. → Rn. 187 f.

227
- **Für außergerichtliche Vergleiche** kann Prozesskostenhilfe bewilligt werden, wenn vorher ein Prozesskostenhilfeantrag gestellt war. Auch kann der bereits beigeordnete Anwalt bei Abschluss eines außergerichtlichen Vergleiches die Vergleichsgebühr VV 1003 RVG verlangen, wofür insbesondere die Regelung in § 19 Abs. 1 S. 2 Nr. 2 RVG,

---

[988] LG Hechingen Justiz 1992, 158.
[989] OLG Köln Rpfleger 1986, 493; *Bassenge/Roth* RpflG § 20 Rn. 15; **aA:** *Dörndorfer* RPflG § 20 Rn. 14.
[990] Zöller/*Schultzky* ZPO § 118 Rn. 15; *Greger/Weber* MDR 2012, Sonderheft, S. 3, 27.
[991] OLG Hamburg FamRZ 1988, 1299; Thomas/Putzo/*Seiler* ZPO § 118 Rn. 4.
[992] OLG Köln AnwBl 1982, 113; *Groß* ZPO § 118 Rn. 11.
[993] Zöller/*Schultzky* ZPO § 118 Rn. 16.
[994] OLG Oldenburg Rpfleger 2009, 514; OLG München NJW-RR 2004, 65; **anders** aber BGH NJW 2004, 2595 = *Wax* LMK 2004, 235 (ablehnend) = JurBüro 2004, 601 mkritAnm *Enders;* OLG Hamm FamRZ 2009, 137; vgl. weitere Nachweise zum Streitstand → Rn. 160; dem BGH aber folgend OLG Frankfurt OLGR 2007, 804.

wonach auch außergerichtliche Vergleichsverhandlungen zum Rechtszug gehören, spricht.[995] Dies dient auch der Entlastung der Gerichte. Einer Missbrauchsgefahr ist durch die Notwendigkeit gerichtlicher Protokollierung kaum zu begegnen, im Übrigen kann das Gericht kontrollieren, ob tatsächlich ein Vergleich zustande gekommen ist, → Rn. 187. Nach der Gegenauffassung steht dem § 45 Abs. 1 RVG entgegen, wonach die Beiordnung nur im Verfahren vor den Gerichten erfolge.[996]

h) Keine Kostenerstattung an Gegner im PKH-Verfahren

(1) **Eine Kostenerstattung an den Gegner im PKH-Verfahren kommt nicht in Betracht, § 118 Abs. 1 S. 4 ZPO.** Das PKH-Verfahren ist kein Prozessverfahren, sondern ein parteieinseitiges Verfahren der Daseinsfürsorge im Rechtsbereich.[997] Eine Kostenentscheidung erfolgt nicht,[998] selbst wenn sie billig erschiene, denn die klare gesetzliche Regelung darf nicht durch Billigkeitserwägungen umgangen werden.[999] Auch die Gebühr für das Beschwerdeverfahren nach VV 3500 RVG ist nicht erstattungsfähig.[1000] Eine analoge Anwendung von § 269 Abs. 3 ZPO nach Rücknahme eines nicht zugestellten Klageantrags oder nach Hauptsacheerledigungserklärung ist nicht möglich.[1001] Wie immer können aber materiell-rechtliche Schadensersatzansprüche bei Verzug oder Verschulden bestehen.[1002]   228

(2) **Gerichtsgebühren** entstehen im PKH-Prüfungsverfahren im ersten Rechtszug nicht, (§§ 1 GKG, 1 FamGKG, 1 GNotKG); ausführlich hierzu → Rn. 236. Anders aber bei erfolgloser Beschwerde, vgl. → Rn. 1092. Wegen der Auslagen, zB für die Zeugen- oder Sachverständigenvernehmung, gilt § 118 Abs. 1 S. 5 ZPO.   229

(3) **Eine Kostenentscheidung im PKH-Beschwerdeverfahren** zu Lasten oder zugunsten des Gegners scheidet nach der ausdrücklichen Regelung des § 127 Abs. 4 ZPO ebenfalls aus.[1003] Er ist, wenn er auch ein Anhörungsrecht zu den objektiven PKH-Voraussetzungen hat, nicht „Beteiligter" des PKH-Verfahrens als parteieinseitigem Verfahren.[1004]   230

(4) **Eine Belastung der Staatskasse wegen der Beschwerdekosten ist unzulässig.**[1005] Sie ist nicht förmlich Verfahrensbeteiligte, mag auch der Bezirksrevisor ein eingeschränktes (nur bei Bewilligung zahlungsfreier PKH, § 127 Abs. 3 S. 1 ZPO) Beschwerderecht haben. § 127 Abs. 4 ZPO schließt eine Kostenerstattung im Beschwerdeverfahren generell aus.   231

---

[995] BGH NJW 1988, 494; OLG München JurBüro 2004, 37; OLG Düsseldorf MDR 2003, 415; OLG Schleswig NJW-RR 2004, 422; OLG Nürnberg MDR 2003, 658; OLG Brandenburg Rpfleger 2001, 139; LAG Köln AnwBl 1999, 125; *Zimmermann* Rn. 507.

[996] OLG Koblenz Rpfleger 1996, 32; OLG Köln JurBüro 1994, 605; OLG Nürnberg JurBüro 1990, 1170; *Groß* RVG § 48 Rn. 9.

[997] BGH NJW 1984, 2106.

[998] OLG Zweibrücken OLGReport 2002, 136; OLG Hamm FamRZ 2000, 1514; OLG Schleswig SchlHA 1994, 100; OLG Bamberg JurBüro 1984, 296.

[999] OLG Schleswig SchlHA 1978, 40.

[1000] OLG Karlsruhe Rpfleger 1999, 212.

[1001] OLG Braunschweig FamRZ 2005, 1263; OLG Zweibrücken OLGReport 2002, 136; OLG Hamm FamRZ 2000, 1514.

[1002] BGH NJW 2007, 1458; Zöller/*Herget* ZPO vor § 91 Rn. 11; Zöller/*Schultzky* ZPO § 118 Rn. 18.

[1003] OLG Hamburg MDR 2002, 910; OLG Koblenz MDR 1995, 101; KG Rpfleger 1995, 508; vgl. auch BGH KostRspr ZPO § 127 Nr. 14; Zöller/ *Schultzky* ZPO § 127 Rn. 64.

[1004] *Behn* AnwBl 1985, 234 (236); *Kirstgen* JurBüro 1986, 13 (14); OLG Stuttgart Justiz 1986, 217.

[1005] OLG Hamburg MDR 2002, 910; KG Rpfleger 1995, 508; OLG Koblenz MDR 1995, 101; Zöller/*Schultzky* ZPO § 127 Rn. 64.

232 (5) **Eine mangels Hilfsbedürftigkeit erfolglose PKH-Beschwerde nötigt zu keiner Kostenentscheidung zugunsten des Gegners.** Dem steht einmal § 118 Abs. 1 S. 4 ZPO entgegen. Die Gefahr, dass die im Hauptprozess siegreiche hilfsbedürftige Partei sich die Kosten der erfolglosen Beschwerde als Prozessvorbereitungskosten vom Gegner erstatten lässt, ist nur eine scheinbare. Die Kosten sind im Festsetzungsverfahren als nicht „notwendige" abzusetzen.[1006]

i) Unzulässige Kostenentscheidungen

233 **Unzulässige Kostenentscheidungen im PKH-Verfahren** sind trotz § 118 Abs. 1 S. 4 ZPO nicht ohne weiteres nichtig.[1007] Es kommt für die Wirkung auf das vom Gericht erkennbar Gewollte an. Bei „kostenpflichtiger", „kostenfälliger" und „auf Kosten des Antragstellers" erfolgender Zurückweisung ist im Zweifel eine routinemäßig unbedachte Floskel anzunehmen, die lediglich auf die gesetzliche Kostenfolge, die es im PKH-Verfahren eben nicht gibt, verweist. Eine Kostenerstattung ist damit wirksam nicht angeordnet. Ist aber konkret erkennbar, dass das Gericht eine Kostenerstattung entgegen § 118 Abs. 1 S. 4 ZPO tatsächlich anordnen wollte, ist diese Anordnung wirksam. Auch ungesetzliche Gerichtsentscheidungen sind wirksam, wenn sie einen rechtlich möglichen Inhalt haben. Die durch den Kostenausspruch belastete Partei kann sich dagegen mit Gegenvorstellung oder sofortiger Beschwerde zur Wehr setzen. Im Übrigen kann eine wegen Verstoßes gegen § 127 Abs. 4 ZPO rechtswidrige Kostentscheidung mit der Folge, dass der bedürftigen Partei im Beschwerdeverfahren in der Kostenfestsetzung neben den Gerichtskosten zusätzlich die Anwaltskosten auferlegt wurden, einen **Amtshaftungsanspruch** wegen grob fahrlässigen richterlichen Fehlverhaltens auslösen.[1008]

j) Erstattung der PKH-Kosten im nachfolgenden Hauptprozess

234 Gemäß § 118 Abs. 1 S. 4 ZPO werden dem Gegner im (erstinstanzlichen) PKH-Bewilligungsverfahren entstandene Kosten nicht erstattet. Gerichtskosten können insoweit nicht anfallen, da das PKH-Verfahren kostenfrei ist, wegen der entstandenen gerichtlichen Auslagen bestimmt § 118 Abs. 1 S. 5 ZPO, dass diese als Gerichtskosten von der Partei zu tragen sind, der die Kosten des Rechtsstreits auferlegt werden. Auch die im PKH-Bewilligungsverfahren entstehenden Anwaltskosten werden im Regelfall gemäß § 16 Nr. 2 RVG durch auf die Hauptsachegebühren angerechnet. In Betracht kommen insoweit nur hiervon nicht erfasste sonstige Kosten, wie zB Reisekosten oder Verdienstausfall der Partei.[1009] § 118 Abs. 1 S. 4 ZPO gilt nach seinem Wortlaut nicht für die **obsiegende hilfsbedürftige Partei, ihr können daher bei einer für sie in der Hauptsache günstigen Kostenentscheidung die PKH-Verfahrenskosten als Prozessvorbereitungskosten zu erstatten sein**.[1010] Die gesetzliche Lösung ist unbillig, weil sie gleichberechtigte Parteien ungleich behandelt.[1011] Ein Teil der Rechtsprechung und Literatur zieht hieraus

---

[1006] KG Rpfleger 1995, 508.
[1007] Vgl. Zöller/*Geimer* (32. Aufl. 2018) ZPO § 118 Rn. 31; *Schneider* MDR 1987, 723: Anfechtung mit sofortiger Beschwerde entsprechend § 127 Abs. 2 ZPO.
[1008] OLG München BeckRS 2012, 06082.
[1009] *Zimmermann* Rn. 549 mit Beispiel.
[1010] LAG Nürnberg NZA-RR 2011, 101; OLG Stuttgart Justiz 1986, 217; OLG Karlsruhe AnwBl. 1978, 462; OLG Köln NJW 1975, 1286; OLG Hamm Rpfleger 1973, 317 u. 407; MüKoZPO/*Wache* § 118 Rn. 24; *Zimmermann* Rn. 549; Musielak/Voit/*Fischer* ZPO § 118 Rn. 16; *Mümmler* JurBüro 1987, 1301.
[1011] OLG Hamburg MDR 2002, 910; OLG München NJW-RR 2001, 1437; KG Rpfleger 1995, 508; *Groß* ZPO § 118 Rn. 39 ff.; *Lösch* S. 168 ff., 189 fordert verfassungskonforme Interpretation dahin, dass auch der Antragsteller keine Kostenerstattung erhält.

die Konsequenz, dass sie den Kostentitel der Hauptsache als generell ungeeignet zur Festsetzung von PKH-Verfahrenskosten ansieht oder § 118 Abs. 1 S. 4 ZPO analog auf den Antragsteller anwendet,[1012] dann müsste das dann aber auch für alle anderen Prozessvorbereitungskosten gelten, was so kaum haltbar ist. Die vom Gesetzgeber vorgenommene Ungleichbehandlung der bedürftigen und nicht bedürftigen Partei ist insoweit hinzunehmen.[1013] Anders ist die Rechtslage aber hinsichtlich der Kosten des **zweitinstanzlichen Beschwerdeverfahrens**. Hier entsteht für den Rechtsanwalt nach VV 3500 RVG eine 0,5 Gebühr, die nicht auf die Hauptsachegebühren angerechnet werden und die auch die bedürftige Partei ihrem Rechtsanwalt schuldet. Hier steht aber § 127 Abs. 4 ZPO, wonach die Kosten des Beschwerdeverfahrens nicht erstattet werden, einer Geltendmachung als Vorbereitungskosten für beide Parteien entgegen,[1014] → Rn. 1096.

k) Kostenvereinbarungen

Kostenvereinbarungen mit der hilfsbedürftigen Partei sind grundsätzlich zulässig, denn § 118 Abs. 1 S. 4 ZPO fixiert nur die gesetzliche Rechtslage.[1015] Enthält ein Vergleich keine Kostenregelung, gilt § 98 ZPO (bzw § 83 Abs. 1 FamFG), der eine Kostenerstattung nicht vorsieht und auch § 91a ZPO vorgeht.[1016] In Ehesachen ist eine Kostenvereinbarung der Parteien für das Gericht nicht bindend, § 150 Abs. 4 S. 3 FamFG.[1017] Zur Problematik der §§ 29 Nr. 2, 31 Abs. 3 GKG → Rn. 766 ff.

235

l) Keine Gerichtskosten im PKH-Verfahren

Gerichtsgebühren fallen im erstinstanzlichen PKH-Verfahren nicht an. Es ist **gebührenfrei**, aber **nicht auslagenfrei**.[1018] Gerichtsgebührenfrei ist auch der den Streitgegenstand überschreitende Inhalt eines Vergleichs gemäß § 118 Abs. 1 S. 3 ZPO.[1019] Für die Kosten einer Zeugen- oder Sachverständigenvernehmung haftet der Antragsteller nach § 28 Abs. 3 GKG (§§ 23 Abs. 3 FamGKG, 26 Abs. 4 GNotKG), wenn der PKH-Antrag zurückgenommen oder abgewiesen wird. Im Fall der PKH-Bewilligung gilt § 118 Abs. 1 S. 4 ZPO → Rn. 234. Kommt es zu keinem Hauptprozess oder keiner Kostenentscheidung in diesem, haftet der Antragsteller gemäß § 22 GKG (§§ 21 FamGKG, 22 GNotKG), jedoch bei PKH-Bewilligung mit den Einschränkungen der Geltendmachung gemäß § 122 Abs. 1 Nr. 1a ZPO.

236

[1012] So: OLG Koblenz NJW-RR 1995, 768; JurBüro 1986, 1412; Rpfleger 1975, 99 (100); OLG Düsseldorf Rpfleger 1988, 41; OLG München MDR 1989, 267; OLG Hamburg MDR 2002, 910; *Behn* AnwBl. 1985, 234 (236); Zöller/*Schultzky* ZPO § 118 Rn. 19; Poller/Härtl/Köpf/*Liegl* ZPO § 118 Rn. 45: analoge Anwendung von § 118 Abs. 1 S. 4 ZPO.

[1013] Musielak/Voit/*Fischer* ZPO § 118 Rn. 16; *Zimmermann* Rn. 549; vgl. auch LAG Nürnberg NZA-RR 2011, 101 (Reisekosten).

[1014] VG Regensburg BeckRS 2012, 50728; OLG Celle OLGR 2002, 323; KG Rpfleger 1995, 508; OLG München MDR 2001, 1266; Rpfleger 1989, 204; OLG Düsseldorf MDR 1987, 941; OLG Hamburg OLGReport 2002, 309; JurBüro 1989, 671; *Zimmermann* Rn. 550; Musielak/Voit/*Fischer* ZPO § 127 Rn. 29; **aA:** OLG Stuttgart JurBüro 1986, 936.

[1015] BGH NJW 2004, 366; OLG Celle NdsRpfl 2004, 45; *Groß* ZPO § 118 Rn. 41; Musielak/Voit/*Fischer* ZPO § 118 Rn. 16.

[1016] Aber Kostenentscheidung gemäß § 91a ZPO, wenn Vergleich auf Hauptsache beschränkt: BGH MDR 1965, 25.

[1017] Aufgrund der Einfügung des Wortes „soll ... zugrunde legen" im Vergleich zu § 93a Abs. 1 S. 3 ZPO „berücksichtigen" ist das Gericht gehalten, die Vereinbarung der Beteiligten stärker als bisher zu beachten, vgl. Johannsen/Henrich/*Markwardt* FamFG § 150 Rn. 17.

[1018] Thomas/Putzo/*Seiler* ZPO § 118 Rn. 11; Zöller/*Schultzky* ZPO § 118 Rn. 17.

[1019] BLHAG/*Dunkhase* ZPO § 118 Rn. 25.

237 Im zweiten Rechtszug entsteht für die Zurückweisung der sofortigen Beschwerde Gerichtsgebühren (in Zivilsachen: KV 1812 GKG von 66,- EUR, § 22 GKG; in Familiensachen gem. § 21 Abs. 1 FamGKG iVm 1912 KV FamGKG). Bei teilweise erfolgloser Beschwerde kann das Gericht die Gebühr zur Hälfte ermäßigen oder erlassen.

6. Einigungsgebühr bei anhängigem PKH-Verfahren

238 Der Anwalt erhält eine 1,0-Gebühr für den Abschluss eines „Vergleichs", falls ein gerichtliches Verfahren über den Gegenstand des Vergleichs anhängig ist (VV 1003 RVG), sonst eine 1,5-Gebühr (VV 1000 RVG). Ein Verfahren über die Prozesskostenhilfe steht dem gerichtlichen Verfahren gleich, wie sich aus der amtlichen Anmerkung zu VV 1003 RVG ergibt.[1020] Anders – also eine 1,5-Gebühr fällt an – ist es nach der amtlichen Anmerkung dann, wenn nur PKH für die gerichtliche Protokollierung des Vergleichs beantragt wird oder sich die Beiordnung nur auf den Abschluss eines Vertrages im Sinne der VV 1000 RVG erstreckt.

7. Hauptgebote für den Richter im PKH-Prüfungsverfahren

239 Der **Richter hat hinzuwirken auf:**
(1) Zügige Verfahrensdurchführung.
(2) Abschluss des PKH-Verfahrens vor Antragstellung im Hauptverfahren und Beweiserhebung.[1021]
(3) Vermeidung der Vorwegnahme des Hauptprozesses durch Aufklärung im PKH-Verfahren.

8. Förderung des PKH-Verfahrens durch den Antragsteller

240 **Folgende Förderung durch die hilfsbedürftige Partei kommt in Betracht:**
(1) Frühzeitige Antragstellung mit eindeutiger Klarstellung bei Einreichung von PKH-Gesuch mit Klage oder Rechtsmittel („Entwurf"), was gewollt ist – ggf. mit Klage warten bis zur PKH-Entscheidung.
(2) Vorlage sorgfältig und vollständig bearbeiteter Unterlagen:
(a) Antragsschrift (zweifach)
(b) konkrete Darstellung des Streitstandes
(c) Angabe aller Beweismittel (ladungsfähige Anschriften)
(d) klarer Sachantrag
(e) vollständig ausgefüllter Vordruck
(f) Beifügung aller einschlägigen Belege, insbesondere der letzten Jahresverdienstbescheinigung.
(3) Beifügen von Zweitschriften für den Gegner, soweit er zu hören ist.
(4) Fristgerechte und vollständige Erfüllung aller gerichtlichen Auflagen und Anfragen.
(5) Achtung auf Fristenwahrung durch den Gegner.
(6) Erinnerung an Erledigung bei verzögerlicher Bearbeitung.
(7) Beanstandung gesetzeswidrigen Verfahrens (Ruhen, Aussetzen, Vorwegnahme Hauptprozess).
(8) Verzögerungsrüge erheben, wenn die Voraussetzungen von § 198 Abs. 3 GVG gegeben sind, § 198 GVG erfasst nach § 198 Abs. 6 Nr. 1 GVG auch das PKH-Verfahren.

[1020] HSE/*Enders* RVG VV 1003 Rn. 9.
[1021] BVerfG NJW-RR 1993, 382.

§ 6 Bedürftigkeit

I. Gesetzliche Grundlagen

(1) §§ 114, 115 ZPO bestimmen, dass die Gewährung von Prozesskostenhilfe von den "persönlichen und wirtschaftlichen Verhältnissen" der Partei und damit davon abhängt, ob sie die Prozesskosten aus ihrem Einkommen und Vermögen aufzubringen vermag oder nicht.

241

(2) Seit 1.1.2005 bezieht sich die Vorschrift des § 115 ZPO,[1022] auf das SGB XII dessen maßgeblicher § 28 SGB XII 2011 grundlegend geändert wurde.[1023] Schon auf den ersten Blick erscheint sie wegen dieser Verweise unübersichtlich. Dazu kommt, dass zu den einschlägigen Vorschriften des SGB XII eine Anlage zu den Regelbedarfsstufen und Durchführungsverordnungen bestehen und in §§ 82 Abs. 2, 90 SGB XII auf andere Rechtsbereiche verwiesen wird.

242

Dass sich die Berechnung des maßgeblichen Einkommens und Vermögens auf dieser Grundlage schwierig gestalten muss, liegt auf der Hand. Sehr berechtigt ist deshalb die Kritik von BLHAG/*Dunkhase*.[1024] Und ebenso verständlich ist es, dass auf Seiten der Richterschaft die Neigung besteht, die Schwierigkeiten bei der Anwendung des § 115 ZPO durch eine **großzügige Bewilligungspraxis** zu umgehen.[1025] Werden für die bedürftige Partei indes Raten angesetzt, hat sie ein Recht auf völlig genaue und korrekte Berechnung.[1026] Auch hier bietet sich ein Ausweg an, nämlich die regelmäßige Gewährung von PKH ohne Ratenanordnung.[1027] Dieser ist aber nicht hinzunehmen, denn die diesbezügliche Belastung der Justizhaushalte, die immerhin vom Steuerzahler finanziert werden, ist erheblich.[1028] **Außerdem entspricht es nicht der Absicht des Gesetzgebers, leistungsfähigen Parteien Rechtsschutz zum Nulltarif zu gewähren.**[1029]

Angesichts dieser Problematik ist erwogen worden, die Bedürftigkeitsprüfung auf die Sozialhilfeträger zu übertragen, wie dies vor 1980 der Fall war.[1030] Dem ist entgegenzuhalten, dass der Großteil der PKH-Bewilligungen in familiengerichtlichen Verfahren erfolgt,[1031] in denen der Richter sich hinsichtlich Unterhalt, Zugewinnausgleich usw. ohnehin mit der Einkommens- und Vermögenslage der Parteien auseinandersetzen muss.

Wenn es der rechtspolitische Zweck des Gesetzgebers war, dem Bürger den peinlichen Gang zum Sozialamt zu ersparen,[1032] so wird dieser zwar erreicht, setzt allerdings um-

---

[1022] G. v. 30.12.2003, BGBl. I 3022; zuletzt geändert mWv 1.1.2021 durch G v. 21.12.2020 (BGBl. I S. 3229)

[1023] BGBl. I 453 (482). Zum Regelbedarf nach § 28 SGB XII gibt es nunmehr das Regelbedarfs-Ermittlungsgesetz (RBEG).

[1024] § 115 Rn. 2: „… Kompliziert und für den Laien schwer verständlich …".

[1025] *Meister* ZRP 1998, 166.

[1026] *Groß* ZPO § 115 Rn. 2.

[1027] 2010 erfolgten rund 90 % der PKH-Bewilligungen ohne Ratenanordnung: BT-Drs. 17/11472, 17.

[1028] Der Entwurf der Bundesregierung für das Gesetz zur Änderung des Prozesskostenhilfe – und Beratungshilferechts rechnete mit Einsparungen durch das Gesetz für die Länderhaushalte in Höhe von 6,48 Mio. im Bereich der PKH und nochmal 6 Mio. im Bereich der Beratungshilfe: BT-Drs. 17/11472, 2. Ob dies nach den Änderungen durch die Beschlüsse des Rechtsausschusses noch erreicht wird, bleibt abzuwarten. Kritisch zu den Einsparungen: *Nickel,* FuR 2013, 82, der auch darauf aufmerksam macht (MDR 2008, 1133), dass andere Europäische Länder wesentlich mehr für PKH ausgehen wie Deutschland. Vgl. auch *Büttner* Anwalt 2007, 477.

[1029] Das wurde auch in den Reformvorschlägen deutlich, zB BT-Drs. 17/1216.

[1030] Zum gesamten Themenkomplex *Meister* ZRP 1998, 166.

[1031] Vgl. die Rechtspflegerstatistik des Statistischen Bundesamtes, BT-Drs. 17/11472, 2.

[1032] Zum Zuschußzweck ausführlich: BLHAG/*Dunkhase* ZPO § 115 Rn. 2.

fassende Auskünfte des Antragstellers dem Gericht gegenüber voraus, die seine Lebensumstände als Ganzes betreffen.

Eine zusätzliche Schwierigkeit ergibt sich schließlich noch daraus, dass zum einen Berechnungen auf den Euro genau anzustellen sind, da nach dem zum 1.1.2014 neugefassten § 115 Abs. 2 ZPO die Monatsraten in Höhe der Hälfte des einzusetzenden Einkommens festzusetzen sind (→ Rn. 348), andererseits die Grundlage hierfür durch Anwendung unbestimmter bzw. normativer Begriffe geschaffen werden muss, was praktisch auf Ermessensentscheidungen hinausläuft.[1033] Und schließlich soll nach dem Willen des Bundesverfassungsgerichts[1034] die Prüfung der wirtschaftlichen Verhältnisse nicht derart überspannt werden, dass der Zugang zu den Gerichten übermäßig erschwert wird. All das hat das Gericht zu beachten.

243 (3) **Zumindest gibt § 115 ZPO die Reihenfolge der Prüfung vor.**
Sie gestaltet sich im Überblick wie folgt:
- Die Ermittlung des Einkommens kommt nur in Betracht, wenn die Partei die Prozesskosten aus ihrem Vermögen nicht aufbringen kann.
- Zum Einsatz des Vermögens im Einzelnen wird auf → Rn. 366 ff. verwiesen.
- Zunächst ist das Bruttoeinkommen zu ermitteln (§ 115 Abs. 1 S. 1, 2 ZPO).
- Hiervon **sind abzuziehen:**
- Einkommensteuern, Versicherungsbeiträge, Werbungskosten und bestimmte Leistungen nach dem SGB IX (§ 115 Abs. 1 S. 3 Nr. 1a ZPO iVm § 82 Abs. 2 SGB XII)
- die Beträge, derer die Partei für ihren und ihrer Familie Lebensunterhalt bedarf (§ 115 Abs. 1 S. 3 Nr. 1b, 2 ZPO iVm Anlage zu § 28 Abs. 2 SGB XII)
- die Kosten für Unterkunft und Heizung (§ 115 Abs. 1 S. 3 Nr. 3 ZPO)
- Mehrbedarfe nach § 21 SGB II und nach § 30 SGB XII (§ 115 Abs. 1 S. 3 Nr. 4).[1035]
- besondere Belastungen (§ 115 Abs. 1 S. 3 Nr. 5 ZPO)
- Von dem eventuell verbleibenden **Rest des Einkommens** sind **Monatsraten in Höhe der Hälfte des einzusetzenden Einkommens** festzusetzen; die Monatsraten sind auf volle Euro abzurunden (§ 115 Abs. 2 ZPO).[1036]

II. Personaler Bezugspunkt der „persönlichen und wirtschaftlichen Verhältnisse"

244 (1) Gemäß § 115 Abs. 1 S. 1 und 2 ZPO hat der **Antragsteller** sein Einkommen einzusetzen, dazu zählen alle Einkünfte in Geld oder Geldeswert. Maßgebend sind damit lediglich die **Einkünfte der Partei, nicht etwa das Familieneinkommen.**[1037] Die Einkünfte der Familienangehörigen finden über § 115 Abs. 1 S. 7 sowie über eventuell bestehende Prozesskostenvorschussansprüche im Rahmen der §§ 1360a Abs. 4, 1361 Abs. 4 S. 4 BGB Berücksichtigung. Würde das Einkommen des anderen Ehegatten bzw.

[1033] ZB „Härte" in § 90 Abs. 3 SGB XII; „besondere Belastungen" in § 115 Abs. 1 S. 3 Nr. 5 ZPO; „angemessenes Hausgrundstück" in § 90 Abs. 2 Nr. 8 SGB XII; „nach Grund und Höhe angemessen" in § 82 Abs. 2 Nr. 3 SGB XII; „auffälliges Missverhältnis" in § 115 Abs. 1 S. 3 Nr. 3 ZPO.
[1034] BVerfG NVwZ 2004, 334.
[1035] BGBl. 2013 I 3533.
[1036] Bis zum 31.12.2013 waren die Raten nach der Tabelle des ZPO § 115 Abs. 2 aF festzusetzen.
[1037] OLG Köln FamRZ 2003, 1394; OLG Koblenz FamRZ 2001, 925; *Zimmermann* Rn. 44; bzgl. der Klage eines Unternehmers vgl. OLG Schleswig OLGReport 2002, 450. Zum Einkommen bei Verfahrenskostenhilfe nach dem FamFG vgl. *Zimmermann* FPR 2009, 388. Im Sorgerechtsverfahren kommt es auf das Einkommen der Eltern an, nicht auf das der Kinder, vgl. OLG Köln FamRZ 2010, 749.

Lebenspartners im Rahmen des § 115 Abs. 1 S. 1 ZPO mit berücksichtigt, so würde dies auf eine Kostentragung des Ehegatten/Lebenspartners auch für Prozesskosten in nicht persönlichen Angelegenheiten hinauslaufen; dies schließen §§ 1360a Abs. 4, 1361 Abs. 4 BGB jedoch gerade aus. Die Mietkosten des § 115 Abs. 1 S. 3 Nr. 3 ZPO können im Verhältnis der Anzahl der Bewohner zu teilen sein, insoweit kann sich das Einkommen des einen Ehegatten auf den PKH-Anspruch des andern auswirken.[1038] → Rn. 314.

(2) Auch **Sachbezüge** (Naturalleistungen, zB Unterkunft und Verpflegung) können bei Eheleuten/Lebenspartnern berücksichtigt werden.[1039] Es ist jedoch darauf zu achten, dass nicht durch eine zu hohe Bewertung dieser Leistungen eine Zahlungspflicht entsteht, die dann letztlich doch vom Ehepartner zu erfüllen ist.[1040] Gleiches gilt im Verhältnis von Eltern zu ihren Kindern. Zu beachten ist ferner, dass sich § 115 Abs. 1 ZPO nicht ausdrücklich auf § 82 Abs. 1 SGB XII und die dazu erlassene DurchführungsVO bezieht; insofern kann der Wert der Naturalleistungen durch den Richter frei zu schätzen sein.

Lediglich konkrete Ersparnisse (zB freie Wohnung und Verpflegung) sind als Naturaleinkünfte zu berücksichtigen. **245**

(3) Bezüglich der Gewährung von Prozesskostenhilfe an Ehegatten/Lebenspartnern als Streitgenossen wird auf → Rn. 63 verwiesen.

(4) Auch bei **nichtehelichen Lebensgemeinschaften** gilt im Grundsatz, dass lediglich **246** die Einkommensverhältnisse des Antragstellers eine Rolle spielen.

Im Übrigen ist zu differenzieren: Handelt es sich um eine Lebensgemeinschaft, die nicht dem Lebenspartnerschaftsgesetz unterfällt, so findet eine Berücksichtigung der Einkünfte des Partners im Rahmen des § 115 Abs. 1 ZPO nicht statt und lässt sich auch nicht aus §§ 20 SGB XII oder § 9 Abs. 2 SGB II herleiten, da Prozesskosten nicht zum laufenden Lebensbedarf zu zählen sind.[1041] Ebenso wenig besteht ein Prozesskostenvorschussanspruch gemäß §§ 1360a Abs. 4, 1361 Abs. 4 BGB. Zulässig ist es allerdings, freie Zuwendungen (finanzielle Leistungen und Sachbezüge) zu bewerten.

Bei einer **eingetragenen Lebenspartnerschaft** wird der Partner des Antragstellers gem. § 115 Abs. 1 S. 3 Nr. 2, § 5 LPartG, § 1360a Abs. 4 BGB wie ein Ehegatte berücksichtigt.

Problematisch ist die Berücksichtigung erbrachter Versorgungsleistungen: Führt zB die nicht berufstätige Frau ihrem Lebensgefährten den Haushalt und erhält dafür zwar kein Entgelt, aber Wohnung, Kleidung und Verpflegung, so ist zu fragen, ob (bei Leistungsfähigkeit des Partners) auch fiktiver Lohn für die Haushaltsführung anzusetzen ist.[1042] Es erscheint jedoch richtig, in einem solchen Fall von einem **fiktiven Einkommen** auszugehen; arbeitet der Antragsteller nicht, obwohl das nach seinen „persönlichen Verhältnissen" zumutbar wäre, so unterlässt er den Arbeitseinsatz, zu dem er nach PKH-Recht verpflichtet ist.[1043] Hiervon ist jedoch nur in Ausnahmefällen auszugehen.[1044] Zum fiktiven Einkommen insgesamt → Rn. 288 ff.

Bei anderer Ansicht hätte der Steuerzahler dafür aufzukommen, dass der Antragsteller seine Arbeitskraft nicht in der üblichen Form verwertet.[1045] Hier ist es gerechtfertigt, Haushaltsführung und Sachleistungen nach der Leistungsfähigkeit des verdienenden Partners zu bewerten, wobei auf den Einzelfall abzustellen ist.[1046]

[1038] Zimmermann Rn. 44.
[1039] LAG Hamm FamFR 2010, 161.
[1040] Beispiele bei Zimmermann Rn. 46–48.
[1041] OLG Karlsruhe OLGReport 2004, 304; so im Ergebnis auch OLG Köln FamRZ 1988, 306; Zimmermann Rn. 49.
[1042] So OLG Hamm FamRZ 1984, 409, ablehnend: OLG Köln FamRZ 1995, 372
[1043] KG FamRZ 2008, 2302 mwN; OLG Köln MDR 1998, 1434.
[1044] BGH FamRZ 2009, 1994; OLG Saarbrücken MDR 2012, 1367.
[1045] Zimmermann Rn. 49.
[1046] Zimmermann Rn. 49.

III. Berechnung des Einkommens

1. Ermittlung des Bruttoeinkommens

a) Allgemeines

247   Nach der Legaldefinition des § 115 Abs. 1 S. 2 ZPO gehören zum Einkommen des Antragstellers **alle Einkünfte in Geld oder Geldeswert,** und zwar unabhängig davon, woher sie stammen und ob sie pfändbar oder zu versteuern sind. Für die Prozesskostenhilfe gelten die sozialrechtlichen, nicht die unterhalts- oder steuerrechtlichen Regeln.[1047] Der Einkommensbegriff des § 115 ZPO deckt sich nicht mit dem des § 82 Abs. 1 SGB XII, da dort Leistungen nach dem SGB XII sowie die Grundrenten nach dem BVG ausdrücklich ausgenommen sind. Andererseits kann gerade die DurchführungsVO zu § 82 SGB XII wichtige Hilfestellung bei der Bewertung von Bezügen leisten.[1048] Ob ein Rechtsanspruch auf die Bezüge besteht, ist ohne Belang;[1049] auch freiwillige regelmäßige Zahlungen Dritter können zu berücksichtigen sein.[1050] Allerdings müssen sie auch in nennenswertem Umfang geleistet werden und es muss zu erwarten sein, dass der Dritte auch in Zukunft zahlt.[1051] Was trotz bestehenden Rechtsanspruchs nicht gezahlt wird, ist nicht als Einkommen zu werten.[1052]

Im Hinblick auf die festzusetzenden Monatsraten ist das monatliche Einkommen entscheidend; das heißt 1/12 des Jahreseinkommens. Bei schwankenden monatlichen Einkünften muss ein Monatsdurchschnitt gebildet werden.[1053] In diesem Rahmen werden Sondereinnahmen, etwa Urlaubs- und Weihnachtsgeld, mitgezählt. Die Abgrenzung des Einkommens zum Vermögen kann Schwierigkeiten bereiten, dazu im Einzelnen → Rn. 368.

b) Arbeitseinkommen

248   Praktisch bedeutsam sind vor allem die **Einkünfte aus selbstständiger und nichtselbstständiger** Arbeit. Bei Arbeitnehmern sind Lohn, Gehalt – dazu zählen auch die Zuschläge für Sonntags-, Feiertags-, und Nachtarbeit und Überstunden – sowie das Weihnachts- und Urlaubsgeld relativ einfach festzustellen. Hierher gehören auch alle Einkünfte mit Lohnersatzfunktion: Krankengeld,[1054] Kurzarbeitergeld, Arbeitslosengeld I und Arbeitslosengeld II (Leistungen nach dem SGB II)[1055] Auch das Arbeitseinkommen, welches ein Strafgefangener in der Justizvollzugsanstalt erzielt, stellt Einkommen im Sinne des § 115 Abs. 1 S. 2 ZPO dar,[1056] aber → Rn. 305.

Schwieriger gestalten sich die Feststellungen bei Selbständigen; hier ist zwar grundsätzlich der Gewinn maßgebend, zu berücksichtigen ist jedoch, dass dieser bedingt durch

---

[1047] Zöller/*Schultzky* ZPO § 115 Rn. 2.
[1048] *Zimmermann* Rn. 43.
[1049] Zöller/*Schultzky* ZPO § 115 Rn. 3; *Zimmermann* Rn. 43.
[1050] OLG Köln JurBüro 1996, 256; FamRZ 1996, 873.
[1051] BGH FamRZ 2008, 400.
[1052] Zöller/*Schultzky* ZPO § 115 Rn. 3; *Zimmermann* Rn. 76.
[1053] OLG Brandenburg NZFam 2014, 182.
[1054] Die Unterscheidung, ob es während der Arbeitslosigkeit oder anstelle von Arbeitsentgelt gezahlt wird, ist maßgeblich für die Frage der Berücksichtigung eines Erwerbstätigenfreibetrages, siehe hierzu → Rn. 303.
[1055] Zu Leistungen nach dem SGB II s. BGH NJW-RR 2011, 3 = FamRZ 2010, 461; iÜ vgl. Zöller/*Schultzky* ZPO § 115 Rn. 19. Zur Einkommensermittlung bei Heimbewohnern LG Koblenz FamRZ 1998, 487.
[1056] KG BeckRS 2013, 06709; OLG Karlsruhe FamRZ 1998, 248.

§ 6 Bedürftigkeit

mögliche Abschreibungen[1057] und zeitliche Verschiebungen geringer ausfällt, als es den tatsächlichen Verhältnissen entspricht. Deshalb geben Einkommensteuererklärungen, Gewinn- und Verlustrechnungen und Bilanzen lediglich Anhaltspunkte, die sich gegebenenfalls durch den Lebenszuschnitt des Antragstellers (teure Wohnung und PKW, Reisen, Hauspersonal usw.) korrigieren lassen.

Bei Unternehmern ist stets zu berücksichtigen, welchen Bereich die beabsichtigte Rechtsverfolgung betrifft.[1058] Handelt es sich um eine betriebsbezogene Forderung, ist die Leistungsfähigkeit des Betriebsvermögens ausschlaggebend, nicht das persönliche Einkommen oder Vermögen des Unternehmers.[1059]

c) Sonstige Einkünfte

Hierzu zählen vor allem die **Einkünfte aus Kapitalvermögen und Vermietung/Verpachtung** nach Abzug der diesbezüglich notwendigen Ausgaben,[1060] sowie **Renten** aller Art, auch solche nach BEG und BVG; hier auch die sog Grundrente.[1061] Über § 115 Abs. 1 S. 3 Nr. 5 ZPO findet allerdings § 1610a BGB Berücksichtigung, der vermutet, dass die Kosten für die Aufwendungen bei Körper- und Gesundheitsschäden nicht geringer sind als die insoweit erbrachten Sozialleistungen. Letztlich wird also bei den Einkünften ein Betrag berücksichtigt, der dann doch in gleicher Höhe abgezogen wird. Näher hierzu→ Rn. 266, 325.

249

2. Einzelne Einkunftsarten

- **Abfindungen** für den Verlust des Arbeitsplatzes nach einvernehmlicher Auflösung des Arbeitsverhältnisses oder ordentlicher Kündigung gem. §§ 9, 10 KSchG dienen zum teilweisen Ausgleich des laufenden Einkommens aus dem Arbeitsverhältnis. Sie sind daher als Einkommen, nicht als Vermögen zu betrachten und auf entsprechende monatliche Leistungen für die Zukunft umzurechnen, da sie der Aufrechterhaltung der bisherigen wirtschaftlichen Verhältnisse dienen sollen.[1062] Wird ein neuer Arbeitsplatz gefunden, bevor die Abfindung insoweit rechnerisch verbraucht ist, so zählt der nicht verbrauchte Rest zum Vermögen. Eine **Unterhaltskapitalabfindung,** also ein Kapitalabfindungsbetrag, der zur Abgeltung von möglichen künftigen Unterhaltsansprüchen gezahlt wird, ist auf den Zeitraum, für den sie gezahlt ist, umzulegen.[1063] Zur Unterhaltsabfindung auch unten → Rn. 968. Eine **Witwenrentenabfindung** anlässlich der Wiederverheiratung zählt zum Vermögen. Sie ist nicht als Rentenvorauszahlung gedacht, sondern soll einen Anreiz zur erneuten Eheschließung bieten.[1064]

250

- **Arbeitsförderungsgeld für Behinderte** ist Einkommen, wirkt sich aber wegen des Abzugs nach § 115 Abs. 1 S. 3 Nr. 1a ZPO iVm § 82 Abs. 2 Nr. 5 SGB XII nicht aus.

251

[1057] Im Rahmen der Einkommensermittlung bei Selbständigen sind Abschreibungen nicht zu berücksichtigen: OLG Jena OLGReport 1997, 134.
[1058] BGH NJW-RR 2007, 379.
[1059] OLG Schleswig OLGReport 2002, 450; OLG Nürnberg OLGReport 2003, 189.
[1060] Keine Berücksichtigung besonders hoher Ausgaben, die insgesamt zu Negativeinkünften führen: OLG München MDR 2006, 112; Zöller/*Schultzky* ZPO § 115 Rn. 12.
[1061] *Groß* ZPO § 115 Rn. 13; Zöller/*Schultzky* ZPO § 115 Rn. 18. Für Renten nach BEG vgl. BVerwG ZfSH/SGB 1985, 34 mwN.
[1062] OLG Karlsruhe FamRZ 2002, 1196; *Zimmermann* Rn. 50; Zöller/*Schultzky* ZPO § 115 Rn. 7; Musielak/Voit/*Fischer* ZPO § 115 Rn. 3.
[1063] OLG Frankfurt, Beschl. v. 15.6.2015, 6 WF 124/15; OLG Karlsruhe, FamRZ 2014, 1724; Musielak/Voit/*Fischer* ZPO § 115 Rn. 3; Zöller/*Schultzky* ZPO § 115 Rn. 7.
[1064] OLG Koblenz FamRZ 1987, 1284.

252 • **Arbeitslosengeld I und Arbeitslosengeld II (Leistungen nach dem SGB II)** sind als Einkommen anzusehen.[1065] Das gilt auch für Zuschläge nach §§ 21 Abs. 3, 24 SGB II.[1066] Allerdings stellt sich im Rahmen einer Bedarfsgemeinschaft häufig das Problem nach der Höhe der dem Einzelnen zuzurechnenden Leistung.[1067] Siehe zu den Abzügen eines Freibetrages → Rn. 308.

253 • Die **Arbeitnehmersparzulage** wird zT zum Einkommen gezählt.[1068] Richtiger erscheint es, die Zweckbestimmung dieser Leistung zu berücksichtigen. Der Arbeitnehmer kann über die Sparzulage nicht frei verfügen, sie ist im Rahmen der vermögenswirksamen Leistungen für einen bestimmten Zeitraum festgelegt. Eine vorzeitige Auflösung des Guthabens ist nur unter Verlusten möglich und deshalb meist unzumutbar. Das nach Ablauf der Ansparzeit vorhandene Guthaben kann zum Vermögen zu zählen sein, allerdings ist hier § 90 Abs. 2 SGB XII zu beachten.[1069]

253a • Zur **Arbeitskraft** → Rn. 288.

254 • **Aufwandsentschädigungen** (Fahrtkostenerstattung, Spesen, Auslandszulagen) sind zwar als Einkommen anzusehen, werden aber im Rahmen des § 82 Abs. 2 Nr. 4 SGB XII als Abzugsposten berücksichtigt, so dass sich allenfalls ein eventueller Überschuss auswirken kann.[1070]

255 • Zahlungen nach dem **BAföG** sind Einkommen.[1071] Das gilt auch bei der darlehensweisen Gewährung, wenn für einen längeren Zeitraum keine Verpflichtung zur Rückzahlung besteht. Eine fällige Rückzahlungspflicht ist nach § 115 Abs. 1 S. 3 Nr. 4 ZPO zu berücksichtigen.

256 • **Blindenhilfe und Blindengeld sind** zwar Einkommen;[1072] sind jedoch stets im Zusammenhang mit § 115 Abs. 1 S. 3 Nr. 5, 2. HS iVm § 1610a BGB zu beurteilen. Eine Nachzahlung kann zum Vermögen zu rechnen sein.[1073]

257 • Leistungen nach dem **Contergan-StiftungG**[1074] bleiben nach dessen § 18 für die Ermittlung von Einkommen oder Vermögen nach anderen Gesetzen außer Betracht und berühren nicht die Verpflichtungen von Unterhaltspflichtigen und Sozialhilfeträgern.

258 • **Corona-Soforthilfen** bleiben für die Ermittlung des Einkommens ebenfalls außer Betracht. Die Hilfen dienen der Überbrückung von Liquiditätsengpässen des Betriebes und stehen für den laufenden Lebensunterhalt nicht zur Verfügung.[1075]

[1065] BGH NJW-RR 2011, 3 = FamRZ 2010, 1324; OLG Brandenburg JurBüro 2009, 202; *Groß* ZPO § 115 Rn. 14; *Zimmermann* Rn. 50; *ders.* FPR 2009, 388 (390); **aA** OLG Karlsruhe MDR 2007, 294.
[1066] BGH FamRZ 2010, 1324 mablAnm *Fuchs* FamRZ 2010, 1424 und abl. Anm. *Nickel* FamRZ 2011, 463; OLG Nürnberg FamRZ 2010, 395 = MDR 2010, 47; OLG Saarbrücken FamRZ 2010, 1361 (wenn noch weitere Einkünfte vorhanden sind); OLG Zweibrücken FamRZ 2006, 135.
[1067] OLG Frankfurt FamRZ 2015, 1918.
[1068] BLHAG/*Dunkhase* ZPO § 115 Rn. 17; differenzierend *Groß* ZPO § 115 Rn. 9.
[1069] In Frage kommen insbesondere § 90 Abs. 2 Nr. 2, 3, 9, Abs. 3 SGB XII; vgl. *Zimmermann* Rn. 52.
[1070] OLG Nürnberg FamRZ 2015, 1917; LAG Sachsen-Anhalt BeckRS 2011, 77148; Vgl. OLG Karlsruhe FamRZ 2004, 645 (ein Teil der Aufwandentschädigung gilt als Einkommen); *Zimmermann* Rn. 5; zumindest den steuerfreien Verpflegungszuschuss nicht als Einkommen anrechnen will das LAG Schleswig-Holstein BeckRS 2012, 76140.
[1071] OLG Karlsruhe OLGReport 2002, 233; BLHAG/*Dunkhase* ZPO § 115 Rn. 18; *Groß* ZPO § 115 Rn. 16; *Zimmermann* Rn. 54; Zöller/*Schultzky* ZPO § 115 Rn. 23.
[1072] OLG Jena OLGReport 2000, 62; BLHAG/*Vogt-Beheim* ZPO § 115 Rn. 18.
[1073] OLG Oldenburg OLGReport 2008, 225.
[1074] BGBl. I 1971 (2018 ff.).
[1075] SG Leipzig Beschl. v. 27.5.2020 – S 24 AS 817/20 ER –, juris: Corona-Soforthilfe ist weder als Einkommen im Sinne des § 11 Abs 1 SGB II noch als Betriebseinnahmen im Sinne des § 3 Abs 1 S 2 ALG II-VO zu berücksichtigen; vgl. OLG Frankfurt Beschl. v. 26.4.2021 – 8 UF 28/20 hefam.de zum Ehegattenunterhalt.

§ 6 Bedürftigkeit

- **Darlehen** sind grundsätzlich keine Einkünfte, weil sie zurückgezahlt werden müssen.[1076] Ausnahmen sind da zu machen, wo sie von nahen Familienangehörigen oder vom Lebensgefährten stammen und von alsbaldiger Rückzahlungspflicht nicht ausgegangen werden kann.[1077] **258a**
- Die kostenlose Überlassung von **Dienstwohnung** oder **Dienstwagen** ist Einkommen.[1078] **259**
- Die **Eigenheimzulage** nach EigZulG zählt zum Einkommen.[1079] **260**
- **Einmalige Einkünfte,** insbesondere Weihnachts- und Urlaubsgeld, Gewinn- oder Umsatzbeteiligungen sind auf den Zeitraum umzulegen, für den sie gewährt wurden.[1080] Hierzu zählt auch die Corona-Prämie (Corona-Bonus). Für Abfindungen → Rn. 250 **261**
- **Elterngeld** ist Einkommen, bleibt aber bis zur Höhe von 300 EUR monatlich unberücksichtigt, § 10 BEEG.[1081] Das **bayrische Familiengeld** unterfällt als vergleichbare Landesleistung iSd § 10 Abs. 1 BEEG dieser Regelung und bleibt deshalb als einzusetzendes Einkommen im Rahmen der Verfahrenskostenhilfe unberücksichtigt, soweit es zusammengerechnet mit anderen Leistungen nach dieser Vorschrift 300 EUR nicht übersteigt.[1082] **262**
- **Essensmarken und ähnliche Zuschüsse** können ihrer geringen Höhe wegen regelmäßig außer Betracht bleiben.[1083] **263**
- **Fiktives Einkommen,** → Rn. 288. **264**
- **Freiwillige Zuwendungen Dritter** sind als Einkommen zu werten, wenn sie regelmäßig und in nennenswertem Umfang gewährt werden.[1084] Das gilt insbesondere auch für Zuwendungen innerhalb einer nichtehelichen Lebensgemeinschaft; für eingetragene Lebenspartnerschaften gelten ohnehin die Unterhaltsregelungen für Eheleute. Zum unterlassenen Arbeitseinsatz → Rn. 288. Da es für die Höhe der anzusetzenden Raten auf das künftige Einkommen ankommt, müssen die Zuwendungen in der Zukunft sicher zu erwarten sein. Anrechnungsfrei bleiben aus Billigkeitsgründen sozial übliche Geschenke, Jubiläumsgaben und ähnliches. **265**
- Die **Grundrente nach BVG** zählt zum Einkommen.[1085] Anders als in § 82 Abs. 1 SGB XII werden in § 115 ZPO bestimmte Rentenleistungen von der Anrechenbarkeit nicht ausgenommen. Durch den Verweis auf § 1610a BGB in § 115 Abs. 1 S. 3 Nr. 4 (Satz 2) ZPO ist bei Rentenzahlungen auf Grund von Körper- und Gesundheitsschäden ein Abzug in gleicher Höhe angeordnet, wobei für den Antragsteller insoweit eine Vermutung streitet.[1086] **266**
- **Jahreswagen.** Ein Jahreswagen ist als Sachzuwendung anzurechnen.[1087] **267**
- **Kindererziehungsleistungen** gemäß §§ 294 ff. SGB VI bleiben nach § 299 S. 1 SGB VI anrechnungsfrei. **268**

[1076] AA LAG Köln BeckRS 2012, 68578 zum Studiendarlehen der KfW-Bank.
[1077] OLG Karlsruhe (OLGReport 2002, 233) zählt darlehensweise gewährten Unterhalt ohne weiteres zum Einkommen, wenn der Anspruch auch durch einstweilige Anordnung hätte geregelt werden können; vgl. dazu BLHAG/*Dunkhase* ZPO § 115 Rn. 20; *Zimmermann* Rn. 54.
[1078] OLG Köln FamRZ 1981, 489.
[1079] OLGReport 2002, 551.
[1080] Zur Corona-Prämie: BeckOK ZPO/Reichling § 115 Rn. 3.
[1081] LAG Baden-Württemberg Beschl. v. 11.2.2010 – 4 Ta 14/09.
[1082] BGH FamRZ 2020, 1284
[1083] *Zimmermann* Rn. 55.
[1084] BGH FamRZ 2019, 547; 2008, 400; OLG Köln FamRZ 1996, 873; OLG Koblenz FamRZ 1992, 1197; *Zimmermann* Rn. 60.
[1085] *Groß* ZPO § 115 Rn. 13; *Zimmermann* Rn. 61.
[1086] Ähnlich *Zimmermann* Rn. 115.
[1087] BFH NJW 2013, 189.

269 • Die Behandlung von **Kindergeld** wird unterschiedlich gehandhabt.[1088] Es werden dazu alle denkbaren Meinungen vertreten: generelle Nichtberücksichtigung beim Einkommen der Eltern wegen Zweckbindung;[1089] hälftige Anrechnung bei jedem Elternteil;[1090] Hinzurechnung, soweit es der Partei im Verhältnis zum andern Elternteil zusteht;[1091] volle Anrechnung, wenn der andere Elternteil keinen Unterhalt zahlt.[1092] Vor allem die letzteren Meinungen verlangen Ermittlungen des Gerichts, die wenig praktikabel sind. In Betracht kommt ferner, das Kindergeld vollständig demjenigen als Einkommen zuzurechnen, an den es tatsächlich gezahlt wird.[1093] Eine Aufteilung – quasi im Innenverhältnis – kommt schon deshalb nicht in Betracht, weil es in § 115 ZPO um den tatsächlichen Zufluss von Leistungen geht und das Kindergeld nicht zur Hälfte an jeden Elternteil ausgezahlt wird. Die Belastungen durch den Unterhalt werden durch den Freibetrag in § 115 Abs. 1 S. 3 Nr. 2b ZPO ausgeglichen. Dass Kindergeld im Rahmen des § 82 Abs. 1 S. 2 SGB XII als Einkommen des Kindes angesehen wird, steht all dem nicht entgegen, da § 115 Abs. 1 ZPO auf diesen Teil der Vorschrift nicht verweist. Nach Auffassung des **BGH** wird das Kindergeld als **Einkommen des beziehenden Elternteils** berücksichtigt, **soweit** es nicht zur Bestreitung des notwendigen Lebensunterhalts **des minderjährigen Kindes** zu verwenden ist.[1094] Nicht geklärt ist, ob hinsichtlich des Existenzminimums für ein Kind auf die jeweiligen Freibeträge nach § 115 Abs. 1 S. 3 Nr. 2b ZPO,[1095] auf die Sätze nach dem SGB II oder aber auf 100 % des Mindestunterhalts der jeweiligen Altersstufe des Kindes nach der Düsseldorfer Tabelle[1096] abzustellen ist. Geht man von Letzterem aus, muss bei der Berechnung berücksichtigt werden, dass der Wohnbedarf des Kindes (20 % des Unterhaltsbedarfs) bereits durch Berücksichtigung der Unterkunftskosten nach § 115 Abs. 1 Nr. 3 gedeckt und deshalb der Mindestunterhalt um 20 % zu kürzen ist.[1097]

Hat das volljährige Kind einen zivilrechtlichen Anspruch auf Auskehrung des Kindergeldes, soll es nicht mehr als Einkommen des Zahlungsempfängers angesehen werden.

270 • **Kinderzuschüsse zu einer Rente** sind wie Kindergeld zu behandeln.[1098]

271 • **Mietersparnis durch unentgeltliches Wohnen**, etwa im eigenen Haus, wird dadurch berücksichtigt, dass Mietzahlungen iSv § 115 Abs. 1 S. 3 Nr. 3 ZPO nicht anfallen.

[1088] Ausführlich hierzu: *Christl* FamRZ 2015, 1161 ff; *Nickel* NJW 2017, 1929; FamRB 2014, 347 ff.

[1089] OLG Koblenz FamRZ 2004, 120; OLG Brandenburg OLGReport 2001, 532; OLG Braunschweig FamRZ 2001, 1085; OLG Hamm FamRZ 2001, 630; OLG Bremen OLGReport 2001, 19; LAG Rheinland-Pfalz Rpfleger 1998, 164; *Brinkmann* JurBüro 2003, 344 (347); **aA** OLG München OLGReport 1999, 13 u. OLG Frankfurt/M. FamRZ 1998, 1603.

[1090] OLG Stuttgart OLGReport 2005, 102; OLG Köln FamRZ 2003, 103; OLGReport 2002, 329; JurBüro 1993, 751; modifizierend OLG Koblenz FamRZ 2001, 1713 (Ls); OLG Frankfurt/M. FamRZ 2002, 402; OLGReport 2002, 298; OLGReport 1998, 383; OLG Karlsruhe OLGReport 1998, 413; LG Kaiserslautern JurBüro 1993, 617.

[1091] OLG Bamberg JurBüro 1990, 1644; OLG Köln Rpfleger 1993, 408.

[1092] OLG Frankfurt/M. OLGReport 2002, 298; OLG Köln FamRZ 1993, 1333.

[1093] *Nickel* MDR 2018, 369; *ders.* NJW 2017, 1929.

[1094] BGH FamRZ 2017, 633 mAnm *Christel*; 2005, 605; OLG Bamberg FamRZ 2015, 349; OLG Karlsruhe FamRZ 2016, 728; OLG Nürnberg OLGReport 2009, 265; OLG Frankfurt/M. FamRZ 2006, 962; OLG Karlsruhe FamRZ 2008, 1960; FamRZ 2006, 799. Zu den diesbezüglichen Berechnungen *Nickel,* MDR 2009, 298. Vgl. auch OLG Nürnberg MDR 2009, 525 („Bedarf" des Kindes = PKH-Freibetrag). Eine Beispielsrechnung dazu bei *Zimmermann* FPR 2009, 388 (389); **AA** OLG Rostock BeckRS 2013, 06690.

[1095] OLG Bamberg FamRZ 2015, 349.

[1096] OLG Stuttgart Beschl. v. 4.1.2012 – 17 WF 250/11.

[1097] OLG Stuttgart Beschl. v. 4.1.2012 – 17 WF 250/11; zur Berechnung vgl. ausführlich: *Nickel* FamRB 2014, 347 ff.

[1098] *Groß* ZPO § 115 Rn. 21; *Zimmermann* Rn. 62.

§ 6 Bedürftigkeit

Allerdings sind auch hier Heizung und Nebenkosten und eventuelle Belastungen aus Fremdmitteln abzugsfähig, wobei die Berücksichtigung fiktiver Mietzahlungen in diesem Zusammenhang nicht erfolgt. Im Einzelnen wird dies bei → Rn. 316 erörtert.

- **Naturalleistungen** von Familienmitgliedern, → Rn. 246 f. 272
- **Nebeneinkünfte** sind Einkommen. Allerdings besteht keine Verpflichtung zur Fortsetzung der Nebenarbeit, so dass eine fiktive Anrechnung früher erzielter Nebeneinnahmen ausscheidet. 273
- Leistungen aus der gesetzlichen **Pflegeversicherung** sind kein Einkommen, § 13 Abs. 5 S. 1 SGB XI. Ob das auch für weitergeleitete Beträge an die Pflegeperson zu gelten hat, erscheint fraglich.[1099] Denn auch bei anderen Bezügen wird grundsätzlich nicht gefragt, ob sie aus zu versteuerndem Einkommen stammen oder nicht. Pflegepersonen sind unter bestimmten Umständen sowohl gesetzlich unfallversichert als auch rentenversichert, § 44 SGB XI. ME sollen diese Leistungen einen Ausgleich dafür schaffen, dass die Pflegeperson wegen der geleisteten Pflege nicht oder nicht voll berufstätig sein kann. Auch unterhaltsrechtlich bleibt das weitergeleitete Pflegegeld nicht stets unbeachtlich; vgl. § 13 Abs. 6 SGB XI und den diesbezüglichen Hinweis in den Unterhaltsleitlinien des OLG Köln.[1100] Vor diesem Hintergrund erscheint es zumindest fragwürdig, das weitergeleitete Pflegegeld nicht anzurechnen. 274
- **Die umstrittene Frage, nach der (sozialrechtlichen) Einordnung des an die Pflegeeltern gezahlten Pflegegeldes** iSd § 39 SGB VIII[1101] hat der BGH nunmehr entschieden.[1102] Danach ist im Rahmen der PKH/VKH der im Pflegegeld enthaltene Erziehungsbeitrag (Kosten für die Pflege und Erziehung des Kindes gem. § 39 Abs. 1 S. 2 SGB VIII) als anzurechnendes Einkommen der Pflegeeltern zu berücksichtigen. 275
- **Prozesskostenvorschussanspruch** zählt zum Vermögen, dazu im Einzelnen → Rn. 424 ff. Musste für den Überbrückungszeitraum ein Kredit aufgenommen werden, wird das nicht gelten.[1103] 276
- **Rentennachzahlungen** sind als Vermögen anzusetzen, da sie für einen Zeitraum in der Vergangenheit gezahlt werden.[1104] 277
- **Schmerzensgeldrenten**, auch kapitalisierte Zahlungen, haben bei der Berechnung des Einkommens außer Betracht zu bleiben. Das folgt aus §§ 83 Abs. 2, 90 Abs. 3 SGB XII und der Ausgestaltung der PKH als Sozialhilfe in besonderen Lebenslagen. Wegen der besonderen Genugtuungs- und Ausgleichsfunktion gehören solche Leistungen nicht zum einsatzpflichtigen Vermögen.[1105] 278
- Ob auch **Sozialhilfe**, dh Leistungen zum Lebensunterhalt nach dem SGB XII als Einkommen zu bewerten ist, ist insgesamt umstritten.[1106] Richtig ist, dass sich die Grenzen für die Belastung des Antragstellers aus § 115 ZPO und den dort genannten Vorschriften des SGB XII sowie den dazu insoweit erlassenen Durchführungsverord- 279

[1099] So aber OLG Bremen FamRZ 2013, 60; OLG Schleswig OLGReport 2002, 296; OLG Bamberg OLGReport 2000, 200.
[1100] Unterhaltsleitlinien der Fam.Senate des OLG Köln, Stand 1.1.2019, 2.8.
[1101] Für die Anrechnung als Einkommmen: BGH NJW-RR 2021, 196, OLG Bamberg FamRZ 2020, 1569; OLG Bremen BeckRS 2013, 05518; OLG Nürnberg FamRZ 2010, 1361; OLG Karlsruhe FamRZ 2004, 645, dagegen: OLG Hamm 2019, 815; OLG Stuttgart FamRZ 2017, 1587.
[1102] BGH NJW-RR 2021, 196.
[1103] Vgl. *Büttner*, Anm. zu OLG Karlsruhe FamRZ 2008, 1263.
[1104] *Zimmermann* Rn. 68.
[1105] BVerwG AGS 2011, 506; NJW 1995, 3001; OLG Köln MDR 1994, 406 mwN; FamRZ 1988, 95; OLG Düsseldorf NJW-RR 1992, 221; OLG Stuttgart Rpfleger 1991, 463; OLG Nürnberg JurBüro 1992, 756; *Groß* § 115 ZPO Rn. 84; **aA** OLG Zweibrücken JurBüro 1998, 478; OLG Hamm FamRZ 1987, 1283; differenzierend *Zimmermann* Rn. 70, 153.
[1106] Bejahend Musielak/Voit/*Fischer* ZPO § 115 Rn. 4; verneinend OLG Koblenz FamRZ 2008, 421.

nungen ergeben.¹¹⁰⁷ Ohnehin wird für Sozialhilfeempfänger in der Regel Prozesskostenhilfe ohne Anordnung von Raten gewährt werden, weil das einzusetzende Einkommen zu gering ist.¹¹⁰⁸

280 • **Spesen**, vgl. Aufwandsentschädigungen.
281 • **Steuererstattungen** zählen zum Einkommen und sind dem laufenden monatlichen Einkommen des Jahres hinzuzurechnen, in dem die Erstattung erfolgt ist.¹¹⁰⁹ Es kommt dann eine Aufteilung auf die nächsten 12 Monate in Betracht. Eine andere Betrachtungsweise ist vorzunehmen, wenn es sich um einen geringen Betrag handelt, der einmalig anfällt.¹¹¹⁰
282 • **Taschengeld** – insbesondere eines Ehegatten – ist Einkommen.¹¹¹¹ Bei der Zusammenrechnung mit Naturalunterhalt ist aber darauf zu achten, dass die Prozesskosten, soweit kein Prozesskostenvorschussanspruch besteht, nicht letztlich doch vom Ehepartner aufgebracht werden, wenn Sachleistung und Taschengeld erheblich sind, bare Mittel dem Antragsteller aber sonst nur beschränkt zur Verfügung stehen.¹¹¹² Bei insgesamt dürftigem¹¹¹³ Familieneinkommen kann ein geringer Taschengeldanspruch unberücksichtigt bleiben.
283 • Eine **Unfallversicherungsrente** zählt zum Einkommen,¹¹¹⁴ ein Abzug findet über § 115 Abs. 1 S. 3 Nr. 5 statt.¹¹¹⁵
284 • **Unterhaltszahlungen** an den Antragsteller gehören zu dessen Einkommen, soweit sie tatsächlich geleistet werden.¹¹¹⁶ Auch Unterhalt, auf den der Empfänger keinen gesetzlichen Anspruch hat, gehört hierher; → Rn. 265 zu freiwilligen Leistungen Dritter. Die Unterhaltsrente für ein bei der Partei wohnendes Kind gehört nicht zu ihrem Einkommen,¹¹¹⁷ reduziert aber unter Umständen den Freibetrag des Kindes gemäß § 115 Abs. 1 S. 7 ZPO auf Null. **Altersvorsorgeunterhalt** soll als zweckgebunden nicht zum Einkommen zählen.¹¹¹⁸
285 • **Urlaubsgeld und Weihnachtsgeld** sind als zeitraumbezogene Leistungen auf das Arbeitsjahr zu verteilen und zu je 1/12 dem Monatseinkommen zuzurechnen.¹¹¹⁹
286 • **Vermögenswirksame Leistungen** sind zwar, soweit sie vom Arbeitnehmer aufgebracht werden, Teile des Arbeitslohnes, stehen aber im Rahmen eines langfristigen Sparvertrages nicht zur Verfügung bzw. ihr Einsatz ist nur durch eine mit Zins- und Prämienverlust verbundene Kündigung erreichbar. Damit scheidet ihre Berücksichti-

---

¹¹⁰⁷ OLG Koblenz FamRZ 2008, 421; BLHAG/*Dunkhase* ZPO § 114 Rn. 68.
¹¹⁰⁸ Vgl. OLG Karlsruhe FamRZ 2007, 155; OLG München FamRZ 1996, 42 schließt die Ratenanordnung im Fall des Sozialhilfebezugs aus; *Zimmermann* Rn. 72 hält dies nicht für zwingend.
¹¹⁰⁹ OLG Nürnberg MDR 2006, 1308; OLG Bremen OLGReport 1998, 326.
¹¹¹⁰ OLG Düsseldorf FamRZ 1989, 883.
¹¹¹¹ OLG Stuttgart OLGReport 2008, 36; OLG Koblenz NJW 2005, 3152 (Ls; 5 % vom Nettoeinkommen des Ehegatten.); OLG Zweibrücken OLGReport 2001, 370; OLG Stuttgart JurBüro 1998, 592.
¹¹¹² *Zimmermann* Rn. 74; zum Taschengeldanspruch eines Heimbewohners vgl. LG Koblenz FamRZ 1998, 487.
¹¹¹³ OLG Koblenz OLGReport 2000, 129.
¹¹¹⁴ LAG Baden-Württemberg JurBüro 1989, 667; *Zimmermann* Rn. 74.
¹¹¹⁵ *Zimmermann* Rn. 115.
¹¹¹⁶ BFH FamRZ 2014, 1368; OLG Brandenburg JurBüro 2019, 433; für OLG Saarbrücken (FamRZ 2009, 1233) reicht schon der titulierte Anspruch. Vgl. iÜ *Groß* ZPO § 115 Rn. 21; BLHAG/*Vogt-Beheim* ZPO § 115 Rn. 36; *Zimmermann* Rn. 76. Zur Unterhaltszahlung als Darlehen vgl. OLG Karlsruhe FamRZ 2002, 1195.
¹¹¹⁷ OLG Bamberg FamRZ 2007, 1339. Strenger OLG Saarbrücken OLGReport 2009, 317: Der titulierte Anspruch ist als Einkommen anzusehen, die Vollstreckung obliegt dem Unterhaltsgläubiger.
¹¹¹⁸ OLG Stuttgart FamRZ 2006, 1282.
¹¹¹⁹ OLG Karlsruhe FamRZ 2004, 1651; Zöller/*Schultzky* ZPO § 115 Rn. 10.

gung bei der Einkommensfeststellung regelmäßig aus.[1120] Zur Arbeitnehmersparzulage → Rn. 253
- **Wohngeld** zählt zum Einkommen.[1121] Dafür spricht bereits die Berücksichtigung der Kosten für Miete und Heizung im Rahmen der Abzüge nach § 115 Abs. 1 S. 3 Nr. 3 ZPO.

287

3. Fiktives Einkommen

a) Unterlassener Arbeitseinsatz

(1) **Grundlage der Berechnung des Einkommens nach § 115 Abs. 1 ZPO sind die tatsächlichen Einkünfte in Geld und Geldeswert.** An sich ist PKH stets zu gewähren, wenn kein Einkommen besteht bzw. die Grenzen der Tabelle zu § 115 ZPO nicht erreicht werden. Dass hier die Gefahr des Rechtsmissbrauchs besteht, liegt auf der Hand: Die Partei kündigt kurz vor Antragstellung ihre Arbeitsstelle und verlangt die Finanzierung des Rechtsstreits aus öffentlichen Mitteln. Dass ein solches Verhalten rechtsmissbräuchlich ist, bedarf keiner näheren Erläuterung. Die rechtliche Begründung für die Versagung von PKH ist indes nicht so einfach. Die Arbeitskraft selbst zählt weder zum Einkommen noch zum Vermögen.[1122] Fraglich ist, ob Fähigkeit, sich durch zumutbare Arbeitsleistung Einkünfte zu verschaffen, wie Einkommen zu behandeln ist.

288

(2) Weitgehend besteht Einigkeit in den Fällen des **offensichtlichen Rechtsmissbrauchs.** Das ist nicht nur dann der Fall, wenn eine Partei vorsätzlich ihre Bedürftigkeit herbeigeführt hat oder aufrechterhält, um in den Genuss von Prozesskostenhilfe zu gelangen. Rechtsmissbräuchlich handelt auch derjenige, der es offenkundig leichtfertig unterlässt, eine tatsächlich bestehende und zumutbare Erwerbsmöglichkeit zu nutzen, und dem die Beseitigung der Bedürftigkeit somit ohne weiteres möglich wäre.[1123] In diesen Fällen ist ein fiktives Einkommen anzusetzen, das dem mutmaßlichen Entgelt entspricht.[1124] Das ist verfassungsrechtlich nicht zu beanstanden.[1125] Hiervon ist aber regelmäßig dann nicht auszugehen, wenn der Beteiligte – ungekürzte Sozialleistungen nach dem SGB II oder SGB XII erzielt.[1126] Freilich wird die Absicht, sich einkommenslos zu machen, oft nicht nachweisbar sein[1127] oder der Antragsteller wird Unerfahrenheit oder Unwissenheit geltend machen.

[1120] OLG Nürnberg FamRZ 2015, 1917; OLG Dresden OLGReport 2002, 551. *Zimmermann* Rn. 77.

[1121] OLG Dresden FamRZ 2002, 1413; OLG Düsseldorf MDR 1984, 150; LAG Freiburg NJW 1982, 847; ArbG Regensburg JurBüro 1990, 1301; Zöller/*Schultzky* ZPO § 115 Rn. 15.

[1122] OLG Stuttgart FamRZ 2011, 1885; Zöller/*Schultzky* ZPO § 115 Rn. 8 mwN.

[1123] BGH NJW 2009, 3658; OLG Köln BeckRS 2016, 13622; OLG Dresden BeckRS 2018, 10789; Zöller/*Schultzky* ZPO § 115 Rn. 8.

[1124] BGH NJW 2009, 3658; OLG Hamm FamRZ 2014, 410; OLG Brandenburg FamRZ 2010, 827; OLG Köln OLGReport 2008, 146; FamRZ 2007, 1338; OLG Brandenburg NJW-RR 2008, 734; wohl auch OLG Koblenz FamRZ 2001, 1153; FamRZ 1997, 376; einen klaren Missbrauchsfall verlangt OLG Naumburg FamRZ 2001, 924; OLG Bremen FamRZ 1998, 1180; OLG Karlsruhe FamRZ 1999, 599. Musielak/Voit/*Fischer* ZPO § 115 Rn. 8, 9; **aA** (Generell keine Anrechnung fiktiver Einkünfte) OLG Düsseldorf OLGReport 2000, 294, OLG Koblenz JurBüro 2002, 432. Problematisch ist die Entscheidung des KG in KGReport 2004, 226. Es verweigert die PKH mit der Begründung, der Ehemann der Ast., dessen Forderung sie geltend macht, habe sich durch die Begehung einer Straftat mit anschl. Inhaftierung selbst einkommenslos gemacht. Das geht sehr weit. Abl. insoweit zu Recht auch OLG Köln NJW-RR 2008, 240 (243).

[1125] BVerfG NJW-RR 2007, 649; FamRZ 2005, 1893.

[1126] BGH NJW 2009, 3658; OLG Saarbrücken FuR 2013, 117.

[1127] Insoweit darf es sich das Gericht aber auch nicht zu einfach machen, LG Düsseldorf NJW-RR 2004, 646; *Zimmermann* Rn. 56 ff.

(3) Insoweit verbleibt es bei der Frage, ob bei der Gewährung von PKH der unterlassene Arbeitseinsatz schlechthin zu berücksichtigen ist. Dies ist dann zu bejahen, wenn der Antragsteller nach Berufsausbildung, Familienverhältnissen, Alter und Gesundheit ohne weiteres auf eine nach dem Arbeitsmarkt mögliche Arbeitsaufnahme verwiesen werden kann.[1128] Prozesskostenhilfe ist Sozialhilfe in besonderen Lebenslagen. Grundsätzlich hat hier die dem Antragsteller mögliche und zumutbare Selbsthilfe Vorrang vor staatlichen Leistungen,[1129] ein Gedanke, der sich insbesondere auch aus §§ 1, 2 SGB XII sowie § 31 SGB II ergibt. Der Hilfeempfänger ist verpflichtet, nach seinen Kräften daran mitzuarbeiten, von der Sozialhilfe unabhängig zu werden.

(4) Das kann allerdings nicht dazu führen, jeden Bezieher von Arbeitslosengeld und Arbeitslosengeld II nach den vorstehend erläuterten Grundsätzen zu behandeln. Die ins Einzelne gehende Erforschung aller Umstände ist nicht Aufgabe des Prozessgerichts. Der Antragsteller wird indes darlegen müssen, aus welchem Grund er einer Beschäftigung nicht nachgeht, da er seine Bedürftigkeit glaubhaft machen muss.[1130] Hat er eine vorhandene Arbeit während oder in Ansehung des Prozesses aufgegeben, wird er die Gründe dafür darlegen müssen. Darüber hinaus ist insbesondere bei arbeitgeberseitiger Kündigung nicht mehr zu verlangen, als §§ 117 ff. SGB III vorschreiben. Dazu gehört aber auch die Verpflichtung, selbst für die berufliche Eingliederung zu sorgen und entsprechende Bemühungen darzulegen.[1131] Was für den Antragsteller an Arbeitsaufnahme zumutbar ist, ergibt sich ohne weiteres aus § 121 SGB III. Legt der Antragsteller einen Sozialhilfebescheid vor, muss er die Bemühungen um eine Erwerbstätigkeit nicht im Einzelnen darlegen.[1132] Die Partei muss zwar die zumutbaren oder tatsächlich bestehenden Erwerbsmöglichkeiten nutzen. Das ist ihr in der Regel aber nicht möglich, wenn sie tatsächlich Leistungen nach den SGB II oder XII bezieht.[1133] Insbesondere dann, wenn der Antragsteller keine Ausbildung hat, sind die Anforderungen nicht zu überspannen.[1134] Besondere Darlegungen sind indessen erforderlich, wenn die Partei nicht im üblichen Umfang arbeitet und auffällig wenig verdient.[1135] Bei missbräuchlicher Einkommensverlagerung auf den nichtehelichen Lebenspartner sind dessen Einkünfte bei der Höhe der Raten zu berücksichtigen.[1136]

[1128] BGH NJW 2009, 3658; Zurechnung fiktiven Einkommens aber nur so lange, wie Ast. sich nicht um Arbeit bemüht; OLG Frankfurt/M. OLGReport 2008, 182; iÜ OLG Bremen OLGReport 1998, 388; OLG Köln OLGReport 1998, 284; FamRZ 1986, 1014; **aA** OLG Saarbrücken OLGReport 1998, 335.

[1129] BVerwG NJW 1983, 2954.

[1130] OLG Brandenburg FamRZ 2011, 1239; FamRZ 2005, 1912 (sonst mutwillig); OLG Köln FamRZ 2007, 1338 (sonst Zurechnung fiktiven Einkommens); FamRZ 2006, 1549; OLG Düsseldorf FamRZ 1987, 398 unter dem Gesichtspunkt des Rechtsmissbrauchs. OLG Koblenz FamRZ 1997, 376 versagt PKH, wenn die Partei auf Nachfrage des Gerichts nicht begründet, warum sie keiner Erwerbstätigkeit nachgeht. Nach OLG Köln OLGReport 2000, 77 hat der Antragsteller darzulegen, wovon er lebt. Mangelnde Darlegung will OLG Zweibrücken JurBüro 2002, 85 durch die Festsetzung von Ratenzahlung sanktionieren.

[1131] OLG München NJW 1999, 433; vgl. auch OLG Bremen FamRZ 1998, 1180. *Zimmermann* (Rn. 57) verlangt dahingehende eingehende Nachweise.

[1132] OLG Karlsruhe OLGReport 2004, 241.

[1133] BGH NJW 2009, 3658.

[1134] BVerfG NJW 2010, 1657.

[1135] Beispiele und weitere Nachweise bei Musielak/Voit/Fischer ZPO § 115 Rn. 8. Überspannte Anforderungen sind allerdings nicht zu stellen, vgl. OLG Dresden BeckRS 2018, 10789: Dass der Beteiligte einer Teilzeitbeschäftigung nachgeht, reicht als Anhaltspunkt dafür, dass er seine Bedürftigkeit, die er ohne weiteres beheben könnte, in missbräuchlicher Weise selbst herbeiführt, für sich allein nicht aus.

[1136] OLG Karlsruhe FamRZ 2010, 748.

Bei selbstständiger Tätigkeit mit seit längerer Zeit bestehenden negativen Einkünften ist der Antragsteller nur bei konkreten Chancen auf den allgemeinen Arbeitsmarkt zu verweisen.[1137] Selbstständig Tätige müssen sich nicht generell ein fiktives Einkommen aus abhängiger Tätigkeit anrechnen lassen.[1138]

b) Unentlohnte Arbeitsleistungen

Bei verschleierten Arbeitsverhältnissen ist gemäß § 850h Abs. 2 ZPO die angemessene Vergütung anzusetzen.[1139] Zur Haushaltsführung für den nichtehelichen Lebenspartner → Rn. 246.

289

c) Unterlassene Vermögensnutzung

Wer Vermögenserträge aus einem unschwer nutzbaren Vermögen nicht zieht (zB vermietbare Räume leer stehen lässt), wird sich so behandeln lassen müssen, als erziele er die üblichen Erträge. Zum Teil werden solche unterlassenen Einkünfte als fiktives Einkommen behandelt;[1140] zum gleichen Ergebnis führt die Berücksichtigung solcher Möglichkeiten bei den „persönlichen Verhältnissen" des § 114 ZPO.

290

Die zumutbare, aber unterlassene Verwertung anderer geldwerter Vermögensgegenstände (zB Patent- und Urheberrechte) wird im Rahmen des Einsatzes des Vermögens zu berücksichtigen sein.

4. Schätzung des Einkommens nach den Lebensverhältnissen des Antragstellers

Das Gericht ist nicht gehindert, den **äußeren Lebensstil des Antragstellers** einer kritischen Prüfung zu unterziehen. Aus § 115 Abs. 1 S. 3 Nr. 3 und 5 ZPO folgt, dass das **Verhältnis zwischen Lebensverhältnissen und Ausgaben angemessen** sein muss, wenn PKH in Betracht kommen soll.[1141]

291

Stehen die tatsächlichen Umstände – dokumentiert durch luxuriöses Haus, Fahrzeug oder teure Reisen – in einem auffälligen Missverhältnis zu den Einkommensangaben, dann kann PKH mangels Glaubhaftmachung versagt werden.[1142]

Finanzieren angeblich Dritte den angenehmen Lebensstil des Antragstellers, so sind diese Zuwendungen ebenfalls als Einkommen zu bewerten.[1143] Insbesondere dann sind Darlegungen zu verlangen, wenn angeblich überhaupt kein Einkommen vorhanden ist und auch keine Sozialhilfe gezahlt wird.[1144]

Aus der Tatsache, dass die Partei die Reisekosten zur Wahrnehmung des Prozesstermins hat zunächst auslegen können, darf allerdings nicht der Schluss gezogen werden, sie sei nicht bedürftig.[1145]

[1137] OLG Schleswig FamRZ 1998, 1180.
[1138] OLG Brandenburg NJW-RR 2008, 734.
[1139] OLG Bamberg JurBüro 1990, 635; *Zimmermann* Rn. 58.
[1140] *Zimmermann* Rn. 59.
[1141] *Zöller/Schultzky* ZPO § 115 Rn. 11 zu Selbstständigen.
[1142] OLG Frankfurt/M. Rpfleger 1982, 159; NJW-RR 1987, 320.
[1143] OVG Bautzen NJW 2011, 3738; OLG Köln JurBüro 1996, 256; vgl. auch *Zimmermann* Rn. 60.
[1144] OVG Bautzen NJW 2011, 3738; OLG Köln OLGReport 2000, 77. Ähnlich OLG Zweibrücken JurBüro 2002, 85 (mangelnde Darlegung führt insoweit zur Festsetzung von Raten).
[1145] OLG Köln, Beschl. v. 10.6.1994 – 27 WF 57/94.

5. Bildung von Rücklagen

292 Grundsätzlich ist die hilfsbedürftige Partei nicht verpflichtet, aus ihrem Einkommen **Rücklagen für den beabsichtigten Prozess** zu bilden.[1146]
Maßgeblich für die Bewilligung sind die Verhältnisse des Antragstellers bei der Entscheidung über das Prozesskostenhilfegesuch. Eventuell bessere Einkommensverhältnisse vor der Antragstellung haben außer Betracht zu bleiben,[1147] bei anderer Ansicht wäre von einer diesbezüglichen Obliegenheit der Partei auszugehen, die gesetzlich nicht geregelt ist. Für die Fälle von Missbrauch – zB durch mutwillige Aufgabe der Arbeitsstelle oder Eingehen von Verbindlichkeiten, die in Ansehung des Prozesses unangemessen sind – kann anderes gelten; dies betrifft dann aber nicht eine eventuell bestehende Ansparpflicht. Lediglich im Rahmen des § 115 Abs. 4 ZPO wird der Partei eine andere Art der Mittelbeschaffung, etwa durch einen Überziehungskredit, zugemutet.

6. Zeitpunkt der Einkommensfeststellung

293 Für die Feststellung der subjektiven Voraussetzungen, dh der Bedürftigkeit, ist der **Zeitpunkt der Entscheidung über das Prozesskostenhilfegesuch** maßgeblich.[1148] Bei Änderung der Verhältnisse während der Bearbeitung des Gesuchs – der Antragsteller findet zB eine Arbeitsstelle – ist er im Zeitpunkt der Entscheidung nicht mehr bedürftig. Die Verhältnisse bei Antragstellung spielen dann keine Rolle mehr. Das ergibt sich bereits aus § 120a ZPO, denn wenn das Gericht die Entscheidung über zu leistende Zahlungen bei späterer Verbesserung der wirtschaftlichen Verhältnisse ändern kann, muss es die bis zur Entscheidung eingetretene Veränderung auch berücksichtigen. Entsprechendes gilt für eine eingetretene Verschlechterung der Einkommenslage.

IV. Abzüge vom Einkommen

1. Die in § 82 Abs. 2 SGB XII genannten Beträge (§ 115 Abs. 1 S. 3 Nr. 1a ZPO)

a) Steuern

294 Abzusetzen sind Einkommens-, Lohn- und Kirchensteuer, ebenso die Gewerbesteuer; nicht absetzbar sind Umsatz-, Vermögens- und Erbschaftssteuer, sie werden nicht „auf das Einkommen entrichtet".[1149]

b) Pflichtbeiträge zur Sozialversicherung

295 Hierzu zählen die Beiträge zur gesetzlichen Kranken-, Renten-, Pflege-, und Arbeitslosenversicherung; ebenso solche nach dem Gesetz über die Alterssicherung der Landwirte vom 29.7.1994 (BGBl. I 1890) und zur Künstlersozialversicherung. Gesetzlich vorgeschrieben ist auch die Pflegeversicherung für privat Krankenversicherte, § 23 SGB XI.
Soweit Beiträge auf Grund von freiwilliger Mitgliedschaft gezahlt werden, finden sie im Rahmen des § 82 Abs. 2 Nr. 3 SGB XII Berücksichtigung.

[1146] OLG Brandenburg FamRZ 2008, 703; OLG Celle MDR 2007, 421; KG KGReport 1998, 422; **aA** für Selbstständige u. Gewerbetreibende OLG Celle FamRZ 2007, 154 mkritAnm *Gottwald*.
[1147] OLG Köln OLGR 1994, 316.
[1148] LSG Nordrhein-Westfalen, BeckRS 2012, 68649; *Zimmermann* Rn. 17; **aA** BLHAG/*Dunkhase* ZPO § 115 Rn. 6 (Bewilligungsreife).
[1149] *Groß* ZPO § 115 Rn. 34; *Zimmermann* Rn. 80; Zöller/*Schultzky* ZPO § 115 Rn. 25.

c) Beiträge zu Versicherungen oder ähnlichen Einrichtungen

(1) **Gesetzlich vorgeschrieben** sind zB Beiträge der gesetzlichen Unfallversicherung, die allerdings allein vom Arbeitgeber zu leisten sind, sich also bei den Einkünften der Arbeitnehmer nicht auswirken. Bei den Kosten für die gesetzlich vorgeschriebene Haftpflichtversicherung für Kraftfahrzeuge kommt es darauf an, ob der Antragsteller das Fahrzeug für seine Berufstätigkeit (Einkommenserzielung) benötigt; nur dann sind die Beträge absetzbar.[1150] Aber auch der Arbeitslose kann auf die Benutzung eines Fahrzeugs angewiesen sein, wenn dies seine Chancen auf eine Vermittlung auf dem Arbeitsmarkt erhöht.[1151] Und schließlich ist auch eine gehbehinderte Person auf ein Fahrzeug angewiesen.[1152] Krankenversicherungsbeiträge sind immer absetzbar, da auch für Selbständige eine Krankenversicherungspflicht besteht.

296

(2) **Nicht gesetzlich vorgeschriebene Versicherungen** sind insbesondere private Kranken-, Unfall-, Hausrat-, Haftpflicht- und Rechtsschutzversicherungen. Hier stellt sich die Frage nach der Angemessenheit.[1153] Grundsätzlich ist davon auszugehen, dass dem Antragsteller genügend Mittel für die private Vorsorge belassen werden sollen.[1154] Andererseits ist Skepsis insbesondere bei umfassenden Versicherungen und bescheidenen Einkommensverhältnissen angebracht; bei Anerkennung aller Beiträge zahlt letztlich die Allgemeinheit die Versicherungsprämien des Antragstellers.[1155] Dementsprechend sind die Kriterien für die Bewertung der Angemessenheit einmal die **objektiven Verhältnisse**, dh die von einem durchschnittlichen Bedarf ausgehenden üblichen und notwendigen Vorkehrungen gegen Risiken des täglichen Lebens, bezogen auf eine durchschnittliche Familie bzw. einen vergleichbaren durchschnittlichen Antragsteller; **subjektiv ist die konkrete Lebenssituation** des Antragstellers zu sehen.[1156] Damit sind im Regelfall Ausgaben für übliche Kranken-, Unfall-, Sterbe-, Sach- und Haftpflichtversicherungen absetzbar.[1157] Soweit Krankenhaustagegeldversicherungen Verdienstausfälle ausgleichen sollen, also bei Selbständigen, sind sie nicht zu beanstanden. Gleiches gilt für Gebäudehaftpflichtversicherungen des Hauseigentümers sowie die Hagelversicherung bei Landwirten und für die sog Riester-Rente der Arbeitnehmer. Auch eine Ausbildungsversicherung für Kinder dürfte unproblematisch sein.[1158]

297

[1150] Und zwar neben den Entfernungskilometern: BGH FamRZ 2012, 1374→ Rn. 300: Braucht der Ast. das Fahrzeug nicht, kommt insoweit auch nicht der Abzug als besondere Belastung in Betracht, OLG Brandenburg JurBüro 2009, 202; OLG Dresden, OLGReport 2002, 55; vgl. auch Zimmermann Rn. 82; nicht eindeutig *Groß* ZPO § 115 Rn. 36. *Brinkmann* (JurBüro 2004, 5, 6) meint, wenn eine Versicherung gesetzlich vorgeschrieben sei, verbiete sich die Prüfung der Angemessenheit. Dem kann so nicht gefolgt werden, zB bei der Kfz-Haftpflicht. Es macht keinen Sinn, uU die Verwertung des Kfz beim Vermögenseinsatz zu verlangen, andererseits aber die Versicherungsprämien vom Einkommen abzuziehen. In erster Linie geht es hier um die Frage, ob der Ast. überhaupt ein Kfz. braucht.

[1151] LAG Köln BeckRS 2012, 75643.

[1152] OLG Bremen FF 2013, 256.

[1153] OLG Brandenburg Beschl. v. 3.2.2020 – 13 WF 23/20 (Beiträge für die Rechtsschutzversicherung nicht abzugsfähig); OLG Koblenz FamRZ 2019, 299 (aber nicht Beiträge für die Sterbegeldversicherung) OLG Frankfurt BeckRS 2016, 02470; vgl. OLG Celle FamRZ 2018, 1592; LAG Hamm FA 2019, 95 (Glasversicherung); ausführlich zum Ganzen: *Jokisch* FuR 2018, 13 f.

[1154] *Groß* ZPO § 115 Rn. 36.

[1155] So zB *Zimmermann* Rn. 84; ähnlich OLG Brandenburg JurBüro 2009, 202.

[1156] Vgl. OLG Brandenburg NJW 2009, 2069; *Groß* ZPO § 115 Rn. 38 (Ausnahme: Pflichtversicherungen).

[1157] Vgl. OLG Frankfurt BeckRS 2016, 02470: jedenfalls abziehbar bei Beziehern niedriger Einkommen.

[1158] MüKoZPO/*Wache* ZPO § 115 Rn. 34; **aA** OLG Karlsruhe FamRZ 2007, 1109; Zöller/*Schultzky* ZPO § 115 Rn. 26.

Geben die Angaben des Antragstellers – vor allem was den Umfang der gesamten Versicherungen angeht – dazu Anlass, kann das Gericht die Vorlage der Verträge verlangen, um sich über den Zeitpunkt des Vertragsschlusses zu informieren. Wurden sie nach Anhängigkeit geschlossen, sind sie nicht absetzbar.[1159]

Eine **Berufsunfähigkeitsversicherung** gehört vor allem für jüngere Arbeitnehmer seit der gesetzlichen Neuregelung zum 1.1.2001 zur angemessenen Absicherung und ist deshalb in vernünftigem Umfang nicht zu beanstanden.[1160]

298 (3) Eine Sonderstellung nehmen **Lebensversicherungen** ein. Soweit es sich bei ihnen um reine Kapitalbildung handelt, können die Beiträge nicht abgesetzt werden.[1161] Zu berücksichtigen sind die Beiträge hingegen grundsätzlich bei Selbständigen, die der gesetzlichen Rentenversicherungspflicht nicht unterliegen, soweit die Höhe der monatlichen Prämien in einem vernünftigen Verhältnis zum Einkommen steht.[1162] Staatlich geförderten Altersvorsorgebeiträge nach § 82 EStG (sogenannte „Riester Rente") können in jedem Fall abgesetzt werden, das folgt schon aus § 82 Abs. 2 Nr. 3 SGB XII.[1163]

Die Prämien zu allen Versicherungen können nur insoweit berücksichtigt werden, als sie tatsächlich aus dem Einkommen zu entrichten sind.[1164] **Auch müssen die Versicherungsverträge bereits vor Anhängigkeit des Rechtsstreits abgeschlossen worden sein;**[1165] → Rn. 297.

299 (4) Der Begriff der **ähnlichen Einrichtungen** ist dahin zu verstehen, dass es auf die Bezeichnung Versicherung nicht ankommt. Hilfs-, Unterstützungs- und Sterbegeldkassen sind hier gemeint.

d) Werbungskosten

300 Abzugsfähig sind die mit der Erzielung des Einkommens verbundenen Aufwendungen:

- **Fahrtkosten** – in Betracht kommen die Kosten für öffentliche Verkehrsmittel für die Fahrt zwischen Wohnung und Arbeitsplatz. Es sind dann die Kosten für die Fahrkarte, idR das Wochen-, Monats- oder Jahresticket zu berücksichtigen. Sofern die **Inanspruchnahme** kostengünstigerer **öffentlicher Verkehrsmittel nicht möglich** oder **nicht zumutbar** ist,[1166] stellt sich die Frage nach den abzugsfähigen Kosten für die Benutzung eines Kraftfahrzeugs. Zur Berechnung gibt es unterschiedliche Auffassungen.[1167] In zwei aktuellen Entscheidungen[1168] hat der BGH nunmehr entschieden, dass

---

[1159] OLG Bamberg JurBüro 1990, 1644 für Rechtsschutz- und Risikolebensversicherung.
[1160] Zöller/*Schultzky* ZPO § 115 Rn. 26; *Brinkmann* JurBüro 2004, 5, 7.
[1161] OLG Frankfurt FamRZ 2020, 1856: private Lebensversicherung; OLG Naumburg OLGReport 2009, 235; *Groß* ZPO § 115 Rn. 37.
[1162] *Zimmermann* Rn. 85 schlägt einen Vergleich mit den Arbeitnehmerbeiträgen zur gesetzlichen Rentenversicherung vor; ähnlich Zöller/*Schultzky* ZPO § 115 Rn. 27.
[1163] OLG Frankfurt FamRZ 2020, 1856; *Liceni-Kierstein* FPR 2009, 397, 401.
[1164] Was zB dann nicht der Fall ist, wenn der Sozialhilfeträger sie übernimmt.
[1165] OLG Bamberg JurBüro 1990, 1644 (1645).
[1166] BGH FamRZ 2012, 1374; *Zimmermann* Rn. 88, in der Praxis wird dieses Erfordernis jedoch kaum beachtet; vgl. aber OLG Dresden FuR 2020, 488: „Fahrzeugkosten können nur berücksichtigt werden, wenn das Kfz für die Erzielung von Erwerbseinkünften oder aus sonstigen Gründen dringend notwendig ist."
[1167] OLG Schleswig FamRZ 2011, 1159: 0,30 EUR pro Kilometer und pro Arbeitstag unter Heranziehung der Unterhaltsrechtlichen Leitlinien; Koblenz FamRZ 2009, 531: unter Heranziehung von § 3 Abs. 6 Nr. 2a der VO zu § 82 SGB XII 5,20 EUR pro Entfernungskilometer und pro Monat, begrenzt auf 40 km, zum Meinungsstreit siehe auch die Ausführungen in der 7. Auflage.
[1168] Beschl. v. 13.6.2012, FamRZ 2012, 1374 und Beschl. v. 8.8.2012, FamRZ 2012, 1629.

zur Festsetzung der Höhe § 3 Abs. 6 Nr. 2a der Durchführungsverordnung (DVO) zu § 82 SGB XII heranzuziehen ist. Danach können pro Entfernungskilometer zwischen Wohnung und Arbeitsstelle 5,20 EUR abgesetzt werden. Abgedeckt werden hierdurch die Betriebskosten einschließlich der Steuern.[1169] **Gesondert absetzbar sind daneben die Beiträge zur Kfz-Haftpflichtversicherung** (einschließlich einer Kaskoversicherung, soweit diese angemessen ist),[1170] sowie notwendige und angemessene **Anschaffungskosten.**[1171] Eine Begrenzung auf 40 km findet nicht statt.[1172] Aus den Gründen der beiden Entscheidungen geht allerdings nicht eindeutig hervor, ob der BGH auch – wahlweise – eine Geltendmachung von Fahrtkosten auf Grundlage der unterhaltrechtlichen Leitlinien akzeptieren würde.[1173] Ein Wahlrecht ist nach hier vertretener Auffassung nicht gegeben. Zutreffend hat der BGH insoweit darauf abgestellt, dass der im Rahmen der PKH/VKH maßgebliche Einkommensbegriff an denjenigen des Sozialhilferechts anknüpft und sich grundlegend von dem unterhaltsrechtlichen Einkommensbegriff unterscheidet. Familienrechtliche Grundsätze können deshalb nicht ohne weiteres auf den sozialhilferechtlichen Einkommensbegriff übertragen werden.[1174]

- **Arbeitsmittel** – dazu zählen Arbeitskleidung, Fachbücher, Werkzeuge. Macht der Antragsteller keine anderen Angaben, sind gemäß § 3 Abs. 4, 5 der VO zu § 82 SGB XII 5,20 EUR pauschal zu berücksichtigen.
- **Beiträge zu Berufsverbänden** – hierzu zählen Beiträge zur Gewerkschaft und zum Beamtenbund, nicht dagegen an politische Parteien.
- **Mehraufwendungen für doppelte Haushaltsführung** – Nach § 3 Abs. 7 VO zu § 82 SGB XII kann eine Höchstpauschale von 130,– EUR monatlich zuzüglich einer Familienheimfahrt im Monat berücksichtigt werden, die Unzumutbarkeit von Umzug oder täglicher Rückkehr vorausgesetzt.
- **Werbungskosten bei Einkünften aus Vermietung und Verpachtung** – hierzu zählen gem. § 7 VO zu § 82 SGB XII ua Schuldzinsen und dauernde Lasten, Steuern vom Grundbesitz, öffentliche Abgaben, Versicherungsbeiträge und der Erhaltungsaufwand. Das gilt nicht bei eigener Nutzung, § 7 Abs. 3 Durchführungs-VO zu § 82 SGB XII.[1175]

Alle Werbungskosten sind vom Antragsteller geltend zu machen; ein Abzug von Amts wegen ist nicht vorgesehen. Auch eine generelle Werbungskostenpauschale in Höhe von 5 % des Nettoeinkommens findet im Prozesskostenhilferecht keine gesetzliche Grundlage.[1176]

301

2. Freibetrag für Erwerbstätige, § 115 Abs. 1 S. 3 Nr. 1b ZPO

Gemäß § 115 Abs. 1 S. 3 Nr. 1b ZPO kann der erwerbstätige Antragsteller die Hälfte des höchsten Regelsatzes, der für den alleinstehenden oder alleinerziehenden Leistungs-

302

[1169] BGH FamRZ 2012, 1629.
[1170] BGH FamRZ 2012, 1374; OLG Frankfurt BeckRS 2016, 02470.
[1171] BGH FamRZ 2012, 1374; 1629.
[1172] BGH FamRZ 2012, 1629.
[1173] Vgl. BGH FamRZ 2012, 1374: „…*Es ist vielmehr nicht zu beanstanden, wenn die Fahrtkosten in Anlehnung an § 3 Abs. 6 Nr. 2a der DVO ermittelt werden ….*" oder BGH FamRZ 2012, 1629: „…*Hingegen ist es grundsätzlich nicht zu beanstanden, wenn die Fahrtkosten in Anlehnung an § 3 Abs. 6 Nr. 2a der Verordnung zur Durchführung des § 82 SGB XII (im Folgenden: DVO) ermittelt werden.*".
[1174] BGH FamRZ 2012, 1374; OLG Karlsruhe FamRZ 2009, 1165 mit ausführlicher Begründung, warum das Argument, die Kostenpauschale sei zu niedrig, nicht greift; Celle AGS 2012, 478.
[1175] *Groß* ZPO § 115 Rn. 42.
[1176] OLG Celle AGS 2012, 478; *Zimmermann* Rn. 88.

berechtigten gemäß der Regelbedarfsstufe 1 nach der Anlage zu § 28 SGB XII festgesetzt oder fortgeschrieben ist, abziehen.[1177]

Der Abzug beträgt ab 1.1.2021 223,– EUR.[1178] Er wird bei jeder Neufestsetzung oder Fortschreibung im Bundesgesetzblatt bekannt gemacht.[1179] Die Reduzierung beruht auf der Neuregelung des § 115 Abs. 1 ZPO, hier der Sätze 3, 5, 6 durch das Kostenrechtsänderungsgesetz 2021.[1180] Nach den bisherigen Regelungen richteten sich die Freibeträge gem. § 115 Abs. 1 S. 3 ZPO nach dem jeweils höchsten Regelsatz, der nach der Anlage zu § 28 SGB XII festgesetzt oder fortgeschrieben wurde. Danach richteten sich die Freibeträge nach § 115 Abs. 1 S. 3 ZPO im gesamten Bundesgebiet nach den höchsten, von einem Land oder einer Kommune festgelegten Regelsätzen.; zuletzt nach der von der Stadt München für ihr Gebiet nach § 29 SGB XII beschlossenen, höheren Regelsätzen.[1181]

303 Abzustellen ist auf eine **Erwerbstätigkeit des Antragstellers.** Dieser Begriff ist weit zu fassen, so dass auch die Tätigkeit von Auszubildenden, beruflichen Umschülern[1182] und Behinderten in Werkstätten darunter fällt, in Einzelfällen auch Pflegetätigkeit für einen Angehörigen, die erheblich Zeit erfordert und vergütet wird.[1183] Unerheblich ist, wie hoch das Einkommen ist oder ob es sich um eine Voll- oder nur um eine Teilzeittätigkeit handelt.[1184]

Nicht erwerbstätig sind Schüler und Studenten, Pensionäre, Rentner, Sozialhilfeempfänger und Arbeitslose.[1185] Bezieher von Krankengeld können keinen Freibetrag für Erwerbstätige geltend machen, solange sie Krankengeld beziehen, das während der Arbeitslosigkeit bezahlt wird.[1186] Wird hingegen Krankengeld anstellt von Arbeitsentgelt gezahlt und der Höhe nach als Anteil vom Arbeitsentgelt berechnet, so ist dies als Erwerbseinkommen zu berücksichtigen und der Erwerbstätigenfreibetrag zu berücksichtigen.[1187]

304 Ein etwaiger **Mehrbedarf bei Erwerbstätigkeit trotz eingeschränkten Leistungsvermögens** oder bei einer Tätigkeit in einer Werkstatt für Behinderte ist als besondere Belastung gemäß § 115 Abs. 1 S. 3 Nr. 5 ZPO zu berücksichtigen.[1188] Ebenso wird dies in Betracht kommen bei Personen, die für die Erwerbsarbeit besondere Tatkraft aufwenden müssen.[1189] Dementsprechend wird man eine erhebliche Erwerbsminderung berücksichtigen müssen bzw. Erwerbstätigkeit bei Alleinstehenden trotz Betreuung von

---

[1177] Der Entwurf eines Gesetzes zur Änderung des Prozesskostenhilfe- und Beratungshilferechts – BT-Drs. 17/11472 – sah insoweit eine Reduzierung auf 25 % vor.

[1178] Prozesskostenhilfebekanntmachung vom 28.12.2020, BGBl. 2020 I 3344. 235,– EURO gelten hingegen für die Landkreise Fürstenfeldbruck, Starnberg und München; 234,– EURO für die Stadt München.

[1179] Hierzu *Christl* ZRP 2017, 240.

[1180] Gesetz zur Änderung des Justizkosten und des Rechtsanwaltsvergütungsrechts und zur Änderung des Gesetzes zur Abmilderung der Folgen der COVID-19-Pandemie im Zivil-, Insolvenz- und Strafverfahrensrecht – KostRÄG 2021 – vom 21.12.2021, BGBl. I 3229; vgl. hierzu *Schneider* NZFam 2021, 1.

[1181] Vgl. Empfehlung des federführenden Rechtsausschusses und des Finanzausschusses an den Bundesrat, BT-Drs. 565/1/20 S. 15.

[1182] Musielak/Voit/*Fischer* ZPO § 115 Rn. 17. Einem Umschüler ist der Erwerbstätigenfreibetrag auf sein Umschulungsgeld anzurechnen; OLG Nürnberg FamRZ 2003, 774.

[1183] VGH Baden-Württemberg FEVS 42, 156. Das spricht dann aber auch für eine generelle Berücksichtigung der zugeflossenen Beträge als Einkommen.

[1184] Musielak/Voit/*Fischer* ZPO § 115 Rn. 16, 17.

[1185] *Zimmermann* Rn. 90.

[1186] BAG DB 2009, 1828; LAG Nürnberg FA 2019, 167.

[1187] BAG DB 2009, 1828.

[1188] Vgl BT-Drs. 15/4952, 64.

[1189] OLG Karlsruhe FamRZ 2005, 465.

§ 6 Bedürftigkeit

Klein- oder Grundschulkindern bzw. pflegebedürftigen Angehörigen.[1190] Jede Formalisierung verbietet sich hier, es ist auf die Angemessenheit im Einzelfall abzustellen.[1191] → Rn. 324.

3. Freibetrag für die Partei, § 115 Abs. 1 S. 3 Nr. 2a ZPO

Für den Antragsteller ist ein allgemeiner Freibetrag abzuziehen: der um 10 % erhöhte höchste Regelsatz, der für den alleinstehenden/alleinerziehenden Leistungsberechtigten gemäß der Regelbedarfsstufe 1 nach der Anlage zu § 28 SGB XII. Er beträgt ab 1.1.2021 491,– EUR.[1192]

305

Ausnahme: Bei der Berechnung des einzusetzenden Einkommens eines Prozesskostenhilfe beantragenden **Strafgefangenen** ist anstelle des Freibetrages für die Partei nur ein Abzug in Höhe des um 10 % erhöhten Taschengeldanspruches für bedürftige Strafgefangene im Sinne von § 46 StVollzG zu berücksichtigen.[1193]

4. Unterhaltsfreibetrag für den Ehegatten/Lebenspartner des Antragstellers, § 115 Abs. 1 S. 3 Nr. 2a ZPO

(1) Der **Unterhaltsfreibetrag des Ehegatten/Lebenspartners** (einer eingetragenen Lebenspartnerschaft nach dem LPartG) entspricht dem des Antragstellers.[1194] Er beträgt seit dem 1.1.2021 ebenfalls 491,– EUR.[1195] Er kommt indessen nur voll zur Anrechnung, wenn der Ehegatte/Lebenspartner über eigenes Einkommen nicht verfügt. Andernfalls ist sein Einkommen zu berücksichtigen; nach § 115 Abs. 1 S. 7 ZPO wird es vom Freibetrag abgezogen. Dementsprechend wird kein Ehegattenabzug vorgenommen, wenn das zu berücksichtigende Einkommen des Ehegatten/Lebenspartners mindestens 501,– EUR beträgt. Eigenes Einkommen des Ehegatten ist aber nur bis zur Höhe des Freibetrages in Ansatz zu bringen.[1196]

306

(2) **Fraglich ist insoweit, was unter hier unter „Einkommen" zu verstehen ist.** Die Bruttoeinkünfte können nicht gemeint sein; sie stehen dem Ehegatten nicht vollständig zur Verfügung. In Frage kommen:

a) das sog Nettoeinkommen (Bruttoeinkommen minus Steuern und Sozialversicherungsbeiträge),
b) das Nettoeinkommen minus Werbungskosten und

[1190] OLG Köln OLGReport 2003, 69.
[1191] So ist auch die Entscheidung des BGH v. 5.5.2010, FamRZ 2010, 1324, zu verstehen, die lediglich einen *pauschalen* (= generellen) Abzug ablehnt.
[1192] PKH-Bekanntmachung vom 28.12.2020, BGBl. 2020 I 3344. Zur Begründung der Reduzierung siehe Rn. 302. 516,– EURO gelten hingegen für die Landkreise Fürstenfeldbruck und Starnberg, 517,– für den Landkreis München und 515,– EURO für die Stadt München, Bei minderjährigen Antragstellern mit Unterhaltseinkünften soll nach OLG Bamberg FamRZ 1998, 1604 nicht der Freibetrag für die *Partei* aus § 115 Abs. 1 S. 3 Nr. 2 ZPO, sondern nur der Pauschbetrag für *weitere unterhaltspflichtige Personen* abgezogen werden können. Angesichts des eindeutigen Wortlauts der Vorschrift („Partei") ist das abzulehnen.
[1193] KG BeckRS 2013, 06709; MüKoZPO/*Wache* ZPO § 115 Rn. 44.
[1194] Der Entwurf eines Gesetzes zur Änderung des Prozesskostenhilfe- und Beratungshilferechts – BT-Drs. 17/11472 – sah insoweit vor, den Unterhaltsfreibetrag des Ehegatten/Lebenspartners auf einen Betrag in Höhe des um 10 % erhöhten höchsten Regelsatzes, der für eine Person seines Personenstands gem. der Regelbedarfsstufe 2 nach der Anlage zu § 28 SGB XII festgesetzt oder fortgeschrieben worden ist, zu begrenzen.
[1195] S. hierzu → Rn. 302.
[1196] LAG Rheinland-Pfalz MDR 2007, 1046.

c) das Nettoeinkommen minus Werbungskosten und Erwerbstätigenabzug iSd § 115 Abs. 1 S. 3 Nr. 1b ZPO.

(3) **Richtig ist es, innerhalb der Systematik der § 115 ZPO, § 82 SGB XII von einem einheitlichen Einkommensbegriff auszugehen** und das Einkommen des Ehegatten ebenso wie das Einkommen des Antragstellers zu berechnen. Damit gilt auch hier das gem. § 115 Abs. 1 S. 3 Nr. 1 iVm § 82 Abs. 2 SGB XII ermittelte Nettoeinkommen unter Berücksichtigung von Werbungskosten und Erwerbstätigenfreibetrag.[1197] Der Erwerbstätigenfreibetrag sollte bei Teilzeitbeschäftigungen nur dann entsprechend vermindert werden,[1198] wenn keine jüngeren Kinder zu versorgen sind. Andernfalls wird man der Lebenswirklichkeit nicht gerecht: Die Berufstätigkeit wird vielfach trotz Verpflichtung zur Kinderbetreuung nur deshalb aufgenommen, weil das Einkommen des einen Ehegatten nicht ausreicht.

(4) Wird der Unterhalt an den (getrennt lebenden, geschiedenen) Ehegatten nicht in Form von Naturalunterhalt, sondern als **Geldrente** geleistet, so wird grundsätzlich nicht der Freibetrag, sondern die tatsächlich geleistete Zahlung abgezogen. Die Höhe muss aber **angemessen** sein. Wird ein zu hoher Unterhalt gezahlt, ist lediglich der angemessene Teil zu berücksichtigen.[1199] Ist die Höhe der Unterhaltsverpflichtung durch Urteil bestimmt, wird man stets von der Angemessenheit ausgehen können. Eigenes Einkommen des unterhaltsberechtigten Ehegatten ist dann nicht mehr abzuziehen; es wurde bereits bei der Festlegung der Geldrente berücksichtigt.[1200] Soweit Ansprüche auf nachehelichen Unterhalt noch im Streit sind und der Unterhalt tatsächlich nicht gewährt wird, erfolgt auch kein Abzug.[1201]

307 (5) **Für nichteheliche Lebensgefährten, die nicht Partner einer eingetragenen Lebenspartnerschaft sind,** wird der Freibetrag nicht gewährt, denn ihnen gegenüber besteht keine Unterhaltspflicht. Die Unterhaltslasten, die der Antragsteller für seine(n) Lebensgefährten(in) erbringt, können aber als **besondere Belastung gem. § 115 Abs. 1 S. 3 Nr. 5 ZPO** geltend gemacht werden.[1202] Das gilt insbesondere, falls ein gemeinsames Kind vorhanden ist, weil dann eine gesetzliche Unterhaltspflicht bestehen kann[1203] oder aber, wenn die Einkünfte des Antragstellers bei der Gewährung von SGB II- Leistungen an seine Lebensgefährtin im Rahmen der Bedarfsgemeinschaft herangezogen wurden.[1204] Auch dann kann das einzusetzende Einkommen des Antragstellers aber nach § 115 Abs. 1 Nr. 5 ZPO um diesen Betrag als besondere Belastung vermindert werden. Siehe hierzu auch → Rn. 343.

5. Unterhaltsfreibetrag für weitere unterhaltsberechtigte Personen, § 115 Abs. 1 S. 3 Nr. 2b ZPO

308 (1) **Für jede Person, der der Antragsteller kraft Gesetzes Unterhalt schuldet,** kommen weitere Beträge in Anrechnung. Unterhaltsberechtigt sind vor allem Eltern, Kinder

---

[1197] OLG Bamberg FamRZ 2017, 1589; OLG Frankfurt BeckRS 2018, 26226; *Groß* ZPO § 115 Rn. 47; **aA** *Zimmermann* Rn. 94.
[1198] So der Vorschlag von *Zimmermann* 2. Aufl. Rn. 99.
[1199] OLG Köln FamRZ 1989, 524; vgl. auch BT-Drs. 10/6400, 47. *Zimmermann* Rn. 95.
[1200] *Zimmermann* Rn. 99.
[1201] OLG Karlsruhe FamRZ 2004, 1119; FamRZ 1992, 1084.
[1202] LAG Hamm FA 2019, 95; OLG Karlsruhe FamRZ 2008, 421; KG FamRZ 2006, 962 → s. a. Fn. 287.
[1203] OLG Stuttgart FamRB 2005, 76 mAnm *Nickel*. Es zieht der Höhe nach den Ehegatten-Freibetrag ab,
[1204] OLG Frankfurt FamRZ 2015, 1918.

und Großeltern. Die anrechenbaren Beträge werden am Alter des Unterhaltsberechtigten festgemacht.

Abzusetzen sind zurzeit für Erwachsene 393,– EUR, für Jugendliche vom Beginn des 15. bis zur Vollendung des 18. Lebensjahres 410,– EUR, für Kinder vom Beginn des 7. bis zur Vollendung des 14. Lebensjahres 340,– EUR und für Kinder bis zur Vollendung des 6. Lebensjahres 311,– EUR.[1205] Auch hier sind eigene Einkünfte der Unterhaltsberechtigten gem. § 115 Abs. 1 S. 8 ZPO zu berücksichtigen.[1206]

Die Freibeträge sind insbesondere relevant, wenn Kinder beim Antragsteller leben, für die er weder Barunterhalt noch staatliche Leistungen erhält. Zur Anrechnung des Kindergeldes → Rn. 269.

Zu den Unterhaltsleistungen gehört in erster Linie die Betreuung und der Naturalunterhalt; davon kann ohne weiteres bei minderjährigen Kindern, die im Haushalt des Antragstellers leben, ausgegangen werden; aber auch volljährige Kinder sind zu berücksichtigen, etwa erwachsene Schüler oder Studenten. Bei gemeinsamer Betreuung der unterhaltsberechtigten Kinder durch die Ehegatten sind bei jedem die vollen Freibeträge zu berücksichtigen; eine Aufteilung findet nicht statt.[1207] Eine solche ist im Hinblick auf die Pauschalierung der Freibeträge nicht vorgesehen.[1208] Dann aber muss das gleiche für das – höhere Kosten verursachende – Wechselmodell gelten.[1209] Bei einem minderjährigen Kind, das im **paritätischen Wechselmodell** abwechselnd in den Haushalten beider Eltern betreut wird, steht deshalb der Freibetrag nach § 115 Absatz 1 Satz 3 Nr. 2b ZPO jedem Elternteil in voller Höhe zu.[1210] Wie beim Ehegattenfreibetrag ist eigenes Einkommen des Unterhaltsberechtigten vom Freibetrag abzuziehen. Wegen der Berechnung des maßgeblichen Einkommens → Rn. 306.

(2) Wird statt des Naturalunterhalts eine **Geldrente** gezahlt, etwa an das beim geschiedenen Ehegatten lebende Kind, so ist diese an Stelle des Freibetrages abzusetzen. Ein übermäßig hoher Unterhalt ist, soweit er nicht gerichtlich festgesetzt wurde, auf das angemessene Maß zu begrenzen;[1211] zur Angemessenheit → Rn. 323 ff.

(3) Wenn der Unterhaltspflichtige sowohl eine Geldrente zahlt als auch Naturalunterhalt leistet, so findet – Angemessenheit vorausgesetzt – eine Zusammenrechnung statt.[1212]

(4) Leistet der Verpflichtete den geschuldeten Unterhalt nicht, wird der Abzug nicht vorgenommen.[1213]

(5) **Leben die Angehörigen der Partei im Ausland,** sind die Pauschalbeträge des § 115 Abs. 1 S. 3 Nr. 2 ZPO insoweit nicht anzuwenden. Sie beziehen sich unter Zugrundelegung des deutschen Sozialhilferechts auf die Verhältnisse im Inland und die hier geltenden unterhaltsrechtlichen Regelungen. Einen Anhaltspunkt können hier die ins Ausland über-

309

[1205] PKH-Bekanntmachung vom 28.12.2020 BGBl. 2020 I 3344. Zur Begründung der Reduzierung → Rn. 302. Zu den jeweils höheren Freibeträgen für die Landkreise Fürstenfeldbruck und Starnberg; den Landkreis München und die Stadt München siehe die PKH-Bekanntmachung 2021.
[1206] Der Anteil „Kosten für den Sachaufwand" in § 39 Abs. 1 S. 2 SGB VIII vermindert zB den Unterhaltsfreibetrag eines Kindes; OLG Nürnberg FamRZ 2010, 1361.
[1207] LAG Hamm BeckRS 2012, 67613; LAG Rheinland-Pfalz MDR 2007, 411; OLG Hamm MDR 2007, 973; Zöller/*Schultzky* ZPO § 115 Rn. 36; **aA** *Christl* RPfl 2018, 241 (246); *Zimmermann* Rn. 102.
[1208] OLG Dresden MDR 2015, 1151.
[1209] *Jokisch* FuR 2018, 13 (14).
[1210] OLG Oldenburg Beschl. v. 8.2.2021 – 13 WF 11/21 –, juris; OLG Dresden MDR 2015, 1151; MüKoZPO/*Wache* § 115 ZPO Rn. 42; **a. A.** OLG Frankfurt FamRZ 2020, 1746; *Christl* RPfleger 2018, 241; Staudinger/*Dürbeck* (2019) BGB § 1684 Rn. 270.
[1211] *Zimmermann* Rn. 101.
[1212] *Zimmermann* Rn. 100.
[1213] OLG Stuttgart FamRZ 2007, 486; OLG Karlsruhe FamRZ 2004, 1119.

mittelten Unterhaltsleistungen geben, sie sind uU gemäß § 115 Abs. 1 S. 3 Nr. 5 ZPO zu berücksichtigen.[1214] Für die Berücksichtigung unterschiedlicher Lebenshaltungskosten sprechen auch §§ 1077 Abs. 6, 1078 Abs. 3 ZPO.

6. Kosten der Unterkunft und Heizung, § 115 Abs. 1 S. 3 Nr. 3 ZPO

310 (1) Nach § 115 ZPO Abs. 1 S. 3 Nr. 3 sind die **Kosten für Unterkunft und Heizung** in ihrer tatsächlichen Höhe vom Einkommen abzuziehen, soweit sie nicht in einem auffälligen Missverhältnis zu den Lebensverhältnissen der Partei stehen. Diese an sich eindeutige Bestimmung wirft eine Reihe von Problemen bei der Anwendung auf.

311 (2) Zu den Kosten der **Unterkunft** zählen auch die vertraglich vereinbarten **Neben- und Betriebskosten,**[1215] soweit sie auf die Mieter umgelegt werden:
Grundsteuer, Straßenreinigung, Versicherungen, Hausreinigung, Müllabfuhr, Hausstrom, Aufzug, Gemeinschaftsantenne. Die sich aus der letzten Nebenkostenabrechnung ergebenden jährlichen Kosten sind auf den Monat umzulegen, dabei sind eventuell erfolgte Nachzahlungen bzw. Rückerstattungen zu berücksichtigen.

312 (3) **Streitig ist, ob die Kosten für privat genutzte Elektrizität/Gas und den Wasserverbrauch ebenfalls zu den Kosten der Unterkunft gehören**[1216] oder mit den Pauschbeträgen aus § 115 Abs. 1 S. 3 Nr. 1, 2 ZPO abgegolten sind.[1217] Richtig ist, dass die Kosten für Unterkunft und Heizung die sog Warmmiete ausmachen. Diese ist nach § 115 Abs. 1 S. 3 Nr. 3 ZPO zu berücksichtigen. Die Beträge für **Strom** gehören dagegen zur **allgemeinen Lebenshaltung** und werden durch die **Freibeträge**, die das Existenzminimum sicherstellen sollen, ausgeglichen.[1218] Anders zu beurteilen sind die Kosten der **Wasserversorgung** (und Abwasserentsorgung), die **nicht vom Grundfreibetrag** nach § 115 Abs. 1 S. 3 Nr. 2a ZPO erfasst, sondern zu den Unterkunftskosten zu rechnen sind.[1219] Zum Zeitpunkt der die gegenteilige Auffassung vertretenden Entscheidung des BGH vom 8.1.2008,[1220] war noch die Regelsatzverordnung (RSV) in Kraft, die (ua) die Kosten für Wasser bei der Bestimmung des Eckregelsatz berücksichtigte (§ 2 Abs. 2 Nr. 3 RSV). Dagegen erwähnt das seit dem 1.1.2011 in Kraft getretene Regelbedarfs-Ermittlungsgesetz (RBEG) die Kosten der Wasserversorgung nicht mehr, diese sind somit vom sozialhilferechtlichen Regelbedarf, an den der Grundfreibetrag des § 115 Abs. 1 S. 3 Nr. 2a ZPO anknüpft, nicht erfasst.[1221] Wird die Heizung mit Strom betrieben, so sind die Kosten hierfür zu schätzen. Soweit die Betriebskosten noch nicht feststehen, sind Erfahrungswerte als Pauschbeträge anzusetzen.[1222] Bezieht die Partei Wohngeld, so empfiehlt sich die Vorlage der entsprechenden Unterlagen gem. § 117 Abs. 2 ZPO.

[1214] *Groß* ZPO § 115 Rn. 53.
[1215] OLG Saarbrücken JurBüro 2018, 485; MDR 2014, 408; Musielak/Voit/*Fischer* ZPO § 115 Rn. 22.
[1216] **HM** OLG Nürnberg FamRZ 2015, 597; OLG Celle FamRZ 2015, 350 (Ls.); OLG Frankfurt BeckRS 2013, 10879; OLG Brandenburg BeckRS 2013, 09493.
[1217] BGH NJW-RR 2008, 595; OLG Celle MDR 2011, 257; OLG Brandenburg NJW 2009, 2069; FamRZ 2008, 69.
[1218] BGH FamRZ 2008, 781; OLG Karlsruhe FamRZ 2007, 1995; Zöller/*Schutzky* ZPO § 115 Rn. 38.
[1219] OLG Saarbrücken JurBüro 2018, 485 mAnm *Götsche;* OLG Nürnberg FamRZ 2015, 597; OLG Celle FamRZ 2015, 350 (Ls.); OLG Frankfurt BeckRS 2013, 10879; OLG Brandenburg BeckRS 2013, 09493; **aA** BGH NJW-RR 2008, 595.
[1220] NJW-RR 2008, 595.
[1221] OLG Frankfurt BeckRS 2013, 10879.
[1222] Vgl. § 5 der Wohngeldverordnung.

(4) Zur privaten Lebensführung und damit nicht zu den Kosten für die Warmmiete gehören die **Kosten für Telefon,**[1223] **Garage sowie für Kabelanschluss.**[1224] **Rundfunk – und Fernsehgebühren** sind hingegen als besondere Belastung zu berücksichtigen.[1225]

313

(5) Ist der Antragsteller alleiniger Besitzer einer Wohnung bzw. hat nur *er* unter den Bewohnern eigenes Einkommen, so ist der gesamte Betrag bei ihm abzusetzen.[1226] Leben indessen **mehrere Personen mit eigenem Einkommen** (Ehegatte, Kinder, Lebensgefährte, sonstige Angehörige, Mitglieder einer Wohngemeinschaft) in der Wohnung, so stellt sich die Frage nach der insoweit vorzunehmenden Aufteilung der Kosten.[1227]

314

Haben Ehegatten ungefähr gleiche Einkommensverhältnisse, so ist eine hälftige Aufteilung vertretbar. Differieren die Einkommen erheblich, so ist im Verhältnis aufzuteilen. Das Einkommen des anderen Ehegatten sollte unberücksichtigt bleiben, wenn es so niedrig ist, das die Gewährung der Unterkunft durch den anderen Ehegatten als Unterhalt anzusehen ist.[1228] Gleiches gilt im Verhältnis von Eltern zu Kindern.

Zunächst ist bei mehreren Bewohnern von den Angaben der Partei auszugehen, wie die Kostentragung vereinbart ist. Fehlen Angaben hierzu, ist sowohl eine Aufteilung der Kosten nach Kopfteilen[1229] (zB bei Wohngemeinschaften) als auch nach der genutzten Fläche vertretbar. Fehlen Angaben hierzu, kann auch auf das Verhältnis der Nettoeinkommen zurückgegriffen werden.[1230] Zahlt der Mitbewohner mit eigenem Einkommen keine Miete und besteht insoweit kein Unterhaltsanspruch, ist eine **fiktive Mietzahlung** von den Kosten der Partei abzuziehen.[1231] Anderes gilt, wenn der Antragsteller die gesamten Kosten einer Bedarfsgemeinschaft tragen muss, weil man der Lebensgefährtin (und deren Kindern) die Übernahme der Wohnkosten verweigert; in diesem Fall sind die gesamten Wohnkosten durch ihn absetzbar.[1232]

(6) Sonderfälle: Lebt die Partei in einem Heim, so kann zur Bestimmung der Unterkunftskosten § 7 der Wohngeldverordnung aF[1233] herangezogen werden.[1234] Der Anteil der Unterkunftskosten an den gesamten Kosten für den Heimaufenthalt wird bei 15– 20 % liegen, oder aber es sind 562,– EUR als Wohnraumnutzung anzusetzen, höchstens jedoch der tatsächlich gezahlte Sozialhilfebetrag. Die VO zu § 82 SGB XII gibt in § 2

315

[1223] *Jokisch* FuR 2018, 13 (16).
[1224] LAG Köln BeckRS 2013, 6685; *Zimmermann* Rn. 128; *Künzl/Koller* (Rn. 148) differenzieren bei der Garagenmiete bzw. beim Telefon: Bei Unerlässlichkeit aus beruflichen od. privaten Gründen sollen diese Kosten abzugsfähig sein. Zum Pkw-Stellplatz OLG Brandenburg FamRZ 2008, 69.
[1225] OLG Frankfurt BeckRS 2016, 02470, *Jokisch* FuR 2018, 13 (16).
[1226] Zöller/*Schultzky* ZPO § 115 Rn. 38; **aA** LAG Hamm BeckRS 2012, 67613.
[1227] Zur Berechnung bei einer Bedarfsgemeinschaft nach SGB II ausführlich OLG Dresden FamRZ 2008, 2287.
[1228] OLG Köln FamRZ 2003, 1394: Dem Ehepartner kann in diesem Zusammenhang nicht vorgeworfen werden, er verwerte seine Arbeitskraft nicht angemessen.
[1229] OLG Brandenburg FuR 2021, 262; OLG Bamberg FamRZ 2007, 1339 (nach Köpfen, wenn die Mitbewohner Einkünfte haben); OLG Koblenz FamRZ 2000, 1093 (Bei nichtehelichen Lebensgemeinschaften. Ausnahme: die Einkommen sind sehr unterschiedlich. Interne Abmachungen der Mitbewohner dürfen die Staatskasse nicht unangemessen benachteiligen); OLG Düsseldorf Rpfleger 2001, 434 (Absprachen unter den Lebensgefährten, dass die Hälfte der Wohnkosten auf die beiden Kinder der Antragstellerin umzulegen ist, sodass nur noch ein Viertel auf den Lebensgefährten entfällt, sind für die Beurteilung im PKH-Recht nicht verbindlich); *Groß* ZPO § 115 Rn. 59. Nach OLG Düsseldorf soll der Antragsteller die gesamten Wohnkosten einer Bedarfsgemeinschaft iSd §§ 7 Abs. 3 Nr. 3, 9 SGB II abziehen können; FamRZ 2010, 141.
[1230] LAG Hamm FA 2019, 95; BeckRS 2012, 67613: ausgehend vom unbereinigten Nettoeinkommen der Bewohner; LG Koblenz JurBüro 2006, 656; *Zimmermann* Rn. 104.
[1231] Beispiel bei *Zimmermann* Rn. 104.
[1232] OLG Düsseldorf FamRZ 2010, 141.
[1233] IdF v. 30.9.1992, BGBl. I 1686 ff.
[1234] Zöller/*Schultzky* ZPO § 115 Rn. 39.

Abs. 1 ebenfalls Anhaltspunkte für die Bewertung von Sachbezügen. Beim Bezug von Wohngeld sind die entsprechenden Belege bei der Antragstellung beizufügen. Auch der Vertrag über die Heimunterbringung selbst gibt Aufschluss über die Kosten der Unterkunft.

Ein Freigänger nach § 39 StVollzG kann keine Kosten für die Wohnung geltend machen.[1235]

Demgegenüber kann ein **Obdachloser** Mietkosten in Höhe der im notwendigen Selbstbehalt enthaltenen Kaltmiete geltend machen, in der Verwendung seiner Mittel ist der Obdachlose frei.[1236]

Ohne Belang ist, dass die Wohnkosten im Hinblick auf eigene Renovierungsleistungen ungewöhnlich niedrig sind.[1237]

315a (7) Bei alledem ist aber stets zu berücksichtigen, ob der **Antragsteller die Mietkosten auch tatsächlich zahlt** oder ob sie von anderer Seite übernommen werden, zB von der Bundesagentur für Arbeit im Rahmen des ALG II.[1238]

316 (8) Bewohnt die Partei ein **eigenes Haus bzw. eine Eigentumswohnung,** so ist zu unterscheiden:

- **Ist das Eigentum nicht belastet,** also schuldenfrei, so sind abzugsfähig die Kosten für Heizung sowie die sonstigen Nebenkosten. Der Eigentümer darf insoweit nicht schlechter gestellt werden als ein Mieter. Allerdings ist fraglich, von welchem Umfang der Nebenkosten auszugehen ist. Die Kosten für Strom sind mit den Pauschalbeträgen aus § 115 Abs. 1 S. 3 Nr. 1, 2 ZPO abgegolten. Über die auch für einen einem Mieter abzugsfähigen Kosten – insbes. Grundsteuer, Müllabfuhr, Straßenreinigung, Wasser – hinaus sind Aufwendungen für das Eigentum zu berücksichtigen. Normale Instandhaltungskosten sind für das Jahr anzurechnen, in dem sie anfallen. Höhere Kosten, etwa für Sanierungsarbeiten, sind auf mehrere Jahre zu verteilen.[1239] Die für das Grundeigentum abgeschlossenen Versicherungen sind im Rahmen des § 82 Abs. 2 SGB XII abzusetzen.

- **Ist das selbst bewohnte Eigentum belastet,** so verlangt der amtliche Vordruck genaue Angaben über die Belastung aus Fremdmitteln hinsichtlich monatlicher Zahlung, Zinssatz, Tilgungsraten, Kreditinstitut und Laufzeit des Darlehens. Dazu können auch Ratenzahlungen auf das Vorausdarlehen einer Bausparkasse gehören, bei dem die Bauspar-Raten an die Stelle der Tilgung treten.[1240] Ein Abzug fiktiver Mietzahlung findet nicht statt.[1241] Auch die Kosten für die Instandhaltung sind abzugsfähig, das folgt aus der ausdrücklichen Bezugnahme des Regierungsentwurfs auf §§ 13, 14 Wohngeldverordnung aF[1242] Unproblematisch erscheint dies beim selbst genutzten Eigenheim i. S. d § 90 Abs. 2 Nr. 8 SGB XII. Andere Objekte dienen zumindest teilweise der Vermögensbildung, etwa das nur teilweise selbst bewohnte Zweifamilienhaus. Die auf den nicht selbst genutzten Teil entfallenden Aufwendungen sind im Rahmen der Kosten für Unterkunft und Heizung nicht zu berücksichtigen, können aber uU von den Einkünften aus Vermietung und Verpachtung abgesetzt werden. § 7 Abs. 2 S. 1

[1235] OLG Köln OLGReport 2004, 275.
[1236] OLG Köln OLGReport 2002, 435 (436): 155,– EUR von 685,– EUR Arbeitslosengeld; AG Erfurt Beschl. v. 9.9.2014; 2 Ca 392/14: fiktive Mietkosten in Höhe von 345,– EUR monatlich, entsprechend der im Rahmen von Leistungen nach dem SGB II zu berücksichtigenden angemessenen Wohnkosten (warm).
[1237] OLG Frankfurt Beschl. v. 5.11.2015 – 6 WF 250/15.
[1238] Vgl. OLG Karlsruhe NJW-RR 2006, 1522.
[1239] So der Vorschlag von *Zimmermann* Rn. 107.
[1240] OLG Karlsruhe FamRZ 2008, 70.
[1241] OLG Schleswig FamRZ 1998, 1180.
[1242] BT-Drs. 12/6963, 12; *Groß* ZPO § 115 Rn. 61; **aA** *Zimmermann* Rn. 113.

§ 6 Bedürftigkeit

Nr. 4, S. 2 der Durchführungsverordnung zu § 82 SGB XII[1243] zählt zum sog Erhaltungsaufwand die Ausgaben für Instandsetzung und Instandhaltung, nicht jedoch die Ausgaben für Verbesserungen.

(9) **Aufwendungen für das nicht selbst bewohnte Eigentum dienen der Vermögensbildung und bleiben unberücksichtigt;** dasselbe gilt bei Ferienhäusern und -wohnungen.[1244]

317

(10) **Die Kosten für Unterkunft und Heizung sind nur abzugsfähig, soweit sie nicht in einem auffälligen Missverhältnis zu den Lebensverhältnissen der Partei stehen.** Mit dieser Formulierung ist ein erheblicher Entscheidungsspielraum eröffnet. Tatsächlich können je nach Region die Kosten insbesondere für die Miete sehr unterschiedlich sein, ohne dass eine Überteuerung vorliegen muss. Da auch der gesamte Lebenszuschnitt des Antragstellers eine Rolle spielt, liegt ein auffälliges Missverhältnis dann vor, wenn der Antragsteller im Hinblick auf seine Einkommens- und Vermögensverhältnisse für Unterkunft und Heizung deutlich zu viel ausgibt.[1245] Dies kann zum einen an einem unangemessenen Raumbedarf festgemacht werden, andererseits an einer zu hohen Miete. Man wird hier kaum schematisieren können; Unterkunftskosten bis zur Hälfte des Nettoeinkommens sollen in der Regel akzeptabel sein.[1246] Ein auffälliges Missverhältnis kann dann nicht angenommen werden, wenn die Ehewohnung in der Trennungszeit nur noch von einem Ehepartner bewohnt wird.[1247] Besteht ein auffälliges Missverhältnis zwischen den Lebensverhältnissen und den Unterkunftskosten, so sind diese nur in angemessener Höhe abziehbar.[1248]

318

Ein Umzug in eine günstigere Unterkunft kann vom Antragsteller nicht verlangt werden.

7. Mehrbedarfe, § 115 Abs. 1 S. 3 Nr. 4 ZPO[1249]

Angesichts immer wiederkehrender Fallkonstellationen bestand der Bedarf nach einer gesetzlichen Vorgabe, um allzu große Ungleichbehandlungen zu vermeiden. Der BGH hat in seiner Entscheidung vom 5.5.2010 entschieden, dass zumindest die Mehrbedarfe gem. § 21 Abs. 3 SGB II **nicht pauschal** als besondere Belastungen gem. § 115 Abs. 1 S. 3 Nr. 4 ZPO abgezogen werden können, sondern der Antragsteller die Abzugsfähigkeit im konkreten Einzelfall darlegen und nachweisen muss.[1250] Das aktuelle Prozesskostenhilferecht enthalte – anders als das frühere – keinen Verweis auf entsprechende Pauschalen aus dem Sozialrecht.[1251] Die insofern bestehende Gesetzeslücke sollte durch eine Ergänzung in § 115 Abs. 1 S. 3 Nummer 4 ZPO geschlossen werden. Seit dem 1.1.2014 **also können die in § 21 SGB II und § 30 SGB XII** genannten **Personen pauschale Beträge für einen bestehenden Mehrbedarf** geltend machen. § 30 SGB XII und § 21 SGB II, die sich auf § 28 SGB XII und das dazu ergangene Regelbedarfs-Ermittlungsgesetz[1252] beziehen, ordnen im Rahmen der Grundsicherung bzw. Sozialhilfe für bestimmte Personengruppen einen sog **Mehrbedarf** in unterschiedlicher Höhe an:

319

[1243] Vom 28.11.1962 (BGBl. I 692) idF v. 21.3.2005, BGBl. I 818; aktuelle Fassung v. 19.10.2001 BGBl. I 2722.
[1244] *Groß* ZPO § 115 Rn. 61.
[1245] OLG Frankfurt Beschl. v. 24.8.2018; 1 WF 116/18; OLG Brandenburg FamRZ 2001, 1085; BLHAG/*Dunkhase* ZPO § 115 Rn. 11; anders *Groß* ZPO § 115 Rn. 60: nur offensichtlicher Luxus.
[1246] So OLG Brandenburg FamRZ 2001, 1085 (Ls); AG Hannover (PKH-Leitlinien) FamRZ 1996, 212.
[1247] OLG Schleswig OLGReport Nord 27/2013; OLG München OLGReport 1997, 12.
[1248] Zöller/*Schultzky* ZPO § 115 Rn. 41.
[1249] Seit dem 1.1.2014, vorher Ziffer 3.
[1250] BGH FamRZ 2010, 1324.
[1251] BGH FamRZ 2010, 1324.
[1252] Vom 24.3.2011, BGBl. I 453.

- **Altersrentner und voll Erwerbsgeminderte,** die eine erhebliche Gehbehinderung nachweisen können[1253] und **Schwangere** nach der 12. Schwangerschaftswoche: 17 % der für sie maßgebenden Regelbedarfsstufe nach der Anlage zu § 28 SGB XII;
- **Alleinerziehende** mit einem Kind unter sieben Jahren oder zwei bzw. drei Kindern unter 16 Jahren: 36 % der Regelbedarfsstufe 1 nach der Anlage zu § 28 SGB XII;
- **Alleinerziehende** mit älteren Kindern oder einem Kind über sieben Jahre: 12 % der Regelbedarfsstufe 1 nach der Anlage zu § 28 SGB XII für jedes Kind, höchstens jedoch 60 % des Regelsatzes;
- **behinderte Menschen** ab 15 Jahren, die Eingliederungshilfe erhalten: 35 % der für sie maßgebenden Regelbedarfsstufe;
- **kranke, genesende, behinderte Menschen** oder von einer Krankheit oder Behinderung bedrohte Menschen, die einer **kostenaufwändigen Ernährung** bedürfen: Mehrbedarf „in angemessener Höhe".

Dieser Mehrbedarf kann bei den Abzügen im Rahmen des § 115 Abs. 1 S. 3 Nr. 4 ZPO entsprechend zu berücksichtigen sein, ohne dass in jedem Einzelfall, anders als bei Nr. 5, die Entstehung der Aufwendungen konkret dargelegt und nachgewiesen werden muss. Ein Abzug der entsprechenden Mehrbedarfe setzt nicht voraus, dass der Antragsteller Leistungen nach dem SGB erhält.[1254] Allerdings muss der Antragsteller die sozialrechtlichen Tatbestandsvoraussetzungen für die Mehrbedarfe darlegen und glaubhaft machen.[1255] So kommt die Berücksichtigung eines Mehrbedarfs nicht in Betracht, wenn die Antragstellerin mit ihrem Kind und einer weiteren Person als Familie zusammenlebt und wirtschaftet.[1256] Erhält der Antragsteller die Mehrbedarfe als Leistungen, so sind sie zunächst als Einkommen zu behandeln und sodann wieder abzuziehen.[1257]

8. Besondere Belastungen, § 115 Abs. 1 S. 3 Nr. 5 ZPO[1258]

a) Begriff der besonderen Belastung

320 (1) Der Antragsteller kann weitere Beträge als Abzugsposten in Ansatz bringen, soweit dies mit Rücksicht auf besondere Belastungen angemessen ist.

Damit ist zumindest die Prüfungsfolge vorgegeben: Der Antragsteller muss **Aufwendungen** haben, die er selbst zu tragen hat, diese müssen eine **besondere Belastung** darstellen und der Abzug vom Einkommen muss **angemessen** sein.

321 (2) Diese sog **Härteklausel** war bereits in § 115 Abs. 1 S. 3 2. HS ZPO aF enthalten. Durch die Neufassung des § 115 durch das Prozesskostenhilfeänderungsgesetz[1259] wurden die Freibeträge für die Partei, ihren Ehegatten und weitere unterhaltsberechtigte Personen am Regelbedarf des § 28 SGB XII festgemacht.[1260] Daraus folgt, dass die „normale" Belastung einer Partei durch die Regelsätze ausgeglichen wird; was darüber hinausgeht, ist eine besondere Belastung. „Normal" sind die üblichen Lebenshaltungskosten für Kleidung, Ernährung, Körperpflege, Energiebedarf, Hauswirtschaft sowie Instandhaltung und Reinigung von Kleidung. Die Kosten für Unterkunft und Heizung

---

[1253] OLG Hamm Beschl. v. 16.1.2015, II-WF 325/14.
[1254] OLG Saarbrücken BeckRS 2018, 31956; OLG Zweibrücken BeckRS 2015, 19624.
[1255] OLG Saarbrücken BeckRS 2018, 31956; OLG Zweibrücken BeckRS 2015, 19624; BT-Drs. 17/11472, 30.
[1256] OLG Bamberg FamRZ 2021, 614; OLG Brandenburg BeckRS 2019, 5348; NZFam 2015, 276 mAnm *Többen*.
[1257] OLG Saarbrücken MDR 2014, 1325; *Groß* ZPO § 115, Rn. 71; BT-Drs. 17/11472, 30.
[1258] Bis 31.12.2013 Ziffer 4.
[1259] Vom 10.10.1994, BGBl. I 2945.
[1260] BT-Drs. 12/6963, 8.

werden bereits durch § 115 Abs. 1 S. 3 Nr. 3 ZPO berücksichtigt, Mehrbedarfe seit dem 1.1.2014 durch § 115 Abs. 1 S. 3 Nr. 4 ZPO.

(3) Der Begriff der **außergewöhnlichen Belastung** aus dem Steuerrecht, nämlich aus § 33 EStG, ist auf das Prozesskostenhilferecht nur bedingt zu übertragen. Dort ist bestimmt, dass dem Steuerpflichtigen zwangsläufig größere Aufwendungen als der überwiegenden Mehrzahl der Steuerpflichtigen mit gleichen Einkommens- und Vermögensverhältnissen sowie gleichem Familienstand erwachsen müssen. Außergewöhnlich wird hier also eine Belastung durch den Vergleich mit den Verhältnissen anderer Steuerpflichtiger. Das Recht der Prozesskostenhilfe macht die Angemessenheit von Belastungen aber an den Lebensverhältnissen der Partei fest, die sich wegen der Prozessführung nicht mehr als nötig in ihrer Lebenshaltung einschränken soll.[1261] Auch die zumutbare Eigenbelastung nach der Tabelle zu § 33 Abs. 3 EStG (bis zu 7 % vom Gesamtbetrag der Einkünfte) ist dem PKH-Recht in dieser Form fremd. Freilich werden sich die Begriffe häufig decken; zB bei besonderen Aufwendungen im Krankheitsfall.

322

(4) Nur **angemessene Aufwendungen** sind abzugsfähig. Das bedeutet zunächst, dass Luxus, Spekulationsgeschäfte, überflüssige und durch nichts gebotene Anschaffungen außer Betracht zu bleiben haben.[1262] Weiterhin sind Belastungen nicht zu berücksichtigen, die böswillig eingegangen wurden, um die Bedürftigkeit herbeizuführen.[1263] Darüber hinaus ist im Rahmen der Angemessenheit zu prüfen, wann die Belastungen entstanden sind, ob sie in einem vernünftigen Zusammenhang mit der Lebensführung der Partei stehen, mithin notwendig, entbehrlich oder überflüssig sind, und ob vor allem das Verhältnis der Zahlungsverpflichtung zur Höhe des Einkommens angemessen ist.

323

Die Angemessenheit ist nicht nur dann zu verneinen, wenn ein böswilliges Verhalten vorliegt. Bei anderer Ansicht würden auch dem sorglosen oder leichtfertigen Antragsteller die Kosten für die Prozessführung zu Lasten der Allgemeinheit ganz oder teilweise abgenommen.[1264]

(5) **Eine Pauschalierung** ist im Rahmen des § 115 Abs. 1 S. 3 Nr. 5 ZPO nicht vorgesehen.[1265]

324

(6) **Der Hinweis auf § 1610a BGB** ist so zu verstehen: Erhält ein unterhaltspflichtiger Behinderter wegen eines Körper- oder Gesundheitsschadens Sozialleistungen, so gelten diese an sich als Einkünfte mit der Folge, dass der Unterhaltsberechtigte höhere Ansprüche geltend machen kann. Um dies zu verhindern, wird vermutet, dass der Mehraufwand des Behinderten der Höhe der Sozialleistung entspricht. Insoweit hat diese also für den Unterhalt außer Betracht zu bleiben. Im Rahmen der Gewährung von Prozesskostenhilfe bedeutet das, dass der behinderungsbedingte Mehrbedarf vom Antragsteller nicht mehr nachgewiesen werden muss.[1266]

325

b) Einzelfälle

- **Abzahlungsverpflichtungen** s. Schulden 326
- **Alleinerziehende** können einen pauschalen Mehrbedarf gem. § 115 Abs. 1 S. 3 Nr. 4 ZPO beanspruchen → Rn. 319. 327

[1261] BVerfGE 78, 104, 118; vgl. auch BT-Drs. 8/3068, 25.
[1262] *Groß* ZPO § 115 Rn. 64; Thomas/Putzo/*Seiler* ZPO § 115 Rn. 15.
[1263] Insoweit einschränkend OLG Hamm MDR 1987, 1031; OLG Köln 1983, 635.
[1264] Ähnlich *Zimmermann* Rn. 114.
[1265] Zur vereinfachten Berücksichtigung immer wieder kehrender Fallkonstellationen wurde durch das Gesetz zur Änderung des Prozesskostenhilfe- und Beratungshilferechts vom 31.8.2013, BGBl. I 3533 ff. in § 115 Abs. 1 S. 3 Nr. 4 ZPO die Berücksichtigung von Mehrbedarfen eingeführt → Rn. 319.
[1266] *Groß* ZPO § 115 Rn. 74; *Zimmermann* Rn. 115.

328 • **Anwaltskosten** aus früheren Prozessen sind abzugsfähig.[1267]
329 • Aufwendungen für ein **Auto** sind als Werbungskosten nach § 82 Abs. 2 Nr. 4 SGB XII absetzbar, soweit der Antragsteller es für seine Erwerbstätigkeit benötigt.[1268] Ist das nicht der Fall, kommt auch eine Berücksichtigung als besondere Belastung nicht in Betracht; vielmehr gehören sie zur allgemeinen Lebenshaltung.[1269] Dann sind auch die Kosten für die Finanzierung nicht absetzbar; gleiches gilt, wenn ein Missverhältnis zwischen Einkommen und Kreditverpflichtung besteht.[1270] Wurde bei anzunehmender Notwendigkeit eines Fahrzeugkaufs allerdings ein übertreuertes Fahrzeug erworben, kommt der Ansatz geringerer Kreditraten in Betracht.
330 • **Darlehen,** vgl. Schulden.
• Mehraufwendungen für eine erforderliche medizinische **Diät** sind abzugsfähig,[1271] vgl. auch krankheitsbedingte Aufwendungen → Rn. 319.
330a • Eine aus beruflichen Gründen erforderliche **doppelte Haushaltsführung** ist als besondere Belastung zu berücksichtigen.[1272]
331 • **Familienereignisse** (Hochzeit, Geburt, Todesfall, Kommunion/Konfirmation) und die damit verbundenen notwendigen Kosten können besondere Belastungen sein, wobei es immer auch auf die Frage der Angemessenheit ankommt.[1273]
332 • Ob **Geldbußen bzw. Geldstrafen,** die zu zahlen sind, zu den besonderen Belastungen gehören, ist streitig.[1274] Die Partei vermag sich letztlich der Zahlung nicht zu entziehen; auch kann die Veranlassung der Festsetzung ein lediglich fahrlässiges Verhalten sein. Berücksichtigt man diese Verpflichtung nicht, läuft das uU auf eine doppelte Bestrafung hinaus. Andererseits: Mit dem Sinn einer Strafe ist eine Berücksichtigung auch nicht recht zu vereinbaren.[1275]
333 • **Hypothekenbelastung,** vgl. Schulden.
333a • **Kindergartenbeiträge**[1276] **und Kosten für die Tagesmutter** sind besondere Belastungen,[1277] **Schulgeld, Schülerfahrtkosten, Musik- und Nachhilfeunterricht,**[1278] letztere jedenfalls soweit sie in einem angemessenen Verhältnis zum Familienunterhalt stehen.[1279] Bei der Fremdbetreuung ist das anfallende Essensgeld nicht vom Einkommen abzuziehen.[1280]

[1267] OLG Köln FamRZ 1993, 579.
[1268] OLG Hamm FamRZ 2007, 155; Dresden OLGReport 2002, 55, zu den Werbungskosten → Rn. 300.
[1269] *Zimmermann* Rn. 116.
[1270] OLG Dresden OLGReport 2002, 55; OLG Karlsruhe OLGReport 1998, 171; OLG Hamburg FamRZ 1996, 42.
[1271] OLG Braunschweig NdsRpfl 1988, 238; BFH BB 1982, 1535.
[1272] LAG Hamm NZA-RR 2018, 215.
[1273] Thomas/Putzo/*Seiler* ZPO § 115 Rn. 14, MüKoZPO/*Wache* § 115 Rn. 58.
[1274] Für Berücksichtigung: OLG Hamburg FamRZ 2001, 235; **aA** (nicht zu berücksichtigen) BGH NJW 2011, 1007; LAG Düsseldorf JurBüro 2010, 264; OLG Karlsruhe FamRZ 2008, 1541; KG FamRZ 2006, 871; OLG München FamRZ 2007, 1340; OLG Koblenz FamRZ 1997, 68; Thomas/Putzo/*Seiler* ZPO § 115 Rn. 15. Nach OLG Brandenburg (FamRZ 2004, 646) sollen Geldstrafen besondere Belastungen darstellen, Verwarnungs- und Bußgelder aber nicht. Letztere gehörten zu den allgem. Lebenshaltungskosten. Das ist kaum nachvollziehbar. Richtig wird es sein, mit OLG Celle (FamRZ 2011, 1159) Geldstrafen und -bußen gleich zu behandeln und nicht zu berücksichtigen.
[1275] *Zimmermann* Rn. 117.
[1276] OLG Celle MDR 2018, 1468; OLG Koblenz FamRZ 2015, 1314.
[1277] *Jokisch* FuR 13 (16); **aA** LAG Köln BeckRS 2012, 75643.
[1278] LAG Berlin-Bandenburg NZFam 2015, 82.
[1279] MüKoZPO/*Wache* § 115 Rn. 59.
[1280] OLG Koblenz FamRZ 2015, 1314; *Jokisch* FuR 13 (16).

§ 6 Bedürftigkeit

- **Krankheitsbedingte Aufwendungen** (Arzt- und Krankenhauskosten, notwendiger Kuraufenthalt, Medikamentenzuzahlung), sind besondere Belastungen,[1281] soweit sie nicht anderweitig erstattet werden → Rn. 319. 334
- **Kredit**, vgl. Schulden.
- **Die allgemeinen Lebenshaltungskosten sind grundsätzlich in den Pauschbeträgen für die Partei und ihre Angehörigen enthalten.** Sie umfassen insbesondere die Ausgaben für Kleidung, Ernährung, Körperpflege, hauswirtschaftlichen Bedarf, Instandhaltung und Reinigung von Kleidung und persönliche Bedürfnisse des täglichen Lebens.[1282] 335
- Seine **Pflegebedürftigkeit** und die dadurch entstehenden Kosten kann der Antragsteller als besondere Belastung geltend machen, soweit sie nicht von anderer Stelle erstattet werden. Zu den Leistungen aus der Pflegeversicherung → Rn. 274. 336
- **Raten aus einem anderen Prozesskostenhilfeverfahren** sind im laufenden Bewilligungsverfahren als besondere Belastungen abziehbar,[1283] das gilt auch für Rechtsverfolgungskosten ohne Anordnung von Prozesskostenhilfe.[1284] Vgl. auch Anwaltskosten. 337
- **Reisekosten**, die einem nicht sorgeberechtigten Elternteil durch Besuche bei dem entfernt lebenden Kind entstehen, sind besondere Belastungen.[1285] 338
- **Schulden.** Besondere Bedeutung kommt im Rahmen der besonderen Belastungen der Berücksichtigung von Schulden zu. Für die Berücksichtigung ist zunächst Voraussetzung, dass die Schulden auch bedient werden.[1286] Zu unterscheiden ist weiterhin danach, ob die Verpflichtungen in Ansehung des Prozesses bzw. nach dessen Aufnahme eingegangen wurden oder bereits vorher entstanden waren. In Ansehung oder während des Prozesses eingegangene Verpflichtungen sind grundsätzlich nicht als besondere Belastungen zu berücksichtigen, da der Antragsteller von diesem Zeitpunkt an seine Lebensführung auf den bevorstehenden Prozess einrichten muss.[1287] 339

Von diesem Grundsatz ist eine Ausnahme für lebensnotwendige Schulden zu machen, etwa Verpflichtungen infolge von Todes- und Unglücksfällen oder Krankheit.[1288] Ist der Antragsteller auf die berufliche Nutzung eines Pkw angewiesen,[1289] kann er die Tilgungsraten für ein bei Prozessbeginn aufgenommenes Kaufpreisdarlehen absetzen, soweit sie in einem angemessenen Verhältnis zu seinem Einkommen stehen und zwar nach BGH[1290] zusätzlich zu der Entfernungspauschale in Höhe von 5,20 EUR je Entfernungskilometer.[1291]

[1281] OLG Bamberg OLGReport 1999, 343.
[1282] Zöller/*Schultzky* ZPO § 115 Rn. 46. Übermäßiger Zigarettenbedarf bzw. -konsum ist keine besondere Belastung, OLG Koblenz OLGReport 1999, 24.
[1283] BGH NJW-RR 1990, 450; OLG Saarbrücken BeckRS 2013, 01054; OLG Stuttgart FamRZ 2009, 1163; OLG Köln OLGReport 1997, 180; OLG Düsseldorf Rpfleger 1992, 30; Zöller/*Schultzky* ZPO § 115 Rn. 49.
[1284] *Groß* ZPO § 115 Rn. 70.
[1285] Für das Sozialhilferecht BVerfG FamRZ 1995, 86; BVerwG FamRZ 1994, 309; s. u. Umgangskosten.
[1286] OLG Zweibrücken OLGReport 2001, 35. Davon macht das OLG Nürnberg bei der (OLGReport 2003, 189) eine Ausnahme, wenn der Bedürftige überschuldet ist und eine Beitreibung der Kosten aussichtslos wäre; Folge: keine Festsetzung von Monatsraten.
[1287] OLG Naumburg OLGReport 2009, 462; OLGReport 2009, 482 (Ls.); FamRZ 2009, 628 (Kredit zur Instandsetzung des Hauses in Erwartung des Scheidungsverfahrens; OLG Köln MDR 1995, 314; OLG Koblenz MDR 1992, 80; *Zimmermann* Rn. 120.
[1288] OLG Brandenburg FamRZ 2008, 158 („unabwendbare Verbindlichkeiten"); OLG Koblenz MDR 1992, 80; OLG Bamberg JurBüro 1990, 635 u. 1644.
[1289] OLG Bremen FF 2013, 256: nachgewiesene Gehbehinderung.
[1290] BGH FamRZ 2012, 1629.
[1291] BGH FamRZ 2012, 1629; OLG Bremen FamRZ 2012, 48; s. o. → Rn. 300.

Die Schulden sind in Ansehung des Prozesses eingegangen, wenn der Antragsteller die Notwendigkeit der Prozessführung zu diesem Zeitpunkt erkannte.[1292] Auf den Zeitpunkt der PKH-Antragstellung ist dabei nicht abzustellen, da dieser Zeitpunkt von der Partei beeinflusst werden kann.

Erst recht sind Zahlungsverpflichtungen nicht zu berücksichtigen, wenn sie von der Partei bewusst eingegangen wurden, um sich hilfsbedürftig zu machen,[1293] die dahingehende Absicht wird allerdings kaum nachweisbar sein.

Schuldverpflichtungen, die begründet wurden, bevor die Partei die Notwendigkeit der Prozessführung erkannte, sind vom Grundsatz her zu berücksichtigen, da das Gesetz auf die tatsächliche, nicht auf die hypothetische Leistungsfähigkeit abstellt.[1294] Dies gilt insbesondere für Darlehensschulden und Abzahlungsverpflichtungen, die für übliche Anschaffungen eingegangen wurden. Zins und Tilgung sind dann abzusetzen, soweit ihre Höhe angemessen bzw. Tilgungsfreistellung nicht möglich ist.[1295] Das gilt auch für Tilgungsleistungen auf betriebliche Kredite bei Selbstständigen.[1296]

Aufwendungen, die lediglich der Vermögensbildung oder der **Finanzierung von Luxus und Liebhabereien** dienen – kostspieliger Urlaub, aber auch das Ferienhaus oder nicht selbst genutztes Wohneigentum, – sind nicht absetzbar,[1297] ebenso nicht die Finanzierungskosten für ein Auto, auf das die Partei nicht angewiesen ist und dessen Kosten in einem Missverhältnis zu ihrer Einkommenssituation stehen.[1298]

Zins- und Tilgungsleistungen für ein selbst bewohntes Haus oder eine Eigentumswohnung sind iaR absetzbar.[1299] Das ergibt sich aus § 115 Abs. 3 S. 2 ZPO iVm § 90 Abs. 2 Nr. 8 SGB XII. In diesem Zusammenhang kommt es auch darauf an, ob die Größe des Wohneigentums angemessen ist. Allerdings sollte hier nicht formelhaft verfahren werden. Die Angemessenheit wird nur dann zu verneinen sein, wenn Belastungen eingegangen wurden, die in einem deutlichen Missverhältnis zum Einkommen der Partei stehen.[1300]

Darüber hinaus schreibt § 115 Abs. 1 S. 3 Nr. 5 ZPO die **Prüfung der Angemessenheit für jede geltend gemachte Belastung** vor. Die Unangemessenheit kann sich aus Anlass und Höhe einerseits sowie dem Verhältnis zum laufenden Einkommen andererseits ergeben.[1301] Damit sind auch Altschulden nicht ohne Prüfung der Angemessenheit abzusetzen. Den Antragsteller trifft insoweit eine besondere Darlegungspflicht.[1302] Auf böswilliges Verhalten der Partei kommt es dabei nicht an, denn bei der Eingehung von Verbindlichkeiten, die weder nach Anlass und Höhe noch nach dem Einkommen der Partei angemessen sind, weiß sie auch ohne konkrete Kenntnis vom bevorstehenden Prozess, dass letztlich sie und nicht die Allgemeinheit für die insoweit entstehenden Kosten aufzukommen hat.[1303] Damit ist nicht gesagt, dass über

---

[1292] OLG Köln FamRZ 1996, 873; OLG Hamm JurBüro 1987, 1416.
[1293] BGH VersR 84, 77, 79; Zöller/*Schultzky* ZPO § 115 Rn. 44.
[1294] OLG Köln FamRZ 1996, 873. Zum Verbrauch einer Abfindung zur Schuldentilgung vgl. OLG Karlsruhe FamRZ 2002, 1196.
[1295] BGH NJW-RR 1990, 450; OLG Brandenburg Beschl. v. 20.1.2020 – 15 WF 12/20 – juris; OLG Karlsruhe OLGReport 2000, 353 (Hausbaudarlehen); OLG Köln FamRZ 1996, 873.
[1296] OLG Jena FamRZ 1997, 622.
[1297] *Zimmermann* Rn. 121.
[1298] OLG Dresden OLGReport 2002, 55; OLG Hamburg FamRZ 1996, 42.
[1299] Vgl. dazu OLG Karlsruhe FamRZ 1998, 488.
[1300] So OLG Bamberg JurBüro 1987, 133. Die Angemessenheit wird heute nicht mehr allein an der Haus- oder Wohnungsgröße festgemacht, vgl. § 90 Abs. 2 Nr. 8 S. 2 SGB XII. → Rn. 345.
[1301] Stein/Jonas/*Bork* ZPO § 115 Rn. 61.
[1302] OLG Köln FamRZ 1996, 873.
[1303] Vgl. *Groß* ZPO § 115 Rn. 64; *Zimmermann* Rn. 125.

§ 6 Bedürftigkeit

Anlass und Höhe der Verschuldung *moralisierende Werturteile* abzugeben sind,[1304] das Gericht ist jedoch nicht gehindert, von seinem Ermessen auch zuungunsten des Antragstellers Gebrauch zu machen, wie dies auch im Rahmen des § 82 Abs. 2 Nr. 3 SGB XII, § 115 Abs. 1 S. 3 Nr. 3 ZPO vorgesehen ist.

- **Schulungskosten,** dh Kosten für die Aus- und Weiterbildung sind besondere Belastungen.[1305] Der Musikunterricht oder der Sportverein gehören im Hinblick auf die „sog Bildungsgutscheine" im Rahmen von Leistungen nach dem SGB II dazu.[1306]   340
- **Schwangerschaft,** Kosten zB für Kleidung können besondere Belastungen darstellen, sie müssen dann konkret belegt werden. Zur pauschalen Abzugsmöglichkeit → Rn. 319.   341
- **Umgangskosten** können, wenn beengte finanzielle Verhältnisse vorliegen und sie wegen häufiger Umgangskontakte in maßgeblicher Höhe anfallen, berücksichtigt werden, zB in Höhe von 1/7 des Freibetrages für ein Kind gem. § 115 Abs. 1 S. 3 Nr. 5 ZPO.[1307] Auch Fahrtkosten zu den Umgangskontakten sind im Einzelfall zu berücksichtigen und vom Einkommen abzuziehen, sofern Angemessenheit zu bejahen ist.[1308]   342
- **Unterhaltszahlungen** sind grundsätzlich im Rahmen des § 115 Abs. 1 S. 3 Nr. 2 ZPO zu berücksichtigen. Soweit sie freiwillig erfolgen und einer sittlichen Pflicht oder einer auf den Anstand zu nehmenden Rücksicht entsprechen, kann eine besondere Belastung vorliegen.[1309] In Betracht kommen hier Unterhaltszahlungen an im Ausland lebende Familienangehörige, sofern die (regelmäßigen) Zahlungen durch aussagekräftige Unterlagen nachgewiesen werden.[1310] Besondere Bedeutung kommt hier den Unterhaltszahlungen an den Lebensgefährten zu.[1311]   343
- **Vermögenswirksame** Leistungen dienen in erster Linie der Vermögensbildung und stellen insoweit keine besondere Belastung dar.[1312] Man wird darauf abstellen müssen, ob der Antragsteller eine Kündigungsmöglichkeit hat und ihm die Kündigung oder das Ruhen lassen des Vertrages im Hinblick auf Prämien- und Zinsverlust zumutbar ist.   344
- **Versicherungsprämien** fallen unter § 82 Abs. 2 Nr. 3 SGB XII.   345
- **Zinsen** vgl. Schulden.   346

[1304] So OLG Hamm JurBüro 1987, 1416.
[1305] Vgl BT-Drs. 8/3068, 25.
[1306] Vgl. auch OLG Karlsruhe OLGReport 2001, 291.
[1307] OLG Frankfurt Beschl. v. 5.11.2015; 6 WF 250/15; *Jokisch* FuR 2018, 13 (15): Umgangskosten zählen zu dem sozialrechtlichen Mehrbedarf i. S. v. § 21 Abs. 6 SGB; *Christl* NJW 2016, 3687; BSG FuR 2015, 366.
[1308] Vgl. OLG Zweibrücken BeckRS 2015, 19624, allerdings über 115 Abs. 1 S. 3 Nr. 4 ZPO iVm § 21 Abs. 6 SGB II in Höhe von 5,20 EUR pro Entfernungskilometer und Monat gem. 82 Abs. 2 Nr. 4 SGB XII.
[1309] OLG Köln FamRZ 2018, 1830 (an Lebensgefährtin geleisteter Naturalunterhalt); Hamburg FamRZ 2016, 1952 (Unterhaltszahlungen des sozialen Vaters); OLG Bremen FamRZ 1997, 298; für Stiefeltern: OLG Köln NJW 1974, 706.
[1310] VGH Baden-Württemberg InfAuslR 2019, 361.
[1311] Sie werden im Allgemeinen anerkannt: LAG Berlin-Brandenburg JurBüro 2011, 205 (zur Berechnung bei einer Bedarfsgemeinschaft); OLG Düsseldorf FamRZ 2010, 141; OLG Karlsruhe FamRZ 2008, 421; OLG Stuttgart MDR 2005, 413 (wenn Ast. mit der Mutter seines Kindes zusammen lebt, Abzug wie bei Ehegatten); OLG Dresden FamRZ 2009, 1425; FamRZ 2008, 2287 (hier ausführ. Berechnungen der Bedürftigkeit bei sog Bedarfsgemeinschaft nach SGB II); → Rn. 307.
[1312] So ausdrücklich OLG Dresden OLGReport 2002, 551; OLG Stuttgart OLGReport 2005, 102; **aA** OLG Frankfurt FamRZ 1982, 418; *Groß* ZPO § 115 Rn. 66.

V. Die auf die Prozesskosten zu zahlenden Monatsraten, § 115 Abs. 2 ZPO

347   Nach der Neuregelung des § 115 Abs. 2 ZPO durch das Gesetz zur Änderung der Prozesskosten- und Beratungshilfe vom 31.8.2013[1313] sind vom verbleibenden Teil des monatlichen Einkommens Monatsraten in Höhe der Hälfte des einzusetzenden Einkommens festzusetzen. Die Tabelle des § 115 Abs. 2 ZPO aF, ist weggefallen. Sie spielt allerdings bei Verfahren, die bis zum 31.12.2013 eingeleitet wurden, noch eine Rolle. Gem. § 40 EGZPO sind für einen vor dem 1.1.2014 gestellten Antrag auf Prozesskostenhilfe – begrenzt auf den jeweiligen Rechtszug – weiterhin die §§ 114 bis 127 ZPO in der bis dahin geltenden Fassung maßgeblich.[1314] Stellt die bedürftige Partei in der ersten Instanz vor dem 1.1.2014 einen Prozesskostenhilfeantrag und geht das Verfahren in die Rechtsmittelinstanz, in der die Partei nach dem 1.1.2014 einen Antrag auf Prozesskostenhilfe stellt, gilt unterschiedliches Recht in den beiden Instanzen. Intention des Gesetzgebers für den Wegfall der Tabelle war es, Ungerechtigkeiten bei einzusetzenden Einkommen, die nahe dem Wert für einen Ratensprung lagen, abzuschaffen.[1315]

1. Berechnung der Monatsraten

348   (1) Zunächst ist das **einzusetzende Einkommen** zu ermitteln. Maßgeblich ist das *gegenwärtige* Einkommen.[1316] Sodann sind **die nach § 115 Abs. 1 S. 3 Nr. 1 bis 5 ZPO absetzbaren Beträge vom ermittelten Bruttoeinkommen des Antragstellers abzuziehen. Die Rate wird in Höhe der Hälfte** des so ermittelten einzusetzenden Einkommens festgesetzt. Die sich ergebende Monatsrate ist auf **volle Euro abzurunden.** Beträgt diese bis zu 10,– EUR, erfolgt keine Ratenzahlungsanordnung gemäß § 120 Abs. 1 ZPO; vielmehr werden sämtliche Kosten durch die Staatskasse übernommen, sofern nicht die Bewilligung später nach § 124 ZPO aufgehoben oder nach § 120a ZPO geändert wird.[1317]

349   (2) **Beträgt das einzusetzende Einkommen über 600,– EUR,** so sind Höchstraten in Höhe von 300,– EUR zu zahlen zuzüglich des Teils des Einkommens, der den Betrag von 600,– EUR übersteigt. Das bedeutet, dass das einzusetzende Einkommen über 600,– EUR gänzlich einzubringen ist. Daraus ergeben sich unter Umständen sehr hohe Monatsraten; im Zusammenhang mit der Beschränkung aus § 115 Abs. 4 ZPO – PKH-Bewilligung nur bei mindestens 5 zu zahlenden Monatsraten – zeigt sich, dass für Spitzenverdiener Prozesskostenhilfe nur bei hohen Streitwerten überhaupt in Betracht kommt; ein sachgerechtes Ergebnis.

350   (3) Von der Ratenanordnung kann gänzlich abgesehen werden, wenn der Antragsteller überschuldet ist und Zahlungen weder erfolgen noch beigetrieben werden können.[1318] Grundsätzlich steht der Ratenzahlungsanordnung aber nicht entgegen, dass über das Vermögen des Antragstellers ein Verbraucherinsolvenzverfahren eröffnet wurde.[1319]

[1313] BGBl. I 3533 ff.
[1314] Zum Übergangsrecht: *Schürmann* FuR 2014, 272; *Nickel* FamRZ 2014, 1429.
[1315] BT-Drs. 17/11472, 30.
[1316] Damit bleiben nur in Aussicht stehende Verbesserungen zunächst außer Betracht; treten sie wirklich ein, kann nach § 120 Abs. 4 ZPO verfahren werden, OLG Stuttgart FamRZ 2011, 1885.
[1317] Beispiele bei *Viefhues* FuR 2013, 488 (497).
[1318] OLG Nürnberg OLGReport 2003, 189.
[1319] OLG Düsseldorf FamRZ 2020, 1022; OLG Koblenz FamRZ 2010, 1360; LAG Hessen NZI 202, 1003; LAG Berlin-Brandenburg BeckRS 2015, 70660; LAG Rheinland-Pfalz, BeckRS 2012, 75805.

2. Auslandsfälle

Bei der Ermittlung des einzusetzenden Einkommens wirkt es sich aus, dass die Partei bzw. ihre Angehörigen im Ausland leben.[1320] In diesem Fall sind die Pauschalbeträge des § 115 Abs. 1 S. 3 Nr. 1, 2 ZPO nicht ohne weiteres in Ansatz zu bringen, sie beziehen sich auf den sozialhilferechtlichen Bedarf von Personen im Inland.[1321] Die Partei hat die Möglichkeit, die tatsächlich erbrachten Unterhaltsleistungen im Rahmen des § 115 Abs. 1 S. 3 Nr. 5 ZPO geltend zu machen.

351

Gleiches gilt, wenn die Partei in einem Land mit besonders hohen Lebenshaltungskosten lebt. Diese sind als besondere Belastungen geltend zu machen; das sich hieraus ergebende Einkommen ist für die nach § 115 Abs. 2 ZPO zu ermittelten Monatsraten maßgeblich.

Hier spielen aber auch Praktikabilitätsgründe eine Rolle: Wie soll sich der Richter rasch und zuverlässig Kenntnisse zB zu den niedrigeren Lebenshaltungskosten verschaffen? Hier spricht viel dafür, zumindest den niedrigeren Lebensstandard im Ausland nicht zu berücksichtigen.[1322] Zur PKH innerhalb der EU vgl. im Einzelnen → Rn. 1104 ff.

3. Mindestanzahl der Raten und voraussichtliche Kosten

(1) **Aus § 115 Abs. 4 ZPO ergibt sich, dass Raten nur festgesetzt werden können, wenn die Kosten der Prozessführung vier Monatsraten und die aus dem Vermögen aufzubringenden Teilbeträge voraussichtlich übersteigen.** Diese Geringfügigkeitsgrenze ist in allen Fällen der Raten-PKH zu beachten, der Gesetzgeber berücksichtigt damit die Zumutbarkeit einer Kreditaufnahme und die Verhältnismäßigkeit zum Verwaltungsaufwand.[1323] PKH kann also nur bewilligt werden, wenn mindestens 5 Monatsraten zu leisten sind.

352

Es ist eine Prognose erforderlich, ob die Kosten vier Monatsraten übersteigen. Dementsprechend ist zu berechnen, welcher Betrag zur Führung des Rechtsstreits im konkreten Rechtszug erforderlich sein wird.

Bei einem weiteren Rechtszug desselben Verfahrens müssen die in den früheren Rechtszügen entstandenen Kosten mitberücksichtigt werden, für das Berufungs- bzw. Beschwerdeverfahren ist PKH also auch dann zu bewilligen, wenn die Kosten einschließlich der Kosten erster Instanz vier Monatsraten übersteigen.[1324]

Die Prognose der voraussichtlich entstehenden Kosten bezieht sich auf die Kosten, die der Partei in diesem Rechtsstreit (zunächst) entstehen, also Gerichtskosten (Gebühren und Auslagen) sowie die eigenen Kosten für den Rechtsanwalt (Gebühren, Auslagen und Umsatzsteuer).[1325]

(2) **Grundlage für die Berechnung der Kosten ist die Streitwertfestsetzung,** die für die Bewilligung von PKH rechtzeitig vorgenommen werden muss. Zu berücksichtigen ist weiterhin, dass sich im laufenden Verfahren die Kosten erhöhen können, zB durch Sachverständigengutachten oder eine Beweisaufnahme. Wird hierdurch der 4-Monats-Betrag überschritten, so ist nachträglich PKH zu gewähren und zwar mit Wirkung ab vollständiger Antragstellung, da die unzutreffende Prognose nicht zu Lasten des Antragstel-

---

[1320] Vgl. hierzu OVG Berlin-Brandenburg BeckRS 2012, 57549.
[1321] *Groß* ZPO § 115 Rn. 53.
[1322] So ausdrücklich OLG Stuttgart FamRZ 2007, 486; BLHAG/*Dunkhase* ZPO § 115 Rn. 17 („Höhere Lebenshaltungskosten sind absetzbar, niedrigere sind unschädlich."); aA *Zimmermann* Rn. 278.
[1323] Zöller/*Schultzky* ZPO § 115 Rn. 100.
[1324] Zöller/*Schultzky* ZPO § 115 Rn. 100.
[1325] BLHAG/*Dunkhase* ZPO § 115 Rn. 70 zählt auch noch die gegnerischen Anwaltskosten dazu.

lers gehen sollte. Anders als bei der Beurteilung von Leistungsfähigkeit, Erfolgsaussicht und Mutwillen betrifft die Kostenprognose weder objektive noch subjektive Bewilligungsvoraussetzungen.

Freilich zeigt sich hier auch die Schwäche des § 115 Abs. 4 ZPO. Nicht selten veranlasst diese Vorschrift die Partei dazu, den PKH-Antrag erst dann zu stellen, wenn sich die Erforderlichkeit einer Beweisaufnahme ergeben hat, da erst dann durch die anfallenden zusätzlichen Kosten der Rahmen des § 115 Abs. 4 ZPO überschritten wird. Das bedeutet dann, dass vor allem in der wichtigen Anfangsphase des Prozesses anwaltliche Hilfe fehlt.[1326]

(3) **Ein Zahlenwerk zur Berechnung** der maßgeblichen Kosten findet sich bei Zimmermann, Anhang 4, S. 421 ff.

4. Höchstens 48 Monatsraten unabhängig von der Zahl der Rechtszüge

353 Nach dem Wortlaut des § 115 Abs. 2 ZPO sind unabhängig von der Zahl der Rechtszüge **höchstens 48 Monatsraten**[1327] aufzubringen. Das heißt, dass eine bestehende Zahlungspflicht unabhängig von der Zahl der Rechtszüge nach 48 gezahlten Monatsraten endet.[1328] Dabei ist nicht der Fall gemeint, dass daneben oder ausschließlich Beiträge aus dem Vermögen zu leisten sind; hier ist keine Obergrenze angeordnet.

Hat die Partei 48 Monate lang die festgesetzten Raten bezahlt, so wird sie von der Verpflichtung zur Zahlung des Restbetrages auch dann endgültig frei, wenn sich ihre Verhältnisse danach wesentlich bessern.[1329] Eine Einmalzahlung aus dem Vermögen kann dann nicht mehr gefordert werden.[1330] Sind mehr als 48 Monatsraten bezahlt worden, so besteht insoweit ein Rückforderungsanspruch.[1331]

a) Mehrere Rechtszüge desselben Verfahrens

354 (1) **Es muss sich um verschiedene Rechtszüge ein und desselben Verfahrens handeln.** Führt die Partei verschiedene Prozesse, so hat sie jeweils 48 Monatsraten zu zahlen. Bei der Bewilligung der späteren Prozesskostenhilfe sind jedoch die Ratenzahlungen aus der vorhergehenden Bewilligung als besondere Belastungen zu berücksichtigen.[1332] Entscheidend für die Frage, ob es sich um ein- und dasselbe oder um verschiedene Verfahren handelt, ist der **Streitgegenstand**.[1333]

355 (2) **Rechtszug ist im Sinne von Instanz in § 35 GKG zu verstehen**,[1334] meint also nicht lediglich das streitige Hauptsacheverfahren. Im Einzelnen → Rn. 585 ff.

b) Berechnung des 48-Monats-Zeitraums

356 Wegen des Beginns der Ratenzahlung nach dem Bewilligungsbeschluss wird auf → Rn. 598 verwiesen.

§ 115 Abs. 2 ZPO bestimmt die Höchstzahl der zu bezahlenden Raten. Die Frage, in welchem Zeitraum sie zu erbringen sind, stellt sich insbesondere dann, wenn sich die

---

[1326] Vgl. zum Ganzen: BLHAG/*Dunkhase* ZPO § 115 Rn. 69 ff.
[1327] Der Gesetzesentwurf der Bundesregierung eines Gesetzes zur Änderung des Prozesskostenhilfe- und Beratungshilferechts sah die Erhöhung auf 72 Raten vor.
[1328] BLHAG/*Dunkhase* ZPO § 115 Rn. 46.
[1329] OLG Zweibrücken OLGReport 1997, 344.
[1330] OLG Zweibrücken OLGReport 1997, 344; OLG Hamm BeckRS 2012, 05118 und *Schneider* NZFam 2018, 1024.
[1331] KG JurBüro 1997, 32.
[1332] BGH NJW-RR 1990, 450; OLG Düsseldorf Rpfleger 1992, 30; *Groß* ZPO § 115 Rn. 70.
[1333] Zöller/*Schultzky* ZPO § 115 Rn. 52.
[1334] *Groß* ZPO § 119 Rn. 2; Zöller/*Schultzky* ZPO § 119 Rn. 2.

Vermögensverhältnisse der Partei zeitweise verschlechtern oder wenn das Gericht nach § 120a ZPO eine Änderung der Zahlungsbestimmungen anordnen will, weil etwa zunächst ratenfreie PKH angeordnet worden ist.

Zunächst ist der Wortlaut des § 115 Abs. 1 S. 4 ZPO zu beachten: Die Partei hat 48 Monatsraten „aufzubringen", also tatsächlich zu leisten. Ist eine Unterbrechung der Zahlung eingetreten, so ist insoweit nichts aufgebracht worden. Schon das spricht dafür, die sog **Nullraten** bei der Anrechnung nicht zu berücksichtigen.[1335]

Auch ein Blick in die Gesetzesmaterialien ergibt nichts anderes; hier ist stets nur von einer Begrenzung der Zahlungspflicht auf 48 Raten die Rede,[1336] nicht aber von einem Höchstzeitraum, in dem sie zu erfüllen ist.[1337] Schließlich spricht auch die Regelung des § 120a ZPO gegen eine Berücksichtigung der zahlungsfreien Zeiträume. Nach dieser Regelung kann das Gericht die PKH-Entscheidung zum Nachteil der Partei nicht mehr ändern, wenn seit der rechtskräftigen Entscheidung über die Hauptsache vier Jahre vergangen sind.

Diese Vierjahresfrist deckt sich nicht mit der Höchstgrenze von 48 Raten. Würden auch die ratenfreien Monate mitgezählt, so könnte nach 48 Monaten ohne jede Zahlung eine Änderung der Bewilligung nach § 120a ZPO nicht mehr erfolgen, obwohl der dort genannte Zeitraum – 4 Jahre – noch nicht verstrichen ist. Das alles spricht dafür, Nullraten bei der Berechnung der Obergrenze – 48 Monatsraten – nicht mit zu berücksichtigen.[1338]

5. Gestaffelte Ratenhöhe

§ 120 Abs. 1 S. 2 ZPO sieht die Festsetzung unterschiedlich hoher Raten bereits im Bewilligungsbeschluss vor, wenn anzunehmen ist, dass entsprechend § 115 Abs. 1 S. 3 Nr. 5 ZPO geltend gemachte besondere Belastungen bis zum Ablauf von 4 Jahren ganz oder teilweise entfallen.

357

Näheres dazu → Rn. 364 f.

6. Veränderung der Ratenhöhe in der zweiten Instanz

Bei PKH-Bewilligung in zweiter Instanz ist zu beachten, dass die jetzt festgesetzten Raten nicht zusätzlich zu denen aus erster Instanz zu leisten sind, sondern diese ablösen, denn die Höchstgrenze von 48 Monatsraten umfasst alle Instanzen.[1339] Hat das erstinstanzliche Gericht niedrigere Raten angeordnet und hat die Partei tatsächlich gezahlt, so zählen diese Zahlungen bei der Berechnung der Höchstgrenze mit.[1340] Sind die neuen Raten niedriger als die vorherigen, so sind offen stehende alte Raten noch in der bisherigen Höhe zu bezahlen. Eine Herabsetzung auf die neue Ratenhöhe kommt frühestens ab Antragstellung in der zweiten Instanz in Betracht.[1341]

358

Die Ratenzahlungsanordnung für die erste Instanz bleibt bestehen, wenn für die zweite Instanz PKH ohne Ratenzahlung bewilligt ist, es sei denn, auf ein Rechtsmittel gegen den

---

[1335] OLG Stuttgart Rpfleger 1999, 82; OLG Bamberg JurBüro 1998, 316; OLG Saarbrücken FamRZ 1993, 1335; OLG Nürnberg JurBüro 1993, 107; BLHAG/Vogt-Beheim § 115 ZPO Rn. 45; *Groß* ZPO § 115 Rn. 78; *Zimmermann* Rn. 518; *Fischer* Rpfleger 1997, 463 (464).
[1336] BT-Drs. 8/3694, 17; BT-Drs. 8/3068, 24: nur „volle Raten" sollen angerechnet werden.
[1337] So auch BLHAG/*Dunkhase* ZPO § 115 Rn. 45 u. *Groß* ZPO § 115 Rn. 78.
[1338] OLG Stuttgart Rpfleger 1999, 82; OLG Karlsruhe FamRZ 1995, 1505; OLG Düsseldorf FamRZ 1993, 341; OLG Koblenz Rpfleger 1993, 497; OLG Nürnberg FamRZ 1993, 478; OLG Saarbrücken FamRZ 1993, 1335; *Groß* ZPO § 115 Rn. 78; Thomas/Putzo/*Seiler* ZPO § 115 Rn. 16a.
[1339] BGH NJW 1983, 944; Zöller/*Schultzky* ZPO § 115 Rn. 52; § 119 Rn. 22.
[1340] *Zimmermann* Rn. 677.
[1341] Zöller/*Schultzky* ZPO § 119 Rn. 22.

PKH-Beschluss erster Instanz wird dieser insoweit aufgehoben.[1342] Wird die Ratenzahlung erstmals in der zweiten Instanz angeordnet, so dient sie nur dazu, die Kosten der zweiten Instanz zu decken. Von den Kosten der ersten Instanz ist sie nach wie vor befreit.[1343] Möglich ist jedoch eine Änderungsentscheidung gemäß § 120a ZPO, die allerdings an der Höchstzahl der zu leistenden Raten nichts ändert.[1344]

7. Ende und Einstellung der Ratenzahlung bei Kostendeckung (§ 120 Abs. 3 ZPO)

359 Im Rahmen der Höchstdauer von 48 Monaten muss der Antragsteller die Raten so lange erbringen, bis auch die dem Anwalt nach § 50 RVG zustehenden **weiteren Gebühren bis zur Höhe der Regelgebühren** gedeckt sind.[1345] Dass die verminderten RA-Gebühren nach § 49 RVG bezahlt sind, genügt nicht.

360 (1) **Die Ratenzahlungspflicht endet, wenn die Prozesskosten gedeckt sind (§ 120 Abs. 3 Nr. 1 ZPO).**[1346] Die diesbezügliche Überwachung obliegt dem Rechtspfleger (§ 20 Nr. 4b RPflG). Dieser ist nicht befugt im Mandatsverhältnis wurzelnde Einwendungen wie zB einen streitigen Verzicht des beigeordneten Rechtsanwalts auf Gebühren zu beurteilen.[1347] Kostendeckung ist immer dann erreicht, wenn die Raten die **bisher angefallenen Kosten** ausgleichen. Nach der Neufassung des Gesetzes zum 1.1.2014[1348] sind die Raten erst einzustellen, wenn die Zahlungen der Partei die **voraussichtlich entstehenden** Kosten decken. Nach der Gesetzesbegründung ist mit der Neuregelung keine Schlechterstellung der bedürftigen Partei im Vergleich zur vermögenden Partei verbunden, da Ihrer Verpflichtung zur Zahlung wegen voraussichtlich entstehender, aber noch nicht fällig gewordener Kosten als Ausgleich ihre – der vermögenden Partei nicht zuteilwerdende – Begünstigung durch Ratenbewilligung auf bereits fällig gewordene Kosten gegenüber steht.[1349]

Abzustellen ist nur auf die Kosten der Partei, der die PKH bewilligt wurde. Das bedingt eine Differenzierung nach der jeweiligen Stellung im Prozess.[1350]

361 (2) In Ausnahmefällen – bei ausdrücklicher „endgültiger" Festsetzung – kann das Nachforderungsrecht der Staatskasse verwirkt sein.[1351]

362 (3) Eine **Einstellung der Ratenzahlung** ist gemäß § 120 Abs. 3 Nr. 2 ZPO ferner dann anzuordnen, wenn die Partei, der beigeordnete Anwalt oder die Staatskasse die Kosten gegen einen anderen am Verfahren Beteiligten geltend machen können. Das ist in erster Linie der unterlegene Gegner als Entscheidungsschuldner gemäß § 29 Nr. 1 GKG. Nach § 31 Abs. 2 S. 1 GKG führt das aber nicht zum Erlöschen der Ratenzahlungspflicht,

---

[1342] KG Rpfleger 1985, 166; *Zimmermann* Rn. 677; aA OLG Hamm FamRZ 1986, 1014; OLG Stuttgart Justiz 1985, 317.
[1343] OLG Oldenburg FamRZ 2003, 1020; OLG Stuttgart OLGReport 2002, 308; OLG Braunschweig OLGReport 2000, 110; OLG Köln NJW-RR 1999, 1082; OLG Celle Rpfleger 1991, 116; LAG Düsseldorf JurBüro 1995, 532; *Fischer* Rpfleger 1997, 465; *Zimmermann* Rn. 677.
[1344] OLG Köln OLGReport 1997, 117; OLG München Rpfleger 1995, 365; OLG Celle Rpfleger 1991, 116.
[1345] *Groß* ZPO § 120 Rn. 17; Thomas/Putzo/*Seiler* ZPO § 120 Rn. 7.
[1346] Geändert durch das Gesetz zur Änderung des Prozesskostenhilfe- und Beratungshilferechts vom 31.8.2013, BGBl. I 3533 ff.
[1347] OLG Celle MDR 2013, 306.
[1348] Die Neufassung soll den durch die ständige Überprüfung der Ratenzahlungsanordnung bei neu entstandenen Gebühren mit hohem Arbeitsaufwand belasteten Rechtspfleger entlasten und die Belastungen der Staatskasse begrenzen, vgl. BT-Drs. 17/11472, 33.
[1349] BT-Drs. 17/11472, 33.
[1350] Damit haben Zahlungen der *beklagten* Partei nicht ohne weiteres auch die Gerichtskosten zu decken; Einzelheiten bei OLG Hamburg NJW 2011, 3589.
[1351] OLG Koblenz OLGReport 2000, 101.

§ 6 Bedürftigkeit

sondern der jetzt nachrangige PKH-Kostenschuldner kann wieder in Anspruch genommen werden, wenn die Zwangsvollstreckung in das bewegliche Vermögen gegen den Entscheidungsschuldner erfolglos geblieben ist oder aussichtslos erscheint. Die Regelung in § 31 Abs. 3 S. 1 GKG steht dem nicht entgegen, da sie nicht die eigenen Verpflichtungen des nachrangigen Kostenschuldners auf Grund der ihm gewährten PKH regelt.[1352] Die Entscheidung, mit der die vorläufige Einstellung der PKH-Ratenzahlungen angeordnet wurde, kann nicht rückgängig gemacht werden, wenn der Prozessgegner von Anfang an unbekannten Aufenthalts war und überdies die Möglichkeit besteht, die Kosten bei dessen Haftpflichtversicherer beizutreiben.[1353]

Das Risiko, in den Kostenerstattungsanspruch nicht vollstrecken zu können, trägt die Partei, der PKH gegen Raten bewilligt ist, also ebenso wie eine auf eigene Kosten prozessierende Partei. Dazu weiter → Rn. 766 ff.

(4) Hat die Partei **Zahlungen über die Kostendeckung** gemäß § 120 Abs. 3 Nr. 1 ZPO hinaus geleistet, so ist die Landeskasse **zur Rückzahlung** verpflichtet.[1354] **363**

8. Wegfall besonderer Belastungen (§ 120 Abs. 1 S. 2 ZPO)

(1) Hat der Antragsteller besondere Belastungen iSd § 115 Abs. 1 S. 3 Nr. 5 ZPO erfolgreich geltend gemacht, so ermöglicht § 120 Abs. 1 S. 2 ZPO eine vorausschauende Staffelung der Ratenhöhe, wenn anzunehmen ist, dass die Belastungen bis zum Ablauf von 4 Jahren ganz oder teilweise entfallen.[1355] **364**

Anzunehmen ist der Wegfall dann, wenn dafür eine **hohe Wahrscheinlichkeit** besteht, die sich an **Tatsachen festmachen** lässt.[1356] Das ist zB dann der Fall, wenn eine bei der Einkommensberechnung berücksichtigte Verpflichtung zur Ratenzahlung oder zur Rückzahlung eines Darlehens demnächst ausläuft. Ein bloß möglicher Belastungswegfall (zB Finden einer billigeren Wohnung oder gar Verweis hierauf) reicht nicht aus. Bei Ungewissheit ist der tatsächliche Eintritt des Wegfalls der Belastung abzuwarten und nach § 120a ZPO zu verfahren.

Das Gericht hat also eine Prognoseentscheidung zu treffen, die mit Schwierigkeiten verbunden sein kann. Denn wenn auch ein einzelner Belastungsposten wegfällt, muss sich doch die Gesamtsituation der Partei nicht notwendig verbessern; zB kann der Wegfall der Belastung durch Hinzutreten neuer Belastungen (Rückzahlungsverpflichtung auf späteren Zeitpunkt, Wegfall einer Stundung) kompensiert werden. Damit besteht die Notwendigkeit, die voraussehbare Gesamtsituation bei der Ratenfestsetzung zu berücksichtigen.

(2) Bei der bis zum 31.12.2013 geltenden Fassung des § 120 Abs. 4 S. 2 ZPO, der nur eine Erklärungspflicht auf Verlangen des Gerichts vorsah, führte dies notwendig zu der Frage, ob in **analoger Anwendung des § 120 Abs. 1 S. 2 ZPO auch andere vorhersehbare Verbesserungen** der wirtschaftlichen Lage schon bei der Bewilligung von PKH hinsichtlich der Ratenhöhe Berücksichtigung finden sollen.[1357] Durch die Neuregelung zum 1.1.2014[1358] wird Antragsteller allerdings verpflichtet, dem Gericht eine wesentliche Verbesserung seiner wirtschaftlichen Verhältnisse – auch ohne Aufforderung, wie bisher **365**

[1352] OLG Köln FamRZ 1986, 926 (zu § 58 Abs. 2 GKG aF). Näher hierzu → Rn. 766 ff.
[1353] OLG Koblenz MDR 2010, 833.
[1354] KG KGReport 1997, 11; Zöller/*Schultzky* ZPO § 120 Rn. 14.
[1355] Der Entwurf eines Gesetzes zur Änderung des Prozesskostenhilfe- und Beratungshilferechts sah die Anhebung auf 6 Jahre vor (BT-Drs. 17/11472).
[1356] OLG Hamm MDR 2012, 50; *Groß* ZPO § 120 Rn. 14.
[1357] Siehe hierzu Dürbeck/Gottschalk PKH/VKH, 8. Aufl. 2016, Rn. 385.
[1358] BGBl. 2013 I 3533 ff.

VI. Einzusetzendes Vermögen

1. Gesetzliche Grundlagen

366 (1) **§ 115 Abs. 3 S. 1 ZPO bestimmt, dass die Partei zur Begleichung der Prozesskosten ihr Vermögen einzusetzen hat, soweit dies zumutbar ist.** Satz 2 verweist auf § 90 SGB XII.[1359] Zu § 90 Abs. 2 Nr. 9 SGB XII besteht eine Durchführungsverordnung,[1360] die ebenfalls von Belang ist, wenn es um die dem Antragsteller zu belassenden Barbeträge geht.

Damit führt die Prüfung der Vermögensverhältnisse weit in das Sozialrecht hinein und kann sich schwierig gestalten.[1361] Zu berücksichtigen ist jedoch, dass § 90 SGB XII nach § 115 Abs. 3 ZPO „entsprechend" gilt, dh soweit er dem Prozesskostenhilferecht/Verfahrenskostenhilferecht entspricht. Damit ist auch die VO zu § 90 Abs. 2 Nr. 9 SGB XII nicht direkt anwendbar, sondern ist als Richtschnur zu begreifen. Schließlich eröffnet sich über die Zumutbarkeitsprüfung ein Ermessensspielraum, der es dem Gericht erlaubt, den Einzelfall individuell zu beurteilen.

(2) **Prüfungsreihenfolge:** Der Antragsteller muss über **Vermögen** verfügen; dieses muss **verwertbar** und die Verwertung muss **zumutbar** sein.[1362]

(3) **Nicht verlangt werden kann der Einsatz der in § 90 Abs. 2 Nr. 1 bis 9 SGB XII genannten Gegenstände;** außerdem kann der Antragsteller gemäß § 90 Abs. 3 SGB XII **besondere Härten** geltend machen. Damit ist die Zumutbarkeitsprüfung aber nicht erschöpft; über § 90 Abs. 3 SGB XII hinaus wird dem Gericht insoweit ein weiterer Spielraum eröffnet, andernfalls hätte die allgemeine Bezugnahme auf § 90 SGB XII einschließlich dessen Härtefallregelung genügt.[1363]

Auf § 91 SGB XII (Überbrückungsdarlehen, wenn Vermögen nicht sofort eingesetzt werden kann) und § 93 SGB XII (Überleitung bei Ansprüchen gegen Dritte) nimmt § 115 ZPO nicht Bezug, wegen ihres speziellen Regelungsgehalts sind diese Vorschriften auch nicht entsprechend anwendbar.[1364]

Zur Zumutbarkeit einer Kreditaufnahme → 415.

Vermögen, das erst später einsatzfähig oder verwertbar ist, kann im Rahmen einer Änderungsentscheidung gemäß § 120a ZPO Berücksichtigung finden.

366a Die in dem **Gesetz für den erleichterten Zugang zu sozialer Sicherung** und zum Einsatz und zur Absicherung sozialer Dienstleister aufgrund des **Coronavirus** SARS-CoV-2 (Sozialschutz-Paket I) vom 27.3.2020 (BGBl. 2020 I 575) geschaffenen Regelungen, die existenzsichernde Leistungen, insbesondere Arbeitslosengeld II und Sozialhilfe, schnell und unbürokratisch zugänglich machen sollen, **können nicht auf die Vermögensprüfung** bei der Prozesskostenhilfe **erstreckt** werden.[1365]

[1359] Damit ist die Vorschrift des § 12 SGB II nicht heranzuziehen.
[1360] Vom 11.2.1988, BGBl. I 150 idF v. 22.3.2017, BGBl. I 519.
[1361] So zu Recht BLHAG/*Dunkhase* ZPO § 115 Rn. 47, 49.
[1362] Zum Einsatz des Vermögens beim Antrag auf Verfahrenskostenhilfe nach dem FamFG vgl. HB/VR/*Gutjahr* Rn. 156 ff.; *Nickel* FPR 2009, 391.
[1363] Ähnlich *Groß* ZPO § 115 Rn. 81.
[1364] Zöller/*Schultzky* ZPO § 115 Rn. 69.
[1365] *Meßling* NJW 2020, 2005.

2. Vorrang Einkommens- oder Vermögensprüfung?

Die Prüfungsreihenfolge – verfügt der Antragsteller über berücksichtigungsfähiges **367**
Einkommen oder einzusetzendes Vermögen? – ist gesetzlich nicht vorgeschrieben.[1366]
Zumeist wird es ratsam sein, mit der Prüfung der Vermögenslage zu beginnen, und zwar
schon deshalb, weil beim Regelfall der PKH-Antragstellung nur das Einkommen eine
Rolle spielt und die Vermögensprüfung einfacher zu erledigen ist. Freilich kann sich dann
auch ergeben, dass genügend Vermögen vorhanden ist und die aufwändige Einkommensberechnung unterbleiben kann.

3. Vermögensbestandteile

a) Allgemeines/Abgrenzung vom Einkommen

(1) **Es gilt der umfassende Vermögensbegriff des Sozialhilferechts.**[1367] Zum Ver- **368**
mögen zählen danach Geld und Geldeswert, soweit sie nicht Einkommen sind; Eigentum
an beweglichen und unbeweglichen Gütern, Forderungen, sonstige Vermögensrechte und
Nutzungsrechte. Es muss sich um in Geld schätzbare Güter handeln, denn dies bedingt
die Verwertbarkeit.[1368]

Unverwertbar sind zB unpfändbare Sachen sowie unerreichbare Vermögensteile (zB
Gelder auf Sperrkonten) und Gegenstände, die nicht der unbeschränkten Verfügungsmacht des Antragstellers unterliegen (zB bei Abtretung).[1369]

Die Abgrenzung des Vermögens vom Einkommen ist wichtig, denn das Vermögen
ist durch die Bezugnahme auf § 90 Abs. 2 SGB XII stärker geschützt als das Einkommen.
Die Frage stellt sich insbesondere bei Abfindungen, Nachzahlungen usw. Falls sie als
Einkommen anzusehen sind, erfolgt ihr Einsatz zunächst uneingeschränkt – allerdings
unter Berücksichtigung der Abzüge gemäß § 115 Abs. 1 S. 3 ZPO, dazu im Einzelnen
unter → Rn. 294 ff. –, sind sie Vermögen, verbleibt dem Antragsteller zumindest der
Schonbetrag in Höhe von 5.000,– EUR gem. § 90 Abs. 2 Nr. 9 SGB XII und § 1 der VO
zu § 90 SGB XII.

(2) **Einkommen im Sinne des Sozialhilferechts** sind Einkünfte in Geld oder Geldeswert, die der Bedarfsgemeinschaft im Bedarfszeitraum zufließen;[1370] es ist auf den Bestimmungszweck der Zuwendung abzustellen. Ist sie für die Deckung des laufenden
Bedarfs in einem bestimmten Zeitraum bestimmt, stellt sie Einkommen dar.[1371] Damit
kommt es nicht entscheidend darauf an, ob es sich um einmalige oder laufende Leistungen
handelt, sondern darauf, ob sie den Bedarf des Antragstellers zum Lebensunterhalt und
für besondere Lebenslagen deckt. Damit ist der Begriff des Einkommens am Bedarf zu
orientieren: es muss Gleichartigkeit von Einkommen und Bedarf sowie zwischen Bedarfsund Leistungszeitraum vorliegen.[1372]

Die Empfehlungen des Deutschen Vereins für öffentliche und private Fürsorge[1373] zur
Verwertung des Vermögens folgen der sog **Zuflusstheorie,** nach der alle im Bedarfs-

---

[1366] BLHAG/*Dunkhase* ZPO § 115 Rn. 4; *Groß* ZPO § 115 Rn. 4, 5.
[1367] Vgl. BLHAG/*Dunkhase* ZPO § 115 Rn. 47. Einzelheiten zum sozialhilferechtl. Vermögensbegriff bei Grube/Wahrendorf/Flint/*Giere* SGB XII § 90 Rn. 7 ff.
[1368] Grube/Wahrendorf//Flint/*Giere* SGB XII § 90 Rn. 8.
[1369] OLG Jena BeckRS 2015, 18266; BT-Drs. 8/3068, 23, 24.
[1370] LPK-SGB XII/*Geiger* § 82 Rn. 4.
[1371] OLG Bamberg FamRZ 1997, 299 (Bankguthaben, das zur Deckung des laufenden Bedarfs bestimmt ist).
[1372] BVerwGE 29, 295.
[1373] DV, E 3, Empfehlungen für den Einsatz von Einkommen und Vermögen in der Sozialhilfe (SGB XII), Rn. 6–9.

zeitraum zufließenden geldwerten Einkünfte als Einkommen zu berücksichtigen sind; der nach dem Ablauf des Zeitraums nicht verbrauchte Teil dieser Einkünfte wird zum Vermögen.[1374]

b) Einzelne Vermögensbestandteile

369 • **Abfindungen** nach §§ 9, 10 KSchG gehören zum Einkommen, weil sie Einkommensausgleich für die sich an den Verlust des Arbeitsplatzes anschließende Zeit sind. Der Gesamtbetrag ist auf eine angemessene Zeit umzulegen.[1375] Findet der Arbeitnehmer vor Ablauf dieser Zeit eine neue Stelle, so wird die nicht verbrauchte Abfindung Vermögen.[1376] *Unterhaltskapitalabfindungen* sind auf den Zeitraum, für den sie gezahlt werden, als Einkommen umzulegen.[1377] **Witwenrentenabfindungen** sind Vermögen.[1378] Allerdings sind Abfindungen zum Zwecke der Vermögensauseinandersetzung regelmäßig dem Vermögen unterfallend, da ihnen keine Lohnersatzfunktion zukommt.[1379] Zur Unterhaltskapitalabfindung → Rn. 250, 968.

370 • **Auslandsvermögen** gehört zum Vermögen. Einsetzbar wird es nur dann sein, wenn es verwertbar und insoweit eine zeitliche Verzögerung der Rechtsverfolgung möglich und zumutbar ist.[1380]

371 • **Aussteuerversicherungen** gehören nach ihrer Auszahlung zum Vermögen.[1381]

372 • Ein **Auto** des Antragstellers bleibt nur dann unberücksichtigt, wenn er es zur Einkommenserzielung gem. § 90 Abs. 2 Nr. 5 SGB XII benötigt;[1382] hier wird aber auch die Größe eine Rolle spielen.[1383] Ansonsten kann von grundsätzlicher Verwertbarkeit ausgegangen werden, insbesondere bei Pkw der Mittel- und Oberklasse.[1384] Zumutbarkeitsgesichtspunkte können zB in Krankheitsfällen oder bei Unzulänglichkeit öffentlicher Verkehrsmittel zu berücksichtigen sein,[1385] auch wenn der Antragsteller das Auto für Fahrten mit seinem Kind benötigt und die Anschaffung eines Ersatzwagen unwirt-

---

[1374] LPK-SGB XII/*Geiger* § 90 Rn. 5.
[1375] *Groß* ZPO § 115 Rn. 10; *Zimmermann* Rn. 50; aA BAG NJW 2006, 2206 (immer Vermögen, aber gesamter Einsatz nicht zumutbar); LAG Düsseldorf Beschl. v. 14.4.2021 – 9 Ta 57/21 –, juris: neben dem Schonvermögen gem. § 90 Abs. 2 Nr. 9 SGB XII keine weitere Erhöhung des Freibetrages für die Kosten einer Stellensuche; LAG Köln AE 2014, 309: nach Abzug eines Schonbetrages; LAG Nürnberg MDR 2000, 589; Vgl. auch *Nickel* FPR 2009, 391 (392).
[1376] OLG Brandenburg BeckRS 2014, 07038.
[1377] **AA** für eine Abschlagszahlung auf eine notariell vereinbarte Unterhaltsabfindung OLG Koblenz FamRZ 2008, 2288; vgl. auch OLG Koblenz FamRZ 1987, 1284 (zählt zum Vermögen, das dann nicht einzusetzen ist, wenn der notwendige Unterhalt dadurch beeinträchtigt wird); ähnlich OLG Koblenz FamRZ 2001, 631 (Ls).
[1378] OLG Koblenz FamRZ 1987, 1284; KG FamRZ 1982, 62.
[1379] MüKoZPO/*Wache* § 115 Rn. 82.
[1380] *Künzl/Koller* Rn. 209. Zur Verwertung eines Hausgrundstücks VG Frankfurt NJW 1992, 647.
[1381] OLG Köln FamRZ 1988, 1298.
[1382] OLG Schleswig FamRZ 2013, 57.
[1383] Vgl. OLG Karlsruhe FamRZ 2004, 646; OLG Bamberg OLGReport 1999, 248.
[1384] OLG Brandenburg FamRZ 2021, 292 (Fahrzeugwert 15.000,–EUR, Austausch mit günstigerem Fahrzeug); OLG Schleswig FamRZ 2013, 57 (geschätzter erzielbarer Wert: 5.700,– EUR); OLG Hamm AGS 2014, 81; OLG Stuttgart MDR 2010, 1014 (Kfz im Wert von 13.000 EUR ist zu verwerten.); OLG Bremen OLGReport 2008, 839; KG OLGReport 2008, 173; MDR 2006, 946; LAG Rheinland-Pfalz BeckRS 2012, 74141 (Neuwagen mit einem Verkehrswert in Höhe von 22.000,– EUR ist zu verwerten). Keine Verwertung eines Kleinwagens, den der Antragsteller für Fahrten zur Arbeitsstelle benötigt, OLG Köln FamRZ 1998, 1522.
[1385] OLG Hamm AGS 2014, 81.

- **Bargeld (Guthaben)** ist einzusetzen[1388], auch Sparvermögen, dass die Schonbeträge nicht unerheblich übersteigt (s. u.).[1389] Dem Antragsteller sind aber bestimmte Beträge zu belassen. § 1 der VO zu § 90 Abs. 2 Nr. 9 SGB XII konkretisiert den Begriff der „kleineren Barbeträge": Für den Antragsteller sind dies im Normalfall 5.000,– EUR und für jede weitere unterhaltsberechtigte Person 500,– EUR. Zwingend sind diese Grenzen nicht.[1390] Zu den Beträgen im Einzelnen wird auf → Rn. 413 verwiesen.

  Beträge oberhalb dieser Grenzen sind grundsätzlich einzusetzen. Das zum Erwerb eines Eigenheims angesparte Guthaben wird nur unter den Voraussetzungen des § 90 Abs. 2 Nr. 3 SGB XII (baldiger Erwerb für behinderte, blinde oder pflegebedürftige Menschen) geschützt. Auch Geld, das aus der Veräußerung des Familienheims stammt, ist einsetzbares Vermögen. Dazu im Einzelnen → Rn. 408 ff.[1391] Hat die Partei mehrere Vermögenswerte ({einsetzbare}Lebensversicherung, Sparbuch, Barvermögen, Wertpapiere)[1392], die zwar jeweils unter dem Freibetrag liegen, zusammen zB mit dem Rückkaufswert der Lebensversicherung allerdings den Vermögensfreibetrag überschreiten, kann sie auf die Verwertung des verfügbaren Vermögens verwiesen werden.[1393]

373

- **Bauspargutthaben** sind jedenfalls in den Grenzen des § 1 der VO zu § 90 Abs. 2 Nr. 9 SGB XII anrechnungsfrei.[1394] Sie dienen im Übrigen nicht stets der künftigen Errichtung oder Erhaltung eines Familienheims, die ohnehin nur hinsichtlich des besonderen Personenkreises der Behinderten beachtlich ist. Das Eigenheim der Familie ist – soweit angemessen – durch § 90 Abs. 2 Nr. 8 SGB XII geschützt, das angesparte Guthaben jedoch nicht.[1395] Bauspargutthaben, die wesentlich über den Freibeträgen des § 90 Abs. 2 Nr. 9 SGB XII liegen, sind daher grundsätzlich einzusetzen,[1396] insbesondere dann, wenn sie zuteilungsreif sind.[1397] Die fest eingeplante Verwendung für ein konkretes Bauvorhaben, welches unter dem Schutz des § 90 Abs. 2 Nr. 8 SGB XII, lässt die Zumutbarkeit des Einsatzes des Bauspargutthaben jedoch entfallen.[1398] Indessen sind auch Zumutbarkeitsgesichtspunkte zu berücksichtigen. Der sofortige Einsatz von Bausparverträgen kann zu Verlusten an Zinsen, Wohnungsbauprämien sowie der Arbeitnehmersparzulage führen; das kann für den Antragsteller unzumutbar sein.[1399]

374

[1386] OLG Koblenz OLGReport 2004, 407.
[1387] DV, Empfehlungen und Stellungnahmen (E 3), Rn. 155.
[1388] VGH München, BeckRS 2012, 58641: Bankguthaben in Höhe von rund 10.500,– EUR; OLG Frankfurt/M. FamRZ 2005, 466 (auch zur Alterssicherung Angespartes).
[1389] OLG Saarbrücken FamRZ 2010, 2000.
[1390] Zöller/*Schultzky* ZPO § 115 Rn. 82.
[1391] OLG Köln MDR 1996, 197; OLG Stuttgart FamRZ 1996, 873.
[1392] OLG Stuttgart FamRZ 2007, 914.
[1393] LSG Sachsen Beschl. v. 1.10.2012; L 7 AS 434/12, BeckRS 2012, 74750; OLG Stuttgart FamRZ 2007, 914.
[1394] OLG Saarbrücken OLGReport 1998, 205.
[1395] OLG Brandenburg FamRZ 2011, 52 mwN; OLG Bamberg OLGReport 1999, 83; vgl. auch Zöller/*Schultzky* ZPO § 115 Rn. 91.
[1396] OLG Koblenz FamRZ 2016, 253.
[1397] OLG Naumburg FamRZ 2014, 410; OLG Saarbrücken, BeckRS 2012, 05141 (auch vor Zuteilungsreife); KG JurBüro 2011, 376 (auf Zuteilungsreife kommt es nicht an); OLG Dresden JurBüro 2000, 314; OLG Koblenz Rpfleger 1999, 133; LAG Baden-Württemberg JurBüro 1989, 670; OLG Köln OLGReport 1997, 51 will sie auch schon vor Zuteilungsreife berücksichtigen. Zur Darlegung durch den Antragsteller vgl. OLG Koblenz JurBüro 1999, 144.
[1398] Zöller/*Schultzky* ZPO § 115 Rn. 91.
[1399] BAG FamRZ 2006, 1445; OLG Naumburg OLGReport 2003, 529; OLG Köln FamRZ 2001, 632 (Einzelfallentscheidung erforderlich); OLG Bamberg JurBüro 1991, 977.

Dazu muss der Antragsteller dann aber Entsprechendes vortragen.[1400] Hier kann zwar nicht eine Kündigung, wohl aber eine Beleihung in Betracht kommen; oder es können auf den Zeitpunkt der Fälligkeit Zahlungen aus dem Vermögen angeordnet werden.[1401] Bei Finanzierung aus vermögenswirksamen Leistungen und baldigem Ende der Sperrfrist kommt auch eine nachträgliche Geltendmachung nach § 120a ZPO in Betracht.[1402] Ist der Bausparvertrag **noch nicht zuteilungsreif**, wird er mangels Verwertbarkeit kaum in Betracht kommen.[1403]

Ist es der Partei möglich, aus ihrem laufenden Einkommen Raten auf die anfallenden Prozesskosten zu bezahlen, muss auf das Bausparguthaben nicht zurückgegriffen werden.[1404]

375 • **Berufsunfähigkeitsversicherung.** Eine Rentennachzahlung ist einsatzfähiges Vermögen.[1405]

376 • **Ferienhäuser** sind einsetzbares Vermögen.[1406]

377 • **Festgeldanlagen,** die jeweils kurzfristig erfolgen und hohe Verzinsung des Guthabens zum Ziel haben, sind einzusetzen.[1407]

378 • **Fondanteile** sind verwertbares Vermögen, auch wenn sie erst künftig zur Auszahlung gelangen. Dadurch wird die antragstellende Partei in die Lage versetzt, einen Kredit zur Prozessfinanzierung aufzunehmen, der bei Auszahlung getilgt wird. Dies gilt auf jeden Fall, wenn die für diese Zeit anfallenden Zinsen aus dem Einkommen des Antragstellers bestritten werden können.[1408]

379 • **Forderungen** gehören zum Vermögen,[1409] und zwar unabhängig davon, ob sie tituliert sind oder nicht.[1410] Sie müssen allerdings verwertbar, dh realisierbar sein[1411], wenn sie zur Prozessfinanzierung zur Verfügung stehen sollen. Das setzt zunächst Fälligkeit voraus; auch darf der Anspruch rechtlich nicht zweifelhaft sein, darüber hinaus muss der Schuldner leistungsfähig sein. Wird eine sichere Forderung erst später fällig, so ist der Zeitpunkt der Zahlung im Rahmen des § 120 Abs. 1 ZPO zu berücksichtigen.[1412] Auch ein realisierbarer Schadensersatzanspruch der Partei gegen ihren Prozessbevollmächtigten kommt in Betracht,[1413] ebenso ein durchsetzbarer Kostenerstattungsanspruch gegen den Prozessgegner.[1414] Auch ein Pflichtteilsanspruch ist grundsätzlich zu berücksichtigen.[1415] Hat der Antragsteller eine titulierte Forderung gegen einen Dritten, genügt der Hinweis nicht, dass dieser nicht zahlen kann. Die Verwertbarkeit

---

[1400] OLG Koblenz FamRZ 2016, 253; OLG Dresden JurBüro 2000, 314.
[1401] So der Vorschlag von *Zimmermann* Rn. 139.
[1402] OLG Nürnberg FamRZ 2006, 1284.
[1403] LAG Köln MDR 1993, 481 (unzumutbar); nach LAG Baden-Württemberg gehört er dann nicht zum Vermögen, JurBüro 1989, 669; **aA** OLG Brandenburg FamRZ 2011, 52; OLG Köln OLGReport 1997, 51.
[1404] OLG Naumburg OLGReport 1998, 31.
[1405] OLG Karlsruhe OLGReport 2008, 197.
[1406] OLG Düsseldorf BeckRS 2012, 16347.
[1407] OLG Köln MDR 1994, 406.
[1408] OLG Naumburg BeckRS 2013, 01883.
[1409] BGH NJW 2015, 3101; BLHAG/*Dunkhase* ZPO § 115 Rn. 55.
[1410] OLG Hamm FamRZ 2013, 144 (Rückforderungsanspruch nach § 528 Abs. 1 S. 1 BGB); OLG Bamberg FamRZ 1985, 504.
[1411] *Dörndörfer* Rn. 24. Das berücksichtigt OLG Saarbrücken (FamRZ 2009, 1233) nicht genügend.
[1412] OLG Koblenz FamRZ 1996, 43.
[1413] OLG Düsseldorf OLGZ 1986, 96; in Form eines Kostenvorschussanspruches: OLG Oldenburg FamRZ 1999, 240.
[1414] OLG Celle NJW 2009, 1077 (Ls.); OLG Köln FamRZ 1990, 891.
[1415] Ausnahme: Der Erbe müsste, um zahlen zu können, das Familienheim veräußern, vgl. OLG Bremen FamRZ 2009, 364.

der Forderung ist dann auch nicht deshalb zu verneinen, weil der Antragsteller ohne Not von der Beitreibung absieht oder verzichtet.[1416] Der Antragsteller hat zumutbar verwertbare Forderungen einzusetzen. Tut er das nicht, werden sie seinem einzusetzenden Vermögen gleichwohl hinzugerechnet.[1417] Abgetretene Ansprüche gehören nicht mehr zum Vermögen der um Prozesskostenhilfe nachsuchenden Partei.[1418]
Die Forderung, zu deren Durchsetzung Prozesskostenhilfe begehrt wird, hat im Rahmen der Vermögensprüfung außer Betracht zu bleiben.[1419] Nach richtiger Ansicht handelt es sich hier um künftiges Vermögen, das allenfalls im Rahmen des § 120a ZPO berücksichtigt werden kann.[1420] Naturgemäß kann die Realisierung dieser Forderung vor Beginn des Rechtsstreits nicht erfolgen; schon deshalb kann der Antragsteller auf eine Verwertung nicht verwiesen werden. Darüber hinaus käme bei Berücksichtigung der streitbefangenen Forderung das Gericht in einen Widerstreit zwischen den objektiven und subjektiven Voraussetzungen der Prozesskostenhilfe. Lehnt das Gericht die Erfolgsaussicht ab, muss PKH versagt werden. Bejaht es sie, müsste die einzuklagende Forderung dem Vermögen hinzugerechnet werden. Entsprechende Höhe vorausgesetzt, käme PKH dann auch bei aussichtsreichen Prozessen nicht in Betracht; eine Folge, die der Gesetzgeber gerade nicht gewollt hat.

Etwas anderes kann dann gelten, wenn der Gegner im Verlauf des Rechtsstreits zahlt. Selbst wenn der Betrag aus einem Rechtsirrtum heraus zurückgezahlt wurde, lehnt der BGH hier die Bedürftigkeit der Antragstellerin ab und rechnet ihr das Verschulden ihres Prozessbevollmächtigten insoweit zu.[1421]

- **Grundstücke (unbebaute)** sind regelmäßig zur Prozessfinanzierung einzusetzen, da sie durch § 90 Abs. 2 Nr. 8 SGB XII nicht geschützt sind.[1422] Eine Verwertung durch Veräußerung kann unzumutbar sein, wenn sie nur mit erheblichen Verlusten möglich ist.[1423] In Frage kommt dann die Aufnahme eines Darlehens, freilich nur dann, wenn das Grundstück vom Wert und bereits bestehender Belastung her als Sicherung dienen kann. Zur Frage der auf den Kredit zu zahlenden Raten, vgl. → Rn. 416. Grundstücke, auf denen demnächst zugunsten Behinderter gebaut werden soll, fallen unter § 90 Abs. 2 Nr. 3 SGB XII. Dazu auch → Rn. 403.

380

Nicht zumutbar ist für die Partei, gerade das Grundstück zu veräußern, um dessen Altlasten und deren Beseitigung es im Prozess geht.[1424]

Liegen die Grundstücke im **Ausland**, kann eine Verwertung (zB durch Teilungsversteigerung) oftmals in angemessener Zeit nicht zu erreichen sein; PKH ist dann zu gewähren.[1425]

[1416] KG JurBüro 2011, 148.
[1417] So im Ergebnis LAG Freiburg NJW 1982, 848.
[1418] *Jokisch* FuR 2018, 13 (17).
[1419] So im Ergebnis KG NJW-RR 1989, 511; BLHAG/*Dunkhase* ZPO § 115 Rn. 55; *Zimmermann* Rn. 143; aA OLG Nürnberg FamRZ 1989 mablAnm *Büttner*; Thomas/Putzo/*Seiler* ZPO § 115 Rn. 18.
[1420] Dann allerdings besteht nach Auffassung des BGH keine Pflicht, vorrangig die Prozesskosten zu tilgen; BGH ZIP 2006, 2055; ebenso OLG Celle MDR 2007, 1458; aA OLG Brandenburg für die im Prozess titulierte Forderung in FamRZ 2008, 1264.
[1421] FamRZ 2002, 1704; vgl. auch OLG Dresden ZIP 2004, 187 (Zufluss von Mitteln nach Teilerfolg in der 1. Instanz schließt die Bedürftigkeit aus.).
[1422] *Zimmermann* Rn. 144. Die Teilungsversteigerung eines Gartengrundstücks kann aber unwirtschaftlich und damit unzumutbar sein, OLG Nürnberg FamRZ 1998, 489.
[1423] Auch der Einsatz eines Gartengrundstücks kann uU eine unbillige Härte bedeuten, KG FamRZ 2001, 631; ebenso die Verwertung eines Miteigentumsanteil an einem Garten, OLG Nürnberg FamRZ 1998, 489.
[1424] OLG Naumburg OLGReport 2008, 262.
[1425] Vgl. OLG Düsseldorf BeckRS 2012, 16347; OLG Frankfurt/M. FamRZ 1999, 1671.

381 • **Hausgrundstücke/Eigentumswohnungen (nicht selbst genutzt).** Für selbstgenutzte Häuser/Eigentumswohnungen wird auf die Erläuterungen zum Schonvermögen gemäß § 90 Abs. 2 Nr. 8 SGB XII in → Rn. 408 ff. verwiesen. Auch ein Miteigentumsanteil an einem Hauswesen ist als Vermögen einzusetzen, sofern es von der Partei nicht bewohnt wird.[1426] Eine Verwertungspflicht besteht nicht, wenn zwar nicht der um Prozesskostenhilfe nachsuchende Eigentümer, wohl aber dessen (Trennungsunterhalt zahlender) Ehegatte das Wohneigentum bewohnt.[1427] Ein nicht selbst bewohntes Haus ist auch dann einzusetzen, wenn sich der Antragsteller gegenüber dem Ehepartner verpflichtet hat, das Grundstück nicht ohne seine Zustimmung zu verkaufen;[1428] notfalls muss er sogar die Teilungsversteigerung betreiben.[1429] Eine an Dritte vermietete Wohnung ist auch dann einsetzbares Vermögen, wenn sie im Eigentum der Kinder der Antragstellerin steht, die Ast. diese Wohnung aber im eigenen Namen vermietet hat und nun Räumungsklage erhebt.[1430] Kein Schonvermögen ist eine vom Antragsteller erworbene und vermietete Eigentumswohnung[1431] bzw. das vermietete Grundeigentum[1432] oder ein 6-Familienhaus als Kapitalanlage.[1433] Objekte, die nicht unter § 90 Abs. 2 Nr. 8 SGB XII fallen, müssen zur Prozessfinanzierung eingesetzt werden; in Betracht kommt vor allem eine **Beleihung**.[1434] Hier ist dann zu prüfen, ob bereits Belastungen bestehen und ob die weitere Belastung im Hinblick auf die von der Partei abzusetzenden Beträge gemäß § 115 Abs. 1 S. 3 Nr. 5 ZPO sinnvoll ist → Rn. 380. Ob auch ein **Verkauf möglich und zumutbar** ist, muss sorgfältig geprüft werden. Einerseits ist nicht einzusehen, warum Grundbesitz, der nicht als Familienheim dient, anders zu behandeln sein soll als sonstige Kapitalanlagen. Dass ein Verkauf mit Verlust stets unzumutbar sein soll,[1435] leuchtet nicht ein. Ein solches Risiko besteht auch bei anderen Vermögenswerten.[1436] Andererseits sind auch hier Praktikabilitätsgesichtspunkte zu berücksichtigen; immerhin ist die Veräußerung von Immobilien ein unter Umständen langwieriges Verfahren, auch muss sich ein Käufer alsbald finden,[1437] und der Erlös muss die auf dem Haus ruhenden Belastungen übersteigen.[1438] Möglich bleibt danach die Festsetzung von Zahlungen aus dem Vermögen auf einen späteren Zeitpunkt gemäß § 120 Abs. 1 ZPO[1439] sowie eine Änderung der

---

[1426] BGH FamRZ 2013, 170; OLG Hamm FamRZ 2016, 928; Nach OLG Saarbrücken OLGReport 2008, 567 müssen Miteigentumsanteile an Grundstücken im Ausland idR nicht verwertet werden.
[1427] LSG Bremen-Niedersachsen NZFam 2017, 869; OLG Zweibrücken OLGReport 2001, 192.
[1428] LG Kleve RPfleger 2003, 593.
[1429] OLG Frankfurt BeckRS 2017, 123101.
[1430] AG Hannover JurBüro 2008, 545 (eindeutiges Umgehungsgeschäft).
[1431] OLG Koblenz MDR 2002, 904; AG Frankenthal BeckRS 2014, 10356.
[1432] OLG Celle JurBüro 2002, 540.
[1433] OLG Koblenz FamRZ 2004, 1298.
[1434] BGH BeckRS 2019, 25385; OLG Saarbrücken MDR 2011, 629 (Kreditaufnahme zumutbar). Sie muss aber wahrscheinlich sein, OLG Koblenz FamRZ 2006, 136; iÜ BGH NJW-RR 1990, 450; OLG Koblenz FamRZ 2005, 468 (Ls.); OLG Köln FamRZ 2004, 106 (Beleihung zumutbar, wenn schon eine Grundschuld für einen Sozialhilfeträger eingetragen ist); OLG Celle JurBüro 2002, 540; OLG Karlsruhe OLGReport 2001, 102; LG Rostock MDR 2003, 1438 (Beleihung nur, wenn mit einem Bankkredit wirklich zu rechnen ist); bezgl. eines Hausgrundstückes des ausländischen Antragstellers im Ausland KG KGReport 1998, 316; Musielak/Voit/*Fischer* ZPO § 115 Rn. 47.
[1435] So zB Stein/Jonas/*Bork* ZPO § 115 Rn. 130.
[1436] So zu Recht *Zimmermann* Rn. 146.
[1437] OLG Celle FamRZ 2014, 963; Vgl. auch OLG Brandenburg FamRZ 2007, 1340; OLG Rostock MDR 2003, 1438. Das gilt umso mehr, wenn vor Beleihung/Verkauf noch der Anspruch aus § 528 BGB durchgesetzt werden müsste; LG Itzehoe FamRZ 2011, 1608.
[1438] OLG Karlsruhe FamRZ 2009, 1233; FamRZ 2004, 1499.
[1439] OLG Celle FamRZ 2014, 963; OLG Bremen FamRZ 2011, 386; U.U. ist dann für die Verwertung ein längerer Zweitraum einzuräumen, OLG Hamm NJW-RR 2011, 1631.

§ 6 Bedürftigkeit

Bewilligung nach §§ 120a ZPO.[1440] Die Verwertung eines Hausgrundstücks ist wenig sinnvoll, wenn dabei erhebliche Einbußen entstehen und die Gerichts- und Anwaltskosten gering sind.[1441] Oder wenn der Grundstücksverkauf Kosten verursacht, die über den Prozesskosten liegen.[1442] Kommt weder ein Verkauf noch eine Beleihung in Betracht, handelt es sich nicht um einsatzfähiges Vermögen.[1443]

- Ein durchsetzbarer **Kostenerstattungsanspruch** gegen den Gegner kann einsetzbares Vermögen darstellen → Rn. 379.[1444] **382**
- **Lebensversicherungen** sind, soweit eine **Auszahlung erfolgt** ist, wie andere Kapitalbeträge zu behandeln, also unter Beachtung der Schongrenzen des § 90 Abs. 2 Nr. 9 SGB XII als Vermögen einzusetzen. Bei **noch nicht fälligen** Lebensversicherungen stellt sich die Lage anders dar. Hier wird es auf die Umstände des Einzelfalls ankommen.[1445] Eine Kündigung des Vertrages ist jedenfalls dann unzumutbar, wenn der Rückkaufwert unter dem Schonvermögen (5.000,– EUR, → Rn. 413) liegt.[1446] Auch wenn der das Schonvermögen übersteigende Betrag beim Rückkauf gering ist, liegt idR Unzumutbarkeit vor.[1447] Etwas anderes wird bei einem beträchtlichen Rückkaufwert gelten.[1448] Dann wird die Lebensversicherung zu verwerten sein.[1449] Tritt die Lebensversicherung allerdings an die Stelle einer Altersversorgung (so bei Selbstständigen, die sich privat vorsorgen müssen.)[1450] oder es zeichnet sich bereits ab, dass der Antragsteller ohne den Einsatz der Lebensversicherung seine Altersversorgung zumindest teilweise durch die Inanspruchnahme öffentlicher Fürsorgeleistungen bestreiten müsste, also in Folge der Verwertung die Aufrechterhaltung einer **angemessenen Alterssicherung wesentlich erschwert würde**,[1451] ist die Verwertung unter dem Gesichtspunkt eines **Härtefalls iSv § 90 Abs. 3 SGB XII** unzumutbar. Alleine die Absicht, die Lebensversicherung später für die Altersabsicherung zu verwenden, reicht jedoch nicht aus; vielmehr muss das Kapital aufgrund der vertraglichen Gestaltung, etwa durch eine entsprechende Zweckbindung oder sonstige Regelungen für die Alterssicherung bestimmt und geeignet sein.[1452] Bei jungen Leuten, die noch Rentenanwartschaften erwerben können, wird das zumeist nicht der Fall sein.[1453] Es kommt jedenfalls immer auf den **Einzelfall** an. In diesem Zusammenhang ist zu berücksichtigen, dass **§ 90 Abs. 2 Nr. 2 SGB XII** nur bestimmte Beträge für die zusätzliche Altersversorgung **anrechnungsfrei** stellt. Danach ist von der **Verwertung** Kapital einschließlich seiner Erträge **383**

[1440] OLG Hamm FamRZ 2016, 928; OLG Brandenburg FamRZ 2009, 1233 (1234); OLG Zweibrücken Rpfleger 2003, 253; AG Pankow/Weißensee FamRZ 2004, 1120.
[1441] OLG Brandenburg FamRZ 2009, 1233 (1234); LAG Nürnberg MDR 2005, 419.
[1442] OLG Brandenburg FamRZ 2007, 1340.
[1443] OLG Celle FamRZ 2005, 1185.
[1444] LSG Sachsen-Anhalt BeckRS 2012, 71385; SG Nordhausen BeckRS 2013, 66708.
[1445] BGH NJW 2010, 2887; OLG Stuttgart FamRZ 2010, 311; OLG Zweibrücken FamRZ 2008, 524; OLG Köln FamRZ 2001, 632; vgl. auch *Nickel* FPR 2009, 391 (393) und *Liceni-Kierstein* FPR 2009, 397.
[1446] Hessischer Finanzgerichtshof EFG 1996, 199; OLG Koblenz RPfleger 2017, 347; LAG Sachsen-Anhalt BeckRS 2013, 67264; *Zimmermann* Rn. 149.
[1447] OLG Nürnberg MDR 2007, 906; ähnlich OLG Naumburg FamRZ 2006, 496; OLG Zweibrücken FamRZ 2008, 524.
[1448] OLG Stuttgart MDR 2008, 1355 (35.000,– EUR für 46-Jährigen); FamRZ 2004, 1651 (ca. 38.000,– EUR); OLGReport 2000, 241 (250.000,– DM).
[1449] OLG Brandenburg FamRZ 2021, 292.
[1450] OLG Nürnberg FamRZ 2016, 1951; OLG Stuttgart FamRZ 2009, 1850; FamRZ 2007, 914; *Zimmermann* Rn. 149; **aA** OLG Düsseldorf MDR 2012, 1249.
[1451] BGH FamRB 2010, 368; OLG Hamm FamRZ 2016, 393; *Jokisch* FuR 2018, 13 (18) mwN; OLG Karlsruhe FamRZ 2017, 313.
[1452] OLG Hamm FamRZ 2016, 393.
[1453] OLG Düsseldorf MDR 2012, 1249; Stuttgart FamRZ 2010, 311; OLG Köln FamRZ 2004, 382.

ausgenommen, das der zusätzlichen **Altersvorsorge im Sinne des § 10a oder des Abschnitts XI des EStG** dient und dessen Ansammlung staatlich gefördert wurde.[1454] Ein Verwertungsverlust muss hingenommen werden.[1455] Auf die Frage des Verhältnisses von Rückkaufswert und eingezahlten Beiträgen kommt es nicht an, wenn die Möglichkeit einer Beleihung durch ein sog **Policendarlehen** besteht.[1456] Problematisch stellt sich die Sachlage dar, wenn der Antragsteller die Zinsen nicht aus seinem laufenden Einkommen wird aufbringen können. Der BGH[1457] geht jedoch davon aus, dass der Antragsteller gehalten ist, die Kosten für die Beleihung ebenfalls der Police zu entnehmen oder sie damit abzusichern.[1458] Dass die Versicherungsgesellschaften diese Möglichkeit etwa nicht anbieten und die Police auch nicht bei einem Drittanbieter beliehen werden kann, ist vom Antragsteller darzulegen und auf Anforderung zu belegen.[1459] Überhaupt **obliegt es dem Antragsteller** im Einzelnen **darzulegen,** wie sich seine bislang erworbene Alterssicherung darstellt, welche Entwicklung zu erwarten ist und warum sie voraussichtlich ohne die Lebensversicherung nicht mehr gewährleistet ist,[1460] ferner inwieweit das Kapital aufgrund der vertraglichen Gestaltung, etwa durch eine entsprechende Fälligkeit, Zweckbindung oder durch sonstige Regelungen für die Alterssicherung bestimmt und geeignet ist.[1461]

384 • **Lebensunterhaltszahlungen innerhalb der nichtehelichen Lebensgemeinschaft** zählen zu den Einkünften, nicht zum Vermögen.[1462] Bei der eingetragenen Lebenspartnerschaft gelten die Abzüge nach § 115 Abs. 1 S. 3 Nr. 2a ZPO.

385 • **Miterbenanteile** gehören zum Vermögen,[1463] hinsichtlich ihrer Verwertbarkeit ist die Dauer der Erbauseinandersetzung (incl. Teilungsversteigerung) zu berücksichtigen. Die Veräußerung eines Miterbenanteils an einem Haus, das von einem nahen Angehörigen (Mutter) des Antragstellers bewohnt wird, ist unzumutbar.[1464] Dasselbe gilt, wenn der Miterbenanteil (Grundstücksbruchteil) mit dem lebenslangen Nießbrauchsrecht eines Dritten belastet ist.[1465]

386 • **Patent- und Urheberrechte** sind als geldwerte Rechte einzusetzen, soweit ihre Verwertung möglich und zumutbar ist.

387 • **Prämienrückgewähr** aus einer privaten Unfallversicherung ist einsatzfähiges Vermögen.[1466]

388 • **Rechtsschutzversicherung.** Soweit eine Rechtsschutzversicherung dem Antragsteller Deckungsschutz gewährt, liegt keine Bedürftigkeit vor. Nach der Rechtsprechung des BGH entfällt die Bedürftigkeit erst mit der konkreten Deckungszusage.[1467] In familienrechtlichen Verfahren ist der Rechtsschutz regelmäßig nach 2.2.11 ARB 2021 ausgeschlossen. Verweigert die Versicherung die Deckungszusage wegen mangelnder Er-

---

[1454] Sog. Riester-Rente: OLG Karlsruhe FamRZ 2017, 313; OLG Jena BeckRS 2015, 18266; OLG Brandenburg FamRZ 2011, 1884.
[1455] OLG Saarbrücken FamRZ 2010, 1685; OLG Köln FamRZ 2001, 632; OLGReport 2000, 241.
[1456] BGH NJW 2010, 2887; OLG Saarbrücken NZFam 2014, 280; zur Einzelheiten der Beleihung siehe *Zimmermann* Rn. 149.
[1457] BGH NJW 2010, 2887.
[1458] OLG Saarbrücken BeckRS 2019, 6056.
[1459] BGH NJW 2010, 2887; OLG Saarbrücken BeckRS 2019, 6056.
[1460] BGH NJW 2010, 2887; OLG Brandenburg NZFam 2015, 933; JurBüro 2012, 595; OLG Frankfurt MDR 2003, 535; OLG Köln FamRZ 2001, 632; *Groß* ZPO § 115 Rn. 86.
[1461] BGH NJW 2010, 2887; OLG Brandenburg JurBüro 2012, 595.
[1462] Nicht ganz deutlich Thomas/Putzo/*Seiler* ZPO § 115 Rn. 20.
[1463] BayOLG ErbPrax 1995, 217.
[1464] OVG Bremen JurBüro 1983, 1720 mAnm *Mümmler*.
[1465] OLG Köln JurBüro 1996, 143.
[1466] OLG Brandenburg FamRZ 2006, 1399.
[1467] BGH JurBüro 1992, 48.

folgsaussicht oder vorliegender Mutwilligkeit, so hat der Versicherungsnehmer einen sog Stichentscheid oder ein Schiedsgutachten nach 3.4.2. ARB 2021 herbeizuführen. Dies ist schon deshalb vorrangig, weil Kosten für den Antragsteller beim Stichentscheid nicht entstehen; der Versicherer hat die Kosten zu tragen, gleichgültig, ob der Stichentscheid (= Entscheidung eines Rechtsanwaltes) für den Versicherungsnehmer günstig oder ungünstig ist.[1468] Beim Schiedsgutachten gilt eine andere Regelung: Der Versicherer trägt dann die Kosten, wenn seine Leistungsverweigerung ganz oder teilweise unberechtigt war.[1469] Es kann vom Antragsteller aber nicht verlangt werden, vor der Gewährung von PKH gegen den Versicherer einen Deckungsprozess zu führen.[1470] Reicht die Deckungssumme der Rechtsschutzversicherung für die von der Partei aufzubringenden Kosten nicht aus, kann PKH hinsichtlich des überschießenden Betrags gewährt werden.[1471]

- **Rechtsschutz durch die Gewerkschaft** oder einen Verband ist grundsätzlich wie eine Rechtsschutzversicherung zu behandeln. Wer Anspruch auf kostenlosen gewerkschaftlichen Rechtsschutz im Arbeits- oder Sozialgerichtsverfahren hat, benötigt keine Prozesskostenhilfe.[1472] Hiervon sind zwei Ausnahmen zu machen: Ist die Gegenseite anwaltlich vertreten, kann nach § 121 Abs. 2 ZPO eine Anwaltsbeiordnung ohne Rücksicht auf die Erforderlichkeit verlangt werden.[1473] Darüber hinaus kann auf den gewerkschaftlichen Rechtsschutz nicht verwiesen werden, wenn das Rechtsbegehren des Antragstellers im Interessengegensatz zur Gewerkschaft steht[1474] oder das Vertrauensverhältnis zur Gewerkschaft so zerstört ist, dass eine Verweisung auf gewerkschaftlichen Rechtsschutz unzumutbar erscheint.[1475]

389

- **Rentenversicherung**, private. Das Deckungskapital ist nicht einzusetzen, wenn der Antragsteller anders keine Altersvorsorge erreichen kann.[1476]

390

- **Rente aus Berufsunfähigkeitsversicherung.** Zahlungen auf eine rückständige Rente sollen selbst dann einsetzbares Vermögen sein, wenn zwischenzeitlich ein Kredit aufgenommen werden musste.[1477] Das geht sehr weit.

391

- **Schadensersatzansprüche**, vgl. Forderungen.

392

- **Schmerzensgeld** gehört weder als Kapital noch als Rentenzahlungen zum einsatzpflichtigen Einkommen oder Vermögen.[1478] Das ergibt sich aus §§ 83 Abs. 2, 90 Abs. 3 SGB XII. Zwar fehlt für eine Kapitalzahlung eine ausdrückliche Regelung, wie sie in § 83 Abs. 2 SGB XII enthalten ist („Entschädigung"), die Zumutbarkeitsbeurteilung gem. § 115 Abs. 3 ZPO hat aber die gesetzliche Entscheidung für die Nichtanrechenbarkeit der Schmerzensgeldrente zu berücksichtigen. Renten- und Kapitalzahlung erfüllen dieselbe Funktion. Auf ihre Höhe kommt es nicht an, so dass auch Teilbeträge

393

[1468] BGH VersR 1981, 1070; OLG Karlsruhe VersR 2016, 1208.
[1469] Damit trägt der Versicherte hier ein Risiko. Zu den Einzelheiten *van Bühren* NJW 2007, 3606 (3609).
[1470] BLHAG/*Dunkhase* ZPO § 114 Rn. 67; *Zimmermann* Rn. 151.
[1471] LSG Schleswig-Holstein JurBüro 2004, 146; ausführlich zum Ganzen: *Weinmann*, r+s 2020, 78.
[1472] BAG NJW 2013, 493.
[1473] → Rn. 679 ff.
[1474] LAG Hamm BeckRS 2005, 40186; LAG Düsseldorf JurBüro 1986, 607; LAG Bremen NJW 1985, 223.
[1475] BAG NJW 2013, 493; BSG JurBüro 1996, 533; LAG Bremen MDR 1995, 293; LAG Berlin MDR 1989, 572; BLHAG/*Dunkhase* ZPO § 114 Rn. 56.
[1476] OLG Celle FamRZ 2008, 1962.
[1477] OLG Karlsruhe FamRZ 2008, 1262 mablAnm *Büttner*.
[1478] BVerwG NJW-Spezial 2011, 681; OLG Koblenz BeckRS 2019, 24223; OLG Saarbrücken MDR 2014, 925; OLG Köln FamRZ 2004, 1498; MDR 1994, 406 mwN; **aA** OLG Jena OLGReport 2000, 185; OLG Zweibrücken JurBüro 1998, 478; Hamm FamRZ 1987, 1283; differenzierend *Zimmermann* Rn. 70, 153 und OLG Karlsruhe MDR 2010, 1345.

nicht eingesetzt werden müssen.[1479] Das ist allerdings nicht unbestritten.[1480] Ob eine Entschädigung wegen einer **Persönlichkeitsverletzung** zum Einsatz kommt, hängt anders als beim Schmerzensgeld vom Einzelfall ab.[1481] Auch der Einsatz von Vermögen, welches auf Invaliditätsleistungen der privaten Unfallversicherung beruht, stellt eine unzumutbare Härte dar.[1482]

394 • **Sparguthaben mit fester Laufzeit**, insbesondere Prämiensparverträge, Bausparverträge u. ä. gehören zwar grundsätzlich zum Vermögen, sie sind aber während der Laufzeit des Vertrages kaum verwertbar. Steht ein ausreichender Teilbetrag kurzfristig zur Verfügung, ist er einzusetzen.[1483] Bei beträchtlichen Guthaben oberhalb der Freibetragsgrenzen des § 90 Abs. 2 Nr. 9 SGB XII wird eine Beleihung in Betracht kommen; die Kündigung des Vertrages aber ist iaR wegen der damit verbundenen Zins- und Prämienverluste unzumutbar.[1484] Für höhere Guthaben kann etwas anderes gelten, größere Kapitalanlagen müssen nicht zu Lasten der Allgemeinheit geschont werden. Legt eine Partei einen Betrag mit längerer Kündigungsfrist bei einer Bank an und beantragt sie kurz danach die Scheidung, kann sie auf das Bankguthaben verwiesen werden.[1485] Künftig freiwerdende Beträge sind über zeitlich bestimmte Zahlungsanordnungen gem. § 120 Abs. 1 ZPO zu berücksichtigen.[1486]

395 • **Tiere.** Wertvolle Zuchttiere gehören zum Vermögen und müssen verwertet werden.[1487]

396 • **Unterhaltsansprüche**, → Rn. 424 ff. (Prozesskostenvorschussanspruch).

397 • **Wertpapierdepots** sind als Vermögen auch dann einzusetzen, wenn die Veräußerung mit Verlusten verbunden ist. Das Kursrisiko gehört zum üblichen Anlagerisiko und kann – anders als bei fest angelegtem Geld – keine Unzumutbarkeit des sofortigen Einsatzes begründen. Bei anderer Ansicht wären in kursschwachen Zeiten Veräußerungen nie zumutbar.[1488] Die Verwertung kann auch dann verlangt werden, wenn Eheleute nur gemeinsam verfügungsberechtigt sind.[1489]

398 • **Wirtschaftlich zweckgebundenes Vermögen.** Soweit es um Bausparverträge geht, wird auf die Ausführungen und Nachweise in → Rn. 374 verwiesen. Alle anderen Geldanlagen sind im Einzelnen zu untersuchen. Allein die Zweckbestimmung kann nicht zur Unzumutbarkeit des Einsatzes führen, ohne wirtschaftlichen Zweck erfolgt keine Geldanlage.[1490] Im Übrigen ist zu berücksichtigen, dass der beabsichtigte Zweck der Kapitalanlage nicht in die Tat umgesetzt werden muss; ein Bausparguthaben kann nach Zuteilung auch anderweitig verwendet werden. Zunächst wird es stets auf die Höhe der angelegten Beträge ankommen; hier ist § 90 Abs. 2 Nr. 9 SGB XII zu berücksichtigen. Weiterhin muss geprüft werden, ob eine Beleihung in Betracht kommt bzw. wie sich die Zahlungen der Partei im Rahmen des § 115 Abs. 1 S. 3 Nr. 4 ZPO auswirken. Hinsichtlich Kapitalanlagen, die der Alterssicherung dienen, kann auf die Ausführungen zu den Lebensversicherungen → Rn. 383 verwiesen werden. Nur der

---

[1479] OLG Köln FamRZ 1988, 95; OLG Celle JurBüro 1988, 224.
[1480] Vgl. zum Meinungsstand *Zimmermann* Rn. 153. Wie hier: OLG Zweibrücken VersR 2003, 526; OLG Koblenz NJW-RR 1999, 1228; BLHAG/*Dunkhase* ZPO § 114 Rn. 68; Musielak/Voit/*Fischer* ZPO § 115 Rn. 49.
[1481] BGH NJW 2006, 1068.
[1482] OLG Koblenz FamRZ 2019, 1940.
[1483] OLG Frankfurt/M. FamRZ 2005, 466 mAnm *Weil*.
[1484] Zöller/*Schultzky* ZPO § 115 Rn. 90; **aA** *Zimmermann* Rn. 155.
[1485] OLG Naumburg FamRZ 2006, 1283.
[1486] Zöller/*Schultzky* ZPO § 115 Rn. 90.
[1487] LAG Sachsen-Anhalt JurBüro 2002, 376.
[1488] Zutreffend *Zimmermann* Rn. 156; **aA** Stein/Jonas/*Bork* ZPO § 115 Rn. 144.
[1489] OLG Koblenz FamRZ 2004, 1121.
[1490] *Zimmermann* Rn. 157 lehnt bereits den Begriff des wirtschaftlich zweckgebundenen Vermögens ab.

Plan, bestimmte Sparverträge später zur Alterssicherung einzusetzen, genügt allerdings nicht. Es ist im Einzelnen darzulegen, wieso der Einsatz der Mittel eine Härte bedeuten würde.[1491]

- **Witwenrentenabfindung** zählt zum einsatzfähigen Vermögen.[1492]   399
- Ein **Wohnwagen** unterliegt nicht dem Schonvermögen, er ist einzusetzen.[1493]   400
- **Zugewinnausgleich**, sofern bereits ausgezahlt, zählt zum einsatzfähigen Vermögen.[1494]   401

4. Schonvermögen

a) § 90 Abs. 2 Nr. 1–7 SGB XII

Nicht einzusetzen sind nach § 90 Abs. 2 Nr. 1 SGB XII insbesondere Leistungen nach   402
dem Lastenausgleichsgesetz, berufsfördernde Leistungen nach dem SGB III (Arbeitsförderung), dem SGB IV (Rentenversicherung), soweit die Leistung der Zielrichtung des § 90 Abs. 2 Nr. 1 SGB XII entspricht, sowie nach dem Bundesversorgungsgesetz. Die Zuwendung muss aus öffentlichen Mitteln stammen – private Leistungen und Bankdarlehen zählen nicht dazu – und ausdrücklich[1495] zum Aufbau oder Sicherung der Lebensgrundlage bzw. zur Gründung eines Hausstandes bestimmt sein.

§ 90 Abs. 2 Nr. 2 SGB XII – Die Einfügung des § 88 Abs. 2 Nr. 1a BSHG aF mit Wirkung zum 1.1.2002 (durch G. v. 26.6.2001, BGBl. I 1310) bezweckte die Freistellung des Kapitals und der Erträge, die zugunsten der zusätzlichen Altersvorsorge mit staatlicher Förderung angespart wurden (sog Riester-Rente).[1496] In § 10a EStG werden die Beträge festgelegt, die steuerlich insoweit als Sonderausgaben abziehbar sind; §§ 79 ff. EStG regeln die Einzelheiten der Altersvorsorgezulage. Was der Antragsteller in diesem Rahmen angelegt bzw. angespart hat, braucht für die Prozesskosten nicht eingesetzt werden. → Rn. 383

§ 90 Abs. 2 Nr. 3 SGB XII – Unter folgenden Voraussetzungen bleibt Vermögen   403
unberücksichtigt:

(1) Es muss zur *baldigen Beschaffung oder Erhaltung eines angemessenen Hausgrundstücks* bestimmt sein. Zur Beschaffung wird man auch einen behindertengerechten Ausbau zählen müssen.[1497] Unter Erhaltung ist die Instandsetzung und Instandhaltung zu verstehen. Hinsichtlich der Angemessenheit wird auf § 90 Abs. 2 Nr. 8 SGB XII verwiesen. Hier ist zu beachten, dass der Verweis auf die Bezugsgrößen des 2. Wohnungsbaugesetzes entfallen ist.[1498] Was angemessen ist, beurteilt sich nun ohne jede Schematisierung allein nach § 90 Abs. 2 Nr. 8 Satz 2 SGB XII und erlaubt dem Gericht eine einzelfallbezogene Beurteilung. Dazu auch → Rn. 408.

(2) Das Hausgrundstück oder der Erhaltungsaufwand muss den Wohnzwecken *behinderter Menschen, Blinder oder Pflegebedürftiger* dienen. Diese Personen müssen nicht selbst Inhaber des Vermögens sein, das eingesetzt werden soll.[1499] Die Zweckbestimmung ist aber unverzichtbar.[1500]

(3) Der *Nachweis* muss erbracht werden, dass das Vermögen zum baldigen Einsatz bestimmt ist. Insofern kommen in Betracht: Bau- und Finanzierungspläne, Kaufvertrag

---

[1491] Vgl. OLG Frankfurt FamRZ 2005, 466; MDR 2003, 535; Zöller/*Schultzky* ZPO § 115 Rn. 90.
[1492] OLG Koblenz FamRZ 1987, 1284; KG FamRZ 1982, 623.
[1493] OLG Stuttgart FamRZ 2004, 1651.
[1494] OLG Bamberg FamRZ 1986, 484.
[1495] Zöller/*Schultzky* ZPO § 115 Rn. 70.
[1496] OLG Brandenburg FamRZ 2012, 319
[1497] Grube/Wahrendorf/Flint/*Giere* SGB XII § 90 Rn. 41.
[1498] G. v. 13.9.2001, BGBl. I 2376.
[1499] *DV*, Empfehlungen für den Einsatz von Einkommen und Vermögen, Rn. 174.
[1500] OLG Koblenz FamRZ 2006, 1612.

oder Nachweis über Verhandlungen, Aufträge an Architekten und Bauunternehmer. Das Bestehen eines Bausparvertrages genügt hingegen nicht.[1501]

(4) Der *Wohnzweck* muss durch den Einsatz des Vermögens *konkret gefährdet* sein.

404 Unter **§ 90 Abs. 2 Nr. 4 SGB XII** fällt der angemessene Hausrat nach den bisherigen Lebensverhältnissen des Antragstellers. Gehören dazu Kostbarkeiten, wertvolle Möbel, Bücher, Bilder, Schmuck, so kann ihr Einsatz verlangt werden, wenn nicht Nr. 6 und 7 eingreifen.

405 Nach **§ 90 Abs. 2 Nr. 5 SGB XII** sind zur Berufsausübung (und Berufsausbildung) benötigte Gegenstände Schonvermögen, und zwar nicht nur die nach § 811 Nr. 5 ZPO erfassten Gegenstände, die ohnehin mangels Pfändbarkeit nicht verwertbar sind, sondern auch diejenigen, die für eine bevorstehende Tätigkeit erforderlich sind. Fraglich ist insoweit, ob die Regelung in Bezug auf die „Unentbehrlichkeit" wörtlich zu nehmen ist. Es spricht viel dafür, sie im Sinne des § 115 Abs. 3 S. 2 ZPO *entsprechend,* nämlich soweit sie auf das Prozesskostenhilferecht passt, anzuwenden. Dass bedeutet, dass auf die *Erforderlichkeit iSd § 811 Nr. 5 ZPO* abzustellen ist.[1502] Bei anderer Ansicht müsste man Verwertung des Gegenstandes und Anschaffung eines billigeren verlangen; ein solcher dem § 811a ZPO entsprechender Austausch kommt regelmäßig nicht in Betracht.

Etwas anderes kann hinsichtlich der Verwertung eines Kraftfahrzeuges gelten. Soweit die Erwerbstätigkeit auch mit der Benutzung öffentlicher Verkehrsmittel möglich und zumutbar ist, liegt bereits kein Schonvermögen nach Nr. 5 vor. Aber auch bei Erforderlichkeit des Kfz zur Berufsausübung scheidet der Gebrauch eines Luxuswagens aus; ein Zweitwagen ist grds. ebenfalls zu verwerten.[1503] Siehe hierzu auch → Rn. 372.

406 **§ 90 Abs. 2 Nr. 6 SGB XII** nimmt Familien- und Erbstücke vom Vermögenseinsatz aus, soweit ihr Einsatz eine besondere Härte bedeuten würde. Hierunter fallen insbesondere Schmuckstücke, Hausratsgegenstände, Sammlungen und Kunstgegenstände, nicht aber Wertpapiere, Bargeld und Grundstücke.[1504] Letztere können nach Nr. 8 geschützt sein.

Hier ist stets eine Einzelfallentscheidung erforderlich.

407 **§ 90 Abs. 2 Nr. 7 SGB XII** schützt Gegenstände, die der Befriedigung geistiger, insbesondere wissenschaftlicher oder künstlerischer Bedürfnisse diesen. Nicht notwendig ist, dass diese Gegenstände für eine Erwerbstätigkeit benötigt werden;[1505] insofern geht der Anwendungsbereich der Vorschrift über § 811 ZPO hinaus. Luxus soll allerdings nicht geschützt sein;[1506] hier ist ein weiter Maßstab anzulegen, denn die Veräußerung gebrauchter Sachen – wenn es sich nicht gerade um Antiquitäten, wertvolle Briefmarkensammlungen und ähnliches handelt – bringt in der Regel nur Erlöse, die den Aufwand nicht rechtfertigen.[1507]

b) § 90 Abs. 2 Nr. 8 SGB XII – „angemessenes Hausgrundstück"

408 (1) Der Antragsteller braucht ein **„angemessenes Hausgrundstück"**, das er allein oder zusammen mit Angehörigen **bewohnt**, nicht einzusetzen. Die Vorschrift schützt das Familienheim als ein wesentliches Element menschenwürdiger Existenz vor Verkauf und Beleihung[1508] und ist nicht nur auf Häuser, sondern auch auf Eigentumswohnun-

---

[1501] Schellhorn/Hohm/Schneider/Legros SGB XII § 90 Rn. 52.
[1502] Ähnlich BLHAG/*Dunkhase* ZPO § 115 Rn. 52.
[1503] LAG Köln BeckRS 2015, 71059.
[1504] BeckOK SGB XII/*Siebel-Huffmann* § 90 Rn. 20.
[1505] Schellhorn/Hohm/Schneider/Legros SGB XII § 90 Rn. 65.
[1506] Schellhorn/Hohm/Schneider/Legros SGB XII § 90 Rn. 66.
[1507] Zöller/*Schultzky* ZPO § 115 Rn. 77.
[1508] BFH MDR 1990, 955.

gen,[1509] Miteigentumsanteile[1510] und Wohnwagen, sofern sie Schaustellern als Heim dienen,[1511] anwendbar. Die früher geltende Regelung in § 88 Abs. 2 Nr. 7 BSHG wurde durch das Wohnraumförderungsgesetz vom 13.9.2001[1512] mit Wirkung zum 1.1.2002 insoweit geändert, als durch die Aufhebung von Satz 3 der Verweis auf das Zweite Wohnungsbaugesetz und die dort genannten Bezugsgrößen von Wohneigentum entfallen ist. Die für eine Förderung maßgeblichen Wohnungsgrößen werden nun durch die Länder bestimmt (§§ 5, 10 WoFG).[1513] Gleichwohl sollte weiter nach den Vorschriften des Zweiten Wohnungsbaugesetzes verfahren werden.[1514] Wie aus dem Folgenden ersichtlich, sind die dort festgelegten Bezugsgrößen sachgerecht und vernünftig.[1515] An dieser Stelle soll nochmals daran erinnert werden, dass nach § 115 Abs. 3 S. 2 ZPO die Vorschrift des § 90 SGB XII *entsprechend* anwendbar ist und sich somit kleinliche Berechnungen auf den Quadratmeter genau erübrigen.

(2) **Nach § 39 Abs. 1, 2 des 2. WoBauG ist angemessen:**
- das Familienheim mit nur einer Wohnung (Haus): 130 qm;[1516]
- das Familienheim mit zwei Wohnungen: 200 qm, wobei keine Wohnung größer als 130 qm sein darf;
- die eigengenutzte Eigentumswohnung: 120 qm.[1517]

Bedarf der Hilfesuchende häuslicher Pflege iSd § 61 SGB XII, so erhöhen sich diese Wohnungsgrößen jeweils 20 %.[1518] Damit darf das Eigenheim in diesen Fällen 156 qm, die Eigentumswohnung 144 qm groß sein.

(3) **Die genannten Grenzwerte beziehen sich auf den Wohnbedarf einer vierköpfigen Familie,** wie sich aus § 39 Abs. 2 WoBauG ergibt; für jede weitere Person ist ein Zuschlag von 20 qm angemessen (§ 82 Abs. 3 WoBauG). Auch sind gemäß § 39 Abs. 2b, c WoBauG besondere persönliche oder berufliche Bedürfnisse des Hilfesuchenden oder spezielle Anforderungen an die bauliche Gestaltung im Rahmen der örtlichen Bauplanung zu berücksichtigen.

(4) Eine geringere Größe der Familie lässt die in § 39 Abs. 1 des 2. WoBauG genannten Wohnungsgrößen nicht immer unberührt und[1519] sollte auch nicht hindern, im Prozesskostenhilferecht Abschläge zu machen.[1520]

[1509] BVerwG Rpfleger 1991, 257.

[1510] BVerwG JurBüro 1993, 361; OLG Hamm Rpfleger 1984, 432.

[1511] LG Bad Kreuznach JurBüro 1995, 312.

[1512] BGBl. I 2376.

[1513] Für NRW gilt § 18 Abs. 2 WFNG NRW (GV NRW 2009, 772) und die hierzu in Nr. 8.2 Wohnraumnutzungsbestimmungen (WNB) angesetzten Werte: OLG Hamm FamRZ 2015, 595.

[1514] OLG Jena JurBüro 2016, 151; Beschl. v. 22.5.2014, 4 WF 194/14, BeckRS 2016, 6563; OLG Koblenz FamFR 2013, 503; OLG Saarbrücken FamRZ 2011, 1159; LAG Rheinland-Pfalz BeckRS 2012, 67089; *Nickel* MDR 2015, 684, 688; *ders* MDR 2014, 383, 386; Musielak/Voit/*Fischer* ZPO § 115 Rn. 46 („Orientierung"); vgl. auch DV, Empfehlungen (E 3), Rn. 197; **aA** OLG Hamm FamRZ 2015, 595.

[1515] OLG Jena Beschl. v. 22.5.2014, 4 WF 194/14. Nach Musielak/Voit/*Fischer* (ZPO § 115 Rn. 46 mwN) kann auch der Verkehrswert von Bedeutung sein, selbst wenn die Grenzen des II. WoBauG eingehalten werden.

[1516] Nicht mehr angemessen ist ein Haus mit mindestens 140 qm für drei Personen, OLG Celle FamRZ 2009, 532; nicht angemessen ist ein Haus mit mehr als 160 qm für 2 Personen, LG Koblenz NJW-RR 2003, 662.

[1517] Nicht mehr angemessen ist eine Eigentumswohnung mit 120 qm für nur eine Person, OLG Brandenburg NZFam 2019, 460; oder eine Eigentumswohnung mit 128 qm für 3 Personen, OLG Koblenz BeckRS 2013, 16276.

[1518] LAG Rheinland-Pfalz BeckRS 2012, 6789.

[1519] Vgl. *DV*, Empfehlungen (E 3): Abschlag von ca. 20 qm.

[1520] OLG Koblenz BeckRS 2013, 16276; OLG Saarbrücken MDR 2011, 629: Abschlag von jeweils 20 qm.

409 (5) **Zwei- oder Mehrfamilienhäuser** fallen grundsätzlich nicht unter § 90 Abs. 2 Nr. 8 SGB XII. Sie sind grundsätzlich zur Bestreitung der Verfahrenskosten einzusetzen. Gegebenenfalls ist vor der Verwertung Wohnungseigentum zu bilden. Die von dem in § 90 Abs. 2 Nr. 8 SGB XII genannten Personenkreis bewohnten Wohnungen sind dann – ihre Angemessenheit vorausgesetzt – nicht zu verwerten.[1521] Es kann sich um einen Miterbenanteil handeln, der sich mit dem Anteil am bewohnten Haus deckt; insofern ergeben sich keine Besonderheiten.[1522] Der vom Antragsteller nicht bewohnte Teil des Hauses kann mit einem Wohnrecht belastet sein; dann kommt eine Verwertung dieses Teils nicht in Betracht.[1523] Das gilt auch dann, wenn nicht der Antragsteller, sondern dessen Trennungsunterhalt zahlender Ehegatte das Wohneigentum bewohnt.[1524] Bewohnt der Antragsteller ein Zweifamilienhaus zusammen mit seinen Angehörigen, so kann auch dieses Objekt – Angemessenheit von Personen und Größe vorausgesetzt – dem Schutz des § 90 Abs. 2 Nr. 8 SGB XII unterfallen.[1525] Aber auch in anderen Fällen ist stets zu berücksichtigen, dass man dem Antragsteller dadurch, dass man von ihm die Verwertung des nicht bewohnten Teils verlangt, letztlich das Familienheim doch nimmt. Dementsprechend wird nur eine Kreditaufnahme in Betracht zu ziehen sein.

Nur steuerlich als Zweifamilienhäuser anzusehende Einfamilienhäuser mit Einliegerwohnung fallen unter § 90 Abs. 2 Nr. 8 SGB XII; hier sind die Mieteinnahmen aus der Einliegerwohnung als Einkünfte zu berücksichtigen.

410 (6) **Der Schutz des § 90 Abs. 2 Nr. 8 SGB XII bezieht sich nur auf Objekte, die der Antragsteller selbst allein oder mit Angehörigen bewohnt** bzw. die der Familie nach dem Tod der Partei noch zur Verfügung stehen sollen.[1526] Wie gezeigt, kann auch eine teilweise Nutzung ausreichen. Auch eine vorübergehende Vermietung kann unschädlich sein, wenn sie aus persönlichen oder beruflichen Gründen zwingend notwendig war und der Wiedereinzug vorgesehen ist.[1527] Dagegen reicht es nicht aus, wenn das im Eigentum der Partei stehende Haus nur gelegentlich genutzt wird.[1528] Aus diesem Grunde unterfallen auch **Ferienhäuser** nicht dem Schutz des § 90 Abs. 2 Nr. 8 SGB XII.[1529]

Ist das Haus an ein volljähriges Kind der Partei vermietet, so kommt der Schutz nach § 90 Abs. 2 Nr. 8 SGB XII nicht in Betracht.[1530]

Solange das Familienheim im laufenden Scheidungsverfahren noch von einem Ehepartner bewohnt wird, muss es noch den Schutz der Vorschrift genießen,[1531] auch wenn die Veräußerung schon geplant ist.[1532] Eine sofortige Verweisung auf die Verwertung ist wegen § 120 Abs. 1 S. 2, § 120a ZPO nicht erforderlich. Wenn die Veräußerung absehbar ist, kann der Partei bis dahin die Zahlungsverpflichtung gestundet werden.[1533]

[1521] OLG Koblenz MDR 2014, 48.
[1522] Denn dann stehen sie in Miteigentum, und das genügt.
[1523] OLG Frankfurt FamRZ 1990, 643.
[1524] OLG Zweibrücken OLGReport 2001, 192.
[1525] Stein/Jonas/*Bork* ZPO § 115 Rn. 115.
[1526] BGH NJW-RR 2013, 513; BLHAG/*Dunkhase* ZPO § 115 Rn. 58 (Familienheim).
[1527] OLG Bremen FamRZ 1984, 919 (920); zustimmend *Schneider* MDR 1985, 411 ff.
[1528] LAG Nürnberg JurBüro 1985, 142.
[1529] OLG Stuttgart JurBüro 1994, 46; uU anders hinsichtlich eines Gartengrundstücks KG FamRZ 2001, 631.
[1530] OLG Köln OLGR 1994, 91.
[1531] OLG Zweibrücken OLGReport 2001, 192.
[1532] OLG Schleswig AnwBl 1987, 54; **aA** OLG Bamberg JurBüro 1984, 1580; *Groß* ZPO § 115 Rn. 116.
[1533] OLG Zweibrücken FamRZ 2003, 253. Vgl. auch OLG Bremen FamRZ 2011, 386 (Stundung der Verfahrenskosten bis zum Verkauf).

§ 6 Bedürftigkeit

Eine Verwertung kommt erst recht nicht in Betracht, wenn nicht abzusehen ist, ob die Trennung der Eheleute von Dauer ist.[1534] Während des Trennungsjahres muss auch ein Mehrfamilienhaus nicht veräußert werden, insbesondere dann, wenn eine Partei dort noch wohnt.[1535]

(7) **Ist das Familienheim bereits veräußert, fällt der Erlös nicht mehr unter den Schutz des § 90 Abs. 2 S. 8 SGB XII.**[1536] Dasselbe gilt für den Erlös aus einer Zwangsversteigerung.[1537] Ist das neue Objekt bereits erworben oder ist mit seiner Errichtung bereits begonnen worden, kann etwas anderes gelten.[1538] Insgesamt sollte der Antragsteller hier aber Vorsicht walten lassen. Nur in Sonderfällen wird man vom oben genannten Grundsatz abweichen. Wegen der verbindlichen Einbringung des Geldes in ein neues Vorhaben → Rn. 374. 411

Die bloße Absicht reicht aber insofern nicht aus.[1539] Kapital, dass zur Verschönerung des Hausgrundstücks angespart wurde, ist jedenfalls einzusetzen.[1540] Bei alledem muss der unterschiedliche Schutzumfang des Barvermögens, wie er sich aus § 90 Abs. 2 Nr. 9 SGB XII ergibt, und der des Familienheims berücksichtigt werden.[1541] Nur der besondere Schutz der konkreten Wohn- und Lebenssphäre rechtfertigt die unterschiedliche Behandlung.[1542] Bei außerordentlichen Härten kann die Anwendung von § 90 Abs. 3 SGB XII in Betracht kommen.

(8) Ist in einem **(sozialgerichtlichen) Hauptsacheverfahren** gerade **streitig**, ob ein **Grundstück zum einzusetzenden Vermögen** iSd § 90 Abs. 2 Nr. 8 SGB XII gehört, so ist im PKH-Verfahren davon auszugehen, dass das Grundstück nicht nach § 73a Abs. 1 S 1 SGG iVm §§ 115 Abs. 3 ZPO, § 90 Abs. 2 Nr. 8 SGB XII einzusetzen ist.[1543] 412

c) § 90 Abs. 2 Nr. 9 SGB XII – „kleinere Barbeträge"

Eine bestimmte Menge an Barmitteln soll der Partei verbleiben, der „Notgroschen" der Partei muss nicht eingesetzt werden, und zwar auch dann nicht, wenn daneben noch ein Hausgrundstück iSd § 90 Abs. 2 Nr. 8 SGB XII vorhanden ist.[1544] Eine Konkretisierung des Begriffes „kleinere Barbeträge" erfolgt in der Durchführungsverordnung zu § 90 Abs. 2 Nr. 9 SGB XII,[1545] die den Richter i. S. einer Untergrenze hinsichtlich der Schonbeträge bindet.[1546] 413

[1534] OLG Celle FamRZ 1997, 301.
[1535] OLG Koblenz OLGReport 2003, 461.
[1536] OLG Karlsruhe FamRZ 2018, 1680; Im Rahmen des § 120 Abs. 4 aF ZPO ausdrücklich BGH Rpfleger 2008, 143; FamRZ 2007, 1720; iÜ OLG Nürnberg MDR 2003, 271; OLG Zweibrücken JurBüro 2000, 483; OLG Bamberg OLGReport 1999, 83; OLG Köln FamRZ 2001, 1715; OLG Schleswig NJW-RR 2000, 729. Nichts anderes gilt, wenn angesichts des bevorstehenden Prozesses Geld in Wohnvermögen umgeschichtet wird, vgl. OLG Nürnberg OLGReport 2002, 759. Vgl. auch Musielak/Voit/*Fischer* ZPO § 115 Rn. 47.
[1537] OLG Bremen FamRZ 2009, 628.
[1538] OLG Bamberg FamRZ 1996, 42; OLG Bamberg FamRZ 1995, 1590; OLG Zweibrücken JurBüro 1985, 1109; **ablehnend** OLG Nürnberg FamRZ 2003, 774; FamRZ 2002, 759; OLG Bamberg JurBüro 1991, 255.
[1539] OLG Celle Rpfleger 1990, 263.
[1540] OLG Frankfurt/M. MDR 2009, 409.
[1541] Vgl. BGH FamRZ 2007, 1720.
[1542] *Neef* ZfSH/SGB 1987, 1, 6.
[1543] BVerfG NJW 2014, 1291.
[1544] OLG Köln OLGReport 2004, 60.
[1545] Vom 11.2.1988, BGBl. I 150 idF v. 22.3.2017, BGBl. I 519.
[1546] Zöller/*Schultzky* ZPO § 115 Rn. 82.

Danach haben dem Antragsteller 5.000,– EUR zu verbleiben sowie 500,– EUR für jede Person, die von ihm überwiegend unterhalten wird. Auch wenn das Kind Antragsteller ist, sind ihm nur 500,– EUR anrechnungsfrei zu belassen.[1547] Die vorstehend genannten Beträge beziehen sich auf die Hilfe in besonderen Lebenslagen, zu denen auch die Prozesskostenhilfe gehört (nunmehr 5.–9. Kapitel des SGB XII).

Besondere Notlagen des Antragstellers sind auch in diesem Rahmen zu berücksichtigen, § 90 Abs. 2 Nr. 9 2. HS SGB XII; damit ist ein weiterer Ermessensspielraum eröffnet.

Die Darlegungslast für den rechtlich anerkennenswerten Verbrauch des überschießenden Betrages trifft den Antragsteller, wenn feststeht, dass kurz vor dem Rechtsstreit noch Beträge vorhanden waren, die die Schongrenzen überstiegen.[1548]

Die Freibeträge sind nicht herabzusetzen, wenn der Antragsteller in einem EU-Land mit niedrigeren Lebenshaltungskosten lebt.[1549]

Von einer dem Vermögen unterfallenden Abfindung → Rn. 369 ist neben dem Schonvermögen ein weiterer Betrag in Höhe von 2.600,– EUR anrechnungsfrei zu belassen, um den durch den Verlust des Arbeitsplatzes typischerweise drohenden Kosten zB für Bewerbungen, Fahrten und Schulungen abzufangen.[1550]

d) § 90 Abs. 3 SGB XII – Härtefälle

414 Über die Anwendung des § 90 Abs. 2 SGB XII hinaus können auch weitere Vermögensteile zum Schonvermögen gehören. § 90 Abs. 3 S. 1 und 2 SGB XII wiederholen den Zumutbarkeitsgesichtspunkt des § 115 Abs. 3 S. 1 ZPO und konkretisieren ihn: Bei der Hilfe in besonderen Lebenslagen, zu der auch die Prozesskostenhilfe gehört,[1551] liegt eine Härte dann vor, wenn eine angemessene Lebensführung oder die Aufrechterhaltung einer angemessenen Alterssicherung wesentlich erschwert würde.[1552]

Damit ist dem Gericht ein weiterer Ermessensspielraum eröffnet, um im Einzelfall nicht unter § 90 Abs. 2 SGB XII fallende Vermögensbestandteile vom Einsatz auszunehmen.[1553]

5. Kreditaufnahme

415 **(1) Das Gesetz stellt grundsätzlich auf das im Zeitpunkt der Entscheidung über den Antrag vorhandene Einkommen oder Vermögen ab.** Eine Verweisung auf eine vorrangige Kreditaufnahme zur Prozessfinanzierung ist gesetzlich nicht vorgesehen; andernfalls wäre das Gericht in jedem Fall gezwungen, die Kreditwürdigkeit des Antragstellers

---

[1547] OLG Nürnberg FamRZ 2015, 351.
[1548] OLG Karlsruhe AnwBl 1987, 340, dessen Argumentation sich allerdings auf eine Abfindung nach dem KSchG bezieht, die nach der hier vertretenen Ansicht dem Einkommen zuzurechnen ist.
[1549] BGH MDR 2008, 992.
[1550] LAG Nürnberg AE 2019, 170.
[1551] BVerfGE 35, 759.
[1552] Grube/Wahrendorf/Flint/*Giere* SGB XII § 90 Rn. 81. Die Voraussetzungen für die „Riester-Rente" wird man hier nicht verlangen, sie unterfällt bereits § 90 Abs. 2 Nr. 2 SGB XII. Aber: bei zweckgebundenem Vermögen zur Altersvorsorge ist im Einzelnen darzulegen, wie die sonstige Absicherung aussieht und warum sie unzureichend ist, OLG Dresden FamRZ 2001, 632. Geringe Barbeträge (ca. 10 000,– EUR) sind kein Mittel zur Alterssicherung, vgl. OLG Karlsruhe FamRZ 2004, 1122 und OLG Frankfurt/M. FamRZ 2005, 466.
[1553] Grundsätze und Beispiele bei Grube/Wahrendorf/Flint/*Giere* SGB XII § 90 Rn. 70 ff.; Beispiele auch bei *Groß* ZPO § 115 Rn. 125. Zu § 88 Abs. 1, 2 BSHG grundsätzlich BVerwG NJW 1998, 1879; OLG Schleswig FamRZ 1999, 1672 (Das Vermögen wird für die Kosten der Pflege benötigt).

§ 6 Bedürftigkeit

zu überprüfen.[1554] Außerdem stellt die Prozesskostenhilfe, soweit Ratenzahlung angeordnet ist, bereits eine Form des zinslosen Darlehens dar.

(2) Im Übrigen ist zwischen der Inanspruchnahme von **Realkredit** und **Personalkredit** zu unterscheiden.

Verfügt der Antragsteller über **einsatzpflichtiges Vermögen** (zB Grundbesitz), dessen sofortige Verwertung nicht möglich oder zumutbar ist, so stellt die Belastung/Beleihung dieses Vermögens eine **Teilverwertung** dar, auf die **verwiesen** werden kann.[1555] Das gilt nicht, wenn es sich bei dem als Sicherheit dienenden Vermögensteil um **Schonvermögen** iSd §§ 115 Abs. 3, 90 Abs. 2 SGB XII handelt, denn der Gesetzgeber nimmt in diesem Rahmen Vermögen von der Pflicht zur Verwertung, also auch Teilverwertung, aus.[1556] Jenseits dieser Grenzen ist eine **Belastung** vor allem des Grundeigentums **grundsätzlich möglich**;[1557] fraglich ist dann nicht die Zumutbarkeit der Kreditaufnahme, sondern die Zumutbarkeit der Verwertung durch die Beleihung sowie das Ausmaß der finanziellen Belastung des Antragstellers.[1558] Die Beleihung einer Immobilie mit einem Kleinkredit soll man nicht verlangen können.[1559] Es muss sich im Übrigen ein Kreditgeber finden; dies kann sich etwa bei der Belastung eines Miteigentumsanteils problematisch gestalten. Aber auch in anderen Fällen ist zu prüfen, wie sich Verzinsung und Tilgung auf die Einkünfte der Partei auswirken.[1560] Es wird die Meinung vertreten, die monatliche Belastung durch einen Realkredit dürfe nicht höher sein als die monatlich zu zahlenden Raten.[1561] Dem kann nicht gefolgt werden; die dort genannten Monatsraten werden an der Höhe des einzusetzenden Einkommens festgemacht. Der Antragsteller kann sich nicht darauf berufen, er könne aus seinem geringen Einkommen die Kreditzinsen nicht zahlen. Er wird sich darauf verweisen lassen müssen, einen Kredit in Anspruch zu nehmen, den er nach einer etwaigen Veräußerung des Vermögensgegenstandes zurückzahlen kann.[1562] Bei anderer Ansicht würde vor allem Grundvermögen der Verwertung entzogen, das durch § 90 Abs. 2 Nr. 8 SGB XII nicht geschützt ist.[1563] Zudem würde ein geringes Einkommen und erheblicher Grundbesitz dann zu einer PKH ohne Raten führen.

(4) Eine vermögenslose Partei kann auf Kreditaufnahmen hingegen nicht verwiesen werden.[1564] **Ein derartiger Personalkredit ist, wie bereits dargestellt, gesetzlich nicht vorgesehen.** Eine Ausnahme hiervon wird dann zu machen sein, wenn der Antragsteller

---

[1554] Vgl BT-Drs. 8/3068 Anlage 3, 53: „Eine solche Regelung würde den Richter bei der Prüfung der Voraussetzungen für die Bewilligung von Prozesskostenhilfe stets dazu zwingen, der Frage nachzugehen, ob die Partei kreditwürdig ist. Damit würde die mit dem Tabellensystem angestrebte Vereinfachung und Erleichterung nicht erreicht werden. Eine uneinheitliche Rechtsprechung müsste befürchtet werden."

[1555] OLG Brandenburg NZFam 2019, 460.

[1556] OLG Frankfurt FamRZ 1990, 1012; BFH MDR 1990, 955; *Zimmermann* Rn. 148.

[1557] Und zwar auch dann, wenn das Grundstück mit einer Grundschuld zugunsten eines Sozialhilfeträgers belastet ist, s. OLG Köln OLGReport 2004, 106. Vgl. iÜ OLG Koblenz FamRZ 2002, 105; OLG Karlsruhe FamRZ 2001, 102; *Groß* ZPO § 115 Rn. 128.

[1558] OLG Koblenz FamRZ 2005, 468 (Ls.); OLG Bamberg FamRZ 1998, 247 (Keine Verweisung auf Grundbesitz, wenn die Kreditraten nicht bezahlt werden können und die Verwertung unzumutbar ist); OLG Oldenburg FamRZ 1998, 759 (Verweisung auf Kredit nur dann, wenn die Kreditraten niedriger als die PKH-Raten sind und die Laufzeit des Kredits nicht mehr als 48 Monate beträgt).

[1559] OLG Brandenburg OLGReport 2000, 111; mE zweifelhaft.

[1560] OLG Brandenburg FuR 2016, 2022.

[1561] OLG Brandenburg BeckRS 2007, 06295; KG FamRZ 2001, 631 (Wenn Ast. aus seinem Einkommen keine Raten zahlen muss, kann auch eine Belastung nicht verlangt werden); OLG Köln OLGReport 1999, 204; OLG Oldenburg FamRZ 1998, 759; *Groß* ZPO § 115 Rn. 129.

[1562] OLG Karlsruhe FamRZ 2004, 1499.

[1563] OLG Koblenz MDR 2002, 904.

[1564] *Groß* ZPO § 115 Rn. 127ff; MüKoZPO/*Wache* § 115 Rn. 91.

in umfangreicher Weise am Wirtschafts- und Geschäftsleben teilnimmt und im Rahmen seines Geschäftsbetriebs Verpflichtungen eingeht, die die Finanzierung der Prozesskosten weit übersteigen.[1565] Für einen **gewerbebezogen Rechtsstreit** kommt es auf das Unternehmensvermögen bzw. die Möglichkeit der Kreditaufnahme im kaufmännischen Geschäftsbetrieb an.[1566]

6. Künftiges Vermögen

418 (1) **Bloße Aussichten auf eine spätere Verbesserung der Vermögenslage** (zB Erbaussichten) sind für die Beurteilung der Bedürftigkeit ohne Bedeutung. Erst wenn die Verbesserung tatsächlich eintritt, kann nach § 120a ZPO verfahren werden.

419 (2) **Noch nicht realisierbare Forderungen** gehören zum gegenwärtigen Vermögen. Vor der Titulierung sind sie aber – soweit der Schuldner nicht zahlt – nicht verwertbar und in der Regel auch nicht beleihbar. Steht allerdings der Zeitpunkt der Zahlung oder der Durchsetzung fest, so kann die Bewilligung von PKH entsprechend § 120 Abs. 1 S. 2 ZPO unter sofortiger Anordnung der künftigen Zahlung aus dem Vermögen bewilligt werden.[1567] Weitere Einzelheiten → Rn. 379

419a (3) **Schonvermögen** kann zu verwertbarem Vermögen werden, wenn zB anlässlich der Scheidung das Familienheim veräußert wird.[1568] Auch insoweit kommt eine Nachzahlungspflicht gem. § 120 ZPO in Betracht.

VII. Fiktives Vermögen

420 Maßgebender Zeitpunkt für die Beurteilung der Leistungsfähigkeit der Partei ist sowohl für das Vermögen als auch für das Einkommen der Zeitpunkt der Entscheidung über den Antrag.[1569] Grundsätzlich ist also nur das zu berücksichtigen, was vorhanden ist. Häufig kommt es aber vor, dass die Partei in Ansehung oder während des Prozesses Vermögensteile weggibt oder nicht lebensnotwendige Anschaffungen tätigt. Hier stellt sich ebenso wie bei der Berücksichtigung von Schulden im Rahmen der Einkommensermittlung die Frage, ob von einer fiktiven Vermögenslage ausgegangen werden kann und ob die verbrauchten Vermögenswerte dem Vermögen hinzuzurechnen sind mit der Folge, dass die Gewährung von PKH nicht in Betracht kommt.

Böswilliges Verhalten, dh Weggabe von Vermögen, um prozesskostenhilfebedürftig zu werden, wird einheitlich beurteilt: Die Weggabe ist unbeachtlich, der Antragsteller muss sich so behandeln lassen, als sei das Vermögen noch bei ihm vorhanden.[1570]

Vergleichbar zur Weggabe von Vermögen ist die Begründung von Verpflichtungen und Verschwendung vorhandenen Vermögens in Kenntnis von der Notwendigkeit oder der Erwartung der Prozessführung. Wenn der Antragsteller diese **erkannte**,[1571] hat er sich auf

---

[1565] OLG Frankfurt NJW-RR 1987, 320; so auch AG Detmold FamRZ 1997, 1287 (Verweisung eines geschäftlich tätigen Unterhaltsschuldners auf Kreditaufnahme); OLG Brandenburg FamRZ 1997, 681 (Unternehmer kann Kredit aufnehmen).
[1566] BGH NJW-RR 2007, 379.
[1567] OLG Bremen FamRZ 2011, 386 (Stundung der Verfahrenskosten bis zum Verkauf); OLG Düsseldorf FamRZ 1990, 765; **aA** Stein/Jonas/*Bork* ZPO § 115 Rn. 97.
[1568] OLG Köln MDR 1996, 197.
[1569] OLG Brandenburg FamRZ 2008, 703.
[1570] OLG Hamm FuR 2015, 614; OVG Berlin-Brandenburg, Beschl. v. 7.10.2015; OVG 9 N 217.3; Vgl. Musielak/Voit/*Fischer* ZPO § 115 Rn. 55; *Zimmermann* Rn. 154. Gleiches gilt für die Beleihung einer Lebensversicherung in Ansehung des Prozesses, OLG Saarbrücken FamRZ 2010, 1685.
[1571] BGH NJW-RR 2018, 1411; OLG Köln FamRZ 1996, 873; OLG Hamm JurBüro 1987, 1416; *Zimmermann* Rn. 154.

den Prozess einzurichten[1572] und sein Vermögen zusammenzuhalten. Tut er das nicht, verhält er sich unangemessen, denn ihm muss klar sein, dass die Prozessführung in erster Linie von ihm und nicht von der Allgemeinheit zu finanzieren ist.[1573]

Dementsprechend ist es ihm aus prozesskostenhilferechtlichen Gründen **verwehrt,** sein gesamtes Vermögen mit Ausnahme der Ansprüche, für die er PKH begehrt, zu übertragen,[1574] neue Einrichtungsgegenstände anzuschaffen,[1575] anstatt sich auf die Teilung des vorhandenen Hausrats (im Fall der Ehescheidung) zu beschränken;[1576] im Wege der vorweggenommenen Erbfolge Grundstücke zu übertragen;[1577] den Erlös aus dem Verkauf eines geerbten Grundstücks zur vorzeitigen Tilgung eines Hypothekendarlehens zu verwenden,[1578] mit erheblichen Eigenmitteln und Krediten eine Eigentumswohnung zu erwerben,[1579] die streitgegenständliche Sache zu verkaufen und das Geld zu verbrauchen,[1580] Luxusanschaffungen;[1581] Wohnungsrenovierungen[1582] oder auch nur Ausgaben für Unnötiges zu tätigen,[1583] einen Miterbenanteil auszuschlagen[1584] oder sein Vermögen zu verschleudern;[1585] auch durch Festhalten an einer überhöhten Klageforderung trotz gerichtlichem Hinweis und der Einzahlung eines überhöhten Kostenvorschuss.[1586] Ein solches Verhalten ist unangemessen, es gelten hier keine anderen Grundsätze als bei der Anrechnung von Belastungen im Rahmen des § 115 Abs. 1 S. 3 Nr. 4 ZPO. Auch das Rechtsschutzbedürfnis kann zu verneinen sein.[1587]

Eine Umschichtung von Geld in Wohnraum (Eigentumswohnung) in Ansehung des Prozesses ist nicht anders zu beurteilen.[1588]

Keine fiktive Zurechnung erfolgt, wenn die Partei mit dem Erlös aus einem Hausverkauf Kredite tilgt und das überzogene Girokonto ausgleicht[1589] oder Ausgaben zur Deckung des allgemeinen Lebensbedarfs tätigt.[1590]

421

Im Übrigen besteht eine **Darlegungspflicht der Partei** zum Verbleib in der Vergangenheit erworbenen Vermögens.[1591]

422

Bei der Weggabe von Vermögen **vor Kenntnis der Notwendigkeit der Prozessführung** kommt dagegen eine Vermögensfiktion nicht in Betracht; eine Pflicht, insofern stets vorzusorgen, gibt es nicht.[1592]

423

[1572] BGH JurBüro 2019, 557; OLG Hamm MDR 2011, 1295; OLG Düsseldorf JurBüro 1998, 478; OLG Köln MDR 1995, 314; OLG Koblenz MDR 1992, 80; Musielak/Voit/*Fischer* ZPO § 115 Rn. 55; Zöller/*Schultzky* ZPO § 115 Rn. 66 ff.
[1573] OLG Bamberg FamRZ 1986, 699; OLG Köln FamRZ 1985, 415. Vgl. auch die Nachweise bei Zöller/*Schultzky* ZPO § 115 Rn. 6 ff.
[1574] OLG Hamm OLGReport 2000, 224.
[1575] BGH NJW-RR 2018, 1411.
[1576] OLG Karlsruhe MDR 1986, 151.
[1577] BGH MDR 1998, 1120.
[1578] OLG Hamburg OLGReport 1997, 360.
[1579] OLG Karlsruhe FamRZ 2008, 1542; OLG Nürnberg MDR 2002, 171.
[1580] KG KGReport 2008, 563.
[1581] OLG Naumburg OLGReport 2009, 482: Teures Kfz, Schmuck, Urlaubsreise (Ls.).
[1582] BGH NJW-RR 2018, 1411.
[1583] OLG Hamm FuR 2015, 614; OVG Berlin-Brandenburg BeckRS 2015, 53188.
[1584] OLG Saarbrücken FamRZ 2012, 1577.
[1585] KG MDR 2014, 423; OLG München OLGReport 1998, 141.
[1586] OLG Dresden RVGReport 2018, 479.
[1587] So *Zimmermann* Rn. 154.
[1588] OLG Nürnberg OLGReport 2002, 759.
[1589] OLG Karlsruhe FamRZ 2009, 363.
[1590] OLG Karlsruhe FamRZ 2008, 1542.
[1591] BGH NJW-RR 2008, 953; OLG Celle FamRZ 2007, 154.
[1592] OLG Hamm BeckRS 2014, 09533; Zöller/*Schultzky* ZPO § 115 Rn. 66; *Zimmermann* Rn. 154.

VIII. Prozesskostenvorschussansprüche/Verfahrenskostenvorschussansprüche

1. Berücksichtigung im PKH-Verfahren

424 (1) **Unter bestimmten Voraussetzungen hat die Partei gegen ihren Ehegatten, Lebenspartner oder nahen Angehörigen einen Anspruch auf Prozesskostenvorschuss bzw. Verfahrenskostenvorschuss.** Wie alle anderen Ansprüche gehört er zum Vermögen[1593] und kann die Hilfsbedürftigkeit ausschließen, wenn der Antragsteller auf vorrangige Geltendmachung verwiesen werden kann.[1594] Entsprechend dem Subsidiaritätsprinzip der Sozialhilfegewährung ist ein solcher Anspruch vorrangig vor der Inanspruchnahme staatlicher Hilfeleistung (hier PKH/VKH). Andererseits muss, da die Prüfung im Rahmen des § 115 Abs. 3 S. 1 ZPO erfolgt, die Inanspruchnahme des Vorschussanspruchs auch zumutbar sein. Besteht eine Vorschusspflicht, so heißt das noch nicht, dass PKH versagt werden muss.[1595]

425 (2) **Alsbaldige Durchsetzbarkeit** ist erforderlich,[1596] wenn der Antragsteller auf den Anspruch verwiesen werden soll; bei zweifelhaften und in der Zwangsvollstreckung nicht realisierbaren Ansprüchen wird das Ziel der PKH, auch der unbemittelten Partei einen Zugang zu den Gerichten zu verschaffen, nicht erreicht.[1597]

Dementsprechend kommt die Verweisung auf die gerichtliche Durchsetzung des Prozesskostenvorschussanspruchs **in Eilverfahren** (zB einstweilige Verfügung) dann nicht in Betracht, wenn er erst gerichtlich durchgesetzt werden müsste.[1598]

In anderen Verfahrensarten hingegen genügt es nicht, dass der Antragsteller vorträgt, der Verpflichtete leiste den Vorschuss nicht. Er muss die gerichtliche Durchsetzung versuchen,[1599] zumindest darlegen, warum er den Vorschussanspruch nicht realisieren kann.[1600] Andernfalls könnte er im Zusammenwirken mit dem Vorschusspflichtigen trotz bestehenden Anspruchs zu Unrecht PKH erhalten.[1601] Dabei wird mit Recht auf § 14 Nr. 3 GKG; § 15 Nr. 3 FamGKG hingewiesen, wonach die Klagezustellung auch ohne Vorschussleistung erfolgen kann, so dass sich die zur Durchsetzung des Vorschussanspruchs erforderliche Zeit nicht nachteilig auf die Rechtsverfolgung auswirkt.

[1593] OLG Naumburg OLGReport 1998, 64; *Groß* ZPO § 115 Rn. 90; *Thomas/Putzo/Seiler* ZPO § 115 Rn. 19; *Zimmermann* Rn. 158. Wegen eines Kostenvorschussanspruchs gegen den eigenen Prozessbevollmächtigten vgl. OLG Oldenburg FamRZ 1999, 240. Insgesamt zum Prozesskostenvorschuss *Haußleiter*, NJW-Spezial 2005, 55. Zum Prozesskostenvorschussanspruch bei der Verfahrenskostenhilfe nach dem FamFG vgl. *Nickel* FPR 2009, 391 (395) und *Heistermann* FPR 2009, 403 ff.

[1594] OLG Frankfurt/M. MDR 2005, 590; OLG Koblenz FamRZ 1997, 679; OLG Oldenburg MDR 1994, 618; AG Westernburg FamRZ 2003, 1759. Zum Verfahrenskostenvorschuss vgl. *Bißmaier* FamRZ 2002, 863; *Staudinger/Voppel* (2018) § 1360a BGB Rn. 84 ff.

[1595] So zu Recht *Groß* ZPO § 115 Rn. 90.

[1596] BGH MDR 2008, 1232; OLG Düsseldorf FamRZ 2019, 992; LAG Rheinland-Pfalz BeckRS 2012, 75944. Zu Recht weist das OLG Koblenz darauf hin, dass er im Eilverfahren – hier gem. §§ 246ff FamFG – durchgesetzt werden kann, BeckRS 214, 07120.

[1597] BGH MDR 2008, 1232; OLG Brandenburg FamRZ 2014, 784; OLG Nürnberg FamRZ 2001, 233; OLG Naumburg FamRZ 2000, 1095, ähnlich BLHAG/*Dunkhase* ZPO § 114 Rn. 59 ff.; *Zöller/Schultzky* ZPO § 115 Rn. 67.

[1598] OLG Saarbrücken NJW-RR 2010, 1515; *Thomas/Putzo/Seiler* ZPO § 115 Rn. 19.

[1599] OLG Hamm FamRZ 2014, 2016 (Mutwilligkeit der Verfahrenskostenhilfe bei nicht rechtzeitiger Geltendmachung eines Anspruchs auf Verfahrenskostenvorschuss); *Zimmermann* Rn. 167.

[1600] OLG Brandenburg FamRZ 2014, 784; LAG Berlin-Brandenburg FamRZ 2010, 143; OLG Celle NJW-RR 2006, 1304.

[1601] *Zimmermann* Rn. 167.

§ 6 Bedürftigkeit

Von **fehlender alsbaldiger Realisierbarkeit** ist aber jedenfalls dann auszugehen, wenn **erst im Hauptsacheverfahren**, für dessen Führung der Unterhaltsberechtigte Verfahrenskostenhilfe begehrt, geklärt werden kann, ob eine Unterhaltspflicht und damit ein Anspruch auf Verfahrenskostenvorschuss besteht.[1602] Wird für die **Rechtsverteidigung** Prozesskostenhilfe begehrt, kann von einer zeitnahen Verwirklichung des Prozesskostenvorschusses und damit ein Verweis auf diesen nur dann angenommen werden, wenn eine gerichtliche Geltendmachung nicht erforderlich ist, da der Antragsgegner, anders als der Antragsteller, innerhalb kurzer Zeit klären muss, ob und in welcher Weise er sich verteidigen will.[1603]

(3) **In Familiensachen** kann das Gericht gemäß §§ 119, 49, 246 FamFG durch einstweilige Anordnung die Vorschusspflicht für den jeweils vorliegenden Rechtsstreit regeln. 426

(4) Die **Darlegungslast** dafür, dass ein Prozesskostenvorschussanspruch entweder nicht besteht oder nicht durchgesetzt werden kann, liegt beim Antragsteller.[1604] Die erfolglose Zwangsvollstreckung ist nicht stets erforderlich, denn auch der Nachweis unbekannten Aufenthalts oder sonstiger nicht zumutbarer Durchsetzungsschwierigkeiten (zB Klage im Ausland) kann genügen.[1605] 427

Bei Durchsetzungsschwierigkeiten kann es aber auch angebracht sein, zwar zunächst Prozesskostenhilfe zu gewähren, gleichzeitig damit aber den Beginn der Ratenzahlung oder einer einmaligen Zahlung auf den Zeitpunkt festzusetzen, zu dem der Anspruch voraussichtlich durchgesetzt ist. Ist dieser Zeitpunkt ungewiss, kommt eine spätere Änderung der Bewilligung nach § 120a ZPO in Betracht. Dem steht nicht entgegen, dass der Vorschussanspruch in diesen Fällen uU erst nach Abschluss des Rechtsstreits, für den er zu zahlen ist, durchgesetzt wird.[1606] Bei anderer Ansicht hätte es der Vorschusspflichtige in der Hand, sich durch hartnäckige Leistungsverweigerung letztlich seiner Verpflichtung zu entziehen.

(5) **Unter Umständen muss der Prozesskostenvorschuss später zurückgezahlt werden.** Die Vorschusspflicht besagt nichts über die endgültige Verpflichtung zur Unterhaltsleistung; deshalb kann der Vorschuss zurückgefordert werden, wenn die gesetzlichen Voraussetzungen dafür nicht vorgelegen oder sich die wirtschaftlichen Verhältnisse des Vorschussempfängers wesentlich verbessert haben und die Rückzahlung der Billigkeit entspricht.[1607] 428

(6) Die Verpflichtung zur Gewährung eines Verfahrenskostenvorschusses iSd § 1360a Abs. 4 BGB entfällt nicht dadurch, dass der Verpflichtete dem Berechtigten anbietet, ihm ein Darlehen in gleicher Höhe zur Verfügung zu stellen.[1608] 429

[1602] OLG Karlsruhe FamRZ 2016, 1195.
[1603] OLG Düsseldorf FamRZ 2019, 992.
[1604] OLG Koblenz Rpfleger 2004, 110; FamRZ 2003, 97 (Ls); OLG Brandenburg FamRZ 2002, 1414; AG Westernburg FamRZ 2003, 1759.
[1605] *Zimmermann* Rn. 167 Fn. 247; vgl. Zöller/*Schultzky* ZPO § 115 Rn. 65.
[1606] **AA** OLG Koblenz OLGReport 1997, 292, das allerdings *dann* den Prozesskostenvorschuss fiktiv dem Vermögen zurechnet, wenn er grundlos trotz gerichtlichen Hinweises nicht geltend gemacht worden ist. Nach *rechtskräftigem Abschluss eines Scheidungsverfahrens* wird die Durchsetzung eines Vorschussanspruchs nicht mehr in Betracht kommen; vgl. dazu OLG Brandenburg FamRZ 2011, 54; OLG Rostock OLGReport 2001, 560 u. OLG München OLG Report 1997, 255. Hat der Berechtigte die Forderung nicht vorher nicht geltend gemacht, kann seine PHK-Antragstellung rechtsmissbräuchlich sein, OLG Zweibrücken FamRZ 2011, 1603.
[1607] BGHZ 110, 247 (248); OLG Frankfurt MDR 2014, 230; zu den Einzelheiten Palandt/*von Pückler* BGB § 1360a Rn. 19ff; *Kreutz* NZFam 2014, 196; *Roßmann* FUR 2012, 171.
[1608] OLG Frankfurt MDR 2014, 168; Staudinger/*Voppel* (2018) BGB § 1360a Rn. 88.

2. Persönliche Voraussetzungen des Prozesskostenvorschussanspruchs/ Verfahrenskostenvorschussanspruchs

a) Nicht geschiedene Eheleute/Bestehende Lebenspartnerschaft nach dem LPartG

429a Für Ehegatten in ehelicher Gemeinschaft (§ 1360a Abs. 4 BGB) und für getrennt lebende Ehegatten (§ 1361 Abs. 4 S. 4 BGB) ist die Prozesskostenvorschusspflicht ausdrücklich gesetzlich geregelt. Die Vorschusspflicht besteht auch für Ansprüche, die nicht im Zusammenhang mit der ehelichen Lebensgemeinschaft stehen.[1609] Deshalb besteht auch ein Anspruch auf einen Verfahrenskostenvorschuss gegen den neuen Ehegatten für die Geltendmachung von Zugewinnausgleichsansprüchen gegen den früheren Ehegatten.[1610]

Für die Partner einer eingetragenen Lebenspartnerschaft gelten über §§ 5 S. 2, 12 Abs. 2 LPartG die Vorschriften des §§ 1360a Abs. 4, 1361 Abs. 4 entsprechend.

Bei missbräuchlich eingegangener Ehe sind gleichwohl Darlegungen des Antragstellers erforderlich, warum er Unterhaltsansprüche und Prozesskostenvorschussansprüche gegen den (Schein-)Ehegatten nicht geltend machen kann.[1611] Ausnahmsweise kann der Ehegatte, der Unterhalt verlangt, im Wege der einstweiligen Anordnung zur Zahlung eines Prozesskostenvorschusses verpflichtet werden.[1612]

Dem Anspruch auf Prozesskostenvorschuss steht nicht entgegen, dass die Ehe geschieden wurde, nachdem der verpflichtete Ehegatte hinsichtlich des Vorschusses in Verzug gesetzt worden war.[1613]

Dem Anspruch auf Prozesskostenvorschuss in einer Ehesache steht nicht zwingend entgegen, dass die sonstigen Unterhaltsansprüche des Ehegatten, der den Vorschuss verlangt, nach § 1579 BGB verwirkt sind.[1614]

Auch ein notariell vereinbarter Verzicht auf Trennungsunterhalt berührt den Prozesskostenvorschussanspruch nicht.[1615]

b) Geschiedene Ehegatten/Aufgehobene Lebenspartnerschaft

430 Geschiedene Ehegatten/Lebenspartner haben gegeneinander keinen Anspruch auf Prozesskostenvorschuss. Nach der Rechtsprechung des BGH[1616] gibt es in diesem Fall keine entsprechende Anwendung der §§ 1360a Abs. 4, 1361 Abs. 4 S. 4 BGB. Der Anspruch besteht nur während der Dauer der Ehe und kraft ausdrücklicher Anordnung auch während der Zeit des Getrenntlebens. § 1578 Abs. 1 BGB steht dem nicht entgegen, denn die Prozessführung gehört nicht zum angemessenen Lebensbedarf.[1617] Eine Verweisung auf einen Prozesskostenvorschuss kommt auch dann nicht in Betracht, wenn über einen rechtzeitig vor der Scheidung eingereichten PKH-Antrag erst nach Rechtskraft der Scheidung entschieden wird.[1618]

[1609] LG Duisburg FamRZ 2013, 1058 (Anspruch des Schuldners gegen seinen getrennt lebenden Ehegatten auf Zahlung eines Vorschusses für die Kosten des Insolvenzverfahrens).
[1610] BGH NJW 2010, 372.
[1611] OLG Stuttgart FamRZ 1997, 1410.
[1612] OLG Zweibrücken OLGReport 1999, 180.
[1613] OLG Frankfurt OLGReport 2005, 16.
[1614] OLG Zweibrücken FamRZ 2001, 1149.
[1615] OLG Brandenburg FamRZ 2004, 120; vgl. aber auch OLG Koblenz FRP 2002, 545.
[1616] BGH NJW 2017, 1960; NJW 1984, 291; OLG Schleswig FamRZ 2008, 614; vgl. auch *Philippi* FPR 2002, 479.
[1617] Stein/Jonas/*Bork* ZPO § 115 Rn. 153.
[1618] OLG Frankfurt FamRZ 1993, 1465; OLG München OLGReport 1997, 255; *Groß* ZPO § 115 Rn. 99.

§ 6 Bedürftigkeit

c) Nichteheliche Lebensgemeinschaften

Auf nichteheliche Lebensgemeinschaften, die nicht dem LPartG unterfallen, sind §§ 1360a Abs. 4, 1361 Abs. 4 S. 4 BGB nicht entsprechend anwendbar. Allerdings sind bei der Prüfung der Einkommensverhältnisse Zuwendungen des Partners (Sachleistungen, freiwillige finanzielle Zuwendungen, verdeckter Arbeitslohn) zu berücksichtigen. Darüber hinaus kann Prozesskostenhilfe nicht gemäß § 20 SGB XII versagt werden, weil der Antragsteller bei einer Eheschließung mit dem Partner gegen diesen einen Vorschussanspruch haben würde.[1619]

431

d) Minderjährige Kinder

Minderjährige Kinder haben **gegen ihre Eltern** einen Prozesskosten- bzw. Verfahrenskostenvorschussanspruch,[1620] der aus §§ 1610 Abs. 2, 1615a BGB hergeleitet wird.[1621] Der Anspruch besteht entweder gegen einen Elternteil allein oder gegen beide, dann aber anteilig und nicht gesamtschuldnerisch.[1622] Unter Umständen kann auch der Betreuungsunterhalt leistende Elternteil herangezogen werden, wenn er leistungsfähig ist und der andere nicht in Anspruch genommen werden kann.[1623]

432

e) Volljährige Kinder

(1) **Bei volljährigen Kindern** ist die Rechtslage nur insoweit eindeutig, als es sich um privilegiert volljährige Schüler bis zum 21. Lebensjahr handelt, § 1603 Abs. 2 BGB.[1624] **Richtig ist es, auch dem volljährigen Kind grundsätzlich einen Prozesskostenvorschuss/Verfahrenskostenvorschuss gegen seine Eltern zu gewähren,** wenn es sich noch in der Ausbildung befindet und noch keine selbständige Lebensstellung erreicht hat.[1625] Es stellt sich aber die Frage, ob der Anspruch wiederaufleben kann, wenn das Kind trotz erreichter selbstständiger Lebensstellung wieder bedürftig wird.[1626]

433

Dieser folgt aus § 1360a BGB analog.[1627] Eine Ehe kann enden und mit ihr der Vorschussanspruch als Sonderfall des Unterhaltsanspruchs; die verwandtschaftliche Bindung im Verhältnis zum volljährigen Kind hingegen besteht fort[1628] und führt bei Bedürftigkeit zur Unterhaltsverpflichtung.[1629]

(2) Selbst wenn dem volljährigen Kind, das eine selbstständige Lebensstellung erreicht hat, bei **wieder auftretender Bedürftigkeit ein Prozesskostenvorschuss** zuzubilligen ist, muss aber geprüft werden, ob die Inanspruchnahme der Eltern der **Billigkeit** entspricht,

---

[1619] OLG Köln FamRZ 1988, 306; Zöller/*Schultzky* ZPO § 115 Rn. 60; **aA** OLG Koblenz NJW-RR 1992, 1348; Rpfleger 1991, 375.

[1620] OLG Karlsruhe FamRZ 2016, 1195; OLG Dresden MDR 2013, 529; OLG Schleswig OLGReport 2009, 51; OLG Celle JurBüro 2002, 540.

[1621] Herberger/Martinek/Rüßmann/*Grandel* ua, jurisPK-BGB, BGB § 1360a, Rn. 32; Zum gesamten Problemkreis *Duderstadt* FamRZ 1995, 1305.

[1622] *Duderstadt* FamRZ 1995, 1305 (1308); Zimmermann Rn. 159.

[1623] OLG Dresden FamRZ 2002, 1412; OLG Koblenz FamRZ 2001, 632; FamRZ 1995, 558; OLG Jena OLGReport 1998, 318; OLG Karlsruhe FamRZ 1996, 1100; OLG Düsseldorf FamRZ 1985, 198; für generelle Berücksichtigung *Phillipi* FRP 2002, 479; **aA** OLG München FamRZ 1991, 347.

[1624] OLG Hamm NJW 1999, 798.

[1625] BGH MDR 2005, 929; OVG Berlin-Brandenburg NZFam 2015, 779; OVG Bautzen FamRZ 2014, 1373; LAG Berlin-Brandenburg FamRZ 2010, 143 (wenn die Lage des Kindes derjenigen eines unterhaltsberechtigten Ehegatten vergleichbar ist).

[1626] Ablehnend insoweit Niepmann/Seiler Unterhalt Rn. 441.

[1627] BGH MDR 2005, 929; OVG Berlin-Brandenburg NZFam 2015, 779.

[1628] OLG Hamm FamRZ 2000, 255.

[1629] OVG Münster FuR 1992, 235 (Zweitausbildung).

wenn es beispielsweise darum geht, dem Kind die Ehescheidung zu finanzieren.[1630] Auch kann zu berücksichtigen sein, dass die Eltern nach der wirtschaftlichen Verselbstständigung des Kindes mit einer Inanspruchnahme nicht mehr zu rechnen brauchen und daher ihre anderweitigen Einkommens- und Vermögensdispositionen über die Wahrung des angemessenen Selbstbehalts hinaus zu beachten sind.[1631]

f) „Nichteheliche Kinder"

434 Auch für Kinder nicht miteinander verheirateter Eltern ist ein Prozesskostenvorschussanspruch in entsprechender Anwendung der Rechtslage bei ehelichen Kindern zu bejahen.[1632] Das den Mann auf Feststellung der Vaterschaft in Anspruch nehmende Kind hat gegen den Putativ-Vater keinen Vorschussanspruch.[1633]

g) Eltern/sonstige Verwandte

435 (1) **Eltern haben gegen ihre minderjährigen Kinder keinen Anspruch auf Prozesskostenvorschuss.** Auch gegen ihre **volljährigen Kinder** besteht grundsätzlich kein Vorschussanspruch der Eltern. Hier fehlt es an der gesteigerten Verantwortung.[1634] Gleiches muss dann auch für das Verhältnis Großeltern/Enkel gelten.[1635]

(2) **Sonstige Verwandte** können, soweit nach Bürgerlichem Recht eine Unterhaltsverpflichtung besteht, ebenso für eine Vorschusspflicht in Frage kommen. § 94 SGB XII, der den Anspruchsübergang auf den Sozialhilfeträger ausschließt, soweit der Hilfsbedürftige und der Verpflichtete nicht im ersten Grad verwandt sind, steht dem nicht entgegen. Diese Vorschrift mit ihrem speziellen Regelungsgehalt ist im PKH(VKH)-Recht schon deshalb nicht anwendbar, weil hier ein Anspruchsübergang nicht in Betracht kommt. Abgesehen davon ändert der Ausschluss des Anspruchsübergangs bei entfernteren Verwandten nichts an deren grundsätzlicher Unterhaltsverpflichtung.

3. Sachliche Voraussetzungen des Prozesskosten-, Verfahrenskostenvorschussanspruchs

a) Persönliche Angelegenheiten

436 (1) **§ 1360a Abs. 4 BGB enthält die gesetzliche Wertung** für die Einbeziehung des Prozesskostenvorschusses in die Unterhaltspflicht und gilt damit auch im Rahmen der Prozesskostenvorschusspflicht gem. §§ 1601 ff. BGB unter Verwandten.[1636]

Der Anspruch stellt bei diesen Beteiligten einen speziellen Fall des Sonderbedarfs gemäß § 1613 Abs. 2 BGB dar.[1637]

Die Definition des unscharfen Begriffs „persönliche Angelegenheiten" ist entscheidend für den Grenzverlauf zwischen Prozesskostenvorschuss und Prozesskostenhilfe. Je enger man ihn fasst, desto geringer ist die Belastung der betroffenen Familie und entsprechend größer die Belastung der Allgemeinheit.

[1630] *Duderstadt* FamRZ 1995, 1305 (1309) geht davon aus, dass die Inanspruchnahme insoweit regelmäßig unbillig ist.
[1631] Vgl. Argumentation von OLG Köln FamRZ 1986, 1031.
[1632] OLG Koblenz FamRZ 1996, 44; OLG Düsseldorf MDR 1995, 1038; OLG Hamm DAVorm. 1987, 924; OLG München FamRZ 1987, 303.
[1633] OLG Karlsruhe MDR 2008, 940.
[1634] OLG München FamRZ 1993, 82; Zöller/*Schultzky* ZPO § 115 Rn. 60.
[1635] Zöller/*Schultzky* ZPO § 115 Rn. 60.
[1636] Zöller/*Schultzky* ZPO § 115 Rn. 60; *Duderstadt* FamRZ 1995, 1305 (1307).
[1637] *Zimmermann* Rn. 160.

Schon der Wortlaut des Gesetzes spricht dafür, darunter den Streit um **personenbezogene Angelegenheiten** zu verstehen, also Leben, Gesundheit, Freiheit, Erhaltung von Persönlichkeitsrechten und den Bestand und Umfang familienrechtlicher Verhältnisse.[1638] Der Rechtsstreit muss eine genügend enge Verbindung zur Person des Ehepartners oder Familienmitglieds haben, denn die Prozesskostenvorschusspflicht ist Teil der Unterhaltspflicht und damit Ausdruck der ehe- und familienrechtlichen Solidaritätspflicht.

(2) **Dieser Streit – zB über den Unterhalt – kann auch vermögensrechtliche Auswirkungen haben,** so dass die Abgrenzung danach, ob es sich um vermögensrechtliche Streitigkeiten handelt oder nicht, nicht geeignet ist.[1639] Zu eng ist auch die Auffassung, nur ehe- oder familienrechtliche Streitigkeiten kämen in Betracht, denn eine solche Begrenzung hätte im Gesetzeswortlaut ohne weiteres zum Ausdruck gebracht werden können, und der Sache nach geht die Solidaritätspflicht über diesen engen Bereich hinaus, wenn auch der allgemeinen Teilnahme am Wirtschaftsleben die genügend enge Verbindung zur Person fehlt.

437

(3) **Eine Beschränkung auf lebenswichtige Prozesse**[1640] **ist nicht zu rechtfertigen;**[1641] denn es gehört weder die Sicherung der wirtschaftlichen Existenz generell zur Unterhaltslast noch muss der Streit um die Höhe des Unterhalts notwendig lebenswichtig sein.

438

Im Ergebnis erweist sich eine exakte begriffliche Abgrenzung der persönlichen Angelegenheiten als nicht möglich, daher ist nach Fallgruppen aufzugliedern.[1642]

b) Fallgruppen zur Vorschusspflicht

Arbeitsrecht

439

- Sehr umstritten ist, ob arbeitsrechtliche Streitigkeiten „persönliche Angelegenheiten" sind.[1643] Bei bloßem Streit um finanzielle Ansprüche oder sonstigen nicht primär personenbezogenen Fragen der Ausgestaltung des Arbeitsverhältnisses wird die genügend enge Verbindung zur Person nicht gegeben sein, so dass die Unterstützung der Familie nicht in Anspruch genommen werden kann.[1644]
- **Anderes gilt für Kündigungsschutzprozesse:** Arbeitsrechtliche Bestandsstreitigkeiten, zu den der Kündigungsschutzprozess gehört, sind persönliche Angelegenheiten.[1645]

Ein **Zustimmungsersetzungsverfahren** nach § 103 Abs. 2 BetrVG betrifft eine persönliche Angelegenheit.[1646]

Bürgerliches Recht

440

- **Arzthaftung,** persönliche Angelegenheit ist zu bejahen.[1647]

[1638] BGH WM 2019, 2201.
[1639] BGH NJW 2010, 372; BGHZ 31, 384 (386).
[1640] *Duderstadt* FamRZ 1995, 1305 (1307).
[1641] BGHZ 41, 104 (111).
[1642] BGH WM 2019, 2201.
[1643] **Ablehnend** LAG Hamm EzA § 115 ZPO Nr. 3 mAnm *Schneider;* LAG Düsseldorf LAG-E ZPO § 115 Nr. 18 und 19; LAG Köln LAG-E § 115 ZPO Nr. 12, 15 und 35; LAG Rheinland-Pfalz NZA 1988, 177; LAG Hamburg LAG-E ZPO § 115 Nr. 36; Zöller/*Schultzky* ZPO § 115 Rn. 62; **bejahend** LAG Berlin EzA § 115 ZPO Nr. 2; LAG Rheinland-Pfalz EzA ZPO § 115 Nr. 4; LAG Frankfurt/mEzA ZPO § 114 Nr. 4; LAG Nürnberg JurBüro 1984, 1577.
[1644] LAG Nürnberg BeckRS 2014, 68607; LAG Hamm FamRZ 2010, 828 (Ls., Anspruch auf Zahlung von Arbeitsentgelt ist keine persönliche Angelegenheit.).
[1645] BAG MDR 2006, 1307; LAG Berlin-Brandenburg FamRZ 2010, 143.
[1646] BAG NJW 2008, 1400.
[1647] OLG Schleswig NJW-RR 2009, 727; OLG Köln FamRZ 1994, 1409; OLG Frankfurt FamRZ 1967, 43.

- **Abstammungssachen, § 169 FamFG** sind persönliche Angelegenheiten, das Problem liegt in der Regel bei der Zumutbarkeit. Siehe hierzu → Rn. 449a ff. Auch die Mutter ist bei Leistungsfähigkeit zur Zahlung eines Vorschusses grundsätzlich verpflichtet.[1648] Zum Vorschussanspruch gegen den Putativ-Vater → Rn. 434.
- **Betreuungssachen** sind persönliche Angelegenheiten.[1649]
- **Deliktsrecht:** ja bei Schadensersatzansprüchen wegen materieller oder immaterieller Eingriffe in Leben, Körper, Gesundheit,[1650] Freiheit, Ehre;[1651] denkbar aber auch bei Eingriffen in Sachrechtsgüter, die mit bedeutsamen personalen Beeinträchtigungen verbunden sind. Rechtsverteidigung gegen einen Schadensersatzanspruch wegen angeblich strafbarem Verhalten des Beklagten, auch wenn die geltend gemachten Ansprüche ihre Grundlage in der beruflichen Tätigkeit des Beklagten finden.
- **Ehesachen/Scheidung,** ja, allgemeine Meinung.
- **Ehrenschutz,** ja, (höchst-)persönliche Angelegenheit.
- **Erbrechtsstreit,** nein, da kein Streit um personenbezogene Güter, wenn das Erbrecht auch – zumindest in der Regel – Folge des familienrechtlichen Verhältnisses ist.[1652]
- **Familiensachen § 111 FamFG,** ja.
- **Insolvenzverfahren,** jedenfalls dann, wenn der Schuldner auch Restschuldbefreiung beantragt hat.[1653] Die Stundung nach §§ 4a–4d InsO ist gegenüber dem Anspruch auf Verfahrenskostenvorschuss subsidiär;[1654] → Rn. 69.
- **Kindschaftssachen** sind persönliche Angelegenheiten.
- **Mithaftung aus früherer Ehe:** ja.[1655]
- **Ein Räumungsprozess** ist persönliche Angelegenheit.[1656]
- **Schmerzensgeldklagen:** ja.[1657]
- **Unterhaltsansprüche:** ja, persönliche Angelegenheit.[1658] Ein Rechtsstreit hinsichtlich der früheren Ehe (Herabsetzung von tituliertem Unterhaltsanspruch) ist persönliche Angelegenheit in der bestehenden Ehe.[1659]
- **Vermögensrechtliche Streitigkeiten** und sonstige **Zahlungsklagen** sind in der Regel keine persönlichen Angelegenheiten. Anders allerdings, wenn die Ansprüche aus der Ehe herrühren und die wirtschaftliche Existenz der Ehegatten betreffen.[1660]
- **Zugewinnanträge** sowie die Verteidigung dagegen: ja.[1661] Beim Streit zwischen noch verheirateten Ehegatten ist gem. §§ 49, 111 Nr. 9 FamFG eine einstweilige Vorschuss-

---

[1648] OLG Köln 1999, 792.
[1649] Palandt/*von Pückler* BGB § 1360a Rn. 14; *Zimmermann* Rn. 165.
[1650] OLG Frankfurt NJW-RR 2010, 1689; *Zimmermann* Rn. 165; Zöller/*Schultzky* ZPO § 115 Rn. 62.
[1651] Palandt/*von Pückler* BGB § 1360a Rn. 14.
[1652] OLG Köln FamRZ 1961, 122; FamRZ 1979, 178 (vorzeitiger Erbausgleich).
[1653] LG Duisburg FamRZ 2013, 1058; Zöller/*Schultzky* ZPO § 115 Rn. 62.
[1654] Der Schuldner muss versuchen, den Anspruch uU durch einstweilige Anordnung durchzusetzen, sonst gibt es keine Stundung der Verfahrenskosten; BGH WM 2007, 746.
[1655] Vgl. BGH NJW 2010, 372.
[1656] LG Bremen FamRZ 1992, 984; AG Gießen WuM 1993, 461.
[1657] OLG Frankfurt/M. NJW-RR 2010, 1689 (Schmerzensgeld und Haushaltsführungsschaden); OLG Köln FamRZ 1994, 1409; LG Koblenz FamRZ 2000, 761; 1996, 44; LG Hagen NJW 1959, 48; Zöller/*Schnetzky* ZPO § 115 Rn. 68; *Groß* ZPO § 115 Rn. 91.
[1658] BGH NJW 2005, 1722; OLG Köln FamRZ 1999, 853; OLG Oldenburg FamRZ 1999, 1148; OLG Hamm FamRZ 1989, 277 (auch: Steuererstattung aus dem Realsplitting); *Groß* ZPO § 115 Rn. 91; Zöller/*Schultzky* ZPO § 115 Rn. 62.
[1659] OLG Celle FamRZ 2008, 2199.
[1660] BGH FamRZ 2003, 1651; → Rn. 436; *Zimmermann* (Rn. 164) will danach differenzieren, ob es angemessener erscheint, dass die Allgemeinheit den Prozess finanziert oder Familienangehörige.
[1661] OLG Frankfurt FamRZ 1981, 164; OLG Hamm FamRZ 1981, 275; OLG Koblenz FamRZ 1986, 466.

anordnung möglich.
Sachlich dazu gehört auch das Auskunftsverlangen zur Vorbereitung der Auseinandersetzung mit dem Ehegatten.[1662]

Sozialrecht 441
Persönliche Angelegenheit zu bejahen zB für
- Invalidenrente,[1663]
- Arbeitslosenhilfe[1664] (= ALG II) sowie allgemein für
- Sozialhilfegewährung,[1665]
- Rentenverfahren.[1666]

Strafrecht 442
Hier ist § 1360a Abs. 4 S. 2 BGB einschlägig: Vorschusspflicht für Kosten für Verteidigung in Strafsachen, die gegen den Ehegatten/Lebenspartner (bzw. das Familienmitglied bei § 1610 BGB) gerichtet sind. Gleiches wird für die Verteidigung im Ordnungswidrigkeitenbereich zu gelten haben, da es sich um ein in der Sache vergleichbares Schutzbedürfnis handelt. Die Vorschusspflicht besteht nicht bei **strafrechtlicher Nebenklage;** sie ist mangels streitigen Rechtsverhältnisses kein Rechtsstreit iSd § 1360a Abs. 4 BGB.[1667]

Verwaltungsrecht 443
Nach § 166 VwGO gelten die §§ 114 ff. ZPO entsprechend. Der Natur der Sache nach müssen viele verwaltungsrechtliche Streitigkeiten als „persönliche Angelegenheiten" angesehen werden, so insbesondere:
- **Ausbildungsförderung,**[1668]
- **ausländerrechtliches Klageverfahren,**[1669]
- **Ausweisung** (= Entziehung der Aufenthaltsgenehmigung),[1670]
- **Baugenehmigungsverfahren** zur Errichtung eines Familienheims,
- Anfechtung eines **Examensergebnisses,**[1671]
- **Führerscheinentzug,**[1672]
- **Nachbarklage** auf Immissionsabwehr, wenn der vorschusspflichtige Ehegatte das beeinträchtigte Grundstück mitbewohnt,[1673]
- **Hochschulzulassung,**[1674]
- **Wehrdienstfähigkeit.**[1675]

c) Bedürftigkeit des Berechtigten

Der Anspruch auf Prozesskostenvorschuss hängt davon ab, dass der Berechtigte 444
außerstande ist, die Kosten des Rechtsstreits selbst zu tragen. Der Berechtigte muss

---

[1662] BGHZ 31, 384.
[1663] BSG NJW 1960, 502.
[1664] BSG MDR 1979, 612.
[1665] LSG Mainz FamRZ 2011, 1969; OVG NRW JurBüro 1992, 185; LSG Celle FamRZ 1984, 794; **aA** VerwG Sigmaringen zur Rückforderung gewährter Sozialhilfe in FamRZ 2004, 1653.
[1666] LSG Thüringen JurBüro 1999, 199; *Groß* ZPO § 115 Rn. 91.
[1667] OLG Frankfurt/M. NStZ 1994, 298; **aA** BGH NStZ 1993, 351.
[1668] OVG Münster FamRZ 1984, 603.
[1669] OVG Berlin-Brandenburg NZFam 2015, 779; OVG Lüneburg NJW 2002, 2489.
[1670] Palandt/*von Pückler* BGB § 1360a Rn. 14.
[1671] OVG Münster FamRZ 2000, 21.
[1672] Palandt/*von Pückler* BGB § 1360a Rn. 14.
[1673] OVG Lüneburg FamRZ 1973, 145.
[1674] OVG Berlin-Brandenburg NJW 2011, 3385.
[1675] BVerwG JurBüro 1988, 1537.

also bedürftig sein, da es sich beim Prozesskostenvorschussanspruch um einen Teil des Unterhaltsanspruchs handelt.

Die Maßstäbe von §§ 114 ff. ZPO zur Bedürftigkeit gelten insoweit nicht.[1676]
Der Berechtigte kann sich auf die Wahrung seines angemessenen Unterhalts berufen; „außerstande" die Kosten des Rechtsstreits zu tragen, ist er also nicht erst dann, wenn auch sein notwendiger Bedarf nicht mehr gedeckt ist.

Das gilt aber nur, wenn auch der angemessene Bedarf des Verpflichteten durch die Zahlung nicht beeinträchtigt wird. Wie immer beim Sonderbedarf muss ein angemessenes Belastungsverhältnis gewahrt bleiben, so dass es möglich ist, dass der Berechtigte einen teilweisen Prozesskostenvorschuss verlangen kann und den Rest aus seinen eigenen Einkünften bestreiten muss.[1677]

Auf die Verwertung des Vermögensstamms kann der Berechtigte vom Verpflichteten nicht verwiesen werden, wenn der Verpflichtete den Vorschuss ohne weiteres aus dem laufenden Einkommen aufbringen kann. Wenn das Vermögen des Berechtigten kein Schutzvermögen ist, kann PKH/VKH bei dieser Sachlage aber schon mit alternativer Begründung versagt werden (entweder Prozesskostenvorschussanspruch oder Einsatz des eigenen Vermögens). Naturgemäß vermischen sich bei der Prüfung in diesem Rahmen Leistungsfähigkeit des Verpflichteten, Bedürftigkeit des Berechtigten und Billigkeitserwägungen.[1678]

d) Leistungsfähigkeit des Verpflichteten

445 **(1) Der Verpflichtete kann sich auf die Wahrung des angemessenen Selbstbehalts berufen;** dh die Leistungsfähigkeit des in Anspruch genommenen Ehegatten/Angehörigen entfällt mit der Gefährdung des eigenen angemessenen Unterhalts,[1679] der deutlich über dem notwendigen Unterhalt liegt (z. Z. bei ca. 1.280,– bis 2.000 EUR je nach Verwandtschaftsverhältnis).[1680] beim minderjährigen Kind kommt es hingegen auf den notwendigen Selbstbehalt an (zZ 1.160; für nicht Erwerbstätige 960,– EUR).[1681]

Zum Einsatz des Vermögensstamms ist der Verpflichtete nur nach Unterhaltsrecht, nicht nach Prozesskostenhilferecht verpflichtet; hier entspricht es aber der Billigkeit, Schonvermögen iSd §§ 115 Abs. 3 ZPO, 90 Abs. 2 SGB XII zu belassen.

Teilweise wird die Ansicht vertreten, der Verpflichtete sei immer schon dann nicht leistungsfähig, wenn er selbst Anspruch auf PKH – auch mit Ratenzahlungsanordnung – hätte.[1682] Noch weiter geht die Auffassung, es widerspreche dem Wesen des

---

[1676] Palandt/*von Pückler* BGB § 1360a Rn. 11.
[1677] OLG Celle NdsRpfl 1985, 283.
[1678] *Groß* ZPO § 115 Rn. 92 ff.
[1679] OLG München NJW-RR 2006, 292; OLG Brandenburg FamRZ 2002, 1414.
[1680] OLG Dresden, BeckRS 2013, 03047; vgl. Palandt/*von Pückler* BGB § 1603 Rn. 13 ff. Bei Ehegatten ist der angemessene Selbstbehalt maßgeblich, OVG Bautzen NJW-RR 2009, 1436. Bei durchschnittlichen Einkünften des Pflichtigen besteht beim Trennungsunterhalt idR keine Leistungsfähigkeit für ein Vorschuss, da die gemeinsamen Einkünfte der Eheleute über den Unterhalt hälftig verteilt werden; OLG München NJW-RR 2006, 292. Zur Höhe des angemessenen Selbstbehalts im Einzelnen vgl. Niepmann/Seiler Unterhalt Rn. 39 ff. Vgl. auch OLG München FamRZ 1997, 1088, das einem Unterhaltspflichtigen trotz erheblich höheren Einkommens keinen PKV zumutet. LAG Rheinland-Pfalz BeckRS 2012, 72588: kein Anspruch auf PKV, sofern der in Anspruch genommene Ehegatte nur über Leistungen nach dem SBG II verfügt.
[1681] *Zimmermann* Rn. 163 Fn. 215.
[1682] BFH/NV 2012, 765; OLG Brandenburg NJW-RR 2020, 1016; OVG Saarlouis NJW 2011, 1019; OLG Celle FamRZ 2010, 53; OLG Naumburg JurBüro 2003, 649 (650); uneingeschränkt *Philippi* FPR 2002, 479 (480); Zöller/*Schultzky* ZPO § 115 Rn. 63. Anders OLG Dresden FamRZ 2002, 1412: Zwar Prozesskostenvorschuss in Raten, aber nur im Belastungsumfang des ZPO § 115. Zur Problematik VKV und Halbteilungsgrundsatz: *Christl* NZFam 2016, 913.

Prozesskostenvorschussanspruchs, in Raten erfüllt zu werden; weder Rechtsanwalt noch Gericht ließen sich auf ratenweise Zahlung verweisen.[1683]

(2) **Beide Meinungen sind abzulehnen.**[1684] Eine über den angemessenen Selbstbehalt hinausgehende Beschränkung der Prozesskostenvorschusspflicht verkennt, dass die tabellarische Begrenzung nur für die eigenen Prozesskosten gilt; für das Unterhaltsrecht, zu dem der Prozesskostenvorschussanspruch als Sonderbedarf gehört, kann sie keine Geltung beanspruchen.

446

Die zu § 115 ZPO geltende Tabelle legt keine Höchstgrenze des Einkommens fest. Für hohe Einkommen wird PKH wegen § 115 Abs. 4 ZPO nur noch bei erheblichen Streitwerten in Betracht kommen; übersteigt das einzusetzende Einkommen 600,– EUR, so werden Raten in Höhe von 300,– EUR zuzüglich des 600,– EUR übersteigenden Teils des einzusetzenden Einkommens fällig. Der angemessene Selbstbehalt des Verpflichteten stellt dagegen höhere Beträge frei.[1685] An der Tabelle zu § 115 ZPO kann man sich in dieser Hinsicht also nicht mehr orientieren; selbst bei geringem einzusetzendem Einkommen (20,– EUR monatlich) sind kleine Raten zu zahlen. Wenn Ratenzahlungspflicht aber bei kleinem und sehr hohem Einkommen in Betracht kommen kann, dann kann die Frage nach der eigenen PKH-Berechtigung des Verpflichteten praktisch in keinem Fall Aufschluss über die Leistungsfähigkeit hinsichtlich des Prozesskostenvorschusses geben.[1686]

Aus dem Gesetz ergibt sich auch nichts dafür, dass ein Vorschussanspruch nicht besteht, wenn der Vorschusspflichtige nur ratenweise leisten kann.[1687] Richtig ist, dass der Anwalt sich nicht mit Raten zufrieden geben muss, wenn er es auch in der Regel tut, so dass der Zweck der Unterhaltsleistung dann erreicht ist. In den anderen Fällen kann Prozesskostenhilfe mit Ratenzahlung in der Höhe, die dem Prozesskostenvorschuss entspricht, angeordnet werden.[1688] Die Partei hat dann das weiterzuleiten, was sie als Vorschuss empfangen hat. Zweckmäßigerweise sind Leistung des Verpflichteten und Zahlung durch die Partei zeitlich aufeinander abzustimmen. Auch kann es sich empfehlen, den Anspruch auf Zahlung des Vorschusses an die Gerichtskasse abtreten zu lassen.[1689]

Unter Umständen ist der Partei vor der ersten Rate auch Gelegenheit zur Durchsetzung ihres Anspruchs zu geben.[1690]

Allerdings muss eine Prozesspartei, die selbst PKH-Raten bezahlt, nicht auch noch dem Prozessgegner den Prozesskostenvorschuss in Raten erbringen.[1691]

447

Der Umfang der ratenweisen Bevorschussung richtet sich ohnehin nach Billigkeit. Die ratenweise Vorschussleistung kann dabei aber nicht auf den Zeitpunkt des Instanzabschlusses begrenzt werden;[1692] das Argument, danach sei es keine Vorschussleistung

---

[1683] OLG Köln OLGReport 1999, 136; OLG Düsseldorf FamRZ 1995, 680; OLG München FamRZ 1993, 714 (715); OLG Hamm FamRZ 1986, 1013; OLG Karlsruhe FamRZ 1984, 919.
[1684] Für ratenweise Erfüllung des Prozesskostenvorschussanspruches BGH FamRZ 2004, 1633; OLG Koblenz FamRZ 2014, 846; OLG Celle FamRZ 2014, 783; OLG Schleswig OLGReport 2009, 51; OLG Celle NJW-RR 2006, 1304; OLG Naumburg FamRZ 2005, 2001; OLG Brandenburg OLGReport 2003, 405; OLG Köln FamRZ 2003, 102; OLG Dresden OLGReport 2002, 515; vgl. dazu OVG Lüneburg NJW 2002, 2489; *Zimmermann* Rn. 163.
[1685] Niepmann/Seiler Unterhalt Rn. 39 ff.
[1686] OLG Köln Rpfleger 1999, 82; im Ergebnis auch *Zimmermann* Rn. 162.
[1687] OVG Lüneburg NJW 2002, 2489; OLG Köln Rpfleger 1999, 82; OLG Frankfurt/M. FamRZ 1985, 826, das die Vorschusspflicht insoweit bejaht. Wie hier auch OLG Nürnberg FamRZ 2001, 233; OLG München OLGReport 1999, 321; Palandt/*von Pückler* BGB § 1360a Rn. 12.
[1688] BGH FamRZ 2004, 1633; OLG Dresden MDR 2013, 529; OLG Saarbrücken NJW-RR 2010, 870; OLG Brandenburg OLGReport 2003, 405; OLG Köln FamRZ 2003, 102; OLGReport 2002, 77.
[1689] So der Vorschlag von *Groß* ZPO § 115 Rn. 97.
[1690] OLG Bremen FamRZ 1984, 919; *Groß* ZPO § 115 Rn. 97.
[1691] OLG Celle FamRZ 2010, 53.
[1692] So aber OLG Frankfurt FamRZ 1985, 826.

mehr, überzeugt nicht, denn es handelt sich nur um eine gestreckte Zahlung, die insgesamt der (rechtzeitig verlangten) Ermöglichung der Prozessführung dient.

448 (3) Der Prozesskostenvorschussanspruch setzt nicht voraus, dass außerdem laufender Barunterhalt geschuldet wird, er kann also **auch gegen den betreuenden Elternteil** bestehen.[1693]

449 (4) **Die Prüfung der Leistungsfähigkeit des Verpflichteten setzt diesbezügliche nachprüfbare Angaben voraus.** Der Antragsteller ist deshalb, soweit ihm Unterhaltsleistungen zustehen, verpflichtet, entweder im Vordruck oder – falls es sich um einen Anspruch gegen die Eltern handelt – in einem Zweitstück des Vordrucks Angaben über die persönlichen und wirtschaftlichen Verhältnisse des/der Verpflichteten vorzulegen.[1694] Im letzteren Fall muss das Zweitstück von den Eltern ausgefüllt und unterzeichnet werden.

e) Billigkeitsprüfung

449a (1) **Die Belastung des Verpflichteten darf nicht unzumutbar sein** – auch abgesehen von der Wahrung des angemessenen Selbstbehalts, denn der Prozesskostenvorschuss wird nur **nach Billigkeit** geschuldet.

Daraus ergibt sich weiterhin, dass die beabsichtigte Prozessführung nicht mutwillig oder offensichtlich aussichtslos sein darf. Die dahingehenden Prüfungen im Rahmen des Prozesskostenvorschusses sowie der Prozesskostenhilfe werden sich iaR decken; deshalb besteht kein Anspruch auf Prozesskostenvorschuss, wenn PKH wegen Aussichtslosigkeit der Rechtsverfolgung nicht in Betracht kommt.[1695] Umgekehrt ist in den Fällen, in denen ein Prozesskostenvorschuss wegen Aussichtslosigkeit ausscheidet, auch PKH zu versagen. Es macht wenig Sinn, hier – einmal im Hinblick auf die Unterhaltsgewährung, zum andern hinsichtlich der Voraussetzungen für die Gewährung von Prozesskostenhilfe – unterschiedliche Bewertungsmaßstäbe anzulegen.[1696]

Zu beachten ist, dass im **Scheidungsverfahren** die Erfolgsaussicht der Rechtsverteidigung auch dann zu bejahen ist, wenn sich der Gegner der Scheidung nicht widersetzt. → Rn. 495.

Die Unzumutbarkeit kann sich auch aus dem Gegenstand des Rechtsstreits ergeben. Dazu reicht es allerdings nicht aus, dass sich der Rechtsstreit gegen den Vorschusspflichtigen richtet, denn das ist die normale Situation beim Unterhaltsverfahren, für den der Gesetzgeber ausdrücklich die Regelung der Vorschusspflicht durch einstweilige Anordnung §§ 119, 49 FamFG vorsieht.[1697]

450 (2) Unzumutbar kann es sein,
- **für ein Kind,** eine einstweilige Verfügung gegen seine Eltern zu erwirken,[1698]
- **für den 2. Ehemann,** die Prozesse aus der ersten Ehe seiner Frau zu finanzieren,[1699] aber → Rn. 440,
- **für den getrennt lebenden Ehegatten,** einen Prozess zu finanzieren, den der andere Ehegatte selbst verschuldet hat,[1700]

[1693] OLG Frankfurt Beschl. v. 20.1.2015, 3 WF 11/15, hefam.de; Beschl. v. 15.3.2013, 6 WF 26/13, hefam.de; OLG Dresden FamRZ 2002, 1412; OLG Koblenz FamRZ 2001, 632.
[1694] OLG Braunschweig OLGReport 1999, 307.
[1695] So ausdrücklich BGH NJW 2001, 1646; *Groß* ZPO § 115 Rn. 104; *Zimmermann* Rn. 166.
[1696] BGH BGHReport 2001, 419.
[1697] So auch *Zimmermann* Rn. 166.
[1698] LG Düsseldorf DAVorm 1974, 269.
[1699] OLG Düsseldorf FamRZ 1984, 388; OLG Frankfurt/M. FamRZ 1983, 588; OLG Hamm FamRZ 1981, 275.
[1700] OLG Bamberg JurBüro 1982, 293; vgl. aber auch OLG München FamRZ 1997, 1088, das dem Antragsgegner bei einem verbleibenden Einkommen von rd. 2800,- DM wegen Unzumutbarkeit keinen Prozesskostenvorschuss auferlegt.

- oder die aus der Trennung entstandenen wirtschaftlichen Schwierigkeiten ohne weiteres mitzutragen,[1701]
- wenn Trennungsunterhalt nach Quoten bemessen wird und der Verfahrenskostenvorschuss gegen den Halbteilungsgrundsatz verstoßen würde.[1702]
- **für die Eltern,** Prozesskostenvorschuss für ein volljähriges Kind zu leisten, wenn sie mit der Inanspruchnahme nicht mehr rechnen mussten und anderweitig disponiert haben, dazu auch → Rn. 433.
- **für das Kind,** die Scheidung der Eltern zu finanzieren,[1703]
- **für den Unterhaltspflichtigen,** einen Prozesskostenvorschuss zu leisten, soweit gemäß § 94 SGB XII übergegangene Ansprüche geltend gemacht werden. Dazu → Rn. 455.

(3) **Bei der Vaterschaftsanfechtung** ist es dem rechtlichen Vater nicht zumutbar, einen Verfahrenskostenvorschuss an einen Beteiligten zu leisten, der die Vaterschaft, aufgrund derer die Kostenvorschusspflicht überhaupt nur in Betracht kommt, beseitigen will.[1704] Anders ist es hingegen, wenn der rechtliche Vater selbst das Anfechtungsverfahren als Antragsteller betreibt. Seine Inanspruchnahme auf Zahlung eines Verfahrenskostenvorschusses durch einen anderen am Anfechtungsverfahren Beteiligten ist dann nicht unzumutbar.[1705] Zum Vorschuss gegen den Putativ-Vater im Vaterschaftsfeststellungsverfahren → Rn. 434. 451

(4) **Auch die beiderseitige Vermögenslage** ist in die Billigkeitsprüfung mit einzubeziehen. Eine Vorschusspflicht kann in Betracht kommen, wenn die Verwertung von Vermögen des wirtschaftlich ungünstiger gestellten (getrennt lebenden) Ehegatten im Hinblick auf die günstigen wirtschaftlichen Verhältnisse des auf den Vorschuss in Anspruch genommenen Ehegatten unbillig erscheint.[1706] 452

4. Zeitpunkt der Geltendmachung

Nach Prozessbeendigung kann ein Prozesskostenvorschuss grundsätzlich nicht mehr verlangt werden, denn er dient der Ermöglichung der Prozessführung.[1707] Ist er aber rechtzeitig verlangt und tituliert worden, kann aus dem Titel (auch einstweilige Anordnung) nach Prozessende noch vollstreckt werden.[1708] Ebenso muss genügen, dass der Verpflichtete rechtzeitig in Verzug gesetzt worden ist.[1709] Bei anderer Ansicht führt die bloße Erfüllungsverweigerung zum Anspruchsverlust. Der Antragsteller, dem die Verfahrenskostenhilfe im Hinblick auf einen Vorschussanspruch gegen den Ehegatten verweigert worden ist, darf nicht den Prozess ruhen lassen, bis die Ehe geschieden ist, um dann erneut Verfahrenskostenhilfe zu beantragen.[1710] Wurde ein zuvor bestehender Verfahrenskostenvorschuss nicht geltend gemacht, solange die vorschusspflichtige Person noch leistungsfähig war, ist Verfahrenskostenhilfe wegen Mutwilligkeit der beabsichtigten Rechtsverfolgung zu versagen.[1711] 453

[1701] OLG Schleswig FamRZ 1977, 814.
[1702] OLG Düsseldorf NZFam 2019, 271 mAnm *Schuldei; Christl* NZFam 2016, 913.
[1703] Sofern man überhaupt von einer Verpflichtung von Kindern ggü. ihren Eltern ausgeht → Rn. 435 Stein/Jonas/*Bork* ZPO § 115 Rn. 151 (Anspruch kommt nur in Ausnahmefällen in Betracht).
[1704] OLG Frankfurt BeckRS 2015, 19865.
[1705] Heilmann/*Grün* FamFG § 169 Rn. 24.
[1706] OLG Frankfurt/M. FamRZ 1986, 485.
[1707] BGH NJW 1985, 2263; OLG Stuttgart FamRZ 2012, 318; OLG Brandenburg FamRZ 2011, 54; OLG Rostock OLGReport 2001, 560; OLG Zweibrücken OLGReport 2000, 192; 1999, 378.
[1708] BGHZ 94, 316 (319); OLG Bamberg FamRZ 1986, 484; OLG Hamm FamRZ 1977, 466.
[1709] KG FamRZ 1987, 956; OLG Bamberg FamRZ 1986, 484; *Groß* ZPO § 115 Rn. 99.
[1710] Zöller/*Schultzky* ZPO § 115 Rn. 67.
[1711] OLG Hamm FamRZ 2014, 2016.

5. Prozesskostenvorschussansprüche ausländischer Parteien

454 Das Bestehen eines Prozesskostenvorschusses richtet sich ausschließlich nach materiellem Recht. In Fällen mit Auslandsberührung stellt sich die Frage nach der Anwendbarkeit deutschen Rechts. Der Prozesskostenvorschuss gehört zum Unterhaltsrecht; damit gilt das Unterhaltsstatut. Seit dem 18.6.2011 gilt in Deutschland die Verordnung (EG) Nr. 4/2009 über die Zuständigkeit, das anwendbare Recht, die Anerkennung und die Vollstreckung von Entscheidungen und die Zusammenarbeit in Unterhaltssachen sowie das Haager Unterhaltsprotokoll vom 23.11.2007. Artikel 18 EGBGB wurde mit Wirkung vom 18.6.2011 aufgehoben. Das anzuwendende materielle Recht bestimmt sich seitdem über Artikel 15 der Verordnung (EG) Nr. 4/2009 nach dem Haager Protokoll vom 23.11.2007 über das auf Unterhaltspflichten anzuwendende Recht (HUP).[1712]

Nach Artikel 3 ist grundsätzlich das Recht des Aufenthalts des Unterhaltsberechtigten maßgeblich. Die lex fori gilt – im Rahmen des Kindes- oder Elternunterhalts- in dem Fall, in dem nach dem Aufenthaltsstatut kein Unterhaltsanspruch gegeben wäre (Art. 4 Abs. 2 HUP) oder wenn ein Unterhaltsberechtigter iSd Art 4 HUP im Aufenthaltsstaat des Unterhaltspflichtigen Klage erhebt (Art. 4 Abs. 3 HUP).[1713]

Ein im Ausland lebender Unterhaltsberechtigter hätte gegen einen im Inland wohnenden Unterhaltsverpflichteten einen Prozesskostenvorschuss auch dann, wenn nach seinem Aufenthaltsstatut ein solcher nicht gegeben wäre.[1714]

6. Prozesskostenvorschuss gegen den Sozialhilfeträger für die Geltendmachung rückständigen Unterhalts (§§ 94 Abs. 4 SGB XII, 7 Abs. 4 UVG)

455 (1) Bezieht der Unterhaltsberechtigte Sozialleistungen, insbesondere Leistungen nach dem SGB XII oder Leistungen nach dem UVG so sind §§ 94 SGB XII, 7 UVG zu beachten: Der Unterhaltsanspruch des Sozialhilfeempfängers geht bis zur Höhe der geleisteten Unterhaltszahlungen kraft Gesetzes auf den Sozialhilfeträger über (§§ 94 Abs. 1 SGB XII, 7 Abs. 1 UVG). Dieser kann nach § 94 Abs. 4 S. 2 SGB XII (§ 7 Abs. 4 S. 1 UVG) auch künftigen Unterhalt in der bisher gewährten Höhe fordern, wenn Sozialhilfe (Leistungen nach dem UVG) voraussichtlich für längere Zeit gewährt werden muss.

Gemäß § 94 Abs. 5 S. 1 SGB XII können übergegangene Ansprüche auf den Hilfeempfänger zur gerichtlichen Geltendmachung rückübertragen werden.[1715] Entsprechendes gilt nach § 7 Abs. 4 S. 2, 3 UVG bei Bezug von Leistungen nach dem UVG.

(2) Für die Frage, ob Verfahrenskostenhilfe bewilligen ist, gilt folgendes:

Der Verfahrenskostenhilfe begehrende Unterhaltsberechtigte, der auf ihn zurückübertragenen, rückständigen Unterhalt geltend macht, hat gegen den Sozialhilfeträger einen Anspruch auf Verfahrenskostenvorschuss, der die Bedürftigkeit regelmäßig ausschließt.[1716] Das gilt allerdings nicht, wenn sich die Geltendmachung der rückübertragenen Ansprüche neben den sonstigen Unterhaltsansprüchen des Antragstellers kosten-

---

[1712] Abgedr. Palandt/*Thorn* S. 2720 ff.
[1713] Vgl. zum Ganzen: Niepmann/Seiler Unterhalt Rn. 302 ff.
[1714] Entweder nach Art. 4 Abs. 3 S. 1 oder nach Art. 4 Abs. 3 S. 2 HUP, vgl. auch OVG Berlin-Brandenburg NVwZ-RR 2013, 207.
[1715] Zum gesamten Problemkreis instruktiv *Grube* FPR 2009, 444; *Menne* ZKJ 2007, 402; *Münter* NJW 2001, 2210, 2210 und *Zimmermann* Rn. 212–218.
[1716] BGH FamRZ 2008, 1159 (kein bloßer Freistellungsanspruch, Rn. 16, 17); OLG Düsseldorf OLGReport 2009, 412.

rechtlich nicht auswirkt (kein Gebührensprung) oder wenn sich der Verfahrenskostenvorschuss nicht alsbald realisieren ließe und der Unterhaltsberechtigte deshalb Rechtsnachteile hinnehmen müsste.[1717]

Künftigen Unterhalt kann der Hilfeempfänger geltend machen, da er noch nicht auf den Sozialhilfeträger übergegangen ist. Er ist aktivlegitimiert. Der Hilfeempfänger macht demnach ein eigenes Recht geltend und hat ein begründetes und anerkennenswertes Interesse daran, den Unterhalt vom Pflichtigen und nicht vom Sozialamt zu erhalten.[1718] Sofern Bedürftigkeit und Erfolgsaussicht zu bejahen sind, muss Verfahrenskostenhilfe gewährt werden.

Wurde der übergegangene Anspruch nicht auf den Hilfeempfänger (Unterhaltsbedürftigen) zurückübertragen, fehlt ihm für die Geltendmachung rückständigen Unterhalts die Aktivlegitimation und die Erfolgsaussicht für den beabsichtigten Antrag ist nicht gegeben.[1719] Macht der Sozialhilfeträger selbst die auf ihn übergegangenen Unterhaltsforderungen gegen den Unterhaltsverpflichteten geltend und beantragt hierfür VKH, so ist diese mangels Bedürftigkeit zurückzuweisen, da nicht auf die Bedürftigkeit des Hilfeempfängers abzustellen ist.[1720]

IX. Teilweise Hilfsbedürftigkeit

Aus dem Wortlaut der §§ 114, 115 Abs. 2 ZPO ergibt sich, dass auch dann, **wenn die Partei die Kosten teilweise aufbringen kann,** wegen des nicht abgedeckten Teils Prozesskostenhilfe bewilligt werden kann. Solche Fälle sind insbesondere dann denkbar, wenn das Vermögen des Antragstellers einen Teil der Kosten deckt, aber nicht ausreicht. Die Bewilligung erfasst dann die gesamten Kosten der Instanz unter Anordnung des Vermögenseinsatzes, und zwar unabhängig von Ratenzahlung oder Ratenfreiheit.[1721]

456

X. Veränderung der Verhältnisse

Wenn sich zwischen Antragstellung und Entscheidung die persönlichen Verhältnisse der Partei verändern und dies dem Gericht bekannt wird, ist die Veränderung bei der Entscheidung zu berücksichtigen, denn maßgeblich sind die persönlichen und wirtschaftlichen Verhältnisse im Zeitpunkt der Beschlussfassung.[1722] **Künftig eintretende, schon absehbare Veränderungen** (Wegfall besonderer Belastungen) können im Rahmen des § 120 Abs. 1 ZPO durch Festsetzung unterschiedlich hoher Raten und Anordnung künftiger Zahlungen aus dem Vermögen berücksichtigt werden → Rn. 364.

457

Beide Arten der Veränderung können auch mit der sofortigen Beschwerde (§ 127 ZPO) geltend gemacht werden, wenn sie in erster Instanz nicht oder unzureichend berücksichtigt wurden.[1723] → Rn. 1086.

[1717] BGH FamRZ 2008, 1159; OLG Köln FamRZ 2009, 135.
[1718] BGH FamRZ 2008, 1159.
[1719] OLG Koblenz FamRZ 2004, 1118.
[1720] Zimmermann Rn. 213.
[1721] Zöller/*Schultzky* ZPO § 115 Rn. 98.
[1722] Zöller/*Schultzky* ZPO § 114 Rn. 18.
[1723] *Zimmermann* Rn. 397, der allerdings uU nur eine Vorlagepflicht des Rechtspflegers für gegeben hält.

§ 7 Erfolgsaussicht

I. Hinreichende Erfolgsaussicht der beabsichtigten Rechtsverfolgung oder Rechtsverteidigung

1. Keine verfassungsrechtlichen Bedenken

458 Das Merkmal der hinreichenden Erfolgsaussicht ist verfassungsrechtlich (und europarechtlich[1724]) **unbedenklich**, obwohl dadurch die Gleichstellung von zahlungsfähigen und unbemittelten Rechtsuchenden eingeschränkt wird. Das Ziel von Prozesskostenhilfe und Verfahrenskostenhilfe, auch dem Unbemittelten den Zugang zu den Gerichten zu eröffnen, gebietet lediglich, ihn *dem* Zahlungsfähigen gleichzustellen, der seine Prozessaussichten vernünftig abschätzt und dabei auch das Kostenrisiko berücksichtigt.[1725]

2. Begriff

459 Hinreichende[1726] Erfolgsaussicht bedeutet eine gewisse Wahrscheinlichkeit eines Erfolges bei summarischer und rechtlicher Prüfung; aber **keine Erfolgsgewissheit**.[1727] Auch für die Beweisbarkeit der behaupteten Tatsachen muss eine hinreichende Erfolgsaussicht bestehen.[1728]

3. Keine Überspannung der Anforderungen an die Erfolgsprüfung

460 **An die Prüfung der Erfolgsaussicht dürfen keine überspannten Forderungen gestellt werden.**[1729] Die Rechtsverfolgung oder -verteidigung ist dann hinreichend Erfolg versprechend, wenn das Gericht nach vorläufiger summarischer Prüfung den Rechtsstandpunkt des Antragstellers zumindest für **vertretbar**[1730] und unter Berücksichtigung auch des **gegnerischen Vorbringens** den Prozesserfolg für **wahrscheinlich** hält, wobei eine **überwiegende Wahrscheinlichkeit nicht erforderlich** ist.[1731]

[1724] EGMR NJW 2010, 3207.
[1725] BVerfG BeckRS 2018, 15678; 2018, 33446; 2016, 41340; FamRZ 2009, 1654; NJW 1997, 2102; 1991, 413; FamRZ 1993, 664; BVerfGE 7, 53; 9, 124 mwN und 256; 22, 83; 81, 347 (357). Das bedeutet auch, dass der Ast. sein Verfahren zurückstellen muss, wenn ein sog „unechtes Musterverfahren" in der Revisionsinstanz anhängig ist. Auch ein vermögender Bürger würde so verfahren und versuchen, vom Ausgang des anderen Rechtsstreits zu profitieren, BVerfG FamRZ 2010, 188. Es wird die Auffassung vertreten, dass in Einzelfällen die Frage nach der Erfolgsaussicht hinter die Schwere des staatlichen Eingriffs zurücktritt; vgl. dazu *Hoffmann* FamRZ 2010, 1394. Zu den verfassungsrechtl. Rahmenbedingungen *Zuck* NJW 2012, 37.
[1726] BVerfG BeckRS 2018, 33446; 2016, 41340; KG ZKJ 2015, 280; OLG Naumburg OLGReport 2003, 48 (Ls); Musielak/Voit/*Fischer* ZPO § 114 Rn. 19.
[1727] Musielak/Voit/*Fischer* ZPO § 114 Rn. 19.
[1728] Stein/Jonas/*Bork* ZPO § 114 Rn. 22.
[1729] BVerfG BeckRS 2016, 41340; 2015, 46293; FamRZ 2014, 1977; NJW 2013, 1727; NJW-RR 2005, 500.
[1730] OLG Brandenburg FamRZ 2006, 1775; OLG Naumburg OLGReport 2003, 48; Musielak/Voit/*Fischer* ZPO § 114 Rn. 19.
[1731] Nach der Untersuchung von *Franke* aus dem Jahre 1980 (S. 145) besteht eine erhebliche Diskrepanz zwischen der Erfolgsprognose des Gerichts und dem Ergebnis in der Hauptsache. Trotz vorliegender Erfolgsaussicht mussten sich 40 % der Antragsteller mit einem Teilerfolg abfinden. Umgekehrt konnten die Parteien, die trotz Versagung des damaligen Armenrechts wegen mangelnder Erfolgsaussicht den Rechtsstreit ohne staatliche Unterstützung weiter betrieben, in fast 50 % der Fälle noch einen Teilerfolg in der Hauptsache für sich verbuchen. Vgl. auch BLHAG/*Dunkhase* ZPO § 114 Rn. 80, 81.

§ 7 Erfolgsaussicht

Wesentlich ist, dass **keine vorweggenommene Entscheidung der Hauptsache** im Rahmen der PKH-Prüfung erfolgt.[1732] Die Prüfung der Erfolgsaussichten darf nicht dazu dienen, die Rechtsverfolgung selbst in das summarische Verfahren der Prozesskostenhilfe zu verlagern.[1733] Das Prozesskostenhilfeverfahren will den **Rechtsschutz,** den der Rechtsstaatsgrundsatz erfordert, nämlich nicht selbst bieten, sondern ihn **erst zugänglich machen.**[1734] Lehnt das Gericht die Prozesskostenhilfe mangels Erfolgsaussicht ab und muss der Antragsteller deshalb auf die Rechtsverfolgung verzichten, dann *ist* für ihn die endgültige Entscheidung der Hauptsache im PKH-Verfahren gefallen.[1735]

4. Inhalt der Prüfung

(1) **Der Tatsachenvortrag ist im Wesentlichen nur summarisch zu prüfen.**   461

Danach besteht dann hinreichende Erfolgsaussicht, wenn das Gericht örtlich und sachlich zuständig,[1736] die Klage insgesamt zulässig[1737] und der Vortrag der Partei schlüssig und tatsächlich glaubhaft ist.[1738] Dazu gehört, dass entsprechende zulässige Beweismittel angeboten werden oder nach den Erhebungen gemäß § 118 Abs. 2 ZPO die ernsthafte Möglichkeit einer Beweisaufnahme gegeben ist.[1739] Bei einer Klage auf dem falschen Rechtsweg ist die Erfolgsaussicht zu verneinen; das PKH-Verfahren ist nicht auf den zulässigen Rechtsweg zu verweisen.[1740] Hat sich das Klagebegehren vor Anhängigkeit erledigt, kommt PKH aus Sach- und Rechtsgründen nicht mehr in Betracht.[1741]

(2) **Gemäß § 118 Abs. 2 S. 3 ZPO werden Zeugen und Sachverständige zur Klärung der Erfolgsaussicht grundsätzlich nicht vernommen;**[1742] die Parteien werden zur mündlichen Erörterung nur dann geladen, wenn ein Vergleich zu erwarten ist. Das prozessuale Begehren der hilfsbedürftigen Partei darf nicht durch die Ermittlungen im Rahmen der PKH-Prüfung unterlaufen werden;[1743] die mündliche Erörterung darf nicht zur Hauptsachevorwegnahme führen, und zwar schon deshalb, weil die Kosteninteressen des Gegners – keine Kostenerstattung (§ 118 Abs. 1 S. 4 ZPO) – verletzt werden.[1744]   462

[1732] BVerfG BeckRS 2015, 46293; 2014, 48682; BVerfG JurBüro 2009, 547 (Ls.); FamRZ 2009, 1654 (Rechtsverfolgung/verteidigung soll nicht in das Nebenverfahren verlagert werden.); FamRZ 2008, 581; NJW 2007, 2393; BGH NJW-RR 2003, 1438; OLG Saarbrücken MDR 2011, 625.

[1733] BVerfG BeckRS 2018, 33446; FamRZ 2014, 1977; BGH WM 2019, 2201; BGH NJW-RR 2014, 131; NJW 2013, 2198.

[1734] BVerfG BeckRS 2018, 33446; FamRZ 2014, 1977; OVG Münster BeckRS 2015, 55815.

[1735] *Bungeroth* ZIP 2004, 2280.

[1736] OLG Saarbrücken NJW-RR 1990, 575.

[1737] Zöller/*Schultzky* ZPO § 114 Rn 1 ff.; BLHAG/*Dunkhase* ZPO § 114 Rn. 81.

[1738] OLG Dresden Beschl. v. 26.11.2020 – 4 W 733/20 (Substantiierungspflicht in Arzthaftungsprozessen); OLG Naumburg FamRZ 2008, 68. Sehr streng OLG München OLGReport 2000, 309: PKH ist abzulehnen, wenn keinerlei Anzeichen für einen ärztlichen Behandlungsfehler spricht. Die Frage der Haftung eines Minderjährigen ist schwierig, OLG Saarbrücken OLGReport 2000, 275. Die Bewilligung von PKH im *Mahnverfahren* erfordert die Prüfung der Erfolgsaussicht für den beabsichtigten Prozess, LG Stuttgart Rpfleger 2005, 32.

[1739] OLG Frankfurt OLGReport 2009, 407 (wenn eine Beweisaufnahme ernsthaft in Betracht kommt).

[1740] OLG Karlsruhe MDR 2007, 1390.

[1741] KG JurBüro 2008, 263 (Ls.).

[1742] Zur Ausnahme OLG München BeckRS 2013, 13424.

[1743] OLG Brandenburg MDR 2003, 111.

[1744] *Grunsky* NJW 1980, 2041 (2044).

463 **(3) Die rechtliche Prüfung ist nicht eingeschränkt. Schwierige, ungeklärte Rechts- und Tatfragen** dürfen jedoch im Prozesskostenhilfeverfahren **nicht geklärt** werden.[1745] Eine Versagung der PKH aus Rechtsgründen darf nicht erfolgen, wenn die für die Hauptsachentscheidung erhebliche Rechtfrage streitig und noch nicht eindeutig in der Rechtsprechung geklärt ist.[1746] Gleiches gilt, wenn das Gericht von höchstrichterlicher Rechtsprechung und herrschender Literaturmeinung abweichen will.[1747] Prozesskostenhilfe ist dann zu gewähren und zwar auch dann, wenn das Gericht die Auffassung vertritt, dass die Rechtsfrage zu Ungunsten des Beschwerdeführers zu entscheiden ist[1748]

464 **(4)** Soweit sich die erheblichen Rechtsfragen – auch wenn sie sich nicht als besonders schwierig darstellen – nur im Zusammenhang mit tatsächlichen Feststellungen klären lassen, ist dies dem Erkenntnisverfahren vorbehalten.[1749] Wird die ungeklärte Rechtsfrage im Laufe des Bewilligungsverfahrens zuungunsten des Antragstellers höchstrichterlich geklärt, kommt die Gewährung von Prozesskostenhilfe nicht mehr in Betracht, denn maßgeblich ist in dieser Hinsicht der Erkenntnisstand zurzeit der Entscheidungsreife.[1750] Ändert sich die Rechtsauffassung des Gerichts während des Hauptsacheverfahrens zugunsten der Partei, nachdem PKH zunächst mangels Erfolgsaussicht abgelehnt worden war, so kann die Partei nach Schluss der mündlichen Verhandlung einen Antrag auf erneute Überprüfung stellen.[1751] Rechtliche Erfolgsaussicht wird auch dann zu bejahen sein, wenn sie nur auf Grund der vom Instanzrichter nicht geteilten Rechtsansicht des übergeordneten Rechtsmittelgerichts besteht.[1752] Andernfalls würde dem Antragsteller der Weg verbaut, letztendlich mit seinem Rechtsbegehren Erfolg zu haben. Allerdings steht ihm hier der Weg über die sofortige Beschwerde offen.

PHK darf für eine Klage nicht mangels Erfolgsaussicht versagt werden, wenn in einem Parallelverfahren (derselbe Beklagte, nahezu identischer Sachverhalt) bereits zugunsten des dortigen Klägers entschieden wurde.[1753]

Hat das Gericht ein Rechtsmittel gegen seine Entscheidung zugelassen, dann ist davon auszugehen, dass eine grundsätzliche Frage zu entscheiden ist.[1754]

Erfolgsaussicht kann nicht verneint werden, wenn dem Kläger die Möglichkeit verschafft werden muss, in einem besonderen Fall (Zivilgericht muss zunächst die Entscheidung eines Sozialversicherungsträgers – hier: der Berufsgenossenschaft – abwarten und ist anschließend hieran gebunden, § 108 SGB VII) die Verjährungsunterbrechung herbeizuführen.[1755]

465 **(5) Die Prüfung der Erfolgsaussicht der Beweisbarkeit führt zu einer gewissen Beweisantizipation,** also in Grenzen zu einer Durchbrechung des Verbots der vorweg-

---

[1745] BVerfG BeckRS 2018, 33446; 2015, 46293; NJW 2013, 1727; MDR 2008, 518; NJW 2007, 2393; NJW-RR 2007, 908; NJW 2006, 3412; BGH NJW 2013, 1310; BGHReport 2003, 300; OLG Saarbrücken MDR 2011, 1317; OLG Naumburg OLGReport 2008, 550.
[1746] BVerfG BeckRS 2015, 46293; NJW 2010, 1657; NJW 1991, 413; NJW 1992, 889; BGH NJW 2014, 1454; OLG Brandenburg NJW-RR 2007, 216.
[1747] BVerfG NJW-RR 2005, 500; OLG Köln MDR 2008, 644.
[1748] BGH NJW-RR 2020, 1267; NJW 2014, 1454.
[1749] Zöller/*Schultzky* ZPO § 114 Rn. 29.
[1750] BGH BeckRS 2013, 14354; NJW 1982, 1104; Musielak/Voit/*Fischer* ZPO § 114 Rn. 20. Vgl. zum Zeitpunkt: BGH NZFam 2015, 179.
[1751] OLG Köln OLGReport 1998, 351 (352); vgl. BVerfG BeckRS 2015, 46293.
[1752] OLG Köln OLGReport 2008, 446; MDR 2000, 601.
[1753] BVerfG Asylmagazin 2018, 89; OLG Bremen OLGReport 2008, 625.
[1754] BVerfG BeckRS 2015, 46293; OVG Bremen NJW 2011, 1018; BGH BGHReport 2003, 300, 560 u. 1101; für die Zulassung der Berufung durch ein OVG s. BVerfG NJW 2003, 3190.
[1755] OLG Düsseldorf OLGReport 2000, 204.

genommenen Beweiswürdigung.¹⁷⁵⁶ Es dient sowohl dem Schutz des Antragstellers als auch des Prozessgegners, wenn ein sinnloser Rechtsstreit vermieden wird.¹⁷⁵⁷

- **Zunächst ist die Zulässigkeit der angebotenen Beweismittel zu prüfen.** Entscheidend ist ihre Zulässigkeit im beabsichtigten Hauptverfahren. Allgemeine negative Erfahrungssätze in Bezug auf einzelne Beweismittel (zB Parteivernehmung des Gegners, Verwandte als Zeugen) dürfen nicht ohne Hinzutreten weiterer fallbezogener Umstände zur Annahme wahrscheinlicher Erfolglosigkeit des Beweismittels führen. Beweismittel, deren Beweiswert die unmittelbare Wahrnehmung voraussetzt (Augenscheinseinnahme) können naturgemäß nicht im Voraus gewertet werden, da eine Beweiserhebung grundsätzlich untersagt ist. Deshalb erscheint es auch kaum vertretbar, vom Antragsteller im Arzthaftungsprozess Angriffe auf vom Gegner vorgelegte Privatgutachten zu verlangen.¹⁷⁵⁸   466

- **Beweisantritte können ungeeignet sein.** Ist Parteivernehmung des Gegners das einzige Beweismittel und liegt dessen Stellungnahme – für den Antragsteller ungünstig – vor, für deren Unrichtigkeit sich keine konkreten Anhaltspunkte ergeben, dann ist Erfolgsaussicht zu verneinen.¹⁷⁵⁹ Eine negative Beweisprognose ist auch dann nicht zu beanstanden, wenn ein Zeuge den vom Antragsteller behaupteten Sachverhalt mehrfach bestritten hat.¹⁷⁶⁰ Auch die Beweislastverteilung kann eine Rolle spielen, zB im Arzthaftungsprozess.¹⁷⁶¹ Liegen konkrete Anhaltspunkte vor, dass die Beweisaufnahme zum Nachteil des Antragstellers ausgeht, kann PKH versagt werden.¹⁷⁶² Andererseits kann der Beklagte PHK erhalten, wenn substanziierte Angaben vorliegen, die der Nachprüfung bedürfen,¹⁷⁶³   467

- Spricht schon der **Anscheinsbeweis** gegen den Antragsteller und haben die benannten Zeugen bereits im Ermittlungsverfahren seiner Darstellung widersprochen, dann steht insoweit der für ihn negative Ausgang der Beweisaufnahme fest mit der Folge, dass PKH nicht bewilligt werden kann.¹⁷⁶⁴ Andererseits darf nicht von der Unzulässigkeit einer Beweisaufnahme ausgegangen werden („Ausforschungsbeweis"), wenn tatsächliche Anhaltspunkte für die aufgestellte Behauptung vorliegen.¹⁷⁶⁵ Beim Anscheinsbeweis ist generell Vorsicht geboten. Er darf nicht zuungunsten des Antragstellers bejaht werden, wenn der Sachverhalt nicht den Fällen entspricht, für die der Anscheinsbeweis gilt.¹⁷⁶⁶   468

- Im Hinblick auf § 411a ZPO ist es zulässig, zur Beurteilung der Erfolgsaussicht ein **Gutachten in einer vorangegangenen Ermittlungs- oder Strafsache** zu würdigen.¹⁷⁶⁷ Auch ein Sachverständigengutachten in einem OWiG-Verfahren ist dafür geeignet.¹⁷⁶⁸   469

---

¹⁷⁵⁶ Zu den Grenzen BVerfG NJW 2010, 288; NJW-RR 2004, 61; iÜ BVerfG 2003, 2976, 2977; OLG Brandenburg BeckRS 2020, 13183; OLG Köln OLGReport 2004, 199; OVG Saarlouis NJW 2006, 2202; KG OLGReport 2009, 473; OLGReport 2008, 964; summarische Prüfung u. Beweisantizipation in einem bes. Fall, OLG Hamm OLGReport 2000, 77; im Hinblick auf die Erfolgsaussicht der Rechtsverteidigung OLG München OLGReport 2000, 141; Musielak/Voit/*Fischer* ZPO § 114 Rn. 21 ff.; *Groß* ZPO § 114 Rn. 48, 51 ff.; *Zimmermann* Rn. 179 mwN.
¹⁷⁵⁷ Vgl. dazu im Einzelnen OLG Köln OLGReport 2004, 199; MüKoZPO/*Wache* § 114 Rn. 52. Zur vorgezogenen Prüfung des Beweiswerts einer Zeugenaussage vgl. OLG Köln OLGReport 1995, 133.
¹⁷⁵⁸ So aber OLG Naumburg OLGReport 2005, 292.
¹⁷⁵⁹ Vgl. OLG Köln MDR 2007, 605; FamRZ 2005, 43; OLGReport 2000, 292; FamRZ 1997, 617; OLG Celle OLGReport 2000, 271; Musielak/Voit/*Fischer* ZPO § 114 Rn. 23.
¹⁷⁶⁰ BVerfG NJW 2010, 288.
¹⁷⁶¹ Vgl. OLG Saarbrücken MDR 2003, 1291.
¹⁷⁶² OLG München MDR 2010, 1342.
¹⁷⁶³ OLG Bremen NJW-RR 2010, 1301.
¹⁷⁶⁴ OLG Köln OLGReport 2004, 27.
¹⁷⁶⁵ BVerfG NJW 2003, 2976 (2977).
¹⁷⁶⁶ BVerfG NJW 2010, 1131.
¹⁷⁶⁷ OLG Zweibrücken MDR 2009, 1242; OLG Bamberg OLGReport 2008, 110.
¹⁷⁶⁸ OLG München NJW-RR 2009, 1293.

470 • Unter nur **ausnahmsweise anzunehmenden** Umständen hat, abweichend vom Grundsatz des § 118 Abs. 2 S. 3 1. Hs. ZPO, dann eine **Zeugen- oder Sachverständigenvernehmung** zu erfolgen, wenn anders die Erfolgsaussicht der Rechtsverfolgung oder -verteidigung nicht geklärt werden kann (§ 118 Abs. 2 S. 3 2. Hs. ZPO). In diesen Fällen wird die Beweisaufnahme in das Prozesskostenhilfeverfahren verlagert.[1769]

471 • **Die Verteidigungsmöglichkeiten des Gegners sind zu berücksichtigen.** Das Mitverschulden bei Schadensersatzklagen ist von Amts wegen zu berücksichtigen.[1770] Auch die mögliche Einrede der Verjährung kann dazu führen, die Erfolgsaussicht zu verneinen, es sei denn, dass der Gegner sie voraussichtlich nicht erhebt.[1771] Zu weit führt aber die Auffassung, der Gegner könne im Rahmen des Hauptsache- oder Prüfungsverfahrens auf die Verjährung hingewiesen werden.[1772]

472 (6) **Verteidigt sich der Beklagte** mit einer **Hilfsaufrechnung,** darf PKH nicht mit der Begründung verweigert werden, dass die Klage jedenfalls an der hilfsweise zur Aufrechnung gestellten Gegenforderung scheitern werde.[1773]

5. Teilweise Erfolgsaussicht/Zuständigkeitsgrenzen

473 **Die Rechtsverfolgung oder -verteidigung kann lediglich teilweise Aussicht auf Erfolg bieten.** Das Gericht hat dann Prozesskostenhilfe für einen genau zu bezeichnenden eingeschränkten Antrag zu bewilligen.[1774] Zur Zulässigkeit einer Nichtzulassungsbeschwerde mit Erfolgsaussicht unterhalb des Beschwerdewerts gem. § 26 Nr. 8 EGZPO vgl. BGH NJW 2009, 1423.

474 **Kommt das Landgericht im Verlaufe der PKH-Prüfung zum Ergebnis, dass die Klage nur teilweise Erfolg haben kann** und deshalb die amtsgerichtliche Zuständigkeit gegeben ist, so ist wie folgt zu verfahren:

Ist der Rechtsstreit rechtshängig (dh Klageschrift zugestellt, § 253 Abs. 1 S. 1 ZPO), so kommt es auf den Klageantrag an. Übersteigt er die Zuständigkeitsgrenze von 5 000,– EUR (§ 23 Nr. 1 GVG), so ist das LG auch dann zuständig, wenn der Kläger die Klage für den aussichtslosen Teil zurücknimmt, § 261 Abs. 3 Nr. 2 ZPO.[1775] Ähnliches gilt für die Berufung.[1776] Dazu auch → Rn. 523.

Liegt der PKH-Antrag vor der Klageerhebung, so ist nach teilweiser Verneinung der Erfolgsaussicht das LG nicht zuständig; PKH ist dann zu versagen[1777] oder der Vorgang auf Antrag der Partei zu verweisen.[1778]

[1769] OLG Brandenburg MDR 2003, 111; ähnlich OLG Koblenz OLGReport 2002, 126. Vgl. auch KG OLGReport 2008, 964 zur unzulässigen ersten Vernehmung von Zeugen.
[1770] KG MDR 1979, 672; MüKoZPO/*Wache* ZPO § 114 Rn. 57.
[1771] OLG Stuttgart NJW-RR 2010, 883; Zöller/*Schultzky* ZPO § 114 Rn. 24.
[1772] OLG Frankfurt OLGReport 1998, 55; vgl. dazu Zöller/*Vollkommer* ZPO § 42 Rn. 27 mwN.
[1773] OLG Köln OLGReport 2008, 504.
[1774] OLG Dresden DAVorm. 1993, 845.
[1775] Zöller/*Schultzky* ZPO § 114 Rn. 28. Bezüglich des Falls, dass die beklagte Partei in einem amtsgerichtlichen Verfahren widerklagend einen Zahlungsantrag erhebt, der zur landgerichtlichen Zuständigkeit gehört, vgl. OLG Celle OLGReport 2009, 273.
[1776] OLG Karlsruhe FamRZ 2006, 1396. Zum Problem insges. *Fischer* MDR 2007, 437.
[1777] BGH NJW-RR 2004, 1437; KG KGReport 2004, 497; 1998, 234; OLG Schleswig MDR 2009, 346; OLG Zweibrücken OLGReport 2004, 639; OLG Brandenburg MDR 2001, 769; OLG Düsseldorf JurBüro 2007, 437; Musielak/Voit/*Fischer* ZPO § 114 Rn. 25.
[1778] BGH NJW-RR 2004, 1437; OLG Zweibrücken OLGReport 2004, 639; OLG Hamm MDR 1995, 1065; Zöller/*Schultzky* ZPO § 114 Rn. 28. Vgl. auch OLG Köln OLGReport 1998, 389 (Steht zur Überzeugung des LG fest, dass die Erfolgsaussicht allenfalls in Höhe der amtsgerichtlichen Zuständigkeit besteht, so ist es nicht befugt – ebenso wenig wie das Beschwerdegericht – PKH für die Rechtsverfolgung vor dem Amtsgericht zu bewilligen) und Musielak/Voit/*Fischer* ZPO § 114 Rn. 25. Nach *Groß* (ZPO § 114 Rn. 61) soll auch folgendes Vorgehen möglich sein: Die Partei erklärt nach

Bei **Schmerzensgeldklagen** kann nicht ohne weiteres von vornherein die Höhe des Anspruchs festgestellt werden. Deshalb kann der PKH-Antrag vom Landgericht nicht mit der Begründung zurückgewiesen werden, die Klage sein nur in Höhe der amtsgerichtlichen Zuständigkeit Erfolg versprechend. Wenn der Sachverhalt und der Umfang der Verletzungen durch Beweisaufnahme zu klären sind, wird dem Antragsteller letztlich sonst die Klage beim AG und LG unmöglich gemacht.[1779] Allerdings sind die allgemeinen Zuständigkeitsgrenzen auch im PKH-Beschwerdeverfahren zu beachten; dem OLG ist es verwehrt, die Erfolgsaussicht einer Klage zu prüfen, die in die sachliche Zuständigkeit des AG fällt.[1780]

Generell ist bei Schmerzensgeldklagen ein **großzügiger Maßstab** anzulegen, da die endgültige Festlegung des Betrages erst durch das Gericht erfolgt. Bewegt sich der geltend gemachte Anspruch in einer vertretbaren Größenordnung, ist PKH für den Anspruch insgesamt zu bewilligen.[1781]

6. Erfolgsaussicht bei fehlender Vollstreckungsaussicht/Eröffnung eines Insolvenzverfahrens

(1) **Fehlende Vollstreckungsaussicht wird in der Regel dazu führen, die Rechtsverfolgung als mutwillig zu beurteilen.** Rechnet man sie aber, da Ziel der Rechtsverfolgung die reale Anspruchsverwirklichung ist, zur sachlichen Erfolgsaussicht iSd § 114 ZPO, darf diese nur dann verneint werden, wenn innerhalb der Verjährungsfrist eine Vollstreckung ganz aussichtslos erscheint[1782] und zudem keine sonstigen Interessen wie zB Verjährungsunterbrechung die Rechtsverfolgung rechtfertigen. Nach anderer Ansicht spielen die Aussichten für eine Zwangsvollstreckung im Rahmen der Erfolgsprüfung keine Rolle; sie seien nur hinsichtlich § 119 Abs. 2 ZPO zu prüfen. Fehlende Vollstreckbarkeit führe deshalb nur zur Mutwilligkeit.[1783]

475

(2) **Wird nach Stellung eines PKH-Antrags das Insolvenzverfahren über das Vermögen einer Partei eröffnet,** wird gem. § 240 ZPO der Rechtsstreit selbst, nicht aber das PKH-Verfahren unterbrochen;[1784] auch nicht das PKH-Beschwerdeverfahren.[1785] Der Verlauf des Rechtsstreits ändert sich grundlegend. Ist der PKH-*Antragsteller* der Insolvenzschuldner, verliert er durch die Verfahrenseröffnung gem. § 80 Abs. 1 InsO die Verfügungsbefugnis über sein Vermögen und damit die Klagebefugnis. Damit besteht für ihn keine Erfolgsaussicht mehr.[1786] Nimmt der Insolvenzverwalter den Rechtsstreit auf

476

---

dem entspr. Hinweis des Gerichts vor Klageerhebung, dass der Teil der Klage, für den das Gericht die Erfolgsaussicht verneint, auf eigene Kosten erhoben werden soll.

[1779] OLG Koblenz OLGReport 2004, 21; OLG Bremen OLGReport 2004, 567; s. auch OLG Schleswig OLGReport 1998, 401.

[1780] OLG Koblenz OLGReport 2005, 120 (212).

[1781] OLG Karlsruhe NJW 2011, 2143.

[1782] OLG Frankfurt NJW-RR 2013, 685; LG Koblenz MDR 2009, 825 (bei Gewinnzusage u. Briefkastenfirma im Ausland; **aA** aber in ähnlichem Fall OLG Hamm NJW-RR 2005, 723); OLG Köln FamRZ 2005, 460; OLG Dresden JurBüro 2004, 147 (realistische Chance muss bestehen).

[1783] → Rn. 576.

[1784] BGH NJW 2006, 3150; OLG Saarbrücken ZVI 2008, 471; KG OLGReport 2008, 72; OLG Zweibrücken ZInsO 2005, 444; OLG Stuttgart OLGReport 2004, 313; OLG Düsseldorf MDR 2003, 1018; OLG Köln NZI 2003, 119; **aA** OLG Köln MDR 2003, 526.

[1785] OLG Stuttgart MDR 2010, 285.

[1786] OLG Stuttgart OLGReport 2004, 313; *Fischer* MDR 2004, 252 f. OLG Rostock (OLGReport 2004, 151) entscheidet über den PKH-Antrag gleichwohl, wenn er vor Prozessunterbrechung entscheidungsreif vorlag; **aA** OLG Frankfurt NJW-RR 2013, 685; OLG Saarbrücken BeckRS 2008, 08530.

(§ 85 InsO), kann nur *er* Prozesskostenhilfe beantragen (§ 116 S. 1 Nr. 1 ZPO) → Rn. 75 ff.[1787]

Wird der *Antragsgegner* des PKH-Verfahrens insolvent und geht es in dem Rechtsstreit um eine Insolvenzforderung (§ 38 InsO), dann muss der Antragsteller seine Forderung zur Insolvenztabelle anmelden, §§ 87, 174 ff. InsO. Wird die Forderung im Prüfungstermin nicht bestritten, gilt sie als festgestellt; jedenfalls dann ist PKH nicht mehr erforderlich, vgl. § 178 Abs. 3 InsO. Andernfalls – wenn der Schuldner, ein anderer Gläubiger oder der Insolvenzverwalter der Forderung im Prüfungstermin widerspricht – wird der ursprüngliche Rechtsstreit wieder aufgenommen, § 180 Abs. 2 InsO. Ziel ist nun die Feststellung der Forderung zur Tabelle. Problematisch ist hier, ob ein solcher Rechtsstreit, der im Ergebnis iaR nur eine magere Insolvenzquote bringt, mittels PKH ermöglicht werden soll. Hier drängen sich die Parallelen zur fehlenden Vollstreckungsmöglichkeit auf. Andererseits kann der Gläubiger wegen § 201 Abs. 1 InsO ein berechtigtes Interesse an der Titulierung haben. Ist der Schuldner allerdings eine natürliche Person, wird er Restschuldbefreiung beantragen, die nach überstandener Wohlverhaltenszeit die Nachforderungsmöglichkeit gem. § 201 Abs. 3 InsO beseitigt. Damit fehlt es aber noch nicht an der Erfolgsaussicht der Rechtsverfolgung durch den Gläubiger, denn während der Abtretungszeit (6 Jahre ab Eröffnung des Insolvenzverfahrens, § 287 Abs. 2 InsO) sollen Beträge des Schuldners an die Gläubiger verteilt werden, vgl. § 292 Abs. 1 InsO. Ob der Schuldner am Ende des Verfahrens wirklich die Restschuldbefreiung erlangt, ist nicht sicher. Aus alledem folgt, dass die Erfolgsaussicht nicht deshalb verneint werden kann, weil der Antragsgegner insolvent geworden ist, mag die Realisierung der Forderung auch unsicher geworden sein.

Handelt es sich bei der gegen die Insolvenzmasse gerichteten Forderung um einen Aus- bzw. Absonderungsanspruch oder eine Masseverbindlichkeit (§ 86 Abs. 1 InsO), ist die Erfolgsaussicht ohnehin nach den allgemeinen Grundsätzen zu beurteilen.

7. Erfolgsaussicht bei freiwilliger Leistung

477   Bei bisher **freiwilliger, vollständiger und pünktlicher Leistung** des potentiellen Prozessgegners kann schon das Rechtsschutzbedürfnis für eine gerichtliche Geltendmachung zweifelhaft sein;[1788] eine solche Klage kann mutwillig sein.[1789] In Betracht kommen ohnehin nur Klagen auf künftige Leistung, da für die Vergangenheit wegen der erfolgten Leistungen eine *Rechtsverfolgung* nicht mehr möglich ist.

Allerdings ist zu berücksichtigen, dass § 258 ZPO, der die Klage auf künftige wiederkehrende Leistungen prozessual regelt, ein besonderes Rechtsschutzbedürfnis nicht verlangt, also auch dann eingreift, wenn der Schuldner bisher freiwillig und vorbehaltlos geleistet hat.[1790] Die Kosteninteressen des Schuldners werden durch § 93 ZPO gewahrt.[1791] Für das PKH-Verfahren muss das aber nicht ohne Einschränkung gelten. Zu Recht weist *Zimmermann*[1792] darauf hin, dass es ein Titulierungsinteresse ohne jeden konkreten Anlass auch für Vermieter, Arbeitnehmer usw. nicht gibt. Die Frage stellt sich insbesondere im Unterhaltsrecht, dort unter → Rn. 509 ff.

[1787] S. a. BGH ZInsO 2014, 2574.
[1788] Gänzlich ablehnend *Zimmermann* Rn. 208.
[1789] OLG Hamm FamRZ 2008, 1260; NJW 2007, 1758; vgl. auch BLHAG/*Dunkhase* ZPO § 114 Rn. 128 („Freiwilligkeit") mwN; *Groß* FamFG § 76 Rn. 27.
[1790] BGH FamRZ 2010, 195; 1998, 1165.
[1791] Zöller/*Greger* ZPO § 258 Rn. 4, vgl. auch Zöller/*Lorenz* FamFG § 243 Rn. 5.
[1792] → Rn. 208.

8. Erfolgsaussicht der Rechtsverteidigung

Die Maßstäbe für die Rechtsverfolgung und die Rechtsverteidigung unterscheiden sich im Grundsatz nicht.[1793] **Die Rechtsverteidigung** verspricht hinreichende Aussicht auf Erfolg, sobald der **vorgetragene Rechtsstandpunkt** bei vorläufiger, summarischer Prüfung (wenigstens) **vertretbar erscheint** und unter Berücksichtigung auch des gegnerischen Vorbringens nicht von vornherein und unter jedem vernünftigerweise denkbaren Aspekt fehl geht.[1794]

478

Damit ist die Erfolgsaussicht zunächst gegeben, wenn die Klage unzulässig,[1795] unschlüssig ist oder der Beklagte erhebliche Tatsachen vorbringt, die zur Abweisung der Klage führen können.[1796] Dazu gehört auch die hilfsweise erklärte Aufrechnung.[1797] Soweit auch im Hauptsacheverfahren statthaft, muss das substantiierte Bestreiten genügen.[1798] Erkennt der Beklagte das Klagebegehren an, so liegt darin keine Verteidigung; PKH kommt dann nicht Betracht.[1799] Anders ist aber zu entscheiden, wenn der Beklagte zur Klageerhebung keinen Anlass gegeben hat (§ 93 ZPO).[1800] Keine PKH kann bei ganz aussichtslosem Vorhaben des Beklagten gewährt werden (im Strafverfahren liegt bereits ein Geständnis vor).[1801]

479

Ergeben sich aus dem Vortrag des Beklagten erhebliche, **ungeklärte Rechtsfragen,** so gelten dieselben Maßstäbe wie bei Erfolgsprüfung der klägerischen Seite.[1802] Dabei ist eine vorweggenommene Beweiswürdigung ebenso wie beim Kläger grundsätzlich zulässig.[1803] Vom Beklagten kann jedoch **keine antizipierte Widerlegung** von Einwendungen verlangt werden, für die der Kläger beweispflichtig ist.[1804] Wird der Beklagte auf Schmerzensgeld in Anspruch genommen, kann das Gericht schon im Rahmen der Schlüssigkeitsprüfung feststellen, dass die vom Kläger vorgestellte Größenordnung überhöht ist, seine Verteidigung also Aussicht auf Erfolg hat.[1805]

Lediglich in den Verfahren, für die keine freiwillige Erfüllung vor Antragseinreichung denkbar ist (Scheidung, Vaterschaftsanfechtung), gelten Besonderheiten hinsichtlich der Erfolgsprüfung, dort unter → Rn. 488, 494 ff.

480

Vor der Rechtshängigkeit kann PKH zur Rechtsverteidigung nicht gewährt werden,[1806] oben → Rn. 185 ff. Für die Einreichung einer Schutzschrift als Sonderfall der Rechtsver-

481

[1793] Musielak/Voit/*Fischer* ZPO § 114 Rn. 9.
[1794] KG ZKJ 2015, 280.
[1795] OLG Karlsruhe FamRZ 2015, 1413.
[1796] OLG Brandenburg FamRZ 2007, 151; OLG Stuttgart FamRZ 2005, 1266; OLG Dresden NJW-RR 2006, 293; OLG Hamburg NJW-RR 2000, 1608; iÜ die Nachweise zu → Rn. 488 ff., Zöller/*Schultzky* ZPO § 114 Rn. 32.
[1797] OLG Köln FamRZ 2011, 125 (Ls.).
[1798] BLHAG/*Dunkhase* ZPO § 114 Rn. 85; *Groß* ZPO § 114 Rn. 49.
[1799] OLG Brandenburg OLGReport 2002, 251. Bloße Erfüllung bei iÜ fehlenden Einwänden gegen den gegnerischen Anspruch ist keine Rechtsverteidigung iSd § 114 ZPO, LG Stade WuM 1990, 160; LG Berlin WuM 1992, 143. Anders LG Mannheim WuM 1988, 268 (alle zur Erfüllung von Mietrückständen während des Räumungsprozesses).
[1800] OLG Karlsruhe FamRZ 2009, 1932; OLG Hamm MDR 2006, 890; OLG Naumburg FamRZ 2001, 923; OLG Hamm FamRZ 1993, 1344; *Groß* ZPO § 114 Rn. 52.
[1801] OLG Köln OLGReport 2000, 302.
[1802] OLG Frankfurt Beschl. v. 19.4.2013, 6 WF 55/13, hefam.de zur Erfolgsaussicht des Verteidigungsvorbringens in einem Abänderungsverfahren über Betreuungsunterhalt; OLG Bremen OLGReport 2008, 990 (Wenn Beginn einer Verjährungsfrist wegen einer Gesetzesänderung zweifelhaft ist).
[1803] OLG München OLGReport 2000, 141; → Rn. 465.
[1804] Vgl. VerfGH Berlin FamRZ 2015, 594.
[1805] OLG Frankfurt/M. MDR 2011, 65.
[1806] BGH NJW 2004, 2595; OLG Naumburg FamRZ 2008, 1088; OLG Rostock JurBüro 2007, 656; KG FamRZ 2005, 526. Davon kann es Ausnahmen geben, vgl. OLG Karlsruhe NJW-RR 2001,

teidigung soll PKH unter Anwaltsbeiordnung dennoch in Betracht kommen.[1807] PKH kommt für den Antragsgegner im selbstständigen Beweisverfahren nicht mehr in Betracht, wenn der Beweisbeschluss erlassen ist.[1808]

482 Wird die Klage auf die Klageerwiderung des Beklagten teilweise zurückgenommen, so ist ihm auch **noch nach Klagerücknahme dem Beklagten** PKH zu bewilligen, wenn die PKH-Antragstellung und seine Verteidigung bereits zuvor erfolgt waren und die Rechtsverteidigung hinreichende Aussicht auf Erfolg hatte.[1809] S. auch → Rn. 97. Gerade wegen der Erfolg versprechenden Verteidigung nimmt der Kläger die Klage zurück[1810], bei aA bliebe der Beklagte auf den Kosten sitzen.[1811] Voraussetzung der Bewilligung ist aber, dass zuvor der Prozesskostenhilfeantrag sowie die gemäß § 117 Abs. 2 bis 4 ZPO erforderliche Erklärung über die persönlichen und wirtschaftlichen Verhältnisse des Beklagten eingegangen sind, der **Prozesskostenhilfeantrag** mithin **vollständig eingereicht** worden ist.[1812]

9. Erfolgsaussicht bei erforderlicher Beweisaufnahme

482a Kommt eine Beweisaufnahme im Hauptverfahren ernsthaft in Betracht, ist hinreichende Erfolgsaussicht regelmäßig zu bejahen,[1813] es sei denn, es liegt ein Fall des § 118 Abs. 2 S. 3 2. Hs. ZPO vor: Hat das Gericht im Prüfungsverfahren ausnahmsweise einen Zeugen oder Sachverständigen zu vernehmen, so kann die hinreichende Aussicht auf Erfolg erst anschließend festgestellt werden.[1814]

Ist bereits in einem anderen Verfahren eine Beweisaufnahme zum Sachkomplex erfolgt, so kann dies bei der Prüfung der Erfolgsaussicht berücksichtigt werden. Das gilt gleichermaßen für Umstände, die für den Antragsteller günstig[1815] oder ungünstig sind.[1816]

---

643 und OLG Zweibrücken OLGReport 2002, 76 (für ein FGG-Verfahren). Erheblich strenger: OLG Brandenburg JurBüro 2007, 150 (nicht vor Eingang der Replik der klagenden Partei).

[1807] Einschränkend OLG Thüringen, FamRZ 2010, 141 mAnm *van Els;* LG Lübeck JurBüro 2005, 265.

[1808] LG Karlsruhe MDR 1993, 914.

[1809] BGH FamRZ 2010, 197 = MDR 2010, 402.

[1810] Ähnlich OVG Hamburg NJW 2010, 695.

[1811] BGH FamRZ 2010, 197; Nickel MDR 2010, 1227 (1228) aA LAG Berlin-Brandenburg NJW-Spezial 2011, 125 für den Fall, dass die Klageforderung vor der Entscheidungsreife über das PKH-Gesuch erfüllt wird.

[1812] BGH FamRZ 2014, 196 (mangels Entscheidungserheblichkeit hat der BGH nicht geklärt, ob der Beklagte vorrangig auf den Kostenerstattungsanspruch nach § 269 Abs. 3 ZPO verwiesen werden muss).

[1813] BVerfG NJW 2013, 1727; NJW-RR 2005, 140, 500; 2004, 61; NJW-RR 2003, 1216; NJW 2003, 2976 (2977); NJW-RR 2002, 1069; BGH NJW 2013, 2198; OLG Jena MDR 2010, 1344; OLG Bremen NJW-RR 2010, 1301 (wenn substantiierte Ausführungen vorliegen, die geprüft werden müssen); OLG Dresden MDR 2010, 1330 (bei der Vaterschaftsfeststellung ohne Weiteres); OLG Frankfurt/M. OLGReport 2009, 407; OLG Naumburg FamRZ 2007, 910 (wenn das Gericht schon im PKH-Verfahren Beweis erhebt); OVG Saarlouis NJW 2006, 2202 (wenn Beweisaufnahme in Betracht kommt, vorweggenommene Beweiswürdigung nur in engen Grenzen).

[1814] *Zimmermann* Rn. 179.

[1815] OLG Köln OLGR 1996, 176 (Strafgerichtliche Beurteilung von Verletzungsfolgen für Erfolgsaussicht einer Schmerzensgeldklage).

[1816] OLG Nürnberg JurBüro 1986, 286. Liegt im Hauptsacheverfahren bereits ein Gutachten vor und reicht der Antragsteller erst danach die PKH-Unterlagen ein, kann das Gericht bei der Beurteilung der Erfolgsaussicht das Gutachten berücksichtigen, OLG Köln NJW-RR 2002, 1425. Vgl. auch OLG Zweibrücken MDR 2009, 1242; OLG Bamberg OLGReport 2008; OLG München NJW-RR 2009, 1293.

Es kommt nicht allein auf die formale Schlüssigkeit des Beweisantritts an. Andernfalls könnte der Antragsteller PKH mit zwar formell korrekten und prozessual nicht übergehbaren aber inhaltsleeren Beweisantritten erzwingen.[1817]

10. Entscheidender Zeitpunkt für die Prüfung der Erfolgsaussicht

(1) **§ 114 ZPO gewährt PKH nur für eine „beabsichtigte" Rechtswahrnehmung.** Nur eine künftige Rechtswahrnehmung ist demnach der PKH zugänglich. Daraus folgt, dass nach Abschluss der Instanz für diese oder nach rechtskräftigem Verfahrensabschluss insgesamt ein PKH-Gesuch unzulässig ist.[1818]

Ein anderes Problem ergibt sich, wenn die Beurteilung der Erfolgsaussicht während des Bewilligungsverfahrens Änderungen unterworfen ist.

Es stellt sich dann die Frage, auf welchen Zeitpunkt es bei der Entscheidung über die Erfolgsprognose ankommt: auf den Zeitpunkt erster Antragstellung, vollständiger Antragstellung bzw. Entscheidungsreife des PKH-Antrags oder Beschlussfassung des Gerichts?

Diese Problemstellung ist von der Frage der rückwirkenden Bewilligung von PKH insgesamt zu unterscheiden und wird kontrovers diskutiert.[1819]

(2) **Der Tag der Antragstellung kann nicht entscheidend sein,** da vor der Beschlussfassung grundsätzlich der Gegner zu hören ist.[1820]

(3) Überwiegend wird auf den **Zeitpunkt der Entscheidung** abgestellt, aber die Ansicht vertreten, dass auf den **Zeitpunkt der Entscheidungsreife dann** abzustellen ist, wenn das Gericht die Entscheidung über den Antrag **pflichtwidrig verzögert** und nach dem früheren Kenntnisstand die Erfolgsaussicht hätte bejahen müssen; die Säumigkeit solle nicht zu Lasten des Antragstellers gehen.[1821] Das Gericht habe dann den Kenntnisstand im Zeitpunkt der nicht hinausgeschobenen oder verzögerten Entscheidung über den Antrag zugrunde zu legen.[1822] Die **Entscheidungsreife** ist gegeben, wenn die Partei das Prozesskostenhilfebegehren schlüssig begründet, die Erklärung über die persönlichen und wirtschaftlichen Verhältnisse vorgelegt und wenn der Gegner Gelegenheit gehabt hat, sich innerhalb angemessener Frist zum Prozesskostenhilfegesuch zu äußern[1823] Problematisch ist allerdings, dass es nicht immer dem Arbeitsablauf des zuständigen Richters entspricht, über das PKH-Gesuch an diesem maßgeblichen Zeitpunkt zu entscheiden.[1824]

483

484

484a

[1817] Zur Beweiswürdigung: BLHAG/*Dunkhase* ZPO § 114 Rn. 88.
[1818] Musielak/Voit/*Fischer* ZPO § 114 Rn. 13.
[1819] *Schneider*, FS Wassermann, 1985, S. 823, 824, bedauert, dass das bereits bei Geltung des *Armenrechts* bekannte Problem nicht mit der Einführung der PKH beseitigt wurde: „Es hätte ein einziger Satz genügt …"; Beispiele bei *Zimmermann* Rn. 169.
[1820] So zu Recht *Zimmermann* Rn. 170; anders aber OLG Köln FamRZ 2001, 232 und OLG Schleswig JurBüro 2002, 85.
[1821] BGH BeckRS 2015, 01273; FamRZ 2012, 964; 2010, 197: Zeitpunkt der Entscheidung (nur) wenn alsbald nach Entscheidungsreife entschieden wird; OLG Dresden FamRZ 2017, 171; OLG Stuttgart FamRZ 2011, 1160 (Ls.); KG FamRZ 2009, 1505; FamRZ 2007, 1469; OLG Köln OLGReport 2008, 609; JurBüro 2006, 657; OLG Naumburg OLGReport 2005, 37; OVG Hamburg FamRZ 2005, 464 (ohne Einschränkung); einschränkend OLG Köln OLGReport 1999, 79 (Keine Rückbeziehung auf Entscheidungsreife, wenn die Partei auf die Entwicklung der Erfolgsaussicht Einfluss nehmen konnte und dies schuldhaft versäumt hat.).
[1822] Vgl zB: OVG Saarland BeckRS 2012, 60696; OVG Hamburg FamRZ 2005, 44. BLHAG/*Dunkhase* ZPO § 114 Rn. 83 bringt die Konsequenzen dieser Auffassung auf den Punkt: rückwirkende Bewilligung von PKH und gleichzeitig ungünstige Hauptsacheentscheidung für den Ast. sei „zulässig u. eventuell nötig". Vgl. iÜ *Groß* ZPO § 114 Rn. 39 ff.
[1823] BGH FamRZ 2012, 964; 2010, 197.
[1824] So zu Recht *Zimmermann* Rn. 173.

485 (4) Nach anderer – hier vertretener – Ansicht soll die Erfolgsaussicht durch das Gericht nicht wider besseres Wissen festgestellt werden; deshalb kommt es grundsätzlich auf den **Zeitpunkt der Beschlussfassung** an.[1825]

Gesetzt den Fall, das Gericht hätte tatsächlich früher und damit für den Antragsteller günstiger entscheiden können, so ist zu fragen, ob diese unsachgemäße Behandlung des Gesuchs letztlich durch eine fehlerhafte Bewilligungsentscheidung ausgeglichen werden soll[1826] und ob darüber hinaus in solchen Fällen vom Grundsatz, dass Grundlage der richterlichen Entscheidung stets der letzte Sach- und Streitstand ist, abgewichen werden kann. **Zunächst ist zu berücksichtigen, dass § 114 ZPO lediglich den Maßstab für eine Schlüssigkeits- bzw. Erheblichkeitsprüfung jenseits aller Billigkeitserwägungen bildet.** Die Prüfung der Erfolgsaussicht als relativer Begriff steht nicht isoliert neben den übrigen Voraussetzungen des § 114 ZPO. In diesem Zusammenhang ist auch zu bedenken, mit welchen Mühen die Feststellung der Einkommens- und Vermögensverhältnisse des Antragstellers verbunden sein kann. Es macht wenig Sinn, hier auf äußerste Genauigkeit zu dringen und bei der Frage der Erfolgsaussicht aus Gründen der Billigkeit sehenden Auges gegen die eigene Erkenntnis zu entscheiden, um dem Antragsteller eine mutmaßlich aussichtslose Prozessführung zu ermöglichen. **Die Erfolgsprognose im Rahmen des § 114 ZPO ist ohnehin nur vage.**[1827] Wird das Gericht darüber hinaus gezwungen, von einem überholten Kenntnisstand auszugehen, so wird dem Antragsteller eine zweifelhafte Wohltat erwiesen. Wird PKH gegen Ratenzahlung bewilligt, findet wenigstens noch seine Beteiligung an den Kosten statt; bei ratenfreier PKH trägt die Allgemeinheit die Kosten für einen aussichtslosen Rechtsstreit. Außerdem ist die Schädigung des Prozessgegners schon vorprogrammiert, wenn er seinen Kostenerstattungsanspruch wegen § 123 ZPO nicht durchzusetzen vermag. **Vom Gericht darf auch nicht eine Entscheidung wider besseres Wissen verlangt werden.**[1828] Es ist zwar richtig, dass die Zivilprozessordnung nicht ausschließt, dass das Gericht entgegen der ihm unter Umständen bekannten tatsächlichen Sach- und Rechtslage entscheidet (Anerkenntnisurteil, Versäumnisurteil gegen den Beklagten nach für ihn günstiger Beweisaufnahme, Präklusion von Vorbringen nach § 296 ZPO), doch beruhen diese Fälle auf der Dispositionsfreiheit der Parteien. Bei der Prozesskostenhilfegewährung handelt es sich um eine Sozialhilfe in besonderen Lebenslagen, deren Voraussetzungen der Parteidisposition entzogen sind. **Eine Veränderung der rechtlichen Beurteilung geht stets zu Lasten der Partei. Selbst eine unrichtige Sachbehandlung führt zu keinem anderen Ergebnis.** Wenn das Gericht den PKH-Antrag zusammen mit der Hauptsache – unter Umständen nach vorangegangener Beweisaufnahme – negativ bescheidet, so widerspricht ein solches Vorgehen sowohl § 118 Abs. 2 ZPO als auch dem Sinn des PKH-Verfahrens, die Grundlage für eine *beabsichtigte* Rechtsverfolgung bzw. Rechtsverteidigung zu schaffen. **Der Antragsteller hat es im Übrigen auch in der Hand, auf die Bearbeitung seines PKH-Gesuchs Einfluss zu nehmen.**[1829] Zunächst ist ein schlichtes Anfragen, Erinnern und Anmahnen zumutbar. Als letzte, äußerste Möglichkeit kommt noch die Richterablehnung nach § 42 Abs. 1 ZPO in Betracht.

[1825] BGH NJW 1982, 1104; FamRZ 1985, 1141; OLG Hamm FamFR 2011, 519; OLG Oldenburg FamRZ 2010, 1587; OLG Frankfurt/M. OLGReport 2009, 113; OLG Saarbrücken FamRZ 2009, 894; OLG Köln JurBüro 2006, 657 (aber nur im Grundsatz); OLGReport 2002, 211; OVG Lüneburg FamRZ 2005, 463; OLG Naumburg OLGReport 2000, 28; OLG Köln FamRZ 2000, 1588; *Schneider* MDR 1985, 529; *Wax* FPR 2002, 471 (478).
[1826] *Schneider* Rpfleger 1985, 432.
[1827] Nachweise → Rn. 460.
[1828] BGH NJW 1982, 1104; 1985, 498; OVG Lüneburg FamRZ 2005, 463; OLG Köln FamRZ 2000, 1588.
[1829] OLG Köln FamRZ 2000, 1588; sowie instruktiv OLG Brandenburg AnwBl 1998, 670; sehr ausführlich zu diesem Thema *Schneider* MDR 2004, 1097.

(5) Bei einer Entscheidung des Beschwerdegerichts über die Prozesskostenhilfe für die erste Instanz, die **zwischenzeitlich rechtskräftig über die Hauptsache entschieden** hat, ist indessen im Hinblick auf die Erfolgsaussicht die – zwischenzeitlich eingetretene – Rechtskraft der in der Hauptsache ergangenen Entscheidung grundsätzlich zu beachten, es sei denn, eine zweifelhafte Rechtsfrage wurde verfahrensfehlerhaft in das Prozesskostenhilfeprüfungsverfahren verlagert oder die Entscheidung wurde durch das erstinstanzliche Gericht verzögert und (deshalb) ist die Erfolgsaussicht inzwischen entfallen.[1830] Selbiges gilt, wenn die Beteiligten den Rechtsstreit durch bestandskräftigen Vergleich wirksam beendet haben. Dann kann das Beschwerdegericht keine davon abweichende Bewertung hinsichtlich der Erfolgsaussicht der Rechtsverteidigung mehr vornehmen.[1831]

486

11. Erfolgsprüfung in besonderen Verfahren

a) Ausländerbeteiligung

Ausländerbeteiligung führt zunächst zu keinen PKH-Besonderheiten. Unterschiede bei der Behandlung von In- und Ausländern im PKH-Verfahren bestehen nicht,[1832] ebenso kein Gegenseitigkeitserfordernis. Auch Staatenlose haben in vollem Umfang Anspruch aus Prozesskostenhilfe.

487

Allerdings können sich bei der Beurteilung der Erfolgsaussicht Schwierigkeiten aus der Frage nach dem anzuwendenden Recht sowie aus der Anwendung fremden Rechts ergeben.[1833] Diese Probleme sind idR im Hauptsacheverfahren zu klären.[1834] Besteht allerdings nach dem anzuwendenden ausländischen Recht keine Erfolgsaussicht, ist PKH zu versagen.[1835] Zur Gewährung von PKH bei grenzüberschreitenden Prozessen innerhalb der EU → Rn. 1104 ff.

b) Abstammungssachen

In Abstammungssachen (Vaterschaftsanfechtungsverfahren/Vaterschaftsfeststellungsverfahren) gilt das Amtsaufklärungsprinzip.[1836] Grundsätzlich sind aber auch im Rahmen der Verfahrenskostenhilfeprüfung die Erfolgsaussichten der Beteiligten zu beurteilen.[1837]

488

(1) In Verfahren auf **Anfechtung der Vaterschaft ist die Erfolgsaussicht** dann zu bejahen und dem **Antragsteller** VKH zu gewähren, wenn er einen konkreten Anfangsverdacht schlüssig darlegt und sich aus seinem Vortrag die Einhaltung der Anfechtungsfrist ergibt.[1838] Stellt den Anfechtungsantrag der potentielle leibliche Vater (§ 1600 Abs. 1

489

[1830] BGH FamRZ 2012, 964; OLG Celle NJW-RR 2015, 60.
[1831] OLG Frankfurt JurBüro 2020, 1277.
[1832] BVerfG NJW 1993, 383; vgl. auch BT-Drs. 8/2694, 17.
[1833] ZB OLG Frankfurt/M. FamRZ 2009, 1504 (pakistanisches Scheidungsrecht, „talab"); OLG Karlsruhe FamRZ 2002, 890 (Widerspruch gegen Scheidungsantrag nach türkischem Recht); OLG Köln FamRZ 1997, 1087 (Anwendung türkischen Unterhaltsrechts); OLG Braunschweig IPrax 1987, 236 (Keine Vollstreckung eines deutschen Unterhaltstitels in Kalifornien); KG NJW-RR 1994, 199 (Anwendung iranischen Scheidungsrechts).
[1834] KG NJW-RR 1994, 199.
[1835] OLG Frankfurt Beschl. v. 18.12.2012, 6 WF 17/13: Anwendung KSÜ. Für türkisches Scheidungsrecht: OLG Koblenz FamRZ 1991, 206.
[1836] Zöller/*Feskorn* FamFG § 26 Rn. 1, 2; Zöller/*Greger* FamFG § 177, Rn. 1–4.
[1837] Für die Ehelichkeitsanfechtung BVerfGE 7, 53; 9, 256. Grundsätzlich zur Verfahrenskostenhilfe in Abstammungssachen: Heilmann/Grün FamFG § 169 Rn. 12 ff.
[1838] Heilmann/*Grün* FamFG § 169 Rn. 21; **geringe Anforderungen** stellen Musielak/Voit/*Fischer* ZPO § 114 Rn. 28 und Musielak/Borth/*Borth*/Grandel FamFG § 76 Rn. 17.

Nr. 2, Abs. 2 BGB) kann eine Erfolgsaussicht nur dann bejaht werden, wenn auch ein Vortrag zur fehlenden sozialen Beziehung zwischen Kind und rechtlichem Vater erfolgt.[1839]

490   Für **die übrigen Beteiligten** eines Vaterschaftsanfechtungsverfahrens sind allerdings **keine Anforderungen an die Erfolgsaussicht zu stellen**.[1840] Sie können das Verfahren weder vermeiden noch sich ihm entziehen.[1841] Die Bejahung der Erfolgsaussicht der Rechtsverfolgung setzt in einem Vaterschaftsanfechtungsverfahren nicht voraus, dass die Voraussetzungen für eine öffentliche Zustellung des Antrags an den Antragsgegner, dessen Anschrift dem Antragsteller nicht bekannt ist, dargelegt werden.[1842]

491   (2) **Bei Vaterschaftsfeststellungsverfahren** besteht für den **antragsbefugten Beteiligten**[1843] eine hinreichende Erfolgsaussicht, wenn er schlüssig darlegt, dass das Kind noch keinen rechtlichen Vater hat, wer der Mutter in der gesetzlichen Empfängniszeit beigewohnt hat bzw. durch wessen Samenspende das Kind gezeugt wurde.[1844] Im Hinblick auf die Amtsermittlungspflicht des Gerichts wird VKH auch dann zu bewilligen sein, wenn der Putativvater im Ausland lebt und sein Aufenthalt nicht feststellbar ist.[1845]

492   **Der auf Feststellung der Vaterschaft in Anspruch genommene Mann muss sich hinreichend verteidigen.** Da er das Verfahren durch die Anerkennung der Vaterschaft vermeiden kann, gilt für ihn nicht der Gesichtspunkt, dass er sich dem Verfahren nicht entziehen kann.[1846]

493   Hingegen haben die **übrigen Beteiligten eines Vaterschaftsfeststellungsverfahrens** keine Einflussmöglichkeit auf die Einleitung oder die Beendigung des Verfahrens, weswegen ihnen ohne Prüfung einer Erfolgsaussicht VKH zu bewilligen ist.[1847]

(3) **In Klärungsverfahren nach § 169 Nr. 2 und 3 FamFG** ist die Erfolgsaussicht für den Antragsteller regelmäßig gegeben. Allerdings gibt es keine VKH für den Antragsteller für einen Anspruch aus § 1598a BGB, wenn es bereits ein Abstammungsgutachten aus einem Vaterschaftsanfechtungsverfahren gibt, das ihn als den Vater ausweist.[1848]

c) Ehesachen

494   (1) **Beantragt der Antragsteller der Scheidung Verfahrenskostenhilfe**, ist für Bejahung der Erfolgsaussicht erforderlich:
- Zulässigkeit des Scheidungsantrags, insbesondere eine Antragsschrift, die den Voraussetzungen des § 133 FamFG entspricht;[1849]
- Ablauf des Trennungsjahres, § 1566 Abs. 1 BGB.[1850]

[1839] Heilmann/*Grün* FamFG § 169 Rn. 21.
[1840] OLG Naumburg BeckRS 2012, 24090; Heilmann/Grün FamFG § 169 Rn. 22; Musielak/Voit/*Fischer* ZPO § 114 Rn. 28.
[1841] Heilmann/*Grün* FamFG § 169 Rn. 22.
[1842] OLG Saarbrücken NJOZ 2018, 1129.
[1843] Hierzu Heilmann/*Grün* BGB § 1600d Rn. 24 ff.
[1844] Heilmann/*Grün* FamFG § 169 Rn. 12.
[1845] OLG Stuttgart OLGReport 1998, 32 und OLG Hamburg OLGReport 1997, 158.
[1846] OLG Hamburg FamRZ 2000, 1587; *Philippi* FPR 2002, 479 (483); Er muss ernsthafte Zweifel an seiner Vaterschaft darlegen, OLG Naumburg NJW-RR 2006, 945.
[1847] OLG Celle FamRZ 2012, 467.
[1848] OLG Stuttgart FamRZ 2010, 53.
[1849] OLG Saarbrücken FamRB 2014, 283; Einzelheiten bei HB/VR/*Gutjahr* § 5 Rn. 58 ff.
[1850] OLG Koblenz BeckRS 2016, 121548; OLG Celle BeckRS 2014, 01808; OLG Köln MDR 2006, 1294; OLGReport 2004, 52; OLG Dresden FamRZ 2002, 890. Die Parteien können beantragen, erst nach Ablauf des Trennungsjahres über den PKH-Antrag zu entscheiden, vgl. OLG Stuttgart FamRZ 2004, 1298; zur Erfolgsaussicht bei Scheidung nach ausländischem Scheidungsrecht: OLG Nürnberg BeckRS 2013, 03056.

- Vor Ablauf des Trennungsjahres Vortrag und Glaubhaftmachung einer unzumutbaren Härte, § 1565 Abs. 2 BGB.[1851]
- Das Verfahren auf Anerkennung einer ausländischen Ehescheidung ist zwingend durchzuführen, bevor ein inländischen Scheidungsverfahren durchgeführt wird.[1852]

(2) **Beantragt der Scheidungsgegner Verfahrenskostenhilfe,** besteht Erfolgsaussicht: 495
- In jedem Fall erst nach Zustellung des Scheidungsantrages.[1853]
- Bei einem Abweisungsantrag, auch wenn er die Scheidung nicht verhindern wird.[1854]
- Bei einem eigenen Scheidungsantrag, § 1564 S. 1 BGB.[1855]
- Wenn er der Scheidung widerspricht und die 3-Jahresfrist des § 1566 Abs. 2 BGB noch nicht abgelaufen ist.[1856]
- Bei Zustimmung oder passivem Verhalten. Letzteres ist nicht unumstritten. Teilweise wird die Ansicht vertreten, wenn der Gegner sich nicht wehre und keine eigene Zielsetzung (Einflussnahme auf das Verfahren, Verbesserung der eigenen Lage) verfolge, könne VKH nicht gewährt werden.[1857]
- Hier ist zu berücksichtigen, dass der Scheidungsgegner in jedem Fall gezwungen ist, sich auf das Verfahren einzulassen. Der Gegner kann die Scheidung letztlich nicht verhindern. Es kann bei dieser Sachlage keinen Unterschied machen, ob er einen erfolglosen Abwehrantrag stellt oder nicht; der Scheidungsprozess wird in keinem Fall vermieden.[1858] Sein Ergebnis hat hingegen für beide Ehegatten ganz weit reichende Folgen. Vor allem die Vorschrift des § 138 FamFG zeigt, dass nach der Absicht des Gesetzgebers im Regelfall beide Ehegatten anwaltlich vertreten sein sollen. Deshalb muss es für die VKH-Entscheidung **unerheblich** sein, ob und **wie sich der Antragsgegner auf den Scheidungsantrag einlässt.**[1859] Dementsprechend kann dem Antragsgegner des Scheidungsverfahrens VKH auch dann gewährt werden, wenn das Verfahren zurzeit nicht betrieben wird, weil die Eheleute einen Versöhnungsversuch unternehmen.[1860]

(3) **Gemäß § 1564 S. 1 BGB können beide Ehegatten die Scheidung beantragen;** 496
beide können dafür VKH erhalten. Es darf nicht einem Antrag die Erfolgsaussicht mit Hinweis auf den Antrag des anderen Ehegatten abgesprochen werden.

(4) **Die Scheidung einer Scheinehe ist eine Frage der Mutwilligkeit,** dort unter 497
→ Rn. 550.

(5) **Scheidungsfolgesache** von Amts wegen, auf die sich die Verfahrenskostenhilfe für 498
die Scheidungssache erstreckt, ist gemäß § 149 FamFG der Versorgungsausgleich.[1861] Für diese Angelegenheit ist zusammen mit der Scheidung der Ehe nur eine einheitliche Erfolgsaussage zulässig. Für die anderen Folgesachen – elterliche Sorge, Umgangsregelung, Herausgabe eines Kindes, Unterhalt, Güterrecht, Ehewohnung und Haushalts-

---

[1851] Andernfalls ist der Scheidungsantrag unschlüssig; vgl. OLG Dresden FamRZ 2002, 890; HB/VR/*Gutjahr* § 5 Rn. 58.
[1852] OLG Stuttgart FamRZ 2019, 1561.
[1853] OLG Zweibrücken FamRZ 1985, 301.
[1854] OLG Jena OLGReport 1998, 250; OLG Karlsruhe FamRZ 1985, 724.
[1855] OLG Hamburg FamRZ 1983, 1133; OLG Saarbrücken FamRZ 1985, 723.
[1856] HB/VR/*Gutjahr* § 5 Rn. 60.
[1857] OLG Karlsruhe FamRZ 1985, 724; OLG Saarbrücken FamRZ 1985, 723 (724); FamFG § 76 Rn. 11 (Erfolgsaussicht zu bejahen, wenn Gegner die Scheidungssache oder eine Folgesache günstig beeinflussen kann.).
[1858] OLG Stuttgart NJW 1985, 207; OLG Saarbrücken FamRZ 1985, 723; OLG Bamberg FamRZ 1987, 500; HB/VR/*Gutjahr* § 5 Rn. 60; *Philippi* FPR 2002, 479 (482).
[1859] BGH MDR 2014, 678; Thomas/Putzo/*Seiler* ZPO § 114 Rn. 6; *Zimmermann* Rn. 188.
[1860] OLG Hamburg FamRZ 2003, 1017.
[1861] OLG Jena FamRZ 2018, 1011.

gegenstände – muss Verfahrenskostenhilfe besonders beantragt und bewilligt werden.[1862] Das schließt die Prüfung der Erfolgsaussicht jedes einzelnen Folgesachenantrages ein.[1863] Wird über Folgesachen gemäß § 137 Abs. 3 FamFG gestritten, so ist wegen der einschneidenden Folgen Erfolgsaussicht stets zu bejahen.[1864] Bei Unterhalt und Zugewinnausgleich ist dem in Anspruch genommenen Antragsgegner Verfahrenskostenhilfe immer dann zu gewähren, wenn die Verteidigung nicht völlig aussichtslos erscheint.[1865] Auch in Umgangsverfahren ist Verfahrenskostenhilfe zu gewähren, wenn das Begehren des Antragstellers nicht ganz aussichtslos (oder mutwillig) ist.[1866]

(6) **Geltendmachung dieser Ansprüche außerhalb des Verbundes** ist uU eine Frage von Mutwillen → Rn. 572.

499   (7) Auch für aussichtslose Scheidungsanträge kann VKH gewährt werden, wenn die Abweisung **nach ausländischem Recht Voraussetzung für die spätere Scheidung ist.**[1867] Selbst wenn bereits ein ausländisches Scheidungsurteil vorliegt, kann Erfolgsaussicht gegeben sein, wenn nicht eine Anerkennung des ausländischen Scheidungsurteils möglich ist.[1868] Selbst wenn das ausländische Scheidungsrecht gegen den deutschen ordre public verstößt, ist die Erfolgsaussicht nicht generell zu verneinen.[1869]

d) Gewaltschutzsachen

500   In **Gewaltschutzsachen** kommt Verfahrenskostenhilfe sowohl im Hauptsacheverfahren als auch im Verfahren auf Erlass einer einstweiligen Anordnung in Betracht. Letzteres setzt nach neuem Recht ein Hauptsacheverfahren nicht mehr voraus, § 214 Abs. 1 FamFG. Es handelt sich gemäß § 51 Abs. 3 FamFG um ein selbstständiges Verfahren, dessen Erfolgsaussichten gesondert und uU abweichend vom Hauptsacheverfahren zu beurteilen ist.[1870] Zur Frage, ob die zeitgleiche Einreichung von inhaltsgleichen EA- und Hauptsacheanträgen mutwillig ist, → Rn. 532.

e) Hochschulzulassung

501   Im Hochschulzulassungsverfahren sind die Erfolgsaussichten zunächst nur zu bejahen, wenn der das Verfahren betreibende Studienplatzbewerber dem Gericht einen Sachverhalt unterbreitet, der die Annahme freier Studienplatzkapazitäten nahe legt.[1871] Ein „hohes" Maß an Wahrscheinlichkeit dafür, dass die festgesetzte Studienplatzzahl die tatsächlich vorhandene Kapazität nicht ausschöpfe, ist hingegen nicht zu fordern.[1872]

f) Kindschaftssachen

502   Kindschaftssachen sind **überwiegend Amtsverfahren** (insbesondere hier von Bedeutung: Umgangs- und Kindeswohlgefährdungsverfahren, aber auch Abänderungsverfah-

---

[1862] Bumiller/Harders/Schwamb FamFG § 149 Rn. 5; Groß ZPO § 119 Rn. 7.
[1863] HB/VR/*Gutjahr* § 5 Rn. 55.
[1864] OLG Rostock FamRZ 2005, 1913 (Bei der Übertragung der elterl. Sorge auf einen Elternteil ist beim anderen Teil keine Erfolgsprüfung nötig.).
[1865] OLG Karlsruhe FamRZ 1996, 1288 (1289).
[1866] OLG Hamm FamRZ 2008, 420.
[1867] OLG Düsseldorf NJW-Spezial 2009, 69; OLG Hamm NJW-RR 1998, 1540.
[1868] OLG Karlsruhe FamRZ 2000, 1021.
[1869] OLG Hamm NJW-RR 2010, 1090 (Verstoßung – „talaq" – nach marokkanischem Recht). Zur Erfolgsaussicht bei Anwendung ausländischem Scheidungsrechts vgl. HB/VR/*Gutjahr* § 5 Rn. 60.
[1870] HB/VR/*Gutjahr* § 4 Rn. 10; **aA** OLG Jena FamRZ 2007, 1338 zum alten Recht.
[1871] OVG Lüneburg BeckRS 2013, 46200.
[1872] OVG Lüneburg BeckRS 2015, 55734.

ren, §§ 1684, 1666, 1696 BGB). Der Umstand, dass sich die Beteiligten diesen Verfahren nicht durch einseitige Erklärungen entziehen können und in diesen Verfahren das Kindeswohl im Vordergrund steht, dessen Ermittlung und Beachtung von Amts wegen sicherzustellen ist, hat für die Frage der **Erfolgsaussicht** zur Folge, dass diese **regelmäßig zu bejahen** ist.[1873] Dies gebieten ferner verfassungsrechtliche Grundsätze, wonach in **besonders grundrechtsintensiven Verfahren** (über einen Sorgerechtsentzug oder einen Umgangsausschluss) eine großzügige Prüfung der Erfolgsaussichten geboten ist.[1874] Eine hinreichende Erfolgsaussicht ist für die Kindeseltern in Verfahren nach §§ 1666, 1666a BGB jedenfalls bereits dann als gegeben anzusehen, wenn mit der Verfahrensbeteiligung eines Elternteils das Kindeswohl zumindest gefördert wird.[1875] In **Umgangsverfahren** ist es ausreichend, dass überhaupt eine Regelung zugunsten des, den Umgang bei Gericht anregenden Elternteil in Betracht kommt; mit einer fehlenden Erfolgsaussicht einer „beantragten"[1876] Umgangsregelung, ist eine Ablehnung des Verfahrenskostenhilfegesuchs regelmäßig nicht zu rechtfertigen.[1877] Handelt es sich um ein Antragsverfahren (zB §§ 1628, 1671 BGB) kann einem Antrag auf Verfahrenskostenhilfe in einer Kindschaftssache die Aussicht auf Erfolg fehlen,[1878] wenn der andere Elternteil zwischenzeitlich ausdrücklich von der streitgegenständlichen Maßnahme (hier: einer Urlaubsreise mit den gemeinsamen Kindern in ein Krisengebiet) Abstand genommen hat.[1879]

g) Stufenklage

(1) Die Stufenklage (Stufenantrag) bereitet bei der Erfolgsprüfung Schwierigkeiten. 503
Sie beruhen darauf, dass Auskunfts- und (unbezifferter) Zahlungsantrag von Beginn an rechtshängig werden. Es handelt sich um eine objektive Klagehäufung.[1880] Daraus folgt, dass von Beginn an ein Kostenvorschuss für Auskunft und unbezifferte Klage zu zahlen ist. Die Erfolgsprüfung betrifft also einen dem Umfang nach noch unbestimmten Anspruch. Weil aber der Zahlungsantrag der 3. Stufe zunächst nicht feststeht, gibt es unterschiedliche Auffassung zum Umfang der Bewilligung zum Zeitpunkt der Bewilligungsreife der 1. Stufe.

Drei Lösungen sind denkbar:

- PKH ist für jede Stufe getrennt zu bewilligen, da eine sichere Erfolgsprüfung die Auskunftserteilung (Stufe 1) voraussetzt.[1881]
- Gleichzeitige PKH – Gewährung für alle Stufen mit Streitwertfestsetzung auch für den Leistungsteil.[1882]

[1873] OLG Karlsruhe FamRZ 2021, 205; OLG Brandenburg FamRZ 2019, 1632; OLG Schleswig-Holstein FamRZ 2019, 48; OLG Naumburg FamRZ 2015, 947 (Ls.); OLG Frankfurt Beschl. v. 27.9.2012, 6 WF 239/12; Heilmann/*Dürbeck* FamFG § 76 Rn. 26; vgl. auch OLG Frankfurt FamRZ 2013, 46.
[1874] OLG Brandenburg FamRZ 2018, 677; OLG Schleswig-Holstein Beschl. v. 20.11.2015, 10 WF 184/15; Heilmann/*Dürbeck* FamFG § 76 Rn. 26.
[1875] OLG Schleswig-Holstein Beschl. v. 20.11.2015, 10 WF 184/15, NZFam 2016, 132; OLG Karlsruhe FamRZ 2015, 1903; *Split* SchlHA 2017, 126.
[1876] Verfahren nach § 1684 BGB sind keine Antragsverfahren. An das Gericht herangetragene Anträge sind keine Sachanträge im formellen Sinne sondern reine Anregungen, an die das Gericht nicht gebunden ist; ausführlich: Heilmann/*Gottschalk* BGB § 1684 Rn. 85 ff.
[1877] OLG Nürnberg FamRZ 2016, 251; *Splitt* SchlHA 2017, 126.
[1878] *Splitt* SchlHA 2017, 126.
[1879] OLG Karlsruhe FamRZ 2015, 150.
[1880] Zöller/*Greger* ZPO § 254 Rn. 1. Vaterschaftsfeststellung und Antrag auf Mindestunterhalt bilden keinen Stufenantrag, vgl. OLG Naumburg FamRZ 2005, 42.
[1881] OLG Naumburg FamRZ 2012, 466; 2007, 1755; KG FamRZ 2005, 461 (PKH für den Leistungsantrag erst nach Bezifferung); OLG Hamburg FamRZ 1996, 1021.
[1882] OLG Schleswig FamRZ 2013, 57; KG FamRZ 2008, 702; OLG Zweibrücken FamRZ 2007, 1109; OLG München, FamRZ 2005, 42.

- PKH – Gewährung für alle Stufen unter Vorbehalt der Konkretisierung zum Leistungsantrag nach der Auskunftserteilung.[1883]

504 **(2) Richtig erscheint, von Anfang an einheitlich PKH zu gewähren.**[1884] Das ergibt sich schon daraus, dass der noch nicht bezifferte Zahlungsantrag den Streitwert und die Gebühren hieraus bestimmt. Den Streitwert hat das Gericht gemäß §§ 44, 63 Abs. 2 GKG, 38, 55 Abs. 2 FamGKG, vorläufig festzusetzen. Bei anderer Ansicht müsste der Antragsteller trotz PKH für die erste Stufe bezüglich des Leistungsantrags den Gerichtskostenvorschuss bezahlen sowie dem beauftragten Rechtsanwalt einen Gebührenvorschuss leisten. Das ist mit dem Wesen der PKH als Maßnahme zur Gebührenbefreiung nicht zu vereinbaren und widerspricht auch § 44 GKG (§ 38 FamGKG), gemäß dem bei der Streitwertfestsetzung von Stufenklagen für die Wertberechnung nur der höchste der verbundenen Ansprüche – und das ist der Leistungsanspruch – maßgeblich ist.[1885] Danach wird **PKH (VKH) für den gesamten Stufenantrag** bewilligt, allerdings erfolgt mit der Bewilligung eine **vorläufige Festsetzung des Verfahrenswertes** für den unbestimmten Zahlungsantrag und Beschränkung der VKH-Bewilligung darauf.[1886] Wird der Antrag nach Vorliegen der Auskunft beziffert, so erfolgt die Verfahrenswertbestimmung dann endgültig. Ergibt sich zum vorläufig festgesetzten Verfahrenswert keine Änderung, so ist kein zweiter VKH-Beschluss erforderlich. Bei der Erhöhung des Verfahrenswertes ist dies hingegen stets der Fall. Freilich kann sich auch ergeben, dass nach der Auskunft des Beklagten kein Anspruch besteht. Hier ergeben sich insofern keine Besonderheiten, als die Erfolgsprüfung ohnehin nur summarisch erfolgt und sich auch bei normalen Leistungsanträgen im Hauptverfahren erweisen kann, dass die Erfolgsprognose des Gerichts unzutreffend und der Antrag unbegründet war. Auf die einmal gewährte Verfahrenskostenhilfe hat das auch beim Stufenantrag keinen Einfluss. Es bleibt beim ursprünglich festgesetzten Verfahrenswert. Einer missbräuchlichen Inanspruchnahme von VKH begegnet auch in diesem Zusammenhang § 124 Nr. 1 ZPO.[1887]

505 (3) **Tenorierungsbeispiel nach OLG Schleswig FamRZ 2013, 57:**
1. Auf die sofortigen Beschwerden aus den Schriftsätzen vom 1.1.2011 wird der Antragsgegnerin in Abänderung der Beschlüsse des Amtsgerichts L. – Familiengericht – vom 9.7.2010 in den Folgesachen UE und Gü Verfahrenskostenhilfe für die Anträge
   – aus dem Schriftsatz vom 17.10.2010 in der Folgesache Gü nach einem Verfahrenswert von 45.000,00 € und
   – aus dem Schriftsatz vom 27.10.2010 in der Folgesache UE nach einem Verfahrenswert von 16.632,00 € bewilligt.
2. Der Antragsgegnerin wird Rechtsanwältin ... beigeordnet.

506 **(4) Wurde ohne Einschränkung VKH bewilligt,** so folgt aus der Besonderheit des Stufenantrages, dass die bewilligte Verfahrenskostenhilfe auf den sich aus der Auskunft ergebenen Unterhaltsanspruch beschränkt ist.[1888] Die Bewilligung steht unter dem Vorbehalt einer Konkretisierung und Erfolgsprüfung. Unabhängig davon, ob eine ausdrückliche Beschränkung angeordnet ist oder nicht, kann das Gericht nach Bezifferung des

---

[1883] OLG München OLGReport 2004, 336; OLG Nürnberg FamRZ 1997, 100; OLG Karlsruhe FamRZ 1995, 1504; Thomas/Putzo/*Seiler* ZPO § 119 Rn. 9 mwN; *Fleischer* NZFam 2016, 679.
[1884] OLG Stuttgart FamRZ 2011, 387; KG FamRZ 2008, 702; OLG Brandenburg FamRZ 2008, 1354; *Groß* ZPO § 114 Rn. 105. Für das Verfahren nach FamFG *Reinken* FPR 2009, 406, 408; *Fleischer* NZFam 2016, 679.
[1885] OLG Stuttgart FamRZ 2011, 387; so auch *Zimmermann* Rn. 290.
[1886] OLG Schleswig FamRZ 2013, 57.
[1887] OLG Schleswig FamRZ 2013, 57.
[1888] OLG München FamRZ 2005, 42.

Zahlungsantrags dessen Erfolgsaussicht von Amts wegen erneut prüfen und durch einen feststellenden (anfechtbaren) Beschluss klarstellen, wieweit die zunächst für einen unbestimmten Zahlungsanspruch bewilligte Verfahrenskostenhilfe durch den neuen Antrag gedeckt ist.[1889]

(5) Die persönlichen und wirtschaftlichen Verhältnisse werden im Rahmen der VKH-Bewilligung für die Leistungsstufe nicht noch einmal überprüft; dies ist dem Verfahren nach § 120a ZPO vorbehalten.[1890] 507

(6) Aus den unter den Rn. 504ff für den Kläger dargelegten Gründen muss **auch dem Beklagten für die Rechtsverteidigung gegen die gesamte Stufenklage Prozesskostenhilfe bewilligt** werden, sofern eine Erfolgsaussicht zur Verteidigung gegen den Zahlungsanspruch gegeben ist.[1891] Das ist nicht der Fall, wenn er die Auskunft grundlos verweigert.[1892] 508

h) Unterhaltssachen

(1) Bei Unterhaltssachen besteht wie in anderen Verfahren das grundsätzliche **Verbot der Vorwegnahme des Hauptverfahrens,** insbesondere einer Beweisaufnahme. Die Besonderheit dieser Anträge im Rahmen der Verfahrenskostenhilfeprüfung besteht darin, dass das Gericht zur Feststellung der Hilfsbedürftigkeit die Vorlage von Belegen zum Einkommen fordern kann, § 118 Abs. 2 S. 1 ZPO. Das führt zwangsläufig zu einer Klärung der Leistungsfähigkeit bei Prüfung der Hilfsbedürftigkeit im Nebenverfahren. Diese vorgezogene Prüfung liegt in der Natur der Sache und benachteiligt den Hilfebedürftigen nicht unzumutbar. Führt die Einkommensprüfung zur VKH-Ablehnung, wird im Regelfall nur die Führung eines Prozesses verhindert, dessen Aussichtslosigkeit dem (scheinbar) Hilfsbedürftigen bekannt war. → Rn. 146. 509

(2) Im Rahmen des Verfahrenskostenhilfebewilligungsverfahrens kann es nicht auf eine „centgenaue" Berechnung eines möglicherweise noch verbleibenden Unterhaltsanspruchs bzw. dessen (ggf. vollständige) Abwehr ankommen. Die Frage, ob nach Würdigung des Verteidigungsvorbringens gar kein, ein Mangelfallunterhalt oder eventuell doch ein Unterhaltsanspruch gegeben ist, ist im Zuge des Hauptsacheverfahrens mit den dortigen, besseren Erkenntnismöglichkeiten und ggf. nach Erhebung der angebotenen Beweise zu beantworten.[1893] Allerdings entbindet dies nicht von einer schlüssigen Darstellung der Leistungs(un)fähigkeit, bsplw. in einem Unterhaltsabänderungsverfahren.[1894] 510

(3) Einer Titulierung bei freiwilliger Leistung fehlt nicht das Rechtsschutzinteresse (arg. § 258 ZPO), für das schon die schlüssig behauptete Existenz eines nicht erfüllten Anspruchs genügt, während § 93 ZPO den Gegner vor ungerechten Kostennachteilen schützt. → Rn. 477. Zur Frage, ob die Titulierung mutwillig ist → Rn. 555 ff. 511

Die Erfolgsaussicht eines Antrages auf Trennungsunterhalt entfällt nicht in Höhe der durch einstweilige Anordnung titulierten Beträge, da hier nur ein vorläufiger Rechtsschutz besteht. An der endgültigen Titulierung hat der Antragsteller ein berechtigtes Interesse.[1895]

[1889] OLG Hamm FuR 2012, 614; OLG München FamRZ 2005, 42.
[1890] OLG Celle MDR 2012, 1061.
[1891] OLG Stuttgart FamRZ 2014, 1478; Fleischer NZFam 2016, 679 (680); Zöller/*Schultzky* ZPO § 114 Rn. 40; *Zimmermann* Rn. 292; **aA** OLG Karlsruhe FamRZ 2012, 1319.
[1892] Zöller/*Schultzky* ZPO § 114 Rn. 40.
[1893] KG ZKJ 2015, 280.
[1894] OLG Brandenburg NZFam 2019, 406 zu den Mindestanforderungen für schlüssigen Vortrag zur Leistungsunfähigkeit bei Mindestunterhalt., → Rn. 513.
[1895] OLG Naumburg FamRZ 2001, 1082.

512 **(4) Besonderheit weist die Titulierung der Unterhaltsansprüche minderjähriger Kinder auf.** Sie haben das Recht der Unterhaltsfestsetzung im Vereinfachten Verfahren (§§ 1612a BGB ff., 249 ff. FamFG), hierfür besteht ein Anspruch auf Verfahrenskostenhilfe.[1896]

Ein Schuldtitel kann vor dem Jugendamt kostenlos errichtet werden (§§ 59, 60 SGB VIII). Verweigert der Unterhaltsschuldner die Mitwirkung zur Schaffung eines solchen Titels (was geringe Mühe und keine Kosten verursacht), besteht auch bei sonstiger freiwilliger Leistung ein berechtigtes Titulierungsinteresse.[1897] Umgekehrt fehlt das Rechtsschutzinteresse, wenn der Berechtigte einen solchen Titel besitzt.[1898]

Im Vereinfachten Verfahren gibt es keine eigene Regelung für eine einstweilige Anordnung. Deshalb besteht hier im Prinzip ein Regelungsbedürfnis für eine einstweilige Anordnung nach §§ 49ff, 246 FamFG[1899] und deshalb auch Erfolgsaussicht im Rahmen der VKH-Prüfung.[1900]

513 **(5) Der Antragsgegner im Unterhaltsprozess** muss – damit die Erfolgsaussicht seiner Verteidigung beurteilt werden kann – uU Bewerbungsunterlagen vorlegen und seine Bemühungen um eine Erwerbstätigkeit glaubhaft machen.[1901] Auch hier dürfen die Anforderungen an die Erfolgsaussichten der Rechtsverteidigung im Prüfungsverfahren über die Verfahrenskostenhilfe nicht überspannt werden. Die Klärung schwieriger und komplexer Fragen sind dem Hauptsacheverfahren vorzubehalten.[1902] Im Übrigen ist er verpflichtet, zum Verfahrenskostenhilfeantrag des Antragstellers Stellung zu nehmen und eventuelle Einwendungen zur Höhe des Zahlungsanspruches vorzubringen.

i) Urkundenprozess

514 Dem Beklagten ist im Urkundenprozess für den gesamten Rechtszug einschließlich des Vorbehaltsverfahrens PKH zu gewähren, wenn seiner Verteidigung erst im Hinblick auf das Nachverfahren Erfolgsaussicht zuzumessen ist.[1903]

j) Selbstständiges Beweisverfahren

515 Hier kommt es auf die Erfolgsaussicht des Verfahrens selbst, nicht auf die einer beabsichtigten Klage an.[1904] Dem Antragsteller ist nicht ohne weiteres zuzumuten, die Beweiserhebung im Hauptsacheverfahren abzuwarten.[1905] Der Antragsgegner kann ein berechtigtes Interesse daran haben, bei den Feststellungen durch einen Sachverständigen die Unterstützung eines beigeordneten Rechtsanwalts zu haben.[1906] Beim Antragsgegner geht es vor allem um die Verschaffung rechtlichen Gehörs und zweckentsprechende

---

[1896] Zöller/*Lorenz* FamFG § 250 Rn. 1; **aA** OLG Oldenburg FamRZ 2017, 312.
[1897] Zöller/*Lorenz* FamFG § 76 Rn. 14.
[1898] OLG Saarbrücken FamRZ 1979, 537; OLG Frankfurt FamRZ 1982, 1223.
[1899] Vgl. zum alten Recht LG München MDR 2000, 1324.
[1900] Vgl. Zöller/*Lorenz* FamFG § 246 Rn. 4.
[1901] OLG Köln FamRZ 1998, 631.
[1902] BVerfG FamRZ 2014, 1977; KG ZKJ 2015, 280.
[1903] OLG Saarbrücken NJW-RR 2002, 1584.
[1904] Zu den Voraussetzungen im Einzelnen OLG Stuttgart MDR 2010, 169; OLG Jena OLGReport 2008, 714; OLG Celle OLG-Report 2004, 449; OLG Oldenburg OLGReport 2002, 90; differenzierend OLG Saarbrücken OLGReport 2005, 120 (Ls): Erfolglosigkeit der Klage muss auf der Hand liegen.
[1905] OLG Köln OLGReport 2002, 385.
[1906] OLG Hamm MDR 2015, 727; OLG Saarbrücken MDR 2003, 1436 mit ausführl. Begründung zur Erfolgsaussicht im selbstständigen Beweisverfahren.

Wahrnehmung seiner prozessualen Rechte. Dementsprechend bestehen nur geringe Anforderungen an die Erfolgsaussicht.[1907]

12. Erfolgsprüfung für die Zwangsvollstreckung

Gemäß §§ 113 Abs. 1 S. 2, 119 Abs. 2 ZPO erfolgt die Bewilligung von Prozesskostenhilfe für die Zwangsvollstreckung durch das Vollstreckungsgericht, und zwar durch den Rechtspfleger (§§ 20 Nr. 5 RPflG).

Zunächst ist auf die Ausführungen zur Erfolgsaussicht bei fehlender Vollstreckungsaussicht zu verweisen, → Rn. 475.

War für den Rechtsstreit PKH aus diesen Gründen abgelehnt worden, so gilt für die Zwangsvollstreckung nichts anderes. Es handelt sich hier aber eher um eine Frage des Mutwillens als der Erfolgsaussicht.

Die Beurteilung der Erfolgsaussicht im Zwangsvollstreckungsverfahren ist kaum möglich; das gilt jedenfalls für den Gläubiger.[1908] Beim Schuldner ist die Erfolgsaussicht genauer zu prüfen.[1909] Sind allerdings bereits mehrfach Zwangsvollstreckungsversuche ohne Erfolg geblieben, kann Mutwillen vorliegen. Eine Frage des Mutwillens ist es auch, wenn die Partei für eine Zwangsvollstreckungsmaßnahme PKH begehrt, obwohl das Gericht die Zwangsvollstreckung von Amts wegen eingeleitet hat, §§ 35, 89, 92, 95 FamFG.[1910]

13. Erfolgsprüfung für die Rechtsmittelinstanz

(1) **Ist der Antragsteller Rechtsmittelführer,** so hat das Gericht die objektiven Bewilligungsvoraussetzungen voll umfänglich zu prüfen;[1911] bei einer Teilgewährung auch daraufhin, ob dadurch die Rechtsmittelsumme erreicht wird.[1912]

Der Antragsteller muss wenigstens stichwortartig darlegen, inwieweit das anzufechtende Urteil seiner Meinung nach unrichtig sein soll.[1913] Wird nur die Beweiswürdigung der 1. Instanz angegriffen, müssen Tatsachen genannt werden, die durchgreifende Zweifel an der Beweiswürdigung des Erstgerichts wecken.[1914] Nennt der Rechtsmittelführer weder neue Tatsachen noch greift er das erstinstanzliche Urteil inhaltlich im Einzelnen an, wird der Prüfung der Erfolgsaussicht das Vorbringen der Partei in der 1. Instanz zugrunde gelegt.[1915]

(2) **Hat der Gegner des Antragstellers das Rechtsmittel eingelegt,** so wird dem Antragsteller PKH bei Vorliegen der übrigen Voraussetzungen erst dann bewilligt, wenn sicher ist, dass das Rechtsmittel durchgeführt wird, denn nur in diesem Fall ist sie für die Rechtsverteidigung erforderlich, vgl. hierzu Rn. 140, 182.

516

517

518

[1907] OLG Naumburg MDR 2010, 403.
[1908] Musielak/Voit/*Fischer* ZPO § 119 Rn. 8; ausführlich: *Fischer* RPfleger 2004, 190 ff.
[1909] BGH NJW-RR 2004, 787; Musielak/Voit/*Fischer* ZPO § 119 Rn. 8.
[1910] OLG München FamRZ 1995, 373.
[1911] BGH FamRZ 2003, 1378; OLG Karlsruhe FamRZ 1999, 726; OLG Frankfurt OLGReport 1998, 123; BLHAG/*Dunkhase* ZPO § 119 Rn. 61; hinsichtlich der Erfolgsaussicht einer Nichtigkeitsklage vgl. BGH NJW 1993, 3140. Wegen § 529 Abs. 1 Nr. 1 ZPO einschr. OLG Dresden OLGReport 2002, 527. Vor der Verwerfung der Berufung als unzulässig ist über den PKH-Antrag zu entscheiden; vgl. BGH NJW-RR 2011, 995.
[1912] OLG Frankfurt/M. OLGReport 1999, 54; OLG Hamm FamRZ 1997, 621; BLHAG/*Dunkhase* ZPO § 114 Rn. 85 (zu Berufung); LG Hamburg FamRZ 1997, 1421.
[1913] OLG Dresden MDR 2003, 1443; OLG Schleswig OLGReport 2004, 266. Zum Problemkreis insgesamt *Fischer* MDR 2004, 1160 ff.
[1914] OLG Dresden NJW-RR 2003, 210.
[1915] OLG Frankfurt/M. OLGReport 2003, 118.

519 (3) Grundsätzlich ist auch in der Rechtsmittelinstanz PKH nur für den Rechtsmittelführer und den Rechtsmittelgegner zu bewilligen. Wenn an dem Verfahren darüber hinaus weitere Personen beteiligt sind (zB in Versorgungsausgleichs- oder Sorgerechtsverfahren) so stellt sich die Frage, wem PKH/VKH bewilligt werden muss. Auf die „Gegnerstellung" kommt es nicht an, sondern vielmehr darauf, ob die um PKH/VKH nachsuchende Person eigene Rechte verfolgt oder verteidigt.[1916] Der Auffassung, dass auch im Beschwerdeverfahren Verfahrenskostenhilfe nur für eine Rechtsverfolgung oder eine Rechtsverteidigung, nicht aber für eine bloß verfahrensbegleitende Rechtswahrnehmung, die sich der Beschwerde weder widersetzt, noch fördert, noch eigene Anträge stellt, gewährt werden könne,[1917] ist der BGH nicht gefolgt.[1918] In Beschwerdeverfahren über eine Entscheidung zum Versorgungsausgleich erhält auch der Beteilige Verfahrenskostenhilfe, der der Beschwerde des Versorgungsträgers nicht entgegentritt.[1919]

520 (4) Die **Erfolgsaussicht der Rechtsverteidigung** des Antragstellers wird **grundsätzlich nicht überprüft,** wenn er in der **Vorinstanz obsiegt hat** und nun **PKH zur Verteidigung** gegen ein **Rechtsmittel** beantragt, § 119 Abs. 1 S. 2 ZPO. Die Vorschrift begründet eine Vermutung für die Richtigkeit der vorinstanzlichen Entscheidung.[1920]

Entgegen dem Wortlaut des § 119 Abs. 1 S. 2 ZPO ist eine Erfolgsprüfung der Verteidigung gegen ein offensichtlich begründetes Rechtsmittel aber zulässig.[1921]

Die Vermutung greift nicht mehr, wenn das Rechtsmittel infolge einer **Gesetzesänderung**,[1922] wegen **Änderung der tatsächlichen Verhältnisse,** auf denen die Entscheidung beruht,[1923] insbesondere aber wegen **offensichtlicher Fehlentscheidung des vorinstanzlichen Gerichts**[1924] begründet ist. Das Gericht muss aber vor der Entscheidung über den PKH-Antrag dem Antragsteller, der in der 1. Instanz erfolgreich war, uU Gelegenheit geben, auf geänderte Anspruchsgrundlagen oder Rechtsansichten zu reagieren und anders vorzutragen.[1925] Eine Vermutung für die Richtigkeit der vorinstanzlichen Entscheidung besteht auch dann nicht mehr, wenn die erste dem Antragsteller günstige Entscheidung **mit unlauteren Mitteln** erlangt wurde[1926] oder wenn in 2. Instanz Urkunden vorgelegt werden können, die dem in 1. Instanz erfolgreichen Klagebegehren gänzlich die Grundlage entziehen.[1927]

Die höchstrichterliche Rechtsprechung geht insofern noch darüber hinaus, als hinreichende Erfolgsaussicht auch dann verneint wird, wenn das Berufungsurteil wegen eines Verfahrensfehlers keinen Bestand haben kann, das materielle Ergebnis sich aber auch in der Revisionsinstanz nicht ändern wird.[1928] **Eine Entscheidung ist zu begründen,** mit

---

[1916] OLG Karlsruhe FamRZ 2006, 1134 spricht insoweit von „sinnvoller Verfahrensbeteiligung"; 2004, 1500; vgl. auch Johannsen/Henrich//Althammer/*Markwardt* ZPO § 114 Rn. 5.
[1917] OLG Karlsruhe BeckRS 2012, 22445.
[1918] BGH FamRZ 2014, 551.
[1919] BGH FamRZ 2014, 551.
[1920] BVerfG NJW 2010, 987; OLG Schleswig OLGReport 2009, 449.
[1921] BLHAG/*Dunkhase* ZPO § 119 Rn. 56, 58; *Groß* ZPO § 119 Rn. 39.
[1922] OLG Celle FamRZ 1977, 648.
[1923] OLG Hamburg OLGReport 1997, 217; OLG Hamm FamRZ 1995, 747.
[1924] OLG Stuttgart MDR 2005, 1070 (Verstoß in der 1. Instanz gegen § 138 Abs. 1 ZPO); OLG Köln OLGReport 2003, 304; OLG Bamberg, FamRZ 1989, 884; OLG Düsseldorf FamRZ 1988, 416; *Groß* ZPO § 119 Rn. 39 mwN.
[1925] BVerfG NJW 2010, 987.
[1926] OLG Brandenburg FamRZ 2013, 1325; OLG Koblenz FamRZ 1985, 301; OLG Bamberg JurBüro 1985, 1111; *Groß* ZPO § 119 Rn. 39.
[1927] OLG Koblenz Rpfleger 2004, 54.
[1928] BGH ZIP 2012, 86; BGH NJW 1994, 1160; vgl. auch OLG Bamberg FamRZ 1995, 378.

der entgegen § 119 Abs. 1 S. 2 ZPO Prozesskostenhilfe trotz vorinstanzlichen Obsiegens wegen offensichtlicher Unrichtigkeit der angefochtenen Entscheidung oder aus anderen Gründen abgelehnt wird.[1929]

(5) Ganz allgemein gilt, dass dem **Rechtsmittelführer Prozesskostenhilfe dann nicht bewilligt** werden kann, wenn das **Gericht von der sachlich richtigen Entscheidung der Vorinstanz überzeug**t ist.[1930] Für Entscheidung über Verfahrenskostenhilfe kommt es nach §§ 114 Abs. 1 Satz 1, 119 Abs. 1 Satz 1 ZPO allein auf die Erfolgsaussicht in der Sache selbst an; ein davon losgelöster möglicher Erfolg des konkret eingelegten Rechtsmittels ist demgegenüber unerheblich.[1931]

521

Insofern erfährt auch der grundsätzliche Ausschluss von Zeugen- und Sachverständigenvernehmung im PKH-Verfahren gemäß § 118 Abs. 2 S. 3 ZPO eine Einschränkung: Die vorweggenommene Würdigung einer Beweisaufnahme der Vorinstanz kann im Rahmen des Bewilligungsverfahrens in der Rechtsmittelinstanz zulässig sein, wenn kein Anhaltspunkt für die Änderung des Verhaltens eines Zeugen (Aussageverweigerung) besteht.[1932]

Hält das Gericht auf Grund der zulässig vorweggenommenen Beweiswürdigung die Richtigkeit der behaupteten Tatsachen für äußerst unwahrscheinlich, so kann es PKH selbst dann verweigern, wenn der Beweisantrag an sich statthaft ist.[1933]

(6) Die Erfolgsaussicht ist zu bejahen, wenn ein Rechtsmittel zugelassen werden müsste, weil höchstrichterliche Klärung erforderlich ist.[1934] Erst recht besteht sie, wenn das Rechtsmittel bereits zugelassen wurde.[1935]

522

(7) Wenn Berufung in vollem Umfang eingelegt und damit die Berufungssumme erreicht wird, ist hinsichtlich des Erfolg versprechenden Teils dieser Berufung PKH zu bewilligen, auch wenn dieser Teil allein die Berufungssumme nicht erreicht.[1936]

523

(8) **PKH** ist grundsätzlich **erst dann zu gewähren,** nachdem das **Rechtsmittel begründet** wurde und die Voraussetzungen für seine Verwerfung nicht vorliegen.[1937] Zur PKH für den Berufungsbeklagten, wenn die **Zurückweisung gem. § 522 Abs. 2 ZPO in Aussicht steht,** → Rn. 182.

524

§ 8 Mutwillen

1. Begriff

Mit der Neuregelung der Prozesskosten- und Beratungshilfe durch das Gesetz zur Änderung des Prozesskostenhilfe- und Beratungsrechts[1938] wurde der Begriff des Mutwil-

525

[1929] BVerfG NJW 2005, 409; BVerfGE 71, 122 (135 ff.): Begründung nötig, wenn von eindeutiger Rechtsnorm abgewichen werden soll und der Grund hierfür den Beteiligten nicht schon aus den Fallumständen bekannt oder erkennbar ist.
[1930] BGH NJW 1993, 3140.
[1931] BGH BeckRS 2017, 119118.
[1932] OLG Köln OLGReport 1992, 424; zur vorgezogenen Prüfung des Beweiswertes einer Zeugenaussage vgl. OLG Köln OLGReport 1995, 133.
[1933] BGH NJW 1994, 1160 (1161).
[1934] BGH NJW 2003, 1126; MDR 2003, 1245.
[1935] BVerfG NJW 2015, 2173 mAnm *Timme;* BGH FamRZ 2004, 1633; NJW 2004, 2022. Aber: wenn es trotz Revisionszulassung nicht um eine schwierige Rechtsfrage geht, soll die Erfolgsaussicht fehlen, BGH BGHReport 2003, 100. Ebenso, wenn der Grund für die Zulassung der Revision gar nicht vorliegt, BGH FamRZ 2003, 1552. Diese Kasuistik ist für den Antragsteller angesichts der Zulassung wohl kaum nachvollziehbar.
[1936] OLG Karlsruhe MDR 2007, 49.
[1937] BGH FamRZ 2013, 122.
[1938] BGBl. 2013 I 3533 ff., trat in Kraft zum 1.1.2014.

lens wieder im Gesetz definiert. Die in § 114 Abs. 2 ZPO eingefügte Legaldefinition lautet: „Mutwillig ist die Rechtsverfolgung oder Rechtsverteidigung, wenn eine Partei, die keine Prozesskostenhilfe beansprucht, bei verständiger Würdigung aller Umstände von der Rechtsverfolgung oder Rechtsverteidigung absehen würde, obwohl eine hinreichende Aussicht auf Erfolg besteht."

Durch die Definition soll die eigenständige Bedeutung des Merkmals der Mutwilligkeit betont und gesetzlich klargestellt werden[1939]

526   **Eine Rechtsverfolgung ist demnach mutwillig,** wenn eine verständige, nicht hilfsbedürftige Partei ihre Rechte nicht in gleicher Weise verfolgen würde.[1940] Das ist verfassungsrechtlich unbedenklich.[1941] Die Bedeutung der Rechtschutzgleichheit aus Art. 3 Abs. 1 iVm Art. 20 GG wird jedoch verkannt, wenn die Fachgerichte Mutwilligkeit annehmen, obwohl die Voraussetzungen hierfür fehlen. Die Bejahung von Mutwillen setzt die Feststellung voraus, dass im Einzelfall denkbare sachliche Gründe für ein bestimmtes prozessuales Vorgehen fehlen.[1942]

Maßstab soll das hypothetische Verhalten einer, ihren Prozess selbst finanzierenden Partei sein, die sich in der Situation des Antragstellers befindet. Der Gegenauffassung, wonach es auf das Verhalten einer vermögenden Partei nicht entscheidend ankommt, kann nicht gefolgt werden. Nicht mutwillig handelt danach, wer eine zur zweckentsprechenden Rechtsverfolgung im Einzelfall notwendige Maßnahme beabsichtigt.[1943] Der Unterschied zur og Definition ist allerdings nicht groß, denn zum einen soll auch hier das Verhalten einer vermögenden Partei brauchbarer Vergleichsmaßstab sein, zum andern wird sich auch eine *verständige* vermögende Partei nur dann zur Prozessführung entschließen, wenn sie im Einzelfall *erforderlich* ist.

Bei der **Verfahrenskostenhilfe** ist zusätzlich § 36 Abs. 1 S. 2 FamFG zu beachten, der den Abschluss von Vergleichen besonders fördern soll. Da hier das Gericht ausdrücklich aufgerufen ist, auf eine gütliche Einigung hinzuwirken, muss dies auch bei einem Kostenvergleich berücksichtigt werden.[1944]

527   Mutwilligkeit ist zu bejahen, wenn ein einfacherer und billigerer Weg zum gleichen Erfolg führt.[1945] Er muss dem kostenaufwändigeren im Wesentlichen aber ganz gleichwertig sein. Mit schlechterem Rechtsschutz braucht sich der Hilfsbedürftige nicht zufrieden zu geben;[1946] er muss jedoch von zwei gleichwertigen prozessualen Wegen den kostengünstigeren wählen.[1947] Bei lediglich geringfügigen Mehrkosten ist kein Mutwillen gegeben.[1948]

[1939] BT-Drs. 17/11472.
[1940] BVerfGE 81, 347 (357) mwN; BGH NJW-RR 2017, 1470; BAG NJW 2011, 1161; OLG Stuttgart FamRZ 2003, 1019; OLG Düsseldorf MDR 2000, 909; *Groß* ZPO § 114 Rn. 78; *Zimmermann* Rn. 193; Zöller/*Schultzky* ZPO § 114 Rn. 43.
[1941] BVerfG FamRZ 2020, 1559.
[1942] BVerfG FamRZ 2020, 1559.
[1943] BGH NJW 1982, 446.
[1944] *Götsche* FamRZ 2009, 383 (385).
[1945] Das ist zB dann der Fall, wenn die Partei einen vom Schuldner ausdrücklich anerkannten Freistellungsanspruch im Klagewege verfolgt, ohne ihn zuvor zur Titulierung durch notarielle Urkunde aufgefordert zu haben (§ 794 Abs. 1 Nr. 5 ZPO), OLG Zweibrücken OLGReport 2001, 501; vgl. iÜ BGH NJW-RR 2017, 1470 (aussichtsloser Mahnbescheid); OLG Zweibrücken FamRZ 2000, 756; JurBüro 2000, 655; OLG Hamm FamRZ 1999, 995; OLG Bamberg FamRZ 1992, 456; Zöller/*Schultzky* ZPO § 114 Rn. 44.
[1946] Zöller/*Schultzky* ZPO § 114 Rn. 47.
[1947] OLG Zweibrücken FamRZ 2000, 756; OLG Düsseldorf MDR 2000, 909; FamRZ 1991, 94; OLG Frankfurt FamRZ 1991, 94 (Verfahren im Ausland); OLG Hamm NJW 1990, 1053; Zöller/*Schultzky* ZPO § 114 Rn. 47 mwN.
[1948] OLG Hamburg FamRZ 1998, 1178.

Auch ein Klageabweisungsantrag in einem Verfahren mit Untersuchungsgrundsatz ist nicht notwendig mutwillig.[1949] Gleiches gilt für die Verteidigung des Antragstellers gegen eine ihrerseits mutwillige Klage.[1950]

2. Rechtsprechungsbeispiele für Mutwillen (alphabetisch)

- **Abänderungsverfahren.** Abänderung gemäß § 238 FamFG statt zulässiger Abänderung im Vereinfachten Verfahren – §§ 249 ff. FamFG – ist mutwillig;[1951] gleiches gilt, wenn der unterhaltsberechtigte Gegner eines Abänderungsantrages bisher auf die Vollstreckung aus dem ursprünglich bestehenden Titel verzichtet hat und nun für das Abänderungsverfahren VKH beantragt.[1952] Ebenso ist ein Abänderungsverfahren als mutwillig anzusehen, wenn der Unterhaltsberechtigte mitgeteilt hat, künftig nur den reduzierten Unterhalt zu verlangen.[1953] Mutwillen ist zu verneinen, wenn ein Antrag auf Feststellung gestellt wird, dass kein Unterhaltsanspruch besteht, obwohl Abänderungsverfahren nach §§ 54 ff. FamFG statthaft sind.[1954] Gleiches gilt, wenn das Antragsziel bereits im Vorverfahren hätte geltend gemacht werden können.[1955] Als mutwillig angesehen wird ein Abänderungsantrag, wenn der Unterhaltschuldner seine Leistungsunfähigkeit in grob fahrlässiger Weise herbeigeführt hat.[1956] Der Antrag auf rückwirkende Abänderung eines Unterhaltstitels gem. § 238 FamFG für die Zeit vor Einreichung des Abänderungsantrags bzw. des VKH-Antrags ist mutwillig.[1957] Unterlässt es der Antragsgegner im vereinfachten Unterhaltsfestsetzungsverfahren ohne triftigen Grund, auf die vorgerichtlichen Auskunftsaufforderungen bzw. innerhalb der im vereinfachten Unterhaltsfestsetzungsverfahren vom Gericht gesetzten Monatsfrist auf den Unterhaltsantrag zu reagieren, ist sein Verfahrenskostenhilfebegehren für das Abänderungsverfahren nach § 240 FamFG mutwillig.[1958] 528

- **Anwaltsbeiordnung.** Missbräuchliches Prozessverhalten und Täuschung des beigeordneten Anwalts schließen wegen Mutwillens eine zweite Anwaltsbeiordnung aus;[1959] ebenso die Beiordnung eines jeweils anderen Rechtsanwalts, wenn die Kindesmutter und ihre Kinder, jeweils vertreten durch die Kindesmutter, Verfahrenskostenhilfe für die Betreibung eines Verfahrens betreffend Unterhalt für Mutter und Kinder, begehren.[1960] Grundsätzlich ist es aber nicht mutwillig, eine Beiordnung zu verlangen, wenn die Voraussetzungen für die Bewilligung von PKH oder VKH vorliegen. Es geht dann allenfalls um die Erforderlichkeit im Rahmen der § 121 Abs. 2 ZPO, § 78 Abs. 2 FamFG.[1961] 529

- **Arzthaftungsprozess.** Umstritten ist, ob der Anspruchsteller vor der Klage die Gutachterkommission für ärztliche Haftungsfragen anrufen muss.[1962] Nach zutreffender 530

[1949] BVerfGE 7, 53, 57 (Einschlägig sind nunmehr §§ 127, 169 FamFG).
[1950] OLG Köln OLGReport 2001, 218.
[1951] OLG Frankfurt DAVorm. 1982, 475; *Zimmermann* Rn. 195.
[1952] KG FamRZ 1983, 1267.
[1953] OLG Hamburg NJW 2013, 2042.
[1954] *Zimmermann* Rn. 195; **aA** OLG Hamm FamRZ 1987, 962.
[1955] OLG Bamberg NJW-RR 1990, 74; *Zimmermann* Rn. 195.
[1956] OLG Bamberg JurBüro 1990, 1646.
[1957] OLG Celle FamRZ 2011, 50 = NJW-RR 2010, 1517; es handelt sich wohl eher um eine Frage der Erfolgsaussicht.
[1958] OLG Celle BeckRS 2013, 10032; **aA** OLG Stuttgart NZFam 2021, 430.
[1959] OLG Köln FamRZ 1987, 1168.
[1960] OLG Hamburg AGS 2018, 575.
[1961] LG Heilbronn JurBüro 2011, 40.
[1962] So LG Aurich NJW 1986, 792; LG Dortmund JZ 1988, 255; differenzierend *Groß* ZPO § 114 Rn. 91.

Ansicht ist das nicht der Fall;[1963] der Spruch der Gutachterstelle ist für das Zivilverfahren unverbindlich.

531 • **Auskunftsklage.** Hier kommt es darauf an, welches Vorgehen vernünftig und Kosten sparend ist. Mutwillig sind getrennte Auskunfts- und Leistungsklage, wenn die Stufenklage sinnvoll ist.[1964] Der einzeln erhobene Auskunftsantrag anstatt desjenigen im Verbundverfahren kann mutwillig sein.[1965] Vor dem Zahlungsantrag kann zunächst der Auskunftsantrag in Betracht kommen,[1966] zB in Unterhaltsfällen[1967] (Mutwillen aber, wenn der Unterhaltsverpflichtete erklärt hat, jeden Unterhaltsbetrag zu zahlen)[1968] oder beim Zugewinnausgleich. Andererseits ist er nicht erforderlich, wenn die Antragstellerin konkrete Angaben zum Einkommen des Antragsgegners machen kann.[1969]

532 • **Einstweilige Anordnung** neben/statt **Hauptsacheantrag.**[1970] Grundsätzlich hat der Berechtigte die Wahl zwischen einstweiliger Anordnung und Hauptsacheantrag; Mutwillen für einen Hauptsacheantrag ist danach zu verneinen, wenn noch keine einstweilige Anordnung vorliegt.[1971] Andererseits kann Verfahrenskostenhilfe für eine einstweilige Anordnung nach §§ 49, 51, 246 FamFG nicht deshalb versagt werden, weil ein besonderes Hauptsacheverfahren möglich ist.[1972] **Verschiedentlich wird die Auffassung vertreten,** eine einstweilige **Unterhaltsanordnung** mache einen anschließenden (gleichgerichteten) Hauptsacheantrag mutwillig, wenn kein besonderer Grund für den besonderen Hauptsacheantrag bestehe.[1973] Im Hinblick auf die Vorläufigkeit und die fehlende Bestandskraft der einstweiligen Anordnung muss dem Antragsteller aber das Recht verbleiben, in der Hauptsache Antrag bzw. Klage zu erheben, um so eine sicherere Rechtstellung zu erhalten.[1974] Eine bereits erlassene einstweilige Anordnung in einer **Gewaltschutzsache** macht deshalb einen zeitgleich eingereichten Hauptantrag nicht mutwillig.[1975] Das gleiche gilt für das **Umgangsrecht- bzw. Sorgerecht.**[1976] Soweit im Recht der einstweiligen Anordnung eine Aufhebung oder Abänderung im Verfahren nach § 54 FamFG zulässig sind, sind selbständige anderweitige Rechtsbehelfe, etwa ein Vollstreckungsabwehrantrag zur Durchsetzung einer nachträglichen Einigung über eine Herabsetzung des Unterhalts oder eines negativen Feststellungsantrags, nicht mutwillig.[1977]

[1963] OLG Düsseldorf NJW 1989, 2955; OLG Oldenburg NdsRpfl 1988, 216; BLHAG/*Dunkhase* ZPO § 114 Rn. 109; *Sieg* NJW 1992, 2992 (2993); *Stegers* AnwBl 1989, 137 mwN.
[1964] OLG Düsseldorf FamRZ 1989, 204; aA OLG Düsseldorf MDR 1992, 1006 (bei vernünftigen Gründen); differenzierend *Zimmermann* Rn. 196.
[1965] OLG Düsseldorf FamRZ 1991, 94; OLG Hamburg FamRZ 1981, 1095 (Versorgungsausgleich).
[1966] *Zimmermann* Rn. 196.
[1967] OLG Hamm FamRZ 1986, 924. Aber nicht stets: OLG Hamm FamRZ 1998, 1602. Kein Mutwillen, wenn neben der Klage auf Auskunft schon Unterhalt in bezifferter Höhe eingeklagt wird – objektive Klagehäufung; OLG Stuttgart FamRZ 2007, 1109.
[1968] OLG Zweibrücken FamRZ 1998, 490.
[1969] OLG Hamm FamRZ 2000, 838.
[1970] Zur Problematik insgesamt *Fischer* MDR 2011, 642.
[1971] OLG Hamburg FamRZ 1990, 642; KG FamRZ 1988, 93.
[1972] OLG Frankfurt/M. FamRZ 2002, 401.
[1973] *Zimmermann* Rn. 205; BLHAG/*Dunkhase* ZPO § 114 Rn. 113.
[1974] *Groß* FamFG § 76 Rn. 24; OLG Hamm FamRZ 2011, 1157.
[1975] OLG Stuttgart FamRZ 2019, 298; OLG München AGS 2015, 142; FamRZ 2012, 1234; *Breidenstein* FuR 2013, 374 (376); aA OLG Hamm FamRZ 2014, 585; OLG Frankfurt/M. FamRZ 2012, 144; OLG Celle FamRZ 2010, 1586; OLG Zweibrücken NJW 2010, 540.
[1976] OLG Frankfurt/M. FamRZ 2011, 661; OLG Köln FamRZ 2011, 1157; OLG Nürnberg NJW 2011, 319.
[1977] OLG Koblenz OLGReport 2000, 496; OLG Köln FamRZ 1984, 717; aA OLG Hamm FamRZ 1987, 961.

Der negative Feststellungsantrag zur Beseitigung einer nach § 56 FamFG fortwirkenden Anordnung ist mutwillig, wenn nachehelicher Unterhalt in derselben Höhe geschuldet wird.[1978]

- Die Rechtsverfolgung des Klägers einer **Entschädigungsklage** ist mutwillig, wenn bei der gegebenen Sach- und Rechtslage eine verständige Partei kein Rechtsmittel einlegen würde, das allein die Klärung des Rechtswegs zum Gegenstand hat, wenn die offensichtliche Aussichtslosigkeit der Entschädigungsklage dadurch nicht abgewendet werden kann.[1979] 533

- **Freiwillige Leistung.** Ob eine Rechtsverfolgung mutwillig ist, wenn der Schuldner freiwillig ganz oder teilweise leistet, ist vor allem (aber nicht nur) ein Problem des Unterhaltsrechts; deshalb dort → Rn. 555. 533a

- **Gesellschaftsrecht.** Die aktienrechtliche Nichtigkeitsklage (§ 249 AktG) eines sog „räuberischen Aktionärs", die zum Ziel hat, sich per Vergleich hinauskaufen zu lassen, ist mutwillig.[1980] 534

- **Geringe Beträge.** Streitigkeiten um geringe Beträge sind nicht wegen ihres geringen Streitwertes mutwillig, denn auch Selbstzahler führen Prozesse um niedrige Beträge.[1981] 535

- **Insolvenzeröffnung über das Vermögen des Antragstellers.** Hier ist für eine negative Feststellungsklage kein Mutwillen gegeben, denn der Antragsteller hat wegen der Nachhaftung nach Aufhebung des Insolvenzverfahrens (§ 201 InsO) ein Interesse an der Klärung der Rechtslage.[1982] Dem Insolvenzverwalter kann Prozesskostenhilfe zwecks Einziehung einer Forderung des Schuldners gegen einen Dritten nicht wegen Mutwilligkeit versagt werden, wenn eine bestehende Massekostenarmut bei Stattgabe der beabsichtigten Klage beseitigt werden kann.[1983] Hingegen ist Mutwilligkeit gegeben, wenn ein erfolgreicher Prozess nur die Vergütung des Insolvenzverwalters decken würde und darüber hinaus nur ein geringer Überschuss zugunsten der Insolvenzmasse erzielt würde.[1984] Zur Insolvenzeröffnung nach dem PKH-Antrag → Rn. 476. 536

- **Klage statt Mahnbescheid.** Der Mahnbescheid ist der zunächst einfachere Weg, um zur Erfüllung der Forderung zu kommen. Ihn hat der Antragsteller in der Regel zu gehen,[1985] es sei denn, dass der Widerspruch des Schuldners zu erwarten ist;[1986] dann kann PKH für das Mahnverfahren wegen Mutwilligkeit nicht bewilligt werden.[1987] 537
Nicht mutwillig ist die Rechtsverfolgung, wenn einer der zusammen eingeklagten Ansprüche im Mahnverfahren nicht hätte geltend gemacht werden können.[1988] Mutwillen liegt aber vor, wenn der Gegner erklärt, im Mahnverfahren weder Widerspruch noch Einspruch einlegen zu wollen; diese Titulierung muss dann genügen.[1989]

[1978] OLG Hamm FamRZ 1984, 297; **aA** – allerdings außerhalb des PKH-Verfahrens – BGH FamRZ 1983, 355.
[1979] BGH MDR 2019, 499.
[1980] OLG Celle ZIP 2010, 1198.
[1981] BT-Drs. 17/11472, 29.
[1982] OLG Düsseldorf OLGReport 2000, 187.
[1983] BGH MDR 2013, 177.
[1984] OLG Köln ZInsO 2015, 351. Vgl. hierzu auch der Beitrag von *Stiller* ZInsO 2020, 2699 zu der Frage der Mutwilligkeit einer beabsichtigten Prozessführung einer Insolvenzverwalterin/eines Insolvenzverwalters bei Vorliegen eines sehr hohen Ausfallrisikos.
[1985] LG Lüneburg NJW-RR 2002, 647; Stein/Jonas/*Bork* ZPO § 114 Rn. 32; BLHAG/*Dunkhase* ZPO § 114 Rn. 117; **aA** *Zimmermann* Rn. 200.
[1986] BGH NJW 2019, 1848; OLG Stuttgart MDR 1955, 556; Thomas/Putzo/*Seiler* ZPO § 114 Rn. 7a.
[1987] BGH NJW 2019, 1848.
[1988] OLG Düsseldorf OLGReport 1998, 178.
[1989] OLG Düsseldorf OLGReport 2008, 504.

538 • **Klage statt Klageerweiterung.** Die Erhebung einer zweiten Klage gegen denselben Beklagten statt zulässiger Erweiterung im noch anhängigen Verfahren ist mutwillig.[1990]

539 • **Klage statt Teilklage; Teilklage statt Klage.** Auf eine kostengünstigere Teilklage darf der Antragsteller nicht ohne weiteres verwiesen werden; dies erscheint nur dann geboten, wenn über den streitbefangenen Teilbetrag hinaus der Anspruch insgesamt geklärt und sicher ist, dass der Prozessgegner den nicht geltend gemachten Teil des Anspruchs freiwillig erfüllen wird.[1991] Das wird in der Regel nicht der Fall sein; ein zweiter Prozess über einen weiteren Teil des Anspruchs ist aber schon aus Kostengründen nicht zu befürworten.[1992] Die Teilklage eines Insolvenzverwalters ist nicht ohne weiteres mutwillig;[1993] anders dann, wenn der Teilbetrag ohne sachlichen Grund eingeklagt wird.[1994]

540 • **Klage statt Adhäsionsverfahren.** Für eine Klage auf Schmerzensgeld wegen versuchten Mordes ist PKH zu bewilligen. Der Geschädigte muss sich nicht auf das Adhäsionsverfahren verweisen lassen.[1995]

541 • **Klage statt Widerklage.** Wenn es kostengünstiger für den Beklagten ist, Widerklage zu erheben, ist die Rechtsverfolgung in einem gesonderten Prozess mutwillig.[1996]

542 • **Klage bei verschiedenen Gerichten.** Der Antragsteller darf nicht dadurch höhere Kosten verursachen, dass er Ansprüche in getrennten Prozessen vor unterschiedlichen Gerichten geltend macht, obwohl *ein* Verfahren vor *einem* Gericht möglich gewesen wäre.[1997] Ein solches Vorgehen ist mutwillig.

543 • **Mehrere Prozesse statt objektiver Klagehäufung/Masseverfahren.** Mutwillen liegt zunächst vor, wenn keine nachvollziehbaren Gründe dafür vorliegen, warum eine Partei mehrere Ansprüche nicht in einer Klage geltend macht, sondern gesonderte Prozesse anstrengt.[1998] Es wird ferner mutwillig sein, wenn eine Partei eine Vielzahl gleichgerichteter Verfahren betreibt, deren Ausgang im Hinblick auf eine noch ungeklärte Rechtsfrage offen ist. Denn die bemittelte Partei würde wenige „unechte Musterverfahren" durchführen, um sich hieraus zunächst Erkenntnisse über die Beurteilung der Rechtslage zu verschaffen.[1999]

544 • **Prozess im Ausland.** Mutwillen für einen Prozess im Inland kann gegeben sein, wenn ein Prozess im Ausland billiger wäre und der Partei die Prozessführung dort zugemutet werden kann.[2000] Mutwillig soll es zB sein, wenn der im Ausland lebende Geschädigte PKH für eine Klage gegen den in Deutschland niedergelassenen Versicherer des Unfallgegners für einen Unfall im Ausland begehrt, anstatt Klage im Ausland zu erheben.[2001] Dies ist zu Recht

---

[1990] BGH JurBüro 2014, 203; BAG NJW 2011, 3260; NJW 2011, 1161; OLG Hamm FamRZ 2017, 1143; OLG Braunschweig NJW 2013, 2442; OLG Nürnberg MDR 2011, 256; LAG Düsseldorf LAGE 5/2014, ZPO § 114 Rn. 18 mit Anmerkung *Gravenhorst;* JM 2015, 188 mAnm *Gravenhorst*, der auf die Kosten einer Klageerweiterung beschränkte Bewilligung vorschlägt; Musielak/Voit/*Fischer* ZPO § 114 Rn. 42.
[1991] Für den Insolvenz(Konkurs-)verwalter OLG Düsseldorf ZIP 1990, 938.
[1992] OLG Braunschweig JurBüro 1980, 137; *Böhmer* IPrax 1986, 216 ff.; *Schneider* MDR 1978, 269.
[1993] OLG Hamburg MDR 2009, 1356; OLG Celle ZIP 2008, 433; OLG Hamm ZInsO 2005, 993; aA OLG Celle ZInsO 2007, 331 u. OLGReport 2007, 202.
[1994] BGH ZIP 2011, 246.
[1995] OLG Rostock JurBüro 2011, 600; *Groß* ZPO § 114 Rn. 93.
[1996] OLG Koblenz JurBüro 2005, 266.
[1997] OLG Karlsruhe NJW-RR 1988, 1389; für Asylverfahren im Familienverbund OVG Münster DÖV 1993, 81; *Groß* ZPO § 114 Rn. 83.
[1998] BGH JurBüro 2014, 203; OLG Braunschweig BeckRS 2013, 09499.
[1999] BVerfG NJW 2010, 988; OVG Weimar BeckRS 2015, 5375;1 OLG Braunschweig BeckRS 2013, 09499.
[2000] OLG Hamm FamRZ 2001, 1533; OLG Celle OLGReport 1998, 58; OLG Frankfurt FamRZ 1991, 94; **aA** OLG Frankfurt IPrax 1983, 46; OLG Hamburg IPrax 1987, 37 (bei Unzumutbarkeit).
[2001] OLG Celle IPrax 1999, 171.

kritisiert worden. Der Beklagte wird durch dieses Vorgehen immerhin der Mühe enthoben, selbst einen Prozess im Ausland führen zu müssen. Auch die Vollstreckung wird dem Kläger erleichtert, wenn sie im Sitzstaat des Beklagten stattfinden kann. Einen in Deutschland ansässigen Beklagten an seinem Sitz in Anspruch zu nehmen, kann deshalb nicht mutwillig sein.[2002] Besteht die internationale Zuständigkeit für ein inländisches Scheidungsverfahren, darf Verfahrenskostenhilfe dafür nicht mit der Begründung versagt werden, das Scheidungsverfahren könnte im Ausland einfacher durchgeführt werden.[2003] Zur grenzüberschreitenden Prozesskostenhilfe in Zivilsachen im Übrigen → Rn. 1104 ff.

- **Rechtsmittelverfahren.** Mutwillig ist es, wenn der Rechtsmittelführer PKH für die Rechtsverfolgung in der 2. Instanz begehrt, obwohl er durch entsprechenden Vortrag in der 1. Instanz bereits hätte Erfolg haben können und sich deshalb das Rechtsmittelverfahren als unnötige Kostenverursachung darstellt.[2004] Mutwillen soll auch dann vorliegen, wenn es sich bei der Rechtsverfolgung eines Beteiligten im Beschwerdeverfahren (hier: Versorgungsausgleich) lediglich um eine **verfahrensbegleitende Rechtsverfolgung** handelt, ohne dass **eigene Anträge** gestellt, eine Gegnerstellung eingenommen oder das Verfahren in irgendeiner Weise gefördert wird.[2005]

545

- **Rechtsverteidigung.** Mutwillen kann vorliegen, wenn die PKH beantragende Partei sich der Erledigungserklärung nicht anschließt, sondern auf Klageabweisung beharrt, obwohl sie den Eintritt des erledigenden Ereignisses nicht substantiiert bestreitet.[2006] Das gleiche gilt, wenn die Partei zur Auskunft nach materiellem Recht verpflichtet ist und das Hauptsacheverfahren hätte verhindern können.[2007] Mutwillig ist die **Rechtsverteidigung im Rechtsmittelverfahren** dann, wenn aufgrund eines gerichtlichen Hinweises bereits feststeht, dass das Rechtsmittel des Gegners als unzulässig verworfen werden wird.[2008] Nicht mutwillig handelt ein Antragsgegner, wenn er im Vertrauen auf den zutreffenden Vortrag des Gegners es vor Zustellung des Antrages unterlässt, auf eine gerade errichtete Jugendamtsurkunde hinzuweisen.[2009] → Rn. 551.

546

- **Rechtsschutzversicherung.** Vor Beantragung der PKH hat der Rechtsschutzversicherte einen – für ihn kostenfreien – Stichentscheid oder ein Schiedsgutachten nach 3.4. ARB 2012 herbeizuführen, wenn der Versicherer die Deckungszusage verweigert. Unterlässt er dies, dann liegt Mutwillen vor.[2010]

547

- Die Beantragung von PKH lediglich für eine **Rubrumsberichtigung** ist mutwillig.[2011]

548

- **Scheidungsverfahren.**[2012]

548a

Mutwillen liegt in folgenden Fällen vor:
- Erneuter Antrag nach Rücknahme des früheren, für den VKH bewilligt war,[2013] es sei denn, es liegen für die Rücknahme ernsthafte Gründe vor.[2014]

[2002] *Mankowski* IPrax 1999, 155 ff.
[2003] OLG Karlsruhe FamRZ 2010, 2095.
[2004] OLG Brandenburg ZKJ 2020, 472; FamRZ 2019, 1153; 2006, 1549; OLG Frankfurt/M. OLGReport 2002, 119; OLG Bamberg FamRZ 2000, 1024 (Scheidung einer *Jux-Ehe*); Ähnliches gilt für ein Widerspruchsverfahren; OVG Berlin-Brandenburg NJW 2012, 249.
[2005] OLG Frankfurt FamRZ 2020, 1024.
[2006] OLG Celle MDR 2007, 1279.
[2007] OLG Celle FamRZ 2012, 47.
[2008] BGH Beschl. v. 22.8.2001 – XII ZB 153/01 -juris –; OLG Brandenburg JurBüro 2021, 157.
[2009] OLG Hamm FamRZ 2005, 527.
[2010] BGH MDR 1987, 1009.
[2011] BGH JurBüro 2003, 334.
[2012] Vgl. hier auch die Nachweise bei HB/VR/*Gutjahr* § 5 Rn. 62 ff.
[2013] OLG Karlsruhe FamRZ 1998, 485; OLG Hamm FamRZ 1990, 1375; im Ergebnis auch OLG Düsseldorf FamRZ 1986, 288 (hier aber Schadensersatzanspruch gegen den Prozessbevollmächtigten als Vermögen); **aA** OLG Hamm FamRZ 1989, 1313.
[2014] OLG Karlsruhe FamRZ 1999, 1669.

- Zweiter Antrag nach ergebnislosem ersten Verfahren (unter falschen Namen geführt).[2015]
- Rücknahme eines Scheidungsantrags und erneute Einreichung wenige Monate später (Trennungszeit inzwischen 3 Jahre).[2016]
- Erhebung eines vierten Scheidungsantrages innerhalb von vier Jahren (alle mit PKH), dann Bewilligung von VKH für den vierten Antrag unter Ausklammerung der in den früheren Verfahren entstandenen Gebühren.[2017] Trotz der geäußerten Kritik an dieser Entscheidung bezüglich der Ausklammerung der Kosten[2018] berücksichtigt sie den höchstpersönlichen Charakter des Scheidungsverfahrens mehr als angemessen. Auch eine vermögende Partei leistet sich ein solches Verhalten unter voller Kostentragung nicht.
- Der Verfahrenskostenvorschussanspruch gegen den Ehegatten muss vor der Scheidung geltend gemacht werden. Wird das versäumt, gibt es wegen Mutwillen keine Verfahrenskostenhilfe.[2019]
- Mutwillig ist es, ein inländisches Scheidungsverfahren neu einzuleiten, wenn die Anerkennung der zuvor im Ausland erfolgten Scheidung nur vom Verhalten des Antragstellers abhängt.[2020]
- Wenn der Antragsgegner am Scheidungsverfahren in keiner Weise mitwirkt, kann ihm VKH zur Rechtsverteidigung nicht gewährt werden.[2021]

549 • *Kein Mutwillen:*
- Gleichzeitige Einreichung von Antrag und VKH-Gesuch.[2022]
- Scheidungsbegehren, wenn der Antragsteller das Scheitern der Ehe zu verantworten hat.[2023]
- Eigener Scheidungsantrag des Antragsgegners.[2024]
- Beide Ehegatten wollen die Scheidung, den Antrag stellt aber allein der „arme" Partner.[2025]
- Rücknahme eines Scheidungsantrages und alsbaldiges Stellen eines neuen Antrags, um höhere Rentenanwartschaften zu sichern.[2026] In diesem Zusammenhang kann VKH selbst dann gewährt werden, wenn der Antragsteller zur Rücknahme des Scheidungsantrags entschlossen ist.[2027]
- Erneuter Scheidungsantrag nach mehrjährigem Ruhen.[2028]

Zu **ausländischen Scheidungsverfahren** → Rn. 544.

550 • **Scheinehe.** Das verfahrenskostenrechtliche Problem der Scheinehe ergibt sich aus deren Eingehung gegen (im Regelfall) Entgelt zwecks Erschleichung einer Aufenthaltserlaubnis. Von Anfang an ist die baldige Scheidung bzw. Aufhebung gem. § 1314 Abs. 2 Nr. 5 BGB – wenn möglich, mit Verfahrenskostenhilfe – beabsichtigt. Die Scheidung/Aufhebung als solche ist eine rechtmäßige Maßnahme, also nicht mutwillig, jedoch ist die

---

[2015] OLG Koblenz FamRZ 2008, 2286.
[2016] OLG Karlsruhe FamRZ 1998, 485.
[2017] OLG Köln FamRZ 1988, 92; ähnlich OLG Hamm FamRZ 1990, 1375; Musielak/Borth/*Borth*/*Grandl* FamFG § 76 Rn. 30; **aA** OLG Karlsruhe FamRZ 1989, 1313; *Groß* FamFG § 76 Rn. 25.
[2018] ZB bei *Groß* FamFG § 76 Rn. 25.
[2019] OLG Zweibrücken OLGReport 2000, 192; OLGReport 1999, 378.
[2020] OLG Stuttgart FamRZ 2019, 1561; OLG Stuttgart FamRZ 2003, 1019.
[2021] AG Lüdenscheid FamRZ 2011, 1884.
[2022] OLG Karlsruhe FamRZ 1994, 1123.
[2023] OLG Frankfurt FamRZ 1997, 618.
[2024] OLG Jena FamRZ 1996, 416.
[2025] OLG Hamm FamRZ 1986, 1.
[2026] OLG Karlsruhe FamRZ 2000, 1020; FamRZ 1999, 1669.
[2027] OLG Karlsruhe OLGReport 2000, 227.
[2028] OLG Karlsruhe OLGReport 1999, 283.

Gewährung staatlicher Geldhilfe zur Durchführung eines derartig krassen Rechtsmissbrauchs zu verhindern; und zwar sind folgende Argumentationen möglich:

(1) Es handelt sich um einen Fall der **selbstverschuldeten Bedürftigkeit**.[2029] Der die Scheidung betreibende deutsche Ehepartner hat sich vor Stellung des Scheidungsantrags durch Ausgabe des Entgelts „arm" gemacht, obwohl er es für das spätere Verfahren hätte zurücklegen müssen.[2030]

(2) Es liegt Mutwillen/Rechtsmissbrauch vor.[2031]

Die Bejahung einer mutwilligen Rechtsverfolgung allein hilft bei der Scheinehe nicht weiter, weil das Scheidungsbegehren als solches zunächst nicht mutwillig ist – mutwillig war nur die Eheschließung –,[2032] sondern sogar ein gesellschaftliches Interesse daran besteht, zum Schein eingegangene Ehen zu beenden.[2033] Nach diesseits vertretener Auffassung bestehen keine Bedenken, das gesamte Verhalten der Beteiligten nach ihrem Gesamtplan zu würdigen.[2034] Das Eingehen der Scheinehe in Verbindung mit der erschlichenen Aufenthaltserlaubnis für den Partner können nicht isoliert vom Scheidungsverlangen gesehen werden, denn die Notwendigkeit der Scheidung ist vorsätzlich durch Eingehen einer formal gültigen Ehe verursacht worden, und zwar in klarer Erkenntnis der Tatsache, dass zur späteren Scheidung die Mittel fehlen würden. Dann erscheint es nicht unbillig, den Antragsteller mit der Scheidung warten zu lassen, bis er sie selbst finanzieren kann.[2035] Die Rechtsethik gebietet es nicht, staatliche Finanzhilfe zur Beseitigung vorsätzlich herbeigeführter Folgen krassen Rechtsmissbrauchs zum Nachteil des Staates zu leisten.[2036] An den vorstehenden Ausführungen ändert sich auch nichts angesichts der Möglichkeit, eine Scheinehe auch durch Aufhebung nach § 1314 Abs. 2 Nr. 5 BGB zu beenden. Die Tatsache, dass die Beendigung einer Scheinehe in einem einfacheren Verfahren möglich ist, sagt noch nichts darüber aus, ob dies mit staatlicher Kostenübernahme zu geschehen hat.[2037] In einer neueren Entscheidung urteilt der **BGH**[2038] allerdings großzügiger: Der VKH-Antrag einer Partei, die eine Scheinehe geschlossen hat, sei nicht

---

[2029] OLG Schleswig OLGReport 1997, 10; OLG Nürnberg FamRZ 1995, 1502; NJW-RR 1995, 901; Zöller/*Feskorn* FamFG § 76 Rn. 24.

[2030] OLG Rostock NJW-RR 2007, 1161; JurBüro 2007, 150; OLG Zweibrücken OLGReport 2008, 348; OLG Frankfurt FamRZ 1996, 615; OLG Nürnberg FamRZ 1996, 615; **aA** OLG Frankfurt/M. FamRZ 2004, 1882: Der Vorwurf, keine Rücklagen gebildet zu haben, ist nicht zu erheben, wenn sich die Familie des Scheinehepartners zur Übernahme der Kosten verpflichtet hatte. Sehr bedenklich, durch diese Rechtsprechung wird geradezu die „Hintertür" geöffnet.

[2031] BGH NJW 2005, 2781; OLG Bamberg OLGReport 2000, 201; OLG Hamm FamRZ 2000, 1092 (Antrag auf Aufhebung der Ehe); OLG Köln FamRZ 1984, 278 (Mutwillen u. Rechtsmissbrauch); OLG Stuttgart FamRZ 1992, 195 (rechtsmissbräuchlich, weil mutwillig die Notwendigkeit einer Scheidung provoziert); FamRZ 1997, 1410 (rechtsmissbräuchlich = mutwillig); *Zimmermann* Rn. 202 (nur Rechtsmissbrauch); **aA** OLG Saarbrücken FamRZ 2009, 626; OLG Köln FamRZ 2008, 1260; OLG Karlsruhe FamRZ 2003, 1760; OLG Naumburg FamRZ 2001, 629; OLG Hamm FamRZ 2001, 1081.

[2032] So *Zimmermann* Rn. 202.

[2033] OLG Hamburg FamRZ, 1983, 1230 (1231).

[2034] OLG Koblenz FamRZ 2009, 1932; zu § 1314 II Nr. 5 BGB OLG Naumburg FamRZ 2004, 548; OLG Koblenz NJW-RR 2004, 147 (kein Unterschied zwischen Scheidung u. Aufhebungsverfahren); siehe auch *Schneider* MDR 1985, 441; *Philippi* FPR 2002, 479 (484); Zöller/*Feskorn* FamFG § 76 Rn. 24.

[2035] Differenzierend Musielak/Borth/*Borth/Grandel* FamFG § 76 Rn. 29.

[2036] *Schneider* MDR 1985, 441; **aA** OLG Karlsruhe FamRZ 1988, 91 (Scheidung einer Scheinehe nicht mutwillig).

[2037] Vgl. OLG Naumburg FamRZ 2004, 548; OLG Koblenz NJW-RR 2004, 157 (kein Unterschied zwischen Scheidung u. Aufhebungsverfahren). Für PKH-Anspruch aber: OLG Hamm MDR 2011, 368; OLG Frankfurt/FamRZ 2006, 1128.

[2038] FamRZ 2011, 872.

immer rechtsmissbräuchlich. Allerdings müsse die Partei, die für die Eheschließung ein Entgelt erhalten habe, davon Rücklagen bilden. Sei dieses Entgelt nicht gezahlt worden, müsse die Partei das glaubhaft machen; wegen ihres zweifelhaften Verhaltens zuvor sei eine genauere Überprüfung angebracht. Damit wird dem Gericht mE. eine aufwändige und wenig Erfolg versprechende Aufgabe zugewiesen, und dies wegen einer Partei, die sich bereits *durch die Eingehung der Scheinehe gegen die Rechtsordnung gestellt hat*.[2039]

551 • **Schweigen.** Es wird die Auffassung vertreten, Mutwillen sei auch dann gegeben, wenn sich eine Partei als Antragsgegnerin im PKH-Verfahren (bzw. VKH-Verfahren) nicht gehörig beteilige, sie also gegen eine Prozessverhinderungspflicht verstoßen habe.[2040] Das ist in dieser allgemeinen Form abzulehnen; es besteht **keine generelle Pflicht zur Stellungnahme auf den gegnerischen Antrag.**[2041] § 118 Abs. 1 S. 1 ZPO ist lediglich Ausprägung des Grundsatzes des rechtlichen Gehörs; auch ist der Antragsgegner im PKH-Verfahren nicht Beteiligter bzw. Partei.[2042] S. a.→ Rn. 546.

552 • **Sorge- und Umgangsrecht.** Ein Antrag auf Übertragung der Alleinsorge nach § 1671 BGB ist auch bei bereits tatsächlich erfolgter Übertragung nicht mutwillig, da ein Interesse an einer klaren rechtlichen Regelung besteht.[2043] Im Rahmen des Verfahrens nach § 155a FamFG[2044] ist es nicht mutwillig, wenn der Antragsteller nicht vor Stellung seines Antrages eine Sorgeerklärung beim Jugendamt abgegeben oder vorher um Beratung nachgesucht hat, da der Gesetzgeber ausdrücklich auf die Abgabe einer vorherigen Sorgeerklärung als Antragsvoraussetzung für ein Verfahren nach § 155a FamFG verzichtet hat und die Inanspruchnahme von Beratungsangeboten der Kinder- und Jugendhilfe freiwillig ist.[2045] Ein Sorgerechtsantrag ist aber mutwillig, wenn das Ruhen des Sorgerechts des anderen Ehepartners bereits nach § 1674 BGB gerichtlich festgestellt worden ist.[2046] Mutwillen liegt vor, wenn die gerichtliche Feststellung des Ruhens der elterlichen Sorge lediglich deklaratorisch wirken kann.[2047] In einem Verfahren nach § 1666 BGB bekommt ein Elternteil auch dann Verfahrenskostenhilfe, wenn er der vom Jugendamt angeregten Maßnahme zustimmt.[2048] Ein Antrag zum Umgangsrecht kann mutwillig sein, wenn vorher mit dem **anderen Elternteil, ggfs. unter Einbindung des minderjährigen Kind und/oder des Jugendamtes** ein **Versuch einer Einigung** nicht unternommen wurde.[2049] Es kommt hier auf den Einzelfall an.

[2039] So wörtlich BGH NJW 2011, 1814 (1815) unter [17] der Entscheidungsgründe.
[2040] OLG Celle MDR 2011, 1235; OLG Köln JurBüro 2009, 145; OLG Brandenburg FamRZ 2008, 70; FamRZ 2006, 349 mablAnm *Benkelberg*.
[2041] OLG Koblenz BeckRS 2019, 28334; OLG Oldenburg AGS 2012, 401; OLG Köln MDR 2011, 259; *Roßmann* FuR 2013, 423 (424).
[2042] OLG Hamm FamRZ 2014, 1474; OLG Oldenburg FamRZ 2013, 59; OLG Brandenburg FamRZ 2010, 142; OLG Saarbrücken OLGReport 2009, 533 (535); OLG Bremen NJW 2009, 2318; *Nickel* MDR 2008, 65.
[2043] OLG München FamRZ 1997, 619 (noch für § 1672 BGB aF).
[2044] Eingeführt durch das Gesetz zur Reform der elterlichen Sorge nicht miteinander verheirateter Eltern vom 16.4.2013, in Kraft seit dem 19.5.2013.
[2045] *Dürbeck* ZKJ 2013, 330; **aA** *Schneider* MDR 2013, 309 (310); *Bruns* FamFR 2013, 217; *Büte* FuR 2013, 311.
[2046] OLG Frankfurt FamRZ 1992, 583 (für § 1672 BGB aF).
[2047] OLG Rostock FamRZ 2008, 1090 (anderer Elternteil im Koma).
[2048] OLG Karlsruhe OLGReport 2004, 243.
[2049] OLG Karlsruhe BeckRS 2019, 6008; MDR 2016, 162 (Mutwilligkeit nur, wenn anzunehmen ist, dass nach den konkreten Umständen des Einzelfalls, eine aussichtsreiche Möglichkeit einer vorgerichtlichen Verständigung bestanden hat, die jedoch nicht genutzt wurde); OLG Brandenburg NZFam 2015, 471 mit Anmerkung *Leeb;* OLG Hamm NZFam 2015, 510, mAnm *Grandke;* OLG Schleswig FamRZ 2014, 584 (sofern davon ausgegangen werden könne, dass die Vermittlungsbemühungen in angemessener Zeit zum angestrebten Erfolg geführt hätten); OLG Rostock MDR 2011, 790 (wenn außergerichtl. Einigung nicht versucht wurde; Ausnahme: Aussichtslosigkeit); OLG Saar-

Soweit teilweise Mutwilligkeit mangels vorheriger Inanspruchnahme einer Beratung beim Jugendamt angenommen wird,[2050] sind die Wartezeiten für einen persönlichen Termin zu beachten, die oftmals eine kurzfristige Vorsprache beim Jugendamt, ggfs. noch vor dem nach § 155 Abs. 2 FamFG anzuberaumenden Termin, unmöglich machen.[2051] Mutwillen liegt jedenfalls dann nicht vor, wenn das Jugendamt zwar nicht eingeschaltet wurde, der andere Elternteil aber bereits die (befristete) Aussetzung des Umgangsrechts des Antragstellers beantragt hat;[2052] oder der Versuch einer Einigung wegen des hohen Konfliktpotenials erkennbar aussichtslos erscheint.[2053] Zur Geltendmachung außerhalb des Verbundes → Rn. 571. Der Antrag eines Kindes auf Umgang mit dem unwilligen Elternteil ist nicht mutwillig.[2054] Mutwilligkeit ist wiederum zu bejahen, wenn die Durchführung einer **Mediation** vereinbart wurde, aber bereits kurz nach deren Beginn ein neues Umgangsverfahren angeregt wird.[2055] Mutwilligkeit wurde auch angenommen bei einem Verfahrenskostenhilfegesuch für eine Umgangsregelung eines Vaters, der die Mutter getötet hat.[2056] Der BGH hat dies auf die eingelegte Rechtsbeschwerde hin anders beurteilt.[2057] Ist ein gerichtlicher Umgangstitel vorhanden, muss der Verfahrenskostenhilfe begehrende Umgangsberechtigte vortragen, welche triftigen, das Wohl des Kindes nachhaltige berührenden Gründe für eine Änderung gem. § 1696 BGB sprechen.[2058]

- **Streithilfe.** Die Beteiligung als Streithelfer am Prozess ist aus der Interessenlage des Streithelfers zu werten. Eine Beteiligung am Berufungsverfahren bei vorinstanzlichem Obsiegen der von ihm unterstützten Partei kann mutwillig sein, wenn die unterstützte Partei ihrerseits in der Berufungsinstanz das Erforderliche vorgetragen hat.[2059] Zum **Versicherer als Streithelfer** → Rn. 62.   553

- **Titel, gleichgerichteter.** Mutwillig kann die Rechtsverfolgung bei Bestehen eines gleichgerichteten Titels sein. Existiert ein gleichgearteter Vollstreckungstitel, wird in der Regel schon das Rechtsschutzinteresse für eine erneute Titelbeschaffung fehlen. Problematischer sind die Fälle, in denen ein Titel über denselben Betrag, aber mit andersgearteter oder verminderter Rechtswirkung besteht oder auf einen anderen Beteiligten, insbesondere auf den gesetzlichen Vertreter in Unterhaltsfällen, lautet. Ein Scheidungsfolgenvergleich, der auch den Kindesunterhalt regelt, kann ein eigenes Un-   554

---

brücken FamRZ 2010, 310 (wenn außergerichtliche Streitschlichtung nicht versucht wurde); OLG Schleswig NJW-Spezial 2011, 518 (wenn die begründete Aussicht besteht, die Vermittlung durch das Jugendamt werde gelingen); OLG Brandenburg FamRZ 2005, 1914; OLGReport 2003, 324; OLG Koblenz NJW 2009, 1425 (nur wenn anzunehmen ist, dass die Vermittlungsbemühungen des Jugendamtes Erfolg gehabt hätten); FamRZ 2005, 1915; OLG Karlsruhe FamRZ 2004, 549; **aA** OLG Stuttgart FamRZ 2011, 1160 (zum Aufenthaltsbestimmungsrecht); OLG Hamm NJW-RR 2011, 1577; FamRZ 2007, 1337; FamRZ 2003, 1758 (wenn der sorgeberechtigte Elternteil jeglichen Kontakt des Kindes mit dem anderen Elternteil verweigert); OLG München FamRZ 2008, 1089; OLG Karlsruhe FamRZ 2004, 1115; FamRZ 2002, 1712; Heilmann/*Dürbeck* FamFGn§ 76 Rn. 32. Zum gesamten Problemkreis *Keuter* FamRZ 2009, 1891, der grds. von einer Pflicht zur Annahme der kostenlosen Beratungs- und Hilfsangebote ausgeht.

[2050] OLG Brandenburg NZFam 2015, 471 mAnm *Leeb;* OLG Hamm NZFam 2015, 510 mAnm *Grandke;* OLG Rostock MDR 2011, 790; OLG Köln FuR 2013, 341.
[2051] OLG Schleswig FamRZ 2014, 584; 2011, 1882.
[2052] OLG Düsseldorf FamRZ 2011, 51.
[2053] OLG Brandenburg FamRZ 2019, 1632.
[2054] OLG Stuttgart OLGReport 2008, 765.
[2055] OLG Nürnberg NZFam 2015, 975 mAnm *Härtl.*
[2056] OLG Celle BeckRS 2016, 01350 mAnm *Weber* NZFam 2016, 92.
[2057] BGH NJW 2016, 2188; kritisch hierzu *Heilmann.*
[2058] *Wache* Praxishinweis zu OLG Brandenburg NZFam 2020, 734
[2059] OLG Koblenz JurBüro 1983, 285.

terhaltsverfahren des Kindes mutwillig machen.[2060] Entsprechendes gilt bei einem Unterhaltstitel, den ein Elternteil gemäß § 1629 Abs. 3 S. 1 BGB für das minderjährige Kind in eigenem Namen erwirkt hat. → Rn. 556. Allein für eine Berichtigung des Rubrums ist PKH nicht erforderlich.[2061]

555 • **Unterhalt.**

(1) Nach der Rechtsprechung des **BGH** ist ein Unterhaltsantrag auch dann nicht mutwillig, wenn der Schuldner bisher stets **vollständig und pünktlich gelei**stet hat.[2062] Diese Entscheidung bezog sich nicht auf die Gewährung von PKH (jetzt Verfahrenskostenhilfe) und kann allenfalls zur Beurteilung des Rechtsschutzinteresses (dies wird bejaht), nicht aber der mutwilligen Rechtsverfolgung herangezogen werden. Deshalb erscheint es trotz dieser eindeutigen Aussage im Hinblick auf das PKH-Verfahren unter Kostengesichtspunkten zweifelhaft, ob nach den Grundsätzen des BGH dem Unterhaltsgläubiger auch dann PKH (VKH) gewährt werden soll, wenn der Anspruch nicht bestritten ist und pünktlich und regelmäßig erfüllt wird. Dementsprechend wird die Ansicht vertreten, ein Unterhaltsantrag mit Hilfe von VKH sei mutwillig, wenn der Unterhaltsgläubiger seine Leistung stets freiwillig, pünktlich und vollständig erbracht hat.[2063] Einem solchen Antrag fehlt zwar nicht das Rechtsschutzbedürfnis[2064] – für § 258 ZPO ist ein besonderes Rechtsschutzbedürfnis nicht erforderlich –, dies ist aber eine Frage der *Erfolgsaussicht*.

556 (2) Der Berechtigte kann ein schutzwürdiges Interesse an einem **Vollstreckungstitel** haben; dann muss er zunächst versuchen, ihn ohne ein Verfahren zu erhalten.[2065] In Frage kommt hinsichtlich des Kindesunterhalts der kostenlos zu errichtende Titel vor dem Jugendamt nach §§ 59, 60 SGB VIII; wegen des sonstigen Unterhalts gem. § 794 Abs. 1 Nr. 5 ZPO. Beim Ehegattenunterhalt begründet die Ankündigung des Unterhaltsschuldners, er werde den Unterhalt nach zwei Jahren verringern, noch kein Titulierungsinteresse.[2066] Der Pflichtige ist demnach zunächst **aufzufordern**, an der **Schaffung des Titels mitzuwirken**;[2067] eine diesbezügliche Anfrage kann auch durch das Gericht erfolgen.[2068] Soweit das für ihn nicht kostenfrei möglich ist, muss der Berechtigte bei bisher freiwilliger und pünktlicher Leistung die Kostenübernahme anbieten.[2069] Erst

---

[2060] OLG Schleswig SchlHA 1984, 164.
[2061] BGH JurBüro 2003, 334.
[2062] BGH FamRZ 1998, 1165 unter Hinweis auf OLG Karlsruhe FamRZ 1979, 630.
[2063] OLG Brandenburg NZFam 2018, 1093; OLG Hamm NJW 2007, 1758; OLG Köln FamRZ 2004, 297; ähnlich OLG Karlsruhe OLGReport 2003, 423; OLG Hamm FamRZ 1992, 577; OLG Nürnberg NJW-RR 1993, 327 (auch wenn der Schuldner Vorbehalte geäußert hat); *Groß* FamFG § 76 Rn. 27; *Zimmermann* Rn. 208. Überblick über den Meinungsstand bei Musielak/Borth/*Borth/ Grandel* FamFG § 76 Rn. 20.
[2064] Vgl. dazu aber BLHAG/*Anders* ZPO § 258 Rn. 3.
[2065] OLG Hamm FamRZ 2012, 282.
[2066] OLG Köln FamRZ 2004, 1114.
[2067] OLG Hamm FamRZ 2008, 1260; FamRZ 2000, 1021; OLG Köln OLGReport 2003, 298; OLG Zweibrücken NJW-RR 2000, 150; OLG Jena FamRZ 1997, 1016; OLG München FamRZ 1996, 1021; zum Inhalt einer Aufforderung zur Titulierung OLG Stuttgart FamRZ 1990, 1368; *Philippi* FPR 2002, 479 (485).
[2068] OLG Zweibrücken FamRZ 1997, 620.
[2069] Das ist allerdings sehr streitig. Wie hier: OLG Köln FamRZ 2004, 1114; OLGReport 1999, 378; FamRZ 1997, 177 u. 822; OLG München FamRZ 1994, 1126; OLG Hamm FamRZ 1992, 831; OLG Düsseldorf FamRZ 1993, 1217; *Philippi* FPR 2002, 479 (485); **aA** OLG München FamRZ 1994, 313; OLG Düsseldorf FamRZ 1990, 1369; FamRZ 1994, 1484. Mutwilligkeit der Klageerhebung nach Aufforderung zur Titulierung liegt allerdings vor, wenn der Pflichtige die Kosten f. die Titulierung nicht tragen kann, weil die Unterhaltszahlungen ihn bis an die Grenze seiner Leistungsfähigkeit belasten, OLG Nürnberg NJW-RR 1993, 327; Musielak/Voit/*Fischer* ZPO § 114 Rn. 38; *Vogel* FPR 2002, 505 (507).

wenn der Verpflichtete sich weigert, eine vollstreckbare Verpflichtungserklärung abzugeben, ist der Antrag des Berechtigten nicht mutwillig.[2070] Entsprechendes gilt, wenn ein Sockelbetrag regelmäßig freiwillig gezahlt wird und sich die Forderung des Unterhaltsgläubigers auf einen darüber hinausgehenden Betrag richtet. Erst nach insoweit erfolglosem Versuch kommt Verfahrenskostenhilfe in Betracht.[2071]

(3) Ist der Schuldner nur zu *Teilleistungen* bereit, gibt er Anlass zu dem Verfahren iSd §§ 243 S. 2 Nr. 4 FamFG, 93 ZPO, damit scheidet Mutwillen des Antragstellers aus.[2072] 557

(4) Ein Abänderungsantrag auf Herabsetzung des Unterhalts oder ein Vollstreckungsgegenantrag sind auch dann nicht mutwillig, wenn der Gegner erklärt hat, er wolle zurzeit aus dem Titel nicht vollstrecken.[2073] Allerdings ist er vor Antragserhebung aufzufordern, förmlich auf den titulierten Anspruch zu verzichten.[2074] Mutwillig soll es sein, wenn der Schuldner von tituliertem Kindesunterhalt einen gerichtlichen Herabsetzungsantrag stellen will, ohne zuvor eine außergerichtliche Einigung versucht zu haben[2075] oder der Unterhaltsgläubiger mitgeteilt hat, künftig nur noch den reduzierten Unterhalt zu verlangen.[2076] 558

(5) § 48 Abs. 1 S. 1 SGB I (sog. Abzweigung) steht einem Unterhaltsverfahren nicht entgegen.[2077] 559

(6) Die gerichtliche Verfolgung von **Kindesunterhalt in zwei Verfahren** (vor/nach der Scheidung) ist mutwillig. Für das später eingeleitete Verfahren gibt es keine Verfahrenskostenhilfe.[2078] 560

(7) Wenn wegen Leistungsunfähigkeit des Verpflichteten bereits Rückstände in erheblicher Höhe bestehen, ist ein Antrag auf Heraufsetzung des Unterhalts wirtschaftlich unsinnig und damit mutwillig.[2079] 561

(8) Ein Antrag hinsichtlich des künftigen Unterhalts gegen den Pflichtigen ist nicht allein deshalb mutwillig, weil bereits fortlaufend Unterhalt vom **Träger von Sozialleistungen** gezahlt wird. Denn der Berechtigte hat ein Interesse daran, den Unterhalt statt vom Sozialamt vom Verpflichteten zu erlangen[2080] und zwar auch im Wege der einstweiligen Anordnung.[2081] 562

[2070] OLG Stuttgart OLGReport 1999, 25; OLG Köln FamRZ 1997, 618. Dementsprechend, liegt Mutwillen vor, wenn ein Titel für den Unterhalt angeboten wurde, OLG Koblenz OLGReport 1999, 378. Will der Verpflichtete an der Schaffung des Titels mitwirken, ist die Klage mutwillig; OLG Hamm NJW 2007, 1758. **aA** OLG Karlsruhe OLGReport 2003, 423 (den Schuldner trifft keine Pflicht bzw. Obliegenheit zur Titulierung).
[2071] OLG Karlsruhe FamRZ 2009, 361; FamRZ 2003, 102; OLG München FamRZ 1994, 1126; OLG Jena FamRZ 1997, 1016; **aA** OLG Hamm FamRZ 2006, 627; OLG Koblenz FamRZ 2006, 1611. Nach OLG Zweibrücken liegt Mutwillen für eine Abänderungsklage (Erhöhung) auch dann nicht vor, wenn der Schuldner die verlangte Erhöhung freiwillig leistet, FamRZ 1997, 620.
[2072] OLG Köln OLGReport 1998, 430.
[2073] OLG Frankfurt NJW-RR 1986, 944. Nach OLG Nürnberg FamRZ 2001, 1084 soll etwas anderes gelten, wenn das Jugendamt als Beistand erklärt, nicht mehr als den wirklich geschuldeten Unterhalt geltend machen zu wollen (bei zu hoher Titulierung).
[2074] OLG Braunschweig DAVorm. 1987, 681.
[2075] OLG München FamRZ 2011, 386. Zweifelhaft; auch im familiengerichtlichen Verfahren gibt es keinen generellen Vorrang der außergerichtlichen Einigung.
[2076] OLG Hamburg NJW 2013, 2042.
[2077] OLG Oldenburg DAVorm. 1982, 382; das gilt auch für die neugefasste Vorschrift.
[2078] OLG Oldenburg OLGReport 1999, 142 (falls nicht schon das Rechtsschutzinteresse wegen des Rechtshängigkeits- oder Rechtskrafteinwands fehlt).
[2079] OLG Naumburg FamRZ 2001, 1466.
[2080] OLG Köln FamRZ 1995, 179; Zöller/*Feskorn* FamFG § 76 Rn. 18; **aA** OLG Koblenz OLGReport 2004, 343; OLG Naumburg FamRZ 2001, 1081; OLG Frankfurt/M. FamRZ 1999, 1283.
[2081] OLG Frankfurt Beschl. v. 1.12.2014, 6 WF 253/14.

563 (9) Mutwillig ist ein **negativer Feststellungsantrag** hinsichtlich des Unterhalts, wenn der Antragsteller abwarten kann, ob ein Leistungsantrag gestellt wird und eine einstweilige Anordnung nach §§ 246 ff. FamFG nicht besteht.[2082] Mutwilligkeit muss sich auch der Unterhaltsgläubiger vorwerfen lassen, der zur Vorbereitung seiner Unterhaltsansprüche zunächst ein isoliertes Auskunftsverfahren durchführt und nach dessen Abschluss mehr als zwei Jahre zuwartet, um dann Zahlungsansprüche in einem gesonderten Verfahren geltend zu machen.[2083] Von der Verfahrenskostenhilfebewilligung sind dann die, durch diese kostenintensivere Vorgehensweise entstandenen Kosten ausgenommen.[2084]

564 (10) Mutwillig soll es sein, wenn der **Antragsgegner** im Unterhaltsverfahren auf den VKH-Antrag des Berechtigten **nicht reagiert** und Einwendungen hinsichtlich der Höhe seines Einkommens erst nach Zustellung des Antrags erhebt.[2085] Aber → Rn. 546, 551. Dagegen ist es nicht mutwillig, wenn mit der Antragstellung zugewartet wird und dadurch Streitwert erhöhende **Unterhaltsrückstände** entstehen.[2086] Auch ist Mutwillen zu verneinen, wenn der Verpflichtete darauf vertraut, der Antragsteller werde dem Gericht mitteilen, dass er eine Jugendamtsurkunde über den Unterhalt noch vor Zustellung des Antrags errichten ließ.[2087]

565 (11) Mutwillig ist es, in die Protokollierung eines **gerichtlichen Vergleichs** zur Regelung des Unterhalts Gegenstände einzubeziehen, die kostengünstiger durch notariellen Vertrag zu regeln waren.[2088] Mutwillig ist es auch, wenn der Unterhaltsbegehrende, der die Höhe des Einkommens des Verpflichteten nicht kennt, Verfahrenskostenhilfe für einen Antrag auf Zahlung des höchsten denkbaren Unterhaltsbetrages begehrt, ohne zuvor im Wege der Stufenklage Auskunft zu begehren.[2089]

566 (12) Wenn zwischen den Beteiligten wechselseitige **Freistellungsvereinbarungen** bestehen[2090] (Aufteilung der Kinder auf beide Partner), ist ein gleichwohl gestellter Unterhaltsantrag mutwillig.

567 (13) Die Geltendmachung **rückständigen Unterhalts** ist mutwillig, wenn der Ast. ohne nachvollziehbaren Grund nicht zeitnah nach einem Auskunfts- und Zahlungsverlangen einen verfahrenseinleitenden Antrag bei Gericht stellt und dadurch wegen § 51 Abs. 2 FamFG erhebliche Mehrkosten entstehen.[2091]

568 (14) Nicht mutwillig ist es, wenn der Unterhaltsberechtigte bei Vorliegen eines „statischen" Titels nunmehr „dynamischen" Unterhalt verlangt.[2092]

569 • **Unterhalt und Sozialhilfebezug,** hierzu → Rn. 455. Die Problematik stellt sich nicht mehr als eine der Mutwilligkeit dar.

570 • **Unzuständiges Gericht.** Mutwillig ist eine Klage vor dem LG, obwohl ganz offensichtlich die Zuständigkeit des AG gegeben ist,[2093] sowie ganz allgemein die Anrufung des unzuständigen Gerichts mit Verweisungsantrag anstatt unmittelbare Anrufung des zuständigen Gerichts.[2094]

[2082] OLG Brandenburg MDR 2002, 702.
[2083] OLG Zweibrücken FamRZ 2021, 291.
[2084] OLG Zweibrücken FamRZ 2021, 291.
[2085] Das OLG Oldenburg (OLGReport 2002, 177) gewährt in diesem Fall dem Beklagten nur eingeschränkt PKH; nämlich in dem Umfang, wie sie für den Kläger bei rechtzeitigem Vorbringen durch den Beklagten bewilligt worden wäre; **aA** OLG Karlsruhe OLGReport 2002, 267.
[2086] OLG Zweibrücken OLGReport 2004, 664.
[2087] OLG Hamm FamRZ 2005, 527.
[2088] OLG Karlsruhe FamRZ 2004, 550.
[2089] OLG Hamburg, BeckRS 2013, 15335.
[2090] AG Ludwigslust FamRZ 2005, 1915.
[2091] KG FamRZ 2014, 55; OLG Celle MDR 2011, 170.
[2092] OLG Hamm FamRZ 2011, 1158.
[2093] OLG Hamm VersR 1985, 77.
[2094] OLG Schleswig SchlHA 1981, 126.

- **Vaterschaftsfeststellung/Anfechtung.**

571

(1) Einer **Vaterschaftsanfechtung** kann sich der Mann außer in den Fällen der § 1599 Abs. 2 BGB nicht durch außergerichtliche Zustimmung entziehen. Seine Rechtsverteidigung ist, da die Verfahrensbeteiligung zwingend ist, nicht mutwillig.[2095] Das kann selbst dann gelten, wenn der Vater als Antragsgegner den Antrag unterstützt[2096] oder bei einem eigenen Antrag des rechtlichen Vaters, der sich zuvor zum Kind bekannt hat.[2097] Die Vaterschaftsanfechtung durch die Mutter ist nicht mutwillig, auch wenn sie schon bei der Zustimmung (§ 1595 BGB) Zweifel an der Vaterschaft hatte.[2098] Selbst bei bewusst falschem Anerkenntnis und Kenntnis der Mutter davon soll ein späterer Vaterschaftsanfechtungsantrag durch die Mutter nicht mutwillig sein.[2099] Auf die Beistandschaft des Jugendamtes nach § 52a SGB VIII als einfacheren und billigeren Weg braucht sich das Kind nicht verweisen zulassen; nach dem Wortlaut der Vorschrift handelt es sich um ein freiwilliges Hilfsangebot.[2100] Es ist nicht mutwillig, wenn die Vaterschaftsanfechtung anstelle des Verfahrens nach § 1599 Abs. 2 BGB gewählt wird.[2101]

(2) Ein **Antrag auf Feststellung der Vaterschaft** ist nicht mutwillig, wenn der Antragsgegner die Vaterschaft innerhalb eines Jahres nicht anerkannt hat.[2102] Die Mutter muss der Anerkennung der Vaterschaft nicht zustimmen, sondern kann auf eine gerichtliche Klärung der Vaterschaft bestehen.[2103] Der Vaterschaftsfeststellungsantrag des nicht in der Ehe geborenen Kindes gegen einen zur Anerkennung bereiten Mann ist dann nicht mutwillig, wenn begründete Zweifel an der Vaterschaft bestehen.[2104] Der Weg über das Statusverfahren durch die Mutter des Kindes ist nicht mutwillig, wenn die Scheidung läuft und die Abstammung des Kindes nunmehr festgestellt werden soll.[2105] Verfahrenskostenhilfe kann auch nicht mit der Begründung verweigert werden, die Antragstellerin habe rechtsmissbräuchlich die Folge des § 1592 Nr. 1 BGB herbeigeführt, indem sie eine Ehe eingegangen sei, obwohl sie von einem anderen Mann schwanger gewesen war.[2106] Der die Feststellung seiner Vaterschaft begehrende Antragsteller kann nicht zur Vermeidung von Mutwilligkeit auf die Einholung eines privaten Abstammungsgutachtens verwiesen werden.[2107]

(3) Im **Abstammungsverfahren, das sich gegen einen Verstorbenen richtet,** sind aus Kostengründen strenge Anforderungen an die Darlegungen des Antragstellers auch hinsichtlich des Mutwillens zu stellen.[2108]

- **Verbundverfahren.**

572

(1) Fraglich ist, ob es mutwillig ist, die Folgesachen einer Scheidung (Unterhalt, Zugewinnausgleich, Haushaltsgegenstände) *nach der Scheidung* und nicht im Scheidungs-

---

[2095] Vgl. *Zimmermann* Rn. 197.
[2096] OLG Hamm FamRZ 2007, 1753.
[2097] OLG Düsseldorf FamRZ 2020, 1008.
[2098] OLG Rostock MDR 2007, 958.
[2099] OLG Köln FamRZ 2006, 1280. Diese und die vorstehende Entscheidung des OLG Rostock gehen mE. sehr weit.
[2100] OLG Celle NJW 2012, 466; OLG Köln OLGReport 2004, 414.
[2101] OLG Brandenburg FamRZ 2008, 68; Heilmann/*Grün* FamFG § 169 Rn. 23; aA OLG Naumburg FamRZ 2008, 432; Heilmann/*Grün* FamFG § 169 Rn. 23.
[2102] OLG Hamm FamRZ 2004, 549.
[2103] Heilmann/*Grün* FamFG § 169 Rn. 16.
[2104] OLG Stuttgart DAVorm. 1985, 1039.
[2105] OLG Karlsruhe OLGReport 2000, 367.
[2106] OLG Köln FamRZ 2001, 244.
[2107] OLG Hamburg NJW-RR 2011, 1227.
[2108] OLG Köln OLGReport 2001, 252.

verbund geltend zu machen. Durch dieses Verhalten entstehen höhere Kosten. Sind die Mehrkosten nur gering, liegt jedenfalls kein Mutwillen vor.[2109]

Nach einer verbreiteten Meinung ist die Verfolgung von Ansprüchen außerhalb des Verbundes nicht mutwillig, wenn vernünftige, nachvollziehbare Gründe – auch taktischer Art[2110] – hierfür vorliegen.[2111] Nach **Ansicht des BGH** ist bei Familienstreitsachen als Folgesachen nicht einmal diese Einschränkung zu machen.[2112] Der BGH ist generell der Auffassung, dass die Geltendmachung von Scheidungsfolgesachen außerhalb des Verbundverfahrens nicht mutwillig ist.[2113] Auch eine eventuelle Verzögerung des Scheidungsverfahrens durch Geltendmachung der Ansprüche im Verbund kann eine Rolle spielen.

Auch stellt sich die Frage, ob selbst dann, wenn eine mutwillige Rechtsverfolgung vorliegt, Verfahrenskostenhilfe nicht doch unter Ausklammerung der Mehrkosten zu bewilligen ist.[2114]

(2) Mutwilligkeit kann nach dieser Meinung angenommen werden, wenn schon im Verbundverfahren ersichtlich ist, dass nacheheliche Unterhaltsansprüche,[2115] Zugewinnausgleich,[2116] oder Ansprüchen hinsichtlich der Ehewohnung,[2117] geklärt werden müssen. Das kann aber **nicht für die elterliche Sorge**[2118] und **Umgangsregelungen** angenommen werden[2119] Solche Verfahren werden gem. § 137 Abs. 3 FamFG bereits nur dann Folgesachen, wenn dies von einem Ehegatten ausdrücklich beantragt wird. Und auch der Umstand, dass das Kindeswohl eine beschleunigte Behandlung der Kindschaftssachen erfordert (§ 155 FamFG), während sich die Entscheidungsreife von Scheidungsverfahren

---

[2109] OLG Hamburg FamRZ 1998, 1178. OLG Hamm (FamRZ 2001, 231) lehnt den Kostengesichtspunkt insgesamt ab.

[2110] *Zimmermann* Rn. 198.

[2111] OLG Koblenz OLGReport 2004, 407 u. 664 (generell nicht mutwillig), OLG Oldenburg FamRZ 2003, 1757; FamRZ 2001, 630; OLG Hamm FamRZ 2001, 231; OLG Brandenburg FamRZ 2002, 1411; FamRZ 2001, 1083; OLG Jena FamRZ 2000, 100; OLG Schleswig FamRZ 2000, 430 u. 1021; OLG Dresden FamRZ 2001, 230; OLG Naumburg FamRZ 2001, 1083; OLG Frankfurt/M. FamRZ 2001, 629. Nach OLG Köln muss die Partei die Gründe darlegen, OLGReport 1999, 350 (Ls.). Vgl. auch *Groß* FamFG § 76 Rn. 26; aA OLG Hamm OLGReport 2001, 48 (Partei hat die Wahl; § 623 I ZPO ist eine Möglichkeit, aber keine Pflicht. Jetzt: § 137 Abs. 1 FamFG). OLG Bremen OLGReport 1997, 159 (Die Partei hat die Wahl, ob sie den Zugewinnausgleich innerhalb des Verbundverfahrens geltend machen will oder nicht.); OLG Naumburg, OLGReport 2001, 85; FamRZ 1996, 752 (Partei hat die Wahl bzgl. der Geltendmachung).

[2112] BGH MDR 2005, 930. Vgl. auch OLG Brandenburg NJW-RR 2007, 798; OLG Hamm FamRZ 2005, 1100.

[2113] BGH NJW 2005, 1497 (mwN) und 2005, 1498; vgl. auch OLG Hamm OLGReport 2001, 48; OLG Naumburg FamRZ 2009, 1423.

[2114] Vgl. z. B. OLG Karlsruhe FamRZ 2004, 1880; OLG Köln FamRZ 2003, 237; FamRZ 2000, 1021; OLG Frankfurt NJW-RR 1997, 1167; OLG Köln NJW-RR 1994, 1093; OLG Düsseldorf FamRZ 1992, 457. Z. T. wird auch bei der späteren Kostenfestsetzung ein Abzug in Höhe der angeblich vermeidbaren Mehrkosten vorgenommen; vgl. OLG Düsseldorf FamRZ 1994, 312 u. 635. Das widerspricht mE. dem PKH-Beschluss, der diese Einschränkung noch nicht vorsieht. So auch *Zimmermann* Rn. 198 und im Ergebnis OLG Frankfurt OLGReport 1998, 51.

[2115] OLG Brandenburg OLGReport 2003, 37; FamRZ 2001, 1083 u. 1712; OLG Zweibrücken FamRZ 2003, 1759; OLG Oldenburg FamRZ 2001, 630; OLG Naumburg FamRZ 2001, 1083; OLG Jena FamRZ 2000, 100; OLG Schleswig FamRZ 2000, 430 u. 1021; OLG Köln FamRZ 1994, 314; OLG Hamm FamRZ 1992, 452 und 576; OLG Düsseldorf FamRZ 1992, 457.

[2116] OLG Karlsruhe FamRZ 2004, 1880; OLG Brandenburg FamRZ 2001, 1083; OLG Dresden OLGReport 2000, 404; OLG Düsseldorf FamRZ 1993, 1217; OLG Köln FamRZ 1997, 1018; OLG Jena FamRZ 1998, 1179; OLG Naumburg FamRZ 2001, 1082 (Verweigerung von PKH nur in krassen Ausnahmefällen).

[2117] OLG Dresden FamRZ 2001, 230; OLG Düsseldorf JurBüro 1991, 708.

[2118] Anders die Vorauflage, Rn. 473; OLG Hamm FamRZ 2000, 1092. In ausdrücklicher Abgrenzung zu BGH MDR 2005, 930 für das FGG-Verfahren: OLG Karlsruhe FamRZ 2006, 494.

[2119] OLG Brandenburg FamRZ 2019, 1631; Heilmann/*Dürbeck* FamFG § 76 Rn. 34.

oftmals wegen langwieriger Ermittlungen im Versorgungsausgleich und Güterrecht verzögert, spricht gegen die Mutwilligkeit ihrer isolierten Geltendmachung.

(3) Die isolierte Geltendmachung ist jedenfalls nicht mutwillig beim Vorliegen **vernünftiger, nachvollziehbarer Gründe** hierfür.[2120]

- **Vereinfachtes Verfahren** (Kindesunterhalt). Streitig ist, ob im Rahmen der Festsetzung von Kindesunterhalt der Antragsteller sich des Vereinfachten Verfahrens (§§ 249 ff. FamFG) bedienen muss oder ob er einen Leistungsantrag stellen kann. 573
Teilweise wird die Ansicht vertreten, das Vereinfachte Verfahren sei im Vergleich zum Hauptsacheverfahren der schnellere und billigere Weg und deshalb zwingend.[2121] Andere stellen darauf ab, ob das streitige Verfahren wirklich vermieden wird oder ob zB ein Streit über Rechtsfragen zu erwarten ist; dann sei das Vereinfachte Verfahren nicht der einfachere und kostengünstigere Weg.[2122]
Richtig erscheint es, dem Antragsteller die Wahl zu lassen, welches Verfahren er vorzieht.[2123] Das minderjährige Kind soll nach zutreffender Auffassung die Wahl haben zwischen der Geltendmachung seines Unterhaltsanspruchs im **vereinfachten Verfahren** oder durch einen Leistungsantrag; auch wenn der Unterhaltspflichtige auf vorgerichtliche Aufforderungsschreiben nicht reagiert hat.[2124] Das Vereinfachte Verfahren kommt ohnehin nur bei der ersten Unterhaltsfestsetzung in Betracht.[2125] Weitere Einschränkungen ergeben sich aus § 249 Abs. 1, 2 FamFG selbst, darüber hinaus kann man den Antragsteller nicht auf diesen Weg verweisen, wenn zu erwarten ist, dass der Antragsgegner das streitige Verfahren beantragen wird; §§ 254, 255 FamFG.[2126]

- **Vergleich.** Nicht mutwillig ist die Einbeziehung eines nicht im Klagebegehren enthaltenen Gegenstandes in einen gerichtlichen Vergleich, wenn dieses Vorgehen auf einer Empfehlung des Gerichts beruht.[2127] 574

- **Verteidigung gegen Räumungsklage.** Die Rechtsverteidigung gegen eine Räumungsklage kann mutwillig sein, wenn der Vermieter den Räumungsantrag für erledigt erklärt, nachdem der verklagte Mieter fristgerecht die Voraussetzungen des § 569 Abs. 3 BGB herbeigeführt hat.[2128] Gleiches gilt, wenn der antragstellende Mieter den Mietrückstand schon vor Rechtshängigkeit hätte zahlen können.[2129] 575

- **Vollstreckungsaussicht.** Mutwillig kann eine Rechtsverfolgung bei nicht hinreichender Vollstreckungsaussicht sein. Doch ist insoweit Zurückhaltung geboten. Allein die gegenwärtige Aussichtslosigkeit einer Vollstreckung – zB durch mehrere erfolglose Vollstreckungsversuche –[2130] macht eine Rechtsverfolgung nicht zwingend mutwillig. So kann beispielsweise ein schutzwürdiges Interesse an einer Verjährungsunterbrechung[2131] 576

[2120] OLG Koblenz FamRZ 2005, 460; OLG Schleswig FamRZ 2003, 317 (bei berechtigter Hoffnung auf außergerichtliche Einigung); OLG Nürnberg FamRZ 2003, 772; OLG Köln FamRZ 2003, 102; OLGReport 2002, 249. Berechnungsbeispiele gibt *Schneider* NZFam 2019, 470.
[2121] OLG Hamm Rpfleger FamRZ 2000, 1021; Rpfleger 1999, 490 mkritAnm *van Els*.
[2122] OLG Nürnberg FamRZ 2002, 891; OLG Zweibrücken JurBüro 2000, 655; OLG Hamm FamRZ 1999, 995; *Zimmermann* Rn. 206.
[2123] OLG Bremen FamRZ 2018, 1589 mit ausführlichen Nachweisen zum Streitstand OLG Köln OLGReport 2002, 58; OLG Naumburg FamRZ 2001, 924 (Ls.), OLGReport 2000, 54; Rpfleger 1999, 450; *Wax* FPR 2002, 471 (472).
[2124] OLG Bremen FamRZ 2018, 1589 mit ausführlichen Nachweisen zum Streitstand.
[2125] Vgl. Zöller/*Feskorn* FamFG § 76 Rn. 15.
[2126] *Nickel* MDR 2014, 383 (386); BLHAG/*Dunkhase* ZPO § 114 Rn. 129.
[2127] OVG Bremen NVwZ-RR 2009, 271.
[2128] LG Freiburg MDR 1984, 150 für § 554 Abs. 2 BGB aF.
[2129] LG Mannheim WuM 1988, 268.
[2130] Vgl. Musielak/Voit/*Fischer* ZPO § 114 Rn. 41 (genügt nicht zur Annahme des Mutwillens).
[2131] OLG Düsseldorf OLGReport 1998, 178; OLG Hamm JurBüro 1987, 1557.

bestehen. Auch der drohende Verlust von Regressansprüchen oder von Beweismitteln kann die Rechtsverfolgung rechtfertigen.[2132] Bei Dauerschuldverhältnissen, insbesondere Unterhaltssachen, wird eine zuverlässige Prognose für die entfernte Zukunft schwer möglich sein. Dementsprechend kann Mutwillen nur angenommen werden, wenn die Vollstreckung auch in der Zukunft *ganz aussichtslos* erscheint.[2133] Das ist zB nicht der Fall, wenn der Schuldner z. Z. wegen Arbeitslosigkeit nicht leistungsfähig ist; oder wenn er alkoholkrank ist oder im Ausland lebt.[2134] Anderes gilt, wenn der schwer behinderte Beklagte auf Dauer in einem Pflegeheim verbleiben muss.[2135] Mutwillen liegt nicht vor, wenn im Hinblick auf § 850f Abs. 2 ZPO eine Zwangsvollstreckung nicht aussichtslos erscheint.[2136] Handelt es sich um einen Schmerzensgeldanspruch, dann geht selbst in Fällen aussichtsloser Beitreibung die Ausgleichs- und Genugtuungsfunktion vor.[2137] Mutwillig ist die Rechtsverfolgung gegen eine sich im Insolvenzverfahren befindliche GmbH[2138] und gegen eine in Spanien ansässige Firma, aus der Gewinnzusage.[2139] Muss die Zwangsvollstreckung im Ausland erfolgen, ist Mutwillen gegeben, wenn feststeht, dass die ausländischen Rechtsordnungen den Vollstreckungstitel nicht anerkennen.[2140] Problematisch ist es, die Gläubiger im Rahmen des § 116 S. 1 Nr. 1 ZPO wegen schlechter Vollstreckungsaussichten beim Beklagten nicht zum Kostenvorschuss heranzuziehen, Mutwillen für die Prozessführung des Verwalters aber zu verneinen.[2141]
Zur Eröffnung eines Insolvenzverfahrens → Rn. 476.

577 • **Widerklage.** Wenn mit dem geltend gemachten Zahlungsanspruch gegen die nicht erheblich angegriffene Klageforderung aufgerechnet werden kann, ist eine Widerklage mutwillig.[2142] Wenn zurzeit der Widerklageerhebung der Widerkläger Kenntnis vom Insolvenzantrag des Prozessgegners hat, ist die Widerklage mutwillig. Eine verständige vermögende Partei würde die Eröffnung des Insolvenzverfahrens abwarten und ihre Forderung zur Insolvenztabelle anmelden.[2143]

578 • **Zeugnis.** Eine Klage auf Erteilung eines qualifizierten Zeugnisses ist jedenfalls dann nicht (nicht mehr) mutwillig, wenn der Arbeitgeber im Verfahren eindeutig erkennen lässt, dass er den Zahlungsanspruch nicht erfüllen wird.[2144]

579 • **Zug-um-Zug-Leistung.** Mutwillig (weil sinnlos) ist eine Klage, die auf eine Zug-um-Zug-Verurteilung hinausläuft, wenn der Antragsteller außerstande ist, die Gegenleistung zu erbringen.[2145]

[2132] Stein/Jonas/*Bork* ZPO § 114 Rn. 31.
[2133] LG Celle ZVI 2015, 146; OLG Koblenz JurBüro 2009, 437; OLG Koblenz FamRZ 2001, 234 mablAnm *Zieroth;* OLG Hamm NJW-RR 1999, 1737; ZIP 1997, 248; OLG Düsseldorf NJW-RR 1998, 503; OLG Köln MDR 1990, 1020; LG Wuppertal DAVorm 1986, 280; Musielak/Voit/*Fischer* ZPO § 114 Rn. 41; *Wax* FamRZ 1980, 975; Thomas/Putzo/*Seiler* ZPO § 114 Rn. 7a; *Zimmermann* Rn. 219.
[2134] OLG Oldenburg FamRZ 2010, 2095.
[2135] OLG Köln VersR 1991, 1425.
[2136] OLG Celle OLGReport 2000, 271.
[2137] LG Osnabrück JurBüro 2010, 40.
[2138] OLG Koblenz JurBüro 1988, 94 (Konkurs). Die Geltendmachung von Forderungen hat hier über die Anmeldung zur Insolvenz(Konkurs-)tabelle zu erfolgen.
[2139] OLG Hamm NJOZ 2015, 126.
[2140] OLG Celle NJW 1997, 532 für Vermögenswerte auf den Philippinen und in den Vereinigten Arabischen Emiraten.
[2141] So aber OLG Celle ZInsO 2008, 1083. Letztlich wird damit auf Kosten des Steuerzahlers ein aussichtloser Prozess ermöglicht.
[2142] OLG Naumburg NJW-RR 2003, 210.
[2143] OLG Stuttgart ZVI 2010, 192.
[2144] LAG Hamm BeckRS 2020, 27669 mAnm *Mayer* ArbRAktuell 2020, 611.
[2145] OLG Düsseldorf MDR 1982, 59.

- **Zwangsvollstreckung.** Mutwillig ist es, die Zwangsvollstreckung trotz Leistung durch den Schuldner zu betreiben.[2146] Gleiches gilt, wenn die Zwangsvollstreckung von Amts wegen zu betreiben ist.[2147] Eine Vollstreckungsabwehrklage ist mutwillig, wenn der Gläubiger versichert, nicht mehr vollstrecken zu wollen;[2148] umso mehr gilt dies, wenn er den Titel zurückgibt.[2149] PKH für ein Teilungsversteigerungsverfahren darf nicht deshalb versagt werden, weil das Grundstück hochgradig dinglich belastet ist[2150]; wohl aber dann, wenn sie mangels Bieter fehlschlagen muss.[2151] Hierzu im Übrigen → Rn. 576.

580

3. Zeitpunkt der Mutwillen-Prüfung

Der entscheidende Zeitpunkt für die Prüfung des Mutwillens ist die Beschlussfassung.[2152]

581

§ 9 Bewilligung von Prozesskostenhilfe/Verfahrenskostenhilfe

I. Gegenstand der Prozesskostenhilfe(VKH-)-Bewilligung

1. Unmittelbare Rechtswahrnehmung in gerichtlichen Verfahren mit besonderen Kosten

Gerichtliche Verfahren mit *besonderen Kosten* sind nicht:

- das **PKH-Prüfungsverfahren,** für das, ausgenommen den nach § 118 Abs. 1 S. 3 ZPO geschlossenen Vergleich, PKH nicht bewilligt werden kann, obwohl auch im Prüfungsverfahren Anwaltsgebühren nach dem RVG entstehen können (dazu im Einzelnen → Rn. 185 ff.);[2153] entsprechend auch nicht das Verfahrenskostenhilfe-Prüfungsverfahren.[2154]
- **Verfahren nach § 36 Nr. 6 ZPO bzw. § 5 FamFG.**[2155]
- **Anerkennungsverfahren nach § 107 Abs. 1–4 FamFG.**[2156]
- **Schiedsverfahren.**[2157]

582

[2146] LG Schweinfurt DAVorm 1985, 507.
[2147] OLG Brandenburg FamRZ 1996, 421; OLG München FamRZ 1995, 373.
[2148] AG Lahnstein FamRZ 1984, 1236; Zöller/*Schultzky* ZPO § 114 Rn. 45.
[2149] So wohl OLG Frankfurt NJW-RR 1986, 944.
[2150] LG Gießen FamRZ 2008, 1090; **aA** LG Heilbronn Rpfleger 2007, 40.
[2151] BGH NJW-RR 2011, 708.
[2152] Vgl. OLG Köln OLG Report 2003, 298 u. die diesbezüglichen Ausführungen zur Erfolgsaussicht, → Rn. 483 ff.
[2153] *Nur für den Vergleich* kann PKH bewilligt werden: OLG München FamRZ 2010, 143; OLG Naumburg OLGReport 2008, 719. Aber Ausnahmefälle: KG JurBüro 2006, 430; OLG Bamberg NJW-RR 2005, 652. Der durch das 2. Kostenmodernisierungsgesetz (2. KostRmoG) vom 23.7.2013, BGBl. 2013 I 42 (2586), geänderte § 48 RVG ordnet aber in § 48 Abs. 4 RVG nunmehr an, dass sich die Prozesskostenhilfe in sozialgerichtlichen Verfahren auch auf die Tätigkeiten im vorgelagerten PKH-Prüfungsverfahren erstreckt.
[2154] OLG Koblenz FamRZ 2010, 1687.
[2155] BGH FamRZ 1984, 36 = MDR 1984, 214; **aA** *Schneider* MDR 1985, 441.
[2156] OLG Stuttgart FamRZ 2011, 384 (Es handelt sich dabei nicht um ein Gerichts-, sondern um ein Verwaltungsverfahren [Anerkennung türkischer Scheidung]).
[2157] LAG Düsseldorf JurBüro 1990, 748 (Schlichtungsausschuss gem. § 111 Abs. 2 ArbGG); 1987, 1238 (Bühnenschiedsgericht); BLHAG/*Dunkhase* ZPO § 114 Rn. 37.

- **Kostenfreiheit des Verfahrens,** etwa nach § 188 S. 2 VwGO, schließt die Gewährung von PKH grundsätzlich aus.[2158] Dasselbe gilt für das PKH-Beschwerdeverfahren nach der Regelung in § 67 Abs. 1 S. 2 VwGO.[2159]

Im schriftlichen Verfahren der Verfassungsbeschwerde wird, da Kostenfreiheit besteht und kein Anwaltszwang herrscht, PKH nur unter der Voraussetzung, dass der Beschwerdeführer sich nicht selbst vertreten kann, gewährt.[2160]

2. PKH-Bewilligung für jeden Rechtszug besonders

583 Für jeden Rechtszug besonders erfolgt die PKH-Bewilligung, § 119 Abs. 1 S. 1 ZPO.[2161] „Rechtszug" ist hier so wie in § 35 GKG zu verstehen.[2162] Sachlich beinhaltet § 119 Abs. 1 S. 1 ZPO eine kostenrechtliche Vorschrift.[2163] Als Rechtszug ist neben der Instanz auch jeder kostenträchtige Verfahrensabschnitt anzusehen, der einer eigenen Zulässigkeitsprüfung unterliegt und für den es einen eigenen Gebührentatbestand gibt.[2164] Die dem Antragsteller in einem vereinfachten Unterhaltsverfahren bewilligte Verfahrenskostenhilfe erstreckt sich deshalb nicht auf ein nachfolgendes streitiges Verfahren.[2165]

3. Beginn und Ende der Instanz

584 Beginn der Instanz ist die Einreichung der Klage bzw. des Rechtsmittels oder des Antrags.[2166] Sie endet mit der die Instanz abschließenden gerichtlichen Entscheidung oder sonstigen Prozesshandlung (Vergleich, Rücknahme,[2167] Erledigungserklärung) oder durch den Tod der antragstellenden Partei. Mit deren Tod ist der PHK-Antrag gegenstandslos geworden; eine Bewilligung kann nicht mehr erfolgen.[2168] Stirbt die Partei *nach* der Bewilligung, so wird die diesbezügliche höchstpersönliche Berechtigung nicht vererbt.[2169] → Rn. 622 f.

Auch nach Rechtskraft der Hauptsachentscheidung (oder sonstigem endgültigem Abschluss) kann jedoch die Ratenzahlungsanordnung bei wesentlicher Verschlechterung der

---

Aber möglich: PKH für Verfahren nach §§ 1032 Abs. 2, Abs. 3, 1041 ff., 1050, 1059 ZPO.

[2158] BVerwG NVwZ-RR 1989, 665 (wenn eine Anwaltsbeiordnung nicht in Frage kommt).
[2159] OVG Lüneburg FamRZ 2003, 1764.
[2160] BVerfG NJW 1995, 1415; BVerfGE 27, 57; 78, 7 (19).
[2161] OLG Schleswig NJW-RR 2015, 192.
[2162] OLG Koblenz FamRZ 2020, 1024; *Groß* ZPO § 119 Rn. 2; Zöller/*Schultzky* ZPO § 119 Rn. 2.
[2163] OLG Köln NJW 1995, 2728; *Hellstab* Rpfleger 2010, 197 (200).
[2164] OLG Koblenz FamRZ 2020, 1024.
[2165] OLG Koblenz FamRZ 2020, 1024.
[2166] *Groß* ZPO § 119 Rn. 2.
[2167] Hier aber Vorsicht: Nach einer Grundsatzentscheidung soll es für den Bekl. auch nach Klagerücknahme PKH geben, wenn dessen Rechtsverteidigung und die PKH-Antragstellung bereits erfolgt waren und hinreichende Aussicht auf Erfolg bestand; BGH, MDR 2010, 402 = FamRZ 2010, 197; **aA** OLG Hamm OLGReport 2003, 176. Nach OVG Hamburg (NJW 2010, 695) soll es Fall der Klagerücknahme sogar für den Kläger noch PKH geben können; **aA** BGH BeckRS 2009, 22721.
[2168] OLG Karlsruhe OLGReport 1998, 425; OLG Zweibrücken OLGReport 1997, 278; OVG Hamburg FamRZ 1997, 178; Musielak/Voit/*Fischer* ZPO § 119 Rn. 15; **aA** LSG Hessen Rpfleger 1997, 392.
[2169] OLG Koblenz FamRZ 1996, 808; OLG Celle JurBüro 1982, 1237; OLG Frankfurt/M. MDR 1985, 238; Musielak/Voit/*Fischer* ZPO § 119 Rn. 15; zur rückwirkenden Bewilligung nach dem Tod der Partei hinsichtlich der *Anwaltsbeiordnung* vgl. aber LSG Hessen Rpfleger 1997, 392.

persönlichen und wirtschaftlichen Verhältnisse zugunsten des Antragstellers abgeändert, PKH also erweitert werden, § 120a ZPO. → Rn. 957 ff.

4. Umfang der Instanz

a) Zur Instanz (Rechtszug) gehören

- Verfahren bei **Verweisung, Einspruch**,[2170] **Zurückverweisung**,[2171]
- **Nachverfahren** im Urkunden- und Wechselprozess,[2172]
- **Nachverfahren** nach Grund- und Vorbehaltsurteil,
- **Nebenverfahren** innerhalb der Instanz (zB Richterablehnung[2173]),
- **Vergleich** (Prozessvergleich, soweit er sich auf den Streitgegenstand bezieht) sowie Verfahrensfortsetzung nach Vergleichsanfechtung; zum sog Mehrvergleich → Rn. 187. Eine **Beschränkung der Bewilligung** lediglich auf den Abschluss eines Vergleichs **ist zulässig**.[2174]
- **Kostenfestsetzung, Urteilsergänzung, Berichtigungsverfahren**,
- **Güterrichterverfahren**,[2175]
- **Verbundfolgesache**, auf die sich die Bewilligung von VKH erstreckt, ist gemäß § 149 FamFG der Versorgungsausgleich, und zwar auch nach Abtrennung vom Scheidungsverfahren.[2176] Der schuldrechtliche Versorgungsausgleich ist von § 111 Nr. 7 FamFG mit umfasst.[2177]

  Für alle übrigen Folgesachen sind VKH-Anträge erforderlich.[2178] Eine uneingeschränkte VKH-Bewilligung unter Anwaltsbeiordnung umfasst jedoch aus Gründen des Vertrauensschutzes die zum Zeitpunkt der Bewilligung anhängigen Folgesachen.[2179]

  Hinsichtlich der Anwaltsbeiordnung ergibt sich der Umfang der Beiordnung aus § 48 Abs. 3 RVG.
- **Verfahren vor dem beauftragten oder ersuchten Richter;**
- **Verzögerungsrüge**.[2180]
- **Zuständigkeitsbestimmungsverfahren gem. § 5 FamFG**.[2181]

[2170] OLG Hamm BeckRS 2015, 16127.
[2171] Eine erneute Überprüfung der prozesskostenhilferechtlichen Bewilligungsvoraussetzungen ist jedoch nicht veranlasst, die PKH wirkt fort: OLG Schleswig NJW-RR 2015, 192; BVerwG NJW 2008, 3157.
[2172] OLG Koblenz OLGReport 2002, 237; OLG Saarbrücken NJW-RR 2002, 1584. Differenzierend OLG Saarbrücken JurBüro 2003, 165: PKH nur für das Verfahren bis zum Vorbehaltsurteil, wenn die Erfolgsaussichten für das Nachverfahren unsicher sind.
[2173] OLG Frankfurt Beschl. v. 15.9.2014, 1 W 52/14, BeckRS 2017, 142739.
[2174] Anders die Vorauflage; wie hier: LArbG Berlin-Brandenburg Beschl. v. 3.6.2021 – 26 Ta 1537/20 –, juris unter Hinweis auf das KostRÄG 2021; Musielak/Voit/*Fischer* ZPO § 119 Rn. 5; aA Zöller/*Schultzky* ZPO § 114 Rn. 38.
[2175] Musielak/Voit/*Fischer* ZPO § 119 Rn. 2.
[2176] BGH NJW 2011, 1141 (aber Ausnahmen bei sog Übergangsfällen); OLG Brandenburg FamRZ 2011, 53. Zur Behandlung von nach altem Recht „ausgesetzten" Versorgungsausgleichssachen BGH aaO und OLG Nürnberg FamRZ 2011, 391 und OLG Dresden FamRZ 2011, 662 (VKH muss neu beantragt werden.); OLG Thüringen FamRZ 2011, 1885 (neue Entscheidung erforderlich); dagegen OLG Naumburg FamRZ 2011, 125 (PKH wirkt weiter.).
[2177] Zöller/*Lorenz* FamFG § 217 Rn. 2.
[2178] OLG Zweibrücken JurBüro 2005, 660; OLGReport 2002, 214; FamRZ 2001, 1466; *Philippi* FPR 2002, 479 (482).
[2179] OLG München FamRZ 1995, 822.
[2180] Musielak/Voit/*Fischer* ZPO § 119 Rn. 2.
[2181] OLG Koblenz Beschl. v. 12.10.2020 – 9 WF 641/20 SmA –, juris.

b) Nicht zur Instanz gehören

586
- **nicht prozesskostenhilfefähige Verfahren** (PKH- oder Verfahrenskostenhilfe-Prüfungsverfahren,[2182] Verfahren nach § 36 Nr. 6 ZPO bzw. § 5 FamFG, Schiedsverfahren),
- **Abhilfeverfahren bei Verletzung des Anspruchs auf rechtliches Gehör,**[2183]
- **außergerichtliche Mediation,**[2184] **außergerichtliche Tätigkeit des Rechtsanwalts „zwischen den Instanzen",**[2185] **außergerichtliche Verhandlungen** zur Errichtung einer Jugendamtsurkunde,[2186] das Überprüfungsverfahren nach § 166 Abs. 3 FamFG[2187]
- **Rechtsmittelverfahren**[2188] sowie **Nichtigkeits- und Restitutionsverfahren,**
- **Nebenverfahren, die gebührenrechtlich besonders entgolten** werden,
- **Arreste, einstweilige Verfügungen.** Die Arrest-PKH umfasst nicht das Aufhebungsverfahren.[2189]

587
- **Mahnverfahren.** Nach wohl herrschender Meinung erstreckt sich die für das Mahnverfahren bewilligte PKH nicht auf den anschließenden Zivilprozess,[2190] und zwar schon deshalb, weil im Mahnverfahren keine Schlüssigkeitsprüfung stattfindet, während § 114 ZPO hinreichende Erfolgsaussicht verlangt. Die Beschränkung der Prozesskostenhilfe auf das Mahnverfahren ist zulässig.[2191]

588
- **Einstweilige Anordnungen nach dem FamFG** generell und dementsprechend auch einstweilige Anordnungen in Kindschaftssachen.[2192]

589
- **Klageerweiterungen,** da hier eine erneute Prüfung von Erfolgsaussicht und Mutwillen zu erfolgen hat,[2193] **Klageänderung** nach Bewilligung,[2194] **Verteidigung gegen Klageerweiterung** und Vergleich darüber,[2195]
- **Widerklagen,**[2196] ausgenommen die Rechtsverteidigung gegen einen Widerantrag in Ehesachen/Partnerschaftssachen, § 48 Abs. 5 S. 2 Nr. 4 RVG,
- **Hauptinterventionsklage,**[2197]
- **Eventualwiderklage,** d. i. eine hilfsweise Widerklage des Beklagten für den Fall, dass die Klageforderung besteht. Hilfsanträge gehören zwar grundsätzlich zum Rechtszug nach § 119 ZPO; die Eventualwiderklage kann aber nicht anders behandelt werden als die Widerklage. Zudem können Haupt- und Hilfsantrag, was Erfolgsaussicht und Mutwillen angeht, unterschiedlich zu beurteilen sein. Kostensteigernd wirkt der Hilfsanspruch nur dann, wenn eine Entscheidung über ihn ergeht (§ 45 Abs. 1 GKG). Vor allem dann, wenn Klageabweisungsbegehren und Eventualwiderklage nicht denselben Streitgegenstand betreffen, spricht viel dafür, dass für beide eine gesonderte PKH-Bewilligung erforderlich ist. Fraglich kann dann nur sein, ob PKH für den Hilfsantrag erst dann zu

---

[2182] OLG Nürnberg OLGReport 2002, 33.
[2183] BGH BeckRS 2014, 03601; aA OVG Bremen Beschl. v. 17.2.2020 – 2 LA 336/19 –, juris.
[2184] OLG Dresden NJW-RR 2007, 80. Zur Problematik insgesamt *Spangenberg* FamRZ 2009, 834; aA KG MDR 2009, 835; OLG Köln FamRZ 2011, 1742.
[2185] BGH NJW-RR 2007, 1439.
[2186] OLG Brandenburg FamRZ 2007, 1994.
[2187] OLG Frankfurt Beschl. v. 20.1.2016, 5 WF 20/16.
[2188] Zöller/*Schultzky* ZPO § 119 Rn. 3.20.
[2189] Zöller/*Schultzky* ZPO § 119 Rn. 3.3.
[2190] BGH MDR 2017, 1261; OLG München MDR 1997, 891; OLG Oldenburg OLGReport 1998, 346 mwN; *Groß* ZPO § 119 Rn. 2; *Zimmermann* Rn. 386; Zöller/*Schultzky* ZPO § 119 Rn. 3.16.
[2191] OLG Oldenburg OLGReport 1998, 346 mwN.
[2192] HB/VR/*v. Swieykowski-Trazaska* § 2 Rn. 214 ff.; Zöller/*Feskorn* FamFG § 49 Rn. 3, 26.
[2193] KG JurBüro 2008, 263; *Zimmermann* Rn. 385; Zöller/*Schultzky* ZPO § 119 Rn. 3.14.
[2194] BGH NJW-RR 2006, 151; OVG Magdeburg NJW 2010, 2827 (geänderte Klage wird nicht ohne weiteres von der ursprünglichen Bewilligung erfasst).
[2195] OLG Koblenz MDR 2007, 1338.
[2196] Zöller/*Schultzky* ZPO § 119 Rn. 3.31.
[2197] *Groß* ZPO § 119 Rn. 13.

bewilligen ist, wenn die Notwendigkeit, über die Widerklage zu entscheiden feststeht, oder bereits vorher, wenn es um die Bewilligung für den Abweisungsantrag geht. Prozessökonomisch wird das letztere sein. Für die Verteidigung gegen eine Widerklage ist jedenfalls eine besondere PKH-Bewilligung für den Kläger erforderlich.

- **Zwischenanträge,**[2198]
- **Anschlussrechtsmittel,** anders bei einer Rechtsverteidigung gegen Anschlussrechtsmittel unter Anwaltsbeiordnung, § 48 Abs. 2 S. 1 RVG.[2199]
- **Streitwertübersteigende Vergleiche.**[2200]
- **Selbstständiges Beweisverfahren.**[2201] Das ergibt sich aus § 48 Abs. 5 S. 2 Nr. 3 RVG und GKG KV Nr. 1610; es handelt sich kostenrechtlich um ein besonderes Verfahren.[2202]
- **Wiederaufnahmeverfahren.**[2203]

5. PKH für die Zwangsvollstreckung

(1) §§ 117 Abs. 1 S. 3, 119 Abs. 2 ZPO wurden durch die 2. Zwangsvollstreckungsnovelle[2204] eingefügt. Für das Verfahren der freiwilligen Gerichtsbarkeit gilt nun der inhaltlich identische § 77 Abs. 2 FamFG. **Bei der Bewilligung nach § 119 Abs. 2 ZPO, § 77 Abs. 2 FamFG handelt es sich um eine eingeschränkte Pauschalbewilligung.**[2205] Sie betrifft die Zwangsvollstreckung in das bewegliche Vermögen (§§ 803–863 ZPO) im Bezirk des Vollstreckungsgerichts. Funktionell zuständig ist dort der Rechtspfleger, es sei denn, eine richterliche Handlung ist erforderlich, § 20 Nr. 5 RPflG. Die Pauschalbewilligung erfasst die Zwangsvollstreckung in Sachen durch den Gerichtsvollzieher und in Forderungen und andere Rechte durch das Vollstreckungsgericht sowie das Verfahren auf Abgabe der eidesstattlichen Versicherung.

(2) **Für die Vollstreckung in das unbewegliche Vermögen** nach §§ 864 ff. ZPO ist weiterhin besondere Antragstellung (mit den nach § 117 ZPO erforderlichen Erklärungen) und Bewilligung erforderlich.

(3) **Die PKH-Bewilligung für die Zwangsvollstreckung umfasst nicht einen in diesem Rahmen erforderlichen Rechtsstreit** (Vollstreckungsabwehrklage, § 767 ZPO, oder Drittwiderspruchsklage, § 771 ZPO).[2206]

II. Inhalt der PKH-Bewilligung

Den Inhalt des Bewilligungsbeschlusses regeln §§ 119, 120 ZPO nicht abschließend. Soweit die Entscheidung Anlass dazu gibt, sind folgende Bereiche eindeutig zu regeln:

[2198] *Groß* ZPO § 119 Rn. 15. Wird eine Person im Rahmen eines Zwischenstreits in ein Verfahren einbezogen (Abstammungsuntersuchung), kann sie für dieses Verfahren PKH bekommen: OLG Hamburg FamRZ 2009, 1232.
[2199] Zöller/*Schultzky* ZPO § 119 Rn. 3.2.
[2200] KG FamRZ 2010, 1586 (im Sorgerechtsverfahren keine Erstreckung auf Umgangsregelung); *Groß* ZPO § 119 Rn. 9; Zöller/*Schultzky* ZPO § 119 Rn. 3.27. Ebenso: Keine Erstreckung auf Folgevergleich nach widerrufenem Erstvergleich; OLG Brandenburg JurBüro 2009, 369.
[2201] PKH kommt hierfür grds. in Betracht; vgl. OLG Saarbrücken MDR 2003, 1436; OLG Köln OLGReport 2002, 385; OLG Oldenburg OLGReport 2002, 90; OLG Köln EzFamR Aktuell 1995, 84. Auch für den Antragsgegner möglich, OLG Celle OLGReport 2001, 248.
[2202] BLHAG/*Dunkhase* ZPO § 119 Rn. 43; *Groß* ZPO § 119 Rn. 13, ZPO § 114 Rn. 16; Zöller/*Schultzky* ZPO § 119 Rn. 3.22.
[2203] Sächsisches LSG Beschl. v. 15.7.2015, L 3 AL 83/15, BeckRS 2016, 72426.
[2204] Vom 17.12.1997, BGBl. I 3039.
[2205] BGH FamRZ 2010, 288 = Rpfleger 2010, 272; BLHAG/*Dunkhase* ZPO § 119 Rn. 68; vgl. dazu insges. *Hornung* Rpfleger 1998, 382.
[2206] BLHAG/*Dunkhase* ZPO § 119 Rn. 70.

(1) **Gewährung oder Versagung von PKH;** hier ist eine genaue **Bestimmung des Umfangs** erforderlich, insbesondere bei Teilbewilligung bzw. -versagung.[2207] Auch für die Rechtsverteidigung kommt eine nur teilweise Gewährung von PKH in Betracht.[2208] Unzulässig ist eine Beschränkung der PKH auf einzelne Beweismittel[2209] oder kostenrechtlich unselbstständige Verfahrensabschnitte;[2210] zulässig ist dagegen eine Beschränkung auf selbstständige Verfahrensabschnitte innerhalb der Instanz, zB ein Wiedereinsetzungsverfahren.[2211] Auf einzelne Prozesshandlungen oder Verteidigungsmittel kann die Bewilligung nicht beschränkt werden.[2212]

596 **Eine bedingte Bewilligung ist unstatthaft, ebenso wie die Bewilligung unter dem Vorbehalt späterer Entscheidung über die Ratenzahlung,** und zwar auch dann, wenn der Vorbehalt mit der Hauptsacheentscheidung ausgeräumt wird.[2213] Ein solches Verfahren ist gesetzlich nicht vorgesehen und verwischt die Grenzen zwischen Bewilligung nach § 120 Abs. 1 ZPO und Änderungsentscheidung gem. § 120a ZPO. Die Anordnung von Ratenzahlungen und deren Höhe ist konkret und fallbezogen zu begründen.[2214]

597 (2) Dagegen ist eine **eingeschränkte Bewilligung bei teilweiser Leistungsfähigkeit,** nämlich mit Ratenzahlungsanordnung oder Vermögenseinsatz, ausdrücklich gesetzlich vorgesehen.

Soweit die Partei einen Beitrag aus ihrem Vermögen leisten kann, ist eine einmal zu leistende Zahlung bzw. Zahlungen von Teilbeträgen aus dem Vermögen zu beziffern und der Zahlungsbeginn festzulegen.[2215] Es ist aber auch möglich, die Zahlung aus dem Vermögen auf einen späteren Zeitpunkt anzuordnen, zB weil die Partei für die Verwertung des Vermögens Zeit benötigt[2216] oder ein Sparguthaben erst später fällig wird.[2217]

598 (3) **Der Beginn der Ratenzahlung aus dem Einkommen hat mit Wirksamwerden des Beschlusses zu erfolgen,** soweit das Gericht keine andere Bestimmung trifft.[2218] Den Ratenbeginn kann das Gericht nach pflichtgemäßem Ermessen unter Berücksichtigung einer finanziellen Anspannung der Partei, Fälligkeit der Prozesskosten usw. hinausschie-

---

[2207] Zur PKH für einen Teil des Streitgegenstandes OLG Bremen OLGZ 1989, 365 (366) und *Zimmermann* Rn. 296. Zur PKH nach Umdeutung einer Vollstreckungsgegenklage in eine Abänderungsklage vgl. OLG Brandenburg FamRZ 2002, 1193.

[2208] ZB nach teilweiser Rücknahme der Klage, OLG Hamm OLGReport 2003, 176; OLG Bamberg JurBüro 1981, 611 (612). S. jedoch dazu auch BGH FamRZ 2010, 197 = MDR 2010, 402 (PKH für den Beklagten auch nach Klagerücknahme).

[2209] Vgl. Zöller/*Schultzky* ZPO § 119 Rn. 3.7; allerdings kann das Gericht gem. § 124 Abs. 2 ZPO die Bewilligung von Prozesskostenhilfe teilweise für bestimmte Beweiserhebungen aufheben, wenn der Beweisantritt mutwillig ist oder die beantragte Beweiserhebung keine hinreichende Aussicht auf Erfolg hat, hierzu AG Bremen BeckRS 2015, 01945.

[2210] OLG Hamm Beschl. v. 26.5.2015, 2 WF 85/15, BeckRS 2015, 16127.

[2211] BLHAG/*Dunkhase* ZPO § 119 Rn. 52.

[2212] Musielak/Voit/*Fischer* ZPO § 119 Rn. 4. Z.B. ist eine Beschränkung der PKH nur auf die erhobene Einrede der beschränkten Erbenhaftung nicht möglich, vgl. OLG Düsseldorf FamRZ 2011, 659.

[2213] Abgeschwächt OLG Hamm MDR 1990, 345 (Anordnung muss *spätestens mit der Hauptsacheentscheidung* erfolgen); ähnlich OLG Hamburg FamRZ 1996, 1424 (Vorbehalt muss *bis zum Erlass der Hauptsacheentscheidung* ausgeübt werden); OLG Nürnberg Rpfleger 1995, 260: Eine solche Anordnung sei unter *besonderen Umständen* zulässig. Wann diese vorliegen, bleibt unbestimmt; ein Anhaltspunkt ist lediglich die erwähnte „bessere Prüfung der insoweit maßgeblichen Verhältnisse". Diese Prüfung ist indessen *vor* Erlass des Bewilligungsbeschlusses zu leisten.

[2214] OLG Köln OLGReport 2009, 58 (Abstrakte Textbausteine genügen nicht).

[2215] OLG Koblenz FamRZ 2012, 1404; OLG Köln FamRZ 2001, 632; Zöller/*Schultzky* ZPO § 120 Rn. 4.

[2216] OLG Bremen FamRZ 2011, 386; OLG Karlsruhe FamRZ 2009, 138; Tenorierungsbeispiel: *Zimmermann* Rn. 133; Zöller/*Schultzky* ZPO § 120 Rn. 4, 7.

[2217] OLG Koblenz FamRZ 1996, 43.

[2218] Zöller/*Schultzky* ZPO § 120 Rn. 3, 9.

ben.²²¹⁹ Das Ende der Ratenzahlung bedarf keiner Festlegung. Es richtet sich nach der Kostenhöhe und ergibt sich aus dem Gesetz, § 115 Abs. 2 ZPO.

Wegen § 124 Nr. 5 ZPO ist die zeitliche Festlegung des Ratenbeginns erforderlich; das Datum ist also in den Beschluss aufzunehmen. Zu den Monatsraten im einzelnen → Rn. 348 ff.

(4) **Bei rückwirkender PKH-Bewilligung ist der Rückwirkungszeitpunkt in den Beschluss aufzunehmen.** Ratenzahlungen gem. § 115 Abs. 2 ZPO sind bei rückwirkender Bewilligung aber frühestens ab Beschlussfassung anzuordnen.²²²⁰ Eingehend zur rückwirkenden PKH Bewilligung → Rn. 602 ff.

(5) Die Beiordnung eines Rechtsanwalts nach § 121 ZPO erfolgt zweckmäßigerweise im Bewilligungsbeschluss,²²²¹ kann jedoch auch gesondert angeordnet werden.²²²²

(6) **Fehlt ein Antrag** überhaupt und bewilligt das Gericht dennoch „Prozesskostenhilfe rückwirkend ab Antragstellung", dann hat dies Bestand und ist nur unter den Voraussetzungen der §§ 120a, 124 ZPO abänderbar.²²²³

III. Rückwirkende PKH-Bewilligung

1. Grundsatz: Festlegung im Bewilligungsbeschluss

Zur Vermeidung von Problemen hinsichtlich der zeitlichen Geltung der Bewilligung ist der Zeitpunkt, ab dem PKH gewährt wird, in den Bewilligungsbeschluss aufzunehmen. Dieser Zeitpunkt ist dann zunächst maßgeblich,²²²⁴ unabhängig davon, ob die Festsetzung auf einen anderen Zeitpunkt hätte erfolgen müssen;²²²⁵ er bindet insoweit den Kostenbeamten.²²²⁶

Praktische Schwierigkeiten ergeben sich demnach nur bei zeitlicher Nichtfestlegung des PKH-Beginns im PKH-Beschluss. Eine Bewilligung ohne zeitliche Fixierung kann nicht ohne weiteres dahin ausgelegt werden, dass die PKH-Wirkung mit der Beschlusswirkung eintrete. Wie jede Gerichtsentscheidung ist auch die PKH-Entscheidung auslegungsfähig. Der Antragsteller erstrebt im Zweifel PKH ab Antragstellung.²²²⁷

Der in diesem Zusammenhang stets gebrauchte Begriff der Rückwirkung ist insoweit zumindest missverständlich, als das Gericht mit der Bewilligung einem Antrag, der zu einem bestimmten Zeitpunkt gestellt worden ist, in vollem Umfang stattgibt. Dass zwischen Antragstellung und Bewilligung ein gewisser Zeitraum liegt, ist keine Eigenheit des PKH-Verfahrens, sondern liegt jedem Gerichts- oder Verwaltungsverfahren inne.²²²⁸

---

²²¹⁹ Aber nicht die Entscheidung über die Ratenzahlung selbst, → Rn 596.
²²²⁰ OLG Brandenburg JurBüro 2007, 44.
²²²¹ Zöller/*Schultzky* ZPO § 121 Rn. 11.
²²²² ZB aus Gründen der „Waffengleichheit", OLG Köln FamRZ 1998, 1522; Zöller/*Schultzky* ZPO § 121 Rn. 11.
²²²³ OLG Zweibrücken NJW-RR 2003, 3.
²²²⁴ OLG Stuttgart Rpfleger 2003, 200.
²²²⁵ OLG Bamberg FamRZ 1989; so auch BLHAG/*Dunkhase* ZPO § 119 Rn. 4; Toussaint/*Toussaint* RVG § 48 Rn. 18
²²²⁶ LAG Nürnberg BeckRS 2015, 72738; OLG München MDR 1986, 242; OLG Bamberg JurBüro 1986, 768 (hinsichtlich der Anwaltsbeiordnung); Stein/Jonas/*Bork* ZPO § 119 Rn. 25.
²²²⁷ LAG Sachsen-Anhalt FamRZ 2010, 314; Stein/Jonas/*Bork* ZPO § 119 Rn. 28; Zöller/*Schultzky* ZPO § 119 Rn. 4.
²²²⁸ So völlig zu Recht *Zimmermann* Rn. 271.

2. Trennung Zeitpunkt Rückbeziehung/Erfolgsprüfung

603   **Fehlt die ausdrückliche Festsetzung,** so stellt sich die Frage, ab welchem Zeitraum PKH bewilligt ist. Bei einer zeitlichen Fixierung stellt sich zudem die Frage, **auf welchen Zeitpunkt die Festsetzung** erfolgen muss.
   Diese Fragen sind vom Zeitpunkt der Erfolgsprüfung scharf zu trennen.[2229] Entscheidender Zeitpunkt für die Erkenntnisgrundlage bei der Erfolgs- und Mutwillen-Prüfung ist nach der hier vertretenen Auffassung der Zeitpunkt der Entscheidung über das PKH-Gesuch; hierzu im Einzelnen → Rn. 483 ff. Einen **anderen Problemkreis** betrifft zudem die Frage, ob eine rückwirkende Bewilligung von Prozesskostenhilfe überhaupt möglich ist, wenn das Verfahren – in der Instanz – bereits beendet ist. Siehe hierzu → Rn. 610 und → Rn. 119.

3. Grundsätzlich keine Rückbeziehung auf die Zeit vor Antragstellung

604   Eine Rückbeziehung auf die Zeit vor der Antragstellung ist grundsätzlich unzulässig. Das ist allgemeine Meinung,[2230] gilt aber ausnahmslos nur, wenn eine dahingehende Bestimmung im Beschluss fehlt.
   Das Gericht ist nicht gehindert, in besonderen Fällen und ausnahmsweise eine Rückwirkung auf einen Zeitpunkt vor Antragseingang anzuordnen; zB wenn der Antragsteller im Amtsermittlungsverfahren pflichtwidrig nicht auf eine mögliche PKH-Bewilligung unter Anwaltsbeiordnung hingewiesen worden ist[2231] oder aus persönlichen, nicht zu vertretenden Gründen an Antragstellung und Beibringung der Belege gehindert worden ist.[2232]
   Abgesehen von diesen Ausnahmefällen kann dem Kläger PKH für eine Zeit vor Antragstellung nicht gewährt werden. Bei Beklagten als PKH-Antragsteller können sich Probleme bei der Anwendung des § 31 Abs. 3 S. 1 GKG ergeben, dessen Sinn darin besteht, den mittellosen Entscheidungsschuldner von Erstattungsansprüchen seines Prozessgegners freizustellen.[2233] Dies kann nur gelingen, wenn dem Beklagten PKH rückwirkend auf den Zeitpunkt der Klage-(Antrags-)Zustellung gewährt wird, weil ein PKH-Antrag *vor* Klagezustellung nicht zulässig ist, denn vor Zustellung der Klage besteht weder ein Prozessrechtsverhältnis noch kann die Erfolgsaussicht der Rechtsverteidigung beurteilt werden.[2234] Dies spricht dafür, dass die Regelungslücke im oben dargestellten Sinn zu schließen ist.[2235]

4. Rückbeziehung auf Antragstellung oder Entscheidungsreife?

605   Es ist streitig, ob mangels ausdrücklicher Bestimmung im Beschluss die Rückbeziehung auf die Zeit der Antragstellung[2236] – oder der Entscheidungsreife des Antrags[2237] zu

---

[2229] Z.T. werden die Überlegungen hierzu nicht deutlich getrennt, vgl zB OLG Naumburg OLGReport 2000, 413; OLG Karlsruhe OLGReport 1999, 222.
[2230] BGH NJW 1982, 446; OVG Bautzen BeckRS 2015, 53838; OLG Karlsruhe FamRZ 2004, 122; FamRZ 1996, 1287 (1288); FamRZ 1993, 216; OLG Koblenz JurBüro 1996, 142; Zöller/*Schultzky* ZPO § 119 Rn. 5; **aA** OLG Brandenburg MDR 2018, 368.
[2231] OLG Brandenburg FamRZ 1997, 1542; OLG Karlsruhe FamRZ 1995, 1163; kritisch hierzu Thomas/Putzo/*Seiler* ZPO § 119 Rn. 2.
[2232] OLG Karlsruhe FamRZ 1987, 1166; LAG Hamburg MDR 1983, 964; *Künzl/Koller* Rn. 456.
[2233] Vgl. Toussaint/*Toussaint* GKG § 31 Rn. 17.
[2234] OLG Bremen FamRZ 1989, 198.
[2235] Vgl. dazu auch OLG Karlsruhe FamRZ 1987, 1166.
[2236] BGH NJW-RR 1998, 642; NJW 1982, 446; 1985, 921; JurBüro 1992, 823; BVerwG JurBüro 1995, 309 mwN; OLG Stuttgart Rpfleger 2003, 200; OLG Karlsruhe OLGReport 1999, 222; OLG Bamberg NJW-RR 1990, 1407; Musielak/Voit/*Fischer* ZPO § 119 Rn. 10.
[2237] OLG Brandenburg FamRZ 2008, 1963; OLG Bamberg JurBüro 1985, 141; OLG Düsseldorf JurBüro 1987, 130; OLG Stuttgart FamRZ 1987, 399; Thomas/Putzo/*Seiler* ZPO § 119 Rn. 2.

erfolgen hat. Eine vom Antragsteller zu vertretende Verzögerung der PKH-Entscheidung geht zu seinen Lasten.[2238]

Zunächst ist zu bestimmen, wann die **sog Entscheidungsreife gegeben** ist. ZT wird auch der Begriff Bewilligungsreife verwendet. Das ist der Zeitpunkt, zu dem das Gericht PKH bei einem ordnungsgemäßen, unverzüglichen Geschäftsgang bewilligen muss oder musste;[2239] das heißt, abgesehen von Ausnahmefällen: nach Gelegenheit zur gegnerischen Stellungnahme nach § 118 Abs. 1 S. 1 ZPO.

Nach der Gegenmeinung kann die PKH-Bewilligung auf den Zeitpunkt zurückbezogen werden, in dem der **formgerechte Antrag unter Verwendung des Vordrucks unter Beifügung der erforderlichen Unterlagen**[2240] einging.

Fraglich ist hier, ob der Antrag dann formgerecht gestellt ist, wenn der Vordruck nicht lückenlos ausgefüllt ist. Das ist zu verneinen.[2241]

Man wird grundsätzlich verlangen müssen, dass der Antrag vollständig begründet und belegt ist.[2242] Denn nur dann hat der Antragsteller das von seiner Seite aus Erforderliche getan.[2243] Für die Berufungsinstanz genügt die Bezugnahme auf die erstinstanzliche Erklärung, soweit diese vollständig war, zusammen mit der Erklärung, dass sich die Verhältnisse seither nicht geändert haben.[2244] Wenn das Gericht die Nachreichung von Unterlagen gestattet und hierfür eine Frist setzt oder sich stillschweigend mit dem Nachreichen von Unterlagen einverstanden erklärt, soll die Rückbeziehung auf die ursprüngliche Antragstellung erfolgen,[2245] es sei denn, das Gericht stellt zum Zeitpunkt der Antragstellung ausdrücklich fest, dass die Unterlagen nicht ausreichen.[2246] Eine Rückbeziehung auf die – unvollständige – Antragstellung kann in Ausnahmefällen auch dann gerechtfertigt sein, wenn der Antragsteller ohne Verschulden an der Vorlage einzelner Unterlagen gehindert war.[2247]

Ist der Antrag vor Ende der Instanz gestellt, werden **die Belege gemäß § 117 Abs. 2 ZPO aber erst nach Instanzbeendigung eingereicht**, kann PKH grds. nicht mehr bewilligt werden.[2248] Billigkeitsgesichtspunkte spielen hier keine Rolle;[2249] der Antragsteller mag rechtzeitig beantragen, dann hat er Zeit zum Einreichen der Bele-

---

[2238] Stein/Jonas/*Bork* ZPO § 119 Rn. 26.
[2239] BLHAG/*Dunkhase* ZPO § 119 Rn. 5.
[2240] *Zimmermann* Rn. 268; Zöller/*Schultzky* ZPO § 119 Rn. 4.
[2241] Großzügiger insoweit *Zimmermann* Rn. 268.
[2242] BGH JurBüro 1993, 51; NJW 1992, 840; 1985, 921; 1982, 446; LAG Hamm NZA 2003, 456; OLG Celle OLGReport 2002, 61; OLG Düsseldorf NJW 1991, 1186; OLG Köln Rpfleger 1990, 305; *Groß* ZPO § 119 Rn. 23.
[2243] *Groß* ZPO § 119 Rn. 23 m. zahlr. Nachw.
[2244] OLG Frankfurt BeckRS 2012, 16084. → Rn. 156, 159.
[2245] OLG Frankfurt/M. FamRZ 2011, 126; OLG Karlsruhe FamRZ 2004, 1217; OLG Nürnberg OLGReport 2002, 34; LAG Halle AnwBl 2000, 62; LG Regensburg JurBüro 2002, 84; LG Tübingen JurBüro 1990, 514; Musielak/Voit/*Fischer* ZPO § 119 Rn. 13; *Zimmermann* Rn. 269 und → Rn. 162; aA OLG Hamm OLGReport 2000, 294.
[2246] OLG Frankfurt Beschl. v. 12.7.2019, 3 WF 106/19, BeckRS 2019, 16504 (Gericht hat den Antragsteller auf fehlende Unterlagen/Belege hinzuweisen); OLG Karlsruhe FamRZ 1999, 305 (Gericht hat erforderlichen Hinweis unterlassen); LAG Halle AnwBl 2000, 62; Musielak/Voit/*Fischer* ZPO § 119 Rn. 13.
[2247] ArbG Regensburg Rpfleger 2002, 319 (Verspätete Erstellung des Arbeitslosengeldbescheides durch das Arbeitsamt; *Wax* FPR 2002, 471 (477).
[2248] Für das Verwaltungsverfahren OVG Münster NJW 2007, 1484 (Ls.); iÜ LAG Nürnberg Rpfleger 2013, 345; OLG Brandenburg FamRZ 1998, 249; OLG Bamberg FamRZ 1998, 250; **aA** OLG Karlsruhe FamRZ 2006, 1852.
[2249] BGH VersR 1983, 241; **aA** OLG Karlsruhe OLGReport 1999, 38, wenn durch das Gericht ein Vertrauenstatbestand geschaffen wurde.

ge.²²⁵⁰ Wenn sich das Gericht – äußerst großzügig – darüber im Einzelfall hinwegsetzt, sind die gesetzten Fristen jedenfalls zu beachten,²²⁵¹ s. auch → Rn. 162 u. → Rn. 610.

5. Maßgeblicher Zeitpunkt: Eingang eines gemäß § 117 ZPO vollständigen Antrags

607 Die zeitliche Diskrepanz der dargestellten Zeitpunkte – vollständige Antragstellung oder Entscheidungsreife – liegt in der Zeit für die Anhörung des Gegners und die gerichtliche Bearbeitung. Auf sie hat der Antragsteller keinen Einfluss. Mit Vorlage des vollständigen Antrags und der entsprechenden Belege hat er das für ihn Mögliche getan. Die zeitliche Verzögerung, die sich aus der Anhörung des Gegners und der Bearbeitung durch das Gericht ergibt, darf nicht zu seinen Lasten gehen.²²⁵²
Damit ist grundsätzlich maßgebend für die Rückbeziehung der PKH-Bewilligung der Eingang des nach § 117 ZPO vollständigen Antrags.
Es schadet dem Antragsteller nicht, wenn das Gericht Glaubhaftmachung oder Vorlage von Belegen verlangt, die über § 117 Abs. 2 ZPO hinausgehen.²²⁵³ Denn der Antrag hat zunächst vollständig vorgelegen, und die besonderen Anforderungen des § 118 Abs. 2 ZPO gehören nicht zur Antragstellung. Im Bereich der Glaubhaftmachung herrscht richterliches Ermessen; es ist für die Partei bei Antragstellung nicht absehbar, inwieweit dies ausgeschöpft wird. Klar erfassbar sind für den Hilfsbedürftigen lediglich die ihm gemäß § 117 ZPO auferlegten Obliegenheiten.

608 **Die Bewilligung kann nur auf den Zeitpunkt der Antragstellung,** auf Grund dessen sie ergeht, nicht jedoch auf einen früher gestellten, rechtskräftig abgelehnten Antrag zurückwirken.²²⁵⁴

6. Verschulden des Anwalts ist der hilfsbedürftigen Partei zuzurechnen

609 **Verschulden des Anwalts bei der PKH-Bearbeitung ist der hilfsbedürftigen Partei zurechenbar** (§ 85 Abs. 2 ZPO).²²⁵⁵ Die Gegenmeinung beruft sich zu Unrecht darauf, im PKH-Verfahren gebe es kein schutzwürdiges Vertrauen des Prozessgegners auf das Prozessverhalten der anderen Partei, dies aber sei der Sinn des § 85 Abs. 2 ZPO. Im PKH-Verfahren stehe jedoch die *Staatskasse*, die diesen Schutz nicht benötige, dem Antragsteller gegenüber. Es ist jedoch kein Grund ersichtlich, im Verhältnis zum Staat Vertreterverschulden der antragstellenden Partei nicht zuzurechnen. Das Prinzip des Einstehenmüssens für Vertreterverschulden ist eine das Recht vielfältig und in unterschiedlichen Ausprägungen beherrschende Maxime (vgl. zB §§ 166, 278, 831 BGB). Für

---

²²⁵⁰ Das gilt auch dann, wenn der vollst. Antrag erst im Beschwerdeverfahren vorgelegt wird; rückwirkend gibt es dann keine PKH für das erstinstanzl. Verfahren, OVG Bautzen SächsVBl. 2003, 224. Vgl. auch OLG Bamberg JurBüro 1996, 254.
²²⁵¹ OLG Karlsruhe FamRZ 2011, 1608; LAG Rheinland-Pfalz BeckRS 2012, 66215; *Zimmermann* Rn. 269.
²²⁵² Zöller/*Schultzky* ZPO § 119 Rn. 4.
²²⁵³ So auch OLG Nürnberg OLGReport 2002, 34. *Zimmermann* (Rn. 268) weist darauf hin, dass der Begriff der *entsprechenden Belege* in § 117 Abs. 2 ZPO wenig geeignet ist, die Pflichten des Antragstellers genau zu bezeichnen und hält deshalb eine Nachreichung von Unterlagen innerhalb angemessener Frist für zulässig.
²²⁵⁴ VGH München NVwR-RR 1994, 240.
²²⁵⁵ BGH InVO 2002, 450; NJW 2001, 2720 mwN; OLG Bamberg MDR 2010, 833; LAG Schleswig-Holstein AA 2013, 108; Thomas/Putzo/*Hüßtege* ZPO § 85 Rn. 7; **aA** OLG Düsseldorf FamRZ 1986, 288; FamRZ 1992, 457; OLG Brandenburg FamRZ 1996, 806; Zöller/*Althammer* ZPO § 85 Rn. 11.

das PKH-Verfahren ist nicht einsichtig, warum eine hilfsbedürftige Partei, die sich keines Anwalts bedient und der Fehler unterlaufen, oft dafür wird einstehen müssen, während eine anwaltlich vertretene Partei für ein Fehlverhalten des Anwalts nicht eintreten soll, obwohl ihr dieses einen Ersatzanspruch gegen den Anwalt verschafft, einen Ausgleich, über den die unvertretene Partei nicht verfügt. Im Übrigen hat der Bundesgerichtshof zum Ausdruck gebracht, dass die hilfsbedürftige Partei sich das Verschulden ihres Prozessbevollmächtigten zurechnen lassen müsse, der es verabsäumt habe, rechtzeitig den zur Erlangung der PKH erforderlichen Nachweis über die persönlichen und wirtschaftlichen Verhältnisse der Partei zu führen.[2256] Dabei wendet der BGH § 85 Abs. 2 ZPO ausdrücklich und ohne Einschränkungen sowohl auf das PKH-Verfahren als auch auf das Wiedereinsetzungsverfahren an.

7. Bewilligung von PKH nach Instanzende

Wird erst **nach Ende der Instanz** (gleichgültig, ob durch Entscheidung des Gerichts, Klagerücknahme,[2257] Rechtsmittelrücknahme, Vergleich[2258] oder Erledigungserklärung)[2259] PKH **beantragt,** so handelt es sich nicht mehr um eine beabsichtigte Rechtsverfolgung oder -verteidigung; ein solcher Antrag ist unzulässig.[2260]

610

Demgegenüber kann und muss PKH auch nach Instanzende noch bewilligt werden, wenn der PKH-Antrag zuvor gestellt und vollständig eingereicht war (§ 117 ZPO, s. o. → Rn. 154 ff.)[2261] oder das Gericht eine **Frist zur Nachreichung** der vollständigen Unterlagen bewilligt hat **und** die notwendigen Unterlagen **innerhalb der vom Gericht bewilligten Frist** nachgereicht werden (→ Rn. 606 und 162).[2262] Es genügt auch die Einreichung innerhalb der Widerspruchsfrist für einen gerichtlichen Vergleich.[2263] Wurde die Frist schuldlos versäumt, sind auch noch nach Fristablauf eingehende Unterlagen zu berücksichtigten.[2264]

8. Sofortige Beschwerde gegen PKH-Ablehnung nach Instanzabschluss

Eine sofortige Beschwerde gegen eine PKH-Ablehnung ist auch nach Instanzabschluss zulässig. Das bedeutet, dass die Rückwirkung der Bewilligung durch das Beschwerdegericht angeordnet werden kann; zu den Voraussetzungen → Rn. 1054.

611

War die Hauptsacheentscheidung für den Antragsteller negativ beschieden worden, muss er zugleich mit der sofortigen Beschwerde die Hauptsacheentscheidung der Vor-

---

[2256] BGH NJW 2001, 2720; VersR 1983, 241.
[2257] OLG Frankfurt NJW-RR 1995, 703; OLG Bamberg JurBüro 1986, 123; vgl. aber auch *Groß* ZPO § 119 Rn. 24.
[2258] LAG Nürnberg RPfleger 2013, 345.
[2259] OLG Köln JurBüro 1995, 535; FamRZ 1984, 916; OLG Düsseldorf JurBüro 1989, 114.
[2260] OLG Hamburg FuR 2021, 270; OLG Brandenburg NJW-RR 2019, 1082; OLG Jena OLGReport 2005, 34 (nicht statthaft); Zöller/*Schultzky* ZPO § 119 Rn. 5; so wohl auch *Zimmermann* Rn. 265.
[2261] BGH NJW 1982, 446; OLG Frankfurt NJW 2014, 2367; LAG Nürnberg RPfleger 2013, 345; LAG Schleswig-Holstein BeckRS 2013, 75025; OLG Saarbrücken MDR 2010, 176; FamRZ 2010, 1750 (Sind die Voraussetzungen nicht vor Instanzende ausreichend dargelegt und nachgewiesen, kommt VKH nicht in Betracht.); OLG Karlsruhe FamRZ 2004, 1217 f.; OLG Hamm OLGReport 2004, 280; Musielak/Voit/*Fischer* ZPO § 119 Rn. 11.
[2262] OLG Hamburg FuR 2021, 270; OLG Frankfurt BeckRS 2019, 16504.
[2263] LG Hamburg FamRZ 1999, 600; BLHAG/*Dunkhase* ZPO § 119 Rn. 21.
[2264] LAG Schleswig-Holstein AA 2013, 108; **aA** LAG Köln v. 25.2.2013, 6 Ta 369/12: keine Nachholung, unabhängig von einem Verschulden; zum Streitstand (offengelassen): OLG Hamburg FuR 2021, 270.

instanz anfechten. Denn das Gericht, das über die Verweigerung der Prozesskostenhilfe zu entscheiden hat, kann die Erfolgsaussicht nicht anders als die Vorinstanz beurteilen.[2265] Gleiches gilt, wenn in der Hauptsache unanfechtbar entschieden worden ist.[2266]

Die Zulässigkeit der sofortigen Beschwerde nach Instanzabschluss hat nicht zur Folge, dass die noch fehlenden Belege im Beschwerdeverfahren – nach Ablauf der vom erstinstanzlichen Gericht gesetzten Frist zur Nachreichung – nachgereicht werden können.[2267]

IV. Form der PKH-Entscheidung

1. Grundsatz: Keine stillschweigende Bewilligung

612 (1) **PKH ist durch ausdrücklichen Beschluss zu bewilligen oder zu versagen.**[2268] Er kann in schriftlichen Verfahren ergehen oder verkündet werden. Letzteres kommt allerdings nur im Rahmen einer mündlichen Verhandlung zur Hauptsache in Betracht, da das PKH-Verfahren eine „mündliche Verhandlung" nicht kennt (§ 127 Abs. 1 S. 1 ZPO).[2269]

Eine stillschweigende oder schlüssige PKH-Bewilligung ist schon mit Rücksicht auf die §§ 120–122 ZPO ausgeschlossen.[2270] Auch die Versagung muss im Grundsatz ausdrücklich erfolgen (zur stillschweigenden Ablehnung → Rn. 615). Allerdings ist der PKH-Beschluss der Auslegung zugänglich.[2271] Ist zB vor der PKH-Bewilligung die Klage erweitert worden, so ist im Zweifel anzunehmen, dass das Gericht PKH für die erweiterte Klage bewilligen wollte. Anders ist die Lage bei Klageerweiterung oder Einbeziehung nicht anhängiger Ansprüche in einen Vergleich nach der Bewilligung.[2272] Die PKH-Bewilligung kann diese Sachgegenstände schon deshalb nicht umfassen, weil eine Erfolgs- und Mutwillensprüfung nicht stattgefunden hat.

613 (2) Soweit auf Vorschlag des Gerichts ein **Vergleich** geschlossen wurde, der zugleich Ansprüche umfasst, die bisher nicht anhängig waren, ist der Umfang der Bewilligung streitig. Grundsätzlich ist eine ausdrückliche PKH-Bewilligung auch für diese zusätzlichen Ansprüche nicht entbehrlich.[2273] Der Verfahrenskostenhilfebeschluss hat sich dann auf sämtliche Gebühren, die im Zusammenhang mit dem Abschluss des Mehrvergleichs ausgelöst werden, zu erstrecken.[2274] In solchen Fällen kann jedoch von einem – ausnahmsweise stillschweigend wirksamen – Antrag der hilfsbedürftigen Partei auf Erstreckung der PKH auf die nicht anhängigen im Vergleich geregelten Ansprüche auszugehen sein.[2275]

[2265] → Rn. 1054.
[2266] BGH FamRZ 2012, 964; LG Brandenburg FamRZ 2003, 1398; **aA** OLG Frankfurt/M. FamRZ 2011, 126.
[2267] BAG MDR 2004, 415; OLG Hamburg FuR 2021, 270; LAG Schleswig-Holstein BeckRS 2013, 75025. Rn. 1086.
[2268] BLHAG/*Dunkhase* ZPO § 127 Rn. 9; *Groß* ZPO § 127 Rn. 5.
[2269] Vgl. Zöller/*Schultzky* ZPO § 127 Rn. 2.
[2270] Zöller/*Schultzky* ZPO § 127 Rn. 19; *Zimmermann* Rn. 260.
[2271] *Zimmermann* Rn. 260. Die Bewilligung von PKH für eine Vollstreckungsgegenklage umfasst auch die Umdeutung in eine Abänderungsklage, OLG Brandenburg NJW-RR 2002, 1568.
[2272] Zöller/*Schultzky* ZPO § 119 Rn. 3.14.
[2273] BGH NZFam 2018, 361; OLG Dresden FamRZ 2017, 993; BLHAG/*Vogt-Beheim* ZPO § 119 Rn. 46; ZPO § 114 Rn. 43; Zöller/*Schultzky* ZPO § 119 Rn. 3.27.
[2274] BGH NZFam 2018, 361.
[2275] OLG Zweibrücken NJW-RR 2007, 7; *Schneider* MDR 1985, 441 (442); vgl. auch *Zimmermann* Rn. 389.

Das entspringt einem dringenden praktischen Bedürfnis. Über den vor Vergleichsabschluss stillschweigend gestellten Antrag kann auch noch nach Vergleichsabschluss entschieden werden.[2276] Hinsichtlich der **Beiordnung eines Rechtsanwalts in Ehesachen** gilt § 48 Abs. 3 RVG, der die Beiordnung auf einen weitgefassten Vergleichsinhalt erstreckt.

(3) **Eine gerichtliche Zusage einer PKH-Bewilligung ist bindend.**[2277]   614

2. Stillschweigende PKH-Ablehnung

Denkbar ist auch eine stillschweigende PKH-Ablehnung, insbesondere in der Form der Entscheidungsverzögerung durch Ruhenlassen des Verfahrens, Aussetzung, extrem langer Fristgewährung an den Gegner, ungesetzlicher Beweisaufnahme.[2278] → Rn. 1042.   615

3. Urschrift maßgebend für Beschlussinhalt

Maßgebend für den Beschlussinhalt und damit den Bewilligungsumfang ist die Urschrift der Entscheidung. Aus einer unrichtigen Ausfertigung ergeben sich keine PKH-Rechte.[2279] Das Vertrauen darauf ist insoweit nicht geschützt.[2280]   616

4. Begründung des PKH-Beschlusses

(1) **Ob eine Begründung des PKH-Beschlusses bei uneingeschränkter Bewilligung erforderlich ist, ist umstritten.**[2281] Z.T. wird aus dem Beschwerderecht der Staatskasse im Falle der ratenfreien Bewilligung nach § 127 Abs. 3 ZPO eine Begründungspflicht hergeleitet; insofern wird auf die allgemeine Pflicht zur Begründung von Beschlüssen, soweit sie rechtsmittelfähig sind, verwiesen.[2282] Allerdings wird gemäß § 127 Abs. 3 S. 6 ZPO die PKH-Bewilligung der Staatskasse nicht von Amts wegen mitgeteilt; das könnte eher gegen eine Begründungspflicht sprechen. Andererseits ist nach der Rechtsprechung des Bundesverfassungsgerichtes jeder Beschluss zu begründen, gegen den eine Beschwerde statthaft ist. Das gilt selbst bei letztinstanzlichen Entscheidungen, soweit vom eindeutigen Wortlaut einer Rechtsnorm abgewichen wird.[2283]   617

Richtig ist, dass Erfolgsaussicht und fehlender Mutwillen nicht ausdrücklich bejaht werden müssen. Hiergegen kann sich eine Beschwerde der Staatskasse nicht richten. Hinsichtlich der Hilfsbedürftigkeit gilt jedoch etwas anderes.   618

[2276] *Zimmermann* Rn. 389 macht die stillschweigende Antragstellung am Protokollierungsbegehren fest.

[2277] KG FamRZ 1986, 925; *Groß* ZPO § 127 Rn. 5; **aA** *Zimmermann* Rn. 294 (entweder Bewilligung oder unverbindliche Ankündigung).

[2278] OLG Celle MDR 1985, 592; OLG Düsseldorf FamRZ 1986, 485; OLG Stuttgart AnwBl 1993, 299; OLG Hamburg NJW-RR 1989, 1022; OLG Hamm FamRZ 1985, 827 und 1986, 60; OLG Köln MDR 1990, 728 (Keine Beschwerde gegen Beweisanordnung/Zeugenvernehmung zur Erfolgsaussicht); VGH München NVwZ-RR 1997, 501; *Schneider* AnwBl 1987, 466 (467); *Groß* ZPO § 127 Rn. 4; **einschränkend** KG MDR 1998, 65.

[2279] *Zöller/Schultzky* ZPO § 127 Rn. 26; **aA** *Toussaint/Toussaint* RVG § 48 Rn. 64.

[2280] LAG Nürnberg JurBüro 1989, 672 (Auf die fehlerhafte Ausfertigung kann sich die Partei nur insoweit berufen, als sie im Vertrauen darauf Vermögensdispositionen getroffen hat.).

[2281] **Für Begründung** hinsichtlich der subjektiven Voraussetzungen BLHAG/*Dunkhase* ZPO § 127 Rn. 12; *Groß* ZPO § 127 Rn. 6 (grds. zu begründen); **aA** *Zimmermann* Rn. 313. ZPO § 127 Rn. 1 (wenn Beschwerde statthaft, ist der Beschluss zu begründen); *Zöller/Schultzky* ZPO § 127 Rn. 22 (keine Begründung erforderlich, soweit das Gericht antragsgemäß ratenfreie PKH bewilligt).

[2282] Vgl. *Groß* ZPO § 127 Rn. 6.

[2283] BVerfGE 71, 122 (136) mwN; vgl. auch BT-Drs. 8/3694, 22.

(2) **Im Hinblick auf die Abänderungs- und Aufhebungsmöglichkeiten der §§ 120a, 124 ZPO ist eine, wenn auch nur stichwortartige, Begründung wünschenswert, wenn auch in der Praxis unüblich.**[2284] Der Hilfsbedürftige sollte wissen, auf Grund welcher Berechnungsgrundlage die ratenfreie Bewilligung erfolgt ist. Falls die Staatskasse Beschwerde einlegt, soll die maßgebliche Berechnung auch noch im Nichtabhilfebeschluss nachgereicht werden können.[2285] Vorzuziehen ist insoweit aber die Begründung im Bewilligungsbeschluss.

619 (3) **Eine Begründung ist stets erforderlich, wenn die PKH-Entscheidung den Antragsteller beschwert.**[2286] Das ist schon bei der Anordnung von Ratenzahlungen der Fall.[2287] Auch die Höhe der Raten ist nachvollziehbar zu begründen.[2288] Ist ein Rechtsmittel zulässig, folgt der Begründungszwang schon aus dem Verfassungsgebot rechtlichen Gehörs aus Art. 103 GG. Andernfalls ist eine sachgerechte Rechtsmittelbegründung kaum möglich. Ist kein Rechtsbehelf (Rechtsmittel) zulässig, ist die beschwerende Entscheidung dennoch zu begründen, damit die betroffene Partei weiß, warum ihr Rechtsbegehren nicht antragsgemäß erfolgreich war.[2289] Weicht das Gericht vom eindeutigen Wortlaut einer Rechtsnorm ab (Versagung der PKH trotz § 119 Abs. 1 S. 2 ZPO), ist dies ebenfalls zu begründen.[2290] Nach Ansicht des BGH allerdings bedarf ein Beschluss, mit dem der BGH PKH versagt, keiner Begründung.[2291]

5. Keine Kostenentscheidung im PKH-Verfahren

620 Eine Kostenentscheidung im PKH-Verfahren ist unzulässig. Das Verfahren ist gebührenfrei, eine Kostenerstattung findet nicht statt.[2292] Zu den Kosten im Einzelnen → Rn. 228 ff.

V. Wirksamwerden der PKH-Entscheidung

621 (1) **Der Erlass des PKH-Beschlusses** liegt mit seiner Verkündung oder dann vor, wenn er im schriftlichen Verfahren aus dem inneren Bereich des Gerichts herausgelangt ist.[2293] **Die Wirksamkeit** eines PKH-Beschlusses beginnt mit seinem formlosen Zugang oder der Verkündung. Bei verkündeten Beschlüssen und auch bei lediglich begünstigenden Entscheidungen[2294] fallen Erlass und Wirksamkeit danach zusammen. Andernfalls ist für das Wirksamwerden der **Zugang** erforderlich.[2295]

Die Entscheidung wird den Parteien sowie dem Gegner, wenn er angehört worden ist (§ 118 Abs. 1 S. 1 ZPO), formlos mitgeteilt; eine förmliche Zustellung ist nicht erforder-

---

[2284] *Groß* ZPO § 127 Rn. 6 ff.; *Zimmermann* Rn. 313, der allerdings eine diesbezügliche Verpflichtung ablehnt.

[2285] OLG Celle NdsRpfl 1990, 43; Zöller/*Schultzky* ZPO § 127 Rn. 22.

[2286] ZB bei PKH-Bewilligung mit Ratenanordnung, OLG Brandenburg OLGReport 2003, 504; vgl. iÜ *Groß* ZPO § 127 Rn. 6 ff.; Zöller/*Schultzky* ZPO § 127 Rn. 22.

[2287] OLG Köln FamRZ 2009, 634.

[2288] OLG Saarbrücken FamRZ 2010, 1753.

[2289] OLG Köln OLGReport 2001, 198; Zöller/*Schultzky* ZPO § 127 Rn. 22; aA BGH FamRZ 2006, 1029.

[2290] BVerfGE 71, 122 (136).

[2291] BGH ZIP 2019, 96; FamRZ 2006, 1029.

[2292] *Groß* ZPO § 127 Rn. 10; *Zimmermann* Rn. 311.

[2293] KG NJW-RR 2000, 1240; OLG Brandenburg NJW-RR 2001, 177; Zöller/*Feskorn* ZPO § 329 Rn. 6.

[2294] Zöller/*Feskorn* ZPO § 329 Rn. 8.

[2295] BGH NJW 1985, 921.

lich (§ 329 Abs. 2 ZPO, § 41 Abs. 1 FamFG). Damit die Beschwerdefrist läuft, ist der ablehnende Beschluss allerdings dem Antragsteller bzw. seinem Bevollmächtigten zuzustellen (§§ 127 Abs. 2, 329 Abs. 3 ZPO, 41 Abs. 1 S. 2 FamFG). Die Berechnung der Ratenhöhe und die Angaben zu den persönlichen und wirtschaftlichen Verhältnissen des Antragstellers dürfen dem Gegner ohne Zustimmung der Partei nicht zugänglich gemacht werden, § 127 Abs. 1 S. 3 ZPO.

Für die Wirksamkeit nicht maßgebend ist das Beschlussdatum, wohl aber ein im Beschluss genanntes Rückwirkungsdatum.

(2) **Die Bewilligungswirkung endet mit dem Abschluss des PKH-Verfahrens**, dem Ausscheiden der PKH-Partei aus dem Verfahren, dem Tod der PKH-Partei (bei juristischen Personen mit deren Erlöschen) und der Aufhebung der PKH-Bewilligung gemäß § 124 ZPO.[2296] → Rn. 91. 622

(3) **Die Rechte aus der Bewilligung von Prozesskostenhilfe sind nicht vererblich.**[2297] Es ist aber fraglich, ob mit dem Tod der PKH-Partei die bis dahin zu deren Gunsten bestehenden Beschränkungen des § 122 ZPO für bereits entstandene Gebührentatbestände auch zugunsten des Erben fortbestehen.[2298] Dafür spricht das Prinzip der Gesamtrechtsnachfolge (§ 1922 BGB), der Übergang der Rechte und Pflichten des Erblassers nach deren Zustand im Zeitpunkt des Todes auf den Rechtsnachfolger. Nach Eintritt des Todes war die PKH – als personengebundene Berechtigung – aber erloschen.[2299] Im Übrigen stellt sie auch keine Vermögensposition dar, sondern eine Sozialleistung, die dem Hilfsbedürftigen die Prozessführung ermöglichen soll.[2300] 623

§ 122 ZPO aF bestimmte ausdrücklich das Erlöschen der PKH durch den Tod der Partei; die Vorschrift wurde gestrichen, weil sich dies bereits aus § 114 ZPO ergibt.[2301] Der Erbe rückt in die Rechtsposition des Erblassers erst nach dessen Tod und damit auch nach Erlöschen der PKH und ihrer in § 122 ZPO festgelegten Wirkungen ein. Der Geltendmachung der dort erwähnten, infolge der PKH nur gestundeten – nicht erloschenen; → Rn. 785, 795 – Kosten- und Gebührenansprüche steht jetzt die erloschene PKH nicht mehr entgegen, es sei denn, der Erbe erhielte selbst PKH. Da aber eine diesbezügliche Bewilligung erst ab dessen Antragstellung möglich ist, muss es zulässig sein, bei Vorliegen aller Voraussetzungen dem Erben PKH ab Antragstellung des Erblassers zu bewilligen, um zu vermeiden, dass er trotz Bedürftigkeit die bereits angefallenen Kosten doch noch tragen muss.[2302] Das gilt insbesondere dann, wenn der Erbfall erst in der Rechtsmittelinstanz eingetreten ist.

Das Problem stellt sich im Übrigen nur, **wenn die Erben den Prozess aufnehmen.**[2303] Ist das nicht der Fall – etwa bei einem Scheidungsverfahren –, dann können die Erben nicht für bereits verursachte Kosten in Anspruch genommen werden, wenn dem Erblasser ratenfreie PKH bewilligt war. Das ergibt sich aus § 29 Nr. 3 GKG. Nach dieser Vorschrift ist Kostenschuldner, wer kraft Gesetzes haftet. Das sind die Erben, §§ 1922,

---

[2296] Thomas/Putzo/*Seiler* ZPO § 119 Rn. 5.
[2297] OLG Frankfurt/M. FamRZ 2011, 385; FamRZ 2007, 1995; *Fischer* Rpfleger 2003, 637 (638); *Zimmermann* Rn. 533 mwN; zum Tod des Ast. vor VKH-Bewilligung *Landzettel* FamRZ 2011, 345.
[2298] **Insoweit bejahend** OLG Köln OLGReport 1999, 168; OLG Düsseldorf MDR 1987, 1237; KG Rpfleger 1986, 281 (unter Hinweis auf den Fortfall des § 125 ZPO aF – Nachzahlung –); LG Bielefeld JurBüro 1989, 1288; **aA** (Nachzahlungspflicht des Erben) OLG Celle JurBüro 1987, 1237; OLG Frankfurt JurBüro 1996, 141.
[2299] Vgl. OLG Koblenz FamRZ 1996, 809 mwN.
[2300] *Zimmermann* Rn. 533.
[2301] Zur Gesetzgebungsgeschichte OLG Frankfurt JurBüro 1985, 605 (606).
[2302] OLG Frankfurt JurBüro 1996, 141; Musielak/Voit/*Fischer* ZPO § 119 Rn. 15.
[2303] Zum Problemkreis insgesamt *Fischer*, Der Tod der PKH-Partei, Rpfleger 2003, 637 ff.; Musielak/Voit/*Fischer* ZPO § 119 Rn. 15.

1967 Abs. 1 BGB. Sie haften aber nicht in größerem Umfang als der Erblasser im Zeitpunkt seines Todes.[2304]

624 **(4) Kann der Erbe mangels Bedürftigkeit keine PKH erhalten, dann hat er die bereits angefallenen Gebühren und Kosten nachzuentrichten.** Die Richtigkeit dieser Auffassung wird auch durch § 120a ZPO belegt: Es ist nicht zu begründen, warum die Nachzahlungsanordnung eine leistungsfähig gewordene PKH-Partei treffen kann, nicht aber den leistungsfähigen Erben.[2305]

625 **(5) Zahlungen, die der Erblasser bereits erbracht hat,** sind auf die Verfahrenskosten anzurechnen.[2306]

626 **(6)** Ein den Prozess fortführender Erbe muss einen neuen Antrag stellen.[2307] Eine PKH-Bewilligung auf den Antrag der verstorbenen Partei ist nach deren Tod nicht mehr möglich.[2308] Die Gewährung von **Prozesskostenhilfe für einen Verstorbenen kommt nicht in Betracht** und zwar auch dann nicht, wenn das Gericht den Antrag verzögert bearbeitet haben sollte.[2309]

627 [bleibt einstweilen frei]

VI. Keine Rechtskraft der PKH-Ablehnung

628 **(1) Die PKH-Ablehnung erwächst nicht in Rechtskraft.** PKH kann nach Ablehnung erneut beantragt werden,[2310] auch mit alten Belegen. Allerdings wird eine wiederholte Antragstellung ohne Änderung der sachlichen Verhältnisse in Bezug auf Bedürftigkeit, Erfolgsaussicht und Mutwillen rechtsmissbräuchlich sein.[2311] Zur Neubewilligung nach einer Aufhebung gem. § 124 ZPO → Rn. 1028.

629 **(2) Das Gebot rechtlichen Gehörs nach Ablehnung der PKH erfordert,** dem erfolglosen PKH-Antragsteller hinreichend zeitliche Gelegenheit zu geben, sein weiteres Vorgehen im Verfahren zu überdenken und gegebenenfalls Maßnahmen zu treffen. Bei PKH-Ablehnung erst im Termin zur mündlichen Verhandlung wird deshalb der Antrag auf Vertagung nicht verweigert werden können, ohne den Anspruch auf rechtliches Gehör zu verletzen,[2312] wenn die Partei mit der PKH-Ablehnung nicht rechnen musste und nunmehr weitere Überlegungen zum Prozessfortgang anzustellen sind, die nicht sofort vorgenommen werden können.

[2304] OLG Düsseldorf OLGReport 1999, 345; *Zimmermann* Rn. 533.
[2305] KG Rpfleger 1986, 281; *Zimmermann* Rn. 533.
[2306] Thomas/Putzo/*Seiler* ZPO § 119 Rn. 5.
[2307] OLG Frankfurt/M. FamRZ 2007, 1995.
[2308] OLG Karlsruhe OLGReport 1998, 425; OLG Zweibrücken OLGReport 1997, 278; OVG Hamburg FamRZ 1997, 178; BSG MDR 1988, 610; BLHAG/*Dunkhase* ZPO § 119 Rn. 26; **aA** LSG Hessen Rpfleger 1997, 392.
[2309] OVG Berlin-Brandenburg NJW 2012, 3739.
[2310] BVerfGE 56, 139 (145); BGH FamRZ 2004, 940; OVG Sachsen-Anhalt BeckRS 2013, 45493; OLG Celle JurBüro 2004, 201; OLG Frankfurt OLGReport 2004, 287; *Schneider* MDR 1985, 441 (442); *Zimmermann* Rn. 229; **aA** OVG Bremen JurBüro 1991, 846.
[2311] BGH MDR 2009, 401; BGH FamRZ 2004, 940; OLG Brandenburg Beschl. v. 9.9.2013, 11 W 40/13, juris.de; OLG Hamm FamRZ 2004, 647; OLG Bamberg FamRZ 1997, 756 (757). Es fehlt das Rechtsschutzbedürfnis: OLG Naumburg OLGReport 2008, 526; OLG Koblenz MDR 2007, 677; OLG Frankfurt/M. MDR 2007, 1296; AG Bad Iburg FamRZ 2009, 1851.
[2312] Vgl. dazu eingehend *Schneider* AnwBl 1987, 466.

§ 10 Beiordnung Rechtsanwalt

I. Grundgedanke

Grundgedanke der Anwaltsbeiordnung im Rahmen der Prozesskostenhilfe ist, den Hilfsbedürftigen unter dem Gesichtspunkt sozialer Gleichstellung auf dem Gebiet der Rechtswahrnehmung mit staatlicher Finanzhilfe anwaltlichen Beistand zu verschaffen, wo dies zu angemessener Rechtsverfolgung oder Rechtsverteidigung sachlich oder persönlich „erforderlich" oder aus Gründen der „Waffengleichheit" geboten ist. Angesichts der Kompliziertheit der materiell-rechtlichen und prozessualen Regelungen ist das Begehren der Partei, sich anwaltlich beraten und vertreten zu lassen, fast stets nachvollziehbar.[2313] Die Anwaltsbeiordnung als solche ist jedoch kein Verfassungsgrundsatz. Verfassungsgrundsatz ist nur das Prinzip der Gleichstellung.[2314] § 121 ZPO wird beherrscht vom Prinzip freier Anwaltswahl der Partei und Kontrahierungsfreiheit des beigeordneten Anwalts (Ausnahme: § 121 Abs. 5 ZPO).[2315]

630

Zur Vertretung vor den Amts- und Landgerichten sowie vor den Oberlandesgerichten ist jeder bei einem deutschen Amts- oder Landgericht zugelassene Rechtsanwalt berechtigt.[2316] Lediglich vor dem Bundesgerichtshof müssen sich die Parteien durch dort zugelassene Anwälte vertreten lassen.

Probleme für das PKH-Recht ergeben sich in diesem Zusammenhang aus § 121 Abs. 3 ZPO, der sowohl für den Parteiprozess als auch für alle Verfahren mit Anwaltszwang gilt. Einzelheiten bei → Rn. 690 ff., 798 ff.

Bei der Verfahrenskostenhilfe nach dem FamFG ist folgendes zu berücksichtigen: In Ehesachen und Familienstreitsachen gilt § 121 Abs. 2 ZPO wegen § 113 FamFG unmittelbar. In allen anderen Verfahren gilt § 78 FamFG.[2317]

II. Fünf Beiordnungstatbestände

Das Gesetz hält fünf Beiordnungstatbestände bereit:

631

(1) **Notwendige** Beiordnung im Anwaltsprozess (§ 121 Abs. 1 ZPO, § 78 Abs. 1 FamFG).

(2) **Erforderliche** Beiordnung im Parteiprozess (§ 121 Abs. 2 Alt. 1 ZPO, § 78 Abs. 2 FamFG).

(3) **Waffengleichheit** bei Anwaltsvertretung des Gegners (§ 121 Abs. 2 Alt. 2 ZPO).

(4) **Verkehrsanwalt- oder Beweisaufnahmeanwalt** – Beiordnung, wenn besondere Umstände dies erfordern (§ 121 Abs. 4 ZPO, § 78 Abs. 4 FamFG).

(5) **Notanwalt** (§ 121 Abs. 5 ZPO, § 78 Abs. 5 FamFG).

[2313] BLHAG/*Dunkhase* ZPO § 121 Rn. 2
[2314] BVerfG NJW 1997, 2102; 1991, 413; FamRZ 1993, 664; BVerfGE 7, 53; 9, 124; 22, 83 (86); 81, 347 (357).
[2315] *Groß* ZPO § 121 Rn. 3.
[2316] Durch ÄndG v. 26.3.2007 (BGBl. I 348), in Kraft seit 1.6.2007.
[2317] Zur Beiordnung hier im Einzelnen *Nickel* NJW 2011, 1117 ff.

III. Verfahren der Beiordnung

Das Beiordnungsverfahren ist Teil des PKH-Verfahrens.

1. Ausdrücklicher Gerichtsbeschluss

632 (1) **Die Beiordnung erfordert einen ausdrücklichen Gerichtsbeschluss.** Eine stillschweigende Beiordnung gibt es grundsätzlich nicht.[2318] Zulässig ist aber eine Auslegung gerichtlicher PKH-Beschlüsse nach allgemeinen Auslegungsgrundsätzen. Praktisch nahe liegend ist dementsprechend etwa die Auslegung einer PKH-Erweiterung auf in einen gerichtlichen Vergleich einbezogene nicht anhängige Ansprüche dahin, dass der schon zuvor beigeordnete Anwalt auch für diese Erweiterung beigeordnet worden ist, jedenfalls wenn es sich um einen Anwaltsprozess handelt.[2319] Der Beiordnungsbeschluss, der ohnehin zumeist mit der PKH-Bewilligung verbunden sein wird, wird wirksam wie der PKH-Beschluss.[2320] Das „Gericht" – auch das Beschwerdegericht[2321] –, nicht der Vorsitzende (dieser nur im Ausnahmefall des § 121 Abs. 5 ZPO) ordnet die Beiordnung an.

633 (2) **Maßgebend ist die Urschrift der Beiordnung.** Vertraut der Anwalt auf eine unrichtige Ausfertigung, ist dennoch für seine Rechte im Prozess die Urschrift maßgebend.[2322]

2. Umfang der Beiordnung

634 (1) Nur im Umfang der Beiordnung entsteht gem. § 45 Abs. 1, § 48 Abs. 1 RVG ein Vergütungsanspruch des Anwalts gegen die Staatskasse. Der **Umfang der Beiordnung** bestimmt sich grundsätzlich – auch wegen einer evtl. Rückwirkung – nach dem Umfang der PKH-Bewilligung.[2323] Davon geht auch die Vergütungsregelung des § 48 RVG aus → Rn. 817, 837. § 48 Abs. 2–6 RVG erläutern für verschiedene Beiordnungsbereiche deren konkreten Umfang. Praktisch besonders bedeutsam ist § 48 Abs. 3 S. 1 RVG für die Beiordnung in Ehesachen und einen darin abgeschlossenen Vergleich sowie § 149 FamFG.

635 (2) Vertrauen darf der Anwalt auf den Anfangszeitpunkt der Beiordnung (PKH-Bewilligung) im Beschluss, mag er auch falsch sein.[2324] Enthält der Beiordnungsbeschluss keine anderweitige Regelung, so erstreckt sich die Beiordnung im Falle der rückwirkenden Bewilligung von PKH auf den Zeitpunkt der Antragstellung und erfasst die ab diesem Zeitpunkt gebührenrechtlich erheblichen Tätigkeiten.[2325]

636 (3) Hätte im Anwaltsprozess ein Rechtsanwalt beigeordnet werden müssen, ist eine rückwirkende Beiordnung auch noch nach Abschluss der Instanz möglich.[2326]

[2318] LSG Thüringen NZS 2015, 600; *Zimmermann* Rn. 321 und FPR 2002, 486; Zöller/*Schultzky* ZPO § 121 Rn. 11 (Beiordnung durch Beschluss).
[2319] LG Berlin JurBüro 1980, 767 (768).
[2320] Zöller/*Schultzky* ZPO § 121 Rn. 11.
[2321] Stein/Jonas/*Bork* ZPO § 121 Rn. 26; *Zimmermann* Rn. 321.
[2322] LG Berlin Rpfleger 1996, 294.
[2323] OLG Brandenburg FamRZ 2021, 292; OLG Karlsruhe FamRZ 2001, 1155; OLG Koblenz JurBüro 2001, 311 (PKH und Beiordnung des Rechtsanwalts für ein isol. Sorgerechtsverfahren erstrecken sich nicht automatisch auf eine im Verfahren abgeschlossene Umgangsrechtvereinbarung); ebenso OLG Zweibrücken Rpfleger 2001, 557; KG KGReport 1999, 183.
[2324] OLG Bamberg JurBüro 1986, 768.
[2325] Zöller/*Schultzky* ZPO § 119 Rn. 6.
[2326] OLG Karlsruhe FamRZ 2008, 524.

3. Antrag auf Beiordnung

Ein Antrag auf Beiordnung ist – ausgenommen im Anwaltsprozess (§ 121 Abs. 1 ZPO, § 78 Abs. 1 FamFG)[2327]– erforderlich (§ 121 Abs. 2–5 ZPO, § 78 Abs. 2–5 FamFG). Der Antrag ist grundsätzlich ausdrücklich zu stellen,[2328] jedoch ist auch ein stillschweigender (konkludenter) Antrag zulässig.[2329] Das Verhalten von Partei und Anwalt ist auszulegen.[2330] Bei **Zweifeln ist ein Hinweis nach § 139 ZPO zu erteilen** und der Sachverhalt aufzuklären.[2331] Ein mit der Klageerhebung und gleichzeitigem PKH-Antrag beauftragter Anwalt wird regelmäßig mit seinem PKH-Antrag auch seine Beiordnung beantragen wollen.[2332] Das gilt umso mehr, als gerade im Zwangsvollstreckungsverfahren wegen der rechtlichen und tatsächlichen Schwierigkeiten eine Beiordnung erforderlich ist.[2333] Der Beiordnungsantrag ist – wie der PKH-Antrag überhaupt – vor rechtskräftigem Abschluss der Instanz zu stellen.[2334]

637

4. Freie Anwaltswahl

(1) Der **Grundsatz freier Anwaltswahl**[2335] erfordert die Benennung des gewählten Anwalts. Gewählt werden kann jeder zur Anwaltstätigkeit generell berechtigte Anwalt (vgl. § 45 BRAO), der für das konkret beabsichtigte Verfahren postulationsfähig ist. Die Beiordnung eines nicht postulationsfähigen Anwalts würde der Partei die bezweckte Hilfe nicht oder nur unvollkommen gewähren. Das Problem kann sich nur noch in einem Prozess vor dem BGH ergeben. Die Beiordnung eines **nicht vertretungsberechtigten** Anwalts kann **aufgehoben** werden.[2336] Die Beiordnung ist im Übrigen ausgeschlossen, wenn der gewählte Anwalt einem **Tätigkeitsverbot** unterliegt.[2337]

638

(2) **Auch ausländische Anwälte können beigeordnet werden.**[2338]

639

(3) **Ein schon als Vormund, Betreuer oder Pfleger tätiger Rechtsanwalt** kann (durch sich selbst) gewählt und gerichtlich beigeordnet werden trotz der ihm aus seiner Vormund- oder Pflegertätigkeit gemäß § 1835 BGB zustehenden Vergütungsansprüche.[2339]

640

[2327] OLG Karlsruhe FamRZ 2008, 524; OLG Naumburg FamRZ 2007, 916.
[2328] LAG Hamm AGS 2015, 139; VGH Baden-Württemberg JurBüro 1989, 124; Musielak/Voit/*Fischer* ZPO § 121 Rn. 5.
[2329] LAG Hamm AGS 2015, 139; LG Hannover Beschl. v. 11.12.2013, 52 T 71/13, (auch im Verfahren ohne Anwaltszwang); Musielak/Voit/*Fischer* ZPO § 121 Rn. 5; aA LG Hannover Beschl. v. 28.8.2013, 55 T 54/13.
[2330] LG Stade AGS 2015, 143.
[2331] ZPO/*Schultzky;* ZPO § 121 Rn. 10.
[2332] LG Stade AGS 2015, 143; LG Hannover Beschl. v. 11.12.2013, 52 T 71/13; OVG Berlin-Brandenburg NJW 2010, 3795; LAG Niedersachsen MDR 1999, 190; aA LG Hannover Beschl. v. 28.8.2013, 55 T 54/13; LAG Schleswig-Holstein NZA-RR 2005, 327.
[2333] *Groß* ZPO § 121 Rn. 20.
[2334] OLG Jena OLGReport 1998, 238; *Christl* MDR 1983, 624 (625).
[2335] OLG Brandenburg FamRZ 2007, 1753; BLHAG/*Dunkhase* ZPO § 121 Rn. 4.
[2336] OLG Celle FamRZ 1983, 1045; FG Düsseldorf EFG 2021, 468.
[2337] ZB wenn er mit dem Vertreter der Gegenseite in Bürogemeinschaft verbunden ist, OLG Frankfurt/M. FamRZ 2010, 1687; OLG Hamburg FamRZ 2009, 632; OLG Bremen FamRZ 2008, 1544; aA (das ist unschädlich) OLG Hamburg FamRZ 2010, 2011.
[2338] Nach Maßgabe des EURAG, sofern dadurch Mehrkosten nicht entstehen; OLG Bamberg FamRZ 1997, 1543; *Bach* Rpfleger 1991, 7 (9); Stein/Jonas/*Bork* ZPO § 121 Rn. 5; aA OLG Stuttgart OLGReport 1998, 91 (insbes. für Beiordnung nach § 121 Abs. 3 ZPO aF). Für Beiordnung eines *türkischen Verkehrsanwalts* aber OLG Bamberg FamRZ 1997, 1543.
[2339] BGH FamRZ 2011, 633 (anwaltlicher Berufsvormund); 2007, 381 (für den RA als Betreuer); LSG Berlin-Brandenburg FamRZ 2009, 1612; OVG Hamburg FamRZ 2009, 900; LSG Berlin-Brandenburg FamRZ 2007, 488; OLG Köln FamRZ 2003, 1397; OLG Hamm FamRZ 2000, 763 (als

Die eigene Mutter (Rechtsanwältin) ist im verwaltungsgerichtlichen Anordnungsverfahren jedoch nicht beizuordnen.[2340] Die eigene Beiordnung der Partei kraft Amtes, etwa des Insolvenzverwalter-Rechtsanwalts, begegnet keinen Bedenken.[2341]

641 (4) **Ein zu PKH berechtigter Anwalt kann in (höchst)eigener Sache sich nicht selbst als Anwalt wählen und beiordnen lassen.**[2342] Das widerspricht nicht der Beiordnungsmöglichkeit der Partei kraft Amtes, da dort fremde Interessen auf fremde Rechnung vertreten werden. Die Anwaltsbeiordnung bezweckt die Bereitstellung rechtskundigen Verfahrensbeistandes. Eine Partei, die selbst Anwalt ist, hat diese rechtskundige Hilfe aus eigenem Sachverstand. Die Entlohnung dafür ist nicht gesetzlicher Zweck der Beiordnung. Die unentgeltliche Eigenhilfe ist in ihrem Verfahrensnutzen rechtskundiger Fremdhilfe ebenbürtig. Die Argumente der Gegenmeinung[2343] sind formelhaft. Möglich erscheint freilich eine Beiordnung wegen des Auslagenersatzes, auf den der hilfsbedürftige Anwalt angewiesen sein kann. Erstrebt der Anwalt die Beiordnung eines anderen (Fach-) Anwalts zur Verfahrensbetreuung seiner eigenen Angelegenheit, mag das je nach Sachlage ein berechtigtes Anliegen sein. Auch sind Fälle denkbar, in denen sich die eigene Vertretung verbietet, etwa in Familiensachen.

Ist der Antragsteller Jurist, aber kein Anwalt, erfolgt die Beiordnung eines solchen nach den allgemeinen Grundsätzen.[2344]

642 (5) **Eine Rechtsanwalts-Sozietät** kann als solche beigeordnet werden;[2345] ebenfalls eine Rechtsanwalts-GmbH.[2346]

643 (6) Ein **Referendar**,[2347] **Rechtspfleger** oder sonstiger **Justizbeamter**[2348] ist nicht wählbar und auch nicht von Amts wegen beizuordnen.[2349] Im Parteiprozess ist die Beiordnung eines **Rechtsbeistands bzw. Prozessagenten** möglich, wenn er Mitglied der Rechtsanwaltskammer ist, § 3 RDGEG, § 209 BRAO.[2350] Ein **Beistand** iSd § 12 FamFG kann nicht beigeordnet werden.[2351]

644 Ein **Gerichtsvollzieher** kann ebenfalls nicht beigeordnet werden, weil dessen Kosten von der für die Zwangsvollstreckung gewährten PKH erfasst werden.[2352] Auch die Beiordnung eines **Dolmetschers** – quasi als Anwalt – ist nicht möglich.[2353]

645 (7) **Eine Änderung der Wahl bis zur Beiordnung ist beliebig möglich,** und das Gericht hat die Änderung zu beachten.[2354] Das gilt auch bei Abwahl des Anwalts,

---

Verkehrsanwalt); OLG Karlsruhe OLGReport 1998, 9; Stein/Jonas/*Bork* ZPO § 121 Rn. 3; *Zimmermann* FPR 2002, 486, 487; **aA** OVG Bremen JurBüro 1985, 1103.

[2340] OVG Saarlouis NJW 2011, 1019 (Sie hat insoweit eine familiäre Beistandsverpflichtung.).
[2341] Ausdrücklich OVG Bremen JurBüro 2010, 540; Musielak/Voit/*Fischer* ZPO § 121 Rn. 7.
[2342] OLG München OLGReport 2009, 156; BAG NJW 2008, 604; OLG Frankfurt/M. FamRZ 1992, 1320; Musielak/Voit/*Fischer* ZPO § 121 Rn. 7; *Zimmermann* Rn. 324 (für Familienverfahren); **aA** OLG München AnwBl 1981, 507; Nach KG NJW-Spezial 2009, 523 (mablAnm *Schneider*) soll eine insoweit fehlerhafte Beiordnung den Kostenbeamten aber binden.
[2343] Siehe vorstehende Fn. zu „aA".
[2344] Vgl. OLG Frankfurt FamRZ 2001, 1533.
[2345] BGH NJW 2009, 440 mAnm *Horn;* **aA** LSG Baden-Württemberg JurBüro 2010, 39; vgl. hierzu *Christel* NJW 2019, 648.
[2346] OLG Nürnberg NZI 2007, 591 (593); NJW 2002, 3715.
[2347] *Grunsky* NJW 1980, 2041 (2045).
[2348] *Groß* ZPO § 121 Rn. 16.
[2349] **AA** Kopp/Schenke/*W.-R. Schenke* VwGO § 166 Rn. 13 (in Verfahren ohne Anwaltszwang bei einfach gelagerten Fällen).
[2350] BGH Rpfleger 2003, 513.
[2351] HB/VR/*Gutjahr* § 1 Rn. 194.
[2352] *Zimmermann* Rn. 332.
[2353] OLG Hamm OLGReport 2008, 361.
[2354] OLG Düsseldorf JurBüro 1986, 298.

der das PKH-Gesuch gestellt hat und zunächst als beizuordnender Anwalt benannt war.

(8) **Einen Anspruch auf Beiordnung hat ein Anwalt nicht.**[2355] Ob und welche Rechte der abgewählte Anwalt dann gegen die Partei hat, richtet sich allein nach bürgerlichem Recht iVm den Gebührenvorschriften des RVG.[2356]

(9) Eine **Änderung der Anwaltswahl nach der Beiordnung** ist prozesskostenhilferechtlich nur bei einer Mandatskündigung aus **wichtigem Grund** oder wenn die erstrebte neue Beiordnung **zu keinen Mehrkosten für die Staatskasse** führt, möglich.[2357] Ein **wichtiger Grund** ist gegeben, wenn ein Umstand vorliegt, der auch einer nicht hilfsbedürftigen Partei Anlass zu einer Kündigung des Mandatsverhältnisses gegeben hätte.[2358] Das Antragsrecht des Anwalts folgt aus § 48 Abs. 2 BRAO. Nach überwiegender und zutreffender Auffassung steht aber **auch der Partei** selbst das Recht zu, die Entpflichtung ihres beigeordneten Anwalts und die Beiordnung eines anderen Anwalts zu verlangen.[2359] Die Änderung der Kanzleizugehörigkeit des beigeordneten Anwalts macht eine Änderung der Beiordnung nicht erforderlich.[2360] Dagegen stellt die **nachhaltige Zerstörung** des Vertrauensverhältnisses einen Grund für den Anwaltsaustausch dar,[2361] nicht jedoch, wenn das Vertrauensverhältnis durch sachlich nicht gerechtfertigtes und mutwilliges Verhalten des Mandanten zerstört worden ist.[2362] Auch mangelndes Engagement des Anwalts oder die Forderung einer Honorarvereinbarung durch den Anwalt rechtfertigen die Aufhebung der Beiordnung.[2363] Für den Anwalt kann ein wichtiger Grund darin zu sehen sein, dass die Partei darauf besteht, das der Anwalt seine Schriftsätze nach den Vorstellungen der Partei fertigt;[2364] jedoch nicht allein in dem Umstand, dass eine Kontaktaufnahme zu dem Mandanten derzeit nicht möglich ist.[2365] Liegt ein wichtiger Grund vor, ist durch Änderungsbeschluss ein anderer Anwalt beizuordnen, eventuell anfallende Mehrkosten sind von der Staatskasse zu tragen. In **Ermangelung eines triftigen Grundes** ist ein Anwaltswechsel möglich, wenn der Staatskasse keine Mehrkosten entstehen.[2366] So kann der bisherige Anwalt gegenüber dem Gericht die Erklärung abgeben, auf die **Vergütung zu verzichten.**[2367] Es können aber auch beide Anwälte erklären, dass durch den Anwaltswechsel keine Mehrkosten entstehen und schließlich kann auch der neue Anwalt

---

[2355] BGH NJW 1990, 836; OLG Hamm MDR 2011, 628; OLG Karlsruhe FamRZ 1996, 1428; OLG Düsseldorf JurBüro 1986, 298; BLHAG/*Dunkhase* ZPO § 121 Rn. 9.
[2356] Ähnlich *Zimmermann* Rn. 354.
[2357] OLG Köln FamRZ 2010, 747; JurBüro 1992, 619; OLG Celle FamRZ 2004, 1881; OLG Hamm OLGReport 2004, 398; OLG Rostock FamRZ 2003, 1938; OLG Karlsruhe FamRZ 2001, 1155 (bei nachträglicher zweiter Beiordnung); OLG Zweibrücken OLGReport 1998, 336; OLG Koblenz FamRZ 1986, 375; *Groß* ZPO § 121 Rn. 9; Zöller/*Schultzky* ZPO § 121 Rn. 37 ff. mwN. Differenzierend OLG Nürnberg OLGReport 2003, 373: (Von der Kostenbeschränkung ist eine Ausnahme zu machen, wenn der Partei die Zusammenarbeit mit dem Rechtsanwalt unverschuldet nicht mehr zumutbar ist.).
[2358] OVG Berlin-Brandenburg NJW 2010, 954; OLG Köln JurBüro 1995, 534; OLG Hamm FamRZ 1995, 748; OLG Düsseldorf FamRZ 1995, 241; OLG Frankfurt JurBüro 1990, 1652; Musielak/Voit/*Fischer* ZPO § 121 Rn. 24 ff.; Zöller/*Schultzky* ZPO § 121 Rn. 37.
[2359] BFH/NV 2013, 967; OLG Koblenz MDR 2015, 1077; OLG Nürnberg MDR 2003, 712; OLG Celle OLGR 2007, 579; Musielak/Voit/*Fischer* ZPO § 121 Rn. 24 aA LAG Köln FA 2020, 225; Zöller/*Schultzky* ZPO § 121 Rn, 38.
[2360] LAG Nürnberg MDR 2002, 1094.
[2361] BGH NJW-RR 1992, 189.
[2362] BFH BFH/NV 2012, 954.
[2363] *Zimmermann* Rn. 356.
[2364] BGH ZInsO 2017, 442.
[2365] HessLAG BeckRS 18, 9388.
[2366] OLG Düsseldorf FamRZ 2008, 1767; *Groß* ZPO § 121 Rn. 9.
[2367] *Zimmermann* Rn. 355.

auf den bisher entstandenen Vergütungsanspruch verzichten[2368] bzw. der Beschränkung zustimmen.[2369] Seine Beiordnung „unter Ausschluss der bisher angefallenen Gebühren" ist ohne seine dahingehende Zustimmung nicht zulässig.[2370] Zuvor aber ist zu prüfen, ob der bisherige Rechtsanwalt überhaupt Anspruch auf Vergütung hat.[2371] Ist beigeordnet: „… soweit durch den Wechsel des Rechtsanwalts der Staatskasse keine Nachteile entstehen …"; so ist diese Einschränkung für das Festsetzungsverfahren bindend.[2372] Dem beigeordneten neuen Anwalt ist eine angemessene Zeitspanne zur Einarbeitung zu geben.

Eine Verwirkung des Rechts auf Beiordnung eines anderen Anwalts ist wegen des Verfassungsgebots des rechtlichen Gehörs an sich nicht möglich. Eine schuldhafte Zerstörung des Vertrauensverhältnisses zum beigeordneten Anwalt kann jedoch unter dem Gesichtspunkt einer Verletzung der Prozessförderungspflicht der Partei[2373] zur Prüfung der Mutwilligkeit der Verursachung weiterer Kosten und dann gegebenenfalls zur Versagung von PKH für weitere Anwaltskosten führen. Im Ergebnis bedeutet das, dass die Partei selbst im Anwaltsprozess keinen Anwalt beigeordnet bekommt und für diese Kosten selbst aufzukommen hat.[2374] Beantragen Partei und der beigeordnete Rechtsanwalt übereinstimmend die Aufhebung der Beiordnung, so ist dem zu entsprechen. Ein anderer Anwalt kann aber nur beigeordnet werden, wenn die Partei dem ersten aus triftigem Grund das Mandat entzogen hat.[2375] Hat der Anwalt aus wichtigem Grund seine Entpflichtung beantragt, kommt die Beiordnung eines anderen Anwalts uU nicht mehr in Betracht.[2376]

647a (10) Die **Beiordnung des Anwalts** kann rückwirkend gem. § 124 Abs. 1 Nr. 1 ZPO entsprechend durch gerichtlichen Beschluss **aufgehoben werden,** wenn der Anwalt die Anzeige der Unfähigkeit zur künftigen Prozessvertretung (zB durch Verlust der Zulassung) dem Gericht nicht angezeigt hat.[2377]

5. Bereitschaft des Anwalts zur Vertretung

648 Der gewählte Anwalt muss zur Vertretung bereit sein (§ 121 Abs. 2 ZPO, § 78 Abs. 2 FamFG).[2378] Er muss noch nicht notwendigerweise mandatiert sein.[2379] Bei Zweifeln hat das Gericht sich dessen vor der Beiordnung zu versichern.[2380] Wird der Beiordnungsantrag vom gewählten Anwalt gestellt, liegt schon darin die Bereitschaftserklärung.[2381] Hat der Anwalt sein Mandat **niedergelegt,** ist er **nicht mehr zur Vertretung**

[2368] OLG Celle FamRZ 2004, 1881; OLG Hamm OLGReport 2004, 398 (Beschränkung zulässig, wenn RA ausdrücklich zustimmt); OLG Stuttgart OLGReport 2002, 30; Zöller/*Schultzky* ZPO § 121 Rn. 39.
[2369] OLG Hamm FamRZ 2005, 1263.
[2370] OLG Hamm FamRZ 2010, 1268 (muss zustimmen); OLG Köln FamRZ 2010, 747; FamRZ 2004, 123; OLG Schleswig FamRZ 2009, 1613; OLG Celle NJW 2008, 2511 (Neuer RA hat generell Anspruch auf volle Vergütung.); OLGReport 2002, 132 (Das Gericht hat die Wahl zwischen uneingeschränkter Beiordnung oder deren gänzlicher Ablehnung.); OLG Karlsruhe FamRZ 1998, 632; Musielak/Voit/*Fischer* ZPO § 121 Rn. 25; *Zimmermann* FPR 2002, 486 (493); Zöller/*Schultzky* ZPO § 121 Rn. 39.
[2371] OLG Karlsruhe FamRZ 2007, 645 zu § 628 Abs. 1 S. 2 BGB, § 54 RVG.
[2372] OLG Düsseldorf OLGReport 2008, 261.
[2373] BGH NJW-RR 1992, 189; Zöller/*Schultzky* ZPO § 121 Rn. 39.
[2374] BGH NJW-RR 1992, 189; OLG Hamm FamRZ 1995, 748.
[2375] OLG Frankfurt/M. FamRZ 2001, 237.
[2376] BVerwG NJW 2011, 1894.
[2377] FG Düsseldorf EFG 2021, 468.
[2378] *Groß* ZPO § 121 Rn. 4; Zöller/*Schultzky* ZPO § 121 Rn. 4, 8.
[2379] LSG Sachsen Beschl. v. 15.7.2015, L 3 AL 83/15, BeckRS 2015, 70354.
[2380] *Zimmermann* Rn. 322.
[2381] OLG Düsseldorf MDR 1981, 502; OLG Köln MDR 1983, 847; *Zimmermann* Rn. 322.

bereit.²³⁸² Seine Beiordnung im Rahmen bewilligter Prozess- bzw. Verfahrenskostenhilfe ist nach Mandatsbeendigung ausgeschlossen.²³⁸³ Die Beiordnung begründet keine Prozessvollmacht und kein Vertragsverhältnis für den bzw. mit dem Anwalt. Sie führt auch nicht zu einem Kontrahierungszwang für den Anwalt.²³⁸⁴

6. Notanwalt

Ein Notanwalt wird vom Vorsitzenden gemäß § 121 Abs. 5 ZPO, § 78 Abs. 5 FamFG beigeordnet, wenn die Partei keinen zur Vertretung bereiten Anwalt findet und die Beiordnung beantragt. Die Partei muss konkret erfolglose Bemühungen um einen Anwalt nachweisen.²³⁸⁵ Mehrere Anwälte müssen zur Vertretung nicht bereit gewesen sein.²³⁸⁶ Die Partei hat kein Recht auf die Beiordnung eines bestimmten „Notanwalts".²³⁸⁷ Diesbezügliche Wünsche der Partei sind grundsätzlich unbeachtlich, werden auch fast nie geäußert.²³⁸⁸ Von einer Beiordnung ist abzusehen, wenn wichtige Gründe iSd § 48 Abs. 2 BRAO, die eine Aufhebung einer Beiordnung rechtfertigen würden, vorliegen.²³⁸⁹ Der beigeordnete Notanwalt ist verpflichtet, mit der Partei ein Mandatsverhältnis einzugehen.²³⁹⁰ Eine Prozessvollmacht begründet die Beiordnung noch nicht.²³⁹¹ Sie muss durch die Partei erteilt werden. Die Auswahl des Anwalts erfolgt nach dem Ermessen des Vorsitzenden. Die Beiordnung ergeht durch einen Beschluss. Er ist, da anfechtbar, zu begründen.²³⁹² Eine Übertragung der Beiordnung auf den Rechtspfleger ist unstatthaft (siehe § 20 Abs. 1 Nr. 4 RPflG). Jedoch ist der Rechtspfleger „Vorsitzender" iSd § 121 Abs. 5 ZPO, wenn er als Prozessgericht zuständig ist (im Mahnverfahren, §§ 688 ZPO, 20 Abs. 1 Nr. 1 RPflG sowie in der Zwangsvollstreckung, § 20 Abs. 1 Nr. 5 RPflG mit der dort genannten Einschränkung).²³⁹³ Zu beachten ist § 36b RPflG, nach dem die Aufgaben des Rechtspflegers im Mahnverfahren nach Landesrecht auf den Urkundsbeamten der Geschäftsstelle übertragen werden können.²³⁹⁴ Soweit das erfolgt ist, ist dieser dann „Vorsitzender".²³⁹⁵

649

IV. Sachvoraussetzungen der Beiordnung

1. Anwaltsprozess (§ 121 Abs. 1 ZPO; 78 Abs. 1 FamFG)

Anwaltsprozess ist jedes in § 78 ZPO aufgeführte Verfahren. In jedem Anwaltsprozess vor dem Landgericht oder Oberlandesgericht ist ein zur Vertretung berechtigter Anwalt ohne Antrag, jedoch nach freier Wahl der Partei, vom Prozessgericht beizuordnen. Bei einem Prozess vor dem BGH muss der Rechtsanwalt dort zugelassen sein, § 78 Abs. 1 S. 3 ZPO.

650

---

²³⁸² OLG Stuttgart FamRZ 2006, 800.
²³⁸³ OLG Celle FamRZ 2012, 1661 (auch im Verfahren mit Anwaltszwang); FG Düsseldorf EFG 2021, 468.
²³⁸⁴ BGHZ 27, 163 (166) (nur im Fall des § 121 Abs. 4 ZPO aF), ZPO *Groß* § 121 Rn. 4.
²³⁸⁵ OLG Hamm NJW 2008, 245.
²³⁸⁶ BFH FamRZ 2020, 1856; *Groß* ZPO § 121 Rn. 65.
²³⁸⁷ OLG Braunschweig MDR 1950, 620, 621, OLG Celle NJW 1954, 721; *Groß* ZPO § 121 Rn. 65. Kritisch dazu BLHAG/*Dunkhase* ZPO § 121 Rn. 75.
²³⁸⁸ Vgl. aber BLHAG/*Dunkhase* ZPO § 121 Rn. 76 („Anregung der Partei in Erwägung ziehen"); Zöller/*Schultzky* ZPO § 121 Rn. 35.
²³⁸⁹ Zöller/*Schultzky* ZPO § 121 Rn. 36.
²³⁹⁰ BGHZ 27, 163 (166); *Groß* ZPO § 121 Rn. 66.
²³⁹¹ Zöller/*Schultzky* ZPO § 121 Rn. 35.
²³⁹² BLHAG/*Dunkhase* ZPO § 121 Rn. 79 (zumindest bei Ablehnung der Beiordnung).
²³⁹³ BLHAG/*Dunkhase* ZPO § 121Rn. 77.
²³⁹⁴ Vgl. BLHAG/*Becker* Vorbem. zu § 688 ZPO § 688 Rn. 4.
²³⁹⁵ BLHAG/*Dunkhase* ZPO § 121 Rn. 77.

651 In **Familiensachen** gilt nach § 114 FamFG folgendes: Vor dem Familiengericht und dem Oberlandesgericht müssen sich Ehegatten in Ehe- und Folgesachen (§ 121 FamFG) und die Beteiligten in selbstständigen Familienstreitsachen (§ 112 FamFG: insbesondere Unterhalts- und Zugewinnausgleichsverfahren) durch einen Rechtsanwalt vertreten lassen (Ausnahmen in § 114 Abs. 4 FamFG). Vor dem BGH bedarf es zur Vertretung eines dort zugelassenen Rechtsanwalts (§ 114 Abs. 2 FamFG). Entsprechendes gilt nach §§ 269, 270 FamFG für eingetragene Lebenspartnerschaften.

652 In der **Verwaltungsgerichtsbarkeit** können die Beteiligten das Verfahren vor dem Verwaltungsgericht selbst führen (§ 67 Abs. 1 VwGO); in der Sozialgerichtsbarkeit benötigen die Beteiligten in Verfahren vor dem **Sozialgericht** und dem Landessozialgericht keinen Anwalt (§ 73 SGG). Das **Prozesskostenhilfeverfahren** selbst unterliegt keinem Anwaltszwang (§§ 67 Abs. 4 VwGO, 73 Abs. 4 SGG, 114 Abs. 4 Nr. 5 FamFG, § 78 Abs. 3 ZPO iVm § 117 Abs. 1 ZPO).[2396]

Im Anwaltsprozess ist die Vertretung durch einen Anwalt vorgeschrieben. Denn gem. § 121 Abs. 1 ZPO ist in Verfahren mit Vertretungszwang dem Antragsteller ein vertretungsbereiter Prozessvertreter nach seiner freien Wahl beizuordnen. Sollte der Antragsteller keine derartige Person finden, erfolgt die Beiordnung gem. § 121 Abs. 5 ZPO auf Antrag durch den Vorsitzenden. Die Beiordnung eines Prozessvertreters erfolgt daher nicht voraussetzungslos, sondern erfordert u. a. die Mitwirkung des Antragstellers. Scheidet eine Beiordnung mangels Mitwirkung des Antragstellers aus, bestehen für die Rechtsverfolgung schon deshalb keine hinreichenden Erfolgsaussichten, weil – unabhängig von einem möglichen Erfolg in der Sache – dem Vertretungszwang nicht entsprochen werden kann.[2397]

Ein Antrag auf Bewilligung von PKH für einen Anwaltsprozess enthält konkludent den Antrag auf Beiordnung eines Rechtsanwalts.[2398]

2. Parteiprozess/Verfahren ohne Anwaltszwang (§ 121 Abs. 2 ZPO, § 78 Abs. 2 FamFG)

653 Im Hinblick auf die Besonderheiten des § 78 Abs. 2 FamFG, der aber gem. § 113 Abs. 1 S. 1 FamFG nur in Familiensachen, die nicht Ehe- und Familienstreitsachen (§§ 112, 121 FamFG) sind und Verfahren der freiwilligen Gerichtsbarkeit Anwendung findet, muss zwischen § 121 Abs. 2 ZPO und § 78 Abs. 2 FamFG unterschieden werden.

a) § 121 Abs. 2 ZPO

654 Im Parteiprozess erfolgt eine Anwaltsbeiordnung, wenn sie „erforderlich erscheint" oder aus Gründen der „Waffengleichheit", § 121 Abs. 2 ZPO. Wie im Anwaltsprozess ist bei der Beiordnung zu beachten, dass durch die Beiordnung eines nicht im Bezirk des Prozessgerichts niedergelassenen Anwalts „weitere Kosten" (Mehrkosten) nicht entstehen dürfen, § 121 Abs. 3 ZPO. Dazu → Rn. 690 ff.

655 **aa) Erforderlichkeit einer Anwaltsbeiordnung (§ 121 Abs. 2 Hs. 2 Alt. 1 ZPO).** (1) Die **Erforderlichkeit** einer Anwaltsbeiordnung ist von objektiven und subjektiven

---

[2396] Vgl. OVG Münster FamRZ 2003, 1764 (deshalb insoweit keine PKH mehr möglich).
[2397] BFH FamRZ 2020, 1856
[2398] OLG München FamRZ 2002, 1196.

Voraussetzungen abhängig.²³⁹⁹ Auf Mutwillen kommt es bei der Beiordnung nicht mehr an.²⁴⁰⁰

Es ist auf den **Einzelfall** abzustellen.²⁴⁰¹ Entscheidend ist, ob ein bemittelter Rechtssuchender in der Lage des Unbemittelten vernünftigerweise einen Rechtsanwalt mit der Wahrnehmung seiner Interessen beauftragt hätte.²⁴⁰² Maßgebend sind dabei Umfang und Schwierigkeit der konkreten Sache, ferner die Fähigkeit des Beteiligten, sich mündlich oder schriftlich auszudrücken.²⁴⁰³

Objektive Merkmale sind tatsächliche oder rechtliche Schwierigkeiten der Sache²⁴⁰⁴, deren Umfang, die wirtschaftliche oder persönliche Bedeutung für die Partei.²⁴⁰⁵

Subjektiv kommt es auf die Fähigkeit des Antragstellers an, nach Vorbildung, geistiger Befähigung, Schreib- und Redegewandtheit sein Rechtsanliegen dem Gericht schriftlich und mündlich hinreichend vorzutragen.²⁴⁰⁶ Die Verhinderung an der Wahrnehmung eines einzelnen Termins ist keine Beeinträchtigung der allgemein bestehenden Fähigkeit zu eigener Rechtswahrnehmung.²⁴⁰⁷ Die Eilbedürftigkeit der Sache allein ist ebenfalls kein Grund für eine Anwaltsbeiordnung.²⁴⁰⁸ Ist für die Partei ein Betreuer bestellt, kommt es auf dessen Befähigung an.²⁴⁰⁹

656

Die Bewertung der subjektiven und sachlichen Voraussetzungen der Erforderlichkeit hat nach einem objektiven Maßstab zu erfolgen, nicht aus der Sicht des Anwalts oder der Partei.²⁴¹⁰ Dabei sollte allerdings nicht kleinlich verfahren werden. Tatsächlich lassen sich auch vor den Amtsgerichten die meisten Parteien durch Anwälte vertreten und haben dafür gute Gründe: Die Anwendung des Rechts ist für Laien undurchschaubar, insbesondere aber sind die prozessualen Anforderungen auch von durchschnittlich Gebildeten kaum mehr zu erfüllen.²⁴¹¹ Hinweise auf die richterliche Fürsorgepflicht²⁴¹² entsprechen angesichts der Masse von Rechtsstreiten nicht der Lebenswirklichkeit; auch erscheint es kaum praktikabel, den Antragsteller auf *andere geeignete Vertreter (Verwandte, Freunde usw.)*²⁴¹³ zu verweisen.

657

---

²³⁹⁹ BGH NJW 2003, 3136; Musielak/Voit/*Fischer* ZPO § 121 Rn. 11; *Zimmermann* Rn. 334; Zöller/*Schutzky* ZPO § 121 Rn. 17.

²⁴⁰⁰ Mutwillen ist nur ein Problem der Bewilligung an sich. Bei der Beiordnung geht es nur noch um die Erforderlichkeit; vgl. LG Heilbronn JurBüro 2011, 40. Auch bei der Kostenfestsetzung spielt Mutwillen keine Rolle mehr, s. BAG JurBüro 2011, 374 mAnm *Enders*.

²⁴⁰¹ BGH NJW-RR 2009, 794.

²⁴⁰² BVerfG NJW-RR 2007, 1713.

²⁴⁰³ BVerfG NJW-RR 2007, 1713; BGH NJW-RR 2009, 794; LG Dessau NZI 2014, 93.

²⁴⁰⁴ Hier ist schon streitig, ob beides kumulativ vorliegen muss; vgl. dazu *Rüntz/Viefhues* FamRZ 2010, 1285, 1287. Ablehnend insoweit BGH NJW 2010, 3029, 3030 zu § 78 Abs. 2 FamFG.

²⁴⁰⁵ OLG Brandenburg FamRZ 1997, 1285; KG FamRZ 1995, 629; *Groß* ZPO § 121 Rn. 23: Kein Laie ist in der Lage, ohne Gefahr von Nachteilen einen Prozess zu führen. Aber: Die Beiordnung soll nicht seelischen Beistand oder eine Erziehungsberatung sicherstellen, OLG Hamm FamRZ 2010, 1689. Ebenso wenig sind rein subjektive Bedürfnisse (emotionale Schwierigkeiten, psychische Erkrankung) Grund für eine Beiordnung, vgl. KG JurBüro 2010, 371. Die subjektiven *Fähigkeiten* spielen aber eine Rolle, BGH NJW 2010, 3029.

²⁴⁰⁶ BVerfG NJW 2008, 430 (Ls., bei hochgradiger Schwerhörigkeit); BGH NJW 2010, 3029; OLG Celle FamRZ 2010, 582; OLG Zweibrücken NJW 2010, 1212; OLG Schleswig FamRZ 2010, 826; Zöller/*Schutzky* ZPO § 121 Rn. 17.

²⁴⁰⁷ OVG Bremen JurBüro 1985, 1421.

²⁴⁰⁸ OLG Celle MDR 2014, 297.

²⁴⁰⁹ LG Koblenz JurBüro 2008, 598.

²⁴¹⁰ OLG Karlsruhe JurBüro 2010, 437; OVG Bremen JurBüro 1984, 133; BLHAG/*Dunkhase* ZPO § 121 Rn. 32; **aA** (Sicht der Beteiligten maßgeblich) OLG Hamburg FamRZ 2011, 129; OLG Hamm MDR 2010, 1468; OLG Karlsruhe FamRZ 2010, 2003.

²⁴¹¹ Musielak/Voit/*Fischer* ZPO § 121 Rn. 11; *Groß* ZPO § 121 Rn. 23.

²⁴¹² BLHAG/*Dunkhase* ZPO § 121 Rn. 32.

²⁴¹³ So Stein/Jonas/*Bork* ZPO § 121 Rn. 12.

Stets sollte die Frage gestellt werden, ob eine Partei, die nicht auf PKH angewiesen ist, einen Rechtsanwalt zuziehen würde.[2414] Dies kann bei entsprechend gebildeten bzw. gewandten und geschäftserfahrenen Parteien und einfach gelagerten Sachverhalten zu verneinen sein.[2415] Andererseits steht auch der einfache Sachverhalt/die einfache Rechtslage einer Anwaltsbeiordnung nicht entgegen, wenn die Partei ihr nicht gewachsen ist.[2416]

658 (2) **Die Amtsermittlung im Verfahren ist kein Grund, die Anwaltsbeiordnung abzulehnen.**[2417]

Es muss in diesem Zusammenhang nicht entschieden werden, ob nach § 121 Abs. 2 ZPO die Beiordnung eines Anwalts Regel oder Ausnahme sein soll.[2418] Zu weit geht es sicher, im Zweifel von einer Erforderlichkeit der Beiordnung auszugehen. Es kommt stets auf die Einzelfallumstände an und deren – nicht kleinliche – konkrete Prüfung.

659 (3) **Das Ergebnis wird zumeist eine Anwaltsbeiordnung sein,** es sei denn, der Fall wäre ganz einfach gelagert oder die Partei zweifelsfrei zur Eigenwahrnehmung ihrer Belange fähig. Eine Beweissicherung wird regelmäßig eine Anwaltsbeiordnung erfordern.

660 (4) **Beispiele für eine Erforderlichkeit der Beiordnung:**

661 • **Arbeitsgerichtsverfahren.** Wird im Arbeitsgerichtsverfahren PKH begehrt, so ist damit stets als *Minus* auch die Beiordnung eines Anwalts nach § 11a ArbGG beantragt.[2419] Für die Erforderlichkeit gilt im Wesentlichen das oben Gesagte, es spielt hier auch der erwartete Verlauf der Güteverhandlung eine Rolle.[2420] Eine Beiordnung kann auch erforderlich sein, wenn zunächst ein Versäumnisurteil ergangen ist.[2421]

662 • **Ehesachen** (wenn nur die Zustimmung zur Scheidung erklärt wird, § 114 Abs. 4 Nr. 3 FamFG). Regelmäßig wegen der existenziellen Bedeutung.[2422]

663 • **Grundbuchsachen.** Für die Einlegung einer Beschwerde, die auch zu Protokoll eingelegt werden kann, bedarf es keiner Anwaltsbeiordnung.[2423]

664 • **Haftpflichtprozess.** Ja, wenn die Möglichkeit der Unfallmanipulation im Raum steht.[2424] Nicht für den Versicherungsnehmer, bei Geltendmachung eines Direktanspruchs gegen den Haftpflichtversicherer und des Schadensersatzanspruchs gegen den Halter/Fahrer des versicherten Fahrzeugs.[2425]

[2414] Sehr streng OLG Köln FamRZ 2003, 1398 (1399); zutr. MüKoZPO/*Wache* § 121 Rn. 7; vgl. auch Musielak/Voit/*Fischer* ZPO § 121 Rn. 11. Bzgl. der Anwaltsbeiordnung für den bedürftigen Streitgenossen vgl. OLG Köln OLGReport 2004, 375.

[2415] Vgl. OLG Rostock OLGReport 1999, 456 (Keine Anwaltsbeiordnung bei ganz einfacher Sache).

[2416] LSG München AnwBl. 1988, 421.

[2417] BVerfG FamRZ 2002, 531; OLG Dresden FamRZ 2014, 1720; OLG Zweibrücken FamRZ 2010, 579; *Zimmermann* Rn. 336 und FPR 2002, 486, 488; Zöller/*Schultzky* ZPO § 121 Rn. 11 mwN; **aA** OLG Oldenburg FamRZ 2002, 106.

[2418] Vgl. dazu auch Musielak/Voit/*Fischer* ZPO § 121 Rn. 11.

[2419] *Groß* ZPO § 121 Rn. 25.

[2420] BAG NJW 2010, 2748.

[2421] LAG JurBüro 2011, 147.

[2422] OLG Schleswig OLGReport 2003, 226. Aber nicht zur Scheidung einer Scheinehe, wenn der andere Teil das Verfahren schon eingeleitet hat, OLG Köln FamRZ 2008, 1260.

[2423] OLG Frankfurt FamRZ 1998, 31 mwN; OLG Köln Rpfleger 1996, 116; großzügiger: BLHAG/*Dunkhase* ZPO § 121 Rn. 39.

[2424] BGH MDR 2010, 1048; OLG Köln 2011, 1201; **aA** OLG Hamm NJW-RR 2005, 760.

[2425] BGH MDR 2004, 569.

- **Hochschulzulassungsverfahren.** In der Regel ja, wegen der komplexen und komplizierten Materie.[2426] 665
- **Insolvenzverfahren.** Die Frage, ob dem **Schuldner** ein Rechtsanwalt im Insolvenzverfahren beizuordnen ist, regelt § 4a Abs. 2 InsO. Voraussetzung ist, dass diesem gemäß § 4a Abs. 1 InsO die Verfahrenskosten gestundet worden sind. Für das **Stundungsverfahren** selbst kann kein Rechtsanwalt nach § 4a InsO beigeordnet werden.[2427] Im Übrigen ist, wie der Verweis in § 4a Abs. 2 InsO auf die besondere Fürsorgepflicht des Insolvenzgerichts zeigt, im Regelfall davon auszugehen, dass der Schuldner *im Insolvenzverfahren* selbst seine Rechte wahrnehmen kann.[2428] Dass die Gläubiger anwaltlich vertreten sind, ist nicht ausreichend, da es sich um kein kontradiktorisches Verfahren handelt, so dass der Grundsatz der Waffengleichheit nicht greift.[2429] 666

Damit ist die Beiordnung eines Rechtsanwalts nur dann veranlasst, wenn dies insbesondere wegen der Schwierigkeit der Sach- und Rechtslage erforderlich erscheint (→ Rn. 687 wegen weiterer Einzelheiten).[2430] In Betracht kommt eine Beiordnung insbesondere für quasikontradiktorische Verfahrensabschnitte im Rahmen der Restschuldbefreiung nach §§ 290, 296 InsO[2431] und im Zustimmungsersetzungsverfahren nach § 309 InsO.[2432] Auch **Insolvenzgläubigern** kann im Rahmen des Insolvenzverfahrens für einzelne Verfahrensabschnitte PKH nach Maßgabe von §§ 114 ff. gewährt werden[2433] und nach § 121 ZPO ein Rechtsanwalt beizuordnen sein. Für die Anmeldung einer Insolvenzforderung wird bei einfach gelagertem Sachverhalt im Regelfall aber keine Anwaltsbeiordnung erforderlich sein.[2434] Bei schwieriger Sach- und Rechtslage kann etwas anderes gelten.[2435] Auch dem **Insolvenzverwalter,** der selbst Rechtsanwalt ist, ist ein Rechtsanwalt beizuordnen,[2436] und zwar im Rahmen von **Masseprozessen** sowohl im Anwaltsprozess[2437] als auch im Parteiprozess, soweit der jeweilige Gegner anwaltlich vertreten ist.[2438] Für das eröffnete Insolvenzverfahren kann dem Insolvenzverwalter allerdings keine PKH gewährt werden.[2439] 667

- **Mahnverfahren.** Weder der Antragsteller noch der Widerspruch einlegende Gegner haben Anspruch auf Anwaltsbeiordnung.[2440] 668
- **Mietsachen.** Die Beratung in Mietsachen durch den Mieterverein steht einer Anwaltsbeiordnung nicht entgegen.[2441] 669

[2426] OVG Hamburg NVwZ-RR 2001, 68.
[2427] BGH MDR 2015, 58; NJW 2003, 2910.
[2428] MüKoInsO/*Ganter/Lohmann* § 4b Rn. 22.
[2429] BGH NZI 2003, 270.
[2430] BGH MDR 2015, 58.
[2431] BT-Drs. 14/5680, S. 21; Uhlenbruck/*Mock* InsO § 4a Rn. 47.
[2432] LG Konstanz ZIP 1999, 1643.
[2433] BGH FamRZ 2004, 1707; weitere Einzelheiten → Rn. 73.
[2434] So BVerfG ZIP 1989, 719; dazu kritisch *Pape* ZIP 1989, 692; *Vallender* MDR 1999, 610; Musielak/Voit/*Fischer* ZPO § 121 Rn. 17; s. auch AG Göttingen Rpfleger 2003, 317; **aA** LG Hamm AnwBl 1985, 596 (bei rechtsunkundigem Antragsteller).
[2435] MüKoZPO/*Wache* ZPO § 121 Rn. 12 (für rechtsunkundigen Antragsteller); Zöller/*Schutzky* ZPO § 121 Rn. 20.
[2436] BGH NJW 2006, 1597; NJW 2002, 2179; BGHReport 2002, 848; BFH Rpfleger 2005, 319; BAG ZIP 2003, 1947; BAG InVo 2003, 348; LAG Brandenburg ZInsO 2003, 964 (Ls) *Gelpcke/Hellstab/Wache/Weigelt* Rn. 3.224; **aA** FG Brandenburg ZInsO 2004, 53.
[2437] BGH JurBüro 2007, 97.
[2438] BGH NJW 2006, 1881.
[2439] MüKoInsO/*Ganter/Lohmann* § 4 Rn. 21.
[2440] MüKoZPO/*Wache* ZPO § 121 Rn. 12; Musielak/Voit/*Fischer* ZPO § 121 Rn. 12.
[2441] LG Trier WuM 1993, 203.

670 • **Patentsache.** Zur Beratung der PKH – Partei und Unterstützung ihres Prozessbevollmächtigten kann ein Patentanwalt beigeordnet werden. Gesetzliche Grundlage dafür ist das Gesetz zur Beiordnung von Patentanwälten bei Prozesskostenhilfe,[2442] das einen Teil der PKH-Vorschriften für anwendbar erklärt. Auch in **Markensachen** gelten über § 82 Abs. 1 MarkenG die §§ 114 ff. ZPO entsprechend.[2443]

671 • **Selbstständiges Beweisverfahren.** In diesem Verfahren ist wegen der Folgewirkungen ein Anwalt beizuordnen.[2444]

672 • **Sozialgericht.** Der Amtsermittlungsgrundsatz im sozialgerichtlichen Verfahren ist für sich allein kein Grund, die Beiordnung eines Anwaltes zu verweigern.[2445] Es kommt auch hier auf den Einzelfall an.[2446]

673 • Für **Unterhaltsverfahren** (§§ 112 Nr. 1, 231 FamFG) besteht nunmehr Anwaltszwang (§ 114 Abs. 1 FamFG) und § 121 Abs. 1 ZPO findet Anwendung. Aber auch bei **einstweiligen Anordnungen auf Unterhalt** (hier besteht kein Anwaltszwang gem. § 114 Abs. 4 Nr. 1 FamFG), wird die Beiordnung notwendig sein.[2447] Denn selbst bei einfachen Sachverhalten ist der Beteiligte ohne anwaltlichen Beistand nicht in der Lage, Gesetzgebung, Rechtsprechung, die Unterhaltsrichtlinien der verschiedenen Oberlandesgerichte sowie die Besonderheiten des summarischen Verfahrens zu überblicken.

674 • **In vereinfachten Unterhaltsverfahren** besteht gem. §§ 257, 114 Abs. 4 Nr. 6 FamFG, 78 Abs. 3 ZPO kein Anwaltszwang. Nach Wegfall des Formularzwangs für zu erhebende Einwendungen seit dem 1.1.2017 wird die Erforderlichkeit der Beiordnung für den hilfsbedürftigen Antragsgegner regelmäßig entfallen.[2448]

675 • **Zwangsvollstreckung.** *Anwaltsbeiordnung bei:*
– Erinnerungen, Einstellungen, Schutzanträgen;[2449]
– Pfändung eines Bankkontos[2450] einschließlich künftiger Salden und zufließender Beträge;[2451]
– Lohnpfändung;[2452] Antrag auf Erlass eines Pfändungs- und Überweisungsbeschlusses;[2453]
– Unterhaltsvollstreckung;[2454]
– Rechtsmittel des Schuldners gegen Zwangsvollstreckung;[2455]
– Schwierigkeiten (Widerstand des Schuldners wahrscheinlich);[2456]

[2442] I. d. F. v. 7.9.1966 (BGBl. I 557, zuletzt geändert durch G. v. 5.5.2004 (BGBl. I 718 (842)).
[2443] BGH BGHReport 2009, 92.
[2444] So auch *Zimmermann* Rn. 337.
[2445] BVerfG Rpfleger 2002, 212; NJW 1997, 2103.
[2446] Vgl. LSG München AnwBl 1988, 421.
[2447] KG FamRZ 2005, 526; OLG Düsseldorf FamRZ 1982, 513; OLG Zweibrücken FamRZ 1986, 287; Musielak/Borth/*Borth/Grandel* FamFG § 78 Rn. 4; *Zimmermann* Rn. 340, 342.
[2448] OLG Sachsen-Anhalt NJ 2018, 429.
[2449] LG Lübeck JurBüro 2005, 265 (Schutzschrift); LG Freiburg JurBüro 1986, 129; LG Hannover JurBüro 1986, 766 (nur für schwierige Vollstreckungshandlungen); vgl. auch Zöller/*Schultzky* ZPO § 121 Rn. 19.
[2450] LG Zweibrücken FamRZ 2009, 1613; LG Arnsberg Rpfleger 2006, 89.
[2451] LG Berlin FamRZ 2003, 318; LG Heidelberg AnwBl 1986, 211.
[2452] BGH FamRZ 2003, 1547 (Einzelfallentscheidung); LG Baden-Baden JurBüro 1991, 867; **aA** LG Itzehoe JurBüro 1984, 1096.
[2453] BGH FamRZ 2012, 1637.
[2454] BGH FamRZ 2012, 1637; 2006, 856 u. 481; FamRZ 2003, 1921 (Einzelfallentscheidung); OLG Stuttgart FamRZ 2011, 128; LG Stade AGS 2015, 143.
[2455] LG Kleve FamRZ 2011, 1886 (wenn der Schuldner sich gegen die von einem anwaltlich vertretenen Gläubiger ausgebrachte Pfändung wehrt); andererseits LG Bayreuth JurBüro 1993, 546 („unvorhersehbare Schwierigkeiten").
[2456] LG Münster JurBüro 1993, 360; LG Freiburg JurBüro 1986, 129.

- Zwangsversteigerungsverfahren zur Aufhebung einer Gemeinschaft.[2457]

676

- Keine Beiordnung bei:
  - Beauftragung des Gerichtsvollziehers bei Mobiliarvollstreckung[2458] oder Antrag auf eidesstattliche Versicherung;[2459]
  - Antrag auf Pfändungs- und Überweisungsbeschluss durch eine geschäftsgewandte Partei;[2460]
  - Pfändungsschutzantrag nach §§ 850 ff. ZPO;[2461]
  - Erteilung einer Rechtsnachfolgeklausel.[2462]

Eine pauschale Bewilligung für die Immobiliarvollstreckung gibt es nicht; deshalb muss der Schuldner im Zwangsversteigerungsverfahren genau darlegen, gegen welche Zwangsvollstreckungsmaßnahme er sich wendet.[2463] Im Übrigen ist die Angabe konkreter Vollstreckungsanträge erforderlich, damit das Gericht die Notwendigkeit der Beiordnung beurteilen kann.[2464]

677

- Ein **Zeuge** hat nicht grundsätzlich einen Anspruch auf Beiordnung eines Rechtsanwaltes als Beistand. Vielmehr bedarf es einer Abwägung zwischen den Interessen des Zeugen und denen des Staates an der Aufrechterhaltung einer funktionstüchtigen Rechtspflege.[2465]

678

bb) Waffengleichheit (§ 121 Abs. 2 2. HS Alt. 2 ZPO). (1) **Waffengleichheit** beruht nicht etwa auf einem Verfassungsgrundsatz, dass rechtliches Gehör durch Vermittlung eines Anwalts gewährt werden müsste, denn einen solchen Grundsatz gibt es nicht.[2466] § 121 Abs. 2 ZPO hat sich jedoch für eine Anwaltsbeiordnung zur Herstellung von Waffengleichheit entschieden. Danach ist der bedürftigen Partei im Parteiprozess auf ihren Antrag hin ein Rechtsanwalt beizuordnen, wenn der Gegner anwaltlich vertreten ist.

679

(2) **Das Jugendamt als Unterhaltsbeistand** ersetzt keine Anwaltsbeiordnung.[2467] Mag auch die Vertretung durch das Jugendamt die Anwaltsbeiordnung nicht *erforderlich* erscheinen lassen,[2468] so gilt etwas anderes, wenn der Gegner anwaltlich vertreten ist.

680

(3) **Sinngemäß anwendbar ist die Vorschrift,** wenn der Gegner durch ein prozesserfahrenes Jugendamt oder durch einen fachkundigen Nichtanwalt (zB Sachbearbeiter einer

681

[2457] LG Heilbronn JurBüro 2011, 40.
[2458] BGH FamRZ 2010, 288; OLG Saarbrücken MDR 2013, 547 (problematisch, da AStin Analphabetin); LG Koblenz DGVZ 2012, 35; LG Koblenz Jur Büro 2010, 316; JurBüro 2008, 598; LG Stade FamRZ 2008, 2292; LG Rostock Rpfleger 2003, 304; aA LG Duisburg MDR 2004, 538 (Ausnahme bei Ausländer mit mangelhaften Deutschkenntnissen); LG Koblenz FamRZ 2005, 529; ZVI 2002, 201.
[2459] LG Duisburg MDR 2004, 538 (aber Ausnahme bei Ausländer mit mangelhaften Deutschkenntnissen); LG Düsseldorf JurBüro 1993, 361.
[2460] LG Zweibrücken Rpfleger 2009, 392 (nicht erforderlich bei einfach gelagertem Fall); LG Koblenz Rpfleger 2005, 200 (keine tatsächlichen oder rechtlichen Schwierigkeiten); LG Münster JurBüro 1993, 360; LG Bayreuth JurBüro 1993, 360.
[2461] AG Göttingen ZInsO 2003, 667.
[2462] OLG Koblenz FamRZ 2010, 56.
[2463] BGH FamRZ 2004, 177.
[2464] LG Rostock Rpfleger 2003, 304.
[2465] BVerfG NJW-Spezial 2010, 280.
[2466] BVerfGE 9, 124 (132); BGH NJW 1988, 2597; BGH MDR 1984, 931; *Künkel* DAVorm. 1983, 335 (338); *Pentz* NJW 1982, 1269.
[2467] BGH FamRZ 2006, 481; OLG Schleswig FamRZ 2009, 900; OLG Karlsruhe JurBüro 2004, 383; OLG Frankfurt/M. OLGReport 2003, 304.
[2468] OLG Zweibrücken FamRZ 2003, 1937; OLG Thüringen FamRZ 1996, 418; OLG Köln FamRZ 1994, 1126.

Großfirma) vertreten ist.[2469] Das ist aber nicht unbestritten.[2470] Selbst wenn man jedoch die Vertretung des Gegners durch das Jugendamt, eine sonstige Behörde usw. nicht genügen lässt, so kann dann doch eine Beiordnung nach § 121 Abs. 2 Alt. 1 ZPO *erforderlich* sein.[2471]

682 (4) **Es ist sehr umstritten, ob bei Vorliegen der Voraussetzungen stets ein Anwalt beigeordnet werden** muss.[2472] Für das streitige Verfahren ergibt sich das schon aus dem insoweit eindeutigen Wortlaut des § 121 Abs. 2 ZPO, und zwar auch in Verfahren mit Amtsermittlung. Vor allem in diesem Bereich soll aber nach verbreiteter Meinung die Beiordnung auch bei Vorliegen aller Voraussetzungen nicht zwingend sein.[2473] Für einen Prozess des Insolvenzverwalters hat der BGH anders entschieden; er hält die Anwendung des § 121 Abs. 2 Alt. 2 ZPO selbst dann für zwingend, wenn der Antragsteller selbst Rechtsanwalt ist.[2474] Im Mahnverfahren ist eine Beiordnung aber idR selbst dann nicht geboten, wenn der Gegner anwaltlich vertreten ist.[2475]

683 **Die Anwendung des Grundsatzes der Waffengleichheit erfordert kein Verfahren mit widerstreitenden Anträgen.**[2476] Das Gesetz enthält eine solche Einschränkung nicht. Auch im Zivilprozess gibt es zahlreiche Verfahren ohne widerstreitende Anträge. Nichtstreitigkeit eines Verfahrens allein kann zudem gerade auf der rechtlichen Unbedarftheit eines durch einen Anwalt nicht Vertretenen beruhen. Dem abzuhelfen ist einer der Zwecke einer Anwaltsbeiordnung zur Herstellung von Waffengleichheit.

684 (5) **Haben beide Parteien PKH beantragt,** ist zunächst die Erforderlichkeit einer Beiordnung zu prüfen.[2477] Erst wenn danach einer Partei ein Anwalt beizuordnen ist, muss die Beiordnung für die andere Partei aus Gründen der Waffengleichheit erfolgen.[2478]

685 (6) **Bei Anwaltsvertretung des Gegners erst im Laufe des Verfahrens** ist aus Gründen der Waffengleichheit ein Anwalt auch während des Verfahrens beizuordnen.[2479]

686 (7) Auch dem **Streithelfer** ist ein Rechtsanwalt beizuordnen, wenn der Gegner unter PKH anwaltlich vertreten ist.[2480] Daran ändert nichts, dass die vom Streithelfer unterstützte Partei selbst anwaltlich vertreten ist oder Hilfe vom Jugendamt hat.

[2469] BVerfG NJW 1997, 2103 zum FGG; OLG Bremen FamRZ 2006, 964; NJW-RR 1986, 309; OLG Düsseldorf FamRZ 1990, 1261; FamRZ 1995, 241; **aA** *Zimmermann* Rn. 345.

[2470] Vgl. OLG Schleswig OLGReport 2001, 83; OLG Hamburg NJW-RR 2000, 1605; OLG Brandenburg FamRZ 1997, 1285; Thomas/Putzo/*Seiler* ZPO § 121 Rn. 6; *Zimmermann* Rn. 345; FPR 2002, 486 (489).

[2471] So auch Zöller/*Schultzky* ZPO § 121 Rn. 21; Thomas/Putzo/*Seiler* ZPO § 121 Rn. 6.

[2472] **Verneinend** (nicht stets Beiordnung) BGHZ 91, 314; OLG Hamm FamRZ 1992, 1448; OLG Köln FamRZ 1997, 1543; LG Stuttgart Rpfleger 1994, 170; OLG Düsseldorf FamRZ 1996, 226; für Verbraucherinsolvenzverfahren, soweit nicht der kontradiktorische Charakter (§§ 290, 296 InsO) im Vordergrund steht, LG Koblenz MDR 2002, 605; **bejahend** BGH ZInsO 2002, 626; OLG Zweibrücken OLGReport 2003, 225; OLG Frankfurt/M. FamRZ 1998, 32; OLG Hamm FamRZ 2002, 403; Thomas/Putzo/*Seiler* ZPO § 121 Rn. 6 (wenn widerstreitende Anträge gestellt werden); so wohl auch *Zimmermann* Rn. 346; Zöller/*Schultzky* ZPO § 121 Rn. 21 (wenn prozessrechtliche Gegnerschaft besteht). Zur Anwaltsbeiordnung für den Streithelfer vgl. OLG Köln FamRZ 2002, 1198.

[2473] Vgl. vorstehende Fn.

[2474] BGH NJW 2006, 1881.

[2475] BGH MDR 2010, 585.

[2476] OLG Köln OLGReport 1997, 268; OLG Hamm FamRZ 1996, 808; Rpfleger 1990, 264 (im Ergebnis).

[2477] OLG Zweibrücken Rpfleger 2000, 220.

[2478] OLG Köln FamRZ 2006, 350; vgl. auch LAG Köln RVGreport 2015, 275.

[2479] OLG Köln FamRZ 1998, 1522; Zöller/*Schultzky* ZPO § 121 Rn. 22.

[2480] OLG Köln FamRZ 2002, 1198.

b) § 78 Abs. 2 FamFG

aa) Erforderlichkeit. (1) Im Rahmen des § 78 Abs. 2 FamFG gilt letztlich nichts anderes als im Rahmen der Prüfung der Erforderlichkeit bei § 121 Abs. 2 ZPO. Geboten ist eine Prüfung des Einzelfalls;[2481] nach Auffassung des BGH genügt es, wenn entweder die Sachlage *oder* die Rechtslage schwierig ist.[2482] Obwohl hier der Grundsatz der Waffengleichheit nicht gilt, kann doch die anwaltliche Vertretung des Gegners ein Umstand sein, der eine Beiordnung erforderlich macht.[2483] Die anwaltliche Vertretung des Gegners allein rechtfertigt eine Beiordnung zwar nicht;[2484] der BGH misst dem Grundsatz der Waffengleichheit aber schon aus verfassungsrechtlichen Gründen Bedeutung zu.[2485] Gegen eine Beiordnung spricht der Umstand, dass die Beteiligten gleichgerichtete Interessen verfolgen[2486] oder dass sich im Laufe des Verfahrens eine baldige einvernehmliche Lösung abzeichnet.[2487]

687

Die Tatsache, dass bei den Familiensachen und Verfahren der freiwilligen Gerichtsbarkeit der Amtsermittlungsgrundsatz gilt (§ 26 FamFG), dient nicht als Begründung für die Versagung der Beiordnung mit dem Hinweis, das Gericht müsse ohnehin von Amts wegen ermitteln.[2488] Bei § 78 Abs. 2 FamFG ist nicht von einem Regel/Ausnahme-Verhältnis auszugehen.[2489] Die Schwere des Eingriffs soll für sich allein gesehen die Beiordnung nicht erforderlich machen.[2490]

(2) Einzelfälle

688

- **Abstammungssachen.**

In **Vaterschaftsanfechtungsverfahren** wird dem **Antragsteller** immer ein Anwalt beizuordnen sein.[2491] Die Rechtslage weist insoweit Schwierigkeiten iSd § 78 Abs. 2 FamFG auf, da an den Vortrag in Anfechtungsverfahren besondere Anforderungen gestellt werden.[2492] Wegen der **Bedeutung solcher Verfahren** ist aber auch den **übrigen kostenarmen Beteiligten** in der Regel ein Rechtsanwalt beizuordnen,[2493] auch der verfahrensbeteiligten Kindesmutter,[2494] beispielsweise, wenn als Kindesvater mehrere Männer in Betracht kommen.[2495] Die Erforderlichkeit der Beiordnung entfällt auch nicht deshalb, weil das Kind vom Jugendamt vertreten werden könnte.[2496] Allerdings

---

[2481] OLG Hamburg FamRZ 2010, 1689; vgl. auch OLG Hamm MDR 2010, 1468 und *Nickel* NJW 2011, 1117 (1118 f.).
[2482] BGH NJW 2010, 3029 (3030).
[2483] BGH NJW 2010, 3029; OLG Bremen NJW 2010, 2067; OLG Celle MDR 2010, 392.
[2484] OLG Celle FamRZ 2011, 388; MDR 2010, 816; FamRZ 2010, 2005 und so auch die Begründung des Gesetzgebers: BT/Drs. 16/6308, S. 214.
[2485] BGH NJW 2010, 3029; Heilmann/*Dürbeck* FamFG § 78 Rn. 4 unter Verweis auf BVerfG NJW-RR 2007, 1713.
[2486] BGH FamRZ 2009, 857.
[2487] OLG Dresden FamRZ 2011, 389.
[2488] So aber OLG Oldenburg FamRZ 2002, 106; OLG Schleswig FamRZ 1992, 197.
[2489] Vgl. OLG Dresden FamRZ 2010, 2006; OLG Düsseldorf FamRZ 2010, 580.
[2490] Büte FPR 2009, 14, kritisch: *Vogel* FPR 2009, 384 und *Groß* FamFG § 78 Rn. 5.
[2491] BGH MDR 2016, 343; FamRZ 2012, 1290.
[2492] BGH FamRZ 2012, 1290.
[2493] BGH MDR 2016, 343; 2010, 928; BGH NJW 2007, 3644 (für den bekl. Mann sogleich und nicht erst nach dem Abstammungsgutachten); OLG Celle NJW 2012, 466 (existenzielle Bedeutung); OLG Dresden FamRZ 2010, 2007; OLG Hamburg FamRZ 2011, 129 (Rechtslage stets schwierig); OLG Bamberg FamRZ 2011, 1970 (bei Auslandsbezug u. Sprachproblemen); OLG Hamm FamRZ 2010, 1363 und OLG Frankfurt ZKJ 2010, 162 (idR erforderlich); HB/VR/*Gutjahr* § 8 Rn. 35.
[2494] OLG Celle NJW 2012, 466; ausführlich zur Beiordnung in Abstammungssachen Heilmann/*Grün* FamFG § 169 Rn. 18, 25.
[2495] OLG Brandenburg FamRZ 2014, 586.
[2496] OLG Brandenburg FamRZ 2014, 586; OLG Celle NJW 2012, 466.

wird es Fälle geben, in denen auch in Abstammungsverfahren eine Beiordnung **mangels Erforderlichkeit** nicht in Betracht kommt, etwa wenn die Kindesmutter dem Anfechtungsantrag des Antragstellers nicht entgegentritt, vorgerichtlich an der Gutachtenerstellung mitgewirkt hat und die Klärung der Vaterschaft ihrer Tochter in ihrem eigenen offensichtlichen Interesse liegt.[2497] Oder aber, wenn der Antrag auf Bewilligung von Verfahrenskostenhilfe erst gestellt wird, nachdem das Gericht bereits die Einholung des Gutachtens angeordnet hat.[2498]

- **Adoptionsverfahren.** Wegen der Schwere des Grundrechtseingriffs wird jedenfalls in Adoptionsverfahren, in denen es um die Ersetzung der Einwilligung in die Adoption geht (§ 1748 BGB), eine Anwaltsbeiordnung erforderlich sein.[2499]
- **Ausländerrecht.** Sofern dem Betroffenen für die Rechtsverteidigung gegen die Anordnung von Haft zur Sicherung der Ab- bzw. Zurückschiebung Verfahrenskostenhilfe bewilligt wird, muss ihm im Regelfall auch ein Rechtsanwalt beigeordnet werden.[2500]
- **Betreuungsverfahren.** Beiordnung idR erforderlich.[2501]
- **Erbausschlagung für das Kind.** Beiordnung idR nicht erforderlich.
- **Gewaltschutzsachen.** In der Regel wird hier eine Beiordnung erforderlich sein[2502], vor allem bei Beteiligten mit Migrationshintergrund[2503] oder wenn der Antragsgegner zuvor mehrfach gegen die Anordnungen aus einem vorangegangenen Gewaltschutzverfahren verstoßen hat[2504] und wenn auch der Gegner anwaltlich vertreten ist,[2505] nicht aber, wenn der Sachverhalt gänzlich einfach gelagert ist und auch die subjektiven Fähigkeiten keine Anwaltsbeiordnung bedingen.[2506] Es wird aber auch vertreten, dass die Sach- und Rechtslage besonders schwierig sein muss.[2507]
- **Sorgerecht/Umgangsrecht.** Sorgerechtsangelegenheiten sowie Umgangsregelungen werden wegen der besonderen Bedeutung und Auswirkung auf die Lebensumstände der Betroffenen überwiegend die Beiordnung eines Anwalts erfordern[2508], zumal § 36 FamFG Vergleichsabschlüsse fördern soll.[2509] Es ist auf den Einzelfall abzustellen.[2510] Allein die Tatsache, dass auch der andere Beteiligte anwaltlich vertreten ist, reicht nicht

---

[2497] OLG Karslruhe FamRZ 2015, 686.
[2498] OLG Naumburg FamRZ 2014, 587.
[2499] *Groß* FamFG § 78 Rn. 11.
[2500] BGH InfAuslR 2014, 6; FGPrax 2013, 132.
[2501] LG Münster NJW 2009, 2389.
[2502] OLG Bremen FamRZ 2010, 1362; Brandenburg FamRZ 2010, 1689; *Zimmermann* Rn. 337. Das entspricht auch der Empfehlung des Deutschen Familiengerichtstages 2009, vgl. FamRZ 2009, 1967 (1969).; **aA** OLG Celle MDR 2014, 297; FamRZ 2010, 2005 (Anwaltsbeiordnung in der Regel nicht geboten; **kritisch hierzu** *Cirullies* NZFam 2014, 181).
[2503] OLG Frankfurt FamRZ 2015, 947; OLG Saarbrücken NJW-RR 2011, 944; OLG Zweibrücken NJW 2010, 541; **aA** OLG Celle FamRZ 2011, 1971.
[2504] OLG Frankfurt FamRZ 2016, 394.
[2505] OLG Bremen FamRZ 2010, 1362.
[2506] OLG Karlsruhe NJW-RR 2015, 262.
[2507] OLG Celle FamRZ 2011, 1971; OLG Karlsruhe JurBüro 2010, 437; OLG Celle FamRZ 2010, 2005 (für eine einstweilige Anordnung, selbst wenn der Gegner anwaltlich vertreten ist); HB/VR/*Gutjahr* § 4 Rn. 18.
[2508] OLG Hamm NJW-RR 2012, 6; KG NJW-RR 2012, 132; OLG Stuttgart FamRZ 2011, 1160; OLG Schleswig MDR 2011, 543 (bei Kindeswohlgefährdung und der möglichen Anordnung begleiteten Umgangs); OLG Hamm FamRZ 2004, 1116 (regelmäßig); OLG Hamm FamRZ 2003, 1936 (jedenfalls dann, wenn der Gegner dem Sorgerechtsantrag widerspricht); OLG Köln OLGReport 2002, 294; KG KGReport 1999, 105; OLG Nürnberg FamRZ 1997, 215; OLG Karlsruhe FamRZ 1998, 248; vgl. *Zimmermann* Rn. 339; *ders.* FPR 2002, 486 (488).
[2509] Vgl. auch *Nickel* NJW 2011, 1117 (1119).
[2510] BGH FamRZ 2010, 1427; 2009, 857.

mehr aus.[2511] Allerdings reicht es aus, wenn sich entweder die **Sach-** *oder* **die Rechtslage** als so **kompliziert darstellt,** dass auch ein bemittelter Beteiligter einen Rechtsanwalt hinzuziehen würde.[2512] Die Beurteilung hat sich demnach auch an den subjektiven Fähigkeiten des Antragstellers zu orientieren,[2513] so dass eine Beiordnung bei mangelnden Sprachkenntnissen beider Elternteile, die um das Umgangsrecht streiten, welches die Kindesmutter dem Kindesvater verweigert, erfolgen muss.[2514] Die Notwendigkeit der **Beiordnung ist ferner zu bejahen:** Wenn es um den Entzug der elterlichen Sorge nach §§ 1666, 1666a BGB geht,[2515] im Falle der (behaupteten) Umgangsverweigerung,[2516] wenn begleiteter Umgang[2517] oder ein solcher in der JVA in Frage steht,[2518] bei langjährigem Streit der Eltern,[2519] bei schwerer Erkrankung eines Elternteils[2520] oder wenn das Ruhen der elterlichen Sorge festgestellt werden soll, da das Merkmal der „tatsächlichen Verhinderung" iSd § 1674 BGB in tatsächlicher und rechtlicher Hinsicht mit Unsicherheiten behaftet ist.[2521] Beantragen die Kindeseltern in einem Sorgerechtsverfahren (hier: 1666 BGB) die Beiordnung eines sie beide vertretenden Verfahrensbevollmächtigten, ist § 43a Abs. 4 BRAO zu beachten (Verbot der Vertretung widerstreitender Interessen). Danach kann ein Rechtsanwalt den Kindeseltern **nicht beigeordnet werden,** wenn bei diesen ein **erkennbarer Interessensgegensatz** besteht.[2522] In **vereinfachten Sorgerechtsverfahren** ist jedenfalls derzeit im Hinblick auf die noch ungeklärten Voraussetzungen der Begründung der gemeinsamen elterlichen Sorge nach dem neuen „gesetzlichen Leitbild" die Notwendigkeit einer anwaltlichen Beiordnung zu bejahen.[2523]

Richtig ist sicher, dass in bestimmten Fällen die **Unterstützung eines Anwalts entbehrlich ist:** Wenn zB kein Streit über das Umgangsrecht besteht, brauchen beide Seiten keinen Anwalt;[2524] ebenso, wenn die Einigung über die angestrebte Regelung nur noch eine Formsache ist.[2525] Die Beiordnung wird **darüber hinaus** abgelehnt, wenn es keine Schwierigkeiten rechtlicher oder tatsächlicher Art gibt;[2526] wenn es um die Übertragung der Sorge auf den Elternteil geht, bei dem das Kind bereits lebt und dies dem Willen des Kindes entspricht;[2527] wenn die Eltern über das gemeinsame Sorgerecht und das Aufenthaltsbestimmungsrecht der Mutter einig sind;[2528] wenn es nur noch um die Ausgestaltung des bereits gerichtlich geregelten Umgangs geht;[2529] wenn erkennbar mit einem

---

[2511] OLG Celle MDR 2011, 1178.
[2512] BGH FamRZ 2010, 1427; **aA** KG Berlin FamRZ 2010, 1460.
[2513] BGH FamRZ 2010, 1427.
[2514] OLG Celle FamRZ 2010, 582.
[2515] OLG Bamberg FamRZ 2014, 1041; OLG Düsseldorf FamRZ 2013, 897 („wesentliche Eingriffe in Elternrechte"); OLG Celle FamRZ 2011, 1240.
[2516] OLG Hamm MDR 2010, 1468.
[2517] OLG Schleswig FamRZ 2011, 1241.
[2518] BGH FamRZ 2016, 1058.
[2519] OLG Zweibrücken FamRZ 2010, 1002.
[2520] BGH FamRZ 2010, 1427.
[2521] OLG Hamm MDR 2014, 284.
[2522] OLG Frankfurt BeckRS 2015, 13074.
[2523] OLG Jena NJW 2015, 1697; OLG Stuttgart FamRZ 2014, 1045; *Hamdan/Hamdan* MDR 2015, 249 ff.
[2524] BGH FamRZ 2009, 857 (wenn die Beteiligten gleichgerichtete Interessen verfolgen); OLG Bamberg FamRZ 2000, 763 (Eltern sind sich einig, und es geht nur noch um die Erklärung nach § 1671 Abs. 2 Nr. 1 BGB); OLG Köln FamRZ 1997, 1543; OLG Hamm FamRZ 1992, 1447; KG JurBüro 1991, 403; OLG Bamberg JurBüro 1985, 1419; **aA** OLG Düsseldorf FamRZ 1987, 963.
[2525] OLG Bamberg JurBüro 1989, 417.
[2526] OLG Brandenburg FamRZ 2010, 2009.
[2527] OLG Celle FamRZ 2011, 388.
[2528] OLG Celle MDR 2011, 1006.
[2529] OLG Saarbrücken FamRZ 2010, 1690.

Eingriff in die elterliche Sorge nicht mehr ernstlich zu rechnen ist;[2530] wenn das gemeinsame Sorgerecht begehrt wird, weil die zuvor zerstrittenen Eltern wieder miteinander kommunizieren,[2531] oder in einem Verfahren der Aufhebung einer Umgangspflegschaft.[2532] Dennoch **kann auch in einfach gelagerten Fällen eine Beiordnung in Betracht** kommen, etwa wenn der Umgang mit dem Kind beharrlich verweigert wurde,[2533] oder auch aus Gründen der Fairness.[2534] Geht es bei der Einbenennung nach § 1618 BGB nur um die Erklärung des Kindes, ist eine Anwaltsbeiordnung nicht erforderlich.[2535]

Im Sorgerechtsverfahren kann **für ein Kind über 14 Jahren** ein Rechtsanwalt bestellt werden.[2536]

Allerdings nur dann, wenn die Schwierigkeiten der Sach- oder Rechtslage gerade das minderjährige Kind betreffen.[2537] Der **Verfahrensbeistand** nach § 158 FamFG ist alleiniger Interessenvertreter des Kindes, seine Bestellung steht weder einer Beiordnung eines Anwalts für die beteiligten Eltern[2538] noch der Beiordnung eines Rechtsanwaltes für den verfahrensfähigen Minderjährigen[2539] entgegen.

- Auch im **Umgangsvermittlungsverfahren gem. § 165 FamFG** ist dem Antragsteller im Regelfall ein Anwalt beizuordnen.[2540]
- In **Unterbringungsverfahren** ist den sorgeberechtigten Eltern ein Anwalt beizuordnen, da es in Verfahren nach § 1631b BGB um die Beschränkung der Personensorge geht und es sich deshalb um eine nicht nur rechtlich sondern auch medizinisch komplizierte und schwierige Angelegenheit handelt.[2541]
- **Versorgungsausgleichsverfahren (isolierte)** erfordern wegen der generellen Schwierigkeit der Materie die Beiordnung eines Anwalts.[2542] Das gilt auch für **abgetrennte Versorgungsausgleichsverfahren,** die vom Scheidungsverbund nach altem Recht abgetrennt und nach neuem Recht als selbstständige Familiensache fortgeführt werden.[2543]
- **Vormundschaft.** S. Betreuung.
- **Zwangsverfahren nach § 35 FamFG.** In (Zwischen-) Verfahren zur Durchsetzung einer Auskunftspflicht nach § 220 Abs. 3 VersAusglG ist die Beiordnung eines Rechtsanwalts jedenfalls dann angezeigt, wenn im Laufe des Zwangsgeldverfahrens rechtliche

---

[2530] OLG Celle NJW-RR 2011, 942.
[2531] OLG Celle FamRZ 2011, 1161.
[2532] OLG Koblenz NJW-RR 2011, 507.
[2533] OLG Hamm FamRZ 2011, 389 (Ls.).
[2534] Ein Sonderfall: OLG Celle NJW 2011, 1460.
[2535] OLG Zweibrücken OLGReport 2002, 78.
[2536] OLG Stuttgart ZKJ 2014, 289; AG Essen FamRZ 2004, 1713 (Ls) und OLG Dresden NJW 2014, 2451 für das Unterbringungsverfahren. Ausführlich hierzu *Moelle* ZKJ 2020, 7 ff.
[2537] OLG Naumburg BeckRS 2012, 24088.
[2538] Vogel FPR 2009, 384.
[2539] OLG Dresden NJW 2014, 2451; OLG Stuttgart ZKJ 2014, 289.
[2540] OLG Bremen FamRZ 2017, 1144; OLG Zweibrücken BeckRS 2015, 11587; OLG Köln BeckRS 2015, 12526: **ausnahmsweise** im Hinblick auf die psychische Erkrankung des Antragstellers; OLG Hamm FamRZ 2020, 1745: **im Einzelfall,** bei nachhaltiger gestörter Elternbeziehung; Keidel/*Weber* FamFG § 78 Rn. 12: bei Schwierigkeit; **aA** OLG Frankfurt BeckRS 2013, 06105; OLG Hamm BeckRS 2012, 20590; NJW-RR 2011, 1230; OLG Oldenburg NJOZ 2011, 1396; OLG Celle FamRZ 2010, 1363.
[2541] OLG Schleswig Beschl. v. 30.10.2015, 10 WF 101/15.
[2542] OLG Hamm OLGReport NRW 9/2013 Anm. 3 (zu § 33 VersAusglG); OLG Nürnberg NJW 1980, 1054; *Schneider* NZFam 2014, 67; HB/VR/*Gutjahr* § 6 Rn. 23; *Zimmermann* Rn. 341; aber: keine Schwierigkeit der Sach- und Rechtslage, wenn der Antragsteller im Beschwerdeverfahren aufgrund des Hinweises des Senats auf die Unzulässigkeit der Beschwerde nicht mit einer abändernden Entscheidung zu seinen Lasten rechnen brauchte: OLG Frankfurt Beschl. v. 13.8.2013, 4 UF 178/13, BeckRS 2013, 17701 (Beschwerde gegen Entscheidung zum VA im Verbund).
[2543] *Schneider* NZFam 2014, 67.

Schwierigkeiten eintreten. Hiervon ist dann auszugehen, wenn mehrfache gerichtliche Auflagen zur Auskunftserteilung ergehen und eine Überprüfung der Auflagenerfüllung durch den auf vollständige Auskunftserteilung angewiesenen Beteiligten erforderlich ist.[2544]

- Im Verfahren auf Eintragung einer **Zwangssicherungshypothek** ist die Beiordnung eines Rechtsanwalts bei rechtsunkundigen Antragstellern im Regelfall geboten.[2545]

bb) Waffengleichheit. Für alle Verfahren nach dem FamFG, die keine Ehesachen oder Familienstreitsachen sind, gilt das Prinzip der Waffengleichheit bei der Gewährung von Verfahrenskostenhilfe nicht, § 78 Abs. 2 FamFG. Der Gesetzgeber hat bewusst davon abgesehen, diesen Grundsatz aus § 121 Abs. 2 ZPO in § 78 Abs. 2 FamFG zu übernehmen.[2546] Die anwaltliche Vertretung des Prozessgegners kann aber im Rahmen der Erforderlichkeit zu berücksichtigen sein.[2547]

689

3. Mehrkosten auswärtiger Anwalt (§ 121 Abs. 3 ZPO)

Die Frage, ob dem **bedürftigen Beteiligten** ein **auswärtiger**, also ein nicht im Bezirk des Prozessgerichts niedergelassener **Anwalt** im Rahmen der Verfahrenskostenhilfe **beigeordnet** werden kann, gehört in der Praxis zu den **umstrittensten Problemfeldern** und die Rechtsprechung hierzu ist nahezu unübersehbar. Relevant wird der Umfang der Beiordnung, wenn der beigeordnete Anwalt seine Kosten abrechnen will:

690

(1) **Mehrkosten** sind die des § 46 RVG. Sie können bei Beiordnung eines auswärtigen (nicht im Bezirk des Prozessgerichts niedergelassenen) Anwalts entstehen.[2548] Nach § 46 Abs. 1 RVG zählen zu den Auslagen auch die Reisekosten. Sie werden nicht vergütet, wenn sie zur sachgerechten Durchführung der Angelegenheit nicht erforderlich waren.[2549] Nach § 121 Abs. 3 ZPO darf ein auswärtiger Rechtsanwalt aber nur beigeordnet werden, wenn dadurch weitere Kosten nicht entstehen.[2550] Da die Partei ihren Anwalt allerdings nicht wie früher[2551] am Ort des Prozessgerichts auszusuchen hat, sondern in dessen Bezirk, ist der Begriff der Auswärtigkeit verändert worden. Bei der Frage, **ob überhaupt Mehrkosten entstehen,** muss zunächst ein **Kostenvergleich** stattfinden: Diejenigen Kosten, die dem gewählten, auswärtigem Anwalt entstehen würden, sind zu vergleichen mit denjenigen, die bei der Wahl einer Kanzlei im Bezirk des Prozessgerichts entstehen würden.[2552] Denn auch bei diesem Anwalt können Reisekosten und Abwesenheitsgelder anfallen. Nur wenn die Entfernung zwischen dem Prozessgericht und der Niederlassung des von der Partei gewählten Anwaltes größer ist, als die Entfernung zwischen dem

691

[2544] OLG Hamm FamRZ 2012, 1659.
[2545] OLG München Beschl. v. 2.10.2015, 34 Wx 294/15, AGS 2015, 535; OLG Thüringen JurBüro 2014, 598; aA OLG Hamm RPfl 2012, 23; Musielak/Voit/*Fischer* ZPO § 121 Rn. 15.
[2546] BT-Drs. 16/6308, 214.
[2547] BGH NJW 2010, 3029.
[2548] Daraus folgt: Ist der Anwalt im Bezirk des Prozessgerichts niedergelassen, liegt Auswärtigkeit schon nicht vor; vgl. OLG Brandenburg FamRZ 2009, 1236.
[2549] → Rn. 865 ff., 878; OLG Celle BeckRS 2013, 10182: Unterhält die Partei im Bezirk des Verfahrensgerichts einen Zweitwohnsitz, an dem er sich nicht nur gelegentlich sondern werktags ständig aufhält, so ergibt sich eine Obliegenheit, einen Rechtsanwalt im Bezirk des Verfahrensgerichts zu beauftragen. Die Reisekosten des auswärtigen Anwalts sind mangels Notwendigkeit nicht zu erstatten.
[2550] „Ausnahmsweise": OVG Hamburg NJW 2009, 1433; OLG Saarbrücken OLGReport 2009, 713 zum Problemkreis insges. *Möbius*, S. 189 ff.; *Meyer* JurBüro 2005, 134 ff.
[2551] § 121 Abs. 3 ZPO aF, neugefasst durch das Gesetz zur Stärkung der Selbstverwaltung der Rechtsanwaltschaft, BGBl. 2007 I 358 ff.
[2552] Das führt allerdings uU zu merkwürdigen Ergebnissen, vgl. Musielak/Voit/*Fischer* ZPO § 121 Rn. 19. S. iÜ OLG Koblenz FamRZ 2003, 1939; OLG Nürnberg Rpfleger 2002, 626.

Prozessgericht und dem am weitest entferntesten Ort innerhalb des Gerichtsbezirks, ist das **Mehrkostenverbot** tangiert.[2553] Ist dies **zu verneinen**, hat eine **unbeschränkte Beiordnung** erfolgen.[2554]

692 Wird die Frage bejaht, weil die Kanzlei des gewählten, auswärtigen Anwalts weiter vom Prozessgericht entfernt ist, als der Ort, der innerhalb des Gerichtsbezirks am weitesten vom Prozessgericht entfernt liegt, kann der Anwalt auch **unter Ausklammerung der Mehrkosten** „zu den Bedingungen eines in dem Bezirk des Prozessgerichts niedergelassenen Rechtsanwalts" **beigeordnet** werden.[2555]

693 An dieser Stelle schließt sich eine **weitere Vergleichsberechnung** an. Denn die – unbeschränkte – Beiordnung des auswärtigen Anwalts kann dann gerechtfertigt sein, wenn durch seine Reisekosten produzierende Beiordnung gleichwohl **geringere Kosten** entstehen, als durch die zusätzliche Beiordnung eines **Verkehrsanwalts**.[2556] Wäre also die zusätzliche Beiordnung eines Verkehrsanwalts nach § 121 Abs. 4 ZPO gerechtfertigt,[2557] darf die Beiordnung eines auswärtigen Anwalts ohne Einschränkung erfolgen, wenn dessen Gesamtkosten (einschließlich Reisekosten) nicht höher liegen als die Kosten eines im Bezirk des Prozessgerichts niedergelassenen Anwalts plus eines Verkehrsanwaltes am Sitz der Partei.[2558] Fraglich ist, ob in dieser Konstellation im Beiordnungsbeschluss eine Begrenzung der Vergütung der Mehrkosten des auswärtigen Anwalts auf die gesamte Vergütung, die durch Beiordnung eines Verkehrsanwaltes entstehen würde, erfolgen darf, wie es in der Praxis durchaus üblich ist.[2559] Im Hinblick auf die hierdurch vereinfachte Handhabung[2560] und dem Sinn und Zweck des § 121 Abs. 3 ZPO ist dies zu bejahen.[2561] In **Verwaltungsgerichtlichen Prozesskostenhilfeverfahren** ist ein nicht im Bezirk niedergelassener Rechtsanwalt in der Regel dann uneingeschränkt beizuordnen, wenn dieser am Wohnsitz des Antragstellers oder in dessen Nähe ansässig ist.[2562]

694 Zur Prüfungsreihenfolge im Falle eines Beiordnungsantrages eines auswärtigen Anwalts → Rn. 801.

695 (2) Entgegen der früheren hM[2563] erfolgt die beschränkte Beiordnung „zu den Bedingungen eines im Gerichtsbezirks niedergelassenen Rechtsanwaltes" **auch ohne ausdrücklich erklärtes Einverständnis** des Rechtsanwaltes.[2564] Dabei wird zu Recht argumentiert, dass sich die Einschränkung für Anwalts- und Parteiprozesse gleichermaßen nunmehr

---

[2553] OLG Frankfurt FamRZ 2009, 1615.
[2554] BGH NJW 2006, 3783; LSG Nordrhein-Westfalen AGS 2015, 92; LArbG Berlin-Brandenburg AGS 2014, 289.
[2555] VGH Baden-Württemberg NJW 2015, 1708.
[2556] BGH NJW 2004, 2749; vgl. auch OLG Nürnberg NJW 2005, 687.
[2557] Vgl. VV 3400 RVG: 1,0 Gebühr; zu den Voraussetzungen des ZPO § 121 Abs. 4 für die Beiordnung eines zusätzlichen Verkehrsanwaltes, → Rn. 699 ff.
[2558] BAG NJW 2005, 3083; OLG Brandenburg FamRZ 2017, 1594; OLG Köln MDR 2015, 729; OLG Oldenburg JurBüro 2013, 96; OLG Köln OLGReport 2009, 90; OLG Frankfurt/M. FamRZ 2008, 1355; OLG Dresden FamRZ 2008, 164; Zöller/*Schultzky*, ZPO § 121, Rn. 24; *Fölsch* NZA 2007, 418, 420.
[2559] OLG Dresden FamRZ 2008, 164.
[2560] So Heilmann/*Dürbeck* FamFG § 78 Rn. 14.
[2561] **AA** VGH Baden-Württemberg AGS 2015, 298 für das verwaltungsgerichtliche Verfahren: „aus Gründen der Waffengleichheit muss der Antragsteller jedenfalls bei Vorliegen der Voraussetzungen für die zusätzliche Beiordnung eines Verkehrsanwalts, also eines besonders gelagerten Falls, die Möglichkeit haben, seinen Prozess persönlich mit dem Anwalt zu besprechen, der auch vor Gericht auftritt"; *Möbius*, S. 198 f.
[2562] VGH Baden-Württemberg AGS 2015, 298.
[2563] Vgl. hierzu Dürbeck/Gottschalk PKH/VKH, 8. Aufl. 2016, Rn. 571.
[2564] BGH NJW 2006, 3783; OLG Saarbrücken BeckRS 2013, 19903; aA OLG Frankfurt MDR 2013, 721.

zwingend aus dem Gesetz ergibt²⁵⁶⁵ und jedem Anwalt auch bekannt sein muss, dass er Gebühren und Auslagen nur im Rahmen der gesetzlichen Vorschriften verlangen kann. Damit erübrigt sich eine Einverständniserklärung,²⁵⁶⁶ und auch ein **Hinweis des Gerichts ist überflüssig.**²⁵⁶⁷ Danach enthält der Beiordnungsantrag des auswärtigen Anwalts regelmäßig sein konkludentes Einverständnis mit einer dem Mehrkostenverbot des § 121 Abs. 3 ZPO entsprechenden eingeschränkten Beiordnung.²⁵⁶⁸

(3) **Die Kosteneinschränkung ist – soweit zulässig – in den Beiordnungsbeschluss aufzunehmen.**²⁵⁶⁹   696

Denn eine uneingeschränkte Beiordnung bindet den Kostenbeamten.²⁵⁷⁰ Fehlt die Einschränkung, dann ist davon auszugehen, dass das Gericht Mehrkosten durch die Beiordnung des auswärtigen Anwalts verneint.²⁵⁷¹

Erfolgt die Beiordnung ohne Einschränkung, hat der auswärtige Anwalt Anspruch auf vollen Ersatz des Mehraufwands infolge der Auswärtigkeit gemäß RVG,²⁵⁷² also insbesondere der Reisekosten.²⁵⁷³ Eine nachträgliche Beschränkung der Beiordnung ist nicht zulässig.²⁵⁷⁴

(4) Erklärt sich der Anwalt mit der eingeschränkten Beiordnung einverstanden, so bleibt er daran gebunden, auch wenn der PKH-Beschluss die Einschränkung nicht enthält.²⁵⁷⁵   697

(5) § 121 Abs. 3 ZPO ist im Arbeitsgerichtsverfahren entsprechend anwendbar;²⁵⁷⁶ ebenso im verwaltungsgerichtlichen Verfahren²⁵⁷⁷ und in sozialgerichtlichen Verfahren.²⁵⁷⁸   698

4. Verkehrsanwalt

(1) **Verkehrsanwalt ist der Anwalt, der den Verkehr der Partei mit deren Prozessbevollmächtigten vermitteln soll** (§ 121 Abs. 4 ZPO).²⁵⁷⁹ Die Beiordnung – im Gegen-   699

---

²⁵⁶⁵ BGH NJW 2006, 3783; OLG Karlsruhe FamFR 2010, 541; LAG München NZA-RR 2010, 378 (380); OLG Koblenz FamRZ 2007, 1754; LG Mönchengladbach JurBüro 2006, 378.
²⁵⁶⁶ OLG Karlsruhe FamRZ 2008, 524; OLG Nürnberg MDR 2007, 1346; KG NJW-RR 2005, 924; OLG Düsseldorf MDR 2007, 236; OLG Hamm FamRZ 2004, 708; OLG Naumburg OLGReport 2002, 310; OLG Nürnberg MDR 2001, 831; OLG Brandenburg JurBüro 2000, 481; OLG Celle MDR 2000, 1038; OLG München MDR 2000, 1455; Thomas/Putzo/*Seiler* ZPO § 121 Rn. 7; *Zimmermann* Rn. 329; **aA** OVG Hamburg FamRZ 2009, 632.
²⁵⁶⁷ KG NJW-RR 2005, 924; OLG Hamburg FamRZ 2000, 1227; *Zimmermann* Rn. 329.
²⁵⁶⁸ BGH NJW 2006, 3783; so auch KG, NJW-RR 2010, 1362; OLG Rostock FamRZ 2009, 535; OLG Karlsruhe FamRZ 2008, 163; OLG Frankfurt AGS 2014, 138; **aA** OLG Frankfurt MDR 2013, 721.
²⁵⁶⁹ OLG Dresden OLGReport 2009, 482; OLG Oldenburg FamRZ 2004, 706; HB/VR/*Gutjahr* § 1 Rn. 199; *Fischer* MDR 2002, 729 (731).
²⁵⁷⁰ OLG Düsseldorf BeckRS 2014, 06941.
²⁵⁷¹ OLG Dresden OLGReport 2009, 482; OLG Naumburg OLGReport 2008, 969; OLG Düsseldorf OLGReport 2008, 262. Weil zB dadurch ein Verkehrsanwalt eingespart wird, LAG Köln MDR 1999, 1469; oder weil die Kosten nicht höher sind wie bei Haupt- und Verkehrsanwalt, OLG Koblenz FamRZ 2003, 1939. Vgl. die Gegenüberstellung von angefallenen und fiktiven Kosten bei OLG Nürnberg Rpfleger 2002, 628; Zöller/*Schultzky* ZPO § 121 Rn. 27.
²⁵⁷² OLG Celle MDR 2007, 865; *Zimmermann* Rn. 330.
²⁵⁷³ OLG Düsseldorf BeckRS 2014, 06941; KG Rpfleger 2011, 217; OLG Brandenburg MDR 2009, 175; OLG Nürnberg MDR 2008, 112; OLG Celle MDR 2007, 865; LG Bautzen JurBüro 2007, 655; einschränkend OLG Stuttgart OLGReport 2008, 460.
²⁵⁷⁴ OLG Düsseldorf FamRZ 2008, 1358.
²⁵⁷⁵ *Fischer* MDR 2002, 729 (731); Musielak/Voit/*Fischer* ZPO § 121 Rn. 18b.
²⁵⁷⁶ LAG Nürnberg AGS 2013, 294; Vgl. *Fölsch* NZA 2007, 418.
²⁵⁷⁷ § 166 VwGO; VGH Baden-Württemberg AGS 2015, 298.
²⁵⁷⁸ § 73a Abs. 1 S. 1 SGG.
²⁵⁷⁹ Zum Begriff des Verkehrsanwalts OLG Düsseldorf OLGReport 1997, 103.

satz zu § 121 Abs. 1, 2 ZPO eine Ermessensentscheidung des Gerichts[2580] – setzt voraus, dass ein Prozessbevollmächtigter für die Partei bereits bestellt ist.[2581] Der Prozessbevollmächtigte muss nicht im Wege der PKH beigeordnet sein.[2582]

700 (2) **„Besondere Umstände" müssen die Beiordnung eines Verkehrsanwalts erfordern.** Das ist der Fall, wenn seine Beiziehung zur zweckentsprechenden Rechtsverfolgung iSd § 91 ZPO „notwendig" ist.[2583] Bindende Wirkung für die Kostenfestsetzung hat die Beiordnung freilich nicht.[2584] „Notwendig" ist ein Verkehrsanwalt im Allgemeinen dann, wenn der auswärts wohnenden Partei wegen weiter Entfernung oder Reiseunfähigkeit, mangels Schreibgewandtheit[2585] oder wegen Rechtsunerfahrenheit eine angemessene schriftliche Information des Prozessbevollmächtigten nicht möglich oder wegen des Umfangs, der Schwierigkeit oder Bedeutung der Sache nicht zumutbar ist.[2586] Für die Zumutbarkeit kommt es konkret ua an auf den Umfang der Information, die Entfernung, die Verkehrsmöglichkeiten, die berufliche oder häusliche Belastung.[2587] Auch hier ist zu fragen, ob eine vermögende Partei unter gleichen Umständen die höheren Kosten auf sich nehmen würde. Andererseits kann ein Verkehrsanwalt billiger als ein Unterbevollmächtigter sein.[2588]

701 (3) **Es ist umstritten, ob ein Rechtsanwalt im Ausland als Verkehrsanwalt beigeordnet werden kann.**[2589] Unter besonderen Umständen soll zumindest die Beiordnung eines ausländischen Anwalts in einer Ehesache zulässig sein.[2590] Nach den Neuregelungen (PKH im Europäischen Raum)[2591] kann die Beiordnung eines ausländischen Verkehrsanwalts sicher sehr sinnvoll sein. Allerdings ist sie nicht schon deshalb erforderlich, weil die Anwendung ausländischen Rechts in Betracht kommt.[2592] Soweit ein ausländischer Rechtsanwalt in Deutschland tätig sein darf, kann er auch als Verkehrsanwalt beigeordnet werden. Dazu → Rn. 639 und 1104 ff.

702 (4) **Aufgabe des Verkehrsanwalts** ist die Sichtung, Ordnung und Erörterung des Prozessstoffs mit der Partei und die dementsprechende Information („Vermittlung") des Prozessbevollmächtigten.[2593] Insbesondere wichtig für die Partei ist – naturgemäß vor

---

[2580] Vgl. BLHAG/*Dunkhase* ZPO § 121 Rn. 66.
[2581] OLG München MDR 1983, 675.
[2582] Thomas/Putzo/*Seiler* ZPO § 121 Rn. 8.
[2583] OLG Köln FamRZ 1982, 1226; OLG München JurBüro 1983, 1722; *Groß* ZPO § 121 Rn. 58; *Zimmermann* Rn. 362.
[2584] OLG Koblenz NJW-RR 1999, 727; OLG Hamm MDR 1983, 584; OLG Frankfurt AnwBl. 1982, 381; Musielak/Voit/*Fischer* ZPO § 121 Rn. 20; *Groß* ZPO § 121 Rn. 63.
[2585] LSG Berlin-Brandenburg AGS 2014, 352.
[2586] OLG Naumburg FamRZ 2003, 107 (Ls); OLG Brandenburg JurBüro 2001, 429; OLG Köln OLGReport 1999, 44 (tatsächlich u. rechtlich schwieriger Fall, Partei Ausländer); OLG Brandenburg AnwBl 1996, 54; OLG Koblenz JurBüro 1997, 592 (mehrere Informationsreisen erforderlich); OLG Hamm FamRZ 1986, 374; BLHAG/*Dunkhase* ZPO § 121 Rn. 69 (Fälle zur Erforderlichkeit); *Groß* ZPO § 121 Rn. 58; Thomas/Putzo/*Seiler* ZPO § 121 Rn. 9; *Zimmermann* Rn. 362.
[2587] ArbG Regensburg Rpfleger 2001, 357: Wenn notwendige Informationen zwar telefonisch erfolgen können, die Partei aber die Kosten hierfür nicht aufbringen kann, muss der am Gerichtsort beigeordnete Anwalt eben zurückrufen; vgl. auch MüKoZPO/*Wache* § 121 Rn. 18 (uU Schriftwechsel zumutbar); Thomas/Putzo/*Hüßtege* ZPO § 91 Rn. 27.
[2588] OLG Karlsruhe OLGReport 1999, 204.
[2589] **Bejahend** OLG Nürnberg MDR 2004, 1017; OLG Bamberg FamRZ 1997, 1543; BLHAG/*Dunkhase* ZPO § 121 Rn. 69; **verneinend** OVG Berlin-Brandenburg NJW 2012, 1749; OLG Bamberg NJW 1977, 113; **offengelassen** LSG Berlin-Brandenburg AGS 2014, 352.
[2590] OLG Bamberg FamRZ 1997, 1543.
[2591] Durch Gesetz vom 15.12.2004, BGBl. I 3392.
[2592] OLG Naumburg JurBüro 2011, 314.
[2593] OLG München JurBüro 1983, 1722. Zur Stellung des Verkehrsanwalts auch BLHAG/*Dunkhase* ZPO § 121 Rn. 68.

allem in höchstpersönlichen Angelegenheiten – die Gelegenheit zu mündlichem Austausch mit einem Anwalt.[2594]

(5) **Beispiele für die Erforderlichkeit oder Nichterforderlichkeit der Beiordnung eines Verkehrsanwalts:** 703

- **Beiordnung erforderlich:** in Ehesachen;[2595] auch die schreib- und geschäftsgewandte Partei hat das Recht, die Sache wiederholt mit einem Anwalt mündlich zu besprechen,[2596] ohne dass es auf widerstreitende Anträge im Scheidungsverfahren ankommt;[2597] erforderlich jedenfalls bei Anwendung ausländischen Rechts,[2598] wenn Reise unzumutbar,[2599] bei Körperbehinderung und 40 km Entfernung zum Gerichtsort,[2600] bei 50 km zum Gerichtsort;[2601] bei 400 km/600 km zum Gerichtsort,[2602] in Kindschaftssachen[2603] Vaterschaftsanfechtungsverfahren,[2604] wenn Kosten einer Informationsreise die Kosten eines Verkehrsanwalts nahezu erreichen,[2605] gegebenenfalls in Unterhaltsverfahren und Ehesachen,[2606] wenn ein auswärtiger Anwalt beigeordnet ist und dessen Reisekosten gespart werden können;[2607] bei Schreibungewandtheit, schwieriger Sach- und Rechtslage, Unmöglichkeit anderweitiger Kommunikation.[2608]

- **Beiordnung nicht erforderlich:** wenn die (zunächst verzogene) Partei vor der Bewilligung in den Bezirk des Prozessgerichts zurückkehrt;[2609] wenn der Prozessbevollmächtigte nur wenige Kilometer weiter als der Verkehrsanwalt seine Kanzlei hat,[2610] wenn Informationsreise zumutbar[2611] (hier sind insbesondere die Kosten Beiordnung/Reisen der Partei zu vergleichen; für letztere kann PKH ebenfalls gewährt werden);[2612] bei einfacher, einverständlicher Scheidung (es muss aber auf den Einzelfall ankommen), überhaupt bei einfach gelagerten Sachen,[2613] jedoch genügt die tatsächliche und recht- 704

[2594] OLG Bamberg FamRZ 1990, 644; LG Darmstadt JurBüro 1989, 507; OLG Hamm FamRZ 1986, 374; KG NJW 1982, 113; Zöller/*Schultzky* ZPO § 121 Rn. 32.
[2595] BGH NJW 2004, 2749 (2750) (bei besonderen Schwierigkeiten u. Auslandsbezug); OLG Köln FamRZ 2008, 525 (bei 600 km zum Gerichtsort); OLGReport 2008, 47 (bei 400 km zum Gerichtsort); *Zimmermann* FPR 2002, 492.
[2596] OLG Bamberg FamRZ 1990, 644; KG NJW 1982, 113; OLG Hamm FamRZ 1986, 125.
[2597] **AA** OLG Zweibrücken JurBüro 1984, 133; *Mümmler* JurBüro 1985, 1613 (1621); *Wax* FamRZ 1985, 10 (17).
[2598] OLG Zweibrücken JurBüro 1984, 133; s. aber OLG Naumburg JurBüro 2011, 314.
[2599] LAG München NZA-RR 2010, 378, 380; OLG Karlsruhe FamRZ 2004, 1298; OLG Brandenburg FamRZ 1999, 1219; FamRZ 1998, 1301 (sehr weitgehend: wenn die Entfernung zwischen dem Wohnort des Ast. und dem Kanzleiort des Hauptbevollmächtigten dies erfordert); OLG Koblenz JurBüro 1997, 592 (mehrere Reisen erforderlich); OLG Bamberg FamRZ 1990, 644; BayVGH JurBüro 1988, 649; *Groß* ZPO § 121 Rn. 58.
[2600] OLG Celle FamRZ 1988, 858.
[2601] OLG Frankfurt/M. FamRZ 2008, 1355.
[2602] OLG Köln FamRZ 2008, 525; OLGReport 2008, 47.
[2603] Aber OLG Karlsruhe Justiz 1985, 354: nur in besonders schwierigen Fällen; diese Einschränkung ist jedoch nicht gerechtfertigt angesichts der Bedeutung dieser Angelegenheiten.
[2604] OLG Düsseldorf Beschl. v. 27.2.2014, II – 1 WF 13/14.
[2605] OLG Köln FamRZ 1982, 1226.
[2606] OLG Brandenburg FamRZ 1999, 1219; OLG Schleswig SchlHA 1978, 701; HB/VR/*Gutjahr* § 1 Rn. 203.
[2607] BGH NJW 2004, 2749 zur alten Rechtslage.
[2608] LAG München NZA-RR 2010, 378 (380).
[2609] OLG Celle FamRZ 2011, 1745 (Ls.) = JurBüro 2011, 540.
[2610] OLG Düsseldorf JurBüro 1986, 125.
[2611] OLG Brandenburg JurBüro 2001, 429; OLG Bamberg JurBüro 1984, 616.
[2612] OLG Koblenz BeckRS 2015, 06563; *Groß* ZPO § 121 Rn. 58; *Zimmermann* Rn. 362.
[2613] LAG Nürnberg AA 2015, 50 (unstreitige Lohnforderung für vier Monate); OLG Koblenz Beschl. v. 13.10.2014, 13 WF 926/14, BeckRS 2015, 6563 (Aufhebung einer Lebenspartnerschaft); OLG Brandenburg FamRZ 2002, 107; OLG Karlsruhe OLGReport 1999, 72 (Grds. kein Verkehrs-

liche Einfachheit nicht, es kommt erheblich auch auf die Bedeutung der Sache für die Partei an;[2614] wenn eine schriftliche Information des Prozessbevollmächtigten möglich und zumutbar ist, was auch für Unternehmen und Verbände gilt;[2615] wenn der am Gerichtsort Bevollmächtigte die Partei anrufen kann, um die nötigen Informationen zu erhalten.[2616] Die Stellung als Firmen- oder Hausanwalt ist noch kein besonderer Umstand zugunsten einer Beiordnung als Verkehrsanwalt.[2617] In der Revisions- und Rechtsbeschwerdeinstanz bedarf es der Beiordnung eines Verkehrsanwaltes nicht, da allein Rechtsfragen zu klären sind, die kein persönliches Beratungsgespräch notwendig machen.[2618]

705 (6) Die Beiordnung als Verkehrsanwalt beinhaltet nicht die Beiordnung als Beweisaufnahmeanwalt.[2619] Sie umfasst auch nicht stets einen Vergleichsabschluss.[2620]

5. Beweisaufnahmeanwalt

706 Ein Beweisaufnahmeanwalt kann **wegen besonderer Umstände** erforderlich sein, wenn die Beweisaufnahme vor dem ersuchten Richter (auswärts) stattfindet, die Wahrnehmung des Termins durch einen Vertreter der Partei nötig und sachgerecht erscheint[2621] und die Wahrnehmung des Termins durch den Prozessbevollmächtigten kostenaufwändiger wäre.[2622] Ein Verkehrsanwalt kann einen auswärtigen Termin als Beweisaufnahmeanwalt nur wahrnehmen, wenn er als solcher beigeordnet ist.[2623] Auch eine Ehegattenanhörung oder -vernehmung rechtfertigt die Zuziehung eines Beweisaufnahmeanwalts.[2624] Möchte der (Haupt)Prozessbevollmächtigte selbst den Termin wahrnehmen, so ist eine vorherige gerichtliche Entscheidung nach § 46 Abs. 2 RVG zu empfehlen.[2625]

6. Beiordnung eines Unterbevollmächtigten/Terminsvertreters?

707 Auch wenn in der Praxis ein Bedürfnis für die **Beiordnung eines Unterbevollmächtigten** bzw. eines Terminvertreters neben dem Hauptbevollmächtigten, der den Termin für den beigeordneten auswärtigen Rechtsanwalt wahrnimmt, auszumachen ist, kommt eine derartige Beiordnung **nicht in Betracht**.[2626] Eine solche Konstellation ist **vom Gesetz**

---

anwalt für bedürftigen Antragsgegner im Scheidungsverfahren); OLG Zweibrücken JurBüro 1984, 133.
[2614] Zutreffend OLG Köln FamRZ 1982, 1226.
[2615] OLG Brandenburg JurBüro 2001, 429; OLG Düsseldorf AnwBl 1984, 380; OLG Frankfurt MDR 1985, 327; OLG Koblenz JurBüro 1985, 618; KG JurBüro 1977, 63; OLG Schleswig JurBüro 1982, 411; OLG Stuttgart JurBüro 1983, 1836.
[2616] ArbG Regensburg Rpfleger 2001, 357.
[2617] OLG Bamberg JurBüro 1978, 1022; OLG Koblenz JurBüro 1978, 1373.
[2618] BGH MDR 2015, 184.
[2619] OLG München AnwBl 1989, 58; OLG Düsseldorf JurBüro 1981, 563; *Künzl/Koller* Rn. 490; Musielak/Voit/*Fischer* ZPO § 121 Rn. 22.
[2620] OLG München FamRZ 2003, 1939; OLG Bamberg OLGReport 1999, 36 (unter Hinweis auf den Wortlaut des § 121 Abs. 3 ZPO aF: Vermittlung des Verkehrs); OLG Düsseldorf MDR 1991, 259.
[2621] OLG Brandenburg AnwBl 1996, 54.
[2622] MüKoZPO/*Wache* ZPO § 121 Rn. 20.
[2623] OLG Düsseldorf JurBüro 1981, 563; *Herget* MDR 1985, 617 (619).
[2624] OLG Köln FamRZ 1991, 349 (wenn bes. Umstände die Beiordnung erfordern); *Zimmermann* Rn. 368.
[2625] Musielak/Voit/*Fischer* ZPO § 121 Rn. 22.
[2626] OLG Celle FamRZ 2012, 1321; OLG Dresden FamRZ 2008, 164; OLG Brandenburg AGS 2008, 293; LSG Bayern Beschl. v. 13.12.2013, LF AS 818/13; LAG Schleswig-Holstein NZA-RR 2009, 104; BVerwG 1994, 3243; Heilmann/*Dürbeck* FamFG § 78 Rn. 15; differenzierend: Musie-

nicht vorgesehen, wie der eindeutige Wortlaut des § 121 Abs. 4 ZPO ergibt, der allein die zusätzliche Beiordnung entweder eines Verkehrsanwalts oder eines Beweisaufnahmeanwalts vorsieht.[2627] Soweit in diesem Zusammenhang die Entscheidung des **BGH vom 23.6.2004**[2628] zitiert wird, so betraf diese Entscheidung einen **Sonderfall.** Obwohl die Voraussetzungen für die zusätzliche Beiordnung eines Verkehrsanwalts gem. § 121 Abs. 4 ZPO vorlagen und deshalb eine Beiordnung des am Wohnort des Antragstellers ansässigen Rechtsanwalts ohne kostenrechtliche Einschränkung bzw. lediglich begrenzt auf die zusätzlichen Kosten eines Verkehrsanwaltes hätte erfolgen müssen, hatten beide Vorinstanzen eine beschränkte Beiordnung „zu den Bedingungen eines ortsansässigen Rechtsanwalts iSd § 126 Abs. 1 S. 2 BRAGO aF" ausgesprochen bzw. gebilligt. Zu Recht wird deshalb davon ausgegangen, dass ein Unterbevollmächtigter bzw. ein Terminvertreter grundsätzlich nicht im Rahmen der Verfahrenskostenhilfe beigeordnet werden kann.[2629] Hier ist ein **Tätigwerden des Gesetzgebers** gefragt.[2630] In der Regel lassen sich die Fälle, in denen eine unbegrenzte oder eine auf die fiktiven Kosten eines Verkehrsanwalt gedeckelte Beiordnung erfolgt ist und der Hauptbevollmächtigte einen Terminsvertreter zum Termin entsendet, sachgerecht dadurch lösen, dass der **Beiordnungsbeschluss abgeändert, der bisherige Hauptbevollmächtigte als Verkehrsanwalt beigeordnet wird und der Terminsvertreter als Hauptbevollmächtigter.**[2631] Im Hinblick auf die zu dieser Problematik bestehenden Unklarheiten und unterschiedlichen Auffassungen sollte diese Variante zumindest hilfsweise beantragt werden. Unabhängig hiervon kann der Hauptbevollmächtigte im Kostenfestsetzungsverfahren die Kosten seines Unterbevollmächtigten *bis zur Höhe* seiner (fiktiven) Reisekosten bzw. der Kosten eines zusätzlichen Verkehrsanwaltes geltend machen.[2632] Da der Verkehrsanwalt nach VV 3400 RVG lediglich eine 1,0 Verfahrensgebühr erhält, der Terminvertreter eine 1,2 Terminsgebühr und eine 0,65 Verfahrensgebühr (VV 3401, 3402 RVG), erweist sich der Verkehrsanwalt zumindest dann als die kostengünstigere Alternative, wenn der Hauptbevollmächtigte bereits einen früheren Termin selbst wahrgenommen hat und die 1,2 Terminsgebühr in seiner Person ausgelöst hat.[2633] Eine andere Lösung ist, dass der Hauptbevollmächtigte einen Anwalt vor Ort mit der Wahrnehmung des Termins beauftragt, der dann für den Hauptbevollmächtigten als dessen freier Mitarbeiter tätig wird und allein mit diesem abrechnet.[2634] Der beigeordnete Hauptbevollmächtigte kann dann die Kosten seines Terminvertreters als Auslagen gem. § 46 Abs. 1 RVG bis zur Höhe der ersparten Reisekosten geltend machen.[2635]

---

lak/Voit/*Fischer* ZPO § 121 Rn. 18a: Beiordnung nur bis zur Höhe der Reisekosten eines Hauptbevollmächtigten; **aA** OLG Frankfurt BeckRS 2015, 20615; LAG Hamm BeckRS 2019, 19357.

[2627] OLG Dresden FamRZ 2008, 164; Heilmann/*Dürbeck* FamFG § 78 Rn. 15.
[2628] NJW 2004, 2749 (2751).
[2629] OLG Celle FamRZ 2012, 1321; OLG Dresden FamRZ 2008, 164; OLG Brandenburg AGS 2008, 293; LSG Bayern Beschl. v. 13.12.2013, LF AS 818/13; LAG Schleswig-Holstein NZA-RR 2009, 104; BVerwG 1994, 3243; Zöller/*Schultzky* ZPO § 121 Rn. 31; Heilmann/*Dürbeck* FamFG § 78 Rn. 15; *Schneider* NZFam 2016, 1094; **aA** OLG Frankfurt BeckRS 2015, 20615; LAG Hamm BeckRS 2019, 19357.
[2630] So Heilmann/*Dürbeck* FamFG § 78 Rn. 15.
[2631] **AA** *Schneider* NZFam 2016, 1094 (1095).
[2632] OLG Frankfurt BeckRS 2015, 20615; Musielak/Voit/*Fischer* ZPO § 121 Rn. 18a; vgl. BVerwG NJW 1994, 3243; **aA** *Möbius*, S. 199: Kosten des Zweitanwalts sind begrenzt auf die Reisekosten des auswärtigen Bevollmächtigten.
[2633] Vgl. *Möbius*, S. 199.
[2634] *Schneider* NZFam 2016, 1094 (1095): mit Berechnungsbeispielen; Zöller/*Schultzky* ZPO § 121 Rn. 31.
[2635] *Schneider* NZFam 2016, 1094 (1095); Zöller/*Schultzky* ZPO § 121 Rn. 31.

V. Wirkung der Beiordnung

1. Umfang der Beiordnung

708 (1) Der **Umfang der Beiordnung** bestimmt sich grundsätzlich nach dem Umfang der PKH-Bewilligung.[2636] Die Beiordnung muss mit ihr zeitlich nicht übereinstimmen, kann jedoch nie über sie hinausgehen, sondern nur hinter ihr zurückbleiben.[2637] Eine über die PKH-Bewilligung hinausgehende Beiordnung ist zwar rechtsfehlerhaft, bildet aber dennoch die Grundlage für die Vergütung des beigeordneten Anwalts.[2638] Das erstinstanzliche Gericht ist an seine Bewilligung unter Beiordnung eines Rechtsanwalts gebunden und darf sie nicht nachträglich einschränken.[2639]

709 (2) **Eine konkrete Umfangserläuterung** enthält § 48 Abs. 2–6 RVG[2640] für bestimmte Sachbereiche, insbesondere (§ 48 Abs. 3 S. 1 RVG) für Ehe/Partnerschaftssachen[2641] und einen dabei abgeschlossenen Vergleich.

710 (3) Ein **außergerichtlicher Vergleich** kann von der Beiordnung erfasst sein, wenn vorher ein PKH-Antrag gestellt war; → Rn. 187, 227, 838.[2642]

711 (4) **In einen gerichtlichen Vergleich einbezogene nicht anhängige Ansprüche** können nur dann Gegenstand einer PKH-Bewilligung und Beiordnung sein, wenn zuvor ausdrücklich oder stillschweigend entsprechende Anträge gestellt worden sind, wobei die Auslegung insoweit nicht kleinlich sein sollte. Es besteht aber ein Anspruch auf Erweiterung der dem unbemittelten Beteiligten bewilligten Verfahrenskostenhilfe unter Beiordnung seines Bevollmächtigten bei Abschluss eines Mehrvergleichs.[2643] Mit der Neufassung des § 48 Abs. 1 RVG durch das Kostenrechtänderungsgesetz (KostRÄG) 2021[2644] wurde eine lange bestehende Gebührenstreitfrage für den Fall der Beiordnung des Rechtsanwalts für den Mehrwert des Vergleichs dahin geklärt, dass die Staatskasse alle Gebühren aus dem Mehrwert zu übernehmen hat.[2645]

712 (5) I. Ü. zu § 48 Abs. 3 RVG → Rn. 837.

713 (6) Die Anwaltsbeiordnung beim Kläger umfasst auch die Verteidigung gegen eine vom Beklagten hilfsweise erklärte Aufrechnung.[2646]

714 (7) **Eine rückwirkende Beiordnung** ist nach den für eine rückwirkende PKH-Bewilligung geltenden Grundsätzen – → 602 ff. – zulässig. Im Zweifel ist davon auszugehen, dass eine PKH-Rückwirkung auch die Anwaltsbeiordnung umfasst, denn der Beiordnungsumfang richtet sich grundsätzlich nach dem PKH-Umfang.

715 (8) **Bis zur Beiordnung entstandene Vergütungsansprüche des Anwalts** als Wahlanwalt können ihm ohne seine Einwilligung durch rückwirkende Beiordnung nicht ohne weiteres entzogen werden.[2647] Hat die Partei das Mandat von Beginn an jedoch in Hin-

---

[2636] Für den Gebühren- und Auslagenanspruch des Anwalts: OLG Schleswig Rpfleger 2002, 85; OLG Koblenz JurBüro 2002, 84; OLG München Rpfleger 2002, 159; vgl. iÜ OLG Celle MDR 2000, 1038; Musielak/Voit/*Fischer* ZPO § 121 Rn. 31; *Zimmermann* Rn. 352; FPR 2002, 486 (489).
[2637] *Christl* MDR 1983, 537 (539); *Zimmermann* Rn. 352.
[2638] Zöller/*Schultzky* ZPO § 121 Rn. 14.
[2639] OLG Düsseldorf FamRZ 2008, 1358.
[2640] Geändert durch das 2. Kostenmodernisierungsgesetz vom 23.7.2013, BGBl. 2013 I 2586.
[2641] Ausführlich: *Schneider* NZFam 2014, 732.
[2642] BLHAG/*Dunkhase* ZPO § 119 Rn. 46 und ZPO § 114 Rn. 43.
[2643] BGH NZFam 2018, 361.
[2644] Kostenrechtsänderungsgesetz v. 21.12.2020, gültig ab 1.1.2021, BGBl. 2020 I 3229.
[2645] *Schneider* NZFam 2021, 1 (8) mit Berechnungsbeispielen.
[2646] LG Frankenthal JurBüro 1983, 1843.
[2647] *Christl* MDR 1983, 537 (539).

blick auf eine PKH-Bewilligung und Beiordnung erteilt, wirkt sich die Rückbeziehung der Beiordnung voll auch auf die Wahlanwaltsansprüche aus.[2648]

(9) Eine **Beiordnung kann nicht erfolgen,** wenn die dem beizuordnenden Anwalt erteilte Vollmacht eine **Vertretung im Nachprüfverfahren (§ 120a ZPO) ausschließt.**[2649] Denn ein Anwalt, der ein Prozesskostenhilfegesuch einreicht, ist im Zweifel für das gesamte Verfahren als bevollmächtigt anzusehen.[2650] 715a

2. Mandatsvertrag und Prozessvollmacht

(1) **Mandatsvertrag und Prozessvollmacht entstehen nicht durch die gerichtliche Beiordnung.** Sie müssen bürgerlich-rechtlich von der Partei geschlossen bzw. erteilt werden (§§ 167, 675 BGB).[2651] Der Bewilligungsantrag enthält noch keine Bevollmächtigung, auch dann nicht, wenn der Antragsteller dem Gericht die Auswahl überlässt.[2652] Der Anwaltsvertrag entsteht aber auch dadurch, dass der Rechtsanwalt im Einverständnis mit der Partei für sie tätig wird.[2653] Wird der Anwalt von Beginn an gemäß dem Willen der Partei im Prozess tätig, ist er außerdem im Zweifel als Bevollmächtigter nach § 172 ZPO anzusehen. Es gilt die Vermutung der §§ 85, 88 Abs. 2 ZPO. Andernfalls muss eine Zustellung an die Partei selbst bewirkt werden, bis Prozessvollmacht erteilt ist.[2654] Vielfach wird in dem vor der Beiordnung erteilten Auftrag zum Tätigwerden und zur Stellung des Beiordnungsantrags schon der Abschluss eines Vertrags mit dem Anwalt liegen, aufschiebend bedingt durch die gerichtliche Beiordnung.[2655] Mit einem Widerruf der Prozessvollmacht durch die Partei erlischt die Vertretungsmacht des Anwalts trotz noch fortbestehender Beiordnung.[2656] 716

(2) Es besteht **kein Kontrahierungszwang für den Anwalt vor der Beiordnung.** Er kann sich frei entscheiden, ob er zur Übernahme des Mandats bereit ist. Diese Bereitschaft ist Voraussetzung der Beiordnung. → Rn. 648.
Eine Ausnahme besteht nur für den Notanwalt (§ 121 Abs. 5 ZPO).[2657] 717

(3) **Nach der Beiordnung besteht eine standesrechtliche Pflicht zur Vertretung der Partei, § 48 Abs. 1 Nr. 1 BRAO.** Die Beiordnung war nämlich nur in Hinblick auf die Bereitschaft des Anwalts, die hilfsbedürftige Partei zu vertreten, zulässig (ausgenommen der Notanwalt).[2658] 718

(4) **Nach Beiordnung und vor Vollmachterteilung können Anwaltspflichten bestehen zu fürsorglicher Belehrung und Betreuung der Partei.**[2659] So ist der Anwalt gehalten, seine Partei vor Schaden zu bewahren, etwa durch Hinweis auf zu wahrende Fristen.[2660] Eine Verletzung der Pflicht, die Partei vor Schaden zu bewahren, kann schadensersatzpflichtig machen.[2661] Auch der Rechtsanwalt, der bereits seine Entpflich- 719

[2648] *Christl* MDR 1983, 537 (539 f.).
[2649] LAG Köln BeckRS 2019, 16268; BeckRS 2019, 11824.
[2650] LAG Köln BeckRS 2019, 16268.
[2651] BGHZ 2, 227; 30, 226; 60, 255 (258); OLG Zweibrücken JurBüro 1994, 749; BLHAG/*Vogt-Beheim* ZPO § 121 Rn. 14; Zöller/*Schultzky* ZPO § 121 Rn. 12.
[2652] BGHZ 2, 227 (229); 60, 258; BLHAG/*Dunkhase* ZPO § 121 Rn. 14.
[2653] BGH FamRZ 2005, 261; OLG Karlsruhe FamRZ 2005, 384 (Für die Berufungsinstanz).
[2654] BLHAG/*Dunkhase* ZPO § 121 Rn. 18.
[2655] BGH JurBüro 1973, 629; *Zimmermann* Rn. 351.
[2656] OLG Düsseldorf FamRZ 1995, 241 (insoweit *Entpflichtung* erforderlich); OLG Zweibrücken JurBüro 1994, 749; OLG Bamberg JurBüro 1987, 297; vgl. MüKoZPO/*Wache* ZPO § 121 Rn. 25.
[2657] BGHZ 60, 258; MüKoZPO/*Wache* ZPO § 121 Rn. 24; *Zimmermann* Rn. 369.
[2658] OLG Bamberg JurBüro 1992, 622; Zöller/*Schultzky* ZPO § 121 Rn. 13.
[2659] BGHZ 30, 226 (230); KG Rpfleger 1985, 39; *Groß* ZPO § 121 Rn. 13 (schon vor Vollmachtserteilung); Zöller/*Schultzky* ZPO § 121 Rn. 13 (schon vor Vollmachterteilung).
[2660] Siehe Fn. 329.
[2661] BGHZ 30, 226 (232).

tung beantragt hat, ist verpflichtet und berechtigt, zur Fristwahrung vorsorglich Prozesshandlungen vorzunehmen.[2662]

720 **Bei Tätigwerden des Anwalts vor der Beiordnung** gilt Entsprechendes.[2663]

721 (5) **Notwendige Aufwendungen des Anwalts nach Beiordnung**, aber vor Begründung eines Mandatsverhältnisses können deshalb Vergütungsansprüche gegen die Staatskasse auslösen.[2664] Auch gegen die Partei können sich daraus Ansprüche ergeben.[2665] Dem beigeordneten, aber noch nicht bevollmächtigten Anwalt kann wegen seiner Fürsorge für die Partei eine Verfahrensgebühr zugestanden werden.[2666]

722 (6) **Kommt es zu keiner Beiordnung des Anwalts,** der im PKH-Verfahren tätig war, kann er von der Partei Vergütung entsprechend den gesetzlichen Vorschriften verlangen.[2667] Eine Vergütung schuldet die Partei aber nicht, wenn ausdrücklich oder nach den Umständen klar war, dass die Partei den Anwalt nur bei PKH-Gewährung und Beiordnung beauftragen konnte und wollte.

723 (7) **„Pflicht" der Partei nach der Beiordnung eines Anwalts** kann die Erteilung einer Prozessvollmacht und eines Auftrages sein. Kontrahierungszwang besteht jedoch nicht.[2668] Evtl. muss die Partei dem bereits tätig gewordenen Anwalt bei Ablehnung einer Auftragserteilung Aufwendungsersatz gemäß den Regeln der Geschäftsführung ohne Auftrag oder Schadensersatz aus Verschulden bei Vertragsschluss leisten.[2669] Die Beiordnung muss, besteht keine Aussicht auf ein Mandat der Partei an den Anwalt, aufgehoben werden.

724 (8) **Ein Widerruf der Prozessvollmacht für den beigeordneten Anwalt durch die Partei** ist nur aus triftigen Gründen für die Partei prozesskostenhilferechtlich unschädlich → Rn. 647.

725 (9) **Der Anwalt kann Aufhebung der Beiordnung aus wichtigem Grund verlangen,** § 48 Abs. 2 BRAO. Ein wichtiger Grund ist insbesondere die Zerstörung des Vertrauensverhältnisses. Hierzu und zum übereinstimmenden Antrag auf Aufhebung der Beiordnung → Rn. 647.

3. Überblick über vergütungsrechtliche Wirkungen der Beiordnung

726 **Die Beiordnung hat vergütungsrechtliche Wirkungen.** Eingehend siehe dazu Rn. 791 ff. Der hier gegebene Überblick zeigt die wesentlichen vergütungsrechtlichen Wirkungen der Beiordnung:

727 (1) **Gesetzliche Anwaltsvergütung aus der Landeskasse bzw. Bundeskasse für den beigeordneten Anwalt,** § 45 RVG. Maßgebend ist der Umfang der Beiordnung, § 48 RVG[2670]. Die Vergütungssätze legt § 49 RVG[2671] fest. Eine darüberhinausgehende Vergütung bis zur Höhe der Wahlanwaltsgebühren kann bei dafür ausreichenden Zahlungen der Partei (Raten, Zahlung aus dem Vermögen) geleistet werden, § 50 RVG. Die Auslagen

---

[2662] BVerwG NJW 2011, 1894 (1896).
[2663] Vgl. BLHAG/*Dunkhase* ZPO § 121 Rn. 13.
[2664] KG RPfleger 1985, 39; BAG ZIP 1980, 804 (für einen Fall der Notgeschäftsführung); *Groß* ZPO § 121 Rn. 13. Zöller/*Schultzky* ZPO § 121 Rn. 13 (aus Geschäftsführung ohne Auftrag).
[2665] BLHAG/*Dunkhase* ZPO § 121 Rn. 15, 18.
[2666] BAG ZIP 1980, 804 (Prozessgebühr nach § 121 BRAGO aF).
[2667] Toussaint/*Toussaint* RVG § 45 Rn. 10.
[2668] BLHAG/*Dunkhase* ZPO § 121 Rn. 18 (zu den Folgen); Toussaint/*Toussaint* RVG § 45 Rn. 11.
[2669] Zum letzteren BLHAG/*Dunkhase* ZPO § 121 Rn. 18.
[2670] Geändert durch Kostenrechtsänderungsgesetz v. 21.12.2020, BGBl. 2020 I 3229 m.W.v. 1.1.2021 eingehend hierzu → Rn. 634, 837.
[2671] Ebenfalls geändert durch Kostenrechtsänderungsgesetz v. 21.12.2020 BGBl. 2020 I 3229 m.W.v. 1.1.2021.

werden gemäß § 46 RVG erstattet. Für Gebühren und Auslagen kann der Anwalt einen angemessenen Vorschuss aus der Bundes- oder Landeskasse fordern, § 47 RVG.

(2) **Übergang der Vergütungsansprüche des Anwalts auf die Staatskasse**, § 59 RVG. In Frage kommen die Ansprüche auf Wahlanwaltsvergütung gegen die eigene Partei und Kostenerstattungsansprüche gegen den Prozessgegner (§ 126 ZPO). 728

(3) **Der Anwalt kann Kostenerstattungsansprüche seiner Partei gegen den Gegner im eigenen Namen geltend machen**, § 126 ZPO. 729

(4) **Die Vergütungsansprüche des Anwalts gegen die eigene Partei können nicht geltend gemacht werden**, § 122 Abs. 1 Nr. 3 ZPO, solange die PKH nicht aufgehoben ist. 730

(5) **Die Staatskasse darf die auf sie übergegangenen Ansprüche des Anwalts gegen seine Partei nur nach gerichtlicher Bestimmung geltend machen**, § 122 Abs. 1 Nr. 1 ZPO. 731

4. Wirksamkeit der Beiordnung

(1) **Die Beiordnung wird wirksam** mit der formlosen ersten Mitteilung des Beiordnungsbeschlusses an Partei oder Anwalt,[2672] nicht schon, wenn der Beschluss den inneren Geschäftsbereich des Gerichts verlassen hat und damit existent, dh nicht mehr frei abänderbar geworden ist.[2673] „Mitteilung" ist formloser Erstzugang des Beschlusses. Wirkungsgleich sind telefonische, mündliche, telegrafische[2674] Mitteilungen durch den Richter oder Urkundsbeamten der Geschäftsstelle.[2675] Nicht genügend ist die Mitteilung eines von den Richtern noch nicht an die Geschäftsstelle herausgegebenen Beschlusses. Ein Aktenvermerk über die mündliche Mitteilung von der Beiordnung ist für die Wirksamkeit der Mitteilung nicht erforderlich.[2676] → Rn. 621 f. 732

(2) Auch **fehlerhafte Beschlüsse sind wirksam**.[2677] Der Kostenbeamte kann die Zulässigkeit einer Beiordnung nicht prüfen.[2678] Die Beiordnung einer gesetzlich dazu nicht vorgesehenen Person ist unwirksam. 733

§ 11 Wirkung der PKH-Bewilligung für die Parteien

I. Überblick

Die **PKH-Bewilligung** bewirkt:
- **für die hilfsbedürftige Partei:** 734

(1) Geltendmachung von rückständigen oder entstehenden **Gerichtskosten, Gerichtsvollzieherkosten** und **übergegangenen (§ 59 RVG) Ansprüchen** durch die **Staatskasse** nur nach Maßgabe gerichtlicher Bestimmung.[2679] Eine vollständige Stundung dieser Ansprüche setzt also eine **zahlungsfreie PKH-Bewilligung** voraus, die alle anfallenden

---

[2672] Toussaint/*Toussaint* RVG § 48 Rn. 13; Zöller/*Schultzky* ZPO § 121 Rn. 11.
[2673] Zum Unterschied zwischen Existenz und Wirksamwerden, vgl. Zöller/*Feskorn* ZPO § 329 Rn. 6 ff.
[2674] BGHZ 14, 152.
[2675] BGHZ 14, 148; Toussaint /*Toussaint* RVG § 48 Rn. 14.
[2676] BGHZ 14, 148 (150, 152).
[2677] OLG Schleswig JurBüro 1991, 227;Toussaint/*Toussaint* RVG § 48 Rn. 16.
[2678] OLG Düsseldorf JurBüro 1983, 715; OLG Hamm Rpfleger 1983, 328; OLG München JurBüro 1983, 1843; *Schneider* MDR 1989, 225; Zöller/*Schultzky* ZPO § 121 Rn. 14.
[2679] OLG Celle FamRZ 2005, 530; das gilt auch für die Erben der hilfsbedürftigen Partei: OLG Thüringen BeckRS 2012, 15118; OLG Düsseldorf Rpfleger 1999, 334, → Rn. 91, 623.

Kosten (evtl. Rückwirkung) deckt, § 122 Abs. 1 Nr. 1a und b ZPO. Bei rückwirkender zahlungsfreier PKH sind geleistete **Kostenvorschüsse** an den Bedürftigen zurückzuzahlen.[2680] Soweit Ratenzahlung angeordnet wurde, sind die eingehenden Zahlungen zunächst auf die Gerichtskosten und Gerichtsvollzieherkosten zu verrechnen und erst danach auf die auf die Staatskasse übergegangenen Ansprüche des beigeordneten Anwalts.[2681]

(2) Freistellung von der Verpflichtung zur **Sicherheitsleistung** (iSd §§ 110 ff. ZPO), § 122 Abs. 1 Nr. 2 ZPO.[2682] Ob die Bewilligung von PKH zu Unrecht erfolgt ist oder der Aufhebung unterliegt, ist unerheblich.[2683]

(3) **Stundung der Vergütungsansprüche** beigeordneter Rechtsanwälte (§§ 45 ff. RVG) gegen die Partei, § 122 Abs. 1 Nr. 3 ZPO.

(4) Die Vergünstigungen erstrecken sich grundsätzlich (für noch entstehende oder fortbestehende Kosten) nicht auf **Rechtsnachfolger,** da PKH-Rechte nicht auf andere Personen übergehen. → Rn. 91, 623 ff.

(5) Stehen auf einer Seite des Verfahrens zwei **Streitgenossen,** die **gesamtschuldnerisch** für die Gerichtskosten aufgrund der getroffenen Kostenentscheidung haften und von denen nur einem PKH bewilligt wurde, so kann die Staatskasse nach zutreffender Ansicht denjenigen Erstschuldner, dem keine PKH bewilligt wurde, uneingeschränkt in Anspruch nehmen, ohne dass § 31 Abs. 3 GKG dem entgegenstehen würde.[2684] Nach der Gegenansicht soll § 31 Abs. 3 GKG jedenfalls entsprechend mit der Maßgabe anzuwenden sein, dass die Staatskasse lediglich den im Innenverhältnis auf den nicht bedürftigen Streitgenossen entfallenden Anteil geltend machen dürfe, da der bedürftige Streitgenosse nach § 426 Abs. 1 BGB sonst einem Anspruch auf Gesamtschuldnerausgleich wegen der Gerichtskosten ausgesetzt sei.[2685] Entsprechendes gilt für die Frage der Verrechnung eines Kostenvorschusses durch den obsiegenden Kläger.[2686] Es wird der Ansicht zuzustimmen sein, welche § 31 Abs. 3 GKG auch für die Ausgleichsansprüche von Streitgenossen anwenden will, weil nur so das vom BVerfG[2687] vorgegebene Ziel, auch eine mittelbare Inanspruchnahme der PKH-Partei zu verhindern, erreicht werden kann. Vorgenanntes gilt entsprechend für §§ 26 Abs. 3 FamGKG, 33 Abs. 2 GNotKG.

735 • **für den Prozessgegner:**

(1) **Einstweilige Befreiung** von rückständigen und entstehenden **Gerichts- und Gerichtsvollzieherkosten** bei ratenfreier PKH des Klägers (§ 122 Abs. 2 ZPO)[2688], wie zB auch Auslagenvorschüsse für von ihm benannte Zeugen oder Sachverständigengutachten (§§ 379, 402, 411 ZPO), nicht aber für seine Widerklage und die damit in alleinigen Zusammenhang stehenden Beweismittel[2689] (vgl. im Übrigen → Rn. 784 ff.).

(2) Beitreibung dieser Kosten erst nach rechtskräftiger Verurteilung oder Beendigung des Rechtsstreits ohne Kostenentscheidung (§ 125 ZPO).

[2680] OLG Schleswig NJW 2018, 2419; OLG Karlsruhe FamRZ 2007, 1028; OLG Stuttgart JurBüro 2003, 264.
[2681] OLG Brandenburg JurBüro 2018, 265.
[2682] OLG Brandenburg NJW-RR 2003, 209.
[2683] OLG Karlsruhe BeckRS 2013, 17338.
[2684] BFH BeckRS 2008, 25014901; OLG Düsseldorf FamRZ 2009, 1617; NK-GK/*Volpert* GKG § 31 Rn. 86.
[2685] OLG Celle AGS 2013, 130; OLG Dresden NJW-RR 2013, 189; *H. Schneider* AGS 2019, 313 (317).
[2686] Vgl. das Berechnungsbeispiel bei *H. Schneider* AGS 2019, 313 (317).
[2687] BVerfG MDR 1999, 1089.
[2688] Vgl. dazu ausführlich *N. Schneider* NZFam 2015, 659; NJW-Spezial 2013, 91; *H. Schneider* AGS 2015, 366.
[2689] RGZ 55, 268; *H. Schneider* AGS 2015, 366, 367; Zöller/*Greger* ZPO § 379 Rn. 3.

(3) Keine Einschränkung des Erstattungsanspruchs gegen den Bedürftigen (§ 123 ZPO). Für die außergerichtlichen Kosten der Rechtsverfolgung gilt dies uneingeschränkt, für verauslagte Gerichtskosten ist § 31 Abs. 3 GKG zu beachten, wonach diese dem obsiegenden Gegner zurückzuerstatten sind[2690] (→ Rn. 766). Zu den Gerichtskosten zählen insoweit nicht die vom Gegner verauslagten Kosten eines Sachverständigengutachtens im **selbständigen Beweisverfahren**. Diese sind in diesem Fall von der unterlegenen PKH-Partei zu erstatten.[2691]

II. Gerichtskostenbefreiung der hilfsbedürftigen Partei

1. Grundsatz

Nur eine – ggf. dauernde – **Stundung** der Gebührenansprüche (kein Erlass) folgt aus § 122 Abs. 1 Nr. 1 u. 3 ZPO, da die PKH-Bewilligung nur bewirkt, dass sie nicht „geltend gemacht" werden können.

736

2. Zeitpunkt für die Befreiung

Entscheidender Zeitpunkt für die Befreiung von Gerichtskosten ist der Zeitpunkt der (evtl. rückbezogenen) Wirksamkeit der PKH-Bewilligung. Dazu eingehend → Rn. 602 ff. Eine fehlerhaft angeordnete Rückwirkung ist für die Kostenfestsetzung bindend. Dazu → Rn. 627. Wegen der entscheidenden Bedeutung des Zeitpunkts der Wirksamkeit der PKH-Bewilligung sollte bei rückbezogener Bewilligung der Zeitpunkt im PKH-Beschluss ausdrücklich fixiert werden.[2692] Bei zeitlich unklarer Bewilligung muss auf Antrag gegebenenfalls ein Ergänzungsbeschluss ergehen. Im Zweifel wirkt die Bewilligung auf den Zeitpunkt des (vollständigen) Antragseingangs zurück.[2693]

737

3. Keine Änderung gesetzlicher Bewilligungswirkungen

Eine **Änderung der gesetzlichen Bewilligungswirkungen (§ 122 ZPO) ist dem Gericht nicht erlaubt,** denn die Wirkungen treten kraft Gesetzes ein.[2694] Nur die Bewilligung als solche kann im gesetzlichen Rahmen beschränkt werden, also gegenständlich (Erfolgsaussicht, Mutwillen), zeitlich (Beginn, Wirkung) und durch Auferlegung von Zahlungen (Raten, Vermögenszahlung). Unstatthaft ist eine bedingte Bewilligung oder im anhängigen Rechtsstreit eine auf den Vergleichsabschluss beschränkte Bewilligung.[2695] Eine fehlerhaft beschränkte Bewilligung ist aber nicht ohne weiteres in eine unbeschränkte umzudeuten, sondern eine Änderung kommt nur auf eine Beschwerde hin in Betracht.[2696]

738

4. „Rückständige" und „entstehende" Kosten

Rückständige Kosten (des Gerichts, des Gerichtsvollziehers) sind solche, die im Zeitpunkt des Wirksamwerdens der PKH-Bewilligung schon fällig, aber noch nicht bezahlt

739

[2690] LG Bamberg AGS 2018, 481; Musielak/Voit/*Fischer* ZPO § 123 Rn. 2.
[2691] OLG Saarbrücken JurBüro 2017, 601.
[2692] Nachweise → Rn. 602.
[2693] BGH NJW-RR 1998, 642; OLG Düsseldorf Rpfleger 2019, 156; JurBüro 2002, 83; OLG Bamberg FamRZ 2001, 291; FG Düsseldorf EFG 2015, 500; Zöller/*Schultzky* ZPO § 127 Rn. 21.
[2694] KG JW 1936, 3072; *Groß* ZPO § 122 Rn. 3.
[2695] OLG Celle OLGReport 1998, 183.
[2696] OLG Celle OLGReport 1998, 183.

sind.²⁶⁹⁷ Von bereits bezahlten und fällig gewesenen Gerichtskosten ist die hilfsbedürftige Partei nicht befreit, denn sie sind weder rückständige noch entstehende Kosten; sie sind deshalb auch nicht an die hilfsbedürftige Partei zurückzuzahlen.²⁶⁹⁸

Entstehende Kosten sind solche, die erst nach diesem Zeitpunkt fällig werden.²⁶⁹⁹ Der Zeitpunkt der Fälligkeit bestimmt sich nach den §§ 6 ff. GKG, 9 ff. FamGKG, 8 ff. GNotKG.²⁷⁰⁰

Fallen Zahlungszeitpunkt und Zeitpunkt des Wirksamwerdens der PKH-Bewilligung aber **zusammen** oder werden Kosten nach wirksamer Bewilligung gezahlt, so gilt gleichfalls die Kostenbefreiung, so dass diese Kosten zurückzuzahlen sind,²⁷⁰¹ zur Rückzahlung im Einzelnen → Rn. 758 ff.

5. Gerichtsvollzieherkosten

740 Gerichtsvollzieherkosten sind Gerichtskosten im weiteren Sinne, § 122 Abs. 1 Nr. 1a ZPO, denn Gläubiger dieser Kosten ist die Staatskasse.²⁷⁰² Zu beachten ist, dass für die Zwangsvollstreckung gemäß § 119 Abs. 2 ZPO eine gesonderte Prozesskostenhilfebewilligung durch das dafür zuständige Gericht auszusprechen ist, → Rn. 592 ff. Gerichtsvollzieherkosten kommen aber auch außerhalb der Zwangsvollstreckung in Betracht, zB durch **Zustellungen.**

Eine Rückzahlung überzahlter Gerichtsvollzieherkosten kommt entsprechend den Grundsätzen für die Rückzahlung von Gerichtskosten in Betracht.²⁷⁰³ Dazu → Rn. 758 ff. Hat allerdings der **beigeordnete Rechtsanwalt** die Gerichtsvollzieherkosten verauslagt, kommt ein Erstattungsanspruch gegenüber der Staatskasse nicht in Betracht, da diese Kosten nicht zu seiner Vergütung nach §§ 45 ff. RVG gehören.²⁷⁰⁴ Es bestehen lediglich Ansprüche gegenüber dem Gerichtsvollzieher.

6. Parteiauslagen als „Gerichtskosten"

a) Allgemeines

741 **„Gerichtskosten" sind auch Auslagen der hilfsbedürftigen Partei selbst.** Darunter fallen alle Kosten, die eine Partei selbst aufwenden muss, um einer gerichtlich verlangten Handlung nachzukommen oder die für eine angemessene Rechtsverfolgung und Rechtsverteidigung auch von einer nicht hilfsbedürftigen Partei aufzuwenden wären, also solche, die nach § 46 RVG für die sachgemäße Interessenwahrnehmung erforderlich waren. Das können Detektivkosten oder sonstige Ermittlungskosten (zB die Kosten für ein vorbereitendes Privatgutachten) sein. Eine verfassungskonforme Auslegung des § 122 Abs. 1 Nr. 1 ZPO muss zur Einbeziehung dieser Auslagen führen; vgl aber zu Privatgutachten in Amtsermittlungsverfahren → Rn. 743, 869.²⁷⁰⁵ Ersetzt werden können nur Auslagen,

---

²⁶⁹⁷ OLG Düsseldorf JurBüro 2002, 83; 1990, 381; OLG Karlsruhe Justiz 1993, 457; FG Köln BeckRS 2010, 26029485.
²⁶⁹⁸ OLG Naumburg OLGReport 2002, 194.
²⁶⁹⁹ OLG Düsseldorf FamRZ 1990, 299; OLG Stuttgart Rpfleger 1984, 114; KG JurBüro 1984, 1849.
²⁷⁰⁰ Noch zu altem Recht: OLG Stuttgart JurBüro 1984, 294.
²⁷⁰¹ OLG Schleswig NJW 2018, 2419; OLG Karlsruhe FamRZ 2007, 1028; OLG Köln Rpfleger 1999, 450; OLG Karlsruhe Justiz 1993, 457 mwN zum Streitstand; Zöller/*Schultzky* ZPO § 122 Rn. 14.
²⁷⁰² *Bach* DGVZ 1990, 166.
²⁷⁰³ Dazu näher AG Wiesbaden JurBüro 1991, 1233 mAnm *Mümmler; Bach* DGVZ 1990, 166.
²⁷⁰⁴ Vgl. dazu ausführlich *Hansens* RVGreport 2015, 204.
²⁷⁰⁵ OLG Rostock FamRZ 2003, 1396; OLG München Rpfleger 1985, 165; auch: BGH NJW 1975, 1124; OLG Hamm JurBüro 1982, 1406; **anders** KG Rpfleger 1993, 74.

deren **Notwendigkeit für die unmittelbare Rechtswahrnehmung** in einem gerichtlichen Verfahren zuverlässig festgestellt ist. Die Chancengleichheit erlaubt nicht, der Partei, der PKH bewilligt wird, „gewisse Belastungen zuzumuten",[2706] deren konkreter Umfang im Vorhinein allgemein nicht entfernt abschätzbar ist. Der Umfang der Belastbarkeit einer hilfsbedürftigen Partei durch die PKH-Bewilligung und die dabei evtl. erlassenen Zahlungsauflagen sind gesetzlich festgelegt.[2707]

Eine **besondere PKH-Bewilligung für Auslagen ist nicht erforderlich**.[2708] Sie ist in der allgemeinen PKH-Bewilligung enthalten.

Die konkrete Prüfung der Notwendigkeit und Höhe der Auslagen gehört in das **Vergütungsfestsetzungsverfahren**.[2709] Dafür ist zunächst der **Urkundsbeamte der Geschäftsstelle** zuständig.[2710] Er hat im Einzelfall auch darüber zu entscheiden, ob die geltend gemachte Auslage eine solche der **Partei selbst** oder ihres Anwalts ist.[2711] Der **Anwalt** hat einen eigenen Anspruch auf Auslagenersatz gemäß §§ 45, 46 RVG, zB wenn er Dolmetscherkosten für Gespräche mit der Partei selbst beglichen hat.[2712] Möglich ist auch eine isolierte PKH-Bewilligung nur für Reisekosten oder sonstige Auslagen.[2713] Dem muss natürlich die allgemeine PKH-Prüfung gemäß den §§ 114 ff. ZPO vorausgehen.[2714]

742

b) Einzelne Parteiauslagen (alphabetisch)

- **Allgemeinkosten (Porto, Telefon, Schreibauslagen) der Partei** sind nicht als Rechtsverfolgungskosten anzusehen.[2715] Nicht zu ersetzen sind Kopierkosten auch bei einer anwaltlich vertretenen Partei.[2716]
- **Begleitpersonenkosten** können bei Bedarf beantragt werden.[2717] Ein solcher Bedarf besteht bei physischer, psychischer oder auf sonstigen Gründen beruhender Unfähigkeit zu selbstständiger Reise.
- **Beweisbeschaffungskosten** können notwendige Rechtsverfolgungskosten sein.[2718]
- **Detektivkosten** können Rechtsverfolgungskosten sein, wenn sie als notwendig anzusehen waren.[2719] Das ist nicht der Fall, wenn das dadurch gewonnene Beweismittel im Verfahren nicht verwertbar war oder gewesen wäre, insbesondere weil die eingesetzten Maßnahmen in das Recht auf informationelle Selbstbestimmung (Art. 2 Abs. 1 GG iVm Art. 1 Abs. 1 GG) des Antragsgegners eingegriffen haben.[2720]

743

[2706] So OLG Frankfurt MDR 1984, 500; OVG Bremen JurBüro 1987, 1099.
[2707] OLG Stuttgart JurBüro 1986, 132.
[2708] OLG Stuttgart JurBüro 1986, 132; Zöller/*Schultzky* ZPO § 122 Rn. 6 und 8; **anders** (besondere gerichtliche Bewilligung dem Grunde nach): KG Rpfleger 1993, 74; OLG Köln JurBüro 1987, 1561.
[2709] Vgl. dazu *Hellstab* in von Eicken/Hellstab/Dörndorfer/Asperger Rn. B 430 ff.
[2710] OLG Bamberg JurBüro 1987, 249; OLG Köln JurBüro 1987, 1561; OLG Stuttgart JurBüro 1986, 132; auch: BGH NJW 1975, 1124 (1125).
[2711] OLG Bamberg JurBüro 1987, 249.
[2712] LSG Bayern NZS 2015, 319; OLG Brandenburg Rpfleger 2002, 367.
[2713] LAG Thüringen Beschl. v. 9.9.2011, 6 Ta 155/11, BeckRS 2011, 76433.
[2714] BGH NJW 1975, 1124; OLG Stuttgart JurBüro 1986, 132.
[2715] VGH Kassel AnwBl 1994, 431.
[2716] Vgl. BGH NJW 2003, 1127.
[2717] Zöller/*Schultzky* ZPO § 122 Rn. 8; *Groß* ZPO § 122 Rn. 9.
[2718] OLG Frankfurt JurBüro 1990, 381 (Sicherheitsleistung für Bereitstellung eines Beweisgegenstandes).
[2719] OLG Frankfurt r+s 2019, 297; OLG Köln VersR 2018, 761; OLG Bremen NJW 2016, 509; KG Rpfleger 1993, 74 (weiter → Rn. 620 zur besonderen Bewilligung); OLG Düsseldorf AGS 2009, 203.
[2720] BGH NJW 2013, 2668: Bewegungsprofil mittels GPS-Sender.

- Kosten eines **Privatgutachtens** können ausnahmsweise dann zu erstatten sein, wenn die Partei mangels eigener Sachkunde ihrer Darlegungs- und Beweislast nur mit Hilfe eines Privatgutachtens nachkommen kann[2721] und wenn auch eine nicht kostenarme Partei entsprechend verfahren wäre. Wegen des im FamFG nach § 26 geltenden Amtsermittlungsgrundsatzes sind die gerade in Kindschaftssachen nach § 151 Nr. 1 FamFG in der Praxis immer häufiger vorgelegten psychologischen Privatgutachten nicht als zu erstattende Beteiligtenauslagen zu qualifizieren.[2722]
- Der gesetzliche Vertreter einer natürlichen Person hat Anspruch auf Reisekosten, wenn diese notwendig sind, entsprechend den Grundsätzen für die Partei selbst.

744
- **Reisekosten**
  - zu einem Gerichtstermin[2723] sind als notwendige Auslagen anzusehen.[2724] Das gilt insbesondere, wenn das **persönliche Erscheinen der Partei** (§ 141 ZPO) oder die persönliche Anhörung der Beteiligten, zB gem. den §§ 33, 128, 157, 160, 175 FamFG angeordnet ist.[2725] Aber auch sonst muss die Partei das Recht haben, an der mündlichen Verhandlung persönlich teilzunehmen, wenn das auch eine vermögende Partei tun würde, insbesondere, wenn Fragen an Zeugen in Betracht kommen.[2726] Der Partei ist gemäß § 137 Abs. 4 ZPO auch im Anwaltsprozess „auf Antrag das Wort zu gestatten", etwa um Tatsachen vorzutragen. Sie kann auch als **Vorschuss** die **Zusendung der notwendigen Fahrkarten** verlangen. Einer **vorherigen Geltendmachung** der Reisekosten als deren Erstattungsvoraussetzung bedarf es bei bewilligter PKH nicht.[2727]
  - zum Anwalt und sonstige vorbereitende Reisekosten. Notwendige Informationsreisen zu ihrem Anwalt sind der Partei zu erstatten.[2728] Das gilt auch für einen **Verkehrsanwalt**.[2729] Zu erstatten sind ferner die Kosten eines Verfahrensbeteiligten zum **Verfahrensbeistand** des Kindes.[2730]

745
  - **Abgrenzung: Spezialregelung für Reisekosten-Entschädigung an Mittellose** ist – unabhängig von der Prozesskostenhilfe – als bundeseinheitliche Neuregelung zum 1.8.2006 in Kraft, zuletzt geändert zum 20.1.2014.[2731] Sie betrifft die Bewilligung von „Reiseentschädigung an mittellose Personen und Vorschusszahlungen an Zeugen Sachverständige" usw. Bereitgestellt werden also Mittel **vor der Reise**. Wurde einer Partei PHK bewilligt und ist sie zu einem Gerichtstermin geladen, folgt der Auslagenerstattungsanspruch bereits aus dem Umstand der Bewilligung, auf die VwV-

---

[2721] BPatG BeckRS 2018, 36204; BGH JurBüro 2018, 591.
[2722] OLG Frankfurt BeckRS 2021, 8517; OLG Köln BeckRS 2012, 6529; MüKoFamFG/*Schindler* § 80 Rn. 25; vgl. aber auch OLG Düsseldorf ZEV 2016, 452 zum Nachlassverfahren.
[2723] OLG Brandenburg AGS 2013, 243; FamRZ 2006, 134; NJW-RR 2004, 64; OLG Rostock FamRZ 2003, 1396; OLG Nürnberg FamRZ 1998, 252; JurBüro 1990, 1023; OLG Düsseldorf FamRZ 1991, 1073; OLG Bamberg JurBüro 1989, 1285; vgl. auch BGH NJW 1975, 1124 (Akt der Rechtsprechung); Zöller/*Schultzky* ZPO § 122 Rn. 8; *Groß* ZPO § 122 Rn. 9.
[2724] OLG Zweibrücken AGS 2018, 242; OLG Dresden MDR 2014, 423; OLG München MDR 1997, 194; OLG Stuttgart JurBüro 1986, 132; BGH NJW 1975, 1124 (nach damaliger Rechtslage); *Groß* ZPO § 122 Rn. 9; BLHAG/*Dunhase* § ZPO 122 Rn. 15.
[2725] OLG Brandenburg NJW-RR 2004, 63; OLG Nürnberg FamRZ 1998, 252; LAG Thüringen. Beschl. v. 9.9.2011, 6 Ta 155/11.
[2726] OLG München MDR 1997, 194.
[2727] OLG Zweibrücken AGS 2018, 242; OLG Dresden FamRZ 2014, 1872; OLG Brandenburg AGS 2013, 243.
[2728] OLG Celle NdsRpfl 1987, 213; OLG Düsseldorf AnwBl 1956, 260.
[2729] BGH NJW-RR 2007, 129; NJW 2006, 301.
[2730] OLG Rostock FamRZ 2003, 1396.
[2731] Abgedruckt (NRW-Fassung) in Toussaint/*Weber* JVEG § 25 Anh. Rn. 1 ff; ausf. Kommentierung in H. Schneider JVEG Anh. 2 „VwV Reiseentschädigung".

Reisekostenentschädigung kommt es nicht an.²⁷³² Die Entscheidung über einen Reisekostenantrag ist **Rechtsprechungstätigkeit.**²⁷³³ Das „Gericht" entscheidet und als ein Akt der Rechtsprechung ist die Entscheidung für den Antragsteller entsprechend § 127 Abs. 2 S. 2 ZPO **beschwerdefähig.**²⁷³⁴ Die allgemeinen PKH-Voraussetzungen sind in diesem Verfahren nicht zu prüfen, wenn PKH bewilligt ist, wohl aber, wenn das nicht der Fall ist.²⁷³⁵ Wurde die Bewilligung von Prozesskostenhilfe zB wegen fehlender Erfolgsaussichten abgelehnt, kommt die Anordnung einer Reisekostenentschädigung zur Teilnahme an der mündlichen Verhandlung auf der Grundlage der Verwaltungsvorschrift Reiseentschädigung nur dann in Betracht, wenn im Rahmen einer Gesamtabwägung aller Umstände festgestellt werden kann, dass die Anreise zum Termin auch von einer vermögenden Partei aus verständigen Gründen wahrgenommen würde.²⁷³⁶ Dabei sind die Voraussetzungen enger als bei der Bewilligung von PKH, was sich daraus rechtfertigt, dass im Rahmen der Reisekostenentschädigung die Erfolgsaussicht nicht geprüft wird und sie unabhängig von der Verpflichtung zum persönlichen Erscheinen gewährt wird.²⁷³⁷

Vorschüsse bzw. die erforderlichen Fahrkarten können in diesem Rahmen geleistet bzw. übersandt werden (vgl. I 1.1.3. der Reisekosten-AV). Im späteren Kostenfestsetzungsverfahren ist das zu berücksichtigen. Hat die Partei die Reisekosten selbst **verauslagt,** sind sie gleichwohl zu erstatten,²⁷³⁸ wobei ein erst **erhebliche Zeit** nach Anfall der Kosten gestellter Antrag **indiziert,** dass es an der Mittellosigkeit gefehlt hat.²⁷³⁹

- **Eine nicht „alsbaldige" Antragstellung** hinsichtlich der Kosten zum Termin kann den Verlust des Erstattungsanspruchs zur Folge haben,²⁷⁴⁰ denn die verspätete (nicht vor dem Termin erfolgte) Antragstellung durch die bedürftige Partei kann gegen ihre Bedürftigkeit sprechen; dies schließt die Erstattung bei nachgewiesener Bedürftigkeit aber nicht aus.²⁷⁴¹ Gemäß I 1.3 der Verwaltungsvorschrift erlischt der Anspruch, wenn er nicht binnen drei Monaten geltend gemacht wird.

746

- **Verdienstausfall der Partei ist keine Auslage** und daher nicht erstattungsfähig.²⁷⁴² Die Berufung auf den ausdrücklichen Ausschluss des Verdienstausfalls von einer Erstattung gemäß den bundeseinheitlichen Verwaltungsvorschriften zur Reisekostenentschädigung geht allerdings fehl, da diese Vorschriften der ZPO nachrangig sind. Die Gegenmeinung²⁷⁴³ verweist nicht überzeugend auf § 91 Abs. 1 S. 2 ZPO („Entschädigung für Zeitversäumnis"), §§ 19 Abs. 1 S. 1 Nr. 6, 22 JVEG („Entschädigung für Verdienstausfall"), die Belastungsgrenze der Tabelle Anlage 1 zu § 114 ZPO aF und befürchtet ohne Erstattung des Verdienstausfalls eine Schlechterstellung der „armen" gegenüber der „reichen" Partei. Die Chancengleichheit im Rechtsbereich erfordert aber keinen

---

²⁷³² OLG Zweibrücken AGS 2018, 242; OLG Dresden MDR 2014, 423.
²⁷³³ BGH NJW 1975, 1124; Zöller/*Schultzky* ZPO § 122 Rn. 8.
²⁷³⁴ Zöller/*Schultzky* ZPO § 122 Rn. 8; vgl. auch BGH NJW 1975, 1124.
²⁷³⁵ OLG Brandenburg FamRZ 2006, 134.
²⁷³⁶ LAG Rheinland-Pfalz BeckRS 2010, 68197.
²⁷³⁷ LAG Thüringen, Beschl. v. 9.9.2011, 6 Ta 155/11, BeckRS 2011, 76433.
²⁷³⁸ OLG Dresden MDR 2014, 423; OLG Brandenburg FamRZ 2012, 1235; OLG Rostock FamRZ 2003, 1396.
²⁷³⁹ OLG Dresden MDR 2014, 423; OLG Naumburg MDR 2013, 56; OLG Brandenburg FamRZ 2012, 1235; JurBüro 1996, 142; OLG Zweibrücken OLGR 2006, 196; aA: Zöller/*Schultzky* ZPO § 122 Rn. 9 (nur bei Verjährung nach § 45 Abs. 1 SGB I).
²⁷⁴⁰ OLG Zweibrücken OLGR 2006, 196; OLG Nürnberg FamRZ 1998, 252; OLG Brandenburg JurBüro 1996, 142; OLG Zweibrücken JurBüro 1989, 233; **aA:** Zöller/*Schultzky* ZPO § 122 Rn. 9.
²⁷⁴¹ LAG Düsseldorf MDR 2005, 1378; OLG Düsseldorf FamRZ 1991, 1073.
²⁷⁴² OLG Frankfurt MDR 1984, 500; OLGR 1994, 9; MüKoZPO/*Wache* § 122 Rn. 16; Thomas/Putzo/*Seiler* ZPO § 122 Rn. 1; **aA:** OLG Stuttgart MDR 1985, 852.
²⁷⁴³ OLG Stuttgart MDR 1985, 852.

Ersatz von Verdienstausfall. Auch die nicht hilfsbedürftige Partei muss Verdienstausfall als Folge der Prozessführung selbst tragen. Ersatz kann sie gemäß § 91 ZPO nur erhoffen, wenn sie den Prozess ganz oder überwiegend gewinnt. Die gleiche Chance für eine Erstattung von Verdienstausfall hat die hilfsbedürftige Partei.

7. Weitere Abgrenzungsfragen zu „Gerichtskosten" (alphabetisch)

747 (1) **Dolmetscherkosten**[2744] sind durch die PKH-Bewilligung gedeckt, wenn sie auf gerichtlichen Anordnungen beruhen. Dolmetscherkosten sind Parteiauslagen, wenn sie (etwa bei Ausländern, Aussiedlern) eine sachgemäße Information des beigeordneten Anwalts ermöglichen sollen.[2745] „Rückübersetzungen" von Prozessschriftstücken in seine Heimatsprache muss der Ausländer grundsätzlich selbst bezahlen.[2746] Einer besonderen Dolmetscherbeiordnung (analog der Anwaltsbeiordnung), die im Gesetz nicht vorgesehen ist, bedarf es nicht.[2747] Legt der **Anwalt** die Dolmetscherkosten vor, kann er sie als seine Auslagen gemäß § 46 RVG geltend machen, soweit sie erforderlich sind.[2748] Er muss darauf achten, sie niedrig zu halten,[2749] dabei ist auch zu prüfen, ob es der Partei zumutbar war, sich von einem zweisprachigen Rechtsanwalt vertreten zu lassen.[2750] Von der Partei verauslagte Kosten für die **Übersetzung von Belegen** im Rahmen ihrer Erklärung über die persönlichen und wirtschaftlichen Verhältnisse sind dieser bei Bewilligung von PKH zu erstatten.[2751] Die insoweit für EU-Ausländer ergangene Rechtsprechung ist auch auf im Inland lebende Bedürftige zu übertragen. Wegen § 46 Abs. 2 S. 3 RVG ist die Erstattung auf die JVEG-Vergütungssätze beschränkt (vgl. §§ 9 Abs. 5, 11).

748 (2) **Fotokopierkosten**, die bei Gericht als Auslagen anfallen, werden von der Prozesskostenhilfe gedeckt. Bei dem beigeordneten Rechtsanwalt anfallende Fotokopierkosten werden gem. § 46 RVG vergütet, wenn sie zur sachgemäßen Wahrnehmung der Interessen der Partei erforderlich waren. In VV 7000 RVG ist nunmehr auch eine gesonderte Vergütung für vom Anwalt hergestellte **Farbkopien** vorgesehen.[2752] Das **Einscannen** ist hier wie das herkömmliche Fotokopieren zu behandeln.[2753] Als Auslagen der Partei sind sie im Regelfall nicht zu erstatten.[2754]

749 (3) **Sachverständigenkosten in gesetzlicher Höhe** sind durch die PKH-Bewilligung gedeckt, unabhängig davon, ob es um einen Vorschuss oder die Schlussabrechnung geht.[2755] Bei „Einverständnis" der hilfsbedürftigen Partei mit einer höheren als der gesetzlichen Vergütung (§ 13 JVEG) haftet sie jedoch wegen § 13 Abs. 3 S. 2 JVEG für den überschießenden Differenzbetrag selbst.[2756] Ist die PKH-Partei zur Zahlung außerstande

---

[2744] BVerfG NJW 2004, 50; BLHAG/*Dunkhase* ZPO § 122 Rn. 12.
[2745] OLG Düsseldorf NJW-Spezial 2011, 154: kein unmittelbarer Anspruch des Dolmetschers gegen die Staatskasse; **aA**: BeckOK ZPO/*Kratz* § 122 Rn. 29: nur über § 46 RVG.
[2746] OLG Brandenburg NJW-RR 2002, 1290.
[2747] Dafür aber: LAG Hamm MDR 1985, 435.
[2748] LSG Bayern NZS 2015, 319.
[2749] OLG Brandenburg NJW-RR 2002, 1290.
[2750] OLG Brandenburg NJW-RR 2002, 1290; OVG Niedersachsen JurBüro 1995, 526; dazu weiter → Rn. 871.
[2751] BAG NJW 2017, 3741; EuGH BeckRS 2017, 122222 = RVGreport 2017, 439.
[2752] Vgl. *Schneider* NJW 2013, 1553 (1560).
[2753] LSG Bayern AGS 2013, 121 mit ausführlicher Begründung.
[2754] Eicken/Hellstab/Dörndorfer/Asperger/*Hellstab* Rn. B 430 unter Hinweis auf BGH NJW 2003, 1127.
[2755] OLG Frankfurt JurBüro 1986, 79; OLG Stuttgart MDR 1984, 151.
[2756] OLG Koblenz OLGReport 2004, 23; OLG Frankfurt JurBüro 1986, 79; vgl. ausf. Schneider JVEG § 13 Rn. 53 ff.

gilt § 13 Abs. 4 JVEG. Zu der Frage, ob zu den (erstattungsfähigen) Gerichtskosten auch die Kosten für eine Mediation gehören → Rn. 18 ff.

(4) **Verzögerungsgebühr nach §§ 38 GKG, 32 FamGKG**, die der PKH/VKH-Partei auferlegt worden ist, kann nicht im Rahmen der PKH/VKH erstattet werden, da es sich um eine besondere Gebühr wegen des Verhaltens der Partei handelt.[2757]

(5) **Zeugenentschädigungen**, s. Sachverständigenkosten.

8. Geltendmachung der Kosten nach gerichtlicher Bestimmung

Geltendmachung der Kosten (Gerichtskosten, Gerichtsvollzieherkosten, übergegangene Ansprüche des beigeordneten Anwalts gegen die Partei) „**nur nach den Bestimmungen, die das Gericht trifft**" bedeutet – § 122 Abs. 1 Nr. 1 aE ZPO –, die hilfsbedürftige Partei muss auf diese Kosten und Ansprüche nur die vom Gericht festgesetzten Zahlungen (Raten, Zahlung aus dem Vermögen – § 120 Abs. 1 S. 1 ZPO) leisten. Streitig ist, ob die Partei neben Zahlungen zur Deckung der PKH-Anwaltsgebühren darüber hinaus auch noch angehalten werden kann (innerhalb der Grenze von 48 Monaten), solange weiter zu zahlen, bis die volle Wahlanwaltsgebühr des beigeordneten Rechtsanwalts gedeckt ist. Dazu eingehend → Rn. 359 f., 856 ff. Eine anderweitige Bestimmung über die Geltendmachung der Kosten durch das Gericht kann im Übrigen auch später im **Abänderungs- oder Aufhebungsverfahren** nach Maßgabe von §§ 120a, 124 ZPO erfolgen.

9. Gerichtskostenbefreiung bei Teilbewilligung von PKH

(1) **Wird bei Teilbewilligung von PKH** (auf einen Teil des Streitgegenstands beschränkt) trotzdem um den gesamten Streitgegenstand gestritten, ist die Partei für die ihr zu gewährenden Prozesskostenhilfevorteile so zu stellen, als ob sie den Rechtsstreit nur im Umfang der Teilbewilligung führte.[2758]

(2) **Differenzberechnung.** Als Gerichtsgebühr hat die Partei daher die Differenz der Gebühr nach dem vollen Streitwert und dem Streitwert, für den PKH bewilligt worden ist, zu zahlen.[2759]

Für die vorherrschende **Differenzberechnung** spricht, dass so die Gebührendegression berücksichtigt werden kann, da bei Streitwerten **über 4000,– EUR** die PKH-Gebühren gem. § 49 RVG auf Höchstbeträge beschränkt werden.[2760] Eine Anlehnung an die Berechnung nach Teilunterliegen gem. § 92 ZPO erscheint auch sachlich nicht gerechtfertigt, da die bedürftige Partei im Umfang der Erfolgsaussicht die vollen Vorteile der PKH erhalten sollte. Wenn im Einzelfall die volle Rechtsverfolgung ein Indiz dafür ist, dass die Partei über nicht offenbarte Vermögensquellen verfügt, muss dem nachgegangen werden, es sind aber auch Fälle besonderer Einschränkungen der Partei denkbar.

Zur Anwaltsvergütung bei PKH-Teilbewilligung[2761] weiter → Rn. 807 ff.

(3) **Bei einer Klageerweiterung**, für die PKH nicht bewilligt wird, und Teilunterliegen in Bezug auf den erweiterten Teil kann sie wegen dieses Teilunterliegens nicht zu Sachverständigenkosten herangezogen werden, die bereits vor der Klageerweiterung angefallen waren.[2762]

[2757] Toussaint/*Toussaint* GKG § 38 Rn. 31.
[2758] OLG Nürnberg OLG-Report 2001, 307; OLG München MDR 1997, 298; auch schon BGH NJW 1954, 1406; OLG Stuttgart JurBüro 1984, 1196; ausführlich H. *Schneider* AGS 2017, 53.
[2759] BGH NJW 1954, 1406; OLG Schleswig MDR 2006, 175; OLG Düsseldorf Rpfleger 2005, 267 und MDR 2001, 57; Zöller/*Schultzky* ZPO § 122 Rn. 13; Musielak/Voit/*Fischer* ZPO § 122 Rn. 9; H. *Schneider* AGS 2017, 53.
[2760] OLG Schleswig MDR 2006, 175.
[2761] Dazu ausführlich auch N. *Schneider* NJW-Spezial 2015, 475; H. *Schneider* AGS 2017, 53.
[2762] OLG Nürnberg OLGR 2001, 307.

756 **(4) Bei auf einen Gesamtgläubiger beschränkter PKH** erfasst die PKH den gesamten Streitwert[2763] für diesen Gesamtgläubiger (dazu → Rn. 59 ff.).

10. PKH ohne Anwaltsbeiordnung

757 **Die Kosten eines nicht beigeordneten Anwalts** werden von der PKH nicht gedeckt. Das gilt insbesondere auch für die Kosten eines nur im PKH-Verfahren tätigen Anwalts, da für das PKH-Verfahren eine Anwaltsbeiordnung gesetzlich ausgeschlossen ist. → Rn. 185 f.

Wird für die bedürftige Partei gleichwohl ein Anwalt tätig, scheidet eine Anwaltsvergütung durch die Staatskasse daher aus. Dem Anwalt stehen dann die vollen gesetzlichen Gebühren gegen die Partei zu.[2764]

11. Rückzahlung von gezahlten Kosten

758 (1) Es ist zu unterscheiden: Ist **PKH ohne Zahlungsbestimmungen** bewilligt, erfolgt **eine Rückzahlung von Kosten nicht,** wenn die hilfsbedürftige Partei **vor Beginn der Bewilligungswirkung** fällige Gerichts- oder Gerichtsvollzieherkosten oder einen Vorschuss auf erst später fällig werdende Auslagen gezahlt hat, denn die Zahlung indiziert insoweit fehlende Hilfsbedürftigkeit (vgl. Teil A Nr. 3.2 DB-PKH).[2765] **Eine Rückzahlung der Kosten erfolgt** dagegen hinsichtlich der bei rückwirkender Bewilligung nach dem Wirksamkeitszeitpunkt gezahlten Beträge[2766] Auch wenn der Vorschuss sogleich mit der Klageschrift und dem PKH-Antrag gezahlt war, erfolgt eine Rückzahlung, weil die Wirkung der PKH-Entscheidung regelmäßig auf den Eingang des vollständigen PKH-Antrags zurückreicht.[2767] Eine Verrechnung mit Gegenansprüchen ist möglich.[2768]

759 (2) Ist **PKH mit Zahlungsbestimmungen** bewilligt, gilt hingegen Teil A Nr. 4.3 DB-PKH. Danach sind von der PKH-Partei vor Wirksamwerden der PKH-Bewilligung geleistete Zahlungen erst bei der Prüfung nach § 120 Abs. 3 Nr. 1 ZPO zu berücksichtigen und spätere Zahlungen auf die nach § 120 Abs. 1 ZPO zu leistenden Zahlungen anzurechnen.

760 (3) Ist die hilfsbedürftige Partei mit den Reisekosten zunächst in Vorlage getreten, kann sie Erstattung der Reisemittel verlangen[2769] (vgl. bereits → Rn. 744 ff.). Die Fähigkeit zur Vorlage der Reisekosten kann naturgemäß Anlass zu Gedanken über die wahre Hilfsbedürftigkeit der Partei bieten.

12. Zahlung der Gerichtskosten bei Übernahme durch Vergleich

761 § 31 Abs. 3 S. 1 GKG findet keine Anwendung, wenn die PKH-Partei als Übernahmeschuldner (§ 29 Nr. 2 GKG) haftet. Das hat zur Folge, dass die vom Gegner der PKH-Partei geleisteten Zahlungen auf den auf die PKH-Partei entfallenden Gerichtskostenanteil zu verrechnen sind, soweit eine Antragshaftung besteht.[2770] Die „reiche" Partei

---

[2763] OLG München MDR 1995, 422.
[2764] OLG Stuttgart JurBüro 1997, 469.
[2765] OLG Naumburg OLG-Report 2002, 194; OLG Hamburg MDR 1999, 1287; OLG Düsseldorf FamRZ 1990, 1287; Zöller/*Schultzky* ZPO § 122 Rn. 14.
[2766] OLG Karlsruhe FamRZ 2007, 1028; OLG Koblenz MDR 2005, 349; OLG Köln JurBüro 1999, 591; OLG Karlsruhe Justiz 1993, 457.
[2767] OLG Hamburg MDR 1999, 1287; OLG Karlsruhe Justiz 1993, 457.
[2768] OLG Oldenburg FamRZ 1999, 176.
[2769] OLG Rostock FamRZ 2003, 1396; OLG München MDR 1997, 194; OLG Düsseldorf MDR 1991, 679; LAG Düsseldorf MDR 2005, 1378; Zöller/*Schultzky* ZPO § 122 Rn. 8.
[2770] OLG Frankfurt 18. Zivilsenat BeckRS 2013, 01050; NJW-RR 2013, 191; NJW 2011, 2147; AGS 2011, 545; 14. Zivilsenat BeckRS 2011, 22160; OLG Koblenz AGS 2014, 233; OLG Brandenburg OLGR 2008, 361; AG Bad Segeberg NJW-RR 2014, 1214; *Groß* ZPO § 122 Rn. 10.

kann insoweit auch die Kostenfestsetzung gegen die PKH-Partei betreiben. Anderenfalls besteht die Gefahr des Missbrauchs durch die Parteien, indem die bedürftige Partei die Gerichtskosten übernehmen und in der Hauptsache von der Gegenseite Zugeständnisse erfahren würde.[2771] Die Schutzwirkung des § 122 Abs. 1 Nr. 1a ZPO gilt dann nur für noch offene Gerichtskosten, die von der PKH-Partei zu zahlen sind. Das gilt z. B. dann, wenn auch dem Kläger ratenfreie PKH bewilligt ist und folglich keine Vorschüsse geleistet sind, die auf die Kostenschuld des Gegners verrechnet werden können. Der Übernahmeschuldner ist nur dann ausnahmsweise von § 31 Abs. 3 S. 1 GKG erfasst, wenn ein Fall des § 31 Abs. 4 GKG vorliegt.

III. Stundung der Vergütungsansprüche der beigeordneten Anwälte (§ 122 Abs. 1 Nr. 3 ZPO)

Eine (**stundungsähnliche**[2772]) **Forderungssperre** des **beigeordneten Anwalts** gegenüber dem Mandanten für alle nach der Beiordnung verwirklichten Gebührentatbestände wird durch § 122 Abs. 1 Nr. 3 ZPO bewirkt, was sich aus dem sozialen Zweck der PKH ergibt[2773] und durch den Vergütungsanspruch des Anwalts gegen die Staatskasse (§§ 45 ff. RVG) ausgeglichen wird. Sachlich-rechtlich besteht dagegen der Vergütungsanspruch gegen die Partei,[2774] so dass er bei Aufhebung der PKH[2775] oder nach rechtskräftiger Verurteilung gegen den Gegner (§ 125 ZPO) geltend gemacht werden kann.[2776] Nicht ausreichend ist dagegen die nachträgliche Anordnung von Ratenzahlungen nach § 120a Abs. 1 S. 1 ZPO.[2777]

Diese Vorschrift ist zwingend[2778] und kann daher nicht durch (Gebühren-)Vereinbarungen abgeändert werden.

Keine Differenzgebühren zum vollen Honorar kann der Anwalt verlangen, auch wenn er bereits vor der Beiordnung als Vertrauensanwalt tätig war.[2779] Bereits gezahlte Honorare und freiwillige Leistungen sind nach § 58 RVG zu verrechnen.[2780]

Bei Teilbewilligung der Prozesskostenhilfe erhält der Anwalt von der Staatskasse die Vergütung nach dem Wert des Teils, für den er beigeordnet ist[2781] (zur Berechnung → Rn. 807 ff.). Daneben kann der Anwalt von seinem Mandanten die **Differenz** zwischen der Wahlanwaltsvergütung nach dem Gesamtstreitwert und der Wahlanwaltsvergütung nach dem Wert, für den er beigeordnet war, verlangen.[2782]

[2771] OLG Frankfurt BeckRS 2013, 01050 unter Hinweis auf BVerfG NJW 2000, 3271.
[2772] OLG Koblenz JurBüro 2000, 146.
[2773] OLG Düsseldorf Rpfleger 1988, 505.
[2774] OLG Frankfurt NJOZ 2010, 1876.
[2775] BGH NJW 1993, 1715.
[2776] OLG Düsseldorf NJW-RR 1992, 1529.
[2777] OLG Stuttgart FamRZ 2004, 1802; *Groß* ZPO § 122 Rn. 19.
[2778] OLG Köln FamRZ 1995, 239 – auch wenn der Anwalt den Anspruch gegen die Staatskasse hat verjähren lassen; Zöller/*Schultzky* ZPO § 122 Rn. 11.
[2779] OLG München MDR 1991, 62; nicht für nach der Beiordnung erneut verwirklichte Gebühren: BGH FamRZ 2008, 982; Zöller/*Schultzky* ZPO § 122 Rn. 12.
[2780] Dazu Toussaint/*Toussaint* RVG § 58 Rn. 1 ff.
[2781] OLG München MDR 1995, 208; *H. Schneider* AGS 2017, 53; *Mümmler* JurBüro 1995, 73; → Rn. 633 zu den Gerichtskosten.
[2782] BGH NJW 1954, 1406; OLG Schleswig MDR 2006, 175; OLG Düsseldorf Rpfleger 2005, 267 und MDR 2001, 57; OLG Zweibrücken JurBüro 1995, 424; OLG Hamburg JurBüro 1995, 426; Zöller/*Schultzky* ZPO § 121 Rn. 42.

IV. Kein Einfluss der PKH auf die Kostenerstattung an den Prozessgegner

1. Grundsatz

763   Keinen Einfluss hat die PKH-Bewilligung auf die Kostenerstattungspflicht an den obsiegenden Prozessgegner, § 123 ZPO. Diese Regelung entspricht den Rechtsgedanken, die in §§ 91 ff. ZPO zum Ausdruck kommen, und hat insofern nur klarstellende Funktion, verdeutlicht aber auch, dass die Prozessführung nicht risikolos ist und sein soll.[2783]

Im Hauptverfahren sind alle notwendigen Kosten dem siegreichen Gegner zu erstatten. § 123 ZPO enthält keine Einschränkung. Eine von der Rechtslage abweichende Kostenregelung kann natürlich vergleichsweise vereinbart werden.[2784]

Für noch nicht gezahlte Gerichtskosten ist die Erstattungspflicht eingeschränkt, da die §§ 122 Abs. 2 ZPO, 31 Abs. 3 S. 1 GKG (§§ 26 Abs. 3 S. 1 FamGKG, 33 Abs. 2 S. 1 GNotKG) den Gegner einer Partei, der zahlungsfreie PKH bewilligt war, von den Gerichtskosten freistellen, so dass insoweit auch kein Erstattungsanspruch besteht, weiter bei Übernahme der Kosten durch Vergleich → Rn. 761 und 766 ff.

764   **Auch bereits vom obsiegenden Gegner verauslagte Gerichtskosten** sind nicht zu erstatten.[2785] Der Gegner hat einen Rückzahlungsanspruch gegen die Staatskasse.[2786] → Rn. 768.

2. Ausnahme

765   **PKH-Verfahrenskosten sind dem Gegner nicht zu erstatten.** § 118 Abs. 1 S. 4 ZPO schließt dies ausdrücklich aus. Insofern ist die Vorschrift eine Ausnahme zu den §§ 123, 91 ZPO. Zum Problem der Erstattung von PKH-Beschwerdekosten an die im PKH-Beschwerdeverfahren siegreiche hilfsbedürftige Partei → Rn. 228 ff., 1098.

3. Einzelfragen zur Gerichtskostenverteilung

766
- **Erstschuldner und Zweitschuldner.** Kostenschuldner ist gemäß § 22 Abs. 1 S. 1 GKG (nach §§ 21 Abs. 1 FamGKG, 22 Abs. 1 GNotKG besteht eine Antragshaftung nur, wenn es sich um ein reines Antragsverfahren handelt) zunächst der Antragsteller (Kläger, Rechtsmittelführer). An seiner Stelle wird Erstschuldner jedoch die Partei, der durch eine gerichtliche Entscheidung die Kosten auferlegt sind (§ 29 Nr. 1 GKG; § 24 Nr. 1 FamGKG, § 27 Nr. 1 GNotKG – **Entscheidungsschuldner**) oder die sie durch Vergleich übernommen hat (§ 29 Nr. 2 GKG; § 24 Nr. 2 FamGKG, § 27 Nr. 2 GNotKG – **Übernahmeschuldner**). Zur Frage der Haftung für die Gerichtskosten bei der Bewilligung von PKH für nur einen von zwei gesamtschuldnerisch haftenden **Streitgenossen** → Rn. 734.
- **Eine Zweitschuldnerhaftung soll nur bei aussichtsloser Zwangsvollstreckung** in das bewegliche Vermögen des Erstschuldners durchgesetzt werden (§ 31 Abs. 2 S. 1 GKG; § 26 Abs. 2 S. 1 FamGKG, § 33 Abs. 2 S. 1 GNotKG). Dies setzt aber konkrete Feststellungen dazu voraus, welche Anstrengungen die Staatskasse unternommen hat, in

---

[2783] Musielak/Voit/*Fischer* ZPO § 123 Rn. 1; *Zimmermann* Rn. 558.
[2784] OLG Düsseldorf JurBüro 2007, 153.
[2785] BVerfG NJW 1999, 3186; jetzt geregelt in § 31 Abs. 3 GKG.
[2786] BVerfG NJW 1999, 3186; *H. Schneider* AGS 2016, 313; jetzt in § 31 Abs. 3 GKG gesetzlich geregelt.

das bewegliche Vermögen des Erstschuldners zu vollstrecken oder warum eine solche aussichtslos erscheint.[2787]

- **Keine Zweitschuldnerhaftung bei PKH-Bewilligung für den Erstschuldner,** dem durch eine gerichtliche Entscheidung die Kosten auferlegt sind (§§ 29 Nr. 1, 31 Abs. 3 GKG; §§ 24 Nr. 1, 26 Abs. 3 FamGKG, §§ 27 Nr. 1, 33 Abs. 2 GNotKG – **Entscheidungsschuldner**). Der Kläger, der PKH erhalten hat, ist davor geschützt, dass die Staatskasse von seinem Gegner Gebühren verlangt und dieser dann bei ihm nach § 123 ZPO Regress nimmt. Das gilt sowohl für den Kläger, dem PKH bewilligt worden ist, als auch für den Beklagten, dem PKH bewilligt ist.[2788] Art. 3 GG verlangt, den Beklagten in gleicher Weise vor dem Regress des Klägers zu schützen.[2789] Dabei kommt es nicht darauf an, ob die PKH **ratenfrei oder gegen Zahlung von Raten** gewährt worden ist.[2790]
§ 31 Abs. 3 GKG (§ 26 Abs. 3 FamGKG, § 33 Abs. 2 GNotKG) erfasst nicht die eigenen Kostenverpflichtungen (zB PKH-Raten) der obsiegenden Partei jenseits einer Kostenschuldnerschaft gemäß den §§ 22 ff. GKG (§§ 21 ff. FamGKG, §§ 22 ff. GNotKG).[2791] Der Schutz von §§ 31 Abs. 3 GKG, 26 Abs. 3 FamGKG, § 33 Abs. 2 GNotKG entfällt allerdings bei **Aufhebung der PKH** nach § 124 ZPO.[2792]
Im Einzelfall kann aber auch bei Aufhebung der PKH § 31 Abs. 3 GKG aus **verfassungsrechtlichen Gründen** wegen unzumutbarer Erschwerung des Justizgewährungsanspruchs teleologisch zu reduzieren sein, insbesondere bei sehr hohen Verfahrenskosten (zB durch ein Sachverständigengutachten) bei sehr niedrigem Streitwert, wenn auf Beklagtenseite später die PKH nach § 124 ZPO aufgehoben wird und der Kläger nunmehr als Zweitschuldner von der Staatskasse in Anspruch genommen wird.[2793] Die hierzu ergangene Entscheidung des BVerfG ist jedoch nicht verallgemeinerungsfähig.[2794]
- Die Regelung des § 31 Abs. 3. 1 GKG ist nicht anzuwenden, wenn die **PKH-Partei als Übernahmeschuldner (§ 29 Nr. 2 GKG)** haftet. Der Gegner der PKH-Partei kann folglich als weiterer Kostenschuldner für die Kostenschuld der PKH-Partei in Anspruch genommen werden. Hat die „reiche" Partei auf die Gerichtskosten Vorauszahlungen oder Vorschüsse geleistet, sind diese im Rahmen einer bestehenden Antragshaftung (vgl. §§ 22 Abs. 1, 17, 18 GKG) auf die Kostenschuld der PKH-Partei zu verrechnen. Soweit eine solche Verrechnung erfolgt, kann die „reiche" Partei die Kostenfestsetzung betreiben.[2795] Hat die PKH-Partei die Kosten durch Vergleich übernommen und ist zum Übernahmeschuldner (§ 29 Nr. 2 GKG) geworden, besteht hierfür nach Auffassung des BVerfG kein Grund, die Schutzwirkung des § 31 Abs. 3 S. 1 GKG darauf anzuwenden. In seiner Entscheidung hat das BVerfG ausgeführt:[2796] „Die Beendigung des Rechtsstreits durch gerichtlichen Vergleich, der auch von anderen Erwägungen als denen der Anspruchsberechtigung getragen werden kann, mag die Gefahr einer Manipulation der Prozeßparteien hinsichtlich der Gerichtskosten zu Lasten der Staatskasse in sich bergen, so daß es sachlich begründet ist, den Schutz des § 58 Abs. 2 Satz 2 GKG nicht auf diese

767

[2787] OLG Celle JurBüro 2018, 534.
[2788] OLG Saarbrücken Rpfleger 2001, 601; Zöller/*Schultzky* ZPO § 122 Rn. 15.
[2789] BVerfG NJW 1999, 3186; KG OLGReport 2001, 256; OLG Frankfurt NJW 2000, 1120.
[2790] OLG Stuttgart FamRZ 2011, 1324; OLG München FamRZ 2001, 779; OLG Dresden FamRZ 2001, 1721.
[2791] Vgl. OLG Oldenburg JurBüro 1987, 1834.
[2792] OLG Karlsruhe FamRZ 2016, 2146; OLG Celle AGS 2015, 333; LG Marburg MDR 2010, 716; *H. Schneider* AGS 2015, 313; aA: BeckOK KostR/*Semmelbeck* GKG § 31 Rn. 28.
[2793] BVerfG NJW 2013, 2882; dazu auch *Fölsch* SchlHA 2013, 2, 3.
[2794] Zu Recht OLG Karlsruhe FamRZ 2016, 2146; OLG Celle AGS 2015, 333; **aA:** wohl NK-GK/*Volpert* § 31 GKG Rn. 57.
[2795] BGH NJW 2004, 66; OLG Celle NdsRpfl 2004, 45.
[2796] BVerfG NJW 1999, 3186.

Fälle des gerichtlichen Vergleichs zu erstrecken." Das vorstehende gilt auch für §§ 26 Abs. 3 S. 1 FamGKG, § 33 Abs. 2 S. 1 GNotKG.

768 • § 31 Abs. 3 S. 1 GKG ist jedoch entsprechend anzuwenden, wenn die PKH-Partei als Übernahmeschuldner (§ 29 Nr. 2 GKG) für die Kosten haftet und (1.) der Kostenschuldner die Kosten in einem **vor Gericht** abgeschlossenen oder gegenüber dem Gericht angenommenen **Vergleich übernommen** hat und (2.) der Vergleich einschließlich der Kostenverteilung von dem **Gericht vorgeschlagen** worden ist sowie (3.) das Gericht in seinem Vergleichsvorschlag **ausdrücklich festgestellt** hat, dass die Kostenregelung der sonst **zu erwartenden Kostenentscheidung entspricht.** Eine entsprechende Regelung besteht nach §§ 26 Abs. 4 FamGKG, 33 Abs. 3 GNotKG.

Eine Begründung hat das Gericht nicht zu geben, es ist aber darauf zu achten, dass die in § 31 Abs. 4 Nr. 2 und 3 GKG genannten Voraussetzungen unmissverständlich in das Sitzungsprotokoll aufgenommen werden.[2797] Ausreichend ist es aber, dass die gerichtliche Feststellung, dass die Kostenregelung der sonst zu erwartenden Kostenentscheidung entspricht, sich aus dem Verfahrensverlauf und der Gerichtsakte entnehmen lässt.[2798] Eine **Nachholung** der gerichtlichen Feststellung kommt grundsätzlich nicht in Betracht.[2799] Eine wörtliche Wiedergabe des Vergleichsvorschlags des Gerichts in das Protokoll bedarf es aber nicht.[2800] Bei einem vor dem **Güterichter** (§§ 278 Abs. 6 ZPO, 36 Abs. 5 FamFG) geschlossenen Vergleich soll § 31 Abs. 4 GKG im Wege der teleologischen Reduktion dahin auszulegen sein, dass dessen Nr. 2 und 3 nicht anzuwenden sind, weil der Güterichter auch in Ansehung der Kosten keine Entscheidungskompetenz besitzt.[2801] Eine solche Auslegung geht aber über den Wortlaut der Regelung hinaus und läuft zudem ihrem Sinn und Zweck zuwider. Die Fälle der Übernahmehaftung können nur dann von § 31 Abs. 3, 4 GKG erfasst werden, wenn eine Manipulation zu Lasten der Staatskasse ausgeschlossen werden kann, was nur in den von § 31 Abs. 4 GKG erfassten Fällen gewährleistet ist.

Liegen die Voraussetzungen des § 31 Abs. 4 GKG vor, darf die Haftung eines anderen Kostenschuldners nicht geltend gemacht werden, wenn dem Übernahmeschuldner PKH bewilligt ist, wobei es auch hier unerheblich ist, ob PKH mit oder ohne Zahlungsbestimmung bewilligt wird.

769 • **Erledigungserklärung.** Wenn nur die Hauptsache als solche materiell verglichen wird, sie sodann beiderseits übereinstimmend für erledigt erklärt und beiderseits Kostenantrag gemäß § 91a ZPO gestellt wird,[2802] kann die Kostenerstattungsfolge ebenfalls vermieden werden, da dann eine gerichtliche Entscheidung die Kostenfrage regelt. Eine Reduzierung der Gerichtsgebühren tritt dann wegen Nr. 1211 Ziff. 4 KV GKG jedoch nur ein, wenn die Kostenentscheidung einer zuvor mitgeteilten Einigung der Parteien über die Kostentragung oder der Kostenübernahmeerklärung einer Partei folgt.

4. Ende der Kostenbefreiung

770   **Die Kostenbefreiung endet für beide Parteien** (rückwirkend) mit Aufhebung der PKH-Bewilligung (§ 124 ZPO),[2803] für den Gegner nicht erst unter den zusätzlichen Voraussetzungen des § 125 ZPO.

[2797] OLG Jena JurBüro 2018, 150; *Schneider/Thiel* AGS 2013, 159 (161); *Fölsch* SchlHA 2013, 2 (5) mit Formulierungsvorschlag.
[2798] OLG Jena JurBüro 2018, 150; OLG Frankfurt JurBüro 2017, 648.
[2799] OLG Frankfurt JurBüro 2017, 648; OLG Bamberg AGS 2014, 449.
[2800] *Fölsch* SchlHA 2013, 2, 5; **aA:** *Wiese* NJW 2012, 3126 (3128).
[2801] OLG Oldenburg BeckRS 2019, 26573.
[2802] OLG Frankfurt BeckRS 2011, 22160; OLG Koblenz NJW 2000, 1222.
[2803] OLG Karlsruhe FamRZ 1990, 1120; *Zöller/Schultzky* ZPO § 124 Rn. 25.

V. Kostenerstattungsanspruch der hilfsbedürftigen Partei

1. Eigener Prozessaufwand als materielle Voraussetzung

Im Kostenfestsetzungsverfahren wird nur über den **prozessualen Kostenerstattungsanspruch** entschieden; zu unterscheiden ist er vom **materiell – rechtlichen Kostenerstattungsanspruch**, der meistens als Schadenersatzanspruch wegen Pflichtverletzung oder Verzug (§§ 280, 311, 823, 826 BGB) entsteht[2804] und der im Wege der Klage geltend gemacht werden muss. Als Ausnahme lässt die Rechtsprechung zu, dass die **Vorbereitungskosten,**[2805] also die Kosten, die im Hinblick auf einen späteren Rechtsstreit angefallen sind, im Kostenfestsetzungsverfahren (nicht aber vorgerichtliche Mahnschreiben[2806]) geltend gemacht werden.

771

Die PKH-Partei kann vom Gegner zunächst eigenen Prozessaufwand erstattet verlangen. Das können zB eine Vorschusszahlung an den eigenen Anwalt vor dessen Beiordnung, Kosten infolge eines die Beiordnung überschreitenden Auftrags oder eine nach PKH-Aufhebung entstandene Vergütungsverpflichtung sein. Sie kann aber auch die Kosten des ihr beigeordneten Anwalts im eigenen Namen gegen den Gegner festsetzen lassen, soweit noch kein Übergang des Anspruchs auf die Staatskasse gemäß § 59 RVG stattgefunden hat.[2807] Insoweit besteht ein rechtlich schützenswertes Interesse, später nicht einem Überprüfungsverfahren nach § 120a ZPO ausgesetzt zu sein.[2808]

772

Bei vom Gericht auferlegten PKH-Ratenzahlungen oder Zahlungen aus dem Vermögen kann die Partei vom Gegner nicht nur die ermäßigten Gebühren nach § 49 RVG ersetzt verlangen. Sie ist zwar hinsichtlich der **Differenz zu den Regelgebühren** keinem Anspruch ihres Rechtsanwalts ausgesetzt (§ 122 Abs. 1 Nr. 3 ZPO), sie muss aber **gemäß § 50 RVG** gegenüber der Staatskasse die Raten solange erbringen, bis auch der Differenzanspruch ihres Anwalts ausgeglichen ist.[2809] Hinsichtlich der Differenzgebühren hat gleichfalls der Anwalt nach § 126 ZPO selbst ein eigenes Beitreibungsrecht.[2810]

Ist der Partei ratenfreie PKH gewährt, hat nach zutreffender hM die bedürftige Partei gleichwohl einen eigenen durchsetzbaren Kostenerstattungsanspruch gegen die unterlegene Partei, weil der Vergütungsanspruch des beigeordneten Anwalts ungeachtet der Forderungssperre des § 122 Abs. 1 Nr. 3 ZPO nicht untergegangen ist, wie die Regelung in § 59 RVG zeigt.[2811]

2. Kostenfestsetzungsantrag der Partei

Die PKH-Partei selbst kann einen **Kostenfestsetzungsantrag** stellen, eine Vertretung durch ihren Anwalt ist dabei möglich, aber nicht nötig. Bei Antragstellung durch den

773

[2804] BGH NJW 2007, 1458; Thomas/Putzo/*Hüßtege* ZPO Vorbem. § 91 Rn. 13; *Fischer* JuS 2013, 694.
[2805] Vgl. Thomas/Putzo/*Hüßtege* ZPO § 91 Rn. 7.
[2806] BGH NJW 2006, 2560.
[2807] BGH NJW 2009, 2962; FamRZ 2016, 206; OLG Hamm FamRZ 2019, 1154; OLG Düsseldorf NJW-RR 1998, 287; Zöller/*Schultzky* ZPO § 126 Rn. 14; aA: OLG Hamm Rpfleger 2003, 138 und hier noch in der 8. Aufl.
[2808] OLG Hamm FamRZ 2019, 1154.
[2809] BGH NJW 2009, 2962; FamRZ 2007, 710; OLG Koblenz JurBüro 2000, 145; OLG Karlsruhe OLGReport 1998, 151; OLG Düsseldorf Rpfleger 1997, 483 mwN; **aA:** OLG Koblenz Rpfleger 1996, 252.
[2810] OLG Koblenz Rpfleger 1996, 252; KG AnwBl 1983, 24: OLG Hamm JurBüro 1989, 1150.
[2811] BGH NJW 2009, 2962; OLG Düsseldorf Rpfleger 1997, 483; *Mümmler* JurBüro 1987, 1651) 1652); aA: OLG Hamm Rpfleger 2003, 138; OLG Koblenz Rpfleger 1996, 252; OLG Hamm AnwBl 1990, 328; *v. Eicken* KostRspr ZPO § 126 zu Nr. 8.

Anwalt muss **klargestellt** werden, ob ein **eigener Antrag** der Partei oder ein **Antrag des Anwalts** (§ 126 Abs. 1 ZPO) in dessen eigenem Namen gewollt ist.[2812] Dem Anspruch der Partei können Einreden und Einwendungen aus der Person der Partei uneingeschränkt entgegengehalten werden,[2813] dem eigenen Anspruch des Anwalts dagegen nicht, § 126 Abs. 2 ZPO (vgl. → Rn. 917). Letzteres gilt auch für die Pfändung des Kostenerstattungsanspruchs der von ihm vertretenen Partei.[2814] Aus Anwaltssicht ist somit ein Kostenfestsetzungsantrag im eigenen Namen empfehlenswert.[2815] Wird jedoch im Namen der Partei Festsetzung beantragt, liegt darin kein Verzicht des Anwalts auf die eigene Beitreibung.[2816]

Bei Unklarheiten, für wen der Antrag gestellt ist, ist eine Nachfrage erforderlich.[2817] Lassen sich die Unklarheiten dadurch – ausnahmsweise – nicht klären, besteht ein Auslegungsgrundsatz dahingehend, dass der Antrag „im Zweifel" im Namen der Partei gestellt ist.[2818] Für eine solche Unklarheitenregel spricht § 126 Abs. 2 ZPO, denn der Anwalt muss klarstellen, dass er nicht für den Mandanten, sondern im eigenen Namen handelt, da dies die Ausnahme ist. Er verzichtet damit nicht auf die Vorteile des § 126 Abs. 2 ZPO – Einreden aus der Person der Partei gegenüber Anwaltsanspruch sind unzulässig – sondern macht sie nur zurzeit nicht geltend.[2819]

774 Das akute Interesse des Anwalts an einer Kostenfestsetzung auf seinen Namen folgt aus der Gefahr, dass sein Beitreibungsrecht sonst durch Erfüllungshandlungen gegenüber der Partei selbst zunichte gemacht wird.[2820] In jedem Fall ist für den Anwalt empfehlenswert, eindeutig klarzustellen, für wen die Kostenfestsetzung betrieben wird.

Erklärt der Gegner eine Aufrechnung gegenüber dem Anwalt als Prozessbevollmächtigten der Partei, ist zu beachten, dass die Prozessvollmacht nicht ohne weiteres die Entgegennahme der Aufrechnungserklärung deckt.[2821]

3. Verstrickung der Kostenerstattungsansprüche der Partei durch Beitreibungsrechte des Anwalts

775 Die Kostenerstattungsansprüche des Anwalts und der Partei stehen selbstständig nebeneinander[2822] (vgl. aber zur Differenzhaftung → Rn. 795 ff.). Der Anwalt selbst ist am Kostenfestsetzungsverfahren der Partei nicht beteiligt. Er ist mithin nicht befugt, in diesem Verfahren etwa im eigenen Namen eine Beschwerde einzulegen.[2823]

776 Das Kostenerstattungsrecht der Partei ist aber „verstrickt" durch das Beitreibungsrecht des Anwalts (§ 126 Abs. 2 ZPO). Die „Verstrickung"[2824] ist vergleichbar der durch

---

[2812] OLG Koblenz JurBüro 2017, 600.
[2813] Auch die Aufrechnung, vgl. *Kruse/Schäfers* JuS 2014, 123, 125.
[2814] BGH FamRZ 2016, 206.
[2815] OLG Koblenz MDR 1987, 1032; *Mümmler* (Anm.) JurBüro 1982, 776.
[2816] KG NJW 1966, 616; *Mümmler* JurBüro 1984, 1785, 1789; *Hellstab* in: v. Eicken/Hellstab/Dörndorfer/Asperger Rn. B 234; aA: OLG Koblenz Rpfleger 1983, 366.
[2817] OLG Rostock MDR 2006 418.
[2818] Musielak/Voit/*Fischer* ZPO § 126 Rn. 5.
[2819] OLG Karlsruhe OLGReport 1998, 151; OLG Koblenz JurBüro 1983, 1724 u. 1982, 775; *Mümmler* JurBüro 1993, 30.
[2820] BGH FamRZ 2016, 208; OLG Hamburg JurBüro 1983, 291; LG Hannover JurBüro 1982, 612; OLG Koblenz JurBüro 1983, 1724 u. MDR 1987, 1032.
[2821] OLG Hamm AnwBl 1982, 383.
[2822] BGH FamRZ 2016, 208; NJW 2009, 2962; BGH NJW-RR 2007, 1147; OLG Düsseldorf FamRZ 1998, 847; OLG Koblenz AnwBl 1990, 56.
[2823] OLG Koblenz JurBüro 1990, 56; 1982, 775.
[2824] Vgl. BGH FamRZ 2016, 208; NJW-RR 2007, 1147; krit. BLHAG/*Dunkhase* § 126 ZPO Rn. 22.

ein Pfändungspfandrecht[2825] bewirkten oder der Rechtslage bei Überweisung einer Forderung zur Einziehung (§ 835 ZPO).[2826] Die „Verstrickung" bewirkt, dass die Partei nicht mit Wirkung gegen den Anwalt über den Kostenerstattungsanspruch verfügen kann, zB durch einen Verzicht auf ihn oder Entgegennahme einer schuldbefreienden Erfüllung.[2827] Die Verstrickung tritt bereits mit der Verkündung der Kostengrundentscheidung ein und ist unabhängig davon, ob der beigeordnete Anwalt sein Beitreibungsrecht bereits geltend gemacht hat oder nicht.[2828] Sie entfällt aber dann, wenn die Forderung vom Anwalt nicht mehr im eigenen Namen geltend gemacht werden kann.[2829] Im Übrigen ist die Aufrechnung des Gegners mit einer ihm gegen die PHK-Partei zustehenden Forderung dann zulässig, wenn Kostenerstattung im Namen der Partei geltend gemacht wird, das Aufrechnungsverbot aus § 126 Abs. 2 ZPO gilt hier nicht.[2830]

Die von der Partei erklärte Aufrechnung lässt aber im Übrigen den Kostenerstattungsanspruch des PKH-Anwalts unberührt.[2831] Wenn ein Anwalt aber für seine Partei die Aufrechnungserklärung abgibt,[2832] ist darin ein **Verzicht** auf das Recht aus § 126 Abs. 2 ZPO zu sehen. Auch wenn der Anwalt auf sein Beitreibungsrecht nach § 126 Abs. 1 ZPO verzichtet, entfällt die Verstrickung. Die Rechtsprechung sieht einen solchen Verzicht im Regelfall darin, dass der Anwalt **im Namen der Partei** die Festsetzung beantragt.[2833]

Die „Verstrickung" erlischt mit einer Kostenfestsetzung auf den Namen der hilfsbedürftigen Partei selbst, so dass nunmehr Erfüllungshandlungen des Kostenschuldners mit Wirkung gegen den beigeordneten Anwalt zulässig sind.[2834] Das Beitreibungsrecht des Anwalts ist damit aber nicht wirkungslos geworden. Da die Ansprüche des Anwalts und der Partei selbstständig nebeneinander stehen, hindert die formale Rechtskraft einer Festsetzung zugunsten der Partei die Titulierung eines anderen Rechts (des Anwalts), wenn auch gleicher Zielrichtung, grundsätzlich nicht.[2835] Eine Doppelfestsetzung ist an sich also nicht ausgeschlossen. Verfügungen der Partei über den Erstattungsanspruch sind nach Festsetzung und vor Kenntnis des Schuldners von einem Antrag auf sog „Umschreibung" wirksam[2836] (Schutz des Kostenschuldners).

777

4. Nebeneinander der Kostenerstattungsansprüche der Partei und ihres Anwalts und „Umschreibung"

Missverständlich „Umschreibung" wird vielfach die Doppelfestsetzung auf den **Namen des Anwalts** genannt.[2837] Tatsächlich handelt es sich um eine neue Festsetzung

778

[2825] Grundsätzlich zur Problematik: *Habscheid/Schlosser* ZZP 1962, 302 (304–308); OLG Hamm AnwBl 1982, 383; OLG Koblenz JurBüro 1983, 1724.
[2826] BGHZ 5, 251; FamRZ 2016, 206.
[2827] OLG Hamm AnwBl 1982, 383; *Zimmermann* Rn. 649.
[2828] BGH FamRZ 2016, 208; OLG Schleswig JurBüro 1997, 368; OLG Koblenz JurBüro 1989, 1151.
[2829] BGH FamRZ 2007, 710.
[2830] *Kruse/Schäfers* JuS 2014, 123 ff.; vgl. auch BGH NJW 1994, 3292, 3294.
[2831] BGH FamRZ 2007, 710; OLG Schleswig JurBüro 1997, 368; OLG Koblenz JurBüro 1995, 203 (auch nicht mit Einwendungen, die vor der Verstrickung entstanden sind).
[2832] OLG München Rpfleger 1997, 485; OLG Hamburg JurBüro 1990, 1311.
[2833] BGH NJW-RR 2007, 1147; OLG Koblenz JurBüro 2007, 475.
[2834] BGH FamRZ 2007, 710; NJW 1994, 3292; OLG Schleswig NJW-RR 2004, 717; OLG Hamm AnwBl 1982, 383.
[2835] BGH NJW 1994, 3292; 1952, 786.
[2836] OLG Schleswig NJW-RR 2004, 717; vgl. zum Problem: *Habscheid/Schlosser* ZZP 1962, 302 (316–318).
[2837] BGH NJW 1952, 786; OLG Hamm AnwBl 1982, 383; OLG Düsseldorf MDR 1993, 91; *Mümmler* JurBüro 1984, 1785 (1789).

mit dem vollen für eine Festsetzung vorgesehenen Rechtsmittelweg.[2838] Eine Rechtsähnlichkeit zu § 727 ZPO besteht nicht.[2839]

779 Für den **Schutz des Kostenerstattungsschuldners** bedeutsam ist, dass er nicht zwei parallelen Vollstreckungstiteln ausgesetzt ist, obwohl er die Schuld nur einmal begleichen muss. Deshalb muss so verfahren werden, dass auf den Antrag des Anwalts nur festgesetzt werden darf, wenn der auf die Partei lautende **Titel** vorher **zurückgegeben** und auf die Rechte aus ihm im Umfang des beantragten neuen Titels verzichtet wird[2840] oder zumindest die Wirkungslosigkeit des ersten Beschlusses zugunsten der Partei im Umfang der Neutitulierung auf dem neuen Beschluss vermerkt wird.[2841] Solange das nicht geschehen ist, kann sich der Anwalt auch nicht auf § 126 Abs. 2 ZPO berufen, sondern muss sich Einreden aus der Person der Partei entgegenhalten lassen.[2842] Wird dennoch aus dem früheren Beschluss vollstreckt, ist die Zwangsvollstreckung im Umfang der Neutitulierung unzulässig, so dass der Schuldner sich gemäß § 775 Nr. 1 ZPO dagegen wehren kann.[2843]

780 **Eine „Umschreibung", dh Titulierung für den Anwalt, ist unzulässig,** wenn der Erstattungsanspruch erloschen ist, bevor der Antrag auf Titulierung zugunsten des Anwalts dem Gegner zugegangen ist.[2844] Erfolgt sie gleichwohl, hat der Schuldner die Möglichkeit, Vollstreckungsabwehrklage nach § 767 ZPO einzulegen.[2845]

781 **Trotz Kostenfestsetzung zugunsten des Anwalts kann die Partei Festsetzung auf ihren Namen betreiben,** wenn sie nach Titulierung für den Anwalt noch Raten (oder Zahlung aus dem Vermögen) leistet mit der Wirkung, dass sich der für den Anwalt titulierte Erstattungsbetrag um die von der Partei danach geleisteten Zahlungen vermindert (im Verhältnis zur Partei). Da ein gesetzlicher Forderungsübergang vom Anwalt auf die Partei nicht vorgesehen ist, muss ihr das Recht auf eigene Kostenfestsetzung zugestanden werden, um Nachteilen vorzubeugen.[2846] Zum Schutz des Erstattungsschuldners sollte die betragsmäßige Aushöhlung des Anwaltstitels tunlichst auf diesem und dem Parteititel vermerkt werden. Dass die Durchführung solcher Sicherungsmaßnahmen praktischen Schwierigkeiten begegnen kann, liegt auf der Hand.

782 **Im Übrigen ist eine Doppelfestsetzung nicht zulässig.** Erfolgt sie dennoch, sind beide Beschlüsse wirksam. Erfüllungshandlungen des Schuldners gegenüber der Partei selbst wirken gegen den Anwalt aber nur, solange der Schuldner keine Kenntnis vom eigenen Festsetzungsantrag des Anwalts hat. Ist der Anwalt im Besitz des auf die Partei lautenden Festsetzungstitels, kann er unter Verzicht auf die Rechte der Partei aus ihm den Beschluss zurückgeben, denn seine Prozessvollmacht deckt dieses Handeln.

783 **Ausgleichsansprüche des Anwalts gegen die Partei bei wirksamen Verfügungen über die Erstattungsforderung** bieten sich naheliegend an. Soweit die Partei infolge der Kostenfestsetzung auf ihren Namen mehr an Gegenwert vom Kostenschuldner (sei es auch im Wege einer Aufrechnung) erhalten hat, als sie selbst an Prozesskosten aufgewandt hat, kann ein Bereicherungsanspruch des Anwalts gegen die Partei begründet sein.[2847]

[2838] BGH NJW 1952, 786; OLG Schleswig NJW-RR 2004, 717; *Hansens* RVGreport 2016, 4 (5).
[2839] OLG Düsseldorf FamRZ 1998, 847; *Habscheid/Schlosser* ZZP 1962, 302.
[2840] KG KGR Berlin 2004, 556.
[2841] OLG Stuttgart NJW-RR 2001, 718 (wenn Rückgabe des Kostenfestsetzungsbeschlusses zugunsten der Partei nicht möglich); *Zöller/Schultzky* ZPO § 126 Rn. 14.
[2842] OLG Schleswig NJW-RR 2004, 717; OLG Hamm OLGR 2002, 296; OLG Düsseldorf FamRZ 1998, 847; OLG Koblenz JurBüro 1991, 1672.
[2843] OLG Düsseldorf FamRZ 1998, 847; v. Eicken/Hellstab/Dörndorfer/Asperger/*Dörndorfer* Rn. B 236.
[2844] OLG Köln KoRsp ZPO § 126 Nr. 9; vgl. *Zöller/Schultzky* ZPO § 126 Rn. 14.
[2845] BGH NJW 1994, 3292; *Kruse/Schäfers* JuS 2014, 123 (125 f.).
[2846] Vgl. dazu *Lappe* Rpfleger 1984, 129.
[2847] Vgl. LG Hof ZZP 1962, 376; *Groß* ZPO § 126 Rn. 7.

VI. Kostenvorteile des Prozessgegners infolge einer PKH-Bewilligung

(1) **PKH-Bewilligung für die Klagepartei.** 784
Die Einziehung von Gerichts- und Gerichtsvollzieherkosten vom Prozessgegner erfolgt erst nach seiner rechtskräftigen Verurteilung in die Prozesskosten, § 125 Abs. 1 ZPO. Diese Vorschrift geht § 29 Nr. 1 GKG (§§ 24 Nr. 1 FamGKG, 27 Nr. 1 GNotKG) vor,[2848] wonach Kostenschuldner derjenige ist, dem „durch gerichtliche Entscheidung die Kosten des Verfahrens auferlegt" sind. Es wird danach also weder Rechtskraft noch Vollstreckbarkeit vorausgesetzt. Gerichtskosten, von deren Zahlung der Gegner einstweilen gemäß § 122 Abs. 2 ZPO befreit ist, wie zB Auslagenvorschüsse für von ihm benannte Zeugen und ein von ihm beantragtes Sachverständigengutachten, sind von ihm erst einzuziehen, wenn und soweit er rechtskräftig in die Prozesskosten verurteilt oder der Rechtsstreit ohne Urteil über die Kosten beendet ist, § 125 Abs. 2 ZPO.[2849]

Einstweilige Befreiung von der Zahlung rückständiger und noch entstehender 785
Gerichts- und Gerichtsvollzieherkosten erhält der Prozessgegner, § 122 Abs. 2 ZPO, wenn dem Kläger bzw. Rechtsmittelkläger **ratenfreie** PKH gewährt worden ist.[2850] Die Kosten, von deren Zahlung der Gegner der PKH-Partei einstweilen befreit ist, können nach § 125 Abs. 2 ZPO von diesem erst eingezogen werden, wenn er rechtskräftig in die Kosten verurteilt wurde oder er die Kosten übernommen hat. Teil A Nr. 3.3.2 Satz 3 DB-PKH bestimmt zudem, dass in den Fällen, in denen dem Kläger, Berufungskläger oder Revisionskläger PKH ohne Zahlungsbestimmung bewilligt ist und das Verfahren mehr als sechs Monate nicht betrieben wird, ohne dass ein Ruhen (§ 251 ZPO) angeordnet wurde, der Kostenbeamte durch Anfrage bei den Parteien festzustellen hat, ob der Rechtsstreit beendet ist. Gibt keine der Parteien binnen angemessener Zeit eine Erklärung ab, setzt der Kostenbeamte die dem Gegner zur Last fallenden Kosten an. Das gleiche gilt, wenn die Parteien den Rechtsstreit trotz der Erklärung, dass er nicht beendet sei, auch jetzt nicht weiter betreiben oder wenn der Gegner erklärt, der Rechtsstreit ruhe oder sei beendet.

Unter Gerichtskosten fallen insbesondere auch **Auslagenvorschüsse** für **Zeugen und Sachverständige** (Nr. 9005 GKG-KV; Nr. 2005 FamGKG-KV, Nr. 31005 KV-GNotKG; §§ 379, 382 ZPO).[2851] Dies kann etwa bei zeit- und kostenintensiven Prozessen, wie zB Bauprozessen oder Zugewinnausgleichsverfahren, einen beträchtlichen Finanzierungsvorteil für die nicht kostenarme Partei darstellen.

Mit § 122 Abs. 2 ZPO wird vermieden, dass der Beklagte sonst den Kläger bei Obsiegen auf Ersatz in Anspruch nehmen könnte, was zur **Befreiungswirkung des § 122 Abs. 1 Nr. 1 ZPO** in Widerspruch stünde. Bei Anordnung von Zahlungen an den kostenarmen Kläger nach § 120 ZPO (zB Monatsraten oder Zahlungen aus dem Vermögen) muss der Beklagte dagegen uneingeschränkt Gerichtskosten zahlen, denn er soll nicht besser stehen als der Kläger.

Die Befreiung tritt aber nicht bei PKH-Gewährung an den **Beklagten bzw. Rechtsmittelbeklagten ein.** Die Bestimmung des „Beklagten" bereitet Schwierigkeiten in **Scheidungsfolgesachen**, die im **Verbund nach § 137 FamFG** geführt werden. Ist etwa der Ehemann Antragsteller im Ehescheidungsverfahren und begehrt die kostenarme Ehefrau im **Scheidungsverbund** nach § 137 Abs. 2 Nr. 4 FamFG Zugewinnausgleich, so ist nach zutreffender Auffassung zur Bestimmung des „Klägers und Beklagten" iSd § 122 Abs. 2

[2848] OLG Braunschweig OLGR 2001, 46.
[2849] Vgl. ausführlich *N. Schneider* NJW-Spezial 2013, 91; NZFam 2015, 659.
[2850] OLG Düsseldorf MDR 1989, 921.
[2851] OLG Hamm FamRZ 1999, 453; *H. Schneider* AGS 2015, 366 (367).

ZPO auf die jeweilige Folgesache abzustellen, da es keinen Unterschied machen kann, ob die Folgesache im Verbund oder isoliert geführt wird.[2852] Ein Auslagenvorschuss nach § 379 ZPO kann demnach in obigen Beispiel von dem Ehemann nicht gefordert werden. Ergeht gleichwohl eine Aufforderung, ist der Beweisbeschluss in entsprechender Anwendung von § 127 Abs. 2 S. 2 ZPO durch den Antragsgegner anfechtbar.[2853] im Ehescheidungsverfahren selbst ist der Ehemann als Antragsteller dagegen nicht privilegiert.[2854]

786 Stehen auf der Klägerseite mehrere Personen als **Streitgenossen** nach §§ 59, 60 ZPO, so gilt § 122 Abs. 2 ZPO zugunsten des Beklagten nur, wenn allen Streitgenossen PKH gewährt wurde.[2855]

787 Ist eine Kostentrennung bei Klage und **Widerklage** oder beidseitigen **Rechtsmitteln** nicht möglich (gleicher wirtschaftlicher Gegenstand im gebührenrechtlichen Sinne, vgl. etwa § 45 Abs. 1 S. 3 GKG), wird der Gegner, welche Prozessstellung er immer haben mag, ebenfalls befreit.[2856] Ansonsten ist für die Widerklage oder das Rechtsmittel § 122 Abs. 2 ZPO nicht anzuwenden.[2857]

788 **Für eine Rückzahlung bereits gezahlter Kosten an den Gegner** gelten die Grundsätze, die insoweit für die PKH-Partei gelten, entsprechend. Eine Rückerstattung findet also nicht statt, soweit vor dem Wirksamkeitszeitpunkt der PKH-Bewilligung Kosten (oder Auslagen) gezahlt worden sind.[2858] Eine evtl. Rückbeziehung der PKH-Bewilligung kommt insoweit auch dem Prozessgegner zugute.

789 **Die Kostenbefreiung des Prozessgegners endet** mit Aufhebung der PKH (§ 124 ZPO), die Beschränkungen des § 125 ZPO entfallen. Ein Beschwerderecht des Gegners besteht im Hinblick auf den möglichen Wegfall der Privilegierung des § 122 Abs. 2 ZPO gleichwohl nicht gegen die Aufhebungsentscheidung.[2859]

790 (2) **PKH-Bewilligung für die Beklagtenpartei**
Der Kläger haftet weiter als Antragsteller für die Vorschusspflichten. Verliert der Beklagte den Prozess, muss die Staatskasse dem Kläger den geleisteten Vorschuss erstatten, § 31 Abs. 3 GKG.[2860] Der Beklagte ist, obwohl Entscheidungsschuldner, von der Zahlung der Gerichtskosten nach § 122 Abs. 1 Nr. 1a ZPO befreit.

§ 12 Wirkung der Anwaltsbeiordnung im Einzelnen und Anwaltsvergütung

I. Privatrechtliche Vergütungsansprüche des beigeordneten Anwalts

791 **Privatrechtliche Vergütungsansprüche** des beigeordneten Anwalts entstehen gemäß § 675 BGB gegen die hilfsbedürftige Partei, mit der ein Mandatsvertrag zustande gekommen ist, trotz der Beiordnung.[2861] Bei der Gewährung zahlungsfreier PKH kann

---

[2852] OLG Karlsruhe FamRZ 2013, 392.
[2853] OLG Karlsruhe FamRZ 2013, 392; Zöller/*Schultzky* ZPO § 122 Rn. 18 und § 127 ZPO Rn. 56.
[2854] *N. Schneider* NZFam 2015, 660.
[2855] MüKoZPO/*Wache* § 122 Rn. 18; *H. Schneider* AGS 2019, 313 (318).
[2856] MüKoZPO/*Wache* § 122 Rn. 18.
[2857] *H. Schneider* AGS 2015, 366 (367).
[2858] OLG Düsseldorf MDR 1997, 106 und OLGR 1995, 78 mwN auch zu Gegenmeinungen.
[2859] Zöller/*Schultzky* ZPO § 127 Rn. 55.
[2860] BVerfG NJW 1999, 3186.
[2861] BGH NJW 2009, 2962; KG Rpfleger 1987, 333; Toussaint/*Toussaint* RVG § 59 Rn. 1; Riedel/Sußbauer/*Ahlmann* RVG § 59 Rn. 4; *Hansens* RVGreport 2012, 290.

der beigeordnete Anwalt im Hinblick auf § 122 Abs. 1 Nr. 3 ZPO diese Ansprüche aber endgültig nicht geltend machen,[2862] es sei denn, die PKH – nicht nur die Beiordnung[2863] – würde aufgehoben. Hat die Partei Zahlungen zu leisten (Raten oder aus dem Vermögen), wird sie je nach Umfang dieser Zahlungen im Ergebnis von der Anwaltsvergütung jedoch nicht befreit. Gemäß § 50 RVG schuldet sie in diesem Fall auch den **Differenzanspruch** des Rechtsanwalts zwischen den Regelgebühren und den PKH-Gebühren, den die Staatskasse von Amts wegen für den beigeordneten Rechtsanwalt einzuziehen hat (→ Rn. 772).[2864] Die Forderungssperre des § 122 Abs. 1 Nr. 3 ZPO gegenüber der PKH-Partei bleibt aber auch dann erhalten, wenn nachträglich Monatsraten oder Zahlungen aus dem Vermögen gemäß § 120a ZPO angeordnet werden.[2865] Fließt dem Anwalt aufgrund des betreffenden Rechtsstreits auf dem Anderkonto Geld des Mandanten zu, kann er auch nicht mit seinem Differenzanspruch aufrechnen.[2866]

II. Unzulässige Honorarvereinbarung nach § 3a Abs. 3 S. 1 RVG

Eine Honorarvereinbarung eines beigeordneten Anwalts mit der hilfsbedürftigen Partei, wonach der Rechtsanwalt „für die von der Beiordnung erfasste Tätigkeit eine **höhere als die gesetzliche Vergütung** erhalten soll, ist **nichtig**" (§ 3a Abs. 3 S. 1 RVG).[2867] Weiterhin bleiben die Vorschriften des bürgerlichen Rechts über die ungerechtfertigte Bereicherung unberührt, § 3a Abs. 3 S. 2 RVG. Auf den Zeitpunkt der Vereinbarung kommt es nicht an. Unerheblich ist auch, ob bei Abschluss der Vereinbarung mit einer Beiordnung gerechnet wurde. Entscheidend ist allein, ob im Ergebnis die Vereinbarung objektiv eine Tätigkeit betrifft, die der Anwalt während seiner Beiordnung entfaltet hat. Zulässig ist deshalb eine nach der Beiordnung getroffene Honorarvereinbarung für Tätigkeiten vor der Beiordnung oder nach Beendigung der Beiordnung.[2868] Allerdings erfasst das Verbot auch Vergütungsansprüche, die vor der Beiordnung entstanden sind und danach erneut anfallen.[2869] Auch wenn die Prozesskostenhilfe nach § 124 ZPO aufgehoben wird, bleibt die Vereinbarung nach § 3a Abs. 3 RVG nichtig.[2870] Wird durch den Auftraggeber freiwillig und ohne Vorbehalt geleistet, findet § 814 BGB Anwendung.[2871] Vereinbarungen sind auch insoweit unwirksam, als sie die Vergütung eines Wahlanwaltes, also die Differenz zwischen der PKH-Vergütung und der gesetzlichen Vergütung betreffen.[2872] Anders ist dies aber bei einer **Erfolgshonorarvereinbarung** iSd § 4a Abs. 1 S. 3 RVG bis zur Höhe der gesetzlichen Wahlanwaltsgebühren zu beurteilen.[2873]

792

[2862] OLG Köln FamRZ 1995, 239; KG Rpfleger 1986, 281; OLG München JurBüro 1984, 1701; *Groß* ZPO § 122 Rn. 16.
[2863] KG MDR 1984, 410; Zöller/*Schultzky* ZPO § 122 Rn. 12; *Groß* ZPO § 122 Rn. 16.
[2864] Vgl. Gerold/Schmidt/*Müller-Rabe* RVG § 50 Rn. 14 f.
[2865] OLG Stuttgart FamRZ 2004, 1802.
[2866] Vgl. *Enders* JurBüro 2019, 10.
[2867] Ausführlich hierzu Gerold/Schmid/*Mayer* RVG § 3a Rn. 39 ff.; AnwK-RVG/*Onderka* RVG § 3a Rn. 121 ff.
[2868] *Groß* FPR 2002, 513 (519) zu § 4 RVG aF.
[2869] OLG Köln NJW-RR 1996, 634; Musielak/Voit/*Fischer* ZPO § 122 Rn. 7.
[2870] Toussaint/*Toussaint* RVG § 3a Rn. 48 ff.
[2871] Gerold/Schmidt/*Mayer* RVG § 3a Rn. 40.
[2872] Gerold/Schmidt/*Mayer* RVG § 3a Rn. 43; AnwK-RVG/*Onderka* RVG § 3a Rn. 123; **aA:** *Schons* in: Hartung/Schons/Enders RVG § 3a Rn. 113.
[2873] OLG Hamm AGS 2018, 349; Mayer/Kroiß/*Winkler/Teubel* RVG § 3a Rn. 51.

III. Unzulässigkeit von Honorarvereinbarungen und der Geltendmachung von Honoraransprüchen nach der Berufsordnung für Rechtsanwälte

793 Nach § 16 der Berufsordnung für Rechtsanwälte (BORA) darf der Rechtsanwalt, der im Wege der Prozesskostenhilfe beigeordnet worden ist, keine **Honorarvereinbarung** mit dem Mandanten treffen. Eine gleichwohl geschlossene Honorarvereinbarung ist nach § 3a Abs. 3 S. 1 RVG unwirksam. Da § 3a Abs. 3 RVG aber nur Vergütungen oberhalb der gesetzlichen Vergütung verbietet, dürfte eine Vereinbarung, dass der Mandant die Differenz zwischen der Wahlanwaltsvergütung und der PKH-Vergütung schuldet, nicht unwirksam sein.[2874]

Nach § 16 Abs. 2 BORA darf er Zahlungen oder Leistungen nur annehmen, die freiwillig und in Kenntnis der Tatsache gegeben worden sind, dass der Mandant oder der Dritte zu einer solchen Leistung nicht verpflichtet ist. Der Anwalt darf daher solche Leistungen nicht fordern und sie nur behalten, wenn der Mandant positiv die fehlende Leistungspflicht gekannt hat (§ 814 BGB). Durch die neu gefasste Bestimmung § 4a Abs. 1 S. 3 RVG können jedoch nunmehr unter den dort genannten Voraussetzungen **Erfolgshonorare** mit Minderbemittelten vereinbart werden.[2875]

IV. Auslagenersatzanspruch des beigeordneten auswärtigen Anwalts

794 **Auslagenersatzansprüche des beigeordneten auswärtigen Anwalts,** die gemäß § 46 Abs. 1 RVG aus der Staatskasse nicht zu erstatten sind, weil sie nicht „erforderlich" waren, können gemäß § 122 Abs. 1 Nr. 3 ZPO, solange die PKH nicht aufgehoben ist, gegen die hilfsbedürftige Partei nicht geltend gemacht werden.[2876] Anders wird auch nicht zu entscheiden sein, wenn der Anwalt auf diese zusätzlichen Kosten, die die Partei persönlich zu tragen habe, ausdrücklich hingewiesen hat und die Partei damit einverstanden war, denn § 122 Abs. 1 Nr. 3 ZPO schützt die bedürftige Partei.[2877]

V. Umfang der Stundung der Vergütung des beigeordneten Anwalts

1. Vor PKH-Bewilligung entstandene Vergütungsansprüche

795 **Vor dem Wirksamkeitszeitpunkt der PKH-Bewilligung entstandene Vergütungsansprüche des beigeordneten Rechtsanwalts als Wahlanwalt** bleiben bestehen ohne die Einschränkung des § 122 Abs. 1 Nr. 3 ZPO. Der Festsetzung von Kosten, für die keine PKH gewährt war, steht die Forderungssperre daher nicht entgegen.[2878] Etwas anderes gilt, wenn sie nach der Beiordnung erneut entstehen (etwa Verfahrensgebühr oder Terminsgebühr).[2879]

796 In diesem Fall erhält der Anwalt als Kompensation den Anspruch gegen die Staatskasse (§ 45 RVG), so dass auch vor der Beiordnung erfüllte Gebührentatbestände unter die

---

[2874] OLG Hamm JurBüro 2018, 374; *Schons* in Hartung/Schons/Enders RVG § 3a Rn. 145; *Enders* JurBüro 2019, 10 (11).
[2875] Vgl. dazu Gerold/Schmidt/*Mayer* RVG § 4a Rn. 8 f.
[2876] Zöller/*Schultzky* ZPO § 122 Rn. 12.
[2877] OLG Brandenburg JurBüro 2010; 434; OLG Frankfurt OLGR 2002, 28; **aA:** OLG Nürnberg FamRZ 2001, 1157; OLG Brandenburg Rpfleger 2000, 279.
[2878] LAG Düsseldorf JurBüro 1990, 762.
[2879] OLG München MDR 1991, 62; OLG Hamburg MDR 1985, 416; KG MDR 1984, 410.

Forderungssperre des § 122 Abs. 1 Nr. 3 ZPO fallen.[2880] Aus den gleichen Gründen hat der Anwalt keinen durchsetzbaren Anspruch auf die **Differenz** zwischen Wahlanwaltsgebühren und PKH-Vergütung, weil er vor der Beiordnung Wahlanwalt war.[2881] § 50 RVG bleibt hiervon jedoch unberührt (→ Rn. 772).

Eine Verpflichtung des beigeordneten Anwalts, vor der Beiordnung entstandene Wahlanwaltsgebühren nach der Beiordnung als PKH-Anwaltsgebühren erneut entstehen zu lassen, besteht nicht. Er hat die Wahlanwaltsgebühren ordnungsgemäß verdient. Dazu → Rn. 715, 906 f. Eine andere Frage ist, ob mit Rücksicht auf die wirtschaftliche Lage der hilfsbedürftigen Partei und § 16 BORA die Begründung von PKH-Vergütungsansprüchen nicht wirtschaftlich vernünftig sein kann. 797

2. Beiordnung eines „auswärtigen" Anwalts (→ Rn. 690 ff.)

Örtlich beschränkte Postulationsfähigkeit gibt es nach § 78 Abs. 1 ZPO vor den Land- und Oberlandesgerichten nicht mehr (vgl. auch § 114 FamFG für Familiensachen). Jeder bei einem deutschen Gericht niedergelassene Anwalt ist postulationsfähig.[2882] Auch besteht für Rechtsanwälte keine Verpflichtung, bei einem bestimmten Gericht zugelassen zu werden. §§ 121 Abs. 3 ZPO, 78 Abs. 3 FamFG bestimmen daher, dass ein nicht „im **Bezirk** des Prozessgerichtes niedergelassener Anwalt" nur beigeordnet werden kann, wenn dadurch weitere Kosten (insbesondere Reisekosten) nicht entstehen. **Reisekosten** können allerdings auch dann entstehen, wenn ein im Bezirk des Prozessgerichts niedergelassener Anwalt beigeordnet wird.[2883] Zur „Erforderlichkeit" der Reisekosten → Rn. 878 ff. 798

Mehrkosten durch die Beiordnung eines auswärtigen Anwaltes entstehen also nur dann, wenn die bei diesem anfallenden Reise- und Abwesenheitsgelder die eines im **Bezirk** des Prozessgerichtes ansässigen Anwaltes übersteigen.[2884] Das ist dann der Fall, wenn die Entfernung zwischen dem Prozessgericht und der Niederlassung des von der Partei gewählten Anwaltes größer ist, als die Entfernung zwischen dem Prozessgericht und dem von dort am weitesten entfernt liegenden Ort innerhalb des Gerichtsbezirks.[2885]

Wenn ein auswärtiger Anwalt seine Beiordnung beantragt, wird – wegen §§ 121 Abs. 3 ZPO, 78 Abs. 3 FamFG – darin das **stillschweigende** Einverständnis zu sehen sein, zu den Bedingungen eines im Bezirk des Gerichts niedergelassenen Anwalts beigeordnet zu werden, da davon auszugehen ist, dass ihm das in § 121 Abs. 3 ZPO enthaltene Mehrkostenverbot bekannt ist.[2886] Nach den unter → Rn. 798 gemachten Ausführungen wird seinem Beiordnungsantrag jedoch nicht der vollständige Verzicht auf Reisekosten zu entnehmen sein.[2887] 799

In Fällen, in denen das Mehrkostenverbot nicht berührt wird, hat allerdings eine unbeschränkte Beiordnung zu erfolgen.[2888] Dabei kommt es darauf an, ob die Voraussetzungen

---

[2880] *Groß* FPR 2002, 513 (518).
[2881] OLG Bamberg JurBüro 1984, 292.
[2882] BGBl I 2002 (2850).
[2883] OLG Oldenburg JurBüro 2010, 433; *Groß* ZPO § 121 Rn. 44.
[2884] BGH AGS 2019, 42 zu § 91 Abs. 2 ZPO; NJW 2018, 257; OLG Brandenburg AnwBl 2019, 109; OLG Frankfurt AGS 2016, 300; OLG Celle AGS 2016, 437; OLG München FamRZ 2007, 489.
[2885] OLG Frankfurt AGS 2016, 300; FamRZ 2009 1615; Zöller/*Schultzky* ZPO § 121 Rn. 24.
[2886] BGH NJW 2006, 3783; OLG Frankfurt FamRZ 2017, 315; OLG Karlsruhe FamFR 2010, 541; OLG Saarbrücken BeckRS 2011, 19903; OLG Rostock FamRZ 2009, 535; 2009, 1235; Musielak/Voit/*Fischer* ZPO § 121 Rn. 18b; Thomas/Putzo/*Seiler* ZPO § 121 Rn. 7; Prütting/Helms/*Dürbeck* FamFG § 78 Rn. 16; *Enders* JurBüro 2007, 96; **aA:** OLG Frankfurt MDR 2013, 721 (aufgegeben durch FamRZ 2017, 315); OVG Hamburg FamRZ 2009, 632; OLG Düsseldorf Rpfleger 2004, 709.
[2887] OLG Karlsruhe FamFR 2010, 541.
[2888] BGH NJW 2006, 3783.

der §§ 121 Abs. 4 ZPO, 78 Abs. 4 FamFG für die Beiordnung eines zusätzlichen Verkehrsanwalts vorliegen. Die Beiordnung eines nicht im Gerichtsbezirk niedergelassenen Rechtsanwalts kann trotz erhöhter Reisekosten ohne Einschränkungen gerechtfertigt sein, wenn dadurch geringere Kosten entstehen als durch die zusätzliche Beiordnung dieses Rechtsanwalts als Verkehrsanwalt,[2889] ausführlich → Rn. 695.

800 **Erfolgt die Beiordnung eines auswärtigen Anwalts „zu den Bedingungen eines im Bezirk des Prozessgerichts niedergelassenen Anwalts"**, kann er Reisemehrkosten auch nicht als Wahlanwalt (VV 7003–7006 RVG) gegen seine Partei geltend machen, denn die PKH-Bewilligung erstreckt sich nicht auf die Kosten eines auswärtigen Anwalts und die Partei wird durch § 122 Abs. 1 S. 3 ZPO vor der Inanspruchnahme geschützt.[2890] Die Belastung der hilfsbedürftigen Partei mit Reisekosten des auswärtigen Anwalts ist zwar das Ergebnis ihrer freien Anwaltswahl, wegen § 122 Abs. 1 S. 3 ZPO kann der Anwalt seine Vergütungsansprüche aber nicht geltend machen, solange die Bewilligung der PKH besteht. Von dem zur Kostentragung verurteilten Gegner kann er sie gemäß § 91 Abs. 2 S. 1 ZPO trotzdem verlangen.[2891]

Zur umstr. Frage, ob auch ein **unterbevollmächtigter**, im Bezirk ansässiger Rechtsanwalt für die Wahrnehmung eines Termins beigeordnet werden kann, → Rn. 707.

801 Beantragt ein nicht im Bezirk des Prozessgerichts niedergelassener Rechtsanwalt seine Beiordnung, so bietet sich folgende Prüfungsreihenfolge an:[2892]

1. Entstehen überhaupt Reisekosten? Das ist zB nicht der Fall, wenn im Beschwerdeverfahren keine erneute mündliche Verhandlung oder Anhörung durchgeführt wird (vgl. etwa § 68 Abs. 3 S. 2 FamFG oder §§ 495a S. 2, 522 Abs. 2 ZPO).
2. Wenn ja, ist die Entfernung zwischen der Kanzlei des die Beiordnung beantragenden Rechtsanwalts und dem Prozessgericht größer als die Entfernung zwischen Prozessgericht und dem von dort am weitesten entfernt liegenden Ort innerhalb des Gerichtsbezirks?
3. Wenn ja, liegen die Voraussetzungen für die Beiordnung eines Verkehrsanwalts vor (§ 121 Abs. 4 ZPO)?
4. Wenn ja, entstehen geringere Kosten durch die Reisekosten des auswärtigen Anwalts als durch die zusätzliche Beiordnung eines Verkehrsanwalts?

802 **In Familiensachen**, die keine Ehesachen- oder Familienstreitsachen sind, **findet § 78 FamFG Anwendung**, dessen Absätze 3 und 4 jedoch den Absätzen 3 u. 4 des § 121 ZPO inhaltlich entsprechen, so dass auf die obigen Ausführungen (→ Rn. 798 ff.) verwiesen wird.

3. Vorschüsse der Partei an den Anwalt

803 Handelt es sich um ein von Teil 3 VV RVG erfasstes Verfahren (zB Zivil-, Familiensachen), ist die **Anrechnungsregelung des § 58 Abs. 2 RVG zu beachten**. Danach sind Vorschüsse und Zahlungen, die der Rechtsanwalt vor oder nach der Beiordnung erhalten hat, zunächst auf die Vergütungen anzurechnen, für die ein Anspruch gegen die Staatskasse nicht oder nur unter den Voraussetzungen des § 50 RVG besteht (§ 58 Abs. 2 S. 1 RVG).

§ 58 Abs. 2 S. 2 RVG, der durch das KostRÄG 2021 mit Wirkung zum 1.1.2021 novelliert wurde, bestimmt, dass sich in den Fällen, in denen eine Gebühr, für die kein

---

[2889] OLG Frankfurt FamRZ 2009, 1615.
[2890] → Rn. 670 zu den Auslagen und Zöller/*Schultzky* ZPO § 122 Rn. 12; **aA**: OLG Nürnberg FamRZ 2001, 1157; Keidel/*Zimmermann* FamFG § 78 Rn. 26.
[2891] BGH AGS 2019, 42; OLG Brandenburg FamRZ 2002, 253.
[2892] Vgl. OLG Brandenburg AnwBl 2019, 109; LSG Bayern LSG BeckRS 2013, 75016.

Anspruch gegen die Staatskasse besteht (zB die **Geschäftsgebühr** nach VV 2300 RVG), auf eine Gebühr anzurechnen ist, für die ein Anspruch gegen die Staatskasse besteht, sich der Anspruch gegen die Staatskasse nur insoweit vermindert, als der Anwalt durch eine Zahlung auf die anzurechnende Gebühr und den Anspruch auf die ohne Anrechnung ermittelte andere Gebühr insgesamt mehr als den sich aus § 15a Abs. 1 RVG ergebenden Gesamtbetrag erhalten würde. Damit ist klargestellt, dass die **Differenz zwischen** dem jeweiligen Gebührenbetrag der **Verfahrensgebühr aus § 13 RVG und** derjenigen nach **§ 49 RVG** anrechnungsfrei bleibt.[2893] Die Regelung erfasst sämtliche Anrechnungsfälle und greift nur dann ein, wenn tatsächlich eine Zahlung auf die anzurechnende Gebühr erfolgt ist.[2894]

> **Beispiel:** Der Anwalt wird außergerichtlich wegen einer Forderung von 8.000 € tätig. Später wird der Anwalt mit der gerichtlichen Geltendmachung beauftragt. Für das Zivilverfahren wird PKH bewilligt und der Anwalt beigeordnet.
> Für die außergerichtliche Tätigkeit erhält der Anwalt:

1,3 Geschäftsgebühr, Nr. 2300 VV (Wert: 8.000 €)	= 652,60 €
Postpauschale, Nr. 7002 VV	= 20,00 €
Umsatzsteuer, Nr. 7008 VV	= 127,79 €
Gesamt:	= 800,39 €

> Der Betrag von 800,39 € wird vom Mandanten gezahlt.
> Aus der Staatskasse (§ 49 RVG) erhält der Anwalt folgende PKH-Vergütung:

1,3 Verfahrensgebühr, Nr. 3100 VV (Wert: 8.000 €)	= 412,10 €
anzurechnen nach § 58 Abs. 2 S. 2 RVG	= 85,80 €
1,2 Terminsgebühr, Nr. 3104 VV (Wert: 8.000 €)	= 380,40 €
Postpauschale, Nr. 7002 VV	= 20,00 €
Umsatzsteuer, Nr. 7008 VV	= 138,07 €
Gesamt:	= 864,77 €

> Der Anrechnungsbetrag ist wie folgt zu ermitteln:
> Nach Vorbem. 3 Abs. 4 VV RVG wären anzurechnen:

0,65 Geschäftsgebühr, Nr. 2300 VV (Wert: 8.000 €)	= 326,30 €

> Davon abzuziehen ist die Differenz zwischen:

1,3 Verfahrensgebühr, Nr. 3100 VV, § 13 RVG	= 652,60 €
1,3 Verfahrensgebühr, Nr. 3100 VV, § 49 RVG	= 412,10 €
Differenz:	= 240,50 €

> Anzurechnen sind folglich noch 85,80 € (326,30 € abzgl. 240,50 €).

[2893] *N. Schneider*, Das neue Gebührenrecht für Rechtsanwälte 2021, § 2 Rn. 168.
[2894] BT-Drs. 19/23484, 81.

4. Beiordnung eines anderen als des PKH-Verfahrensanwalts

804 **Bei Beiordnung eines anderen als des im PKH-Verfahren für die Partei tätigen Anwalts** schuldet die hilfsbedürftige Partei dem Anwalt, wenn nichts anderes vereinbart ist, die Gebühren für die Tätigkeit im PKH-Vergütungsverfahren nach VV 3335 RVG,[2895] da insoweit PKH nicht bewilligt werden kann. Der Anwalt kann die Gebühren nach § 11 RVG festsetzen lassen.[2896] Unterbleibt seine Beiordnung aus in seiner Person liegenden Gründen, ergeben sich uU materiell-rechtliche Einwendungen gegen den Gebührenanspruch. Eigenständige Gebühren für das PKH-Verfahren kommen auch dann in Betracht, wenn PKH zwar bewilligt, aber die Beiordnung eines Rechtsanwaltes abgelehnt wurde und schließlich, wenn im PKH-Verfahren nach § 118 Abs. 1 S. 3 ZPO ein **Vergleich**[2897] geschlossen wurde (→ Rn. 187). In diesen Fällen gilt § 16 Nr. 2 RVG nicht, wonach das PKH-Verfahren und das nachfolgende Hauptsacheverfahren dieselbe Angelegenheit sind.

5. Wechsel des beigeordneten Anwalts

805 (1) **Die Beiordnung eines anderen Anwalts** kann nur erfolgen, wenn dadurch der Staatskasse keine Mehrkosten entstehen oder dafür triftige Gründe bestehen, die nicht in der Person der Partei, der PKH gewährt ist, liegen.[2898] Dazu → Rn. 647.

806 (2) **Die Vergütung eines zweiten PKH-Anwalts** richtet sich nach den gesetzlichen Vorschriften, die Beiordnung kann nicht mit einer teilweisen oder völligen Aberkennung von gesetzlichen Gebühren verbunden werden.[2899] Möglich ist nur, dass der Anwalt selbst gegenüber der Staatskasse auf schon für den ersten Anwalt entstandene Gebühren **verzichtet** (beschränkter Beiordnungsantrag), um so eine Beiordnung zu erreichen, die sonst nicht erfolgen könnte.[2900] Hierauf sollte bei der Beiordnung eines zweiten Anwaltes unbedingt geachtet werden. In diesem Umfang behält er aber seine privatrechtlichen Vergütungsansprüche gegen die Partei, an deren Festsetzung er nicht durch § 122 Abs. 1 Nr. 3 ZPO gehindert ist, da insoweit gerade keine PKH bewilligt ist.[2901]

6. Anwaltsgebühren bei Teilbewilligung PKH

807 (1) **Teilbewilligung bedeutet Beschränkung der PKH** auf einen Teil des Anspruchs, weil das Gericht im Übrigen eine Erfolgsaussicht der Rechtsverfolgung oder Rechtsverteidigung verneint. Werden Anspruch oder Rechtsverteidigung dennoch in größerem Umfang verfolgt, stellt sich die Frage, wie die PKH-Gebühren zu berechnen sind.[2902]

808 (2) **Differenzmethode.** Ebenso wie bei den Gerichtsgebühren (→ Rn. 754) soll die PKH-Partei für die Anwaltsgebühren nicht anders stehen, als sie stünde, wenn sie den

---

[2895] Vgl. *Volpert* FuR 2013, 262.
[2896] OLG Koblenz NJW-RR 2003, 575; OLG München JurBüro 1979, 1508.
[2897] BGH NJW 2004, 2495; OLG Brandenburg BeckRS 2013, 14733.
[2898] BVerwG NJW 2011, 1894; BGH NJOZ 2010, 239; OLG Hamm MDR 2018, 895; FamRZ 2013, 393; OLG Saarbrücken NZFam 2016, 137; LAG Hamburg BeckRS 2011, 72843; OLG Brandenburg FamRZ 2009, 898; OLG Koblenz JurBüro 2003, 470; OLG Frankfurt FamRZ 2001, 237; OLG Dresden NJW-RR 1999, 643; OLG Karlsruhe FamRZ 1998, 632; OLG Düsseldorf FamRZ 1995, 241; Zöller/*Schultzky* ZPO § 121 Rn. 39.
[2899] OLG Hamm FamRZ 2013, 393; OLG Celle NJW 2008, 2511; OLG Düsseldorf FamRZ 2008, 1767 mAnm *Büttner;* OLG Nürnberg JurBüro 2003, 471; OLG Karlsruhe FamRZ 1998, 632.
[2900] OVG Lüneburg NVwZ-RR 2018, 80; OLG Saarbrücken NZFam 2016, 137; OLG Zweibrücken NJW-RR 1999, 436; OLG Düsseldorf OLGReport 1999, 388; OLG Celle NJW 2008, 2511; *Groß* ZPO § 121 Rn. 9.
[2901] OLG Frankfurt BeckRS 2017, 129261; OLG Düsseldorf OLGReport 1999, 388; OLG Köln OLGReport 1998, 352; **aA**: KG FamRZ 2004, 1737.
[2902] Vgl. ausführlich *H. Schneider* AGS 2017, 53; *N. Schneider* NJW-Spezial 2015, 475.

Rechtsstreit nur im Umfang der PKH-Bewilligung geführt hätte. Die Anwaltsgebühren sind gemäß § 48 Abs. 1 RVG also ohne eine Quoten- oder Teilstreitwertberechnung nach dem bewilligten Gegenstandswert zu berechnen.[2903] Erst bei Streitwerten über 4.000,- EUR[2904] ergeben sich Methodenunterschiede, da § 49 RVG von den Wahlanwaltsgebühren abweichende, und zwar niedrigere Gebühren vorsieht. Ist der Rechtsanwalt bei einer Klage im Wert von 10.000,- EUR nur bzgl. eines Teilwerts von 6.000,- EUR beigeordnet, errechnen sich die Gebühren mithin aus einem Wert von 6.000,- EUR.[2905] Postpauschale und Reisekosten sind ungekürzt abzurechnen.

(3) **Weitergehende Ansprüche des Anwalts.** Bei Klageerhebung trotz Teil-PKH in vollem Umfang schuldet die Partei die Vergütung, die sich aus der Differenz zwischen der Wahlanwaltsvergütung aus dem vollen Wert und der Wahlanwaltsvergütung nach dem Wert des von der PKH erfassten Gegenstands berechnet.[2906] 809

§ 15 Abs. 3 RVG muss aber zugunsten der ungedeckten Wahlanwaltsgebühren des Anwalts beachtet werden. Dem Anwalt steht daher gegen die **Partei** die Differenz zwischen den Wahlanwaltsgebühren für den vollen Streitwert und den Wahlanwaltsgebühren für den PKH-Streitwert zu.[2907] Die Sperrwirkung des § 122 Abs. 1 Nr. 3 ZPO gilt hier nicht.[2908]

7. Anwaltsgebühren bei Vertretung von Streitgenossen

Keine Beschränkung auf Mehrvertretungszuschlag nach § 7 RVG iVm VV 1008 RVG bei „derselben Angelegenheit" (→ Rn. 60).[2909] Probleme bereitet die Vergütung des Anwaltes, wenn er lediglich einem von im Übrigen nicht kostenarmen mehreren Streitgenossen beigeordnet ist. Soweit lediglich im Sinne der abzulehnenden Rechtsprechung des BGH[2910] (→ Rn. 60) eine Bewilligung von Prozesskostenhilfe für den Erhöhungsantrag VV 1008 RVG erfolgt ist, ist dieser Wert für die Vergütung maßgeblich. Ist dem bedürftigen Streitgenossen dagegen ohne Beschränkung Prozesskostenhilfe gewährt worden, so wird zum einen vertreten, dass gleichwohl sich der Vergütungsanspruch auf die Erhöhungsgebühr beschränkt.[2911] Nach anderer Auffassung orientiert sich der Vergütungsanspruch auf den im Innenverhältnis entfallenen Anteil des Streitgenossen um zu vermeiden, dass die nicht bedürftigen Streitgenossen in den Genuss staatlicher Prozessfinanzierung kommen.[2912] Nach einer im Vordringen befindlichen weiteren Ansicht soll dem Rechtsanwalt dagegen lediglich ein kopfteiliger Vergütungsanspruch aus dem Gesamtbetrag der anwaltlichen Kosten – einschließlich des Mehrvertretungszuschlages – für die Vertretung der Streitgenossen zustehen.[2913] 810

[2903] BGH NJW 1954, 1406; OVG Bremen NVwZ-RR 2005, 862; OLG Oldenburg OLGReport 1998, 184 mwN; VG München AGS 2015, 293; VG Stuttgart AnwBl. 2002, 64; *H. Schneider* AGS 2017, 53; *Mümmler* JurBüro 1995, 73; eingehend *Hansens* JurBüro 1988, 145; aA: OLG Bamberg JurBüro 1988, 145 und OVG Bremen JurBüro 1989, 1689.
[2904] Geändert durch das 2. Kostenrechtsmodernisierungsgesetz BGBl. 2013 I 2586.
[2905] BGH NJW 1954, 140; OLG Schleswig BeckRS 2005, 30356193.
[2906] OLG Düsseldorf AGS 2002, 175; *H. Schneider* AGS 2017, 53.
[2907] OLG Celle FamRZ 2011, 666; OLG Düsseldorf Rpfleger 2005, 267; OLG Zweibrücken JurBüro 1995, 424; OLG Hamburg JurBüro 1995, 426; *Mümmler* JurBüro 1995, 73; *Volpert* FuR 2013, 262 (268); *N. Schneider* NJW-Spezial 2015, 475, 476 mit Berechnungsbeispiel.
[2908] OLG Celle FamRZ 2011, 666.
[2909] OLG Zweibrücken NJW-RR 1999, 436; OLG Düsseldorf OLGReport 1999, 388.
[2910] BGH NJW 1993, 1715; BGH NJW-RR 2019, 572; OLG Karlsruhe BeckRS 2012, 642.
[2911] OLG Koblenz AGS 2004, 248; OLG Naumburg Rpfleger 2004, 168.
[2912] OLG Jena OLGR 2007, 163; OLG Köln NJW-RR 1999, 725; Rönnebeck NJW 1994, 2273.
[2913] LSG Niedersachsen NZS 2016, 800; OLG Köln AGS 2010, 496; OLG Jena Rpfleger 2006, 663.

Nach zutreffender Ansicht erfolgt **keine Beschränkung** des Vergütungsanspruches, da sich dessen Höhe alleine nach dem Beschluss (§ 48 Abs. 1 RVG) richtet, durch welchen Prozesskostenhilfe bewilligt und der Anwalt beigeordnet wurde.[2914] Allerdings ist der Mehrvertretungszuschlag insoweit nicht zu berücksichtigen.

8. Anwaltsgebühren bei Nichtbewilligung der PKH

811   Bei **endgültiger Nichtbewilligung** der PKH und Tätigkeit des Rechtsanwalts nur im PKH-Verfahren entsteht eine Verfahrensgebühr nach VV 3335 RVG, die in Höhe der Verfahrensgebühr anfällt, die in dem Verfahren, für das PKH beantragt wurde, entstehen würde, aber höchstens mit einem 1,0 Gebührensatz anfällt. Wenn nur im PKH-Prüfungsverfahren ein Termin durchgeführt worden ist, erhält er außerdem eine 1,2 Terminsgebühr nach VV Vorb. 3.3.6 S. 2 iVm VV 3104 RVG.[2915] Außergerichtliche Besprechungen können im PKH-Verfahren die Terminsgebühr nach VV 3104 RVG auslösen.[2916] Ggf. kann auch eine Einigungsgebühr nach VV 1000, 1003 RVG anfallen. In diesen Fällen gilt § 16 Nr. 2 RVG nicht.[2917]

Diese Gebühren kann der Rechtsanwalt gem. § 11 RVG gegen den Mandanten festsetzen lassen.[2918]

9. Anwaltsgebühren bei Bewilligung von PKH

812   Wird der Anwalt in der Hauptsache nach seiner Beiordnung tätig, entstehen die dort vorgesehenen Gebühren, im Zivilprozess insbesondere die 1,3 **Verfahrensgebühr** nach VV 3100 RVG, die 1,2 **Terminsgebühr** nach VV 3104 RVG und ggf. die 1,0 **Vergleichsgebühr** nach VV 1000, 1003 RVG bei einem Vergleich über den rechtshängigen Verfahrensgegenstand. Bei einem **Mehrvergleich** kommen Einigungsgebühr, Verfahrensdifferenzgebühr und die erhöhte Terminsgebühr für den mitverglichenen Gegenstand hinzu[2919] (vgl. dazu ausführlich → Rn. 833 ff.). Wegen §§ 15 Abs. 2, 16 Nr. 2 RVG kann der Anwalt nur die Gebühren für das Hauptverfahren fordern.

VI. Rechtsbeziehungen des Anwalts infolge der Beiordnung

1. Rechtsverhältnis zur Partei

813   Die **Beiordnung begründet zunächst nur eine öffentlich-rechtliche Pflicht des Anwalts zum Abschluss eines Mandatsvertrages**, § 48 Abs. 1 Nr. 1 BRAO.[2920] Diese Pflicht ist Folge der Bereitschaft des Anwalts zur Beiordnung.

814   **Fürsorge und Beratung** schuldet der Anwalt seiner Partei nach der Beiordnung auch schon vor Abschluss eines Mandatsvertrages und Erteilung einer Prozessvollmacht. Insbesondere muss er auf die Gebührenpflichtigkeit seiner Tätigkeit bei (teilweiser) Ver-

---

[2914] LSG Berlin-Brandenburg AGS 2018, 421; LSG Sachsen NZS 2015, 79; LSG Thüringen BeckRS 2015, 68172; OLG Naumburg MDR 2013, 184; OLG München MDR 2011, 326; OLG Zweibrücken Rpfleger 2009, 88; OLG Hamm Rpfleger 2003, 447; OLG Bamberg OLGR 2001, 28; Gerold/Schmidt/*Müller-Rabe* RVG § 49 Rn. 11 f.
[2915] AnwK-RVG/*Mock/Fölsch* RVG VV 3335 Rn. 10.
[2916] Gerold/Schmidt/*Müller-Rabe* RVG VV 3335 Rn. 49; aA: BGH NJW 2012, 708; der Streit hat sich nunmehr durch VV Vorb. 3 Abs. 3 S. 1 RVG nF erledigt, vgl. BT-Drs. 17/11048, 33.
[2917] Vgl. *Volpert* FuR 2013, 262.
[2918] OLG Koblenz NJW-RR 2003, 575 (noch zu § 19 BRAGO) mwN zur Gegenansicht; ebenso AnwK-RVG/*N. Schneider* § 11 Rn. 13.
[2919] BGH NJW 2018, 1679.
[2920] Vgl. Riedel/Sußbauer/*Ahlmann* RVG § 45 Rn. 4; *Hansens* RVGreport 2012, 290, 291.

sagung der PKH hinweisen, sonst kann ihm ein Schadensersatzanspruch wegen Verletzung dieser Pflicht nach § 11 Abs. 5 RVG im Festsetzungsverfahren als nicht-gebührenrechtlicher Einwand entgegengehalten werden.[2921] Weiter → Rn. 718 ff.

Der für eine Sozietät handelnde, angestellte Anwalt ist gehalten, seinen Mandanten darauf hinzuweisen, dass er trotz der Bewilligung von Prozesskostenhilfe weitergehenden Gebührenansprüchen seiner Sozietät ausgesetzt sein könnte, wenn der Mandant die Sozietät mit der Wahrnehmung seiner Interessen beauftragt.[2922]

Vergütungsansprüche gegen die Partei entstehen erst mit Abschluss des privatrechtlichen Mandatsvertrages und nach Entfaltung einer vergütungspflichtigen Tätigkeit. Bei Bewilligung von PKH ist der Vergütungsanspruch des Anwalts gegen die Partei aber gemäß § 122 Abs. 1 Nr. 3 ZPO gesperrt.

815

2. Rechtsverhältnis zum Staat

Der Anwalt erwirbt durch die Beiordnung einen **öffentlich-rechtlichen Vergütungsanspruch gegen den Staat,**[2923] wenn er entsprechende vergütungspflichtige Tätigkeiten entfaltet hat. Dieser Anspruch ist in den §§ 45 ff. RVG geregelt. § 45 Abs. 1 RVG nennt ihn „**gesetzliche Vergütung**", die der beigeordnete Anwalt erhält, „soweit in diesem Abschnitt nichts anderes bestimmt ist". Diese Einschränkung bezieht sich auf die geringeren Gebührensätze in § 49 RVG. Die zum 1.1.2021 geänderte Norm setzt für Gegenstandswerte über **4.000,– EUR** geringere Gebührensätze fest, als § 13 RVG für die gesetzlichen Wahlanwaltsgebühren vorsieht. Zugleich ist eine Deckelung für Streitwerte von (jetzt) über 50.000,– EUR vorgesehen. Die Differenz beträgt für die niedrigste Gebühr des § 49 RVG 50,– EUR (Gegenstandswert bis 5000,– EUR nach § 13 RVG 334,– EUR, nach § 49 RVG 284,– EUR). Die höchste Gebühr nach § 49 RVG (über 50.000,– EUR) beträgt 659,– EUR, während nach § 13 RVG für einen Wert von über 50.000,– EUR bis 65.000,– EUR eine Gebühr 1.373,– EUR beträgt, die bei höherem Streitwert weiter ansteigt.

816

Nach zutreffender vorherrschender Ansicht[2924] kann der Rechtsanwalt nach § 45 RVG gegen die Staatskasse auch dann die **Umsatzsteuer** beanspruchen, wenn die bedürftige Partei **vorsteuerabzugsberechtigt** ist, da von dieser wegen § 122 Abs. 1 Nr. 3 ZPO keine Vergütung gefordert werden kann.[2925] Das ergibt sich nunmehr aus § 55 Abs. 5 S. 1 RVG, der durch das KostRÄG 2021 novelliert wurde, und konkret auf § 104 Abs. 2 S. 1, 2 ZPO verweist.

Für die **Verteidigung gegen ein Anschlussrechtsmittel** erhält ein Rechtsanwalt, auch in Familiensachen, ebenfalls aus der Staatskasse eine Vergütung, wenn er für eine Berufung oder Revision, Beschwerde oder Rechtsbeschwerde beigeordnet ist (§ 48 Abs. 2 S. 1 RVG).

In **Ehe- und Lebenspartnerschaftssachen** erstreckt sich die Beiordnung auch auf eine Einigung in **Unterhaltssachen,** in **Sorge- und Umgangssachen,** hinsichtlich der Rechtsverhältnisse an der **Ehewohnung,** den **Haushaltsgegenständen,** Ansprüchen aus dem

817

[2921] OLG Koblenz AnwBl 1998, 543; vgl. zur Haftung des Anwalts: Palandt/*Grüneberg* BGB § 280 Rn. 66.
[2922] BGH NJW 2011, 229.
[2923] OLG Frankfurt FamRZ 1988, 1184; KG Rpfleger 1988, 122; OLG Bamberg JurBüro 1986, 235; *Mümmler* JurBüro 1987, 1642 (1643); AnwK-RVG/*Fölsch* § 45 Rn. 5.
[2924] OLG Bamberg AGS 2018, 420; OLG Frankfurt AGS 2018, 146; OLG Braunschweig AGS 2017, 525; OLG München NJOZ 2017, 191; *Klüsener* JurBüro 2017, 1; *N. Schneider* NJW-Spezial 2014, 315; *Hansens* RVGreport 2014, 21; *Just* NJ 2014, 502.
[2925] OLG Oldenburg JurBüro 2020, 479; OLG Frankfurt JurBüro 2018, 264; OLG Braunschweig JurBüro 2017, 525; OLG München JurBüro 2016, 632; OLG Düsseldorf JurBüro 2016, 580.

ehelichen Güterrecht und dem **Versorgungsausgleich** (§ 48 Abs. 3 RVG).[2926] Es bedarf insoweit entgegen einer weit verbreiteten Praxis keiner Erstreckung der VKH-Bewilligung und Beiordnung auf den Vergleich. § 48 Abs. 3 S. 1 RVG bestimmt eindeutig, dass der Rechtsanwalt für alle mit der Herbeiführung der Einigung erforderlichen Tätigkeiten die Vergütung aus der Staatskasse fordern kann, also auch die **Verfahrensdifferenzgebühr und Terminsgebühr** (→ Rn. 837). § 48 Abs. 3 RVG erfasst dabei nicht nur Unterhaltssachen, die im Scheidungsverbund nach § 137 FamFG geltend gemacht werden können, sondern auch den Trennungsunterhalt (§ 1361 BGB) und Kindesunterhalt für die Zeit vor der Rechtskraft der Ehescheidung.[2927] Zur umstrittenen Frage, ob auch bei sonstigen Mehrvergleichen die Verfahrensdifferenz und Terminsgebühr vom beigeordneten Anwalt verlangt werden kann vgl. → Rn. 837. Nicht beansprucht werden kann im Übrigen im Ehescheidungstermin die Bewilligung von VKH und Beiordnung eines Rechtsanwalts für die **gerichtliche Protokollierung einer Grundstücksübertragung**, auch wenn diese im Rahmen einer Folgesache erfolgt.[2928]

818   Hinsichtlich nicht rechtshängiger Ansprüche ist ansonsten eine **besondere Beiordnung** erforderlich, vgl. § 48 Abs. 5 RVG. Diese wird ausdrücklich im Rahmen eines **erweiterten PKH-Antrages** zu erfolgen haben, sie kann nicht stillschweigend geschehen.[2929] Allerdings kann der Antrag auf Erstreckung der Beiordnung auf den Mehrvergleich stillschweigend gestellt werden.[2930]

Die aus der Staatskasse zu zahlende Vergütung ist **nicht** entsprechend §§ 286, 288 BGB **zu verzinsen**, da der öffentlich-rechtliche Vergütungsanspruch auf einem Verwaltungsakt, dem Beiordnungsbeschluss, beruht.[2931] In § 55 RVG wird auch § 104 Abs. 1 S. 2 ZPO nicht erwähnt.

819   **Ein Vertragsverhältnis zum Staat besteht nicht.**[2932] Der Staat kann dem Anwalt für seine Tätigkeit weder Weisungen erteilen – es besteht keine Über- und Unterordnung – noch ihn auf Grund der Beiordnung irgendwie überwachen.

820   **§ 49 RVG ist unanwendbar,** wenn gesetzlich eine Betragsrahmengebühr (siehe zB VV 4100 ff. RVG – Verteidiger – und § 3 RVG – Verfahren vor Sozialgerichten) vorgesehen ist. Für sog Gebührensatzrahmen ist § 49 RVG jedoch anwendbar (etwa VV 2100 ff. RVG).[2933]

3. Rechtsverhältnis zum kostenerstattungspflichtigen Prozessgegner

821   Der beigeordnete Anwalt hat das Recht der Beitreibung seiner Gebühren und Auslagen im eigenen Namen gegen den kostenerstattungspflichtigen Prozessgegner, § 126 Abs. 1 ZPO. Dieser Anspruch ist der Kostenerstattungsanspruch der hilfsbedürftigen Partei gegen den kostenerstattungspflichtigen Gegner. Er ist nicht auf den beigeordneten Anwalt übergegangen. Er hat nur das Recht der Geltendmachung im eigenen Namen. Die Rechtsstellung wird verglichen mit der eines Pfandgläubigers oder Gläubigers, dem eine Forderung zur Einziehung überwiesen ist. → Rn. 776 f.

[2926] Ausführlich N. Schneider NZFam 2015, 257.
[2927] OLG Nürnberg NJW 2011, 1297.
[2928] OLG Koblenz MDR 2015, 284.
[2929] Wie hier OLG Bamberg JurBüro 1986, 606; Riedel/Sußbauer/*Ahlmann* RVG § 58 Rn. 20; **aA:** noch Riedel/Sußbauer/*Schneider* RVG § 48 Rn. 37; LAG Berlin-Brandenburg BeckRS 2015, 69273 (kein neuerlicher Antrag erforderlich); LAG Hamm BeckRS 2014, 67224 (konkludent).
[2930] LAG Köln BeckRS 2012, 73126; → Rn. 94.
[2931] LSG Thüringen AGS 2015, 415; LSG Bayern BeckRS 2013, 69695; AG Schöneberg JurBüro 2002, 375; Gerold/Schmidt/*Müller-Rabe* RVG § 55 Rn. 55.
[2932] Riedel/Sußbauer/*Ahlmann* RVG Vorbem. zu § 45 Rn. 29, 30; *Mümmler* JurBüro 1987, 1642 (1643).
[2933] NK-GK/*H. Schneider* RVG § 49 Rn. 2.

4. Drei konkurrierende Ansprüche des beigeordneten Anwalts gegen Partei, Staat, Prozessgegner

Drei konkurrierende Ansprüche können mithin dem beigeordneten Anwalt entstehen: 822
(1) **Anspruch gegen die hilfsbedürftige Partei auf Zahlung von Wahlanwaltsgebühren.** Der Anspruch kann aber gemäß § 122 Abs. 1 Nr. 3 ZPO nicht geltend gemacht werden, solange die PKH nicht aufgehoben ist. § 122 Abs. 1 Nr. 3 ZPO erfasst nach Auffassung des BGH aber nicht die **Umsatzsteuer,** soweit die Partei vorsteuerabzugsberechtigt ist.[2934] Dies wirkt sich aber nur dann aus, wenn der Anwalt gemäß § 126 Abs. 1 ZPO gegen den erstattungspflichtigen Gegner vorgegangen ist, auf den Erstattungsanspruch gegenüber der Staatskasse hat dies keinen Einfluss (→ Rn. 816). Das gilt auch dann, wenn nachträglich Zahlungen aus dem Vermögen der Partei angeordnet wurden, denn das ist keine Aufhebung der PKH.[2935] Hingegen besteht ein durchsetzbarer Anspruch, wenn der Vergütungsanspruch gegen die Staatskasse (zB wegen vorheriger Beiordnung eines anderen Anwalts) wirksam eingeschränkt ist, → Rn. 805 f.[2936] Wurde dem Bedürftigen ein zweiter Rechtsanwalt beigeordnet und ist dessen Beiordnung wegen des Mehrkostenverbots mit der Einschränkung erfolgt, dass bereits beim ersten Anwalt entstandene Vergütungsansprüche nicht umfasst sind (→ Rn. 805 f., 647), gilt § 122 Abs. 1 Nr. 3 ZPO insoweit nicht.[2937]

(2) **Anspruch gegen den Staat auf Zahlung der PKH-Vergütung (§§ 45 ff. RVG).** 823
Bei Gegenstandswerten bis 4.000,– EUR ist sie identisch mit der gesetzlichen Wahlanwaltsvergütung nach Maßgabe von § 13 RVG. Für höhere Gegenstandswerte findet eine zunächst geringere Steigerung und ab einem Wert von mehr als 50.000,– EUR keine Steigerung mehr statt.

(3) **Beitreibungsrecht im eigenen Namen gegen den kostenerstattungspflichtigen** 824
Gegner (§ 126 ZPO) → Rn. 654 ff.

5. Anspruchsübergang auf die Staatskasse gemäß § 59 RVG

Erfüllt die Staatskasse den PKH-Vergütungsanspruch des beigeordneten Anwalts, 825
geht dessen Anspruch
(1) gegen die **eigene Partei** auf Vergütung,
(2) sein Beitreibungsrecht nach § 126 ZPO gegen den **erstattungspflichtigen Prozessgegner**
kraft Gesetzes auf die Staatskasse über. Näheres → Rn. 931 ff.

VII. Vergütung des beigeordneten Anwalts bzw. der sonstigen Berufsgruppen gemäß den §§ 45–59 RVG

1. Voraussetzungen der Vergütung aus der Staatskasse

(1) **Zulassung als Rechtsanwalt** gemäß der BRAO.[2938] 826
(2) **Sonderfälle:** 827
- Beigeordnet werden kann auch ein **Steuerberater, Steuerbevollmächtigter, Wirtschaftsprüfer oder vereidigter Buchprüfer** vor den Finanzgerichten (§ 142 Abs. 2 S. 1

[2934] BGH NJW-RR 2007, 285.
[2935] OLG Stuttgart FamRZ 2004, 1802.
[2936] OLG Köln OLGReport 1998, 352 und OLG Düsseldorf OLGReport 1999, 388 **aA:** KG FamRZ 2004, 1737.
[2937] OLG Frankfurt BeckRS 2017, 129261.
[2938] Riedel/Sußbauer/*Ahlmann* vor RVG § 45 Rn. 13 ff.

FGO), Sozialgerichten (§ 73a Abs. 1 S. 3 SGG) und vor den Verwaltungsgerichten (§ 166 Abs. 1 S. 2 VwGO). Die Vergütung richtet sich nach §§ 73a Abs. 1 S. 4 SGG, 166 Abs. 1 S. 3 VwGO, 142 Abs. 2 S. 2 FGO auch für diese Berufsgruppen nach §§ 45 ff. RVG.

- Vor den Sozialgerichten kann nunmehr nach § 73a Abs. 1 S. 3 SGG auch ein **Rentenberater** beigeordnet werden, dessen Vergütung ebenfalls nach dem RVG zu berechnen ist, § 73a Abs. 1 S. 4 SGG.
- **Ein Patentanwalt** kann in einem Verfahren vor dem Patentamt, dem Patentgericht oder dem BGH beigeordnet werden.[2939]
- **Ein Rechtsbeistand** kann beigeordnet werden.[2940]
- **Anwaltsvertreter oder Ausbildungsreferendar.** Die vergütungsrechtlich zulässige Vertretung des beigeordneten Anwalts ist in § 5 RVG abschließend erfasst.[2941] Der im Wege der PKH beigeordnete Anwalt hat einen gesetzlichen Vergütungsanspruch für seine Tätigkeit auch dann, wenn er die Tätigkeit nicht persönlich ausübt, sondern sich im gesetzlich nach § 5 RVG vorgesehenen Rahmen vertreten lässt.[2942] Über den Kreis der in § 5 RVG genannten Personen lässt sich die Vorschrift aber nicht ausdehnen. Überträgt ein Rechtsanwalt seine Tätigkeit im Rahmen eines Mandats auf einen Mitarbeiter, der kein nach § 5 RVG anerkannter Vertreter ist, so darf er die behauptete Tätigkeit nicht nach den Gebührenvorschriften des RVG abrechnen.

828 (3) Ein **privatrechtlicher Vergütungsanspruch bei Vertretung durch andere als in § 5 RVG genannte Personen** (Vertretung durch Bürovorsteher, nicht zugelassenen Rechtsanwalt, nicht zur Ausbildung zugewiesenen Referendar [Assessor]) scheidet gleichfalls aus, da § 5 RVG eine abschließende Regelung darstellt, die – auch wenn sich die Partei mit dieser Vertretung einverstanden erklärt hat – einen Rückgriff auf die zivilrechtlichen Vergütungsvorschriften nicht zulässt.[2943]

829 (4) **Beiordnung im Wege der Prozesskostenhilfe/Verfahrenskostenhilfe** (gemäß § 12 S. 2 RVG entsprechend anwendbar für nach § 4a InsO beigeordnete Rechtsanwälte). Wird ohne vorherigen oder gleichzeitigen (dieses ist die Regel) PKH-Beschluss ein Anwalt beigeordnet, ist diese Beiordnung wirksam und Grundlage der Anwaltsvergütung.[2944]

830 (5) **Ein Anwaltsvertrag** muss geschlossen sein.[2945] Er wird in der Regel schon in der Erteilung der Prozessvollmacht und deren Entgegennahme durch den Anwalt oder einer auf der Prozessvollmacht basierenden Anwaltstätigkeit mit Kenntnis und ohne Widerspruch der Partei zu sehen sein.[2946] → Rn. 716 ff.

831 (6) **Vor Vertragsschluss kann eine Geschäftsführung des Anwalts ohne Auftrag vergütungspflichtig sein.**[2947] Zu denken ist an eine fürsorgliche Vornahme unaufschiebbarer Handlungen (Fristwahrungen etwa) im Interesse der Partei. Der Anwalt muss im Rahmen seiner Fürsorge- und Belehrungspflicht auf den Abschluss eines Mandatsvertrages hinwirken, Fristen auf drohenden Ablauf prüfen, vorsorglich die Handakten des

---

[2939] §§ 129–138 PatG: Verfahrenskostenhilfe; vgl. NK-GK/*H. Schneider* RVG § 45 Rn. 4.
[2940] BGH Rpfleger 2003, 513; AnwK-RVG/*N. Schneider* § 5 Rn. 73.
[2941] LAG Sachsen-Anhalt AnwBl 1995, 562.
[2942] OLG Köln JurBüro 1995, 202.
[2943] LG Darmstadt AnwBl 2009, 463 mwN; NK-GK/*Pflüger* RVG § 5 Rn. 12; **aA:** Riedel/Sußbauer/*Ahlmann* RVG § 5 Rn. 11; AnwK-RVG/*N. Schneider* § 5 Rn. 55: angemessene Vergütung, zur Höhe der Vergütung: Rn. 57 ff.; zur vermittelnden Ansicht: 1/2 oder 1/3 Gerold/Schmidt/*Mayer* RVG § 5 Rn. 11 f.
[2944] Riedel/Sußbauer/*Ahlmann* RVG § 45 Rn. 10, 23 ff.
[2945] KG Rpfleger 1985, 39; Riedel/Sußbauer/*Ahlmann* RVG § 45 Rn. 4.
[2946] Toussaint/*Toussaint* RVG § 45 Rn. 15 stellt ganz auf die Vollmacht ab, die auch stillschweigend erteilt werden kann. Richtigerweise ist die Vollmacht aber nur Folge des Anwaltsvertrages.
[2947] KG Rpfleger 1985, 39; Gerold/Schmidt/*Müller-Rabe* RVG § 45 Rn. 34.

Vorinstanzanwalts oder Erstanwalts beiziehen, kurzum das ihm Mögliche und Zumutbare zur Abwendung von Schaden von der Partei unternehmen.[2948]

(7) **Entfaltung einer vergütungspflichtigen Tätigkeit** (VV 1000 ff. RVG) durch den beigeordneten Anwalt selbst oder einen Vertreter (§ 5 RVG), die der Beiordnung zeitlich nachfolgt.[2949] **832**

Insbesondere:
Für die nach VV Vorb. 3 Abs. 4 RVG vorzunehmende **Anrechnung der** für die außergerichtliche Tätigkeit nach VV 2300 RVG angefallene **Geschäftsgebühr** auf die aus der Staatskasse zu zahlende Vergütung gilt § 58 Abs. 2 S. 2 RVG, wenn es sich um ein von Teil 3 VV RVG erfasstes Verfahren handelt; vgl. hierzu ausf. → Rn. 803).[2950]

Der Anwalt, der den PKH-Antrag für seine Partei stellt, erhält nach VV 3335 RVG die **volle Verfahrensgebühr (1,0)** auch dann, wenn PKH versagt wird. Bei dem 1,0 Gebührensatz handelt es sich um einen Höchstsatz, da die Gebühr andernfalls in Höhe der Verfahrensgebühr, die in dem Verfahren, für das PKH beantragt, entsteht. Wird Klage erhoben, ist der Verfahrenswert des PKH-Verfahrens auch für das Hauptsacheverfahren maßgeblich (§ 23a Abs. 2 RVG). Es handelt sich um dieselbe Angelegenheit nach § 16 Nr. 2 RVG, so dass der Anwalt die Gebühr für PKH- und Hauptverfahren nur einmal fordern kann (§ 15 Abs. 2 RVG). **833**

Wurde der Anwalt erst während einer **laufenden Widerrufsfrist** für einen vor Gericht geschlossenen **Vergleich** beigeordnet und reicht er danach keine Schriftsätze ein, verdient er gleichwohl die nach VV 3101 RVG reduzierte Verfahrensgebühr und auch die Einigungsgebühr, da auch das Abraten vom Widerruf des Vergleiches eine Mitwirkung beim Abschluss des Vergleiches darstellt.[2951] **834**

Nach VV 3337 RVG entsteht, wenn der Auftrag vorzeitig beendet wird, **höchstens eine 0,5 Verfahrensgebühr (0,5).** Eine vorzeitige Beendigung liegt nach Anm. Nr. 1 zu VV 3337 RVG vor, wenn der Auftrag endet, bevor der Rechtsanwalt bei Gericht einen Antrag eingereicht oder einen Termin wahrgenommen hatte oder wenn nach Anm. 2 zu VV 3337 RVG lediglich beantragt wird, eine Einigung der Parteien zu Protokoll zu nehmen.

Eine **Terminsgebühr,** die sich gem. VV Vorb. 3.3.6 S. 2 iVm 3104 RVG nach den Vorschriften richtet, die für das Verfahren, für das PKH beantragt wurde, gelten, kann entstehen, wenn das Gericht gemäß § 118 Abs. 1 S. 3 ZPO eine besondere mündliche Verhandlung über den Prozesskostenhilfeantrag ansetzt. Auch diese geht in der Terminsgebühr für ein nachfolgendes Verfahren auf. **835**

Ist der Anwalt bereits beigeordnet und führt er **außergerichtliche (telefonische) Besprechungen** mit dem Gegner oder einem Dritten (zB Jugendamt als Beistand) und führt dies zu Erledigung des Verfahrens, entsteht – obwohl das Gericht an der Erörterung nicht beteiligt war – nach VV Vorb. 3 Abs. 3 S. 3 Nr. 2 RVG gleichwohl die **Terminsgebühr** RVG.[2952]

[2948] Gerold/Schmidt/*Müller-Rabe* RVG § 45 Rn. 34; Riedel/Sußbauer/*Ahlmann* RVG Vor § 45 Rn. 24.
[2949] OLG Zweibrücken JurBüro 1994, 35; OLG Schleswig JurBüro 1991, 228; *Groß* FPR 2002, 513 (517).
[2950] BGH JurBüro 2011, 22; FamRZ 2009, 1822 **anders noch** BGH NJW-RR 2008, 1095; LSG Bayern BeckRS 2015, 73380; OLG Frankfurt AGS 2013, 531; NJW-RR 2009, 1006; *Hansens* RVGreport 2015, 299; zur Anwendung des § 15a RVG auf Altfälle: BGH FamRZ 2010, 456.
[2951] BGH NJW-RR 2014, 763; LAG Berlin-Brandenburg AGS 2019, 291; AnwK-RVG/*Onderka/ Schafhausen/N. Schneider/Thiel* RVG VV 1000 Rn. 127; *N. Schneider,* NJW-Spezial 2014, 257, 258; **aA:** LAG Berlin-Brandenburg AGS 2012, 481 mit abl. Anm. von *N. Schneider.*
[2952] BGH FamRZ 2007, 464; OLG Köln AGS 2012, 481; Mayer/Kroiß/*Ebert* RVG § 48 Rn. 37 f.

836 Da Vorb. 3 Abs. 3 S. 3 Nr. 2 RVG nicht darauf abstellt, dass in dem betreffenden Verfahren eine mündliche Verhandlung obligatorisch vorgeschrieben ist,[2953] kann die Terminsgebühr für die Mitwirkung an einer solchen Besprechung auch im PKH-Verfahren anfallen. Das gilt zB dann, wenn im PKH-Verfahren gemäß § 278 Abs. 6 ZPO auf einen gerichtlichen Vorschlag hin ein **Vergleich** geschlossen wird und diesem außergerichtliche, zB telefonische Besprechungen der Rechtsanwälte, vorausgegangen sind.

Es entsteht eine **Einigungsgebühr** von 1,5 nach VV 1000 RVG, wenn eine Einigung über vom PKH-Antrag nicht erfasste, **nirgendwo anhängige Ansprüche** erfolgt.[2954] Das kommt in Betracht, wenn die Parteien lediglich einen Vergleich im PKH-Bewilligungsverfahren zu Protokoll geben wollen[2955] oder im Scheidungsverfahren eine Einigung über Folgesachen nach § 48 Abs. 3 RVG erfolgt, da in beiden Fällen die Einigungsgegenstände nicht anhängig waren. Für die **Gegenstände, für die PKH beantragt wurde,** entsteht hingegen nur eine 1,0 Einigungsgebühr nach VV 1003 RVG, da die Regelung auch die PKH-Verfahren erfasst (Anm. Abs. 1 S. 1 zu VV 1003 RVG). Etwas anderes gilt nur, wenn die PKH lediglich für ein Beweisverfahren beantragt ist, hier entsteht eine 1,5 Einigungsgebühr.

837 Wird PKH/VKH für einen **Mehrvergleich** bewilligt, so wird durch § 48 Abs. 1 S. 1 RVG, der durch das KostRÄG 2021 novelliert wurde, klargestellt, dass die Bewilligung von PKH/VKH und die Beiordnung hierfür dazu führen, dass aus der Staatskasse sämtliche Gebühren, die für den Abschluss des Vergleichs anfallen, zu erstatten sind. Die Erstattung ist folglich nicht auf die **Einigungsgebühr** beschränkt, sondern umfasst in jedem Fall **auch die Differenzverfahrens- und die Terminsgebühr.**[2956] Die Regelung erfasst alle Fälle des Mehrvergleichs nach sämtlichen Verfahrensordnungen.[2957] Erfasst ist auch der Abschluss einer Scheidungsfolgevereinbarung für die von § 48 Abs. 3 RVG erfassten Gegenstände. Hier wird durch **§ 48 Abs. 3 S. 1 RVG** klargestellt, dass neben der Einigungsgebühr der VV 1000 RVG alle mit der Herbeiführung der Einigung erforderlichen Tätigkeiten aus der Staatskasse zu vergüten sind, dh auch die Differenzverfahrens- und die Terminsgebühr.

Damit hat der Gesetzgeber die aktuelle Rechtsprechung des BGH aufgegriffen,[2958] der bereits in einer Entscheidung vom 17.1.2018 entschieden hatte, dass die Beiordnung für den Abschluss eines Vergleichs zur Erstattung sämtlicher Gebühren aus der Staatskasse führe, da der verfassungsrechtliche Anspruch auf Rechtsschutzgleichheit nicht gewahrt werde, wenn trotz der Erweiterung der bereits bewilligten VKH auf den Abschluss des Mehrvergleichs die dem beigeordneten Rechtsanwalt durch die Vornahme dieser Verfahrenshandlung nach dem RVG erwachsenden Gebühren teilweise nicht von der Staatskasse getragen würden und im Übrigen die Vergütungspflicht des bedürftigen Beteiligten bestehen bliebe.

838 • **Außergerichtlicher Vergleich.** Obwohl die Beiordnung nur für das gerichtliche Verfahren erfolgt, kann der Anwalt für die Mitwirkung daran Ansprüche gegen die Staatskasse geltend machen,[2959] denn es kommt auf die Streitbereinigung des anhängigen Verfahrens an. Es bedarf aber einer **ausdrücklichen Beiordnung,**[2960] → Rn. 187, 227.

[2953] BR-Drs. 517/12 426; *Schneider/Thiel* Rn. 714; *Schons* AnwBl 2013, 314 (315).
[2954] Streitig aber in der Arbeitsgerichtsbarkeit: wie hier LAG Düsseldorf NZA-RR 2014, 661; **aA:** LAG Trier AGS 2015, 371: 1,0 gem. VV 1003; LAG Mainz Rpfleger 2011, 403 bei Erörterung im Termin.
[2955] OLG Saarbrücken AGS 2008, 35.
[2956] Zur Berechnung der Gebühren vgl. *H. Schneider* JurBüro 2019, 1.
[2957] BT-Drs. 19/23484, 79.
[2958] BGH NJW 2018, 1679.
[2959] OLG Schleswig OLGReport 2003, 124; OLG Frankfurt OLGReport 1998, 740; LAG Thüringen DB 1997, 1576.
[2960] OLG Koblenz FamRZ 2004, 1804; OLG Brandenburg Rpfleger 2001, 139.

- **Außergerichtliche Erörterung.** Für außergerichtliche Erörterungen mit dem Gegner steht dem beigeordneten Anwalt keine Verfahrensgebühr gegen die Staatskasse zu, da die Beiordnung diese Tätigkeit nicht umfasst.[2961] 839
- **Der beigeordnete Verkehrsanwalt** hat Vergütungsansprüche gegen die Staatskasse nur im Umfang seiner Beiordnung, also der „Führung des Verkehrs mit dem Verfahrensbevollmächtigten". Die Erforderlichkeit der Beiordnung eines Verkehrsanwalts ergibt sich aus den Umständen und ist zu verneinen, wenn die notwendigen Informationen telefonisch gegeben werden können.[2962] Nach der wohl überwiegenden Meinung in Rechtsprechung und Literatur ist auch in einer einfach gelagerten Scheidungsverbundsache das persönliche Beratungsgespräch mit einem Anwalt am Wohnsitz des Antragstellers zur zweckentsprechenden Rechtsverfolgung erforderlich.[2963] Der Verkehrsanwalt erhält eine Verkehrsanwaltsgebühr in Höhe einer Verfahrens- und Terminsgebühr (VV 3400 ff. RVG). Wirkt der Verkehrsanwalt bei einem Prozessvergleich mit, begründet das daher keinen Anspruch gegen die Staatskasse, es sei denn eine Erweiterung der Beiordnung (dann auch Einigungsgebühr) wäre erfolgt.[2964] Zur Beiordnung eines **Unterbevollmächtigten** vgl. → Rn. 707. 840
- Ist der Rechtsanwalt **nur zur Vertretung im Termin beigeordnet (Beweisanwalt)** bekommt er die Gebühr nach VV 3401 RVG. 841
- **Vermeidbare Kosten.** Der beigeordnete Anwalt ist gegenüber der Staatskasse zu kostensparender Prozessführung verpflichtet. Verursacht er überflüssige Kosten (zB Geltendmachung von Unterhaltsansprüchen in getrennten Verfahren, Kindesunterhalt außerhalb des Verbunds), ist er so zu behandeln, als habe er den kostensparenden Weg gewählt.[2965] Allerdings wird man dem Anwalt einen Gestaltungsspielraum zubilligen müssen und eine Kürzung nur in Fällen vornehmen dürfen, in denen der gewählte Weg eindeutig unzweckmäßig war. Vor diesem Hintergrund besteht kein Grund für eine **gemeinsame Einleitung von Umgangs- und Sorgeverfahren.**[2966] Bei Unterhaltsansprüchen einer Ehefrau und ihrer minderjährigen Kinder besteht dagegen im Regelfall kein sachlicher Grund für die Vertretung durch verschiedene Anwälte in getrennten Verfahren.[2967] Allerdings steht dem Anwalt kein Anspruch zu, wenn er nach Bewilligung der Prozesskostenhilfe für eine Berufung die Frist für einen Wiedereinsetzungsantrag versäumt, so dass die Berufung als unzulässig verworfen wird.[2968] Der Einwand der Mutwilligkeit kann in diesen Fällen nach zutreffender Ansicht im Festsetzungsverfahren nicht mehr berücksichtigt werden.[2969] 842

(8) **Der Vergütungsantrag gegen die Staatskasse** muss vom beigeordneten Anwalt persönlich gestellt werden, mag das Mandat auch der Sozietät, der er angehört, erteilt worden sein.[2970] Besondere Formvorschriften bestehen nicht.[2971] 843

[2961] OLG Düsseldorf OLGReport 1998, 196; **aA:** OLG Köln OLGReport 2001, 264.
[2962] OLG Köln FamRZ 2008, 525; ArbG Regensburg Rpfleger 2001, 357.
[2963] OLG Bamberg FamRZ 2012, 651.
[2964] LAG Nürnberg AGS 2016, 432; OLG Bamberg OLGReport 1999, 36; OLG Düsseldorf MDR 1991, 258; LAG Düsseldorf JurBüro 2006, 260; aA: OLG Zweibrücken JurBüro 1994, 607; Mayer/Kroiß/*Klees* RVG VV 1000 Rn. 36; *Groß* FPR 2002, 513 (516).
[2965] OLG Nürnberg AnwBl. 2003, 374; OLG Düsseldorf JurBüro 1994, 483; MDR 1993, 1132.
[2966] OLG Bremen NZFam 2015, 770; **aA:** OLG Hamm FF 2014, 215.
[2967] OLG Hamburg FuR 2019, 106 = BeckRS 2018, 29047.
[2968] OLG Karlsruhe MDR 1992, 611.
[2969] LAG Nürnberg AGS 2015, 578; LAG Hessen BeckRS 2012, 75711; **aA:** OLG München BeckRS 2015, 73033.
[2970] OLG Düsseldorf AnwBl 1991, 223; zur Beiordnung einer Rechtsanwalts-GmbH → Rn. 533.
[2971] Einzelheiten bei *Hansens* RVGreport 2014, 455, auch zur Frage der Verwendung amtlicher Formulare, für die kein Verwendungszwang besteht.

2. Fälligkeit der Vergütung

844 Die Anwaltsvergütung wird fällig:
- Mit Beendigung der Sachangelegenheit oder Erledigung des Auftrags als beigeordneter Anwalt, § 8 Abs. 1 S. 1 RVG,
- sind Folgesachen gem. § 140 FamFG abgetrennt, muss der Abschluss der Folgesache abgewartet werden,[2972] wird jedoch nach Abtrennung über Teile des Verbunds entschieden, tritt insoweit eine Teilfälligkeit ein, aber bleibt die Verjährung bis zur Beendigung des gesamten Verbundverfahrens gehemmt,[2973]
- nach Erlass der Kostenentscheidung, Beendigung der Instanz oder längerem als **dreimonatigem Ruhen** (= tatsächliches Ruhen, nicht – nur – im Sinne von § 251 ZPO),[2974] § 8 Abs. 1 S. 2 RVG. Hat der Anwalt in einem Ehescheidungsverfahren nach Ablauf der Dreimonatsfrist, zB wegen Nichtbetreibung des Versorgungsausgleichsverfahrens durch die Ehegatten, eine Vergütung erhalten, erhält er **dieselbe Vergütung** nicht noch einmal, wenn das Verfahren erst **mehrere Jahre** später fortgeführt wird, § 15 Abs. 5 S. 2 RVG ist hier nicht anwendbar.[2975] In einem **einstweiligen Anordnungsverfahren** nach §§ 49 ff. FamFG kann in einem **Abänderungsverfahren** (§ 54 Abs. 1 FamFG), das nach § 16 Nr. 5 RVG gebührenrechtlich zum Ursprungsverfahren gehört, ein neuer Vergütungsanspruch erst dann entstehen, wenn nach Abschluss des Ursprungsverfahrens **zwei Jahre** vergangen sind (§ 15 Abs. 5 S. 2 RVG).[2976]
- mit der Aufhebung der Beiordnung durch das Gericht auf Antrag des Rechtsanwalts aus wichtigem Grund, § 48 Abs. 2 BRAO, der Aufhebung der PKH-Bewilligung, § 124 ZPO, und dem Tod der hilfsbedürftigen Partei.
- Nach § 47 RVG kann ein „angemessener" Vorschuss auf bereits entstandene Gebühren und Auslagen verlangt werden.[2977]

3. Verjährung des Vergütungsanspruchs

845 **Der Vergütungsanspruch verjährt** entsprechend §§ 195, 199 BGB in drei Jahren ab Schluss des Kalenderjahres der Fälligkeit.[2978] Rechtskräftig festgestellte Ansprüche verjähren entsprechend § 197 Abs. 1 S. 3 BGB in 30 Jahren.

Das ist auch bei einem öffentlich-rechtlichen Anspruch sachgerecht, da er einen privatrechtlichen Anwaltsvertrag voraussetzt und dessen Substrat zum Schutz des Anwalts ist, so dass der Anwalt auch gegenüber der Staatskasse nicht besser stehen sollte als gegenüber seinem Mandanten.[2979] Eine baldige Abwicklung sieht das Gesetz als zweckmäßig an, wie sich aus dem Indiz der Fälligkeit der Vergütung schon nach dreimonatigem Ruhen des Verfahrens ergibt. § 214 Abs. 2 BGB, wonach das zur Erfüllung eines verjährten Anspruchs Geleistete nicht zurückgefordert werden kann,

---

[2972] *Groß* FPR 2002, 513 (517).
[2973] OLG Stuttgart JurBüro 2018, 243.
[2974] Gerold/Schmidt/*Mayer* RVG § 8 Rn. 29; **aA**: LG Karlsruhe AGS 2008, 61.
[2975] BGH NJW 2006, 1525; OLG Schleswig AGS 2013, 123 mzustAnm *N. Schneider;* OLG Köln AGS 2011, 321; KG FamRZ 2011, 667; OLG Oldenburg FamRZ 2011, 665; **aA**: OLG Brandenburg AGS 2009, 432.
[2976] Vgl. OLG Frankfurt NJW-RR 2015, 326; Prütting/Helms/*Dürbeck* FamFG § 54 Rn. 19; *N. Schneider* NZFam 2015, 301.
[2977] *Groß* FPR 2002, 513 (517); → Rn. 882 und BVerfG NJW 2005, 3699.
[2978] OLG Stuttgart JurBüro 2002, 538; OLG Köln MDR 1999, 1287.
[2979] OLG Stuttgart JurBüro 2002, 538; LAG Köln MDR 1999, 1287; **aA** wohl nur noch Riedel/Sußbauer/*Ahlmann* RVG § 45 Rn. 35 auch für den Fall der Annahme eines Aufopferungsanspruchs.

auch wenn in Unkenntnis der Verjährung geleistet worden ist, gilt auch für die Vergütung, die von der Staatskasse an einen beigeordneten Anwalt gezahlt worden ist.[2980]

Die Geltendmachung der **Einrede der Verjährung** durch die Staatskasse kann in Einzelfall wegen **unzulässiger Rechtsausübung nach § 242 BGB** ausgeschlossen sein, wenn der Anwalt aus verständlichen Gründen (zB Schweben eines Rechtsmittels oder eines Parallelprozesses, längeres Ruhen des Verfahrens) von einer Geltendmachung abgesehen hat, wobei hier aber zu berücksichtigen ist, dass dem Anwalt gegenüber der Staatskasse auch die Möglichkeit der Forderung eines **Vorschusses** nach § 47 RVG zugestanden hat.[2981]

Nach § 8 Abs. 2 RVG wird die Verjährung der Vergütung, die der Rechtsanwalt für eine Tätigkeit in einem gerichtlichen Verfahren erhält, während der Anhängigkeit dieses Verfahrens **gehemmt**.[2982]

4. Rückzahlung überzahlter Anwaltsvergütung

Überzahlte Gebühren hat der beigeordnete Anwalt der Staatskasse zurückzuzahlen (§ 1 Nr. 8 JBeitrG).[2983] Es gilt für die Geltendmachung durch die Staatskasse die Frist des § 20 GKG/§ 19 FamGKG/§ 20 GNotKG (vor Ablauf des nächsten Kalenderjahres nach Absendung der den Rechtszug abschließenden Kostenrechnung).[2984] Der Rückzahlungsanspruch des Staates ist **öffentlich-rechtlicher** Natur.[2985] Grund der Rückzahlungspflicht sind **Treu und Glauben**, nicht privatrechtliche Bereicherungsvorschriften.[2986] Der Anwalt kann sich nicht auf **Entreicherung** berufen.[2987] Er kann aber geltend machen, die Rückforderung verstoße gegen Treu und Glauben,[2988] wenn er auf eine unangefochtene letztinstanzliche Rechtsprechung **vertrauen** durfte.[2989]

Voraussetzung einer Rückzahlungspflicht des Anwalts ist eine **Abänderung der Festsetzung** zuungunsten des Anwalts. Die Abänderung kann im Rahmen von § 55 RVG jedoch nicht von Amts wegen erfolgen (→ Rn. 897) und ist nicht zugleich die Anordnung der Rückzahlung. Sie kann nur auf eine Erinnerung der Staatskasse nach § 56 Abs. 1 RVG angeordnet werden.[2990] Dagegen kann sich der Anwalt mit der Beschwerde (§ 56 Abs. 2 RVG) wehren.

Eine **Verwirkung des Rückzahlungsanspruchs der Staatskasse** ist denkbar. Allerdings ist das Erinnerungsrecht der Staatskasse nach § 56 Abs. 1 RVG vom Gesetzgeber bewusst unbefristet ausgestaltet worden, so dass allenfalls dessen Verwirkung in Betracht gezogen werden kann.[2991] Zeitlich ist an eine entsprechende Anwendung der §§ 20

846

847

848

[2980] LSG Bayern AGS 2018, 351.
[2981] OLG Koblenz JurBüro 2012, 657; OLG Düsseldorf 2008, 947.
[2982] Dazu BT-Drs. 14/9037, 65; Gerold/Schmidt/*Mayer* RVG § 8 Rn. 43.
[2983] LAG Hamm JurBüro 1994, 488; KG JurBüro 1976, 212; OLG München Rpfleger 1972, 114; NK-GK/*H. Schneider* RVG § 45 Rn. 19.
[2984] OLG Düsseldorf NJW-RR 1996, 441; frühere Verwirkung nimmt LSG Niedersachsen JurBüro 1999, 589 an.
[2985] LG Ulm AnwBl 1978, 263.
[2986] LG Ulm AnwBl 1978, 264; *Krämer* AnwBl 1979, 168.
[2987] OLG Celle AnwBl 1981, 455; OLG Hamm NJW 1973, 574; *Herget* MDR 1985, 617 (621); Riedel/Sußbauer/*Ahlmann* RVG § 55 Rn. 42.
[2988] OLG Celle Rpfleger 1981, 497; OLG Frankfurt NJW 1975, 706; OLG München Rpfleger 1972, 114.
[2989] OLG Hamburg JurBüro 1983, 720; auch: OLG Stuttgart AnwBl 1978, 462; OLG Frankfurt NJW 1975, 706; Toussaint/*Toussaint* RVG § 45 Rn. 34; **aA**: LG Ulm AnwBl 1978, 246.
[2990] Riedel/Sußbauer/*Ahlmann* RVG § 55 Rn. 39.
[2991] LSG Niedersachsen-Bremen BeckRS 2018, 35435; OLG Düsseldorf JurBüro 2017, 354.

GKG, 19 FamGKG, 20 GNotKG – zu denken.²⁹⁹² Das gilt auch bei veränderter Rechtsprechung.²⁹⁹³ §§ 20 GKG, 19 FamGKG, 20 GNotKG liegt der Gedanke zugrunde, dass Kostenschuldner innerhalb der dort bestimmten Frist mit einer Mehrbelastung rechnen müssen.²⁹⁹⁴ Die Frist beginnt bei Vergütungsfestsetzung vor Rechtskraft des zugrunde liegenden Hauptverfahrens mit der Rechtskraft, andernfalls bei erst nach Rechtskraft erfolgender Vergütungsfestsetzung mit der Kenntnis des Anwalts von der Festsetzung.²⁹⁹⁵ Voraussetzung einer Verwirkung ist freilich zusätzlich ein **Umstandsmoment** dahingehend, dass der Anwalt auf die Nichtgeltendmachung eines Rückzahlungsanspruchs der Staatskasse vertrauen durfte und bei ihm durch die verspätete Rückzahlung ein unzumutbarer Nachteil entstehen würde. Das ist nach Treu und Glauben nicht der Fall, wenn vor Ablauf der Frist der §§ 20 GKG, 19 FamGKG, 20 GNotKG die Staatskasse die Vergütungsfestsetzung angefochten hat und das daraufhin eingeleitete Verfahren noch nicht abgeschlossen ist.²⁹⁹⁶ Bei übermäßiger Dauer des Erinnerungs- und Beschwerdeverfahrens kann eine Verwirkung allerdings erneut akut werden. Aus Gründen der Rechtssicherheit scheint es aber wenig sinnvoll, eine Verwirkung vor Ablauf der Frist der §§ 20 GKG, 19 FamGKG, 20 GNotKG zu befürworten.²⁹⁹⁷

849 Die **Vollstreckung einer Rückforderung** (Beitreibung) geschieht gemäß §§ 1 Abs. 1 Nr. 8, 2 Abs. 1 JBeitrG im Verwaltungszwangsverfahren.²⁹⁹⁸ Auch eine Aufrechnung der Staatskasse gegen andere Vergütungsansprüche des Anwalts ist zulässig.

5. Rückfestsetzung

850 Wurden dem im Rechtsstreit Unterliegenden im Laufe des Rechtsstreits von der letztendlich obsiegenden Partei Prozesskosten erstattet, so bestimmt § 91 Abs. 4 ZPO, dass diese Kosten gleichfalls zu den Kosten des Rechtsstreits zählen, die zu erstatten sind. Ob die sog „**Rückfestsetzung**" auch dann möglich ist, wenn der Gegner Einwendungen erhebt,²⁹⁹⁹ wird unterschiedlich beantwortet, je nachdem, ob das gegnerische Vorbringen bestritten wird oder nicht.³⁰⁰⁰

6. Art der Vergütung

a) PKH-Gebühren

851 • **Gebühren** erhält der Anwalt bis zu einem Streitwert von 4.000,– EUR gemäß der Tabelle § 13 RVG, bei Streitwerten über 4.000,– EUR gemäß der Tabelle § 49 RVG in

---

²⁹⁹² OLG Düsseldorf NZFam 2019, 884 mAnm *N. Schneider;* OLG Celle FamRZ 2011, 246; OLG Brandenburg JurBüro 2010, 308; OLG Schleswig FamRZ 2009, 452; LAG Hamm JurBüro 1994, 488; OLG Celle JurBüro 1983, 99; OLG Braunschweig JurBüro 1980, 713; OLG Hamburg JurBüro 1983, 720; OLG Hamm JurBüro 1982, 877; aA: keine Anwendung von § 20 Abs. 1 GKG: LSG Thüringen BeckRS 2019, 16935; OLG Düsseldorf JurBüro 2017, 354; OLG Zweibrücken NJW-RR 2006, 1439; Gerold/Schmidt/*Müller-Rabe* RVG § 56 Rn. 43.
²⁹⁹³ OLG Hamburg JurBüro 1983, 720; **aA**: OLG Celle JurBüro 1983, 99.
²⁹⁹⁴ OLG Düsseldorf JurBüro 1996, 144; KG JurBüro 1976, 212 (213); OLG Stuttgart AnwBl 1978 (462).
²⁹⁹⁵ OLG Celle JurBüro 1983, 99; Riedel/Sußbauer/*Ahlmann* RVG § 55 Rn. 44.
²⁹⁹⁶ LSG Thüringen BeckRS 2019, 16935; LAG Hamm JurBüro 1994, 488; OLG Braunschweig JurBüro 1980, 713.
²⁹⁹⁷ OLG Braunschweig NdsRpfl 1978, 269, OLG Koblenz JurBüro 1980, 1048.
²⁹⁹⁸ Toussaint/*Volpert* Ziff. IX A und Toussaint/*Toussaint* RVG § 45 Rn. 33; Riedel/Sußbauer/ *Ahlmann* RVG § 55 Rn. 46.
²⁹⁹⁹ Zum Streitstand: Thomas/Putzo/*Hüßtege* ZPO § 91 Rn. 68.
³⁰⁰⁰ OLG Brandenburg Rpfleger 2012, 106; OLG Düsseldorf Rpfleger 2005, 696; OLG München NJW-RR 2006, 72.

verminderter Höhe gegenüber den Wahlanwaltsgebühren. Bei Streitwerten über 50.000,– EUR bleibt es ohne weitere Erhöhung bei der einheitlichen Gebühr von nunmehr 659,– EUR.

- **Wertgebühren, Gebührensatzrahmen und Festgebühren.** Die Tabelle § 49 RVG ist anwendbar auf alle Wertgebühren (Berechnung nach Streitwert, Gegenstandswert, Geschäftswert, Verfahrenswert). Für Betragsrahmengebühren (zB VV 2101–2102, 3102, 3106 RVG) ist die Tabelle naturgemäß nicht einschlägig. 852
- **Mindestgebühr und Centbeträge.** § 13 RVG ist anwendbar, soweit § 49 RVG keine abweichende Regelung enthält (§ 45 RVG). Grundsätzlich hat der PKH-Anwalt Anspruch auf die „gesetzlichen Gebühren", § 45 RVG. Also beträgt auch für den PKH-Anwalt die Mindestgebühr 15,– EUR, § 13 Abs. 3 RVG. Eine Rundung von Centbeträgen auf volle Cent findet nicht statt. 853
- Abgesehen von der Beschränkung der Gebührenbeträge nach § 49 RVG findet aber keine weitere Beschränkung statt. Die für ein **Berufungs-, Beschwerde und Revisionsverfahren** entstehenden Gebühren fallen deshalb auch bei der Beiordnung mit (den gegenüber der ersten Instanz) erhöhten Gebührensätzen an. § 45 RVG verweist insoweit ohne Einschränkung auf die „gesetzliche" Vergütung, so dass es auf das gesetzlich vorgesehene Vielfache ankommt.[3001] 854
- **Bei mehreren Auftraggebern** gelten die Erhöhungsregeln des § 7 RVG, VV 1008 RVG.[3002] 855

b) Weitere Vergütung

(1) **Weitere Vergütung aus der Staatskasse bis zur Höhe der Wahlanwaltsgebühren** erhält der PKH-Anwalt dann, wenn die von der PKH-Partei an die Staatskasse gemäß § 120 Abs. 2 ZPO gezahlten Beträge (Raten, Zahlung aus dem Vermögen) den Betrag übersteigen, der zur Deckung der Kosten und Ansprüche der Staatskasse gemäß § 122 Abs. 1 Nr. 1 ZPO erforderlich ist, § 50 RVG.[3003] Unter „weiterer Vergütung" sind Gebühren und Auslagen zu verstehen, denn „Vergütung" ist der Oberbegriff dazu, vgl. § 45 RVG, Überschrift § 50 und § 1 Abs. 1 RVG. § 50 RVG stellt klar, dass die Staatskasse die Beträge bis zur Höhe der Gebühren nach § 13 RVG einzuziehen hat. 856

(2) **Rateneinziehung durch die Staatskasse erfolgt bis zur Höchstzahl von 48 Monaten.**[3004] Dass die verminderten Anwaltsgebühren gedeckt sind, reicht nicht aus (§§ 49, 50 RVG). Das ist die gesetzliche Umgrenzung der Leistungsfähigkeit der Partei im Rahmen zumutbarer Belastung. Unter „Kostendeckung iSd § 120 Abs. 3 Nr. 1 ZPO ist daher die **Zahlung bis zur Deckung der Wahlanwaltsgebühren** zu verstehen. Dass der Staat hier über sein eigenes fiskalisches Interesse hinaus durch Kontrolle und Einziehung von Parteizahlungen ein privatrechtliches Vergütungsinteresse des Anwalts fördert, ist eine andere Frage. → Rn. 359 ff. Der beigeordnete Rechtsanwalt steht daher gegenüber dem Wahlanwalt insoweit besser, als ihm mit der Staatskasse ein solventer Schuldner gegenüber steht. Hat der Rechtspfleger der Partei mitgeteilt, die Ratenzahlung werde endgültig eingestellt, schafft er damit einen Vertrauenstatbestand, so dass eine Nach- 857

[3001] Toussaint/*Toussaint* RVG § 49 Rn. 9, 11.
[3002] → Rn. 59 ff., 810 für die Fälle der PKH-Bewilligung nur für einen Streitgenossen und *Wolf* JurBüro 2004, 518.
[3003] Eine Abänderung nach §§ 120 Abs. 4 aF, 120a ZPO umfasst auch die nicht fällige aber angemessene Differenzvergütung: OLG Düsseldorf Rpfleger 2001, 244.
[3004] OLG Koblenz NJW-RR 2000, 1384; LAG Hamm NJW-RR 1998, 201; LAG Köln MDR 1997, 108; LAG Hamm MDR 1997, 405; LAG Thüringen DB 1997, 1780; OLG Karlsruhe FamRZ 1995, 495; Zöller/*Schultzky* ZPO § 120 Rn. 10.; Riedel/Sußbauer/*Ahlmann* RVG § 50 Rn. 9 ff.

forderung ausgeschlossen ist.³⁰⁰⁵ Streitig ist im Übrigen, ob nach Zahlung von 48 Monatsraten und noch offener Wahlanwaltsvergütung bei Vermögenszufluss noch eine Einmalzahlung angeordnet werden kann.³⁰⁰⁶

Der beigeordnete Anwalt kann mit der Beschwerde nicht geltend machen, es hätten (höhere) Raten festgesetzt werden müssen (→ Rn. 1056).³⁰⁰⁷

858 (3) **Voraussetzungen der weiteren Vergütung sind:**

- **Deckung der Gerichts- und PKH-Anwaltsgebühren.** Aus den bei der Staatskasse eingehenden Parteizahlungen (Raten, Zahlung aus dem Vermögen) müssen zunächst Gebühren und Auslagen des Gerichts (auch des Gerichtsvollziehers) sowie übergegangene Ansprüche des beigeordneten Anwalts „gegen die Partei" gedeckt werden. Vergütungsansprüche gegen die eigene Partei bestehen zwar auch bei PKH-Gewährung, sind jedoch gemäß § 122 Abs. 1 Nr. 3 ZPO – dauernde Stundung – praktisch ausgeschlossen. Gemeint ist die Vorwegbefriedigung der Staatskasse aus den Zahlungen der PKH-Partei wegen der an den Anwalt gezahlten Vergütung.³⁰⁰⁸

859 - **Zur Vorbereitung der Zahlung einer weiteren Vergütung „soll" der Anwalt eine Vergütungsberechnung vorlegen,** § 50 Abs. 2 RVG. Sie dient dem Zweck, dem Staat eine Übersicht über Gesamtanspruchshöhe zu gewähren. Nur wenn darüber Klarheit besteht, ist eine fundierte Entschließung über eine vorläufige Einstellung der Zahlungen der Partei möglich (§ 120 Abs. 3 ZPO).³⁰⁰⁹ Die „Berechnung" ist an § 13 RVG auszurichten, um den Unterschied zur gesetzlichen Vergütung darzustellen. Eine Rechtspflicht zur „Berechnung" besteht nicht.³⁰¹⁰ Zu den Folgen der Nichtvorlage → Rn. 895.

860 - **Verfahrensvoraussetzungen einer Festsetzung der weiteren Vergütung** sind die rechtskräftige oder sonstige Beendigung des Verfahrens, dass die hilfsbedürftige Partei die ihr aufgegebenen Zahlungen geleistet hat oder eine Zwangsvollstreckung erfolglos geblieben ist oder aussichtslos erscheint, § 50 Abs. 1 S. 2 RVG.³⁰¹¹ Die Bestimmung ist im Zusammenhang mit § 55 Abs. 6 RVG – Aufforderung mit Fristsetzung zur Beantragung einer weiteren Vergütung – zu sehen. Bei einem Verbundverfahren tritt „Erledigung" erst mit Rechtskraft der abgetrennten Folgesache ein.³⁰¹²

861 Bei einer Beiordnung mehrerer Anwälte ist die Aufteilung der weiteren Vergütung auf die einzelnen Anwälte in § 50 Abs. 3 RVG geregelt. Maßgebend ist das Verhältnis der Unterschiedsbeträge zwischen den Gebühren nach § 49 RVG und den Regelgebühren nach § 13 RVG (Wahlanwaltsgebühren). Nach § 58 RVG anzurechnende Vorschüsse und Zahlungen sind vorher von den Unterschiedsbeträgen abzuziehen, § 50 Abs. 3 Hs. 2 RVG.

c) Auslagen

(1) Grundsatz

862 **Die allgemeinen mit der Anwaltstätigkeit verbundenen Auslagen,** wie insbesondere Kanzleiaufwand, Hilfskräfte, Literatur, Formulare, Datenbankrecherchen usw., sind

---

³⁰⁰⁵ So OLG Koblenz NJW-RR 2000, 1384.
³⁰⁰⁶ Vgl. *N. Schneider* NZFam 2018, 1024.
³⁰⁰⁷ OLG Zweibrücken Rpfleger 2000, 339.
³⁰⁰⁸ Vgl. *Mümmler* JurBüro 1981, 1 (11).
³⁰⁰⁹ OLG Zweibrücken FamRZ 1999, 391.
³⁰¹⁰ *Hartung* in Hartung/Schons/Enders RVG § 50 Rn. 27.
³⁰¹¹ OLG Düsseldorf MDR 1991, 550.
³⁰¹² OLG Koblenz MDR 2000, 851; OLG Bamberg JurBüro 1986, 236; OLG Düsseldorf JurBüro 1983, 79.

nicht besonders erstattungsfähig.[3013] Sie sind schon durch die Gebühren abgegolten, VV Vorb. 7 Abs. 1 RVG.

Konkrete durch das Mandat verursachte Auslagen werden dem beigeordneten Anwalt vergütet. Die in VV 7000 ff. RVG ausdrücklich erwähnten Pauschalen für Herstellung und Überlassung von Dokumenten (VV 7000 RVG); Entgelte für Post- und Telekommunikationsdienstleistungen (VV 7001, 7002 RVG), Fahrtkosten, einschließlich Tage- und Abwesenheitsgelder (VV 7003–7006 RVG), werden ergänzt durch Haftpflichtversicherungsprämien in bestimmten Fällen (VV 7007 RVG) und den Ersatz der auf die Vergütung entfallenden **Umsatzsteuer** (VV 7008 RVG). Ob letztere zu erstatten ist, richtet sich nicht nach dem Prozesskostenhilfe- oder Vergütungsrecht, sondern nach dem Umsatzsteuerrecht, so dass diese insbesondere nicht zu erstatten ist, wenn der Mandant seinen Wohnsitz in einem Drittland hat[3014]. Zu erstatten ist sie aber auch dann von der Staatskasse, wenn der Mandant zum Abzug der Vorsteuer berechtigt ist (→ Rn. 816). Der Anspruch gegen die hilfsbedürftige Partei auf Auslagenerstattung beruht im Übrigen auf dem Mandatsvertrag, §§ 675, 670 BGB. Es sind alle nach den Umständen aus der Sicht eines sorgfältig-vernünftig abwägenden Anwalts erforderlichen Auslagen zu erstatten, denn das RVG begründet den Anspruch auf Auslagenerstattung nicht, sondern regelt nur bestimmte Auslagenarten.

863

Die **Erforderlichkeit einer Auslage** bestimmt sich nach den Verhältnissen zur Zeit der Tätigkeit gemäß den Anschauungen des prozessualen Rechtsverkehrs.[3015] Kleinliche Nachprüfung ist nicht angebracht. Der Anwalt führt den Prozess – wie der Wahlanwalt – eigenverantwortlich. Er muss zu gegebener Zeit beurteilen, was seiner Partei an Prozessaufwand nützlich ist. Zweck des § 46 RVG ist die Verhinderung von Missbrauch.[3016] Es reicht daher, wenn die Auslage im Interesse der Partei aus damaliger Sicht **objektiv zweckmäßig** war.[3017] Dass sich eine Auslage erst im Nachhinein als nicht erforderlich darstellt, befreit nicht von ihrer Erstattung.[3018] Das Gesetz kennt insoweit keinen Unterschied zwischen Wahlanwalt und beigeordnetem Anwalt. Der mit PKH geführte Prozess ist kein Prozess zweiter Klasse.[3019] Auch der Wahlanwalt muss aber auf Vermeidung unnötiger Auslagen achten.[3020] Genau das, nicht mehr und nicht weniger, muss auch der beigeordnete Anwalt tun, andernfalls er eine Kürzung seiner PKH-Vergütung riskiert.[3021] Es gilt insoweit auch hier ein **Einwendungsdurchgriff:** Die Staatskasse kann sich darauf berufen, dass der Anwalt gegenüber seinem Mandanten die vertragliche Pflicht zur kostenschonenden Ausübung seiner anwaltlichen Tätigkeit verletzt hat.[3022] Es kann im Übrigen zunächst auf die allgemeinen Kommentierungen zu den VV Vorb. 7 und der VV 7000–7008 RVG verwiesen werden.

864

(2) Erstattungsbegrenzung nach § 46 RVG

- **§ 46 RVG stellt den Grundsatz der Erstattung aller erforderlichen Auslagen nicht in Frage,** sondern lediglich klar, dass die Staatskasse im Einzelfall die Nichterforder-

865

[3013] OLG Stuttgart NJW-RR 1999, 434 (zu Datenbankrecherchen); AG Bonn AnwBl 1998, 217; VG Oldenburg Rpfleger 1991, 160.
[3014] OVG Berlin-Brandenburg BeckRS 2015, 55340.
[3015] Übersicht zur Erforderlichkeit bei Toussaint/*Toussaint* RVG § 46 Rn. 21 ff.; Riedel/Sußbauer/*Ahlmann* RVG § 46 Rn. 14.
[3016] LG Frankenthal AnwBl 1983, 571; Riedel/Sußbauer/*Ahlmann* RVG § 46 Rn. 11.
[3017] Toussaint/*Toussaint* RVG § 46 Rn. 20.
[3018] Gerold/Schmidt/*Müller-Rabe* RVG § 46 Rn. 87.
[3019] OLG Frankfurt JurBüro 1978, 706 (707).
[3020] BGH NJW-RR 2013, 337; BAG NZA-RR 2013, 260; OLG Stuttgart JurBüro 2008, 262; OLG Naumburg JurBüro 2001, 481.
[3021] OLG Düsseldorf FamRZ 1987, 1166.
[3022] OLG Frankfurt NStZ-RR 2018, 32; AnwK-RVG/*Fölsch* RVG § 45 Rn. 42.

866 • **Auslagen vor PKH-Bewilligung** (dem Beginn ihrer Wirksamkeit) werden nicht erstattet.[3024] Im Einzelfall können allerdings Anwaltsaufwendungen, die typischerweise im Prozess anfallen, zur Glaubhaftmachung des PKH-Gesuchs aber schon vor PKH-Bewilligung getätigt worden sind, unter § 46 RVG fallen.[3025]

867 • **Parteiauslagen und der Partei obliegende Auslagen,** auch wenn sie der Anwalt vorgeschossen hat, sind grundsätzlich kein Aufwand des Anwalts selbst.[3026] Parteiaufwand sind die Informationskosten, die zur Information des nach § 46 RVG nicht mehrkostenberechtigten Anwalts anfallen, insbesondere eigene Reisekosten der Partei.[3027] Der beigeordnete auswärtige Anwalt kann ersparte Informations- und Terminreisekosten seiner Partei nicht geltend machen, um eigene Reisekosten staatlich vergütet zu erhalten.[3028] Aufwand kann ausnahmsweise als Anwaltsauslage angesehen und erstattet werden,[3029] wenn der Anwalt für die Partei, die dazu nicht in der Lage ist, Auslagen macht. Die Übernahme solcher Auslagen kann anwaltlicher Fürsorgepflicht entsprechen – zur Fürsorgepflicht des Anwalts → Rn. 169 ff.

868 **(3) Erforderliche Auslagen im Einzelnen (alphabetisch)**

• **Aktenversendungspauschale.** Soweit gegenüber dem beigeordneten Rechtsanwalt die **Aktenversendungspauschale**[3030] nach Nr. 9003 KV GKG (Nr. 2003 KV FamGKG, Nr. 31003 KV GNotKG) erhoben worden ist, ist der Rechtsanwalt alleiniger Kostenschuldner gegenüber der Staatskasse[3031] und kann sie später im Wege seiner Abrechnung nach § 46 RVG wieder erstattet verlangen, soweit die Einsichtnahme geboten war.[3032] Die Aktenversendungspauschale ist nicht mit dem Ersatz der Postentgeltspauschale nach VV 7002 RVG abgegolten.[3033]

• **Auswärtige Beweisaufnahmen.** Kosten, die dem beigeordneten Anwalt dadurch entstehen, sind im Prinzip stets zu erstatten.[3034] Entscheidend ist, dass er die Terminswahrnehmung im Interesse seiner Partei für geboten hält. Das gilt auch für eine Beweisaufnahme vor dem ersuchten Richter.[3035] Das Prinzip der Mündlichkeit und Unmittelbarkeit, das der Wahrheitsförderung dient, lässt die Anwesenheit des Anwalts in jedem gerichtlichen Termin im Zweifel als sachgemäß erscheinen.[3036] Das Gericht

---

[3023] LG Bad Kreuznach Beschl. v. 27.7.2010, 1043 Js 5548/08 KLs; OLG Brandenburg AGS 2007, 400; KG Rpfleger 1995, 226; OLG Düsseldorf JurBüro 1984, 713.
[3024] OLG Düsseldorf KoRsp BRAGO § 126 Nr. 15; OLG Koblenz Rpfleger 1981, 246.
[3025] OLG Köln Beschl. v. 28.6.1984 -10 UF 96/83 – Fotokopierkosten; vgl. auch: *Schneider* MDR 1985, 529.
[3026] LG Bielefeld AnwBl 1979, 185; OLG Düsseldorf JurBüro 1967, 246 u. KoRsp BRAGO § 126 Nr. 2; LAG Hamm MDR 1985, 435; KG Rpfleger 1984, 372; Riedel/Sußbauer/*Ahlmann* RVG § 46 Rn. 7; kritisch: *Herget* MDR 1985, 617 (619 f.).
[3027] OLG Bamberg JurBüro 1984, 1044 u. 1986, 606; OLG Nürnberg Rpfleger 1972, 462; OLG Schleswig KoRsp BRAGO § 126 Nr. 13; OLG Stuttgart Justiz 1987, 152; *Herget* MDR 1985, 617 (620); aA OLG Düsseldorf KoRsp BRAGO § 126 Nr. 36.
[3028] OLG Stuttgart JurBüro 1987, 1376; auch: OLG Bamberg JurBüro 1987, 1676.
[3029] *Schneider* KoRsp BRAGO § 126 Anm. zu Nr. 20.
[3030] Ausführlich *Volpert* RVGreport 2015, 442.
[3031] BGH NJW 2011, 3041; BVerwG NJW 1996, 2222.
[3032] Gerold/Schmidt/*Müller-Rabe* RVG § 46 Rn. 74.
[3033] BGH NJW 2011, 3041; OLG Naumburg AGS 2011, 598; *Volpert* RVGreport 2015, 442, 447.
[3034] BGH MDR 2005, 657; Riedel/Sußbauer/*Ahlmann* RVG § 46 Rn. 19.
[3035] BGH MDR 2005, 657; OLG Köln KoRsp BRAGO § 126 Nr. 3.
[3036] OLG Celle Rpfleger 2007, 402; Riedel/Sußbauer/*Ahlmann* RVG § 46 Rn. 19.

hätte keine Beweisaufnahme anordnen dürfen, wenn es nicht von ihrer sachlichen Erheblichkeit überzeugt gewesen wäre. Überlässt der beigeordnete Anwalt im Einzelfall die Terminswahrnehmung einem Unterbevollmächtigten, kann das durchaus sachgemäß sein, so dass die dadurch entstandenen Auslagen zu ersetzen sind.[3037] Andererseits besteht keine Pflicht zur Bestellung eines Unterbevollmächtigten oder Beweisaufnahmeanwalts, selbst wenn das kostensparender gewesen wäre. Die anwaltliche Wahrnehmung eines durch einen Sachverständigen anberaumten Besichtigungstermins ist sachgemäß. Wird dagegen in einer Kindschaftssache (§ 151 FamFG) nur ein Termin zur Kindesanhörung (§ 159 FamFG) bestimmt, ist die Anreise des einem Elternteil beigeordneten Anwalts zum Termin nicht veranlasst, da ein Anwesenheitsrecht nicht besteht.[3038] In diesem Fall fällt auch keine Terminsgebühr nach VV 3104 Abs. 1 Nr. 1 RVG an.[3039]

- **Beweismittelbeschaffung.** Derartige Kosten können erstattungsfähig sein.[3040] Zu denken ist beispielsweise an die Ermittlung von Zeugen,[3041] die Einholung eines für die Beurteilung und die Erfüllung der Darlegungs- und Beweislast mitentscheidenden Sachverständigengutachtens (nicht nur zwecks Beweiswürdigung),[3042] die Besichtigung einer Unfallstelle in einem Verkehrsunfallprozess, eines Bauwerks in einem Bauprozess u. ä. In diesem Zusammenhang sind Kosten für ein eingeholtes **Privatgutachten** dann zu erstatten, wenn deren Einholung zur zweckentsprechenden Rechtsverfolgung erforderlich ist. Dies wird in der Rechtsprechung insbesondere dann bejaht, wenn es dazu dient, ein gerichtliches Gutachten zu überprüfen, zu widerlegen oder zumindest zu erschüttern.[3043] In Amtsermittlungsverfahren, wie zB in Kindschaftssachen nach § 151 Nr. 1 und 2 FamFG, ist die Sachdienlichkeit dagegen im Regelfall zu verneinen.[3044]

869

- **Detektivkosten** können erstattungspflichtig sein, etwa zur Ermittlung eines Vollstreckungsschuldners.[3045] Ein einfacherer und billigerer Weg der Ermittlung darf nicht möglich gewesen sein.[3046] Die Detektivkosten müssen in einem angemessenen Verhältnis zur Bedeutung des Streitgegenstandes stehen und müssen in dem betreffend Verfahren **verwerten** werden dürfen, was bei einem Verstoß gegen das **Recht auf informationelle Selbstbestimmung** der anderen Partei nicht der Fall ist.[3047]

870

- **Dolmetscherkosten zur Verständigung des Anwalts mit der Partei** sind erstattungsfähig, wenn die Hinzuziehung erforderlich war.[3048] Die Verständigung mit dem Mandanten zu ermöglichen, ist Sache des Anwalts. Ob und welcher Dolmetscher zugezo-

871

[3037] OLG Hamburg KoRsp BRAGO § 126 Nr. 6; OLG München KoRsp BRAGO § 126 Nr. 22; OLG Schleswig KoRsp BRAGO § 126 Nr. 50.
[3038] BGH NJW 1987, 1024.
[3039] OLG Frankfurt FamRZ 2018, 377.
[3040] **AA** OLG Düsseldorf JurBüro 1967, 246.
[3041] Toussaint/*Toussaint* RVG § 46 Rn. 21 Stichw. « Anschrift ».
[3042] BGH NJW 2012, 2734; OLG München NJW-Spezial 2018, 588; OLG Dresden MDR 2016, 397; OLG Stuttgart AnwBl 1979, 392.
[3043] OLG Bremen MDR 2015, 1200; OLG Hamm AGS 2013, 478 mit weiteren Gründen und Nachweisen der Rspr.
[3044] OLG Frankfurt BeckRS 2021, 8517; OLG Dresden MDR 2016, 397; OLG Köln FamRZ 2013, 319.
[3045] KG KGReport 2002, 297.
[3046] OLG Bremen MDR 2015, 1200; OLG Karlsruhe OLGReport 1999, 40; eingehende Übersicht zu Höhe und Erstattungsfähigkeit von Detektivkosten von *Heynert* AnwBl 1999, 140 ff.
[3047] BGH NJW 2013, 2668: GPS-Sender.
[3048] BVerfG NJW 2004, 50; LSG Bayern NZS 2015, 319; OLG Brandenburg NJW-RR 2002, 1290; OLG Düsseldorf BeckRS 2011, 03265; KG Rpfleger 1995, 226 (Übersetzung der Beschuldigtenvernehmung). → Rn. 747.

gen wird, entscheidet der Anwalt,[3049] falls die Partei nicht auf die Entbehrlichkeit eines Dolmetschers hingewiesen hat oder sich dies aus den Umständen ergibt.[3050] Dolmetscherkosten sind jedoch als Parteiauslagen einzustufen, wenn die Partei von sich aus zur Prozessvorbereitung einen Dolmetscher in Anspruch nimmt.[3051] Gemäß § 46 Abs. 2 S. 3 RVG ist die Erstattung auf die sich nach dem JVEG ergebenden Sätzen beschränkt (vgl. §§ 9 Abs. 5, 11). Auch **Übersetzungskosten für eine ausländische Urkunde** kommen in Betracht, wenn dem eine gerichtliche Auflage zu Grunde liegt.[3052]

872 • **Fotokopien.** Die Kosten sind gemäß § 46 Abs. 1 RVG, VV 7000 RVG zu ersetzen für:
 – Kopien (für die ersten 50 Seiten je Seite 0,50 EUR, für jede weitere Seite 0,15 EUR) aus Behörden- und Gerichtsakten, soweit das zur sachgemäßen Bearbeitung erforderlich war (VV 7000 Ziff. 1a RVG).[3053] Vorgesehen ist auch eine Erstattungsfähigkeit von **Farbkopien** (1,– EUR für die ersten 50, danach 0,30 EUR für jede weitere Seite).
 – Kopien für die Unterrichtung von Gegnern oder Beteiligten nach Maßgabe der VV 7000 Ziff. 1b RVG oder des Auftraggebers nach Maßgabe der VV 7000 Ziffer 1c RVG (wenn mehr als 100 Ablichtungen).
 – Für „zusätzliche" (dh über das übliche Maß hinaus), im Einvernehmen mit dem Auftraggeber gefertigte Fotokopien (VV 7000 Ziff. 1d RVG) besteht im Rahmen der PKH eine Ersatzpflicht nur gem. § 46 Abs. 1 RVG, denn das Einverständnis der Partei kann die Auslagenerstattungspflicht der Staatskasse nicht erweitern.
 – Für elektronisch gespeicherte Dateien anstelle der Ablichtungen nach VV 7000 Ziff. 1d RVG (VV 7000 Ziff. 2 RVG): je Datei 1,50 EUR (ermäßigt durch das 2. Kostenrechtsmodernisierungsgesetz).
 Wird dem Anwalt die Akte in digitalisierter Form überlassen, können gleichwohl erfolgte Ausdrucke zu erstatten sein, wenn der Anwalt darlegen kann, warum dies zur sachgerechten Bearbeitung des Falles erforderlich war.[3054]

873 **Üblich und kostenlos zu bewerkstelligen** (wenn nicht schon kostenlos überlassen) sind Ablichtungen von allem im Verfahren gewechselten Schriftwerk des Gerichts, der Anwälte und der Parteien selbst.[3055] Bei Urkundenvorlage ist es Sache der Partei, die erforderlichen Stücke zur Verfügung zu stellen, um die Gegenpartei zu informieren (§ 131 ZPO). Es leuchtet nicht ein, dass die Partei, die dies unterlässt und den Anwalt um Herstellung der Überstücke bittet, die Kopierkosten soll sparen können, weil dem Anwalt solche Kosten im Rahmen der PKH ausgeglichen werden.[3056] Bei dieser Sachlage werden Partei wie Anwalt auf den Erstattungsanspruch bei Obsiegen zu verweisen sein. Das **Einscannen** ist im Rahmen von VV 7000 Nr. 1a RVG dem herkömmlichen Fotokopieren gleichzustellen.[3057]

874 Für die **Erstattungsfähigkeit von Fotokopien** kommt es entscheidend auf die typisch notwendige Verbindung der Urkunde mit dem Sachvortrag und auf den Umfang der

---

[3049] OVG Lüneburg JurBüro 1995, 526.
[3050] OLG Stuttgart FamRZ 2001, 238 (für § 8 GKG aF nur bei Hinweis der Parteien).
[3051] VG Mainz JurBüro 1995, 527; LAG Hamm MDR 1985, 435 (Gericht erwägt Ausdehnung PKH – „Rechtsfortbildung" – auf Dolmetscher).
[3052] OLG Jena FamRZ 2014, 1873.
[3053] OLG Düsseldorf JurBüro 2000, 360; AG Mettmann AG kompakt 2010, 90.
[3054] OLG Frankfurt NStZ-RR 2018, 231.
[3055] VG Oldenburg/Osnabrück Rpfleger 1991, 160.
[3056] OLG Karlsruhe NJW-RR 1999, 437 bejaht Erstattungsfähigkeit; vgl. aber BVerfG NJW 1996, 382 (keine Erstattung der üblichen für Gegner und Gericht bestimmten Doppel).
[3057] LSG Bayern AGS 2013, 121.

§ 12 Wirkung der Anwaltsbeiordnung im Einzelnen und Anwaltsvergütung   301

Urkunde an. Dem Anwalt steht insoweit ein Beurteilungsermessen zu, wenn sich die Erforderlichkeit an sich auch nach einem objektiven Maßstab richtet.[3058]

- **Beispiele aus der PKH-Rechtsprechung** zur Erstattung von Fotokopierauslagen: 875
  - Parteiinformation macht Ablichtungen nur entbehrlich, wenn gewiss ist, dass sie schlechthin erschöpfend möglich war, der Anwalt braucht sich nicht auf Akteneinsicht und handschriftliche Notizen und Auszüge zu beschränken, das wäre nicht mehr zeitgemäß, und der mit PKH geführte Prozess ist kein Prozess zweiter Klasse.[3059]
  - Die Anfertigung von je drei Fotokopien von Verdienstbescheinigung und Arztattest in einem Unterhaltsprozess ist sachgemäß,[3060] aber → Rn. 873.
  - Fotokopierkosten sind, wenn die Vervielfältigung an sich Sache der Partei gewesen wäre, nicht zu erstatten, da die Partei nicht auf diese Weise Kopiekosten einsparen kann.[3061]
  - Die Einsicht in die Prozessakten und Anfertigung von Fotokopien daraus durch den Berufungsanwalt nach seinem verständigen, sachorientierten Ermessen ist im Zweifel stets eine erforderliche Auslage, da die Handakten des Voranwalts weder Gewähr für Vollständigkeit bieten noch vielfach rechtzeitig zur Erfüllung richterlicher Auflagen und von Fristen zur Verfügung stehen.[3062]
  - Nicht erforderlich sind Fotokopien von Unterlagen der eigenen Partei, um diese zu unterrichten.[3063]
  - Kopiert der Anwalt die gesamte Akte (hier Verwaltungsgerichtsakte mit 126 Seiten), 876 wird die Erforderlichkeit zu verneinen sein, wenn er nicht zwischen für die sachgemäße Bearbeitung des Verfahrens notwendigen und nicht notwendigen Ablichtungen unterscheidet bzw. diese nicht darlegt.[3064]
- **Hilfskräfte.** Kosten für Hilfskräfte sind allgemeine Geschäftsunkosten, falls ihr Einsatz nicht im Einzelfall der Beweismittelbeschaffung gleichzusetzen ist.[3065]
- **Post- und Telekommunikationsentgelte** können konkret oder pauschal erstattet verlangt werden, VV 7001, 7002 RVG. Der Pauschsatz beträgt 20 % der gesetzlichen 877 Gebühren (VV 7002 RVG), wobei auf die aus der Staatskasse (ggf. nach § 49 RVG berechneten) Gebühren abzustellen ist (Anm. Abs. 2 zu VV 7002 RVG). Höchstens sind 20,– EUR zu erstatten. Die Pauschale kann auch dann beansprucht werden, wenn der Anwalt über einen Flatrate-Vertrag verfügt.[3066]
- **Reisekosten** sind in § 46 Abs. 1 RVG besonders hervorgehoben („insbesondere Reisekosten").[3067] Es muss eine Geschäftsreise iSd VV Vorb. 7 Abs. 2 RVG vorliegen. 878
  - **Anreise mit dem Kfz:** Es sind 0,42 EUR je Kilometer zu ersetzen (VV 7003 RVG) zzgl bare Aufwendungen aus Anlass der Reise, zB Parkentgelte (VV 7006 RVG).
  - **Kosten der ersten Wagenklasse** der Bahn werden dem Anwalt regelmäßig zu vergüten sein. Eine Flugreise ist nur notwendig, wenn sie sich im Vergleich zum Zug als

---

[3058] VG Oldenburg NVwZ–RR 2002,78.
[3059] OLG Frankfurt JurBüro 1978, 706 (707).
[3060] OLG Schleswig JurBüro 1978, 1355 u. SchlHA 1986, 184.
[3061] OVG Mecklenburg-Vorpommern NordÖR 2010, 328; → Rn. 739; bejahend aber OLG Düsseldorf KoRsp BRAGO § 126 Nr. 2.
[3062] **AA:** OLG Nürnberg Rpfleger 1963, 139 (kostenfreie Abschriften durch das Gericht).
[3063] OLG Nürnberg Rpfleger 1963, 139.
[3064] SG Berlin AGS 2011, 232; siehe aber auch OLG Düsseldorf JurBüro 2000, 360, wonach es dem RA bei umfangreichen Strafakten nicht zuzumuten ist, schon bei der Auswahl der abzulichtenden Seiten jede einzelne Seite vollständig zu lesen und auf die Notwendigkeit der Ablichtung zu überprüfen.
[3065] OLG Brandenburg NStZ-RR 1997, 64 (Assessorin mit besonderen rechtshistorischen Kenntnissen) bei Pflichtverteidigung.
[3066] OLG Frankfurt AGS 2017, 396.
[3067] Ausführlich *N. Schneider* NZFam 2018, 669.

die wesentliche schnellere Alternative darstellt[3068] und die Kosten hierfür in einem angemessenen Verhältnis zu den Kosten einer Bahnreise mit der 1. Klasse stehen.[3069] Hinsichtlich notwendiger Kosten der **Übernachtung** in einem Hotel gesteht die Rspr. lediglich ein Mittelklassehotel zu.[3070]
- **Tage- und Abwesenheitsgelder** (VV 7005 RVG).
- Zu den **Mehrkosten des auswärtigen Anwalts** eingehend → Rn. 690 ff., 675 ff.
- § 121 Abs. 4 ZPO[3071] ermöglicht die **Beiordnung eines Verkehrs- und Beweisaufnahmeanwalts** durch das Prozessgericht, wenn besondere Umstände dies erfordern. Hierzu eingehend → Rn. 706.
- Für **Ansprüche gegen die Staatskasse** kommt es auf den Inhalt des Beiordnungsbeschlusses an. Wenn dieser keine Beschränkung enthält, sind auch die Terminsreisekosten des auswärtigen Anwalts zu vergüten.[3072]
- **Kosten eines Unterbevollmächtigten** kann der beigeordnete Anwalt bis zur Höhe seiner durch den Einsatz des Unterbevollmächtigten ersparten eigenen Reisekosten geltend machen.[3073]
- **Beim Beweisaufnahmeanwalt ist es anders.** Er ist selbst vom Gericht im Rahmen der PKH beigeordnet und hat einen eigenen Anspruch gegen die Staatskasse auf Vergütung, § 121 Abs. 4 ZPO.

879   Die **Vorabentscheidung über die Erforderlichkeit von Reisekosten gemäß § 46 Abs. 2 S. 1 RVG** ist keine rechtliche Voraussetzung der Erstattung anwaltlicher Reisekosten.[3074] Die Vorabentscheidung soll Anwalt und Partei nur Klarheit über die Erstattungsfähigkeit von Reisekosten des Anwalts geben. Antragsberechtigt ist nur der beigeordnete Anwalt, nicht die Partei oder die Staatskasse. Die Staatskasse ist aber zu hören.[3075] Nach der Reise ist eine „Vorabentscheidung" naturgemäß nicht mehr möglich.[3076] Wird in der Vorabentscheidung die Erforderlichkeit der Reise verneint, bleibt das ohne rechtliche Wirkung für den Urkundsbeamten der Geschäftsstelle und bindet nicht.[3077] Über die Notwendigkeit dieses Aufwands ist davon unabhängig im Festsetzungsverfahren zu entscheiden. Wird in der Vorabentscheidung aber die Erforderlichkeit der Reise bejaht, bindet dies – im Verhältnis des beigeordneten Anwalts zum Staat
- im Festsetzungsverfahren (§§ 55, 46 Abs. 2 RVG). Nach zutreffender Auffassung besteht aber keine Bindungswirkung für eine Vergütung der Reisekosten, wenn der Rechtsanwalt nur zu den Bedingungen eines im Gerichtsbezirk niedergelassenen Anwalts beigeordnet ist.[3078]

[3068] OLG Koblenz JurBüro 2010, 430.
[3069] OLG Köln MDR 2010, 1287; NK-GK/*Stollenwerk* RVG VV 7003–7006 Rn. 28.
[3070] OLG Frankfurt NStZ-RR 2018, 32; OLG Saarbrücken AGS 2014, 251; das Frühstück ist herauszurechnen, vgl. *N. Schneider* NZFam 2018, 669 (671).
[3071] BGH NJW 2004, 2497 – Abänderung von OLG Zweibrücken FamRZ 2004, 707; weiter *Madert/Müller-Rabe* NJW 2007, 1920.
[3072] KG FamRZ 2011, 835; OLG Celle FamRZ 2008, 162; OLG Dresden FamRZ 2008, 164; OLG Oldenburg JurBüro 2004, 324; KG MDR 2004, 474 mwN auch zur Gegenansicht.
[3073] OLG Brandenburg JurBüro 1997, 591, s. auch BGH MDR 2005, 177 zu § 91 ZPO.
[3074] OLG Hamburg KoRsp BRAGO § 126 Nr. 7; HessVGH NJW 1985, 218; OLG Zweibrücken Rpfleger 1982, 39; Riedel/Sußbauer/*Ahlmann* RVG § 46 Rn. 29; aA: OLG Bremen KoRsp BRAGO § 126 Nr. 21 mit abl. Anm. *Schneider*.
[3075] OLG München MDR 2000, 1456; Riedel/Sußbauer/*Ahlmann* RVG § 46 Rn. 32.
[3076] *Schneider* KoRsp BRAGO § 126 Anm. zu Nr. 21.
[3077] Gerold/Schmidt/*Müller-Rabe* RVG § 46 Rn. 96.
[3078] *Hansens* RVGreport 2010, 329; **aA:** *Stein* FamFR 2010, 31; offenlassend: Gerold/Schmidt/*Müller-Rabe* RVG § 46 Rn. 95.

- Eine „Vorabentscheidung" über andere Auslagen sieht § 46 Abs. 2 S. 2 RVG vor und bezieht sich auf die Aufwendungen iSv VV Teil 7 RVG.
  - Die „Vorabentscheidung" ist – wie immer sie lautet – **unanfechtbar** (hM). § 46 Abs. 2 RVG ist in § 56 Abs. 1 RVG nicht erwähnt.[3079]
- **Schreibauslagen,** siehe Fotokopien.
- **Übersetzungen,** die erforderlich sind, um der der deutschen Sprache nicht mächtigen Partei Gerichtsurteile sowie die wesentlichen Vorgänge in ihrer Sprache zu vermitteln,[3080] sind erstattungsfähig. Ebenso erstattungsfähig sind vom Anwalt veranlasste Übersetzungen von Urkunden, die dem Gericht vorgelegt werden sollen, überhaupt von allen prozesswesentlichen Schreiben,[3081] denn die Gerichtssprache ist Deutsch. Die Notwendigkeit der Übersetzungen muss jedoch im Zweifel vom Anwalt dargelegt werden.[3082] Wie bei den Dolmetscherkosten ist die Erstattungshöhe auf die die Sätze des JVEG begrenzt (§ 46 Abs. 2 S. 3 RVG). Es gilt § 11 JVEG.

880

(4) Beweislast für die Erforderlichkeit

881

Im Zweifel ist die Anwaltsauslage als notwendig anzuerkennen. Die Beweislast für das Gegenteil trägt die Staatskasse.[3083]

7. Vorschusszahlung an Anwalt

Einen Vorschuss kann der Anwalt von der Staatskasse verlangen, § 47 RVG, für „entstandene" Gebühren und Auslagen sowie für „voraussichtlich entstehende" Auslagen. Die Vorschrift ersetzt dem beigeordneten Anwalt die Vorschussregelung für Wahlanwälte gemäß § 9 RVG. Der Vorschuss ist in Höhe der vollen entstandenen Gebühren und Auslagen bzw. der vollen voraussichtlich entstehenden Auslagen zu zahlen. Er setzt aber voraus, dass bereits eine gebührenpflichtige Tätigkeit vorgenommen wurde.[3084] Das Vorschussverfahren entspricht dem Festsetzungsverfahren nach §§ 55, 56 RVG. Dazu wird auf → Rn. 883 ff. verwiesen.

882

VIII. Verfahren zur Festsetzung der Vergütung des beigeordneten Anwalts

1. Regelung

Das Verfahren des Urkundsbeamten der Geschäftsstelle bei Festsetzung der Vergütung des beigeordneten Anwalts aus der Staatskasse ist gesetzlich in §§ 55, 56 RVG geregelt, auf § 104 Abs. 2 ZPO wird in § 55 Abs. 5 S. 1 RVG verwiesen.[3085] Das Verfahren ist vom Kostenfestsetzungsverfahren nach §§ 103 ff. ZPO unabhängig.

883

[3079] OLG Celle AGS 2012, 480; OLG München MDR 1989, 481; KG JurBüro 1986, 1381; Riedel/Sußbauer/*Ahlmann* RVG § 46 Rn. 33.
[3080] OLG Oldenburg JurBüro 1996, 255; KG Rpfleger 1995, 226; OLG Stuttgart JurBüro 1973, 751; **aA:** OLG Brandenburg NJW-RR 2002, 1290.
[3081] OLG Jena FamRZ 2014, 1873; OLG Hamm JurBüro 2001, 248 (für sachgerechte Verteidigung erforderlich).
[3082] KG JurBüro 2009, 31.
[3083] OLG Brandenburg AGS 2007, 400.
[3084] SG Augsburg AGS 2009, 396; AG Koblenz AGS 2005, 352; Mayer/Kroiß/*Ebert* RVG § 47 Rn. 4.
[3085] AG Berlin-Schöneberg JurBüro 2002, 375 (§ 104 Abs. 1 S. 2 ZPO – Verzinsung –) ist deshalb unanwendbar; *Groß* FPR 2002, 513 (517).

884 Es besteht daneben eine **bundeseinheitliche Verwaltungsvorschrift** für das Festsetzungsverfahren,[3086] die allerdings nur innerdienstliche Verbindlichkeit hat.
Das Festsetzungsverfahren ist das einzige Verfahren zur Vergütungsdurchsetzung. Eine Leistungsklage und auch eine Feststellungsklage gegen den Fiskus sind ausgeschlossen.

2. Antrag[3087]

885 **Ein formloser Antrag** auf Festsetzung der Vergütung ist ausreichend,[3088] aber auch erforderlich, § 55 Abs. 1 RVG. Amtliche Vordrucke müssen nicht benutzt werden.[3089] Der Antrag kann schriftlich, elektronisch oder zu Protokoll der Geschäftsstelle gestellt werden.[3090] Er muss vom beigeordneten Anwalt unterzeichnet sein.[3091]

886 **Antragsberechtigt** sind der beigeordnete Anwalt, der Verkehrsanwalt, der Beweisaufnahmeanwalt, nach deren Tod auch der Sozius, der Kanzleiabwickler, Rechtsnachfolger, Abtretungs- und Pfandgläubiger.[3092] Die PKH-Partei oder der Prozessgegner haben kein Antragsrecht. Werden sie über § 59 RVG in Anspruch genommen, können sie sich mit der Erinnerung und der Beschwerde nach den jeweilgen Kostengesetzen (§ 59 Abs. 2 S. 1 RVG) wehren.

887 **Notwendiger Inhalt des Festsetzungsantrags** ist nicht eine Vergütungsberechnung nach § 10 RVG. Auf ihn ist in § 55 RVG nicht verwiesen. Sein Zweck erfordert es auch nicht, ihn bei Festsetzung der Vergütung eines PKH-Anwalts zu beachten, so dass eine **Bindungswirkung** analog § 308 Abs. 1 ZPO entgegen der hM nicht anzunehmen sein dürfte.[3093] Der Antrag muss aber die bis zum Antragsdatum geleisteten Zahlungen der Partei oder Dritter auch der Höhe nach angeben. Künftige Zahlungen sind „unverzüglich anzuzeigen", § 55 Abs. 5 RVG.

888 **Eine Frist** für die Antragstellung besteht nicht. Nur im Fall des § 55 Abs. 6 S. 1 RVG kann der Urkundsbeamte den Rechtsanwalt auffordern, binnen einer **Ausschlussfrist**[3094] von einem Monat den Antrag auf weitere Vergütung nach § 50 RVG einzureichen, hierzu unten → Rn. 895.

3. Festsetzungsverfahren des Urkundsbeamten der Geschäftsstelle

889 (1) **Zuständig** ist der Urkundsbeamte der Geschäftsstelle des Rechtszugs, für den Vergütung beantragt wird, soweit es sich um Gebühren nach Teil 3 RVG handelt (§ 55 Abs. 2 RVG). Nach rechtskräftiger oder sonstiger Beendigung des Rechtszugs ist zuständig stets der Urkundsbeamte der Geschäftsstelle des **ersten Rechtszugs**, § 55 Abs. 1 RVG.

890 (2) **Von Amts wegen**[3095] ist der Vergütungsanspruch zu ermitteln. Der Urkundsbeamte ist dabei nicht auf die Prozessakten beschränkt. Er kann von allen sonstigen

---

[3086] Abdruck (Fassung NRW) bei Toussaint/*Benner*, Kostengesetze, VII B 6; Fundstellennachweis für die Bundesländer bei Gesamtes Kostenrecht/*H. Schneider*, Anhang I.
[3087] Ausführlich zu Fragen der Form des Antrages: Hansens RVGreport 2014, 455.
[3088] OLG Frankfurt JurBüro 1992, 683; LAG Hamm JurBüro 1985, 555; Gerold/Schmidt/*Müller-Rabe* RVG § 55 Rn. 17; Hansens RVGreport 2014, 455, 456.
[3089] AnwK-RVG/*Volpert* RVG § 55 Rn. 29 (elektronische Datenverarbeitung).
[3090] NK-GK/*Stollenwerk* RVG § 55 Rn. 4.
[3091] OLG Koblenz FamRZ 2002, 1506.
[3092] OLG Düsseldorf BeckRS 2010, 20001; Gerold/Schmidt/*Müller-Rabe* RVG § 45 Rn. 120 f.; Riedel/Sußbauer/*Ahlmann* RVG § 55 Rn. 17.
[3093] **AA:** SG Berlin BeckRS 2011, 71030; OLG Köln AGS 2007, 362; Riedel/Sußbauer/*Ahlmann* RVG § 55 Rn. 19.
[3094] *Hartung* in Hartung/Schons/Enders RVG § 55 Rn. 19.
[3095] Riedel/Sußbauer/*Ahlmann* RVG § 55 Rn. 31.

zulässigen Erkenntnismitteln Gebrauch machen. Seiner Prüfung unterliegt nicht die **Richtigkeit der gerichtlichen PKH- und Beiordnungsentscheidung** nach Grund und Umfang.[3096] Zu prüfen sind die Sachvoraussetzungen des Vergütungsanspruchs (§§ 45, 48 RVG), die Vergütungsberechnung (§ 49 RVG), ein etwaiges Verschulden bei einem Anwaltswechsel (§ 54 RVG), die Notwendigkeit und Höhe der Auslagen (§ 46 RVG). Soweit es um die Anwendung des zum 1.1.2021 reformierten Gebührenrechts geht, ist hinsichtlich noch verbleibender **Altfälle die Übergangsbestimmung des § 60 RVG** zu beachten. Dabei ist zu beachten, dass auch für die Änderungen aufgrund des KostRÄG 2021 bereits der gleichfalls durch dieses Gesetz geänderte § 60 RVG gilt, da diese Änderung bereits zum 30.12.2020 in Kraft getreten ist.

(3) **Glaubhaftmachung.** 891
- **Auslagen für Post-, Telegrafen- und Fernsprechgebühren.** Insofern genügt die anwaltliche Versicherung über die Entstehung, § 104 Abs. 2 S. 2 ZPO.[3097]
- **Für sonstige Auslagen** bedarf es der Glaubhaftmachung der Ansätze, §§ 104 Abs. 2 S. 1 ZPO, 55 Abs. 5 S. 1 RVG mit den üblichen Glaubhaftmachungsmitteln der ZPO.[3098]
- **Die Vorlage von Handakten** des Anwalts kann nicht verlangt werden.[3099]

Bei der **Auslagenprüfung** darf der Urkundsbeamte nicht sein Ermessen über die Erforderlichkeit der Auslage an die Stelle des dafür maßgebenden Anwaltsermessens setzen.

(4) **Bindung des Urkundsbeamten an den Vergütungsantrag.** Es ist davon auszugehen, dass der Anwalt im Zweifel die Vergütung haben will, die ihm nach den obwaltenden Umständen von Rechts wegen zusteht. (vgl. bereits → Rn. 887 zum Streitstand). Der Streit um die Anwendbarkeit des § 308 Abs. 1 S. 1 ZPO bedarf letztlich praktisch keiner Entscheidung. Es ist allgemein anerkannt, dass ein unbegründeter Gebührenansatz von Amts wegen durch den richtigen ersetzt werden kann. Wendet man § 308 Abs. 1 S. 1 ZPO an, bestünde jedenfalls eine **Hinweispflicht** des Urkundsbeamten auf den größeren Vergütungsumfang.[3100] Das Ergebnis wird dann naturgemäß die erhöhte richtige Festsetzung sein. 892

Rahmengebühren bestimmt der beigeordnete Anwalt selbst nach billigem Ermessen, § 14 Abs. 1 S. 1 RVG. § 14 Abs. 1 S. 4 RVG findet für die Staatskasse keine Anwendung, da sie Vergütungsschuldner ist, jedoch hat der UdG eine Billigkeitsprüfung vorzunehmen.[3101] Unbillig sind die Gebühren jedoch, wenn der Rechtsanwalt die gesetzlichen Bemessungskriterien und die Umstände des Einzelfalls nicht beachtet hat.[3102] Gegebenenfalls ist auch im Festsetzungsverfahren ein Kammergutachten entsprechend § 14 Abs. 3 RVG einzuholen. 893

[3096] VG Köln BeckRS 2014, 51752; OLG Köln AGS 2007, 362; LAG Köln BeckRS 2011, 76562; Gerold/Schmidt/*Müller-Rabe* RVG § 55 Rn. 24; *Mümmler* JurBüro 1986, 507.
[3097] LG Aachen AnwBl 1999, 58; AG Koblenz FamRZ 2007, 233; NK-GK/*Stollenwerk* RVG § 55 Rn. 8.
[3098] LG Aachen AnwBl 1999, 58; AG Koblenz FamRZ 2007, 233; Toussaint/*Toussaint* RVG § 55 Rn. 19 ff.
[3099] LG Aachen AnwBl 1999, 58; LG Hannover Rpfleger 1986, 72; Gerold/Schmidt/*Müller-Rabe* RVG § 55 Rn. 34; **aA:** LG Göttingen JurBüro 1986, 242 (Glaubhaftmachungspflicht schränkt Verschwiegenheitspflicht ein); AG Koblenz FamRZ 2007, 233.
[3100] KG AnwBl 1977, 510; Gerold/Schmidt/*Müller- Rabe* RVG § 55 Rn. 28.
[3101] OLG Düsseldorf Rpfleger 2002, 271 (Unbilligkeit auch, wenn die Umstände des Einzelfalls und die gesetzlichen Bemessungskriterien nicht beachtet werden); Gerold/Schmidt/*Müller-Rabe* RVG § 55 Rn. 32; *Herget* MDR 1985, 617.
[3102] OLG München FamRZ 2004, 964.

894 **(5) Einwendungen und Einreden im Festsetzungsverfahren** sind zu berücksichtigen. Einreden müssen jedoch von der Staatskasse vorgetragen sein. Das gilt auch für die Einrede der **Verjährung**.[3103] Gegebenenfalls hat der Urkundsbeamte der Staatskasse Gelegenheit zu geben, sich über die Erhebung von Einreden schlüssig zu werden. Die Staatskasse kann keine Einwendungen aus dem privatrechtlichen Mandatsverhältnis des beigeordneten Anwalts mit der hilfsbedürftigen Partei erheben. Sie kann aber mit der Behauptung, ein Mandatsvertrag bestehe nicht, einen Vergütungsanspruch des Anwalts gegen den Staat überhaupt leugnen. Ebenso kann sie geltend machen, durch Zahlungen der Partei sei ein Vergütungsanspruch erloschen. Unzulässig ist es dagegen, den Anwalt darauf zu verweisen, zunächst Kostenerstattung beim unterlegenen Prozessgegner zu versuchen oder – nach Aufhebung der PKH – zunächst Vergütung von der Partei zu fordern. Der öffentlich-rechtliche Vergütungsanspruch des beigeordneten Anwalts ist den konkurrierenden Ansprüchen des Anwalts gegen die eigene Partei oder kraft seines Beitreibungsrechts gegen den **erstattungspflichtigen Prozessgegner** gleichwertig und nicht subsidiär.[3104] Der Auffassung, der Einwand **vermeidbarer Kosten** (zB Einzelverfahren statt kostengünstiger Verbund[3105] oder Verbindung in Familiensachen) sei zulässig,[3106] ist nicht zu folgen, weil damit Grund und Umfang der bewilligten PKH einer unzulässigen Prüfung im Festsetzungsverfahren unterworfen werden. Die PKH-Bewilligung insgesamt ist jeder Nachprüfung durch den Urkundsbeamten entzogen, → Rn. 627, 890. Allerdings kann im Einzelfall dem Vergütungsanspruch des Anwalts der allgemeine Rechtsgedanke von § 242 BGB entgegenzusetzen sein, wenn dieser eine Vergütung fordert, obwohl er oder sein Mandant die aus § 59 RVG folgende Verpflichtung, die Staatskasse bei der Beitreibung von auf sie übergegangene Ansprüche gegen einen potenziell erstattungspflichtigen Dritten zu unterstützen, etwa durch Verzichtserklärungen oder Kostenvergleiche, verletzt haben.[3107] Auch die grob fahrlässige Herbeiführung einer Aufrechnungslage durch Kostenfestsetzung im Namen der Partei nach § 126 ZPO ist hier zu nennen.[3108]

895 **(6) Verspätete Antragstellung.**

- Eine Aufforderung, einen Festsetzungsantrag für eine „weitere Vergütung" (§§ 55 Abs. 6 S. 1, 50 RVG) *binnen einer Frist von 1 Monat* zu stellen, kann an den beigeordneten Anwalt ergehen.[3109] Das kann schon vor rechtskräftigem Verfahrensabschluss geschehen, denn dies dient der rechtzeitigen Vorbereitung der erst danach gem. § 50 Abs. 1 S. 2 RVG möglichen Festsetzung.[3110] Die Aufforderung muss einen Hinweis auf die gesetzliche Frist enthalten, anderenfalls kommt ein Erlöschen der Ansprüche des Anwalts gegen die Staatskasse gem. § 55 Abs. 6 S. 2 RVG nicht in Betracht.[3111] Diese Frist ist keine Notfrist, denn sie ist im Gesetz nicht als solche bezeichnet, **Wiedereinsetzung in den vorigen Stand** scheidet daher aus.[3112] Sie kann aber auf

---

[3103] LSG Bayern AGS 2018, 351; AnwK-RVG/*Volpert* RVG § 55 Rn 30, auch zur funktionellen Zuständigkeit.
[3104] Gerold/Schmidt/*Müller-Rabe* RVG § 45 Rn. 50 f.
[3105] Vgl. etwa OLG Hamm FamRZ 2014, 1879.
[3106] So LAG München JurBüro 2010, 26; OLG Düsseldorf Rpfleger 1987, 219 und i. Erg. – ohne Begründung – auch OLG Hamm JurBüro 2013, 242; NZFam 2014, 418; OLG Bremen AGS 2015, 337; **wie hier:** Gerold/Schmidt/*Müller-Rabe* RVG § 55 Rn. 51; LAG Nürnberg BeckRS 2015, 72738; LAG Hessen AGS 2012, 409; OLG Schleswig FamRZ 2009, 537; OLG Frankfurt JurBüro 1997, 480.
[3107] LSG Thüringen BeckRS 2018, 21612; BeckRS 2018, 14357; SG Berlin RVGreport 2015, 459; Gerold/Schmidt/*Müller-Rabe* RVG § 55 Rn. 55.
[3108] Vgl. OLG Saarbrücken JurBüro 2005, 484; OLG München AGS 1998, 11.
[3109] Vgl. zum Verfahren nach § 55 Abs. 6 RVG: *H. Schneider* AGS 2013, 157.
[3110] OLG Zweibrücken FamRZ 1999, 391.
[3111] OLG Zweibrücken NJOZ 2005, 2284.
[3112] OLG Bamberg JurBüro 1993, 89; KG JurBüro 1984, 1692.

Antrag **verlängert** werden,[3113] denn das Gesetz schließt eine Verlängerung nicht aus. Wegen der Folgen einer Fristversäumnis (Erlöschen der Ansprüche) ist die Fristsetzung ein belastender Verwaltungsakt, der zu unterzeichnen[3114] und zuzustellen ist, § 329 Abs. 2 S. 2 ZPO. Die mit Fristsetzung verbundene gerichtliche Aufforderung an den Anwalt, einen Vergütungsantrag einzureichen, ist auch dann verbindlich, wenn die Festsetzung zum Zeitpunkt der Aufforderung mangels Abschluss des Verfahrens noch nicht zulässig war.[3115] Erfüllt der Anwalt die Aufforderung nicht fristgerecht und stellt er auch keinen Fristverlängerungsantrag, **erlöschen seine Ansprüche**, § 55 Abs. 6 S. 2 RVG.[3116] Entsprechendes gilt bei einer Aufforderung, sich zu empfangenen Zahlungen (§ 55 Abs. 6 S. 2 RVG) zu erklären.

- Mit Fristversäumnis „erlöschen" die Ansprüche gemäß § 50 RVG und auch die aus § 49 RVG gegen die Staatskasse.[3117] Der Differenzanspruch gegen den Mandanten erlischt nicht,[3118] da § 55 Abs. 6 S. 2 RVG nicht Ansprüche des Anwalts gegen seine Partei regelt. Allerdings gilt insoweit § 122 Abs. 1 Nr. 3 ZPO. Unberührt bleiben auch Ansprüche gegen den kostenerstattungspflichtigen Gegner nach Maßgabe von § 126 Abs. 1 ZPO.[3119]

4. Entscheidung im Festsetzungsverfahren

Die **Entscheidung im Festsetzungsverfahren** erfolgt durch eine Festsetzungsverfügung des Urkundsbeamten. Der Urkundsbeamte entscheidet **unabhängig** und ist nicht – wie der Kostenbeamte – als weisungsabhängiger Vertreter der Staatskasse tätig.[3120] Die Entscheidung muss bei vollem Antragserfolg dem Anwalt nicht zugehen. Es genügt die Zahlung durch die Staatskasse an den Anwalt auf Grund einer Auszahlungsanweisung des Urkundsbeamten. Andernfalls geht dem Anwalt auf einem dafür vorgesehenen amtlichen Vordruck die Festsetzungsverfügung formlos zu.

896

Eine **Änderung der Festsetzung** durch den Urkundsbeamten ist **nicht von Amts wegen** (da § 55 RVG eine solche anders als § 63 Abs. 3 GKG nicht vorsieht), sondern nur **auf Erinnerung** des Anwalts oder der Staatskasse im Wege der Abhilfe möglich.[3121] Eine Nachforderung wegen eines irrtümlich zu niedrigen Antrages ist aber statthaft.[3122] Die Vergütungsfestsetzung ist ein begünstigender Verwaltungsakt, der nicht einfach geändert werden kann. Wird der Gegenstandswert, den mangels gerichtlicher Festsetzung der Urkundsbeamte in seiner Festsetzungsverfügung fixieren darf und muss, nach der Festsetzung der Vergütung gerichtlich erhöht, ist ein ergänzender Vergütungsantrag

897

[3113] OLG Köln NJW-RR 1999, 1583; LSG Niedersachsen JurBüro 1999, 589; *H. Schneider* AGS 2013, 157 (158) **aA**: AG Andernach JurBüro 2003, 536; OLG Bamberg JurBüro 1993, 89.
[3114] OLG Düsseldorf JurBüro 2007, 42; vgl. auch BGH NJW 1980, 1168.
[3115] OLG Koblenz MDR 2013, 300; KG JurBüro 1984, 1692.
[3116] OLG Koblenz AGS 2013, 136; NJW-RR 2004, 67; Riedel/Sußbauer/*Ahlmann* RVG § 55 Rn. 27.
[3117] H. M.: OLG Zweibrücken AGS 2013, 530; FamRZ 1999, 391; OLG Koblenz AGS 2013, 136; NJW-RR 2004, 67; OLG Köln OLGReport 1999, 147; Toussaint/*Toussaint* RVG § 55 Rn. 40.
[3118] LG Bayreuth JurBüro 1992, 743; Riedel/Sußbauer/*Ahlmann* RVG § 55 Rn. 28; *H. Schneider* AGS 2013, 157 (158).
[3119] NK-GK/*Stollenwerk* RVG § 55 Rn. 23.
[3120] OLG Naumburg NJW 2003, 2921; Gerold/Schmidt/*Müller-Rabe* RVG § 55 Rn. 23; AnwK-RVG/*Volpert* § 55 RVG Rn. 45.
[3121] OLG Frankfurt FamRZ 1991, 1462 (Ls.); OLG Hamburg MDR 1979, 413; OLG Hamm JurBüro 1982, 255; OLG München Rpfleger 1981, 412; *Schmidt* MDR 1983, 637; **aA**: OLG Stuttgart AnwBl 1978, 463.
[3122] OLG Schleswig FamRZ 2009, 452; Toussaint/*Toussaint* RVG § 55 Rn. 50.

zulässig, worauf der Urkundsbeamte den Anwalt evtl. hinweisen sollte, um ihm zur angemessenen Vergütung zu verhelfen.

898 **Kein Präjudiz ist die Entscheidung im Kostenfestsetzungsverfahren gemäß den §§ 103 ff. ZPO** für die Festsetzung der Vergütung des beigeordneten Anwalts. Der gleiche Grundsatz gilt umgekehrt.[3123]

Keine Bindung hinsichtlich der Notwendigkeit von Kosten besteht für die Kostenfestsetzungsinstanzen an die Entscheidung des Gerichts im PKH-Verfahren, da dem Prozessgegner zB bei Beiordnung eines Verkehrsanwalts dagegen kein Rechtsmittel zusteht.[3124] Dem Verkehrsanwalt steht bei Verneinung der Notwendigkeit im Festsetzungsverfahren nur sein Gebührenanspruch gegen die Staatskasse zu.

5. Rechtsbehelfe

899 (1) **Erinnerung.** Gemäß § 56 Abs. 1 RVG kann gegen die Festsetzungsentscheidung Erinnerung eingelegt werden. Verfahrensbeteiligt sind der Rechtsanwalt und die Landeskasse, nicht die Parteien des ursprünglichen Verfahrens.[3125] Ein Antrag auf gerichtliche Entscheidung nach §§ 23 ff. EGGVG ist unzulässig.[3126] Ein als Beschwerde bezeichneter Rechtsbehelf ist – auch bei falscher Rechtsbehelfsbelehrung – als Erinnerung auszulegen und bei unmittelbarer Vorlage an das Beschwerdegericht ist die Vorlageverfügung aufzuheben und das Verfahren zur Entscheidung über die Erinnerung zurückzuverweisen.[3127]

- **Erinnerungsberechtigt** sind je nach Beschwer der beigeordnete **Anwalt** oder die **Staatskasse.** Der beigeordnete Anwalt kann rügen, dass die Einstellung der Raten vor Deckung seiner Wahlanwaltsvergütung angeordnet worden ist.[3128] Er kann aber nicht rügen, es hätten höhere Raten festgesetzt werden müssen, da dies die Grundentscheidung über die PKH betrifft.[3129] Die Staatskasse kann nicht zugunsten des Anwalts Erinnerung oder Beschwerde einlegen.[3130] Den **Parteien** selbst steht kein Erinnerungsrecht zu.[3131]
  Ein bestimmter Antrag braucht nicht gestellt zu werden. Einzelne Posten der Festsetzung können bei richtigem Gesamtergebnis nicht angefochten werden. Die Nachschiebung weiterer Kosten mit der Erinnerung ist zulässig.[3132]
- **Form.** Die Erinnerung bedarf keiner Form. Normalerweise erfolgt die Einlegung schriftlich oder zu Protokoll des Urkundsbeamten der Geschäftsstelle, §§ 56 Abs. 2 S. 1, 33 Abs. 7 S. 1 RVG.
- **Frist.** Die Erinnerung kann unbefristet eingelegt werden.[3133] Es herrscht kein Anwaltszwang. Bei Erinnerung der Landeskasse ist aber nach Ablauf eines Jahres nach der

---

[3123] OLG Zweibrücken FamRZ 2000, 756; Gerold/Schmidt/*Müller-Rabe* RVG § 55 Rn. 3; *Bratfisch* Rpfleger 1989, 308.
[3124] OLG Sachsen-Anhalt NJ 2002, 375; Koblenz MDR 1999, 444.
[3125] OVG Münster BeckRS 2012, 48671; VG München BeckRS 2015, 43622.
[3126] OLG Naumburg NJW 2003, 2921; OLG Köln OLGReport 2002, 383.
[3127] OLG Frankfurt BeckRS 2014, 16202.
[3128] OLG Köln Rpfleger 1997, 313 mwN.
[3129] OLG Zweibrücken Rpfleger 2000, 339.
[3130] Gerold/Schmidt/*Müller-Rabe* RVG § 56 Rn. 7; **aA:** Toussaint/*Toussaint* RVG § 56 Rn. 5.
[3131] SG Berlin AGS 2011, 292; NK-GK/*Stollenwerk* RVG § 56 Rn. 3; vgl. auch BVerfG RVGReport 2019, 215 zur Beratungshilfe.
[3132] OLG Saarbrücken AnwBl 1977, 509; Riedel/Sußbauer/*Ahlmann* RVG § 56 Rn. 10.
[3133] LSG Niedersachsen-Bremen BeckRS 2018, 35435; OLG Düsseldorf JurBüro 2017, 354; OLG Celle AGS 2015, 325; OLG Brandenburg JurBüro 2010, 308; OLG Schleswig FamRZ 2009, 452; OLG Frankfurt RVGreport 2007, 100; Mayer/Kroiß/*Kießling* RVG § 56 Rn. 7; **aA:** OLG Koblenz RVGreport 2006, 60: § 33 Abs. 2 S. 3 RVG gelte entsprechend für den Anwalt.

Vergütungsfestsetzung Verwirkung zu prüfen (vgl. zum Streitstand der analogen Anwendung von § 20 GKG → Rn. 903 f.).[3134]
- **Abhilfe.** Der Urkundsbeamte kann der Erinnerung abhelfen oder er muss sie dem Gericht vorlegen, „bei dem die Vergütung festgesetzt ist", §§ 56 Abs. 2 S. 1, 33 Abs. 4 S. 1 RVG. Das ist das Gericht, dem der Urkundsbeamte angehört.[3135] Es gilt das Verbot der Schlechterstellung (reformatio in peius).[3136] Auch wenn statt des Urkundsbeamten der Rechtspfleger entschieden hat, gilt § 11 Abs. 1 RPflG nicht.[3137] Hat der Urkundsbeamte auf eine Erinnerung des Bezirksrevisors dieser **teilweise abgeholfen,** ist gegen diesen den Rechtsanwalt erstmals beschwerenden Festsetzungsbeschluss wiederum zunächst die Erinnerung statthafter Rechtsbehelf.[3138]
- Die **Entscheidung über die Erinnerung** trifft das Gericht des Rechtszugs, bei dem die Vergütung festgesetzt ist, durch Beschluss, § 56 Abs. 1 RVG. Es entscheidet der Richter, bei Kollegialgerichten der Einzelrichter, §§ 56 Abs. 2 S. 1, 33 Abs. 8 S. 1 RVG.[3139]

(2) **Beschwerde** kann gemäß §§ 56 Abs. 2 S. 1, 33 Abs. 3 S. 1 RVG gegen die Entscheidung des Gerichts **über die Erinnerung** eingelegt werden. Die Beschwerde muss nach § 56 Abs. 2 iVm § 33 Abs. 3 S. 3 RVG binnen **zwei Wochen** nach Zustellung[3140] bei dem Ausgangsgericht[3141] (§ 33 Abs. 7 S. 3 RVG) eingelegt werden. Eine **falsche Rechtsmittelbelehrung** hinsichtlich der Frist vermag **Wiedereinsetzung** in den vorigen Stand nach § 33 Abs. 5 RVG nicht zu begründen, da der Rechtsanwalt das Verfahrensrecht kennen muss.[3142] Gegen Entscheidungen des Oberlandesgerichts ist eine Beschwerde unzulässig (§ 33 Abs. 4 S. 3 RVG). Antragsrecht und Form der Einlegung entsprechen den Regeln für die Erinnerung. Es besteht kein Anwaltszwang.[3143] Der **Beschwerdewert muss 200,– EUR übersteigen,** §§ 56 Abs. 2 S. 1, 33 Abs. 3 S. 1 RVG. Bei der Berechnung des Beschwerdewerts ist nach allg. Meinung die **Umsatzsteuer** zuzurechnen.[3144] Es kommt hier allein auf den aus der Staatskasse zu zahlenden Betrag an, nicht auf die **Wahlanwaltsvergütung.**[3145] Letztere ist aber maßgeblich bei einer Beschwerde des Rechtsanwaltes gegen die Höhe des Streitwertes (§§ 68 GKG, 59 FamGKG, 83 GNotKG).[3146] Wird der Beschwerde derart (teilweise) abgeholfen, dass der Beschwerdewert unter 200,– EUR sinkt, ist die Beschwerde nicht mehr zulässig.[3147] Die Beschwerde ist auch zulässig, wenn sie vom Gericht in der angefochtenen Entscheidung **wegen grundsätzlicher Bedeutung** der zur Entscheidung stehenden Frage **zugelassen** wurde (§§ 56 Abs. 2 S. 1, 33 Abs. 3 S. 2 RVG). Die Zulassungsentscheidung ist in der Erinnerungsentscheidung zu treffen und

---

[3134] LAG München NZA-RR 2014, 612; OLG Brandenburg JurBüro 2010, 308.
[3135] OLG Köln AGS 2013, 73.
[3136] OLG Düsseldorf AnwBl 1980, 463; Riedel/Sußbauer/*Ahlmann* RVG § 56 Rn. 7 mwN.; **aA:** *Mümmler* JurBüro 1975, 1626.
[3137] OLG Hamm Rpfleger 1989, 319.
[3138] OLG Hamm BeckRS 2014, 13896; OLG Köln FamRZ 2010, 232.
[3139] BVerwG JurBüro 2006, 198.
[3140] Fehlt diese, läuft die Frist nicht, vgl. LSG Thüringen BeckRS 2014, 66263.
[3141] Einlegung bei dem Beschwerdegericht genügt nicht, vgl. LSG Thüringen AGS 2015, 144.
[3142] BGH NJW-RR 2012, 1025; aA: LSG Thüringen BeckRS 2015, 66758.
[3143] Vgl. OVG Hamburg Rpfleger 2008, 46 mwN.
[3144] LSG Thüringen AGS 2015, 530; LSG Schleswig AnwBl. 1989, 114; Riedel/Sußbauer/*Ahlmann* RVG § 56 Rn. 11 mwN.
[3145] Toussaint/*Toussaint* RVG § 56 Rn. 25.
[3146] OLG Frankfurt AGS 2012, 347; OLG Celle FamRZ 2006, 1690; **aA:** LAG Hessen AGS 2015, 524; LAG Sachsen-Anhalt NZA-RR 2013, 604; OLG Rostock BeckRS 2011, 11720.
[3147] OLG Stuttgart JurBüro 1988, 1504; Zöller/*Heßler* ZPO § 567 Rn. 45; Gerold/Schmidt/*Müller-Rabe* RVG § 56 Rn. 20; **aA** KG NJW 1958, 2023; OLG Hamm JurBüro 1970, 47 mzustAnm *Schneider.*

kann **nicht nachgeholt** werden.³¹⁴⁸ Es gilt im Übrigen der Grundsatz der **reformatio in peius**.³¹⁴⁹ Eine **Kostenentscheidung** findet nach § 56 Abs. 2 S. 2 und 3 RVG nicht statt, da das Verfahren gerichtsgebührenfrei ist und Kosten nicht erstattet werden.

901 (3) **Eine weitere Beschwerde** ist zulässig, §§ 56 Abs. 2 S. 1, 33 Abs. 6 S. 1 RVG, wenn das Landgericht sie zugelassen hat. Sie ist dann **Rechtsbeschwerde,** über die das Oberlandesgericht entscheidet (§ 33 Abs. 6 RVG).³¹⁵⁰ Eine Rechtsbeschwerde zum BGH gegen eine Beschwerdeentscheidung des Oberlandesgerichts, zB in einer Familiensache, ist nicht vorgesehen (vgl. § 33 Abs. 4 S. 3 RVG). Dies gilt auch dann, wenn das OLG sie (irrtümlich) zugelassen hat.³¹⁵¹

(4) Gemäß § 1 Abs. 3 RVG richten sich im Übrigen alle Rechtsbehelfe in Verfahren nach dem RVG nach demselben. Damit können die dortigen Rechtsbehelfe nicht mehr unter Verweis auf anderweitige Verfahrensordnungen beschränkt werden.³¹⁵²

6. Rechtskraft der Vergütungsfestsetzung

902 Keiner Rechtskraft fähig sind die Vergütungsfestsetzung und die Entscheidung des Gerichts auf die Erinnerung oder die Beschwerdeentscheidung.³¹⁵³ Daraus folgt die Zulässigkeit einer Abänderung der Vergütungsfestsetzung. Anlass dazu können neue Vergütungstatsachen (zB abgeänderter Streitwert) oder eine geänderte Rechtsprechung sein. Streitig ist die Zeitgrenze für solche Änderungen. Bei einer zwecks Vergütungserhöhung erstrebten Änderung der Wertfestsetzung könnte an eine § 63 Abs. 3 S. 2 GKG (§§ 55 Abs. 3 S. 2 FamGKG, 79 Abs. 2 S. 2 GNotKG) entsprechende Zeitgrenze von 6 Monaten nach Vergütungsfestsetzung oder Erinnerungsentscheidung oder Beschwerdeentscheidung gedacht werden. Generell unter dem Gesichtspunkt der „Rechtssicherheit" eine Zeitgrenze von 3 bis 6 Monaten einzuführen,³¹⁵⁴ läuft aber auf eine gesetzlich gerade nicht angeordnete „praktische" Rechtskraftwirkung hinaus und ist deshalb abzulehnen.³¹⁵⁵ Eine Zeitgrenze besteht daher nur unter Verwirkungsgesichtspunkten (→ Rn. 903 f.).

7. Verwirkung

903 **Einer Vergütungsänderung kann der Gesichtspunkt der Verwirkung** nach einem gewissen Zeitablauf entgegenstehen.³¹⁵⁶ Zu denken ist an eine entsprechende Anwendung der §§ 20 GKG, 19 FamGKG, 20 GNotKG – wie bei der Rückforderung überzahlter Gebühren durch die Staatskasse (→ Rn. 846 ff.). Es ist aber fraglich, ob bei vom Anwalt erstrebten Vergütungserhöhungen dafür ein praktisches Bedürfnis besteht.³¹⁵⁷ Eine Vergütungserhöhung auf Grund „neuer" Tatsachen (dh bisher nicht vorgetragener) wird durchweg im Zeitrahmen der Verjährung beantragt werden können.³¹⁵⁸ Angesichts der

---

³¹⁴⁸ OLG Hamm NStZ-RR 2015, 84; OLG München BeckRS 2010, 14722; *Hartung* in Hartung/Schons/Enders RVG § 56 Rn. 34; **aA:** Mayer/Kroiß/*Kießling* RVG § 56 Rn. 26.
³¹⁴⁹ LSG Bayern NZS 2016, 920; Gerold/Schmidt/*Müller-Rabe* RVG § 56 Rn. 29.
³¹⁵⁰ AnwK-RVG/*Volpert* § 56 RVG Rn. 50 ff.
³¹⁵¹ BGH FamRZ 2010, 1327.
³¹⁵² Wie zB im Bereich der Sozialgerichtsbarkeit unter Verweis auf §§ 178, 197 Abs. 2 SGG, vgl. LSG Berlin-Brandenburg NZS 2012, 120; *N. Schneider* NJW 2013, 1553.
³¹⁵³ OLG Hamm AnwBl 1967, 204; auch: *Schmidt* Rpfleger 1974, 177 (180).
³¹⁵⁴ So: OLG Hamm AnwBl 1967, 204; OLG Koblenz AnwBl 1983, 323.
³¹⁵⁵ *Chemnitz* AnwBl 1967, 206 (207); Riedel/Sußbauer/*Ahlmann* RVG § 56 Rn. 30.
³¹⁵⁶ OLG Celle MDR 1955, 680 u. JurBüro 1983, 99; OLG Koblenz AnwBl 1983, 322.
³¹⁵⁷ OLG Zweibrücken NJW-RR 2006, 1439.
³¹⁵⁸ OLG Zweibrücken NJW-RR 2006, 1439.

kurzen Verjährung dürfte für eine vor deren Ablauf wirksame Verwirkung schwerlich Raum sein.

Für die **Staatskasse gelten keine anderen Verwirkungsgrundsätze.** Für eine von der Staatskasse erstrebte Vergütungsminderung wird eine Frist **entsprechend § 20 GKG** (§§ 19 FamGKG, 20 GNotKG) ein angemessener Endzeitpunkt sein (→ Rn. 848). Allerdings kann auch nach Ablauf eines Jahres eine Abänderung zu Lasten des Anwalts in Betracht kommen, wenn ein schutzwürdiges Vertrauen nicht entstanden ist, wenn er zB vorher schon zur Rückzahlung aufgefordert war.[3159]

904

8. Aufhebung der PKH und Anwaltsvergütung

Eine Aufhebung der PKH berührt den Bestand der bis dahin verdienten Vergütung des beigeordneten Anwalts nicht. Ebenso berührt die Aufhebung der Beiordnung (Anwaltswechsel) nicht die schon entstandenen Vergütungsansprüche.[3160] Eine unzulässige rückwirkende Aufhebung der Vergütungsfestsetzung ist wirkungslos.[3161]

905

IX. Wahlanwaltsvergütung und Beitreibungsrecht des beigeordneten Anwalts

1. Anspruch auf Wahlanwaltsvergütung

Der **Anspruch auf Wahlanwaltsvergütung wird durch die Beiordnung in seinem Bestand nicht berührt.** Das ergibt sich schon aus § 122 Abs. 1 Nr. 3 ZPO, der die „Geltendmachung" der Vergütungsansprüche gegen die Partei nach PKH-Bewilligung ausschließt, also nur eine Forderungssperre errichtet.[3162] Der Anspruch auf Wahlanwaltsvergütung entsteht mit Abschluss des Mandatsvertrages und Erfüllung der gesetzlichen Gebührentatbestände.

906

Die **Forderungssperre** erfasst alle während der Beiordnung – insoweit kann die Rückbeziehung der PKH-Bewilligung besondere Bedeutung gewinnen – verwirklichten Gebührentatbestände, auch wenn sie bereits vor der Beiordnung erfüllt waren und nach ihr nur wiederholt wurden.[3163] Eine Pflicht des beigeordneten Anwalts zur Wiederholung besteht aber nicht, wenn nicht prozessual oder materiell-rechtlich im Verfahrensinteresse der Partei geboten. Die Forderungssperre gilt nicht für die **Umsatzsteuer,** wenn die kostenarme Partei vorsteuerabzugsberechtigt ist und vom kostenerstattungspflichtigen Gegner die Vergütung erlangt wurde.[3164]

907

Bei mehreren Mandanten mit PKH nur für einen oder einzelne kann der Anwalt grundsätzlich wählen, ob er Vergütung aus der Staatskasse oder Wahlanwaltsvergütung von einer nicht durch PKH begünstigten Partei verlangt.[3165]

908

Er ist nicht verpflichtet, zunächst seine zahlungsfähigen Mandanten vor der Staatskasse in Anspruch zu nehmen, so dass nur eine subsidiäre Staatshaftung einträte.[3166] Der Staat hat keinen allgemeinen Anspruch darauf, von zahlungskräftigen Streitgenossen von seiner Sozialhilfepflicht gegenüber einer hilfsbedürftigen Partei befreit zu werden. Dass auf den

---

[3159] OLG Celle AGS 2015, 325.
[3160] OLG Zweibrücken NJW-RR 1999, 436 und JurBüro 1998, 315.
[3161] OLG Zweibrücken JurBüro 1984, 237.
[3162] OLG Köln OLGReport 2003, 274; Zöller/*Schultzky* ZPO § 122 Rn. 11.
[3163] BGH FamRZ 2008, 982 mwN; OLG Oldenburg NJW-RR 2007, 792; Zöller/*Schultzky* ZPO § 122 Rn. 12.
[3164] BGH NJW-RR 2007, 285; Thomas/Putzo/*Seiler* ZPO § 122 Rn. 3.
[3165] *Lappe* MDR 1986, 202.
[3166] So aber: OLG Celle JurBüro 1984, 1248; *Herget* MDR 1985, 617.

Staat bei Leistung an den hilfsbedürftigen Streitgenossen der Ausgleichsanspruch gemäß § 426 BGB nicht übergeht, worauf die Gegenmeinung vor allem hinweist,[3167] kann eine Subsidiarität der Staatshaftung nicht begründen.

Zu beachten ist aber, dass bei mehreren Auftraggebern, von denen nur einer oder einzelne PKH beanspruchen können, die Bewilligung auf die Erhöhungsbeträge nach § 7 RVG nach der Rechtsprechung des BGH[3168] beschränkt ist.

Zur Gewährung von PKH an Streitgenossen → Rn. 59 ff.

909 **Eine Gebührenerhöhung gemäß § 7 RVG iVm VV 1008 RVG wegen mehrerer Auftraggeber** muss die Auftraggeber unberücksichtigt lassen, denen PKH nicht gewährt ist.[3169] Bei der Erhöhung sind nur die Streitgenossen zu zählen, denen PKH bewilligt ist.[3170] Zahlungen eines nicht hilfsbedürftigen Streitgenossen auf den Gebührenanspruch des Anwalts sind bei gesamtschuldnerischer Haftung gemäß § 58 Abs. 2 RVG (zunächst also auf die überschießende Wahlanwaltsvergütung) anzurechnen.[3171]

910 Die **Sperre der Geltendmachung der Wahlanwaltsvergütung gemäß § 122 Abs. 1 Nr. 3 ZPO endet** mit Aufhebung der PKH, ist im Übrigen aber eine endgültige. Auch wenn die Partei, der der Anwalt beigeordnet ist, nicht mehr hilfsbedürftig ist, darf der Anwalt von ihr seine Wahlanwaltsvergütung vor Aufhebung der PKH – Aufhebung der Beiordnung genügt nicht[3172] – nicht fordern.[3173] Die Geltendmachung (auch außergerichtlich) der Wahlanwaltsvergütung (Differenz zur staatlichen Vergütung gemäß § 49 RVG) ist gleichfalls „standesrechtlich" bis zur PKH-Aufhebung versagt, soweit nicht der Partei auferlegte Zahlungen (Raten oder aus dem Vermögen) zugunsten des beigeordneten Anwalts in dem dafür vorgesehenen Verfahren – § 120 Abs. 3 ZPO, → Rn. 359 ff., 857 ff. – zu verwenden sind.[3174] Für Gebührenansprüche, die von der Sperre des § 122 Abs. 1 Nr. 3 ZPO nicht erfasst sind, etwa vor der Beiordnung verdiente und nicht durch spätere gleichartige PKH-Tätigkeit verdrängte, steht von Gesetzes wegen einer Geltendmachung nichts im Wege. Wurde der Partei ein zweiter Anwalt beigeordnet und dessen Vergütungsansprüche dahin beschränkt, dass bereits vom ersten entpflichteten Anwalt verdiente Gebühren nicht von der Beiordnung umfasst sind, gilt § 122 Abs. 1 Nr. 3 ZPO gegenüber dem zweiten Anwalt insoweit nicht.[3175]

911 **Standesrechtlich** untersagt § 16 Abs. 2 BORA ein gerichtliches Vorgehen wegen vor der Beiordnung entstandener Vergütungsansprüche und ein Abhängigmachen weiterer Tätigkeit von der Begleichung dieser Kosten dem Rechtsanwalt, solange er beigeordnet ist.[3176] Hier genügt zur Beseitigung der „standesrechtlichen" Sperre also die Aufhebung der Beiordnung, ohne dass es auf die Aufhebung der PKH ankäme.

912 Ferner ist nach § 3a Abs. 3 S. 1 RVG eine Vereinbarung, nach der ein im Wege der PKH beigeordneter Rechtsanwalt eine höhere als die gesetzliche Vergütung erhalten soll, nichtig, → Rn. 792.[3177]

[3167] OLG Celle JurBüro 1984, 1248.
[3168] BGH NJW 1993, 1715; OLG Koblenz JurBüro 2004, 384; **aA:** OLG Celle Rpfleger 2007, 151; *Notthoff* AnwBl 1996, 611; s. auch hierzu OLG München MDR 2011, 326.
[3169] Riedel/Sußbauer/*Ahlmann* RVG § 45 Rn. 40.
[3170] BGH FamRZ 2003, 1461 (betrifft Festsetzung nur der tatsächlich erwachsenen Anwaltskosten für den Streitgenossen).
[3171] Gerold/Schmidt/*Müller-Rabe* RVG § 58 Rn. 25.
[3172] Zöller/*Schultzky* ZPO § 122 Rn. 11.
[3173] BGH MDR 1963, 698 (zum früheren § 125 ZPO aF).
[3174] OLG Nürnberg AnwBl 1983, 570.
[3175] OLG Frankfurt BeckRS 2017, 129261.
[3176] *Groß* FPR 2002, 513.
[3177] Siehe hierzu ausführlich Toussaint/*Toussaint* RVG § 3a Rn. 49 ff.

2. Beitreibungsrecht des beigeordneten Anwalts gemäß § 126 ZPO

(1) **Inhalt des Beitreibungsrechts des beigeordneten Anwalts** gemäß § 126 ZPO ist die Geltendmachung des Kostenerstattungsanspruchs der hilfsbedürftigen Partei gegen den in die Kosten verurteilten oder durch Vergleich zur Erstattung verpflichteten Prozessgegner. Der beigeordnete Anwalt ist zur Beitreibung nicht kraft übergegangenen Rechts seiner Partei, sondern kraft eines ihm gesetzlich originär zustehenden eigenen Beitreibungsrechts befugt.[3178] Der beigeordnete Anwalt kann bei der **unterlegenen Gegenpartei** seine Wahlanwaltsgebühren und seine Auslagen beitreiben. Das Recht besteht neben dem eigenen Beitreibungsrecht der Partei (vgl. bereits → Rn. 773 ff.). 913

Das Beitreibungsrecht entsteht mit einer **vorläufig vollstreckbaren** Kostenentscheidung zugunsten der hilfsbedürftigen Partei als auflösend bedingtes Recht,[3179] das mit Rechtskraft der Kostenentscheidung – bei einem Prozessvergleich sofort – zu einem endgültigen Recht wird.[3180] Wenn in einem höheren Rechtszug die Kostengrundentscheidung aufgehoben oder abgeändert wird, kann die letztlich obsiegende Partei die **Rückfestsetzung** der an den ihrem Prozessgegner im Wege der Prozesskostenhilfe beigeordneten Rechtsanwalt bezahlten Gebühren und Auslagen, die dieser nach § 126 Abs. 1 ZPO beigetrieben hat, analog § 91 Abs. 4 ZPO verlangen.[3181] 914

§ 126 Abs. 1 und 2 ZPO gelten nicht entsprechend für den Vergütungsanspruch des **Pflichtverteidigers** (§ 140 StPO) in Bezug auf die über die Pflichtverteidigergebühren hinausgehende Vergütung, wenn die Staatskasse die Auslagen des Angeklagten zu tragen hat.[3182]

(2) **Umfang des Beitreibungsrechts.** 915

- **Keine vollständige Befriedigung** des Anwalts wegen seiner regulären Wahlanwaltsvergütung. Soweit er befriedigt ist, ist der Beitreibungsanspruch gemäß § 59 RVG auf die Staatskasse übergegangen; zu § 59 RVG siehe ausführlich → Rn. 931 ff.
- **Beschränkung auf das Erstattungsrecht,** das der Partei selbst gemäß § 91 ZPO zusteht, also das sie ohne PKH-Vergütung des Anwalts und sonstige PKH-Vorteile hätte.[3183] Daher sind auch Reisekosten des Anwalts betroffen, die nicht von der PKH erfasst werden.[3184] Kosten der Zwangsvollstreckung, die nur auf § 788 ZPO beruhen, werden von der Eigenvollstreckung des Anwalts nach § 126 ZPO nicht erfasst, sondern es bedarf einer separaten Beiordnung und Kostenentscheidung.[3185]
- **Nur Vergütungsansprüche nach Beiordnung,** also nicht vor Beiordnung oder Beginn ihrer Rückwirkung begründete,[3186] werden von § 126 ZPO erfasst. So kann der Anwalt keine **Umsatzsteuer** verlangen, wenn sein eigener Mandant vorsteuerabzugsberechtigt war[3187] (durchlaufender Posten).

(3) Zum **Verhältnis zwischen Beitreibungsrecht des Anwalts und Kostenerstattungsanspruch der Partei** → Rn. 773 ff. 916

[3178] BGH FamRZ 2016, 208; FamRZ 1997, 1141.
[3179] OLG Frankfurt Rpfleger 1990, 468.
[3180] *Groß* ZPO § 126 Rn. 6; Zöller/*Schultzky* ZPO § 126 Rn. 6.
[3181] OLG München AGS 2013, 37; OLG Hamburg AGS 2012, 79.
[3182] OLG Nürnberg Rpfleger 2014, 694.
[3183] *Dörndorfer* in v. Eicken/Hellstab/Dörndorfer/Asperger Rn. B 220.
[3184] OLG Koblenz Rpfleger 2003, 253.
[3185] *Fischer* Rpfleger 2004, 190, 195.
[3186] OLG Celle NdsRpfl 2000, 293; OLG Hamm JurBüro 1999, 591 will das Beitreibungsrecht auf die vollen Wahlanwaltsgebühren erstrecken, auch wenn PKH auf die Erhöhungsgebühr nach § 7 RVG iVm Nr. 1008 RVG erstreckt war (zweifelhaft); ebenso *Groß* ZPO § 126 Rn. 3.
[3187] BGH NJW-RR 2007, 285; OLG Celle JurBüro 2014, 31.

917 **(4) Schutz des Beitreibungsrechts durch § 126 Abs. 2 ZPO:**
- **Einreden und Einwendungen des Kostenschuldners gegen die Beitreibung durch den beigeordneten Anwalt** sind (grundsätzlich) unzulässig aus der Person der Partei, § 126 Abs. 2 S. 1 ZPO. Der Begriff der „**Einreden**" umfasst in diesem Zusammenhang **alle Einwendungen** aus Rechtsbeziehungen des Kostengläubigers, aus denen der Kostenschuldner eine Verteidigung gegen den Zahlungsanspruch herleiten kann (zB Abtretung oder Pfändung), nicht nur „Einreden" im rechtstechnischen Sinne.[3188] Das gilt auch für eine titulierte Gegenforderung der Partei, wenn die Kostenfestsetzung ausschließlich im eigenen Namen des Anwalts betrieben worden ist.[3189] Zulässig sind jedoch eine Aufrechnung mit **Kostenerstattungsansprüchen des Gegners aus demselben Prozess**, § 126 Abs. 2 S. 2 ZPO, und Einwände gegen das Beitreibungsrecht als solches (etwa der Vergütungsanspruch des Anwalts bestehe nicht oder nicht mehr)[3190] und natürlich aus § 91 ZPO. Auch die Aufrechnung des Gegners mit einer titulierten Forderung gegen die PKH-Partei ist unzulässig.[3191] Unerheblich ist im Übrigen, ob der Rechtsanwalt sein Beitreibungsrecht **im Zeitpunkt der Entstehung der Einwendung** bereits ausgeübt hatte.[3192]

918 - Eine **Verfügung der Partei über den Erstattungsanspruch, zB durch Zahlung oder Aufrechnung, ist unwirksam**.[3193] Vom Schutz des § 126 Abs. 2 ZPO umfasst sind auch **Pfändungen** des Kostenerstattungsanspruchs der von ihm vertretenen Partei durch **dritte Gläubiger** der Partei nach §§ 829, 835 ZPO.[3194] Das gilt aber nur solange der Anwalt die Kostenforderung im eigenen Namen geltend machen kann.[3195] Nicht erfasst ist aber der Schutz vor Abreden der Parteien, die – wie ein Vergleich über die Kosten – dazu führen, dass schon gar kein Kostenerstattungsanspruch der Partei gegen den Gegner entsteht.[3196]

919 - **Gegen einen auf den Namen der Partei lautenden Kostenfestsetzungsbeschluss kann aber aufgerechnet werden**, solange er nicht aufgehoben oder durch einen auf den Namen des Anwalts lautenden Beschluss ersetzt ist, denn aus ihm könnte auch die Zwangsvollstreckung betrieben werden,[3197] eine nicht mitgeteilte Abtretung des Kostenerstattungsanspruchs der Partei an den Anwalt ändert daran nichts.[3198]

920 - **Der Schutz des § 126 Abs. 2 S. 1 ZPO kann bei Doppelfestsetzung versagen.** Das ist der Fall, wenn zunächst auf den Namen der Partei eine Festsetzung erfolgte und bis zur Kenntnisnahme des erstattungspflichtigen Gegners vom eigenen Festsetzungsantrag des beigeordneten Anwalts der Kostenerstattungsanspruch der hilfsbedürftigen Partei erfüllt wird.[3199] Eine vor Kostenfestsetzung auf den Namen der hilfsbedürftigen Partei bewirkte Erfüllungshandlung ist aber unwirksam.[3200] Sie wird auch später nicht durch Erlass eines Kostenfestsetzungsbeschlusses auf den Namen der Partei wirksam.[3201] Da die Kostenfestsetzung (Neufestsetzung) auf den Namen des Anwalts aber

---

[3188] BGH FamRZ 2016, 208 = BeckRS 2015, 20124; Zöller/*Schultzky* ZPO § 126 Rn. 17.
[3189] OLG Frankfurt JurBüro 1990, 1024.
[3190] BGH FamRZ 2007, 123; OLG Düsseldorf JurBüro 1990, 638.
[3191] OLG Braunschweig NdsRpfl 2014, 253.
[3192] BGH FamRZ 2016, 208; FamRZ 2007, 710.
[3193] BGH FamRZ 2016, 208; NJW 1994, 3292.
[3194] BGH FamRZ 2016, 206; FamRZ 2016, 208.
[3195] BGH FamRZ 2007, 710 mwN.
[3196] OVG Münster RVGreport 2014, 320.
[3197] BGH NJW 1994, 3292; KG JurBüro 2002, 374.
[3198] OLG Schleswig NJW-RR 2004, 717.
[3199] KG OLGReport 2004, 556; 2003, 245; OLG Koblenz MDR 1987, 1032; *Habscheid/Schlosser* ZZP 1962, 302 (315, 317).
[3200] Musielak/Voit/*Fischer* ZPO § 126 Rn. 11.
[3201] KG JurBüro 1977, 1624.

den Bestand seines Beitreibungsrechts voraussetzt, muss der Urkundsbeamte vor Erlass eines Titels auf den Namen des Anwalts prüfen, ob dessen Beitreibungsrecht nicht durch eine wirksame Erfüllungshandlung nach Kostenfestsetzung auf den Namen der Partei erloschen ist.[3202] Im Rahmen dieser Prüfung sind Partei und Prozessgegner zu hören. → Rn. 179 ff.

Frei ist die hilfsbedürftige Partei in Bezug auf den Kostengrundanspruch, solange über diesen nicht rechtskräftig entschieden ist.[3203] Absichtliche Benachteiligungen der Staatskasse (§ 59 RVG) sind dieser gegenüber aber unwirksam, → Rn. 946. Der zunächst auflösend bedingt entstehende Kostenerstattungsanspruch kann durch eine abschließende Gerichtsentscheidung entweder zu einem endgültigen werden oder ganz oder teilweise vernichtet werden. Entsprechendes gilt für gerichtliche Vergleiche, Verzicht, Anerkenntnis, Klagerücknahme, Rechtsmittelrücknahme, Erledigungserklärung.[3204] Der Anwalt kann nicht geltend machen, bei anderem Prozessverhalten der Partei wäre ein Kostenerstattungsanspruch erhalten geblieben.[3205]

921

Ein Bereicherungsanspruch kann dem Anwalt zustehen, wenn sein Beitreibungsrecht infolge einer Aufrechnung des Kostenschuldners gegen die hilfsbedürftige Partei nach Kostenfestsetzung auf deren Namen erloschen ist.[3206]

922

(5) **Die Verjährungsfrist** für festgesetzte Ansprüche beträgt nach § 197 Abs. 1 Nr. 3 BGB 30 Jahre; für Vergütungsansprüche des beigeordneten Anwalts beträgt die Verjährungsfrist 3 Jahre (§ 195 BGB). Vergütungsansprüche gegen die hilfsbedürftige Partei sind jedoch wegen § 122 Abs. 1 Nr. 3 ZPO bis zu einer Aufhebung der PKH gehemmt, § 204 Abs. 1 Nr. 14 BGB.

923

(6) **Beteiligte der Kostenfestsetzung gemäß § 126 ZPO** sind der Anwalt – Mandant und Staatskasse sind nicht beteiligt – und der erstattungspflichtige Prozessgegner.[3207] Rechtsbehelfe und Rechtsmittel können der beigeordnete Anwalt und der Prozessgegner, soweit dieser beschwert ist, einlegen.[3208]

924

Die **Haftung für die Kosten der Festsetzung** trifft den beitreibenden Anwalt, denn ihm ist PKH nicht gewährt.[3209]

925

X. Vorschüsse und Zahlungen an den beigeordneten Rechtsanwalt (§ 58 RVG)

Vorschüsse und Zahlungen an den beigeordneten Rechtsanwalt in der Sache, auf die sich die Beiordnung bezieht, sind in Angelegenheiten, in denen sich die Gebühren nach Teil 3 des VV RVG bestimmen, gemäß § 58 Abs. 2 S. 1 RVG zunächst auf die Vergütungsansprüche anzurechnen, für die ein Anspruch gegen den Staat nicht oder nur als „weitere Vergütung" gemäß § 50 RVG besteht (→ Rn. 803). Dazu gehört auch eine Zahlung auf eine vorgerichtlich entstandene Geschäftsgebühr.[3210] Dabei ist zu beachten, dass nach Einführung des § 15a RVG im Kostenfestsetzungsverfahren die ungekürzte

926

[3202] KG OLGReport 2004, 556; OLG München MDR 1997, 786: Infolge der so ermöglichten Aufrechnung des Gegners verliert der beigeordnete Anwalt seinen Vergütungsanspruch gegen die Staatskasse.
[3203] OLG Köln MDR 1956, 363; Gerold/Schmidt/*Müller-Rabe* RVG § 59 Rn. 24.
[3204] OLG Frankfurt Rpfleger 1990, 468; Zöller/*Schultzky* ZPO § 126 Rn. 3.
[3205] Zöller/*Schultzky* ZPO § 126 Rn. 3.
[3206] *Groß* ZPO § 126 Rn. 7.
[3207] OLG Koblenz KoRsp ZPO § 126 Nr. 2.
[3208] OLG Hamm OLGReport 2002, 296; BLHAG/*Dunkhase* ZPO § 126 Rn. 18.
[3209] v. Eicken/Hellstab/Dörndorfer/Asperger/*Dörndorfer* Rn. B 222.
[3210] OLG Oldenburg AGS 2011, 611; OLG Zweibrücken FamRZ 2011, 138.

Verfahrensgebühr festzusetzen ist, auch wenn außergerichtlich eine Geschäftsgebühr entstanden ist.[3211] Begünstigt werden durch diese Regelung (anders die Anrechnungsregel für den Pflichtverteidiger, § 58 Abs. 3 RVG) die Differenzvergütungsansprüche des Anwalts (Differenz zwischen den Gebührensätzen des § 13 und des § 49 RVG, also nicht zu einem vereinbarten Honorar, weil dadurch die Staatskasse benachteiligt werden könnte, → Rn. 803).[3212] Da zur Vergütung die Auslagen rechnen, kommen diese Zahlungen auch den gemäß § 46 RVG von der Staatskasse nicht zu erstattenden Auslagen zugute.

927 **Kostenvorschüsse, die unspezifiziert** für die Beiordnungssache und andere Angelegenheiten (zB außergerichtliche Kosten) gezahlt werden, sind anteilig auf die verschiedenen Angelegenheiten zu verteilen.[3213]

Zahlungen „Dritter" sind auch die vom Prozessgegner gezahlten und beigetriebenen.

928 Die Rückzahlung von der Partei dem Anwalt gewährter Vorschüsse kann bei rückwirkender PKH-Bewilligung verlangt werden, bevor die Staatskasse dem beigeordneten Anwalt die PKH-Vergütung auszahlt, vorausgesetzt, diese Vorschüsse hätten bei rechtzeitiger PKH-Bewilligung nicht gezahlt werden müssen.[3214] Der Anwalt kann nach dem PKH-Rückwirkungszeitpunkt von der Partei empfangene Zahlungen von sich aus der Partei zurückerstatten und Vergütung als PKH-Anwalt von der Staatskasse verlangen.[3215]

929 **Bei Teilgewährung von PKH** sind Zahlungen (Vorschüsse) zunächst auf die durch PKH nicht gedeckten Vergütungsteile zu verrechnen.[3216]

930 **Eine Mitteilungspflicht des beigeordneten Anwalts über erhaltene Vorschüsse und Zahlungen** besteht gemäß § 55 Abs. 5 S. 2 RVG. Schon der Vergütungsantrag hat die „Erklärung" zu enthalten, ob und welche Zahlungen der Anwalt von der Partei oder einem Dritten erhalten hat. Spätere Zahlungen sind „unverzüglich" anzuzeigen. § 55 Abs. 5 S. 3 RVG bestimmt zudem, dass bei Zahlungen auf eine anzurechnende Gebühr auch der Gebührensatz bzw. Gebührenbetrag und bei Wertgebühren der zugrunde gelegte Wert anzugeben sind.

Erhält der Anwalt eine **Zahlung nach Einreichung des Vergütungsantrags** ist hiervon gleichfalls unverzüglich eine Mitteilung vorzunehmen (§ 55 Abs. 5 S. 4 RVG).

§ 13 Anspruchsübergang auf die Staatskasse gemäß § 59 RVG

I. Zweck der Vorschrift

931 Soweit der Vergütungsanspruch eines im Wege der Prozesskostenhilfe beigeordneten Rechtsanwaltes durch die Staatskasse nach §§ 45 ff. RVG beglichen worden ist, geht der Anspruch des Rechtsanwaltes gegen die Partei **oder** den ersatzpflichtigen Gegner gemäß **§ 59 Abs. 1 RVG** auf die Staatskasse über. Zweck der Vorschrift, die von der Intention her §§ 94 SGB XII, 33 Abs. 2 SGB II, 7 UnterhaltsvorschussG entspricht,[3217] ist der

---

[3211] BGH JurBüro 2011, 22.
[3212] Allg. Meinung, insbes. nunmehr im Hinblick auf § 3a Abs. 3 S. 1 RVG, vgl. Gerold/Schmidt/*Müller-Rabe* RVG § 58 Rn. 22 f.; zur Anrechnung der Geschäftsgebühr bei PKH in nachfolgendem Rechtsstreit *Enders* JurBüro 2005, 281.
[3213] OLG Stuttgart FamRZ 1999, 390; **anders** Gerold/Schmidt/*Müller-Rabe* RVG § 58 Rn. 18 ff.: es gilt § 366 BGB.
[3214] OLG Bamberg JurBüro 1985, 730; OLG Düsseldorf JurBüro 1982, 1210; auch: LAG Düsseldorf JurBüro 1986, 238.
[3215] BGH KoRsp BRAGO § 130 Nr. 1.
[3216] Riedel/Sußbauer/*Ahlmann* RVG § 58 Rn. 24; Gerold/Schmidt/*Müller-Rabe* RVG § 58 Rn. 14.
[3217] Hartung/Römermann/*Schons* RVG § 59 Rn. 5.

Ausgleich der vom Staat für die PKH-Anwaltsfinanzierung aufgewandten Mittel durch Inanspruchnahme der zahlungspflichtigen Partei oder eines ersatzpflichtigen Dritten. Es handelt sich um einen **gesetzlichen Forderungsübergang** (cessio legis) iSd § 412 BGB,[3218] wenn der Anwalt **die Staatskasse** (statt des ersatzpflichtigen Gegners oder Mandanten) in Anspruch genommen hat. Der Rechtsanwalt hat insoweit ein **Wahlrecht,** ob er sich wegen seines Vergütungsanspruch an die **Staatskasse** nach § 45 RVG oder an den erstattungspflichtigen **Gegner** nach § 126 ZPO wendet.[3219] Die **eigene Partei** kann er erst **nach Aufhebung der Prozesskostenhilfe** (§§ 122 Abs. 1 Nr. 3, 124 ZPO) aufgrund des Anwaltsdienstvertrages (§ 675 BGB) in Anspruch nehmen, vorher ist der Vergütungsantrag nicht durchsetzbar.

II. Übergehende Ansprüche

(1) **Gegenstand des Anspruchsübergangs** ist ein „Anspruch" des Rechtsanwalts „gegen die Partei" oder gegen einen „ersatzpflichtigen Gegner", § 59 Abs. 1 S. 1 RVG. 932

- **Anspruch gegen die Partei** ist der aus dem Anwaltsvertrag folgende Anspruch des 933
  Rechtsanwaltes auf die gesetzliche Wahlanwaltsvergütung, § 13 RVG. Zwar kann er gemäß § 122 Abs. 1 Nr. 3 ZPO vor Aufhebung der PKH nicht „geltend" gemacht werden. Gerade daraus ergibt sich aber, dass er „besteht". So, wie er im Zeitpunkt der Befriedigung durch die Staatskasse besteht, geht er über, eingeschränkt durch die Stundungssperre des § 122 Abs. 1 Nr. 3 ZPO.[3220] Diese Einschränkung entfällt nach heute wohl hM mit dem Tod der PKH-Partei und geht, da personengebunden, auf den (ggf. selbst nicht bedürftigen) **Erben** über (→ Rn. 623 ff.), jedenfalls solange er den Rechtsstreit nicht fortführt.[3221] **Nach Aufhebung der PKH** kann die Staatskasse den übergegangen Anspruch ungehindert gegen die Partei geltend machen.[3222]
- **Auslagen der Partei selbst** werden von dem Beitreibungsrecht des Anwalts nicht erfasst. Insoweit geht der Anspruch auf Kostenerstattung auch nicht auf die Staatskasse über.[3223]
- **Anspruch gegen einen ersatzpflichtigen Gegner** ist bei ganzem oder teilweisem 934
  Obsiegen der hilfsbedürftigen Partei der **Kostenerstattungsanspruch** gegen den unterlegenen Prozessgegner, hinsichtlich dessen der beigeordnete Anwalt ein eigenes gesetzliches **Beitreibungsrecht** (§ 126 Abs. 1 ZPO) hat. Dieser Anspruch geht ebenfalls, wie er bei Befriedigung durch die Staatskasse besteht, über.
- Ein **vollstreckbarer Kostentitel gegen den Gegner** ist Voraussetzung des Anspruchsübergangs.[3224] Ist er noch nicht rechtskräftig, so ist der übergegangene Anspruch auflösend bedingt durch den Eintritt der Rechtskraft.[3225] Da der Staatskasse kein eigenes Recht zur Stellung eines Kostenantrags zusteht, denn dieses Antragsrecht ist ein Recht der Partei und geht nicht als Hilfsrecht des beigeordneten Rechtsanwalts auf

---

[3218] Gerold/Schmidt/*Müller-Rabe* RVG § 59 Rn. 1; AnwK-RVG/*Fölsch* RVG § 59 Rn. 2.
[3219] BGH AGS 2010, 30; OVG Münster RVGreport 2014, 320; *Hansens* RVGreport 2016, 4 (5).
[3220] BGH NJW 2009, 2962; Gerold/Schmidt/*Müller-Rabe* RVG § 59 Rn. 8; Riedel/Sußbauer/*Ahlmann* RVG § 59 Rn. 12.
[3221] OLG Jena NJOZ 2012, 1071; OLG Düsseldorf NJW-RR 1991, 1086; Riedel/Sußbauer/*Ahlmann* RVG § 59 Rn. 13; **aA:** OLG Celle JurBüro 1987, 1237; OLG Frankfurt JurBüro 1985, 605 und hier noch in der Vorauflage.
[3222] AG Koblenz FamRZ 2012, 1238; Zöller/*Schultzky* ZPO § 124 Rn. 25.
[3223] OLG Schleswig JurBüro 1972, 604.
[3224] Gerold/Schmidt/*Müller-Rabe* RVG § 59 Rn. 14, 17 f.
[3225] OLG Düsseldorf Rpfleger 2011, 446; *Groß* RVG § 59 Rn. 4.

die Staatskasse über,[3226] bestimmt § 269 Abs. 4 S. 2 ZPO, dass im Fall der Klagerücknahme **zwingend über die Kosten des Verfahrens zu entscheiden ist,** wenn dem Beklagten PKH bewilligt wurde. Damit können keine Vereinbarungen zu Lasten der Staatskasse dahingehend getroffen werden, dass bei einer Rücknahme der Klage durch den nicht kostenarmen Kläger der kostenarme Beklagte keinen Kostenantrag nach § 269 Abs. 4 ZPO stellt, um dem staatlichen Rückgriff nach § 59 RVG zu entgehen. Verweigert allerdings das Prozessgericht entgegen § 269 Abs. 4 S. 2 ZPO den Erlass einer Kostenentscheidung, steht der Staatskasse dagegen gleichwohl kein **Beschwerderecht** zu.[3227] Allerdings können in einem solchen Fall die Vergütungsansprüche des Anwalts gegenüber der Landeskasse nach § 242 BGB **verwirkt** sein, wenn bewusst gegen die Pflicht, die Landeskasse bei der Beitreibung auf sie übergehender Ansprüche zu unterstützen, verstoßen worden ist.[3228]

Zum Beitreibungsrecht des beigeordneten Anwalts im Einzelnen → Rn. 913 ff.

935 (2) **Auch bei PKH-Gewährung an den zur Kostentragung verurteilten Gegner ist dieser erstattungspflichtig,** § 123 ZPO. Diese Vorschrift beschränkt die Wirkungen der Gewährung von PKH auf die Gerichtskosten und die eigenen außergerichtlichen Kosten der Partei.[3229] Ob dies jedoch auch dann gilt, wenn die **Staatskasse kraft übergegangenen Rechts** nach § 59 Abs. 1 RVG iVm § 126 ZPO gegen den unterlegenen Gegner, dem ebenfalls PKH bewilligt wurde, vorgeht, ist höchst **umstritten.** Da § 59 Abs. 2 S. 1 RVG sich aber für die Geltendmachung übergegangener Ansprüche auf die Vorschriften über die Einziehung von Gerichtskosten bezieht, die bei PKH-Bewilligung eben nicht eingezogen werden können, könnte es nahe liegen, § 59 Abs. 2 RVG entsprechend auf die Geltendmachung des Erstattungsanspruchs gegen den PKH-begünstigten Gegner anzuwenden, dh übergegangene Ansprüche auf Erstattung von Anwaltsvergütung, solange die PKH des Gegners nicht aufgehoben ist, nicht geltend zu machen.[3230] Auch wird eingewendet, die aus Art. 20 Abs. 1 GG folgende Sozialhilfepflicht des Staates hindere den Staat an der Geltendmachung des übergegangen Kostenerstattungsanspruches gegen eine seinerseits bedürftigen Partei.[3231] Schließlich werden auch die Gesetzesmaterialien zur Entstehungsgeschichte und der Wortlaut von § 122 Abs. 1 Nr. 1 ZPO für diese Auffassung herangezogen.[3232] Allerdings beschränkt § 59 Abs. 2 RVG die Beitreibung nicht inhaltlich, sondern betrifft nur das Einziehungsverfahren, und der Anspruchsübergang ändert den Rechtscharakter des Anspruchs gerade nicht.[3233] Dem Anspruchsübergang steht auch § 122 Abs. 1 Nr. 1b ZPO nicht entgegen, denn der originäre Kostenerstattungsanspruch gegen den unterlegenen Gegner aus § 126 ZPO, der Gegenstand des Rechtsübergangs nach § 59

[3226] BGH MDR 1998, 1248 mwN auch zu den Gegenstimmen; OLG Düsseldorf Rpfleger 1999, 132; OLG Köln FamRZ 1998, 1037; OLG Brandenburg FamRZ 1996, 683; **aA:** LG Aschaffenburg JurBüro 1990, 1020; *Groß* RVG § 59 Rn. 6.
[3227] OLG Hamm RVGreport 2017, 219.
[3228] LSG Thüringen BeckRS 2018, 21612; BeckRS 2014, 14357; Gerold/Schmidt/*Müller-Rabe* RVG § 55 Rn. 43; *Hansens* RVGreport 2016, 4 (6).
[3229] BGH FamRZ 1997, 1141 mwN; abl. dazu *Fischer* JurBüro 1998, 622 ff.; OLG Oldenburg FamRZ 2009, 633; OLG Koblenz FamRZ 2008, 805; OLG Köln FamRZ 2004, 37; OLG Nürnberg NJW-RR 2002, 863; *Wax* FPR 2002, 471.
[3230] OLG München FamRZ 2014, 1880; FamRZ 2001, 1156; OLG Koblenz OLGReport 1999, 223; OLG Zweibrücken Rpfleger 1989, 114; OLG Braunschweig JurBüro 1990, 509; *Fischer* JurBüro 1998, 622 ff.; *Mümmler* JurBüro 1987, 35 f.; Riedel/Sußbauer/*Ahlmann* RVG § 59 Rn. 17.
[3231] So auch hier noch *Büttner* bis zur 5. Aufl. Rn. 806 unter Hinweis auf OLG München FamRZ 2001, 1156 und BVerfG JurBüro 1994, 540.
[3232] OLG München AGS 2014, 84; OLG Zweibrücken Rpfleger 1989, 114; *Fischer* JurBüro 1998, 622.
[3233] OLG Düsseldorf OLGR 1999, 497; OLG Frankfurt Rpfleger 1969, 217.

RVG ist, ist kein „Anspruch gegen die Partei" im Sinne des § 122 Abs. 1 Nr. 1b ZPO.[3234] § 122 Abs. 1 Nr. 1b ZPO meint nur die Ansprüche des beigeordneten Anwalts gegen die eigene Partei.[3235] Vor allem kann die Gegenauffassung keine befriedigende Antwort auf die Frage geben, warum der mittellose Gegner im Falle einer Inanspruchnahme durch die nicht bedürftige obsiegende Partei (§ 123 ZPO) oder dessen Rechtsanwalt (§ 126 ZPO) schutzlos wäre, während im Falle eines Anspruchsüberganges auf die Staatskasse der Zweck der Prozesskostenhilfe gefährdet sein soll. Es ist daher mit der vorherrschenden Gegenauffassung davon auszugehen, dass die Staatskasse weder durch § 122 Abs. 1 Nr. 1b ZPO noch durch Art. 20 Abs. 1 GG gehindert ist, den auf sie nach § 59 RVG übergegangenen Anspruch gegen einen ebenfalls bedürftigen Prozessgegner geltend zu machen.[3236]

Kontrovers wird auch die Frage diskutiert, ob bei **vergleichsweiser Übernahme von Kosten** die bedürftige Partei gegenüber der Staatskasse, die gemäß § 59 Abs. 1 RVG den Anspruch des Rechtsanwaltes der Partei erworben hat, durch § 122 Abs. 1 Nr. 1b ZPO geschützt ist. § 31 Abs. 3 S. 1 GKG bestimmt, dass die **vom nicht bedürftigen Gegner verauslagten Gerichtskosten** auf die Kostenschuld der PKH-Partei zu verrechnen sind, wenn diese nicht als Entscheidungsschuldner, sondern als Übernahmeschuldner (§ 29 Nr. 2) haftet, weil sie die Kosten im Vergleich übernommen hat (schon → Rn. 767 f.). Die Schutzregelung des § 122 Abs. 1 Nr. 1a ZPO greift also nicht ein. Das gilt unabhängig davon, ob PKH mit oder ohne Zahlungsbestimmungen bewilligt ist.[3237] Bei den nach § 59 Abs. 1 RVG **übergegangen Rechtsanwaltskosten gegen die eigene Partei** handelt es sich trotz der Regelung in § 59 Abs. 2 RVG dagegen nicht um Gerichtskosten, so dass § 31 Abs. 3 S. 1 GKG nicht direkt auf den nach § 59 RVG übergegangenen Anspruch angewendet werden kann. Für eine **entsprechende Anwendung von § 31 Abs. 3 S. 2 GKG** spricht zwar sicher der Umstand, dass hier wie bei den Gerichtskosten in der Tat eine hohe Gefahr besteht, dass Parteien durch einen Vergleich die Ersatzansprüche der Staatskasse vereiteln.[3238] Gegen eine analoge Anwendung auf die Kosten des Rechtsanwaltes spricht jedoch, dass dem Gesetzgeber das Problem bereits lange bekannt ist und er es bisher unterlassen hat, eine entsprechende gesetzliche Regelung herbeizuführen. Von einer **planwidrigen Gesetzeslücke,** die eine Analogie begründen könnte[3239], kann daher nicht ausgegangen werden. Der Staatskasse ist es daher nach § 122 Abs. 1 Nr. 1b ZPO auch dann verwehrt, auf sie übergegangene Vergütungsansprüche geltend zu machen, wenn sich die bedürftige Partei durch Vergleich zur Kostentragung verpflichtet hat.[3240]

(3) **Gebühren- und Auslagenbefreiung des unterlegenen Gegners** berühren rechtlich den übergegangenen Beitreibungsanspruch des Anwalts nicht, denn er bleibt ein Anspruch auf Erstattung außergerichtlicher Kosten und wird durch den Übergang keine

---

[3234] OLG Köln FamRZ 2004, 37; OLG Düsseldorf OLGR 1999, 497.
[3235] OLG Dresden FamRZ 2010, 583; OLG Karlsruhe FamRZ 2005, 2002.
[3236] BGH FamRZ 1997, 1141; OLG Nürnberg FamRZ 2019, 1080; OLG Hamm BeckRS 2016, 20639; OLG Celle MDR 2014, 923; OLG Dresden FamRZ 2010, 583; OLG Schleswig BeckRS 2010, 09090; OLG Nürnberg FamRZ 2008, 803; OLG Köln FamRZ 2004, 37; OLG Zweibrücken FamRZ 2008, 2140; OLG Oldenburg JurBüro 1991, 1373 (mablAnm *Mümmler*) und FamRZ 2009, 633; *Hartung/Schons/Enders* RVG § 59 Rn. 27; Mayer/Kroiß/*Kießling* RVG § 59 Rn. 20; *Zimmermann* Rn. 544.
[3237] OLG Dresden MDR 2001, 1073.
[3238] So noch OLG Frankfurt NJOZ 2011, 1491.
[3239] Larenz/*Canaris*, Methodenlehre der Rechtswissenschaft, S. 191 ff.
[3240] OLG Naumburg NJW-RR 2015, 1210; OLG Frankfurt NJW-RR 2012, 316, BeckRS 2011, 24201; und auch Beschl. v. 24.6.2011, 18 W 143/11 (n.v.) unter Aufgabe der vorherigen Rechtsprechung.

Gerichtskostenforderung.³²⁴¹ Einer Geltendmachung gegenüber der gebührenbefreiten Partei können jedoch haushaltsrechtliche Bestimmungen entgegenstehen.³²⁴²

938 **(4) Bei Kostenverteilung nach Quoten unter den Parteien** ist zunächst gemäß § 106 ZPO zu verfahren. Dem Gegner ist also Gelegenheit zur Aufrechnung mit seinen Erstattungsansprüchen (§ 126 Abs. 2 S. 2 ZPO) zu geben. Sind die Kosten gegeneinander aufgehoben worden, besteht kein Beitreibungsrecht gegen den Gegner und der Anspruch geht auch nicht auf die Staatskasse über.³²⁴³

939 Eine **Festsetzung auf die Staatskasse** ist nur für den Teil des Anspruchs zulässig, der die volle Anwaltsvergütung übersteigt.³²⁴⁴ § 126 ZPO bezweckt die Sicherung der vollen Anwaltsvergütung. Es ist also zunächst so auszugleichen, als wäre keine PKH bewilligt.³²⁴⁵ Gerichtskosten sind getrennt zu berechnen. Übersteigt der sich im Kostenausgleich ergebende Erstattungsbetrag die volle vom Anwalt ohne PKH zu fordernde Vergütung, ist der überschießende Betrag auf die Staatskasse, nicht auf die Partei festzusetzen, wenn § 59 RVG eingreift.³²⁴⁶ Höchstgrenze ist der dem Anwalt von der Landeskasse erstattete Betrag.³²⁴⁷

940 **(5) Bei Vertretung von Streitgenossen findet kein sie betreffender Anspruchsübergang** gemäß § 59 RVG statt, wenn der Anwalt nur einen Streitgenossen im Wege der PKH beigeordnet ist und ein weiterer notwendiger und nicht bedürftiger Streitgenosse in derselben Angelegenheit vertreten wurde. § 59 Abs. 1 RVG beschränkt den Anspruchsübergang auf Ansprüche des Anwalts gegen die bedürftige Partei, der er beigeordnet ist und für die er Vergütung aus der Staatskasse erhalten hat. Wie bereits zu → Rn. 60 festgestellt, ist bei einer Vertretung von bedürftigen und nichtbedürftigen Streitgenossen streitig, ob die Beiordnung des Rechtsanwalts nach der vom BGH³²⁴⁸ vertretenen Auffassung auf die Erhöhungsgebühr nach § 7 RVG iVm VV 1008 RVG zu beschränken ist. Folgt man der hier vertretenen Auffassung, dass eine solche Beschränkung gesetzlich nicht zulässig ist,³²⁴⁹ stellt sich die Frage, wie der dann entstehende **Interessenkonflikt**³²⁵⁰ zwischen dem nichtbedürftigen Streitgenossen, dem Prozessbevollmächtigten und der Staatskasse zu lösen ist. Hier wird insbesondere von den Befürwortern der Auffassung des BGH eingewendet, dass zwischen der Staatskasse und dem nichtbedürftigen Streitgenossen kein Gesamtschuldverhältnis nach §§ 421 ff. BGB bestehe und die Staatskasse im Falle einer vollen Inanspruchnahme durch den Rechtsanwalt wegen des Fehlens von Ausgleichsansprüchen nach § 426 BGB gegen den nichtbedürftigen Streitgenossen unangemessen benachteiligt werde.³²⁵¹ Insoweit kämen nur Ansprüche der Staatskasse aus **ungerechtfertigter Bereicherung** gegen den anderen Streitgenossen in Betracht. Soweit der Rechtsanwalt an Stelle des bedürftigen Streitgenossen die Staatskasse in Anspruch nimmt und diese leistet, erwirbt sie jedenfalls in **analoger Anwendung des § 426 Abs. 2 BGB** einen zivilrechtlichen Ausgleichsanspruch gegen den nichtbedürftigen Streitgenossen, da hier eine Gesetzeslücke vorliegt, die im Hinblick auf die gleiche

---

³²⁴¹ BGH NJW 1965, 538.
³²⁴² Gerold/Schmidt/*Müller-Rabe* RVG § 59 Rn. 6.
³²⁴³ OLG Hamm OLGReport 2003, 16; Poller/Härtl/*Köpf* RVG § 59 Rn. 6.
³²⁴⁴ AnwK-RVG/*Fölsch* RVG § 59 Rn. 26; Gerold/Schmidt/*Müller-Rabe* RVG § 59 Rn. 28.
³²⁴⁵ FG Düsseldorf BeckRS 2017, 94248; Hartung/Schons/*Enders* RVG § 59 Rn. 36.
³²⁴⁶ OLG München JurBüro 1982, 417; Toussaint/*Toussaint* RVG § 59 Rn. 13; zu den Berechnungsmethoden vgl. *Braun* Rpfleger 1959, 179.
³²⁴⁷ BVerwG RVGreport 2008, 155.
³²⁴⁸ BGH NJW 1993, 1715; bestätigt durch BGH NJW-RR 2019, 572.
³²⁴⁹ Vgl. die Rechtsprechungsnachweise → Rn. 60.
³²⁵⁰ OLG München NJW-RR 1997, 191.
³²⁵¹ OLG Celle JurBüro 1984, 1248; Riedel/Sußbauer/*Ahlmann* RVG § 59 Rn. 24; so auch noch die in der Vorauflage vertretene Auffassung unter Rn. 810.

Interessenslage bei einer Leistungsbewirkung durch die Staatskasse geschlossen werden kann und muss.³²⁵² Diese Lösung erhält sowohl das Wahlrecht des Rechtsanwaltes zwischen einer Inanspruchnahme der nichtbedürftigen Partei oder der Staatskasse und wird auch den fiskalischen Interessen des Staates gerecht, wobei es auch sachgerecht erscheint, dem Staat das Risiko eines Zahlungsausfalles bei der nichtbedürftigen Partei aufzubürden. Den Anspruch nach § 426 Abs. 2 BGB analog kann die Staatskasse aber nicht über § 59 Abs. 2 RVG geltend machen, sondern dieser ist im Klagewege durchzusetzen.³²⁵³ Das ergibt sich auch aus der VwV Vergütungsfestsetzung, dort Teil A Nr. 2.3.4. Danach ist die Akte, wenn keine freiwillige Zahlung erfolgt, dem unmittelbar vorgesetzten Präsidenten vorzulegen, der gegebenenfalls die Klageerhebung veranlasst. Die Gegenauffassung,³²⁵⁴ wonach analog § 59 Abs. 1 RVG ein Forderungsübergang stattfinden soll und sodann nach § 59 Abs. 2 S. 1 RVG iVm JBeitrG vorgegangen werden soll, überzeugt nicht. Nach einer neueren Ansicht soll dagegen der Anspruch des Rechtsanwalts gegenüber der Staatskasse bei der Vertretung von Streitgenossen, denen nicht allen PKH gewährt wurde, von vornherein **kopfteilig** auf den Gesamtbetrag der angefallenen Anwaltsgebühren einschließlich der Erhöhungsgebühr beschränkt sein.³²⁵⁵ Folgt man dieser Ansicht, die allerdings das Wahlrecht des Rechtsanwalts einschränkt, geht auch nur insoweit die Forderung auf die Staatskasse über. Die Lösung entspricht der Rechtsprechung des BGH zur Kostenfestsetzung gegen den Gegner bei der Vertretung mehrerer Streitgenossen.³²⁵⁶

Ist der Anwalt allen Streitgenossen im Wege der PKH beigeordnet, findet gemäß § 59 RVG ein Übergang aller Vergütungsansprüche des Anwalts gegen die Streitgenossen sowie des Beitreibungsrechts des § 126 ZPO statt. Auf das Innenverhältnis unter den Streitgenossen kommt es für die Frage der Haftung der Staatskasse gegenüber dem Rechtsanwalt nicht an³²⁵⁷ (zu weiteren Einzelheiten → Rn. 908 f.).

(6) **Bei einem Wechsel des beigeordneten Anwalts** geht ein Beitreibungsanspruch des Anwalts gegen den Gegner nur in Höhe der Kosten **eines** Anwalts über, wenn der Anwaltswechsel nicht „notwendig" i.S. von § 91 ZPO war.³²⁵⁸ Ansonsten geht nur der Erstattungsanspruch des einen Anwalts auf die Staatskasse über.

941

(7) **Nebenrechte** gehen gemäß den §§ 412, 401 BGB auf die Staatskasse mit über, etwa bei Sicherheitsleistung durch einen Ausländer oder ein Pfändungspfandrecht nach Pfändung bei dem erstattungspflichtigen Gegner auf Grund des Beitreibungsrechts des Anwalts.³²⁵⁹

942

III. Zeitpunkt des Anspruchsübergangs

Zeitpunkt des Anspruchsübergangs auf die Staatskasse ist der Zeitpunkt der „Befriedigung des Rechtsanwalts" durch die Staatskasse, also der tatsächlichen Zahlung an den Anwalt.³²⁶⁰ Ist zu diesem Zeitpunkt bereits eine vorläufig vollstreckbare Kostenentscheidung erstinstanzlich ergangen, so erwirbt die Staatskasse einen durch eine noch mögliche

943

---

³²⁵² OLG Celle Rpfleger 2007, 151; OLG München NJW-RR 1997, 151; im Ergebnis auch *Rönnebeck* NJW 1994, 2274; hier unter → Rn. 908; dagegen: AnwK-RVG/*Fölsch* § 59 Rn. 14; Beck-OK RVG/*Sommerfeldt* § 59 Rn. 27.
³²⁵³ OLG Bamberg JurBüro 1971, 78.
³²⁵⁴ LSG Bayern AGS 2013, 478.
³²⁵⁵ LSG Niedersachsen-Bremen AGS 2017, 91; OLG Köln 2010, 496.
³²⁵⁶ Vgl. BGH AGS 2006, 620.
³²⁵⁷ LG Berlin Rpfleger 1992, 258.
³²⁵⁸ Gerold/Schmidt/*Müller-Rabe* RVG § 59 Rn. 24.
³²⁵⁹ Gerold/Schmidt/*Müller-Rabe* RVG § 59 Rn. 10; Toussaint/*Toussaint* RVG § 59 Rn. 10.
³²⁶⁰ BGH MDR 1998, 1248; *Hansens* RVGreport 2016, 4 (5).

Abänderung der Kostenentscheidung **auflösend bedingten** Erstattungsanspruch.[3261] Kommt es danach zu einer Abänderung der Kostenentscheidung, zB durch einen in zweiter Instanz geschlossenen Vergleich, hat die Staatskasse einen bereits eingezogenen Betrag zurückzuerstatten. Ist zu diesem Zeitpunkt die **Insolvenz** über das Vermögen des erstattungspflichtigen Gegners eröffnet, berührt dies die Durchsetzung der erst danach entstandenen Ansprüche der Landeskasse nicht.[3262] Ist bei einem auf die Staatskasse übergegangen Vergütungsanspruch des Anwalts gegen den Mandanten diesem nach Bewilligung der PKH Restschuldbefreiung im Rahmen eines Insolvenzverfahrens erteilt worden, betrifft dies auch den übergegangenen Anspruch der Staatskasse, soweit der (ursprüngliche) Vergütungsanspruch schon vor Eröffnung des Insolvenzverfahrens entstanden ist.[3263] Ist nach der Entstehung des anwaltlichen Gebührenanspruchs über das Vermögen des Antragstellers Insolvenz eröffnet worden, so kann der danach gemäß § 59 RVG auf die Staatskasse übergegangene Anspruch nach §§ 89, 87 InsO nicht mehr durchgesetzt werden und auch keine nachträgliche Ratenzahlung nach § 120a ZPO angeordnet werden.[3264]

IV. Verfügungen der Partei über den Erstattungsanspruch, Benachteiligung der Staatskasse

944 **Für Verfügungen der Partei über den Kostengrund und den Kostenerstattungsanspruch** gilt im Verhältnis zur Staatskasse zunächst Entsprechendes wie im Verhältnis zum Anwalt,[3265] es gelten insoweit §§ 412, 399–404, 406–410 BGB (dazu → Rn. 776 ff.). Das **Verfügungsrecht der Partei über den Kostengrund bleibt bis zur Rechtskraft grundsätzlich unberührt**,[3266] → Rn. 921. Die im ersten Rechtszug obsiegende Partei kann also zB in der zweiten Instanz die Klage zurücknehmen oder sich im Wege eines Vergleiches zur Übernahme von Kosten verpflichten[3267] und so dem auf die Staatskasse übergegangenen Anspruch die Grundlage entziehen.

945 **Unwirksam** ist eine einseitige **Verfügung der Partei über den Kostenerstattungsanspruch** aber **nach Eintritt der Rechtskraft des Urteils**[3268], es sei denn, eine Kostenfestsetzung habe nur auf den Namen der Partei selbst stattgefunden und der Festsetzungsantrag der Staatskasse sei dem Gegner zur Zeit der Verfügung noch unbekannt gewesen.[3269]

946 **Unwirksam** sind aber auch schon **vor Eintritt der Rechtskraft Vereinbarungen über Kostengrund- und Erstattungsanspruch** mit der **Absicht der sittenwidrigen Benachteiligung der Staatskasse**.[3270] Das ist zB der Fall, wenn in einem Vergleich die von der Staatskasse gezahlten Anwaltsgebühren von der Erstattung ausgenommen werden oder die hilfsbedürftige Partei vor Rechtskraft der Kostengrundentscheidung auf die Erstattung gerade jener Kosten verzichtet.[3271] Die **Benachteiligungsabsicht** muss jedoch klar

---
[3261] OLG Düsseldorf Rpfleger 2011, 446; Gerold/Schmidt/*Müller-Rabe* RVG § 59 Rn. 20.
[3262] *Hansens* RVGreport 2016, 4 (6).
[3263] OLG Frankfurt NZI 2018, 850.
[3264] BGH NJW 2019, 3522 – auch mit Nachweisen zum früheren Streitstand.
[3265] Gerold/Schmidt/*Müller-Rabe* RVG § 59 Rn. 8.
[3266] BGH NJW 2007, 1213; OVG Münster RVGreport 2014, 320; OLG Stuttgart MDR 1989, 744; OLG Frankfurt NJW 1969, 144; *Groß* RVG § 59 Rn. 5.
[3267] OLG Bamberg JurBüro 1988, 1676.
[3268] OLG Stuttgart NJW 1956, 1405; BeckOK ZPO/*Kratz* § 126 Rn. 3.
[3269] OLG Hamm MDR 1987, 413.
[3270] OLG Celle Rpfleger 1964, 199; OLG München KoRsp BRAGO § 130 Nr. 5; wohl auch: OLG Koblenz MDR 1956, 497; LG Köln AnwBl 1984, 624; LG Essen MDR 1956, 498; HSE/*Hartung* RVG § 59 Rn. 29.
[3271] OLG Stuttgart MDR 1989, 744.

erkennbar sein. Die bloße Tatsache, dass die Kostenregelung der materiellen Prozesslage nicht entspricht, ist zunächst nur Indiz, nicht klarer Beweis für eine Benachteiligungsabsicht.[3272]

Es genügt auch nicht, dass die Parteien das „Bewusstsein" haben, durch ihre Kostenregelung Erstattungsinteressen der Staatskasse zu beeinträchtigen.[3273] Es muss vielmehr feststehen, dass alleiniger oder Hauptzweck der Kostenregelung eine Benachteiligung der Staatskasse war. Haben die Parteien sonstige, aus ihrer – sei es auch nur einer Partei – Sicht verständige Gründe für eine Kostenregelung, die dem Erstattungsinteresse der Staatskasse nachteilig ist, muss die Staatskasse diese Regelung hinnehmen.[3274] Veranlasst der beigeordnete Anwalt eine Kostenfestsetzung zugunsten der von ihm vertretenen Partei, die der Gegenseite die Aufrechnung ermöglicht oder sonst unangemessene Vorteile verschafft, was nicht möglich gewesen wäre, wenn er eine Kostenfestsetzung im eigenen Namen (§ 126 ZPO) beantragt hätte, ist darin ein **Verstoß gegen Treu und Glauben** zu sehen, der dem dann verwirkten Vergütungsanspruch gegen die Staatskasse nach § 55 RVG entgegengehalten werden kann.[3275]

Folge einer unwirksamen Kostenvereinbarung zu Lasten der Staatskasse ist, dass der beigeordnete Anwalt – jedenfalls in Höhe der Benachteiligung der Staatskasse – die ihm gezahlte Vergütung zurückzuzahlen hat bzw. die Zahlung noch ausstehender Vergütung verweigert werden kann und der an der Benachteiligung beteiligte Gegner eine ohne Benachteiligungshandlung bestehende Erstattungspflicht zu erfüllen hat.[3276]

947

948

V. Einwendungen und Einreden gegen übergegangene Ansprüche

Einwendungen und Einreden gegen übergegangene Ansprüche (§ 59 Abs. 1 RVG) können den **Bestand des Anspruchs**, die **Zahlungspflicht** des Inanspruchgenommenen, den **Übergang der Ansprüche** als solchen, die **Pflicht der Staatskasse zur Zahlung an den beigeordneten Anwalt** (etwa verschuldeter Anwaltswechsel) und die **Gebührenberechnung** betreffen.[3277] Es sind alle dem beigeordneten Anwalt gegenüber zulässigen Einwendungen und Einreden statthaft.[3278]

Nach Rechtsübergang gemäß § 59 RVG gilt das Aufrechnungsverbot des § 126 Abs. 2 ZPO[3279] nach allgemeiner Auffassung auch im Verhältnis zur Staatskasse.[3280] Dies gilt auch dann, wenn der Gegenanspruch gegen die Partei schon fällig war, ehe der Erstattungsanspruch durch die Beiordnung verstrickt wurde.[3281] Eine Aufrechnung mit Gegenansprüchen gegen die hilfsbedürftige Partei ist nach § 126 Abs. 2 S. 2 ZPO nur mit Kostenerstattungsansprüchen, die nach der jeweiligen Kostenentscheidung des gleichen

949

950

[3272] Anders: LG Göttingen NdsRpfl. 1967, 278.
[3273] LG Köln Rpfleger 1990, 372; anders aber: LG Göttingen NdsRpfl. 1967, 278; OLG Hamburg Rpfleger 1952, 352.
[3274] LG Köln Rpfleger 1990, 371.
[3275] OLG München MDR 1997, 786; → Rn. 952; AnwK-RVG/*Fölsch* RVG § 59 Rn. 19; **aA:** Toussaint/*Toussaint* RVG § 59 Rn. 18; zu ähnlichen Konstellationen bei der Staatskasse nachteiligen Kostenvereinbarungen LSG Thüringen BeckRS 2018, 21612; BeckRS 2014, 14357.
[3276] OLG Koblenz MDR 1956, 497; OLG Hamburg Rpfleger 1952, 352; LG Köln AnwBl 1984, 624.
[3277] BGH MDR 1978, 214.
[3278] KG OLGReport 2004, 556.
[3279] Ausführlich dazu *Kruse/Schäfers* JuS 2014, 123; vgl. auch BGH FamRZ 2016, 208.
[3280] BGH NJW-RR 2007, 1147; 1991, 254; OLG Braunschweig JurBüro 2015, 150; OLG Köln FamRZ 2004, 37; OLG Koblenz Rpfleger 1994, 422; OLG München AnwBl. 1991, 167 mwN; LG Osnabrück JurBüro 2018, 203; **aA:** OLG Zweibrücken JurBüro 1984, 1044.
[3281] BGH FamRZ 2006, 190.

Verfahrens entstanden sind, zulässig. Beim Kostenausgleich sind die Kosten aller Instanzen mit einzubeziehen.[3282] Mit Erstattungsansprüchen eines anderen Rechtsstreites[3283] sowie sonstigen Gegenansprüchen kann nicht aufgerechnet werden.

Mit einer unstreitigen oder rechtskräftig festgestellten Gegenforderung gegen die Staatskasse kann aber im Beitreibungsverfahren gemäß **§ 8 Abs. 1 S. 2 JBeitrG** aufgerechnet werden. Diese Regelung verdrängt § 126 Abs. 2 ZPO nicht, sondern diese Voraussetzungen sind als zusätzliche Erfordernisse des Kostenfestsetzungsverfahrens anzusehen.[3284]

951 Das Aufrechnungsverbot des Gegners gilt jedoch dann nicht mehr, sobald die **bedürftige Partei selbst die Kosten gegen ihn hat festsetzen lassen.**[3285] Einer Sicherung des Vergütungsanspruchs des beigeordneten Rechtsanwalts bedarf es dann nicht mehr.[3286] Hat der beigeordnete Rechtsanwalt selbst als Bevollmächtigter der Partei den Kostenfestsetzungsbeschluss erwirkt, liegt hierin aber kein endgültiger Verzicht seines eigenen und vorrangigen Betreibungsrechts nach § 126 Abs. 1 ZPO.[3287] In diesen Fällen ist es aber dem Gegner zu gestatten, zur Abwendung der Zwangsvollstreckung an die Partei zu zahlen oder die Aufrechnung zu erklären,[3288] solange nicht eine neue Kostenfestsetzung zugunsten des Anwalts ergangen ist (→ Rn. 778 ff.).

VI. Grundloses Unterlassen der Geltendmachung des Beitreibungsrechts nach § 126 ZPO durch den beigeordneten Anwalt

952 Bei **grundlosem Unterlassen des Beitreibungsrechts nach § 126 ZPO durch den beigeordneten Anwalt** – es genügt grobe Fahrlässigkeit –, insbesondere durch die Stellung eines Festsetzungsantrages zugunsten der Partei mit nachfolgender Aufrechnung durch den Gegner (vgl. → Rn. 947), ist dieser in Höhe der Aufgabe des Beitreibungsrechts zur Rückzahlung schon empfangener Vergütung verpflichtet. Der Rechtsanwalt kann insoweit nicht ohne Grund auf sein Beitreibungsrecht nach § 126 ZPO verzichten und die Festsetzung der Kosten für seine Partei beantragen, wenn dies dem Gegner die Aufrechnung gegenüber der Partei für ihn erkennbar ermöglicht, da dies den Forderungsübergang auf die Staatskasse nach § 59 RVG vereitelt. Seinem noch nicht erfüllten Vergütungsanspruch kann dann ggf. von der Staatskasse die Einrede der Arglist entgegengehalten werden[3289] (→ Rn. 946). Die dadurch verursachte Aufgabe der Einschränkung des Aufrechnungsrechts nach § 126 Abs. 2 ZPO führt jedenfalls dann zum Arglisteinwand, wenn der Gegner für diesen Fall schon die Aufrechnung mit anderen als eigenen Kostenerstattungsansprüchen aus dem gleichen Verfahren angekündigt hatte oder nach der Sachlage nahe liegend damit zu rechnen war.

VII. Keine Geltendmachung des Übergangs zum Nachteil des beigeordneten Anwalts

953 **Der Anspruchsübergang kann nicht zum Nachteil des Anwalts geltend gemacht werden,** § 59 Abs. 1 S. 2 RVG. Das bedeutet in erster Linie, dass der Anwalt, solange

---

[3282] OLG Schleswig OLGR 2008, 717.
[3283] BGH FamRZ 2006, 190.
[3284] BGH AnwBl 1991, 168.
[3285] BGH MDR 2007, 918.
[3286] BGH NJW 1994, 3292.
[3287] OVG Münster RVGreport 2014, 320; *Groß* ZPO § 126 Rn. 18.
[3288] Vgl. den anschaulichen Fall bei *Kruse/Schäfers* JuS 2014, 123.
[3289] KG BeckRS 2009, 11997 = KG KGR 2009, 516; OLG München NJW-RR 1997, 1356; LG Berlin KoRsp BRAGO § 130 Nr. 15; LG Würzburg JurBüro 1987, 1193.

Zahlungen der Staatskasse seine volle Wahlanwaltsvergütung nicht decken, diese über sein Beitreibungsrecht zu erzielen berechtigt ist. Das gilt auch bei Festsetzung auf den Namen der Partei. Zahlungen der Staatskasse darf der Anwalt auch zunächst auf Kosten verrechnen, für die der Gegner nicht haftet,[3290] etwa weil sie als nicht „notwendig" iSd § 91 ZPO angesehen werden. Hier kann es zu einem **Konkurrenzverhältnis** zwischen Rechtsanwalt und der Staatskasse kommen.[3291] Dem Anwalt steht es frei, ob er zuerst die Staatskasse oder den erstattungspflichtigen Gegner in Anspruch nimmt. Er kann auch bei beiden Teilen den Anspruch einfordern, allerdings in Bezug auf den Gegner dann nur in Höhe der Differenz zu den Wahlanwaltsgebühren.[3292] Die Staatskasse kann erst dann frei die übergegangenen Ansprüche verfolgen, wenn der beigeordnete Anwalt seine **volle Wahlanwaltsvergütung** erhalten hat.[3293]

Auch der Anspruch auf Erstattung der (höheren) Wahlanwaltsgebühren steht nur der obsiegenden Partei und ihrem Prozessvertreter, nicht aber der Staatskasse (aufgrund eines Forderungsübergangs nach § 59 Abs. 1 S. 1 RVG) zu.[3294]

VIII. Verjährung

Der übergegangene Vergütungsanspruch des Anwalts gegen seinen Mandanten verjährt in 3 Jahren (§ 195 BGB) ab dem Schluss des Kalenderjahres, in dem die Vergütung fällig geworden ist (§ 199 BGB).[3295] Der Übergang ändert seine privatrechtliche Natur nicht.[3296] Soweit er rechtskräftig festgesetzt wurde, gilt die Dreißigjährige Verjährungsfrist des § 197 Abs. 1 Nr. 3 BGB.[3297] In Bezug auf übergegangene Ansprüche gegen den **Gegner** gilt die 30-jährige Verjährungsfrist.[3298]

954

IX. Verfahren bei Geltendmachung auf die Staatskasse übergegangener Ansprüche

Das Verfahren bei der Geltendmachung übergegangener Ansprüche richtet sich gemäß § 59 Abs. 2 S. 1 RVG nach den Vorschriften über die Kosten des jeweiligen gerichtlichen Verfahrens entsprechend. Es findet mithin ein **Verwaltungszwangsverfahren gemäß des JBeitrG** statt, § 1 Abs. 1 Nr. 10 JBeitrG iVm § 59 Abs. 2 S. 1 RVG. Die auf die Staatskasse übergegangenen Ansprüche sind in der Gerichtskostenrechnung gesondert aufzuführen, sie gehören nicht zu den nach § 19 GKG anzusetzenden Kosten.[3299] Ist über das Vermögen der PKH-Partei das **Insolvenzverfahren** eröffnet, ist die Staatskasse auch hinsichtlich der auf sie nach § 59 Abs. 1 S. 1 RVG übergegangenen Ansprüche Insolvenzgläubigerin, wenn die Anwaltsvergütung vor Insolvenzeröffnung entstanden ist. Die Forderung kann dann nur im Rahmen des Insolvenzverfahrens und nicht im Wege einer PKH-Zahlungsanordnung geltend gemacht werden.[3300]

955

[3290] OLG Brandenburg JurBüro 2007, 259; OLG Schleswig AnwBl 1994, 304.
[3291] Einzelheiten bei *Groß* RVG § 59 Rn. 7 ff.
[3292] KG JurBüro 1987, 773; *Hansens* RVGreport 2016, 4 (5).
[3293] Gerold/Schmidt/*Müller-Rabe* RVG § 59 Rn. 28.
[3294] OLG Köln Rpfleger 2006, 662.
[3295] VGH Kassel NJW 2018, 2281
[3296] **AA:** OLG Frankfurt JurBüro 1988, 481; VG Berlin RVGreport 2012, 418; MüKoBGB/*Grothe* § 197 Rn. 21: **30 Jahre** nach § 197 Abs. 1 Nr. 3 BGB.
[3297] OLG Frankfurt JurBüro 1988, 481.
[3298] VG Berlin RVGreport 2012, 418; Gerold/Schmidt/*Müller-Rabe* RVG § 59 Rn. 39.
[3299] OLG Düsseldorf Rpfleger 2011, 446.
[3300] BGH JurBüro 2019, 652.

1. Teil. Prozess- und Verfahrenskostenhilfe

956 **Statthafte Rechtsbehelfe** gegen den Kostenansatz sind gemäß § 59 Abs. 2 S. 1 RVG diejenigen des jeweiligen gerichtlichen Verfahrens § 66 GKG (Erinnerung, Beschwerde) bzw. §§ 57 FamGKG, 81 GNotKG. Erinnerung und Beschwerde sind nicht fristgebunden und haben beide keine aufschiebende Wirkung (§§ 66 Abs. 7 GKG, 57 Abs. 6 FamGKG, 81 Abs. 7 GNotKG). Bei Beschwerden muss die Beschwerdesumme von 200,– EUR erreicht sein oder die Beschwerde wegen der grundsätzlichen Bedeutung der Angelegenheit zugelassen worden sein §§ 66 Abs. 2 GKG, 57 Abs. 2 FamGKG, 81 Abs. 2 GNotKG. Im sozialgerichtlichen Verfahren findet wegen der Verweisung in § 59 Abs. 2 S. 1 RVG eine Beschwerde wegen § 189 Abs. 2 SGG bei einem gesetzlichen Forderungsübergang nicht statt.[3301] Hier ist nur die Erinnerung nach § 189 Abs. 2 S. 2 SGG statthaft.

§ 14 Überprüfung und Abänderung der PKH-Bewilligung

I. Allgemeines

957 Da die Einkommens- und Vermögensverhältnissen der bedürftigen Partei sich nach bereits bewilligter PKH ändern können, besteht ein Bedürfnis sowohl nach **amtlicher Überprüfung** der fortbestehenden Bedürftigkeit (und ggf. Abänderung zu Lasten der Partei) als auch nach der Möglichkeit für die Partei, der nicht ratenfreie PKH bewilligt wurde, bei einer Verschlechterung ihrer Leistungsfähigkeit die Abänderung bzw. Aufhebung ihrer Zahlungspflicht zu **beantragen**. Das Gesetz sieht deshalb in § 120a Abs. 1 ZPO vor, dass bei **nachträglichen wesentlichen** Veränderungen – dh Veränderungen, die **nach Erlass** der vorangegangenen PKH-Entscheidung eingetreten sind[3302] – die (ursprüngliche) Entscheidung über die zu leistenden Zahlungen geändert werden **soll**.[3303]

II. Übergangsrecht

958 Nach § 40 S. 1 EGZPO verbleibt es in Ansehung von §§ 114–127 ZPO bei der vor dem 1.1.2014 geltende Rechtslage, wenn eine Partei vor dem 1.1.2014 PKH **beantragt** hat.[3304] Damit ergibt sich im Abänderungsverfahren nach §§ 120 Abs. 4 aF, 120a ZPO die Folge, dass das alte Recht im Hinblick auf die Vierjahresfrist von § 120 Abs. 4 S. 3 ZPO aF, die erst nach Rechtskraft der Hauptsache beginnt, noch über unbestimmt lange Zeit in der Praxis zur Geltung kommen wird. Die Unterscheidung zwischen neuem und altem Recht hat gerade im Überprüfungs- und Abänderungsverfahren zentrale Bedeutung für die formellen Verfahrensvoraussetzungen und vor allem Pflichten der Partei. Es sei auf folgende **Unterschiede** bereits an dieser Stelle hingewiesen:

(a) Im alten Recht sollte von Seiten der Staatskasse nur eine anlassbezogene, keine routinemäßige Überprüfung erfolgen[3305] während das neue Recht in § 120a Abs. 1 S. 3 ZPO bestimmt, dass eine Überprüfung jederzeit erfolgen kann.[3306] Die Vierjahresfrist des

---

[3301] BSG BeckRS 2017, 131338; LSG Sachsen-Anhalt BeckRS 2018, 30881; LSG Münster RVGreport 2015, 219.
[3302] OLG Bamberg FamRZ 2003, 1199; Thomas/Putzo/*Seiler* ZPO § 120a Rn. 2.
[3303] Ausführlich zum Abänderungsverfahren nach neuem Recht *Dörndorfer* NZFam 2015, 349; *Christl* Rpfleger 2016, 267.
[3304] Ausf. zu den Auswirkungen der Regelung: *Nickel* FamRZ 2014, 1429.
[3305] Allerdings umstr., vgl. dazu → Rn. 1009.
[3306] BT-Drs. 17/11472, 33.

§ 120 Abs. 4 S. 3 ZPO für die Abänderung einer Entscheidung zu Lasten der Partei wurde dagegen im neuen Recht (§ 120a Abs. 1 S. 4 ZPO) beibehalten.

(b) Bei Anwendung alten Rechts besteht – was in der Praxis der Rechtspfleger noch heute vielfach übersehen wird – keine Pflicht der Partei, **eine neuerliche Erklärung über ihre persönlichen und wirtschaftlichen Verhältnisse abzugeben** (vgl. § 120 Abs. 4 S. 2 ZPO aF und § 1 PKHVV, der § 120 ZPO nicht erwähnt).[3307] Das neue Recht sieht dagegen in §§ 120a Abs. 4 S. 1 ZPO, 1 Abs. 1 PKHFV vor, dass eine neue Erklärung über die persönlichen und wirtschaftlichen Verhältnisse auch im Verfahren nach § 120a ZPO unter Verwendung des amtlichen Vordrucks abzugeben ist.

(c) Das alte Recht legte der bedürftigen Partei bei einer **Verbesserung ihrer Einkommens- oder Vermögensverhältnisse** keine Verpflichtung auf, diese gegenüber der Staatskasse zu **offenbaren**.[3308] Auch war sie nicht verpflichtet, eine **Veränderung ihrer Wohnanschrift** anzuzeigen. Nach dem zum 1.1.2014 neu eingefügten § 120a Abs. 2 S. 1 ZPO besteht dagegen eine **Offenbarungspflicht** der Partei, wesentliche Verbesserungen ihrer wirtschaftlichen Verhältnisse und ihrer Anschrift unverzüglich dem Gericht mitzuteilen. Die Verletzung dieser Pflicht soll unter den Voraussetzungen von § 124 Abs. 1 Nr. 4 ZPO nF zur **Aufhebung der PKH** führen (vgl. dazu → Rn. 1016 f.).

(d) Nur das neue Recht enthält eine gesetzliche Definition des Tatbestandsmerkmals „**wesentlich**" bei einer Verbesserung der Einkommensverhältnisse (vgl. § 120a Abs. 2 S. 2 ZPO).

(e) § 120 Abs. 4 S. 1 ZPO aF eröffnet auf der Rechtsfolgenseite ein „**Ermessen**", während § 120a Abs. 1 S. 1 ZPO die Abänderung der Bewilligung **zur Regel ("soll")** macht (vgl. dazu → Rn. 973).

Im Übrigen hat der Gesetzgeber in § 40 S. 1 EGZPO bestimmt, dass es für die Anwendung des neuen Rechts für ein **Rechtsmittel** darauf ankommt, dass dieses nach dem Stichtag 31.12.2013 gestellt ist, so dass es zu Konstellationen kommen kann, dass für die PKH im ersten Rechtszug altes Recht und für die PKH im zweiten Rechtszug neues Recht anzuwenden ist. Im Hinblick auf die in § 120a ZPO neu eingeführten Offenbarungspflichten, die neu eingeführten Aufhebungstatbestände und den nunmehr auch im Abänderungsverfahren geltenden Formularzwang (§ 1 PKHFV) kann in diesen Fällen im Überprüfungs- und Abänderungsverfahren aber nicht zwischen der PKH des ersten und zweiten Rechtszug differenziert werden. Diese vom Gesetzgeber nicht bedachte Folge kann nur dadurch gelöst werden, dass in diesen Fragen **der zuletzt gestellte PKH-Antrag** maßgeblich ist, so dass **einheitlich neues Recht**, also auch für die PKH ersten Rechtszugs anzuwenden ist.[3309]

959

III. Wesentliche Veränderung der persönlichen und wirtschaftlichen Verhältnisse

1. Veränderungen des Vermögens und des Einkommens

(1) **§§ 120 Abs. 4 ZPO aF, 120a ZPO** regeln die Abänderung der Entscheidung sowohl bei einer (nachträglichen) **Verbesserung** als auch bei **Verschlechterung** der wirtschaftlichen Verhältnisse der Partei. Zäsur ist der **Erlass** und nicht die Rechtskraft der PKH-Bewilligung.

960

[3307] OVG Nordrhein-Westfalen BeckRS 2015, 51166; LAG Hamm BeckRS 2014, 72132; *Just* NJ 2014, 102 (103); Zöller/*Geimer*, 30. Aufl., ZPO § 124 Rn. 28a mit Nachweisen der Rspr. zu § 120 Abs. 4 ZPO aF.

[3308] Vgl. etwa OLG Bamberg FamRZ 1995, 374.

[3309] Thomas/Putzo/*Seiler* Vorbem. ZPO § 114 Rn. 4; *Nickel* FamRZ 2014, 1429 (1430).

Dies betrifft aber nicht den Fall, dass das Gericht die **Sach- und Rechtslage jetzt anders beurteilt,**[3310] also die ursprüngliche Entscheidung nicht gesetzesmäßig war. §§ 120 Abs. 4 ZPO aF, 120a ZPO bieten keine Möglichkeit, eine im Nachhinein als falsch erachtete PKH-Entscheidung zu korrigieren.[3311] Fehler im ursprünglichen Bewilligungsverfahren können nur durch die sofortige Beschwerde nach § 127 Abs. 2 ZPO behoben werden. Dies gilt auch zu Lasten der Partei für Fälle **greifbarer Gesetzeswidrigkeit,** wie die irrtümliche Festsetzung zu hoher Raten.[3312]

961 Der **Rechtspfleger** bleibt im Übrigen auch an die **richterliche PKH-Entscheidung gebunden,** sofern der Richter über die Anerkennung bestimmter Belastungen usw. entschieden hat.[3313] Sind jedoch damals Einkommensteile übersehen worden, kann nicht eine weitere Herabsetzung der objektiv zu niedrigen Raten verlangt werden, sondern es ist eine Gesamtbetrachtung anzustellen.[3314] Ebenso sind bei der Verbesserung der Einkommensverhältnisse damals schon bestehende, aber nicht geltend gemachte Belastungen zu berücksichtigen, weil insoweit eine Bindung an eine richterliche Entscheidung nicht besteht.[3315] Lässt sich eine wesentliche Veränderung der damaligen Verhältnisse – maßgeblich ist der Zeitpunkt des Erlasses des ursprünglichen PKH-Beschlusses[3316] – nicht feststellen, so ist das Verfahren nach § 120a ZPO (§ 120 Abs. 4 ZPO aF) ZPO nicht eröffnet, so dass eine Korrektur wegen damals übersehener Faktoren nicht in Betracht kommt.[3317]

962 Kein Grund für eine Änderung gem. §§ 120 Abs. 4 aF, 120a ZPO ist die Tatsache allein, dass in der **ersten Instanz PKH ohne Ratenzahlung** bewilligt worden ist, während für die **zweite Instanz Raten** festgesetzt werden. Ist weder eine nachträgliche

---

[3310] BVerfG BeckRS 2018, 33446: alle Änderungen nach Bewilligungsreife; OLG Saarbrücken MDR 2009, 1304; OLGReport 2009, 622 u. 658; OLG Koblenz OLGReport 2009, 338; OLG Bamberg NJW 2005, 1286; OLG Köln FamRZ 2003, 1397; OLG Brandenburg OLGReport 2000, 61; OLG Braunschweig OLGReport 2000, 110; OLG Köln OLGReport 1999, 202. Eine Entscheidung nach § 120 Abs. 4 ZPO aF liegt nicht vor, wenn sich das Gericht als befugt ansieht, mit den Raten in der 2. Instanz auch die Kosten der 1. Instanz (mit ratenfreier PKH) abzudecken, ohne eine Veränderung der wirtschaftlichen Verhältnisse überhaupt geprüft zu haben, vgl. OLG Braunschweig OLGReport 2000, 110.

[3311] OLG Schleswig JurBüro 2020, 382; OLG Brandenburg FamRZ 2020, 1571; OLG Köln BeckRS 2015, 02423; OLG Frankfurt BeckRS 2013, 22047 (Nichtberücksichtigung einer Lebensversicherung); LSG Schleswig-Holstein JurBüro 2009, 147 (Ls.); OLG Köln FamRZ 2007, 296; OLG Düsseldorf FamRZ 2006, 1551; OLG Bamberg FamRZ 2005, 1101.

[3312] OLG Köln BeckRS 2015, 02423; OLG Nürnberg MDR 2015, 419.

[3313] *Zimmermann* Rn. 425 ff.

[3314] *Zimmermann* Rn. 416: Heben sich Plus- und Minuspositionen auf, liegt keine wesentliche Änderung vor.

[3315] Es stellt sich hier wie bei § 323 ZPO/§ 238 FamFG die Frage, welche Tatsachen der Antragsteller im Folgeverfahren noch vorbringen kann. Mit Tatsachen, die bereits im vorgehenden Verfahren vorlagen und die er vorzubringen versäumt hat, kann er ein Abänderungsverlangen nicht begründen; sog Präklusion. Etwas anderes gilt, wenn die Abänderung wegen anderer Tatsachen (etwa gestiegenem Einkommen) erfolgen soll; das Gericht ist dann nicht gehindert, Alttatsachen in die Beurteilung der veränderten Umstände mit einzubeziehen, BGH NJW 1998, 162. Allerdings ist zu berücksichtigen, dass ein ablehnender PKH-Beschluss nicht in Rechtskraft erwächst. Der erneuten Beantragung bei nicht geänderten Verhältnissen fehlt aber das Rechtsschutzbedürfnis, BGH NJW-RR 2015, 1338; FamRZ 2004, 940; OLG Hamm FamRZ 2004, 647; OLG Bamberg NJW-RR 2003, 1163; OLG Köln MDR 1988, 501.

[3316] Stein/Jonas/*Bork* ZPO § 120a Rn. 9.

[3317] Nur andere rechtl. Beurteilung genügt nicht; OLG Köln OLGReport 1999, 202; FamRZ 1987, 962; OLG Brandenburg OLGReport 2000, 61; OLG Braunschweig OLGReport 2000, 110; ebenso wenig, wenn das Gericht mit den Raten der 2. Instanz die Kosten der 1. Instanz (mit ratenfreier PKH) mit abdecken will, ohne eine Veränderung der wirtschaftlichen Verhältnisse geprüft zu haben, vgl. OLG Braunschweig OLGReport 2000, 110.

Änderung durch Vermögenserwerb eingetreten noch der Vermögenswert seinerzeit verschwiegen worden, so bleibt es bei der erstinstanzlichen Entscheidung.[3318]

(2) **Als mögliche Änderungen kommen in Betracht** 963

- bei *Verbesserung der Verhältnisse:* erstmalige Anordnung von Ratenzahlungen,[3319] Heraufsetzen bereits festgesetzter Raten, Bestimmung eines aus dem Vermögen zu zahlenden Betrages (Kumulation Ratenanordnung/Vermögenszahlung möglich),[3320] nicht aber die Aufhebung der PKH-Bewilligung insgesamt,[3321] → Rn. 977.
- *bei Verschlechterung der Verhältnisse:* Ermäßigung der monatlichen Raten oder Festsetzung auf Null.

(3) **Als Verschlechterungen der persönlichen oder wirtschaftlichen Verhältnisse** 964 kommen in Betracht:

- Verschlechterung der **Einkommenssituation,** zB durch Verlust des Arbeitsplatzes[3322], Teilzeit statt Vollbeschäftigung, Alleinerziehung eines Kindes[3323], doppelte Haushaltsführung[3324]
- Hinzutreten weiterer **gesetzlicher Unterhaltsverpflichtungen** (durch Eheschließung oder Geburt)
- Belastung mit **berücksichtigungsfähigen Schulden,** neue Schulden sind aber grundsätzlich nur dann zu berücksichtigen, wenn sie der Finanzierung der in § 115 Abs. 1 S. 3 ZPO bestimmten Bedarfe dienen[3325] und auch eine nicht bedürftige Partei einen Kredit aufgenommen hätte.[3326]
- Inhaftierung
- nicht aber eine Erhöhung der **allgemeinen Lebenshaltungskosten** der Partei[3327]. Infolge der Bestimmung von § 120a Abs. 1 S. 2 ZPO ist eine **Neufestsetzung der Freibeträge** nach § 115 Abs. 1 S. 3 Nr. 1b und Nr. 2 ZPO **nur auf Antrag** und nur dann zu berücksichtigen, wenn die Änderung dazu führt, dass **keine Monatsrate** zu zahlen ist.[3328]
- die Tatsache, dass über das Vermögen der Partei ein **Verbraucherinsolvenzverfahren eröffnet** worden ist, führt zwar nicht automatisch zu einer Verschlechterung der Verhältnisse in diesem Sinne. Regelmäßig verbleibt dem Schuldner im Insolvenzverfahren im Rahmen der Pfändungsfreigrenzen der §§ 850ff ZPO ein Einkommen, das vom Insolvenzverfahren nicht erfasst ist und dem Schuldner weiterhin zur Verfügung steht. Es könnte daher unter Abzug der nach § 115 ZPO zu berücksichtigenden Ausgaben und der dort genannten Freibeträge zum Bestreiten der Prozesskosten eingesetzt werden.[3329] Allerdings ist zu beachten, dass im Hinblick auf § 89 InsO die Staatskasse daran gehindert ist, zum Zeitpunkt der Insolvenzeröffnung bereits entstandene Gerichtskosten und auf sie nach § 59 RVG übergegangene Anwaltskosten gegen den Schuldner geltend zu machen, da sie insoweit gegenüber anderen Gläubigern nicht privilegiert ist. Eine Ratenzahlung kann daher weder angeordnet noch vollstreckt

---

[3318] LAG Hamm RVGreport 2015, 313; OLG Köln OLGReport 1999, 202.
[3319] OLG Frankfurt BeckRS 2018, 38355; Zöller/*Schultzky* ZPO § 120a Rn. 14.
[3320] Der Betrag ist beziffert anzugeben, OLG Koblenz FamRZ 2006, 1285.
[3321] OLG Frankfurt BeckRS 2015, 7875; BLHAG/*Dunkhase* ZPO § 120a Rn. 8.
[3322] OLG Frankfurt BeckRS 2018, 38355.
[3323] OLG Brandenburg FamRZ 2019, 49.
[3324] LAG Hamm NZA-RR 2018, 215.
[3325] LAG Hamm BeckRS 2018, 7518; *Groß* ZPO § 120a Rn. 18.
[3326] LAG Nürnberg BeckRS 2017, 136590; Poller/Härtl/Köpf/*Härtl* ZPO § 120a Rn. 16.
[3327] OLG Brandenburg Rpfleger 2004, 53.
[3328] Zum gesetzgeberischen Zweck vgl. BT-Drs. 12/6963, 25; dazu auch das Berechnungsbeispiel von *Dörndorfer* NZFam 2015, 349 (351).
[3329] LAG Rheinland-Pfalz BeckRS 2018, 28377; LSG Schleswig-Holstein BeckRS 2013, 67709.

werden.³³³⁰ Auch nach Erteilung der **Restschuldbefreiung** kommt die Anordnung von Ratenzahlungen nicht mehr in Betracht.³³³¹ Anders ist dies aber in Verfahren, die nach der Eröffnung der Insolvenz eingeleitet worden sind. Daraus resultierende Forderungen der Staatskasse sind keine Insolvenzforderungen und sie unterliegen nicht der Durchsetzungssperre von § 87 InsO.³³³²

965 (4) **Verbesserung der Einkommensverhältnisse:**
In Betracht kommen:
- erhebliche Gehaltserhöhungen³³³³ oder Einkommenssteuerrückerstattungen
- Erwerb von Unterhaltsansprüchen³³³⁴
- Wegfall von Unterhaltsverpflichtungen oder Kreditverpflichtungen
- Wegfall des Erwerbstätigenfreibetrages bei Bezug von Leistungen nach SGB I³³³⁵

966 (5) **Verbesserung der Vermögensverhältnisse:**
In Betracht kommen:
- Zuflüsse infolge **Erbschaft, Schenkung, Lottogewinn**
- nennenswerte Zahlungen aus dem **Zugewinnausgleich**³³³⁶
- Erhalt einer **Abfindung durch den Arbeitgeber,** hier kann auch bei ratenfreier Bewilligung die Zahlung aller fälliger Kosten angeordnet werden³³³⁷. Hier billigt die Rechtsprechung aber über das Schonvermögen iSd § 90 Abs. 2 Nr. 9 SGB XII (5.000 EUR) hinaus einen weiteren Freibetrag iHv 3000 EUR für typische Mehraufwendungen infolge Arbeitslosigkeit.³³³⁸
- Veräußerung von **Schonvermögen,**³³³⁹ zB durch Verkauf des Familienheims³³⁴⁰
- Freiwerden eines **Bausparvertrags**³³⁴¹

967 • **Zufluss von Geldmitteln durch den gewonnenen Prozess.**³³⁴² Der neue § 120a Abs. 3 S. 1 ZPO stellt nunmehr klar³³⁴³, dass der **Vermögenszuwachs,** der erst **infolge des**

---

³³³⁰ BGH NJW 2019, 3522; OLG Frankfurt NZI 2019, 219; LAG Rheinland-Pfalz BeckRS 2011, 70375; **aA** LAG Köln ZInsO 2015, 2536; LAG Rheinland-Pfalz NZI 2016, 587; LSG Schleswig-Holstein BeckRS 2013, 67709; OLG Koblenz FamRZ 2010, 1360.
³³³¹ OLG Frankfurt NZI 2018, 850; OLG Köln OLGReport 2003, 174.
³³³² BGH NJW 2019, 3522; NJW-RR 2012, 1465.
³³³³ LAG Rheinland-Pfalz BeckRS 2018, 28377.
³³³⁴ OLG Brandenburg FamRZ 2011, 54 (Ast. darf den Unterhalts- und damit Vorschussanspruch aber nicht nach Abschluss des Verfahrens erworben haben, denn dann kommt ein *Vorschuss* nicht mehr in Betracht.). OLG Nürnberg FamRZ 1995, 1593. Aber nur, wenn der Unterhaltspflichtige auch leistungsfähig ist, OLG München FamRZ 1998, 631. Wenn die Vaterschaft zwar anerkannt ist, der Vater aber nicht zahlt, liegt keine wesentliche Verbesserung vor. Die tatsächlichen Verhältnisse sind ausschlaggebend, nicht die Anspruchslage, vgl. OLG Brandenburg OLGReport 1999, 34. Wird zwar Unterhalt nachgezahlt, hätte aber auch bei regelmäßiger Zahlung PKH ohne Raten gewährt werden müssen, erfolgt kein Einsatz; OLG Hamm FamRZ 2007, 1661; **aA** KG OLGReport 2009, 35.
³³³⁵ OLG Frankfurt BeckRS 2018, 38355.
³³³⁶ Und zwar auch dann, wenn damit ein angemessenen Hausgrundstück erworben wurde; BGH FamRZ 2007, 1720.
³³³⁷ LAG Köln AE 2014, 309 = BeckRS 2014, 72135.
³³³⁸ LAG Sachsen-Anhalt BeckRS 2018, 11200; vgl. BAG FamRZ 2006, 1446.
³³³⁹ OLG Zweibrücken FamRZ 2003, 1395 (wenn das Familienheim veräußert wird; bis dahin Stundung der Kosten); OLG Düsseldorf FamRZ 1994, 1266.
³³⁴⁰ Und zwar auch dann, wenn mit dem Erlös wieder Schonvermögen erworben wurde, BGH BGHReport 2008, 193. Vgl. auch OLG Koblenz FamRZ 2006, 1612; OLG Stuttgart FamRZ 2007, 915.
³³⁴¹ OLG Nürnberg FamRZ 2006, 1284.
³³⁴² OLG Stuttgart FuR 2019, 48; KG Rpfleger 2017, 164; OLG Braunschweig FuR 2017, 513; vgl. dazu schon nach bisherigem Recht BGH NJW-RR 2008, 144; OLG Koblenz BeckRS 2014, 04989; OLG Brandenburg FamRZ 2006, 1851.
³³⁴³ So schon die bisherige Rechtsprechung, vgl. BT-Drs. 17/13538, 40.

Prozesses, für dessen Führung **PKH bewilligt** wurde, erfolgt, eine Verbesserung der wirtschaftlichen Verhältnisse darstellt. Die Partei, die aufgrund eines rechtskräftigen Urteils oder eines Vergleich eine größere Geldsumme erhält, soll auch an den Prozesskosten beteiligt werden.[3344] **Nach Abschluss des Verfahrens** sind die Gerichte gem. § 120a Abs. 3 S. 2 ZPO gehalten, zu **prüfen,** ob sich die wirtschaftlichen Verhältnisse für die Partei infolge des Prozessausgangs wesentlich verbessert haben und hiernach eine Änderung der Entscheidung über zu erbringende Zahlungen **mit Rücksicht auf das durch den Prozess Erlangte geboten ist.** Die Änderung darf nach § 120a Abs. 3 S. 3 ZPO allerdings nicht erfolgen, wenn die Partei auch bei rechtzeitiger Leistung des durch die Prozessführung Erlangten **ratenfreie PKH erhalten hätte.** Diese durch den Rechtsausschuss[3345] eingefügte Ergänzung soll klarstellen, dass eine Abänderung in bestimmen Konstellationen ausgeschlossen ist, etwa wenn das Erlangte dem **Schonvermögen** nach § 90 SBG XII unterfällt oder es sich um **rückständigen Unterhalt** handelt.[3346]

Es gelten hier aber folgende **Einschränkungen:**

968

- Die Behandlung von **Unterhaltsabfindungen** ist in diesem Zusammenhang streitig. Nach hier vertretener Auffassung kann ein Einsatz der Abfindung für künftigen Unterhalt nicht verlangt werden, da sie an die Stelle laufender Zahlungen tritt.[3347] In Betracht kommt jedoch die **Anordnung von Ratenzahlungen.**[3348] Wenn die Abfindung für Ansprüche auf rückständigen Unterhalt gezahlt wurde, so soll der Einsatz nur zumutbar sein, soweit die Partei den Unterhalt auch bei rechtzeitiger Leistung für die Prozesskosten hätte einsetzen müssen.[3349]
- **Keine Verbesserung** ist anzunehmen, wenn der Zahlungsanspruch der Partei **vom Gegner noch nicht erfüllt** wurde[3350]. Hier ist aber von der Partei zu erwarten, dass sie die **Zwangsvollstreckung** aus dem ihr vorliegenden Titel betreibt, nur wenn diese fruchtlos geblieben ist, kann die Forderung als wirtschaftlich wertlos gelten. Sie kann nicht zu Lasten der Staatskasse auf die Vollstreckung des Titels verzichten.
- wenn sich der Prozesserfolg überwiegend auf **Schmerzensgeld**[3351] bezieht und jedenfalls ein erheblicher Teil der Vergleichssumme für vermehrte Bedürfnisse ausgegeben wurde[3352]
- wenn sich Rückkaufswerte von **Lebensversicherungen und Bausparguthaben** erhöht haben, weil der Antragsteller regelmäßige Zahlungen darauf geleistet hat.[3353]
- wenn die Partei geltend machen kann, dass sie ihr nachträglich erworbenes Vermögen für **lebenswichtige** und **unaufschiebbare Anschaffungen**[3354] wieder ausgegeben hat.

[3344] BT-Drs. 17/11472, 34.
[3345] BT-Drs. 17/13538.
[3346] BT-Drs. 17/13538, 40, siehe auch nächster Absatz; vgl. auch OLG Karlsruhe FamRZ 2012, 06086; OLG Hamm FamRZ 2011, 918; *Groß* ZPO § 120a Rn. 12.
[3347] OLG Karlsruhe FamRZ 2014, 1724; OLG Saarbrücken FamRZ 2010, 2001; OLG Nürnberg FamRZ 2008, 1261; **aA** OLG Koblenz FamRZ 2008, 2288.
[3348] OLG Karlsruhe FamRZ 2014, 1724; OLG Saarbrücken FamRZ 2010, 2001; Celle MDR 2005, 693.
[3349] BT-Drs. 17/11472, 34 unter Verweis auf OLG Karlsruhe FamRZ 2012, 385; bejahend auch BGH FamRZ 2018, 1525.
[3350] OLG Stuttgart FamRZ 2007, 915.
[3351] BVerwG JurBüro 2012, 39; OLG Saarbrücken AGS 2014, 482; SG München BeckRS 2018, 21159; vgl. auch BVerfGE 98, 256.
[3352] OLG Karlsruhe MDR 2010, 1345 = JurBüro 2010, 601 (Grundsätzlich ist auch Schmerzensgeld einzusetzen, wenn die Kosten relativ gering sind und der wesentliche Teil des Schmerzensgeldes dem Ast. verbleibt).
[3353] OLG Frankfurt BeckRS 2013, 22047; OLG Koblenz FamRZ 2011, 391.
[3354] BGH FamRZ 2018, 1525; OLG Stuttgart FuR 2019, 48: Umzug nach Trennung; LAG Rheinland-Pfalz BeckRS 2015, 71671; OLG Koblenz MDR 2014, 615; Zöller/*Schultzky* ZPO § 120a Rn. 8.

Hat sie das Erworbene, ohne dass ein zwingendes Bedürfnis hierfür bestand, in Kenntnis der Abänderungsmöglichkeit wieder ausgegeben, so kann sie so behandelt werden, als habe sie das Vermögen noch (Zurechnung fiktiven Vermögens).[3355] Der Partei obliegt hier eine erhöhte Darlegungs- und Beweislast für die Notwendigkeit und Unaufschiebbarkeit ihrer Ausgaben.[3356]

- wenn die Partei geltend machen kann, sie habe aus dem zugeflossenen Vermögen berücksichtigungswürdige und fällige **Schulden, die bereits bei Bewilligung der PKH bestanden haben, getilgt**, da ein **Vorrang des staatlichen Anspruchs** auf Rückzahlung der Prozesskosten nicht besteht.[3357] Bei der Tilgung von Verbindlichkeiten, die nach PKH-Bewilligung aufgenommen worden sind, ist zu verlangen, dass sie zur Bestreitung eines vorrangigen **lebensnotwendigen und unaufschiebbaren Lebensbedarfs** nach § 115 Abs. 1 S. 3 ZPO eingegangen worden sind.[3358] Besondere Zurückhaltung ist wegen der hohen Missbrauchsgefahr bei der Anerkennung der Behauptung der Tilgung von Verbindlichkeiten gegenüber **Angehörigen** geboten, hier ist ein hohes Maß an Glaubhaftmachung und Substantiierung geboten[3359] (vgl. dazu im Übrigen → Rn. 339). Auch können moralische Rückzahlungsverpflichtungen gegenüber Verwandten, Freunden oder Bekannten nicht anerkannt werden.[3360] Berücksichtigungsfähig sind Verbindlichkeiten gegenüber der Staatskasse aus anderen PKH-Verfahren.[3361]

969 - Hat ein **minderjähriger Beteiligter** für ein Verfahren ratenfreie Verfahrenskostenhilfe erhalten, führt die Veränderung der Einkommensverhältnisse des gesetzlichen Vertreters nach Abschluss dieses Verfahrens nicht zu einer Abänderung der Verfahrenskostenhilfeentscheidung im Überprüfungsverfahren nach § 120a Abs. 1 ZPO. Eine Abänderung kommt wegen des entfallenen Prozesskostenvorschussanspruchs nur dann in Betracht, wenn sich die **Einkommens- und Vermögensverhältnisse des minderjährigen Antragstellers** selbst geändert haben.[3362]

2. Wesentlichkeit der Veränderung

970 (1) **Übergangsrecht:** Eine **wesentliche Veränderung iSd § 120 Abs. 4 S. 1 ZPO aF** ist anzunehmen, **wenn die geänderten Verhältnisse eine andere Ratenhöhe bedingen.**[3363] Nach anderer Auffassung liegt sie dann vor, wenn durch die Veränderung *der wirtschaftliche und soziale Lebensstandard geprägt und verändert wird.*[3364] Dahingehende Feststellungen werden sich ohne genaue Kenntnis des Lebensstils des Antragstellers und seiner Familie kaum treffen lassen und führen zu Spekulationen. Andere wollen in Anlehnung an die Rechtsprechung zu § 323 ZPO, 238 FamFG auf eine Veränderung von

---

[3355] BGH FamRZ 2008, 250; vgl. auch BGH VersR 2018, 1149 und FamRZ 2018, 1525.
[3356] BGH VersR 2018, 1149; FamRZ 2018, 1525.
[3357] BGH NJW-RR 2007, 628; OLG Braunschweig FuR 2017, 513; Poller/*Härtl*/Köpf ZPO § 120a Rn. 21; **aA** OLG Koblenz MDR 2015, 1204.
[3358] OLG Braunschweig FuR 2017, 513; LAG Rheinland-Pfalz BeckRS 2015, 71671; OLG Koblenz FamRB 2014, 415; JurBüro 2007, 267; OLG Stuttgart FamRZ 2007, 915; Thomas/Putzo/*Seiler* ZPO § 120a Rn. 12; *Groß* ZPO § 120a Rn. 10; anders OLG Koblenz FamRZ 2015, 1418, das nachträglich aufgenommene Darlehen gegenüber Dritten generell für nachrangig erachtet.
[3359] BGH VersR 2018, 1149; LAG Rheinland-Pfalz BeckRS 2015, 71671; OLG Koblenz MDR 2015, 1204.
[3360] BGH VersR 2018, 1149.
[3361] OLG Koblenz MDR 2015, 1204.
[3362] OLG Naumburg FamRZ 2015, 687; OLG Karlsruhe FamRZ 2013, 897.
[3363] *Pohlmeyer* AnwBl 1987, 420, 422.
[3364] So hinsichtlich einer Verbesserung; OLG Hamm MDR 1991, 62; Zöller/*Geimer*, 30. Aufl., ZPO § 120 Rn. 21.

mindestens 10 % des Einkommens abstellen.³³⁶⁵ Zutreffend ist, dass die Forderung der Wesentlichkeit auch zum Ziel hat, den Umfang der Veränderung und den Aufwand des Gerichts bei Abänderung der Bewilligung in ein vernünftiges Verhältnis zu setzen.³³⁶⁶ In Anbetracht des Umstands, dass der Gesetzgeber für das **neue Recht** den Begriff der Wesentlichkeit für eine Einkommensverbesserung in § 120a Abs. 2 S. 2 ZPO dahin definiert hat, dass diese dann vorliegt, wenn das **Bruttoeinkommen durchschnittlich um 100,- EUR monatlich** steigt, sollte diese Regelung analog auf Altfälle nach § 120 Abs. 4 ZPO angewendet werden. Hinsichtlich der Frage der Wesentlichkeit einer Einkommensverschlechterung kann in Altfällen weiter auf einen durch die Veränderung bedingten Tabellensprung abgestellt werden.

(2) **Neues Recht:** Wie in vorstehender Rn. erwähnt, hat der Gesetzgeber den Begriff der **Wesentlichkeit einer Einkommensverbesserung** in § 120a Abs. 2 S. 2 ZPO dahin definiert, dass diese dann vorliegt, wenn das Bruttoeinkommen der Partei **durchschnittlich um 100,- EUR monatlich** steigt. Einmalige Zahlungen bleiben dabei außer Acht. Die 100 EUR-Schwelle gilt auch für den Wegfall oder die Verminderung abzugsfähiger Belastungen (§ 120a Abs. 2 S. 3 ZPO).³³⁶⁷ Für die Frage der Wesentlichkeit kommt es nicht darauf an, dass die Verbesserung des Einkommens nunmehr eine Änderung der Verfahrenskostenhilfebewilligung nach sich zieht.³³⁶⁸

971

Zur Frage einer Wesentlichkeit der **Verbesserung der Vermögenslage** schweigt dagegen das Gesetz. Wie nach altem Recht reicht es aus, dass die Partei aufgrund nachträglichen Vermögenszufluss dazu in der Lage ist, die Prozesskosten ganz, zum Teil oder in Raten aufzubringen,³³⁶⁹ wobei Bagatellbeträge außen vor bleiben sollten. Es erfolgt eine Gegenüberstellung der Vermögensverhältnisse bei Erlass des Ausgangsbeschlusses und dem aktuellen Vermögen, wobei die Verbesserung wesentlich ist, wenn das Vermögen durch den späteren Zuwachs das Schonvermögen übersteigt.³³⁷⁰

Hinsichtlich der **Wesentlichkeit** einer **Verschlechterung des Einkommens** enthält § 120a ZPO ebenfalls keine Regelung. Für das neue Recht kann dabei wegen § 115 Abs. 2 ZPO nF nicht mehr auf die Frage eines Tabellensprungs angestellt werden. Auch die 100 EUR-Schwelle von § 120a Abs. 2 S. ZPO kann nicht analog angewendet werden, da insoweit schon keine planwidrige Gesetzeslücke vorliegt. Damit dürfte im Ergebnis jeder Veränderung wesentlich sein, die sich nicht als Bagatelle darstellt, wobei die Verminderung einer Ratenhöhe von 20,- EUR eine Orientierung darstellen könnte.

Infolge der Bestimmung von § 120a Abs. 1 S. 2 ZPO besteht eine gesetzliche Sonderregelung für eine Verschlechterung des Einkommens wegen einer nachträglichen **Neufestsetzung der Freibeträge** nach § 115 Abs. 1 S. 3 Nr. 1b und Nr. 2 ZPO. Diese ist **nur auf Antrag** und auch nur dann zu berücksichtigen, wenn die Änderung dazu führt, dass **keine Monatsrate** zu zahlen ist.

3. Beachtung der 4-Jahresgrenze von § 120a Abs. 1 S. 4 ZPO (§ 120 Abs. 4 S. 3 ZPO aF)

vgl. dazu → Rn. 985 f.

972

---

³³⁶⁵ LAG Düsseldorf JurBüro 1989, 1446; *Büttner* Rpfleger 1997, 347.
³³⁶⁶ *Zimmermann* Rn. 407, 413.
³³⁶⁷ OLG Frankfurt BeckRS 2018, 38355: Wegfall des Erwerbstätigenfreibetrages.
³³⁶⁸ OLG Koblenz FamRZ 2020, 182.
³³⁶⁹ *Groß* ZPO § 120a Rn. 9; Poller/Härtl/Köpf/*Härtl* ZPO § 120a Rn. 17; zum alten Recht: BGH NJW-RR 2007, 628.
³³⁷⁰ OLG Brandenburg FamRZ 2020, 1571; Musielak/Voit/*Fischer* ZPO § 120a Rn. 6.

4. Rechtsfolgen und Wirkung

973 (1) Bei einer **wesentlichen Veränderung der Einkommens- oder Vermögensverhältnisse soll** nach § 120a Abs. 1 S. 1 ZPO die Entscheidung über die zu leistenden Zahlungen abgeändert werden. Wegen des insoweit **gebundenen Ermessens** kann von einer Abänderung demnach nur in **atypischen Ausnahmefällen** abgesehen werden.[3371] Dem gegenüber besteht bei der Anwendung von § 120 Abs. 4 ZPO aF iVm § 40 EGZPO in **Übergangsfällen** (→ Rn. 958) ein Ermessen *("kann")*, so dass hier noch für Zweckmäßigkeitsentscheidungen ein größerer Spielraum besteht.[3372]

974 (2) Als mögliche Abänderungsentscheidungen kommen die **erstmalige Anordnung von Ratenzahlungen**, die **Herauf- oder Herabsetzung einer Monatsrate**, der **Wegfall von Ratenzahlungen** und die Bestimmung eines **aus dem Vermögen zu zahlenden Betrages** (§ 115 Abs. 3 ZPO) in Betracht. Eine Feststellung der Zahlungsverpflichtung der PKH-Partei im Überprüfungsverfahren „dem Grunde nach" ist aber unzulässig. Es bedarf, wie bei der erstmaligen Ermittlung einer Zahlungspflicht, der Festsetzung konkreter Raten.[3373] **Fraglich ist, von welchem Zeitpunkt die wesentliche Veränderung zu berücksichtigen ist.** Die Beschränkung der Zahlungspflicht auf 48 Monatsraten einerseits und andererseits der Abänderungsmöglichkeit auf vier Jahre[3374] nach rechtskräftiger Entscheidung zeigt, dass der Gesetzgeber die Raten- bzw. Nachzahlungsverpflichtung zeitlich beschränken wollte. Das heißt aber nicht, dass Änderungsentscheidungen nach §§ 120 Abs. 4 aF, 120a ZPO nur dann möglich sind, wenn noch neue Gebührentatbestände verwirklicht werden.[3375]

975 Darüber hinaus bedeutet es aber insbesondere, dass die **Änderungsentscheidung auf den Zeitpunkt der Änderung zurückbezogen** werden kann.[3376] Eines Antrages der Partei bedarf es dazu nicht.[3377] Ein Vertrauensschutz der Partei auf den Umfang und die Modalitäten der Bewilligung besteht nicht,[3378] das heißt, er besteht nur so lange, wie die Partei tatsächlich hilfsbedürftig ist.[3379] Auch im allgemeinen Sozialhilferecht ist bei darlehensweiser Gewährung von Sozialhilfe (§ 38 SGB XII – Sozialhilfe als Darlehen bei vorübergehender Notlage) eine spätere volle Rückzahlung zu leisten, wenn Vermögen erworben wird. Eine Rückbeziehung auf den Änderungszeitpunkt nur bei Verschlechterung der wirtschaftlichen Lage[3380], nicht aber bei Verbesserung, ist nicht gerechtfertigt.[3381] Es können daher bei einer Verschlechterung der Einkommensverhältnisse bestehende Ratenzahlungspflichten rückwirkend **ab deren Eintritt**, nicht erst ab deren Mitteilung zu ändern sein.[3382] Liegt eine wesentliche Verschlechterung der wirtschaftlichen Verhältnisse vor, sind bei der Neuberechnung des Einkommens auch solche Belastungen zu berücksichtigen, die bereits bei der Bewilligung bestanden, aber dort nicht geltend gemacht

---

[3371] BT-Drs. 17/11472 S. 33; Musielak/Voit/*Fischer* ZPO § 120a Rn. 3.
[3372] Vgl. etwa noch zum alten Recht: *Künzl/Koller* Rn. 547; *Zimmermann* Rn. 428.
[3373] LAG Hamm BeckRS 2015, 66391.
[3374] Der Entwurf eines Gesetzes zur Änderung des Prozesskostenhilfe- und Beratungsrechts – BT-Drs. 17/11472 – sah eine Verlängerung der Überprüfungsmöglichkeit auf 6 Jahre vor.
[3375] *Büttner* Rpfleger 1997, 347 (349).
[3376] OLG Brandenburg FamRZ 2014, 1727; OLG Dresden FamRZ 2011, 1161 (Ls.); OVG Lüneburg BeckRS 2013, 52398 mwN: aber dann nicht, wenn der Betroffene im Zeitpunkt der gerichtlichen Entscheidung über keine ausreichenden Einnahmen oder einzusetzendes Vermögen verfügt.
[3377] OLG Frankfurt/M. OLGReport 2002, 27; OLG Saarbrücken OLGReport 2000, 374.
[3378] So aber *Huhnstock* Rn. 12.
[3379] Thomas/Putzo/*Seiler* ZPO § 120a Rn. 13.
[3380] Vgl. dazu OLG Brandenburg FamRZ 2014, 1727.
[3381] Und zwar schon deshalb, weil nur so nach PKH-Bewilligung erworbenes und missbräuchlich wieder ausgegebenes Vermögen berücksichtigt werden kann.
[3382] LAG Hamm BeckRS 2018, 36539; BeckRS 2015, 73267.

wurden.³³⁸³ Wird nach zunächst ratenfreier PKH-Bewilligung die Zahlung von Raten angeordnet, so zählt bei Berechnung des 48-Monats-Zeitraums aus § 115 Abs. 2 ZPO der ratenfreie Zeitraum, die sog „**Nullraten**", nicht mit;³³⁸⁴ dazu im Einzelnen unter → Rn. 356. Immer aber ist die **Obergrenze von 48 Monaten** zu beachten. Bei einer Verbesserung, die ausschließlich zu höheren Raten führt, sind die höheren Raten also nur für den Restzeitraum der 48 Laufmonate zu zahlen. Hat eine Partei im Rahmen der bewilligten Prozesskostenhilfe die 48 Monatsraten gemäß § 115 Abs. 2 ZPO gezahlt, so ist sie von der Verpflichtung zur Zahlung eines Restbetrages endgültig befreit, auch wenn sich ihre Vermögensverhältnisse danach wesentlich verbessern und die 4-Jahresfrist noch läuft.³³⁸⁵ Ist ein Beteiligter nach seinen persönlichen und wirtschaftlichen Verhältnissen (nach Abänderung gem. § 120a Abs. 1 ZPO) lediglich in der Lage, **für ein Verfahren eine Monatsrate** auf die Verfahrenskosten zu zahlen, kommt die gleichzeitige Änderung ursprünglich ratenfrei gewährter Verfahrenskotenhilfe für **weitere bereits beendete Verfahren** in Folge nicht in Betracht, wenn dadurch die Vierjahresfrist gem. § 120a Abs. 1 S. 4 ZPO unterlaufen wird.³³⁸⁶

Ist die Vierjahresfrist gewahrt, so ist es unschädlich, wenn Ratenzahlungen erstmalig nach Ablauf der Frist nach § 120a Abs. 1 S. 4 ZPO festgesetzt werden.³³⁸⁷

Es kann dabei auch, soweit entsprechendes Vermögen vorhanden ist, die sofortige Zahlung **aller gestundeter Verfahrenskosten** angeordnet werden,³³⁸⁸ die auch die nicht fällige, aber angemeldete **Differenzvergütung** des beigeordneten Rechtsanwalts nach § 50 RVG umfasst.³³⁸⁹

976

Im Falle der Anordnung einer Einmalzahlung ist vom Prozessgericht in seinem Beschluss die **genaue Höhe des zu leistenden Gesamtbetrages** anzugeben.³³⁹⁰

(3) **Keine Aufhebung der PKH:** Oftmals wird in der Praxis auch übersehen, dass für den Fall, dass im Überprüfungsverfahren nach § 120a ZPO sich herausstellt, dass die Partei infolge eines **Vermögenszuwachses** dazu in der Lage ist, die Verfahrenskosten durch eine Einmalzahlung aus dem Vermögen (§ 115 Abs. 3 ZPO) zu leisten, die PKH **nicht aufzuheben** ist, sondern nur der **Vermögenseinsatz** nach §§ 120a Abs. 1, 120 Abs. 1 S. 1 ZPO anzuordnen ist.³³⁹¹

977

(4) Ist der Partei PKH ohne Ratenzahlungsanordnung gewährt worden, so hindert die **Ankündigung der Restschuldbefreiung** gem. §§ 286 ff. InsO die nachträgliche Anordnung von Ratenzahlungen.³³⁹² Denn gem. § 294 Abs. 1 InsO ist während der sog Abtretungsphase jede Zwangsvollstreckungsmaßnahme für einen Gläubiger unzulässig (also auch eine Beitreibung der Kosten); und nach erfolgreichem Abschluss des Verfahrens kann die Forderung der Staatskasse wegen der Restschuldbefreiung ohnehin nicht mehr durchgesetzt werden.³³⁹³

978

(5) **Wirkung:** Die Abänderung der PKH-Bewilligung führt – auch im Falle der Anordnung einer Einmalzahlung – nicht zum Wegfall der Wirkungen der PKH nach § 122

979

---

³³⁸³ LAG Hamm BeckRS 2018, 36539.
³³⁸⁴ Dazu im Einzelnen → Rn. 356.
³³⁸⁵ OLG Zweibrücken OLGReport 1997, 344; Zöller/*Schultzky* ZPO § 120a Rn. 12 **aA** OLG Hamm FamRZ 2012, 1158; N. Schneider NZFam 2018, 1024 (1025).
³³⁸⁶ OLG Celle FamRZ 2020, 1570.
³³⁸⁷ LAG Hamm BeckRS 2019, 2567; OLG Brandenburg FuR 2019, 476.
³³⁸⁸ BAG FamRZ 2009, 687; OLG Naumburg FamRZ 2009, 629; *Dörndorfer* NZFam 2015, 349 (352).
³³⁸⁹ OLG Düsseldorf Rpfleger 2001, 244; vgl. hier unter → Rn. 359.
³³⁹⁰ OLG Frankfurt BeckRS 2015, 07875; OLG Koblenz FamRZ 2012, 1404.
³³⁹¹ OLG Frankfurt BeckRS 2015, 07875; OLG Saarbrücken MDR 2012, 1186; *Groß* ZPO § 120a Rn. 21.
³³⁹² BGH NJW 2019, 3522; OLG Frankfurt Beschl. v. 22.2.2019 – 2 WF 192/18 –, juris
³³⁹³ OLG Frankfurt NZI 2018, 850; OLG Köln OLGReport 2003, 174.

ZPO. Damit verbleibt es insbesondere bei der Forderungssperre des § 122 Abs. 1 Nr. 3 ZPO bzgl. der Vergütungsansprüche des beigeordneten Rechtsanwalts.

IV. Verfahren

1. Zuständigkeit

980   **Sachlich zuständig** ist nach § 127 Abs. 1 S. 2 ZPO das Gericht eines höheren Rechtszuges solange für Entscheidungen über die Prozesskostenhilfe, wie das Verfahren noch oder wieder bei ihm anhängig ist.[3394] Außerhalb dieses Zeitraums ist für sämtliche, die Prozesskostenhilfe betreffenden Entscheidungen, stets das Gericht des ersten Rechtszugs zuständig.[3395] Für Abänderungen in beide Richtungen ist in der ordentlichen Gerichtsbarkeit und in der Arbeitsgerichtsbarkeit der **Rechtspfleger** gemäß § 20 Nr. 4c RPflG **funktionell zuständig**. In der **Sozial-, Finanz- und Verwaltungsgerichtsbarkeit** besteht nach neuem Recht eine Zuständigkeit des **Urkundsbeamten der Geschäftsstelle**, soweit der Richter das Verfahren nicht an sich zieht (§§ 73a Abs. 5 und 6 SGG, 142 Abs. 4 und 5 FGO, 166 Abs. 3 und 4 VwGO; → Rn. 41 ff.).

Im laufenden Verfahren geht vor Instanzende aber die Zuständigkeit des Richters vor, weil er im Rahmen der sofortigen Beschwerde eine Abhilfemöglichkeit hat. Die Zuständigkeit des Rechtspflegers beginnt daher erst mit dem Ende der Instanz.[3396]

2. Ordnungsgemäße Einleitung des Verfahrens

981   **(1) Bei der Verschlechterung der wirtschaftlichen Verhältnisse** ist es der Initiative der Partei überlassen, sie anzuzeigen, darzulegen und glaubhaft zu machen. Das gilt insbesondere in den Fällen des § 120a Abs. 1 S. 2 ZPO (§ 120 Abs. 4 S. 1 2. HS ZPO aF); hier ist ein **Antrag** zwingend erforderlich. Nur nach neuem Recht besteht nach §§ 120a Abs. 4 S. 4 ZPO, 1 Abs. 1 PKHFV dann eine Pflicht zur Abgabe einer **neuen Erklärung über die persönlichen und wirtschaftlichen Verhältnisse** der Partei unter Verwendung des **amtlichen Vordrucks** nach §§ 117 Abs. 3 und 4 ZPO, 1 PKHFV (→ Rn. 958).

982   **(2) Bei Verbesserung der Verhältnisse** der Partei sieht das Gesetz nach der bis zum 31.12.2013 geltenden Rechtslage keine Hinweispflicht des Antragstellers gegenüber dem Prozessgericht vor, sondern nur eine Erklärungspflicht auf Verlangen des Gerichts (§ 120 Abs. 4 S. 2 ZPO aF). Da gemäß § 127 Abs. 3 S. 6 ZPO die Bewilligungsentscheidung der **Staatskasse** nicht mitgeteilt wird, kommt ein Tätigwerden des **Bezirksrevisors** nur dann in Betracht, wenn ihm die Verbesserung der Verhältnisse auf anderem Wege bekannt wird. Es spricht nichts dagegen, ihm ein Antragsrecht zu gewähren, wenn statt ratenfreier Gewährung nunmehr Monatsraten zu zahlen sind.[3397] Danach hängt es in den meisten Fällen vom Zufall ab, ob eine Änderung zuungunsten der Partei erfolgt. Das bedeutet aber auch, dass Prozesskostenhilfeempfänger unterschiedlich behandelt werden. Rechtspolitisch befriedigend ist das nicht. Dennoch verstößt die Regelung des § 127 Abs. 3 ZPO nicht gegen Art. 3 GG und das Willkürverbot.[3398]

Dem Gesetzgeber war es ein Anliegen, das Prozesskostenhilferecht in diesem maßgeblichen Punkt zu ändern. Ab dem **1.1.2014** ist die Partei gem. § 120a Abs. 2 S. 1 ZPO

[3394] LSG Niedersachsen-Bremen BeckRS 2017, 144290; Zöller/*Schultzky* ZPO § 127 Rn. 3; *Groß* ZPO § 127 Rn. 12.
[3395] RGZ 12, 416; OLG Karlsruhe Rpfleger 2000, 447; BeckOK ZPO/*Reichling* § 120a Rn. 26.
[3396] **AA** die hL, etwa Zöller/*Schultzky* ZPO § 120a Rn. 3; Thomas/Putzo/*Seiler* ZPO § 120a Rn. 3: Stets der Rechtspfleger.
[3397] OLG Nürnberg FamRZ 1995, 1592; *Zimmermann* Rn. 421.
[3398] BVerfG NJW 1995, 581.

verpflichtet, eine **wesentliche Verbesserung** ihrer **wirtschaftlichen Verhältnisse** unverzüglich dem Gericht **mitzuteilen**, ebenso eine **Änderung ihrer Anschrift**. Damit sollte das Prozesskostenhilferecht dem Sozialrecht angeglichen werden.[3399] Eine dem § 120a Abs. 2 S. 1 ZPO entsprechende Vorschrift findet sich in § 60 Abs. 1 Nr. 2 SGB I. Die Mitteilungspflicht ist auf **vier Jahre** ab Abschluss des Verfahrens (hierzu → Rn. 985 f.) begrenzt. Die bedürftige Partei ist **bereits bei der Antragstellung** auf diese Verpflichtung und auf die Folgen des Verstoßes (§ 124 Abs. 1 Nr. 4 ZPO, hierzu → Rn. 1016 f.) in dem gem. § 117 Abs. 3 und 4 ZPO eingeführten amtlichen Formular **hinzuweisen** (§ 120a Abs. 2 S. 4 ZPO). Zeigt die Partei eine Verbesserung ihrer persönlichen und wirtschaftlichen Verhältnisse an, so hat sie auf Verlangen des Rechtspflegers die Pflicht zur Abgabe einer neuen Erklärung über ihre persönlichen und wirtschaftlichen Verhältnisse unter Verwendung des amtlichen Vordrucks nach §§ 120a Abs. 4 S. 1 ZPO, 1 Abs. 1 PKHFV abzugeben. Die materielle Prüfung folgt dann gemäß § 120a Abs. 4 S. 2 ZPO nach Maßgabe von § 118 Abs. 2 ZPO.

(3) **Einleitung von Amts wegen; Aufforderungsschreiben:** Sowohl nach altem als auch nach neuem Recht kann ein Überprüfungsverfahren von dem nach § 20 Abs. 1 Nr. 4c RpflG zuständigen Rechtspfleger[3400] **von Amts wegen** eingeleitet werden. Nach § 120 Abs. 4 S. 2 ZPO aF hat sich in Übergangsfällen die Partei (nur) auf Verlangen darüber zu erklären, ob eine Änderung ihrer Verhältnisse eingetreten ist. § 120a Abs. 1 S. 3 ZPO besteht eine darüber hinaus gehende Verpflichtung, dies „jederzeit" zu tun.

983

Zu einem ordnungsgemäßen Aufforderungsschreiben gehört im Übrigen die **förmliche Zustellung** des gerichtlichen **Aufforderungsschreiben zur Mitwirkung im Nachprüfungsverfahren** nach § 120a Abs. 1 S. 3 ZPO (120 Abs. 4 S. 2 ZPO aF), was aus § 329 Abs. 2 S. 2 ZPO folgt. § 329 Abs. 2 S. 2 ZPO gilt aber nicht in Familiensachen, die dem FamFG unterfallen und in sonstigen Verfahren der freiwilligen Gerichtsbarkeit. Hier ist vielmehr auf § 15 Abs. 2 FamFG abzustellen, der in Satz 1 Alt. 2 auch eine **Bekanntgabe durch Aufgabe zur Post** vorsieht.[3401] Für eine förmliche Bekanntgabe durch Aufgabe zur Post bedarf es aber eines ordnungsgemäßen und unterschriebenen **Aktenvermerkes** des Urkundsbeamten der Geschäftsstelle, der insbesondere die Zeit der Aufgabe zur Post und die Anschrift des Adressaten enthalten muss.[3402] Diese hat, wie auch die Zustellung der Entscheidung selbst, gemäß § 172 ZPO an den **beigeordneten Rechtsanwalt** zu erfolgen, soweit dieser die Partei auch im Bewilligungsverfahren vertreten hat.[3403] Dies ist im Übrigen auch **formelle Voraussetzung für die Aufhebung der PKH** nach § 124 Abs. 1 Nr. 4 ZPO im Falle der Verletzung von Offenbarungs- und Mitwirkungsverletzungen (→ Rn. 997). Der Mangel wird allerdings durch eine spätere Zustellung einer Erinnerung an die Übermittlung oder Ergänzung der Erklärung an den Rechtsanwalt geheilt.[3404] Keine **Heilung** nach § 189 ZPO ist allerdings bei einer nur formlosen Übersendung des Aufforderungsschreibens möglich, da § 189 ZPO voraussetzt, dass das Gericht eine

984

[3399] BT-Drs. 17/11472, 33.
[3400] Nicht durch den Urkundsbeamten der Geschäftsstelle in der Zivil- und Arbeitsgerichtsbarkeit, vgl. LAG Hessen BeckRS 2016, 26466; LAG Hamm BeckRS 2016, 69104: keine Heilung im Beschwerdeverfahren.
[3401] OLG Bamberg BeckRS 2019, 18900.
[3402] BGH FamRZ 2016, 296; OLG Bamberg BeckRS 2019, 18900.
[3403] BGH FamRZ 2011, 463; BAG NJOZ 2006, 3452; OLG Stuttgart FamRZ 2018, 1340; OLG Karlsruhe FamRZ 2018, 1341; OLG Frankfurt FamRZ 2018, 517; LAG Hessen BeckRS 2016, 124668; LAG Rheinland-Pfalz BeckRS 2015, 70511; OLG Frankfurt BeckRS 2015, 08048; LAG Köln FA 2015, 86; LAG Hamm BeckRS 2015, 68331; 2015, 68330; 2014, 72133; 2014, 71996; 2014, 74357; OLG Zweibrücken FamRZ 2014, 1725.
[3404] OLG Frankfurt BeckRS 2021, 8499; LAG Hamm BeckRS 2014, 72133.

förmliche Zustellung mit Zustellungswillen bewirken wollte.[3405] Eine Beiordnung des Rechtsanwalts kann nicht mit der Einschränkung erfolgen, dass hiervon die Vertretung im Überprüfungsverfahren nach Abschluss der Hauptsache ausgeschlossen ist[3406] (→ Rn. 715a).

Die ordnungsgemäße Zustellung des Aufforderungsschreibens hat im Übrigen auch Bedeutung für die **Wahrung der Vierjahresfrist des § 120a Abs. 1 S. 4 ZPO (§ 120 Abs. 4 S. 3 ZPO aF)**, vgl. → Rn. 985 f. Auch ein **unzutreffender Hinweis** auf einen in Wahrheit nach der PKHVV nicht bestehenden Zwang zur Abgabe einer Erklärung über die persönlichen und wirtschaftlichen Verhältnisse kann einer späteren Aufhebung der PKH im Wege stehen.[3407] Wird das Aufforderungsschreiben vorsichtshalber an *Anwalt und Partei* zugestellt, müssen nach dem verfahrensrechtlichen Meistbegünstigungsgrundsatz beide Zustellungen als maßgeblich für den Lauf der Beschwerdefrist angesehen werden.[3408] Für die Erklärung nach § 120 Abs. 4 S. 2 ZPO aF (§ 120a Abs. 1 S. 3 ZPO) besteht im Übrigen **keine Ausschlussfrist**.[3409] Die Nachholung der Erklärung ist auch noch in der Beschwerdeinstanz möglich, ohne dass es auf ein Verschulden bei der Versäumung der Frist ankommt.[3410]

3. Die Vierjahresfrist des § 120a Abs. 1 S. 4 ZPO (§ 120 Abs. 4 S. 3 ZPO aF)

985 Gemäß § 120a Abs. 1 S. 4 ZPO (§ 120 Abs. 4 S. 3 ZPO aF) ist eine Änderung **zum Nachteil der Partei ausgeschlossen,** wenn seit der rechtskräftigen Entscheidung oder der sonstigen Beendigung des Verfahrens **vier Jahre** vergangen sind. Durch die **Vierjahresfrist** wird der Antragsteller davor geschützt, noch auf unabsehbare Zeit wegen der gewährten Prozesskostenhilfe in Anspruch genommen werden zu können. Dementsprechend ist es auch nicht zulässig, mittels aufschiebend bedingter Anordnung von Einmalzahlungen § 120a Abs. 1 S. 3 ZPO zu umgehen, um Ansprüche der Staatskasse für die Zukunft zu sichern.[3411]

986 Die Frist **beginnt** mit der **Rechtskraft** des Rechtsstreits insgesamt, nicht bereits mit Abschluss der ersten Instanz. Im **Ehescheidungsverfahren** beginnt die Frist mit der rechtskräftigen Entscheidung über die Hauptsache, das ist der gesamte **Scheidungsverbund.** Es muss insoweit auch über **sämtliche Folgesachen** (§ 137 FamFG) rechtskräftig entschieden sein, und zwar auch dann, wenn sie ausnahmsweise gem. § 140 Abs. 2 FamFG abgetrennt wurden.[3412] Maßgeblich ist die Entscheidung über die **letzte Folgesache** bzw. wenn in der Folgesache eine sonstige Beendigung des Verfahren eintritt.[3413]

War das Ehescheidungsverfahren **vor dem 1.9.2009 eingeleitet** worden und wurde der Versorgungsausgleich vor dem 1.9.2009 abgetrennt und darüber bis zu diesem Stichtag noch nicht entschieden, so hat dies zur Folge, dass der Versorgungsausgleich

---

[3405] BGH NJW-RR 2011, 417; OLG Saarbrücken JurBüro 2020, 151; OLG Stuttgart FamRZ 2018, 1340; OLG Karlsruhe FamRZ 2018, 1341; OLG Frankfurt FamRZ 2018, 517; LAG Köln BeckRS 2015, 73388.
[3406] LAG Köln NZA-RR 2019, 499.
[3407] LAG Hamm BeckRS 2014, 74357.
[3408] OLG Brandenburg FamRZ 2009, 630 mwN.
[3409] OLG Hamm Rpfleger 2003, 34.
[3410] BGH BeckRS 2018, 26436; BAG NZA 2004, 1062; LSG Bayern BeckRS 2017, 128999; OVG Berlin-Brandenburg NVwZ 2016, 840; OVG Lüneburg JurBüro 2012, 316; OLG Celle MDR 2009, 948.
[3411] OLG Dresden ZInsO 2007, 547 zum Prozess eines Insolvenzverwalters.
[3412] OLG Brandenburg FamRZ 2002, 1416; Musielak/Voit/*Fischer* ZPO § 120a Rn. 12.
[3413] OLG Frankfurt NZFam 2014, 465; OLG Naumburg FamRZ 2011, 130; OLG Dresden NJW-RR 2003, 1222; *N. Schneider* NZFam 2014, 687.

gemäß **Art. 111 Abs. 4 FGG-RG** zur selbständigen Familiensache wird und sich die für das Ehescheidungsverfahren bewilligte PKH entgegen §§ 629d ZPO aF, 149 FamFG nicht (mehr) auf die Versorgungsausgleichssache erstreckt. Das bedeutet, dass die Vierjahresfrist für das Ehescheidungsverfahren erst mit Ausscheiden des Versorgungsausgleichs aus dem Verbund zum 1.9.2009 beginnt und zum 31.8.2013 endet.[3414] Für das auch gebührenrechtlich nun selbständige Versorgungsausgleichsverfahren ist gesondert VKH zu beantragen und die Vierjahresfrist beginnt mit Rechtskraft der Entscheidung über den Versorgungsausgleich, was in der zuvor genannten Entscheidung des OLG Frankfurt erst nach über 18 Jahren seit Einleitung des Scheidungsverfahrens der Fall war.

Eine **sonstige Beendigung** iSd §§ 120 Abs. 4 S. 3 ZPO aF, 120a Abs. 1 S. 4 ZPO liegt dann vor, wenn ein **Prozessvergleich** abgeschlossen wird, das Gericht das **Ruhen** des Verfahrens ausgesprochen hat[3415] oder das Verfahren **ausgesetzt** wird (zB gem. § 221 FamFG).[3416] Bei einem unter **Widerrufsvorbehalt** geschlossenen Prozessvergleich beginnt die Frist erst mit Ablauf der Widerrufsfrist.[3417]

987

Bei Verfahrensbeendigung durch Ruhen beginnt die Frist mit der letzten Verfahrenshandlung.[3418] Anders ist bei einem bloßen **Nichtbetreiben des Verfahrens** zu entscheiden, wenn es bei dem Verfahren um ein **Amtsermittlungsverfahren** handelt, weil dann die Partei wegen des Amtsermittlungsgrundsatzes es nicht selbst in der Hand hat, den Zeitpunkt der Fortführung des Verfahrens zu bestimmen.[3419] Nur in dem Ausnahmefall, dass durch das Nichtbetreiben des von Amts wegen zu führenden Verfahrens **schützenswertes Vertrauen** dahin entstanden ist, dass das Verfahren beendet sei, kann eine andere Beurteilung geboten sein.[3420]

Die **Änderungsentscheidung** muss grundsätzlich **innerhalb der Vierjahresfrist ergehen**.[3421] Die Gegenauffassung stellt dagegen auf den **Zeitpunkt der Einleitung** des Überprüfungsverfahrens ab[3422]. Unabhängig davon ist aber in jedem Fall eine Ausnahme dann zu machen, wenn das Verfahren innerhalb der Frist ordnungsgemäß eingeleitet wurde, aber die Partei das Überprüfungsverfahren derart **verzögert** hat, dass eine Entscheidung innerhalb des Vierjahreszeitraums nicht möglich war.[3423] Hat auch das Gericht die Verzögerung zu vertreten, scheidet eine Abänderung nach Fristablauf zum Nachteil der Partei aus.[3424] Ist die Vierjahresfrist gewahrt, so ist es unschädlich, wenn Ratenzahlungen erstmalig nach Ablauf der Frist nach § 120a Abs. 1 S. 4 ZPO festgesetzt werden.[3425]

988

[3414] OLG Frankfurt NZFam 2014, 465; *N. Schneider* NZFam 2014, 687 (688).
[3415] OLG Stuttgart Rpfleger 2006, 415.
[3416] Zur Aussetzung nach § 2 Abs. 1 S. 2 VAÜG s. KG FamRZ 2007, 646.
[3417] OLG Saarbrücken NJW-Spezial 2014, 253 = AGS 2015, 195.
[3418] OLG Stuttgart JurBüro 2006, 415; Thomas/Putzo/*Seiler* ZPO § 120a Rn. 6.
[3419] OLG Frankfurt AGS 2014, 241.
[3420] OLG Naumburg FamRZ 2001, 237; verneint von OLG Frankfurt in AGS 2014, 241 für den Fall eines „vergessenen" Versorgungsausgleichsverfahrens.
[3421] BAG NZA-RR 2009, 158; OLG Naumburg FamRZ 2011, 130; OLG Koblenz OLGReport 1999, 96; OLG Naumburg FamRZ 1996, 1425.
[3422] LAG Berlin-Brandenburg NZA-RR 2019, 214; OLG Zweibrücken FamRZ 2007, 1471; JurBüro 1995, 310; Musielak/Voit/*Fischer* ZPO § 120a Rn. 12.
[3423] LAG Hamm BeckRS 2019, 2567; LAG Berlin-Brandenburg NZA-RR 2019, 214; OLG Frankfurt AGS 2014, 241; OLG Koblenz MDR 2013, 488; LG Zweibrücken FamRZ 2007, 1471; LAG Rheinland-Pfalz BeckRS 2012, 67724; Zöller/*Schultzky* ZPO § 120a Rn. 13.
[3424] OLG Frankfurt, Beschluss vom 8.7.2021, UWF 99/21, hefam.de; OLG Stuttgart FamRZ 2006, 1136; Poller/Härtl/Köpf/*Härtl* ZPO § 120a Rn. 26; Johannsen/Henrich/*Althammer/Markcoardt* ZPO § 120a Rn. 7.
[3425] LAG Hamm BeckRS 2019, 2567; OLG Brandenburg BeckRS 2018, 36875 = FuR 2019, 476.

4. Entscheidung

989 Die Entscheidung des Rechtspflegers ergeht im Wege des **Beschlusses,** der nach § 172 ZPO – wie das Aufforderungsschreiben nach §§ 120a Abs. 1 S. 3, 120 Abs. 4 S. 2 (aF) ZPO unter Beifügung einer Rechtsmittelbelehrung dem **beigeordneten Rechtsanwalt zuzustellen** ist (vgl. → Rn. 984). Eine Vergütung für die Tätigkeit im Überprüfungsverfahren erhält der Anwalt gegenüber der Staatskasse nicht.[3426]

V. Rechtsbehelfe

990 (1) **Gegen alle Abänderungsentscheidungen des Richters ist die sofortige Beschwerde nach § 127 ZPO gegeben,** auch dann wenn an sich der Rechtspfleger für die Entscheidung zuständig gewesen wäre. Die Wirksamkeit der Entscheidung wird dadurch nicht berührt; § 8 RPflG.

(2) **Gegen eine Entscheidung des Rechtspflegers ist im Übrigen ebenfalls die sofortige Beschwerde gegeben.** Das ergibt sich aus der Fassung des § 11 Abs. 1 RPflG[3427] iVm § 127 Abs. 2 S. 2 ZPO.

(3) Die Einschränkung in § 127 Abs. 2 S. 2 Halbs. 2 ZPO[3428] dahingehend, dass die sofortige Beschwerde gegen eine PKH-Entscheidung nur zulässig ist, wenn in der Hauptsache die Berufungssumme des § 511 ZPO erreicht wird, wirkt sich hier nicht aus, da es bei § 120a ZPO um eine Entscheidung über die persönlichen/wirtschaftlichen Voraussetzungen für die Prozesskostenhilfe geht, die von der Einschränkung ausdrücklich ausgenommen ist.

(4) **Die Staatskasse ist nach § 127 Abs. 3 ZPO beschwerdebefugt,** wenn statt PKH gegen Ratenzahlung nunmehr ratenfreie PKH gewährt wird; außerdem dann, wenn ihr Antrag, eine bisher ratenfreie PKH in eine solche gegen Monatsraten abzuändern, abgelehnt wird.[3429]

(5) **Der beigeordnete Anwalt hat kein Beschwerderecht** gegen einen eine Nachzahlung nach §§ 120 Abs. 4 (aF), § 120a ZPO versagenden Beschluss[3430] oder gegen einen den Wegfall einer Ratenzahlung anordnenden Beschluss[3431] (vgl. im Übrigen → Rn. 1056 ff.).

(6) In der **Sozialgerichtsbarkeit** ist die Beschwerde nicht statthaft gegen Beschlüsse der Sozialgerichte über Erinnerungen gegen Entscheidungen der Urkundsbeamten nach § 73a Abs. 4 und 5 SGG, vgl. § 73a Abs. 8 SGG.[3432] Auch soweit der Vorsitzende gemäß § 73a Abs. 6 SGG die Abänderungsentscheidung an sich gezogen hat, besteht nach § 172 Abs. 3 Nr. 2a SGG kein Beschwerderecht.[3433] Anders als bei der Aufhebung der PKH (→ Rn. 1029) ist auch in der **Verwaltungsgerichtsbarkeit** bei Abänderungsentscheidungen die Beschwerde nicht statthaft (vgl. § 146 Abs. 2 VwGO).[3434] In der **Finanzgerichtsbarkeit** besteht dagegen nach § 128 Abs. 2 FGO ein gänzlicher Ausschluss der Beschwerde in PKH-Sachen.

[3426] OLG Nürnberg NZFam 2018, 955; OLG Frankfurt NZFam 2017, 625.
[3427] Vom 6.8.1998, BGBl. I 2030.
[3428] Durch ZPO-Reformgesetz v. 27.6.2001, BGBl. I 1887.
[3429] BGH FamRZ 2013, 1390; OLG Nürnberg FamRZ 1995, 1592.
[3430] OLG Hamm FamRZ 2006, 349; OLG Schleswig JurBüro 1998, 92.
[3431] OLG Celle FamRZ 2015, 355; OLG Stuttgart FamRZ 2012, 650; MüKoZPO/*Wache* § 127 Rn. 26.
[3432] LSG Mecklenburg-Vorpommern v. 14.3.2019 – L 8 AS 467/18 B PKH; LSG Baden-Württemberg NZS 2018, 632; LSG Sachsen BeckRS 2015, 68201; Poller/Härtl/Köpf/*Köpf* SGG § 73a Rn. 22.
[3433] LSG Bayern BeckRS 2017, 123628; BeckRS 2017, 101438.
[3434] OVG Berlin-Brandenburg NVwZ-RR 2018, 415; VGH Mannheim DÖV 2018, 496; **aA** OVG Lüneburg AGS 2019, 194; OVG Bautzen NVwZ-RR 2016, 439.

§ 15 Aufhebung der PKH-Bewilligung

I. Allgemeines

(1) **Eine Prognosekorrektur,** die zur Abänderung der PKH-Entscheidung bei Veränderung der persönlichen oder wirtschaftlichen Verhältnisse führt, ist nach der gegenwärtigen Rechtslage nur nach § 120 Abs. 4 aF, 120a ZPO³⁴³⁵ (vgl. dazu → Rn. 957 ff.) möglich. § 120 Abs. 4 ZPO wurde durch das **Gesetz zur Reform des Prozesskostenhilfe- und Verfahrenskostenhilferechts zum 1.1.2014** durch die Regelung in § 120a ZPO nF abgelöst. In diese Richtung geht auch die zum 1.1.2014 ebenfalls neu eingeführte Möglichkeit einer **Teilaufhebung** für bestimmte mutwillige oder nicht aussichtsreiche Beweiserhebungen nach § 124 Abs. 2 ZPO.

991

(2) Eine **Entscheidungskorrektur** ermöglicht dagegen § 124 Abs. 1 ZPO, vor allem auch in den Fällen, in denen die PKH von Anfang an zu Unrecht bewilligt worden ist, weil die objektiven (§ 124 Abs. 1 Nr. 1 ZPO) oder die subjektiven (§ 124 Abs. 1 Nr. 2 1. Alt. ZPO) Bewilligungsvoraussetzungen **falsch angegeben** worden sind oder jedenfalls objektiv nicht vorgelegen haben (§ 124 Abs. 1 Nr. 3 ZPO). Die Entscheidungskorrektur entspricht insoweit der **Rücknahme** eines rechtswidrigen (Sozial-) Verwaltungsakts (§§ 48 VwVfG, 45 SGB X).

992

(3) **Eine Sanktionskorrektur** ermöglichen § 124 Abs. 1 Nr. 2 Alt. 2 und Nr. 4 aF, Abs. 1 Nr. 5 ZPO in Fällen, in denen die Prozesskostenhilfe als Sanktion für den **Verstoß gegen Mitwirkungsobliegenheiten** entzogen werden kann.³⁴³⁶ Zum 1.1.2014 wurde § 124 Abs. 1 ZPO ergänzt durch den neu eingefügten Aufhebungsgrund von § 124 Abs. 1 Nr. 4 ZPO, wonach die PKH aufgehoben werden soll, wenn die Partei ihren Mitteilungspflichten nach § 120a Abs. 2 S. 1 bis 3 ZPO nF nicht nachgekommen ist. Hier sind also Fälle betroffen, in denen die Entscheidung **ursprünglich rechtmäßig** war, der Antragsteller aber **nachhaltig seine Mitwirkungs- oder Mitteilungspflichten verletzt** hat; der Sache nach handelt es sich daher um Fälle des **Widerrufs** i. S. der §§ 49 VwVfG; 47 SGB X. Einen Sanktionscharakter misst der BGH aber auch den Aufhebungsgründen von § 124 Abs. 1 Nr. 1 und 2 Alt. 1 ZPO zu und verlangt insbesondere keine Kausalität zwischen Falschangabe und PKH-Bewilligung.³⁴³⁷

993

(4) **Abschließende Regelung der Aufhebungsgründe im Katalog des § 124 ZPO.**³⁴³⁸ Die Enumeration zeigt, dass das Vertrauen des Antragstellers auf den Bestand der PKH-Bewilligung im Übrigen geschützt wird.³⁴³⁹

994

In folgenden Fällen kann daher § 124 Abs. 1 ZPO **nicht angewendet** werden:

- Bei späterer Veränderung der wirtschaftlichen Verhältnisse. Hier ist nur § 120a ZPO (§ 120 Abs. 4 aF) ZPO anwendbar.³⁴⁴⁰
- Bei geänderter Beurteilung der Erfolgsaussicht (**Ausnahme: § 124 Abs. 2 ZPO**), auch nach Durchführung der Beweisaufnahme,³⁴⁴¹ ebenso bei späterer Gesetzes- oder Rechtsprechungsänderung oder bei Untätigkeit im Hauptprozess.

---

³⁴³⁵ OLG Hamm FamFR 2011, 91.
³⁴³⁶ Vgl. *Büttner* Rpfleger 1997, 347 ff.
³⁴³⁷ BGH NJW 2013, 68; → Rn. 1001.
³⁴³⁸ Vgl. *Christl* FPR 2002, 494; OLG Koblenz OLGR 2009, 338; OLG Hamm FamRZ 1994, 1268.
³⁴³⁹ OLG Koblenz OLGR 2009, 338; OLG Köln FamRZ 2003, 1397; OLG Zweibrücken FamRZ 2003, 1021; *Groß* ZPO § 124 Rn. 37; Zöller/*Schultzky* ZPO § 124 Rn. 3.
³⁴⁴⁰ OLG Dresden MDR 2002, 785; OLG Hamm FamRZ 2011, 918 (Ls.).
³⁴⁴¹ OLG Bamberg FamRZ 2003, 1199; OLG Brandenburg FamRZ 2000, 1229; LAG Köln BeckRS 2010, 75173; *Zimmermann* Rn. 452.

- Bei geänderter Beurteilung der gleich gebliebenen wahrheitsgemäß dargestellten wirtschaftlichen Verhältnisse.[3442]
- Bei irrtümlicher Gewährung ohne Antrag[3443] oder sonstigen Bewilligungsfehlern.[3444]
- Bei Rücknahme des Antrags.[3445]
- Beim Tod einer Partei.[3446]

995 (5) **Übergangsrecht:** Nach § 40 EGZPO S. 1 ZPO verbleibt es in Ansehung von §§ 114–127 ZPO bei der vor dem 1.1.2014 geltende Rechtslage, wenn eine Partei vor dem 1.1.2014 PKH **beantragt** hat.[3447] Damit ergibt sich im Aufhebungsverfahren nach § 124 ZPO – wie auch im Abänderungsverfahren nach §§ 120 Abs. 4 aF, 120a ZPO, dazu bereits → Rn. 958 – die Folge, dass das alte Recht im Hinblick auf die Vierjahresfrist von § 124 Nr. 3 ZPO aF, die erst nach Rechtskraft der Hauptsache beginnt, und die unbefristeten Aufhebungstatbestände von § 124 Nr. 1, 2 und 4 ZPO aF noch über unbestimmt lange Zeit in der Praxis zur Geltung kommen wird, was von Parteien, Richtern und Rechtsanwälten besondere Aufmerksamkeit verlangt. Aus diesem Grund soll auch im Rahmen dieser Darstellung das alte Recht noch nicht außen vor bleiben.

Im Übrigen hat der Gesetzgeber in § 40 S. 1 EGZPO bestimmt, dass es für die Anwendung des neuen Rechts für ein **Rechtsmittel** darauf ankommt, dass dieses nach dem Stichtag 31.12.2013 eingegangen ist, so dass es zu Konstellationen kommen kann, dass für die PKH im ersten Rechtszug altes Recht und für die PKH im zweiten Rechtszug neues Recht anzuwenden ist. Im Hinblick auf die in § 120a ZPO neu eingeführten Offenbarungspflichten (→ Rn. 958), die neu eingeführten Aufhebungstatbestände und den nunmehr auch im Abänderungsverfahren geltenden Formularzwang (§ 1 PKHFV) kann in diesen Fällen im Aufhebungsverfahren nicht zwischen der PKH des ersten und zweiten Rechtszug differenziert werden. Diese vom Gesetzgeber nicht bedachte Folge kann nur dadurch gelöst werden, dass in diesen Fragen der zuletzt gestellte PKH-Antrag maßgeblich ist, so dass einheitlich neues Recht, also auch für die PKH ersten Rechtszugs anzuwenden ist.[3448]

996 (6) **Ermessensnorm.** Der Gesetzeswortlaut von S. 1 in der bis zum 31.12.2013 geltenden Fassung (*„kann die Bewilligung der PKH aufheben, wenn …"*) und Gesetzeszweck sprechen sicher dafür, die Norm als Ermessensvorschrift anzusehen.[3449] Im Einzelfall ist die Verhältnismäßigkeit der Aufhebungsfolgen zu den vom Antragsteller zu verantwortenden Aufhebungsgründen festzustellen, so dass dem Gericht bei der Anwendung der Vorschrift ein pflichtgemäßes Ermessen einzuräumen ist.[3450] Bei der Ermessensausübung kann zB das Gewicht der unrichtigen Darstellung bei Abs. 1 Nr. 1,[3451] eine eingetretene Kostendeckung oder die Anzahl der noch offenen Raten bei Nr. 4 (aF), Abs. 1 Nr. 5

[3442] OLG Frankfurt BeckRS 2013, 22047 zu § 120 Abs. 4 ZPO aF; OLG Saarbücken OLG-Report 2009, 614; OLG Köln Rpfleger 1999, 30; OLG Hamburg FamRZ 1996, 874.

[3443] OLG Zweibrücken FamRZ 2003, 1021; OLG Bamberg FamRZ 1989, 884 will § 124 Nr. 3 (aF) ZPO entsprechend anwenden; OLG Oldenburg FamRZ 1989, 300 – aber → Rn. 95 zu der Frage, ob eine Gewährung ohne Antrag wirkungslos ist.

[3444] OLG Hamm FamRZ 2016, 930; LSG Berlin-Brandenburg BeckRS 2013, 70084; OLG Brandenburg FamRZ 2000, 1229; OLG Hamm FamRZ 1994, 1268.

[3445] OLG Brandenburg OLG-Report 1998, 50.

[3446] OLG Düsseldorf MDR 1999, 830; Zöller/*Schultzky* ZPO § 124 Rn. 3; dazu weiter → Rn. 91, 623.

[3447] Ausf. zu den Auswirkungen der Regelung: *Nickel* FamRZ 2014, 1429.

[3448] Thomas/Putzo/*Seiler* ZPO Vorbem. § 114 Rn. 4; *Nickel* FamRZ 2014, 1429, 1430.

[3449] BGH NJW 2013, 68 Rn. 31; OVG Bautzen BeckRS 2013, 48128; LSG Schleswig-Holstein BeckRS 2013, 69123; OLG Saarbrücken BeckRS 2012, 19789 und BeckRS 2010, 11649; OLG Bremen FamRZ 1984, 411; *Groß* ZPO § 124 Rn. 27.

[3450] OLG Frankfurt MDR 2002, 785; OLG Dresden FamRZ 1998, 1523; Zöller/*Schultzky* ZPO § 124 Rn. 4; **aA** BLHAG/*Vogt-Beheim* ZPO § 124 Rn. 16.

[3451] OLG Frankfurt MDR 2002, 785.

§ 15 Aufhebung der PKH-Bewilligung

nF berücksichtigt werden;³⁴⁵² ferner die Schutzwürdigkeit des Vertrauens des Hilfsbedürftigen in die ursprüngliche *Bewilligungsentscheidung*.³⁴⁵³

Die am 1.1.2014 in Kraft getretene Neufassung von § 124 Abs. 1 ZPO sieht aber für das neue Recht vor, dass ein Ermessen des Gerichts nunmehr nicht mehr besteht, es **„soll"** nunmehr **im Regelfall die PKH aufheben,** wenn nicht ausnahmsweise besondere Gründe des Einzelfalles eine andere Beurteilung gebieten, um ein unangemessenes Ergebnis zu vermeiden.³⁴⁵⁴ Damit stellt sich bei Verwirklichung eines Aufhebungstatbestands nur mehr die Frage, ob nicht ein **atypischer Einzelfall** vorliegt, der als Ausnahme von der Regel ein Absehen von der Aufhebung der PKH verlangt.³⁴⁵⁵ Ein Ermessensspielraum besteht im Übrigen bei Abs. 1 nicht.³⁴⁵⁶ Der neu hinzugefügte § 124 Abs. 2 ZPO ist allerdings Ermessensnorm und sieht vor, dass die PKH unter den dort genannten Voraussetzungen aufgehoben werden „kann".

(7) **Nicht Teil des zuvor anhängigen Hauptverfahrens** ist das Aufhebungsverfahren, sondern selbständig, aber eng mit ihm verknüpft und als zur selben Instanz zugehörig anzusehen.³⁴⁵⁷ Deshalb gilt die **Zustellungsvollmacht des Anwalts,** der die Partei bereits im Prozesskostenhilfeprüfungsverfahren vertreten hat, fort und sowohl das Anhörungsschreiben als auch der Aufhebungsbeschluss sind ihm (und nicht der Partei selbst) gem. **§ 172 Abs. 1 S. 1 ZPO zuzustellen.**³⁴⁵⁸ Auch nach Abschluss des Hauptsacheverfahrens besteht ein Interesse der Partei daran, von ihrem Bevollmächtigtem, der sie schon im Prozesskostenhilfeprüfungsverfahren vertreten hat, informiert und vor allem beraten zu werden, zumal die Aufhebung der Prozesskostenhilfe weitreichende wirtschaftliche Konsequenzen haben kann.³⁴⁵⁹ Die Partei darf deshalb auch auf die Zustellung an ihren früheren Prozessbevollmächtigten vertrauen. Aus Sicht der betroffenen Anwälte ist dies aber wenig befriedigend,³⁴⁶⁰ da sie für die Rechtswahrnehmung im PKH-Überprüfungs- und Aufhebungsverfahren keine neuerlichen Vergütungsansprüche gegenüber der Staatskasse erwerben können und lediglich nach Ablauf der Zweijahresfrist von § 15 Abs. 5 S. 2 RVG neue Ansprüche gegenüber dem Mandanten begründen können.³⁴⁶¹ Gleichwohl kann eine Beiordnung des Rechtsanwalts aufgrund einer auf die Hauptsache beschränkten Vollmacht nicht mit der Einschränkung erfolgen, dass hiervon die Vertretung im Überprüfungsverfahren nach Abschluss der Hauptsache ausgeschlossen ist³⁴⁶²

997

Dabei ist auch die **Einleitungsverfügung** – auch in einem der Aufhebung vorangegangenem Nachprüfungsverfahren nach § 120a Abs. 1 S. 1 oder 3 ZPO³⁴⁶³ – an den Anwalt

---

³⁴⁵² *Groß* ZPO § 124 Rn. 24.
³⁴⁵³ OLG Koblenz OLG-Report 2009, 338.
³⁴⁵⁴ So die Gesetzesbegründung BT-Drs. 17/11472, 34; vgl. auch *H. Schneider* Rpfleger 2014, 233, 235; *Groß* ZPO § 124 Rn. 33 ff.; *Hellstab* Rpfleger 2014, 468, 477; Zöller/*Schultzky* ZPO § 124 Rn. 4.
³⁴⁵⁵ BAG BeckRS 2016, 74442 Rn. 32; OLG Frankfurt MDR 2018, 1402; LSG Sachsen-Anhalt NJ 2018, 393.
³⁴⁵⁶ Zöller/*Schultzky* ZPO § 124 Rn. 4; BLHAG/*Dunkhase* ZPO § 124 Rn. 16.
³⁴⁵⁷ BGH FamRZ 2011, 463; OLG Naumburg BeckRS 2012, 24107.
³⁴⁵⁸ BGH FamRZ 2011, 463; bestätigt durch BGH MDR 2011, 1314; OLG Frankfurt BeckRS 2015, 19767; LSG Nordrhein-Westfalen BeckRS 2012, 69981 und 2012, 74613; OLG Naumburg BeckRS 2012, 24107; BAG NJOZ 2006, 3452; OLG Brandenburg FamRZ 2009, 1426 f.; 2008, 1356 (1357); 2008, 72; LAG Rheinland-Pfalz MDR 2007, 175; nunmehr auch OLG Stuttgart BeckRS 2011, 14162 und OLG Hamm BeckRS 2011, 14496 sowie *Groß* ZPO § 124 Rn. 5; **aA** OLG Naumburg OLG-Report 2008, 404 f.; OLG Koblenz FamRZ 2008, 1358; OLG Köln FamRZ 2007, 908; OLG München FamRZ 1993, 580; Musielak/Voit/*Fischer* ZPO § 124 Rn. 3.
³⁴⁵⁹ BGH FamRZ 2011, 463.
³⁴⁶⁰ Vgl. *Romeyko* FamRZ 2017, 267.
³⁴⁶¹ OLG Nürnberg NJW-Spezial 2018, 700; OLG Frankfurt NJOZ 2017, 834.
³⁴⁶² LAG Köln NZA-RR 2019, 499.
³⁴⁶³ LAG Sachsen BeckRS 2016, 74293; VG Neustadt BeckRS 2018, 17267.

förmlich zuzustellen, soweit sie mit einer Fristsetzung verbunden ist (§ 329 Abs. 2 S. 2 ZPO). § 329 Abs. 2 S. 2 ZPO gilt aber nicht in Familiensachen, die dem FamFG unterfallen und in sonstigen Verfahren der freiwilligen Gerichtsbarkeit. Hier ist vielmehr auf § 15 Abs. 2 FamFG abzustellen, der in Satz 1 Alt. 2 auch eine **Bekanntgabe durch Aufgabe zur Post** vorsieht.[3464] Für eine förmliche Bekanntgabe durch Aufgabe zur Post bedarf es aber eines ordnungsgemäßen und unterschriebenen **Aktenvermerkes** des Urkundsbeamten der Geschäftsstelle, der insbesondere die Zeit der Aufgabe zur Post und die Anschrift des Adressaten enthalten muss.[3465] Der Anwalt hat dabei das Empfangsbekenntnis persönlich zu quittieren.[3466] Wird dagegen verstoßen, kann der Mangel nicht gemäß § 189 BGB geheilt werden, weil diese Regelung einen Willen zur förmlichen Zustellung voraussetzt. Der Mangel kann auch nicht im Beschwerdeverfahren geheilt werden, so dass der Beschluss wegen dieses Verfahrensfehlers aufzuheben ist.[3467] Lässt der Anwalt die Rechtsmittelfrist gegen einen Aufhebungsbeschluss verstreichen, weil sich beispielsweise kein Kontakt mit der Partei herstellen lässt, kann der Partei für ein eigenes Rechtsmittel **Wiedereinsetzung in den vorigen Stand** in die versäumte Rechtsmittelfrist bewilligt werden,[3468] allerdings nur wenn sie in nicht schuldhafter Weise den ihr beigeordneten Rechtsanwalt nicht von ihrer neuen Wohnanschrift unterrichtet hat (vgl. dazu → Rn. 1069), was etwa im Falle einer länger andauernden psychischen Erkrankung anzunehmen ist.[3469]

998 (8) **Das seit dem 1.9.2009 geltende FamFG** findet gem. Art. 111 FGG-RG auf alle, nach diesem Zeitpunkt eingeleiteten Überprüfungsverfahren Anwendung, auch wenn das Verfahren, für das ehemals Prozesskostenhilfe bewilligt wurde, vor dem 1.9.2009 begonnen worden war.[3470]

II. Aufhebungstatbestände

1. § 124 Abs. 1 Nr. 1 ZPO (§ 124 Nr. 1 ZPO aF)

999 Bei **Vortäuschung der Bewilligungsvoraussetzungen** durch unrichtige Angaben zu dem gem. § 117 Abs. 1 S. 2 ZPO **darzustellenden Streitverhältnis** greift diese Vorschrift ein. Es ergeht hier in Abgrenzung zu § 124 Abs. 1 Nr. 2 ZPO um die **Erfolgsaussichten** in der Hauptsache und die Frage der **Mutwilligkeit** iSd § 114 ZPO.

Anwendungsvoraussetzungen:

1000 (1) **Objektiv**, dass **falsche Tatsachen zum Streitverhältnis behauptet oder richtige verschwiegen** werden, was sich sowohl auf die **anspruchsbegründenden Tatbestandselemente**[3471] als auch auf (bekannte) **Einwendungen oder Einreden** des Antragsgegners oder **Mutwilligkeitselemente** (Aussichtslosigkeit der Zwangsvollstreckung)[3472] beziehen kann. Auch in einem **Amtsermittlungsverfahren** kommt die unrichtige Darstellung eines

---

[3464] OLG Bamberg BeckRS 2019, 18900.
[3465] BGH FamRZ 2016, 296; OLG Bamberg BeckRS 2019, 18900.
[3466] OLG Frankfurt FamRZ 2018, 517.
[3467] St. Rspr., vgl. OLG Stuttgart FamRZ 2018, 1340; OLG Karlsruhe FamRZ 2018, 1341; OLG Frankfurt FamRZ 2018, 517; LAG Hessen BeckRS 2016, 124668.
[3468] OLG Frankfurt BeckRS 2015, 19767; OLG Stuttgart BeckRS 2011, 14162.
[3469] OLG Frankfurt BeckRS 2015, 19767.
[3470] OLG Schleswig FamRZ 2011, 131 (Ls.).
[3471] OLG Hamm NZFam 2016, 327 (Verschweigen von Einkommensveränderungen im Unterhaltsverfahren); OLG Hamm MDR 2015, 235 (vorgetäuschter Verkehrsunfall); OLG Köln NJW 1998, 2985 (Falsches Leugnen des Geschlechtsverkehrs bei Vaterschaftsanfechtungsklage).
[3472] OLG Schleswig SchlHA 2004, 317 – nicht aber, wenn Bewilligung ohne Anhörung des Antragsgegners erfolgte; OLG Köln VersR 1991, 1425.

Streitverhältnisses in diesem Sinne in Betracht.[3473] Ferner gehört dazu die Angabe **falscher Beweismittel** bzw. die **Unterdrückung von Beweismitteln** (zB Vernichtung von Urkunden)[3474] oder die Vortäuschung einer Vertretungsbefugnis.[3475] Es reicht allerdings nicht aus, dass die **Beweisaufnahme** für die Prozesskostenhilfe beantragende Partei ungünstig verlaufen ist.[3476] Wenn sich nach Durchführung einer Beweisaufnahme aber aufgrund einer Beweiswürdigung des Gerichts herausstellt, dass die Prozesskostenhilfepartei im Prozess falsch vorgetragen hat, kann die bewilligte Prozesskostenhilfe nachträglich aufgehoben werden.[3477] Unvollständiger Vortrag[3478] bzw. das Unterlassen der Berichtigung zunächst richtig dargestellter Tatsachen bei geänderter Sachlage[3479] unterfällt hingegen der Norm.

(2) **Kausalität** der unrichtigen Darstellung für die Bewilligung der Prozesskostenhilfe („durch unrichtige Darstellung die Bewilligungsvoraussetzungen vorgetäuscht"). Sehr **umstritten** war die Frage, ob § 124 Abs. 1 Nr. 1 (wie auch im Falle von Abs. 1 Nr. 2) ZPO auch voraussetzen, dass die falschen oder verschwiegenen Angaben des Antragstellers zu einer objektiv unrichtigen PHK-Bewilligung geführt haben, also **die Bewilligung auf den Falschangaben beruht.** Daran würde es bei Abs. 1 Nr. 2 insbesondere fehlen, wenn der verschwiegene Vermögenswert nach Antragstellung und vor Entscheidung über die Bewilligung wieder entfallen wäre. Nach der bislang überwiegenden und auch noch hier bis zur 6. Aufl. vertretenen Auffassung sollte die Vorschrift eine Kausalität in diesem Sinne voraussetzen, da es sich insoweit nicht um eine Strafvorschrift handle, die wegen unrichtiger Darstellung die öffentliche Hilfe entzieht, so dass entscheidungsunerhebliche Falschangaben die Aufhebung nach § 124 Nr. 1 ZPO nicht rechtfertigen sollten.[3480] Nach der aber zutreffenden und auch inzwischen vom **BGH** vertretenen Gegenauffassung ist eine Kausalität zwischen Falschangabe und Bewilligung der Prozesskostenhilfe **nicht erforderlich.**[3481] Der Vorschrift kann insoweit auch unter Berücksichtigung der Entstehungsgeschichte, des Verschuldenserfordernisses und der Einordnung der Regelung als Teil eines öffentlich-rechtlichen Sozialhilfeverfahrens ein **Sanktionscharakter** nicht abgesprochen werden.[3482] Beim Scheidungsantrag für eine **Scheinehe,** die zunächst verschwiegen worden ist, handelt es sich ebenfalls nicht um entscheidungsunerhebliche Angaben. Für die Aufhebung nach § 124 Abs. 1 Nr. 1 ZPO kommt es daher darauf an, ob auch bei wahrheitsgemäßer Schilderung, dass es sich um eine Scheinehe handelte, Prozesskostenhilfe zu gewähren gewesen wäre.[3483]

1001

[3473] OLG Hamm FamRZ 2015, 1418 (falsche Angaben eines Elternteils in einem Sorgerechtsverfahren nach § 1671 Abs. 1 Nr. 2 BGB).
[3474] OLG Koblenz FamRZ 1985, 301; Zöller/*Schultzky* ZPO § 124 Rn. 10.
[3475] BGH BGH-Report 2001, 220 zur falschen Angabe, der Prozessvertreter sei zugelassener Patentanwalt (§ 111 Abs. 4 S. 1 PatG).
[3476] OLG Jena OLG-Report 2007, 472; LAG Köln BeckRS 2011, 76296.
[3477] OLG Brandenburg BeckRS 2019, 3199 (Verschweigen eines Kfz-Vorschadens); LAG Köln BeckRS 2016, 72487; BeckRS 2011, 76296; OLG Düsseldorf FamRZ 1997, 1088.
[3478] OLG Oldenburg NJW 1994, 807.
[3479] OLG Hamm FamRZ 2016, 931; OLG Köln OLG-Report 2003, 315.
[3480] OVG Bautzen BeckRS 2013, 48128; OLG Saarbrücken BeckRS 2012, 19789; OLG Zweibrücken FamRZ 2008, 160; OLG Koblenz OLGR 2005, 887; OLG Brandenburg Rpfleger 2001, 503; OLG Köln NJW 1998, 2985 (Falsches Leugnen des Geschlechtsverkehrs bei Vaterschaftsanfechtung ist ursächlich, falls nicht substantiiert Mehrverkehr vorgetragen; vgl. auch BGH NJW 1998, 2976; OLG Bamberg FamRZ 1987, 1170; LAG Düsseldorf JurBüro 1986, 1097; *Groß* ZPO § 124 Rn. 28; Musielak/Voit/*Fischer* ZPO § 124 Rn. 5.
[3481] BGH NJW 2013, 68; OLG Karlsruhe BeckRS 2012, 15019; OLG Brandenburg NJ 2007, 25; OLG Braunschweig OLG-Report 2005, 373; OLG Köln FamRZ 1987, 1169; OLG Hamm Rpfleger 1986, 238; nunmehr auch *Groß* ZPO § 124 Rn. 36.
[3482] So zutreffend BGH NJW 2013, 68.
[3483] Dazu → Rn. 550; nicht aufheben will OLG Frankfurt FamRZ 2004, 1882 unter Berufung auf OLG Hamm FamRZ 2001, 1081 (keine Mutwilligkeit).

1002 **(3) Teilkausalität.** Es ist zweifelhaft, ob bei entscheidungserheblichen Unrichtigkeiten (zB Vortäuschung eines schon vorhandenen Vorschadens als weitere Unfallfolge), die nur einen Teil des Streitverhältnisses betreffen, die PKH nach § 124 Abs. 1 Nr. 1 ZPO nur in Bezug auf diesen Teil oder im ganzen Umfang aufgehoben werden kann.[3484] Sieht man in § 124 ZPO nur eine kostenrechtliche Maßnahme,[3485] spricht das dafür, die Aufhebung auf den betroffenen Teil zu beschränken und die PKH im Übrigen im sachlich gerechtfertigten Umfang bestehen zu lassen. Nach dem Gesetzeswortlaut kann aber die Aufhebung nicht nur erfolgen, „soweit" die Voraussetzungen vorgetäuscht worden sind, sondern „wenn" sie vorgetäuscht worden sind. Ferner spricht gegen die Beschränkung der Aufhebung auf den betroffenen Teil, dass dann zwischen Nr. 2 und Nr. 3 bis auf die 4-Jahres-Frist kein Unterschied mehr besteht, wenn auf die Täuschung keine weitergehende Sanktion möglich ist als auf das objektive Nichtvorliegen der Bewilligungsvoraussetzungen. Da durch das weiter erforderliche subjektive Element bei der Täuschung und die zusätzliche Ermessensausübung durch das Gericht eine unverhältnismäßige Reaktion auf die Täuschung verhindert werden kann, erscheint es richtiger, bei entscheidungserheblichen Täuschungen die Möglichkeit, die PKH in vollem Umfang aufzuheben, zu bejahen. Auch insoweit kann der Vorschrift in den Fällen des § 124 Abs. 1 Nr. 1 und 2 ZPO ein Strafcharakter nicht abgesprochen werden.[3486] Letztlich ist dies auch eine Folge der unter → Rn. 1001 dargestellten Entscheidung des BGH v. 1.10.2012.[3487]

1003 **(4) Subjektiv** setzt § 124 Abs. 1 Nr. 1 ZPO voraus, dass der Antragsteller bei der unrichtigen Darstellung **absichtlich** (Herbeiführung der fehlerhaften Bewilligung ist Handlungsmotiv), mit **direktem Vorsatz** oder jedenfalls mit **bedingtem Vorsatz** gehandelt hat.[3488] Dies ist der Fall, wenn er bei der unrichtigen Darstellung **billigend in Kauf genommen** hat, dass sie zu einer fehlerhaften PKH-Bewilligung führen könnte. Eine bloß fahrlässige, auch grob fahrlässige falsche oder verdrehte Darstellung des Streitverhältnisses reicht nicht aus. Ein **Verschulden des Anwalts** wird hier entgegen der in der 6. Aufl. noch vertretenen Auffassung der Partei gem. § 85 Abs. 2 ZPO nicht zuzurechnen sein. Zwar findet § 85 Abs. 2 ZPO durchaus auch im PKH-Verfahren Anwendung,[3489] wie zB bei der Versäumung von Fristen durch den Rechtsanwalt. Mit dem Sanktions- und Strafcharakter der Vorschriften § 124 (ab 1.1.2014: Abs. 1) Nr. 1 und 2 ZPO lässt sich jedoch die Zurechnung fremden Verschuldens nicht vereinbaren.[3490]

Zur Feststellung der subjektiven Voraussetzungen müssen die Einzelfallumstände wie vorherige Beratung, eigene Rechtskenntnisse, Schwierigkeit des Sachverhalts usw. berücksichtigt werden.[3491]

1004 **(5) Zeitpunkt der Täuschung.** Auf die Bewilligungsreife ist bei täuschendem Verhalten insoweit abzustellen, als § 124 Abs. 1 Nr. 1 ZPO nach der jüngsten Rechtspre-

---

[3484] BGH FamRZ 1984, 677 führt obiter aus, dass die Verletzung der Offenbarungspflicht nicht zur Verwirkung der PKH im sachlich gerechtfertigten Umfang führt; zum Verschweigen eines Vorschadens bei einem Verkehrsunfallprozess vgl. auch OLG Brandenburg BeckRS 2019, 3199.

[3485] So ausdrücklich noch OLG Düsseldorf JurBüro 1986, 296; LAG Düsseldorf JurBüro 1986, 1097, **aA** OLG Braunschweig OLG-Report 2005, 373; OLG Köln FamRZ 1987, 1169.

[3486] OLG Frankfurt FamRZ 1983, 1046; OLG Köln Rpfleger 1984, 200, 201 im Anschluss daran und OLG Köln FamRZ 1987, 1169 unter Hinweis auf Entstehungsgeschichte; wie hier *Zimmermann* Rn. 459.

[3487] BGH NJW 2013, 68.

[3488] OLG Köln OLG-Report 2003, 315; OLG Koblenz FamRZ 1985, 301; *Groß* ZPO § 124 Rn. 10.

[3489] BGH FamRZ 2007, 895; NJW 2001, 2720; OLG Bamberg MDR 2010, 833; OLG Köln OLG-Report 2003, 315; Zöller/*Schultzky* ZPO § 119 Rn. 15; **aA** OLG Düsseldorf FamRZ 1992, 457; OLG Koblenz MDR 1997, 103; Zöller/*Althammer* ZPO § 85 Rn. 11.

[3490] So zutreffend *Zimmermann* Rn. 486; **aA** *Groß* ZPO § 124 Rn. 10.

[3491] MüKoZPO/*Wache* § 124 Rn. 9; *Zimmermann* Rn. 458 weist mit Recht darauf hin, dass der Anwendungsbereich der Vorschrift begrenzt ist, da Vortäuschung selten nachweisbar ist.

chung des BGH[3492] **nicht analog im Bewilligungsverfahren** anzuwenden ist (vgl. dazu ausführlich → Rn. 214). Anders aber wenn die Täuschung bei bereits für die erste Instanz bewilligter PKH während des zweiten Rechtszugs bekannt wird.[3493]

In zweiter Instanz liegt im Übrigen ein Vortäuschen auch deshalb vor, wenn die Partei in erster Instanz durch vorsätzliche unrichtige Darstellung obsiegt hat und den unrichtigen Sachverhalt nicht richtig stellt, so dass das Gericht gem. § 119 Abs. 1 S. 2 ZPO die Erfolgsaussicht nicht prüft.[3494]

Die **erneute Bewilligung** von VKH nach deren Aufhebung nach Abs. 1 Nr. 1 kommt wegen des Sanktionscharakters der Norm auch dann nicht in Betracht, wenn das Verfahren noch rechtshängig ist.[3495] Ob dem der BGH, der die Möglichkeit der Neubewilligung im Fall von Abs. 1 Nr. 2 Alt. 1 befürwortet, folgen würde, ist aber fraglich (→ Rn. 1008).

2. § 124 Abs. 1 Nr. 2 ZPO (§ 124 Nr. 2 ZPO aF)

Die Vorschrift erfasst zwei Fallgestaltungen: 1005

- **(1) Unrichtige Angaben über die subjektiven Bewilligungsvoraussetzungen** (persönliche und wirtschaftliche Verhältnisse des Antragstellers), also falsche Angaben nach §§ 117 Abs. 2, 118 Abs. 2 S. 1 und
- **(2) Nichtabgabe oder** *(nur für das neue Recht!)* **ungenügende Abgabe von Erklärungen gemäß 120a Abs. 1 S. 3 ZPO** über eine Änderung der wirtschaftlichen Voraussetzungen (also insbesondere Einkommen, Vermögen, Unterhaltspflichten) – Abs. 1 Nr. 2 Alt 2.

Voraussetzungen von § 124 Abs. 1 Nr. 2 Alt 1 ZPO: 1006

- **Unrichtige Angaben über die persönlichen und wirtschaftlichen Verhältnisse** macht die Partei, wenn sie falsche Angaben im Vordruck nach § 117 Abs. 3, 4 ZPO oder bei der weiteren Darstellung ihrer wirtschaftlichen Verhältnisse tätigt, wobei auch grob **unvollständige** Angaben unrichtig sind.[3496] Die Frage, ob es sich bei einem verschwiegenen Vermögenswert um einen schwerwiegenden Verstoß gegen die Wahrheitspflicht handelt, dürfte nur bei der bis zum 31.12.2013 bei der Ermessensausübung von Bedeutung sein.[3497] Nach der zum 1.1.2014 geltenden Fassung von § 124 Abs. 1 ZPO als Soll-Vorschrift dürften bei im neuen Recht nur Bagatellverstöße ein Absehen von der Aufhebung der PKH rechtfertigen. Auch das Verschweigen der mit der Mitgliedschaft in einem Sozialverband verbundenen kostenlosen Rechtsschutzmöglichkeit fällt unter Abs. 1 Nr. 2 Alt.1.[3498]
- Macht die Partei **nach erstmaliger Bewilligung – im Nachprüfungsverfahren – unrichtige oder nicht unverzügliche Angaben,** kommt zwar eine Aufhebung nach § 124 Abs. 1 Nr. 2 Alt. 1 ZPO nicht in Betracht,[3499] aber dafür nach Nr. 2 Alt. 2 aF und im neuen Recht nach § 124 Abs. 1 Nr. 4 ZPO.
- **Absichtlich, vorsätzlich oder grob nachlässig** muss die Unrichtigkeit der Angaben oder die Nichtabgabe der Erklärung sein, um die Aufhebung der Bewilligung zu rechtfertigen. Grob nachlässig sind die unrichtigen Angaben, wenn die Partei die jedem

---

[3492] BGH MDR 2015, 1148; OLG Brandenburg BeckRS 2016, 16058.
[3493] OLG Hamm NJW-Spezial 2015, 11.
[3494] OLG Jena FamRZ 2004, 1501.
[3495] Im Erg. auch BeckOK ZPO/*Kratz* § 124 Rn. 31.
[3496] OVG Niedersachsen JurBüro 2012, 316; *Groß* ZPO § 124 Rn. 12.
[3497] Zweifelhaft allerdings: LAG Rheinland-Pfalz Beschl. v. 9.7.2011, 1 Ta 118/12; Verschweigen einer Rechtsschutzversicherung mit Selbstbeteiligung.
[3498] LSG Niedersachsen-Bremen BeckRS 2017, 144290.
[3499] LAG Rheinland-Pfalz BeckRS 2010, 74994.

einleuchtende Sorgfalt bei Zusammenstellung und Überprüfung der Angaben außer Acht gelassen hat.[3500] Der Begriff entspricht also dem der prozessualen **groben Fahrlässigkeit**.[3501]

Ach hier ist wegen des Strafcharakters der Vorschrift der Partei ein **Vertreterverschulden**, gemäß § 85 Abs. 2 ZPO, nicht zuzurechnen (→ Rn. 1003).

Ein **Rechtsirrtum** über die Notwendigkeit bestimmter Angaben kann im Übrigen der groben Nachlässigkeit entgegenstehen.[3502] Einfache Fahrlässigkeit reicht nicht aus.[3503]

1007 • **Kausalität der unrichtigen Angaben für die Bewilligung** ist bei Nr. 2 1. Alt. wie bei Nr. 1 ebenfalls nicht zu fordern, so dass unrichtige Angaben grundsätzlich immer eine Aufhebung rechtfertigen können. Es ist auf die Ausführungen zu § 124 Abs. 1 Nr. 1 ZPO in → Rn. 1001 und den dort dargestellten – früheren – Meinungsstreit Bezug zu nehmen.

Auch bei **Teilkausalität mit der Folge von höheren Raten** wird aus den in Rn. 1001 dargestellten Gründen wegen des Sanktionscharakters der Vorschrift die Aufhebung der Prozesskostenhilfe bedingen.

1008 Ist eine vollständige Aufhebung der Bewilligung von Prozesskostenhilfe erfolgt, so kann auch dann, wenn der Rechtszug nicht beendet ist, ein **erneuter PKH-Antrag** auf der Grundlage der richtigen und vollständigen Angaben der Partei nicht gestellt werden. Dies lässt sich mit dem Verwirkungscharakter[3504] von § 124 Abs. 1 Nr. 1 und 2 ZPO nicht vereinbaren.[3505] Der BGH[3506] ist dieser Ansicht jedoch nicht gefolgt und hat entschieden, dass der Sanktionscharakter von Abs. 1 Nr. 2 Alt. 1 die erneute PKH-Bewilligung – mit Wirkung nur ab der zweiten Antragstellung – nicht ausschließe. Der verfassungsrechtlich gebotene Schutz des Zugangs von Unbemittelten zu den Gerichten müsse auch dann gewährleistet bleiben, wenn sich dieser durch vorangegangenes Fehlverhalten gegen die Rechtsordnung gestellt habe, wie dies zB auch bei einem VKH-Antrag für die Scheidung einer Scheinehe der Fall sein müsse.[3507] Die Ansicht des BGH überzeugt nicht. Jedenfalls in Fällen vorsätzlichen Handelns des Bedürftigen muss der Sanktionscharakter der Vorschrift in der Abwägung mit dem Schutz der Rechtswahrnehmungsgleichheit der Vorrang gebühren, weil es der Sozialgemeinschaft nicht zumutbar ist, in diesen auch strafrechtlich relevanten Fällen die Prozessfinanzierung aus Steuermitteln zu übernehmen. Auch ist es der Rechtsordnung nicht fremd, an ein vorsätzliches Fehlverhalten die Verwirkung eines Rechts zu knüpfen (vgl. etwa § 1579 Nr. 3 BGB für den Fall eines Prozessbetruges). Dass in diesem Fall die Wirkung der PKH erst ab der erneuten Antragstellung bestehen soll, hat in den meisten Fällen in Bezug auf die Gerichts- und Anwaltsgebühren tatsächlich keine Begrenzung des Anspruchs auf Kostenbefreiung zur Folge.

[3500] Auch bei der Kontrolle eines von Dritten ausgefüllten Formulars: OLG Bamberg JurBüro 1989, 424.

[3501] BAG NJW 2017, 107 zu Abs. 1 Nr. 4; Zöller/*Schultzky* ZPO § 124 Rn. 13; vgl. auch OLG Zweibrücken Rpfleger 2008, 87 – unterlassene Angaben zum Sparguthaben; OLG Hamm FamRZ 2006, 1133 – unterlassene Angabe eines Pkw und von Lebensversicherungen; OLG Koblenz FamRZ 2006, 630 (Ls.) – keine Angabe zu vorhandenem Grundstückseigentum des Ehegatten.

[3502] LAG Hamburg Rpfleger 1997, 442 (Notwendigkeit Naturalunterhaltsleistungen durch Lebenspartner anzugeben).

[3503] MüKoZPO/*Wache* § 124 Rn. 14.

[3504] So ausdrücklich BGH NJW 2013, 68 Rn. 24 und 28.

[3505] OLG Naumburg FamRZ 2007, 649 mAnm *Büttner;* Musielak/Voit/*Fischer* ZPO § 124 Rn. 11; **aA** OLG Brandenburg FamRZ 2009, 242; MDR 2006, 170.

[3506] BGH FGPrax 2018, 139.

[3507] BGH FamRZ 2011, 872; ähnlich BGH FamRZ 2015, 1874 zur Nichtanwendung von § 124 Abs. 1 Nr. 1 und 2 ZPO im Bewilligungsverfahren.

§ 15 Aufhebung der PKH-Bewilligung

Eine **Verwirkung** des Rechts der Staatskasse zur Aufhebung der PKH[3508] kann im Übrigen dann nicht angenommen werden, wenn wegen der vermeintlich unrichtigen Angaben ein Strafverfahren gegen die bedürftige Partei geführt wurde, das Aufhebungsverfahren bis zum Abschluss des Ermittlungsverfahrens ausgesetzt war und nach dessen Abschluss alsbald fortgesetzt wurde.[3509] Die Aufhebung der PKH ist im Übrigen – mit Ausnahme von Abs. 1 Nr. 3 – an keine **Frist** gebunden.[3510]

Voraussetzungen von § 124 Nr. 2 Alt. 2 ZPO 1009

- **Unterlassene oder ungenügende Abgabe einer Erklärung nach § 120a Abs. 1 S. 3 ZPO (§ 120 Abs. 4 S. 2 ZPO aF):**
- **Absicht oder grobe Nachlässigkeit?** Noch nicht geklärt ist, ob sich das bei Abs. 1 Nr. 2 Alt. 1 genannte Verschuldenserfordernis der Absicht oder groben Nachlässigkeit auch auf den Aufhebungsgrund von Alt. 2 der Vorschrift bezieht. Nach einer Auffassung soll dies wegen des Sanktionscharakters der Norm der Fall sein.[3511] Nach der zutreffenden Gegenansicht[3512] bezieht sich das Verschuldenserfordernis allein auf den Aufhebungsgrund von Abs. 1 Nr. 2 Alt. 1. Hierfür spricht sowohl der Wortlaut der Norm als auch ein Vergleich zu § 124 Abs. 1 Nr. 4 ZPO. Während bei letzterer Vorschrift der Bedürftige von sich aus tätig werden und Veränderungen seines Wohnsitzes und seiner wirtschaftlichen Verhältnisse mitteilen muss, geschieht dies bei Abs. 1 Nr. 2 Alt. 2 auf ein zuzustellendes gerichtliches Aufforderungsschreiben iSd § 120a Abs. 1 S. 3 ZPO. Reagiert der Betroffene hierauf nicht oder nicht hinreichend, so ist nach einer erneuten **Androhung der Aufhebung** der PKH[3513] bei weiterer Untätigkeit die Aufhebung ohne weitere Feststellungen zum Verschulden gerechtfertigt. Dies gilt auch dann, wenn – wie in der Praxis nicht selten der Fall – der Rechtsanwalt des Bedürftigen mitteilt, er habe keinen Kontakt mehr zu seinem Mandanten, weil dieser Umstand ausschließlich in die Verantwortungssphäre des Bedürftigen fällt. War der Bedürftige an der Abgabe der Erklärung ohne sein Verschulden gehindert (zB wegen einer Erkrankung oder längerer Abwesenheit), so kann wegen eines atypischen Falles von einer Aufhebung der PKH im Rahmen der Ermessensausübung („soll") abzusehen sein.[3514] Zur etwaigen Möglichkeit der Wiedereinsetzung in den vorigen Stand → Rn. 997.
- Nach der bis zum 31.12.2013 geltenden Rechtslage war ein **konkretes, auf den Einzelfall bezogenes, hinreichend spezifiziertes Erklärungsverlangen des Gerichts mit Fristsetzung** für die Aufhebung nach § 124 Nr. 2 Alt. 2 ZPO erforderlich.[3515] Hierbei verbleibt es auch bei § 120a Abs. 1 ZPO nF. Das Gericht konnte **nach der bis zum 31.12.2013 geltende Rechtslage** nicht jederzeit ohne besonderen Grund routinemäßig die Überprüfung anordnen, sondern nur wenn der Akteninhalt Anhaltspunkte für eine spätere Änderung der Verhältnisse geboten hat.[3516] Es durfte zudem nicht **erneut die Erklärung über die persönlichen und wirtschaftlichen Verhältnisse** verlangt werden (vgl. § 1 Abs. 1 PKHVV aF), sondern das Erklärungsverlangen

---

[3508] Vgl. dazu OLG Koblenz FamRZ 2008, 1964.
[3509] OLG Zweibrücken Rpfleger 2016, 737.
[3510] BeckOK ZPO/*Kratz* § 124 Rn. 3.
[3511] OLG Brandenburg FamRZ 2005, 47; OLG Bamberg JurBüro 1992, 623; Zöller/*Schultzky* ZPO § 124 Rn. 15; *Zimmermann* Rn. 468.
[3512] OLG Frankfurt MDR 2018, 1402; Musielak/Voit/*Fischer* ZPO § 124 Rn. 6.
[3513] OLG Zweibrücken JurBüro 1999, 198; BeckOK ZPO/*Kratz* § 124 Rn. 20.
[3514] OLG Frankfurt MDR 2018, 1402.
[3515] OLG Nürnberg FamRZ 1995, 750; OLG München FamRZ 1992, 702.
[3516] VGH Hessen NVwZ-RR 2006, 512; LSG Baden-Württemberg L 13 AS 120/11 B; *Groß* ZPO § 124 Rn. 13 noch in der 11. Aufl.; Stein/Jonas/*Bork* ZPO § 120 Rn. 34; **aA** BGH ZInsO 2009, 2405; MüKoZPO/*Motzer* ZPO § 120 Rn. 19.

konnte sich auf die Mitteilung und Glaubhaftmachung der zwischenzeitlich eingetretenen Änderungen beschränken.[3517] Die PKH konnte und kann *(in Übergangsfällen nach § 40 EGZPO)* nach der bis zum 31.12.2013 geltenden Fassung daher nicht aufgehoben werden, wenn nur verlangt wurde bzw. wird, den **Vordruck erneut auszufüllen.**[3518] Eine für die Erklärung gesetzte Frist[3519] ist keine Ausschlussfrist, so dass eine vor der erstinstanzlichen Entscheidung eingegangene Erklärung noch berücksichtigt werden muss.[3520]

Entgegen der früheren Rechtslage[3521] kann das Gericht aber nach § 120a Abs. 1 S. 3 ZPO nunmehr **jederzeit und ohne besonderen Anlass** die Partei zu einer nochmaligen Erklärung über die persönlichen und wirtschaftlichen Verhältnisse auffordern.[3522] Auch besteht im neuen Recht nach § 1 Abs. 1 PKHFV nF eine **Pflicht zur Abgabe einer Erklärung über die persönlichen und wirtschaftlichen Verhältnisse unter Formularzwang** auch im Abänderungsverfahren nach § 120a ZPO.[3523] Hiervon kann auch bei offensichtlich fortbestehender Bedürftigkeit nicht abgesehen werden.[3524] Die unzureichende Belegung von Belastungen ist aber unschädlich, wenn bereits aus den vorhandenen Belegen ersichtlich ist, dass sich ein Anspruch auf PKH – ggf. mit Ratenzahlung – ergibt.[3525]

1010 • Eine **Nachholung** der unterbliebenen Abgabe der Erklärung nach § 120a Abs. 1 S. 3 ZPO (§ 120 Abs. 4 S. 2 aF ZPO) im **Beschwerdeverfahren** ist möglich.[3526] Das entspricht dem allgemeinen Grundsatz des Beschwerderechts (§ 571 Abs. 2 ZPO), dass die sofortige Beschwerde auf neue Tatsachen und Beweise gestützt werden kann.[3527] Hieran hat auch das neue Recht nichts geändert.[3528] Hier sollte auch dann keine Ausnahme gelten, wenn der Bedürftige die ihm gesetzte Frist absichtlich oder grob nachlässig versäumt hat, auch wenn der Gegenauffassung zuzugestehen ist, dass eine Sanktionslosigkeit der Fristversäumung die erste Instanz schwächt und demoti-

---

[3517] OLG Saarbrücken BeckRS 2010, 11649; OLG Stuttgart BeckRS 2011, 14162; OLG Hamm FamRZ 2005, 108; OLG Oldenburg FamRZ 2004, 36; OLG Naumburg JurBüro 2002, 539; OLG Naumburg FamRZ 2000, 1224; OLG Dresden FamRZ 1998, 250; OLG Koblenz FamRZ 1999, 1144; 2000, 104; LAG Köln BeckRS 2010, 74301: Belege und Glaubhaftmachung können verlangt werden.

[3518] LSG Berlin-Brandenburg BeckRS 2015, 65322; LSG Nordrhein-Westfalen BeckRS 2014, 73834; OLG Saarbrücken OLGReport 2009, 581; OLG Köln JurBüro 2006, 656; OLG Karlsruhe FamRZ 2005, 48; OLG Hamm MDR 2005, 341.

[3519] Vgl. OLG Köln JurBüro 2006, 656; in der Regel wird eine Frist von zwei Wochen ausreichen; wenn der Zugang feststeht, bedarf es keiner weiteren Anmahnung, sondern es ist Sache der Partei, ggf. Fristverlängerung zu beantragen; *Zimmermann* Rn. 468 verlangt zugestellte Mahnung und OLG Zweibrücken JurBüro 1999, 198 verlangt einen Hinweis auf die Folgen der Fristversäumnis.

[3520] KG MDR 2007, 356; OLG Bamberg FamRZ 1989, 1204.

[3521] BT-Drs. 17/11472, 33.

[3522] *Groß* ZPO § 124 Rn. 13.

[3523] OLG Brandenburg MDR 2019, 502.

[3524] **AA** LAG Köln AGS 2017, 483; LAG Berlin-Brandenburg BeckRS 2015, 68251: Vorlage SGB II-Bescheid.

[3525] LAG Hamm BeckRS 2016, 71426.

[3526] BAG NJW 2021, 411.

[3527] BAG NJW 2021, 411; BGH BeckRS 2018, 26436; BAG MDR 2004, 597; OLG Hamm FamRZ 2021, 293; LSG Bayern BeckRS 2017, 128999; OVG Berlin-Brandenburg NVwZ 2016, 840; LSG Berlin-Brandenburg BeckRS 2015, 65322; LAG Berlin-Brandenburg BeckRS 2015, 68251; LSG Nordrhein-Westfalen BeckRS 2014, 73834; OLG Hamm MDR 2014, 284; LAG Hamm BeckRS 2012, 69838; LAG Köln BeckRS 2012, 73127 und 75966; LAG Trier BeckRS 2012, 70425, 70275 und 65897; OVG Lüneburg BeckRS 2012, 48419; OLG Saarbrücken FamRZ 2011, 662; OLG Celle MDR 2009, 948; OLG Koblenz Rpfleger 2009, 578; OLG Köln FamRZ 2009, 633; OLG Brandenburg FamRZ 2008, 72 und 1356; Musielak/Voit/*Fischer* ZPO § 124 Rn. 6; *Nickel* MDR 2015, 684, 690.

[3528] BAG NJW 2021, 411; *Hellstab* Rpfleger 2014, 468, 477.

viert.³⁵²⁹ Die Erklärung kann aber auch – soweit das Verfahren noch nicht abgeschlossen ist – auch in einem neuen PKH- Antrag erfolgen.³⁵³⁰ Eine nach Erlass des Aufhebungsbeschlusses, aber vor dessen Zustellung eingegangene Erklärung über die persönlichen und wirtschaftlichen Verhältnisse des Bedürftigen kann als sofortige Beschwerde auszulegen sein.³⁵³¹ Ebenso die Übersendung von Belegen nach Erhalt der Entscheidung.³⁵³²

- **Zuzustellen** ist der Aufhebungsbeschluss nach § 172 ZPO an den im PKH-Prüfungsverfahren bestellten Anwalt (→ Rn. 997). Dies gilt im Übrigen auch für das **Aufforderungsschreiben zur Mitwirkung im Nachprüfungsverfahren** nach § 120a Abs. 1 S. 3 ZPO (120 Abs. 4 S. 2 ZPO aF).³⁵³³
Formelle Voraussetzung für die Aufhebung der PKH nach § 124 Abs. 1 Nr. 2 Alt. 2 ZPO ist insoweit ein **ordnungsgemäß durchgeführtes Aufhebungsverfahren,** woran es fehlt, wenn das Aufforderungsschreiben an die Partei selbst übermittelt worden ist und nicht an den beigeordneten Rechtsanwalt förmlich zugestellt worden ist (→ Rn. 997). Schon dieser Umstand allein steht der Aufhebung der PKH entgegen.³⁵³⁴ Der Mangel wird allerdings durch eine spätere Zustellung einer Erinnerung an die Übermittlung oder Ergänzung der Erklärung geheilt.³⁵³⁵ Erforderlich ist schließlich auch, dass der in der ordentlichen Gerichtsbarkeit und in der Arbeitsgerichtsbarkeit funktionell nach § 20 Abs. 1 Nr. 4c RpflG für das Nachprüfungsverfahren zuständige **Rechtspfleger** die letzte mit einer Fristsetzung verbundene Aufforderung verfügt hat.³⁵³⁶ Die ordnungsgemäße Zustellung des Aufforderungsschreibens hat im Übrigen auch Bedeutung für die **Wahrung der Vierjahresfrist des § 120a Abs. 1 S. 4 ZPO (§ 120 Abs. 4 S. 3 ZPO aF),** vgl. → Rn. 985 f., deren Versäumung ebenfalls einer Aufhebung der PKH entgegensteht.³⁵³⁷ Auch ein unzutreffender Hinweis auf einen in Wahrheit nach der PKHVV nicht bestehenden Zwang zur Abgabe einer Erklärung über die persönlichen und wirtschaftlichen Verhältnisse kann – nach alter Rechtslage – einer Aufhebung der PKH im Wege stehen.³⁵³⁸

- **Weist** die Partei im Überprüfungsverfahren nach § 120a ZPO (§ 120 Abs. 4 ZPO aF) **wirtschaftliche Belastungen nicht oder nicht ausreichend nach,** rechtfertigt dies für sich genommen aber nicht die Aufhebung der PKH nach § 124 Abs. 1 Nr. 2 Alt. 2 ZPO, die betreffenden Belastungen sind vielmehr bei der nach § 120a ZPO zu treffenden Abänderungsentscheidung außer Acht zu lassen.³⁵³⁹

---

³⁵²⁹ OLG Koblenz MDR 2006, 649; BAG MDR 2004, 415; OLG Koblenz FamRZ 2000, 104; Rpfleger 1997, 442; FamRZ 1996, 616 und 1425 (betont zu stark Sanktionscharakter); LG Koblenz MDR 1999, 825; OLG Bamberg FamRZ 1999, 1354 und 1996, 1427 (nur bei Ermessen berücksichtigen); *Viefhues* FuR 2018, 640 (643); *Büttner* Rpfleger 1997, 347 (350).
³⁵³⁰ OLG Brandenburg FamRZ 2009, 242; Thomas/Putzo/*Seiler* ZPO § 124 Rn. 3.
³⁵³¹ LAG Schleswig BeckRS 2017, 125141; SchlHA 2012, 195.
³⁵³² LAG Hamm BeckRS 2017, 127479.
³⁵³³ BGH FamRZ 2011, 463; BAG NJOZ 2006, 3452; LAG Rheinland-Pfalz BeckRS 2015, 70511; OLG Frankfurt BeckRS 2015, 08048; LAG Hamm BeckRS 2014, 72133; 2014, 71996; 2014 74357; OLG Jena Beschl. v. 9.10.2013, 4 W 580/12.
³⁵³⁴ OLG Stuttgart FamRZ 2018, 1340; OLG Karlsruhe FamRZ 2018, 1341; OLG Frankfurt FamRZ 2018, 517; LAG Hessen BeckRS 2016, 124668; OLG Frankfurt BeckRS 2015, 08048; LAG Hamm BeckRS 2014, 74357.
³⁵³⁵ LAG Hessen BeckRS 2018, 9040; LAG Hamm BeckRS 2014, 72133.
³⁵³⁶ LAG Hessen BeckRS 2018, 26466; LAG Hamm BeckRS 2016, 69104: keine Übertragung auf Beamte des mittleren Dienstes.
³⁵³⁷ OLG Frankfurt BeckRS 2015, 08048.
³⁵³⁸ LAG Hamm BeckRS 2014, 74357.
³⁵³⁹ OLG Brandenburg FamRZ 2020, 1748; LAG Berlin-Brandenburg ZfSch 2014, 407; OLG Saarbrücken FamRZ 2011, 662.

- Oftmals wird in der Praxis auch übersehen, dass für den Fall, dass im Überprüfungsverfahren nach § 120a ZPO sich herausstellt, dass die Partei infolge eines **Vermögenszuwachses** dazu in der Lage ist, die Verfahrenskosten durch eine Einmalzahlung aus dem Vermögen (§ 115 Abs. 3 ZPO) zu leisten, die PKH nicht aufzuheben ist, sondern nur der **Vermögenseinsatz** nach §§ 120a Abs. 1, 120 Abs. 1 S. 1 ZPO anzuordnen ist (vgl. dazu bereits → Rn. 977).[3540]

3. § 124 Abs. 1 Nr. 3 ZPO (§ 124 Nr. 3 ZPO aF)

1011 Diese Vorschrift ermöglicht die **Aufhebung**, wenn „die persönlichen oder wirtschaftlichen Voraussetzungen nicht vorgelegen haben".
Aufhebungsvoraussetzungen:

1012 (1) **Keine schuldhafte Handlungskausalität erforderlich.** Die Stellung im Gesetz und die Nichterwähnung (im Gegensatz zu Nr. 1 und 2) eines weiter erforderlichen Verschuldens des Antragstellers sprechen deutlich dagegen, auch hier eine schuldhafte Handlungskausalität zu verlangen.[3541] Es genügt vielmehr, dass die subjektiven Bewilligungsvoraussetzungen objektiv nicht vorgelegen haben.

1013 (2) **Nur bei Erlass**[3542] **der Entscheidung noch unbekannte Umstände** (der Antragsteller hat zB ohne grobe Fahrlässigkeit wesentliche Umstände nicht mitgeteilt[3543] oder erst später erfahren, dass er Erbe geworden oder dass eine Rentennachzahlung erfolgt ist) können eine Aufhebung oder Teilaufhebung nach Abs. 1 Nr. 3 rechtfertigen. Aber auch das Verschweigen mutwillig herbeigeführter Bedürftigkeit kann genügen.[3544] Nachträgliche Veränderungen der Einkommens- und Vermögensverhältnisse können nur zu einer Abänderung der PKH nach § 120a ZPO führen. Ein zu Unrecht ergangener Aufhebungsbeschluss kann in diesem Fall nicht in einen Abänderungsbeschluss nach § 120a ZPO umgedeutet werden.[3545]

Eine lediglich **andere rechtliche Beurteilung schon damals bekannter Umstände** kann dagegen die Aufhebung nicht rechtfertigen.[3546] Das ergibt sich schon daraus, dass andernfalls dem Rechtspfleger eine Kontrolle der richterlichen Entscheidung zustände. Das widerspricht der gesetzlichen Zuständigkeitsregelung. Seit der Neufassung des § 127 ZPO mit der Einführung eines in der Sache beschränkten und befristeten Beschwerderechts der Staatskasse ist vollends klar, dass eine Überprüfung wegen schon bei Erlass der Entscheidung bekannter Umstände darüber hinaus ausgeschlossen ist. Das gilt auch in Fällen „**offenkundiger Gesetzesverletzungen**",[3547] da gerade diese mit der Beschwerde gerügt werden können.

[3540] OLG Frankfurt BeckRS 2015, 07875.
[3541] OLG Brandenburg FamRZ 2002, 762; Musielak/Voit/*Fischer* ZPO § 124 Rn. 7; *Zimmermann* Rn. 474; **aA** *Schneider* MDR 1985, 529 (532); in der dort zitierten Entscheidung OLG Hamm NJW 1984, 2837 wird aber ausdrücklich hervorgehoben, dass bei Nr. 3 ein Verschulden nicht erforderlich ist.
[3542] LSG Nordrhein-Westfalen BeckRS 2008, 57081: zu vergleichen ist der Tatbestand des Bewilligungsbeschlusses mit dem zu diesem Zeitpunkt tatsächlich gegebenen Sachverhalt; der Zeitpunkt der Antragstellung ist nicht maßgeblich, so zutreffend LSG Nordrhein-Westfalen BeckRS 2012, 68649.
[3543] Vgl. OVG Bautzen BeckRS 2011, 48580.
[3544] OLG Brandenburg FamRZ 2002, 762; OLG Düsseldorf JurBüro 1987, 1715 (Ausgabe von 25 000,– DM in Ansehung des Prozesses, der Fall ist aber eher unter Nr. 2 einzuordnen).
[3545] SG München BeckRS 2018, 21159.
[3546] LSG Sachsen-Anhalt NJ 2018, 394; OLG Frankfurt BeckRS 2013, 22047; OLG Saarbrücken OLG-Report 2009, 614; OLG Frankfurt MDR 2002, 785; OLG Köln FamRZ 2001, 1543; OLG Hamburg FamRZ 1996, 874; OLG Zweibrücken Rpfleger 2002, 627; *Christl* FamRZ 2001, 1534 und FPR 2002, 494 (496); *Groß* ZPO § 124 Rn. 16.
[3547] OLG Zweibrücken Rpfleger 2002, 627; Zöller/*Schultzky* ZPO § 124 Rn. 16; **aA** OLG Bamberg FamRZ 1989, 884; **offen gelassen** OLG Bremen FamRZ 2009, 366 und *Groß* ZPO § 124 Rn. 16; auch → Rn. 877, 879.

§ 15 Aufhebung der PKH-Bewilligung

Die Fälle unrichtiger Angaben aus Absicht, Vorsatz oder grober Fahrlässigkeit fallen unter § 124 Abs. 1 Nr. 2 ZPO,[3548] die der Nr. 3 insoweit vorrangig ist, denn dort gilt die Vierjahresfrist der Nr. 3 nicht.[3549]

Eine andere rechtliche Beurteilung der Rechtsmittelinstanz (zB Ratenfestsetzung statt ratenfreier PKH) rechtfertigt gleichfalls keine Aufhebung der Prozesskostenhilfe nach § 124 (Abs. 1) Nr. 3 ZPO, wenn nicht ansonsten die Aufhebungsvoraussetzungen vorliegen.[3550]

(3) Eine **Ermessensentscheidung** ist noch in den Fällen, in denen die **zum 31.12.2013 bestehende Rechtslage** gilt, zu treffen. Da Nr. 3 auch nicht teilweise Strafcharakter hat, kommt bei objektiven Unrichtigkeiten immer nur eine Aufhebung in Betracht, soweit die Unrichtigkeit reicht. Anders als bei Nr. 2 kann ein leicht fahrlässig nicht angegebener Teil des Einkommens also nicht zur vollen Aufhebung der PKH führen, wenn nach der richtigen Einkommenslage PKH in Raten zu bewilligen gewesen wäre.[3551] Bei der Ermessensentscheidung ist weiter zu berücksichtigen, dass der Antragsteller im Vertrauen auf die Richtigkeit der Entscheidung finanzielle Dispositionen getroffen haben kann, so dass bei der Aufhebungsentscheidung auch seine jetzt bestehende Leistungsfähigkeit zu prüfen ist.[3552] Im Rahmen von § 124 Abs. 1 Nr. 3 ZPO ist die gesetzliche Regelung allerdings eine **Soll-Vorschrift,** so dass nur noch ein sehr reduziertes Ermessen in Ausnahmefällen verbleibt (→ Rn. 996).

1014

(4) **Vierjahresfrist.** Günstiger als bei (Abs. 1) Nr. 2 steht der Antragsteller bei objektiver Unrichtigkeit ferner insoweit, als bei Nr. 3 die Aufhebungsmöglichkeit zeitlich begrenzt ist auf den Zeitraum von **vier Jahren** seit der rechtskräftigen Entscheidung oder sonstigen Beendigung des Verfahrens.[3553] Die ursprünglich im Regierungsentwurf zur PKH-Reform 2014 enthaltene Absicht, die Ratenhöchstzahldauer nach § 115 Abs. 2 ZPO und damit auch die Aufhebungsmöglichkeit nach § 124 Abs. 1 Nr. 3 ZPO auf **sechs Jahre** auszudehnen, hatte der Gesetzgeber aufgegeben.[3554] In der Praxis hat diese Zeitbegrenzung aber so gut wie keine Bedeutung, da schon aus gerichtsorganisatorischen Gründen auch in den Fällen nach Nr. 1 und 2 eine Weiterverfolgung über diesen Zeitraum hinaus so gut wie ausgeschlossen und auf Zufälle beschränkt ist.

1015

4. § 124 Abs. 1 Nr. 4 ZPO

Der vom Gesetzgeber anlässlich der Reform des Prozesskostenhilferechts zum 1.1.2014 neu eingeführte **§ 124 Abs. 1 Nr. 4 ZPO** sieht die Aufhebung der Prozesskostenhilfe-Bewilligung vor, wenn die Partei entgegen § 120a Abs. 2 S. 1 bis 3 ZPO dem Gericht **wesentliche Verbesserungen ihrer Einkommens- und Vermögensverhältnisse oder Änderungen ihrer Anschrift** absichtlich oder aus grober Nachlässigkeit **unrichtig oder nicht unverzüglich** mitgeteilt hat.[3555] Sie ist die notwendige Folge der vom Gesetzgeber neu in § 120a Abs. 2 ZPO eingeführten Pflicht der bedürftigen Partei, wesentliche Ver-

1016

[3548] Offengelassen von OLG Saarbrücken JurBüro 1987, 915.
[3549] Zöller/*Schultzky* ZPO § 124 Rn. 16; *Groß* ZPO § 124 Rn. 17; **aA** LSG Niedersachsen-Bremen BeckRS 2017, 144290: kumulative Anwendung.
[3550] OLG Köln FamRZ 1999, 1144.
[3551] So der Fall OLG Hamburg MDR 1986, 243 (Vermerk im Antrag, dass das Einkommen aus neu angetretener Arbeit noch nicht angegeben werden könne – nachträgliche Ratenfestsetzung).
[3552] OLG Zweibrücken FamRZ 2002, 1418; OLG Frankfurt MDR 2002, 785.
[3553] OLG Brandenburg FamRZ 2005, 47 (Rechtskraft der letzten Folgesachenentscheidung); OLG Naumburg FamRZ 2001, 237 (abgetrenntes Verfahren über den Versorgungsausgleich ist in sonstiger Weise beendet, wenn das Gericht keinerlei Maßnahmen mehr ergreift).
[3554] Vgl. den Bericht des Rechtsausschusses des Bundestages v. 15.5.2013 BT-Drs. 17/13538, 39: Personeller Mehraufwand bei der Überwachung und nicht hinreichender gewinnbringender Nutzen.
[3555] Ausführlich *Viefhues* FF 2014, 385, 389 ff; *ders.* FuR 2017, 135.

änderungen ihrer Einkommens- und Vermögensverhältnisse und ihrer Wohnanschrift von sich aus dem Gericht **unverzüglich,** dh ohne schuldhaftes Zögern (§ 121 Abs. 1 BGB), mitzuteilen (→ Rn. 981 ff.). Ein Zeitraum von mehr als zwei Monaten bei einem Wohnsitzwechsel dürfte dabei nicht mehr unverzüglich sein.[3556] Bzgl. der **Wesentlichkeit** von Veränderungen ist auf → Rn. 970 f. Bezug zu nehmen. Wie dort ist eine Verbesserung der Einkommensverhältnisse nur wesentlich, wenn sie (brutto) 100, – EUR monatlich übersteigt, nicht Voraussetzung ist dagegen, dass die Änderung dazu führt, dass die PKH-Partei nunmehr in der Lage wäre, die Kosten des Verfahrens ganz, teilweise oder in Raten zu erbringen und eine Abänderung des Bewilligungsbeschlusses veranlasst wäre, weil die Verwirkung an Kausalität nicht geknüpft ist.[3557] Ob bei fehlender Kausalität der Veränderung für eine Abänderung der PKH ein atypischer Ausnahmefall von § 124 Abs. 1 Nr. 2 Alt. ZPO angenommen werden kann,[3558] erscheint höchst zweifelhaft. In **Altfällen,** in denen nach § 40 EGZPO noch das vor dem 1.1.2014 geltende Recht anzuwenden ist, bestehen keine Mitteilungspflichten.[3559] Hervorzuheben ist, dass nicht nur das Unterlassen, sondern auch eine abgegebene, aber **inhaltlich unrichtige** Mitteilung die Aufhebung der Prozesskostenhilfe zur Folge hat. Voraussetzung ist aber stets, dass die Partei über ihre Offenbarungspflicht und über die Verletzung ihrer Folgen nach § 120a Abs. 2 S. 3 ZPO belehrt worden ist,[3560] was aber durch die bei der Antragstellung zu verwendenden amtlichen Formulare (§ 117 Abs. 3 und 4 ZPO) sichergestellt ist.

Im subjektiven Tastbestand sind wie bei § 124 Abs. 1 Nr. 2 ZPO **Absicht oder grobe Nachlässigkeit** Voraussetzung (→ Rn. 1006). Vor allem in der Arbeitsgerichtsbarkeit hat sich nach Inkrafttreten des neuen Rechts ein Streit darüber entfacht, ob bei nicht unverzüglicher Mitteilung von Veränderungen wegen des bereits im Tatbestandsmerkmal „unverzüglich" enthaltenen Schuldelements grobe Nachlässigkeit bzw. Absicht indiziert ist[3561] oder aber auch bei einem Unterlassen die Feststellung von Absicht oder grober Nachlässigkeit im Einzelfall erforderlich und anhand konkreter Umstände festgestellt werden muss.[3562] Das BAG hat sich in mehreren Entscheidungen zur unterlassenen Mitteilung der Wohnanschrift[3563] und der Veränderung der wirtschaftlichen Verhältnisse[3564] der zuletzt genannten Meinung angeschlossen und entschieden, dass § 124 Abs. 1 Nr. 4 ZPO dahin auszulegen sei, dass auch die nicht unverzügliche Mitteilung einer Veränderung der Wohn-, Einkommens- und Vermögensverhältnisse voraussetze, dass die Partei diese absichtlich oder grob fahrlässig unterlassen habe. Grobe Nachlässigkeit sei in Abgrenzung zur einfachen Fahrlässigkeit dann nicht anzunehmen, wenn die Partei ihre Verpflichtungen gegenüber der Staatskasse schlicht vergesse oder ihr sonst nicht nachkomme. Die Verschuldensprüfung erfordere eine einzelfallorientierte Abwägung aller objektiven und subjektiven Umstände, wobei es dem Bedürftigen obliegt, hierzu sub-

---

[3556] LAG Düsseldorf ArbuR 2015, 115; *Groß* ZPO § 124 Rn. 22; vgl. auch LAG Baden-Württemberg BeckRS 2015, 69272.

[3557] BAG BeckRS 2016, 74442 Rn. 30; **aA** LAG Baden-Württemberg Beschl. v. 29.10.2015, 4 Ta 26/15 und BeckRS 2016, 66007.

[3558] So LAG Berlin-Brandenburg BeckRS 2016, 65177 und LAG Düsseldorf BeckRS 2016, 68558; das LAG München NZA-RR 2017, 617 will von einer Aufhebung absehen, wenn rückwirkende Ratenfestsetzung möglich ist, welche die Deckung der verauslagten Kosten verspricht.

[3559] OLG Frankfurt a. M. BeckRS 2015, 07875.

[3560] OLG Zweibrücken Beschl. v. 14.8.2015, 6 WF 138/15.

[3561] LAG Düsseldorf BeckRS 2016, 727; BeckRS 2016, 68558; LAG Sachsen NZA-RR 2016, 496; LAG München BeckRS 2016, 120775; Musielak/Voit/*Fischer* ZPO § 124 Rn. 8a.

[3562] LAG Berlin-Brandenburg NZA-RR 2016, 157; LAG Schleswig BeckRS 2015, 72651; LAG Köln BeckRS 2015, 72535.

[3563] BAG NJW 2017, 107; BeckRS 2017, 152824.

[3564] BAG BeckRS 2016, 74442; ebenso OLG Frankfurt BeckRS 2019, 14516 in einer Familiensache.

stantiiert vorzutragen.³⁵⁶⁵ Durch diese erhöhten Anforderungen an die Feststellung des Verschuldens und der damit verbundenen Rücksichtnahme auf die schlichte Vergesslichkeit des Verpflichteten sind die Aufhebungstatbestände von Abs. 1 Nr. 4 weitgehend verwässert worden³⁵⁶⁶ und in der Praxis kaum mehr zu handhaben, was sich auch in der den Entscheidungen des BAG folgenden Rechtsprechung³⁵⁶⁷ zeigt. Für grobe Nachlässigkeit kann im Übrigen ein **enger zeitlicher oder sachlicher Zusammenhang** der Veränderung der Verhältnisse mit dem Bewilligungsverfahren sprechen.³⁵⁶⁸

Die Vorschrift hat, wie § 124 Abs. 1 Nr. 1 und 2 ZPO, ebenfalls **Sanktionscharakter**³⁵⁶⁹ (→ Rn. 1001) und führt zur **Verwirkung**. Eine Neubewilligung kommt daher auch dann nicht in Frage, wenn die Instanz noch nicht beendet ist (→ Rn. 1008).

Im Übrigen konzentriert sich der Anwendungsbereich der Vorschrift auf die Verletzung der Mitteilung von **Veränderungen der Wohnanschrift**.³⁵⁷⁰ Weil es sich auch hier um eine Sollvorschrift handelt, wird dem Gericht zwar **kein Ermessen** eingeräumt,³⁵⁷¹ aber die Voraussetzungen zur Annahme eines **(atypischen) Ausnahmefalles** dürften hier eher weit zu fassen sein. Viel zu weit geht allerdings die Auffassung, die Vorschrift sei im Wege teleologischer Reduktion dahin einzuschränken, dass sie in Fällen anwaltlicher Vertretung gar nicht gelte,³⁵⁷² was auch das BAG³⁵⁷³ bestätigt hat. Teilt die Partei den Wohnortwechsel weder dem Gericht noch ihrem Anwalt wird, dürfte dies – vorbehaltlich der Geltendmachung etwaiger Entschuldigungsgründe und des Problems der Feststellung des qualifizierten Verschuldens im Einzelfall (→ Rn. 1016) – die Aufhebung der PKH im Regelfall rechtfertigen.³⁵⁷⁴

1017

5. § 124 Abs. 1 Nr. 5 ZPO (§ 120 Nr. 4 ZPO aF)

Die Vorschrift ermöglicht die **Aufhebung der PKH, wenn eine Partei länger als drei Monate mit einer Monatsrate oder mit der Zahlung eines sonstigen Betrages in Rückstand** ist. Sie ist durch die PKH-Reform zum 1.1.2014 nicht geändert worden, wobei jedoch auch hier seit 1.1.2014 im neuen Recht kein Ermessen mehr besteht³⁵⁷⁵ (vgl. → Rn. 996). Obgleich PKH nach § 119 Abs. 1 S. 1 ZPO **für jeden Rechtszug** gesondert zu bewilligen ist (was auch zu unterschiedlichen Ratenhöhen führen kann), ist die PKH

1018

---

³⁵⁶⁵ BAG BeckRS 2016, 74442.
³⁵⁶⁶ Vgl. *Viefhues* FuR 2017, 135 (136 ff.); *Fölsch* NJW 2017, 110.
³⁵⁶⁷ Zu Einkommensverbesserungen: OLG Frankfurt BeckRS 2019, 14516; LAG München NZA-RR 2017, 617; zu Anschriftsänderungen: LAG Sachsen v. 20.6.2017 – 4 Ta 65/17 (1); OLG Karlsruhe BeckRS 2017, 102883; OLG Dresden FamRZ 2017, 464; OLG Brandenburg FamRZ 2017, 1593; OLG Zweibrücken NJW 2016, 3106.
³⁵⁶⁸ LAG Düsseldorf BeckRS 2018, 34938; LAG Rheinland-Pfalz BeckRS 2018, 28377; OLG Brandenburg Rpfleger 2017, 469.
³⁵⁶⁹ BT-Drs. 17/11472, 35.
³⁵⁷⁰ Vgl. LAG Sachsen v. 20.6.2017 – 4 Ta 65/17 (1); OLG Karlsruhe BeckRS 2017, 102883; OLG Dresden FamRZ 2017, 464; OLG Brandenburg FamRZ 2017, 1593; OLG Zweibrücken NJW 2016, 3106; LAG Baden-Württemberg BeckRS 2015, 68548; LAG Schleswig-Holstein BeckRS 2015, 72561; LAG Köln BeckRS 2015, 70908; LAG Berlin-Brandenburg BeckRS 2015, 70313; LAG Düsseldorf ArbuR 2015, 115.
³⁵⁷¹ Zutreffend LAG Schleswig-Holstein BeckRS 2015, 72561; *Viefhues* FF 2014, 385, 393, **aA** die in vorstehender Fußnote genannten Landesarbeitsgerichte mit Ausnahme der LAG Schleswig-Holstein und Düsseldorf.
³⁵⁷² So LAG Berlin-Brandenburg AGS 2015, 585.
³⁵⁷³ BAG NJW 2017, 107 Rn. 28.
³⁵⁷⁴ OLG Frankfurt NJW-RR 2021, 382 (mehrfacher Wohnortwechsel); LAG Schleswig-Holstein BeckRS 2015, 72561.
³⁵⁷⁵ LSG Thüringen NZS 2014, 720; anders bei § 124 Nr. 2 ZPO aF: OLG Koblenz FuR 2015, 299.

nach § 124 Abs. 1 Nr. 4 ZPO nicht gesondert für jeden Rechtszug, sondern nur einmal aufzuheben.

Anwendungsvoraussetzungen:

1019 (1) **Schuldhafter Rückstand, also Verzug,** ist nach ganz überwiegender Meinung[3576] unter „Rückstand" zu verstehen. Dafür spricht trotz der unglücklichen Fassung des Gesetzes, dass es sich der Sache nach um die Reaktion auf die Verletzung von Mitwirkungspflichten des Antragstellers handelt. Der Unterschied zu Nr. 3, wo nur die objektiv vorhandene Leistungsfähigkeit nachträglich ausgeschöpft wird, und die Parallelität zu Nr. 1 und 2 machen ebenfalls deutlich, dass nur bei **Vertretenmüssen** die Reaktion der Aufhebung angemessen ist.[3577] Hieran hat sich auch nichts durch die gesetzliche Änderung von § 124 ZPO hin zu einer Soll-Vorschrift geändert.

1020 (2) **Einzelheiten zum Verschulden:**

- **Noch offene Raten** müssen dem Antragsteller bekannt sein. Deshalb kann ein Rückstand erst von dem Zeitpunkt an eintreten, von dem an die Partei verpflichtet war, Raten zu entrichten, wozu eine Zahlungsaufforderung der Gerichtskasse erforderlich ist, denn damit wird ihr erst das Konto bekannt, auf das die Zahlungen zu entrichten sind.[3578] Nicht ausreichend ist eine Zahlungsaufforderung mit einem irrtumsbedingt unrichtigen Geldbetrag.[3579]
- **Vor der Aufhebungsentscheidung muss auf die Rückstände hingewiesen werden.**[3580] Die **Mahnung mit Fristsetzung** ist dem Prozessbevollmächtigten, der die Partei im Bewilligungsverfahren zu vertreten hat, (förmlich) **zuzustellen.**[3581]
- **Das Verschulden ihres gesetzlichen Vertreters** muss sich die Partei hier zurechnen lassen.
- **Zwischenzeitlich eingetretene Verschlechterung der Einkommensverhältnisse,** die zum Zahlungsrückstand geführt hat, kann den Rückstand unverschuldet erscheinen lassen.[3582] So ist das Ausbleiben der Zahlungen dann unverschuldet, wenn das Einkommen so niedrig ist, dass der Partei PKH ohne Raten gewährt werden müsste.[3583] Hat der Antragsteller aber die Raten schon zu einer Zeit nicht gezahlt, in der er noch leistungsfähig war, ist der Rückstand auch dann verschuldet, wenn er danach leistungsunfähig wird.[3584] Auch die **Eröffnung eines Insolvenzverfahrens** über das Vermögen

---

[3576] BGH NJW 1997, 1077 (Keine Bindung an Bewertungen des ursprünglichen Bewilligungsbescheids); LAG Berlin-Brandenburg BeckRS 2015, 70313; LAG Köln BeckRS 2014, 72698; LAG Trier BeckRS 2013, 65241 und 2012, 74135; OLG Brandenburg FamRZ 2008, 1963; OLG Koblenz FamRZ 2008, 1964; LAG Nürnberg JurBüro 2007, 211 (Ls.); OLG Köln FamRZ 2003, 774; Zöller/Schultzky ZPO § 124 Rn. 22; Wax FamRZ 1985, 16; Hundt Rn. 212; **aA** OLG Stuttgart AGS 2015, 537; Groß ZPO § 124 Rn. 24, welcher das mangelndes Verschulden jedoch bei der „Ermessensprüfung" berücksichtigen will, ebenso OLG Celle FamRZ 1997, 1089.

[3577] BGH Rpfleger 1997, 265 (kein Widerruf, wenn Nichtzahlung von Raten nicht auf Verschulden des Bedürftigen beruht); OLG Karlsruhe FamRZ 1999, 1145.

[3578] LAG Berlin-Brandenburg BeckRS 2015, 70313; LSG Nordrhein-Westfalen BeckRS 2014, 73065; OLG Brandenburg FamRZ 2001, 633.

[3579] LAG Köln BeckRS 2013, 70836.

[3580] OLG Bremen FamRZ 2011, 129: die Aufhebung muss angedroht worden sein, wobei es ausreicht, wenn in der Vergangenheit, aber zeitnah, zahlreiche derartige Androhungen für andere Zeiträume erfolgt sind; OLG Brandenburg FamRZ 2002, 1419; Groß ZPO § 124 Rn. 23; Zöller/Schultzky ZPO § 124 Rn. 22.

[3581] LAG Hamm BeckRS 2016, 66272; LAG Berlin-Brandenburg AGS 2015, 585.

[3582] LAG Köln BeckRS 2017, 106677; BeckRS 2014, 72698; LAG Trier BeckRS 2013, 65241; OLG Bremen FamRZ 2011, 129; OLG Nürnberg Rpfleger 2005, 268; OLG Köln NZI 2003, 119 (keine Bindung an ursprünglichen Bewilligungsbeschluss); OLG Celle FamRZ 1997, 1989.

[3583] LAG Köln BeckRS 2017, 106677; LAG Trier BeckRS 2011, 76835; KG FamRZ 2006, 962.

[3584] OLG Saarbrücken FamRZ 2009, 1616; OLG Stuttgart FamRZ 1987, 403; Vogel FPR 2002, 505 (512).

des Bedürftigen kann zu berücksichtigen sein, soweit die Raten nicht aus dem insolvenzfreien Vermögen bzw. Einkommen geleistet werden können.[3585] In jedem Fall sind hierzu entsprechende Ermittlungen veranlasst.
- **Versäumung eines rechtzeitigen Abänderungsantrages** nach §§ 120 Abs. 4 aF, 120a ZPO begründet noch kein Verschulden für die Nichtzahlung fälliger Raten. Dieses Unterlassen ändert nichts daran, dass die Partei die Zahlungsverzögerung wegen der verminderten Einkünfte nicht zu vertreten hat. Stellt sie keinen Abänderungsantrag, verbleibt es allerdings bei der Ratenschuld, die ggf. noch später vollstreckt werden kann. Ohne schuldhafte Zahlungsverzögerung kommt es aber nicht zur Aufhebung mit der Folge, dass die Vergünstigungen der PKH insgesamt entfallen. Zu prüfen ist auch, ob im Hinweis der Partei auf eine Verschlechterung ihrer wirtschaftlichen Lage nicht ein Abänderungsantrag nach §§ 120 Abs. 4 aF, 120a ZPO zu sehen ist.[3586]
- **Bei von Anfang an zu hoch oder zu Unrecht angesetzter Ratenzahlung** ist problematisch, ob sich der Antragsteller auf mangelndes Verschulden berufen kann. Eine Kontrolle der Richtigkeit der ursprünglichen Entscheidung kann an sich nur über die sofortige Beschwerde stattfinden, nicht aber durch den Rechtspfleger im Aufhebungsverfahren. Dennoch ist der Auffassung, vor einer Aufhebung sei die Hilfsbedürftigkeit erneut bindungsfrei zu beurteilen, zuzustimmen.[3587] Es handelt sich nicht um eine Kontrolle der Richtigkeit der PKH-Entscheidung, sondern um die Prüfung der Aufhebungsvoraussetzung „Verzug". Es verbleibt daher ohne Beschwerde bei den damals festgesetzten Raten, die auch eingezogen werden können. Mangels Verschuldens kommt es aber nicht zu einer Aufhebung mit der Folge, dass die Vergünstigungen insgesamt entfallen.
- **Bei Zahlung im Beschwerdeverfahren** ist die Entscheidung des Rechtspflegers aufzuheben.[3588]
- **Gibt eine Partei keine Erklärung dazu ab, warum sie in Ratenrückstand geraten ist,** kann davon ausgegangen werden, dass der Rückstand nicht unverschuldet ist.[3589] Die Partei trifft analog § 286 Abs. 4 BGB die Darlegungs- und Beweislast dafür, dass sie trotz der dem Ratenbeschluss zugrunde liegenden Leistungsfähigkeitsprüfung ohne Verschulden nicht gezahlt hat.[3590]

(3) **Eine Neubewilligung** der Prozesskostenhilfe kommt auch für dieselbe Instanz zumindest dann in Betracht, wenn sich die wirtschaftlichen Verhältnisse verschlechtert haben.[3591] Allerdings können die Wirkungen frühestens vom Zeitpunkt des vollständigen

1021

[3585] LAG Köln BeckRS 2015, 119115; LAG Hamm BeckRS 2015, 71227; OLG Brandenburg FamRZ 2015, 1924; OLG Koblenz FamRZ 2014, 782; BeckOK ZPO/*Kratz* § 124 Rn. 24.
[3586] OLG Nürnberg Rpfleger 2005, 268; OLG Brandenburg FamRZ 2001, 633.
[3587] BGH Rpfleger 1997, 265; LAG Hamm BeckRS 2018, 36539; OLG Brandenburg NJ 2018, 465; NZFam 2015, 228; LAG Berlin-Brandenburg NZA-RR 2019, 214; NZA-RR 2017, 40; OLG Dresden FamRZ 2015, 948; OLG Köln FamRZ 2003, 774; OLG Celle FamRZ 1997, 1089.
[3588] LAG Hamm BeckRS 2012, 69838; LAG Trier MDR 2012, 934; OLG Koblenz JurBüro 1999, 371; Stein/Jonas/*Bork* ZPO § 124 Rn. 25.
[3589] OLG Stuttgart JurBüro 1986, 297; LAG Rheinland-Pfalz BeckRS 2010, 75081.
[3590] Musielak/Voit/*Fischer* ZPO § 124 Rn. 9.
[3591] BGH NJW-RR 2006, 197 m.w.N; OLG Zweibrücken BeckRS 2003, 30317709; Rpfleger 2002, 526; OLG Schleswig SchlHA 1984, 174; **aA** OLG Koblenz FamRZ 2015, 355; OLG Naumburg OLG-NL 1997, 186; OLG Düsseldorf Rpfleger 1995, 467; Musielak/Voit/*Fischer* ZPO § 124 Rn. 11; OLG Nürnberg FamRZ 2005, 531 will keine Neubewilligung gewähren, wenn Verschlechterung der wirtschaftlichen Verhältnisse bereits im Aufhebungsverfahren hätte geltend gemacht werden können; OLG Bremen FamRZ 2001, 1534 jedenfalls dann nicht, wenn bei regelmäßiger Zahlung der auferlegten Raten im Zeitpunkt der erneuten Prozesskostenhilfeantragstellung sämtliche Kosten bereits bezahlt gewesen wären.

Neuantrags an eintreten,³⁵⁹² bereits früher entstandene Gebühren können nicht erneut geltend gemacht werden, dem steht der – nur insoweit zu bejahende – Sanktionscharakter der Vorschrift entgegen.³⁵⁹³ Im Übrigen kommt eine Neubewilligung nicht in Betracht, weil dies sonst den Zweck des Gesetzes verfehlen würde.³⁵⁹⁴ Eine Neubewilligung kommt jedenfalls nach allen Auffassungen dann sicher nicht in Betracht, wenn absehbar ist, dass die Partei erneut die Ratenzahlungsverpflichtung missachten wird.³⁵⁹⁵

1022 (4) Eine **Verwirkung des Rechts zur Entziehung** der PKH-Bewilligung kommt in Betracht, wenn das Gericht der sich mit der Ratenzahlung im Verzug befindlichen Partei wegen der Veränderung der wirtschaftlichen Verhältnisse ratenfreie PKH bewilligt, wegen unterbliebener Zahlung der bis zur Abänderung aufgelaufenen Raten aber später die PKH entzieht.³⁵⁹⁶

6. § 124 Abs. 2 ZPO

1023 Mit dem zum 1.1.2014 in Kraft getretenen Aufhebungstatbestand des § 124 Abs. 2 ZPO hat der Gesetzgeber erstmals die Möglichkeit einer **Teilaufhebung** für **Beweiserhebungen** geschaffen, die **mutwillig** sind oder **keinen hinreichenden Erfolg** versprechen. Voraussetzung ist aber, dass die Einschätzung als mutwillig oder nicht erfolgversprechend auf Umständen beruht, die im Zeitpunkt der Bewilligung noch nicht berücksichtigt werden konnten. Dadurch sollen Wertungswidersprüche bei der Bewilligung und Teilaufhebung vermieden werden³⁵⁹⁷. § 124 Abs. 2 ZPO verlangt vom Gericht eine **Beweisantizipation**, die der Gesetzgeber unter Berufung auf das BVerfG³⁵⁹⁸ für zulässig erachtet. Dies erscheint jedoch in verfassungsrechtlicher Hinsicht durchaus zweifelhaft.³⁵⁹⁹ Es war aber zu erwarten, dass die Gerichte mit der Vorschrift sehr zurückhaltend umgehen werden, was auch der Justizgewährungsanspruch gebietet, denn es besteht – obwohl die ZPO im Gegensatz zur StPO keine Regelung über die Ablehnung von Beweisanträgen enthält – ein Recht der Parteien auf Beachtung der von ihnen beantragten Beweise im Rahmen des entsprechend anwendbaren § 244 Abs. 3 StPO.³⁶⁰⁰ Diese Annahme hat sich in der Praxis bisher voll bestätigt.

III. Wirkung der Aufhebung

1024 (1) **Verlust der PKH in vollem Umfang.** Die uneingeschränkte Aufhebung führt dazu, dass der Antragsteller die Vorteile der ihm gewährten PKH in vollem Umfang verliert. Die Entscheidung wirkt auf den Zeitpunkt der Bewilligung zurück. Er kann also von der Staatskasse auf alle von ihr erbrachten Leistungen in Anspruch genommen werden.³⁶⁰¹

---

³⁵⁹² OLG Zweibrücken MDR 2004, 236; OLG Köln FamRZ 1998, 1524: nur für Streitgegenstände, die Gegenstand des früheren Verfahrens waren; Zöller/*Schultzky* ZPO § 124 Rn. 27.
³⁵⁹³ Vgl. auch OLG Zweibrücken FamRZ 2002, 1418.
³⁵⁹⁴ Zutreffend OLG Koblenz MDR 2014, 1471; Musielak/Voit/*Fischer* ZPO § 124 Rn. 11; **aA** OLG Nürnberg FamRZ 2005, 531; OLG Naumburg OLGR 1997, 72.
³⁵⁹⁵ BGH NJW-RR 2006, 197; OLG Bremen FamRZ 2001, 1534; *Groß* ZPO § 124 Rn. 27; einschränkend OLG Brandenburg BeckRS 2009, 07277.
³⁵⁹⁶ OLG Koblenz FamRZ 2008, 1964.
³⁵⁹⁷ BT-Drs. 17/11472, 35 und BVerfG NJW 1997, 2745.
³⁵⁹⁸ NJW 1997, 2745; vgl. BT-Drs. 17/11472, 35.
³⁵⁹⁹ So zu Recht *Möbius*, S. 324 ff.
³⁶⁰⁰ BGH NJW 1993, 1391; Thomas/Putzo/*Seiler* ZPO § 284 Rn. 4; *Störmer* JuS 1994, 240.
³⁶⁰¹ OLG Köln FamRZ 1997, 755 (Ls.) auch zur Aufhebung und späterer Wiederbewilligung; OLG Karlsruhe FamRZ 1990, 1120; Zöller/*Schultzky* ZPO § 124 Rn. 25; *Groß* ZPO § 124 Rn. 40.

Die Regelung des § 31 Abs. 3 GKG (§ 26 Abs. 3 FamGKG) gilt nicht mehr, wenn das Gericht die Bewilligung von Prozesskostenhilfe aufgehoben hat.[3602] Im Einzelfall kann aber aus **verfassungsrechtlichen Gründen** eine **telelogische Reduktion** von § 31 Abs. 3 GKG nach Aufhebung der PKH geboten sein, so insbesondere bei besonders hohen Verfahrenskosten im Vergleich zu einem geringen Streitwert.[3603]

(2) **Der beigeordnete Anwalt kann nunmehr die volle gesetzliche Wahlvergütung verlangen** und gemäß § 11 RVG festsetzen lassen, da durch die Aufhebung der PKH die Sperre von § 122 Abs. 1 Nr. 3 ZPO entfällt.

1025

(3) **Für den Gegner endet die einstweilige Kostenbefreiung** nach § 122 Abs. 2 ZPO.

1026

(4) **Die Vergütungsansprüche des beigeordneten Anwalts gegen die Staatskasse** bleiben von der Aufhebung unberührt,[3604] falls er nicht den falschen Sachvortrag (mit) veranlasst hat.[3605]

1027

(5) **Neuantrag mit späterem Wirkungszeitpunkt bleibt – mit Einschränkungen – bei bestimmten Aufhebungstatbeständen, möglich** (vgl. jeweils dort). Einem Neuantrag steht die Aufhebung der PKH aber nicht grundsätzlich entgegen, da die PKH-Entscheidung nicht in Rechtskraft erwächst.[3606]

1028

IV. Zuständigkeit, Verfahren und Rechtsbehelfe

(1) **Sachlich zuständig** ist nach § 127 Abs. 1 S. 2 ZPO das Gericht eines höheren Rechtszuges solange für Entscheidungen über die Prozesskostenhilfe, wie das Verfahren noch oder wieder bei ihm anhängig ist.[3607] Außerhalb dieses Zeitraums ist für sämtliche, die Prozesskostenhilfe betreffenden Entscheidungen, stets das Gericht des ersten Rechtszugs zuständig.[3608]

1029

(2) Für die **Aufhebung nach § 124 Abs. 1 Nr. 1 ZPO und nach Abs. 2 ist der Richter zuständig** (weil er allein das Streitverhältnis, dh die Erfolgsaussichten und die Mutwilligkeit zu beurteilen hat).

Für die **Aufhebung nach § 124 Abs. 1 Nr. 2–5 ZPO** ist gemäß § 20 Nr. 4c RPflG der **Rechtspfleger zuständig,** und zwar unabhängig davon, ob die Hauptsache noch anhängig ist oder nicht.[3609] In der **Sozialgerichtsbarkeit** war bis 31.12.2013 noch der Spruchkörper, der über die Bewilligung von Prozesskostenhilfe entschieden hat, nämlich der Richter, für die Betreibung des Überprüfungsverfahrens zuständig.[3610] Mit der Reform des Prozesskostenhilferechts zum 1.1.2014 ist aber nach § 73a Abs. 5 SGG der **Urkundsbeamte der Geschäftsstelle** für Entscheidungen nach § 124 Abs. 1 Nr. 2–5 ZPO zuständig, wenn nicht der Vorsitzende nach § 73a Abs. 6 SGG nF die Aufgabe an sich zieht. Dies gilt entsprechend auch in der **Verwaltungsgerichtsbarkeit** (§ 166 Abs. 3 und 4 VwGO) und in der **Finanzgerichtsbarkeit** (§ 142 Abs. 4 und 5 FGO). In der Sozialgerichtsbarkeit ist die Beschwerde nicht statthaft gegen Beschlüsse der Sozialgerichte über Erinnerungen gegen Entscheidungen der Urkundsbeamten nach § 73a Abs. 4 und 5 SGG, vgl. § 73a

---

[3602] OLG Bamberg OLGReport 2001, 208.
[3603] BVerfG NJW 2013, 2882; vgl. aber auch OLG Celle NJW 2015, 3670.
[3604] OLG Koblenz FamRZ 1997, 755 (Ls.); OLG Köln FamRZ 2005, 2007.
[3605] LSG Thüringen BeckRS 2018, 15689; LAG Düsseldorf JurBüro 1990, 763; Gerold/Schmidt/ *Müller-Rabe* RVG § 48 Rn. 103.
[3606] BGH NJW-RR 2018, 257; FamRZ 2009, 496; FamRZ 2004, 940.
[3607] LSG Niedersachsen-Bremen BeckRS 2017, 144290; Zöller/*Schultzky* ZPO § 127 Rn. 3; *Groß* ZPO § 127 Rn. 12.
[3608] RGZ 12, 416; OLG Karlsruhe Rpfleger 2000, 447.
[3609] OLG Zweibrücken Rpfleger 2008, 86.
[3610] LSG Baden-Württemberg BeckRS 2011, 73909.

Abs. 8 SGG.³⁶¹¹ Soweit der Richter die Entscheidung an sich gezogen hat (§ 73a Abs. 6 SGG), dürfte die Beschwerde nicht durch § 172 Abs. 3 Nr. 2a SGG ausgeschlossen sein.³⁶¹² Ebenso wird dies im Hinblick auf § 146 Abs. 2 VwGO gesehen und die Beschwerde bei einer Aufhebung der PKH überwiegend als statthaft gehalten.³⁶¹³ In der Finanzgerichtsbarkeit besteht dagegen nach § 128 Abs. 2 FGO ein gänzlicher Ausschluss der Beschwerde in PKH-Sachen. Im Bereich des **Strafrechts** entscheidet bei einer für den Nebenkläger nach § 397a Abs. 2 StPO bewilligten PKH der Vorsitzende über deren Aufhebung. Gegen dessen Entscheidung ist die Beschwerde nach § 304 Abs. 1 StPO statthaft.³⁶¹⁴

1030 (3) **Das Aufhebungsverfahren bedarf keines Antrags,** sondern kann von Amts wegen eingeleitet werden.³⁶¹⁵

(4) **Rechtliches Gehör muss der Partei** vor jeder Aufhebungsentscheidung gewährt werden;³⁶¹⁶ es ist eine angemessene Erklärungsfrist zu setzen. Zur Frage, ob die Aufforderung dem früheren Bevollmächtigten zu übermitteln ist → Rn. 997.

Dem beigeordneten Anwalt ist rechtliches Gehör zu gewähren, soweit ihm Vergütungsansprüche gegen die Staatskasse entgehen könnten.³⁶¹⁷ Da aber ohnehin an ihn zuzustellen ist, bedarf es keiner gesonderten Anhörung.

Rechtliches Gehör des Gegners muss vor der Aufhebungsentscheidung gewährt werden, wenn dieser durch die Aufhebung die Vergünstigungen der §§ 122 ZPO, 31 Abs. 3 GKG (26 Abs. 3 FamGKG) verlieren kann.³⁶¹⁸

1031 (5) Die Entscheidung über die Aufhebung der Prozesskostenhilfe ergeht durch zu **begründenden Beschluss,** eine Kostenentscheidung ist nicht veranlasst, da für (erstinstanzliche) Entscheidungen im Prozesskostenhilfeverfahren keine Gerichtsgebühren anfallen und eine Erstattung außergerichtlicher Kosten nicht erfolgt (§ 127 Abs. 4 ZPO).

(6) **Gegen die Entscheidung des Richters** nach § 124 Abs. 1 Nr. 1 ZPO ist die sofortige **Beschwerde** nach § 127 Abs. 2 ZPO als Rechtsbehelf gegeben. Das gilt auch dann, wenn der Richter entgegen § 20 Nr. 4c RPflG Entscheidungen nach § 124 Nr. 2–4 ZPO getroffen hat (§ 8 RPflG).³⁶¹⁹

Gegen die Entscheidung des Rechtspflegers ist nach § 11 Abs. 1 RPflG ebenfalls die sofortige Beschwerde gegeben.³⁶²⁰ Über die Beschwerde hat, ohne Einschaltung des Richters der ersten Instanz, das Beschwerdegericht zu entscheiden. Der Rechtspfleger hat, wie der Richter, eine Abhilfebefugnis.

Gegen die Beschwerdeentscheidung ist keine weitere Beschwerde gegeben. Nur die **Rechtsbeschwerde** kann vom Beschwerdegericht zugelassen werden (§ 574 ZPO). Das Rechtsbeschwerdegericht ist gem. § 574 Abs. 3 S. 2 ZPO an die Zulassung gebunden.³⁶²¹ Anders als im ersten und zweiten Rechtszug kann hier für das PKH-Prüfungsverfahren wegen des vor dem BGH geltenden Anwaltszwangs PKH zu bewilligen sein, soweit die

---

³⁶¹¹ LSG Baden-Württemberg NZS 2018, 632; LSG Bayern BeckRS 2018, 7089; LSG Bayern BeckRS 2017, 123628; LSG Sachsen BeckRS 2015, 68201.
³⁶¹² LSG Sachsen-Anhalt NJ 2018, 393; LSG Nordrhein-Westfalen BeckRS 2018, 9224; LSG Bayern BeckRS 2015, 71957.
³⁶¹³ VGH Mannheim DÖV 2018, 496; OVG Bautzen NVwZ-RR 2016, 439; OVG Berlin-Brandenburg NVwZ-RR 2016, 840 und BeckRS 2018, 19824; Schoch/Schneider/Bier/*Rudisile* VwGO § 146 Rn. 11.
³⁶¹⁴ OLG Düsseldorf JurBüro 2018, 303.
³⁶¹⁵ LG Marburg Rpfleger 1994, 469; Zöller/*Schultzky* ZPO § 124 Rn. 7; *Zimmermann* Rn. 484.
³⁶¹⁶ LSG Sachsen-Anhalt NJ 2018, 393; OLG Brandenburg FamRZ 2002, 1419 und 2001, 633.
³⁶¹⁷ OLG Karlsruhe FamRZ 1996, 1428.
³⁶¹⁸ LG Koblenz FamRZ 1998, 252; Zöller/*Schultzky* ZPO § 124 Rn. 7.
³⁶¹⁹ OLG Köln FamRZ 1988, 740.
³⁶²⁰ OLG Naumburg JurBüro 2002, 537; Musielak/Voit/*Fischer* ZPO § 124 Rn. 12.
³⁶²¹ BGH NJW-RR 2019, 572.

Partei bedürftig ist und Erfolgsaussichten für die beabsichtigte Rechtsbeschwerde bestehen.[3622]

(7) **Beschwerdebefugt** bei Aufhebung der PKH ist nur die Partei selbst, da der beigeordnete Anwalt durch den Wegfall der Forderungssperre des § 122 Abs. 1 ZPO begünstigt wird. Gegen die Versagung der beantragten Beiordnung steht ihm ebenfalls keine Beschwerdebefugnis zu; nur bei rückwirkender Aufhebung der bereits erfolgten Beiordnung ist der Anwalt auch selbst beschwerdebefugt.[3623] Der Gegner ist auch dann nicht beschwert, wenn er infolge der Aufhebung vorschusspflichtig werden kann (§§ 122 Abs. 2 ZPO, 31 Abs. 3 GKG, 26 Abs. 3 FamGKG), da dies nur eine Reflexwirkung ist.[3624] Der Staatskasse steht gegen die Entscheidung des Amtsgerichts, die PKH nicht aufzuheben (zB im Rahmen der Abhilfe der sofortigen Beschwerde), kein Beschwerderecht zu.[3625]

1032

§ 16 Sofortige Beschwerde im PKH-Verfahren

I. Allgemeines und Abgrenzung

(1) Gemäß § 127 Abs. 2 S. 2 Hs. 1 ZPO ist die **sofortige Beschwerde der statthafte Rechtsbehelf** gegen Entscheidungen im PKH-Verfahren.[3626] Für die sofortige Beschwerde gelten grundsätzlich die allgemeinen Regelungen in §§ 567 ff. ZPO. In Ehe- und Familienstreitsachen gilt die Verweisung des § 113 Abs. 1 S. 2 FamFG.

1033

Für die Nichtstreitsachen des **Familienrechts** und sonstigen Verfahren der **Freiwilligen Gerichtsbarkeit** findet sich eine Verweisung auf die §§ 567–572, 127 Abs. 2–4 ZPO in § 76 Abs. 2 FamFG.

Nach § 11 Abs. 1 RPflG ist gegen PKH-Entscheidungen des **Rechtspflegers** ebenfalls die sofortige Beschwerde gegeben, falls nicht nach § 11 Abs. 2 S. 1 RPflG die Erinnerung eingreift, weil ein Rechtsmittel gegen seine Entscheidung nicht gegeben ist.

Das Gesetz sieht in § 127 Abs. 2 S. 3 und Abs. 3 S. 3 ZPO für die Einlegung der Beschwerde **abweichend von § 569 Abs. 1 ZPO** für die PKH-Beschwerde eine **Notfrist von einem Monat** vor, die gem. § 569 Abs. 1 S. 2 ZPO mit der Zustellung der Entscheidung an den Beschwerdeführer beginnt. Für die Beschwerde der Staatskasse nach § 127 Abs. 3 S. 4 ZPO gilt außerdem eine Ausschlussfrist von 3 Monaten seit der Verkündung des Beschlusses oder der Übergabe der unterschriebenen Bewilligung an die Geschäftsstelle. Dazu weiter → Rn. 1067 ff.

Trotz der Einführung der Beschwerdefrist ergeben sich Abgrenzungsprobleme zu anderen Rechtsbehelfen, insbesondere weil es **keine materielle Rechtskraft** eines die PKH versagenden Beschlusses gibt (dazu → Rn. 1035).[3627]

(2) **Abgrenzung zum Abänderungsantrag nach § 120a Abs. 1 S. 2 ZPO.** Alle Anträge gegen getroffene Entscheidungen **bis zum Ablauf der Beschwerdefrist** sind als Beschwerde aufzufassen, da mit der Beschwerde sowohl die Unrichtigkeit der getroffenen Entscheidung als auch eine zwischenzeitliche Veränderung bis zum Erlass der Beschwerdeent-

1034

[3622] BGH NJW-RR 2019, 572.
[3623] OLG Karlsruhe FamRZ 1996, 1428.
[3624] LG Koblenz FamRZ 1998, 252 – ihm ist aber rechtliches Gehör zu gewähren, → Rn. 1030.
[3625] BAG NJW 2016, 892.
[3626] Ausführlich *Schwill* MDR 2016, 1241.
[3627] BGH NJW-RR 2018, 257; FamRZ 2015, 1874; 2004, 940 mablAnm *Gottwald*; OLG Hamm FamRZ 2004, 64; OLG Celle MDR 2004, 201; **aA:** OLG Nürnberg FamRZ 2004, 1219; OLG Oldenburg FamRZ 2003, 1302.

scheidung geltend gemacht werden können. Nach Ablauf der Beschwerdefrist sind auf danach eingetretene Änderungen gestützte Anträge als Abänderungsanträge nach § 120a ZPO aufzufassen.[3628] Wird der nach Ablauf der Beschwerdefrist gestellte Antrag auf die Unrichtigkeit der erlassenen Entscheidung gestützt, ist er jedoch unverändert auch als Beschwerde anzusehen, da über den Ablauf der Beschwerdefrist gestritten werden kann.

1035 (3) **Abgrenzung zur Gehörsrüge.** Dieser nach der Entscheidung des BVerfG vom 30.4.2003[3629] nunmehr in allen Verfahrensordnungen geregelte Rechtsbehelf (vgl. §§ 321a ZPO, 44 FamFG, 178a SGG, 152a VwGO, 78a ArbGG, 133a FGO, 356a StPO) richtet sich auf eine Überprüfung der Entscheidung durch dieselbe Instanz, falls ein weiteres Rechtsmittel nicht mehr gegeben ist. Die **Gehörsrüge** nach § 321a ZPO ist dabei grundsätzlich auch bei den nicht in Rechtskraft erwachsenden, **Prozesskostenhilfe ablehnenden Entscheidungen** anwendbar.[3630] Die Auslegung einer „Beschwerde" als Rechtsbehelf nach § 321a ZPO setzt jedoch voraus, dass die Verletzung eines **Verfahrensgrundrechts** geltend gemacht wird und ein anderer Rechtsbehelf nicht mehr statthaft ist.[3631] Es wird daher immer von einer Beschwerde auszugehen sein, wenn diese noch zulässig ist (zumal im Rahmen der Abhilfeentscheidung auch hier eine Überprüfung durch dieselbe Instanz erfolgt).[3632] Ist eine Beschwerde nicht (mehr) zulässig (zB bei Fristablauf oder nicht rechtsmittelfähigen Entscheidungen in der Hauptsache oder bei Entscheidungen des Berufungsgerichts – §§ 127 Abs. 2, 567 ZPO) wird die Eingabe als Gehörsrüge aufzufassen sein. Die Anhörungsrüge ist gemäß § 321a Abs. 2 ZPO **fristgebunden.** Für das Verfahren der Gehörsrüge ist **gesondert PKH** zu beantragen.[3633] Eine gesonderte Beiordnung des Anwalts kann nicht erfolgen, da das Gehörsrügeverfahren nach § 19 Abs. 1 S. 2 Nr. 5 RVG zur Instanz gehört.[3634] Für eine Gehörsrüge im PKH-Bewilligungsverfahren kann allerdings keine PKH gewährt werden.[3635] Ist sie begründet, hilft ihr das Gericht ab, indem es das Verfahren fortführt (vgl. § 321a Abs. 5 ZPO). Ist die Rüge unbegründet, wird sie nach § 321a Abs. 4 S. 3 und 4 ZPO durch **unanfechtbaren Beschluss** zurückgewiesen. Eine weitere Gehörsrüge gegen die Entscheidung nach § 321a ZPO ist nicht statthaft, hier verbleibt lediglich die Möglichkeit einer Verfassungsbeschwerde nach § 93 Abs. 1 Nr. 4a GG.[3636] Im Falle der Erfolglosigkeit der Anhörungsrüge entstehen auch in PKH-Angelegenheiten Festgebühren, etwa nach KV GKG Nr. 1700, KV FamGKG Nr. 1800, KV GKG Nr. 5400,[3637] wofür auch die Gerichtskostenpflicht bei der Zurückweisung oder Verwerfung der sofortigen Beschwerde nach § 127 Abs. 2 ZPO spricht.

Dem **Antragsgegner** steht im PKH-Prüfungsverfahren kein Recht zur Geltendmachung einer Gehörsrüge zu.[3638] Er ist zwar nach Maßgabe von § 118 Abs. 1 ZPO anzuhören, dies macht ihn jedoch nicht zum Beteiligten des PKH-Verfahrens.[3639]

1036 Ob nach der gesetzlichen Regelung der Gehörsrüge die **sog Gegenvorstellung** als weiterer außerordentlicher Rechtsbehelf statthaft geblieben ist, wurde bis zur Entschei-

---

[3628] *Groß* ZPO § 127 Rn. 22; *Schwill* MDR 2016, 1241 (1242).
[3629] BVerfG NJW 2003, 1924.
[3630] BGH NJOZ 2009, 3889; OLG Köln RVGreport 2015, 156; OLG Naumburg FamRZ 2007, 917; MüKoZPO/*Wache* § 127 Rn. 24; **aA:** OLG Frankfurt OLGReport 2006, 310; Musielak/Voit/ *Fischer* ZPO § 127 Rn. 6; zweifelnd auch BGH BeckRS 2010, 21896.
[3631] BayObLG FamRZ 2005, 917; Thomas/Putzo/*Seiler* ZPO § 321a Rn. 2.
[3632] **Anders** aber OLG Karlsruhe FamRZ 2005, 49 m. zu Recht abl. Anm. *Gottwald*.
[3633] BGH AGS 2014, 290; Zöller/*Schultzky* ZPO § 119 Rn. 3.12.
[3634] Zöller/*Schultzky* ZPO § 119 Rn. 3.12.
[3635] OLG Köln NJW-RR 2015, 576.
[3636] Zöller/*Vollkommer* ZPO § 321a Rn. 17a; *Zuck* NJW 2005, 1226.
[3637] OVG Lüneburg NVwZ-RR 2019, 535; aA: VGH Baden-Württemberg AGS 2019, 473.
[3638] OLG Bremen FamRZ 2014, 1724.
[3639] BGH MDR 2002, 1388.

dung des Bundesverfassungsgerichts vom 25.11.2008[3640] selbst von den verschiedenen obersten Bundesgerichten nicht einheitlich behandelt.[3641] Der 5. Senat des Bundesfinanzhofes hatte zuvor diese Frage dem Gemeinsamen Senat der obersten Gerichtshöfe des Bundes zur Klärung vorgelegt.[3642] Das BVerfG ging in seiner Entscheidung vom 25.11.2008 aber davon aus, dass zumindest dann noch ein Anwendungsbereich für diesen besonderen Rechtsbehelf besteht, wenn das Fachgericht noch zu einer Änderung seiner Entscheidung befugt ist und verlangt, unabhängig von der Frage der Statthaftigkeit der Gegenvorstellung im Einzelfall, diese zu verbescheiden.[3643] Der BFH hatte daraufhin seine Vorlage zurückgenommen.[3644] Damit ist die Gegenvorstellung analog § 321a ZPO, Art. 19 Abs. 4[3645] GG auch gegenwärtig ein statthafter außerordentlicher Rechtsbehelf gegen Entscheidungen, die nicht in materielle Rechtskraft erwachsen.[3646]

Die **Frist des § 321a Abs. 2 ZPO** ist jedoch auch bei Bejahung der Statthaftigkeit der Gegenvorstellung in entsprechender Anwendung einzuhalten.[3647]

Mit der **Dienstaufsichtsbeschwerde** kann keine inhaltliche Änderung der PKH-Entscheidung erreicht werden, sondern (höchstens), dass der Richter (oder Rechtspfleger) zu unverzögerter Erledigung angehalten wird (§ 26 Abs. 2 DRiG).   1037

(4) **Abgrenzung zur Antragswiederholung.** Mangels materieller Rechtskraft der Entscheidung[3648] ist bis zum Instanzende eine **Antragswiederholung** möglich.[3649] Sie ist als Neuantrag anzusehen, so dass die Bewilligung frühestens auf den Zeitpunkt des vollständigen Neuantrags zurückbezogen werden kann.[3650] Von einer Antragswiederholung kann aber nur ausgegangen werden, wenn der Antragsteller nur diese Neubescheidung anstrebt. Werden mit dem wiederholten Antrag keine neuen Tatsachen vorgebracht, kann der Antrag während der Beschwerdefrist nur als **Beschwerde** und nach Ablauf der Beschwerdefrist oder bei Unstatthaftigkeit der Beschwerde als **Gehörsrüge** oder Gegenvorstellung aufzufassen sein, denn **nur bei neuem Vorbringen** besteht ein Anspruch auf eine neue Sachentscheidung der Instanz.[3651] Wird ein erneutes Gesuch ohne neues Vorbringen gestellt, ist der Antrag mangels Rechtsschutzbedürfnis unzulässig.[3652]   1038

(5) **Klärung des Rechtsschutzziels durch Rückfrage** ist bei allen Abgrenzungsschwierigkeiten seitens des Gerichts erforderlich. Jedenfalls die nicht anwaltlich vertretene Partei muss über die gegebenen Möglichkeiten aufgeklärt werden (vgl. §§ 139, 273, 279 Abs. 3 ZPO).   1039

[3640] BVerfG NJW 2009, 829.
[3641] Vgl. die Darstellung bei BVerfG NJW 2009, 829 und iÜ BFH NJW 2008, 543; BGH NJW 2004, 1805; ebenso OLG Hamm FamRZ 2004, 1218; *Büttner* FPR 2002, 498; **anders** noch OLG Nürnberg MDR 2004, 410 und OLG Oldenburg FamRZ 2003, 1302.
[3642] BFH NJW 2008, 543.
[3643] BVerfG NJW 2009, 829; *Groß* ZPO § 127 Rn. 21; weitere Einzelheiten bei BLHAG/*Hunke* Grz. vor ZPO § 567 Rn. 6 ff.
[3644] BFH NJW 2009, 3053.
[3645] Vgl. BVerfG NJW 2009, 829; BFH NJW 2006, 861.
[3646] BGH BeckRS 2016, 8611; BeckRS 2010, 21896.
[3647] BGH NJW 2002, 1577; OLG Frankfurt BeckRS 2013, 10463; OLG Rostock MDR 2009, 49; OLG Koblenz MDR 2008, 644; OLG Dresden FamRZ 2006, 116; BLHAG/*Hunke* Grz. vor 567 ZPO Rn. 9; **aA:** MüKoZPO/*Wache* § 127 Rn. 24.
[3648] Nachweise → Rn. 1033.
[3649] BGH NJW-RR 2018, 257: sogar nach Aufhebung der PKH; OLG Düsseldorf MDR 2004, 410; OLG Celle JurBüro 2004, 201; OLG Bamberg FamRZ 1997, 757.
[3650] BGH NJW-RR 2018, 257; OLG Zweibrücken MDR 2004, 236; OVG Münster DVBl 1983, 952 bejaht weitergehende Rückbeziehung; eingehend zu dieser Problematik → Rn. 602 ff.
[3651] BGH NJW 2004, 1805; OLG Celle MDR 2011, 914; OLG Bamberg FamRZ 1997, 756.
[3652] BGH NZFam 2015, 1010; FamRZ 2004, 940; OLG Celle MDR 2011, 914; OLG Frankfurt MDR 2007, 1286.

1040 **(6) Datenschutz.** Auch im Beschwerdeverfahren gilt § 127 Abs. 1 S. 3 ZPO, dh die Angaben über die persönlichen und wirtschaftlichen Verhältnisse sind dem Gegner nur mit Zustimmung der Partei zugänglich zu machen. Dazu gehört auch die Berechnung der Ratenhöhe. Die Geschäftsstelle muss also ggf. angewiesen werden, welche Passagen der Entscheidung dem Gegner nicht mitgeteilt werden dürfen. Unter den Voraussetzungen des § 117 Abs. 2 S. 2 Hs. 2 ZPO darf aber dem Gegner die gesamte Entscheidung übermittelt werden, wenn dieser einen Auskunftsanspruch besitzt (→ Rn. 168).[3653]

1041 **(7) Einzelrichter – oder Kollegiumszuständigkeit.** Nach § 568 ZPO entscheidet das Beschwerdegericht durch eines seiner Mitglieder als **Einzelrichter,** wenn die angefochtene Entscheidung von einem Einzelrichter oder einem Rechtspfleger erlassen worden ist. Wenn es bei einer PKH-Beschwerde um die **Erfolgsaussicht der Rechtsverfolgung oder der Rechtsverteidigung** geht, wird vertreten, dass es aus verfassungsrechtlichen Gründen geboten sei, das Kollegium auch dann entscheiden zu lassen, wenn die Entscheidung vom Einzelrichter erlassen worden ist.[3654] Diese weitgehende Auffassung ist jedoch mit der ausdrücklichen gesetzlichen Regelung in § 568 S. 2 ZPO nicht zu vereinbaren. Wie bei § 526 ZPO kommt eine Übertragung auf das Kollegium nur dann in Betracht, wenn die Sache **besondere tatsächliche oder rechtliche Schwierigkeiten** aufweist oder die Rechtssache **grundsätzliche Bedeutung** hat. Hiervon bei der PKH-Beschwerde abzuweichen, wenn die Erfolgsaussichten der Hauptsache einfach zu beurteilen sind und keine grundsätzlichen Rechtsfragen zu beantworten sind, besteht keine Veranlassung[3655].

Ist die angegriffene Entscheidung vom **Vorsitzenden einer Kammer für Handelssachen nach § 349 Abs. 2, 3 ZPO** erlassen, ist für die Entscheidung der Beschwerde trotzdem die Kammer oder der Senat zuständig, denn dieser ist kein „Einzelrichter" im Sinne des Gesetzes.[3656]

Für die **Verfahren der freiwilligen Gerichtsbarkeit** findet § 568 ZPO wegen der Verweisung in § 76 Abs. 2 FamFG entsprechend Anwendung.

II. Zulässigkeit der sofortigen Beschwerde

1. Statthaftigkeit der sofortigen Beschwerde

a) Sofortige Beschwerde des Antragstellers

1042 (1) **Statthaft ist die sofortige Beschwerde** gemäß § 127 Abs. 2 ZPO oder die sofortige Erinnerung gegen Rechtspflegerentscheidungen, gegen die eine sofortige Beschwerde nicht zulässig ist (Erinnerung zulässig) – § 11 Abs. 2 S. 1 RPflG – **gegen alle dem Antragsteller ungünstigen PKH-Entscheidungen,** insbesondere:

- Bei **Versagung der PKH oder eingeschränkter PKH-Bewilligung.** Das gilt für alle Fälle der Ratenanordnung und der Anordnung von Zahlungen aus dem Vermögen,[3657] der Verweisung auf Prozesskostenvorschussansprüche[3658], der Versagung oder Einschränkung[3659] der Anwaltsbeiordnung,[3660] der Ablehnung der Entpflichtung eines bei-

---

[3653] Musielak/Voit/*Fischer* ZPO § 127 Rn. 7.
[3654] So OLG Köln NJW 2002, 1436; Thomas/Putzo/*Seiler* ZPO § 568 Rn. 6; BLHAG/*Hunke* ZPO § 568 Rn. 6.
[3655] Wie hier: OLG Celle NJW 2002; *Greger* NJW 2002, 3049 (3053).
[3656] BGH MDR 2004, 530; OLG Frankfurt MDR 2002, 1391; **aA** noch OLG Hamm MDR 2004, 109; *Feskorn* NJW 2003, 856.
[3657] OLG Hamm FamRZ 1989, 412; Thomas/Putzo/*Seiler* ZPO § 127 Rn. 2.
[3658] OLG Naumburg FamRZ 2002, 1711.
[3659] ZB bei Beiordnung eines anderen als des gewählten Anwalts: OLG Köln FamRZ 1992, 966.
[3660] OLG München FamRZ 1999, 1355.

geordneten Anwalts[3661] und der vollen oder teilweisen Versagung aus Gründen mangelnder Erfolgsaussicht, auch der späteren Bewilligung als beantragt. Gegen die Versagung der PKH können im Falle des **Todes** des Antragstellers weder dessen **Erben** noch sein Verfahrensbevollmächtigter Beschwerde einlegen, da einem verstorbenen Beteiligten keine PKH bewilligt werden kann und das Recht auf PKH nicht vererblich ist.[3662]

- Bei **Nichtbescheidung eines PKH-Antrags** kann eine Beschwerde seit Einführung der **Verzögerungsrüge** (§ 198 Abs. 3 GVG) durch das Gesetz über den Rechtsschutz bei überlangen Gerichtsverfahren und strafrechtlichen Ermittlungsverfahren am 3. Dezember 2011 (BGBl. 2011 I 2302) nicht mehr als sog **Untätigkeitsbeschwerde** statthaft sein. Sie war bis dahin ausnahmsweise dann statthaft, wenn das Gericht die Entscheidung über das PKH-Gesuch in einer mit dem **Zweck des Verfahrens unvereinbaren Weise** derart hinauszögert, dass dies der **Ablehnung des Antrages gleichkommt**[3663], zB trotz vollständiger Antragsunterlagen und Glaubhaftmachung der Erfolgsaussicht eine vorherige Beweisanordnung in der Hauptsache trifft,[3664] den Antrag nicht ohne Anlass vor dem Termin zur Hauptsache bescheidet[3665] oder trotz mehrfacher Mahnung ohne Begründung nicht entscheidet.[3666] Sie ist nunmehr unstatthaft.[3667] Dieser Rechtslage war jedoch in der Folgezeit der EGMR entgegen getreten und hatte beanstandet, dass zumindest in kindschaftsrechtlichen Umgangsverfahren nach § 151 Nr. 2 FamFG das deutsche Verfahrensrecht gegen Art. 8 und 13 EMRK verstößt, weil das deutsche Recht keinen Rechtsbehelf i. S. e. Untätigkeitsbeschwerde vorsehe.[3668] §§ 155b, 155c FamFG sehen deshalb für die besonders eilbedürftigen Kindschaftssachen iSd § 155 Abs. 1 FamFG die Beschleunigungsrüge und die Beschleunigungsbeschwerde vor. Diese Rechtsbehelfe dienen jedoch der Beschleunigung der betreffenden Hauptsache und sind auf das VKH-Prüfungsverfahren nicht anzuwenden. Allerdings kann für eine Beschleunigungsbeschwerde nach § 155c FamFG Verfahrenskostenhilfe beantragt werden.[3669]
Im Übrigen kann im Rahmen des Verfahrens nach § 198 GVG die Feststellung, dass die Verfahrensdauer unangemessen war (§ 198 Abs. 4 GVG), bereits im isolierten Verfahren über die Bewilligung von PKH für eine Klage auf Entschädigung getroffen werden, da auch das PKH-Verfahren ein Gerichtsverfahren iSd § 198 Abs. 6 Nr. 1 GVG darstellt.[3670] Allerdings führt die Verzögerung eines PKH-Verfahrens, das neben der rechtshängigen Hauptsache geführt wird, nicht zu einem weiteren eigenständigen Entschädigungsanspruch.[3671]

[3661] OLG Düsseldorf FamRZ 1995, 241; OLG Celle FamRZ 2006, 1552: aber Beiordnung eines zweiten Anwalts nur bei triftigem Grund für Mandatswechsel.
[3662] OLG Düsseldorf NJW-RR 2016, 1531; OLG Celle MDR 2012, 1196; OLG Frankfurt FamRZ 2011, 385; aA LSG Stuttgart FA 2018, 386 zur Zulässigkeit der Beschwerde im Namen der Erben.
[3663] BVerfG NJW 2008, 503; Rpfleger 2004, 227; NVwZ 2003, 858; OLG Jena FamRZ 2003, 1673; OLG Zweibrücken NJW-RR 2003, 1654; OLG Naumburg FamRZ 2000, 106; OLG Köln FamRZ 1999, 998; KG MDR 1998, 64; allgemein zu den Rechtsschutzmöglichkeiten bei Verzögerung einer PKH-Entscheidung: *Büte* MDR 2004, 1097 f.
[3664] OLG Nürnberg FamRZ 2003, 1020; OLG Köln NJW-RR 1999, 580.
[3665] OLG Jena FamRZ 2003, 1673.
[3666] VGH München NVwZ-RR 1997, 501; OLG Karlsruhe MDR 1995, 635; OLG Stuttgart AnwBl 1993, 299; OLG Celle MDR 1985, 592; OLG Düsseldorf FamRZ 1986, 485 (Ruhen des Verfahrens).
[3667] BGH NJW 2013, 385; LSG Nordrhein-Westfalen BeckRS 2014, 69361; OLG Düsseldorf NJW 2012, 1455; OLG Brandenburg MDR 2012, 1076; Zöller/*Schultzky* ZPO § 127 Rn. 65 f.
[3668] EGMR NJW 2015, 1433; vgl. dazu *Peschel-Gutzeit* ZRP 2015, 170; Heilmann/*Dürbeck* FamFG § 58 Rn. 16.
[3669] Prütting/Helms/*Hammer* FamFG § 155c Rn. 9.
[3670] BFH DStRE 2019, 778; OLG Karlsruhe Justiz 2012, 456.
[3671] BSG NZS 2018, 39.

Ein darüber hinausgehender Untätigkeitsrechtsbehelf steht gegenwärtig im PKH-Bewilligungsverfahren nicht zur Verfügung, was schon daraus folgt, dass der Rechtsschutz vor Verzögerung dort nicht weiter gehen kann als in der Hauptsache.[3672]

1043 **(2) Unstatthaft ist die sofortige Beschwerde in folgenden Fällen:**
- **Uneingeschränkte PKH-Bewilligung** (ohne Ratenanordnung oder Vermögenseinsatz, ohne sachliche Einschränkung) ist gemäß § 127 Abs. 2 ZPO vom **Antragsteller nicht anfechtbar.** Das gilt auch, wenn für den Antragsteller ein gesetzlicher Vertreter gehandelt hat. Lediglich für den Ausnahmefall einer Antragstellung des **Pflegers für den Pflegling** hat das OLG Düsseldorf[3673] zu Recht anders entschieden, weil es trotz § 53 ZPO materiell-rechtlich auf den Willen des Pflegings ankommt und dieser durch das Prozesskostenrisiko beschwert sein kann. Nicht statthaft ist die sofortige Beschwerde des Antragstellers gegen die eingeschränkte Beiordnung seines Anwalts zu den Bedingungen eines im Bezirk des Prozessgerichts niedergelassenen Rechtsanwalts nach § 121 Abs. 3 ZPO (→ Rn. 1058).[3674]

1044 - **Gegen Verfahrensanordnungen im PKH-Verfahren** (zB Einholung von Auskünften, Anordnung der mündlichen Erörterung) ist eine Beschwerde nicht statthaft, solange sie sich im Rahmen der nach § 118 Abs. 2 ZPO zulässigen Erhebungen halten.[3675] Statthaft ist die Beschwerde aber, wenn verfahrenswidrig im PKH-Prüfungsverfahren Beweis erhoben wird.[3676]

1045 - Gegen die Entscheidung des Familiengerichts **nach § 117 Abs. 2 S. 2 ZPO, dem Antragsgegner die Erklärung des Antragstellers über seine persönlichen und wirtschaftlichen Verhältnisse nebst Belegen zu übermitteln,**[3677] steht dem PKH-begehrenden **Antragsteller** die Beschwerde[3678] Umgekehrt steht dem **Antragsgegner,** dessen behaupteter Anspruch nach § 117 Abs. 2 S. 2 ZPO vom Gericht verneint wurde, kein Beschwerderecht gegen die gerichtliche Entscheidung zu.[3679] Die **Beschwerde des Antragsgegners** gegen die Versagung der Übermittlung ist hier schon **nicht statthaft,** weil es sich bei dem PKH-Prüfungsverfahren um ein nicht streitiges Gerichtsverfahren der staatlichen Daseinsfürsorge handelt, bei dem sich ausschließlich der PKH-begehrende Beteiligte und das Gericht gegenüber stehen. Auch dient § 117 Abs. 2 S. 2 ZPO nicht der Verwirklichung des Unterhaltsanspruches des Gegners, sondern primär der Richtigkeitsgewähr bezüglich der staatlichen Feststellung der Bedürftigkeit des Antragstellers.[3680] Ob neben dem Antrag nach § 117 Abs. 2 S. 2 ZPO vom Antragsgegner auch ein Akteneinsichtsgesuch nach § 299 Abs. 2 ZPO als Dritter gestellt werden kann, erscheint zweifelhaft. Bejaht man die Frage, dann wäre

---

[3672] **AA:** BeckOK ZPO/*Kratz* § 127 Rn. 21 unter Hinweis auf ältere, aber nicht mehr einschlägige Rspr; ähnlich *Zimmermann* Rn. 692: analog § 21 Abs. 2 FamFG und Rosenberg/Schwab/*Gottwald* § 87 Rn. 100.
[3673] OLGZ 1983, 119.
[3674] OLG Brandenburg BeckRS 2019, 21048; Prütting/Helms/*Dürbeck* FamFG § 76 Rn. 14.
[3675] OLG Zweibrücken FamRZ 2004, 35; OLG Köln MDR 1990, 728; OLG Zweibrücken FamRZ 1984, 74 (Einholung eines ärztlichen Gutachtens zur Beurteilung der Erfolgsaussicht); *Zimmermann* Rn. 693; zu Verzögerungen aber → Rn. 1042.
[3676] OLG Köln NJW-RR 1999, 580.
[3677] Vgl. dazu ausführlich zur Fragen der Anfechtbarkeit *Fischer* MDR 2015, 1112.
[3678] OLG Frankfurt FamRZ 2018, 608; OLG Karlsruhe FamRZ 2015, 597; OLG Naumburg FuR 2014, 432; OLG Koblenz FamRZ 2011, 389; OLG Brandenburg FamRZ 2011, 125.
[3679] **HM:** OLG Schleswig FamRZ 2015, 685; OLG Frankfurt FamRZ 2015, 244; OLG Nürnberg FamRZ 2015, 684; OLG Oldenburg FamRZ 2013, 805; OLG Bremen FamRZ 2012, 649 = BeckRS 2011, 24842; *Vogel* FPR 2009, 381 (384); **aA:** OLG Schleswig NZFam 2016, 904: Art. 23 EGGVG; *Viefhues* jurisPR-FamR 6/2011 Anm. 6.
[3680] OLG Frankfurt NZFam 2016, 135; *Schürmann* FuR 2009, 130 (132).

bei Antragsablehnung und auch bei Antragsstattgabe durch die zuständige Justizverwaltung der Rechtsbehelf nach § 23 EGGVG statthaft.[3681]
Wird das Akteneinsichtsgesuch in die PKH-Unterlagen dagegen von einem nicht verfahrensbeteiligten **Dritten** oder **nach Abschluss** des Bewilligungsverfahrens geltend gemacht, richtet sich die Entscheidung dagegen ausschließlich nach § 299 Abs. 1 und 2 ZPO.[3682] Die sofortige Beschwerde nach § 127 Abs. 2 ZPO ist schon deshalb nicht statthaft, weil es sich um einen **Justizverwaltungsak**t handelt.[3683] Statthafter Rechtsbehelf ist insoweit § 23 EGGVG.[3684]

- **Gegen PKH-Entscheidungen der Berufungsgerichte.** Dies folgt aus § 567 Abs. 1 ZPO, der die sofortige Beschwerde nur gegen Entscheidungen im ersten Rechtszug eröffnet. Ausgeschlossen ist die sofortige Beschwerde damit insbesondere gegen PKH-Entscheidungen der **zweiten Instanz zur Durchführung der Berufung** oder der Rechtsverteidigung dagegen.[3685] Auch wenn gegen die Entscheidung in der Hauptsache ein Rechtsmittel (zB Revision) gegeben ist oder wenn das Berufungsgericht nach §§ 916, 936 ZPO für die Erstentscheidung über ein Arrestgesuch oder eine einstweilige Verfügung zuständig war,[3686] ist die Beschwerde unstatthaft. 1046

- Auch gegen **VKH-Entscheidungen der Beschwerdeinstanz** im Anwendungsbereich von §§ 58 ff. FamFG ist eine weitere Beschwerde ausgeschlossen, da damit eine weitere Tatsacheninstanz eröffnet würde.[3687] 1047
Im **Insolvenzverfahren** können die gerichtlichen Entscheidungen zur Stundung und Beiordnung[3688] mit der sofortigen Beschwerde vom Schuldner nach § 4d Abs. 1 InsO angefochten werden.[3689]

- Auch gegen die Zurückweisung eines PKH-Gesuches in **Entschädigungssachen wegen überlanger Verfahrensdauer** nach §§ 198 ff. GVG durch das erstinstanzlich zuständige Oberlandesgericht ist die sofortige Beschwerde gemäß §§ 201 Abs. 2 GVG, 127 Abs. 2 S. 2 ZPO iVm § 567 Abs. 1 ZPO unstatthaft.[3690] Es verbleibt hier bei der Rechtsbeschwerde, wenn sie das Oberlandesgericht zugelassen hat (§ 574 Abs. 1 S. 1 Nr. 2 ZPO). 1048

- **Bei nicht rechtsmittelfähiger Hauptsacheentscheidung,** weil für eine Anfechtung der Hauptsache die Berufungs- oder Beschwerdesumme nicht erreicht ist (§§ 511a ZPO,[3691] 113 Abs. 1 S. 2 FamFG, 64 Abs. 2 ArbGG[3692]), ist seit 1.1.2002 durch § 127 Abs. 2 S. 2 ZPO geregelt, dass die Beschwerde unstatthaft ist, es sei denn, das Gericht hat ausschließlich die persönlichen oder wirtschaftlichen Voraussetzungen für die Prozesskostenhilfe verneint. Hieran ändert auch eine **falsche Rechtsmittelbelehrung** 1049

[3681] So OLG Frankfurt FamRZ 2017, 1590.
[3682] BGH NJW 2015, 1827; OLG Frankfurt FamRZ 2018, 608.
[3683] BGH NJW 2015, 1827; OLG Frankfurt NZFam 2016, 135; FamRZ 2018, 608.
[3684] BGH NJW 2015, 1827; OLG Frankfurt NZFam 2016, 135; FamRZ 2018, 608
[3685] BGH NJW-RR 2015, 506; BeckRS 2011, 19480; OLG Düsseldorf BeckRS 2010, 23599; OLG Köln NJW-RR 2010, 287; OLG Frankfurt OLGR 2005, 593; OLG Hamm JurBüro 2002, 487; KG JurBüro 2002, 488.
[3686] OLG Hamm AnwBl 1984, 103; OLG Oldenburg NdsRpfl 1984, 120; Zöller/*Schultzky* ZPO § 127 Rn. 61.
[3687] BGH GRUR 2011, 344; OLG Rostock BeckRS 2014, 00245; So auch schon zum alten Recht des FGG: OLG Schleswig OLGReport 2001, 439.
[3688] → Rn. 67 ff.
[3689] Einzelheiten bei MüKoInsO/*Ganter/Bruns* § 4d Rn. 3 ff.
[3690] BGH BeckRS 2013, 00683 und NJW 2012, 2449.
[3691] So schon OLG Frankfurt OLGReport 2002, 60 nach altem Recht, zum neuen Recht: Thüringer OLG BeckRS 2011, 06704.
[3692] LAG Düsseldorf JurBüro 1986, 775.

nichts.³⁶⁹³ Unerheblich ist bei einer **Teilbewilligung von PKH** für ein Verfahren oberhalb der Rechtsmittelgrenze aber, dass der nicht bewilligte Teil unterhalb der Grenze liegt, so dass die sofortige Beschwerde statthaft ist.³⁶⁹⁴
Damit ist der Gesetzgeber der früher schon weitgehend vertretenen Auffassung gefolgt, so dass folgende Unterscheidung gemacht werden muss:

(a) Soweit mit der Beschwerde eine fehlerhafte Beurteilung der **objektiven Bewilligungsvoraussetzungen** geltend gemacht wird, ist die Beschwerde unstatthaft, denn dann käme es zu einer Sachprüfung in der nächsten Instanz, die nach dem gesetzlich vorgesehenen Instanzenzug mit der Sachprüfung nicht befasst werden soll.³⁶⁹⁵

1050 (b) Wenn die Beschwerde dagegen die **subjektiven Bewilligungsvoraussetzungen** (Beurteilung der Leistungsfähigkeit, Zahlungsmodalitäten, Mutwilligkeit) oder das Verfahren betrifft, ist sie statthaft und kann begründet sein. Es genügt aber nicht, die subjektiven Bewilligungsvoraussetzungen nach Rechtskraft der Hauptsacheentscheidung und nach Ablauf einer vom Gericht gesetzten Frist (wegen § 118 Abs. 2 S. 4 ZPO) nachzuweisen.³⁶⁹⁶

1051 (c) Für die **Sozialgerichtsbarkeit** ist dies ausdrücklich in § 172 Abs. 3 Nr. 2 SGG geregelt, wobei hier nach Nr. 1 auch Beschwerden, die die subjektiven Voraussetzungen der PKH betreffen³⁶⁹⁷ unstatthaft sind (→ Rn. 42). Die Beschwerde ist auch nicht statthaft gegen Beschlüsse der Sozialgerichte über Erinnerungen gegen Entscheidungen der Urkundsbeamten nach § 73a Abs. 4 und 5 SGG, vgl. § 73a Abs. 8 SGG.³⁶⁹⁸

(d) In der **Verwaltungsgerichtsbarkeit** sind Beschwerden, die die subjektiven Voraussetzungen der PKH betreffen, nach § 146 Abs. 2 VwGO ausgeschlossen³⁶⁹⁹ (→ Rn. 41).

(e) In der **Finanzgerichtsbarkeit** sind PKH-Beschwerden nach § 128 Abs. 2 FGO gänzlich ausgeschlossen (→ Rn. 43).

(f) Ebenso unstatthaft ist die sofortige Beschwerde, wenn in der Hauptsache kein Rechtsmittel zulässig ist, weil es an einer **Beschwerdeberechtigung** iSd § 59 FamFG fehlt, was etwa bei Rechtsmitteln von Angehörigen bei der Auswahl des Vormunds³⁷⁰⁰ oder bei uneigennützigen Rechtsmitteln³⁷⁰¹ der Fall ist.³⁷⁰²

1052 **In Fällen, in denen die Hauptsache (oder die einstweilige Anordnung) unabhängig vom Streit- oder Verfahrenswert unanfechtbar ist (insbesondere §§ 57 S. 1, 119 FamFG), ist ebenso zu entscheiden.**³⁷⁰³ Wenn also gemäß § 57 S. 1 FamFG (zB in einer

---

³⁶⁹³ OLG Köln BeckRS 2012, 18218.
³⁶⁹⁴ OLG Hamm AGS 2015, 410.
³⁶⁹⁵ OLG Frankfurt OLGReport 2002, 60 und 1999, 54; LAG Düsseldorf JurBüro 1986, 775; *Büttner* FPR 2002, 498.
³⁶⁹⁶ BAG MDR 2004, 415; OLG Karlsruhe FamRZ 2004, 122.
³⁶⁹⁷ Nicht anzuwenden im Aufhebungsverfahren, vgl. LSG Münster BeckRS 2014, 73065 mwN und → Rn. 1029 mit Nachw. der Rspr.
³⁶⁹⁸ LSG Baden-Württemberg NZS 2018, 632; LSG Bayern BeckRS 2016, 72798; BeckRS 2016, 72800; LSG Sachsen BeckRS 2015, 68201; **aA:** für Abänderungs- und Aufhebungsentscheidungen *Straßfeld* SGb 2014, 241, vgl. hierzu → Rn. 1029.
³⁶⁹⁹ Vgl. etwa VGH Baden-Württemberg BeckRS 2015, 55389.
³⁷⁰⁰ BGH FamRZ 2013, 1380.
³⁷⁰¹ BGH FamRZ 2015, 133 (Angehörige im Betreuungsverfahren); OLG Frankfurt BeckRS 2015, 00241 (Elternteil zugunsten des anderen Elternteils bei Sorgerechtsentzug).
³⁷⁰² OLG Frankfurt BeckRS 2015, 00241; OLG Hamm FamRZ 2015, 950; FamRZ 2015, 1316.
³⁷⁰³ BGH FamRZ 2011, 1138; NJW 2005, 1659; OLG Düsseldorf JurBüro 2020, 265; OLG Hamm FamRZ 2011, 234; OLG Frankfurt OLG Report Mitte 45/2010; OLG Köln FamRZ 2010, 352; OLG Bamberg FamRZ 2004, 38; zu (früheren) Ausnahmen bei greifbarer Gesetzeswidrigkeit der Ablehnung einer einstweiligen Anordnung vgl. OLG Frankfurt FamRZ 2001, 401.

Kindesumgangs- oder Unterhaltssache) die Entscheidung im Wege einstweiliger Anordnung der Beschwerde entzogen ist, dann ist folglich auch gegen den (wegen fehlender Erfolgsaussichten verwehrten) VKH-Beschluss keine Beschwerde zulässig.[3704]

Dies gilt in den in **§ 57 S. 2 FamFG** genannten Verfahren (zB Sorge-, Kindesherausgabe-, Gewaltschutz- und Ehewohnungssachen) – mit Ausnahme von Unterbringungssachen, § 57 FamFG – trotz grundsätzlicher Anfechtbarkeit auch dann, wenn die Entscheidung **ohne mündliche Verhandlung** ergangen war,[3705] da § 57 S. 2 FamFG die Beschwerde erst **nach mündlicher Erörterung** eröffnet. Es ist also in diesen Fällen bei Verweigerung der VKH mangels Erfolgsaussicht zunächst auf einen Antrag nach § 54 Abs. 2 FamFG die mündliche Verhandlung durchzuführen. Nach anderer Auffassung ist bei den in § 57 S. 2 FamFG genannten Familiensachen auch ohne vorherige mündliche Verhandlung die sofortige Beschwerde gegen eine wegen fehlender Erfolgsaussicht abgelehnte VKH-Bewilligung statthaft.[3706] Wurde allerdings bereits in der **Hauptsache mündlich** verhandelt, so ist die Beschwerde gegen die Verweigerung der Verfahrenskostenhilfe im einstweiligen Anordnungsverfahren auch ohne eine dortige mündliche Verhandlung statthaft.[3707] Eine Ausnahme besteht auch dann, wenn über den Antrag auf Erlass einer einstweiligen Anordnung ausdrücklich **erst nach Bewilligung von Verfahrenskostenhilfe** entschieden werden soll, da der bedürftige Beteiligte dann die Durchführung der mündlichen Verhandlung nicht beeinflussen kann.[3708]

Die obigen Grundsätze gelten aber nicht, wenn lediglich die **persönlichen und wirtschaftlichen Verhältnisse** Gegenstand der Entscheidung gewesen sind (§ 127 Abs. 2 S. 2 ZPO). Nach der Rechtsprechung des BGH[3709] ist die Beschwerde weiterhin trotz Unanfechtbarkeit der Hauptsache auch dann statthaft, wenn sich die Beschwerde allein gegen die **abgelehnte Beiordnung eines Rechtsanwaltes** (§§ 121 ZPO bzw. 78 FamFG) richtet. Ein allgemeiner Grundsatz, dass ein PKH-Verfahren nicht in eine höhere Instanz gelangen kann, als das dazu gehörige Hauptsacheverfahren, besteht mithin nicht. Auch bei der Ablehnung eines PKH-Antrages wegen **Mutwilligkeit** hält die Rechtsprechung die Beschwerde trotz § 127 Abs. 2 S. 2 ZPO zu Recht für statthaft,[3710] weil es sich um eine personengebundene Voraussetzung handelt.

Die Rechtskraft einer an sich rechtsmittelfähigen Entscheidung über die Hauptsache steht einer abweichenden Entscheidung der Beschwerdeinstanz über die **Erfolgsaussichten der Hauptsache** ebenfalls in diesem Umfang entgegen, dh der Beschwerdeführer kann nicht einerseits die Hauptsache rechtskräftig werden lassen und andererseits eine abweichende Beschwerdeentscheidung für die PKH in Bezug auf die Prüfung der Erfolgsaussichten verlangen.[3711] Die Beschwerde ist dann unbegründet (vgl. im Übrigen

---

[3704] BGH FamRZ 2011, 1138; NJW 2005, 1659; OLG Hamm FamRZ 2017, 47; OLG Stuttgart FamRZ 2009, 531; OLG Naumburg FamRZ 2008, 165; Prütting/Helms/*Dürbeck* FamFG § 76 Rn. 13a.
[3705] OLG Frankfurt BeckRS 2014, 16457; OLG Hamm FamRZ 2012, 53; 2011, 234; OLG Köln JurBüro 2011, 41; OLG Celle FamRZ 2011, 918; Heilmann/*Dürbeck* FamFG § 76 Rn. 45.
[3706] OLG Frankfurt MDR 2019, 695; FamRZ 2014, 676; FamFR 2012, 545; OLG Bremen BeckRS 2013, 08127; ähnlich OLG Köln BeckRS 2011, 23985: Antrag nach § 54 Abs. 2 FamFG genügt.
[3707] OLG Nürnberg MDR 2013, 32.
[3708] OLG Hamm NJW 2013, 877.
[3709] BGH NJW 2011, 2434; OLG Köln FamRZ 2012, 1239; zum alten Recht auch schon OLG München FamRZ 1999, 1355.
[3710] BGH FamRZ 2005, 1477; zustimmend *Grün* NJW 2010, 1821; **aA:** BLHAG/*Dunkhase* ZPO § 127 Rn. 37.
[3711] BGH NJW 2012, 117; BFHE 141, 494; OLG Koblenz FamRZ 2015, 355 (LS) = BeckRS 2015, 02992; LSG Bayern BeckRS 2012, 75517; OLG Frankfurt OLGReport Mitte 11/2011 Anm. 5; OLG Düsseldorf MDR 2009, 1356 und OLGReport 2005, 94; OLG Nürnberg FamRZ 2009, 1427; OLG Köln NJW-RR 1998, 511; OLG Hamm OLGReport 2002, 347 (unzulässig); Thomas/Putzo/

→ Rn. 1085). Dies gilt auch dann, wenn das Erstgericht die Entscheidung über das PKH-Gesuch **pflichtwidrig verzögert** hat, weil es auch im Falle rechtzeitiger Entscheidung die Prozesskostenhilfe mangels Erfolgsaussichten abgelehnt hätte.[3712] Anders ist nur dann zu entscheiden, wenn in der Hauptsache eine **zweifelhafte Rechtsfrage** zu klären war, da diese sonst in das Prozesskostenhilfeverfahren verlagert werden würde.[3713] Die subjektiven Voraussetzungen der Prozesskostenhilfe[3714] und die Frage der Beiordnung eines Rechtsanwaltes[3715] können dagegen im obigen Rahmen auch nach Rechtskraft der Hauptsache überprüft werden.

b) Beschwerde des Prozessgegners

1055 Der **Prozessgegner kann die Bewilligung der PKH gemäß § 127 Abs. 2 S. 1 ZPO nicht anfechten.**[3716] Das gilt auch für die teilweise Bewilligung, da er nicht beschwert ist.[3717] Auch wenn er wegen dem Antragsteller auferlegter Raten nicht in den Genuss der Vergünstigung nach § 122 Abs. 2 ZPO kommt, ist er nicht beschwert, da dies nur eine Reflexwirkung ist.[3718] Auch eine **Rechtsbeschwerde** des Prozessgegners ist danach unzulässig, selbst wenn das Beschwerdegericht sie zugelassen hat.[3719]

Wird ihm allerdings trotz ratenfreier PKH die Kostenbefreiung nach § 122 Abs. 2 ZPO nicht gewährt, kann er diese Entscheidung anfechten.[3720]

Auch ist die sofortige Beschwerde des Antragsgegners gegen die Versagung der **Übermittlung der Erklärung über die persönlichen und wirtschaftlichen Verhältnisse** des Antragstellers nebst Belegen nach **§ 117 Abs. 2 S. 2 ZPO** nicht statthaft (→ Rn. 1045).

c) Beschwerde des Prozessbevollmächtigten des Antragstellers

1056 (1) **Nicht beschwerdebefugt ist der Rechtsanwalt gegen die PKH-Grundentscheidung.**

Das gilt insbesondere in folgenden Fällen:

- Bei **Ablehnung des PKH-Antrags**[3721], aber auch bei der Ablehnung einer **Anwaltsbeiordnung**,[3722] hier ist nur die Partei beschwerdebefugt, denn durch die Antragseinreichung wird der Rechtsanwalt nicht zum Beteiligten des PKH-Verfahrens. Seine **Gebühreninteressen** werden nur **mittelbar** dadurch berührt, im Vordergrund steht das Recht der Partei auf Beiordnung eines Rechtsanwaltes. Der Anwalt behält jedoch

---

Seiler, ZPO § 127 Rn. 5; **anders** OLG Karlsruhe NJW-RR 2001, 656; OLG Frankfurt FamRZ 2011, 126.
[3712] BGH NJW 2012, 1964; OLG Hamm BeckRS 2011, 19122; OLG Naumburg FamRZ 2009, 1427; OLG Nürnberg FamRZ 2004, 1219; **aA:** OLG Schleswig BeckRS 2011, 21448; OLG Karlsruhe OLGReport 2002, 225; Musielak/Voit/*Fischer* ZPO § 127 Rn. 20.
[3713] BGH NJW 2012, 1964 unter Hinweis auf BVerfG FamRZ 2002, 665.
[3714] OLG Köln FamRZ 2001, 656.
[3715] Stein/Jonas/*Bork* ZPO § 127 Rn. 16; **aA:** OLG Karlsruhe FamRZ 1990, 82.
[3716] Zuletzt OLG Düsseldorf JurBüro 2011, 655.
[3717] *Lösch* S. 178 ff. hält in seiner Dissertation den gänzlichen Ausschluss des Beschwerderechts des Antragsgegners wegen Verstoßes gegen Art. 3 Abs. 1 GG für verfassungswidrig.
[3718] OLG Frankfurt OLGReport 2002, 272; Zöller/*Schultzky* ZPO § 127 Rn. 55.
[3719] BGH NJW 2002, 3554.
[3720] KG OLGZ 1971, 423.
[3721] VGH Hessen DÖV 2015, 168 (LS) = BeckRS 2014, 58731; OLG Celle JurBüro 2012, 207; OLG Frankfurt FamRZ 2011, 385; OLG Oldenburg FamRZ 2010, 1587; OLG Köln NJW-RR 2000, 288.
[3722] OLG Celle FamRZ 2012, 1661; OLG Hamm MDR 2011, 628; OLG Frankfurt FamRZ 2011, 385; KG FamRZ 1992, 1318; OLG Dresden FamRZ 2004, 122; OLG Düsseldorf FamRZ 2006, 1613.

unabhängig von der Frage seiner Beiordnung seinen Gebührenanspruch gegen die Partei, das Risiko der Uneinbringlichkeit dieser Forderung bleibt aber bei ihm.[3723]
- Wenn der Partei auf ihren Wunsch ein **anderer** als der antragstellende **Rechtsanwalt** beigeordnet wird.[3724]
- Bei **Entziehung der PKH** hat der beigeordnete Rechtsanwalt ebenfalls kein eigenes Beschwerderecht.[3725]
- Wenn der beigeordnete Anwalt aus der **Sozietät ausscheidet,** ist die Sozietät nicht beschwerdebefugt.[3726]
- Wenn gem. § 120a ZPO **erstmalige oder höhere Zahlungen** auf die Prozesskosten abgelehnt werden, denn eine PKH-Bewilligung ohne Ratenzahlung oder Vermögenseinsatz kann gem. § 127 Abs. 3 ZPO nur von der Staatskasse angefochten werden.[3727] Auch hier werden die Gebühreninteressen des Anwalts nur mittelbar berührt. Gleiches gilt für eine Entscheidung nach § 120a ZPO, mit der der **Wegfall der laufenden Ratenzahlungsverpflichtung** angeordnet wird.[3728]

(2) Beschwerdebefugt ist der Rechtsanwalt dagegen bei unmittelbarem Eingriff in seine anwaltlichen Pflichten. Das gilt insbesondere in folgenden Fällen: 1057

- Wenn seine **Beiordnung aufgehoben** wird (was aber bei Entzug des Mandats durch die Partei sachlich gerechtfertigt ist),[3729] anders als bei bloßer Nichtbeiordnung (→ Rn. 1056).
- Wenn ihm **verdiente Gebühren** aus der Staatskasse (zB bei rückwirkender Entziehung) nicht gezahlt werden. Das ist dann aber keine Beschwerde nach § 127 ZPO, sondern zunächst eine Erinnerung nach §§ 55, 56 RVG.[3730]
- Wenn die **Einstellung der Ratenzahlungen** gem. § 120 Abs. 3 Nr. 1 ZPO vor Deckung der Wahlanwaltsgebühren angeordnet wird (vgl. § 50 RVG).[3731] 1058
Diese Entscheidung trifft nicht nur **reflexartig** die Rechtsposition des Anwalts. Sie nimmt ihm im Hinblick auf § 122 Abs. 1 Nr. 3 ZPO die Möglichkeit, die noch ausstehenden **Differenzgebühren** zu den Wahlanwaltsgebühren geltend zu machen. Darin liegt daher eine direkte Regelung der Höhe seines Anspruchs gegen die Partei, der er beigeordnet war. Aus § 127 ZPO lässt sich eine Einschränkung des Beschwerderechts für diesen Fall nicht herleiten, und in diesem Stadium kann der Rechtsanwalt auch nicht als am PKH-Verfahren nicht Beteiligter angesehen werden[3732], so dass die Beschwerde analog § 56 Abs. 2 RVG[3733] als statthaft anzusehen ist.

[3723] BGH NJW 1990, 836; OLG Karlsruhe FamRZ 1991, 462.
[3724] LAG Hamm NZA-RR 2002, 436; OLG Düsseldorf JurBüro 1986, 298 mwN; zum Beschwerderecht bei Verweigerung der Aufhebung der Beiordnung vgl. OLG Zweibrücken NJW 1988, 570.
[3725] OLG Saarbrücken OLGReport 2001, 190; auch nicht bei Aufhebung der PKH auf die Beschwerde der Landeskasse hin, vgl. OLG Celle FamRZ 2012, 808.
[3726] LAG Nürnberg JurBüro 2002, 538.
[3727] OLG Stuttgart FamRZ 2012, 650; LAG Nürnberg BeckRS 2011, 79156; OLG Köln FamRZ 1997, 1283; MüKoZPO/*Wache* § 127 Rn. 26.
[3728] OLG Celle FamRZ 2015, 355; Musielak/Voit/*Fischer* ZPO § 127 Rn. 15.
[3729] OLG Brandenburg FamRZ 2004, 213; Zöller/*Schultzky* ZPO § 127 Rn. 58 (analog § 78c Abs. 3 ZPO); **aA:** OLG Naumburg FamRZ 2007, 916.
[3730] OLG Brandenburg FamRZ 2004, 213.
[3731] Zum Streit, ob die Einstellung vor Deckung der Wahlanwaltsgebühren angeordnet werden darf, → Rn. 402 ff.
[3732] Wie hier OLG Celle MDR 2013, 306; OLG Köln FamRZ 1997, 1283; OLG Düsseldorf MDR 1993, 90; OLG Stuttgart AnwBl 1985, 49; OLG Hamm AnwBl 1985; OLG Frankfurt JurBüro 1985, 1728; Zöller/*Schultzky* ZPO § 127 Rn. 60; *Büttner* FPR 2002, 498; **aA:** OLG Hamm FamRZ 2006, 349; OLG Zweibrücken Rpfleger 2000, 339; OLG Düsseldorf JurBüro 1984, 930 und FamRZ 1986, 1230.
[3733] OLG Celle NJW-RR 2013, 1082; Zöller/*Schultzky* ZPO § 127 Rn. 60; **aA:** Hartung/Schons/Enders RVG § 50 Rn. 15.

- Bei **Beiordnung zu den Bedingungen eines ortsansässigen Anwalts** (§§ 121 Abs. 3 ZPO, 78 Abs. 3 FamFG) ohne vorheriges **Einverständnis** des Rechtsanwaltes,[3734] (soweit ein solches Einverständnis noch für erforderlich gehalten wird, zum Streitstand → Rn. 695).
- Bei **Ablehnung seiner Entpflichtung** als beigeordneter Anwalt. Das ergibt sich aus entsprechender Anwendung von § 78c Abs. 3 S. 2 ZPO, auch wenn die §§ 48 BRAO und 121 ZPO ein solches Beschwerderecht nicht regeln.[3735] Nicht beschwerdeberechtigt ist aber ein anderer Rechtsanwalt der Kanzlei, der der beigeordnete Anwalt angehört.[3736]

d) Sofortige Beschwerde der Staatskasse

1059   Das Beschwerderecht der **Staatskasse** ist in § 127 Abs. 3 ZPO geregelt, für die Stundung im Insolvenzverfahren gilt § 4d Abs. 2 InsO. Ein Beschwerderecht der Staatskasse besteht auch ungeachtet § 172 Abs. 3 Nr. 2 SGG im sozialgerichtlichen Verfahren.[3737] Diese wird hierbei durch den **Bezirksrevisor** bei dem jeweiligen Landgericht vertreten, der nur stichprobenartige Überprüfungen veranlasst.[3738] Es besteht insoweit nur ein **eingeschränktes Beschwerderecht** der Staatskasse. In gegenständlicher Hinsicht kann nur eine PKH-Bewilligung ohne Anordnung von Ratenzahlungen von der Staatskasse angefochten werden. Zum anderen ist auch das **Beschwerdeziel inhaltlich beschränkt**. Die Staatskasse darf nicht geltend machen, die PKH sei gänzlich zu versagen, weil es an den subjektiven Voraussetzungen fehle. Wegen des eingeschränkten Beschwerderechts darf das Gericht in seiner Abhilfeentscheidung nur eine Zahlungsanordnung treffen, aber die PKH nicht gänzlich aufheben.[3739]

1060   (1) Wird **PKH ohne Anordnung von Zahlungsbestimmungen gewährt**, also ohne Anordnung von Raten oder einer Einmalzahlung aus dem Vermögen, ist gemäß § 127 Abs. 3 ZPO die **sofortige Beschwerde der Staatskasse** statthaft.

1061   (2) **In folgenden Fällen ist die Beschwerde daher gegeben:**
- **Nach ihren persönlichen und wirtschaftlichen Verhältnissen** hätte die Partei entgegen der gewährten uneingeschränkten PKH Raten oder Zahlungen aus dem Vermögen zu leisten.[3740] Sie kann aber nicht darauf gestützt werden, die angeordneten Ratenzahlungen seien zu niedrig.[3741] Auch kann das Ziel einer Beschwerde der Staatskasse nur sein, eine Zahlungsanordnung nach § 120 ZPO zu erreichen, **nicht aber die Versagung** der Prozesskostenhilfe.[3742] Auch die **Aufhebung** der PKH kann nicht mit der Beschwerde geltend gemacht werden.[3743] Das gilt wegen § 127 Abs. 3 S. 2 ZPO auch dann, wenn die **PKH für eine juristische Person oder einer Partei**

[3734] OLG Brandenburg BeckRS 2019, 21048; FamRZ 2000, 1385; OLG Stuttgart FamRZ 2007, 1111; OLG Köln FamRZ 2005, 2008; OLG Frankfurt OLGReport 2002, 327; OLG Hamburg FamRZ 2000, 1227.
[3735] OLG Brandenburg FamRZ 2004, 213; Karlsruhe FamRZ 1999, 306; OLG Dresden NJW-RR 1999, 643; Zöller/Althammer ZPO § 78c Rn. 2.
[3736] LAG Hessen BeckRS 2018, 9388.
[3737] LSG Bayern BeckRS 2017, 102821; BeckRS 2015, 68298.
[3738] → Rn. 1063.
[3739] OLG Saarbrücken FuR 2021, 50.
[3740] OLG Bremen FamRZ 2017, 637; KG FamRZ 2000, 838; OLG Oldenburg FamRZ 1996, 1428; OLG Bamberg JurBüro 1987, 1712 (die Beschwerde der Staatskasse kann auch zur Versagung nach § 115 Abs. 4 ZPO führen).
[3741] BGH FamRZ 2013, 213; NJW-RR 2009, 494.
[3742] BGH FamRZ 2013, 123; OLG Jena MDR 2015, 483; OLG Frankfurt NJOZ 2014, 1108 (Insolvenzverwalter); LG Wiesbaden BeckRS 2014, 02545.
[3743] OLG Bremen FamRZ 2017, 637; LSG Bayern BeckRS 2017, 102821.

kraft Amtes bewilligt und hier keine Zahlungsanordnung nach § 116 S. 3 ZPO getroffen wurde.
- **Bei Verneinung einer Prozesskostenvorschusspflicht und Gewährung der PKH ohne Raten.**[3744] Der Prozesskostenvorschussanspruch gehört zum Vermögen und damit zu den „wirtschaftlichen Verhältnissen". Die abweichende Auffassung[3745] berücksichtigt nicht hinreichend, dass die Funktion des Beschwerderechts der Staatskasse, die gründliche Ermittlung der wirtschaftlichen Leistungsfähigkeit zu sichern und zu überprüfen,[3746] auch hier gegeben ist. Allerdings darf hier bei Begründetheit der Beschwerde der PKH-Antrag nicht zurückgewiesen, sondern lediglich eine Einmalzahlung aus dem Vermögen angeordnet werden.[3747]
- **Fehlerhafte Nichtberücksichtigung künftiger Leistungsfähigkeit entgegen § 120 Abs. 1 S. 2 ZPO.** Auch die künftige Leistungsfähigkeit betrifft die persönlichen und wirtschaftlichen Verhältnisse iSd § 127 Abs. 3 S. 2 ZPO.[3748]
- **Wenn im Abhilfeverfahren die ursprüngliche Ratenanordnung entfällt,** hat die Staatskasse gegen diese Entscheidung die Erstbeschwerde.[3749] Wird dagegen im Abhilfeverfahren Ratenzahlung angeordnet, wird die weitergehende Beschwerde unzulässig.[3750]
- Das gilt auch für eine Entscheidung des Rechtspflegers nach **§ 120a ZPO,** mit der der Wegfall der Raten[3751] angeordnet wird.
- Auch die **Ablehnung einer Nachzahlungsanordnung** nach § 120a ZPO ist durch die Staatskasse nach zutreffender Ansicht anfechtbar,[3752] zumal die Staatskasse berechtigt ist, die Einleitung eines Abänderungsverfahren zu beantragen (dazu → Rn. 980). Dieser Auffassung hat sich auch der **BGH**[3753] angeschlossen.
- Die Staatskasse kann auch die fehlerhafte **Nichtanwendung der Vierratengrenze** des § 115 Abs. 4 ZPO rügen.[3754]
- Schließlich steht der Staatskasse die sofortige Beschwerde auch dann zu, wenn eine bereits **ausbezahlte PKH-Vergütung** zu hoch angesetzt wurde,[3755] hier kommt im Rahmen von § 20 Abs. 1 GKG auch eine Rückforderung in Betracht.

(3) Keine Beschwerde der Staatskasse ist in folgenden Fällen gegeben: 1062
- Gegen die **Bewilligung** als solche.[3756]

[3744] OLG Celle FamRZ 2015, 1420; OLG Koblenz FamRZ 1997, 679; OLG München FamRZ 1993, 821; Poller/Härtl/Köpf/*Bendtsen* ZPO § 127 Rn. 92; Zöller/*Schultzky* ZPO § 127 Rn. 49; **aA:** KG JurBüro 1990, 908.
[3745] KG JurBüro 1990, 908.
[3746] *Büttner* FPR 2002, 488 (500).
[3747] OLG Jena MDR 2015, 483; **aA:** OLG Celle FamRZ 2015, 1420: Zurückweisung des VKH-Antrages.
[3748] OLG München Rpfleger 1994, 218.
[3749] OLG Nürnberg FamRZ 1995, 1592; *Philippi* Rpfleger 1995, 466; umgekehrt entfällt ihr Beschwerderecht, wenn im Abhilfeverfahren Raten festgesetzt werden: OLG Dresden FamRZ 1997, 1287; OLG Brandenburg FamRZ 2007, 917.
[3750] OLG Düsseldorf JurBüro 2012, 315; OLG Brandenburg FamRZ 2007, 917; Zöller/*Geimer* ZPO § 127 Rn. 17.
[3751] OLG München Rpfleger 1994, 218.
[3752] OLG Bremen FamRZ 2017, 637; OLG Köln FamRZ 2007, 296; OLG Nürnberg Rpfleger 1995; 465; *Büttner* FPR 2002, 500; Zöller/*Schultzky* ZPO § 127 Rn. 49; Saenger/*Kießling* ZPO § 127 Rn. 25; **aA:** OLG München OLGR 1994, 239; OLG Frankfurt FamRZ 1991, 1326; Musielak/Voit/*Fischer* ZPO § 127 Rn. 9; BLHAG/*Dunkhase* ZPO § 127 Rn. 24.
[3753] BGH NJW 2013, 2289; BeckRS 2019, 25215.
[3754] LAG Düsseldorf JurBüro 1989, 1439.
[3755] OLG Schleswig FamRZ 2009, 451; *Nickel* MDR 2009, 1154.
[3756] BGH Rpfleger 2010, 220; OLG Jena AGS 2015, 291; OLG Düsseldorf JurBüro 2012, 315.

- **Unrichtige Bejahung der Erfolgsaussicht** der Rechtsverfolgung, **Mutwilligkeit**[3757] oder rückwirkende Bewilligung[3758] oder Erweiterung auf einen Vergleich,[3759] falls Raten angeordnet sind.
- **Notwendigkeit der Anwaltsbeiordnung**[3760] ist von der Staatskasse nicht angreifbar.
- **PKH für getrennte Verfahren,** obgleich Zusammenfassung in einem Verfahren möglich gewesen wäre.[3761]
- **Anordnung zu geringer Raten oder zu niedriger Vermögenszahlungen.**[3762]
- Anordnung **der Erstattung von Reisekosten** im Rahmen einer PKH-Bewilligung.[3763]
- **Antragslose Erstreckung der PKH** auf weitere Gegenstände.[3764]
- **Erstreckung der bewilligten PKH auf einen außergerichtlichen Vergleich**[3765] im Vergütungsfestsetzungsverfahren **oder auf Reiseentschädigung.**[3766]
- **Beschlüsse des OLG oder LG in Berufungs- oder Beschwerdeverfahren** wegen § 567 Abs. 1 ZPO.
- Ein Beschwerderecht der Staatskasse besteht auch nicht, wenn es das Prozessgericht in unzulässiger Weise unterlässt, nach Rücknahme der Klage gegen einen bedürftigen Beklagten gemäß § 269 Abs. 4 S. 2 ZPO eine Kostenentscheidung zu treffen.[3767]

1063   **(4) Beschwerdefrist der Staatskasse.** Es gilt auch für die Staatskasse zunächst die **Monatsfrist** gem. §§ 127 Abs. 3 S. 3, 569 Abs. 1 S. 1 ZPO, die mit der Bekanntgabe des Beschlusses beginnt. Da der Beschluss der Staatskasse nicht von Amts wegen zugestellt wird (§ 127 Abs. 3 S. 6 ZPO), läuft sie nur, wenn der Bezirksrevisor in sonstiger Weise, zB durch Anforderung der Akte, Kenntnis von dem Beschluss erlangt. Die einmonatige Beschwerdefrist ist dann von der **Kenntniserlangung** an zu rechnen, sie wird aber ergänzt durch die **Dreimonatsfrist** nach § 127 Abs. 3 S. 4 ZPO.

Die **Frist von drei Monaten** ist neben der Monatsfrist zu beachten. Sie läuft seit Verkündung der Entscheidung, sonst mit Übergabe an die Geschäftsstelle (§ 127 Abs. 3 S. 3, 5 ZPO).[3768] Da die Entscheidung gem. § 127 Abs. 3 S. 6 ZPO der Staatskasse nicht von Amts wegen mitgeteilt wird, kann sich die Beschwerdefrist gem. §§ 127 Abs. 3 S. 3, 569 Abs. 1 S. 2 ZPO auf den Rest, der bis zum Ablauf der Dreimonatsfrist noch übrig ist, verkürzen. Da die PKH-Entscheidung in der Regel zu Beginn des Verfahrens ergeht und das Verfahren nur in seltenen Fällen vor Ablauf von drei Monaten abgeschlossen werden kann,[3769] ist die gesetzliche Regelung paradox, denn die aus Kostengründen erwünschte

---

[3757] OLG Oldenburg FamRZ 1996, 1428.
[3758] BGH NJW 1993, 135; OLG Köln FamRZ 1997, 683.
[3759] LAG Köln MDR 1990, 747; OLG Frankfurt FamRZ 1988, 739.
[3760] OLG Düsseldorf MDR 1989, 827; LG Bielefeld Rpfleger 1987, 433; aA für Beiordnung eines nicht notwendigen Verkehrsanwalts: OLG Düsseldorf JurBüro 1987, 1830.
[3761] OLG Oldenburg FamRZ 1996, 1428.
[3762] BGH FamRZ 2013, 213; OLG Dresden FamRZ 1997, 1287; Musielak/Voit/*Fischer* ZPO § 127 Rn. 10. Beschwert sich die Staatskasse gegen eine zunächst ratenfrei bewilligte PKH wird die Beschwerde unzulässig, sobald der Partei im Abhilfeverfahren eine Rate auferlegt wird: OLG Brandenburg JurBüro 2007, 211.
[3763] OLG Brandenburg NJW-RR 2004, 63; OLG Nürnberg FamRZ 1998, 252.
[3764] LAG Köln Rpfleger 1996, 413; OLG Karlsruhe NJW-RR 1998, 1085 (auch keine greifbare Gesetzwidrigkeit).
[3765] OLG Koblenz Rpfleger 2004, 502.
[3766] OLG Brandenburg FamRZ 2004, 708 (Ls.).
[3767] OLG Hamm RVGreport 2017, 219.
[3768] OLG Brandenburg NJW-RR 2004, 63; OLG Köln FamRZ 2003, 1398: Das gilt auch bei Bestellung eines Rechtsanwalts als Verfahrenspfleger im Unterbringungs- oder Betreuungsverfahren.
[3769] Das gilt vor allem für die familiengerichtlichen Verfahren, die den größten Teil der VKH-Fälle ausmachen.

Überprüfung wird durch die Regelung der Nichtmitteilung der Entscheidung an den Kostenträger gleichzeitig wieder unmöglich gemacht. Nimmt man das im Gesetzgebungsverfahren für die Einführung der Nichtmitteilung gebrauchte Argument der Vermeidung arbeitsaufwändigen Aktenumlaufs ernst, bleibt eine Stichprobenkontrolle durch die Bezirksrevisoren.[3770] Die widersprüchliche Regelung hat – soweit ersichtlich – in der Praxis dazu geführt, dass Beschwerden der Staatskasse keine nennenswerte Bedeutung haben. Der Zweck der gesetzlichen Regelung scheint demnach verfehlt.[3771] Am Zufallsprinzip der Überprüfung durch die Staatskasse ist aber bewusst festgehalten worden.[3772] **Wiedereinsetzung** in den vorigen Stand in die 3-monatige Ausschlussfrist nach § 127 Abs. 3 S. 4 ZPO ist gesetzlich nicht vorgesehen.[3773]

(5) Im Beschwerdeverfahren vor den Oberlandeslandesgerichten bzw. sonstigen Beschwerdegerichten muss sich die Staatskasse nicht durch einen Behördenbeschäftigten **vertreten** lassen, der über die Befähigung zum Richteramt verfügt (vgl. §§ 569 Abs. 3 Nr. 2, 78 Abs. 3 ZPO).[3774]

1064

e) Keine Ausnahmestatthaftigkeit bei greifbarer Gesetzeswidrigkeit („außerordentliche Beschwerde")

Ob bei „**greifbar gesetzwidrigen**" **Entscheidungen** auch dann, wenn eine Beschwerde nicht statthaft ist, ausnahmsweise eine Überprüfung durch eine weitere Instanz zuzulassen ist, war früher umstritten.

1065

Nach der früheren Rechtsprechung des BGH[3775] war eine nach den gesetzlichen Vorschriften unanfechtbare Entscheidung dann ausnahmsweise mit der Beschwerde angreifbar, wenn sie jeder gesetzlichen Grundlage entbehrt und inhaltlich dem Gesetz fremd war. Der Gesetzgeber hat mit der Einführung der Gehörsrüge zum 1.1.2002 und seiner Umgestaltung zum 1.1.2005 diesem Rechtsgedanken insbesondere bei Verletzung des rechtlichen Gehörs Rechnung getragen und die Überprüfung durch die erlassende Instanz eingeführt.[3776] § 321a ZPO und auch die Gegenvorstellung sind auch für Entscheidungen betreffend die PKH, die nicht mit der sofortigen Beschwerde anfechtbar sind, anwendbar. Immer dann, wenn eine Korrektur der Entscheidung durch die erste oder zweite Instanz selbst danach in Betracht kommt, ist damit die Inanspruchnahme einer gesetzlich nicht vorgesehenen Instanz per se ausgeschlossen.[3777] Die gesetzlich nicht vorgesehene Überprüfung durch eine weitere Instanz kommt auch dann nicht in Betracht, wenn eine Selbstkorrektur durch die Instanz nicht erfolgt. Dann ist allenfalls noch eine Verfassungsbeschwerde gegen die Entscheidung möglich.[3778]

[3770] Das BVerfG NJW 1995, 581 hat einen Verstoß gegen das Willkürverbot verneint, da sich die Kontrolldichte an den Ergebnissen der Stichproben orientieren könne. Von einer einheitlichen Handhabung in der Praxis kann aber keine Rede sein; in einigen Bezirken wird vom Beschwerderecht wegen der praktischen Schwierigkeiten so gut wie kein Gebrauch gemacht.
[3771] Vgl. zur Kritik auch *Büttner* Rpfleger 1997, 347 (349).
[3772] Zöller/*Schultzky* ZPO § 127 Rn. 45.
[3773] OVG Berlin-Brandenburg BeckRS 2016, 53127.
[3774] OVG Bremen NVwZ-RR 2015, 439.
[3775] BGH MDR 1998, 733; aufgegeben ua durch BGH FamRZ 2004, 1191; allgemein zur greifbaren Gesetzeswidrigkeit ferner *Lotz* NJW 1996, 2130 und *Büttner* FamRZ 1989, 129 (Glosse).
[3776] BVerfG NJW 2003, 1924; → Rn. 1035.
[3777] BVerfGE 107, 395 (416 ff.); BGH BeckRS 2018, 1829; BeckRS 2017, 110224; BeckRS 2011, 19480 und FamRZ 2005, 261; NJW 2003, 3137; BGH WM 2002, 775 und BVerwG NJW 2002, 2657; BFH NJW 2006, 861.
[3778] Dazu *Zuck* NJW 2004, 1085.

2. Allgemeine Zulässigkeitsvoraussetzungen

1066 (1) **Parteifähigkeit, Prozessfähigkeit und gesetzliche Vertretung** als allgemeine Zulässigkeitsvoraussetzungen einer Beschwerde müssen auch bei der PKH-Beschwerde erfüllt sein.

(2) **Der Beschwerdewert** von 200,– EUR (§ 567 Abs. 2 ZPO) muss nicht erreicht sein, da es nicht um eine Entscheidung über Kosten geht.[3779] Anders ist es nur, wenn sich die Beschwerde gegen die Nachzahlung von Kosten gem. einer Entscheidung nach § 120a ZPO richtet,[3780] hier ist dann nur die Erinnerung nach § 11 Abs. 2 RPflG gegeben. Wird eine unrichtige Beurteilung der Erfolgsaussicht geltend gemacht, muss aber gem. § 127 Abs. 2 ZPO der Berufungswert nach § 511 ZPO (mehr als 600,– EUR) erreicht sein (→ Rn. 1049).

3. Beschwerdefrist; Einlegung nach Instanzende oder Rechtskraft

1067 (1) **Eine Beschwerdefrist von einem Monat** gilt nach § 127 Abs. 2 ZPO für die ZPO-PKH-Beschwerden, **für die Beschwerde der Staatskasse** sieht das Gesetz außerdem vor, dass sie **nach Ablauf von drei Monaten** seit der Verkündung der Entscheidung oder der Übergabe an die Geschäftsstelle **unstatthaft** ist (§ 127 Abs. 3 S. 4 und 5 ZPO).

(2) **Für die VKH-Beschwerde** in den dem **Amtsermittlungsgrundsatz** unterliegenden Familiensachen (**Nichtstreitsachen**) und sonstigen Verfahren der Freiwilligen Gerichtsbarkeit gilt nach § 76 Abs. 2 FamFG ebenfalls die Frist des § 127 Abs. 2 ZPO. Die **Verfahrensordnungen der Fachgerichtsbarkeiten** – wie § 147 iVm § 166 VwGO: Frist von zwei Wochen[3781] – können Sonderregelungen enthalten. Im **arbeitsgerichtlichen Verfahren** ist die PKH-Entscheidung nach § 9 Abs. 5 S. 4 ArbGG mit einer Rechtsmittelbelehrung zu versehen, deren Fehlen zu einer einjährigen Beschwerdefrist führt.[3782]

(3) **Beginn der Beschwerdefrist.** Die Beschwerdefrist beginnt regelmäßig mit der Zustellung der Entscheidung. Es gilt aber auch § 189 ZPO, wonach für Notfristen der Zeitpunkt des tatsächlichen Zugangs maßgebend ist, wenn nicht förmlich zugestellt worden ist.[3783] Voraussetzung von § 189 BGB ist aber stets, dass seitens des Gerichts eine förmliche Zustellung mit Zustellungswillen bewirkt werden sollte,[3784] so dass bei einer formlosen Übersendung der Entscheidung ohne Zustellungswillen eine Heilung nicht in Betracht kommt.

(4) Fraglich erscheint, ob jedenfalls die **5-Monats-Frist** nach §§ 517, 548, 569 Abs. 1 S. 2 ZPO gilt. Da das Gesetz dort von „Verkündung" spricht, gilt die Frist auch nur dann, wenn die PKH-Entscheidung ausnahmsweise verkündet worden ist. Bei weder verkündeten noch (nachweisbar) tatsächlich zugegangenen Entscheidungen läuft die Frist aber gar nicht.[3785]

1068 (5) **Die nach Instanzende eingelegte Beschwerde ist noch zulässig** (vgl. auch → Rn. 611), wenn die allgemeine Beschwerdefrist von einem Monat eingehalten ist. Die

---

[3779] Thomas/Putzo/*Seiler* ZPO § 127 Rn. 3; *Zimmermann* Rn. 705.
[3780] OLG Hamm MDR 1958, 934; Zöller/*Schultzky* ZPO § 127 Rn. 32; **aA:** *Lappe* Rpfleger 1957, 284.
[3781] OVG Bremen JurBüro 2012, 205; OVG Münster NVwZ-RR 2004, 544; OVG Greifswald NVwZ 2004, 544; BayVGH JurBüro 2004, 99.
[3782] Vgl. *Künzl/Koller* Rn. 518; *Schmidt/Schwab/Wildschütz* NZA 2001, 1161.
[3783] Anders OLG Brandenburg Rpfleger 2004, 53, das aber § 189 ZPO nicht erwähnt; wie hier Zöller/*Schultzky* ZPO § 127 Rn. 33.
[3784] BGH NJW-RR 2011, 417; LAG Köln BeckRS 2015, 73388.
[3785] Anders aber OLG Koblenz NJW-RR 2003, 1079 und OLG Brandenburg Rpfleger 2004, 53; wie hier *Groß* ZPO § 127 Rn. 58.

§ 16 Sofortige Beschwerde im PKH-Verfahren 377

Auffassung,³⁷⁸⁶ eine nach Instanzende eingelegte Beschwerde sei unzulässig, legt nicht dar, an welchem Zulässigkeitsmerkmal es fehlen soll. Sie macht auch selbst Ausnahmen für Fälle, in denen die Beschwerde nicht früher eingelegt werden konnte (zB weil der PKH-Beschluss erst zusammen mit dem Instanz beendigendem Urteil erlassen wurde). Ansonsten ist die Zulässigkeitsfrage der Beschwerde streng von der Frage ihrer Begründetheit (hierzu → Rn. 1054; zur Problematik rückwirkender Bewilligung → Rn. 602 ff.) zu unterscheiden.

(6) Wird ein Prozesskostenhilfebeschluss sowohl an die Partei selbst als auch an deren **früheren Prozessbevollmächtigten** zugestellt, verbietet es sich, die Partei unter Hinweis auf Fristversäumung auszuschließen, wenn der Anwalt rechtzeitig Beschwerde eingelegt hat.³⁷⁸⁷ 1069

(7) Wenn das Verfahren abgeschlossen ist, erfolgt die **Zustellung** weiterer Entscheidungen grundsätzlich unmittelbar an die Partei.³⁷⁸⁸ Die Bestellung des Rechtsanwaltes gilt nach zutreffender Auffassung jedoch nach § 172 ZPO auch für ein **späteres Überprüfungsverfahren nach § 120a ZPO**³⁷⁸⁹, so dass auch hier an den **Rechtsanwalt zuzustellen** ist, und die Beschwerdefrist ab diesem Zeitpunkt zu laufen beginnt. Dieser Auffassung hat sich auch der BGH³⁷⁹⁰ angeschlossen und sie ist heute unbestritten. Es ist dabei Sache der Partei, den ihr beigeordneten Rechtsanwalt über eine **neue Wohnanschrift** zu unterrichten, auch den Rechtsanwalt treffen nach Erhalt eines Aufhebungsbeschlusses Pflichten zur Kontaktaufnahme und Aufenthaltsermittlung seines Mandanten.³⁷⁹¹ Auch bei einem **Anwaltswechsel** sind Zustellungen solange an den beigeordneten Rechtsanwalt vorzunehmen, bis dem Gericht der Widerruf der Vollmacht angezeigt wird.³⁷⁹²

(8) **Der Eintritt der Rechtskraft in der Hauptsache macht eine Beschwerde gleichfalls nicht generell unzulässig,**³⁷⁹³ im Übrigen die identische Problematik bei → Rn. 1068. 1070

(9) **Die Rechtsprechung zur Verwirkung** ist weitgehend überholt, da die Beschwerde nunmehr befristet ist und jedenfalls bei formloser Mitteilung § 189 ZPO und bei Verkündung die 5-Monats-Frist gilt.³⁷⁹⁴ § 189 ZPO wird jedoch dann nicht anzuwenden sein, wenn statt an den Rechtsanwalt gemäß § 172 ZPO zuzustellen, die PKH-Entscheidung an die Partei zugestellt oder formlos übermittelt wurde oder sonst bekannt wird. In einem solchen Fall kann grundsätzlich Verwirkung des Beschwerderechts in Betracht kommen.³⁷⁹⁵ Bleibt aber unklar, ob die betroffene Partei Kenntnis von der Entscheidung des 1071

---

³⁷⁸⁶ BFH BB 1986, 187; OLG Celle OLGReport 1998, 283 (ohne nähere Begründung); OLG Frankfurt OLGReport 1998, 33; OLG München MDR 2000, 1456; OLG Zweibrücken JurBüro 1987, 1718 mwN; **wie hier verneinen** dagegen eine solche Zulässigkeitsvoraussetzung: OLG Nürnberg FamRZ 2004, 1220; OLG Karlsruhe OLGReport 2001, 656; OLG Naumburg FamRZ 2000, 69; OLG Köln FamRZ 1997, 1544; OLG Bamberg OLGReport 1999, 83.
³⁷⁸⁷ OLG Bremen FamRZ 2008, 1545.
³⁷⁸⁸ OLG Koblenz FamRZ 2008, 1338.
³⁷⁸⁹ OVG Münster BeckRS 2012, 59455; OLG Stuttgart Justiz 2011, 359; OVG Baden-Württemberg Justiz 2011, 369; BAG NZA 2006, 1128; LAG Rheinland-Pfalz BeckRS 2011, 73083; OLG Brandenburg FamRZ 2009, 426; OLG Braunschweig FamRZ 2008, 1356; **aA** noch die Vorauflage unter Rn. 884 und OLG Hamm FamRZ 2009, 1234; OLG Dresden NJ 2008, 315; OLG Koblenz FamRZ 2005, 531; OLG München FamRZ 1993, 580.
³⁷⁹⁰ BGH FamRZ 2011, 463, bestätigt durch BGH MDR 2011, 1314.
³⁷⁹¹ LAG Köln FA 2015, 86 = BeckRS 2015, 65190; OLG Frankfurt BeckRS 2015, 19767.
³⁷⁹² OLG Zweibrücken FamRZ 2014, 1725.
³⁷⁹³ So aber OLG Hamm OLGReport 2002, 347; OLG Bamberg JurBüro 1996, 254; OLG Köln JurBüro 1996, 254; OLG Karlsruhe FamRZ 1995, 240; der die Prozesskostenhilfe versagende Beschluss erwächst dagegen nicht in materieller Rechtskraft, BGH FamRZ 2004, 940 mkritAnm *Gottwald*).
³⁷⁹⁴ → Rn. 1067.
³⁷⁹⁵ OLG Frankfurt BeckRS 2010, 30129.

Gerichts über den PKH-Antrag erhalten hat, wird auch bei Ablauf von längeren Zeiträumen Verwirkung nicht anzunehmen sein,[3796] da der Beschwerdeführer die fehlende förmliche Zustellung an seinen Prozessbevollmächtigten nicht zu vertreten hat.

1072 (10) **Wiedereinsetzung** in den vorigen Stand soll nach Zurückweisung eines PKH-Gesuchs unabhängig davon, dass die Beschwerdefrist einen Monat beträgt, nach einer Überlegungszeit von 3–4 Tagen binnen der Zweiwochenfrist des § 234 Abs. 1 S. 1 ZPO bzw. Monatsfrist nach Abs. 1 S. 2 beantragt werden.[3797] Jedenfalls seit dem 1.9.2004 dürfte die zusätzliche Überlegungsfrist von 3–4 Tagen aber nicht mehr zuzubilligen sein,[3798] sondern es kommt generell auf den Wegfall des Hindernisses nach § 234 Abs. 2 ZPO an, also auf die Mitteilung der PKH-Versagung. Von diesem Zeitpunkt an läuft die zweiwöchige Wiedereinsetzungsfrist für das Rechtsmittel und ab dem Zeitpunkt der Zustellung des Beschlusses, der die Wiedereinsetzung bewilligt, die Monatsfrist für die Begründung nach § 234 Abs. 1 S. 2 ZPO.[3799]

1073 Der Wiedereinsetzung kann Bedeutung zukommen. In **ZPO-Parteiverfahren** ist nach § 232 S. 1 ZPO in Parteiverfahren jede anfechtbare Entscheidung mit einer Rechtsbehelfsbelehrung zu versehen. Unterbleibt eine solche oder ist sie fehlerhaft, wird nach § 233 S. 2 ZPO eine unverschuldete Fristversäumnis vermutet.

1074 In **Verfahren der freiwilligen Gerichtsbarkeit,** einschließlich solcher Familiensachen, bedarf es wegen § 39 FamFG gleichfalls zwingend einer Rechtsbehelfsbelehrung. Fehlt eine solche in der ablehnenden Entscheidung, ist gemäß **§ 17 Abs. 2 FamFG zu vermuten,** dass der Antragsteller die Frist **ohne sein Verschulden** versäumt hat. § 17 Abs. 2 FamFG ist statt §§ 233 ff. ZPO anzuwenden, weil das FamFG selbst keine Notfristen kennt.[3800] Auf **Ehe- und Familienstreitsachen** ist § 17 Abs. 2 FamFG wegen der Verweisung in § 113 Abs. 1 S. 2 FamFG nicht anzuwenden. Eine Anwendung von § 233 S. 2 ZPO scheidet aber deshalb aus, da in Ehe- und Familienstreitsachen wegen § 114 Abs. 1 FamFG Anwaltszwang besteht. Vorstellbar ist eine Anwendung von §§ 233 S. 2 ZPO, 113 Abs. 1 FamFG jedoch bei einer unterbliebenen oder fehlerhaften Rechtsmittelbelehrung in einem Ehescheidungsverfahren, bei dem der VKH-Antrag des nicht anwaltlich vertretenen Antragsgegners abgelehnt wird (vgl. § 114 Abs. 4 Nr. 3 FamFG) oder in einem Verfahren der einstweiligen Anordnung in einer Familienstreitsache, das ebenfalls vom Anwaltszwang nach § 114 Abs. 4 Nr. 1 FamFG befreit ist.[3801] Ebenso in den vereinfachten Unterhaltsverfahren, da auch hier wegen § 13 RPflG kein Anwaltszwang besteht.

4. Beschwer und allgemeines Rechtsschutzbedürfnis

1075 **Beschwer durch die Entscheidung** ist wie bei anderen Rechtsbehelfen auch hier **Zulässigkeitsvoraussetzung.** Die wesentlichen Fragen dazu sind schon in → Rn. 1042 ff. behandelt worden.

Das Interesse an einer Änderung der Begründung der Entscheidung bei unverändertem Entscheidungsausspruch begründet keine Beschwer, Voraussetzung ist vielmehr, dass

---

[3796] BGH MDR 2011, 7 entgegen OLG Frankfurt BeckRS 2010, 30129.
[3797] BAG NZA-RR 2013, 660; BGH NJW-RR 2012, 308; MDR 2008, 99; zustimmend: MüKoZPO/*Stackmann* § 234 Rn. 18; vgl. weiter *Büttner,* Wiedereinsetzung in den vorigen Stand, § 6 Rn. 34 ff.; § 7 Rn. 94 ff.
[3798] Krit. auch OLG Bremen OLGReport 2003, 237 und Zöller/*Greger* ZPO § 234 Rn. 8.
[3799] Zur Nachholung der Begründung der Rechtsbeschwerde nach Bewilligung von VKH: BGH NJW 2012, 151: Es gilt nicht die 2-Wochen Frist des § 18 FamFG, sondern die Monatsfrist des § 71 Abs. 2 FamFG.
[3800] *Götsche* FamRZ 2009, 383; Zöller/*Feskorn* FamFG § 76 Rn. 11.
[3801] Wobei hier jedoch die VKH-Beschwerde im Hinblick auf § 57 S. 1 FamFG unstatthaft sein wird, → Rn. 1049.

der Beschwerdeführer eine Änderung der Entscheidung zu seinen Gunsten in der Sache erstrebt.[3802]

Das **Rechtsschutzbedürfnis** für eine erneute Entscheidung kann trotz fehlender materieller Rechtskraft der PKH-Entscheidung fehlen, wenn bereits mehrere PKH-Entscheidungen aufgrund desselben Lebenssachverhalts ergangen sind.[3803]

1076

5. Abhilfeentscheidung und Vorlage

(1) **Abhilfebefugnis des Gerichts, das die Entscheidung erlassen hat.** Das Gericht, dessen Entscheidung angefochten wird, hat der Beschwerde abzuhelfen, wenn es sie für begründet erachtet (§ 572 Abs. 1 S. 1 ZPO). Die Zulässigkeit der Beschwerde hat das Erstgericht nicht zu prüfen, weil es seine Entscheidung mangels materieller Rechtskraft von PKH-Beschlüssen auch dann abändern kann und sogar muss, wenn diese unzutreffend ist.[3804] Hat sich das Ausgangsgericht in seiner Nichtabhilfeentscheidung auf eine Zulässigkeitsprüfung beschränkt, kann diese aufzuheben und das Verfahren an das Erstgericht zurückzuverweisen sein, damit dort über die in dem unzulässigen Rechtsmittel enthaltene Gegenvorstellung entschieden werden kann.[3805]

1077

Soweit die PKH-Entscheidung in die Zuständigkeit des Rechtspflegers fällt, hat er über die Abhilfe zu entscheiden und die Sache dann bei (teilweiser) Nichtabhilfe unmittelbar dem Rechtsmittelgericht vorzulegen (§ 11 Abs. 1 RPflG).[3806]

Zulässigkeitsvoraussetzung für das Beschwerdeverfahren ist die Entscheidung über die Abhilfe gleichwohl nicht, da sie in erster Linie der Entlastung der Beschwerdegerichte dient.[3807] Das Beschwerdegericht kann daher auch bei fehlendem oder fehlerhaftem Abhilfeverfahren unmittelbar über die Beschwerde entscheiden.

(2) **Die Abhilfeentscheidung** muss in **Beschlussform** ergehen, da ihr eine Abwägung von Für und Wider zugrunde liegt, sie also echten Entscheidungscharakter hat.[3808]

1078

(3) **Begründungspflicht** des Gerichts besteht in den Fällen, in denen die Beschwerde **neues Vorbringen** enthält[3809] oder die angefochtene Entscheidung keine (hinreichenden) Gründe enthalten. Neues Vorbringen ist gem. § 571 Abs. 2 S. 1 ZPO zu berücksichtigen. Das grundgesetzlich garantierte rechtliche Gehör verlangt, dass den Parteien jedenfalls die **tragenden Gründe der Entscheidung** mitgeteilt werden[3810] (→ Rn. 617 ff.). Enthält die Beschwerde neues Vorbringen, kann nicht auf die Gründe der angefochtenen Entscheidung Bezug genommen werden und das Ausgangsgericht muss sich mit diesem Vorbringen auseinandersetzen[3811] und ggf. sogar weitere Ermittlungen tätigen.[3812] Bei fehlender Begründung kann das gem. § 572 Abs. 3 ZPO zur **Aufhebung und Zurück-**

1079

[3802] BGH NJW 1994, 2697; Thomas/Putzo/*Seiler* ZPO vor § 511 Rn. 17.
[3803] → Rn. 1038.
[3804] OLG Brandenburg NZFam 2019, 553 mAnm *Grün*; BeckRS 2018, 33645; Musielak/Voit/*Ball* ZPO § 572 Rn. 4, vgl. auch LAG Rheinland-Pfalz BeckRS 2016, 69965, das aber die Begründetheitsprüfung zu Unrecht auf Wiederaufnahmegründe, greifbare Gesetzeswidrigkeit und Gehörsverstöße beschränken will.
[3805] OLG Brandenburg NZFam 2019, 553; BeckRS 2018, 33645.
[3806] OLG Naumburg JurBüro 2002, 537; OLG Köln FamRZ 1999, 1144, *Hansens* Rpfleger 2001, 574 ff.
[3807] BGH NJW-RR 2017, 707 zu § 68 Abs. 1 FamFG; OLG Karlsruhe Rpfleger 2019, 111 zu § 57 FamGKG; OLG Frankfurt MDR 2002, 1391; Zöller/*Heßler* ZPO § 572 Rn. 4.
[3808] OLG Stuttgart MDR 2003, 110; OLG Zweibrücken Rpfleger 2000, 537; LAG Sachsen-Anhalt MDR 1998, 741; OLG Köln FamRZ 1986, 487; OLG Koblenz Rpfleger 1978, 104.
[3809] OLG München Rpfleger 2004, 168; OLG Hamm MDR 2004, 412.
[3810] OLG Köln FamRZ 2002, 893; FamRZ 1994, 1126; 1986, 487; Zöller/*Heßler* ZPO § 572 Rn. 11; vgl. auch BVerfG NJW 1987, 1619 (1620).
[3811] OLG Koblenz AGS 2018, 516; OLG Köln FamRZ 2010, 146.
[3812] Thomas/Putzo/*Reichold* § 572 ZPO Rn. 3.

verweisung wegen Verfahrensmangels führen.[3813] Enthält die Beschwerde kein neues Vorbringen, entfällt die Begründungspflicht, das Erstgericht darf dann sofort vorlegen und braucht nicht abzuwarten, ob noch eine Begründung nachgereicht wird.[3814] Wird allerdings vom Beschwerdeführer eine Begründung binnen einer angemessenen Frist angekündigt, ist diese abzuwarten und sodann in die Abhilfeentscheidung mit einzubeziehen.[3815] Wird dagegen verstoßen, wird die Vorlageverfügung aufzuheben und die Sache an das Erstgericht zurückzuverweisen sein.[3816] Geht eine angekündigte Begründung ein und hat ein bereits ergangener Nichtabhilfebeschluss die Geschäftsstelle noch nicht zur Bekanntgabe der Entscheidung an die Beteiligten verlassen, so ist neu über die Abhilfe zu entscheiden.[3817]

1080   Wenn das Gericht auf die Beschwerde hin die **Begründung seiner Entscheidung ändert,** in der Sache aber bei der Entscheidung bleibt, ist nicht die Aufhebung des alten und der Erlass eines neuen Beschlusses mit neuer Begründung geboten, sondern nur ein begründeter Nichtabhilfebeschluss mit gleichzeitiger Vorlage an das Beschwerdegericht.[3818] Der Beschwerdeführer will eine Änderung der Sachentscheidung erreichen, und auch bei völligem Begründungsaustausch resultiert die Beschwer nicht erst aus dem zweiten Beschluss des Gerichts. Für diese Lösung spricht auch klar die Praktikabilität, denn es lässt sich oftmals nur schwer abgrenzen, wann von einer völligen oder teilweisen neuen Begründung ausgegangen werden kann.

1081   (4) **Mitteilung der Abhilfeentscheidung.** Diese Pflicht[3819] ergibt sich aus dem Recht auf rechtliches Gehör. Es reicht eine formlose Mitteilung nach § 329 Abs. 2 S. 1 ZPO. Ist eine Mitteilung (praktischerweise gleichzeitig mit der Vorlage an das Beschwerdegericht) unterblieben, hat das Beschwerdegericht diese Mitteilung nachzuholen,[3820] zumal in Betracht kommt, dass der Beschwerdeführer nach Kenntnis von der Nichtabhilfe und ihrer Begründung die kostenverursachende Beschwerde zurücknimmt.

1082   (5) **Vorlage an das Beschwerdegericht** hat zu erfolgen, wenn das Gericht der Beschwerde nicht oder nur teilweise abhilft (§ 572 S. 1 2. Hs. ZPO). Das hat **unverzüglich** im Sinne des § 121 Abs. 1 BGB zu geschehen. Die frühere Frist („vor Ablauf einer Woche") war nur eine Sollvorschrift, der praktische Erfordernisse (ergänzende Fragen usw.) entgegenstehen können, so wenn die Parteien ausdrücklich beantragen, über die Abhilfe einer VKH-Versagung für das Scheidungsverfahren erst nach Ablauf des Trennungsjahres zu entscheiden.[3821]

Beschwerdegericht ist das **Oberlandesgericht** bei PKH-Entscheidungen des Landgerichts oder VKH-Entscheidungen des Familiengerichts und in den in § 119 Abs. 1 Nr. 1b GVG genannten Angelegenheiten der freiwilligen Gerichtsbarkeit. Von der Möglichkeit, die generelle Zuständigkeit des OLG nach § 119 Abs. 3 GVG zu begründen, hat bisher kein Bundesland Gebrauch gemacht. Im Übrigen ist das **Landgericht** gemäß § 72 Abs. 1 GVG Beschwerdegericht bei PKH-Entscheidungen der Amtsgerichte.

[3813] OLG Brandenburg BeckRS 2019, 5348 = FamRZ 2019, 1153 (LS); FamRZ 2018, 1936; OLG Saarbrücken BeckRS 2011, 21795; OLG Schleswig BeckRS 2011, 21448; OLG Köln FamRZ 2009, 634; OLG Brandenburg FamRZ 2004, 389; **dagegen** will Thomas/Putzo/*Seiler* § 572 ZPO Rn. 20 allein fehlende Beschlussgründe für eine Zurückverweisung nicht ausreichen lassen.
[3814] Zöller/*Heßler* ZPO § 572 Rn. 8.
[3815] OLG Koblenz FamRZ 2008, 838; Zöller/*Heßler* ZPO § 572 Rn. 8.
[3816] LG Dessau BeckRS 2012, 19609.
[3817] OLG Saarbrücken BeckRS 2012, 17372.
[3818] OLG Hamm MDR 2015, 795; OLG Köln FamRZ 1986, 487 mwN; Thomas/Putzo/*Seiler* ZPO § 572 Rn. 3; **aA:** BFH BStBl. 1976, 595 mwN.
[3819] BeckOK ZPO/*Wulf* § 572 Rn. 10; BLHAG/*Hunke* ZPO § 572 Rn. 8.
[3820] OLG Köln FamRZ 2000, 311.
[3821] OLG Stuttgart FamRZ 2004, 1298.

III. Begründetheit der sofortigen Beschwerde

1. Prüfungszeitpunkt

(1) **Für die Beurteilung der Bedürftigkeit** kommt es stets auf den **Zeitpunkt der Beschwerdeentscheidung** an,[3822] wie sich aus §§ 120 Abs. 1 S. 2, § 120a, 124 Nr. 2, 3 ZPO ergibt. Bei einer erst während des PKH-Prüfungsverfahrens eingetretenen Verbesserung kann es aber erforderlich sein, den Beginn der Zahlungen auf einen späteren Zeitpunkt zu verschieben. Bei einer Verschlechterung ist zu prüfen, von welchem Zeitpunkt an die Raten herabzusetzen sind oder zu entfallen haben, wenn während des Verfahrens eingetretene Verschlechterungen zu berücksichtigen sind.[3823]

1083

(2) **Für die Beurteilung der Erfolgsaussicht** ist – wie im erstinstanzlichen Verfahren – grundsätzlich der **Zeitpunkt der Beschlussfassung** im erstinstanzlichen Verfahren maßgebend, wie in → Rn. 483 ff. eingehend dargestellt ist.

1084

(3) Die Erfolgsaussicht kann nicht abweichend von einer inzwischen **rechtskräftigen Hauptsachenentscheidung** beurteilt werden, → Rn. 1054.

1085

2. Prüfungsumfang

(1) **Die Beschwerdeinstanz ist Tatsacheninstanz** (§ 571 Abs. 2 ZPO). Das Beschwerdegericht ist daher zu einer eigenständigen Prüfung von Erfolgsaussicht und Hilfsbedürftigkeit befugt.

1086

Versäumte Angaben im ersten Rechtszug können mit der Beschwerde nachgeholt werden, denn die Beschwerde kann nach § 571 Abs. 2 ZPO auf neue Angriffs- und Verteidigungsmittel gestützt werden. Es ist nicht einsichtig, dass bei **unterbliebener Vorlage** der Erklärung über die persönlichen und wirtschaftlichen Verhältnisse etwas anderes gelten soll, mag der Antragsteller auch seiner Mitwirkungspflicht nicht fristgerecht nachgekommen sein.[3824] Es ist nicht anders, wenn dies auch bis zur Abhilfeentscheidung nicht geschehen ist.[3825] Das ergibt sich auch nicht aus § 118 Abs. 2 S. 4 ZPO, denn diese Vorschrift läuft nicht leer, wenn man die allgemeine Regelung des § 571 Abs. 2 S. 1 ZPO vorgehen lässt. Die Regelung des § 118 Abs. 2 S. 4 ZPO behält ihre Bedeutung, weil auf die Beschwerde nur Prozesskostenhilfe ab der Einreichung der erforderlichen Erklärungen gewährt werden kann, es ist aber keine Zurückweisung der Beschwerde erforderlich. § 118 Abs. 2 S. 4 ZPO hat jedoch dann Vorrang gegenüber § 571 Abs. 2 ZPO, wenn der Antragsteller die ihm gesetzte gerichtliche Frist zur Nachholung oder Ergänzung der Erklärung über die persönlichen und wirtschaftlichen Verhältnisse **nach Instanzende** versäumt hat, wobei es hier nicht darauf ankommt, ob dies schuldhaft geschehen ist.[3826]

Eigene Ermittlungen kann das Beschwerdegericht als Tatsacheninstanz anstellen. Das wird vor allem in Betracht kommen, wenn die erste Instanz wegen der Verneinung der Erfolgsaussicht die Bedürftigkeit noch nicht geprüft hatte.

1087

[3822] BGH FamRZ 2006, 548; OLG Bamberg JurBüro 1990, 1644; OLG Hamm JurBüro 1986, 1730; OLG Frankfurt AnwBl 1982, 533; Zöller/*Schultzky* ZPO § 119 Rn. 17.
[3823] → Rn. 957 ff.
[3824] Für Zurückweisung der Beschwerde aber OLG Düsseldorf ProzRB 2004, 150; LAG Nürnberg MDR 2003, 1022; LAG Schleswig-Holstein AnwBl 2003, 376.
[3825] Wie hier: BAG MDR 2004, 415; OLG Hamburg FamRZ 2015, 1315; VGH Hessen NJW 2014, 1322; OLG Hamm FamRB 2014, 302; OLG Celle BeckRS 2013, 01301.
[3826] BGH BeckRS 2018, 26436; BAG MDR 2004, 415; LAG Köln BeckRS 2019, 3269; BeckRS 2013, 68482; OLG Hamm BeckRS 2008, 12774; OLG Zweibrücken FamRZ 2004, 1500.

1088 **(2) Prüfungsbegrenzung durch „Anfall".** Nur in dem Umfang, in dem die Sache in der Beschwerdeinstanz angefallen ist, kann das Beschwerdegericht überprüfen.[3827] Hat die erste Instanz PKH gegen Raten gewährt und richtet sich die Beschwerde nur gegen die Höhe der angeordneten Raten, ist die Sache nur bezüglich der Ratenentscheidung in der Beschwerde angefallen. Das Beschwerdegericht ist dann nicht befugt, die Beurteilung der Erfolgsaussicht durch das erstinstanzliche Gericht zu überprüfen.[3828]

1089 **(3) Das Verbot der Schlechterstellung (reformatio in peius)** gilt insofern, als bei einer Beschwerde gegen die Ratenhöhe das Beschwerdegericht zum Ergebnis kommen kann, dass noch höhere Raten hätten angeordnet werden müssen oder PKH wegen § 115 Abs. 4 ZPO (Kosten übersteigen nicht vier Monatsraten) hätte versagt werden müssen.[3829] Soweit das erstinstanzliche Gericht aber PKH insgesamt versagt hat, greift das Verbot der reformatio in peius hinsichtlich der Begründungselemente nicht ein; die Beschwerdeinstanz kann die Entscheidung also auch dann bestätigen, wenn sie die von der ersten Instanz bejahte Erfolgsaussicht verneint, während die erste Instanz die Bedürftigkeit für nicht gegeben hielt.[3830]

1090 **(4) Entscheidung des Beschwerdegerichts.**
- **Zur Entscheidung in der Sache** ist das Beschwerdegericht als Tatsacheninstanz befugt, wenn die Sache – ggf. nach Tatsachenfeststellung – entscheidungsreif ist.
- **Zur Aufhebung und Zurückverweisung** (§ 572 Abs. 3 ZPO) ist das Beschwerdegericht befugt, wenn es weitere Tatsachenfeststellungen der ersten Instanz überlassen will oder diese zu Teilfragen noch nicht Stellung genommen hatte. Sind nur noch einzelne Punkte zu klären oder liegt das Ergebnis der unterbliebenen Prüfung auf der Hand (zB Bedürftigkeit bei Sozialhilfeempfängern), ist eine Aufhebung und Zurückverweisung unangebracht. Auch bei einer Entscheidung **vor Bewilligungsreife,** insbesondere vor Ablauf einer nach § 118 Abs. 2 S. 4 ZPO gesetzten Frist, kommt Zurückverweisung in Betracht.[3831] Zum Problem eines unzureichenden Abhilfeverfahrens → Rn. 1079.
- Eine Zurückweisung der sofortigen Beschwerde und **Verweisung** des PKH-Verfahrens an das **örtlich oder sachlich zuständige Prozessgericht** kommt analog § 281 ZPO auf Antrag in Betracht, wenn das Erstgericht die PKH zu Recht mangels Zuständigkeit ablehnt hat.[3832] Bejaht ein erstinstanzliches Gericht im Prozesskostenhilfeverfahren seine sachliche oder örtliche Zuständigkeit zu Unrecht und weist den Prozesskostenhilfeantrag aus anderen Gründen wegen fehlender Erfolgsaussichten oder mangels Bedürftigkeit zurück, kommt das Beschwerdegericht hingegen zum Ergebnis, dass ein anderes erstinstanzliches Gericht sachlich zuständig ist, so hat es den angegriffenen Beschluss bei Vorliegen eines (ggf. hilfsweisen) Verweisungsantrags aufzuheben und das Prozesskostenhilfeverfahren ohne Entscheidung in der Sache an das sachlich zuständige erstinstanzliche Gericht zu verweisen.[3833]
- Wenn aufgehoben und zurückverwiesen wird, ist das erstinstanzliche Gericht in seiner erneuten Entscheidung an die Beschwerdeentscheidung **gebunden** (vgl. § 563 Abs. 2 ZPO). Das gilt sowohl für die **rechtliche Beurteilung** (zB der Erfolgsaussicht oder der Anerkennung besonderer Belastungen, bei Zurückverweisung zur Prüfung der wirt-

---

[3827] MüKoZPO/*Wache* § 127 Rn. 35.
[3828] BayObLG FamRZ 1991, 1339; ebenso keine Sachprüfung, wenn sich Beschwerde nur gegen fehlende Anwaltsbeiordnung richtet: OLG Köln FamRZ 1999, 1146.
[3829] OLG Brandenburg BeckRS 2019, 21048; OLG Bremen FamRZ 2009, 306; OLG Karlsruhe FamRZ 2008, 423; OLG Bamberg FamRZ 2007, 1339; *Büttner* FPR 2002, 499; Zöller/*Schultzky* ZPO § 127 Rn. 40.
[3830] OLG Bamberg FamRZ 2007, 1339; OLG Karlsruhe 2008, 423.
[3831] OVG Sachsen Beschl. v. 28.1.2014, 3 D 8/14, BeckRS 2016, 50440.
[3832] OLG Zweibrücken MDR 2014, 1046.
[3833] BGH NJW-RR 2004, 1437; OLG Stuttgart MDR 2009, 1310.

schaftlichen Verhältnisse keine Ablehnung der PKH wegen Mutwilligkeit[3834]) als auch für die Ausführung bindender Anweisungen (zB bestimmte Tatsachen aufzuklären).[3835] Wie weit die Bindungswirkung im Einzelfall reicht, ergibt sich nicht nur aus dem Tenor, sondern auch aus den Gründen der Entscheidung.[3836]

1091 War die Sache in vollem Umfang in der Beschwerdeinstanz angefallen und wird aufgehoben und zurückverwiesen, ist die erste Instanz an ihre frühere eigene Entscheidung **nicht gebunden,** denn durch die Beschwerdeentscheidung wird die Vorentscheidung völlig beseitigt, so dass insoweit auch das Verbot der **reformatio in peius** nicht gilt[3837] (Beispiel: PKH-Verweigerung bei Bejahung der Erfolgsaussicht mangels Bedürftigkeit; Aufhebung und Zurückverweisung; damit Neubeurteilung der Erfolgsaussicht möglich). Die Bindung beschränkt sich **auf das PKH-Verfahren,** sie gilt aber nicht bei zwischenzeitlichen Veränderungen der Sachlage und auch nicht für die Hauptsacheentscheidung.[3838]

IV. Kosten der Beschwerdeinstanz

1. Gebühren und Streitwert

1092 (1) **Eine gerichtliche Beschwerdegebühr** in Höhe einer Festgebühr von **66, – EUR** gem. GKG-KV Nr. 1812 (im GKG-Bereich können auch weitere Auffangregelungen greifen, zB Nr. 5502 KV-GKG), Nr. 1912 KV-FamGKG, Nr. 19116 KV-GNotKG fällt für das Beschwerdeverfahren an, wenn die Beschwerde verworfen oder zurückgewiesen wird. Bei einem **Teilerfolg** der Beschwerde kann das Beschwerdegericht die Gebühr auf die Hälfte oder auf Null ermäßigen. War sie zum großen Teil unbegründet, kann von einer Ermäßigung abgesehen werden.[3839] Für die **Rechtsbeschwerde,** die verworfen oder zurückgewiesen wird, beträgt die Gerichtsgebühr nach GKG-KV Nr. 1826 **132,– EUR** (Nr. 1923 KV-FamGKG, Nr. 19128 KV-GNotKG); auch hier besteht die Ermäßigungsmöglichkeit. Bei einem Erfolg der Beschwerde entstehen keine Gerichtsgebühren. Die Gebühr ermäßigt sich hier aber auf **66,- EUR,** wenn die gesamte Beschwerde vor Ablauf des Tages, an dem die Endentscheidung der Geschäftsstelle übermittelt wird zurückgenommen wird (Nr. 1827 KV-GKG, Nr. 1924 KV-FamGKG, Nr. 19129 KV-GNotKG).

1093 (2) **Dem Rechtsanwalt** steht für das **Beschwerdeverfahren** gemäß VV 3500 RVG eine 0,5 **Verfahrensgebühr** zu, die **Terminsgebühr** beträgt nach VV 3513 RVG ebenfalls 0,5.

Für die **Rechtsbeschwerde** nach § 574 ZPO erhält er nach VV 3502 RVG eine Verfahrensgebühr von 1,0.

1094 (3) Der Festsetzung eines **Streit- oder Verfahrenswertes** bedarf es im PKH-Verfahren weder in erster noch in zweiter Instanz, da keine Gerichtskosten bzw. im Beschwerdeverfahren eine wertunabhängige Festgebühr anfallen.[3840] Von Bedeutung ist der Wert aber für den Gegenstand der anwaltlichen Tätigkeit, der auf Antrag nach § 33 Abs. 1 RVG vom Gericht festzusetzen ist. Nach § 23a Abs. 1 RVG bemisst sich der Gegenstandswert

---

[3834] OLG Hamm FamRZ 2005, 527.
[3835] Vgl. Zöller/*Heßler* ZPO § 572 Rn. 30.
[3836] Zöller/*Heßler* ZPO § 572 Rn. 35.
[3837] OLG Brandenburg FamRZ 2008, 1354 – sonst gilt es entsprechend § 528 S. 2 ZPO; KG NJW 1982, 2326; *Schneider* JurBüro 1980, 483; Zöller/*Heßler* ZPO § 572 Rn. 39; Thomas/Putzo/*Seiler* ZPO § 572 Rn. 21.
[3838] Zöller/*Heßler* ZPO § 572 Rn. 38.
[3839] LG Koblenz JurBüro 2010, 95; NK-GK/*Fölsch* GKG KV 1812 Rn. 26.
[3840] BeckOK Streitwert/*Dürbeck* Familienrecht – Verfahrenskostenhilfe Rn. 2.

für die Tätigkeit des Rechtsanwaltes im Verfahren über die Bewilligung oder Aufhebung der Verfahrenskostenhilfe nach dem für die **Hauptsache maßgeblichen Wert.** Dies gilt auch für das Beschwerdeverfahren[3841] und für das Aufhebungsverfahren nach § 124 Nr. 1 ZPO. Wurde in erster Instanz nur für einen **Teil** des Verfahrensgegenstandes PKH bewilligt (zB in einer Familiensache nur für den nach §§ 1629 Abs. 3, 1601 BGB geltend gemachten Kindesunterhalt, nicht aber für den Trennungsunterhalt des Ehegatten nach § 1361 BGB), so bemisst sich der Wert in der Beschwerde nach dem angegriffenen **Teil der Hauptsache.** Wurde der Partei PKH bewilligt, aber die Beiordnung eines Anwaltes versagt, so ist nach Auffassung des Bundesgerichtshofs gleichwohl der Wert der Hauptsache maßgeblich, da es dem betroffenen Beteiligten nicht nur um die Kosten eines Rechtsanwaltes gehe, sondern um die Durchsetzung seiner Rechtsposition.[3842] Richtigerweise ist hier aber bei der Wertbemessung auf das Kosteninteresse des Beteiligten in Form der voraussichtlichen Wahlanwaltsvergütung abzustellen.[3843] Bei einer Beschwerde gegen die **eingeschränkte Beiordnung** eines Rechtsanwaltes, etwa einer Beiordnung zu den Bedingungen eines im Bezirk des Familiengerichts niedergelassenen Rechtsanwaltes (121 Abs. 3 ZPO), ist ebenfalls nicht auf den Hauptsachewert, sondern auf das **Kosteninteresse** des Beteiligten an einer uneingeschränkten Beiordnung abzustellen. Es sind hier die Mehrkosten des Rechtsanwaltes auf der Grundlage der Wahlanwaltsvergütung zu ermitteln.[3844]

1095 Im Übrigen ist der Wert der anwaltlichen Tätigkeit in den Fällen, in denen sich die Beschwerde nur mit der Frage befasst, ob und welche **Ratenzahlungen** ein Beteiligter zu leisten hat, nach § 23a Abs. 1 HS. 2 RVG wegen des geringeren Prüfungsumfanges nach dem **Kosteninteresse** zu bestimmen.[3845] Dies ist in der Regel derjenige Teil der Verfahrenskosten, den der Beteiligte bei Erfolg des Antrages nicht selber leisten müsste. In Abänderungsverfahren nach § 120a ZPO ist zu differenzieren. Wird die **einmalige Rückzahlung** der Verfahrenskosten ohne Ratenzahlung oder **erstmalig Ratenzahlung** angeordnet, entspricht der Gebührenwert der Summe der vom Beteiligten zurückzuzahlenden Verfahrenskosten. Geht es dagegen um die **Abänderung von Raten,** ist der **Differenzbetrag** der noch zu zahlenden Raten maßgeblich.

2. Kostenentscheidung im Beschwerdeverfahren?

1096 Bei **erfolgloser Beschwerde** unterbleibt eine Kostenentscheidung.[3846] Die Gerichtskosten der erfolglosen Beschwerde hat die hilfsbedürftige Partei ohne besondere Entscheidung kraft Gesetzes (zB § 22 Abs. 1 S. 1 GKG) zu tragen.[3847] Die Kosten des Gegners sind wegen § 127 Abs. 4 ZPO auch im Beschwerdeverfahren nicht zu erstatten[3848] (→ Rn. 228 ff.). Das gilt auch, wenn eine Beschwerde der Staatskasse nach § 127 Abs. 3 ZPO erfolglos geblieben ist[3849] oder das Beschwerdegericht rechtsirrig die Beschwerde „kostenpflichtig" zurückgewiesen hat.[3850]

[3841] BGH FamRZ 2012, 937; MDR 2010, 1350; OLG Stuttgart ZfSch 2010, 644; VGH München NJW 2007, 861; OLG Frankfurt MDR 1992, 524; OLG Bamberg JurBüro 1984, 296; **aA:** VGH Baden-Württemberg NJW 2009, 1962: 50 % des Wertes der Hauptsache.
[3842] BGH MDR 2010, 1350.
[3843] BeckOK Streitwert/*Dürbeck* Verfahrenskostenhilfe Rn. 3.
[3844] *N. Schneider* in Schneider/Herget Rn. 4536.
[3845] BGH FamRZ 2012, 1937.
[3846] BGH ZfSch 2010, 284.
[3847] OLG Koblenz MDR 1987, 1035; → Rn. 1092.
[3848] BGH ZfSch 2010, 284; OLG Hamburg OLGReport 2002, 309; KG Rpfleger 1995, 508 (auch nicht später als Vorbereitungskosten).
[3849] BGH ZfSch 2010, 284; Zöller/*Schultzky* ZPO § 127 Rn. 64.
[3850] *Zimmermann* Rn. 728.

Bei **erfolgreicher Beschwerde** des Antragstellers unterbleibt ebenfalls eine Kostenentscheidung, denn insoweit ist nicht die Staatskasse, sondern die andere Partei als Gegner anzusehen.[3851]

Eine entgegen § 127 Abs. 4 ZPO erfolgte Kostenentscheidung begründet keinen Kostenerstattungsanspruch.[3852] Wurden der Partei gleichwohl neben den Gerichtskosten auch die gegnerischen Anwaltskosten im Rahmen der Kostenfestsetzung auferlegt, so kommen wegen grob fahrlässigen richterlichen Fehlverhaltens Amtshaftungsansprüche in Betracht.[3853]

Auch als **Vorbereitungskosten** können die Kosten des Beschwerdeverfahrens vom **obsiegenden Hilfsbedürftigen** im Kostenfestsetzungsverfahren des anschließenden Hauptverfahrens nicht vom Gegner erstattet verlangt werden.[3854]

1097

3. Prozesskostenhilfe für das PKH-Beschwerdeverfahren?

Prozesskostenhilfe für das PKH-Beschwerdeverfahren[3855] scheidet aus denselben Gründen wie für das PKH-Bewilligungsverfahren[3856] aus.

1098

Die abweichende Auffassung[3857] berücksichtigt nicht hinreichend, dass auch das Beschwerdeverfahren kein Teil des eigentlichen Streitverfahrens[3858] ist. Das gilt auch dann, wenn sich die Hauptsache im Prozesskostenhilfeverfahren erledigt.[3859]

Für die **Rechtsbeschwerde** gilt etwas anderes, da hier eine Vertretung durch einen beim BGH zugelassenen Anwalt vorgeschrieben ist (§ 574 Abs. 1 ZPO).[3860]

Beratungshilfe wird nach Ablehnung eines PKH-Antrags in erster Instanz und vor Einlegung einer Beschwerde in Anspruch genommen werden können, weil es sich nach Beendigung des erstinstanzlichen PKH-Verfahrens um die „Wahrnehmung von Rechten außerhalb eines gerichtlichen Verfahrens" (§ 1 Abs. 1 BerHG) handeln kann,[3861] wenn es um die Beratung geht, ob gegen die Entscheidung ein Rechtsbehelf eingelegt werden soll.

Anwaltszwang für das Beschwerdeverfahren besteht außerhalb der Rechtsbeschwerde nicht (mehr), so dass dies allein kein Grund ist, auch für das Beschwerdeverfahren PKH zu gewähren.[3862]

[3851] OLG München FamRZ 2002, 472 und MDR 1982, 761; *Künzl/Koller* Rn. 539; **aA:** LG Essen Rpfleger 2000, 123.
[3852] OLG München FamRZ 2002, 472; OLG Karlsruhe MDR 1992, 1178; *Zimmermann* Rn. 728 f.
[3853] OLG München BeckRS 2012, 06082.
[3854] OLG München FamRZ 2002, 472; OLG Hamburg MDR 2002, 910; OLG Düsseldorf JurBüro 1988, 223; KG Rpfleger 1995, 508; Musielak/Voit/*Fischer* ZPO § 127 Rn. 29; **anders** aber OLG Stuttgart JurBüro 1986, 936.
[3855] OLG Koblenz BeckRS 2014, 07468; VGH Hessen NJW 2013, 1690; OLG Nürnberg FamRZ 2010, 1679; OLG Köln FamRZ 1997, 1545; Thomas/Putzo/*Seiler* ZPO § 114 Rn. 1 und § 127 Rn. 1.
[3856] BGHZ 159, 263; → Rn. 185 ff.
[3857] OLG Celle NdsRpfl 1977, 190; wohl auch LG Berlin JurBüro 1987, 1060; *Benkelberg* FuR 2004, 445.
[3858] Das ist das entscheidende Argument von BGH NJW 1984, 2106.
[3859] OLG Köln FamRZ 1997, 1545 und JurBüro 1995, 535; *Zimmermann* Rn. 305.
[3860] BGH NJW 2003, 1192; NJW-RR 2019, 572.
[3861] Dazu → Rn. 1132 ff.
[3862] So noch OVG Saarlouis NVwZ 1998, 413 für den damals noch im verwaltungsgerichtlichen Verfahren bestehenden Anwaltszwang.

V. Rechtsbehelfe gegen die Beschwerdeentscheidung

1. Die Rechtsbeschwerde

1099   Die **Rechtsbeschwerde** zum BGH gegen die Entscheidung des Beschwerdegerichts (LG oder OLG) ist gegeben, wenn das Beschwerdegericht sie in der Entscheidung **zugelassen** hat (§ 574 ZPO).[3863] Sie darf nur wegen solcher Fragen zugelassen werden, die die persönlichen oder wirtschaftlichen Verhältnisse oder das Verfahren betreffen.[3864] Die Nichtzulassung der Rechtsbeschwerde ist nicht anfechtbar.[3865]

Für die Rechtsbeschwerde gelten die Notfrist von einem Monat nach § 575 Abs. 1 ZPO und die weiteren Vorschriften der §§ 575–577 ZPO. Sie muss insbesondere durch einen beim BGH zugelassenen Anwalt eingelegt werden.[3866] Ein Abhilfeverfahren der Vorinstanz findet nicht statt. Eine Nichtzulassungsbeschwerde sieht das Gesetz nicht vor.[3867] Aus dem Rechtsgedanken des § 321a ZPO dürfte folgen, dass die Zulassungsentscheidung unter den dort genannten Voraussetzungen nachholbar ist.[3868] Wenn das Beschwerdegericht den Antrag auf PKH wegen mangelnder Erfolgsaussicht zurückgewiesen hat und dennoch die Rechtsbeschwerde zugelassen hat, muss der Beschluss des Beschwerdegerichts aufgehoben werden, da schwierige Fragen der Erfolgsaussicht nicht im PKH-Verfahren vorab entschieden werden können.[3869]

Hat der **Einzelrichter** (§ 568 S. 1 ZPO) die Rechtsbeschwerde wegen grundsätzlicher Bedeutung der Rechtssache zugelassen, ohne das Verfahren zuvor nach § 568 S. 2 ZPO an das Kollegium zu übertragen, so verstößt dies gegen das **Verfassungsgebot des gesetzlichen Richters** (Art. 101 Abs. 1 GG) und rechtfertigt schon für sich allein die Aufhebung und Zurückverweisung durch das Rechtsbeschwerdegericht.[3870]

Die Bewilligung der Prozesskostenhilfe kann selbst bei Zulassung der Rechtsbeschwerde nicht angefochten werden. Die Rechtsbeschwerde ist dann trotz Zulassung unzulässig.[3871]

1100   Im **Rechtsbeschwerdeverfahren** kann vom BGH **Prozesskostenhilfe** unter Beiordnung eines beim BGH zugelassenen Anwalts bewilligt werden.[3872] Weil es der Einlegung durch einen beim BGH zugelassenen Anwalt bedarf, steht der Grundsatz, dass Prozesskostenhilfe nicht für das Prozesskostenhilfeverfahren bewilligt werden kann, nicht entgegen.

1101   **Im Insolvenzverfahren** gelten wegen § 4 S. 1 InsO die §§ 574–577 ZPO, so dass es auch hier der Zulassung der Rechtsbeschwerde bedarf (§ 577 Abs. 1 S. 1 Nr. 2 ZPO).

2. Gehörsrüge

1102   Gegen die Entscheidung des Beschwerdegerichts über ein PKH-Gesuch kann gemäß §§ 321a ZPO, 44 FamFG Gehörsrüge eingelegt werden.[3873] Es gelten die unter

---

[3863] BGH NJW 2003, 2913 für § 17a Abs. 4 S. 5 GVG.
[3864] BAG FamRZ 2006, 1117; BGH FamRZ 2007, 1720.
[3865] BGH BeckRS 2015, 17765; 2015, 05561; 2015, 02508.
[3866] BGH FamRZ 2005, 1164; BGH NJW 2002, 2189 und 2713.
[3867] BGH BeckRS 2017, 110224; BeckRS 2016, 15523; NJW 2003, 1126; FuR 2002, 526.
[3868] BGH FamRZ 2004, 1278 im Anschluss an BVerfG NJW 2003, 1924; verneinend noch *Lipp* NJW 2002, 1700 (1701) und *Greger* NJW 2002, 3049 (3051).
[3869] BGH FamRZ 2004, 867 und FamRZ 2004, 1633.
[3870] BGH BeckRS 2018, 26436; AGS 2018, 295; NJW 2003, 1254.
[3871] BGH NJW 2002, 3554.
[3872] BGH NJW 2003, 1192.
[3873] OLG Naumburg FamRZ 2007, 915; Thomas/Putzo/*Seiler* ZPO § 321a Rn. 2.

→ Rn. 1035 genannten Grundsätze. Für das Gehörsrügeverfahren im Anschluss an ein PKH-Verfahren kann – anders als sonst[3874] – aber ebenso wenig wie für das PKH-Beschwerdeverfahren selbst Prozesskostenhilfe bewilligt werden.[3875] Dem **Antragsgegner** steht mangels Beteiligtenstellung im PKH-Verfahren eine Gehörsrüge nicht zu, sie ist – wie eine Beschwerde – unstatthaft[3876] (→ Rn. 1035).

3. Gegenvorstellung

Soweit nicht eine Verletzung rechtlichen Gehörs geltend gemacht wird, verbleibt – auch bei greifbarer Gesetzeswidrigkeit[3877] – nur die Gegenvorstellung (→ Rn. 1036).   1103

§ 17 Grenzüberschreitende Prozesskostenhilfe

I. Grenzüberschreitende Prozesskostenhilfe in Zivilsachen nach der EG-Richtlinie 8/2003

1. Grundsätze

(1) Der Grundsatz, dass Prozesskostenhilfe aus Sicht des Bedürftigen nur für inländische Gerichtsverfahren gewährt werden kann, erfährt zwei Ausnahmen. Durch Gesetz vom 15. Dezember 2004[3878] ist die EG-Richtlinie 8/2003 – Grenzüberschreitende Prozesskostenhilfe in Zivilsachen – in nationales Recht umgesetzt worden.[3879] Die Richtlinie ist eine Konkretisierung Art. 47 Abs. 3 der Grundrechtscharta der Europäischen Union v. 8.12.2000.[3880]   1104

Abgesehen von einer Ergänzung des § 116 S. 1 Nr. 2 ZPO (PKH für eine juristische Person oder parteifähige Vereinigung innerhalb der EU) finden sich die Regelungen, die die PKH im engeren Sinne betreffen, in §§ 1076–1078 ZPO. Sie gelten gem. Art. 3 Abs. 2 der Richtlinie nur für natürliche Personen.

Die grenzüberschreitende PKH hat vor allem im Familienrecht Bedeutung,[3881] insbesondere für Unterhaltsansprüche mit Auslandsbezug → Rn. 44.

§ 1076 ZPO stellt klar, dass grundsätzlich auch bei einem aus einem anderen Mitgliedsstaat der Europäischen Union übermittelten Antrag auf Gewährung von Prozesskostenhilfe das Unvermögen, die Kosten der Prozessführung zu tragen, nach Maßgabe der §§ 114–116 ZPO festzustellen ist. Ebenso sind die subjektiven Voraussetzungen, hinreichende Erfolgsaussicht und das Fehlen von Mutwilligkeit, zu prüfen.[3882] Die Zielsetzungen der Richtlinie – Vereinfachung, Vereinheitlichung, Vervollständigung und Beschleunigung[3883] – bedingen allerdings eine großzügige Auslegungsweise.[3884]

[3874] BGH AGS 2014, 290.
[3875] OLG Köln RVGreport 2015, 156.
[3876] OLG Bremen NZFam 2014, 375.
[3877] OLG Naumburg BeckRS 2014, 16162.
[3878] BGBl. I 3392; abgedruckt bei BLHAG/*Schmidt* Grdz. ZPO vor § 1076 Rn. 4.
[3879] Zur Richtlinie insgesamt *Jastrow* MDR 2004, 75. Dänemark hat sich der Richtlinie nicht angeschlossen.
[3880] EuGH RIW 2017, 693; Abl. EG 346/1 18.12.2000, S. 1, 20; ausführlich dazu *Gogolin*, S. 288 ff.
[3881] *Motzer* FamRBint 2008, 16.
[3882] Zöller/*Geimer* ZPO § 1076 Rn. 4. Zur Gesetzessystematik und Begründung insgesamt BT-Drs. 15/3281 v. 10.6.2004.
[3883] BLHAG/*Schmidt* ZPO § 1076 Rn. 3.
[3884] BLHAG/*Schmidt* ZPO § 1076 Rn. 2.

1105 (2) **Funktional zuständig für** die Entscheidungen nach §§ 1077, 1078 ZPO ist der Rechtspfleger.[3885] Wird PKH für eine Rechtsverfolgung oder -verteidigung beantragt, die eine richterliche Handlung erfordert, ist gem. § 20 Nr. 6 RPflG der Richter zuständig.

(3) Es geht sowohl um **Antragsteller im Inland,** die in einem anderen EU-Staat einen Rechtsstreit mit Hilfe von PKH führen wollen (ausgehende Ersuchen, § 1077 ZPO), als auch um **Antragsteller aus dem Europäischen Ausland,** deren Rechtsstreit in Deutschland stattfinden soll (eingehende Ersuchen, § 1078 ZPO).

2. Ausgehende Ersuchen, § 1077 ZPO

1106 (1) **§ 1077 ZPO betrifft deutsche Ersuchen gegenüber einem Europäischen Mitgliedsstaat.** Für diese ausgehenden Ersuchen ist das **Amtsgericht** zuständig, in dessen Bezirk der Antragsteller seinen Wohnsitz oder gewöhnlichen Aufenthalt hat (Übermittlungsstelle). Die Landesregierungen können gem. § 1077 Abs. 1 S. 2 ZPO die örtliche Zuständigkeit konzentrieren. Mit Verordnung vom 21.12.2004[3886] sind Formulare eingeführt, derer sich der Antragsteller nach § 1077 Abs. 2 S. 2 ZPO bedienen muss. Für das Verfahren nach § 1077 ZPO selbst kann keine PKH gewährt werden, sondern nur **Beratungshilfe;** vgl. § 10 Abs. 1 Nr. 2 BerHG.[3887]

(2) Der Rechtspfleger hat die Vollständigkeit des Antrags und der Anlagen zu prüfen und ggf. eine kurze Frist zur Vervollständigung zu setzen. Sodann ist darüber zu entscheiden, ob der Antrag überhaupt in den Anwendungsbereich der Richtlinie 2003/8/EG fällt. Das ist der Fall, wenn die PKH beantragende Partei ihren Gerichtsstand/gewöhnlichen Aufenthaltsort in einem anderen Mitgliedsstaat als dem geplanten Gerichtsstands- bzw. Vollstreckungsstaat hat.[3888] Ist das nicht der Fall, wird die Übermittlung durch begründeten Beschluss abgelehnt. Gleiches gilt, wenn der Antrag offensichtlich unbegründet ist.[3889] Zu letzterem lassen sich die Schwierigkeiten, die dem Rechtspfleger im Zusammenhang mit der Einschätzung der Rechtslage im Ausland erwachsen, kaum abschätzen. Deshalb wird insoweit großzügig zu entscheiden sein.[3890] Die Übermittlungsstelle darf die Übermittlung aber ablehnen, wenn der Antragsteller trotz entsprechenden Hinweises formelle Mängel des Antrags nicht beseitigt und abzusehen ist, dass die zuständige Empfangsstelle den Antrag deshalb zurückweisen wird. Werden im Standardformular bestimmte Angaben und entsprechende Belege gefordert, darf die Übermittlungsstelle grundsätzlich davon ausgehen, dass diese für die Entscheidung über den Antrag auch erforderlich sind.[3891] Die ablehnende Entscheidung ist förmlich zuzustellen; gegen sie ist die sofortige Beschwerde gegeben, § 1077 Abs. 3 S. 3 ZPO.

1107 (3) Der Rechtspfleger hat von Amts wegen die Angaben auf dem Standardformular für den Antrag auf Prozesskostenhilfe sowie auch die Anlagen in eine von dem Mitgliedsstaat der zuständigen Empfangsstelle anerkannte Sprache übersetzen zu lassen. Auch beigefügte fremdsprachige Anlagen sind zu übersetzen, wenn dies für eine Entscheidung nach § 1077 Abs. 1 ZPO erforderlich ist, vgl. Abs. 3 S. 2. Die Kosten hierfür hat nach Art. 8 lit. b der Richtlinie EG 8/2003 der Herkunftsstaat, also im Rahmen von § 1077 ZPO, der deutsche Fiskus zu tragen.

Im Falle der Ablehnung des Antrags hat der Antragsteller nach § 28 Abs. 3 Nr. 2 GKG die Kosten der Übersetzung zu tragen.

[3885] Dazu insgesamt *Rellermeyer* Rpfleger 2005, 61.
[3886] EG-Prozesskostenhilfevordruckverordnung, BGBl. I 3538.
[3887] Musielak/Voit/*Fischer* ZPO § 1077 Rn. 8.
[3888] Musielak/Voit/*Fischer* ZPO § 1076 Rn. 2.
[3889] *Gogolin* 296.
[3890] BLHAG/*Schmidt* ZPO § 1077 Rn. 10.
[3891] OLG Hamm FamRZ 2010, 1587.

(4) Wenn die erforderlichen Übersetzungen dem Gericht vorliegen, sind der Antrag sowie die Unterlagen innerhalb von 14 Tagen an die Empfangsstelle des anderen Mitgliedsstaates weiterzuleiten. Diese wird sich einem Handbuch der Europäischen Kommission entnehmen (vgl. Art. 13 Abs. 5 RL EG 8/2003) lassen sowie einem Europäischen Justiziellen Atlas in Zivilsachen im Internet.[3892] Die Übermittlung erfolgt ohne Legalisation oder gleichwertige Förmlichkeit (§ 1077 Abs. 5 ZPO).

(5) § 1077 Abs. 6 ZPO schließlich berücksichtigt die unterschiedlichen Regelungen zur Bedürftigkeit in den einzelnen Mitgliedsländern. Wenn der Antrag auf grenzüberschreitende PKH nach Maßgabe des innerstaatlichen Rechts des ersuchten Mitgliedsstaates wegen fehlender Bedürftigkeit abzuweisen wäre, kann PKH dennoch gewährt werden, wenn der Antragsteller nachweist, dass er wegen unterschiedlich hoher Lebenshaltungskosten an seinem Wohnsitz und am Gerichtsort die Prozesskosten nicht tragen kann. Dadurch soll eine Benachteiligung von Antragstellern vermieden werden, die ihren Wohnsitz in einem Mitgliedstaat mit hohen Lebenshaltungskosten haben, was für Antragsteller in Deutschland sicher gilt.[3893] § 1077 Abs. 6 ZPO bestimmt daher, dass die deutsche Übermittlungsstelle eine **Bescheinigung der Bedürftigkeit** ausstellt, wenn der Betroffene nach § 115 Abs. 1, 2 ZPO in Deutschland als unvermögend anzusehen ist. Die Vier-Raten-Grenze aus § 115 Abs. 4 ZPO spielt hier keine Rolle; es kommt lediglich auf Einkommen und Vermögen an.[3894]

1108

(6) **Für ausgehende Ersuchen nach dem IntFamRVG** gilt Folgendes: Das Amtsgericht, in dessen Bezirk der Antragsteller seinen gewöhnlichen bzw. tatsächlichen Aufenthalt hat, befreit ihn auf Antrag von den Kosten für notwendige Übersetzungen, wenn er die Voraussetzungen nach §§ 114, 115 ZPO erfüllt; § 5 Abs. 2 IntFamRVG. Verfahrenskostenhilfe für **Verfolgung von Unterhaltsansprüchen im Ausland** kann gem. §§ 20–24 AUG[3895] gewährt werden; hier trifft § 21 AUG für ausgehende Ersuchen eine von § 1077 Abs. 1 Satz 1 ZPO abweichende Zuständigkeitsregelung.

3. Eingehende Ersuchen, § 1078 ZPO

(1) Empfangsstelle für eingehende Ersuchen – wiederum ohne Legalisation – um grenzüberschreitende Prozesskostenhilfe ist das für die Hauptsache zuständige Prozessgericht bzw. Vollstreckungsgericht. Dieses entscheidet über das Ersuchen nach Maßgabe der §§ 114 bis 116 ZPO. Auch wenn der Betroffene im Ausland lebt, ist das **deutsche Formular** nach § 1 PKHVV zu verwenden.[3896] Nach § 1078 Abs. 1 S. 2 ZPO müssen die Anträge in deutscher Sprache ausgefüllt sein und die Anlagen von einer Übersetzung in die deutsche Sprache begleitet sein. Die **Übersetzungskosten** fallen nach Art. 8 lit. b RL EG 8/2003 dem Herkunftsstaat zur Last. Die Frage der Bedürftigkeit ist grundsätzlich nach § 115 ZPO zu beurteilen. Allerdings sind wegen § 1078 Abs. 3 ZPO die unterschiedlich hohen Lebenshaltungskosten am Wohnsitz des Antragstellers und in Deutschland zu berücksichtigen. Damit kann Bedürftigkeit auch zu bejahen sein, wenn sie im anderen EU-Staat nicht besteht.[3897]

1109

(2) Das Gericht hat der übermittelnden Stelle eine Abschrift seiner Entscheidung zu übermitteln (§ 1078 Abs. 2 S. 2 ZPO).

[3892] *Jastrow* MDR 2004, 75 (76). Abrufbar unter http:// eur-lex.europa.eu.
[3893] BT-Drs. 15/3281, 12.
[3894] Musielak/Voit/*Fischer* ZPO § 1077 Rn. 7.
[3895] IdF v. 23.5.2011, BGBl. I 898, dazu *Andrae* NJW 2011, 2545 (2550).
[3896] BGH FGPrax 2011, 41: Für Rechtsbeschwerde eines abgeschobenen ukrainischen Staatsangehörigen.
[3897] *Groß* ZPO § 1078 Rn. 7.

(3) Bei Ablehnung des Gesuchs hat der Antragsteller die Möglichkeit der sofortigen Beschwerde, §§ 1076, 127 ZPO.

(4) Hinsichtlich eines weiteren Rechtszugs bleibt § 119 Abs. 1 S. 1 ZPO grundsätzlich anwendbar. § 1078 Abs. 4 ZPO enthält die jedoch als Erleichterung zugunsten des Rechtsmittelführers die Fiktion, dass im Falle bewilligter Prozesskostenhilfe auch für jeden weiteren Rechtszug, der von dem Antragsteller oder dem Gegner eingeleitet wird, ein erneutes Ersuchen als gestellt gilt. Dadurch wird der Prozessbeteiligte, der aus einem anderen Mitgliedsstaat der EU das Verfahren betreibt, davon befreit, mit Erreichen des neuen Rechtszuges – unter Umständen abweichend von seinem nationalen Recht – ein erneutes Ersuchen betreiben zu müssen.[3898] Voraussetzung ist allerdings, dass ein weiterer Rechtszug überhaupt eingeleitet wird.

(5) Das Gericht hat die Aufgabe, den Antragsteller zur Darlegung der Bewilligungsvoraussetzungen für den weiteren Rechtszug zu veranlassen.

4. Antragstellung unmittelbar bei dem Prozessgericht

1109a   In der Gerichtspraxis war es bereits in der Vergangenheit nicht unüblich, dass im EU-Ausland lebende Personen ihren PKH-Antrag – ohne die Beteiligung der Übermittlungsstelle ihres Heimatlandes – unmittelbar bei dem deutschen Prozessgericht stellten. Hiergegen bestanden zwar keine grundsätzlichen Bedenken, es stellte sich aber das Problem, wie mit in ausländischer Sprache verfassten und vorgelegten Belegen (wie zB Gehaltsnachweise, Steuerbescheide etc.) zu verfahren ist, wer die Übersetzung der Belege zu veranlassen und die nicht unerheblichen Kosten hierfür zu tragen hat. Da das deutsche Recht die Bewilligung von PKH für das PKH-Bewilligungsverfahren nicht vorsieht und § 1078 Abs. 1 S. 2 ZPO bestimmt, dass dem PKH-Antrag übersetzte Belege beiliegen müssen, wurden Anträge ohne entsprechende übersetzte Belege unter Hinweis auf das für den Antragsteller kostenfreie Verfahren iSd Richtlinie EG 8/2003 unter Einschaltung der ausländischen Übermittlungsstelle abgelehnt.[3899] Soweit Antragsteller die Übersetzungskosten selbst finanziert hatten, wurde eine Kostenerstattung im Rahmen der PKH abgelehnt, weil diese nicht für das Bewilligungsverfahren selbst gewährt werden könne.[3900] Das **BAG** hat in dem zuletzt genannten Fall der Verweigerung von PKH für die vom Antragsteller **verauslagten Übersetzungskosten** die Frage dem EuGH gem. Art. 267 AEUV vorgelegt.[3901] Der **EuGH**[3902] hat die ihm vorgelegte Frage dahin beantwortet, dass für bedürftige Rechtsuchende grundsätzlich ein **Wahlrecht** bestünde, ob sie ihren Antrag unmittelbar bei dem deutschen Prozessgericht stellen oder aber dies unter Einschaltung der Übermittlungsstelle ihres Heimatstaates veranlassen. Im zuerst genannten Fall seien Art. 3, 8 und 12 der Richtlinie EG 8/2003 dahin auszulegen, dass die Prozesskostenhilfe auch die erforderlichen Übersetzungskosten für die Anlagen des PKH-Antrages umfassen müsse. Das **BAG**[3903] ist dieser Auslegung gefolgt und hat die PKH für den betroffenen Kläger aus der Tschechischen Republik auf die Kosten der Übersetzung der Anlagen seines PKH-Antrages erstreckt. Nur kurze Zeit später musste auch der **BGH**[3904] über die zweite Fallgestaltung entscheiden, in der einem aus Polen stammenden Kläger die PKH für einen unmittelbar beim Berufungsgericht gestellten Antrag verweigert und sein Beweisantrag mangels Auslagenvorschusses zurückgewiesen

---

[3898] BT-Drs. 15/3281, 13.
[3899] BGH WM 2015, 737.
[3900] LAG Sachsen BeckRS 2015, 69202.
[3901] BAG NZA 2016, 61.
[3902] EuGH RIW 2017, 693.
[3903] BAG NZA 2018, 117.
[3904] BGH MDR 2018, 1521.

worden waren, weil er die Einkommensbelege nicht in die deutsche Sprache hat übersetzen lassen. Auch der BGH ist den Vorgaben des EuGH gefolgt und hat nicht nur das **Wahlrecht** bei der Antragstellung mit oder ohne Beteiligung der Übermittlungsstelle bestätigt, sondern darüber hinaus entschieden, dass die Gerichte im PKH-Prüfungsverfahren **von Amts wegen** in fremdländischer Sprache verfasste Belege **übersetzen** lassen müssten.

Die vorgenannten höchstrichterlichen Entscheidungen werden auch außerhalb von §§ 1076 ff. ZPO das deutsche Prozesskostenhilferecht nachhaltig beeinflussen. Der Grundsatz, dass PKH nicht für das Bewilligungsverfahrens selbst gewährt werden kann, wird auch bei im Inland lebenden Bedürftigen, die in fremdländischer Sprache verfasste Belege vorlegen, nicht mehr aufrechterhalten werden können.[3905]

II. Anträge nach dem Haager Übereinkommen über den Zivilprozess vom 1.3.1954 (BGBl. II 576) und des Haager Übereinkommens über die zivilrechtlichen Aspekte internationaler Kindesentführung v. 25.10.1980 (BGBl. 1990 II 207)

Im Anwendungsbereich des Haager Übereinkommen über den Zivilprozess vom 1.3.1954 des Übereinkommens finden sich Regelungen über das „Armenrecht" in Art. 20 ff. Art. 23 sieht hier die Möglichkeit vor, dass Ausländer über die im Heimatland zuständige Behörde den PKH-Antrag auf dem konsularischen Wege einreichen.[3906]

Weitere Regelungen zur Prozesskostenhilfe sind im Rahmen von familiengerichtlichen grenzüberschreitenden Kindesentführungsfällen[3907] in §§ 25 HKÜ, 43 IntFamRVG betreffend das **Haager Kindesentführungsabkommen** enthalten.

1110

III. Fälle mit Auslandsbezug in Unterhaltssachen

Das Auslandsunterhaltsgesetz, das zur Durchführung der EuUntVO[3908] sowie der in § 1 AUG genannten völkerrechtlichen Verträge ergangen ist,[3909] enthält in §§ 20 ff. Vorschriften über die Bewilligung von Verfahrenskostenhilfe, die teilweise von den §§ 114 ff. ZPO abweichen und die aus Art. 44 ff. der VO (EG) Nr. 4/2009[3910] und den völkervertraglichen Regelungen sich ergebenden Folgerungen umsetzen.[3911] Soweit das AUG und die EuUntVO keine speziellen Regelungen enthalten, gelten im Bereich der EU in Bezug auf das Verfahren §§ 1076 ff. ZPO. Zu beachten ist nach § 21 AUG die Zuständigkeitskonzentration bei dem Amtsgericht am Sitz des OLG. § 22 Abs. 1 AUG iVm Art. 46 verzichtet für die dort genannten Anträge nach Art. 56 der VO, etwa in den dort vorgesehenen Fällen der Geltendmachung von Kindesunterhalt, auf die Prüfung der Bedürftigkeit[3912] des Antragstellers.

1111

[3905] Ebenso *Maul-Sartori* juris PR-ArbR 39/2017 Anm. 5.
[3906] Weitere Einzelheiten bei *Zimmermann* Rn. 14e.
[3907] Vgl. ausf. Heilmann/*Schweppe* Art. 1 HKÜ Rn. 1 ff.
[3908] VO (EG) Nr. 4/2009, ABl. 2011 I 131 26.
[3909] → Rn. 44 und *Hess/Spancken* FPR 2013, 27.
[3910] ABl. 2011 L 131 26.
[3911] *Andrae* NJW 2011, 2545 (2550); *Hausmann* 1. Teil C Rn. 820 ff.
[3912] *Veith* FPR 2013, 46 (51).

IV. PKH für ein Verfahren vor dem Europäischen Gerichtshof

1112 (1) Als weitere Ausnahme vom Grundsatz, dass Prozesskostenhilfe nur für ein Verfahren vor deutschen Gerichten gewährt wird, sind die **Regelungen für Prozesskostenhilfe für ein Verfahren vor dem Europäischen Gerichtshof** anzusehen. Sie finden sich nach Änderung der EUGH-VfO zum 1.11.2012[3913] nunmehr dort in Art. 115 ff. EuGHVfO und für das Gericht der EU (vor dem Vertrag von Lissabon „Gericht erster Instanz") in Art. 146 ff. Verfahrensordnung des Gerichts (EuGVfO).[3914]

Die Verfahren vor dem EuGH und vor dem Gericht der Europäischen Union sind grundsätzlich (vgl. Art. 143 EuGHVfO, 139 EuGVfO) kostenfrei, davon gibt es jedoch geringfügige Ausnahmen (zB ungewöhnliche Schreib- und Übersetzungsarbeiten). In jedem Fall ergeht eine Kostenentscheidung (Art. 133 EuGVfO, Art. 137 EuGHVfO).

(2) PKH kommt erstens für ein **Vorabentscheidungsverfahren** in Betracht. Ist allerdings im Rahmen des Ausgangsverfahrens im Inland bereits PKH gewährt worden, umfasst diese auch das Verfahren vor dem EuGH. Wurde im Inland noch keine PKH gewährt, kann sie erstmals beim EuGH beantragt werden;[3915] ebenso wie bei einer **Direktklage,** der kein nationales Ausgangsverfahren vorangeht. Im Übrigen kann unabhängig von der Art der Klage und des Verfahrens PKH bei den Gerichten der Europäischen Union beantragt werden.[3916]

(3) Es ist ein **Antrag** erforderlich (Art. 147 EuGVfO, Art. 115 § 1 EuGHVfO). Nach Art. 147 Abs. 2 EuGVfO besteht Formularzwang. Die **Bedürftigkeit** des Antragstellers ist nachzuweisen. Dazu sind Bescheinigungen der entsprechenden nationalen Behörde einzureichen, in Deutschland zB ein Sozialhilfe- oder Steuerbescheid,[3917] ein Bescheid über SGB-Leistungen I bzw. II oder ähnliches. Ist der Antragsteller Arbeitnehmer, kommt eine Gehaltsbescheinigung in Betracht. Wird der Antrag vor der Klage eingereicht, muss der Gegenstand des Verfahrens kurz dargelegt werden, damit geprüft werden kann, ob die Rechtsverfolgung nicht offensichtlich aussichtslos (vgl. Art. 146 Abs. 2 EuGVfO, 147 Abs. 4 EuGVfO) ist;[3918] der Antrag selbst unterliegt nicht dem Anwaltszwang[3919] (Art. 147 EuGVfO, Art. 115 § 1 EuGHVfO) und kann in der Sprache des Hauptverfahrens gestellt werden.[3920]

1113 (4) Das Gericht prüft die **Erfolgsaussicht** der Klage und hört die Gegenpartei schriftlich an (Art. 116 EuGHVfO, Art. 148 Abs. 1 EuGVfO), sodann entscheidet es durch **Beschluss,** der im Fall der Ablehnung der PKH begründet sein muss (Art. 148 Abs. 3 EuGVfO, Art. 116 Abs. 4 S. 2 EuGHVfO). Dabei steht den europäischen Gerichten ein Ermessensspielraum zu. Ablehnende Beschlüsse des EuGH[3921] und des Gerichts (Art. 148 Abs. 8 EuGVfO) sind **unanfechtbar.** Die PKH kann im Laufe des Verfahrens jederzeit von Amts wegen oder auf Antrag **entzogen** werden, wenn sich die Voraussetzungen, unter denen sie bewilligt wurde, ändern (Art. 118 EuGHVfO, Art. 150 EuGVfO). Über den Wortlaut der zuletzt genannten Vorschriften kann die PKH – entsprechend § 124

[3913] ABl. 2012 L 265/1; vgl. *Karpenstein/Eckart* AnwBl 2013, 249; *Berrisch* EuZW 2012, 881.
[3914] Ausführlich dazu *Künzl/Koller* Rn. 769 ff.; *Pechstein* Rn. 163.
[3915] *Künzl/Koller* Rn. 773.
[3916] *Hakenberg/Stix-Hackl*, S. 222.
[3917] *Wägenbaur* VerfO EuGH Art. 116 Rn. 3.
[3918] *Hakenberg/Stix-Hackl*, S. 223.
[3919] Poller/Härtl/Köpf/*Poller* VerfO EuGH Art. 115 Rn. 4.
[3920] *Künzl/Koller* Rn. 775.
[3921] Poller/Härtl/Köpf/*Poller* VerfO EuGH Art. 189 Rn. 6; *Wägenbaur* VerfO-EuGH Art. 146 Rn. 2.

Abs. 1 Nr. 1 und 2 Alt. 1 ZPO – auch bei anfänglichen Falschangaben entzogen werden.[3922]

(5) Wird PKH bewilligt, so umfasst sie die bei Verfahren vor dem Gericht die erstattungsfähigen Kosten gem. Art. 149 Abs. 1 S. 1 EuGVfO für einen Rechtsanwalt bzw. die rechtliche Vertretung. Die Kosten werden *vorgestreckt* und von der Partei, der die Kosten auferlegt werden, **später beigetrieben** (vgl. Art. 149 Abs. 2–4 EuGVfO). Wie sich aus Art. 149 Abs. 2 EuGVfO ergibt, kann dies **auch die bedürftige Partei** sein.[3923]

Nach Art. 117 EuGHVfO umfasst die PKH vor dem EuGH die Kosten des Beistands und der Vertretung vor Gericht, insbesondere also die Beiordnung eines Rechtsanwalts, für dessen Gebühren und Auslagen uU eine Obergrenze ebenso wie ein Vorschuss festgesetzt werden kann. Ist der Gegner der PKH-Partei unterlegen, hat er die vorgestreckten Beträge zu erstatten. Verliert die PKH-Partei, entscheidet das Gericht nach billigem Ermessen über Kostentragung bzw. Übernahme durch die Gerichtskasse.

Für Verfahren vor dem **Gericht für den öffentlichen Dienst der Europäischen Union** bestehen nach Art. 110 ff. EuGÖD-VfO ebenfalls Vorschriften über die Gewährung von PKH.[3924]

V. PKH für ein Verfahren vor dem Europäischen Menschengerichtshof

Für Verfahren vor dem **Europäischen Gerichtshof für Menschenrechte**,[3925] die ebenfalls gerichtskostenfrei sind, ist die Gewährung von Prozesskostenhilfe für die Individualbeschwerde von natürlichen Personen und nichtstaatlichen Organisationen (Art. 34 EGMR-VerfO) in Art. 100–105 EGMR-VerfO geregelt. Sie kann erst nach Zustellung der Beschwerde beim Gerichtshof beantragt werden (Art. 100 EGMR-VerfO). Auch kann nach Art. 100 EGMR-VerfO vom Kammerpräsidenten **von Amts wegen** Prozesskostenhilfe bewilligt werden.[3926] Voraussetzung ist neben der Bedürftigkeit des Beschwerdeführers die Erforderlichkeit der Beiordnung eines Rechtsanwaltes (Art. 101 Nr. 1 EGMR-VerfO), was eine komplexe Sach- und Rechtslage voraussetzt.[3927] Erfolgsaussichten sind nicht gesondert zu prüfen, da solche bereits im Regelfall aus der Zustellung folgen. Die gewährte PKH ist bei einer nach Art. 41 EMRK zugesprochenen Entschädigung bei den tatsächlich entstandenen Kosten wieder abzuziehen.[3928] Für die Anwaltsvergütung enthält § 38a RVG Regelungen. Danach finden VV 3206 ff. RVG Anwendung. Der Gegenstandswert bestimmt sich gem. § 14 Abs. 1 RVG nach Umfang und Schwierigkeit der anwaltlichen Tätigkeit und der der Einkommens- und Vermögensverhältnisse des Auftraggebers nach **billigem Ermessen,** jedoch beträgt der Wert mindestens 5.000 EUR. Anders aber als bei der Verfassungsbeschwerde gilt § 33 Abs. 1 RVG, wonach das Gericht auf Antrag den Wert des Gegenstands der anwaltlichen Tätigkeit festzusetzen hat, gegenüber dem EMRK nicht.[3929] Im Streitfall muss der Rechtsanwalt seine am Verfahrenswert orientierte Vergütung einklagen.

1114

[3922] *Wägenbaur* VerfO EuGH Art. 150 Rn. 1.
[3923] Poller/Härtl/Köpf/*Poller* VerfO EuGH Art. 149 Rn. 3.
[3924] Vgl. die Ausführungen von Poller/Härtl/Köpf/*Poller* VerfO EuGÖD Art. 114 Rn. 1 ff.
[3925] Vgl. allgemein zum Verfahren vor dem EGMR *Braasch* JuS 2013, 602.
[3926] Meyer-Ladewig/Nettesheim/von Raumer/*Meyer-Ladewig/Albrecht* EMRK Art. 29 Rn. 13–15.
[3927] Karpenstein/Mayer/*Schäfer* EMRK Art. 34 Rn. 12.
[3928] Karpenstein/Mayer/*Schäfer* EMRK Art. 34 Rn. 12 m. Nachweisen der Rspr. des EGMR und unter Hinweis auf die derzeit gewährte Pauschale von 850 EUR für das Verfahren.
[3929] *Burhoff* RVGreport 2013, 421 (424).

1115 Durch das am 25.4.2013 in Kraft getretene **Gesetz zur Einführung von Kostenhilfe für Drittbetroffene in Verfahren vor dem Europäischen Gerichtshof für Menschenrechte** (EGMRKHG)[3930] kann nunmehr auch nicht unmittelbar am Verfahren beteiligten Drittbetroffenen, deren Menschenrechte ebenfalls durch die Entscheidung über die Beschwerde tangiert sind *(zB die Kindesmutter bei einer Beschwerde des Vaters in Bezug auf das Umgangsrecht),* staatliche Kostenhilfe gewährt werden. Die Höhe der zu erstattenden Beträge ist für diese Fälle in der Verordnung über die Erstattungsbeträge für Kosten und Auslagen im Rahmen der Kostenhilfe für Drittbetroffene in Verfahren vor dem EGMR vom 15.8.2013 (BGBl. I 3273) geregelt.

1116 Verfahren und Voraussetzungen sind in § 1 EGMRKHG geregelt. Gemäß § 1 Abs. 2 S. 1 EGMRKHG gelten §§ 115, 116, 117 Abs. 1 S. 1 und 2, Abs. 2 S. 1, 118 Abs. 2, 120 Abs. 1, 3 und 4 sowie § 124 ZPO entsprechend. Zuständig für die Bewilligung ist das **Bundesamt für Justiz**, § 1 Abs. 2 S. 2 EGMRKHG. Gemäß § 1 Abs. 2 S. 3 EGMRKHG besteht Formularzwang. Gemäß § 2 EGMRKHG bewirkt die Bewilligung der Kostenhilfe, dass der drittbetroffenen Person für die Auslagen und Honorare ihres Rechtsbeistandes finanzielle Hilfe aus der Bundeskasse gewährt wird. Gegen die Entscheidung über die Kostenhilfe findet die **sofortige Beschwerde** zum Landgericht am Sitz des Bundesamtes für Justiz *(der sich in Bonn befindet)* statt (§ 4 Abs. 1 und 2 EGMRKHG). Die Einschränkung des Beschwerderechts nach § 127 Abs. 2 ZPO gilt hier nicht.[3931]

[3930] BGBl. 2013 I 829.
[3931] BT-Drs. 17/11211, 12.

2. Teil. Beratungshilfe

§ 18 Allgemeines

I. Funktion und Entwicklung der Beratungshilfe

Beratungshilfe ist Hilfe für die Wahrnehmung von Rechten außerhalb eines gerichtlichen Verfahrens und obligatorischen Güteverfahrens nach § 15a EGZPO (Legaldefinition in § 1 Abs. 1 BerHG).

Die Forderung nach außergerichtlicher kostenfreier Rechtshilfe für Unbemittelte entstammt der Arbeiterbewegung aus der Zeit der zweiten Hälfte des 19. Jahrhunderts.[1] Erst 1973 wurden auf Bundesebene Anstrengungen eingeleitet, auch das außergerichtliche Armenrecht gesetzlich zu regeln.[2] Als mögliche Modelle der Gewährung von Rechtsberatung im außergerichtlichen Bereich standen die Übertragung der Aufgabe auf die Anwaltschaft (sog **Anwaltsmodell**), die Einführung einer Rechtsschutzpflichtversicherung oder Bevorzugung von staatlichen oder kommunalen Rechtsberatungsstellen (sog **ÖRA-Modell**) zur Diskussion.[3] Mit dem am 18.6.1980 verkündeten Gesetz über Rechtsberatung und Vertretung für Bürger mit geringem Einkommen (BerHG)[4] entschied sich der Gesetzgeber weitgehend für das Anwaltsmodell.[5] Mit dem Gesetz wollte der Gesetzgeber eine Lücke im Rechtsberatungssystem schließen und einkommensschwachen Bevölkerungsschichten die Rechtswahrnehmung erleichtern, wobei der Kreis der Berechtigten aber auf diejenigen, die ratenfreie Prozesskostenhilfe beanspruchen könnten, beschränkt worden ist. Damit ist auch im außergerichtlichen Bereich die aus Art. 3 Abs. 1 GG iVm Art. 20 Abs. 1 und 3 GG (Rechtsstaats- und Sozialstaatsprinzip) hergeleitete **Rechtswahrnehmungsgleichheit** von Bemittelten und Unbemittelten[6] gewährleistet.[7] Die Chancengleichheit bei der Rechtswahrnehmung ist gerade für diese Bevölkerungskreise erst durch die Gewährung einer vorprozessualen Beratungsmöglichkeit zu erreichen, da Bedürftige oft erst nach einer Beratung beurteilen können, ob und welche Rechte ihnen zustehen und wie sie sie wahrnehmen können. Sprach- und Kostenbarrieren sowie Schwellenängste einkommensschwacher Schichten werden damit sicher nicht völlig ausgeglichen,[8] sollen es aber auch nicht sein, da die im Schnittbereich von Sozialrecht und Justiz liegende Beratungshilfe kein Instrument der allgemeinen Lebenshilfe ist.[9]

1117

---

[1] Einzelheiten bei *Lindemann/Trenk-Hinterberger*, Einführung, Rn. 9 ff.; *Klinge*, 29 ff.; *Peters* Rpfleger 2011, 641; *Zuck* NZS 2012, 441; zur historischen Entwicklung seit der Wilhelminischen Zeit bis 1980 ausführlich: *Kawamura*, S. 1 ff.

[2] Vgl. *Redeker* NJW 1973, 1153.

[3] *Kawamura*, 396 ff.; *Lindemann/Trenk-Hinterberger*, Einführung, Rn. 11 ff.; *Vallender*, 1 ff. und *Klinge*, 41 ff.

[4] BGBl. I 689.

[5] Nach *Groß*, Einleitung BerHG Rn. 11 auf intensives Drängen der Anwaltschaft. Andere Staaten sind hier zT andere Wege gegangen, vgl. *Lindemann/Trenk-Hinterberger*, Einführung, Rn. 22 ff. und die Nachweise bei *Groß*, Einleitung BerH Rn. 12.

[6] Vgl. BVerfG NJW 2018, 449; JurBüro 2015, 484; NJW 2009, 209; 2011, 2711.

[7] Zum verfassungsrechtlichen Hintergrund der Beratungshilfe ausführlich *Zuck* NZS 2012, 441; *Schweigler* SGb 2017, 314 (316).

[8] Zur allgemeinen Problematik der Zugangsschranken zum Recht vgl. eingehend *Blankenburg* ZRP 1976, 93 ff. und *Lindemann/Trenk-Hinterberger*, Einführung, Rn. 1–7.

[9] BVerfG FamRZ 2007, 1963; vgl. auch *Lissner/Dietrich/Schmidt* Rn. 6.

1118 **Änderungen des Beratungshilfegesetzes seit dem Inkrafttreten** betreffen zunächst die Neugestaltung der Einkommensberechnung durch das Prozesskostenhilfeänderungsgesetz[10] zum 1.1.1995 und die damit eingeführte Aktualisierung und Dynamisierung der Einkommensgrenzen, die die ratenfreie Prozesskostenhilfe und damit auch die Beratungshilfe betreffen. Dadurch ist der Kreis derer, die Beratungshilfe beanspruchen können, wieder größer geworden.[11] Angepasst worden sind weiter die anwaltlichen Gebühren für die Beratungshilfe durch das Kostenrechtsänderungsgesetz vom 24.6.1994.[12] Durch das Gesetz zur Förderung der außergerichtlichen Streitbeilegung vom 15.12.1999[13] ist die Beratungshilfe auf den Bereich der obligatorischen Güteverfahren nach § 15a EGZPO erweitert worden, ferner sind die Zuständigkeitsbestimmungen durch das Gesetz zur Änderung des BerHG v. 14.9.1994[14] geändert worden.

Durch das **Rechtsanwaltsvergütungsgesetz (RVG)**,[15] das zum 1.7.2004 in Kraft getreten ist und die BRAGO abgelöst hat, ist die Vergütung für die Beratungshilfe neu geregelt. § 8 Abs. 1 BerHG ist durch VV 2500 RVG abgelöst worden, die vom Rechtsuchenden persönlich zu tragende Gebühr beträgt aber weiterhin nur 15,– EUR. § 44 RVG regelt den Vergütungsanspruch des Rechtsanwaltes gegen die Landeskasse, der in VV 2501–2508 RVG näher bestimmt wird, soweit nicht besondere Vereinbarungen für die Tätigkeit in Beratungsstellen getroffen sind.

Durch die Richtlinie der EU vom 27.1.2003 (ABl. 2003 EG L 26, 41)[16] wird nach Art. 3 Abs. 2a ua die vorprozessuale Rechtsberatung zur außergerichtlichen Streitbeilegung eingeführt, die durch § 10 Abs. 1 Nr. 1 BerHG geregelt worden ist.[17] Weiterhin dient sie der Unterstützung von grenzüberschreitenden PKH-Anträgen nach § 1077 ZPO (§ 10 Abs. 1 Nr. 2 BerHG).[18]

1119 Seit Frühjahr 2008 gab es den „**Entwurf eines Gesetzes zur Änderung des Beratungshilferechts**",[19] der sich zum Ziel gesetzt hat, den steigenden Ausgaben für Beratungshilfe dauerhaft Einhalt zu gebieten. In der Literatur waren aber zahlreiche[20] Gegenstimmen laut geworden. Der Bundesrat hat am 7.5.2010 zunächst einen weitgehend inhaltsgleichen Gesetzesentwurf beschlossen.[21] Dabei sollten die Eigenbeteiligung des Rechtsuchenden erhöht werden und die Gerichte bessere Informationen über die persönlichen und wirtschaftlichen Verhältnisse der Antragsteller erhalten. Außerdem sollte der Antrag zwingend vor der Beauftragung eines Rechtsanwaltes gestellt werden.[22]

Mit Inkrafttreten des **2. Kostenrechtsmodernisierungsgesetzes** zum 1.8.2013[23] wurden auch die Vergütungssätze nach VV 2500 ff. RVG erhöht.

Am 14.11.2012 hatte die Bundesregierung einen Gesetzesentwurf **zur Änderung des Prozesskostenhilfe- und Beratungshilferechts** (BT-Drs. 17/11472) vorgelegt. Ziel war

---

[10] PKH-ÄndG v. 10.10.1994 (BGBl. I 2954).
[11] *Greißinger* AnwBl 1996, 607; unvollständiges statistisches Material bei *Blankenburg* ZRP 1994, 233.
[12] BGBl. I 1325.
[13] BGBl. I 2400.
[14] BGBl. I 2323; BT-Drs. 12/4346 und 12/7009.
[15] BGBl. 2004 I 718.
[16] Abgedruckt in NJW 2003, 1101 ff. und bei *Groß* Anhang 10.
[17] Vgl. *Rellermeyer* Rpfleger 2005, 61 (63); *Jastrow* MDR 2004, 75.
[18] → Rn. 1104 ff.
[19] BR-Drs. 648/08 sowie BT-Drs. 16/10997, vgl. dazu *Büte* FuR 2008, 413.
[20] *Kilian* ZRP 2009, 9; dagegen *Müller-Piepenkötter* ZRP 2009, 90; *Hommerich/Kilian* NJW 2008, 626; *Büttner* AnwBl 2007, 477.
[21] BR-Drs. 69/10 und BT-Drs. 17/2164 vom 16.6.2010.
[22] Einzelheiten bei *Sarres* ZFE 2010, 383; *Hommerich/Kilian* BRAK-Mitt. 2010, 106.
[23] BGBl. 2013 I 2586.

es, das Verfahren effizienter zu gestalten und die Ausgaben der Länderhaushalte zu begrenzen.[24] Schwerpunkte der gesetzlichen Neuregelung sollten ursprünglich die Integration des Steuerrechts in den Kreis der beratungshilfefähigen Rechtsgebiete, die Einführung eines Erinnerungsrechts für die Staatskasse, die Begrenzung der bisher nach § 4 Abs. 2 S. 4 BerHG bestehenden Möglichkeit des Hilfesuchenden, sich unmittelbar an einen Rechtsanwalt zu wenden, um eine höhere Erledigungsquote von Beratungshilfefällen direkt bei den Gerichten zu ermöglichen und neue Regelungen über die Aufhebung der Beratungshilfebewilligung und deren Folgen sein. Hiervon sind bis zum Inkrafttreten des Gesetzes zum 1.1.2014[25] das Erinnerungsrecht der Staatskasse und die Einschränkung des Direktzuganges zur Anwaltschaft[26] und die Ausweitung der Selbsterledigung der Beratungshilfe durch die Gerichte und eine Ausweitung öffentlicher Rechtsberatungsstellen auf der Strecke geblieben. Damit hat sich der Gesetzgeber ausdrücklich dazu bekannt, auch Rechtsberatung im Rahmen der Beratungshilfe den rechtsberatenden Berufen, insbesondere der Anwaltschaft vorzubehalten.[27]

Am 2.1.2014 hat das BMJ die **Beratungshilfeformularverordnung** (BerHFV) erlassen,[28] welche am 9.1.2014 in Kraft getreten ist. Sie erfasst nach § 1 BerHFV die schriftliche Antragstellung auf Bewilligung von Beratungshilfe und den Vergütungsantrag der Beratungsperson auf Zahlung der Vergütung.[29]   **1120**

Mit dem KostRÄG 2021 wurden die Vergütungssätze der VV 2501 ff. RVG mit Wirkung zum 1.1.2021 erneut angehoben.[30] Es gilt die Übergangsregelung des § 60 RVG.   **1121**

II. Abgrenzung zur Prozesskostenhilfe

Auf die Erfolgsaussicht der Rechtsverfolgung kommt es bei der Beratungshilfe anders als bei der Prozesskostenhilfe nicht an, denn durch die Beratung soll der Berechtigte erst über die Erfolgsaussicht seines Anliegens unterrichtet werden.[31]   **1122**

Nur denjenigen, denen ratenfreie Prozesskostenhilfe zusteht (§ 1 Abs. 2 BerHG), wird Beratungshilfe gewährt. Das nach der Regelung in § 115 Abs. 2 ZPO einzusetzende Einkommen muss mindestens 20,– EUR betragen, so dass eine Mindestrate von 10,– EUR nach § 115 Abs. 2 S. 2 ZPO in Betracht käme.[32] Der Kreis der Berechtigten ist damit wesentlich stärker eingeschränkt als bei der Prozesskostenhilfe.   **1123**

Da der **Begriff „außerhalb eines gerichtlichen Verfahrens"** nicht eindeutig ist, bereitet die **Abgrenzung zwischen Beratungs- und Prozesskostenhilfe** Schwierigkeiten.   **1124**

Ausgangspunkt der Grenzbestimmung sollte jedoch dreierlei sein:
(1) Begrifflich kann es zwischen **„außerhalb"** und **„innerhalb"** eines **gerichtlichen Verfahrens** kein „Niemandsland" geben.[33]

---

[24] BT-Drs. 17/11472, 1.
[25] BGBl. 2013 I 3533.
[26] Zu Recht insoweit kritisch: *Lissner* AGS 2014, 313 (314 f.).
[27] So ausdrücklich der Rechtsausschuss des Bundestags in BT-Drs. 17/13538, 41 zu § 12 Abs. 3 BerHG-E.
[28] BGBl. 2014 I 2.
[29] Vgl. *Hansens* RVGreport 2014, 89.
[30] BGBl. 2020 I 3229.
[31] BVerfG NJW 2018, 449; BGH FamRZ 2007, 1088; MüKoBGB/*Wax*, 1. Aufl., 1992, ZPO Anh. § 127a Rn. 5.
[32] Auch vorhandenes Vermögen ist zu berücksichtigen, soweit es den „Schonbetrag" übersteigt. Oberhalb des Schonbetrags ist das Einkommen einzusetzen: OLG Brandenburg FamRZ 2006, 1045 mkritAnm *Gottwald*.
[33] *Groß* BerHG § 1 Rn. 16.

(2) Da es um eine Hilfeleistung für den Bedürftigen geht, kommt es darauf an, ob er sich **aus seiner Sicht** innerhalb oder **außerhalb** eines gerichtlichen Verfahrens befindet.[34]

(3) Die Grenze muss aber auch aus der Sicht des Hilfsbedürftigen **objektiv** bestimmt werden,[35] zumal der Antragsteller nunmehr seit dem 8.1.2014 durch die **BerHFV** (vgl. → Rn. 1121) bei schriftlicher Antragstellung **versichern** muss, dass ein gerichtliches Verfahren in der betreffenden Angelegenheit weder anhängig ist oder war. In diesem Sinne ist die Beratungshilfe **kein „Auffangtatbestand",**[36] wenn innerhalb eines gerichtlichen Verfahrens Prozesskostenhilfe mangels Erfolgsaussicht nicht gewährt werden kann.[37] Der Gesetzgeber hat die Sphären der beiden Rechts-Sozialhilfeleistungen objektiv voneinander abgegrenzt. Aus der Entstehungsgeschichte ergibt sich weder etwas dafür, dass die Beratungshilfe Auffangtatbestand sein sollte, noch etwas dafür, dass es zwischen „innerhalb" und „außerhalb" eines gerichtlichen Verfahrens noch eine dritte Sphäre geben könnte. **Verfahrenskostenhilfe** kann umgekehrt auch nicht für die Betreibung des Beratungshilfeverfahrens einschließlich dort erhobener **Gehörsrügen** bewilligt werden.[38]

1125 Die **objektive Abgrenzung** muss **aus der Sicht des Hilfsbedürftigen** vorgenommen werden, weil er sich vor Eintritt in den Rechtsstreit über die Erfolgsaussichten der Rechtsverfolgung oder -verteidigung soll informieren können. Wer selbst Klage eingereicht hat, befindet sich schon innerhalb des gerichtlichen Verfahrens. Der Beklagte befindet sich dagegen auch nach Klagezustellung aus seiner Sicht noch außerhalb des gerichtlichen Verfahrens,[39] weil er sich noch schlüssig werden muss, ob und wie er sich am Prozess beteiligen will. Auf Kläger- wie auf Beklagtenseite soll die Beratungshilfe nach ihrer Zielsetzung gerade die Möglichkeit gewähren, sich vor Prozessbeteiligung über die Erfolgsaussichten zu unterrichten. Diese Grundsätze gelten auch zwischen den **Instanzen** eines gerichtlichen Verfahrens. Für die Prüfung der **Erfolgsaussichten eines Rechtsmittels** kann daher nur Beratungshilfe und nicht VKH gewährt werden.[40]

Demgegenüber wird man **nicht auf die Tätigkeit des beratenden Rechtsanwalts** abstellen dürfen,[41] denn § 1 Abs. 1 BerHG stellt auf den Rechtsuchenden ab. Auch die noch nicht anwaltlich vertretenen Parteien können sich also nicht während des Rechtsstreits nachträglich über Beratungshilfe von einem Anwalt beraten lassen.[42] Dies gilt auch für das **PKH-Prüfungsverfahren**, das die Partei selbst eingeleitet hat.[43] Wer es versäumt, sich vor Eintritt in das gerichtliche Verfahren beraten zu lassen, handelt insoweit auf eigenes Risiko, so dass zB nach Einlegung eines Einspruchs gegen einen Vollstreckungsbescheid keine Beratungshilfe mehr bewilligt werden kann. Es ist allerdings möglich, dass ein Anwalt zunächst vorprozessual berät und anschließend auch die Vertretung im Prozessverfahren übernimmt, wie sich aus VV 2503 RVG ergibt.[44] Daraus ist aber nicht zu

---

[34] *Lissner/Dietrich/Schmidt* Rn. 121; *Lissner* StB 2013, 160.
[35] Zustimmend *Hundt* Rn. 224.
[36] In diese Richtung argumentieren aber *Trenk-Hinterberger* AnwBl 1985, 217 und *Reuter* NJW 1985, 2011 (2012).
[37] LSG Sachsen BeckRS 2018, 22636; AG Winsen/Luhe BeckRS 2016, 13163; *Groß* BerHG § 1 Rn. 21.
[38] BVerfG NJW 2018, 449.
[39] AG Köln MDR 1984, 502 und AnwBl 1987, 102; AG Aurich JurBüro 1985, 459; *Groß* BerHG§ 1 Rn. 18; **aA:** AG Montabaur AnwBl 1983, 476 mablAnm *Klinge*.
[40] BGH FamRZ 2007, 1088 (1090); OLG Frankfurt NZFam 2018, 859.
[41] So aber *Lindemann/Trenk-Hinterberger*, BerHG § 1 Rn. 9 und *Reuter* NJW 1985, 2011; offen lassend *Greißinger*, S. 20 ff.
[42] So aber *Schmidt* AnwBl 1984, 141; wie hier im Ergebnis LG Mainz JurBüro 1987, 1243.
[43] AG Koblenz FamRZ 2005, 1267; *Groß* BerHG § 1 Rn. 21.
[44] Ebenso *Herget* MDR 1984, 529 (530); *Groß* BerHG § 1 Rn. 18; **anders** noch AG Osnabrück AnwBl 1983, 477 und AG Braunschweig NdsRpfl 1986, 37.

schließen, dass jeder Vertretung, die eine Geschäftsgebühr nach VV 2503 RVG auslöst, eine Beratung, die nach dem BerHG abgerechnet werden kann, vorangehen müsste,[45] sondern es kommt darauf an, ob die Beratung schon **vor** Beginn des gerichtlichen Verfahrens im oben beschriebenen Sinne stattgefunden hat. War das der Fall, kann die nachfolgende Erteilung eines Vertretungsauftrags für ein gerichtliches Verfahren Beratungshilfe nicht ausschließen.[46]

Abgrenzung der Zweifelsfälle (alphabetische Übersicht): 1126

(1) **Außergerichtliche Streitschlichtung.** Nach § 15a EGZPO iVm den jeweiligen landesrechtlichen Regelungen können vermögensrechtliche Streitigkeiten bis zu einem Streitwert von 750,– EUR einem obligatorischen **Güteverfahren** unterworfen werden (§ 15a Abs. 1 S. 1 Nr. 1 EGZPO), ebenso nachbarrechtliche Streitigkeiten (§ 15a Abs. 1 S. 1 Nr. 2 EGZPO) und Ehrstreitigkeiten (§ 15a Abs. 1 S. 1 Nr. 3 EGZPO). Für diese außergerichtlichen Verfahren gewährt § 1 Abs. 1 BerHG ausdrücklich die Möglichkeit von Beratungshilfe.[47] Zu der Frage, ob die außergerichtliche Streitschlichtung eine „andere Hilfsmöglichkeit" nach § 1 Abs. 1 Nr. 2 BerHG ist → Rn. 1175.

Für die Beratung vor der Einleitung der außergerichtlichen Streitschlichtung kann ebenfalls Beratungshilfe bewilligt werden, da diese nicht unter VV 2503 RVG fällt.[48]

(2) **Beigeladene oder Streitverkündete** können Beratungshilfe – wie der Beklagte – nur zur Klärung der Frage in Anspruch nehmen, ob sie beitreten sollen. Nach dem Beitritt befinden sie sich „innerhalb" des gerichtlichen Verfahrens.[49]

(3) **Beschuldigte** können in einem Strafverfahren[50] nur **bis zum Eingang der Anklageschrift** bei Gericht Beratungshilfe in Anspruch nehmen, ab diesem Zeitpunkt nicht mehr, auch wenn ihnen kein Verteidiger bestellt ist.[51] Die Möglichkeit der Bestellung eines Pflichtverteidigers schon für das Vorverfahren (§ 141 Abs. 2 StPO) steht dem nicht entgegen, solange die Bestellung nicht erfolgt ist.[52] Soweit dem Beschuldigten auch nach Erhebung der Anklage **kein Pflichtverteidiger** bestellt wird, besteht im Hinblick auf das Bedürfnis nach Rechtsberatung eine Lücke, die vom Gesetzgeber aber bewusst in Kauf genommen wurde und im Hinblick auf die Rechtsstaatsgarantien für das strafprozessuale Verfahren auch verfassungsrechtlich nicht beanstandet worden ist.[53] Wurde bereits im Ermittlungsverfahren dem Beschuldigten ein Strafverteidiger bestellt, kommt daneben Beratungshilfe nicht in Betracht.[54] Allein die Bevollmächtigung eines Verteidigers dürfte Beratungshilfe noch nicht ausschließen, da diese auch zunächst nur dazu dienen kann, Akteneinsicht zu erhalten.[55] In **Strafsachen und Ordnungswidrigkeiten** kann gemäß § 2 Abs. 2 S. 2 BerHG aber **nur Beratung und nicht Vertretung** gewährt werden. Dies schließt aber die Gewährung von Akteneinsicht an den Rechtsanwalt nicht aus.[56] 1127

---

[45] LG Mainz Rpfleger 1986, 155.
[46] Insoweit ist AG Steinfurt Rpfleger 1987, 35 einzuschränken.
[47] AG Nürnberg JurBüro 2002, 147; Zöller/*Heßler* EGZPO § 15a Rn. 26; ausführlich *Groß* BerHG § 1 Rn. 119.
[48] *Hartmann* NJW 1999, 3745 (3749).
[49] *Groß* BerHG § 1 Rn. 29; Poller/Härtl/*Köpf* BerHG § 1 Rn. 18.
[50] Ausführlich zur Beratungshilfe in Strafsachen *Lissner* Rpfleger 2014, 637; *Gregor* StR 2013, 13.
[51] *Lissner* Rpfleger 2014, 637 (639); Lissner/Dietrich/*Schmidt* Rn. 129; *Duman* Rpfleger 2011, 189 (191) **aA:** AG Augsburg AnwBl 1989, 401; AG Köln StV 1984, 347.
[52] *Groß* BerHG § 2 Rn. 18.
[53] BVerfG Beschl. v. 30.1.1989, 1 BvR 1280/87; NJW 1988, 2231.
[54] *Lissner* Rpfleger 2014, 637 (639) unter Verweis auf BVerfG NJW 1988, 2231.
[55] AG Riesa BeckRS 2017, 122884: AG Germersheim BeckRS 2017, 106243; *Lissner* Rpfleger 2014, 637 (639): **aA:** Lindemann/*Trenk-Hinterberger* BerHG § 1 Rn. 9.
[56] AG Frankfurt am Main StV 1986, 167.

Zeugen eines Strafverfahrens können wegen Unklarheiten über ihre Rechte und Pflichten (zB das Bestehen eines Auskunftsverweigerungsrechts nach § 55 StPO) Beratungshilfe beanspruchen.[57] Hier sind aber auch § 68b StPO **(Beiordnung eines Rechtsanwaltes während der Vernehmung)** und die Möglichkeit der Gewährung von Prozesskostenhilfe für den **Privat- und Nebenkläger** sowie für ein **Klageerzwingungsverfahren** zu beachten (vgl. §§ 379, 397a, 406h, 172 Abs. 3 StPO und → Rn. 30 ff.).

1128 (4) Das **Bewährungsverfahren**[58] ist als gerichtliches Annexverfahren anzusehen. Umstritten ist dagegen, ob das **Strafvollzugverfahren** dem Verwaltungsrecht[59] *(dann auch Beratungshilfe für die Vertretung)* oder – wie zutreffend nach h. M[60]. – dem Strafrecht *(dann nur für die Beratung)* zuzuordnen ist. **Gnadengesuche** zählen dagegen zum Verwaltungsrecht, so dass Beratungshilfe auch für die Vertretung in Betracht kommt, allerdings nur soweit der Strafgefangene nicht selbst handeln kann.[61]

1129 (5) Das **Beweissicherungsverfahren** ist ein gerichtliches Verfahren.[62]

(6) Das **Insolvenzverfahren**[63] ist ein gerichtliches Verfahren. Insoweit kommt daher Beratungshilfe nur vor Verfahrensbeginn im obigen Sinne in Betracht.[64]

1130 Für ein **außergerichtliches Schuldenbereinigungsverfahren** (§ 305 InsO) im Vorfeld des Insolvenzverfahrens[65] ist Beratungshilfe zu bewilligen, wie sich aus VV 2504 ff. RVG ergibt.[66] Allerdings kann der Hilfesuchende auf eine andere zumutbare Hilfsmöglichkeit, wie eine Schuldnerberatungsstelle verwiesen werden.[67] Zur „anderen Hilfsmöglichkeit" → Rn. 1174 und zur Mutwilligkeit → Rn. 1180 ff.; zu den Gebühren → Rn. 1266.

1131 (7) Das **Mahnverfahren**[68] ist ein gerichtliches Verfahren. Hier kann aber wie bei der Klage (vgl. → Rn. 1125) Beratungshilfe für den Antragsgegner gewährt werden für die Frage der Erfolgsaussichten eines Widerspruchs oder Einspruchs.[69]

1132 (8) Das **Prozesskostenhilfe-Bewilligungsverfahren** ist ein gerichtliches Verfahren.[70]

- **Vor Einreichung des PKH-Antrags** kann Beratungshilfe in Anspruch genommen werden.[71] Die Beratung besteht darin, dass der Anwalt den Mandanten über die **Aus-**

---

[57] BGH FamRZ 2007, 1088 für ein Zivilverfahren; *Lindemann/Trenk-Hinterberger* BerHG § 2 Rn. 18.

[58] OLG Hamm NJW 1982, 287; AG Würzburg JurBüro 1986, 776; AG Aurich NdsRpfl 1984, 260; *Groß* BerHG § 2 Rn. 21.

[59] LG Berlin Rpfleger 1986, 65; *Mümmler* JurBüro 1987, 613.

[60] LG Göttingen NdsRpfl 1983, 161; *Groß* BerHG § 2 Rn. 20; *Lissner/Dietrich/Schmidt* Rn. 203.

[61] AG Köln NJW-Spezial 2009, 29; StV 1988, 353; *Lissner/Dietrich/Schmidt* Rn. 130; **aA:** *Groß* BerHG § 1 Rn. 22: dem Strafrecht zugehörig.

[62] LG Düsseldorf MDR 1986, 857 mwN; LG Bonn MDR 1985, 415.

[63] *Lindemann/Trenk-Hinterberger* BerHG § 1 Rn. 8; zur Prozesskostenhilfe im Insolvenzverfahren → Rn. 67 ff.

[64] Vgl. *Lissner* ZInsO 2013, 110; *Vallender/Undritz/Pape* Kap. 11 Rn. 220.

[65] Vgl. dazu *Lissner* ZInsO 2014, 229; 2012, 110; Rpfleger 2012, 122.

[66] BVerfG Rpfleger 2007, 206; BGH Rpfleger 2007, 422; AG Köln Rpfleger 1999, 497; vgl. *Vallender* MDR 1999, 598 ff.; höchst streitig sind aber die Anforderungen an das Entstehen der Gebühr, vgl. OLG Stuttgart Beschl. v. 29.1.2014, 8 W 435/13 abgedruckt bei *Lissner* AGS 2015, 442 mit Bespr. von *Lissner;* OLG Bamberg MDR 2010, 1157.

[67] AG Bad Sobernheim BeckRS 2016, 4995.

[68] Hat der Prozessbevollmächtigte aber Einspruch gegen den Vollstreckungsbescheid eingelegt, führt dies gem. § 700 ZPO zum Übergang in das gerichtliche Verfahren: AG Koblenz AGS 2004, 119; AG Gummersbach Rpfleger 1990, 263; *Lindemann/Trenk-Hinterberger* BerHG § 3 Rn. 20.

[69] VerfGH Rheinland-Pfalz NJW 2017, 1940; AG Regensburg Rpfleger 2006, 416; *Lissner/Dietrich/Schmidt* Rn. 125.

[70] BGH NJW 1984, 2106; AG Winsen/Luhe BeckRS 2016, 13163; AG Osnabrück JurBüro 1998, 196; *Mümmler* JurBüro 1995, 576.

[71] OLG Frankfurt JurBüro 1990, 1610; OLG München Rpfleger 1998, 253.

sichten eines **PKH-Antrags** unterrichtet.⁷² Auch eine die Geschäftsgebühr auslösende Vertretung durch Einreichung eines PKH-Antrags kann in Betracht kommen.⁷³ Der BGH⁷⁴ ist zwar der Auffassung, dass der Antrag nach erfolgter Beratung von der Partei selbst zu Protokoll der Geschäftsstelle (§ 117 Abs. 1 S. 1 HS. 2 ZPO) erklärt werden könne. Nach den Umständen des Einzelfalls wird aber eine Antragstellung durch den beratenden Anwalt erforderlich sein können, und dann kommt über die Beratung nach VV 2501 RVG hinaus gem. § 2 Abs. 1 BerHG eine die Geschäftsgebühr nach VV 2503 RVG auslösende Vertretung in Betracht.

- **Nach Einreichung eines PKH-Gesuchs** kann der Anwalt allerdings nicht mehr im Wege der Beratungshilfe tätig werden, da mit der Einreichung ein gerichtliches Verfahren beginnt. Eine Lücke zwischen Beratungs- und Prozesskostenhilfe besteht also für die weitere Tätigkeit im PKH-Prüfungsverfahren und in den Fällen, in denen nach Beginn des PKH-Prüfungsverfahrens beraten wird. Nach der gegenwärtigen Gesetzeslage muss diese Lücke hingenommen werden und dürfte bei sachgerechter Ausgestaltung des PKH-Prüfungsverfahrens auch hinnehmbar sein,⁷⁵ → Rn. 185.

- Der **Antragsgegner im PKH-Prüfungsverfahren** kann bis zur Vornahme von Prozesshandlungen in diesem Verfahren ebenfalls Beratungshilfe in Anspruch nehmen. Auch wenn er zur Stellungnahme zum Prozesskostenhilfegesuch des Antragstellers aufgefordert wird, befindet er sich noch nicht im gerichtlichen Verfahren,⁷⁶ sondern er kann sich beraten lassen, ob er sich daran beteiligen soll. Es kommt daher auch eine die Geschäftsgebühr auslösende Vertretung in Gestalt der Einreichung eines Antrags auf Zurückweisung des PKH-Gesuchs in Betracht.⁷⁷

- Der **Gewährung von Beratungshilfe nachfolgender Prozesskostenhilfe** kommt für beide Parteien bei Erfolgsaussicht der Rechtsverfolgung/Rechtsverteidigung in Betracht. Auf die PKH-Gebühren ist die Geschäftsgebühr dann gemäß VV 2503 Abs. 2 S. 1 RVG **zur Hälfte anzurechnen.**

(9) Das **Schlichtungsverfahren in Ausbildungsstreitigkeiten** gem. § 111 Abs. 2 ArbGG ist ein außergerichtliches Verfahren.⁷⁸

(10) Das **schiedsrichterliche Verfahren** nach §§ 1025 ff. ZPO ist gleichfalls ein außergerichtliches Verfahren.⁷⁹

(11) **Vergleiche, außergerichtliche.** Für einen außergerichtlichen Vergleich kann Beratungshilfe in Betracht kommen,⁸⁰ allerdings nicht wenn Rechtshängigkeit besteht.⁸¹

(12) Auch **verwaltungs- und sozialrechtliche Widerspruchsverfahren** sind außergerichtliche Verfahren.⁸²

(13) Das **Zwangsvollstreckungsverfahren** ist ein gerichtliches Verfahren.⁸³

1133

1134

1135

---

⁷² OLG München NJW-RR 1999, 648.
⁷³ AG Arnsberg JurBüro 1991, 803; AG Herne-Wanne Rpfleger 1987, 389; *Lindemann/Trenk-Hinterberger* BerHG § 1 Rn. 11; *Greißinger* AnwBl 1996, 608; **aA:** OLG München NJW-RR 1999; AG Halle Beschl. v. 18.1.2013, 103 II 3784/12; LG Osnabrück NdsRpfl. 2003, 72; 648; *Hellstab* Rpfleger 2004, 344.
⁷⁴ BGH NJW 1984, 2106.
⁷⁵ LG Osnabrück Nds.Rpfl. 2003, 72; AG Koblenz FamRZ 2005, 1267; *Groß* BerHG § 1 Rn. 21; **aA:** *Pentz* NJW 1982, 1269.
⁷⁶ OLG Frankfurt JurBüro 1990, 1610; *Mümmler* JurBüro 1995, 294; *Greißinger* AnwBl 1996, 608.
⁷⁷ AG Arnsberg Rpfleger 1991, 25.
⁷⁸ LAG Nürnberg JurBüro 1998, 93; Poller/Härtl/Köpf/*Köpf* BerHG § 1 Rn. 17.
⁷⁹ Poller/Härtl/Köpf/*Köpf* BerHG § 1 Rn. 35; *Groß* BerHG § 1 Rn. 40.
⁸⁰ OLG Hamm Rpfleger 1987, 82; AG Göttingen AnwBl 1985, 541.
⁸¹ *Groß* BerHG § 1 Rn. 23.
⁸² VGH Mannheim Beschl. v. 20.5.1986, 10 S 107/86; *Hundt* Rn. 231.
⁸³ *Lindemann/Trenk-Hinterberger* BerHG § 1 Rn. 8.

(14) **Zwischen den Instanzen** kann zur Klärung der Erfolgsaussichten eines Rechtsbehelfs Beratungshilfe – aber nicht Prozesskostenhilfe – in Anspruch genommen werden.[84]

1136 (15) **Außergerichtliche Mediationen** (vgl. § 34 RVG) sind der Beratungshilfe zugänglich, wenn sie einen **rechtlichen Schwerpunkt** haben.[85] Die Finanzierung der (außergerichtlichen) Mediation für Bedürftige ist auch durch das **Mediationsgesetz vom 21.7.2012**,[86] das keinen Anspruch auf „**Mediationskostenhilfe**" für Bedürftige vorsieht, nicht gesichert. § 7 MediationsG sieht eine Förderung nur im Rahmen von öffentlichen Forschungsvorhaben vor. Damit ist die Mediation kostenarmen Bürger im Ergebnis nur auf einer unverbindlichen gesetzlichen Grundlage zugänglich. (→ Rn. 18 ff.).[87]

1137 (16) Auch zur Abwehr **urheberrechtlicher Abmahnungen** kann Beratungshilfe gewährt werden, hier bestehen aber nunmehr bei vielfachen Abmahnungen Grenzen.[88]

III. Personenkreis

1138 Die Gewährung von Beratungshilfe ist nicht auf natürliche Personen beschränkt, denn § 1 Abs. 2 BerHG bezieht sich auf alle Rechtssuchenden, denen Prozesskostenhilfe ohne Raten gewährt werden kann. Damit gilt auch § 116 ZPO, wonach auch **Parteien kraft Amtes, inländische juristische Personen** und **parteifähige Vereinigungen** Prozesskostenhilfe erhalten können. Ob einem **gemeinnützigen Verein** ohne Rücksicht auf die Wirtschaftskraft seiner Mitglieder Beratungshilfe gewährt werden kann, erscheint zumindest zweifelhaft.[89] Wegen der Einzelheiten wird auf → Rn. 86 ff. Bezug genommen. Praktisch hat Beratungshilfe für diesen Kreis aber keine Bedeutung.[90]

1139 Für **Ausländer** kennt das BerHG keine Sonderregelungen, auch kein Gegenseitigkeitserfordernis. Es kommt also nicht darauf an, ob die antragstellende Person die deutsche Staatsangehörigkeit oder einen Wohnsitz in Deutschland hat oder sich hier legal aufhält.[91] Aus § 4 BerHG ist aber herzuleiten, dass das Beratungsbedürfnis im **Geltungsbereich des Grundgesetzes** auftreten muss und es sich demzufolge auch um eine **Rechtswahrnehmung im Inland** handeln muss.[92] Auf § 10 BerHG und → Rn. 1191 f. wird verwiesen.

Ferner ist die Einschränkung nach § 2 Abs. 3 BerHG bei Nicht-EU-Ausländern oft von praktischer Bedeutung, wonach in Angelegenheiten, in denen ausländisches Recht angewandt wird, Beratungshilfe nur gewährt wird, wenn der Sachverhalt eine **Beziehung zum Inland** aufweist. Schließlich können anderweitige Hilfsmöglichkeiten zu berücksichtigen sein.[93]

---

[84] BGH FamRZ 2007, 1088 (1090); OLG Frankfurt NZFam 2018, 859; OLG Düsseldorf FamRZ 2006, 628; AG Forchheim v. 24.5.2018 – 5 UR II 165/18; *Greißinger* 22.

[85] *Groß* BerHG § 1 Rn. 41.

[86] BGBl. I 1577.

[87] Zum Vergütungsanspruch des Mediators vgl. *Baronin v. König/Bischof* Rn. 754 ff.

[88] BVerfG Rpfleger 2011, 526; LG Halle NJW-RR 2012, 894; vgl. aber auch OLG Frankfurt NJOZ 2017, 594: zwei Angelegenheiten bei Beratung zu unterschiedlichen Zeitpunkten.

[89] So AG Sulingen JurBüro 2012, 208 zu einem Heimatverein.

[90] *Lindemann/Trenk-Hinterberger* BerHG § 1 Rn. 1 erwähnen insoweit lediglich eine unveröffentlichte Entscheidung des AG Celle.

[91] BVerfG NJW 1993, 383; *Groß* BerHG § 1 Rn. 5; *Lissner* RVGreport 2016, 162; **aA:** *Finger* MDR 1982, 361 (364).

[92] AG Aschaffenburg JurBüro 1983, 723; *Lissner* RVGreport 2016, 162 f.; *Herget* MDR 1984, 529, zur Beratungshilfe im Ausländerrecht *Lissner* ZAR 2013, 110.

[93] *Böhmer* IPrax 1993, 224; zur Geltendmachung von Unterhaltsansprüchen im Ausland, dazu weiter → Rn. 1191.

Von Bedeutung ist in diesem Zusammenhang auch § 10a Abs. 1 BerHG, der Sonderregeln für Unterhaltssachen nach der VO (EG) Nr. 4/2009 (ABl. L 7 v. 10.1.2009, S. 1) aufstellt.

IV. Übernahme- und Hinweispflichten

Ein Rechtsanwalt ist verpflichtet, 1140
(1) **Beratungshilfe zu gewähren** (§ 49a Abs. 1 S. 1 BRAO). Er kann sie nach S. 2 **nur aus wichtigem Grund im Einzelfall ablehnen.** Das gilt auch bei Direktzugang zum Rechtsanwalt nach § 6 Abs. 2 BerHG.[94] Grund für die gesetzliche Ausgestaltung als Pflicht des Anwaltes war die unattraktive Vergütung im Rahmen der Beratungshilfe.[95] Die anwaltliche Pflicht zur Übernahme von Beratungshilfemandaten wurde zuletzt auch von der Rechtsprechung des BGH im Zusammenhang mit der Beauftragung durch die Jugendämter zur Wahrnehmung der asyl- und ausländerrechtlichen Angelegenheiten von unbegleitet eingereisten minderjährigen Flüchtlingen immer wieder betont.[96]
(2) **zur Mitwirkung bei entsprechenden Beratungsstellen der Rechtsanwaltschaft (§ 49a Abs. 2 BRAO).** Diese Mitwirkungspflicht trifft alle Rechtsanwälte, unabhängig von der Zugehörigkeit zu einem Anwaltsverein.[97]
Auch hier kann die Mitwirkung im Einzelfall aus wichtigem Grund abgelehnt werden.
Zur Gewährungspflicht im Einzelnen:

- **Eine Hinweispflicht** auf die Beratungshilfe[98] besteht nach §§ 16 Abs. 1 BORA, 49a 1141 BRAO wenn der Ratsuchende den Rechtsanwalt gemäß § 6 Abs. 2 BerHG unmittelbar aufsucht. Es handelt sich um eine Nebenpflicht des Anwalts, sei es vorvertraglicher oder vertraglicher Art, deren Verletzung einen **Schadensersatzanspruch** nach § 280 Abs. 1 BGB in Höhe des entstandenen Vergütungsanspruchs begründen kann.[99] Diese **Hinweispflicht** besteht aber nur, wenn für den Rechtsanwalt nach der Sachlage Anhaltspunkte dafür bestehen, dass der Mandant zum Kreis der Berechtigten gehören könnte.[100] Die Hinweispflicht setzt also voraus, dass der Mandant ausdrücklich[101] oder stillschweigend auf seine **finanziellen Verhältnisse** aufmerksam macht oder sich die schlechten finanziellen Verhältnisse aus den – gegebenenfalls zu erfragenden – Umständen ergeben, zB wenn der Rechtsanwalt erfährt, dass der Berechtigte Sozialhilfe/Arbeitslosengeld II bezieht.[102] Wenn der Rechtsanwalt dagegen weiß, dass dem Berechtigten kurz vorher erhebliche Geldmittel zugeflossen sind, muss er keine Nachforschungen anstellen und Hinweise sind entbehrlich, mag der Mandant die Geldmittel

---

[94] Weyland/*Nöker* BRAO § 49a Rn. 5a, 10; *Mümmler* JurBüro 1984, 1125 (1128) **gegen** *Brangsch* AnwBl 1982, 99 (100).
[95] *Groß* BRAO § 49 Rn. 1; *Grunsky* NJW 1980, 882.
[96] BGH NJW 2013, 3095; JAmt 2014, 166; vgl. dazu ausf. *Dürbeck* ZKJ 2014, 266.
[97] Henssler/Prütting/*Henssler* BRAO § 49a Rn. 6; *Mümmler* JurBüro 1984, 1125; **aA:** Weyland/Nöker BRAO § 49a Rn. 9 mit der Begründung, es seien nur Beratungsstellen der Rechtsanwaltskammern, nicht der örtlichen Anwaltsvereine gemeint.
[98] Vgl. dazu auch BVerfG NJW 2000, 2494; OLG Düsseldorf JurBüro 2009, 133.
[99] OLG Hamm AGS 2016, 47; OLG Celle NJW-RR 2010, 133; AG Detmold BeckRS 2014, 02374; *Nickel* NZFam 2015, 294.
[100] AG Marburg BeckRS 2012, 16576. Eingehend dazu *Greißinger* AnwBl 1996, 608 und *Greißinger* S. 17 ff.; *Herget* MDR 1984, 529.
[101] AG Castrop-Rauxel MDR 1988, 319; AG Pirmasens JurBüro 1987, 1557 (Belehrungspflicht auch, wenn Mittellosigkeit offenbart wird, der Rechtsuchende aber erklärt, er hoffe sich Geld zur Bezahlung des Anwalts leihen zu können).
[102] AG Castrop-Rauxel MDR 1988, 318; *Greißinger* JurBüro 1989, 573; ggf. auch aus der Art des Auftretens: so *Klein* JurBüro 2001, 172 (174).

auch der Sozialhilfebehörde verschwiegen haben.[103] Allein der Umstand, dass der Anwalt ein gerichtliches Verfahren für unausweichlich hält, macht dagegen den Hinweis auf die Beratungshilfe nicht entbehrlich.[104] Ebenso wird die Aussicht, die vollen Gebühren vom Gegner zu erlangen, den Hinweis nicht entfallen lassen.[105]

1142 • **Eine Darlegungsobliegenheit bezüglich seiner wirtschaftlichen Verhältnisse trifft den Mandanten.**[106] Der Anwalt ist nicht verpflichtet, nach Beratungshilfe abzurechnen, wenn der Mandant diese Obliegenheit verletzt hat.[107] Versäumt bei hinreichender Darlegung dagegen der Rechtsanwalt den gebotenen Hinweis, so macht er sich wegen Verletzung des Anwaltsvertrages nach § 280 BGB **schadensersatzpflichtig,**[108] so dass er den Mandanten so zu stellen hat, wie er bei ordnungsgemäßer Erfüllung der Hinweispflicht gestanden hätte. Er kann also im Ergebnis nur die Gebühren nach § 44 RVG abrechnen.[109] Allerdings ist der Mandant verpflichtet, nachträglich einen Beratungshilfeantrag zu stellen, wenn das noch möglich ist. Unter Umständen macht sich der Rechtsanwalt hier sogar wegen **Gebührenüberhebung** gemäß § 352 StGB strafbar.[110]

1143 • **Wichtiger Grund zur Ablehnung.** Mit der Änderung der **BORA** zum 1.9.2009 hat die Bundesrechtsanwaltskammer durch die Neuregelung in § 16a BORA versucht, die **Ablehnungsgründe** bei der Beratungshilfe standesrechtlich zu konkretisieren. Vorausgegangen waren diverse Beanstandungen des Bundesministers der Justiz.[111] Als wichtige zur Ablehnung berechtigende Gründe werden in § 16a Abs. 3 BORA nunmehr **Krankheit** und **berufliche Überlastung** des Rechtsanwaltes (S. 4 Ziff. a), die **Verweigerung der erforderlichen Mitarbeit** durch den bedürftigen Mandaten (S. 4 Ziff. c), ein schwerwiegend **gestörtes Vertrauensverhältnis** zum Mandanten (S. 4 Ziff. d) und **Falschangaben des Mandanten** über seine wirtschaftlichen Verhältnisse (S. 4 Ziffer e) genannt. Nicht akzeptiert wurden vom BMJ die ursprünglich in § 16a Abs. 3 S. 4 Ziff. a BORA vorgesehenen Gründe der **nicht hinreichenden Rechtskenntnisse** oder **fehlender Erfahrung des Rechtsanwaltes** in der betreffenden Materie.[112] Weitere beachtliche Gründe wären etwa die bevorstehende Praxisaufgabe, eine umfangreiche und rechtlich schwierige Angelegenheit mit erheblichen **Haftungsrisiken**[113] oder die Gefahr von Interessenskollisionen[114], das kann aber für vom Anwalt geltend gemachte **Arbeitsüberlastung** nicht generell gelten, sondern nur in einer konkreten besonderen Situation beachtenswert sein.[115] Auch die **Spezialisierung** auf ein anderes Rechtsgebiet

---

[103] LG Koblenz AnwBl 1990, 164; *Greißinger* AnwBl 1992, 49; *Klein* JurBüro 2001, 172 (174).
[104] So mit Recht *Greißinger* JurBüro 1994, 372 gegen LG Itzehoe AnwBl 1992, 550.
[105] OLG Celle OLGR 1994, 275 verneint Hinweispflicht nur, wenn der Anwalt ohne Vorschuss tätig wird und von vornherein bereit ist, gegen seinen Mandanten keinen Honoraranspruch geltend zu machen; krit. dazu *Greißinger* AnwBl 1996, 608.
[106] OLG Düsseldorf AnwBl 1987, 147 und 1984, 444; AG Hildesheim AnwBl 1982, 400; Weyland/*Schwärzer* BRAO § 49a Rn. 23; *Lindemann/Trenk-Hinterberger* BerHG§ 7 Rn. 7f.; *Greißinger* NJW 1985, 1671 (1674).
[107] OLG Köln NJW 1986, 725 (für PKH); AG Minden AnwBl 1984, 516.
[108] OLG Hamm AGS 2016, 47; OLG Celle NJW-RR 2010, 133; OLG Düsseldorf AnwBl 1987, 147; Palandt/*Grüneberg* BGB § 280 Rn. 73.
[109] AG Marburg BeckRS 2012, 16576; *Nickel* NZFam 2015, 294; *Lindemann/Trenk-Hinterberger* BerHG§ 7 BerHG Rn. 7; *Greißinger* MDR 1989, 573.
[110] LG Ellwangen NStZ-RR 2004, 366.
[111] Ausführlich *Groß* BRAO § 49 Rn. 3 ff.
[112] BRAK-Mitt. 2009, 65; kritisch *Kleine-Cosack* BRAO § 49a Rn. 2.
[113] AG Gengenbach NJW-RR 2013, 1332.
[114] *Klein* JurBüro 2001, 172.
[115] So auch Henssler/Prütting/*Henssler* BORA § 16a Rn. 6. Dazu eingehend *Lindemann/Trenk-Hinterberger* BerHG § 3 Rn. 6, 7; *Becker* AnwBl 1982, 290; *Mümmler* JurBüro 1984, 1125 (1126); *Greißinger* S. 16 mwN; wohl zu generell will *Klein* JurBüro 2001, 172 (173) den Ablehnungsgrund anerkennen.

ist in Zeiten zunehmender Konzentration auf Einzelmaterien schon aus Haftungsgründen als Ablehnungsgrund anzusehen,[116] wobei allerdings hier die Gefahr eines Missbrauches in der Praxis so groß sein dürfte,[117] dass eine pauschale Berufung auf nicht hinreichende Rechtskenntnisse nicht ausreichen kann. Verstöße gegen die Verweigerung der Beratung sind im Wege der **Standesaufsicht** zu ahnden.

- Nach § 3 Abs. 1 S. 2 BerHG kann Beratungshilfe auch durch **Steuerberater, Steuerbevollmächtigte** (Nr. 1), **Wirtschaftsprüfer und vereidigte Buchprüfer** (Nr. 2) und schließlich auch durch **Rentenberater** (Nr. 3) gewährt werden.[118] Die berufsrechtliche Pflicht zur Leistung der Beratungshilfe ist für diese Berufsgruppen gesetzlich in § 65a SteuerberG und 51a WPO geregelt.[119] Ausnahmeregelungen, wie in der BORA vorgesehen, müssen hier erst noch gefunden werden. Eine Hinweispflicht der Beratungsperson auf die Möglichkeit Beratungshilfe in Anspruch zu nehmen, ergibt sich hier ebenfalls als vertragliche Nebenpflicht.

1144

V. Statistik

Die Länderstatistiken für die Jahre 1981–2019[120] erfassen nur die Zahl der Anträge auf Beratungshilfe durch einen Rechtsanwalt, also nicht die unmittelbar durch das Amtsgericht gem. § 3 Abs. 2 BerHG geleistete Beratungshilfe. Auch Bremen und Hamburg sind wegen der dort vorhandenen öffentlichen Beratungsstellen nicht erfasst.

1145

Die klar steigende Tendenz bis zum Jahr 1989 ist auf den im Lauf der Zeit zunehmenden Bekanntheitsgrad der Beratungshilfe zurückzuführen. Ab 1990 bis 1994 stagnierte dann die Zahl der Anträge oder ging sogar etwas zurück, was auf die fehlende Korrektur der Einkommensgrenzen zurückzuführen ist. Ab 1995 sind mit der Reform der Einkommensgrenzen die Fallzahlen wieder beträchtlich angestiegen, so die Zahl der Anträge auf Beratungshilfe durch einen Rechtsanwalt von ca. 359 115 im Jahr 1997 vorbehaltlich der in der Statistik wegen teilweiser Nichtbeteiligung einzelner Bundesländer auf im Jahr 2002 ca. 499 000 und bis ins Jahr 2010 explosionsartig auf ca. 970 000 angestiegen, wobei jedoch ab 2006 sich eine Stagnation, allerdings auf hohem Niveau, abzeichnet. Als Gründe für einen derart rasanten Anstieg der Kosten für die Beratungshilfe galten nicht in erster Linie Veränderungen in der Einkommensstruktur oder die Entwicklung auf dem Arbeitsmarkt. Die Steigerung wird vielmehr auf den **vermehrten Beratungsbedarf** in einer komplizierter werdenden Gesellschafts- und Rechtsordnung, teilweise auch auf die generelle gesellschaftliche Tendenz, **Konfliktlösungen auf rechtlicher Ebene** zu suchen, zurückzuführen sein.[121] Als weitere Gründe dürften die Ausweitung der Beratungshilfe auf das Steuer- und Sozialrecht, die Einführung der außergerichtlichen Schuldenbereinigung, die Erhöhung der Freibeträge,[122] fehlende gerichtliche Aufklärungsmöglichkeiten, Änderungen im Rechtsanwaltsvergütungsrecht[123] und auch nicht hinreichende staatliche Kontrollen zu nennen sein.

---

[116] *Klein* JurBüro 2001, 172 (173); *Kleine-Cosack* BRAO § 49a Rn. 2; BeckOK BRAO/*Römermann* § 49a Rn. 25.
[117] So auch *Groß* BRAO § 49 Rn. 10.
[118] Kritisch *Lissner* AGS 2014, 313; 2013, 209, 210 und Rpfleger 2012, 501, der in seinem zuerst genannten Beitrag sogar die Rücknahme der gesetzlichen Regelung fordert.
[119] Vgl. *Szymborski* DStR 2012, 1984.
[120] Vgl. die im Anhang folgende Statistik des BMJ, erhältlich unter https://www.bundesjustizamt.de/DE/Themen/Buergerdienste/Justizstatistik/Beratungshilfe/Beratungshilfe_node.htm.
[121] *Lissner/Dietrich/Schmidt* Rn. 12; *Müller-Piepenkötter* ZRP 2009, 90.
[122] *Greißinger* AnwBl 1996, 606.
[123] BT-Drs. 17/11472, 30; *Lissner* AGS 2013, 209 (210).

Seit 2011 ist jedoch eine **rückläufige Tendenz** zu erkennen, zuletzt reduzierten sich die Gesamtausgaben im Jahr 2014 gegenüber 2010 um etwa 10 % auf 74.227.244,80 EUR. Die Ausgaben im Jahr 2019 belaufen sich zuletzt nur noch auf 48.013.323,21 EUR bei 560.415 Anträgen.

1146 Ob die Beratungshilfe zur **Prozessverhütung** wesentlich beiträgt, wie angenommen wurde,[124] ist zweifelhaft. Die in ein streitiges Verfahren übergegangenen Fälle – die nur bis 1983 statistisch erfasst wurden – beliefen sich auf lediglich ca. 1 % der Beratungsfälle. Allerdings sind Feststellungen dazu schwierig, und es lässt sich auch nicht negativ feststellen, dass seit der Einführung der Beratungshilfe weniger Prozesse geführt wurden oder der Anstieg gebremst worden wäre. Das gesetzgeberische Ziel der Chancengleichheit in der Rechtsversorgung für einkommensschwache Bevölkerungsschichten hat mit dieser Fragestellung aber auch nichts zu tun.

1147 Die **Weiterentwicklung** ist hinsichtlich des **Kostenaufwands** nicht abzusehen. Die Erwartung, dass angesichts der 2015 begonnenen **Zuwanderung von Flüchtlingen** mit einem erheblichen Mehrkostenbedarf an Beratungshilfeleistungen zu rechnen sei, weil insbesondere Bedarf nach Beratung und außergerichtlicher Vertretung durch Rechtsanwälte in asyl- und aufenthaltsrechtlichen sowie in sozialrechtlichen Fragen bestehe, spiegelt sich in den statistischen Daten so nicht wieder. Angesichts der verfassungsrechtlichen Grenzen besteht hier ohnehin nur ein beschränkter gesetzgeberischer Spielraum zur Begrenzung. Andererseits muss die Kostenentwicklung gleichwohl unverändert Anlass sein, eine allzu uferlose Bestimmung des Anwendungsbereichs und die Ansicht, Missbrauch sei bei der Beratungshilfe kaum denkbar,[125] kritisch zu betrachten. Ein möglicher Weg zur (weiteren) Kostenreduzierung wäre eine Ausweitung der Gewährung von Rechtsberatung durch öffentliche Stellen in den Ländern und Kommunen und eine vermehrte Erledigung der Beratungshilfe durch die Gerichte, wie zB durch den unterstützenden Einsatz zur Ausbildung zugewiesener Rechtsreferendare.[126] Der Gesetzgeber hat aber von seinem Ziel, der Kostensteigerung durch eine große Reform des Beratungshilferechts zu begegnen, aber letztlich Abstand genommen und der Staat wird die Kosten, die im internationalen Vergleich nicht überdurchschnittlich hoch sind,[127] zu tragen haben.

---

[124] *Lindemann* NJW 1986, 2299; BRAK-Mitteilungen 1986, 205.
[125] *Lindemann/Trenk-Hinterberger* BerHG § 1 Rn. 36: „Zumindest der Wunsch des Ratsuchenden, einen Sachverhalt auf die Wahrnehmung von Rechten zu untersuchen, kann kaum mutwillig sein."
[126] Praktiziert bei dem Amtsgericht Königstein im Taunus.
[127] Vgl. *Kilian* AnwBl 2014, 46.

§ 18 Allgemeines

Bundesamt für Justiz, Referat III 3
Beratungshilfestatistik 2019
Stand: 16. Oktober 2020

Land	Zahl der Anträge auf Beratungshilfe durch eine Rechtsanwältin / einen Rechtsanwalt (Summe der Spalten 2 bis 4 einschl. Angaben MünchAnwV und EbersbergerAnwV)	Das Amtsgericht hat			Art der durch die Rechtsanwaltschaft gewährten Beratungshilfe			Betrag der für die Beratungshilfe aufgewandten Kosten EURO [1]
		einen Berechtigungsschein erteilt auf unmittelbaren Antrag der/des Rechtsuchenden	Beratungshilfe bewilligt und/oder Berechtigungsschein erteilt auf einen mit anwaltlicher Hilfe gestellten Antrag	den Antrag auf Beratungshilfe schriftlich zurückgewiesen	ein Ersuchen gem. § 10 Abs. 3 BerHG übermittelt oder abgelehnt	Beratung und Auskunft (Nr. 2501 - 2502 VV RVG)	Vertretung (Nr. 2503 - 2507 VV RVG)	Mitwirkung an der Einigung oder Erledigung der Rechtssache (Nr. 2508 VV RVG)	
	Sp. 1	Sp. 2	Sp. 3	Sp. 4	Sp. 5	Sp. 6	Sp. 7	Sp. 8	Sp. 9
Baden-Württemberg *	41.111	28.643	6.199	6.269	18	7.382	15.738	1.499	3.917.957,82
Bayern *	49.625	32.011	9.014	8.600	0	8.312	18.218	2.420	4.340.902,27
MünchAnwV	856								24.862,00
MünchAnwV - Rechtsberatung Dachau	53								3.456,50
MünchAnwV - Rechtsberatung Ebersberg	71								2.976,00
Berlin *	24.723	18.210	3.815	2.698	3	4.608	5.985	665	1.630.655,00
Brandenburg *	12.772	4.805	5.464	2.503	0	1.993	3.485	270	877.994,30
Hessen *	50.807	33.605	11.861	5.341	29	10.058	25.097	1.833	4.806.712,63
Mecklenburg-Vorpommern *	9.864	4.341	3.928	1.595	0	3.000	2.971	280	873.075,67
Niedersachsen *	73.735	40.165	27.536	6.034	49	12.990	32.190	2.414	5.812.265,00
Nordrhein-Westfalen *	167.496	121.376	34.154	11.966	36	28.229	75.051	7.784	14.126.122,00
Rheinland-Pfalz *	22.792	12.344	7.215	3.233	27	3.337	8.131	729	1.981.992,51
Saarland *	12.822	7.912	3.707	1.203	0	2.201	6.334	406	1.129.648,79
Sachsen *	25.864	13.797	8.891	3.176	3	5.514	11.647	1.299	2.403.349,18
Sachsen-Anhalt	20.694	10.259	7.409	3.026	2	4.048	9.581	653	1.630.328,06
Schleswig-Holstein *	31.615	19.684	9.668	2.263	4	5.404	8.501	788	2.955.128,00
Thüringen *	15.515	4.728	8.827	1.960	22	3.142	7.169	869	1.495.897,48
insgesamt	**560.415**	**351.880**	**147.688**	**59.867**	**193**	**100.218**	**230.098**	**21.909**	**48.013.323,21**

Erläuterungen:
Ohne Bremen und Hamburg (öffentliche Beratungsstellen)
Dieses Dokument enthält Hyperlinks auf Gesetzestexte unter www.gesetze-im-internet.de. Diese sind korrekt zum Zeitpunkt des angegebenen Stands des Dokumentes und seiner Veröffentlichung. Künftige Gesetzesänderungen können dazu führen, dass der Link zu einer geänderten Fassung des Gesetzes führt, die nicht den Angaben in der Statistik zu Grunde liegt.

* Den lfd. Nrn. 11 03 10 bis 11 04 30 der Geschäftsübersichten der Amtsgerichte (GÜ 2) entnommen
[1] Baden-Württemberg: Hierin sind auch die Aufwendungen für die Tätigkeit eines Rechtsanwalts zur Herbeiführung einer außergerichtlichen Einigung mit den Gläubigern über die Schuldenbereinigung (Vergütungsverzeichnis Nrn. 2602, 2604 - 2607 des Rechtsanwaltsvergütungsgesetzes) enthalten.
Niedersachsen: Davon entfielen 71.214 € auf Beratungshilfe in außergerichtlichen Verbraucherinsolvenzverfahren.
Nordrhein-Westfalen: Es handelt sich um reine kamerale Ausgaben, nicht um die Vollkosten

§ 19 Subjektive Voraussetzungen

I. Bedürftigkeit

1148 Wer nach seinen **persönlichen und wirtschaftlichen Verhältnissen Prozesskostenhilfe ohne Ratenzahlung erhalten würde, ist beratungshilfeberechtigt** (§ 1 Abs. 1 Nr. 1, Abs. 2 S. 1 BerHG). Das Beratungshilferecht kennt dabei keine eigenständigen Einkommensgrenzen.

Eine Ausnahme hiervon erfolgt nach § 10a Abs. 1 BerHG. Danach ist in den Fällen der Art. 46 (Unterhaltsforderung für Kinder über die Zentrale Behörde) und Art. 47 Abs. 2 (Anerkennung, Vollstreckbarkeitserklärung, Vollstreckung, wenn PKH im bereits im Ursprungsland gewährt wurde) **der VO (EG) Nr. 4/2009** (ABl. v. 10.1.2009, L 7 2009, 1) Beratungshilfe **unabhängig von den persönlichen und wirtschaftlichen Verhältnissen** des Antragstellers zu gewähren. Unberührt bleibt aber die Prüfung von Mutwilligkeit und der Möglichkeit anderweitiger Hilfen[128] (→ Rn. 1191).

Das Nettoeinkommen muss also **unter 20,- EUR** liegen, da dann die Prozesskostenhilfe nach der Regelung in § 115 Abs. 2 ZPO ratenfrei bleibt. Angesichts der klaren gesetzlichen Regelung ist für eine eigenständige Bedürftigkeitsbestimmung im Beratungshilferecht auch nach der Neuregelung der Einkommensberechnung kein Raum,[129] so dass für die Einkommensberechnung, die Berücksichtigung des Vermögens und der Abzüge vom Einkommen in vollem Umfang auf die Erörterungen zur Prozesskostenhilfe Bezug genommen werden kann (→ Rn. 241 ff.). Wegen der gebotenen Praktikabilität des Verfahrens und der gegenüber der Prozesskostenhilfe geringeren Belastung der Allgemeinheit sind aber aufwändige und komplizierte Ermittlungen ebenso wenig angebracht wie zu kleinliche Berechnungen.[130] Abgesehen von diesen Praktikabilitätserwägungen ist aber entgegen früherer Stimmen[131] ein weiterer Ermessensspielraum als bei der Prozesskostenhilfe im Gesetz nicht vorgesehen und auch nicht angezeigt.[132]

II. Prozesskostenvorschuss

1149 Dass ein bestehender **Prozesskostenvorschussanspruch** auch hier – wie im Prozesskostenhilferecht[133] – zum Vermögen zu rechnen sein wird, steht außer Zweifel. Sehr umstritten ist aber die Frage, ob der gesetzlich geregelte Vorschussanspruch (§§ 1360a Abs. 4, 1361 Abs. 4 S. 3 BGB) auch die **Kosten für eine vorgerichtliche Beratung** umfasst. § 1360a Abs. 4 BGB spricht von „*Kosten eines Rechtsstreits*". Entgegen der hier noch in der 5. Auflage von *Büttner* vertretenen Auffassung[134] können die Kosten einer

---

[128] *Groß* § 10a BerHG Rn. 7.
[129] AG Rendsburg AnwBl 1997, 182; so schon die Antwort der Bundesregierung auf eine Kleine Anfrage, BT-Drs. 10/1831: „An der gegenseitigen Abstimmung der materiellen Voraussetzungen für Beratungs- und Prozesskostenhilfe wird nach dem Willen des Gesetzgebers festzuhalten sein."
[130] So auch *Lindemann/Trenk-Hinterberger* BerHG § 1 Rn. 39.
[131] Etwa OLG Koblenz FamRZ 1986, 1230; *Finger* MDR 1982, 361 (363); *E. Schneider* MDR 1981, 3.
[132] Die noch im Regierungsentwurf vorgesehene Härteklausel ist nicht Gesetz geworden, vgl. dazu *Groß* BerHG § 1 Rn. 48.
[133] → Rn. 424 ff.
[134] Dort Rn. 932; ebenso: AG Koblenz NJW-RR 2007, 209; AG Osnabrück AnwBl 1983, 477; *Lissner/Dietrich/Schmidt* Rn. 104; Wendl/Dose UnterhaltsR/*Klinkhammer* § 6 Rn. 32; *Kleinwegener* FamRZ 1992, 755.

außergerichtlichen Rechtsberatung oder Rechtsverfolgung jedoch nicht in entsprechender Anwendung von § 1360a Abs. 4 BGB vom Unterhaltsberechtigten verlangt werden. Dem steht der klare Wortlaut der Vorschrift entgegen,[135] weil der Anspruch zum Zeitpunkt der Inanspruchnahme von Beratungshilfe noch gar nicht entstanden ist. Die Kosten einer Rechtsberatung oder außergerichtlichen Rechtsverfolgung gehören zwar unterhaltsrechtlich zur allgemeinen Lebenshaltung. Weder aus § 1360a Abs. 4 BGB noch aus § 1610 Abs. 2 BGB ergibt sich jedoch hierfür eine Vorschusspflicht des Unterhaltspflichtigen, so dass die (außergerichtlichen) Kosten grundsätzlich aus dem laufenden Unterhalt zu entrichten sind. Nur wenn die erforderliche Rechtswahrnehmung mit außergewöhnlich hohen Kosten belastet ist und nicht vorhersehbar war,[136] kann ein Kostenvorschuss als unterhaltsrechtlicher **Sonderbedarf** nach § 1613 Abs. 2 Nr. 1 BGB in Betracht kommen[137]. Ist das der Fall, kann Beratungshilfe dann nicht beansprucht werden, wenn der Anspruch nach § 1613 Abs. 2 BGB **ohne Schwierigkeiten zu realisieren** ist.[138]

Der **Barunterhaltsanspruch** und ggf. der **Taschengeldanspruch** (unter Berücksichtigung der Naturaldeckung anderer Bedürfnisse) können zur Eigenfinanzierung der Beratung befähigen, wenn schon dadurch die Einkommensgrenzen der PKH zum „Nulltarif" überschritten werden. Bei der Berechnung, ob der Taschengeldanspruch ratenfreie Prozesskostenhilfe ausschließt, ist – wie bei der Pfändbarkeit – ein ergänzender Naturalunterhaltsanspruch zu berücksichtigen.[139]

1150

Das AG Koblenz[140] hat darüber hinaus einen (bloßen) **Naturalunterhaltsanspruch** (der Tochter gegen die Mutter, die Rechtsanwältin war) ausreichen lassen. Das wird aber dann abzulehnen sein, wenn die Beteiligten nicht in einer Wohnung leben.

1151

III. Selbstverschuldete Mittellosigkeit

Bei **selbstverschuldeter Mittellosigkeit** gelten ebenfalls die zur Prozesskostenhilfe entwickelten Grundsätze.[141] Der zur Beratungshilfe vertretenen Auffassung, selbstverschuldete Mittellosigkeit könne die Beratungshilfe generell nicht ausschließen,[142] ist daher nicht zu folgen. Es kommt darauf an, ob die Kostenarmut vorsätzlich zu einem Zeitpunkt herbeigeführt wurde, als das Bedürfnis einer Rechtsberatung bereits absehbar war.[143] Ein generelles Gebot zur Ansparung von Rücklagen besteht aber nicht.[144]

1152

---

[135] Wie hier: OLG München FamRZ 1990, 312; Niepmann/Seiler Unterhalt Rn. 444; *Hundt*, Rn. 238 Fn. 5; MüKoBGB/*Weber-Monnecke* § 1360a Rn. 31; *Greißinger* NJW 1985, 1671 (1675); *Nagel* Rpfleger 1982, 212 (213).
[136] So die Definition des Sonderbedarfes des BGH, vgl. FamRZ 1982, 145.
[137] OLG München FamRZ 1990, 312; Niepmann/Seiler Unterhalt Rn. 444.
[138] Vgl. zur gleichgelagerten Problematik bei der PKH Rn. 425, 449 ff.
[139] LG Stuttgart DAVorm 1998, 401; vgl. auch BGH FamRZ 1998, 608; OLG Köln FamRZ 1995, 309.
[140] AG Koblenz FamRZ 2005, 532.
[141] → Rn. 288 ff.
[142] So Schoreit/*Groß* noch in der 9. Aufl. unter § 1 BerHG Rn. 32 im Anschluss an AG Rendsburg AnwBl 1997, 182, das Beratungshilfe bei unwirtschaftlichem Einsatz vorhandener Mittel (teure Flugreisen) nicht versagt – hier stellt sich aber die Frage, ob die Bedürftigkeit dann überhaupt glaubhaft gemacht ist; ebenso AG München AnwBl 1983, 427; Lissner/Dietrich/Schmidt Rn. 22.
[143] *Groß* BerHG § 1 Rn. 57; zur gleichen Problematik bei der PKH: BGH NJW-RR 2018, 1411; OLG Bamberg FamRZ 1985, 503.
[144] OLG Celle JurBüro 2007, 96; KG FamRZ 1998, 448 zur PKH; *Groß* BerHG § 1 Rn. 57.

Es wird sich allerdings seltener feststellen lassen, dass sich eine Partei in Ansehung des Beratungsbedürfnisses böswillig oder grob fahrlässig mittellos gemacht hat, weil eine auf die Beratungskosten bezogene Böswilligkeit oder Leichtfertigkeit nur ausnahmsweise in Betracht kommen wird. Der Empfehlung, vom Vorwurf selbstverschuldeter Mittellosigkeit nur sehr zurückhaltend Gebrauch zu machen,[145] ist daher zuzustimmen.

IV. Künftiges Vermögen und Kreditaufnahme

1153   Die **Einkommens- und Vermögenslage zur Zeit der Entscheidung** über die Beratungshilfe ist maßgebend,[146] wobei Veränderungen nach Einlegung einer Erinnerung nach § 7 BerHG zu berücksichtigen sind.[147] Auch bei den Fällen des **Direktzuganges zum Rechtsanwalt** (§ 6 Abs. 2 BerHG) wird das zu gelten haben.[148] In den seltenen Fällen der zwischenzeitlichen Verbesserung ist dem Anwalt das Honorar nach RVG zuzubilligen, eines Vertrauensschutzes des Anwalts, der sich zunächst zutreffend informiert hatte, bedarf es insoweit nicht. Das Vollstreckungsrisiko trifft ihn wie in anderen Fällen, in denen er ohne Beratungshilfe tätig wird. Wenn der Ratsuchende ihn falsch über seine Bedürftigkeit informiert, kann er nicht wenigstens Beratungshilfegebühren liquidieren, auch wenn er keinen Anlass hatte, den Angaben des Mandanten zu misstrauen.

Auf der anderen Seite erhält der Anwalt dagegen die Beratungshilfegebühren, wenn der Mandant erst bei der Entscheidung des Amtsgerichts die Voraussetzungen der ratenfreien Prozesskostenhilfe erfüllt.

Eine Nachzahlungsanordnung kennt das Gesetz nicht. Auf eine **Kreditaufnahme** im Vorgriff auf in Zukunft erwartete Einkommenssteigerungen kann daher nicht verwiesen werden. Etwas anderes muss dann gelten, wenn die Freigrenzen übersteigendes **Vermögen** zwar vorhanden ist, sich dieses Vermögen nur augenblicklich **nicht verwerten** lässt. Zur Überbrückung derartiger kurzfristiger Zahlungsschwierigkeiten kommt eine Verweisung auf eine mögliche Kreditaufnahme in Betracht.[149]

§ 20 Objektive Voraussetzungen

I. Wahrnehmung von Rechten

1154   Für die **Wahrnehmung von Rechten** wird Beratungshilfe gewährt (§ 1 Abs. 1 BerHG). Die praktisch brauchbare Abgrenzung gegenüber rechtlicher Interessenberatung und **allgemeiner Lebensberatung**, insbesondere Sozialarbeit, macht aber Schwierigkeiten.

Um Rechtsberatung handelt es sich nur, wenn Rechtsfragen im Vordergrund stehen,[150] es genügt nicht, dass nur rechtliche Nebenaspekte auftauchen, wie es bei allen

---

[145] *Lindemann/Trenk-Hinterberger,* BerHG § 1 Rn. 65.
[146] AG Eschweiler Rpfleger 1991, 322; *Lissner/Dietrich/Schmidt* Rn. 21.
[147] AG Bad Oeynhausen v. 15.3.2018 – 2 II 2/18 BerH.
[148] **AA:** *Groß* BerHG § 1 Rn. 49; Poller/Härtl/Köpf/*Köpf* BerHG § 1 Rn. 66, 67: Zeitpunkt des Beginns der Beratung.
[149] OLG Koblenz FamRZ 2006, 136; *Lindemann/Trenk-Hinterberger* BerHG § 1 Rn. 62; *Groß* BerHG § 1 Rn. 51; → Rn. 415 ff.
[150] AG Saarbrücken AnwBl 1994, 145; *Hundt* Rn. 245; *Lissner* Rpfleger 2007, 448.

Lebenssachverhalten fast notwendig der Fall ist. Fragen des allgemeinen Lebens betreffende Beratung wie Verbraucher-, Arbeitnehmer- oder sonstige Lebensberatung oder -hilfe (wie Schreib- und Lesehilfe)[151] werden daher nicht erfasst. Auch sprachliche Barrieren in Form von **mangelnden Deutschkenntnissen** begründen für sich keinen Grund für die Gewährung von Beratungshilfe,[152] etwa zur erstmaligen Stellung eines SGB II-Antrages. Das gilt auch für tatsächliche Fragen der Ausgestaltung des Strafvollzugs.[153] Gleiches gilt für einen **Analphabeten**.[154]

Auf **eigene subjektive Rechte** des Antragstellers muss sich die Rechtsberatung beziehen. **Standardisierte** Anträge sind insoweit nicht hinreichend.[155] Es wird also keine allgemeine Rechtsbelehrung in der Art des Rechtskundeunterrichts erteilt.[156] Erst recht kann mit Beratungshilfe nicht Unterstützung bei juristischen Arbeiten in Studium oder Prüfung verlangt werden.[157] Die Wahrnehmung der Rechte muss Beratungsziel sein, dh eine konkrete Rechtsverfolgung muss beabsichtigt sein. Ein eigenes Recht verfolgt der Antragsteller auch dann nicht, wenn ein Anspruch auf Rechtsverfolgungskosten geltend gemacht wird, der im Falle seines Vorliegens nach § 9 S. 2 BerHG auf die Beratungsperson übergegangen wäre.[158]

Wenn der Antragsteller im Sozialhilfebescheid zur Vorlage bestimmter Nachweise aufgefordert worden ist, geht es um die Wahrnehmung von Rechten,[159] da die (volle) Weitergewährung der Sozialhilfe von der Vorlage abhängen kann.

Fragen der **Zwangsvollstreckung** betreffen ebenfalls subjektive Rechte des Ratsuchenden, mag auch die Zahlungsunfähigkeit „unstreitig" sein und es nur um die Bitte gehen, aussichtslose Zwangsvollstreckungsmaßnahmen zu unterlassen.[160]

Auch allein der Umstand, dass gegen den Bedürftigen ein **strafrechtliches Ermittlungsverfahren** geführt wird, begründet Beratungsbedarf. Es kommt nicht darauf an, ob im Ermittlungsverfahren rechtliche Probleme auftauchen können.[161]

Die **Schuldenberatung** wird nach diesen Kriterien nur erfasst, wenn es um **konkrete Rechtsverfolgung** (zB Abwehr einer Inanspruchnahme aus eventuell wucherischem Geschäft) geht, nicht dagegen, wenn es um bloß wirtschaftliche Fragen einer zweckmäßigen Umschuldung geht.[162]

Die **Fälle der präventiven Rechtsberatung** (zB geplante Demonstrationsteilnahme, Gestaltung von Vertragsentwürfen, Kontrolle von Geschäftsbedingungen vor Vertrags-

---

[151] AG Koblenz Rpfleger 1997, 220; JurBüro 1995, 367 (anders aber, wenn allgemeiner Beratungsbedarf mit Rechtsberatungsbedarf einhergeht); *Lissner* AGS 2018, 313; *Kammeyer* Rpfleger 1998, 501; so auch *Lissner/Dietrich/Schmidt* Rn. 109 f.

[152] AG Hannover NdsRpfl 2005, 345; *Duman* Rpfleger 2011, 189 (190); *Kammeyer* Rpfleger 1998, 501.

[153] *Groß* BerHG § 1 Rn. 77 – die Möglichkeit einer Überschneidung mit Rechtsfragen liegt aber auf der Hand: insoweit ist weiter zu prüfen, ob die Information durch die Anstaltsleitung als anderweitige Hilfsmöglichkeit anzusehen ist.

[154] BVerfG NJW-RR 2007, 1369; AG Koblenz Rpfleger 1997, 220; **aA:** AG Berlin-Lichtenberg BeckRS 2012, 09340 mAnm *Lissner* in JurBüro 2012, 454.

[155] Zum Problem des standardisierten Antrages in der Beratungshilfe vgl. ausf. *Lissner* AGS 2018, 313.

[156] *Lindemann/Trenk-Hinterberger* BerHG § 1 Rn. 5; *Derleder* MDR 1981, 449.

[157] *Lindemann/Trenk-Hinterberger* BerHG § 1 Rn. 35 wollen hier Beratungshilfe wegen Mutwilligkeit und Missbrauchs nicht gewähren. Das ist abzulehnen, da es schon tatbestandlich keine Rechtswahrnehmung ist.

[158] AG Kiel NJW-RR 2013, 640.

[159] *Greißinger* AnwBl 1996, 608.

[160] **AA:** AG Westerburg FamRZ 1998, 254.

[161] AG Halle Beschl. v. 8.7.2012, 103 II 2445/12.

[162] *Lissner/Dietrich/Schmidt* Rn. 110; weitergehend *Lindemann/Trenk-Hinterberger* BerHG § 1 Rn. 4 u. 21, weil immer ein Eingriff in bestehende Rechtsverhältnisse in Betracht komme.

abschluss) bereiten ebenfalls Abgrenzungsschwierigkeiten.[163] Die Differenzierung zwischen der „Wahrnehmung" von Rechten und einer allgemeinen Handlungsberatung ist sehr schwierig. Eine uferlose Begriffsbestimmung birgt wohl mehr Gefahren als Nutzen für die Zukunft der Beratungshilfe, wenn man – mit Recht – die Ablehnung wegen Mutwilligkeit oder Missbrauchs nicht andererseits uferlos ausdehnen will. Es ist aber schwerlich Sinn der Beratungshilfe, jedem bedürftigen Bürger eine Rechtsabteilung an die Seite zu stellen, die für eine rechtlich optimale Lebensgestaltung sorgen soll. Beratungshilfe kann auch bei lediglich in ungewisser Zukunft drohendem Rechtsverlust nicht in Anspruch genommen werden.[164]

II. Erfolgsaussicht

1158   Die Gewährung der Beratungshilfe ist **nicht abhängig von der Erfolgsaussicht** der Rechtswahrnehmung.[165] Sie dient gerade dazu, den Antragsteller über die Erfolgsaussicht zu unterrichten. Der Gesetzgeber verfolgt mit ihrer Gewährung auch den Zweck, durch rechtzeitige Beratung unnötige Rechtsstreitigkeiten zu vermeiden.[166]

III. Andere Hilfsmöglichkeiten

1159   **Negative Voraussetzung** für die Gewährung von Beratungshilfe ist nach § 1 Abs. 1 Nr. 2 BerHG, dass **nicht andere Möglichkeiten für eine Hilfe** zur Verfügung stehen, deren Inanspruchnahme dem Rechtssuchenden zuzumuten ist.[167]

Im Grundsatz wird diese Einschränkung als eine Ausprägung des allgemeinen **Rechtsschutzinteresses** für die Inanspruchnahme staatlicher Hilfe anzusehen sein. Der Rechtssuchende kann – wie im Zivilprozess[168] – darauf verwiesen werden, den „einfacheren und billigeren" Weg einzuschlagen, wenn dieser eine gegenüber der Kosten verursachenden Beratungshilfe gleichwertige Hilfe verspricht.

1160   **Die Stadtstaatenklauseln des § 12 BerHG** regeln für Bremen, Hamburg und Berlin[169] Fälle der „anderen Hilfsmöglichkeit" im Rahmen der schon vor Inkrafttreten des Rechtsberatungsgesetzes bestehenden **öffentlichen Rechtsberatungsinstitutionen** in diesen Städten.[170] Auch außerhalb von § 12 BerHG sind öffentliche Rechtsberatungsstellen, etwa die Landeshauptstadt Kiel,[171] andere Hilfsmöglichkeiten in diesem Sinne. Der ursprünglich vom Gesetzgeber beabsichtigte Plan, diese öffentlichen Rechtsberatungsstellen (zu Lasten der rechtsberatenden Berufe) auch den anderen Bundesländern zu öffnen,[172] wurde nicht in die Tat umgesetzt, um, wie der Rechtsausschuss des Bundestages ausdrücklich festgestellt hat,[173] Beratungshilfe auch zukünftig den rechtsberatenden Berufen vorzubehalten.

---

[163] Bejahend *Lindemann/Trenk-Hinterberger* BerHG § 1 Rn. 5 unter Ablehnung einer unveröffentlichten Entscheidung des AG Waiblingen v. 21.9.1984 und 3.5.1985 (URZ 82/84).
[164] BVerfG FamRZ 2012, 509.
[165] BVerfG NJW 2018, 449 Rn. 23; BGH FamRZ 2007, 1088 Rn. 23.
[166] BayVerfGH NJW 1994, 2946; *Grunsky* NJW 1980, 2047.
[167] Vgl. umfassend *Lissner* RVGreport 2012, 202.
[168] Vgl. Rosenberg/Schwab/Gottwald § 90 Rn. 32; vgl. auch BGH NJW 2013, 2201.
[169] Vgl. etwa AG Berlin-Spandau BeckRS 2016, 128781.
[170] Vgl. dazu die eingehende Darstellung der öffentlichen Rechtsberatung in diesen Städten bei *Groß* BerHG § 12 Rn. 1 ff. und *Lissner/Dietrich/Schmidt* Rn. 171.
[171] AG Kiel BeckRS 2012, 21499 = JurBüro 2013, 146; *Groß* BerHG § 1 Rn. 93.
[172] BT-Drs. 17/11472, 44 f.: § 12 Abs. 3 BerHG-E.
[173] BT-Drs. 17/13538, 41.

Die andere Hilfsmöglichkeit muss im Übrigen sein: 1161
- kostenfrei für den Rechtsuchenden
- geeignet und erlaubt *(vgl. die Regelungen des RDG)*
- zumutbar.

Der Streit, ob die Beratungshilfe „subsidiär" gegenüber anderen Hilfsmöglichkeiten ist, ist fruchtlos,[174] da es keine Rangfolge der Hilfsmöglichkeiten gibt, sondern im Einzelfall zu prüfen ist, ob der Ratsuchende auf einen einfacheren und billigeren Weg verwiesen werden kann. Das hängt völlig von den Einzelfallumständen ab, wie etwa die Entfernung von der anderen Hilfsstelle, ob diese Stelle auch die im Einzelfall nötige Vertretung übernehmen könnte oder ob ein Vertrauensverhältnis zu der anderen Stelle besteht. Im Sinne der Gleichbehandlung von Bedürftigen und Nichtbedürftigen muss maßgebend sein, ob sich jemand, der nicht beratungshilfeberechtigt ist, **vernünftigerweise** (zunächst) an die andere Stelle wenden würde.[175]

Folgende Fallgruppen sind praktisch bedeutsam **(alphabetisch):**

(1) **Anstaltsverwaltung im Strafvollzug.** Deren Beratung ist als Sonderfall der Behördenberatung anzusehen. Gemäß §§ 5, 73, 108 StVollzG ist die Anstaltsleitung verpflichtet, den Gefangenen in der Wahrnehmung seiner Rechte und Pflichten zu unterstützen. Wie bei der sonstigen Behördenberatung muss daher auch hier geprüft werden, ob diese Möglichkeiten im Einzelfall nicht ausreichen oder nicht zumutbar sind.[176] Jedenfalls bei verweigerten Ansprüchen oder Beschwerden gegen die Anstalt selbst sind Anstaltsangehörige keine unbeteiligten Dritten und ihre vorrangige Inanspruchnahme ist nicht zumutbar.[177] 1162

(2) **Ausländerbehörde.** Umstritten ist, ob Beratung und Auskunft der Ausländerbehörde (§ 25 VwVfG) für die **Stellung eines Asylantrags** als der Beratungshilfe gleichwertige Alternative der Rechtsberatung anzusehen ist.[178] Eine **generelle Beratungspflicht** besteht jedenfalls.[179] Die erforderlichen Tatsachen zur Begründung des Asylantrags kann der Asylbewerber auch selbst der Behörde vortragen, allerdings kann ein Beratungsbedarf bestehen, wenn sich Fragen nach der zuständigen Behörde oder wegen des weiteren Verfahrensablaufs ergeben. Ein solcher Beratungsbedarf wird häufig mit dem Bedürfnis nach Hilfe bei der Antragsformulierung einhergehen, die ebenfalls nicht nur tatsächliche, sondern auch rechtliche Dimensionen hat. Die Situation ist insoweit mit der bloßen Stellung eines Sozialhilfeantrages oder entsprechender anderer Anträge nicht vergleichbar.[180] Nach der Rechtsprechung zur Beratungshilfe in Asylsachen[181] wird daher Beratungshilfe wegen eines konkreten Hilfebedarfs mit diesem Argument allein 1163

---

[174] Im Ergebnis ähnlich *Lindemann/Trenk-Hinterberger* BerHG § 1 Rn. 15; vgl. *Groß* BerHG § 1 Rn. 59: **aA:** *Klinge*, § 1 Rn. 3: „Subsidiaritätsklausel".

[175] Ähnlich *Greißinger* AnwBl 1996, 609.

[176] Zu weitgehend AG Werl StV 1986, 167 unter Hinweis auf das Beratungsmonopol der Anwälte, das § 1 Abs. 1 Nr. 2 BerHG aber einschränkt. Zu eng LG Münster JurBüro 1984, 448 unter Verweisung auf Selbsthilfe. Ähnlich wie hier *Groß* BerHG § 1 Rn. 77; *Lissner* RVGreport 2012, 202 (205).

[177] AG Minden AGS 2003, 318; **aA:** AG Geldern JurBüro 1987, 142; *Lissner/Dietrich/Schmidt* Rn. 157; *Volpert* RVGreport 2012, 362.

[178] **Für** Gleichwertigkeit: BVerfG Beschl. v. 26.4.1989, 1 BvR 505/89, NJW-RR 2001, 1006; AG Regensburg JAmt 2015, 153; AG Rendsburg Rpfleger 1987, 378; AG Esslingen Rpfleger 1988, 319; *Lissner/Dietrich/Schmidt* Rn. 152; *Lissner* ZAR 2013, 110; *ders.* RVGreport 2016, 162, (164); **gegen** Gleichwertigkeit: AG Essen JurBüro 2017, 111907; AG Lünen Rpfleger 1989, 514; AG Gießen Rpfleger 1989, 27; *Groß* BerHG § 1 Rn. 75.

[179] *Lissner* Rpfleger 2012, 127.

[180] Für die Gewährung von Beratungshilfe in diesen Fällen: AG Oldenburg AnwBl 1994, 432; AG Gießen JurBüro 1988, 998; LG Lüneburg NdsRpfl 1988, 140.

[181] → Rn. 1284.

nicht abgelehnt werden dürfen.¹⁸² Richtiger dürfte aber sein, auf den Einzelfall abzustellen und zu prüfen, ob der Asylbewerber nach seiner Situation und individuellen Fähigkeiten der Behörde den Sachverhalt so vortragen kann, dass mit ihrer Hilfe allein eine sachgerechte Antragstellung möglich ist. Ist das – wie bei Flüchtlingen der Regelfall – nicht der Fall, wird nicht nur die Beratung durch den Anwalt, sondern auch die Vertretung durch ihn (Anwaltsschreiben an die Behörde) als erforderlich anzusehen sein.¹⁸³ So wird auch eine Zustimmung zur Arbeitsaufnahme des Asylbewerbers zu beurteilen sein.¹⁸⁴

Die Heimleitung eines Übergangswohnheims wird in diesem Sinne bei möglichen Interessenkonflikten oder sonstigen Bedenken gegen ihre Objektivität nicht als andere Hilfsmöglichkeit anzusehen sein.¹⁸⁵

Allerdings können Asylbewerber auf für sie erreichbare **Flüchtlingsberatungsstellen der freien Wohlfahrtspflege** und kommunale Beratungsstellen verwiesen werden.¹⁸⁶

1164 (3) **Behördenberatung allgemein.** Behörden sind nach § 25 VwVfG des Bundes und der Länder zu Hilfeleistung bei Anträgen und zu Rechtsauskünften verpflichtet. Außerdem ergibt sich diese Verpflichtung aus zahlreichen Spezialgesetzen (zB §§ 14, 15 SGB I, 11 SGB XII, 89 Abs. 1 S. 2 AO, 42e EStG). Sozialleistungen, auch Sozialhilfeleistungen, müssen daher zunächst unmittelbar bei der Behörde beantragt werden, und bei ihr muss um Information darüber nachgesucht werden, insbesondere wenn es um die **erstmalige** Information über den Erhalt einer Leistung geht.¹⁸⁷ Auch in Fragen einer Erwerbsunfähigkeitsrente ist zunächst der nach § 14 SGB I zur Auskunft verpflichtete **Rentenversicherungsträger** in Anspruch zu nehmen.¹⁸⁸ Allerdings ist auch die für Grundsicherung zuständige Behörde wegen der Verknüpfung der Sozialsicherungssysteme von sich aus verpflichtet, auf die Notwendigkeit einer Beratung durch den zuständigen Rentenversicherungsträger hinzuweisen, wenn ein konkreter Anlass dazu besteht und haftet nach § 839 Abs. 1 BGB iVm Art. 34 S. 1 GG im Falle des Unterlassens auf Schadensersatz.¹⁸⁹ Gleiches gilt bei Beratungsbedarf in einfachen **Steuerfragen** (vgl. §§ 89 Abs. 1 S. 2 AO, 42e EStG).¹⁹⁰ Die Ablehnung der Beratungshilfe mit dem Verweis auf eine Behördenberatung verletzt den Antragsteller grundsätzlich nicht in seinen verfassungsmäßigen Rechten.¹⁹¹ Problematisch kann die Zumutbarkeit der Inanspruchnahme dieser Hilfe aber sein, wenn ein Interessenkonflikt besteht (Rechtswahrnehmung gegen die Behörde, zB nach endgültiger Zurückweisung eines Antrags),¹⁹² das Verhalten der Behörde in der Vergangenheit fehlerhaft war¹⁹³ oder sonst Befangenheitsbesorgnis begründet ist. Für den Erstantrag bei einer Behörde

---

¹⁸² Zutreffend zuletzt AG Regensburg JAmt 2015, 153.
¹⁸³ Wie hier AG Regensburg JAmt 2015, 153; *Lissner* RVGreport 2012, 202 (204); **aA**: AG Koblenz FamRZ 1998, 1038, das nur Beratung gewähren will, da gegenüber der Behörde wegen derer objektiven Prüfung keine Anwaltsvertretung erforderlich sei.
¹⁸⁴ AG Zeven Rpfleger 2007, 403.
¹⁸⁵ Zu eng AG Koblenz JurBüro 1995, 367; krit. dazu auch *Greißinger* AnwBl 1996, 609.
¹⁸⁶ AG Essen JurBüro 2017, 652; *Lissner* RVGreport 2016, 162 (164).
¹⁸⁷ BVerfG NJW-RR 2007, 1369; VerfGH Sachsen BeckRS 2016, 132998.
¹⁸⁸ BVerfG NZS 2012, 339.
¹⁸⁹ BGH NJW 2019, 68; *Christl* NZS 2019, 216.
¹⁹⁰ *Szymborski* DStR 2012, 1984; *Lissner* RVGreport 2012, 202 (204).
¹⁹¹ BVerfG JurBüro 2015, 484 (Verweis auf die Rentenversicherungsbehörde); AGS 2016, 202; JurBüro 2015, NZS 2012, 339; FamRZ 2007, 1963 und Rpfleger 2009, 685.
¹⁹² BVerfG JurBüro 2015, 484; LG Göttingen JurBüro 1988, 906; AG Nürnberg JurBüro 1988, 857 (Information über Zulässigkeit eines Aidstests); *Greißinger* AnwBl 1989, 575; *Bischof* NJW 1981, 894 (895).
¹⁹³ BVerfG Rpfleger 2009, 571 mit zT krit. Anm. *Lissner*; AG Mönchengladbach JurBüro 1984, 1745 (unterlassene Aufklärung durch die Behörde).

werden diese Voraussetzungen in der Regel zu verneinen sein.[194] Eine Ausnahme kann jedoch analog § 2 Abs. 1 S. 2 BerHG in schwierigen und komplexen Angelegenheiten bestehen.[195]

Im Rahmen des **verwaltungs- oder sozialrechtlichen Widerspruchsverfahren** gegen einen Verwaltungsakt kann der Rechtssuchende nach zutreffender Ansicht des BVerfG[196] jedoch nicht darauf verwiesen werden, sich an diejenige Behörde zu wenden, die den angegriffenen Verwaltungsakt erlassen hat, mögen Ausgangs- und Widerspruchsbehörde auch organisatorisch getrennt sein. Anderes wird aber dann zu gelten haben, wenn der Widerspruch lediglich einen – gegebenenfalls wiederholten – Hinweis auf eine einfach gelagerte Frage zum Sachverhalt betrifft.[197]

(3a) **Berufsbetreuer, Berufspfleger- oder -vormund.** Eine andere Hilfsmöglichkeit besteht auch bei Vorhandensein eines Betreuers, wenn der Beratungsgegenstand zu den typischen Aufgaben des Betreuers gehört.[198] Dies gilt auch dann, wenn es sich um einen Rechtsanwalt als Berufsbetreuer handelt und das Ersuchen nicht im Verhältnis Betreuer und Betreuten seinen Grund hat.[199] Ist der **Berufsbetreuer Rechtsanwalt** und nimmt er für den Betroffenen **eine dem RVG unterfallende außergerichtliche Tätigkeit** vor, ist sein Aufwendungsersatzanspruch nach §§ 1908i Abs. 1, 1835 Abs. 3 BGB wegen der Pflicht zur kostenschonenden Amtsführung auf die **Vergütungssätze der Beratungshilfe nach VV 2501 ff. RVG beschränkt.**[200] Gleiches gilt für den **anwaltlichen Berufsvormund oder Berufsergänzungspfleger.**[201]

1165

(4) **Berufsverbände/Gewerkschaften.** Es ist zu prüfen, ob ihnen die konkrete Beratung nach § 7 RDG erlaubt ist und sie zu dem konkreten Beratungszweck geeignet sind.[202] Ist dies der Fall, kann auf sie als vorrangig verwiesen werden. Es kann im Hinblick auf das Grundrecht auf **negative Koalitionsfreiheit** (Art. 9 Abs. 1 GG) aber nicht verlangt werden, dass der Antragsteller in eine solche Vereinigung eintritt, um dort Beratung zu erhalten.[203] Bei **Studenten** zählen hierzu in universitären Belangen auch das Studentenwerk[204] und der Allgemeine Studierendenausschuss (ASTA).[205]

1166

(5) **Interessenverbände.** Hierzu zählen Grundbesitzervereine, Mietervereine, Lohnsteuerhilfevereine, ADAC[206] usw. Es gilt das zu den Berufsverbänden Gesagte.[207] Dies

1167

---

[194] BVerfG FamRZ 2009, 1655; Lindemann/Trenk-Hinterberger BerHG § 1 Rn. 19 a. E. unter Hinweise auf unveröffentlichte Entscheidungen des AG Cuxhaven (Stellung eines Sozialhilfeantrages); ebenso AG Koblenz JurBüro 1995, 367 (Antrag auf Anerkennung als Schwerbehinderter); kritisch insoweit *Greißinger* AnwBl 1996, 609.

[195] *Christl* NZS 2019, 216 für Fragen der Grundsicherung.

[196] BVerfG JurBüro 2015, 484 und MDR 2015, 1435 (jeweils Verweis auf die Rentenversicherungsbehörde); FamRZ 2009, 1655 sowie Rpfleger 2009, 685; AG Wiesbaden ASR 2009, 186; AG Homburg AnwBl 2008, 550; AG Köln AGS 2007, 515; **aA**: AG Haldensleben Rpfleger 2008, 369; AG Siegburg AGS 2008, 91f; weitere Nachweise bei *Lissner/Dietrich/Schmidt* Rn. 141.

[197] BVerfG NZS 2011, 335; KG JurBüro 2012, 317 mAnm *Hansens* RVGreport 2012, 261.

[198] AG Leipzig Rpfleger 2009, 247; Amtsgericht Berlin-Wedding AGS 2008, 560.

[199] Ausführlich *Lissner/Dietrich/Schmidt* Rn. 158 f; zu dessen Vergütungsanspruch bei anwaltlicher Tätigkeit → Rn. 1259.

[200] BGH NJW 2007, 844; OLG Frankfurt FamRZ 2010, 64.

[201] BGH FamRZ 2014, 640; vgl. dazu *Dürbeck* ZKJ 2014, 266, *ders.* FamRZ 2018, 553 (563); ablehnend für die Beratung von unbegleiteten minderjährigen Flüchtlingen durch die Amtsvormünder *DIJuF* JAmt 2016, 376.

[202] Vgl. *Groß* BerHG § 1 Rn. 82.; *Greißinger* 35.

[203] *Kammeyer* Rpfleger 1998, 501 (502).

[204] BVerfG RVGreport 2008, 199.

[205] *Lissner/Dietrich/Schmidt* Rn. 178

[206] *Lissner* RVGreport 2012, 202 (203).

[207] Auf die umfassende Darstellung bei *Lindemann/Trenk-Hinterberger* Rn. 25 ff. zu § 1 BerHG wird verwiesen.

wurde nunmehr auch durch das **BVerfG** bestätigt.[208] Danach ist es zulässig, Empfänger von SGB II-Leistungen auf die Inanspruchnahme von Beratungsleistungen des **Vereins zur Vertretung der Interessen sozial schwacher Personen** zu verweisen, wenn sie dort Mitglied sind und die Beratung der Mitglieder in der Vereinssatzung vorgesehen ist.

1168 (6) Das **Jugendamt**[209] ist gem. § 17 SGB VIII zur Beratung in Fragen der Partnerschaft und Trennung und gem. § 18 SGB VIII zur Beratung und Unterstützung bei der Ausübung der **Personensorge** für minderjährige Kinder einschließlich der Geltendmachung von **Unterhaltsansprüchen** und in Fragen des **Umgangsrechts**[210] verpflichtet. Diese Verpflichtung besteht auch für die Geltendmachung des **Betreuungsunterhaltsanspruches der Mutter** eines unehelichen Kindes (§ 1615l BGB) und für den Unterhaltsanspruch des **volljährigen Kindes** bis zum **21. Lebensjahr** (§ 18 Abs. 1 Nr. 2 und Abs. 4 SGB VIII). In sorge- und umgangsrechtlichen Angelegenheiten ist die Möglichkeit einer Beratung durch das Jugendamt vorrangig.[211] Das Familiengericht hat gem. § 156 Abs. 1 S. 2 FamFG auf diese Beratungsmöglichkeiten hinzuweisen. Es handelt sich um **Rechtsansprüche auf Beratung**.[212] Ferner sind Beratungspflichten des Jugendamts in §§ 51, 52a, 53 SGB VIII geregelt. Diese kostenfreie Beratungsmöglichkeit ist nach den obigen Maßstäben als andere Hilfsmöglichkeit anzusehen.[213] Das Gesetz will die Nutzung der insoweit spezialisierten Beratung fördern,[214] so dass jedenfalls zunächst dieser Weg beschritten werden muss. Gleichwohl kann die Inanspruchnahme des Jugendamts unzumutbar sein, zB wenn eine ordnungsgemäße Interessenwahrnehmung durch dieses konkret nicht gewährleistet werden kann, etwa wegen extremer Wartezeiten oder einer befürchteten Interessenkollision oder fachübergreifender Fragen, die nicht vom Behördenprivileg des RDG umfasst sind.[215] Für **Vormünder** besteht ab dem 1.1.2023 nach § 53a Abs. 1 SGB VIII ein Anspruch auf regelmäßige und dem jeweiligen erzieherischen Bedarf des Mündels entsprechende Beratung und Unterstützung durch das Jugendamt. Nach § 55 Abs. 1 SGB VIII kann das Jugendamt im Rahmen einer **Beistandschaft** nach § 1712 Nr. 2 BGB auch vor dem Amtsgericht Unterhaltsansprüche des minderjährigen Kindes geltend machen, auch insoweit geht die Beratung durch das Jugendamt (§ 52a SGB VIII) der Beratungshilfe vor.[216] Für volljährige Kinder besteht diese gesetzliche Möglichkeit zwar nicht,[217] wegen der Beratungspflicht des Jugendamtes nach § 18 Abs. 4 SGB VIII gegenüber unterhaltsberechtigten volljährigen Kindern bis zum 21. Lebensjahr und der Möglichkeit einer **Vollmachtserteilung** für die außergerichtliche Geltendmachung des Unterhaltsanspruches wird Beratungshilfe aber auch hier nicht erteilt werden

---

[208] BVerfG BeckRS 2015, 42012.
[209] Vgl. *Lissner* FamRB 2016, 32; *Härtl* NZFam 2017, 1081 (1082 f.).
[210] Staudinger/*Dürbeck* BGB § 1684 Rn. 496; zum Rechtsanspruch auf Bewilligung begleiteter Umgangskontakte vgl. *Dürbeck* ZKJ 2015, 457 m. Nachw. der Rspr. der Verwaltungsgerichte und des BVerfG.
[211] AG Pforzheim FamRZ 2019, 49.
[212] Wiesner/*Struck* SGB VIII § 18 Rn. 2a.
[213] AG Pforzheim FamRZ 2019, 49; AG Halle AGS 2011, 384; AG Helmstedt AGS 2010, 391; AG Zeven FamRZ 2007, 671; AG Hannover JurBüro 2005, 38 und 2006, 38; AG Torgau FamRZ 2004, 1883; AG Lahnstein FamRZ 2004, 1299; AG Leverkusen AGS 2003, 125 mablAnm *Benkelberg*; *Lissner* FamRB 2016, 32; *Hellstab* Rpfleger 2004, 336 (344); *Hundt* Rn. 249.
[214] In vergleichbarer Lage würde sich auch ein anderer Bürger zunächst an die Jugendhilfebehörde wenden – deshalb wird der Bedürftige nicht schlechter gestellt; wie hier AG Neunkirchen FF 1999, 60 mkritAnm *Kundler*; *Groß* BerHG § 1 Rn. 76; **anders** wohl *Greißinger* AnwBl 1996, 609 und AnwK-RVG/*Mock* Vor 2.5 Rn. 6 für die Frage des Unterhaltes.
[215] AG Pforzheim FamRZ 2019, 49.
[216] AG Halle AGS 2011, 384; Staudinger/*Dürbeck* BGB § 1712 Rn. 30a.
[217] MüKoBGB/*v. Sachsen Gessaphe* § 1712 Rn. 7; **aA** noch die 5. Auflage Rn. 949.

können.²¹⁸ Der Weg zum Jugendamt ist auch dann nicht unzumutbar, wenn die Gegenseite bereits außergerichtlich durch einen Rechtsanwalt vertreten ist, da sich aufgrund der Beratungspflicht und Fachkompetenz des Jugendamtes auch in Fragen des Unterhaltes das Problem der Waffengleichheit sich hier nicht in dem Maße, wie in einem gerichtlichen Verfahren, stellt.²¹⁹ Auch wenn es sich um ein Abänderungsverfahren (§§ 238 ff. FamFG) handelt und das minderjährige Kind im ursprünglichen Unterhaltsverfahren anwaltlich vertreten war, ist auf eine vorrangige Inanspruchnahme des Jugendamtes hinzuweisen.²²⁰

(7) **Mediation.** Abgesehen von den Kosten handelt es sich nicht um eine andere Hilfsmöglichkeit, da es nicht um die Information über Rechte geht, sondern um die Befähigung zur Selbstlösung von Konflikten.²²¹ **1169**

(8) **Medienhinweise; Datenbanken:** Rechtliche Hinweise in den Medien sind keine andere Hilfsmöglichkeit, da sie nicht auf individuelle Probleme bezogen sind. Ebenso ist es bei Teilnahme an Sendungen.²²² Auch eine Verweisung auf frei verfügbare Datenbanken im Internet, die mangels Einzelfallfallbezug nicht nach dem RDG verboten sind, dürfte nicht in Betracht kommen, da nicht alle Menschen mit dem Internet vertraut sind und angesichts der Datenflut für den Betroffenen nicht hinreichend sichergestellt ist, dass er die für seinen Fall richtige Auskunft erhält.²²³ **1170**

(9) **Prozesskostenhilfe.** Da die Bereiche für Beratungshilfe einerseits und Prozesskostenhilfe andererseits objektiv voneinander abzugrenzen sind („außerhalb" und „innerhalb" eines gerichtlichen Verfahrens), kann es keine Überschneidung geben (→ Rn. 1122 ff.). **1171**

(10) **Rechtsantragsstelle/Beratung durch Amtsgericht.** Die Funktion des Amtsgerichts als **Rechtsantragsstelle,** die darauf beruht, dass in zahlreichen Fällen Anträge zu Protokoll der Geschäftsstelle gestellt werden können (vgl. § 24 RPflG), betrifft nicht die Rechtsberatung,²²⁴ auf sie kann daher grundsätzlich nicht als andere Beratungsmöglichkeit verwiesen werden.²²⁵ **1172**

Die Beratungshilfe, die das Amtsgericht selbst gemäß § 3 Abs. 2 BerHG (gemäß § 24a RPflG ebenfalls durch den Rechtspfleger) leisten kann, ist auch keine andere Möglichkeit, sondern eine der **beiden Gewährungsformen** selbst.²²⁶ Insbesondere in **eilbedürftigen und existentiellen** Sachen können Bedürftige nicht darauf verwiesen werden, zunächst Rechtsrat bei Gericht einzuholen (vgl. § 6 Abs. 2 BerHG).²²⁷ Der vom Gesetzgeber bei der Reform des BerHG ursprünglich beabsichtigte stark eingeschränkte Direktzugang zu den Rechtsanwälten zugunsten einer kostensparenden Erledigung der Beratungshilfe durch die Amtsgerichte²²⁸ wurde vor allen nach Kritik aus den Reihen der Anwaltschaft²²⁹ weitgehend nicht realisiert (→ Rn. 1208).

---

²¹⁸ AG Köln FamRZ 2008, 2232 und Anm. dazu von – *Kemper* FamRZ 2009, 635; *Lissner/Dietrich/Schmidt* Rn. 156.
²¹⁹ Vgl. zur ähnlichen Problematik bei der Prozesskostenhilfe: Rn. 563. Zur Beratungshilfe wie hier: AG Kirchhain JAmt 2005, 469; *Lissner/Dietrich/Schmidt* Rn. 154.
²²⁰ **AA:** AG Vechta FamRZ 2012, 571.
²²¹ Vgl. *Kretschmer* NJW 2003, 1500 und *Goll* AnwBl 2003, 274.
²²² BGH NJW 2002, 2877 zur Frage, ob es sich um Rechtsberatung handelt (verneinend).
²²³ Im Ergebnis ebenfalls *Lissner* RVGreport 2012, 202 (205); **aA** für einfache einkommensteuerrechtliche Fragen AG Euskirchen BeckRS 2016, 10535.
²²⁴ *Lindemann/Trenk-Hinterberger* BerHG § 3 Rn. 20; *Lissner/Dietrich//Schmidt* Rn. 185.
²²⁵ So im Ergebnis auch AG Albstadt Rpfleger 1987, 421, das die Funktionen der Rechtsantragsstelle von denen der Beratung durch das AG aber nicht scharf genug trennt.
²²⁶ So mit Recht AG Albstadt Rpfleger 1987, 421 und *Trenk-Hinterberger* in Anm. dazu.
²²⁷ BVerfG AnwBl 2011, 71.
²²⁸ BT-Drs. 17/11472, 61 f. zu § 6 BerHG-E; zu Recht kritisch: *Lissner* AGS 2014, 313.
²²⁹ Vgl. etwa *v. Seltmann* BRAK-Mitt. 2012, 165 (168).

1173 **(11) Rechtsschutzversicherung.** Entsprechend der zur Prozesskostenhilfe vertretenen Auffassung[230] ist der Beratungsanspruch aus dem Versicherungsvertragsverhältnis zum Vermögen zu rechnen. Es handelt sich um **zweckbestimmtes Vermögen,** so dass eine Anwendung der Freibeträge nach §§ 115 ZPO, 90 SGB XII ausscheidet.[231] Natürlich fehlt es an der Bedürftigkeit nur, wenn die Rechtsschutzversicherung auch den Beratungsgegenstand erfasst und vollständig für die Kosten aufkommt. Hat die Versicherung ihre Eintrittspflicht verneint, ist es nicht zumutbar, auf die Führung eines Rechtsstreits gegen sie zu verweisen.[232]

1174 **(12) Schuldnerberatung**[233] in einer Schuldnerberatungsstelle, die zur Ausstellung einer Bescheinigung nach § 305 Abs. 1 Nr. 1 InsO für einen **außergerichtlichen Einigungsversuch** in der Lage ist, vermag Beratungshilfe durch Rechtsanwälte nicht als kostengünstigere Möglichkeit auszuschließen, wenn von überlangen **Wartezeiten** (mehr als 9 Monate) auszugehen ist.[234] Wenn dagegen die Schuldnerberatungsstellen keine unzumutbaren Wartezeiten haben, sind sie als „anderweitige Hilfsmöglichkeit" anzusehen.[235]

Beabsichtigt der mittellose Schuldner, einen Insolvenzantrag nebst Verfahrenskostenstundung und Restschuldbefreiung zu stellen und kann er den Antrag nicht ausfüllen, so kann ihm hierfür Beratungshilfe gewährt werden.[236]

Die Darlegungslast trifft den Ratsuchenden.[237]

Der Betreiber einer Verbraucherinsolvenzberatung kann seine Dienste nicht aus der Landeskasse als Beratungshilfe vergütet verlangen.[238]

1175 **(13) Schlichtungsstellen.** Gütestellen nach § 15a EGZPO sind keine andere Hilfsmöglichkeit, solange es darum geht, ob eine solche Stelle angerufen werden kann oder muss. Für das Verfahren vor ihnen kann ebenfalls Beratungshilfe gewährt werden.[239] Von Ärzte- oder Handwerkskammern eingerichtete Schlichtungsstellen müssen gem. § 15a Abs. 3 EGZPO ebenfalls angerufen werden. Es kann daher keine Beratungshilfe für deren Umgehung geben. Es kann nicht gesagt werden, dass diese Schlichtungsstellen „besser" ohne anwaltlichen Rat aufgesucht würden.[240]

1176 **(14) Selbsthilfe.** Sie ist schon aus systematischen Gründen nicht als „andere Hilfsmöglichkeit" iSd § 1 Abs. 1 Nr. 2 BerHG anzusehen, weil es sich bei der Frage, ob der Antragsteller dazu in der Lage ist, selbst die betreffende Angelegenheit erledigen kann, um einen Fall mangelnder Hilfsbedürftigkeit handelt, der in Bezug auf die subjektiven Fähigkeiten des Rechtsuchenden bereits bei der Frage der **Mutwilligkeit** (→ Rn. 1180)

---

[230] → Rn. 388.
[231] BGH JurBüro 1992, 48; Zöller/*Schultzky* ZPO § 115 Rn. 58; **aA:** andere Möglichkeit iSd § 1 Abs. 1 Nr. 2 BerHG: OLG Bamberg JurBüro 2008, 41; Lissner RVGreport 2012, 202 (208).
[232] *Lindemann/Trenk-Hinterberger* BerHG § 1 Rn. 30; *Groß* BerHG § 1 Rn. 55.
[233] Vgl. auch die ausführlichen Darstellungen von *Lissner* AGS 2014, 442; RVGreport 2012, 202 (208 f.).
[234] BVerfG Rpfleger 2007, 206 (wurde dort aber nicht konkret vorgetragen); AG Bad Sobernheim BeckRS 2016, 4995: bis zu 9 Monate Wartezeit zumutbar; AG Schwerte DZWiR 2005, 41; AG Bad Sobernheim Rpfleger 2007, 207; mit umfangreichen Nachweisen aus der Rechtsprechung *Lissner* Rpfleger 2007, 448 (452); **aA:** AG Bochum Rpfleger 2000, 461; *Huth* Rpfleger 2007, 125.
[235] BVerfG Rpfleger 2007, 206; AG Weißenfels JurBüro 2015, 314; OLG Jena Beschl. v. 20.8.2012, 9 W 345/12; AG Darmstadt BeckRS 2012, 23624; NZI 2012, 974; AG Mannheim BeckRS 2011, 01009; AG Halle, Beschl. v. 20.8.2010, 103 II 3653/10; AG Lübeck JurBüro 2007, 435; *Lissner/Dietrich/Schmidt* Rn. 163 mit zahlreichen Rechtsprechungsnachweisen in Fn. 105; *Ehlers* DStR 2013, 1338, 1343; **aA:** AG Stendal ZInsO 2007, 1283 und AG Schwerte ZInsO 2004, 1215: uneingeschränktes Wahlrecht.
[236] BGH FamRZ 2007, 1014.
[237] *Lissner* Rpfleger 2007, 448 (452).
[238] BVerfG NJW 2007, 830.
[239] → Rn. 1126.
[240] So aber AG Nürnberg JurBüro 2002, 147.

oder der **Erforderlichkeit der Vertretung** durch die Beratungsperson (→ Rn. 1194 ff.) zu beachten ist.²⁴¹

(15) **Verbraucherberatung (kommunale Rechtsberatung, kommunale Schuldnerberatung).** Soweit öffentliche Stellen dieser Art, wie die **Verbraucherzentralen** der Länder, eingerichtet sind, kommt eine Verweisung auf sie in Fällen einer Erstberatung in Betracht.²⁴² Es muss allerdings im Einzelfall geprüft werden, ob sie wegen ihrer begrenzten Aufgabe zur Erfüllung des **konkreten Beratungsbedarfs** tatsächlich geeignet sind. Noch nicht absehbar ist, inwieweit der Zugang zu **Verbraucherschlichtungsstellen** iSd zum 1.4.2016 in Kraft getretenen VerbraucherstreitbeilegungsG²⁴³ die Inanspruchnahme von Beratungshilfe ausschließen kann, soweit keine Schutzgebühr erhoben wird.²⁴⁴

1177

(16) **Verbraucherinsolvenzberatung,** siehe Schuldnerberatung.

1178

(17) Keine „andere Hilfsmöglichkeit" in diesem Sinne stellen **Frauenhäuser** bei Beratungsbedarf in Gewaltschutzfragen dar, da sie im Regelfall dazu berufen sind, tatsächliche Hilfe zu leisten und nicht zur rechtlichen Beratung über Fragen des GewSchG und des elterlichen Sorge- und Umgangsrechts.²⁴⁵

(18) Nach dem neu eingefügten § 1 Abs. 2 S. 2 BerHG stellt die durch die nunmehr gemäß §§ 4 Abs. 1 S. 3 und 4, 4a Abs. 1 S. 3 RVG gegebene Möglichkeit, in Beratungshilfefällen kostenlose oder gegen Vereinbarung eines **Erfolgshonorars** Rechtsanwaltsberatung und -vertretung zu gewähren (→ Rn. 1221), keine andere Hilfsmöglichkeit iSd § 1 Abs. 1 Nr. 2 BerHG dar. Der Hilfesuchende kann also nicht pauschal auf Rechtsanwaltskanzleien verwiesen werden, die bekanntermaßen **pro bono** oder gegen Erfolgshonorare ihre Dienste anbieten.²⁴⁶

1179

IV. Mutwilligkeit

Bei Mutwilligkeit der Wahrnehmung der Rechte/Inanspruchnahme der Beratungshilfe wird nach § 1 Abs. 1 Nr. 3 BerHG Beratungshilfe nicht gewährt.²⁴⁷

1180

Bezogen ist die Mutwilligkeit nach der Legaldefinition nicht auf die Rechtswahrnehmung -²⁴⁸, sondern auf die **Inanspruchnahme der Beratungshilfe.**

Der Gesetzgeber wollte mit der gegenwärtigen Fassung des Mutwilligkeitsbegriffs sicherstellen, dass Fälle, bei denen zwar die Inanspruchnahme von Beratungshilfe, nicht aber die Rechtswahrnehmung selbst als mutwillig erscheint, nicht von § 1 BerHG umfasst werden.²⁴⁹ Als Beispiele nennt er Fälle, in denen ein Anspruch auch durch Rücksprache mit dem Gegner realisiert werden könnte oder aber eine Ratenzahlungsvereinbarung angestrebt wird. Hier soll nunmehr eine Missbrauchskontrolle erfolgen. Angeglichen an die Regelung in § 114 Abs. 1 S. 1 ZPO ist § 1 Abs. 1 Nr. 3 BerHG auch dadurch, dass auch die Rechtsverfolgung nicht mutwillig „**erscheinen**" darf und nicht mehr, wie in der

---

²⁴¹ Gleichwohl wurde sie vom BVerfG in seiner Entscheidung vom 29.4.2015, JurBüro 2015, 484 thematisiert, ähnlich auch in BVerfG BeckRS 2015, 54773 = MDR 2015, 1435, kritisch insoweit zu Recht *Lissner* JurBüro 2015, 451.

²⁴² BVerfG NJW 2012, 2722; JurBüro 2007, 379 (als „geeignete Stelle" i. S. von § 305 Abs. 1 Nr. 1 InsO anerkannt); AG Halle Beschl. v. 5.3.2012, 103 II 6521; vgl. iÜ *Lissner/Dietrich/Schmidt* Rn. 167.

²⁴³ BGBl. 2016 I 254.

²⁴⁴ Vgl. dazu *Lissner/Dietrich/Schmidt* Rn. 167a.

²⁴⁵ *Lissner* RVGreport 2012, 202 (205).

²⁴⁶ OLG Hamm AGS 2016, 47; *Lissner/Dietrich/Schmidt* Rn. 183b; *Zempel* FPR 2013, 265; *Lissner* AGS 2013, 209.

²⁴⁷ Vgl. *Rehberg* JurBüro 2011, 173.

²⁴⁸ BVerfG NJW 2011, 2711.

²⁴⁹ BT-Drs. 17/11472, 37.

derzeit noch gültigen Fassung, nicht mutwillig „ist". Hierdurch will der Gesetzgeber das Beweismaß für die Feststellung der Notwendigkeit von Beratungshilfe an die Regelung der Prozesskostenhilfe angleichen und sicherstellen, dass im Bereich der Beratungshilfe insoweit keine höheren Anforderungen gelten.[250]

1181 § 1 Abs. 3 S. 1 BerHG enthält eine **gesetzliche Definition** des Begriffes Mutwillen. Mutwilligkeit liegt nach S. 1 dann vor, **wenn Beratungshilfe in Anspruch genommen wird, obwohl ein Rechtsuchender, der keine Beratungshilfe beansprucht, bei verständiger Würdigung aller Umstände der Rechtsangelegenheit davon absehen würde, sich auf eigene Kosten rechtlich beraten oder vertreten zu lassen.** Nach S. 2 sollen bei der Beurteilung der Mutwilligkeit die **Kenntnisse und Fähigkeiten des Antragstellers** sowie **seine besondere wirtschaftliche Lage** zu berücksichtigen sein.

Damit greift der Gesetzgeber aber auf den bisher bereits vorherrschenden **Vergleich mit einer Person**, die auf **eigene Kosten Beratung in Anspruch nehmen müsste**, zurück.[251] Der Vergleich des bedürftigen Rechtssuchenden mit dem verständigen Selbstzahler soll es nach dem Willen des Gesetzgebers ermöglichen, Fälle von mutwilliger Inanspruchnahme, wie zB bei möglicher Eigeninitiative oder von wiederholter Antragstellung in derselben Angelegenheit, auszuschließen.[252] Ein Rückgriff auf das **allgemeine Rechtsschutzbedürfnis**, wie nach alter Rechtslage,[253] bedarf es nicht mehr. Der neue § 1 Abs. 3 S. 2 BerHG gewährleistet nunmehr auch, dass bei dem anzustellenden Vergleich zu einem Selbstzahler ein **individueller Maßstab** angelegt werden muss, so dass insbesondere sozial schwache, wenig schreib- und redegewandte und unterdurchschnittlich gebildete Antragsteller nicht benachteiligt werden dürfen. Hiervon kann sich der Rechtspfleger außer im Falle des Direktzuganges zum Rechtsanwalt (§ 6 Abs. 2 BerHG) selbst ein Bild machen. Der Gesetzgeber erwähnt in diesem Zusammenhang auch zu Recht, dass auf die wirtschaftlichen Verhältnisse des Antragstellers besonders Rücksicht zu nehmen sein kann. Für diesen kann die Realisierung einer geringfügigen Forderung durchaus von größerem Interesse sein als für einen nicht bedürftigen Selbstzahler. Die bedürftigen Rechtsuchenden sollen gleichgestellt, aber nicht bessergestellt werden.[254]

Wie nach altem Recht sollen durch die Mutwilligkeitsprüfung auch künftig nur evidente Fälle von der Beratungshilfe ausgeschlossen werden.[255] Sie ist kein Mittel, durch die Hintertür doch die Erfolgsaussicht zu prüfen.

1182 **Einzelfälle der Bejahung von Mutwillen:**
- **mehrfache Inanspruchnahme in derselben Sache,**[256] zB um Rat mehrerer Anwälte einzuholen[257], bei einem schuldhaft veranlassten zweiten Einigungsversuch nach § 305 Abs. 1 Nr. 1 InsO[258] oder wenn der **Rechtspfleger die Auskunft nach § 3 BerHG bereits erteilt** hat, zur Überprüfung der ersten Auskunft.

---

[250] BT-Drs. 17/11472, 37 f.
[251] BVerfG Rpfleger 2009, 571; 2007, 552; Lissner/Dietrich/*Schmidt* Rn. 12; *Zuck* NJW 2012, 2170.
[252] Zustimmend *Lissner* Rpfleger 2012, 501 (502).
[253] Vgl. 6. Aufl. Rn. 960 und nun auch *Groß* BerHG § 1 Rn. 110, anders noch in der 10. Aufl.
[254] BT-Drs. 8/32, 8; AG Warburg JurBüro 1985, 594; *Mümmler* Anm. zu AG Coburg JurBüro 1987, 609.
[255] AG Wetzlar Rpfleger 2007, 152; AG Hannover JurBüro 2007, 210; LG Aachen AnwBl 1997, 293 und *Kammeyer* Rpfleger 1998, 501 (502); insofern kann von einer „Abqualifizierung" der Beratungshilfe Suchenden durch den Vergleich nicht gesprochen werden. So aber Lindemann/Trenk-Hinterberger BerHG § 1 Rn. 37.
[256] AG Hannover JurBüro 2006, 380; AG Coburg JurBüro 1987, 609; *Kammeyer* Rpfleger 1998, 501 (502); *Greißinger* AnwBl 1989, 575.
[257] AG Winsen/Luhe BeckRS 2017, 100029, nicht aber bei berechtigtem Anwaltswechsel, vgl. OLG Hamm NJOZ 2015, 1777.
[258] LG Osnabrück VIA 2018, 54.

- Rechtliche Beratung **nicht erforderlich.** Einfache Darlegung der wirtschaftlichen Situation.[259]
  - Zwingende Fristen für die Rechtsverfolgung sind verstrichen[260], zB bei Versäumen der 6-Monatsfrist für gerichtliche Insolvenzverfahren ist ein Antrag auf Beratungshilfe mutwillig.[261]
  - Vernichtung erkennungsdienstlicher Unterlagen im Asylverfahren.[262]
  - Beantragung mehrfacher Beratungshilfe gegen mehrere, ähnlich gelagerte **urheberrechtliche Abmahnungen.**[263] Anders ist dies aber bei fehlendem zeitlichen Zusammenhang und verschiedenen Urhebern zu beurteilen.[264]
  - Beratungshilfe bei einer Bagatellforderung unter 10,- EUR, weil wegen des Missverhältnisses von Kosten und Nutzen ein Nichtbedürftiger auf die Konsultation eines Rechtsanwaltes verzichten würde.[265]
  - Es sind im Rahmen eines sozialrechtlichen Widerspruchsverfahrens lediglich weitere Unterlagen zur Feststellung der Leistungspflicht der Behörde nachzureichen.[266]
  - Beratungshilfe wird für einen in ungewisser Zukunft drohenden Rechtsverlust (Prüfung der Zumutbarkeit eines Umzuges durch den Sozialhilfeträger) begehrt.[267]

Einzelfälle der Verneinung von Mutwillen: 1183
- bei mehrfacher Inanspruchnahme durch verschiedene Bewohner bei Nutzungsgelderhöhung,[268]
- bei Inanspruchnahme der Beratungshilfe vor Prozesskostenhilfe.[269] Dem ist zuzustimmen, weil ab Beginn der Prozessbeteiligung Beratungshilfe schon tatbestandlich ausscheidet[270] und bei PKH auch die Notwendigkeit der Beiordnung nach § 121 Abs. 2 ZPO zu prüfen ist.
- Inanspruchnahme bei Beratungshilfe für die Erstellung einer **Einkommenssteuererklärung** mit gewisser Komplexität der Besteuerungsgrundlagen.[271]
- Abwehr von behördlichen Vollstreckungsmaßnahmen.[272]
- Antrag auf Feststellung der aufschiebenden Wirkung eines Widerspruchs.[273]

---

[259] AG Wetzlar Rpfleger 2007, 152; AG Hannover JurBüro 2007, 210.
[260] AG Bamberg BeckRS 2016, 130796: nicht mehr anfechtbare Gerichtsentscheidung.
[261] AG Hannover JurBüro 2006, 380; AG Halle Beschl. v. 25.8.2011, 103 II 2627/11.
[262] AG Bamberg JurBüro 1982, 71.
[263] BVerfG Rpfleger 2011, 526 (offen lassend bzgl. der Frage, ob mutwillig oder fehlendes Rechtsschutzbedürfnis); LG Halle NJW-RR 2012, 894; AG Meldorf BeckRS 2012, 19673; *Hoffmann* NJW 2012, 2773 (2776); kritisch: *Berger* juris-PR-ITR 18/2011 Anm. 4.
[264] OLG Frankfurt NJOZ 2017, 594.
[265] AG Berlin-Spandau BeckRS 2016, 128784; AG Halle Beschl. v. 22.8.2011, 103 II 1513/11; *Lissner/Dietrich/Schmidt* Rn. 193.
[266] BVerfG NZS 2012, 580 (Fall des allgemeinen Rechtsschutzbedürfnisses).
[267] BVerfG FamRZ 2012, 509.
[268] LG Münster JurBüro 1983, 1705.
[269] OLG Schleswig DAVorm 1985, 78.
[270] → Rn. 1132.
[271] AG Bonn AO-StB 2010, 266 mit Anmerkung *Odenthal;* es darf sich um keine bloße „Ausfüllhilfe" handeln; abgelehnt im Fall von AG Euskirchen BeckRS 2016, 10535.
[272] AG Halle Beschl. v. 19.9.2012, 103 II 3552/12.
[273] BVerfG BeckRS 2012, 59987, allerdings nur dann, wenn diese nicht schon kraft Gesetzes besteht.

V. Allgemeines Rechtsschutzinteresse

1184 Das **allgemeine Rechtsschutzinteresse** ist nach der hier vertretenen Auffassung aufgrund des Wortlauts von **§ 1 Abs. 3 BerHG – als ungeschriebenes Merkmal –** der Beratungshilfe nicht mehr von Bedeutung.

VI. Beratungshilfefähiges Rechtsgebiet

1. Grundsätzlich alle Rechtsgebiete

1185 § 2 Abs. 2 BerHG stellt eindeutig klar, dass Beratungshilfe in **allen rechtlichen Angelegenheiten** in Anspruch genommen werden kann.[274]

1186 Die früheren **Ausnahmen** für das **Arbeitsrecht** und das **Sozialrecht** waren zuvor schon auf Grund entsprechender Entscheidungen des Bundesverfassungsgerichts[275] beseitigt worden. **Abgrenzungsprobleme zwischen verschiedenen Rechtsgebieten** gibt es daher – mit Ausnahme des Strafrechts, → Rn. 1187. – heute nicht mehr.[276] § 2 Abs. 2 S. 3 BerHG aF wurde folgerichtig gestrichen.

2. Strafrecht und Ordnungswidrigkeitenrecht

1187 Im **Straf- und Ordnungswidrigkeitenrecht** kann nach § 2 Abs. 2 S. 2 BerHG dagegen nur Beratung, aber keine Vertretung gewährt werden.[277] Für die Abgrenzung kommt es darauf an, ob die Strafabteilungen bzw. -kammern oder Bußgeldabteilungen der ordentlichen Gerichte zuständig wären.[278]

Abgrenzungsfälle (alphabetisch):

- **Amtshaftungsansprüche** fallen unter das Zivilrecht, da die Zivilkammern der Landgerichte (§ 71 Abs. 2 Nr. 2 GVG) zuständig sind.
- **Begnadigungsrecht gehört** zum Verwaltungsrecht (→ Rn. 1128).[279]
- **Bewährungsverfahren** sind dagegen dem Strafrecht zuzuordnen (→ Rn. 1128).[280]
- **Ehrenschutzansprüche** gehören zum Zivilrecht und nicht zum Strafrecht, mag der zivilrechtliche Anspruch (insbes. § 823 Abs. 2 BGB) auch seine Grundlage in einem strafrechtlichen Schutzgesetz nach §§ 185 ff. StGB haben.[281]
- **Entschädigungsansprüche wegen unschuldig erlittener Strafhaft** oder sonstiger Strafverfolgungsmaßnahmen (§ 2 StrEG) fallen unter das Zivilrecht und nicht das Strafrecht, weil nach § 13 Abs. 1 S. 3 StrEG die Zivilkammern der Landgerichte über **die Höhe** der Entschädigung entscheiden.[282]
- **Schadensersatzansprüche** (siehe Ehrenschutz).

---

[274] Vgl. speziell zur Beratungshilfe im Steuerrecht *Szymborski* DStR 2012, 1984.
[275] BVerfG Rpfleger 1993, 204 und 1995, 421.
[276] BVerfG Rpfleger 2009, 30.
[277] Kritisch Poller/Härtl/Köpf/*Köpf* BerHG § 2 Rn. 34.
[278] So auch *Groß* BerHG § 2 Rn. 15. Vgl. ausführlich zur Beratungshilfe im Strafrecht: *Lissner* Rpfleger 2014, 637.
[279] *Lindemann/Trenk-Hinterberger* BerHG § 2 Rn. 20; *Groß* BerHG § 2 Rn. 22; **aA**: AG Schöneberg StV 1985, 73 (Ls.).
[280] Beratungshilfe kann aber nicht gewährt werden, da es sich um ein gerichtliches Verfahren handelt, → Rn. 1128.
[281] LG Offenburg JurBüro 1989, 1110.
[282] LG Osnabrück AnwBl 1985, 335; *Groß* BerHG § 2 Rn. 19.

- **Strafvollzugsrecht** fällt gemäß § 120 StVollzG in die Zuständigkeit der ordentlichen Gerichte; es gehört zum Strafrecht in diesem Sinne, mag es auch materiell dem Verwaltungsrecht zuzuordnen sein (vgl. bereits → Rn. 1128).[283] Die Pflichtverteidigung[284] erstreckt sich nicht auf den Strafvollzug, so dass sie nicht vorrangig ist.[285] Eine Abgrenzung nach Erkenntnis- und Vollstreckungsverfahren überzeugt im Übrigen nicht, denn das Gesetz stellt auf das Rechtsgebiet und nicht auf die Verfahrensabschnitte ab.[286]

3. Verwaltungs- und Sozialrecht

Für das verwaltungs- und sozialrechtliche Widerspruchsverfahren kann Beratungshilfe beansprucht werden.[287] 1188

4. Verfassungsrecht

Für das Gebiet des **Verfassungsrechts** – praktisch kommen nur **Verfassungsbeschwerden** in Betracht – kann – vgl. § 2 Abs. 2 Nr. 3 BerHG aF – Beratungshilfe gewährt werden. Dies galt bis zur Beseitigung des numerus clausus der beratungshilfewürdigen Rechtsgebiete auch dann, wenn die verfassungsrechtliche Frage ein gesetzlich nicht beratungshilfefähiges Rechtsgebiet betraf.[288] 1189

5. Zusammenhangsfälle

Eine Bewilligung von **Beratungshilfe auf nicht beratungshilfefähige Gebiete** kann auch dann nicht mehr gewährt werden, wenn sich aus dem **Gesamtzusammenhang** eine Notwendigkeit hierfür ergeben würde. Die sog. Zusammenhangsfälle gibt es nicht mehr. 1190

6. Auslandsrechtsfälle

In Auslandsrechtsfällen außerhalb der EU (dazu → Rn. 966a), also in **Angelegenheiten, in denen das Recht anderer Staaten anzuwenden ist, die nicht EU-Staaten sind,** wird gem. § 2 Abs. 3 BerHG keine Beratungshilfe gewährt, sofern der Sachverhalt keine **Beziehung zum Inland** hat. Die Norm, die die Rechtsprechung nur wenig beschäftigt hat, ist sehr unscharf gefasst. Gesetzgeberisches Motiv war die Vermeidung hoher Kosten bei der Erforschung und Anwendung ausländischen Rechts[289] (Rechtsgutachten, Dolmetscher- und Übersetzerkosten).[290] Ist – über das deutsche IPR – zu klären, ob ausländisches Recht anzuwenden ist, handelt es sich insoweit um eine Frage des deutschen Rechts. Für das **Anerkennungsverfahren nach §§ 107 ff. FamFG** kann daher Beratungshilfe bewilligt werden.[291] Die **Europäische Menschenrechtskonvention** (EMRK) ist als 1191

---

[283] AG Frankfurt/M. StV 1993, 146 und MDR 1993, 503; LG Göttingen NdsRpfl 1983, 161; AG Gießen JurBüro 1987, 612 mAnm *Mümmler* (der der Gegenansicht zuneigt); *Greißinger* AnwBl 1986, 416 (418); **aA:** AG Freiburg JurBüro 1999, 147; AG Werl StV 1997, 429; AG Osnabrück AnwBl 1982, 496; AG Bochum und AG Schöneberg StV 1985, 73 (Ls.); LG Berlin JurBüro 1986, 401.

[284] § 140 Abs. 2 StPO gilt nicht analog für das Strafvollzugsverfahren, vgl. KG NStZ 2017, 115; OLG Bremen NStZ 1984, 91; KK-StPO/*Willnow* StPO § 141 Rn. 11.

[285] LG Berlin JurBüro 1986, 401; *Kammeyer* Rpfleger 1998, 501 (504) mwN.

[286] So aber AG Werl StV 1997, 429.

[287] *Herbe/Walbruch* info also 2006, 206, vgl. zu den Problemen der Beratungshilfe im Sozialrecht *Schörnig* ZfSH/SGB 2016, 185.

[288] *Lindemann/Trenk-Hinterberger* BerHG § 2 Rn. 17, iÜ → Rn. 1185 f.

[289] BT-Drs. 8/3311, 12.

[290] Dazu → Rn. 1270 und LG Bochum JurBüro 2000, 147.

[291] BVerfG NJW 1997, 2040 (aber nicht notwendig Dolmetscherkosten als Vorbereitungskosten umfassend); AG Aachen – 24 UR 410/88 – vom 30.1.1996; zustimmend *Greißinger* AnwBl 1996, 608.

innerstaatliches Recht anzusehen, da ein deutsches Zustimmungsgesetz ergangen ist.[292] Ansonsten kommt es darauf an, ob der **Schwerpunkt** der Rechtsfragen im ausländischen Recht liegt. Bei der Erteilung des Berechtigungsscheines kann der Rechtspfleger das selten zuverlässig beurteilen, weil es schwierig zu bestimmen ist, wann der Sachverhalt eine hinreichende Beziehung zum Inland hat, die die Gewährung der Beratungshilfe dann wiederum ermöglicht. Der bloße Aufenthalt oder Wohnsitz des Antragstellers genügt dazu sicher nicht,[293] weil eine Beziehung des Sachverhalts, nicht nur der Person, zum Inland erforderlich ist. Im Familienrecht wird eine Sachverhaltsbeziehung zum Inland zB anzunehmen sein, wenn die Kinder hier leben, mögen die streitigen Rechtsverhältnisse zu ihnen auch nach ausländischem Recht zu beurteilen sein. Es genügt dagegen nicht, wenn die Ehe im Ausland geschlossen und geführt worden ist und nur ein Ehepartner nach Deutschland verzogen ist.[294]

1192 Bei Sachen, in denen das Recht von EU-Staaten anzuwenden ist, gilt gem. § 10 Abs. 2 BerHG die Vorschrift des § 2 Abs. 3 BerHG nicht.[295] Nach § 10 Abs. 1 Nr. 1 BerHG ist vorprozessuale Rechtsberatung auch im Hinblick auf eine außergerichtliche Streitbeilegung zu gewähren und nach § 10 Abs. 1 Nr. 2 auch für die Unterstützung eines Antrags auf Prozesskostenhilfe nach § 1077 ZPO. Das gilt nach § 10 Abs. 3 BerHG auch für die Übermittlung von Anträgen auf grenzüberschreitende Beratungshilfe. „Streitsachen" iSd § 10 Abs. 1 BerHG sind jedoch nur **Zivil- und Handelssachen** einschließlich **arbeitsrechtlicher Angelegenheiten.**[296] Hinsichtlich der nicht erfassten Rechtsgebiete, insbesondere des Steuer-, Sozial- und Verwaltungsrechts, bleibt es bei der Regelung von § 2 Abs. 3 BerHG.

In **Unterhaltssachen nach der EG VO Nr. 4/2009** (→ Rn. 1148) erfolgt gemäß § 10a Abs. 1 BerHG die Gewährung der Beratungshilfe in den Fällen von Art. 46 und 47 Abs. 2 der Verordnung **unabhängig von den persönlichen und wirtschaftlichen Verhältnissen** des Antragstellers. Die Regelung hängt damit zusammen, dass nach europarechtlichem Verständnis Prozesskostenhilfe und Beratungshilfe nicht getrennt werden und die Gewährung von Prozesskostenhilfe auch vorgerichtliche Beratung und Vertretung umfasst (vgl. Art 45 Nr. a der VO). Erfasst sind vor allem Unterhaltsansprüche von Kindern, die über Zentralen Behörden nach Art. 46, 56 der VO gestellt werden und Beteiligte, die die Anerkennung, Vollstreckbarkeitserklärung oder Vollstreckung ausländischer Titel begehren und im Herkunftsmitgliedstaat Prozesskostenhilfe bewilligt bekommen haben.[297] § 1 Abs. 1 Nr. 2 und 3 BerHG finden jedoch auch hier Anwendung.

§ 21 Umfang der Beratungshilfe

I. Beratung und Vertretung

1193 Nach § 2 Abs. 1 BerHG **besteht die Beratungshilfe in Beratung und, soweit erforderlich, in Vertretung.** Gemäß § 2 Abs. 2 S. 2 BerHG kann in Angelegenheiten des

---

[292] Vgl. Gesetz vom 7.8.1952 (BGBl. II 685, 953); *Groß* BerHG § 2 Rn. 28.
[293] AG Aschaffenburg JurBüro 1983, 723; zustimmend *Herget* MDR 1984, 529 und insoweit auch die Kommentatoren wie *Groß* § 2 BerHG Rn. 28.
[294] AG Aschaffenburg JurBüro 1983, 723; zustimmend *Herget* MDR 1984, 529.
[295] EG-Prozesskostenhilfegesetz v. 15.12.2004 – BGBl. 2004 I 3392; → Rn. 1104 ff. und *Rellermeyer* Rpfleger 2005, 61 (63).
[296] *Groß* BerHG § 10 Rn. 12–14.
[297] *Groß* BerHG § 10a Rn. 4 und 6.

Straf- und Ordnungswidrigkeitenrechts[298] nur Beratung gewährt werden. Wichtig ist die Abgrenzung zwischen Beratung und Vertretung für die Gebührenabrechnung nach VV 2500 ff. RVG.[299]

Die nach VV 2501 RVG abzurechnende Beratung entspricht der Tätigkeit nach § 34 Abs. 1 S. 1 RVG, sie erfasst also den mündlichen und schriftlichen Rat und die Erteilung einer Auskunft.

Eine die Geschäftsgebühr auslösende Vertretung gemäß VV 2503 RVG findet statt, sobald eine Tätigkeit **nach außen** entfaltet wird. Aber auch die Anfertigung von Vertragsentwürfen oder rechtsgeschäftlichen Erklärungen gegenüber Dritten ist mehr als Rat oder Auskunft und daher der Vertretung zuzuordnen.[300]

II. Erforderlichkeit der Vertretung

Schwierig war in der noch bis 31.12.2013 geltenden Fassung der Bestimmung, wann eine **Vertretung „erforderlich"** iSd § 2 Abs. 1 BerHG ist (vgl. zur nicht unumstr. Auslegung 8. Aufl. → Rn. 968).

1194

Für die wichtige Frage der Abgrenzung zwischen Beratung und Vertretung ist § 2 Abs. 1 S. 2 BerHG zu beachten.[301] Eine **Vertretung** ist danach **erforderlich**, wenn der Rechtsuchende nach der Beratung angesichts des Umfangs, der Schwierigkeit oder der Bedeutung der Rechtsangelegenheit für ihn seine Rechte nicht selbst wahrnehmen kann. Nach dieser Regelung ist die Erforderlichkeit anhand von zwei Kriterien, nämlich einerseits des **Umfangs, der Schwierigkeit oder Bedeutung der Rechtsangelegenheit** und andererseits der **individuellen Fähigkeiten des Rechtsuchenden** durch eine **Gesamtabwägung** zu bestimmen.[302] Wie bei der Mutwilligkeit sind daher sowohl im Einzelfall die persönliche Möglichkeit der Selbstvertretung des konkreten Antragstellers und nicht die eines durchschnittlichen Rechtsuchenden maßgeblich. Hierbei sind Faktoren wie Schul- und Berufsbildung, Sprachkenntnisse[303] und Fähigkeit zur Kommunikation zu beachten.[304] Sodann sind diese individuellen Kriterien nach dem Willen des Gesetzgebers in Relation zur Komplexität der Angelegenheit in tatsächlicher und rechtlicher Hinsicht zu setzen. Hier wäre natürlich ebenfalls von Vorteil, wenn sich der Rechtspfleger selbst ein persönliches Bild von den Fähigkeiten des Antragstellers machen könnte, bei Fällen des Direktzugangs zum Rechtsanwalt nach § 6 Abs. 2 BerHG muss aber ausschließlich auf sich aus den Akten ergebende Gesichtspunkte, insbesondere zu Beruf und Erwerbstätigkeit, zurückgegriffen werden.

Dabei soll es für die Frage der Prüfung der Erforderlichkeit auf den **Zeitpunkt nach erfolgter Beratung** ankommen.[305] Dies ist aber nicht unumstritten. Nach einer in der Rechtsprechung vertretenen Auffassung[306] soll sie bereits im Bewilligungsverfahren von dem nach §§ 4 Abs. 1 BerHG, 24a Abs. 1 Nr. 1 RPflG zuständigen Rechtspfleger vorgenommen werden, so dass der Zeitpunkt der Entscheidung über die Bewilligung maßgeblich wäre und mithin nach §§ 44, 55 Abs. 4 RVG für das (zeitlich) spätere Ver-

1195

---

[298] → Rn. 1187.
[299] → Rn. 1260 ff.
[300] *Lindemann/Trenk-Hinterberger* BerHG § 2 Rn. 3; *Groß* BerHG § 2 Rn. 8.
[301] Ausführlich *Lissner* AGS 2015, 209.
[302] BT-Drs. 17/11472, 37.
[303] LG Mannheim BeckRS 2017, 105988.
[304] *Lissner/Dietrich/Schmidt* Rn. 208.
[305] BT-Drs. 17/11472, 38; *Nickel* MDR 2013, 950 (951).
[306] LG Berlin BeckRS 2013, 14682; OLG Stuttgart RVGreport 2007, 265; Gerold/Schmidt/*Mayer* RVG VV 2500–2508 Rn. 31; im Erg. auch *Hansens* RVGreport 2013, 193.

gütungsfestsetzungsverfahren dem zuständigen Urkundsbeamten der Geschäftsstelle eine Prüfungskompetenz entzogen wäre. Folge wäre mithin, dass eine Beschränkung des Beratungsscheins auf die Beratung unter Ausschluss der Vertretung mangels Erforderlichkeit zulässig wäre. Dem ist jedoch entgegen zu treten. Die Erforderlichkeit der Vertretung lässt sich im Regelfall erst nach durchgeführter Beratung – über die Erfolgsaussichten des Rechtsanliegens – beurteilen, dazu ist der Rechtspfleger aber zum Zeitpunkt der Bewilligung nicht in der Lage.[307] Es ist daher auch außerhalb des Falles von § 6 Abs. 2 BerHG stets der Zeitpunkt nach erfolgter Beratung für die Prüfung der Erforderlichkeit der Vertretung maßgeblich, was deren Prüfung bei vorheriger Erteilung eines Beratungsscheins in das **Vergütungsfestsetzungsverfahren** verlagert und daher in die **Zuständigkeit des Urkundsbeamten der Geschäftsstelle** (→ Rn. 1305) fällt.[308]

1196 Nach der Gesetzesbegründung soll es an der Erforderlichkeit anwaltlicher Vertretung mangeln, wenn nach Beratung nur noch ein **einfaches Schreiben mit einer Tatsachenmitteilung** zu fertigen, ein Widerspruch **ohne nähere Begründung** einzulegen[309] oder eine **einfache Kündigung** zu formulieren sei. Sei bereits bekannt, dass solche einfachen Schreiben ohne substantielle Begründung von einer Behörde oder dem Gegner nicht akzeptiert würden, sei von Erforderlichkeit in diesem Sinne auszugehen.[310]

Als erforderlich wird eine Vertretung auch weiterhin angesehen werden müssen, wenn es sich um eine **komplizierte Sachlage**[311] handelt, die durch **Beurteilungsspielraum** und **unbestimmte Rechtsbegriffe** gekennzeichnet ist,[312] so dass der Bedürftige auch nach Beratung die Rechtsverwirklichung nicht sachgerecht in die eigene Hand nehmen kann. Ebenso kann die Vertretung erforderlich sein, wenn das Rechtsschutzziel bei der Gegenseite nur unter dem Druck eines Anwaltsschreibens Aussicht auf Erfolg hat.[313] Nicht Gegenstand der gerichtlichen Überprüfung im Vergütungsfestsetzungsverfahren ist es aber, ob die von der Beratungsperson verfolgte Strategie rechtlich zutreffend oder zielführend war.[314]

1197 Der Versuch des Gesetzgebers, Rechtssicherheit durch die Vermeidung unbestimmter Rechtsbegriffe zu schaffen, ist sicher zu begrüßen. Es besteht jedoch die Gefahr, dass es gerade in Bezug auf die Frage der Erforderlichkeit anwaltlicher Vertretung auch künftig zu zahlreichen Rechtsstreitigkeiten kommen wird.[315] Dieser Gefahr hätte durch die zunächst vom Gesetzgeber beabsichtigte erhebliche Einschränkung des Direktzuganges zur anwaltlichen Beratungshilfe nach § 6 Abs. 2 BerHG begegnet werden können.[316]

1198 Die Erforderlichkeit der Vertretung ist im **Gebührenfestsetzungsverfahren** darzulegen und vom Gericht – dem Urkundsbeamten der Geschäftsstelle – zu überprüfen.[317] Generell auf die Beurteilung des Rechtsanwalts abzustellen, der die Beratungshilfe ge-

---

[307] Zutreffend *Lissner* AGS 2015, 209, 211, der zu Recht darauf hinweist, dass der Rechtspfleger „hellseherische" Fähigkeiten benötigen würde; ebenso *Groß* BerHG § 2 Rn. 12.
[308] OLG Brandenburg BeckRS 2019, 482; LG Aachen AnwBl 1997, 293; *Lissner* AGS 2015, 209, 213, auch unter Hinweis auf eine nicht veröffentlichte Entscheidung des OLG Dresden, Beschl. 29.10.2007, 3 W 1135/07; *Lissner/Dietrich/Schmidt* Rn. 345.
[309] Vgl. OLG Brandenburg Rpfleger 2019, 527.
[310] BT-Drs. 17/11472, 38; kritisch *Lissner* AGS 2013, 209 (214).
[311] *Lissner/Dietrich/Schmidt* Rn. 209.
[312] AG Osnabrück AnwBl 1986, 458.
[313] AG Koblenz FamRZ 1998, 1038; **aA**: AG Halle Beschl. v. 2.12.2012, 103 II 1822/10; AG Konstanz NJOZ 2006, 4246; *Lissner/Dietrich/Schmidt* Rn. 210.
[314] OLG Brandenburg Rpfleger 2019, 527.
[315] Ebenso kritisch *Lissner* Rpfleger 2012, 501 (503); *Peters* Rpfleger 2011, 641 (643); *von Seltmann*, Gemeinsame Stellungnahme von BRAK und DAV, BRAK-Mitteilungen 4/2012, 165, 168.
[316] Ebenso *Lissner* AGS 2014, 313 (314 f.).
[317] OLG Brandenburg Rpfleger 2019, 527; KG NJOZ 2012, 1005; AG Mannheim BeckRS 2016, 16804; LG Koblenz JurBüro 2003, 366 (zweifelhaft); LG Aachen AnwBl 1997, 293.

leistet hat,[318] entspricht nicht der gesetzlichen Entscheidungszuständigkeit. Allerdings kann das tatsächliche Verhalten des Anwalts ein Indiz für die Erforderlichkeit der Vertretung sein, und ihm ist auch ein **gewisser Ermessensspielraum**[319] zuzubilligen, was aber eine gerichtliche Überprüfung nicht ausschließt.[320] Das **Kostenrisiko** verbleibt insoweit bei der Beratungsperson.

§ 22 Bewilligungsverfahren

I. Zuständigkeit

Das **Amtsgericht, in dessen Bezirk der Rechtsuchende seinen allgemeinen Gerichtsstand hat,** entscheidet nach § 4 Abs. 1 S. 1 BerHG über den Antrag. Nur, wenn der Rechtsuchende im Inland keinen allgemeinen Gerichtsstand hat, ist das Amtsgericht zuständig, **in dessen Bezirk ein Bedürfnis für die Beratungshilfe auftritt** (§ 4 Abs. 1 S. 2 BerHG). Letzteres kann an dem Ort der Fall sein, in dem ein gerichtliches Verfahren anhängig gemacht werden müsste,[321] an einem Unfallort[322] oder am Ort des Sitzes der Beratungsperson, den der im Ausland lebende Antragsteller konsultieren möchte.[323] Eine Sonderregelung besteht nach § 10a Abs. 2 S. 1 BerHG für **ausgehende Anträge in Unterhaltssachen** auf grenzüberschreitende Beratungshilfe nach § 10 Abs. 1 BerHG, hier ist das Amtsgericht **am Sitz des Oberlandesgerichts,** in dessen Bezirk der Antragsteller seinen gewöhnlichen Aufenthalt hat, örtlich zuständig. Für **eingehende Ersuchen** verbleibt es aber nach § 10a Abs. 2 S. 2 BerHG bei der Zuständigkeit nach § 4 Abs. 1 S. 2 BerHG.

1199

Sachlich zuständig ist danach unabhängig von der Art der Streitigkeit – also auch für verwaltungsrechtliche Fragen[324] – das Amtsgericht. Dort entscheidet gemäß § 24a Abs. 1 Nr. 1 RPflG der **Rechtspfleger.**

1200

Örtlich zuständig ist das Amtsgericht des **allgemeinen Gerichtsstands**[325] **des Ratsuchenden,** wobei es auf den **Zeitpunkt des Eingangs des Antrags bei Gericht** ankommt (der insoweit der Klageerhebung vergleichbar ist), nicht auf den Zeitpunkt des Auftretens des Beratungsbedürfnisses.[326] Das entspricht den allgemeinen Verfahrensgrundsätzen. Unerheblich ist dabei, ob der Antrag vollständig ist.[327] Dass die Entscheidung in Fällen des **Umzugs nach Inanspruchnahme** der Beratung dann nicht am Kanzleisitz des

1201

---

[318] In diese Richtung aber: LG Göttingen AnwBl 1984, 516; *Greißinger* AnwBl 1994, 374; *Lindemann/Trenk-Hinterberger* BerHG § 2 Rn. 4; zu uneingeschränkt bejaht AG Eschweiler Rpfleger 1992, 68 dagegen die Kontrolle durch den Urkundsbeamten.
[319] *Lissner* AGS 2015, 209, 213; *Groß* BerHG § 2 Rn. 12.
[320] Auch *Greißinger* AnwBl 1994, 374 bejaht eine Missbrauchskontrolle – praktisch werden die Ergebnisse sehr ähnlich sein; vgl. auch LG Koblenz JurBüro 2003, 367 (wohl zu weitgehend bei unstreitigen Zahlungsrückständen die Erforderlichkeit verneinend); LG Göttingen NdsRpfl 1985, 73 zur Erforderlichkeit der persönlichen Vertretung eines Asylsuchenden beim Bundesamt.
[321] OLG Frankfurt BeckRS 2013, 11936; BayObLG JurBüro 1984, 121.
[322] *Groß* BerHG § 4 Rn. 8.
[323] OLG Köln JurBüro 1993, 347; BayObLG JurBüro 1989, 63.
[324] OLG Stuttgart JurBüro 1986, 120 (121).
[325] *Lissner* AGS 2013, 105 (111).
[326] OLG München FamRZ 2016, 2027; OLG Hamm Rpfleger 2009, 36 (Aufgabe der früheren Rechtsprechung); KG JurBüro 2008, 656; OLG Köln AGS 2001, 258; OLG Zweibrücken JurBüro 1998, 197; BayObLG Rpfleger 1996, 33; **aA:** OLG Hamm AnwBl 2000, 58 (aufgegeben) und Rpfleger 1995, 365 (aufgegeben); *Greißinger* AnwBl 1996, 609; Gerold/Schmidt/*Mayer* RVG VV 2500–2508 Rn. 10.
[327] OLG München FamRZ 2016, 2027.

Rechtsanwalts erfolgt, ist hinzunehmen,[328] da für die Zuständigkeitsbestimmung die Person des Ratsuchenden maßgebend ist – schwerwiegende Nachteile für den beratenden Anwalt sind auch nicht erkennbar. Nach § 55 RVG kommt eine unterschiedliche Zuständigkeit für Bewilligungs- und Festsetzungsverfahren nicht in Betracht.

Ein nachträglicher Wohnsitzwechsel oder ein nachträglicher Antrag gem. § 6 Abs. 2 S. 1 BerHG ist nach §§ 5 BerHG, 2 Abs. 2 FamFG belanglos.[329]

1202 **In Fällen eines negativen Kompetenzkonfliktes** zwischen zwei verschiedenen Amtsgerichten hat nach § 5 BerHG iVm § 5 FamFG das gemeinsame obere Gericht zu entscheiden.[330] Dies ist infolge der Verweisung des § 5 FamFG das nächsthöhere gemeinsame Oberlandesgericht (vgl. § 119 Abs. 1 Nr. 1b GVG). Es genügt ein Uneinigsein der Rechtspfleger (vgl. § 24a Abs. 2 RPflG) beider beteiligter Gerichte.[331]

II. Antrag

1203 Nach § 1 Abs. 1 BerHG wird Beratungshilfe nur auf Antrag gewährt[332]. Nach § 4 Abs. 2 BerHG kann der Antrag **mündlich** oder **schriftlich** beim Amtsgericht gestellt werden.

Inhaltliche Anforderungen:

1204 (1) Nach der **Beratungshilfeformularverordnung** (BerHFV),[333] besteht ein Formularzwang nicht nur für die schriftliche Antragstellung auf Bewilligung von Beratungshilfe von natürlichen Personen, sondern auch für den **Vergütungsantrag der Beratungsperson** auf Zahlung der Vergütung (§ 1 BerHFV).[334]

1205 (2) **Der Sachverhalt ist im Antrag anzugeben** (§ 4 Abs. 2 S. 2 BerHG). Die Substantiierungsanforderungen lassen sich nur im Einzelfall bestimmen. Die Obliegenheit dient nicht einer Schlüssigkeitsprüfung, sondern der Prüfung der gesetzlichen Voraussetzungen der Beratungshilfe. Es muss daher feststellbar sein:

- Verfolgung einer außergerichtlichen Rechtswahrnehmung
- ob andere Hilfsmöglichkeiten in Betracht kommen
- ob durch sofortige Auskunft/Antragsaufnahme geholfen werden kann (§ 3 Abs. 2 BerHG)
- ob die Inanspruchnahme der Beratungshilfe mutwillig ist
- ob für diese Angelegenheit schon Beratungshilfe gewährt wurde.

Ganz allgemeine Angaben wie „Ausländerrecht", „Sozialhilfeangelegenheit", reichen daher nicht als Sachverhaltsschilderung.[335]

1206 (3) **Die persönlichen und wirtschaftlichen Verhältnisse, insbesondere auch Angaben zu Familienstand, Beruf, Vermögen, Einkommen und Lasten,** und entsprechende Belege sind dem Antrag beizufügen (§ 4 Abs. 3 Nr. 1 BerHG). Das Gericht kann eine **Glaubhaftmachung** der tatsächlichen Angaben fordern (§ 4 Abs. 4 S. 1 BerHG). Die

---

[328] Ebenso *Hellstab* Rpfleger 2004, 844 unter Hinweis auf OLG Köln AGS 2001, 258 und *Groß* BerHG § 4 Rn. 5.
[329] OLG München FamRZ 2016, 2027 = BeckRS 2016, 6780; KG JurBüro 2008, 656.
[330] LG Duisburg BeckRS 2015, 00603; auch zur Frage der Bindungswirkung nach § 5 Abs. 3 FamFG; OLG Frankfurt BeckRS 2013, 11936; OLG München FamRZ 2016, 2027 = BeckRS 2016, 6780.
[331] BayObLG JurBüro 1989, 63; *Greißinger* AnwBl 1989, 575.
[332] Allgemein zum Antragsstellungsverfahren: *Lissner/Schneider* AGS 2014, 157; *Lissner* AGS 2013, 105.
[333] BGBl. 2014 I 2; erhältlich sind die Formulare unter www.justiz.de./formulare/Zwi_bund/agl1.pdf und www.justiz.de/formulare/Zwi_bund/hkr119.pdf.
[334] Vgl. *Hansens* RVGreport 2014, 89.
[335] AG Braunschweig NdsRpfl 1988, 219; *Greißinger* AnwBl 1989, 575.

entsprechenden Fragen im Vordruck des Antragsformulars sind zu beantworten und die erforderlichen **Belege** beizufügen, was eindeutig aus § 4 Abs. 3 Nr. 1 BerHG folgt.

Gemäß § 4 Abs. 3 Nr. 2 BerHG ist dem Antrag auch eine **Versicherung des Rechtsuchenden,** dass ihm **in derselben Angelegenheit Beratungshilfe bisher weder gewährt noch durch das Gericht versagt** worden ist, und dass in derselben Angelegenheit kein gerichtliches Verfahren anhängig ist oder war, beizufügen. Verstöße können nach § 6a Abs. 1 BerHG zur Aufhebung der Bewilligung führen.[336] Nach § 4 Abs. 4 BerHG kann das Gericht auch verlangen, dass der Antragsteller seine tatsächlichen Angaben **glaubhaft macht,** und kann insbesondere auch die Abgabe einer **Versicherung an Eides statt** fordern. Es kann auch Erhebungen anstellen, insbesondere die Vorlegung von Urkunden anordnen und Auskünfte einholen. Eine Vernehmung von Zeugen oder Sachverständigen findet aber nicht statt (§ 4 Abs. 4 S. 3 BerHG). Wie bei der PKH hat der Gesetzgeber während des Gesetzgebungsverfahrens die ursprünglich vorgesehene Befugnis des Gerichts, mit Einverständnis des Antragstellers dessen Angaben zu seinen persönlichen und wirtschaftlichen Verhältnissen durch die Einholung von Auskünften bei Finanzämtern, Arbeitgebern, Sozialleistungsträgern, Künstlerversorgungskasse, Rentenversicherungsträgern und Versicherungen zu überprüfen, zu Recht als unverhältnismäßig verworfen.[337]

Das Gericht kann nach § 4 Abs. 5 BerHG – wie bei der PKH nach § 118 Abs. 2 S. 4 ZPO – auch im Beratungshilfebewilligungsverfahren dem Antragsteller eine **Frist zur Glaubhaftmachung** seiner Angaben über seine persönlichen und wirtschaftlichen Angaben oder zur Beantwortung bestimmter Fragen setzen und bei **Nichterfüllung** die Bewilligung von Beratungshilfe **ablehnen.** 1207

Die neue Regelung präzisiert die Anforderungen an die Antragstellung bei der Beratungshilfe und gibt dem Gericht erweiterte, an die Regelung der Prozesskostenhilfe angeglichene Möglichkeiten der Aufklärung und zur Verhinderung von Missbräuchen. Da die subjektiven Voraussetzungen der Beratungshilfe identisch mit denen der ratenfreien PKH sind, ist eine Angleichung der formellen Verfahrensvoraussetzungen sicher konsequent. Zweifelhaft erscheint, ob minderbemittelte Rechtsuchende dazu in der Lage sind, Auskunft darüber zu erteilen, ob sie bereits in „derselben Angelegenheit" Beratungshilfe erhalten haben. Es sei hier auch für die unter Rechtsexperten kaum mehr überschaubare Problematik der Bestimmung von eigenen „Angelegenheiten" auf → Rn. 1274 ff. verwiesen.

(4) Nach § 6 Abs. 2 S. 1 BerHG kann **ein nachträglicher Antrag** auf Bewilligung von Beratungshilfe gestellt werden, wenn sich der Rechtsuchende direkt an die Beratungsperson gewandt hat. 1208

Der nachträgliche Antrag im Falle des Direktzuganges zur Beratungsperson muss jedoch spätestens **vier Wochen nach Beginn der Beratungstätigkeit** gestellt werden (§ 6 Abs. 2 S. 2 BerHG).[338] Die Befristung hat den Vorzug, dass Missbräuche verhindert werden, in denen Wahlmandate im Nachhinein rückwirkend zu Beratungshilfefällen erklärt werden, weil die Vergütungsforderung nicht eingezogen werden kann.[339] Sinn und Zweck der Regelung ist es auch, die Gerichte von einer Prüfung lang zurückliegender Sachverhalte zu befreien.[340] Allerdings lässt sie viele Fragen offen, zB, wie verfahren werden soll, wenn die Beratungshilfeleistung nach vier Wochen noch nicht beendet sein sollte. Dann ist in einen solchen Fall nunmehr nachträglich ein zweistufiges Verfahren zu 1209

---

[336] AG Winsen/Luhe BeckRS 2017, 100029: zweifache Beratung in einer Ehesache.
[337] Vgl. § 4 Abs. 4 S. 3 BerHG-E in BT-Drs. 17/11472; vgl. dazu auch *Lissner/Schneider* AGS 2015, 157, 159 f.
[338] Zu den Problemen in der Praxis mit der 4-Wochen-Frist vgl. *Lissner* RVGreport 2017, 162.
[339] BT-Drs. 17/11472, 41.
[340] BT-Drs. 17/11472, 41.

führen, bestehend aus nachträglicher Beratungsscheinerteilung (ggf. formlos durch den Rechtspfleger per Aktenvermerk, → Rn. 1223) und Vergütungsfestsetzung.[341] Auch besteht die Gefahr, dass der mit der Erstberatung unzufriedene Antragsteller sich mit dem nachträglich erteilten Beratungsschein an eine zweite Beratungsperson wendet, die sodann gutgläubig ebenfalls Beratungshilfe leistet.[342] Hier kann im Ergebnis aber die Beratungshilfeleistung nur einmal vergütet werden, es stellt sich nur die Frage, wer hier Vorrang genießt.

1210 Die 4-Wochen Frist des § 6 Abs. 2 S. 2 BerHG beginnt im Übrigen spätestens nach **Beginn der Beratungsleistung,** so dass es nicht darauf ankommt, ob sie noch länger fortdauert. Hierfür ist die Entfaltung einer Tätigkeit der Beratungsperson in Form einer rechtlichen Beratung erforderlich, ein vor diesem Zeitpunkt verfasstes Schreiben des Urlaubsvertreters an den Gegner unter Hinweis auf die Verhinderung der Beratungsperson steht dem nicht entgegen.[343] Auch nach neuem Recht ist es erforderlich, dass zu diesem Zeitpunkt ein Beratungshilfemandat vorliegt, weil nachträglich konstruierte Beratungshilfemandate im Falle späterer Zahlungsunfähigkeit des Mandanten weiterhin verhindert werden sollen.[344] Auch nach neuem Recht braucht der später eingereichte Antrag nicht vor Beratungsbeginn **unterschrieben** worden sein,[345] zumal die Datierung ohnehin nicht überprüfbar ist und der Antrag auch mündlich gestellt werden kann.[346]

1211 Erforderlich für die Wahrung der Frist ist aber, dass der Antrag den **wesentlichen Formerfordernissen** genügt (gemäß BerHFV), er vom Bedürftigen **unterschrieben** ist und die **Angaben über die persönlichen und wirtschaftlichen Verhältnisse und zur Angelegenheit vollständig** iSd § 4 Abs. 3 Nr. 1 und 2 BerHG sind.[347] Einzelne unwesentliche Angaben oder Belege können nachgereicht werden, allein die Übersendung eines Vergütungsfestsetzungsantrages durch den Rechtsanwalt genügt dem nicht.[348] Fehlen Belege, so ist eine Nachfrist nach § 4 Abs. 5 BerHG zu setzen.

1212 Die **Berechnung der Frist** erfolgt nach §§ 5 S. 1 BerHG, 16 Abs. 2 FamFG, 187 ff. BGB. Bei der Frist handelt es sich nicht um eine Verjährungsregelung, sondern um eine Ausschlussfrist.[349] Da es sich um eine **materielle Ausschlussfrist** handelt, kann weder **Wiedereinsetzung in den vorigen Stand** begehrt werden noch eine **Verlängerung der Frist** gewährt werden.[350]

Wird die **Frist versäumt,** ist der Bewilligungsantrag vom Rechtspfleger als **unbegründet zurückzuweisen.**[351]

1213 Nach § 4 Abs. 6 BerHG bestehen zum Schutz der Beratungsperson und der **Begrenzung seines Kostenrisikos** für die Fälle zulässigen Direktzuganges in Anlehnung an § 7 BerHG aF **Mitteilungspflichten des Rechtsuchenden.** In den Fällen nachträglicher

---

[341] Zu Recht kritisch *Lissner* AGS 2015, 313 (314); 2013, 209 (211).

[342] Ebenfalls *Lissner* AGS 2013, 209 (211).

[343] AG Königswinter NJW-RR 2015, 384.

[344] Ausführlich *Lissner/Dietrich/Schmidt* Rn. 256a; *Lissner/Schneider* AGS 2014, 157 (160 f).

[345] So aber zum alten Recht AG Halle Beschl. v. 4.4.2013, 103 II 455/13; AG Koblenz Rpfleger 2012, 637; BeckRS 2012, 18511 und 2012, 16609; AG Marburg JurBüro 2012, 595; AG Konstanz NJOZ 2008, 3987; AG Bad Kissingen FamRZ 2001, 558 und teilweise *Kreppel* Rpfleger 1986, 86; *Lissner/Dietrich/Schmidt*, 1. Aufl., Rn. 256; *Lissner* Rpfleger 2012, 122; nicht beanstandet durch BVerfG NJW 2008, 1581.

[346] Nunmehr auch *Lissner/Dietrich/Schmidt* Rn. 256a; *Lissner* RVGreport 2017, 162 (165).

[347] AG Winsen/Luhe BeckRS 2015, 14174; *Groß* BerHG § 6 Rn. 12; **aA:** OLG München BeckRS 2014, 21882: unvollständiger Antrag genügt.

[348] AG Brühl BeckRS 2014, 21882.

[349] BT-Drs. 17/11472, 41; *Lissner/Dietrich/Schmidt* Rn. 262.

[350] *Lissner/Dietrich/Schmidt* Rn. 238b; *Nickel* NZFam 2015, 294 (297).

[351] AG Winsen BeckRS 2015, 14174; *Groß* § 6 BerHG Rn. 13. *Lissner/Dietrich/Schmidt* Rn. 262: Verwerfung als unzulässig.

Antragstellung kann die Beratungsperson vor Beginn der Beratungshilfe verlangen, dass der Rechtsuchende **seine persönlichen und wirtschaftlichen Verhältnisse belegt und erklärt**, dass ihm in **derselben Angelegenheit** Beratungshilfe bisher weder gewährt noch durch das Gericht versagt worden ist, und dass in derselben Angelegenheit **kein gerichtliches Verfahren** anhängig ist oder war. Die Regelung steht in engem Zusammenhang mit der neuen **Erstattungsvorschrift** des § 8a Abs. 4 BerHG. Nach dieser hat die Beratungsperson auch bei Nichtvorliegen der persönlichen und wirtschaftlichen Voraussetzungen einen Vergütungsanspruch gegen den Rechtssuchenden, wenn sie ihn bei Mandatsübernahme hierauf **hingewiesen** hat.

Die gesetzliche Neuregelung des Direktzuganges ist insgesamt wenig gelungen. Sie nutzt weder das vorhandene Potential zur Einsparung von Kosten für die Länderhaushalte, das realisiert werden könnte, wenn es gelingen würde, viele Beratungshilfen durch den Rechtspfleger selbst zu leisten. Weiterhin unterbindet sie nicht die in der alltäglichen Praxis des Direktzuganges zu den Beratungspersonen bestehenden Streitigkeiten wegen der nachträglichen Prüfung der subjektiven und objektiven Voraussetzungen der Beratungshilfe einschließlich des Erfordernisses der anwaltlichen Vertretung. Diese haben zu einem erheblichen **Entscheidungsdruck für die Rechtspfleger** geführt hat, weil verständlicherweise die betroffenen Rechtsanwälte nach erbrachter Leistung auf die Vergütung bestanden haben.³⁵²

1214

Wie nach bisherigen Recht kann auch heute die Beratungsperson den Bewilligungsantrag **in Vertretung** des Ratsuchenden stellen, es muss aber das amtliche Formular benutzt werden, das der Ratsuchende unterschreiben muss.³⁵³ Aus eigenem Recht ohne Auftrag des Mandanten kann der Anwalt keinen Beratungshilfeantrag stellen.³⁵⁴ Wird der Bewilligungsantrag abgelehnt, wird der Rechtsanwalt ein noch nicht abgeschlossenes Mandat beenden dürfen, soweit der Antragsteller zur Begleichung der Wahlanwaltsgebühren außerstande ist.³⁵⁵

1215

III. Gewährungsformen

1. Hilfe durch das Amtsgericht (Rechtspfleger)

Beratungshilfe wird gemäß § 3 Abs. 1 S. 1 BerHG grundsätzlich durch **Rechtsanwälte und die dort genannten Rechtsbeistände** und durch die in § 3 Abs. 1 S. 2 BerHG genannten weiteren Beratungspersonen **(Steuerberater, Steuerbevollmächtigte, Wirtschaftsprüfer, vereidigte Buchprüfer, Rentenberater)** gewährt.

1216

Nur unter bestimmten Voraussetzungen kann sie auch durch das Amtsgericht gewährt werden (§ 3 Abs. 2 BerHG; zuständig ist der Rechtspfleger gem. § 24a Abs. 1 Nr. 2 RPflG), nämlich, wenn dem Anliegen entsprochen werden kann

- durch eine sofortige Auskunft
- durch Hinweis auf andere Hilfsmöglichkeiten.

Dazu ist das Gericht schon gem. § 1 Abs. 1 Nr. 2 BerHG verpflichtet, weil die zumutbare Inanspruchnahme **kostenfreier anderer Hilfsmöglichkeiten** die Gewährung von Beratungshilfe ausschließt.³⁵⁶

---

³⁵² *Lissner* Rpfleger 2012, 501 (505); **aA:** *Kilian* ZRP 2009, 12; *von Seltmann* BRAK-Mitt. 2012, 165 (168).
³⁵³ *Groß* BerHG § 6 Rn. 9; zweifelnd *Greißinger* 42.
³⁵⁴ AG Braunschweig JurBüro 1987, 609 (nachdem er die damals nach § 19 BRAGO festgesetzten Kosten nicht beitreiben konnte).
³⁵⁵ *Lissner* RVGreport 2017, 162 (164).
³⁵⁶ Dazu → Rn. 1159 ff.

Auch kann das Gericht die Hilfe durch Aufnahme eines Antrags oder einer Erklärung erteilen.

Dazu ist das Amtsgericht in seiner Funktion als **Rechtsantragstelle** verpflichtet, die durch das Beratungshilfegesetz nicht berührt werden sollte.[357]

1217 Die **Abgrenzung zwischen „Auskunft" und „Beratung"**, die den Rechtsanwälten vorbehalten ist, bereitet Schwierigkeiten. Es wird vorgeschlagen, die Differenzierung an § 34 Abs. 1 S. 1 RVG zu orientieren, wonach Auskünfte keine Prüfung des Sachverhalts erfordern, sondern Fragen allgemeiner Art beantworten (zB nach dem Gesetzesinhalt).[358] Jede konkrete Verhaltensempfehlung gehe schon über die bloße Auskunft hinaus.[359] In der Rechtsprechung hat der Streit[360] bisher keinen Niederschlag gefunden, was nicht verwundert, weil es den Rechtssuchenden auf die konkrete Hilfe, nicht auf solche Abgrenzungen ankommt.

Die **gesetzliche Beschränkung auf Auskunft** schließt eindeutig aus, dass der Rechtspfleger Sachverhaltsermittlungen anstellt, den Rechtssuchenden zu einem weiteren Termin bestellt oder komplizierte Rechtsfragen prüft. Die Beschränkung auf „Auskunft" schließt weiter aus, dass der Rechtspfleger für den Ratsuchenden nach außen in Erscheinung tritt, also zB Briefe schreibt oder telefonisch für ihn verhandelt. Im für die Auskunftserteilung danach verbleibenden Bereiche wird man aber nicht danach unterscheiden können, ob ein Subsumtionsvorgang erforderlich ist oder nicht.[361]

1218 Auch die **Grenzen zwischen „Auskunft" und „Verhaltensempfehlung"** sind gegenüber in Rechtsdingen oft gänzlich Unerfahrenen nicht praktikabel zu ziehen. Man wird dem Rechtspfleger daher unter Berücksichtigung der oben genannten Grenzen und der Umstände des konkreten Falles die Freiheit der Beurteilung lassen müssen, ob er **„aus dem Stand"** helfen kann oder nicht. Es entspräche nicht dem Ziel einer unbürokratischen, zeit- und kostensparenden Erledigung einfacher Angelegenheiten, den Rechtsuchenden zum Anwalt zu schicken, wenn sein Anliegen durch kurze Erläuterungen ohne weiteres erledigt werden kann. Naturgemäß kann es dabei auch auf die individuellen Fähigkeiten des Rechtspflegers ankommen.[362] Als problematisch stellt es sich dabei in der Praxis dar, dass Rechtspfleger in manchen relevanten Rechtsmaterien, wie zB dem Sozialrecht, nicht ausgebildet worden sind und gleichwohl Auskünfte erteilen.[363]

Eine Benachteiligung des Rechtssuchenden durch diese pragmatische Abgrenzung ist nicht ersichtlich: Führt die Hilfe durch den Rechtspfleger nicht zur „Erledigung", kann er weiter die Erteilung eines Berechtigungsscheines für eine Anwaltsberatung nach § 6 Abs. 1 BerHG verlangen und ggf. Erinnerung gegen eine ablehnende Entscheidung ggf. nach § 7 BerHG) Erinnerung einlegen.

2. Erteilung eines Berechtigungsscheins

1219 Nach § 6 Abs. 1 BerHG **stellt das Amtsgericht auf den Antrag hin einen Berechtigungsschein für den Rechtssuchenden durch eine Beratungsperson aus,** wenn es die Beratungsangelegenheit nicht selbst erledigen kann und die weiteren gesetzlichen Voraus-

---

[357] Dazu → Rn. 1172.
[358] *Greißinger*, 50 f.
[359] *Lindemann/Trenk-Hinterberger* BerHG § 3 Rn. 17 f.
[360] Für weitergehende Interpretation: *Baumgärtel* ZRP 1979, 305.
[361] So aber *Lindemann/Trenk-Hinterberger* BerHG § 3 Rn. 18, die insgesamt für eine einschränkende Auslegung der Befugnisse des Amtsgerichts plädieren; ebenso *Greißinger*, S. 48 ff. aus rechts- und standespolitischer Sicht – auf diese Fragen kann hier nicht näher eingegangen werden.
[362] **AA:** *Lindemann/Trenk-Hinterberger* BerHG § 3 Rn. 18: „es ist vielmehr auf eine objektive (vielleicht also durchschnittliche) Möglichkeit der sofortigen Antwort abzustellen".
[363] Vgl. die Kritik von *Schörnig* ZfSH/SGB 2016, 185 (186).

setzungen vorliegen. Für den Rechtsuchenden ist damit gegenüber der Beratungsperson seiner Wahl nachgewiesen, dass er zur Inanspruchnahme der Beratungshilfe für diese Angelegenheit befugt ist.[364] Es kann auch die Hilfe eines Anwalts oder sonstigen anerkannten Beratungsperson in einem anderen Bundesland in Anspruch genommen werden.[365] Für den Anwalt ist es die grundsätzliche Garantie der Landeskasse, für die bezeichnete Angelegenheit eine **Vergütung nach VV 2500 ff. VV RVG** zu erhalten, deren Höhe allerdings erst im **späteren Festsetzungsverfahren** festgestellt wird.[366] Der Berechtigungsschein stellt allerdings keinen Schuldschein iSd § 371 BGB dar.[367] Ist der Berechtigungsschein erteilt, kann er **nicht auf die Erteilung von Beratung beschränkt** werden (→ Rn. 1195).[368] Die Frage der **Erforderlichkeit der Vertretung** wird also erst im Vergütungsverfahren überprüft.

Hält der Rechtspfleger die Bewilligungsvoraussetzungen für nicht erfüllt, so hat er über den Antrag nach §§ 5 BerHG, 38, 39 FamFG durch einen zu **schriftlichen, zu begründenden,** mit einer **Rechtsbehelfsbelehrung** versehenen und bekannt zu machendem **Beschluss** zu entscheiden. Trifft er die Entscheidung **mündlich** gegenüber dem Antragsteller, so liegt darin ein grundrechtsrelevanter **Verstoß gegen die Rechtsschutzgleichheit** nach Art. 3 Abs. 1 GG iVm Art. 20 Abs. 3 GG.[369]

1220

3. Direktzugang zum Rechtsanwalt

Der Rechtsuchende kann sich auch ohne Einschränkungen unmittelbar mit dem Beratungsanliegen an einen Anwalt wenden und den Bewilligungsantrag dann nachträglich stellen (§ 6 Abs. 2 BerHG). Der Anwalt kann wegen § 4 Abs. 1 S. 3 RVG, wenn die (subjektiven) Voraussetzungen für die Bewilligung von Beratungshilfe vorliegen, auch ganz auf eine Vergütung verzichten (sog **„pro bono"-Tätigkeit**).[370] Gemäß § 4 Abs. 1 S. 4 RVG bleiben aber auch in diesem Fall die Regelungen von § 9 BerHG (cessio legis) im Hinblick auf etwaige Kostenerstattungsansprüche gegen den Gegner unberührt. Allerdings kann gegen den Vergütungsanspruch eines Rechtsanwalts im Sozialrecht in diesem Fall nicht mit Ansprüchen gegen den Leistungsempfänger aufgerechnet werden.[371] Darüber hinaus gestattet § 4a Abs. 1 S. 3 RVG auch in Beratungshilfemandaten dem Rechtsanwalt die Vereinbarung eines **Erfolgshonorars**,[372] welche ebenfalls den Verzicht auf Stellung eines Beratungshilfeantrages begründen kann.

1221

Die Beratungsperson kann, wenn sie jedes Risiko des Nichterhalts einer Vergütung vermeiden will, auch zunächst **für den Rechtsuchenden** einen Bewilligungsantrag stellen und die Beratung erst nachher durchführen. Auch kann sie in zweifelhaften Fällen den Rechtsuchenden zunächst an das Amtsgericht zur Erteilung eines Beratungsscheins verweisen.[373] Soweit die Beratungsperson für den Rechtsuchenden den Antrag auf Erteilung des Beratungsscheines stellt, kann sie für diese Tätigkeit **keine Vergütung** beanspru-

1222

---

[364] Dabei hat der Rechtspfleger allerdings zu prüfen, ob nicht eine andere Hilfsmöglichkeit besteht: AG Torgau FamRZ 2004, 1883; *Lindemann/Trenk-Hinterberger* BerHG § 6 Rn. 4 unterscheiden plastisch zwischen Nachweis-Funktion, Konkretisierungs-Funktion und Kostengarantie-Funktion.
[365] LG Verden NdsRpfl 1987, 255.
[366] → Rn. 1299 ff.
[367] OLG Saarbrücken JurBüro 2020, 75.
[368] AG Brühl NJW 2012, 243; LG Aachen AnwBl 1997, 293.
[369] BVerfG JurBüro 2015, 484; vgl. dazu die Bespr. von *Lissner* JurBüro 2015, 451.
[370] Vgl. dazu ausführlich *Enders* JurBüro 2014, 277, 283 F.; *Lissner* AGS 2014, 1; *Fölsch* MDR 2016, 133.
[371] SG Berlin BeckRS 2019, 12757.
[372] Vgl. dazu Enders JurBüro 2014, 449.
[373] *Groß* BerHG § 6 Rn. 7.

chen, auch nicht nach Ablehnung des Beratungsscheines für die **Einlegung der Erinnerung** nach § 7 BerHG.[374] Gewährt sie Beratung im Vertrauen auf die nachträgliche Bewilligung, handelt sie insoweit auf **eigenes Risiko**.[375] Wird Beratung gewährt und der Bewilligungsantrag später abgelehnt, erhält sie keine Vergütungsansprüche gegen die Staatskasse, gegenüber dem Mandanten kann sie die Beratungshilfegebühr nach VV 2500 RVG aber geltend machen, da diese unabhängig von der Bewilligung der Beratungshilfe ist.[376] Einen gewissen Schutz bietet auch die Regelung von § 4 Abs. 6 BerHG, wonach der Rechtsuchende bei Direktzugang der Beratungsperson **auf Verlangen seine persönlichen und wirtschaftlichen Verhältnisse zu belegen hat und zu erklären hat, ob ihm bereits in derselben Angelegenheit Beratungshilfe erteilt oder verweigert wurde und bereits ein gerichtliches Verfahren anhängig ist oder war.** Diese Erklärung macht die spätere Glaubhaftmachung gegenüber dem Gericht nach § 4 Abs. 2 bis 4 BerHG aber nicht entbehrlich,[377] mögen auch die gleichen Unterlagen dazu verwendet werden können, denn das Gericht muss die Bewilligungsvoraussetzungen eigenständig prüfen.[378]

1223   Umstritten ist, ob auch **bei nachträglicher Antragstellung noch ein Berechtigungsschein** ausgestellt werden muss.[379] Unzweifelhaft muss jeder Vergütungsfestsetzung eine Bewilligung vorangehen, was sich schon daraus ergibt, dass für die Bewilligung der Rechtspfleger, für die Vergütungsfestsetzung aber der Urkundsbeamte der Geschäftsstelle zuständig ist. Oftmals werden in der Praxis diese Funktionen in Personalunion ausgeübt. Da es sich bei der Bewilligung um eine Verfügung handelt, kann sie im Übrigen durch einen **entsprechenden Aktenvermerk** erledigt werden.[380] Der förmlichen Erteilung eines Berechtigungsscheins bedarf es daher nicht.[381] In der Vergütungsfestsetzung liegt dann die nach außen kundgetane Erklärung, dass Beratungshilfe bewilligt ist. Liegen die Voraussetzungen der Bewilligung von Beratungshilfe nicht vor oder wurde die Frist von § 6 Abs. 2 BerHG versäumt, so hat der Rechtspfleger die Bewilligung abzulehnen, über den Vergütungsantrag entscheidet der Urkundsbeamte der Geschäftsstelle dann nicht mehr.

4. Anwaltliche Beratungsstellen

1224   **Eine Form des Direktzugangs** zum Rechtsanwalt **ist die Inanspruchnahme anwaltlicher Beratungsstellen,** die auf Grund von Vereinbarungen mit der Landesjustizverwaltung eingerichtet werden können (§ 3 Abs. 1 S. 3 BerHG). Nach § 12 Abs. 3 BerHG können die Bundesländer künftig durch Gesetz die ausschließliche Zuständigkeit von Beratungsstellen in diesem Sinne zur Gewährung anwaltlicher Beratungshilfe bestimmen.

---

[374] *Meyer* JurBüro 2011, 123.
[375] Allgemeine Meinung, vgl. Bericht des Rechtsausschusses BT-Drs. 8/3695, 9; AG Witzenhausen Rpfleger 1989, 290; AG Bamberg JurBüro 1982, 71; *Eckert* FamRZ 2001, 536; *Klinge* BerHG § 7 Rn. 2.
[376] *Riedel/Sußbauer/H. Schneider* RVG § 44 Rn. 52.
[377] *Lindemann/Trenk-Hinterberger* BerHG § 7 Rn. 3 meinen, das solle wegen Überforderung möglichst vermieden werden; dem ist nicht zuzustimmen, da vorgelegte Unterlagen ohne weiteres an das Gericht weitergereicht werden können.
[378] Der Anwalt trägt also in jedem Fall das Kostenrisiko, falls das Amtsgericht die Voraussetzungen für die Bewilligung nicht für gegeben erachtet: *Klein* JurBüro 2001, 172 (175); kritisch zur Neuregelung: *Nickel* MDR 2013, 950 (951).
[379] Vgl. *Lindemann/Trenk-Hinterberger* BerHG § 4 Rn. 19 mwN; *Greißinger* 44.
[380] Darauf weisen KG Rpfleger 1983, 445 und *Schulte* Rpfleger 1983, 285 zutreffend hin; auch die Gerichte, die einen Berechtigungsschein verlangen (LG Berlin JurBüro 1982, 1371 mAnm *Mümmler*), sagen nicht ausdrücklich, dass er nicht auf diese Weise erteilt werden könnte, so dass der Streit insgesamt eher müßig erscheint.
[381] *Lissner* AGS 2015, 209 (213); *Groß* BerHG § 6 Rn. 18.

Die **Vergütung** der dort tätigen Rechtsanwälte richtet sich nach der jeweiligen **Vereinbarung mit der Justizverwaltung** (§ 44 S. 1 RVG),[382] kann also zB auch nach Zeitaufwand erfolgen. Nach § 49a Abs. 2 S. 2 BRAO sind Rechtsanwälte verpflichtet, an der Beratung in solchen Beratungsstellen mitzuwirken (dazu schon → Rn. 1140 ff.).

5. Rechtsbeistände

Das Gesetz sieht in § 3 Abs. 1 S. 1 BerHG vor, dass Beratungshilfe auch durch Rechtsbeistände geleistet werden kann (§ 209 BRAO), wenn diese Mitglieder der Rechtsanwaltskammer sind. 1225

6. Anerkannte Stellen für Verbraucherinsolvenzberatung

Diese sind befugt, Schuldner in außergerichtlichen Verhandlungen mit Gläubigern zu beraten (§ 8 Abs. 1 Nr. 3 RDG). Stellen für Verbraucherinsolvenzberatung haben keinen Anspruch auf Abrechnung nach Beratungshilfe.[383] 1226

7. Steuerberater und Steuerbevollmächtigte

Gemäß § 3 Abs. 1 S. 2 Nr. 1 BerHG kann Beratungshilfe nunmehr auch durch Steuerberater und Steuerbevollmächtigte erbracht werden. Die Einbeziehung dieser Berufsgruppen steht nach dem Willen des Gesetzgebers im Zusammenhang mit der Integration des Steuerrechts in den neu gefassten § 2 Abs. 2 BerHG und war längst überfällig.[384] 1227

8. Wirtschaftsprüfer und vereidigte Buchprüfer

Auch Wirtschaftsprüfer und vereidigte Buchprüfer sind nach § 3 Abs. 1 Nr. 2 BerHG nunmehr gesetzlich anerkannte Beratungspersonen. 1228

9. Rentenberater

Rentenberater sind – was ihrer gesteigerten Bedeutung in der Rechtspraxis, zB im Vorfeld des familienrechtlichen Versorgungsausgleiches, durchaus entspricht – gemäß § 3 Abs. 1 Nr. 3 BerHG im Umfang ihrer Rechtsberatungsbefugnis nach § 10 Abs. 1 RDG nunmehr Beratungspersonen iSd § 6 Abs. 1 BerHG. 1229

IV. Aufhebung der Beratungshilfe

Die Aufhebung **der gewährten Beratungshilfe wegen ursprünglicher oder nachträglicher Unrichtigkeit** der Entscheidung regelt das Gesetz bisher nicht. Da es sie aber auch nicht ausschließt, waren bislang die allgemeinen Vorschriften über die Abänderung von Entscheidungen gemäß **§ 5 BerHG iVm § 48 FamFG** anzuwenden.[385] Zum Teil wurde auch eine analoge Anwendung von § 124 Nr. 1–3 ZPO (aF) befürwortet.[386] 1230

---

[382] *Schneider* MDR 2004, 494.
[383] LG Landau NZI 2005, 639; AG Ratingen Rpfleger 2005, 547.
[384] Vgl. auch *Groß* BerHG Einleitung Rn. 18, 23; *Szymborski* DStR 2012, 1984; *Weber* NWB 2013, 305; kritisch *Lissner* AGS 2015, 313 (315); 2013, 209 (210) und für den Bereich der InsO vgl. die Kritik von *Lissner* ZInsO 2013, 330.
[385] LG Bochum AnwBl 1984, 105; *Lindemann/Trenk-Hinterberger* BerHG § 5 Rn. 13 ff. auch zur Entstehungsgeschichte; *Kreppel*, Rpfleger 1986, 86 (88).
[386] *Schoreit/Groß* BerHG § 6 Rn. 12.

1231 Die **Aufhebung von Anfang an unrichtiger Entscheidungen (ursprüngliche Unrichtigkeit)** bewegt sich im **Spannungsfeld** zwischen dem staatlichen Interesse an Leistungsgewährung nur auf Grund **sachlich richtiger Entscheidungen** und dem **Vertrauensschutz** des Begünstigten. Beruht die Unrichtigkeit auf **vom Gericht zu vertretenen** Umständen (zB falsche Einkommensberechnung bei richtigen Angaben), genießt der Vertrauensschutz Vorrang. Bei **falschen Angaben des Rechtsuchenden** (zur Angelegenheit, für die Beratungshilfe begehrt wurde, zur schon erfolgten Beratung[387] oder zu den persönlichen und wirtschaftlichen Verhältnissen) kann dagegen kein Vertrauensschutz beansprucht werden.[388]

1232 Der **Widerruf** einer durch eine spätere Entwicklung (zB Vermögenserwerb) unrichtig gewordenen Entscheidung **(nachträgliche Unrichtigkeit)** war auch nach altem Recht ausgeschlossen, wenn die Beratungshilfe zur Zeit der Veränderung schon geleistet war, mochte sie auch noch nicht abgerechnet sein. Ein Überprüfungs- und Abänderungsverfahren entsprechend § 120 Abs. 4 ZPO aF für die PKH war auch nach altem Recht bei der Beratungshilfe nicht vorgesehen. Lediglich für den praktisch wohl äußerst seltenen Fall, dass die Veränderung **zwischen** Bewilligung und Beratungsleistung eintritt, war ein Widerruf der Bewilligung möglich.[389]

1233 Mit der Reform des Beratungshilferechts zum 1.1.2014 hat der Gesetzgeber mit § 6a BerHG erstmals in der Geschichte des Beratungshilferechts eine **gesetzliche der Regelung in der Frage der Aufhebung der Bewilligung** geschaffen. § 6a BerHG regelt in Absatz 1 die Aufhebung bei **anfänglichem Fehlen der Bewilligungsvoraussetzungen** und in Absatz 2 die Aufhebung *(eigentlich ein Fall des Widerrufs)* in einem speziellen Fall des **nachträglichen Wegfalls** der Bedürftigkeit infolge der Beratungshilfe. Die Folgen der Aufhebung der Bewilligung für die Vergütung der Beratungsperson sind nunmehr in § 8a BerHG gesondert geregelt.

Es sind folglich zwei Fallgestaltungen vorgesehen:

1234 (1) Nach § 6a Abs. 1 BerHG **kann** das Gericht die Bewilligung der Beratungshilfe **von Amts** wegen aufheben, wenn die **Voraussetzungen** für die Beratungshilfe **zum Zeitpunkt der Bewilligung** nicht vorgelegen haben und seit der Bewilligung nicht mehr als **ein Jahr** vergangen ist. Das ist vor allem dann der Fall, wenn die subjektiven Voraussetzungen der Beratungshilfe nicht vorgelegen haben oder aber bereits in derselben Angelegenheit Beratungshilfe bewilligt oder Beratung bereits geleistet worden war.[390] Auf ein Verschulden des Antragstellers kommt es nicht an.[391]

Die Regelung stellt die Entscheidung über die Aufhebung in das **Ermessen** („kann")[392] des Gerichts, wenn dieses etwa aus anderen bei Gericht anhängigen Verfahren davon Kenntnis erhält, dass die subjektiven Voraussetzungen für die Bewilligung nicht vorgelegen haben. Dabei nimmt der Gesetzgeber bewusst eine Differenzierung zur Prozesskostenhilfe vor, bei welcher in der Regelung von § 124 Abs. 1 ZPO eine Ermessensreduzierung („soll") vorgesehen ist (→ Rn. 996). Hintergrund war die Sorge des Gesetzgebers, dass die Aufhebung und die damit verbundenen Rückabwicklungsfolgen einen unverhältnismäßigen Aufwand an Zeit und Kosten verursachen könnten,[393] was jedoch wegen der nicht in großer Anzahl auftauchender Fälle nicht zu erwarten war und im Übrigen dürfte eine Reaktion der Staatskasse im Allgemeininteresse liegen. Ebenfalls

---

[387] AG Halle Beschl. v. 4.4.2013, 103 II 455/13.
[388] AG Tempelhof-Kreuzberg JurBüro 2007, 541 (543); **aA:** LG Osnabrück AnwBl 1983, 143.
[389] Wie hier: Schoreit/*Groß* BerHG § 6 Rn. 19; vgl. dazu noch eingehender *Lindemann/Trenk-Hinterberger* BerHG § 5 Rn. 19.
[390] AG Winsen/Luhe BeckRS 2017, 100029; *Groß* BerHG § 6a Rn. 3.
[391] *Groß* BerHG § 6a Rn. 3.
[392] Zu Recht kritisch *Lissner* AGS 2014, 313 (317).
[393] BT-Drs. 17/11472, 41; so auch *Lissner* Rpfleger 2012, 501 (506).

anders als bei § 124 Abs. 1 ZPO erfolgt im Rahmen von § 6a Abs. 1 BerHG auch keine Unterscheidung nach Aufhebungsgründen und sie entfällt schließlich gänzlich, wenn seit der Bewilligung **mehr als ein Jahr** vergangen ist. Auch wurde auf die Möglichkeit eines **Widerrufs** oder einer **Abänderung,** wie im Fall von § 120a ZPO, bei nachträglichen Veränderungen, wie insbesondere einer Veränderung des Einkommens oder eines Vermögenszuwachses, verzichtet, so dass **allein der Zeitpunkt der Bewilligung** maßgeblich bleibt.

Obwohl für den Fall von § 6a Abs. 1 BerHG nicht gesetzlich geregelt, wird auch hier der Rechtspfleger vor einer Entscheidung, wie in § 6a Abs. 2 S. 3 BerHG vorgesehen, den Rechtssuchenden und seine Beratungsperson vorher **anzuhören** haben (Art. 103 Abs. 1 GG).[394] **1235**

Kommt es zu einer Aufhebung der Bewilligung nach § 6a Abs. 1 BerHG, so bleibt der **Vergütungsanspruch** der Beratungsperson nach § 8a Abs. 1 S. 2 Nr. 1 BerHG hiervon unberührt, wenn sie nicht **Kenntnis** oder **grob fahrlässige Unkenntnis** vom Nichtvorliegen der Bewilligungsvoraussetzungen zum Zeitpunkt der Beratungshilfeleistung hatte.[395] Die Darlegungs- und Beweislast liegt insoweit bei der Staatskasse.[396] Wurde die Vergütung **noch nicht ausbezahlt,** bleibt der Vergütungsanspruch gleichwohl gegenüber der Staatskasse erhalten, da das Vertrauen des Rechtsanwalts umfassend geschützt wird.[397] **1236**

Demgegenüber hat der **Rechtssuchende** gemäß § 8a Abs. 3 BerHG im Falle der Aufhebung der Bewilligung der Beratungshilfe wegen **anfänglichen Fehlens der Bedürftigkeit** der Staatskasse die von ihr an die Beratungsperson geleistete Vergütung zu **erstatten,** wobei auch in diesem Fall ein **Ermessen** („kann") der Staatskasse bei der Geltendmachung des Anspruchs besteht. Kein Erstattungsanspruch besteht allerdings, wenn die Bewilligung der Beratungshilfe aus **anderen Gründen,** zB wegen Vorhandenseins anderer Hilfe, aufgehoben wurde.[398] **1237**

(2) Nach § 6a Abs. 2 S. 1 BerHG kann auch die **Beratungsperson** die Aufhebung der Bewilligung **beantragen,** wenn der Rechtsuchende **auf Grund der Beratung oder Vertretung,** für die ihm Beratungshilfe bewilligt wurde, **etwas erlangt** hat. Der Rechtssuchende muss also aufgrund der Beratung Vermögen bzw. Einkommen erlangt haben, so dass er jetzt mangels Bedürftigkeit keine Beratungshilfe mehr beanspruchen könnte.[399] **1238**

Der Antrag kann nach § 6a Abs. 2 S. 1 BerHG allerdings nur dann gestellt werden, wenn die Beratungsperson

1. noch keine Beratungshilfevergütung nach **§ 44 S. 1 RVG beantragt** hat und

2. sie den Rechtsuchenden bei der **Mandatsübernahme** auf die Möglichkeit der Antragstellung und der Aufhebung der Bewilligung sowie auf die sich für die Vergütung nach § 8a Abs. 2 BerHG ergebenden Folgen in Textform **hingewiesen** hat. Dabei dürfte ein einfacher Hinweis in der anwaltlichen **Vollmacht** genügen.[400]

In diesem Fall hebt das Gericht – in Person des Urkundsbeamten der Geschäftsstelle – nach § 6a Abs. 2 S. 3 BerHG den Beschluss über die Bewilligung von Beratungshilfe **nach Anhörung** des Rechtsuchenden auf, wenn dieser auf Grund des Erlangten die **1239**

---

[394] *Groß* BerHG § 6a Rn. 6; *N. Schneider* NZFam 2016, 977; anders *Lissner* AGS 2013, 209 (212): „zweckdienlich".
[395] Vgl. dazu *Lissner* RVGreport 2016, 322.
[396] BT-Drs. 17/11472, 43.
[397] NK-GK/*Köpf* BerHG § 8a Rn. 3; *Groß* BerHG § 8a Rn. 2.
[398] BT-Drs. 17/11472, 44; *Lissner/Dietrich/Schmidt* Rn. 274d.
[399] *N. Schneider* NZFam 2016, 977,
[400] **AA:** *Lissner* AGS 2013, 209 (213): Verstoß gegen § 305c BGB.

persönlichen und wirtschaftlichen Verhältnisse für die Beratungshilfe **nicht mehr erfüllt**. Der Anwalt, der eine Aussicht auf einen erheblichen Geldzufluss infolge seiner Tätigkeit erwartet, muss allerdings wegen des Ausschlussgrundes in § 6a Abs. 2 S. 2 Nr. 2 BerHG seinen Vergütungsantrag gegenüber der Staatskasse nach § 44 RVG zurückstellen und den Mandaten auf die nach § 6a Abs. 2 BerHG bestehende Möglichkeiten bei Mandatsübernahme in schriftlicher Textform hinweisen. Es besteht also insgesamt ein **Wahlrecht der Beratungsperson** zwischen dem sicheren (niedrigen) Vergütungsanspruch gegenüber der Staatskasse und der (späteren) Wahlanwaltsvergütung.[401] Bei der Prüfung der Voraussetzungen von § 6a Abs. 2 S. 2 Nr. 2 BerHG, ist darauf zu achten, dass das **vom Rechtssuchenden Erlangte** nur dann zur Aufhebung der Bewilligung führt, wenn er dadurch im Wege einer fiktiven Betrachtung **die persönlichen und wirtschaftlichen Voraussetzungen der Beratungshilfe nicht mehr erfüllen** würde.[402] Dies ist an § 115 ZPO zu messen, so dass das insbesondere die **Schongrenze** (5.000 EUR) von §§ 115 Abs. 3 ZPO, 90 Abs. 2 Nr. 9 SGB XII zu beachten ist (→ Rn. 402 ff.). Antragsberechtigt nach § 6a Abs. 2 S. 1 BerHG ist alleine die Beratungsperson. Es besteht aber **keine Anzeigepflicht** des Rechtsuchenden, da – anders als bei der Prozesskostenhilfe nach § 120a Abs. 2 ZPO – keine Überprüfung von nachträglichen Veränderungen von Amts wegen stattfindet und auch Entscheidungen nach § 6a Abs. 2 BerHG nicht von Amts wegen getroffen werden können. Vor einer Entscheidung über die Aufhebung sieht § 6a Abs. 2 S. 3 BerHG zwingend die **Anhörung des Rechtssuchenden** vor. Kommt es zur Aufhebung, kann die Beratungsperson nach § 8a Abs. 2 BerHG ihre Vergütung nach den allgemeinen Vorschriften (gesetzliche Wahlanwaltsvergütung oder die nach §§ 3a ff. RVG vereinbarte Vergütung[403]) verlangen. Gleichzeitig schließt § 8a Abs. 1 S. Nr. 2 die Vergütung der anwaltlichen Tätigkeit aus der Staatskasse aus, was nach der Intention des Gesetzgebers zu Einspareffekten führen soll.[404]

V. Rechtsbehelfe

1. Gegen die Versagung der Beratungshilfe

1240 Nach § 7 Abs. 1 BerHG ist gegen den Beschluss, durch den der Antrag auf Bewilligung von Beratungshilfe zurückgewiesen wird oder die Bewilligung aufgehoben wurde, nur die – unbefristete – **Erinnerung** statthaft. Aus der Formulierung „nur" und der Entstehungsgeschichte des Gesetzes ergibt sich zweifelsfrei, dass der Amtsrichter **abschließend** über die Erinnerung entscheidet, da ein Rechtsmittel gegen die Entscheidung nicht gegeben ist.[405] Es ist Aufgabe des Gesetzgebers zu entscheiden, ob es bei einer Instanz bleiben soll,[406] dabei hat er es auch im Zuge der Reform des Beratungshilferechts belassen. Diese Regeln gelten auch für die nunmehr gesetzlich vorgesehene Aufhebung der Beratungshilfe nach § 6a BerHG.[407]

---

[401] *Nickel* NZFam 2015, 294 (297).
[402] *Lissner/Dietrich/Schmidt* Rn. 274a; *Groß* BerHG § 6a Rn. 8.
[403] *N. Schneider* NZFam 2016, 977 (978).
[404] BT-Drs. 17/11472, 43.
[405] OLG Köln BeckRS 2015, 07676; OLG Naumburg JurBüro 2011, 315; OLG Brandenburg FamRZ 2011, 583; OLG Celle FamRZ 2011, 495; OLG Hamm FamRZ 2011, 494; OLG Stuttgart Rpfleger 2009, 462; OLG Karlsruhe Justiz 2003, 292; BayObLG Rpfleger 1985, 406; *Lissner* AGS 2013, 497, 498; *Fölsch* NJW 2010, 351; *Götsche* FamRZ 2009, 905; Poller/Härtl/*Köpf* BerHG § 6 Rn. 23; **aA:** LG Potsdam FamRZ 2009, 902 m. – zu Recht – abl. Anm. *Götsche* und *Lissner* Rpfleger 2009, 390; *Landmann* Rpfleger 2000, 320.
[406] BVerfG FamRZ 2007, 1963; FamRZ 2009, 965.
[407] *Lissner/Dietrich/Schmidt* Rn. 287; *N. Schneider* NZFam 2016, 977 (978).

§ 22 Bewilligungsverfahren

Auf dem Wege der **Dienstaufsicht** ist die Verweigerung der Beratungshilfe ebenfalls nicht anfechtbar,[408] da der Rechtspfleger sachlich unabhängig ist (§ 9 RPflG) und seine Entscheidungen keinen Weisungen seines Dienstherren unterliegen.[409]

Im Einzelnen gilt:

(1) **Keine Frist für die Erinnerung** gegen die Entscheidung des nach § 24a Abs. 1 Nr. 1 RPflG zuständigen Rechtspflegers besteht nach dem Gesetz, denn § 24a Abs. 2 RPflG erklärt § 11 Abs. 2 S. 1, Abs. 3 RPflG für unanwendbar.[410] Hinsichtlich der **Form** gilt, dass die Erinnerung nach § 5 BerHG iVm § 64 Abs. 2 FamFG schriftlich oder zu Protokoll der Geschäftsstelle eingelegt werden kann.

(2) **Abhilfemöglichkeit des Rechtspflegers** besteht (§ 11 Abs. 2 S. 5 RPflG). Hilft er nicht ab, legt er die Erinnerung dem Amtsrichter vor, der abschließend darüber entscheidet.[411]

(3) **Gegen die Aufhebung** eines Bewilligungsbescheides ist ebenfalls die **Erinnerung** nach § 7 Alt. 2 BerHG gegeben, da sie einer Zurückweisung des Antrags gleichsteht.[412]

(4) **Eine teilweise Zurückweisung** des Antrags liegt darin, dass der Rechtspfleger die Beratungshilfe nach § 3 Abs. 2 BerHG selbst gewährt, anstatt gemäß § 6 Abs. 1 BerHG einen Berechtigungsschein für eine Anwaltsberatung auszustellen. Auch insoweit ist daher die Erinnerung statthaft.[413]

(5) Eine **Erinnerungsbefugnis** gegen die Verweigerung der Bewilligung steht nur dem Antragsteller, **nicht dem Rechtsanwalt**, zu.[414] Diesem oder anderen Beratungspersonen nach § 3 Abs. 1 S. 2 BerHG steht aber nach § 7 Alt. 3 BerHG ein Erinnerungsrecht zu, wenn der **Antrag auf Aufhebung der Bewilligung nach § 6a Abs. 2 BerHG** zurückgewiesen wird, da hier der Vergütungsanspruch (§ 8a Abs. 2 BerHG) unmittelbar betroffen ist.

(6) Eine **Beschwerde** nach Zurückweisung der Erinnerung durch den Amtsrichter ist unzulässig.[415] Wird sie gleichwohl eingelegt, ist sie nicht vom Landgericht, sondern vom **Oberlandesgericht** zu verwerfen. Dies folgt aus der Verweisung von § 5 BerHG auf die Vorschriften des FamFG, so dass sich die sachliche Zuständigkeit der Oberlandesgerichte für Verfahren der freiwilligen Gerichtsbarkeit aus § 119 Abs. 1 Nr. 1b GVG ableitet.[416] Anderes gilt für die sachliche Zuständigkeit für Beschwerden gegen Vergütungsfestsetzungsbeschlüsse nach § 56 RVG, hier ist das Landgericht nach § 72 GVG zuständiges Beschwerdegericht (→ Rn. 1309).

(7) Eine **Gegenvorstellung** gegen die Entscheidung des Amtsrichters dürfte nach der Entscheidung des BVerfG vom 25.11.2008[417] (→ Rn. 1036) nicht per se ausgeschlossen sein.[418] Sie ist aber von der **Gehörsrüge** nach §§ 5 BerHG, 44 FamFG abzugrenzen und kann sich nicht darauf beschränken, zu behaupten, die angegriffene Entscheidung sei falsch.[419]

1241

1242

---

[408] *Lissner* AGS 2013, 497 (501); Rpfleger 2007, 448 (455) mwN.
[409] BGH DRiZ 1963, 44.
[410] *Groß* § 7 BerHG Rn. 5; *Lissner/Dietrich/Schmidt* Rn. 279; **aA** zu Unrecht: AG Esslingen Rpfleger 2012, 393.
[411] AG Torgau FamRZ 2004, 1883; *Hellstab* Rpfleger 2004, 344 spricht dagegen von endgültiger Entscheidung des Rechtspflegers.
[412] AG Winsen/Luhe BeckRS 2017, 100029; vgl. auch die Nachweise bei → Rn. 1240.
[413] *Lindemann/Trenk-Hinterberger* BerHG § 6 Rn. 22; *Lissner/Dietrich/Schmidt* Rn. 276.
[414] AG Konstanz BeckRS 2006, 12128; AG Koblenz JurBüro 2003, 369; *Groß* BerHG § 7 Rn. 4.
[415] → Rn. 1240.
[416] LG Köln BeckRS 2015, 03878; OLG Brandenburg BeckRS 2010, 30460; OLG Koblenz AGS 2012, 27.
[417] BVerfG NJW 2009, 829.
[418] So aber OLG Köln MDR 2011, 477 bei einer Entscheidung über eine Grundbuchbeschwerde.
[419] Zutreffend AG Halle Beschl. v. 9.3.2011, 103 II 7496/10.

(8) Wird der Rechtspfleger im Bewilligungsverfahren nach §§ 10 S. 1 RPflG, 5 BerHG, 6 Abs. 1 FamFG, 42 ZPO **abgelehnt,** findet gemäß § 6 Abs. 2 FamFG gegen den das Ablehnungsgesuch zurückweisenden Beschluss die **sofortige Beschwerde** nach §§ 567 ff. ZPO statt, über die nach Nichtabhilfe das Oberlandesgericht zu entscheiden hat.[420]

(9) Bei der Einlegung einer **Verfassungsbeschwerde** gegen die rechtskräftige Versagung der nachträglichen Bewilligung von Beratungshilfe verlangt das BVerfG für die Beschwerdebefugnis, dass der Bevollmächtigte bei Mandatsübernahme einen **Hinweis nach § 8a Abs. 4 S. 1 BerHG** erteilt hat, weil der betroffene sonst kein Kostenrisiko trägt und nicht in eigenen Rechten verletzt ist.[421]

2. Rechtsbehelf der Staatskasse gegen die Bewilligung der Beratungshilfe

1243 § 7 BerHG sieht **kein Rechtsmittel der Staatskasse** vor gegen den Beschluss, durch den Beratungshilfe bewilligt wurde. Im Rahmen der Reform des Beratungshilferechts sah der ursprüngliche Gesetzesentwurf der Bundesregierung mit einer Neufassung von § 7 Abs. 2 BerHG-E erstmals ein Erinnerungsrecht der Staatskasse gegen Bewilligungsentscheidungen vor.[422] Dies wurde von der Absicht getragen, dadurch eine einheitlichere Auslegung und Anwendung des Gesetzes als bisher zu erreichen.[423] Dabei sollte das beabsichtigte Erinnerungsrecht der Landeskasse nicht auf das Vorliegen der Bedürftigkeit des Rechtsuchen beschränkt sein, sondern alle Voraussetzungen der Bewilligungsentscheidung, also insbesondere auch die Frage der Mutwilligkeit und das Vorhandensein anderer Hilfsmöglichkeiten iSd § 1 Abs. 1 Nr. 2 und 3 BerHG umfassen und so auch „**Waffengleichheit**" zwischen Antragsteller und Staatskasse schaffen. Allerdings sollte nach dem Entwurf eine Bekanntgabe der Entscheidung an die Staatskasse nach § 7 Abs. 2 S. 2 BerHG-E ausdrücklich nicht erfolgen, weil der Gesetzgeber personellen Mehraufwand bei den Bezirksrevisoren befürchtete[424], was das Erinnerungsrecht der Staatskasse aber wiederum ausgehöhlt hätte.[425] Wegen des befürchteten Bürokratie- und Personalaufwand hat der Gesetzgeber jedoch – wenig nachvollziehbar – von der Schaffung eines Beschwerderechts wieder Abstand genommen[426], so dass der Staatskasse auch gegenwärtig ein Rechtsbehelf im Rahmen der Bewilligung der Beratungshilfe nicht zusteht.

3. Entscheidung

1244 Bei Nichtabhilfe durch den Rechtspfleger hat der **nach der Geschäftsverteilung zuständige Amtsrichter** gemäß § 11 Abs. 2 S. 6 RPflG über die Erinnerung zu entscheiden. Gemäß § 11 Abs. 2 S. 7 RPflG gelten die Regeln der sofortigen Beschwerde nach §§ 567 ff. ZPO entsprechend. Hält er sie für zulässig und begründet, so ändert er die Entscheidung des Rechtspflegers ab und bewilligt selbst Beratungshilfe. Im Falle der Unzulässigkeit ist die Erinnerung nach §§ 11 Abs. 2 S. 7 RPflG, 570 Abs. 2 S. 2 ZPO zu verwerfen, im Falle der Unbegründetheit ist sie zurückzuweisen. Entgegen einer in der Literatur geäußerten Auffassung[427] kommt auch im Bereich der Beratungshilfe im Ein-

---

[420] OLG Karlsruhe MDR 2018, 886.
[421] BVerfG BeckRS 2018, 2176; BeckRS 2017, 152355; BeckRS 2017, 128136; BeckRS 2016, 49755.
[422] BT-Drs. 17/11072; kritisch: *Köhler* Streit 2013, 28.
[423] BT-Drs. 17/11472, 42.
[424] BT-Drs. 17/11472, 42.
[425] Ebenfalls kritisch *Lissner* Rpfleger 2012, 501 (506).
[426] Vgl. Rechtsausschuss des Bundestages BT-Drs. 17/13538, 41.
[427] *Lissner/Dietrich/Schmidt* Rn. 285; *Lissner* AGS 2013, 497; JurBüro 2012, 595.

zelfall die **Aufhebung und Zurückverweisung der Sache** an den Rechtspfleger in Betracht (§§ 11 Abs. 2 S. 7 RPflG, 572 Abs. 3 ZPO),⁴²⁸ etwa bei noch fehlender Bewilligungsreife.

§ 23 Gebühren und Vergütung

I. Ansprüche gegen den Rechtssuchenden

Eine **Pauschalgebühr von 15 EUR** steht nach § 44 S. 2 RVG iVm VV 2500 RVG dem Rechtsanwalt gegen den Ratsuchenden zu, dem er Beratungshilfe gewährt (**Beratungshilfegebühr**). Er kann sie ihm nach dessen Verhältnissen **erlassen**. Der **Erlass „nach den Verhältnissen des Ratsuchenden"** steht im **freien Ermessen** des Rechtsanwalts (Anm. S. 2 zu VV 2500 RVG). Eine gerichtliche Überprüfung der Ermessensausübung ist insoweit ausgeschlossen. Es ist daher müßig, darüber zu streiten, ob der Anwalt bei dem – hier nach dem Gesetz durch einseitige auch stillschweigende Erklärung zu bewirkenden – Erlass auch den Umfang seiner Arbeit berücksichtigen darf.

1245

Auch besteht nunmehr nach § 4 Abs. 1 S. 3 RVG die Möglichkeit des Abschlusses eine **pro bono-Vereinbarung,** also eines gänzlichen Verzichts der Stellung eines Beratungshilfebewilligungsantrags zugunsten einer kostenlosen Beratung (→ Rn. 1221).⁴²⁹ Die Gebühr von VV 2500 RVG hat im Übrigen die Funktion, dem Ratsuchenden ein gewisses **persönliches Opfer** aufzuerlegen, um den Wert der erbrachten Leistung hervorzuheben („was nichts kostet, ist nichts wert") und damit auch die Aufgabe, Querulanten abzuschrecken und sonstigen Missbrauch zu vermeiden. Sie besteht im Falle des Direktzugangs zur Beratungsperson nach § 6 Abs. 2 BerHG nach Erbringung der Beratung auch dann, wenn der später gestellte Bewilligungsantrag abgelehnt wird, weil sie nicht von der gerichtlichen Bewilligung der Beratungshilfe abhängig ist.⁴³⁰

1246

Diese **Anerkennungsgebühr** steht dem Rechtsanwalt **neben der Vergütung aus der Staatskasse** zu.⁴³¹

Ansprüche auf **Auslagenerstattung** sind daneben ausgeschlossen (Anm. S. 1 zu VV 2500 RVG), und im Pauschalbetrag ist auch die Mehrwertsteuer iHv derzeit 19 % enthalten (VV 7008 RVG gilt nicht), so dass der Rechtsanwalt effektiv nur 12,15 EUR einnimmt.⁴³²

Die Gebühr kann nicht nach § 11 RVG festgesetzt werden, da sie keine gesetzliche Vergütung iSd RVG ist, wenn sie auch in § 44 RVG erwähnt wird.⁴³³ Vorkasse empfiehlt sich daher, denn ein Vorschuss ist nach § 47 Abs. 2 RVG gegenüber der Staatskasse ausgeschlossen.

Bei mehreren Angelegenheiten kann die Gebühr nur einmal verlangt werden, wenn ein **einheitlicher Beratungsvorgang** stattfindet. Das Gesetz stellt nicht auf die „*Angelegenheit*", sondern allgemeiner auf die „*Gewährung*" der Beratungshilfe ab. Es kommt

1247

---

⁴²⁸ *Dörndorfer* RPflG § 11 Rn. 100.
⁴²⁹ Vgl. dazu ausführlich *Enders* JurBüro 2014, 277, 283 F.; *Lissner* AGS 2014, 1.
⁴³⁰ *Riedel/Sußbauer/H. Schneider* RVG § 44 Rn. 52.
⁴³¹ LG Köln JurBüro 1982, 256 mAnm *Mümmler*; Gerold/Schmidt/*Mayer* RVG VV 2500–2508 Rn. 32.
⁴³² *Schneider/Thiel* § 3 Rn. 671; *Kamps* Rpfleger 2006, 484: *N. Schneider* MDR 2004, 494; *Hartung/Römermann/Schons* RVG § 44, Rn. 52; weiter dazu *Lindemann/Trenk-Hinterberger* BerHG § 8 Rn. 2 und *Greißinger* 56 f.; **aA**: *Euba* RVGreport 2008, 289: VV 2500 RVG enthalte einen gesetzlichen Umsatzsteuerbefreiungstatbestand.
⁴³³ *Mayer/Kroiß/Kießling* RVG VV 2500 Rn. 8.

daher auf die sachliche und zeitliche Einheitlichkeit des Beratungsvorgangs an, mögen auch gleichzeitig mehrere Angelegenheiten angesprochen werden. Rechtsprechung zu der im Einzelfall nicht einfachen Abgrenzung ist bisher nicht bekannt geworden. Insofern ist die Sachlage anders als bei Ansprüchen gegen die Staatskasse,[434] → Rn. 1274 ff.

1248 **Bei mehreren Auftraggebern** kann nach der hier vertretenen Auffassung die Pauschalgebühr mehrmals verlangt werden, eine bloße Erhöhung gem. VV 1008 RVG findet nicht statt.[435] Dies folgt schon daraus, dass der sonst vom Gesetzgeber verfolgte Zweck, dem Rechtsuchenden auch ein Selbstopfer aufzuerlegen und Querulanten abzuschrecken, verfehlt werden würde.

1249 Die frühere Regelung in § 8 BerHG aF, wonach **Vereinbarungen über eine Vergütung nichtig** sind, ist mit dem am 1.1.2014 in Kraft getretenen Gesetz zur Änderung des Prozesskostenhilfe- und Beratungshilferechts in Wegfall geraten. Es kann eine Vereinbarung über die Höhe der Vergütung auch für die Beratungshilfe getroffen werden.[436] Darüber hinaus kann nach § 4a Abs. 1 S. 3 RVG auch für Beratungshilfemandate ein **Erfolgshonorar** vereinbart werden.[437] § 8 Abs. 2 S. 1 BerHG stellt aber sicher, dass der aus der Vereinbarung folgende Anspruch der Beratungsperson **solange nicht gegen den Rechtsuchenden geltend gemacht werden kann,** wie diesem Beratungshilfe bewilligt worden ist bzw. im Falle des Direktzuganges zum Beratungsperson noch keine Entscheidung über die Bewilligung der Beratungshilfe getroffen worden ist. Wird die Beratungshilfebewilligung aber **aufgehoben** oder **lehnt** das Gericht bei einem Direktzugang zur Beratungsperson die Bewilligung **ab**, kommt der vertraglich vereinbarte Vergütungsanspruch gegen den Rechtsuchenden **unter den weiteren Voraussetzungen nach § 8a Abs. 2 BerHG** zur Geltung (→ Rn. 1213).

1250 Wenn der Rechtsanwalt seine **Hinweispflicht**[438] verletzt hat, kann er im Ergebnis nur nach Beratungshilfe abrechnen. Ansonsten kommt ein normaler **Anwaltsvertrag** zu den gesetzlichen oder sonst wirksam vereinbarten Bedingungen zustande.[439]

II. Ansprüche gegen den Gegner

1251 **Der ersatzpflichtige Gegner des Rechtsuchenden hat dem Rechtsanwalt oder der sonstigen Beratungsperson nach § 3 Abs. 1 S. 2 BerHG die volle gesetzliche Vergütung nach dem RVG zu zahlen** (§ 9 S. 1 BerHG), also nicht etwa nur die Beratungshilfegebühren nach § 44 RVG.[440] Dies bedeutet, dass der unterlegene Gegner auch nicht geltend machen kann, der Bedürftige habe es unter Verstoß gegen seine Schadensminderungsobliegenheit unterlassen, Beratungshilfe in Anspruch zu nehmen.[441] Auch eine hälftige Anrechnung einer entstandenen Geschäftsgebühr nach VV 2503 RVG findet nicht statt.[442] Ebenso bleibt eine Leistung der Beratungsperson pro bono außer Betracht.[443] Die

---

[434] **So aber:** *Groß* RVG § 44 Rn. 61 und *Teubel/Scheungrab/Dörndorfer* RVG § 41 Rn. 6, die auf § 7 Abs. 1 RVG und die allgemeinen Abgrenzungskriterien abstellen.
[435] AnwK-RVG/*Fölsch* VV 2500 Rn. 3; *Schneider* MDR 2004, 494; **aA:** *Lissner/Dietrich/Schmidt* Rn. 295; *Lissner* Rpfleger 2012, 129: die Gebühr soll nur einmal geschuldet werden, wiederum anders NK-GK/*Köpf* RVG VV 2500 Rn. 6: VV 1008 RVG sei anzuwenden.
[436] BT-Drs. 17/11472, 42; ausführlich *Enders* JurBüro 2014, 281 (284); *Lissner* AGS 2014, 1, Gerold/Schmidt/*Mayer* RVG § 4a Rn. 8, 8a.
[437] Vgl. dazu Enders JurBüro 2014, 449.
[438] → Rn. 1141.
[439] *Derleder* MDR 1981, 449.
[440] BGH NJW 2011, 2300; *Groß* BerHG § 9 Rn. 3; *Hansens* JurBüro 1986, 349.
[441] BGH NJW 2011, 2300; **aA:** OLG Celle NJW-RR 2010, 133.
[442] OLG Schleswig AGS 2008, 396; *Lissner/Dietrich/Schmidt* Rn. 357.
[443] *Lissner* AGS 2014, 1 ff.

Ersatzpflicht des Gegners richtet sich nach **materiellem Recht,** kann also insbesondere bei **Verzug** oder auf Grund einer **Vereinbarung** mit dem Gegner bestehen. Auch der Kostenerstattungsanspruch für ein (teilweise) erfolgreiches sozialrechtliches Widerspruchsverfahren nach § 63 SGB X ist erfasst.[444] **Einwendungen** des erstattungspflichtigen Gegners aus dem Verhältnis zum Rechtsuchenden (insbesondere die **Aufrechnung** mit einer Forderung gegen den Rechtsuchenden) sind – anders als nach § 126 Abs. 2 S. 1 ZPO – nicht nach § 9 BerHG ausgeschlossen, sondern können nach §§ 412, 404 ff. BGB geltend gemacht werden.[445] Nach der Gegenansicht in der wohl überwiegenden sozialrechtlichen Rechtsprechung sollen dagegen §§ 406, 412 BGB nicht im Rahmen des gesetzlichen Forderungsübergangs nach § 9 S. 2 BerHG gelten, weil es in Bezug auf den Freistellungsanspruch des Rechtsuchenden von § 63 SGB X und dem Vergütungsanspruch des Anwalts an einer Gleichartigkeit der Forderungen iSd § 387 BGB fehlen würde und auch Billigkeitsgesichtspunkte gegen die Zulässigkeit der Aufrechnung der Sozialbehörde sprechen würden.[446] Diese Ansicht vermag aber nicht zu überzeugen. Es genügt insoweit, dass die durch den Forderungsübergang gegebene Gleichartigkeit zum Zeitpunkt der Aufrechnung gegeben ist.[447] Auch soweit dieser Grundsatz für den Fall einer rechtsgeschäftlichen Abtretung, bei der es der Gläubiger in der Hand hat, die Abtretung zu unterlassen, entwickelt wurde, besteht im Hinblick auf das Fehlen einer § 126 Abs. 2 S. 1 ZPO entsprechenden Regelung bei der Beratungshilfe kein überzeugender Grund, im Falle einer cessio legis hiervon abzuweichen. Eine endgültige Klärung dieser Rechtsfrage wird durch das BSG zu erfolgen haben. Hat der Rechtsanwalt allerdings das Mandat unentgeltlich (pro bono) übernommen, kann gegen dessen Vergütungsanspruch mit Ansprüchen gegenüber dem Leistungsempfänger nicht aufgerechnet werden.[448]

Der Kostenerstattungsanspruch geht auf den Rechtsanwalt bzw. die sonstige Beratungsperson über[449] (cessio legis gem. § 9 S. 2 BerHG), kann aber nach § 9 S. 3 BerHG nicht zum Nachteil des Rechtsuchenden geltend gemacht werden. Diese gesetzliche Konstruktion ist bemerkenswert, weil sie einen Schaden des durch das Beratungshilfegesetz Entlasteten in Höhe der gesetzlichen Vergütung fingiert. Effektive Zahlungen des Ersatzpflichtigen werden auf die Vergütung aus der Landeskasse **angerechnet** (§ 58 Abs. 1 RVG). Die Zahlungen müssen aber tatsächlich vom Gegner geleistet worden sein, das Bestehen eines Anspruches genügt alleine nicht.[450] Wenn die **Landeskasse** schon an die Beratungsperson gezahlt hat, steht dieser der Kostenerstattungsanspruch in der Höhe ihrer Zahlungen zu (§ 59 Abs. 1 und 3 RVG). Im Übrigen kann der Rechtsanwalt aber den **Differenzbetrag** zur gesetzlichen Vergütung als Wahlanwalt vom Gegner einfordern (→ Rn. 1254). Bedeutsam vor allem im Sozialrecht ist, dass lediglich der auf Zahlung gerichtete Kostenerstattungsanspruch übergeht und nicht die für seine Entstehung vorausgesetzte materielle Verpflichtung des Gegners zum Kostenersatz, wenn diese noch durch einen Verwaltungsakt zu begründen ist.[451]

1252

---

[444] LSG Nordrhein-Westfalen BeckRS 2018, 6515; LSG Hessen BeckRS 2018, 30824; SG Berlin ASR 2016, 118; BeckRS 2017, 109054; ASR 2018, 15163.
[445] LSG Schleswig-Holstein BeckRS 2019, 3145; LSG Hessen BeckRS 2018, 30824; Mayer/Kroiß/ *Kießling* RVG § 44 Rn. 46.
[446] LSG Nordrhein-Westfalen BeckRS 2018, 6515; LSG Berlin-Brandenburg BeckRS 2016, 110598; LSG Rheinland-Pfalz AGS 2015, 546; SG Berlin ASR 2016, 118; BeckRS 2017, 109054; ASR 2018, 15163; ebenso *Groß* BerHG § 9 Rn. 3; *Lissner/Dietrich/Schmidt* Rn. 358; *Schweigler* SGb 2017, 314 (315 ff.).
[447] BGHZ 12, 136.
[448] SG Berlin BeckRS 2019, 12757.
[449] Und zwar unmittelbar, vgl. OLG Naumburg Rpfleger 2012, 155.
[450] AG Halle Beschl. v. 8.2.2012 – 103 II 2655/07.
[451] LSG Niedersachsen-Bremen BeckRS 2014, 72143.

1253 Umstritten ist, **wie die vom Rechtsuchenden gezahlte Beratungshilfegebühr nach § 44 RVG iVm VV 2500 RVG bei Befriedigung des Anwalts durch den Ersatzpflichtigen zu behandeln ist.** Der Rechtsuchende hat gegen den Ersatzpflichtigen keinen über die gesetzlichen Gebühren hinausgehenden Anspruch, so dass er den Betrag nicht zusätzlich von ihm zurückverlangen kann. Der Anwalt kann gleichfalls vom Ersatzpflichtigen infolge des Übergangs nur die gesetzlichen Gebühren verlangen.[452] Werden diese aber gezahlt, fällt der **Rechtsgrund** für die Zahlung der Anerkennungsgebühr weg, so dass er diesen Betrag an den Mandanten nach § 812 Abs. 1 S. 2 Alt. 1 BGB **zurückzahlen muss.**[453] Die Sachlage ist insoweit nicht anders, als hätte der Rechtsuchende den Rechtsanwalt zunächst im Rahmen der Beratungshilfe aufgesucht, den Betrag von 15,- EUR gezahlt, dann aber auf einen Bewilligungsantrag verzichtet und sich entschlossen, dem Anwalt die gesetzlichen Gebühren zu zahlen. Auch dann wären die gezahlten 15,- EUR zurückzuzahlen bzw. zu verrechnen.

1254 Weiterhin umstritten ist die Frage, ob die vom Gegner des Rechtsuchenden nach BerHG ersetzten Rechtsanwaltskosten auch dann gemäß **§ 58 RVG** auf die von der Staatskasse zu zahlende Vergütung **angerechnet** werden, wenn die **Wahlanwaltsvergütung nicht vollständig erstattet** wurde. Hier wird zum Teil vertreten, dass die vom Gegner erhaltenen Zahlungen zunächst auf die Wahlanwaltsvergütung anzurechnen seien und eine Anrechnung nach § 58 Abs. 1 RVG erst dann erfolgen dürfe, wenn der Wahlvergütungsanspruch voll befriedigt sei.[454] Diese Auffassung ist aber weder mit dem Wortlaut von § 58 Abs. 1 RVG noch mit der Absicht des Gesetzgebers, der Beratungsperson bei der Beratungshilfe nur eine Mindestvergütung zu sichern, vereinbar und wird zu Recht von der hM nicht geteilt.[455]

1255 **Nicht zum Nachteil des Rechtsuchenden** kann gemäß § 9 S. 3 BerHG der **Übergang** auf den Rechtsanwalt bzw. die sonstige Beratungsperson geltend gemacht werden. Das bedeutet auch, dass Teilzahlungen des Ersatzpflichtigen entgegen § 367 BGB zunächst zur Deckung von Haupt- und Zinsforderungen des Rechtsuchenden dienen.[456]

III. Ansprüche gegen die Landeskasse

1. Überblick

1256 Die **Vergütung für die Beratungshilfe aus der Landeskasse** richtet sich nach **§ 8 Abs. 1 S. 1 und 2 BerHG** für alle Beratungspersonen nach § 44 RVG, VV 2501–2508 RVG. Es handelt sich um einen **öffentlich-rechtlichen Entschädigungsanspruch** des Rechtsanwaltes bzw. der sonstigen gesetzlich anerkannten Beratungspersonen.[457] Für die Beratungstätigkeit in Beratungsstellen nach § 3 Abs. 1 S. 3 BerHG können aber besondere Vereinbarungen mit der Landesjustizverwaltung getroffen sein. Die Höhe der anwalt-

---

[452] Für den Rechtsuchenden kommt eine Beschwer nur bei Teilbewilligung in Betracht; der Rechtsanwalt kann erst im Festsetzungsverfahren beschwert sein.
[453] So auch *Groß* BerHG § 9 Rn. 5; *Lissner/Dietrich/Schmidt* Rn. 364; Riedel/Sußbauer/*H. Schneider* RVG § 44 Rn. 48; *Greißinger*, S. 83; **aA:** *Lindemann/Trenk-Hinterberger* BerHG § 9 Rn. 5; Gerold/Schmidt/*Mayer* RVG VV 2500–2508 Rn. 18 ff.; *Nickel* NZFam 2016, 18.
[454] LG Saarbrücken AGS 2009, 290; *Hartung* in Hartung/Schons/Enders RVG § 58 Rn. 33 f.
[455] OLG Naumburg NJOZ 2012, 1075; OLG Saarbrücken BeckRS 2011, 06050; OLG Celle NJW-RR 2011, 719; OLG Bamberg NJOZ 2010, 989; AG Detmold BeckRS 2011, 20625; AG Mosbach BeckRS 2011, 06534; Gerold/Schmidt/*Müller-Rabe* RVG § 58 Rn. 32; Hansens/Braun/Schneider/*Hansens* Teil 7 Rn. 68; *Nickel* NZFam 2016, 18 f.
[456] *Hansens* JurBüro 1986, 349 mwN; *Groß* BerHG § 9 Rn. 6.
[457] Teubel/Scheungrab/*Dörndorfer* RVG § 41 Rn. 5; *Groß* RVG § 44 Rn. 5.

lichen Gebühren wird zT vor allem in der Anwaltschaft als **verfassungswidrig** wegen Verstoßes gegen Art. 12 Abs. 1, 3 Abs. 1 GG gesehen.[458]

VV 2501–2508 RVG enthalten drei Gebührentatbestände:
- die **Beratungsgebühr** (VV 2501–2502 RVG)
- die **Geschäftsgebühr** (VV 2503–2507 RVG)
- die **Einigungs- und Erledigungsgebühr** (VV 2508 RVG).

Bei all diesen Gebühren handelt es sich um **streitwertunabhängige Pauschgebühren**, die dem Anwalt auch dann zustehen, wenn im Einzelfall geringere Normalgebühren anfallen würden.[459]

Die Gebühren sind ausschließlich mit der Staatskasse abzurechnen, der bedürftige Rechtsuchende darf grundsätzlich nicht in Anspruch genommen werden (§ 44 RVG).

Wird die Vergütungsforderung des Rechtsanwaltes an eine anwaltliche Verrechnungsstelle abgetreten, so bedarf es grundsätzlich gemäß § 49b Abs. 4 S 2 BRAO der schriftlichen Einwilligung des Mandanten. Diese ist vom Zessionar bei der Geltendmachung der Forderung im Original vorzulegen, wird nur eine Kopie vorgelegt, kann die Landeskasse die Leistung analog §§ 410 S. 1, 409 BGB verweigern.[460]

Ein Rechtsanwalt, der in Untervollmacht einer staatlich anerkannten Beratungsstelle für Verbraucherangelegenheiten tätig wird, kann nicht nach § 44 RVG abrechnen.[461]

Auch ein als **Berufsbetreuer, Berufsvormund** oder **Berufspfleger** bestellter Rechtsanwalt kann gemäß §§ 1908i Abs. 1, 1915 Abs. 1, 1835 Abs. 4 BGB im Rahmen einer bestimmten außergerichtlichen anwaltlichen Tätigkeit für den Betreuten/Mündel lediglich die Gebühren nach dem BerHG abrechnen,[462] weil er unter dem Gesichtspunkt seiner **Pflicht zur kostenarmen Amtsführung** gehalten ist, Beratungskostenhilfe für den bedürftigen Betreuten/Mündel zu beantragen.[463] Dies gilt insbesondere auch für den nach § 1909 BGB zum **Ergänzungspfleger oder Mitvormund** für einen **unbegleitet eingereisten minderjährigen Asylbewerber**[464] bestellten Rechtsanwalt, dessen Vergütungsanspruch gegen die Staatskasse ebenfalls nach §§ 1915 Abs. 1 S. 1 BGB, 1835 Abs. 4 BGB auf die für die Beratungshilfe geltenden Gebührensätze beschränkt ist.[465] Durch die obige Rechtsprechung des BGH ist der Anwendungsbereich der VV 2500 ff. RVG in der Praxis erheblich erweitert worden.[466] Allerdings kann der Berufsbetreuer oder Berufsvormund der Begrenzung seines Vergütungsanspruchs durch die niedrigen Sätze der Beratungshilfe entgehen, wenn er im Rahmen seines **Wahlrechts den Vergütungsanspruch auf § 1836 Abs. 1 S. 2 und 3 BGB** stützt und seine Tätigkeit **stundenweise nach Maßgabe des VBVG** abrechnet.[467]

1257

1258

1259

---

[458] So zuletzt ausführlich *Euba* NJOZ 2011, 289; auch bereits *Hartung/Römermann* ZRP 2003, 149.
[459] *Greißinger* 59.
[460] LG Saarbrücken BeckRS 2012, 25016.
[461] AG Leipzig InvO 2007, 107.
[462] BGH NJW 2007, 844 (Betreuer) **entgegen** BayObLG FPR 2004, 33; dem BGH für den Vergütungsanspruch des Berufsbetreuers folgend KG NZI 2011, 856; OLG Frankfurt FamRZ 2010, 64; vgl. auch *Volpert* NJW 2013, 1287 (1290); Mitvormund und Ergänzungspfleger: BGH NJW 2014, 865; vgl. dazu *Dürbeck* ZKJ 2014, 266.
[463] Wahlweise kann er aber auch nach § 1835 Abs. 3 BGB abrechnen.
[464] Der BGH ist der Praxis der Jugendämter, für die Wahrnehmung der ausländerrechtlichen Angelegenheiten einen Rechtsanwalt als Ergänzungspfleger oder Mitvormund zu bestellen, aber nunmehr entgegen getreten, vgl. BGH BeckRS 2013, 10424; NJW 2014, 865; OLG Frankfurt a. M. FamRZ 2014, 673; Heilmann/*Dürbeck* BGB § 1775 Rn. 7; *ders.,* ZKJ 2014, 266; **aA** nur noch der 6. Familiensenat des OLG Frankfurt JAmt 2014, 166; 2014, 542.
[465] BGH NJW 2014, 865; OLG Frankfurt NJW-RR 2016, 383; *Dürbeck* FamRZ 2018, 553 (563).
[466] Vgl. zuletzt OLG Frankfurt NJW-RR 2016, 383: Vergütung eines anwaltlichen Mitvormund für außergerichtliche Tätigkeiten in Asyl- und Aufenthaltsrecht.
[467] BGH FamRZ 2014, 1628; OLG Frankfurt JurBüro 2015, 420.

2. Beratungsgebühr

1260 Für die **Erteilung eines mündlichen oder schriftlichen Rats sowie für eine Auskunft** erhält der Rechtsanwalt eine Gebühr von **38,50**[468] **EUR** (VV 2501 RVG). Um Rat oder Auskunft handelt es sich immer dann, wenn die Tätigkeit unter § 34 RVG fällt. Erfasst sind damit praktisch alle Fälle, in denen sich die Tätigkeit auf die interne Erörterung beschränkt. Wegen der Einzelheiten kann auf die Literatur zur Abgrenzung zwischen § 34 RVG und VV 2300 RVG verwiesen werden[469], da die Abgrenzung zwischen Beratungs- und Geschäftsgebühr nach VV 2501 RVG und VV 2503 RVG dem entspricht.[470]

Sehr streitig ist, ob die **Erhöhungsgebühr nach VV 1008 RVG** auf die Beratungsgebühr nach VV 2501 RVG Anwendung findet, wenn mehreren Auftraggebern Beratungshilfe bewilligt wurde. Dies wird in der Literatur mehrheitlich mit dem Argument bejaht, VV 1008 RVG beziehe sich auf alle Betriebsgebühren.[471] Dem ist aber **nicht** zuzustimmen, weil nach dem eindeutigen Wortlaut von VV 1008 RVG lediglich eine Erhöhung der Verfahrens- und Geschäftsgebühr erfolgt.[472]

Nach Umfang, Schwierigkeit oder Bedeutung des Rates oder der Auskunft unterscheidet das Gesetz nicht, so dass auch ganz kurze und einfache Auskünfte darunter fallen, vorausgesetzt, es handelt sich um Rechtsangelegenheiten.[473]

1261 **Die Gebühr nach VV 2501 RVG** kann **nur isoliert** anfallen, denn sie entfällt nach Anm. Abs. 2 der Vorschrift, weil die Gebühr auf eine sonstige Tätigkeit anzurechnen ist, die mit der Beratung zusammenhängt, sei es von Anfang an oder weil sich an Rat/Auskunft andere gebührenpflichtige Tätigkeiten anschließen.[474] Sie entfällt daher insbesondere auch bei Anfall einer **Geschäftsgebühr** nach VV 2503 RVG. Allerdings entsteht die Auslagenpauschale doppelt.[475]

Wenn die bloße Beratung zu einer Einigung oder Erledigung nach VV 2508 RVG ohne eine weitere Tätigkeit führt, soll die Beratungsgebühr neben der Gebühr nach VV 2508 RVG entstehen.[476] Die Einigungsgebühr setzt aber normalerweise eine Mitwirkung des Anwalts an der Einigung voraus und damit eine nach außen gerichtete Tätigkeit, so dass eine die Beratungsgebühr konsumierende Geschäftsgebühr anfällt. Anders kann es nur dann sein, wenn der Mandant persönlich aufgrund des Rats des Anwalts zu einer Einigung kommt, der Anwalt also nicht nach außen in Erscheinung tritt.[477] Dieser Kausalzusammenhang reicht aber für die Entstehung der Gebühr nach VV 2508 RVG nicht aus.

Auf **PKH-Gebühren** im nachfolgenden Rechtsstreit ist die Beratungsgebühr anzurechnen.[478] Die Beratungsgebühr ist dort jedoch zunächst auf die **Differenzgebühren** iSd § 50 RVG anzurechnen.[479]

---

[468] Erhöht von 35 auf 38,50 EUR durch das KostRÄG 2021 zum 1.1.2021.
[469] Vgl. Gerold/Schmidt/*Mayer* RVG § 34 Rn. 14.
[470] Vgl. Riedel/Sußbauer/*H. Schneider* RVG VV 2501 Rn. 2; LG Berlin JurBüro 1983, 1059.
[471] *Schons* in Hartung/Enders/Schons RVG VV 2501 Rn. 26; Gerold/Schmidt/*Mayer* RVG VV 2500–2508 Rn. 40 (etwas unklar, ob auch VV 2501 RVG erfasst sein soll).
[472] OLG Frankfurt NJW 2018, 1697; KG Berlin MDR 2007, 805; OLG Koblenz BeckRS 2007, 11760; Toussaint/*Toussaint* RVG VV 2501 Rn. 1.
[473] *Lindemann/Trenk-Hinterberger* BerHG § 10 BRAGO § 132 Rn. 11; *Groß* RVG § 44 Rn. 11.
[474] *Greißinger* AnwBl 1986, 421.
[475] *N. Schneider* MDR 2004, 494 (495).
[476] *N. Schneider* MDR 2004, 494 (496).
[477] In diesem Fall setzt *N. Schneider* ZFE 2005, 51 (53) die Beratungsgebühr neben der Einigungsgebühr an.
[478] OLG Düsseldorf Rpfleger 1986, 109; *N. Schneider* MDR 2004, 494 (495).
[479] Riedel/Sußbauer/*H. Schneider* RVG VV 2501 Rn. 11; **aA:** Gerold/Schmidt/*Mayer* RVG VV 2500–2508 Rn. 36.

3. Geschäftsgebühr

Für das **Betreiben des Geschäfts** i. S. der VV 2300 RVG erhält der Rechtsanwalt eine Gebühr von 93,50[480] EUR (**VV 2503 RVG**). Erfasst sind damit alle Tätigkeiten, die über bloßen Rat oder Auskunft hinausgehen, insbesondere das darüber hinausgehende Betreiben des Geschäfts einschließlich Information oder die Mitwirkung bei der Gestaltung eines Vertrages, wie aus der Anm. Abs. 1 zu VV 2503 RVG ausdrücklich hervorhebt. Auch beim Entwurf von Urkunden wird die Geschäftsgebühr verdient. Erfasst sind alle Fälle mit **Außenwirkung**[481], insbesondere Besprechungen mit dem Gegner oder Dritten, auch Telefonate mit dem Gegner.[482] Nicht alleine ausreichend ist die Anforderung und **Einsicht von Akten**.[483] Anders ist dies aber bei der Akteneinsicht zu beurteilen, wenn sich diese nach dem dem Anwalt erteilten Auftrag nicht auf die Beratung erschöpfen, sondern dieser nach außen hin für den Berechtigten tätig werden soll.[484] Auch der Entwurf eines Testaments im Rahmen einer erbrechtlichen Beratung löst eine Geschäftsgebühr nicht aus.[485]

1262

Die Geschäftsgebühr kann in derselben Angelegenheit[486] nur einmal verdient werden, mögen auch mehrere Fallgestaltungen, die unter die Norm fallen, erfüllt sein.[487]

Nur Beratung wird gemäß § 2 Abs. 2 S. 2 BerHG in Angelegenheiten des **Straf- und Ordnungswidrigkeitenrechts** gewährt, so dass hier der Anfall einer Geschäftsgebühr ausscheidet.[488] Auch eine Akteneinsicht für die Beratung ist damit abgegolten.[489] Eine weitergehende Tätigkeit des Rechtsanwalts ist Verteidigertätigkeit im Sinne des Teils 4 RVG.

Zur Hälfte anzurechnen – also zu 46,75 EUR – ist die Gebühr nach der Anm. Abs. 2 S. 1 zu VV 2503 RVG auf die Gebühren für ein anschließendes gerichtliches oder behördliches Verfahren. Anrechnung heißt, dass die Gebühren für das anschließende Verfahren zu kürzen sind, die einmal entstandene Geschäftsgebühr bleibt als solche unberührt.[490] Die Anrechnung setzt voraus, dass die in VV 2503 RVG bezeichnete Tätigkeit außerhalb eines gerichtlichen oder behördlichen Verfahrens entfaltet worden ist. Das gilt für die Geschäftsgebühr[491] sowie die anteilige Postgebührenpauschale[492] nebst darauf entfallender Umsatzsteuer.[493] Voraussetzung ist, dass dieses Verfahren denselben Gegner und denselben Streit betrifft und in einem zeitlichen Zusammenhang mit der Beratung steht.[494]

1263

---

[480] Erhöht von 85 auf 93,50 EUR durch das KostRÄG 2021 zum 1.1.2021.
[481] OLG Düsseldorf FamRZ 2013, 727; Gerold/Schmidt/*Mayer* RVG VV 2500–2508 Rn. 38.
[482] AG Halle Beschl. v. 8.2.2012 – 103 II 931/11.
[483] AG Halle AGS 2012, 239; *Lissner/Dietrich/Schmidt* Rn. 299.
[484] OLG Köln JurBüro 2017, 583; LG Düsseldorf ZInsO 2018, 2158; **aA** LG Aachen BeckRS 2018, 128632.
[485] OLG Düsseldorf FamRZ 2013, 727.
[486] So mit Recht auch Lindemann/Trenk-Hinterberger BerHG § 10 BRAGO § 133 Rn. 8; **anders aber** LG Münster JurBüro 1985, 1843; LG Paderborn JurBüro 1986, 1212; *Mümmler* JurBüro 1987, 1302 (1303).
[487] LG Berlin Rpfleger 1983, 176.
[488] LG Braunschweig NdsRpfl 1986, 198 (das AG Braunschweig hat seine in NdsRpfl 1984, 174 vertretene abweichende Ansicht aufgegeben, wie sich aus dem Beschluss des LG Braunschweig ergibt); LG Frankfurt JurBüro 1986, 732; de lege ferenda ablehnend: *Lindemann/Trenk-Hinterberger* BerHG § 10 BRAGO § 133 Rn. 15.
[489] LG Braunschweig NdsRpfl 1986, 198; *Mümmler* JurBüro 1986, 1310.
[490] *Hellstab* Rpfleger 2004, 337 (344); vgl. auch Übersicht von N. Schneider ZFE 2005, 51.
[491] AG Osnabrück JurBüro 1999, 148 mAnm *Enders*.
[492] **AA:** HSE/*Schons* RVG VV 2503 Rn. 14.
[493] LG Berlin JurBüro 1987, 1869 mwN auch zu Gegenstimmen.
[494] OLG Düsseldorf Rpfleger 1986, 109: LG Köln VersR 1975, 73.

Das kann zB bei einer anschließenden Beiordnung im Wege der Prozesskostenhilfe der Fall sein.

Zu einem Viertel anzurechnen ist die Geschäftsgebühr auf die Gebühren für ein Verfahren auf Vollstreckbarerklärung eines Vergleichs nach §§ 796a, 796b, 796c Abs. 2 S. 2 ZPO (Anm. Abs. 2 S. 2 zu VV 2503 RVG).

Bei mehreren Auftraggebern in derselben Angelegenheit erfolgt eine Erhöhung der Geschäftsgebühr nach VV 1008 RVG.[495] Die Gebühr erhöht sich danach für jeden weiteren Auftraggeber um 28,05 EUR (30 % von 93,50 EUR), aber höchstens um 187,- EUR. Für einen generellen Ausschluss der Erhöhung nach VV 1008 RVG bei der Beratungshilfe[496] besteht schon aus gesetzessystematischen Gründen keine Veranlassung. Ob ein Anwalt für mehrere Auftraggeber tätig ist, orientiert sich dabei grundsätzlich nicht nach der Anzahl der im Beratungshilfeschein bezeichneten Personen.[497] In sozialrechtlichen Angelegenheiten kommt es im Hinblick auf § 38 Abs. 2 SGB II bei einer **Bedarfsgemeinschaft** (§ 7 Abs. 2 und 3 SGB II) auch nicht darauf an, dass nur ein Mitglied der Bedarfsgemeinschaft den Anwalt beauftragt hat.[498] Im Zweifel wird ein Anwalt bei Beanspruchung einer Sozialleistung hier für sämtliche Mitglieder der Bedarfsgemeinschaft tätig sein, so dass insoweit eine Erhöhung der Geschäftsgebühr nach VV 1008 RVG zu erfolgen hat.[499]

4. Einigungs- und Erledigungsgebühr

1264   Wenn **die Geschäftstätigkeit** nach VV 2503 RVG **zu einer Einigung der Beteiligten oder einer Erledigung der Rechtssache führt**, erhält der Rechtsanwalt eine Gebühr von **165,– EUR**[500] für die Einigung und gleichermaßen für die Erledigung **(VV 2508 RVG)**.

Begriffe der „Einigung" und der „Erledigung" sind in VV 1000, 1002 RVG definiert, die nach VV 2508 Anm. 1 RVG gelten:

Zwar setzt die „Einigung" nach VV 1000 RVG nicht immer einen Vergleich nach § 779 BGB voraus, ein solcher ist aber stets eine „Einigung".[501] Anm. Abs. 5 zu VV 1000 RVG schließt die Mitwirkung an der Aussöhnung von Eheleuten aus, so dass dafür mangels Geltung der VV 1001 RVG keine Einigungsgebühr anfällt.[502]

1265   • Eine Einigungsgebühr kann nach Anm. Abs. 1 S. 1 Nr. 1 zu VV 1000 auch für die Mitwirkung an einer **Zahlungsvereinbarung** entstehen. Dabei kann es sich der Definition nach entweder um einen Vertrag über die Erfüllung des Anspruchs bei gleichzeitigem vorläufigem Verzicht auf die gerichtliche Geltendmachung oder, wenn ein Vollstreckungstitel bereits besteht, bei gleichzeitigem vorläufigem Verzicht auf Vollstreckungsmaßnahmen, handeln.

• **Ein Teilvergleich** kann die Gebühr nach VV 2508 RVG auslösen, allerdings darf es sich nicht um einen ganz unerheblichen Teil der Angelegenheit handeln.[503]

---

[495] OLG Frankfurt NJW 2018, 1697; BeckRS 2013, 199254; OLG Naumburg JurBüro 2010, 141; OLG Oldenburg Rpfleger 2010, 603; NJW-RR 2007, 431; KG Berlin Rpfleger 2007, 553; *Schons* in Hartung/Schons/Enders RVG VV 2503 Rn. 18; *Toussaint*/*Toussaint* RVG VV 2503 Rn. 1.
[496] So LG Osnabrück JurBüro 2000, 141; AG Kiel NJOZ 2010, 1504: AG Koblenz FamRZ 2002, 474.
[497] LG Wuppertal BeckRS 2019, 22957.
[498] BAG NJW 2012, 877; auch kann minderjährigen Kinder hier nicht generell Beratungshilfe versagt werden, vgl. BVerfG NJW 2012, 1275.
[499] LG Wuppertal BeckRS 2019, 22957.
[500] Erhöht von 150 auf 165 EUR durch das KostRÄG 2021 zum 1.1.2021.
[501] *Enders*, RVG für Anfänger, Kap. C Rn. 14.
[502] LG Kleve JurBüro 1985, 1844; AnwK-RVG/*Fölsch* VV 2508 Rn. 12.
[503] LG Darmstadt JurBüro 1985, 1035; *Groß* RVG § 44 Rn. 34.

- Unter „**Erledigung**" ist wegen VV 1002 RVG nur die Erledigung im Verwaltungsverfahren zu verstehen.[504] Es spricht nichts dafür, den Begriff der „Erledigung" hier anders zu verstehen als im früheren § 24 BRAGO, der VV 1002 RVG im Wesentlichen entspricht, so dass eine Erledigung in dem Erlass eines Verwaltungsakts vorgeschalteten Verfahren grundsätzlich nicht möglich ist.[505] Dem Erlass eines ablehnenden Verwaltungsakts gleichzustellen ist aber die nachhaltige Untätigkeit einer Behörde, die Anlass zur Untätigkeitsbeschwerde gibt.[506]
- **Die Anforderungen an die Ursächlichkeit** der anwaltlichen Mitwirkung sind hier keine anderen als sonst auch, es genügt also eine **Mitursächlichkeit**,[507] (Mitherbeiführung der Erledigung durch die Tätigkeit),[508] mögen auch objektiv schon die Tatsachen zu einer Änderung genötigt haben. Es muss eine auf die Erledigung gerichtete Bemühung entfaltet worden sein,[509] zB ein „Rechtsbehelf" eingelegt worden sein. Auch ein anderes Angebot, das angenommen worden ist, löst die Einigungsgebühr aus.[510]
- Bei **mehreren Auftraggebern** findet keine Erhöhung der Einigungsgebühr nach VV 1008 RVG statt, da diese dort nicht genannt ist.[511]

5. Kumulation der Gebühren nach VV 2503 und 2508 RVG

Die **Einigungs- und Erledigungsgebühr** nach VV 2508 RVG kann **zusätzlich zur Geschäftsgebühr** nach VV 2503 RVG verdient werden, wie schon seit dem 1.1.1995 durch die Änderung des Wortlauts der Vorgängervorschrift klargestellt ist[512] („gesonderte").

1266

6. Schuldenbereinigungsgebühr

Für die Tätigkeit mit dem Ziel einer außergerichtlichen Einigung mit den Gläubigern (**Schuldenbereinigungsgebühr**) erhält der Rechtsanwalt nach VV 2504 RVG eine Gebühr bei bis zu 5 Gläubigern von 297,– EUR, nach VV 2505 bei 6–10 Gläubigern 446,– EUR, nach VV 2506 bei 11–15 Gläubigern 594,– EUR und bei mehr als 15 Gläubigern nach VV 2507 eine Gebühr von 743,– EUR. Es muss sich um einen ordnungsgemäßen

1267

---

[504] LG Koblenz Rpfleger 1996, 414; LG Berlin JurBüro 1986, 731.

[505] AG Gießen JurBüro 1984, 1694 mzustAnm *Mümmler; Hansens* JurBüro 1987, 329 (334) mwN; LG Braunschweig JurBüro 1985, 398; für weitergehende Anwendung dagegen: LG Berlin AnwBl 1984, 515; LG Münster AnwBl 1984, 106; *Lindemann/Trank-Hinterberger* BerHG § 10 BRAGO § 132 Rn. 21.

[506] AG Michelstadt AnwBl 1986, 111.

[507] *Greißinger* AnwBl 1996, 610 (nicht, wenn die Abänderung **lediglich** auf Grund nachträglich eingetretener neuer Umstände geschieht; AG Bad Neuenahr-Ahrweiler JurBüro 1996, 379; LG Koblenz JurBüro 1996, 378); zu weitgehend aber LG Koblenz Rpfleger 1997, 30; LG Frankfurt JurBüro 1986, 886 und LG Osnabrück JurBüro 1996, 378, wonach eine über die Widerspruchseinlegung hinausgehende weitere Einwirkung erforderlich sein soll.

[508] LG Göttingen JurBüro 1991, 1094 mablAnm *Mümmler* lässt dagegen schon genügen, dass die Tätigkeit des Anwalts zur Weiterleitung an die zuständige Behörde geführt hat.

[509] LG Aachen JurBüro 1999, 21 (bloße Einlegung des Widerspruchs); Koblenz Rpfleger 1997, 118; LG Koblenz Rpfleger 1996, 414 verlangt dagegen weitergehende Bemühung.

[510] LG Düsseldorf RVGreport 2006, 207.

[511] OLG Stuttgart Rpfleger 2008, 502; *Lissner/Dietrich/Schmidt* Rn. 327; *Enders,* RVG für Anfänger, Kap. C Rn. 106; **aA:** noch *Büttner* bis zur 5. Aufl. in Rn. 1008 ohne Differenzierung nach den Gebührentatbeständen.

[512] BT-Drs. 12/6962, 109; *Groß* RVG § 44 Rn. 48; die Gegenmeinung ist durch die Gesetzesänderung überholt (vgl. *Kammeyer* Rpfleger 1998, 501 (504)).

Schuldenbereinigungsplan handeln, der zB nicht vorhanden ist, wenn der Plan aus mehreren nicht miteinander verbunden Blättern besteht.[513]

Einen Erfolg der Tätigkeit, also eine Zustimmung aller Gläubiger zum Schuldenbereinigungsplan, setzt das Gesetz nicht voraus, wie die Bezugnahme auf § 305 Abs. 1 Nr. 1 InsO zeigt.[514] Umstritten ist aber, in welchem Umfang sog *„Nullpläne"* die Gebühr auslösen können, weil es bei ihnen an der Ernsthaftigkeit außergerichtlicher Einigungsbemühungen fehlen könne.[515] Nach zutreffender Ansicht dürfte die Gebühr auch hier entstehen.[516]

Für die Tätigkeit zur Herbeiführung einer außergerichtlichen Einigung mit den Gläubigern über die Schuldenbereinigung auf der Grundlage eines Plans (§§ 13 Abs. 1, 305 InsO) erhält der Rechtsanwalt die Gebühr der VV 2508 VV (Anm. Abs. 2 zu VV 2508 RVG), wenn er im Rahmen der Beratungshilfe tätig wird.

Die Einigungsgebühr kann zusätzlich zur Schuldenbereinigungsgebühr nach VV 2504–2507 RVG verdient werden, da das Gesetz hier auf die Mitwirkung an der Einigung abstellt, während bei VV 2504–2507 RVG nur das Ziel der Tätigkeit Vergütungsgegenstand ist.[517] Eine Vervielfachung dieser Gebühr ist aber nicht im Gesetz verankert.[518]

7. Übergangsfälle

1268 Wegen des Übergangsrechts aus Anlass des Inkrafttretens des KostRÄG 2021 gilt § 60 RVG, und zwar bereits in der durch das KostRÄG 2021 geschaffenen Fassung, weil die Änderungen in § 60 RVG bereits am 30.12.2021 in Kraft getreten sind.[519] Danach ist das bis zum 31.12.2020 geltende Recht anzuwenden, wenn der unbedingte Auftrag vor dem 1.1.2021 erteilt worden ist.[520] Unerheblich ist die Erteilung des Berechtigungsscheins oder die Geltendmachung der Vergütung gegenüber der Landeskasse.

8. Auslagenerstattung

a) Allgemeines

1269 **Auslagen werden im Grundsatz vergütet** (gemäß §§ 44, 46 RVG) denn auch für den in der Beratungshilfe tätigen Anwalt wird nach dem RVG abgerechnet. Voraussetzung ist, dass sie zur sachgemäßen Wahrnehmung der Interessen der „armen" Partei **erforderlich waren**[521] und dass überhaupt Auslagen angefallen sind.[522] Auslagen des Rechtsuchenden selbst, zB für Kopierkosten, können nur gegen den Gegner geltend gemacht werden.[523]

---

[513] KG Rpfleger 2008, 647.
[514] Ebenso AG Köln Rpfleger 1999, 497; *Enders* JurBüro 1999, 226.
[515] Vgl. dazu ausführlich *Lissner* AGS 2014, 442 mit einer Besprechung der dort abgedruckten Entscheidung des OLG Stuttgart, Beschl. 29.1.2014, 8 W 435/13; ablehnend auch OLG Bamberg MDR 2010, 1157; OLG Stuttgart ZInsO 2015, 206. Inzwischen hat das OLG Stuttgart NZI 2019, 356 aber seine Ansicht aufgegeben.
[516] OLG Stuttgart NZI 2019, 356; OLG Köln VuR 2017, 32; Gerold/Schmidt/*Mayer* RVG VV 2500–2508 Rn. 44; *Lissner* AGS 2019, 445 (448); *Kohte* VuR 2017, 34.
[517] Toussaint/*Toussaint* RVG VV 2508 Rn. 1.
[518] OLG Stuttgart Rpfleger 2008, 502.
[519] Art. 13 Abs. 1 KostRÄG 2021.
[520] Gerold/Schmidt/*Mayer* RVG § 60 Rn. 25.
[521] OLG Brandenburg FamRZ 2012, 1235.
[522] AG Koblenz AGS 2004, 158 mAnm *N. Schneider*.
[523] *Lissner/Dietrich/Schmidt* Rn. 328.

Er kann dabei auch die **Postentgeltpauschale** nach VV 7002 RVG geltend machen.[524]

Ein kleinlicher Maßstab ist bei der Prüfung der Notwendigkeit nicht anzulegen.[525]

Für die Beratungshilfegebühr nach VV 2500 RVG dürfen keine Auslagen berechnet werden, da VV 2500 RVG Anm. I das ausdrücklich ausschließt.

b) Einzelfälle (alphabetisch)

- **Dolmetscherkosten:** ja, wenn zur Verständigung mit dem Ratsuchenden erforderlich;[526] wohl nicht, wenn nur zur Ermittlung des Sachverhalts im behördlichen oder gerichtlichen Verfahren erforderlich.[527] Die Dolmetscherkosten sind Auslagen des Anwalts, nicht des Rechtssuchenden.[528] Ort, Datum und Zeit der Tätigkeit des Dolmetschers und seine Identität sind darzulegen.[529] Die Höhe der grundsätzlich voll zu ersetzenden Kosten wird gemäß § 46 Abs. 2 S. 3 RVG auf die in §§ 8 ff. JVEG festgesetzten Beträge begrenzt.[530]
- **Fernsprechentgelte,** s. Postentgelte
- **Fotokopierkosten: Dokumentenpauschale** gemäß VV 7000 Nr. 1a RVG nach diesen Sätzen, wenn einfache Einsicht nicht genügt.[531] Dies gilt aber nicht für Kopien, die nicht aus Gerichts- oder Behördenakten stammen.[532] Das bloße Einscannen von Schriftstücken genügt nicht.[533] Bei einer elektronisch bzw. als Datei zur Verfügung gestellten Akte besteht grundsätzlich kein Recht der Erstattung von Kosten eines Ausdrucks.[534]
- **Medizinische Kurzgutachten;**[535] dh beschränkt auf eine überschlägige Prüfung wenn zur Prüfung von Ersatzansprüchen erforderlich; dies ergibt sich aus dem Wesen der Beratungshilfe und dem Rechtsgedanken des § 118 Abs. 2 ZPO.
- **Mehrwertsteuer:** Ja, VV 7008 RVG, auch wenn der Auftraggeber nicht zum Vorsteuerabzug berechtigt ist.

1270

---

[524] OLG Bamberg JurBüro 2007, 545; AG Königs Wusterhausen AGS 2012, 188 mAnm *N. Schneider;* AG Halle RVGreport 2012, 188.

[525] AG Gera AGS 2005, 351.

[526] OLG Hamm FamRZ 2008, 1463; LG Bochum JurBüro 2002, 147; AG Wermelskirchen Rpfleger 2001, 504; LG Göttingen JurBüro 1988, 606; LG Bochum JurBüro 1986, 403; LG Hannover JurBüro 1986, 1214; *Hellstab* Rpfleger 2004, 337 (344).

[527] BVerfG NJW 1997, 2040 hält Nichtberücksichtigung von Übersetzungskosten eines Scheidungsurteils zur Vorbereitung des Verfahrens auf Anerkennung des Scheidungsurteils für vertretbar und verweist auf Erstattung im PKH-Verfahren.

[528] *Volpert* RVGreport 2011, 322.

[529] LG Bochum JurBüro 2002, 147.

[530] *Lissner/Dietrich/Schmidt* Rn. 338.

[531] AG Königs Wusterhausen AGS 2012, 188; AG Halle RVGreport 2012, 188; AG Riesa BeckRS 2012, 18553 (Strafsache); AG Kassel AnwBl 1988, 126 (Ablichtungen für weitere Bearbeitung erforderlich); LG Frankfurt JurBüro 1986, 732 (Strafaktenauszug); AG Osnabrück StV 1987, 452 ebenso, weil Anfertigung handschriftlicher Notizen aus für wenige Tage überlassenen Akten unzumutbar, aber vollständiger Aktenauszug idR nicht erforderlich; ebenso AG Kassel AnwBl 1988, 126; einschränkend *Hansens* JurBüro 1986, 340 (341).

[532] AG Bonn BeckRS 2016, 109958.

[533] KG RVGreport 2016, 106.

[534] OLG Braunschweig JurBüro 2016, 82; OLG Rostock JurBüro 2015, 22; ausführlich *Lissner/Dietrich/Schmidt* Rn. 333b.

[535] AG Tempelhof-Kreuzberg GesR 2012, 51 für die Einholung eines zahnmedizinischen Kurzgutachtens wegen eines behaupteten Behandlungsfehlers; AG Hanau AnwBl 1989, 62 mAnm *Greißinger; Lissner/Dietrich/Schmidt* Rn. 339; noch weitergehend wohl *Greißinger* AnwBl 1992, 53.

- **Postentgelte:** Pauschale nach VV 7002 RVG für Post- und Telekommunikationsdienstleistungen, wenn tatsächlich Auslagen entstanden sind[536], andernfalls die wirklich entstandenen Entgelte nach VV 7001 RVG. Wenn die Pauschale geltend gemacht wird, bemisst sie nach Anm. Abs. 2 zu VV 7002 RVG nicht nach der **fiktiven Gebühr,** die ihm als **Wahlanwalt** zustehen würde, sondern nach der Beratungshilfegebühr.
- **Privatgutachten,** wenn sie zur Überprüfung, Widerlegung oder Erschütterung eines gerichtlich eingeholten Sachverständigengutachtens erforderlich sind.[537]
- **Rechtsgutachten:** nicht, wenn man sich aus juristischer Literatur informieren kann.[538]
- **Reisekosten:** nur ausnahmsweise nach VV 7003 RVG, da normalerweise in der Beratungshilfe nicht erforderlich.[539] Auch hier hat der Anwalt die Möglichkeit, eine Vorabentscheidung über die Notwendigkeit der Reisekosten nach § 46 Abs. 2 S. 1 RVG zu erwirken. Kosten für die Begleitung eines Asylsuchenden zur Anhörung beim BAmF sind nach zutreffender Ansicht zu erstatten.[540]
- **Schreibauslagen (Herstellung und Überlassung von Dokumenten):** Gemäß VV 7000 RVG.[541]
- **Telefonkosten:** siehe Postgebühren.
- **Übersetzungskosten:** siehe Dolmetscher.

9. Anspruchsverlust bei notwendiger Zweitberatung

1271   Bei **notwendiger Zweitberatung** ist § 54 RVG anzuwenden, die für den anderen Anwalt entstehenden Gebühren können dann nicht gefordert werden. Fälle von **schuldhaften Verhalten des Anwalts** sind zB unrichtige Beratung oder eine überhöhte Kostenabrechnung[542].

10. Vorschussanspruch

1272   Aus § 47 Abs. 2 RVG ergibt sich, dass der Anwalt in der Beratungshilfe gegenüber der Staatskasse **keinen Anspruch** auf einen Vorschuss hat.

11. Übergang von Ansprüchen

1273   Nach § 59 Abs. 3 RVG gelten die Vorschriften über den Übergang von Ansprüchen auf die Staatskasse nach § 59 Abs. 1 und 2 RVG entsprechend. Sie betreffen insbesondere auf den Rechtsanwalt nach § 9 S. 2 BerHG übergegangene Kostenerstattungsansprüche gegen den Gegner. Nicht erfasst ist der Anspruch des Rechtsanwalts gegen den Bedürftigen nach VV 2500 RVG.[543] Auf → Rn. 931 ff. wird verwiesen.

Abweichend von der Geltendmachung übergegangener PKH/VKH-Ansprüche, ist bei der Beratungshilfe der auf die Landeskasse übergegangene schuldrechtliche Anspruch auf

---

[536] AG Koblenz AGS 2004, 158 mAnm *N. Schneider*.
[537] OLG Hamm BeckRS 2013, 09680; OLG Celle BeckRS 2008, 21457.
[538] AG Steinfurt Rpfleger 1986, 110.
[539] LG Göttingen JurBüro 1985, 596; LG Hannover JurBüro 1986, 120; LG Bochum JurBüro 1986, 403 (Asylverfahren).
[540] LG Bochum JurBüro 1986, 403; **aA:** *Lissner/Dietrich/Schmidt* Rn. 337.
[541] Vgl. näher LG Frankfurt JurBüro 1986, 732 und *Mümmler* JurBüro 1986, 1310 und *Greißinger* S. 76.
[542] OLG Koblenz JurBüro 2003, 470; vgl. auch NK-GK/*Stollenwerk* § 54 RVG Rn. 2; Toussaint/ *Toussaint* RVG § 54 Rn. 11 ff.
[543] BT-Drs. 8/3695, Bericht des Rechtsausschusses zu § 8; Riedel/Sußbauer/*Ahlmann* RVG § 59 Rn. 58.

Erstattung der Vergütung wie der Anspruch gegen ausgleichspflichtige Streitgenossen geltend zu machen (vgl. Teil B der VwV Vergütungsfestsetzung). Eine Sollstellung gegen den erstattungspflichtigen Gegner ist hier folglich nicht statthaft. Hierfür besteht keine gesetzliche Grundlage, da § 59 Abs. 2 RVG, der eine Regelung iSd § 1 Nr. 10 JBeitrG darstellt, für die Beratungshilfe mangels Verweisung in § 59 Abs. 3 RVG nicht gilt. Für die Geltendmachung ist nach Teil A Nrn. 2.4.2 bis 2.4.5 VwV Vergütungsfestsetzung zu verfahren. Der Gegner ist daher zur freiwilligen Zahlung aufzufordern. Erfolgt keine freiwillige Zahlung, ist der Vorgang dem unmittelbar vorgesetzten Präsidenten vorzulegen, der gegebenenfalls die Klageerhebung veranlasst.

IV. Begriff der „Angelegenheit" in der Beratungshilfe

1. Begriffsbestimmung

In „Angelegenheiten" wird nach § 2 Abs. 2 BerHG Beratungshilfe gewährt. Eine nähere Bestimmung dieses Begriffs findet sich weder ausdrücklich im BerHG noch im RVG. In §§ 15 ff. RVG wird er jedoch an verschiedenen Stellen erwähnt.[544] Aus §§ 15 Abs. 1 und 2, 22 Abs. 1 RVG ergibt sich, dass die Gebühren in *derselben Angelegenheit* **nur einmal entstehen,** in mehreren Angelegenheiten dagegen mehrfach. Da bei den Pauschgebühren der Beratungshilfe das Korrektiv des Gegenstandswertes fehlt, liegt es auf der Hand, dass die Abgrenzung, wann eine, wann mehrere Angelegenheiten anzunehmen sind, von erheblicher praktischer Bedeutung ist. Die hierzu ergangene Rechtsprechung ist kaum mehr überschaubar. Der Gesetzgeber hat leider im Laufe mehrerer Gesetzgebungsverfahren davon Abstand genommen, wenigstens im Familienrecht Rechtssicherheit bei der hier zu treffenden Abgrenzung der verschiedenen Verfahrensarten iSd § 111 FamFG zu schaffen. Im ursprünglichen Referentenentwurf vom 13.12.2011[545] war eine Änderung von Vorb. 2.5 Abs. 2 VV RVG dahingehend vorgesehen, dass der Rechtsanwalt, der gleichzeitig in mehreren Familiensachen iSd § 111 FamFG tätig ist, jeweils eine Erhöhung der Beratungs-, Geschäfts- und Einigungsgebühr für jede weitere Familiensache iSd § 111 FamFG erhält.[546] Dies hätte die kaum mehr überschaubare Diskussion in Rechtsprechung und Literatur zur Anzahl der Angelegenheiten in Familiensachen beendet und für alle Beteiligten eine sinnvolle Lösung bedeutet. Das BVerfG[547] hat zumindest klargestellt, dass der Begriff der Angelegenheit aus verfassungsrechtlicher Sicht wegen der ohnehin sehr niedrigen Gebühren des Rechtsanwalts nicht zu weit gefasst werden dürfe, es komme aber auf den **konkreten Einzelfall** an.

Nach Ablauf zweier Kalenderjahre nach Erledigung entstehen die Gebühren in derselben Angelegenheit jedenfalls neu (§ 15 Abs. 5 S. 2 RVG), was über für die Beratungshilfe kaum von Bedeutung ist.

Abzugrenzen ist der Begriff der „Angelegenheit" vom engeren Begriff des „Gegenstandes", der sich auf das konkrete Recht oder Rechtsverhältnis bezieht (vgl. auch § 22 Abs. 1 RVG).[548] Eine Angelegenheit kann in diesem Sinne mehrere Gegenstände umfas-

1274

1275

---
[544] LG Düsseldorf JurBüro 2007, 377; AG Leverkusen FamRZ 2008, 165; *Groß* RVG § 44 Rn. 64 ff.; *Lissner/Dietrich/Schmidt* Rn. 214 ff.
[545] www.gesetzgebung.beck.de/sites/gesetzgebung.beck.de/files/RefE_Zweites_Gesetz_zur_Modernisierung_des_Kostenrechts.pdf
[546] Vgl. ausführlich *H. Schneider* JurBüro 2012, 343; *Schneider/Thiel* § 3 Rn. 661.
[547] BVerfG FuR 2002, 187.
[548] BVerfG NJW 2000, 3126; BGH AnwBl 1976, 337 und JurBüro 1984, 537.

sen.[549] Es sind zur positiven Begriffsbestimmung übereinstimmend[550] folgende Kriterien herausgearbeitet worden:[551]
- Gleichzeitiger und einheitlicher Auftrag
- Gleichartiges Verfahren (der gleiche Rahmen)
- Innerer Zusammenhang der Beratungsgegenstände.

Insgesamt muss daher ein **zeitlicher und sachlicher Zusammenhang** der Bearbeitung bestehen.[552]

1276 **Gleichzeitigkeit des Auftrags** kann auch dann zu bejahen sein, wenn der Beratungsgegenstand vor Abschluss der Beratung erweitert wird, denn auf die Zahl der Besprechungstermine kommt es nicht an.[553] Die bloße Klärung von Vorfragen eines Auftrags kann nicht als eigenständiger Auftrag angesehen werden.[554]

1277 **Gleichartigkeit des Verfahrens** ist hier als Gleichartigkeit des außergerichtlichen Verfahrens anzusehen, nicht als hypothetische Gleichartigkeit eines gerichtlichen Verfahrens.[555] Das hat vor allem für die Abgrenzung einzelner Familiensachen große Bedeutung. Maßgebend für die Beurteilung ist insbesondere, ob zB die Bearbeitung in einem Schreiben an einen Gegner möglich ist, was auch bei zwei Bescheiden der Fall sein kann.[556] Allerdings kann auch mehreren gleichartigen Schreiben nur eine Angelegenheit vorliegen, auch wenn es sich in rechtlicher Hinsicht um zwei Gegenstände handelt.[557] Bleibt es bei der bloßen Auskunftserteilung, ist das Verfahren auch dann gleichartig, wenn im weiteren Verlauf ein unterschiedliches Verfahren einzuschlagen wäre.[558]

1278 Ein **innerer Zusammenhang** ist zu bejahen, wenn die Beratungsgegenstände einem **einheitlichen Lebenssachverhalt** entspringen. Er ist abzugrenzen von einem bloß äußeren Zusammenhang, der durch gleichzeitiges Auftreten des Beratungsbedürfnisses entstehen kann. Das Verständnis des einheitlichen Lebenssachverhalts darf aber nicht zu eng sein, weil man sonst zu einer vom Gesetzgeber nicht gewollten faktischen Reduktion auf den „Gegenstand" käme. So entspringen Streitigkeiten mit dem Ehemann aus Anlass des Getrenntlebens in diesem Sinne einem einheitlichen Lebenssachverhalt.[559] Dieses Verständnis erscheint sachgerecht, da die genannten drei Kriterien kumulativ erfüllt sein

---

[549] LG Berlin Rpfleger 1996, 464 (465); *Lissner/Dietrich/Schmidt* Rn. 217.

[550] BGH NJW 1995, 1431 (zu § 13 Abs. 2 BRAGO – eine Angelegenheit bei verschiedenen Ansprüchen aus einem Unfall, falls nicht später weiterer Auftrag); OLG Frankfurt NJOZ 2017, 594; LG Göttingen JurBüro 2002, 251; LG Berlin Rpfleger 1996, 464 (466); LG Koblenz JurBüro 1995, 201; *Mümmler* JurBüro 1984, 185, 1136 und JurBüro 1987, 992 (993); *Hansens* JurBüro 1986, 6; *Lindemann* NJW 1986, 2299.

[551] OLG Brandenburg JurBüro 2019, 144; OLG Frankfurt BeckRS 2015, 16947; OLG Schleswig NJOZ 2014, 126; LG Osnabrück JurBüro 2008, 600; OLG Stuttgart Rpfleger 2008, 502; *Lissner/Dietrich/Schmidt* Rn. 218 ff.; dazu *Enders* JurBüro 2000, 337; *Lissner* FamRZ 2013, 1271.

[552] BVerfG NJW 2002, 439; OLG Frankfurt NJOZ 2017, 594; OLG Hamm FamRZ 2005, 532.

[553] *Enders* JurBüro 2005, 294 auch zu den anderen Voraussetzungen; enger wohl *Lindemann* NJW 1986, 2299 (2300).

[554] LG Düsseldorf JurBüro 1987, 613.

[555] OLG Frankfurt NJW-RR 2016, 383 (Asyl- und Ausländerrecht); **aA:** für Familiensachen, bei denen § 111 FamFG als Maßstab gelten soll: AG Eisleben BeckRS 2011, 22717; *Fölsch* NJW 2010, 350 (351).

[556] AG Osnabrück FamRZ 1999, 392 (Ls.) – Anfechtung mehrerer Sozialhilfebescheide bei unterschiedlichen Auftragszeitpunkten in einem Schreiben; LG Dortmund JurBüro 1985, 100 u. 1034 (Schreiben an Ehemann wegen Hausratsteilung und Krankenscheinen); LG Stade AnwBl 1987, 198 (mehrere Angelegenheiten bei mehreren Anschreiben an verschiedene Gläubiger).

[557] OLG Frankfurt NJW-RR 2016, 383.

[558] *Greißinger* NJW 1985, 1671 (1675).

[559] OLG München Rpfleger 1998, 253 und JurBüro 1988, 593; LG Braunschweig NdsRpfl 1986, 102.

müssen. Letztlich wird bei dieser Betrachtungsweise auf die Einheit des Beratungsvorgangs im Einzelfall abgestellt.560

Mehrere Schreiben an verschiedene Adressaten, die in einer Beratungssache erforderlich werden, begründen nicht verschiedene Angelegenheiten im Sinne des BerHG, wenn sie in innerem Zusammenhang stehen (zB Konsequenzen aus Kündigung des Arbeitsverhältnisses;561 Konsequenzen aus Sozialhilfegewährung562, Regelung des Aufenthalts eines Flüchtlings563, mehrere Urheberrechtsverletzungen564) 1279

Bei **verschiedenen Verfahrensabschnitten** (zB Abänderungsverfahren nach §§ 166 FamFG, 1696 BGB) werden verschiedene Angelegenheiten anzunehmen sein, wenn das Verfahren zunächst beendet war und wegen veränderter Verhältnisse ein neuer Antrag in Betracht kommt.565 1280

Die **Beteiligung mehrerer Auftraggeber** führt nach der hier vertretenen Betrachtungsweise nur dann zur Annahme mehrerer Angelegenheiten, wenn es sich um individuell verschiedene Beratungsvorgänge handelt.566 Nach Auffassung des BVerfG567 kann es insbesondere bei **parallelen Fallgestaltungen** zulässig sein, auch unter dem Gesichtspunkt der Rechtswahrnehmungsgleichheit nicht allen **Mitgliedern einer Bedarfsgemeinschaft** Beratungshilfe für ein sozialrechtliches Verfahren zu gewähren. 1281

Ansonsten bleibt es bei einer etwaigen Gebührenerhöhung nach VV 1008 RVG.568

Die **Anzahl der Berechtigungsscheine** ist nach ganz überwiegender Meinung569 nicht maßgebend für die Zahl der Angelegenheiten, denn Bewilligungs- und Festsetzungsverfahren sind getrennte Verfahrensabschnitte. Bei der Erteilung des Berechtigungsscheins sind Zusammenhänge und weitere Entwicklung nicht hinreichend zu übersehen und die Zahl der erteilten Berechtigungsscheine kann auch willkürlich beeinflusst werden.570 Daraus folgt auch, dass die Prüfung, in wie vielen Angelegenheiten die Beratungsperson tätig war, erst im Vergütungsfestsetzungsverfahren durch den Urkundsbeamten der Geschäftsstelle erfolgt.571 Auch die Durchführung paralleler Verwaltungsverfahren – etwa im sozialrechtlichen Widerspruchsverfahren – kann vor diesem Hintergrund eine Angelegenheit im gebührenrechtlichen Sinne darstellen.572 1282

---

560 Das beanstandet BVerfG NJW 2002, 439 letztlich nicht; vgl. auch LG Tübingen Rpfleger 1986, 239.
561 LG Koblenz Rpfleger 1996, 116 (verschiedene Ansprüche aus der Beendigung des Ausbildungsverhältnisses).
562 LG Koblenz Rpfleger 1999, 30 (Herabsetzungsanträge an GEZ und Telekom nach Sozialhilfegewährung).
563 OLG Frankfurt BeckRS 2015, 16947.
564 AG Meldorf BeckRS 2014, 21670; vgl. aber OLG Frankfurt NJOZ 2017, 594 bei Verstößen gegen unterschiedliche Urheberrechte zu unterschiedlichen Zeitpunkten.
565 Bedenklich daher LG Mainz JurBüro 1987, 1243, das eine Beratungsgebühr wegen Vertretung im damals vorangegangenen (vormundschaftsgerichtlichen) Verfahren verneint.
566 LG Berlin Rpfleger 1996, 464; vgl. auch LG Stuttgart AnwBl 1987, 341 (342).
567 BVerfG NJW 2012, 1275.
568 OLG Jena BeckRS 2012, 06975.
569 OLG Koblenz FamRZ 2020, 360; OLG Brandenburg JurBüro 2019, 144; OLG Frankfurt NJW-RR 2016, 383; OLG Naumburg BeckRS 2013, 10553 = FamRZ 2014, 238; LG Düsseldorf JurBüro 2007, 377; LG Kleve JurBüro 2003, 363; LG Koblenz AGS 2003, 512 mzustAnm *Mock*; LG Mönchengladbach Rpfleger 2002, 463; LG Münster Rpfleger 2000, 281; LG Münster Rpfleger 1990, 78; LG Hannover JurBüro 1988, 194; *Kammeyer* Rpfleger 1998, 501 (504); *Greißinger* S. 44, 71; *Groß* RVG § 44 Rn. 69; **aA**: OLG Oldenburg VersR 2010, 688; LG Stuttgart JurBüro 1986, 1519.
570 Dazu überzeugend LG Bonn JurBüro 1985, 713 mwN und LG Mainz JurBüro 1987, 1243 mAnm *Mümmler*.
571 OLG München AGS 2014, 354; LG Düsseldorf BeckRS 2018, 37730.
572 OLG Brandenburg JurBüro 2019, 144; vgl. auch LSG Bayern BeckRS 2016, 73906 zur PKH.

2. Einzelfälle (alphabetisch)

1283   **Arbeitsrechtssachen:** Beratung über verschiedene Kündigungsfolgen ist eine Angelegenheit;[573] bei späterer Vertretungsnotwendigkeit gegenüber verschiedenen Stellen in verschiedenen Schreiben können es mehrere werden.[574]

1284   **Asylsachen**[575]**:** Vertretung mehrerer Asylbewerber – auch einer Familie – sind mehrere Angelegenheiten, da jeder sein höchstpersönliches Asylrecht verfolgt.[576] **Zwischen Asylverfahren und anderen ausländerrechtlichen Fragen** wird oft ein innerer Zusammenhang bestehen;[577] bei unterschiedlichem Verfahrensablauf kann es sich bei der Vertretung aber um mehrere Angelegenheiten handeln.[578] Ein Duldungsantrag und ein wenig später gestellter Aufenthaltsgestattungsantrag nach dem AufenthG werden also als eine Angelegenheit zu gelten haben, ebenso wie ein Asylantrag und ein Zuweisungsantrag nach dem AsylVfG.[579]

Auch **Asylfolgeanträge** für verschiedene Familienmitglieder sind verschiedene Angelegenheiten, da jedem Familienangehörigen ein eigenes Asylrecht zustehen kann.[580]

Ein Antrag auf Aussetzung der Abschiebung und ein Petitionsantrag zum Bleiberecht sind dagegen eine Angelegenheit, da dasselbe Ziel verfolgt wird.[581]

1285   **Familiensachen:** Besonders im Familienrecht[582] wird bei Trennung und Ehescheidung sehr kontrovers diskutiert, wann hier bei den einzelnen Streitpunkten eine oder mehrere Angelegenheiten anzunehmen sind. Es kann hier nicht danach unterschieden werden, ob es sich um Sachen handelt, die im **Ehescheidungsverbund** geltend gemacht werden oder werden können.[583] Die Regelungen über den Scheidungsverbund nach § 16 Nr. 4 RVG (§ 137 FamFG) sind zudem hier weder direkt noch analog anzuwenden, da die Beratung dem später eintretenden Scheidungsverbund vorgelagert ist,[584] so dass nicht grundsätzlich bei der Frage der Ehescheidung und den einzelnen Folgesa-

---

[573] AG Koblenz Rpfleger 1999, 82 (Kündigungsschutz und Abfindung); AG Koblenz Rpfleger 1996, 116; AG Würzburg JurBüro 1982, 101.

[574] *Enders* JurBüro 2000, 337 (340); ausführlich NK-GK/*Köpf* RVG § 44 Rn. 25 ff.

[575] Vgl. *Lissner* ZAR 2013, 110; *ders.* RVGreport 2016, 162.

[576] LG Koblenz Rpfleger 1997, 29; AG Aachen AnwBl 1986, 345; *Kammeyer* Rpfleger 1998, 501 (504); *Hansens* JurBüro 1986, 641 ff.; aA: LG Berlin Rpfleger 1997, 464 (466) in Abweichung von LG Berlin JurBüro 1984, 239 mAnm *Mümmler; Lissner/Dietrich/Schmidt* Rn. 234; **Anders** auch LG Osnabrück JurBüro 2000, 140 mzustAnm *Wedel* bei Gruppenverfolgung oder abgeleitetem Asylrecht und LG Osnabrück JurBüro 1999, 248 bei Duldungsverfahren nach rechtskräftigem Abschluss des Asylverfahrens mkritAnm *Enders* zur Versagung der Erhöhung nach § 6 BRAGO.

[577] Offen gelassen von OLG Frankfurt NJW-RR 2016, 383 wegen des Grundsatzes der reformatio in peius.

[578] Allein die Möglichkeit der Auseinanderentwicklung genügt aber nicht, es muss tatsächlich zu verschiedenen Beratungsvorgängen gekommen sein; vgl. AG Kulmbach JurBüro 1986, 1215; zu allgemein *Hansens* JurBüro 1987, 329 (330); vgl. *Enders* JurBüro 2000, 337 (340). Nach *Finke* JurBüro 1999, 231 können Asylantrag und Verlegungsantrag verschiedene Angelegenheiten sein, wenn sie nacheinander verfolgt werden.

[579] OLG Frankfurt NJW-RR 2016, 383.

[580] LG Stade JurBüro 1998, 196; LG Lüneburg JurBüro 1988, 1332.

[581] AG Steinfurt Rpfleger 1994, 305; zust. *Greißinger* AnwBl 1996, 610 und *Lissner/Dietrich/Schmidt* Rn. 234.

[582] Vgl. hierzu *Härtl* NZFam 2017, 1081 (1083 f.); *Schneider* NZFam 2016, 108; *Schneider/Thiel* NZFam 2016, 108; *Lissner* FamRZ 2013, 1271; *Niehren* AnwBl 2011, 212.

[583] OLG Düsseldorf JurBüro 2009, 39; so wird aber teilweise differenziert: LG Landau Rpfleger 1991, 127; vgl. auch die Übersicht bei *Hansen* JurBüro 1987, 329 (331 f.) und *Kammeyer* Rpfleger 1998, 501 (504).

[584] OLG Frankfurt NJW-RR 2014, 1351; OLG Düsseldorf NZFam 2018, 860; BeckRS 2012, 22128 = FamRZ 2013, 725; OLG Dresden NJW-RR 2011, 713; OLG Celle FamFR 2011, 372; OLG Frankfurt AGS 2010, 230; OLG Düsseldorf JurBüro 2009, 39.

chen eine Angelegenheit im Sinne von § 2 Abs. 2 BerHG vorliegt.[585] Auf der anderen Seite geht es zu weit, alle verschiedenen Trennungsfolgen im Bereich der Beratungshilfe als mehrere Angelegenheiten anzusehen[586], da hier der sachliche und zeitliche Zusammenhang der jeweiligen Beratung nicht berücksichtigt wird. Zutreffend ist es vielmehr, zwischen der Ehescheidung und den einzelnen Folgesachen einerseits und den Angelegenheiten im Zusammenhang mit der Trennung zu differenzieren und jeweils für die gebührenrechtliche Beurteilung auf den **konkreten Lebenssachverhalt** abzustellen. Es können daher nach heute **vorherrschender Meinung** für die Bereiche **Ehescheidung**, Angelegenheiten betreffend das **persönliche Verhältnis zu den Kindern** (Umgang, Sorgerecht, Herausgabe), Angelegenheiten betreffend die **Ehewohnung und die Haushaltsgegenstände** und **finanzielle Auswirkungen von Trennung und Ehescheidung** (Kindes- und Ehegattenunterhalt, Güterrecht, Versorgungsausgleich und sonstige Vermögensfragen) insgesamt **vier Angelegenheiten** in diesem Sinne vorliegen.[587] Nach der Gegenansicht soll es sich um bis zu sechs Angelegenheiten (Ehesache, Kindschaftssachen, Wohnung und Hausrat, Unterhalt, Güterrecht, Versorgungsausgleich) handeln können.[588]

Um verschiedene Angelegenheiten handelt es sich auch, wenn **Unterhalt und gleichzeitig Sozialhilfe** geltend gemacht wird.[589] Wird nach Abschluss einer Angelegenheit wegen einer weiteren Sache Beratung verlangt (zB nach Beilegung des Streits um den Kindesunterhalt entsteht Streit um den Ehegattenunterhalt), handelt es sich um eine weitere Angelegenheit, die gesondert zu vergüten ist.[590] Nach den vorgenannten Kriterien wird die Beratung über **Kindesunterhalt und Umgangsrecht** danach nicht als eine Angelegenheit anzusehen sein.[591]

Mietsachen: Die gleichzeitige Beratung wegen verschiedener Rechte oder Pflichten aus einem Mietverhältnis ist eine Angelegenheit.[592] Das dürfte auch gelten, wenn gleichzeitig Mieterhöhung und (hilfsweise) Kündigung erklärt wird.[593] Auch die Kündigung des Mietverhältnisses und das darauf gestützte Räumungsverlangen sind als eine Angelegen-

1286

1287

---

[585] So aber OLG München MDR 1988, 330; AGS 2012, 25; AG Halle, Beschl. v. 24.8.2011, 103 II 7596/10; *Lissner/Dietrich/Schmidt* Rn. 226; *Fölsch* NJW 2010, 350; Gerold/Schmidt/*Mayer* RVG VV 2500–2508 Rn. 31.
[586] So OLG Naumburg BeckRS 2013, 10553; OLG Frankfurt FamRZ 2010, 230; OLG Düsseldorf FamRZ 2009, 1244; AG Eisleben BeckRS 2011, 22717.
[587] OLG Koblenz FamRZ 2020, 360; OLG Düsseldorf NZFam 2018, 860; NZFam 2018, 1199; OLG Frankfurt NJW-RR 2014, 1351; OLG Schleswig BeckRS 2013, 09394 = FamFR 2013, 329; OLG Stuttgart JurBüro 2013, 95 = FamRZ 2013, 726; OLG Celle FamFR 2011, 372; OLG Nürnberg MDR 2011, 759; OLG Rostock NJW Spezial 2011, 92; OLG Brandenburg MDR 2009, 1417; LG Pforzheim FamRZ 2019, 1724; LG Kleve BeckRS 2017, 147961; BeckRS 2017, 149690; LG Würzburg BeckRS 2017, 147192; LG Mönchengladbach BeckRS 2015, 07333; LG Limburg BeckRS 2014, 18388; LG Darmstadt FamRZ 2012, 812; AG Syke JurBüro 2015, 415; AG Pforzheim FamRZ 2012, 1415; *Groß* RVG § 44 Rn. 77; *Lissner* AGS 2019, 445.
[588] OLG Hamm NJOZ 2016, 1913; OLG Naumburg FamRZ 2014, 238; LG Dessau-Roßlau BeckRS 2018, 10260.
[589] Gerold/Schmidt/*Mayer* RVG VV 2500–2508 Rn. 31.
[590] So auch BVerfG NJW 2002, 429; AG Köln AnwBl 1986, 414.
[591] Obgleich das BVerfG NJW 2002, 429 die Annahme einer Angelegenheit damals für verfassungsrechtlich vertretbar hielt; wie hier: OLG Hamm FamRZ 2005, 532 und LG Osnabrück JurBüro 2007, 586; LG Marburg JurBüro 2011, 651; **aA** für eine Angelegenheit: AG Halle, Beschl. v. 7.9.2012, 103 II 20/12 – juris –; LG Mönchengladbach Rpfleger 2002, 463; *Groß* RVG § 44 Rn. 71.
[592] LG Koblenz JurBüro 1995, 201 (Kündigung und Mieterhöhungsverlangen); LG Kleve JurBüro 1986, 886; LG Darmstadt JurBüro 1985, 556 (Nebenkosten und überzahlter Mietzins).
[593] LG Koblenz JurBüro 1995, 201; *Groß* RVG § 44 Rn. 81; **anders** *Enders* JurBüro 2000, 337 (340).

heit zu sehen.⁵⁹⁴ Als zwei Angelegenheiten anzusehen sind eine Beratung wegen Mietmängeln und eine hiervon unabhängige Kündigung des Mietverhältnisses wegen Nichtzahlung der Kaution.⁵⁹⁵ Allein das Mietverhältnis stellt aber nicht die „Klammer" für die Annahme einer Identität des Gegenstandes dar, insbesondere wenn eine vormalige Beratung zeitlich zurückliegende Angelegenheiten betraf.⁵⁹⁶

1288 **Nachlasssachen:** Auch hier stellt der Erbfall an sich den inneren Zusammenhang her; bei der Vertretung können sich mehrere Angelegenheiten entwickeln, wenn eine Vertretung gegenüber verschiedenen Stellen wegen verschiedener Ansprüche nötig wird.⁵⁹⁷

1289 **Schuldenregulierung:** Es muss sich um **Rechts**beratung handeln.⁵⁹⁸ Ansonsten sind mehrere Angelegenheiten gegeben, wenn wegen verschiedener Forderungen an unterschiedliche Gläubiger – wenn auch mit identischen Schriftsätzen – zu schreiben ist.⁵⁹⁹ Steht ein Insolvenzverfahren an, handelt es sich aber nach VV 2504–2507 RVG um eine Angelegenheit, bei der sich die Gebühr nach der Zahl der Gläubiger erhöht (→ Rn. 1266).⁶⁰⁰

1290 **Sozialhilfe:** Die jeweils für einen Monat mit wechselnder Begründung ausgesprochene Kürzung der Sozialhilfe ist jeweils eine Angelegenheit im gebührenrechtlichen Sinn.⁶⁰¹ Wird ein Bescheid angefochten, kann es sich auch dann um eine Angelegenheit handeln, wenn er mehrere Familienangehörige, die in einer Bedarfsgemeinschaft leben, betrifft.⁶⁰² Zwei Bescheide, die verschiedene Sachgebiete betreffen, dürften aber verschiedene Angelegenheiten betreffen, mag das eine Schreiben des Anwalts auch die Konsequenz aus dem anderen sein.⁶⁰³

1291 Wenn in einem Schreiben verschiedene Ansprüche gegen eine Behörde geltend gemacht werden (SGB II, III oder XII), handelt es sich um eine Angelegenheit.⁶⁰⁴ Muss wegen verschiedener Ansprüche mit verschiedenen Behörden verhandelt werden, handelt es sich um mehrere Angelegenheiten.⁶⁰⁵ Mehrere Bescheide für unterschiedliche Zeiträume können als eine Angelegenheit gelten.⁶⁰⁶

1292 **Strafrecht:** Auch bei verschiedenen Straftatbeständen wird es sich um eine Angelegenheit handeln, wenn sie in tatsächlich engem Zusammenhang stehen und zeitlich zusammenhängend zur Beratung vorgetragen werden. Hinsichtlich desselben Straftatbestandes kann es sich aber um verschiedene Angelegenheiten handeln, wenn bei der ersten Beratung kein Zusammenhang mit einer später notwendig werdenden Beratung bestand.⁶⁰⁷ Auch die getrennte Beratung mehrerer Opfer ein und derselben Straftat sind verschiedene Angelegenheiten.⁶⁰⁸

---

⁵⁹⁴ BGH NJW 2007, 2050; OLG Frankfurt AGS 2005, 390; **aA:** OLG Karlsruhe NJW 2006, 1526.
⁵⁹⁵ AG Neubrandenburg RVGreport 2019, 212.
⁵⁹⁶ AG Gelsenkirchen AGS 2012, 487.
⁵⁹⁷ LG Kleve JurBüro 1986, 734 u. *Hansens* JurBüro 1987, 332; zur Beratungshilfe im Erbrecht vgl. *Nickel* ErbR 2017, 704.
⁵⁹⁸ → Rn. 1156.
⁵⁹⁹ AG Stuttgart AnwBl 1986, 415; LG Stade AnwBl 1987, 198; AG Offenbach AGS 1992, 14 und *Greißinger* AnwBl 1994, 375; *Lissner/Dietrich/Schmidt* Rn. 232.
⁶⁰⁰ *Enders* JurBüro 2000, 337 (340).
⁶⁰¹ LG Aachen AnwBl 1997, 293; zur Beratungshilfe im Sozialrecht vgl. *Schörnig* ZFSH SGB 2016, 185.
⁶⁰² BVerfG NJW 2012, 1275; AG Weißenfels Rpfleger 2011, 532; LG Koblenz Rpfleger 1997, 29.
⁶⁰³ Anders LG Göttingen JurBüro 2002, 251 und AG Koblenz Rpfleger 1999, 30 (Sozialhilfe und Schreiben an Telekom).
⁶⁰⁴ Poller/Härtl/*Köpf* RVG § 44 Rn. 35.
⁶⁰⁵ Vgl. *Hansens* JurBüro 1986, 1 (10).
⁶⁰⁶ OLG Brandenburg AGS 2019, 420; LG Osnabrück JurBüro 2015, 199; **aA:** Poller/Härtl/*Köpf* RVG § 44 Rn. 35.
⁶⁰⁷ AG Bochum StV 1987, 452 (wiederholte Unterhaltspflichtverletzungen).
⁶⁰⁸ LG Bonn JurBüro 1985, 713.

Strafvollzug: Auch verschiedene Aspekte der Rechtsstellung als Strafgefangener sind eine Angelegenheit (zB Regelurlaub, Vollzugsplan, Vergünstigungen),[609] wenn nicht von verschiedenen Aufträgen oder unterschiedlichem Verfahrensablauf auszugehen ist. 1293

Unerlaubte Handlungen: Ansprüche verschiedener Verletzter gegen einen Schädiger sind nicht als eine Angelegenheit anzusehen, da jeder Verletzte individuelle Ansprüche hat, mögen sie im Einzelfall auch ähnlich sein. Es kommt nicht darauf an, dass eine gemeinsame Beratung stattfindet und nur ein Schreiben an den Schädiger abgesandt wird.[610] Es steht nicht entgegen, dass sie im Wege der Klagehäufung in einem Verfahren geltend gemacht werden können, denn dieser prozessuale Vorteil ändert nichts an den individuellen Ansprüchen. 1294

Unterhalt: Werden Unterhaltsansprüche nach der Trennung geltend gemacht, kann es sich um eine Angelegenheit handeln, auch wenn es sich um verschiedene Streitgegenstände handelt.[611] Kindes- und Ehegattenunterhalt[612] sowie der Unterhalt für verschiedene minderjährige Kinder[613] sind als eine Angelegenheit zu sehen (→ Rn. 1285). Das wird auch für den Trennungsunterhalt einerseits und den nachehelichen Ehegattenunterhalt andererseits zu gelten haben, auch wenn es sich in materiell-rechtlicher und prozessualer Hinsicht um verschiedene Streitgegenstände handelt,[614] da es sich um einen einheitlichen Lebenssachverhalt handelt. 1295

Urheberrechtsverletzungen: Auch bei mehreren Abmahnungen infolge von mehrfachen Urheberrechtsverletzungen kann nur von einer Angelegenheit auszugehen sein, wenn wegen der ähnlichen Begehungsweisen mehrere Rechteinhaber Ansprüche geltend machen, so dass sich die erste Beratung auf die weiteren Fälle und Ansprüche anderer Rechteinhaber übertragen lässt.[615] Anders kann dies aber zu beurteilen sein bei zwei zu unterschiedlichen Zeitpunkten begangenen Verstößen gegen verschiedene Rechteinhaber.[616] 1296

Vertragsrecht: Ein einheitlicher Vertrag begründet einen inneren Zusammenhang, mag es auch um verschiedene sich daraus ergebende Ansprüche gehen.[617] 1297

Verwaltungsakt, Anfechtung: Die mehrfache Anfechtung eines Verwaltungsakts (Ursprungs- und Änderungsbescheid) wird nach § 17 Nr. 1 RVG bei Nachschieben von Anfechtungsgründen als verschiedene Angelegenheiten anzusehen sein.[618] 1298

---

[609] LG Berlin JurBüro 1985, 1667.
[610] In diesem Sinne auch LG Bonn JurBüro 1985, 713, weil bei einer Schlägerei jede Verletzungshandlung auf einem eigenen Entschluss beruhe; zustimmend *Groß* RVG § 44 Rn. 73 und *Enders* JurBüro 2000, 337 (341).
[611] LG Berlin Rpfleger 1996, 464 (466).
[612] OLG Hamm FamRZ 2005, 532; AG Hannover JurBüro 2006, 138; AG Bayreuth FamRZ 2005, 532; **aA:** OLG Köln NJW-RR 2011, 1294.
[613] KG Berlin AGS 2010, 612; AG Koblenz FamRZ 2001, 296; *Groß* RVG § 44 Rn. 71; **aA:** AG Mühlheim AGS 2009, 510; AG Detmold Rpfleger 1994, 29; anders auch noch Dürbeck/Gottschalk PKH/VKH, 7. Aufl. 2016, in Rn. 1031.
[614] **AA:** *Büttner* hier noch in der 5. Auflage Rn. 1031 und Enders JurBüro 2001, 505.
[615] BVerfG Rpfleger 2011, 526; AG Halle NJW-RR 2012, 894; AG Meldorf BeckRS 2014, 21670; SchlHA 2012, 390; *Lissner/Dietrich/Schmidt* Rn. 232.
[616] OLG Frankfurt NJOZ 2017, 594.
[617] LG Berlin JurBüro 1984, 894; AG Mannheim JurBüro 1984, 1856 mAnm *Mümmler*.
[618] Toussaint/*Toussaint* RVG § 17 Rn. 16.

§ 24 Kostenfestsetzungsverfahren

I. Zuständigkeit

1299 Der **Urkundsbeamte der Geschäftsstelle** setzt gem. §§ 44, 55 Abs. 4 RVG die Vergütung für die Beratungshilfe auf Antrag des Rechtsanwalts fest. Nach dieser Vorschrift ist zuständig das Amtsgericht, das gem. § 4 Abs. 1 BerHG für die Bewilligung der Beratungshilfe zuständig ist, also im Regelfall das Amtsgericht, in dessen Bezirk der Rechtsuchende seinen allgemeinen Gerichtsstand hat (→ Rn. 1199). Auch für das **Festsetzungsverfahren** kommt es dabei auf den Zeitpunkt des **Antragseingangs** bei Gericht an, um den Gleichlauf der Zuständigkeit zwischen Bewilligung und Festsetzung sicherzustellen, den das Gesetz bezweckt.[619]

Zu beachten bleibt, dass für die Bewilligung der Beratungshilfe gemäß § 24a Abs. 1 Nr. 1 RPflG der Rechtspfleger, für die Kostenfestsetzung aber der Urkundsbeamte der Geschäftsstelle zuständig ist.

II. Antrag

1300 Die Festsetzung der Gebühren für die geleistete Beratungshilfe erfolgt nach § 55 Abs. 1 RVG nur auf Antrag. Nach § 1 Nr. 2 BerHFV (→ Rn. 1121) besteht auch für die Beratungsperson **Formularzwang**.

III. Nachweis der Entstehung der Gebühren

1301 Die **Berechtigung des Gebührenansatzes ist glaubhaft zu machen** (§§ 55 Abs. 5 S. 1 RVG, 104 Abs. 2 S. 1 ZPO).

Gemäß § 104 Abs. 2 S. 2 ZPO genügt dabei für die **Post- und Telekommunikationsdienstleistungen** eine anwaltliche Versicherung. Diese Gesetzesfassung ergibt im Umkehrschluss, dass die bloße anwaltliche Versicherung ansonsten nicht genügt.[620]

Umstritten ist, ob zur Glaubhaftmachung die eidesstattliche Versicherung ausreicht,[621] sonstige Unterlagen (Schriftsatzkopien, Kopien der vergleichsweisen Regelung)[622] vorzulegen sind oder sogar die Vorlage der Handakten[623] verlangt werden kann.

1302 Zwischen der **Darlegung** des Gebührentatbestandes und der **Glaubhaftmachung** wird bei diesem Streit nicht immer klar unterschieden. Die jedenfalls stichwortartige Darlegung ist stets erforderlich,[624] bei bloßem Rat/Auskunft ergibt sie sich aber aus der Vorlage des Berechtigungsscheins.[625] Für Geschäfts- sowie Einigungs-/Erledigungsgebühr muss

---

[619] BayObLG AnwBl 1998, 56.
[620] LG Köln JurBüro 1982, 256 mAnm *Mümmler* und heute wohl allgemeine Meinung, vgl. *van Bühren* MDR 1998, 88 und *Hansens* JurBüro 1987, 329 (338).
[621] LG Bielefeld Rpfleger 1984, 248; LG Dortmund Rpfleger 1986, 321 (je nach Sachlage genügt auch anwaltliche Versicherung); LG Aurich JurBüro 1986, 246; LG Hannover JurBüro 1986, 241; *Lindemann/Trenk-Hinterberger* BerHG § 10 § 133 Rn. 5 mwN.
[622] *Hansens* JurBüro 1986, 347 mwN.
[623] LG Göttingen JurBüro 1986, 242 (je nach Sachlage); dagegen *von Bühren* MDR 1998, 88.
[624] LG Bad Kreuznach AnwBl 1996, 590; so auch *Lindemann/Trenk-Hinterberger* BerHG § 10 § 133 Rn. 5; LG Hannover JurBüro 1986, 241 scheint eine pauschale Darstellung zur Glaubhaftmachung genügen lassen zu wollen.
[625] *Hansens* JurBüro 1986, 345.

dargelegt werden, dass vertreten worden oder eine Einigung/Erledigung zustande gekommen ist. Wird der **Vergütungsantrag in elektronischer Form** gestellt und diesem auch der Berechtigungsschein als elektronisches Dokument beigefügt, bedarf es der Vorlage des Originals des Berechtigungsscheins nur, wenn der Urkundsbeamte dies zur Glaubhaftmachung der tatsächlichen Voraussetzungen des Vergütungsanspruchs der Beratungsperson für erforderlich hält.[626]

Die **Glaubhaftmachung** kann durch die Vorlage der Kopie eines Schriftsatzes oder des Einigungswortlauts erfolgen. Mit dieser Vorlage verletzt der Anwalt nicht seine anwaltliche Schweigepflicht. Soweit das angenommen wird, wird übersehen, dass es sich um die Inanspruchnahme einer Sozialleistung durch den Rechtsuchenden handelt, der gegenüber dem insoweit als Sozialbehörde tätigen Gericht seine Berechtigung zur Inanspruchnahme dieser Leistung nachweisen muss. Im Übrigen ist der Urkundsbeamte ebenso wie der Richter im Gebührenprozess zur Verschwiegenheit verpflichtet. Die Geheimhaltungsgewähr ist im Gebührenprozess (der öffentlich ist!) keineswegs größer als in diesem Verfahren, wobei nur nebenbei darauf hinzuweisen ist, dass auch dort die Akten durch viele nichtrichterliche Hände gehen.[627]

1303

Die Zulässigkeit dieses Verfahrens schließt nicht aus, dass der Gebührentatbestand auch mit einer **eidesstattlichen Versicherung** glaubhaft gemacht werden kann, was bei hinreichend konkreter Darlegung im Allgemeinen genügen wird und bei bloß mündlichen Verhandlungen genügen muss.[628] Die Beifügung einer Kopie eines Schriftsatzes wird in vielen Fällen allerdings für den Anwalt einfacher sein. Die Vorlage der **Handakten** ist iaR zur Glaubhaftmachung des Gebührentatbestandes nicht erforderlich, wenn sich das Entstehen der Gebühr schon aus der **Vorlage eines Schriftstückes** ergibt.[629]

1304

Macht der Rechtsanwalt, der bereits abgerechnet hat, zB wegen einer geänderten Rechtsprechung zur Frage der Anzahl von selbständigen Angelegenheiten, die **Nachfestsetzung** weiterer Gebühren nach § 44 RVG geltend, unterliegen seine Ansprüche nach zutreffender Auffassung in analoger Anwendung von § 20 GKG der Verwirkung.[630]

IV. Umfang der Überprüfung im Festsetzungsverfahren

Im Festsetzungsverfahren ist über die **Zahl der Angelegenheiten,**[631] über die **Gebührentatbestände** und über die **notwendigen Nebenkosten** zu entscheiden. Es findet dagegen keine Prüfung statt, ob die Beratungshilfe zu Recht bewilligt worden ist.[632] Entgegen der noch in der Vorauflage vertretenen (→ Rn. 1038) vertretenen Auffassung hat der Urkundsbeamte der Geschäftsstelle im Festsetzungsverfahren aber auch zu prü-

1305

---

[626] OLG Saarbrücken JurBüro 2020, 75.
[627] Die Argumentation mit strengerer richterlicher Verschwiegenheitspflicht überzeugt nicht. So aber *Lindemann/Trenk-Hinterberger* BerHG § 10 § 133 Rn. 5 und *Greißinger* NJW 1985, 1671 (1677); wie hier: LG Göttingen JurBüro 1986, 242; LG Aurich JurBüro 1986, 246; *Mümmler* JurBüro 1984, 1141 u. 1766; *Hansens* JurBüro 1987, 329 (338); LG Paderborn JurBüro 1987, 871 mAnm *Mümmler*.
[628] LG Bad Kreuznach AnwBl 1996, 590 verlangt Vorlage des Schreibens nur, wenn sich Zweifel an der Erfüllung des Gebührentatbestandes ergeben.
[629] Ebenso *Mümmler* in Anm. zu LG Göttingen JurBüro 1984, 1370 und JurBüro 1984, 1766; *van Bühren* MDR 1998, 88 (89); AG Göttingen AnwBl 1988, 126 gegen unangemessene Prüfung aus Praktikabilitätsgründen.
[630] OLG Zweibrücken NJW-RR 2006, 1439; KG FamRZ 2004, 1806; → Rn. 771 zur PKH; **aA:** OLG Köln NJW-RR 2011, 1294.
[631] → Rn. 1274 ff.
[632] OLG Naumburg FamRZ 2009, 534; OLG Stuttgart JurBüro 2007, 434; OLG Celle MDR 2007, 865; AG Dortmund AnwBl 1997, 294.

fen, ob die **Vertretung iSd § 2 Abs. 1 BerHG erforderlich** war.[633] Es ist insoweit auf die Ausführungen zu → Rn. 1194 ff. Bezug zu nehmen.

V. Rechtsbehelfe

1306 **Erinnerung** können der Rechtsanwalt und die Staatskasse gemäß § 56 Abs. 1 RVG **gegen die Festsetzung des Urkundsbeamten der Geschäftsstelle** einlegen.

Die **Erinnerung** ist **nicht an eine Frist gebunden**, § 56 Abs. 2 RVG verweist nur für das Beschwerdeverfahren auf die Frist von § 33 Abs. 3 S. 3 RVG.[634] Für die Annahme einer **Verwirkung** des Erinnerungsrechts der Staatskasse oder der Nachfestsetzung zugunsten der Beratungsperson reicht alleine ein längerer Zeitablauf nicht aus.[635] Nach wohl hM ist § 20 GKG nicht analog anzuwenden.[636]

Bei **fehlerhafter Gebührenfestsetzung** (Rechenfehler, irrtümliche Zahlung nicht verdienter Gebühren und auch bei geänderter Rechtsprechung[637]) kann der Anwalt sich auf einen Vertrauenstatbestand für die Leistungserbringung nicht berufen.[638] Ob eine Rückforderung hier aber nur in den Grenzen des analog § 20 GKG möglich ist, ist umstritten, dürfte aber außerhalb der Voraussetzungen für eine Verwirkung abzulehnen sein.[639]

1307 Die Staatskasse kann nach zutreffender Auffassung auch für den Fall Erinnerung einlegen, dass ihr die Vergütung des Rechtsanwalts **zu niedrig erscheint**.[640] Weiterhin ist die Erinnerung der Staatskasse auch noch **nach der Auszahlung** der Vergütung an den Rechtsanwalt zulässig.[641] Der Urkundsbeamte kann der Erinnerung abhelfen[642], tut er es nicht, legt er sie dem nach zutreffender Ansicht **zuständigen Rechtspfleger**[643] zur Entscheidung über die Erinnerung vor. Maßgeblich ist insoweit, dass auch dem Rechtspfleger das der Festsetzung zugrundeliegende Verfahren, hier die Bewilligung von Beratungshilfe nach § 4 BerHG gemäß §§ 3 Nr. 3f, 24a Abs. 1 Nr. 1 RPflG zugewiesen ist und § 56 Abs. 1 S. 3 RVG auf das nach § 4 Abs. 1 BerHG zuständige Gericht verweist. Hat der für die Entscheidung über die Erinnerung zuständige Rechtspfleger bereits selbst vorher als Urkundsbeamter der Geschäftsstelle über den Vergütungsantrag entschieden, ist er nach

---

[633] OLG Brandenburg Rpfleger 2019, 527.
[634] **Anders** noch *Büttner* hierin der 5. Aufl. in Rn. 1039 und LAG Berlin MDR 2006, 1438 und OLG Koblenz RVGreport 2006, 60; **wie hier:** OLG Brandenburg JurBüro 2010, 308; OLG Frankfurt RVGreport 2007, 100; NK-GK/*Stollenwerk* § 56 RVG Rn. 6; Toussaint/*Toussaint* RVG § 56 Rn. 10; *Groß* RVG § 56 Rn. 5.
[635] AG Halle BeckRS 2014, 07730 (Verwirkung für Rechtsanwalt); Rpfleger 2012, 266; OLG Köln NJW-RR 2011, 1294; *Lissner/Dietrich/Schmidt* Rn. 351.
[636] LAG München NZA-RR 2014, 613; OLG Brandenburg JurBüro 2010, 308; OLG Düsseldorf RVGreport 2008, 216; OLG Frankfurt RVGreport 2007, 100; AG Halle Rpfleger 2012, 266; NK-GK/*Stollenwerk* § 56 RVG Rn. 6; Toussaint/*Toussaint* RVG § 56 Rn. 10; **aA:** OLG Rostock JurBüro 2012, 198; OLG Celle JurBüro 1983, 99.
[637] OLG Schleswig FamRZ 2009, 451.
[638] OLG Düsseldorf JurBüro 1996, 144; *Hansens* JurBüro 1987, 329 (339).
[639] Dafür: OLG Schleswig FamRZ 2009, 451; OLG Thüringen Rpfleger 2006, 434; OLG Düsseldorf NJW-RR 1996, 441; wie hier *Lissner/Dietrich/Schmidt* Rn. 351.
[640] KG Rpfleger 1977, 227; Toussaint/*Toussaint* RVG § 56 Rn. 5; **aA:** *Hartung* in Hartung/Schons/Enders RVG § 56 Rn. 14; Riedel/Sußbauer/*Ahlmann* RVG § 56 Rn. 4.
[641] BVerfG JurBüro 1983, 1325; OLG Schleswig FamRZ 2009, 452 für die Prozesskostenhilfe bei einer nachträglich geänderten Rechtsprechung; OLG Thüringen Rpfleger 2006, 434; **aA:** Toussaint/*Toussaint* RVG § 56 Rn. 6.
[642] OLG Köln FamRZ 2010, 232; OLG Frankfurt JurBüro 2001, 1694.
[643] LG Wuppertal BeckRS 2013, 01712; LG Düsseldorf BeckRS 2014, 10633; AG Kiel NJOZ 2010, 1504; LG Mönchengladbach BeckRS 2008, 26402; AG Lübeck Rpfleger 1984, 75; aA (Richterzuständigkeit): *Hartung* in Hartung/Schons/Enders RVG § 56 Rn. 24.

§§ 10 RPflG, 5 BerHG, 6 FamFG, 41 Nr. 6 ZPO ausgeschlossen.[644] Die wohl überwiegende Meinung nimmt jedoch eine **Zuständigkeit des Richters** bei dem Amtsgericht an.[645]

Das Erinnerungsverfahren ist gem. § 56 Abs. 2 S. 2 RVG **gebührenfrei**. Eine Erstattung **außergerichtlicher Kosten** findet nicht statt (§ 56 Abs. 2 S. 3 RVG).

Die **sofortige Beschwerde** des **Rechtsanwalts** und der **Staatskasse** zum übergeordneten Landgericht[646] ist gegen die Entscheidung über die Erinnerung gemäß § 56 Abs. 2 S. 1 iVm § 33 Abs. 3–8 RVG statthaft. Für die sofortige Beschwerde gilt die **2 Wochenfrist** des §§ 56 Abs. 2 S. 1, 33 Abs. 3 S. 3 RVG. Das Amtsgericht kann der Beschwerde abhelfen. Zur Zulässigkeit muss der **Beschwerdewert von 200,– EUR** überschritten sein, falls das Gericht die Beschwerde nicht **zugelassen** hat (§ 56 Abs. 2 S. 1 iVm § 33 Abs. 3 S. 1, 2 RVG). Eine nachträgliche Beschwerdezulassung kommt nicht in Betracht,[647] in einem Beschluss über die Anhörungsrüge kann die Beschwerde aber noch zugelassen werden.[648] Ist der Beschwerdewert nicht erreicht und die Beschwerde nicht zugelassen, kann nach der hier vertretenen Auffassung zur Zuständigkeit gegen die Erinnerungsentscheidung des **Rechtspflegers** (→ Rn. 1307) die **Erinnerung nach § 11 Abs. 2 S. 1 RPflG** eingelegt werden, über die, wenn der Rechtspfleger nicht abhilft, nach S. 6 der Amtsrichter zu entscheiden hat.[649]

1308

Auch bei der Beratungshilfe in einer **Familiensache** entscheidet grundsätzlich das übergeordnete **Landgericht** durch den Einzelrichter, der die Entscheidung aber auf die Kammer übertragen kann, nicht der Familiensenat des Oberlandesgerichts, da das Verfahren der Vergütungsfestsetzung selbst keine Familiensache iSd § 23b Abs. 1 S. 2 GVG, sondern eine Kostensache ist.[650] Hat aber der Familienrichter irrtümlich bei dem Amtsgericht über die Erinnerung entschieden, ist das Oberlandesgericht nach §§ 56 Abs. 2 S. 1, 33 Abs. 4 S. 2 RVG, 119 Abs. 1 Nr. 1a GVG dennoch das zuständige Beschwerdegericht, weil es nach dem **Prinzip der formellen Anknüpfung** ausschließlich darauf ankommt, welcher **Spruchkörper** die angegriffene Entscheidung erlassen hat.[651] Etwas anderes folgt auch nicht aus der Verweisung von § 5 BerHG auf § 5 FamFG, da diese nur für das Bewilligungsverfahren selbst und nicht – auch nicht als Annexkompetenz – für das Vergütungsfestsetzungsverfahren gilt.[652]

1309

Eine **weitere Beschwerde** ist als Rechtsbeschwerde nur zulässig, wenn das Landgericht sie als Beschwerdegericht zugelassen hat (§ 56 Abs. 2 S. 1 iVm § 33 Abs. 6 RVG).

1310

Dem Rechtsuchenden selbst, der nach § 56 RVG nicht erinnerungs- und beschwerdeberechtigt ist,[653] steht auch der Weg zum BVerfG nicht offen, weil er rechtlich nicht von der Entscheidung betroffen ist, soweit nicht ein Hinweis nach § 8a Abs. 4 S. 1 BerHG erteilt worden war.[654]

---

[644] AG Kiel NJOZ 2010, 1504; Binz/Dörndorfer/Zimmermann/*Zimmermann* GKG § 66 Rn. 36.
[645] OLG Köln AGS 2013, 73; OLG Düsseldorf NJOZ 2005, 61; LG Düsseldorf BeckRS 2018, 37730; *Lissner* FamRZ 2013, 1271 (1276); AGS 2013, 497 (500); *Lappe* Rpfleger 1984, 76; Poller/Härtl/*Köpf* RVG § 56 Rn. 20; *Groß* RVG§ 56 Rn. 4; *Lissner/Dietrich/Schmidt* Rn. 352.
[646] OLG Frankfurt NJW-RR 2012, 1024; OLG Köln MDR 2011, 258.
[647] LG Karlsruhe FamRZ 2018, 519; vgl. auch BGH NJW 2005, 156.
[648] KG JurBüro 2007, 543.
[649] AG Kiel NJOZ 2010, 1504; LG Mönchengladbach BeckRS 2008, 26402.
[650] BGH FamRZ 1984, 774; OLG Koblenz NJW 2012, 944; OLG Naumburg BeckRS 2013, 10556; OLG Frankfurt NJW-RR 2012, 1024; OLG Brandenburg BeckRS 2010, 30460; OLG Düsseldorf FamRZ 2009, 713; LG Karlsruhe FamRZ 2018, 519; LG Magdeburg BeckRS 2013, 06729; *Groß* RVG§ 56 Rn. 8.
[651] BGH MDR 1993, 382; Zöller/*Lückemann* GVG § 119 Rn. 5.
[652] OLG Koblenz AGS 2012, 27; OLG Brandenburg BeckRS 2010, 30460.
[653] BVerfG RVGreport 2019, 215.
[654] BVerfG NJW 2011, 2570, offen lassend für den Fall einer bloßen faktischen Beschwer, die in dem betreffenden Streit auch nicht vorlag, vgl. auch BVerfG v. 12.11.2018 – 1 BvR 1370/18.

Sachverzeichnis

Die Zahlen bezeichnen die jeweiligen Randnummern

Abänderung der PKH-Bewilligung *s. Überprüfung und Abänderung der PKH-Bewilligung*
Abfindungen 250
Absehen vom Kostenansatz 13
Abzüge vom Einkommen 294 ff.
– Arbeitsmittel 300
– Ausbildungsversicherung 297
– behinderungsbedingter Mehrbedarf 325
– Berufsunfähigkeitsversicherung 297
– Berufsverbände, Beiträge 300
– besondere Belastungen, § 115 Abs. 1 S. 3 Nr. 5 ZPO 320 ff.
– doppelte Haushaltsführung, Mehraufwendungen 300
– Eigentumswohnung 316 ff.
– Einzelfälle 326 ff.
– Fahrtkosten 300
– Freibetrag für die Partei, § 115 Abs. 1 S. 3 Nr. 2a ZPO 305
– Freibetrag für Erwerbstätige, § 115 Abs. 1 S. 3 Nr. 1b ZPO 302 ff.
– Freigänger 315
– Gebäudehaftpflichtversicherung 297
– Haftpflichtversicherung, private 297
– Hagelversicherung 297
– Haus, eigenes 316 ff.
– Hausratversicherung 297
– Heimunterbringung 315
– Hilfskassen 299
– in § 82 Abs. 2 SGB XII genannte Beträge (§ 115 Abs. 1 S. 3 Nr. 1a ZPO) 294 ff.
– Kfz-Haftpflichtversicherung 296, 300
– Kosten der Unterkunft und Heizung, § 115 Abs. 1 S. 3 Nr. 3 ZPO 310 ff.
– Krankenhaustagegeldversicherung 297
– Krankenversicherung, private 297
– Krankenversicherungsbeiträge 296
– Lebensversicherung 298
– Mehrbedarfe, § 115 Abs. 1 S. 3 Nr. 4 ZPO 319
– Obdachloser 315
– Pauschalierung 324
– Rechtsschutzversicherung 297
– „Riester-Rente" 297 f.
– Sachversicherung 297
– Sozialversicherung, Pflichtbeiträge 295
– Sterbegeldkassen 299
– Sterbeversicherung 297
– Steuern 294
– Strafgefangener 305
– Tilgung 316
– Unfallversicherung, gesetzliche 296
– Unfallversicherung, private 297
– Unterhaltsfreibetrag für den Ehegatten/Lebenspartner des Antragstellers, § 115 Abs. 1 S. 3 Nr. 2a ZPO 306 f.
– Unterhaltsfreibetrag für weitere unterhaltsberechtigte Personen, § 115 Abs. 1 S. 3 Nr. 2b ZPO 308 f.
– Unterstützungskassen 299
– Vermietung, Werbungskosten bei Einkünften aus 300
– Verpachtung, Werbungskosten bei Einkünften aus 300
– Versicherungen oder ähnliche Einrichtungen, Beiträge 296 ff.
– Werbungskosten 300
Adhäsionsverfahren 31, 36
Änderungen des Prozesskostenhilferechts 2 ff.
ärztlicher Behandlungsfehler 17
Äußerungsberechtigter 15
Aktiengesellschaft 86
Amtsermittlungsgrundsatz 1
Amtshaftung 176
Angeklagter 30
„Angelegenheit", Begriff in der Beratungshilfe 1274 ff.
– Arbeitsrechtssachen 1283
– Asylsachen 1284
– Asylfolgeanträge 1284
– ausländerrechtliche Fragen 1284
– Begriffsbestimmung 1274 ff.
– Ehescheidungsverbund 1285
– Einzelfälle (alphabetisch) 1283 ff.
– Familiensachen 1285 f.
– Kindesunterhalt 1286
– Mietsachen 1287
– Nachlasssachen 1288
– Schuldenregulierung 1289
– Sozialhilfe 1286, 1290
– Sozialleistungen 1291
– Strafrecht 1292
– Strafvollzug 1293
– Umgangsrecht 1286
– unerlaubte Handlungen 1294
– Unterhalt 1286, 1295
– Vertragsrecht 1297
– Verwaltungsakt, Anfechtung 1298
Anrechnung
– Geschäftsgebühr 1263

Anspruchsübergang auf die Staatskasse gemäß § 59 RVG 825, 931 ff.
– Benachteiligung der Staatskasse 944 ff.
– Einreden gegen übergegangene Ansprüche 949 ff.
– Einwendungen gegen übergegangene Ansprüche 949 ff.
– Geltendmachung des Übergangs zum Nachteil des beigeordneten Anwalts, keine 953
– grundloses Unterlassen der Geltendmachung des Beitreibungsrechts nach § 126 ZPO durch den beigeordneten Anwalt 952
– übergehende Ansprüche 932 ff.
– Verfahren bei Geltendmachung auf die Staatskasse übergegangener Ansprüche 955 f.
– Verfügungen der Partei über den Erstattungsanspruch 944 ff.
– Verjährung 954
– Zeitpunkt des Anspruchsübergangs 943
– Zweck der Vorschrift 931
Antrag, Form 103 ff.
– Anwaltszwang 106
– Beifügung von Belegen 108
– beratende Hilfe durch Geschäftsstelle 105
– Formularvorlage 107 f.
– Protokoll der Geschäftsstelle, Erklärung zu 104 f.
– schriftlicher Antrag 103
Antrag, notwendiger Inhalt 143 ff.
– Angabe der Beweismittel 150
– Darstellung des Streitverhältnisses 144 ff.
– Formular 152 ff.
– Mindestinhalt 143
Antrag, zuständiges Gericht 109 ff.
– beauftragter Richter 114
– ersuchter Richter 115
– Familiensachen 117
– Finanzgerichtsbarkeit 110
– funktionelle Zuständigkeit 110
– Güterichter 109
– Insolvenzgericht 111
– Länderöffnungsklausel 110
– Prozessgericht 109
– Rechtsmittelgericht 112
– Rechtspfleger 116
– Rechtsweg-Kompetenzkonflikt 118
– Rechtswegverweisung analog § 17a GVG 118
– sachliche Zuständigkeit 109
– Sozialgerichtsbarkeit 110
– Urkundsbeamter der Geschäftsstelle 110
– Verwaltungsgerichtsbarkeit 110
– Verweisung 117 ff.
– Vollstreckungsgericht 111
– vorbereitender Einzelrichter 114
– Vorsitzender 113
– Zuständigkeitsbestimmung 118
Antragswirkungen 119 ff.
– Anhängigkeit Prozesskostenhilfeverfahren 119
– Belehrung nach § 120a Abs. 2 S. 4 ZPO 124

– Gleichstellung mit Klageerhebung 124a ff.
– prozessuale Wirkungen des Prozesskostenhilfeantrags, sonstige 120 ff.
– Verjährung, Neubeginn 121
– Verjährungshemmung 120
– Versäumnisurteil(-beschluss) 122
– Wiedereinsetzung in den vorigen Stand 123
anwaltliche Beratungsstellen
– Beratungshilfe 1224
Anwaltsbeiordnung 630 ff.
– Abstammungssachen 688
– Adoptionsverfahren 688
– Amtsermittlung 658
– Anspruch des Anwalts auf Beiordnung, kein 646
– Änderung der Anwaltswahl nach der Beiordnung 647
– Antrag auf Beiordnung 637
– Anwaltsprozess (§ 121 Abs. 1 ZPO; 78 Abs. 1 FamFG) 650 ff.
– Anwalt in eigener Sache 641
– Arbeitsgerichtsverfahren 661
– Ausländerrecht 688
– ausländische Anwälte 639
– Beiordnungstatbestände 631
– Beistand iSd § 12 FamFG 643
– Bereitschaft des Anwalts zur Vertretung 648
– Betreuungsverfahren 688
– Beweisaufnahmeanwalt 706
– Dolmetscher 644
– Ehesachen 662
– Erbausschlagung für das Kind 688
– Erforderlichkeit einer Anwaltsbeiordnung (§ 121 Abs. 2 Hs. 2 Alt. 1 ZPO) 655 ff.
– Familiensachen 651
– freie Anwaltswahl 638 ff.
– Gerichtsbeschluss, ausdrücklicher 632 f.
– Gerichtsvollzieher 644
– Gewaltschutzsachen 688
– Grundbuchsachen 663
– Grundgedanke 630
– Haftpflichtprozess 664
– Hochschulzulassungsverfahren 665
– Insolvenzgläubiger 667
– Insolvenzverfahren 666 f.
– Insolvenzverwalter 667
– Jurist in eigener Sache 641
– Justizbeamter, sonstiger 643
– Mahnverfahren 668
– Mandatskündigung aus wichtigem Grund 647
– Mandatsvertrag 716 ff.
– Markensachen 670
– Mehrkosten auswärtiger Anwalt (§ 121 Abs. 3 ZPO) 690 ff.
– Mehrkosten für die Staatskasse, keine 647
– Mietsachen 669
– Notanwalt 649
– § 78 Abs. 2 FamFG 687 ff.

- Parteiprozess/Verfahren ohne Anwaltszwang (§ 121 Abs. 2 ZPO, § 78 Abs. 2 FamFG) 653 ff.
- Patentsachen 670
- Prozessagent 643
- Prozessvollmacht 716 ff.
- Rechtsanwalts-GmbH 642
- Rechtsanwalts-Sozietät 642
- Rechtsbeistand 643
- Rechtspfleger 643
- Referendar 643
- Sachvoraussetzungen 650 ff.
- selbstständiges Beweisverfahren 671
- Sorgerecht 688
- Sozialgericht 652, 672
- Stundungsverfahren 666
- Tätigkeitsverbot des Anwalts 638
- Terminsvertreter 707
- Umfang der Beiordnung 634 ff., 708 ff.
- Umgangsrecht 688
- Umgangsvermittlungsverfahren nach § 165 FamFG 688
- Unterbevollmächtigter 707
- Unterbringungsverfahren 688
- Unterhaltsverfahren 673 f.
- Vaterschaftsanfechtungsverfahren 688
- vereinfachte Unterhaltsverfahren 674
- Verfahren der Beiordnung 632 ff.
- Verfahrensbeistand nach § 158 FamFG 688
- vergütungsrechtliche Wirkungen der Beiordnung, Überblick 726 ff.
- Verkehrsanwalt 699 ff.
- Versorgungsausgleichsverfahren, abgetrennte 688
- Versorgungsausgleichsverfahren, isolierte 688
- Verwaltungsgerichtsbarkeit 652
- Vormundschaft 688
- Waffengleichheit (§ 121 Abs. 2 2. HS Alt. 2 ZPO) 679 ff., 689
- Wirksamkeit der Beiordnung 732 f.
- Wirkung der Beiordnung 708 ff., 791 ff.
- Zeuge 678
- Zwangssicherungshypothek 688
- Zwangsverfahren nach § 35 FamFG 688
- Zwangsvollstreckung 675 ff.

Anwaltsbeiordnung, Wirkung 708 ff., 791 ff.
- Anspruchsübergang auf die Staatskasse gemäß § 59 RVG 825, 931 ff.
- Anwaltsvergütung 791 ff.
- „auswärtiger" Anwalt, Beiordnung 798 ff.
- Beiordnung eines anderen als des PKH-Verfahrensanwalts 804
- konkurrierende Ansprüche des beigeordneten Anwalts gegen Partei, Staat, Prozessgegner 822 ff.
- Mandatsvertrag 716 ff.
- Prozessvollmacht 716 ff.
- Rechtsbeziehungen des Anwalts infolge der Beiordnung 813 ff.
- Rechtsverhältnis zum kostenerstattungspflichtigen Prozessgegner 821
- Rechtsverhältnis zum Staat 816 ff.
- Rechtsverhältnis zur Partei 813 ff.
- Umfang der Beiordnung 708 ff.
- Vergütung des beigeordneten Anwalts bzw. der sonstigen Berufsgruppen gemäß den §§ 45 –59 RVG 826 ff.
- Wechsel des beigeordneten Anwalts 805 f.

Anwaltspflicht
- Belehrung 169 ff.
- Hinweis 169 ff.

Anwaltsvergleich (§§ 796a-c) 19

Anwaltsvergütung *s. a. Auslagen, Vergütung bei Beiordnung* 791 ff.
- Anspruchsübergang auf die Staatskasse gemäß § 59 RVG 825, 931 ff.
- Art der Vergütung 851 ff.
- Auslagen 862 ff.
- Auslagen, Erstattungsbegrenzung nach § 46 RVG 865 ff.
- Auslagenersatzanspruch des beigeordneten auswärtigen Anwalts 794
- „auswärtiger" Anwalt, Beiordnung 798 ff.
- Beitreibungsrecht des beigeordneten Anwalts 906 ff., 913 ff.
- Bewilligung von PKH, Anwaltsgebühren 812
- Fälligkeit der Vergütung 844
- Festsetzung der Vergütung des beigeordneten Anwalts, Verfahren 883 ff.
- Nichtbewilligung der PKH, Anwaltsgebühren 811
- PKH-Gebühren 851 ff.
- privatrechtliche Vergütungsansprüche des beigeordneten Anwalts 791
- Rückfestsetzung 850
- Rückzahlung überzahlter Anwaltsvergütung 846 ff.
- Streitgenossen, Vertretung, Anwaltsgebühren 810
- Teilbewilligung PKH, Anwaltsgebühren 807 ff.
- Umfang der Stundung der Vergütung des beigeordneten Anwalts 795 ff.
- unzulässige Honorarvereinbarung nach § 3a Abs. 3 S. 1 RVG 792
- Unzulässigkeit von Honorarvereinbarungen und der Geltendmachung von Honoraransprüchen nach der Berufsordnung für Rechtsanwälte 793
- Vergütung des beigeordneten Anwalts bzw. der sonstigen Berufsgruppen gemäß den §§ 45 –59 RVG 826 ff.
- Verjährung des Vergütungsanspruchs 845
- Verstoß gegen das Gebot der kostensparenden Prozessführung 842
- Vorschüsse und Zahlungen an den beigeordneten Rechtsanwalt (§ 58 RVG) 926 ff.
- Vorschüsse der Partei an den Anwalt 803

– Vorschusszahlung an Anwalt 882
– Wahlanwaltsvergütung 906 ff.
– weitere Vergütung 856 ff.
Anwendungsbereiche der Prozesskostenhilfe 15 ff.
– Arbeitsgerichtsbarkeit 39 f.
– ausländische Gerichte 44
– Familiensachen 27 ff.
– Finanzgerichtsbarkeit 43
– freiwillige Gerichtsbarkeit 27 ff.
– Mahnverfahren 16
– ordentliche Gerichtsbarkeit 16 ff.
– selbstständiges Beweisverfahren 17
– Sozialgerichtsbarkeit 42
– Strafprozess 30 ff.
– Urkundenprozess 16
– Verfassungsgerichtsbarkeit 15
– Verwaltungsgerichtsbarkeit 41
– Zivilprozess 16 ff.
Arbeitseinkommen 248
Arbeitsgerichtsbarkeit 39 f.
– sofortige Beschwerde 40
– Urkundsbeamter der Geschäftsstelle 40
Arrest 16
Asylverfahren 41
Aufhebung der PKH-Bewilligung 991 ff.
– Aufhebungstatbestände 999 ff.
– Ermessensnorm 996
– Rechtsbehelfe 1029 ff.
– Übergangsrecht 995
– Verfahren 1029 ff.
– Wirkung der Aufhebung 1024 ff.
– Zuständigkeit 1029 ff.
Ausländer 66
ausländische Parteien, Klagen gegenüber 16
ausländische Gerichte 44
– Anwendungsbereich der Prozesskostenhilfe 30
– Auslandsunterhaltsgesetz (AUG) 44
– Auslandsunterhaltssachen 46
– EuUnthVO 46
– grenzüberschreitende Prozesskostenhilfe innerhalb der EU 44
– Haager Kindesentführungsabkommen 44
Auslagen, Vergütung bei Beiordnung 862 ff.
– Aktenversendungspauschale 868
– Auslagen vor PKH-Bewilligung 866
– Abwesenheitsgelder 863
– Beweisaufnahmen, auswärtige 868
– Beweislast für die Erforderlichkeit 881
– Beweismittelbeschaffung 869
– Datenbankrecherchen 862
– Detektivkosten 870
– Dokumentenpauschale 863
– Dolmetscherkosten zur Verständigung des Anwalts mit der Partei 871
– Einscannen 873
– Einwendungsdurchgriff 864

– Entgelte für Post- und Telekommunikationsdienstleistungen 863, 877
– Erforderlichkeit 864
– Erstattungsbegrenzung nach § 46 RVG 865 ff.
– Fahrtkosten 863
– Farbkopien 872
– Formulare 862
– Fotokopien 872 ff.
– Hilfskräfte 862, 876
– Kanzleiaufwand 862
– Kopien 872 ff.
– Literatur 862
– Partei obliegende Auslagen 867
– Parteiauslagen 867
– Postentgelte 863, 877
– Privatgutachten 869
– Reisekosten 8/8 f.
– Schreibauslagen 879
– Tagegelder 863
– Telekommunikationsentgelte 863, 877
– Übersetzungen 871, 880
– Umsatzsteuer 863
Auslandsfälle
– Einkommen, einzusetzendes 351
Auslandsunterhaltsgesetz (AUG) 44

beauftragter Richter 114
Bedürftigkeit 241 ff.
– Arbeitseinkommen 248
– Berechnung des Einkommens 247 ff.
– Bildung von Rücklagen 292
– Bruttoeinkommen, Ermittlung 247 ff.
– Einkunftsarten, einzelne 250 ff.
– fiktives Vermögen 420 ff.
– gesetzliche Grundlagen 241 ff.
– Kapitalvermögen, Einkünfte aus 249
– Kreditaufnahme 415 ff.
– künftiges Vermögen 418 f.
– personaler Bezugspunkt der „persönlichen und wirtschaftlichen Verhältnisse" 244
– Schätzung des Einkommens nach den Lebensverhältnissen des Antragstellers 291
– sonstige Einkünfte 249
– teilweise Hilfsbedürftigkeit 456
– Vermietung, Einkünfte aus 249
– Verpachtung, Einkünfte aus 249
– Zeitpunkt der Einkommensfeststellung 293
Behördenberatung 1162 ff.
Beigeladene 64
Beiordnung s. Anwaltsbeiordnung
Beistandsbestellung
– Strafprozess 31
Beitreibungsrecht des beigeordneten Anwalts 906 ff., 913 ff.
Belege 159 ff.
– Fotokopien 161
– Nachreichung 162
– Originalbelege 161
– Schulden 160

Sachverzeichnis

– Selbständige 160
– Verdienstbescheinigungen 160
Belehrung s. *Hinweispflicht*
Beratungshilfe 171, 1117 ff.
– Abgrenzung zur Prozesskostenhilfe 1122 ff.
– Änderungen des Beratungshilfegesetzes seit dem Inkrafttreten 1118 ff.
– Amtsgericht, Beratung durch 1172
– Anerkennungsgebühr 1246
– „Angelegenheit" in der Beratungshilfe, Begriff 1274 ff.
– Ansprüche gegen den Gegner 1251 ff.
– Ansprüche gegen den Rechtssuchenden 1245 ff.
– Ansprüche gegen die Landeskasse 1256 ff.
– Anspruchsverlust bei notwendiger Zweitberatung 1271
– Anstaltsverwaltung im Strafvollzug 1162
– Anwaltsmodell 1117
– Ausländer 1139
– Ausländerbehörde 1163
– Auslagenerstattung 1269 f.
– Auslandsrechtsfälle 1191 f.
– außergerichtliche Streitschlichtung 1126
– Bedürftigkeit 1148
– Behördenberatung 1164
– Beigeladene 1126
– Beratung 1193
– Beratungsgebühr 1260 f.
– Beratungshilfeformularverordnung (BerHFV) 1120
– Beratungshilfegebühr 1245
– Beratungshilfestatistik 2019 1147
– Berufsbetreuer 1165
– Berufsergänzungspfleger 1165
– Berufspfleger 1165
– Berufsverbände 1166
– Berufsvormund 1165
– Beschuldigte 1127
– Bewährungsverfahren 1128
– Beweissicherungsverfahren 1129
– Bewilligungsverfahren 1199 ff.
– Buchprüfer, vereidigte 1144
– Datenbanken 1170
– Einigungsgebühr 1264 f.
– Entwicklung 1117 ff.
– Erfolgsaussicht 1158
– Erfolgshonorar 1179
– Erforderlichkeit der Vertretung 1194 ff.
– Erledigungsgebühr 1264 f.
– Flüchtlingsberatungsstellen 1163
– Frauenhäuser 1178
– Funktion 1117 ff.
– Gebühren 1245 ff.
– Geschäftsgebühr 1262 ff.
– Gewerkschaften 1166
– Gnadengesuche 1128
– Hilfsmöglichkeiten, andere 1159 ff.
– Hinweispflichten 1140 ff.
– Inland, Beziehung zum 1139
– Inland, Rechtswahrnehmung im 1139
– Insolvenzverfahren 1129
– Interessenverbände 1167
– Jugendamt 1168
– juristische Personen, inländische 1138
– kommunale Rechtsberatung 1177
– kommunale Schuldnerberatung 1177
– Kostenfestsetzungsverfahren 1299 ff.
– Kreditaufnahme 1153
– künftiges Vermögen 1153
– Kumulation der Gebühren nach Nr. 2503 und 2508 1266
– Mahnverfahren 1131
– Mediation 1136, 1169
– „Mediationskostenhilfe" 1136
– Medienhinweise 1170
– mehrere Angelegenheiten 1247
– Mutwilligkeit 1180 ff.
– Nebenkläger 1127
– objektive Voraussetzungen 1154 ff.
– ÖRA-Modell 1117
– Ordnungswidrigkeitenrecht 1187
– Parteien kraft Amtes 1138
– parteifähige Vereinigungen 1138
– Pauschalgebühr von 15 EUR 1245
– Personenkreis 1138 f.
– Privatkläger 1127
– pro bono 1179, 1246
– Prozesskostenhilfe 1171
– Prozesskostenhilfe-Bewilligungsverfahren 1132
– Prozesskostenvorschuss 1149 ff.
– Ratenzahlungsvereinbarung 1265
– Rechtsantragsstelle 1172
– Rechtsbehelf, Erfolgsaussichten 1135
– Rechtsgebiet, beratungshilfefähiges 1185 ff.
– Rechtsschutzinteresse, allgemeines 1184
– Rechtsschutzversicherung 1173
– Rentenberater 1144
– schiedsrichterliches Verfahren 1133
– Schlichtungsstellen 1175
– Schlichtungsverfahren in Ausbildungsstreitigkeiten 1133
– Schuldenbereinigungsgebühr 1267
– Schuldenbereinigungsverfahren, außergerichtliches 1130
– Schuldnerberatung 1174
– Selbsthilfe 1176
– selbstverschuldete Mittellosigkeit 1152
– Sozialrecht 1135, 1188
– Statistik 1145 ff.
– Steuerberater 1144
– Steuerbevollmächtigte 1144
– Strafrecht 1187
– Strafvollzugsverfahren 1128
– Streitverkündete 1126
– subjektive Voraussetzungen 1148 ff.
– Übergang von Ansprüchen 1273

- Übergangsfälle 1268
- Übernahmepflichten 1140 ff.
- Umfang 1193 ff.
- urheberrechtliche Abmahnungen, Abwehr 1137
- Verbraucherberatung 1177
- Verbraucherinsolvenzberatung 1178
- Verbraucherschlichtungsstellen 1177
- Verein, gemeinnütziger 1138
- Verfassungsrecht 1189
- Vergleiche, außergerichtliche 1134
- Vergütung 1245 ff.
- Vertretung 1193
- Verwaltungsrecht 1135, 1188
- Vorschussanspruch 1272
- Wahrnehmung von Rechten 1154 ff.
- Widerspruchsverfahren, sozialrechtliche 1135
- Widerspruchsverfahren, verwaltungsrechtliche 1135
- Wirtschaftsprüfer 1144
- Zeugen eines Strafverfahrens 1127
- Zusammenhangsfälle 1190
- Zwangsvollstreckungsverfahren 1135
- Zweitberatung, notwendige 1271

Beratungshilfe, Auslagenerstattung 1269 f.
- Dokumentenpauschale 1270
- Dolmetscherkosten 1270
- Einzelfälle 1270
- Fernsprechentgelte 1270
- Fotokopierkosten 1270
- medizinische Kurzgutachten 1270
- Mehrwertsteuer 1270
- Postentgelte 1270
- Privatgutachten 1270
- Rechtsgutachten 1270
- Reisekosten 1270
- Schreibauslagen 1270
- Telefonkosten 1270
- Übersetzungskosten 1270

Beratungshilfe, Bewilligungsverfahren 1199 ff.
- Amtsgericht, Hilfe durch das (Rechtspfleger) 1216 ff.
- Antrag 1203 ff.
- anwaltliche Beratungsstellen 1224
- Aufhebung der Beratungshilfe 1230 ff.
- Berechtigungsschein, Erteilung 1219 f.
- Buchprüfer, vereidigte 1228
- Direktzugang zum Rechtsanwalt 1221 ff.
- Entscheidung über die Erinnerung 1244
- Gewährungsformen 1216 ff.
- „pro bono"-Tätigkeit 1221
- Rechtsbehelf der Staatskasse gegen die Bewilligung der Beratungshilfe 1243
- Rechtsbehelfe gegen die Versagung der Beratungshilfe 1240 ff.
- Rechtsbeistände 1225
- Rentenberater 1229
- Steuerberater 1227
- Steuerbevollmächtigte 1227
- Verbraucherinsolvenzberatung, anerkannte Stellen für 1226
- Wirtschaftsprüfer 1228
- Zuständigkeit 1199 ff.

Beratungshilfe, Kostenfestsetzungsverfahren 1299 ff.
- Antrag 1300
- Erinnerung 1306
- Formularzwang 1300
- Nachweis der Entstehung der Gebühren 1301 ff.
- Rechtsbehelfe 1306 f.
- Rückforderung der Vergütung 1306
- Überprüfung im Festsetzungsverfahren, Umfang 1305
- weitere Beschwerde 1310
- Zuständigkeit 1299

Beratungshilfegesetz 1, 1118 ff.
Beratungshilfestatistik 2019 1147
Beschwerde
- Sozialgerichtsbarkeit 42a
- Strafprozess 31
- Verwaltungsgerichtsbarkeit 41

Beschwerde, sofortige s. sofortige Beschwerde
Beschwerderecht der Staatskasse 12b
besondere Belastungen, § 115 Abs. 1 S. 3 Nr. 5 ZPO 320 ff.
- Abzahlungsverpflichtungen 326, 339
- Alleinerziehende 327
- angemessene Aufwendungen 323
- Anwaltskosten aus früheren Prozessen 328
- Arztkosten 334
- außergewöhnliche Belastung 322
- Auto 329
- Begriff 320 ff.
- Behinderte 325
- Darlehen 330, 339
- Diät 330
- doppelte Haushaltsführung 330a
- Einzelfälle 326 ff.
- Ernährung 335
- Essensgeld bei Fremdbetreuung 333a
- Familienereignisse 331
- Geburt 331
- Geldbußen 332
- Geldstrafen 332
- Härteklausel 321
- hauswirtschaftlicher Bedarf 335
- Hinweis auf § 1610 BGB 325
- Hochzeit 331
- Hypothekenbelastung 333, 339
- Instandhaltung von Kleidung 335
- Kindergartenbeiträge 333a
- Kleidung 335
- Körperpflege 335
- Kommunion 331
- Konfirmation 331
- Krankenhauskosten 334
- krankheitsbedingte Aufwendungen 334

– Kredit 334, 339
– Kuraufenthalt, notwendiger 334
– Lebenshaltungskosten, allgemeine 335
– Liebhabereien, Finanzierung 339
– Luxus, Finanzierung 339
– Medikamentenzuzahlung 334
– Musikunterricht 333a
– Nachhilfeunterricht 333a
– Pauschalierung 324
– Pauschbeträge 335
– persönliche Bedürfnisse des täglichen Lebens 335
– Pflegebedürftigkeit 336
– Pflegeversicherung 274, 336
– Pkw, Tilgungsraten für Kaufpreisdarlehen 339
– Raten aus einem anderen Prozesskostenhilfeverfahren 337
– Reinigung von Kleidung 335
– Reisekosten 338
– Schülerfahrtkosten 333a
– Schulden 339
– Schulgeld 333a
– Schulungskosten 340
– Schwangerschaft 341
– selbst bewohntes Haus, Zins- und Tilgungsleistungen für ein 339
– Steuerrecht 322
– Tagesmutter, Kosten 333a
– Tilgung 339
– Todesfall 331
– Umgangskosten 342
– Unterhaltszahlungen 343
– vermögenswirksame Leistungen 344
– Versicherungsprämien 345
– Zinsen 339, 346
Betreuungsverfahren 28
Betriebsrat 86
Bewilligung von Prozesskostenhilfe/Verfahrenskostenhilfe 582 ff.
– Aufhebung 991 ff.
– Form der PKH-Entscheidung 612 ff.
– Gegenstand 582 ff.
– Inhalt der PKH-Bewilligung 595 ff.
– Instanz, Beginn und Ende 584
– Instanz, Umfang 585 ff.
– Instanzende, Bewilligung von PKH von 610
– Rechtskraft der PKH-Ablehnung, keine 628 f.
– Rechtszug, PKH-Bewilligung für jeden 583
– rückwirkende PKH-Bewilligung 599, 602 ff.
– sofortige Beschwerde gegen PKH-Ablehnung nach Instanzabschluss 611
– unmittelbare Rechtswahrnehmung in gerichtlichen Verfahren mit besonderen Kosten 582
– Verschulden des Anwalts 609
– Wirksamwerden der PKH-Entscheidung 621 ff.
– Zeitpunkt, maßgeblicher 607 f.
– Zwangsvollstreckung, PKH für die 592 ff.

BGB-Gesellschaft 88, 90
– BGB-Außengesellschaft 90
– BGB-Innengesellschaft 90
BRAGO s. *Bundesrechtsanwaltsgebührenordnung (BRAGO)*
Buchprüfer, vereidigter
– Beiordnung 41 ff., 827
– Beratungshilfe 1144, 1216, 1228
Bundesamt für Justiz
– Kindesrückführungsverfahren 22
Bundesrechtsanwaltsgebührenordnung (BRAGO) 8

Corona-Soforthilfen 258

Designschutzverfahren (§ 24 DesignG) 21
Disziplinarverfahren 41

EG-Prozesskostenhilfegesetz 9
Ehegatten
– als Streitgenossen 63
Ehesachen 27
Einkommen
– Berechnung 247 ff.
Einkunftsarten, einzelne 250 ff.
– Abfindungen 250
– Altersvorsorgeunterhalt 284
– Arbeitsförderungsgeld für Behinderte 251
– Arbeitslosengeld I 252
– Arbeitslosengeld II 252
– Arbeitnehmersparzulage 253
– Aufwandsentschädigungen 254
– BAföG 255
– Blindengeld 256
– Blindenhilfe 256
– Contergan-StiftungG, Leistungen nach dem 257
– Corona-Soforthilfen 258
– Darlehen 258a
– Dienstwagen 259
– Dienstwohnung 259
– Eigenheimzulage 260
– einmalige Einkünfte 261
– Elterngeld 262
– Essensmarken 263
– fiktives Einkommen 264, 288 ff.
– freiwillige Zuwendungen Dritter 265
– Gewinnbeteiligungen 261
– Grundrente nach BVG 266
– Jahreswagen 267
– Kindererziehungsleistungen 268
– Kindergeld 269
– Kinderzuschüsse zu einer Rente 270
– Kindesunterhalt 284
– Lebenspartnerschaft, eingetragene 265
– Mietersparnis durch unentgeltliches Wohnen 271
– Naturalleistungen von Familienmitgliedern 271

– Nebeneinkünfte 272
– nichteheliche Lebensgemeinschaft 246, 265, 288
– Pflegegeld 275
– Pflegeversicherung 274
– Prozesskostenvorschussanspruch 276
– Rentennachzahlungen 277
– Schmerzensgeldrenten 278
– Sozialhilfe 279
– Spesen 280
– Steuererstattungen 281
– Taschengeld 282
– Umsatzbeteiligungen 261
– Unfallversicherungsrente 283
– Unterhaltskapitalabfindung 250
– Unterhaltszahlungen 284
– Urlaubsgeld 261, 285
– vermögenswirksame Leistungen 286
– Weihnachtsgeld 261, 285
– Witwenrentenabfindung 250
– Wohngeld 287
– Zuschüsse 263
einstweilige Anordnung
einstweilige Beiordnung
– Strafprozess 31
einstweilige Verfügung 16, 134
Erbengemeinschaft 89
Erfolgsaussicht, hinreichende, der beabsichtigten Rechtsverfolgung oder Rechtsverteidigung 458 ff.
– Abstammungssachen 488 ff.
– Anforderungen an die Erfolgsprüfung, keine Überspannung 460
– Ausländerbeteiligung 487
– Begriff 459
– besondere Verfahren, Erfolgsprüfung in 487 ff.
– Beweisaufnahme, erforderliche, Erfolgsaussicht 482
– Ehesachen 494 ff.
– freiwillige Leistung, Erfolgsaussicht 477
– Gewaltschutzsachen 500
– Hochschulzulassung 501
– Inhalt der Prüfung 461 ff.
– Insolvenzverfahren, Eröffnung, Erfolgsaussicht 475 f.
– Kindschaftssachen 502
– Rechtsmittelinstanz, Erfolgsprüfung 517 ff.
– Rechtsverteidigung, Erfolgsaussicht 478 ff.
– Schmerzensgeldklagen 474
– selbstständiges Beweisverfahren 515
– Stufenklage 503 ff.
– teilweise Erfolgsaussicht 473 f.
– Unterhaltssachen 509 ff.
– Urkundenprozess 514
– verfassungsrechtliche Bedenken, keine 458
– Vollstreckungsaussicht, fehlende, Erfolgsaussicht 475 f.
– Zeitpunkt, entscheidender, für die Prüfung der Erfolgsaussicht 483 ff.

– Zuständigkeitsgrenzen 473 f.
– Zwangsvollstreckung, Erfolgsprüfung 516
ersuchter Richter 115
Europäische Union
– ausländische juristische Personen 87
Europäischer Gerichtshof
– PKH für ein Verfahren vor dem 1112 f.
Europäischer Haftbefehl 30
Europäischer Menschenrechtsgerichtshof
– PKH für ein Verfahren vor dem 1114 ff.
Europäischer Wirtschaftsraum
– ausländische juristische Personen 87
Europäisches Mahnverfahren 16
EuUnthVO 46

FamFG 10
FamGKG
– Verfahren nach dem 25
Familiensachen 27 ff.
– Anwendungsbereiche der Prozesskostenhilfe 27 ff.
– Betreuungsverfahren 28
– Ehesachen 27
– Familienstreitsachen 27
– Unterbringungssachen 28
Familienstreitsachen 27
Festsetzung der Vergütung des beigeordneten Anwalts, Verfahren 883 ff.
– Antrag 885 ff.
– Aufhebung der PKH 905
– Beschwerde 900
– Beschwerde, weitere 901
– Entscheidung im Festsetzungsverfahren 896 ff.
– Erinnerung 899
– Festsetzungsverfahren des Urkundsbeamten der Geschäftsstelle 889 ff.
– Rechtsbehelfe 899 ff.
– Rechtsbeschwerde 901
– Rechtskraft der Vergütungsfestsetzung 902
– Regelung 883 f.
– verspätete Antragstellung 895
– Verwirkung 903 f.
fiktives Einkommen 288 ff.
– unentlohnte Arbeitsleistungen 289
– unterlassene Vermögensnutzung 290
– unterlassener Arbeitseinsatz 288
fiktives Vermögen 420 ff.
Finanzgerichtsbarkeit 43
– Anhörungsrüge 43
– Anwendungsbereich der Prozesskostenhilfe 43
– Beigeladener 43
– Beschwerde 43
– Treu und Glauben, Grundsatz von 43
– Urkundsbeamter der Geschäftsstelle 43
Form der PKH-Entscheidung 612 ff.
– Begründung des PKH-Beschlusses 617 ff.
– Kostenentscheidung im PKH-Verfahren, keine 620

– stillschweigende Bewilligung, keine 612 ff.
– stillschweigende PKH-Ablehnung 615
– Urschrift maßgebend für Beschlussinhalt 616
Formular 152 ff.
– Ausfüllung 154 ff.
– Belege, Beifügung entsprechender 159 ff.
– Benutzung 154 ff.
– Formularzwang 154
– Formularzwang, Ausnahmen und Einschränkungen durch die PKHVV 166 f.
– Geltungsbereich 153
– Hinweise auf Mängel 165
– mehrere Verfahren in derselben Instanz, Besonderheiten 163
– Nichtverwendung 158
– Parallelverfahren, anhängiges, Verweisung auf ein 156
– Prozesskostenhilfeformularverordnung (PKHFV) 152
– Prozesskostenvorschusspflicht 157
– Rechtsgrundlage 152
– Rechtsmittelinstanz, Besonderheiten 164
– Unterzeichnung, eigenhändige 155
– unvollständige Ausfüllung 156
– Verdienstbescheinigungen 160
– Zuleitung der Erklärung nach § 117 Abs. 2 S. 2 2. HS ZPO an den Gegner 168
– Zweck 153
Formularvorlage
– Zulässigkeitsvoraussetzung 107 f.
freiwillige Gerichtsbarkeit 27 ff.
– Anwendungsbereiche der Prozesskostenhilfe 27 ff.

Gebrauchsmusterverfahren (§ 21 Abs. 2 GebrMG iVm §§ 129 ff. PatG, § 18 Abs. 3 S. 3 GebrMG) 21
Genossenschaft 86
Gericht
– Amtshaftung 176
– Fürsorge- und Hinweispflicht 174 f.
– Hilfe zur Antragstellung 169 ff.
– Urkundsbeamter der Geschäftsstelle, Beratungspflicht 173
Gerichtskosten s. a. Parteiauslagen 747 ff.
– Dolmetscherkosten 747
– Einscannen 748
– Farbkopien 748
– Fotokopierkosten 748
– Sachverständigenkosten in gesetzlicher Höhe 749
– Verzögerungsgebühr nach § 38 GKG 750
– Zeugenentschädigung 751
Gerichtskostenbefreiung der hilfsbedürftigen Partei 736 ff.
– Abgrenzungsfragen zu „Gerichtskosten", weitere 747 ff.
– Anwaltsbeiordnung, PKH ohne 757
– „entstehende" Kosten 739

– Geltendmachung der Kosten nach gerichtlicher Bestimmung 752
– Gerichtsvollzieherkosten 740
– gesetzliche Bewilligungswirkungen, keine Änderung 738
– Grundsatz 736
– Parteiauslagen als „Gerichtskosten" 741 ff.
– „rückständige" Kosten 739
– Rückzahlung von gezahlten Kosten 758 ff.
– Stundung 736
– Teilbewilligung von PKH, Gerichtskostenbefreiung bei 753 ff.
– Vergleich, Zahlung der Gerichtskosten bei Übernahme durch 761
– Zeitpunkt für die Befreiung 737
Gerichtskostengesetz (GKG) 8
– Verfahren nach dem 25
Geschäftsgebühr
– Anrechnung 1263
Gesetz über Prozesskostenhilfe vom 13.6.1980 1
Gesetz zur Änderung des Prozesskostenhilfe- und Beratungshilferechts 11, 1194
– Überleitungsvorschrift in § 40 EGZPO 11
Gesetz zur Änderung von Kostengesetzen (KostÄndG) 3
Gesetz zur Förderung der Mediation und anderer Verfahren der außergerichtlichen Konfliktbeilegung 18
Gesetz zur Regelung der Wertgrenze für die Nichtzulassungsbeschwerde in Zivilsachen, zum Ausbau der Spezialisierung bei den Gerichten sowie zur Änderung weiterer zivilprozessrechtlicher Vorschriften 12b
gesetzliche Vertretung 56 ff.
– Betreute 56
– Minderjährige 56
– Nachlasspfleger 58
– Pfleger 57
– Vormund 56
GKG s. *Gerichtskostengesetz (GKG)*
GmbH 86
GNotKG
– Verfahren nach dem 25
grenzüberschreitende Prozesskostenhilfe 44, 1104 ff.
– Antragstellung unmittelbar bei dem Prozessgericht 1109a
– ausgehende Ersuchen, § 1077 ZPO 1106 ff.
– Bundesamt für Justiz 1116
– eingehende Ersuchen, § 1078 ZPO 1109
– Europäischer Gerichtshof, PKH für ein Verfahren vor dem 1112 f.
– Europäischer Menschenrechtsgerichtshof, PKH für ein Verfahren vor dem 1114 ff.
– grenzüberschreitende Prozesskostenhilfe in Zivilsachen nach der EG-Richtlinie 8/2003 1104 ff.
– Grundsätze 1104 f.

– Haager Übereinkommen über den Zivilprozess vom 1.3.1954, Anträge nach dem 1110
– Haager Übereinkommen über die zivilrechtlichen Aspekte internationaler Kindesentführung 1110
– Unterhaltssachen, Fälle mit Auslandsbezug 1111

Güterichter 18a

Haager Übereinkommen über die zivilrechtlichen Aspekte internationaler Kindesentführungen 22, 44
– Anträge nach dem 1110
– Ausführungsgesetz 22

Haftpflichtprozess 62

Halbleiterschutzgesetz (§ 11 Abs. 2 HalblSchG iVm § 21 Abs. 2 GebrMG) 21

Herabsetzung des Streit- bzw. Verfahrenswerts aus sozialen Gründen 13

Hilfe zur Antragstellung durch Rechtsanwälte und Gerichte 169 ff.
– Amtshaftung 176
– Anwaltspflicht zu Hinweis und Belehrung 169 ff.
– Beratungspflicht des Urkundsbeamten der Geschäftsstelle 173
– Fürsorge- und Hinweispflicht des Gerichts 174 f.

Hilfsmöglichkeiten, andere (Beratungshilfe) 1159 ff.
– ADAC 1167
– Amtsgericht, Beratung durch 1172
– Anstaltsverwaltung im Strafvollzug 1162
– Ausländerbehörde 1163
– Behördenberatung allgemein 1164
– Beistandschaft 1168
– Berufsbetreuer 1165
– Berufsergänzungspfleger 1165
– Berufspfleger 1165
– Berufsverbände 1166
– Berufsvormund 1165
– Datenbanken 1170
– Erfolgshonorar 1179
– Flüchtlingsberatungsstellen der allgemeinen Wohlfahrtspflege 1163
– Frauenhäuser 1178
– Gewerkschaften 1166
– Grundbesitzervereine 1167
– Heimleitung eines Übergangswohnheims 1163
– Interessenverbände 1167
– Jugendamt 1168
– kommunale Rechtsberatung 1177
– kommunale Schuldnerberatung 1177
– Lohnsteuerhilfevereine 1167
– Mediation 1169
– Medienhinweise 1170
– Mietervereine 1167
– öffentliche Rechtsberatungsinstitutionen 1160
– pro-bono-Beratung 1179
– Prozesskostenhilfe 1171
– Rechtsantragsstelle 1172
– Rechtsschutzversicherung 1173
– Rentenversicherungsträger 1164
– Schlichtungsstellen 1175
– Schuldnerberatung 1174
– Selbsthilfe 1176
– Stadtstaatenklauseln des § 12 BerHG 1160
– Steuerfragen 1164
– Verbraucherberatung 1177
– Verbraucherinsolvenzberatung 1178
– Widerspruchsverfahren, verwaltungs- oder sozialrechtliches 1164

Hinweispflicht 165, 169 ff.
– Beratungshilfe 1141, 1144

historischer Ursprung der Prozesskostenhilfe 1

Immobiliarvollstreckung 20
Insolvenzrechtsänderungsgesetz 6
Insolvenzverfahren 20
Insolvenzverfahren, Beteiligte 67 ff.
Insolvenzverwalter
– Partei kraft Amtes 75 ff.

Jugendamtsurkunde
– Errichtung (§§ 59 Nr. 3 und 4, 60 SGB VIII) 19

juristische Personen 86 ff.
– ausländische 87
– inländische 86 f.
– öffentlichen Rechts 86

Justizkommunikationsgesetz 8
Justizvergütungs- und -entschädigungsgesetz (JVEG) 8
JVEG s. *Justizvergütungs- und -entschädigungsgesetz (JVEG)*

KG 88
Kind
– verfahrensfähiges 65

Kindesrückführungsverfahren 22
Kindschaftssachen 65
Klageerzwingungsverfahren 35
Klagefrist nach § 13 Abs. 1 S. 2 StrEG 125
KostÄndG s. *Gesetz zur Änderung von Kostengesetzen (KostÄndG)*

Kostenerstattung an den Prozessgegner, kein Einfluss der PKH auf 763 ff.
– Ausnahme 765
– Ende der Kostenbefreiung 770
– Gerichtskostenverteilung, Einzelfragen 766 ff.
– Grundsatz 763 f.

Kostenerstattungsanspruch der hilfsbedürftigen Partei 771 ff.
– eigener Prozessaufwand 771 f.
– Kostenfestsetzungsantrag der Partei 773 f.
– Nebeneinander der Kostenerstattungsansprüche der Partei und ihres Anwalts 778 ff.
– „Umschreibung" 778 ff.

– Verstrickung der Kostenerstattungsansprüche der Partei durch Beitreibungsrechte des Anwalts 775 ff.
Kostenfestsetzungsverfahren, Beratungshilfe *s. Beratungshilfe, Kostenfestsetzungsverfahren*
Kostenrechtsänderungsgesetz 2021 (KostRÄG 2021) 12b
Kostenrechtsmodernisierungsgesetz 8
Kostenvorteile des Prozessgegners infolge einer PKH-Bewilligung 784 ff.
– PKH-Bewilligung für die Beklagtenpartei 790
– PKH-Bewilligung für die Klagepartei 784 ff.
KostRÄG 2021 *s. Kostenrechtsänderungsgesetz 2021 (KostRÄG 2021)*
Kreditaufnahme 415 ff.
künftiges Vermögen 419

Länderöffnungsklausel 110
Landesrecht 13

Mahnverfahren 16
– Europäisches Mahnverfahren 16
Markenschutzverfahren (§ 81a MarkenG) 21
Mediation 18
– außergerichtliche 18b f.
– Forschungsvorhaben 18
– gerichtsnahe 18
– Güterichter 18a
– Richtlinie 2008/52 18b
– vom Gericht angeordnete außergerichtliche (§§ 135, 156 Abs. 1 FamFG) 18c
Mediationsgesetz 18, 1136
Mediationskostenhilfe 1136
Missbrauchsgebühr
– Bundesverfassungsgericht 15
Miteigentümergemeinschaft 89
Monatsraten, auf die Prozesskosten zu zahlende, § 115 Abs. 2 ZPO 347 ff.
– Auslandsfälle 351
– Berechnung der Monatsraten 348 ff.
– Berechnung des 48-Monats-Zeitraums 356
– Ende und Einstellung der Ratenzahlung bei Kostendeckung (§ 120 Abs. 3 ZPO) 359 ff.
– gestaffelte Ratenhöhe 357
– höchstens 48 Monatsraten unabhängig von der Zahl der Rechtszüge 353 ff.
– mehrere Rechtszüge desselben Verfahrens 354 f.
– Mindestanzahl der Raten 351 f.
– Veränderung der Ratenhöhe in der zweiten Instanz 358
– voraussichtliche Kosten 351 f.
– Wegfall besonderer Belastungen (§ 120 Abs. 1 S. 2 ZPO) 364 f.
Musterfeststellungsklage 14a, 55
Musterprozesse 55
Mutwillen 525 ff.
– Abänderungsantrag 558
– Abänderungsverfahren 528

– Abstammungsverfahren 571
– Adhäsionsverfahren, Klage statt 540
– Anwaltsbeiordnung 529
– Arzthaftungsprozess 530
– Auskunftsklage 531
– Ausland, Prozess im 544
– Begriff 525 ff.
– einstweilige Anordnung neben/statt Hauptsacheantrag 532
– Entschädigungsklage 533
– freiwillige Leistung 533
– geringe Beträge 535
– Gesellschaftsrecht 534
– Gewaltschutzsache 532
– Insolvenzeröffnung über das Verfahren des Antragstellers 536
– isolierte Geltendmachung 572
– Kindesunterhalt 573
– Klage bei verschiedenen Gerichten 542
– Klageerweiterung, Klage statt 538
– Mahnbescheid, Klage statt 537
– Masseverfahren, mehrere Prozesse statt 543
– Mediation 552
– objektive Klagehäufung, mehrere Prozesse statt 543
– Räumungsklage, Verteidigung gegen 575
– Rechtsmittelverfahren 545
– Rechtsprechungsbeispiele für Mutwillen 528 ff.
– Rechtsschutzversicherung 547
– Rechtsverteidigung 546
– Rubrumsberichtigung 548
– Scheidungsverfahren 548a f.
– Scheidungsverfahren, Mutwillen 548a
– Scheidungsverfahren, kein Mutwillen 549
– Scheidungsverfahren, ausländische 544, 549
– Scheinehe 550
– Schweigen 551
– Sorgerecht 532, 552
– Streithilfe 553
– Teilklage, Klage statt 539
– Teilklage statt Klage 539
– Titel, gleichgerichteter 554 ff.
– Umgangsrecht 532, 552
– Unterhalt 555 ff.
– Unterhalt und Sozialhilfebezug 569
– Unterhaltsanordnung 532
– unzuständiges Gericht 570
– Vaterschaftsanfechtung 571
– Vaterschaftsfeststellung 571
– Verbundverfahren 572
– vereinfachtes Verfahren (Kindesunterhalt) 573
– Vergleich 574
– Versicherer als Streithelfer 553
– Vollstreckungsaussicht 577
– Widerklage 578
– Widerklage, Klage statt 541
– Zeitpunkt der Mutwillen-Prüfung 581
– Zeugnis 578

– Zug-um-Zug-Leistung 579
– Zwangsvollstreckung 580

Nachlasspfleger 58
– Partei kraft Amtes 74, 84
Nachlassverwaltung 84
natürliche Personen 47 ff.
– Geltendmachung abgetretener Rechte 48 ff.
– Geltendmachung eigener Rechte 47
– Prozessstandschaft 51 ff.
Nebenkläger 31
nicht parteifähige Vereinigungen 89 f.
– BGB-Gesellschaft 90
– BGB-Innengesellschaft 90
– Erbengemeinschaft 89
– Miteigentümergemeinschaft 89
– Wohnungseigentümergemeinschaft 89
Niederschlagung wegen Vermögenslosigkeit 13
Normenkontrollklage 15
Notare
– sinngemäße Anwendung der §§ 114 ff. ZPO 29
notarielle Vereinbarungen 19

öffentlich-rechtliche Körperschaften
– persönliche Gebührenfreiheit 13
OHG 88
ordentliche Gerichtsbarkeit
– Anwendungsbereich der Prozesskostenhilfe 16 ff.
Ordnungsmittelverfahren 20

Parteiauslagen 741 ff.
– Allgemeinkosten 743
– Begleitpersonenkosten 743
– Beweisbeschaffungskosten 743
– Detektivkosten 743
– gesetzlicher Vertreter, Reisekosten 743
– nicht „alsbaldige" Antragstellung 746
– Porto 743
– Privatgutachten 743
– Reisekosten 743 ff.
– Reisekosten des gesetzlichen Vertreters 743
– Reisekosten zu einem Gerichtstermin 744
– Reisekosten zum Anwalt 744
– Schreibauslagen 743
– Spezialregelung für Reisekosten-Entschädigung an Mittellose 745
– Telefon 743
– Verdienstausfall 746
– vorbereitende Reisekosten 744
Parteien im Prozesskostenhilferecht
– Ausländer 66
– Beigeladene 64
– Ehegatten als Streitgenossen 63
– Geltendmachung abgetretener Rechte 48 ff.
– Geltendmachung eigener Rechte 47
– gesetzliche Vertretung 56 ff.

– Haftpflichtprozess 62
– Insolvenzverfahren, Beteiligte 67 ff.
– juristische Personen 86 ff.
– Kind, verfahrensfähiges 65
– Miterbe 47
– Musterfeststellungsklage 55
– Musterprozesse 55
– Nachlasspfleger 58
– natürliche Personen 47 ff.
– nicht parteifähige Vereinigungen 89 f.
– Parteien kraft Amtes 74 ff.
– parteifähige Vereinigungen 86 ff.
– Pfleger 57
– Prozesskostenvorschussanspruch 56
– Prozessstandschaft 51 ff.
– Staatenlose 66
– Streitgehilfen 64
– Streitgenossen 59 ff.
– Streitgenossen, einfache 61
– Streitgenossenschaft, notwendige 60
– Treuhandverhältnisse 49
– Unterhaltsansprüche, rückabgetretene 50
– Verfahrensbeistand 54b
– Verfahrenskostenvorschussanspruch 56
– Verfahrensstandschafter 54
– Vormund 54a, 56
Parteien kraft Amtes 74 ff.
– Anwendung von §§ 115 Abs. 2, 117 Abs. 3 ZPO, keine 85
– Insolvenzverwalter 75 ff.
– Nachlasspfleger 74
– Nachlassverwalter 74, 84
– Nachlassverwaltung 84
– Pfleger des Sammelvermögens 74
– Testamentsvollstrecker 74, 84
– Testamentsvollstreckung 84
– Zwangsverwalter 74, 84
– Zwangsverwaltung 84
parteifähige Vereinigungen 86 ff., 88
Parteiwechsel 91
Patenterteilungsverfahren (§§ 129 ff. PatG) 21
Petitionsverfahren 23
Pfleger 57
Pfleger des Sammelvermögens
– Partei kraft Amtes 74
Pflichtverteidigung 30
PKH-Bewilligungsverfahren s. *Prozesskostenhilfe-Bewilligungsverfahren*
PKHÄndG s. *Prozesskostenhilfeänderungsgesetz (PKHÄndG)*
PKHFV s. *Prozesskostenhilfefomularverordnung (PKHFV)*
Privatkläger 33
Privatklageverfahren
– Beschuldigter 34
pro-bono-Beratung 1179
Prozessfinanzierung
– gewerbliche 14

Prozesskostenhilfe-Bewilligungsverfahren 21, 92 ff.
– objektive Zulässigkeitsvoraussetzungen 92 ff.
– subjektive Zulässigkeitsvoraussetzungen 101 f.
– Zulässigkeit 92 ff.

Prozesskostenhilfe-Prüfungsverfahren (§ 118 ZPO) 177 ff.
– Akteneinsicht des Gegners im PKH-Verfahren 198
– Aufklärung 200 ff.
– Beteiligung des Gegners 179 ff.
– Darlegung 200 ff.
– Datenschutz im PKH-Prüfungsverfahren 183 f.
– Einigungsgebühr bei anhängigen PKH-Verfahren 238
– Erstattung der PKH-Kosten im nachfolgenden Hauptprozess 234
– Familiensachen 178
– Förderung des PKH-Verfahrens durch den Antragsteller 240
– Gegenerklärung, kein Recht des Antragstellers 197
– Gerichtskosten, keine 236 f.
– Glaubhaftmachung der subjektiven Voraussetzungen 200 ff.
– Hauptgebote für den Richter im PKH-Prüfungsverfahren 239
– Kostenerstattung an Gegner, keine 228 ff.
– Kostenvereinbarungen 235
– Mehrvergleich 187
– mündliche Erörterung 220 ff.
– Prozesskostenhilfe für das PKH-Prüfungsverfahren, keine 185 ff.
– Prozesskostenhilfe-Beiheft 199
– rechtliches Gehör des Gegners 190 ff.
– Rechtsnatur des Verfahrens 177 f.
– unzulässige Kostenentscheidungen 233
– Verfahrensgang 190 ff.
– Verfahrensgestaltung 212 ff.
– Vergleich im PKH-Verfahren 187

Prozesskostenhilfeänderungsgesetz (PKHÄndG) 4

Prozesskostenhilfeantrag mit Klage oder Rechtsmittel 131 ff.
– Arrestantrag (§ 916 ff. ZPO), PKH-Antrag für einen 134
– bedingte Klageerhebung 136
– Berufungsbeklagter 140
– einstweilige Anordnung nach §§ 49 ff. FamFG, VKH-Antrag für eine 134
– einstweilige Verfügung, PKH-Antrag für eine 134
– Erfolgsaussicht 140
– formlose Übersendung einer Klageschrift mit PKH-Gesuch an den Beklagten 133
– Klage mit gleichzeitigem PKH-Antrag 131
– PKH-Antrag mit Klageentwurf 132
– PKH-Antrag mit Rechtsmittelentwurf 139
– PKH-Antrag und Klage 131 ff.
– PKH-Antrag und Rechtsmittel 138 ff.
– PKH-Gesuch als Berufungsbegründung 142
– Rechtmitteleinlegung mit gleichzeitigem PKH-Antrag 138
– teilweise PKH-Bewilligung und restlicher Antrag 137
– Wiedereinsetzung in den vorigen Stand 141

Prozesskostenhilfefomularverordnung (PKHFV) 12, 152

Prozesskostenhilferecht
– Änderungen 2 ff.
– Gesetz über Prozesskostenhilfe vom 13.6.1980 1

Prozesskostenminderung 13 ff.

Prozesskostenvorschussansprüche/Verfahrenskostenvorschussansprüche 56, 424 ff.
– Abstammungssachen, § 169 FamFG 440
– ALG II 441
– alsbaldige Durchsetzbarkeit 425
– Arbeitslosenhilfe 441
– Arbeitsrecht 439
– Arzthaftung 440
– Ausbildungsförderung 443
– Auskunftsverlangen 440
– ausländerrechtliches Klageverfahren 443
– ausländische Parteien, Prozesskostenvorschussansprüche 454
– Ausweisung 443
– Baugenehmigungsverfahren 443
– Bedürftigkeit des Berechtigten 444
– Berücksichtigung im PKH-Verfahren 424 ff.
– Betreuungssachen 440
– Billigkeitsprüfung 449a ff.
– Bürgerliches Recht 440
– Darlehen 429
– Darlegungslast 427
– Deliktsrecht 440
– Ehegatten, geschiedene 430
– Eheleute, nicht geschiedene 429a
– Ehesachen 440
– Ehrenschutz 440
– Eltern 435
– Erbrechtsstreit 440
– Examensergebnis, Anfechtung 443
– Fallgruppen zur Vorschusspflicht 439 ff.
– Familiensachen 426, 440
– Führerscheinentzug 443
– Hochschulzulassung 443
– Insolvenzverfahren 440
– Invalidenrente 441
– Kindschaftssachen 440
– Kündigungsschutzprozesse 439
– Lebenspartnerschaft nach dem LPartG, aufgehobene 430
– Lebenspartnerschaft nach dem LPartG, bestehende 429a
– Leistungsfähigkeit des Verpflichteten 445 ff.
– minderjährige Kinder 432
– Mithaftung aus früherer Ehe 440

- Nachbarklage 443
- Nebenklage, strafrechtliche 442
- „nichteheliche" Kinder 434
- nichteheliche Lebensgemeinschaften 431
- Ordnungswidrigkeiten, Verteidigung 442
- persönliche Angelegenheiten 436 ff.
- persönliche Voraussetzungen des Prozesskostenvorschussanspruchs / Verfahrenskostenvorschussanspruchs 429 ff.
- Räumungsprozess 440
- Rentenverfahren 441
- Rückzahlung, spätere 428
- sachliche Voraussetzungen des Prozesskosten-, Verfahrenskostenanspruchs 436 ff.
- Scheidung 440
- Schmerzensgeldklagen 440
- Sozialhilfegewährung 441
- Sozialhilfeträger, Prozesskostenvorschussanspruch gegen den, für die Geltendmachung rückständigen Unterhalts (§§ 94 Abs. 4 SGB XII, 7 Abs. 4 UVG) 455
- Sozialrecht 441
- Strafrecht 442
- Strafsachen, Verteidigung 442
- teilweise Hilfsbedürftigkeit 456
- Unterhaltsansprüche 440
- Veränderung der Verhältnisse 457
- vermögensrechtliche Streitigkeiten 440
- Verwaltungsrecht 443
- Verwandte, sonstige 435
- volljährige Kinder 433
- Wehrdienstfähigkeit 443
- Zahlungsklagen 440
- Zeitpunkt der Geltendmachung 453
- Zugewinnanträge 440
- Zustimmungsersetzungsverfahren nach § 103 Abs. 2 BetrVG 439

Prozessstandschaft 51 ff.
- gesetzliche 51
- gewillkürte 51

Prüfung eines Rechtsmittels auf Erfolgsaussichten 21

Rechtsanwalt
- Beiordnung 630 ff.
- Hilfe zur Antragstellung 169 ff.

Rechtsanwaltsvergütungsgesetz (RVG) 8

Rechtsbeistände
- Beratungshilfe 1216, 1225

Rechtsbeschwerde 1099 ff.
Rechtshilfeverfahren 26
Rechtskraft der PKH-Ablehnung, keine 628 f.
Rechtsmittelgericht 112
Rechtspfleger 114
Rechtsschutzgleichheit 1, 18b
Rechtsschutzversicherung
- Abzüge vom Einkommen 297
- Beratungshilfe 1173
- Vermögen, einzusetzendes 388, 547

Reederei 88
Rentenberater
- Beiordnung 42, 827
- Beratungshilfe 1144, 1216, 1229

Richtlinie 2008/52 18b
Richtlinie (EU) 2016/1919 über Prozesskostenhilfe für Verdächtige und beschuldigte Personen im Strafverfahren sowie für gesuchte Personen in Verfahren zur Vollstreckung eines Europäischen Haftbefehls 12a, 30
Rücklagen, Bildung von 292
Rückwirkung der PKH-Bewilligung 119, 602 ff.
- Antragstellung, Rückbeziehung auf, oder Entscheidungsreife 605 f.
- Bewilligung von PKH nach Instanzende 610
- Eingang eines gemäß § 117 ZPO vollständigen Antrags 607 f.
- Entscheidungsreife, Rückbeziehung auf, oder Antragstellung 605 f.
- Festlegung im Bewilligungsbeschluss 602
- maßgeblicher Zeitpunkt 607 f.
- Rückbeziehung auf die Zeit vor Antragstellung, grundsätzlich keine 604
- sofortige Beschwerde gegen PKH-Ablehnung nach Instanzabschluss 611
- Trennung Zeitpunkt Rückbeziehung/Erfolgsprüfung 603
- Verschulden des Anwalts, Zurechnung bei hilfsbedürftiger Partei 609

RVG s. Rechtsanwaltsvergütungsgesetz (RVG)

Sammelvermögen, Pfleger s. Pfleger des Sammelvermögens
Schätzung des Einkommens nach den Lebensverhältnissen des Antragstellers 291 ff.
schiedsrichterliches Verfahren (§§ 1025 ff. ZPO) 23
Schiedsspruch
- Rechtsbehelfe 23

Schonvermögen 12a, 402 ff.
- „angemessenes Hausgrundstück" 408 ff.
- Anhebung 12a
- Härtefälle 414
- „kleinere Barbeträge" 413
- § 90 Abs. 2 Nr. 1–7 SGB XII 402 ff.

Schutzschrift 19
selbstständiges Beweisverfahren 17
SGB II 10
SGB XII 10
sofortige Beschwerde 1033 ff.
- Abänderungsantrag nach §§ 120 Abs. 4 aF, 120a Abs. 1 ZPO, Abgrenzung zum 1034
- Abgrenzung 1033 ff.
- Abhilfeentscheidung 1077 ff.
- Antragsteller, sofortige Beschwerde 1042 ff.
- Antragswiederholung, Abgrenzung zur 1038
- Arbeitsgerichtsbarkeit 40
- „außerordentliche Beschwerde" 1065

- Begründetheit 1083 ff.
- Beschwer 1075 f.
- Beschwerdefrist 1067 ff.
- Beschwerdewert 1066
- Datenschutz 1040
- Einlegung nach Instanzende 1067 ff.
- Einlegung nach Rechtskraft 1067 ff.
- Gebühren 1092 ff.
- Gegenvorstellung 1036, 1103
- Gehörsrüge 1102
- Gehörsrüge, Abgrenzung zur 1035
- gesetzliche Vertretung 1066
- greifbare Gesetzeswidrigkeit 1065
- Kosten der Beschwerdeinstanz 1092 ff.
- Kostenentscheidung im Beschwerdeverfahren 1096 f.
- Parteifähigkeit 1066
- Prozessbevollmächtigter des Antragstellers, Beschwerde 1056 ff.
- Prozessfähigkeit 1066
- Prozessgegner, Beschwerde 1055
- Prozesskostenhilfe für das PKH-Beschwerdeverfahren 1098
- Prüfungsumfang 1086 ff.
- Prüfungszeitpunkt 1083 ff.
- Rechtsbehelfe gegen die Beschwerdeentscheidung 1099 ff.
- Rechtsbeschwerde 1099 ff.
- Rechtsschutzbedürfnis, allgemeines 1075 f.
- Staatskasse, sofortige Beschwerde 1059 ff.
- Statthaftigkeit 1042 ff.
- Streitwert 1092 ff.
- Vorlage 1077 ff.
- Zulässigkeit 1042 ff.
- Zulässigkeitsvoraussetzungen, allgemeine 1066

Sortenschutzsachen (§ 36 SortenschutzG iVm §§ 129 ff. PatG) 21

Sozialgerichtsbarkeit
- Anwendungsbereich der Prozesskostenhilfe 42
- Beschwerde 42a
- Erfolgsaussichten, teilweise 42
- Erinnerung 42a
- Urkundsbeamter der Geschäftsstelle 42a
- Verbandsvertreter 42

Sozialgesetzbuch Zweites Buch s. *SGB II*
Sozialgesetzbuch Zwölftes Buch s. *SGB XII*
Sozialhilfe 1
Staatenlose 66
Staatshaftungsanspruch, unionsrechtlicher 86
Staatskasse
- Beschwerderecht 12b, 1059 ff.
- Erinnerungsrecht 1243

Statistik
- Beratungshilfe 1145 ff.

Steuerberater
- Beiordnung 41 ff., 827
- Beratungshilfe 1144, 1216, 1227

Steuerbevollmächtigter
- Beiordnung 41 ff., 827
- Beratungshilfe 1144, 1216, 1227

Stiftung 86
Strafprozess 30 ff.
- Adhäsionsverfahren 31, 36
- Angeklagter 30
- Anwendungsbereich der Prozesskostenhilfe 30 ff.
- Beistandsbestellung 31
- Beschwerde 31
- einstweilige Beiordnung 31
- Klageerzwingungsverfahren 35
- Nebenkläger 31
- Pflichtverteidigung 30
- Privatkläger 33
- Privatklageverfahren, Beschuldigter im 34
- Richtlinie (EU) 2016/2019 des Europäischen Parlaments und des Rates vom 26. Oktober 2016 über Prozesskostenhilfe für Verdächtige und beschuldigte Personen in Strafverfahren 12a, 30
- Strafvollzug 37
- Vergütung des Rechtsanwalts bei strafprozessualer Beiordnung 38
- Verletzter 32
- Wiederaufnahmeverfahren, Vorbereitung 36a
- Zeugen 32

Strafvollzug 37
Streitgehilfen 64
Streitgenossen 59 ff.
- Ehegatten 63
- einfache 61
- Haftpflichtprozess 62
- notwendige 60

Streitwertbeschwerde 25
Stundung der Vergütungsansprüche der beigeordneten Anwälte (§ 122 Abs. 1 Nr. 3 ZPO) 762

Tabelle zu § 115 ZPO 4, 85, 288, 446
Testamentsvollstrecker
- Partei kraft Amtes 74, 84

Testamentsvollstreckung 84
Tod der Partei 91
Treuhand
- eigennützige 49
- uneigennützige 49

überlange Verfahrensdauer
- Entschädigung 24

Überprüfung und Abänderung der PKH-Bewilligung 957 ff.
- Entscheidung 989
- ordnungsgemäße Einleitung des Verfahrens 981 ff.
- Rechtsbehelfe 990
- Rechtsfolgen 973 ff.
- Übergangsrecht 958 f.

– Veränderungen des Vermögens und Einkommens 960 ff.
– Verbesserung der Einkommensverhältnisse 965
– Verbesserung der Verhältnisse 963
– Verbesserung der Vermögensverhältnisse 966
– Verfahren 980 ff.
– Verschlechterung der Verhältnisse 964
– Vierjahresfrist des § 120a Abs. 1 S. 4 ZPO (§ 120 Abs. 4 S. 3 ZPO aF) 972, 985 ff.
– wesentliche Veränderung der persönlichen und wirtschaftlichen Verhältnisse 960 ff.
– Wesentlichkeit der Veränderung 970 ff.
– Wirkung 973 ff.
– Zuständigkeit 980

Überprüfungsverfahren nach § 120a ZPO
– Formularzwang 12

Umgangsregelung
– Vermittlungsverfahren nach § 165 FamFG 17

unrichtige Sachbehandlung
– Nichterhebung von Kosten 13

Unterbringungssachen 28
Unterhaltsansprüche, rückabgetretene 50
Unterhaltssachen 27
– Ausland, außereuropäisches 66

Urkundenprozess 16
Urkundsbeamter der Geschäftsstelle
– Beratungspflicht 105, 173
– Festsetzungsverfahren 889 ff.
– Finanzgerichtsbarkeit 43, 110
– Sozialgerichtsbarkeit 42a, 110
– Übertragung der Prüfung der persönlichen und wirtschaftlichen Verhältnisse 12, 110
– Verwaltungsgerichtsbarkeit 41, 110

Veränderung der Verhältnisse 457
– Einstellung der Ratenzahlung bei Kostendeckung (§ 120 Abs. 3 ZPO) 359 ff.
– künftig eintretende, schon absehbare Veränderungen 457
– sofortige Beschwerde 457
– Wegfall besonderer Belastungen (§ 120 Abs. 1 S. 2 ZPO) 457

Verbandsvertreter
– Sozialgerichtsbarkeit 42

Verbraucherinsolvenzberatung, anerkannte Stellen
– Beratungshilfe 1178, 1226

Verein, eingetragener 86
Verein, nichtrechtsfähiger 88
Verfahrensbeistand 54b
Verfahrenskostenhilfe
– Einführung 1, 10, 12

Verfahrenskostenvorschussansprüche s. Prozesskostenvorschussansprüche / Verfahrenskostenvorschussansprüche

Verfahrensstandschafter 54
Verfahrenswertberechnung 126

Verfassungsgerichtsbarkeit
– Anwendungsbereich der Prozesskostenhilfe 15
– Bewilligung nach Zustellung nach § 94 Abs. 3 BVerfGG 15
– Missbrauchsgebühr 15
– Normenkontrollklage 15
– Verfahrenswertfestsetzung 15

Vergütung s. *Anwaltsvergütung*
Verletzter
– Strafprozess 32

Vermögen, einzusetzendes 366 ff.
– Abfindungen 369
– Abgrenzung vom Einkommen 368
– Auslandsvermögen 370
– Aussteuerversicherungen 371
– Auto 372
– Bargeld (Guthaben) 373
– Bausparguthaben 374
– Bausparverträge 394
– Beleihung 381
– Berufsunfähigkeitsversicherung, Nachzahlung 375
– Berufsunfähigkeitsversicherung, Rente aus 391
– Eigentumswohnungen, nicht selbst genutzte 381
– Ferienhäuser 376
– Festgeldanlagen 377
– fiktives Vermögen 420 ff.
– Fondanteile 378
– Forderung, zu deren Durchsetzung Prozesskostenhilfe begehrt wird 379
– Forderungen 379
– gesetzliche Grundlagen 366
– Gewerkschaft, Rechtsschutz durch die 389
– Grundstücke (unbebaute) 380
– Hausgrundstücke, nicht selbst genutzte 381
– Kostenerstattungsanspruch, durchsetzbarer 382
– künftiges Vermögen 418 f.
– Lebensversicherungen 383
– Miterbenanteile 385
– nichteheliche Lebensgemeinschaft, Lebensunterhaltszahlungen 384
– Patentrechte 386
– Persönlichkeitsrechtsverletzung, Entschädigung 393
– Prämienrückgewähr 387
– Prämiensparverträge 394
– Rechtsschutzversicherung 388
– Rentenversicherung, private 390
– Schadensersatzansprüche 379, 392
– Schmerzensgeld 393
– Schonvermögen 402 ff.
– Sparguthaben mit fester Laufzeit 394
– Sparvermögen 373
– Tiere 395
– Unterhaltsansprüche 396
– Urheberrechte 386

– Vermögensbestandteile 368 ff.
– Vorrang Einkommens- oder Vermögensprüfung 367
– Wertpapierdepots 397
– wirtschaftlich zweckgebundenes Vermögen 398
– Witwenrentenabfindungen 369, 399
– Wohnwagen 400
– Zugewinnausgleich 401

Versicherungsvereine auf Gegenseitigkeit 86
Verwaltungsgerichtsbarkeit 41
– Anwendungsbereich der Prozesskostenhilfe 41
– Asylverfahren 41
– Beschwerde 41
– Disziplinarverfahren 41
– Urkundsbeamter der Geschäftsstelle 41

Vollstreckungsgegenklage 130
Vorauszahlungspflicht
– Befreiung 13

vorbereitender Einzelrichter 114
Vormund 54a, 56
Vorschusszahlung an Anwalt 882
Vorsitzender 113

Wahlanwaltsvergütung 906 ff.
– Anspruch 906 ff.

Werbungskosten 300
Wiederaufnahmeverfahren, Vorbereitung 36a
Wiedereinsetzung in den vorigen Stand 123
Wirksamwerden der PKH-Entscheidung 621 ff.
– Ende der Bewilligungswirkung mit Abschluss des PKH-Verfahrens 622
– Erbe, Stellung eines neuen Antrags 626
– Erblasser, bereits erbrachte Zahlungen 625
– Erlass des PKH-Beschlusses 621
– Nachentrichtung der bereits angefallenen Gebühren und Kosten durch den Erben 624
– Vererblichkeit der Rechte aus der Bewilligung von Prozesskostenhilfe, keine 623
– Verkündung 621
– Verstorbener, keine Gewährung von Prozesskostenhilfe 626
– Zugang 621

Wirkung der PKH-Bewilligung für die Parteien 734 ff.
– Gerichtskostenbefreiung der hilfsbedürftigen Partei 736 ff.
– Kostenerstattung an den Prozessgegner, kein Einfluss der PKH auf 763
– Kostenerstattungsanspruch der hilfsbedürftigen Partei 771 ff.
– Kostenfestsetzungsantrag der Partei 773 f.
– Kostenvorteile des Prozessgegners infolge einer PKH-Bewilligung 784 ff.
– Stundung der Vergütungsansprüche der beigeordneten Anwälte (§ 122 Abs. 1 Nr. 3 ZPO) 762

Wirtschaftsprüfer
– Beiordnung 41 ff., 827
– Beratungshilfe 1144, 1216, 1228

Wohnungseigentümergemeinschaft 89

Zeitpunkt der Einkommensfeststellung 293
Zeugen
– Strafprozess 32

Zivilprozess
– ärztlicher Behandlungsfehler 17
– Anwaltsvergleich (§§ 796a-c ZPO) 19
– Anwendungsbereiche der Prozesskostenhilfe 16 ff.
– Arrest 16
– ausländische Parteien, Klagen gegenüber 16
– Designschutzverfahren (§ 24 DesignG) 21
– einstweilige Verfügung 16
– Europäisches Mahnverfahren 16
– FamGKG, Verfahren nach dem 25
– Familiensachen 27 ff.
– freiwillige Gerichtsbarkeit 27 ff.
– Gebrauchsmusterverfahren (§ 21 Abs. 2 GebrMG iVm §§ 129 ff. PatG, § 18 Abs. 3 S. 3 GebrMG) 21
– GKG, Verfahren nach dem 25
– GNotKG, Verfahren nach dem 25
– Güterichter 18a
– Halbleiterschutzgesetz (§ 11 Abs. 2 HalblSchG iVm § 21 Abs. 2 GebrMG) 21
– Immobiliarvollstreckung 20
– Insolvenzverfahren 20
– Kindesrückführungsverfahren 22
– Mahnverfahren 16
– Markenschutzverfahren (§ 81a MarkenG) 21
– Mediation, außergerichtliche 18b
– Mediation, vom Gericht angeordnete außergerichtliche 18c
– Mediationsgesetz 18, 1136
– Mediationskostenhilfe 1136
– notarielle Vereinbarungen 19
– Ordnungsmittelverfahren 20
– Patenterteilungsverfahren (§§ 129 ff. PatG) 21
– Petitionsverfahren 23
– PKH-Bewilligungsverfahren 21
– Prüfung der Erfolgsaussichten eines Rechtsmittels 21
– Rechtshilfeverfahren 26
– schiedsrichterliches Verfahren (§§ 1025 ff. ZPO) 23
– Schutzschrift 19
– selbstständiges Beweisverfahren 17
– Sortenschutzsachen (§ 36 SortenschutzG iVm §§ 129 ff. PatG) 21
– Streitwertbeschwerde 25
– überlange Verfahrensdauer, Entschädigung 24
– Urkundenprozess 16

– Vermittlungsverfahren zur Umgangsregelung
 (§ 165 FamFG) 17
– Zwangsmittelverfahren 20
– Zwangsversteigerungsverfahren 20
– Zwangsvollstreckung 20
Zivilprozess-Reformgesetz 7
zuständiges Gericht, Antrag s. *Antrag, zuständiges Gericht*
Zustellungs- Reformgesetz 7
Zwangsmittelverfahren 20
Zwangsversteigerungsverfahren 20

Zwangsverwalter
– Partei kraft Amtes 74, 84
Zwangsverwaltung 84
Zwangsvollstreckung 20
2. Zwangsvollstreckungsnovelle 5
Zweites Gesetz zur Modernisierung des Kostenrechts s. *2. Kostenrechtsmodernisierungsgesetz (2. KostRMoG)*
2. Kostenrechtsmodernisierungsgesetz
 (2. KostRMoG) 11

Im Lesesaal vom 26. NOV. 2021
bis 25. März 2025